여러분의 합격을 응원하는

해커스공무원의 특별 혜택

해커스공무원 온라인 단과강의 **20% 할인쿠폰**

3E64F6E53968C3JR

해커스공무원 사이트(gosi.Hackers.com) 접속 후 로그인 ▶ 상단의 [나의 강의실] 클릭 ▶
좌측의 [쿠폰등록] 클릭 ▶ 위 쿠폰번호 입력 후 이용

* 쿠폰 등록 후 7일간 사용 가능(ID당 1회에 한해 등록 가능)

PSAT 패스 (교재 포함형) **10% 할인쿠폰**

2DFFAE2EE64DD5EU

해커스공무원 사이트(gosi.Hackers.com) 접속 후 로그인 ▶ 상단의 [나의 강의실] 클릭 ▶
좌측의 [쿠폰등록] 클릭 ▶ 위 쿠폰번호 입력 후 이용

* 쿠폰 등록 후 7일간 사용 가능(ID당 1회에 한해 등록 가능)

PSAT 패스 (교재 미포함형) **10% 할인쿠폰**

B55AE992E4D5B773

해커스공무원 사이트(gosi.Hackers.com) 접속 후 로그인 ▶ 상단의 [나의 강의실] 클릭 ▶
좌측의 [쿠폰등록] 클릭 ▶ 위 쿠폰번호 입력 후 이용

* 쿠폰 등록 후 7일간 사용 가능(ID당 1회에 한해 등록 가능)

쿠폰 이용 관련 문의 **1588-4055**

단기 합격을 위한

해커스 커리큘럼

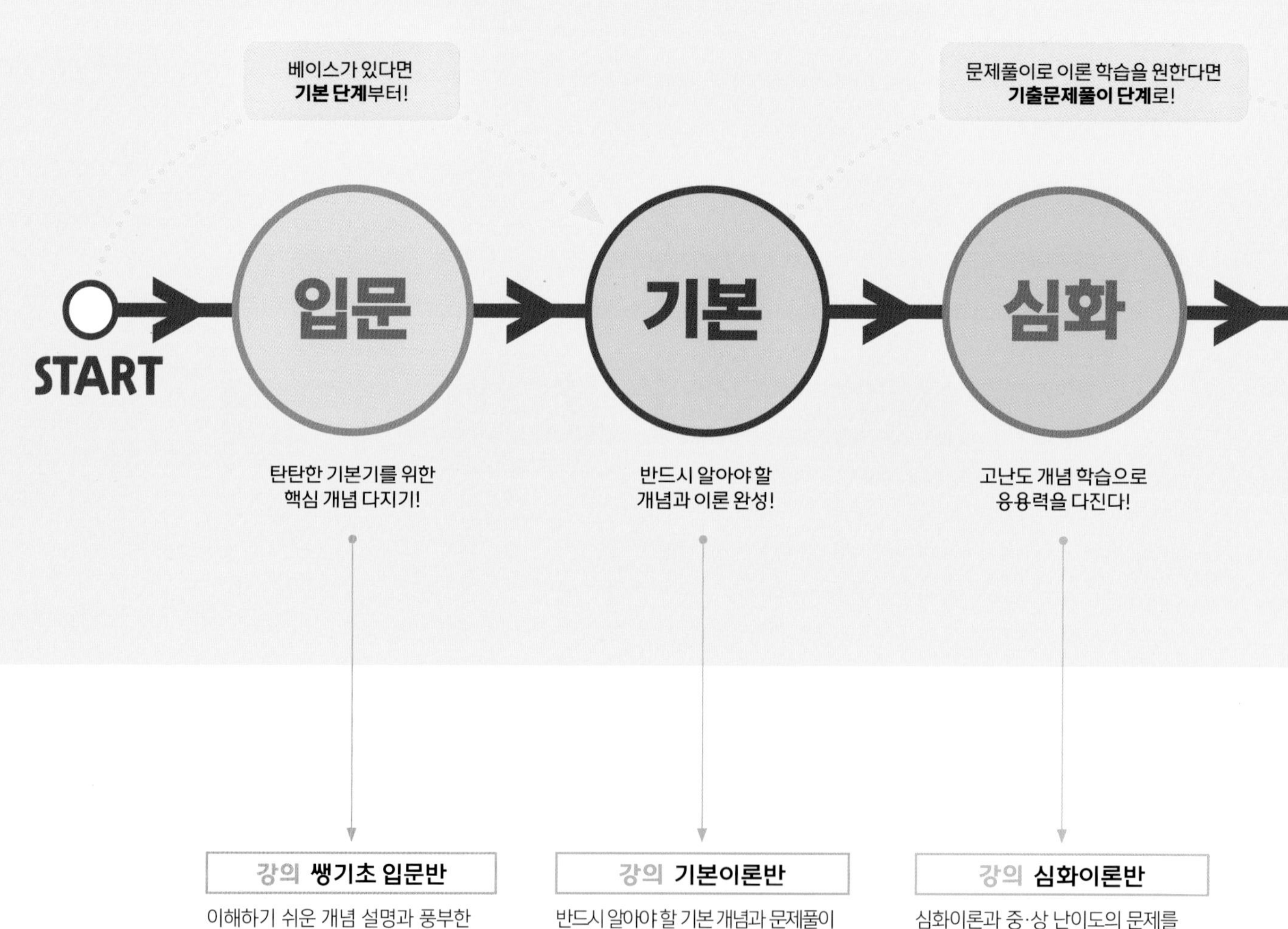

강의 쌩기초 입문반

이해하기 쉬운 개념 설명과 풍부한 연습문제 풀이로 부담 없이 기초를 다질 수 있는 강의

강의 기본이론반

반드시 알아야 할 기본 개념과 문제풀이 전략을 학습하여 핵심 개념 정리를 완성하는 강의

강의 심화이론반

심화이론과 중·상 난이도의 문제를 함께 학습하여 고득점을 위한 발판을 마련하는 강의

단계별 교재 확인 및
수강신청은 여기서!

gosi.Hackers.com

* 커리큘럼은 과목별·선생님별로 상이할 수 있으며, 자세한 내용은 해커스공무원 사이트에서 확인하세요.

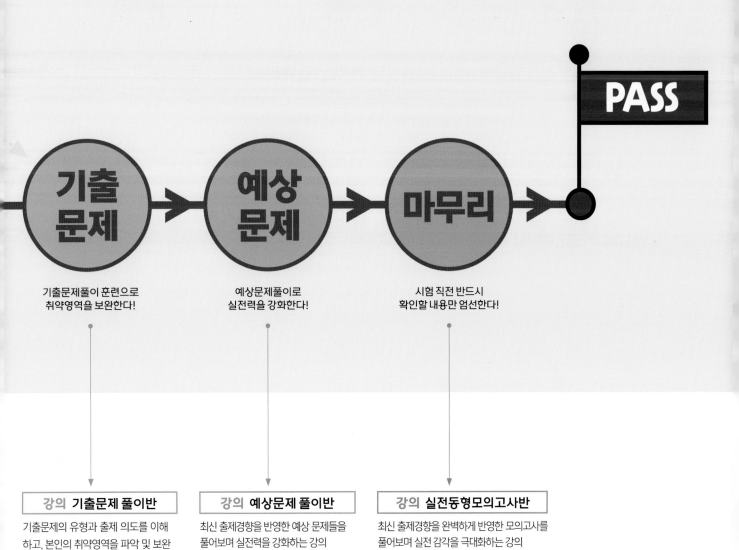

기출문제 → **예상문제** → **마무리** → **PASS**

기출문제

기출문제풀이 훈련으로
취약영역을 보완한다!

강의 기출문제 풀이반

기출문제의 유형과 출제 의도를 이해하고, 본인의 취약영역을 파악 및 보완하는 강의

예상문제

예상문제풀이로
실전력을 강화한다!

강의 예상문제 풀이반

최신 출제경향을 반영한 예상 문제들을 풀어보며 실전력을 강화하는 강의

마무리

시험 직전 반드시
확인할 내용만 엄선한다!

강의 실전동형모의고사반

최신 출제경향을 완벽하게 반영한 모의고사를 풀어보며 실전 감각을 극대화하는 강의

강의 봉투모의고사반

시험 직전에 실제 시험과 동일한 형태의 모의고사를 풀어보며 실전력을 완성하는 강의

20대 마지막
기회라 생각했던
박*묵님도

적성에 맞지는 않는 전공으로
진로에 고민이 많았던
박*훈님도

군 전역 후 노베이스로
수험 생활을 시작한
박*란님도

해커스공무원으로 자신의 꿈에 한 걸음 더 가까워졌습니다.

당신의 꿈에 가까워지는 길
해커스공무원이 함께합니다.

해커스 PSAT

길규범 상황판단 올인원

3권 | 텍스트·법조문

해커스공무원

길규범

이력
- 고려대학교 행정학과 졸업
- 2009~2013년 5급공채 행시/입시 PSAT 합격
- (현) 해커스 7급공채 PSAT 상황판단 대표강사
- (현) 베리타스 법학원 5급공채 PSAT 상황판단 대표강사
- (현) 베리타스 법학원 PSAT 전국모의고사 검수 및 해설위원
- (현) 합격으로 가는길(길규범 PSAT 전문연구소) 대표
- (현) NCS 출제 및 검수위원
- (전) 법률저널 PSAT 전국모의고사 검수 및 해설위원
- (전) 공주대학교 취업교과목 출강 교수
- (전) 메가스터디 공취달 NCS 대표강사
- 2014~2018년 PSAT 상황판단 소수 그룹지도
- 연세대, 성균관대, 한양대, 경희대, 동국대 등 전국 다수 대학 특강 진행

저서
- 해커스 단기합격 7급 PSAT 기출문제집
- 해커스 단기합격 7급 PSAT 유형별 기출 200제 상황판단
- 해커스 단기합격 7급 PSAT 기본서 상황판단
- 해커스 7급 PSAT 입문서
- PSAT 민간경력자 기출백서
- PSAT 상황판단 전국모의고사 400제
- 길규범 PSAT 상황판단 봉투모의고사
- PSAT 엄선 전국모의고사
- 30개 공공기관 출제위원이 집필한 NCS
- 국민건강보험공단 NCS 직업기초능력평가 봉투모의고사

서문

고득점을 위한 올바른 방향과 정확한 방법!

PSAT을 강의하는 입장에서 어떻게 해야 수험생의 실력이 근본적으로 향상될 수 있을지, 그리고 그 실력향상이 어떻게 최종적으로 점수 상승으로 이어질 수 있을지를 항상 고민하면서 살고 있다.

솔직하게 말해 PSAT에서 수험생마다 출발선이 다름을 인정할 수밖에 없다. 그러나 PSAT을 잘할 수 있게 타고나지 않았더라도 노력을 통해 얼마든지 고득점을 받을 수 있다. 중요한 것은 타고나는 감각이 아니라 올바른 '방향'과 정확한 '방법'이다. 적지 않은 사람들이 PSAT을 공부해도 점수의 변화가 생기지 않는다고 하는 이유는 '잘못된 방향'으로 '옳지 않은 방법'을 통해 준비하고 있기 때문이다.

필자는 PSAT을 잘 하도록 태어난 사람이 아니었다. 그럼에도 성적이 오르고 고득점이 가능했던 이유는 기출문제를 심도 있게 분석함으로써 PSAT이 무엇인지 깨달았기 때문이다. 적성시험에서는 기출문제가 바이블이다. 그리고 이 책은 모든 PSAT 기출문제를 철저하게 분석함으로써 시행착오 없이 빠르게 고득점을 받고 싶어하는 수험생에게도, PSAT을 오랜 기간 준비했지만 잘못된 방향으로 준비함으로써 점수의 변화가 없던 수험생에게도 모두에게 도움이 될 것이다.

이 책에는 필자가 수험생 때부터 점수를 향상시키기 위해 치열하게 고민했던 결과물이 담겨있다. 2008년 8월부터 2023년 지금 시점에 이르기까지 만 15년 동안 PSAT을 공부하고, 가르치고, 문제를 출제하고, 검수하는 등 적성시험에서 할 수 있는 전방위적인 모든 역할을 하며 각 입장에서 깨달은 모든 노하우가 담겨있다. 문제를 정확하게 이해하기 위해, 문제를 빠르게 해결하기 위해 필요한 기초적인 내용부터 담았다. 여기에 더해 적성시험에서 출제되는 문제들을 계산, 규칙, 경우, 논리, 텍스트, 법조문의 6가지 세부 유형으로 구분하였다. 1권에서 이해 스킬, 해결 스킬, 논리 유형의 상세한 내용을 다루었고, 2권에서 계산, 규칙, 경우의 상세한 내용을 다루었으며, 3권에서 텍스트, 법조문 유형을 상세하게 다루었다.

또한 가능한 많은 문제를 수록하도록 노력하였다. 혹자는 너무 과한 것이 아닌가라고 반문할 수 있다. 실제로 더 잘 풀 수 있는 문제를 더 고민하지 않고 넘어가는 수험생들을 부지기수로 보게 된다. 그런데 단순히 문제를 해결했다에 그치지 않아야 발전할 수 있다. **『해커스 PSAT 길규범 상황판단 올인원 3권 텍스트 · 법조문』**에 수록된 풍부하고 다양한 문제를 풀어봄으로써 문제풀이의 가장 빠르고 정확한 길을 연습하는 노력을 통해 동일한 시험시간에 다른 수험생들보다 더 많은 문제를 해결할 수 있게 될 것이고, 결국 원하는 결과를 얻을 수 있게 될 것이다.

아무쪼록 이 책이 적성시험에서 고민이 많은 수험생들에게 많은 도움이 되길 바란다.

길규범

목차

PART 1 텍스트

VI. 해결(5) - 1지문 2문항

목차

PART 2 법조문

법조문의 개관

[책속의 책]

문제만 쏙쏙! 실전 연습 문제집

본인의 학습 방식에 맞춰 자유롭게 활용할 수 있도록 본책의 문제만 따로 뽑아 정리하였습니다.
미리 문제를 풀어본 뒤 학습 전략을 익히고 싶은 경우 본책 학습 이전에, 학습 전략을 익힌 후 문제풀이를 통해 마무리 하고 싶은 경우 본책 학습 이후에 풀이할 것을 권장합니다.

이 책의 활용법

01 유형별 집중학습으로 취약한 유형을 꼼꼼하게 보완한다.

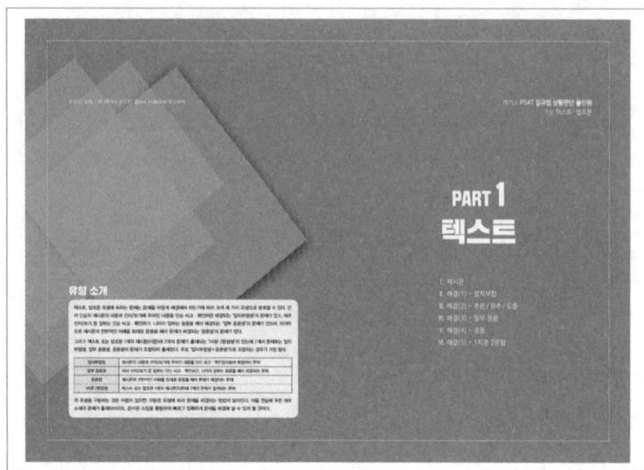

- PSAT 상황판단 문제풀이의 핵심인 텍스트 · 법조문 유형을 집중학습하여, 취약한 유형을 기본부터 탄탄히 보완할 수 있습니다.

02 상황판단 필수 유형과 문제풀이 스킬을 숙지하여 효과적으로 학습한다.

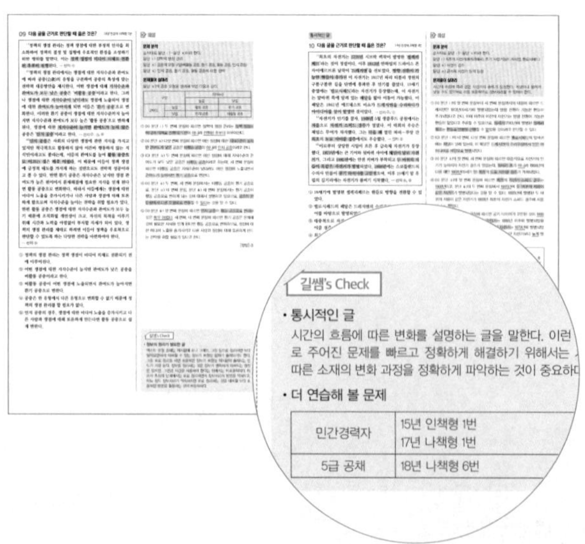

- 각 유형 및 소재에 따른 문제풀이 스킬을 숙지함으로써 PSAT 상황판단에 대한 이해를 높이고 텍스트 · 법조문 유형을 효과적으로 학습할 수 있습니다.
- 더 풀어보면 좋을 유사한 유형의 기출문제를 정리하여 제시한 [길쌤's Check]로 심화 학습이 가능합니다.

03 풍부한 기출문제로 문제풀이 능력을 향상시킨다.

- 유형별로 분류된 7급, 5급, 민간경력자, 입법고시 PSAT 등 다양한 난이도의 역대 PSAT 기출문제를 풀어보면서 상황판단 텍스트 · 법조문 문제에 대한 이해를 높이고 문제풀이 실력을 기를 수 있습니다.

04 상세한 해설로 문제를 완벽하게 정리한다.

Ⅳ. 해결(3) - 일부 응용

빠른 문제풀이 **Tip**

ㄷ. 위 해설은 해당 보기가 틀렸다는 것만 확인하였
거리를 판단하기에는 제시문의 내용만으로는 어먼
하는지 불분명하므로, 구체적인 값을 구하려고 ㅎ
사이의 거리가 다르다는 것만 확인한 것이다. 민
균 거리를 판단해 본다면, 예를 들어 서발의 경우
지' 41참을 둔 것인지, '1,050리의 직로에' 41참
1,050리라는 거리를 얼마로 나눌 것인지가 달리

- 모든 선지에 대해 상세한 해설을 수록하였으며, 정답과 오답의 근거를 지문과 선지에 직접 음영으로 표시하여 직관적이고 효율적으로 학습할 수 있습니다.
- 기본적인 정석 풀이법 외에도 다양한 풀이법을 제시하여 문제를 보는 시각을 넓힐 수 있으며, 자신에게 맞는 문제풀이법을 골라 학습할 수 있습니다.
- 문제를 좀 더 빠르게 풀 수 있는 [빠른 문제풀이 Tip]을 통해 문제풀이 시간을 단축할 수 있습니다.

기간별 맞춤 학습 플랜

자신의 학습 기간에 맞는 학습 플랜을 선택하여 계획을 수립하고, 그 날에 해당하는 분량을 공부합니다.

2주 완성 학습 플랜

PSAT 상황판단 준비 시간이 부족하여 단기간에 대비해야 하거나 상황판단 기본기가 탄탄하여 문제풀이 감각을 집중적으로 높이고 싶은 분에게 추천합니다.

진도		날짜	학습 내용
1주	1일	/	PART 1 Ⅰ. 제시문
	2일	/	PART 1 Ⅱ. 해결(1) - 일치부합
	3일	/	PART 1 Ⅲ. 해결(2) - 추론/유추/도출
	4일	/	PART 1 Ⅳ. 해결(3) - 일부 응용
	5일	/	PART 1 Ⅴ. 해결(4) - 응용
	6일	/	PART 1 Ⅵ. 해결(5) - 1지문 2문항
2주	7일	/	PART 2 Ⅰ. 해결(1) - 일치부합
	8일	/	PART 2 Ⅱ. 해결(2) - 일부 응용
	9일	/	PART 2 Ⅲ. 해결(3) - 응용
	10일	/	PART 2 Ⅳ. 해결(4) - 1지문 2문항
	11일	/	PART 2 Ⅴ. 해결(5) - 계산
	12일	/	PART 2 Ⅵ. 빈출 테마

4주 완성 학습 플랜

상황판단 텍스트 · 법조문 유형의 기본기가 부족하여 유형별 문제풀이 스킬을 기본부터 꼼꼼하게 학습하고 싶은 분에게 추천합니다.

진도		날짜	학습 내용
1주	1일	/	PART 1 Ⅰ. 제시문
	2일	/	PART 1 Ⅱ. 해결(1) - 일치부합
	3일	/	PART 1 Ⅲ. 해결(2) - 추론/유추/도출
	4일	/	PART 1 Ⅳ. 해결(3) - 일부 응용
	5일	/	PART 1 Ⅴ. 해결(4) - 응용
	6일	/	PART 1 Ⅵ. 해결(5) - 1지문 2문항
2주	7일	/	PART 2 Ⅰ. 해결(1) - 일치부합
	8일	/	PART 2 Ⅱ. 해결(2) - 일부 응용
	9일	/	PART 2 Ⅲ. 해결(3) - 응용
	10일	/	PART 2 Ⅳ. 해결(4) - 1지문 2문항
	11일	/	PART 2 Ⅴ. 해결(5) - 계산
	12일	/	PART 2 Ⅵ. 빈출 테마
3주	13일	/	PART 1 Ⅰ. 제시문
	14일	/	PART 1 Ⅱ. 해결(1) - 일치부합
	15일	/	PART 1 Ⅲ. 해결(2) - 추론/유추/도출
	16일	/	PART 1 Ⅳ. 해결(3) - 일부 응용
	17일	/	PART 1 Ⅴ. 해결(4) - 응용
	18일	/	PART 1 Ⅵ. 해결(5) - 1지문 2문항
4주	19일	/	PART 2 Ⅰ. 해결(1) - 일치부합
	20일	/	PART 2 Ⅱ. 해결(2) - 일부 응용
	21일	/	PART 2 Ⅲ. 해결(3) - 응용
	22일	/	PART 2 Ⅳ. 해결(4) - 1지문 2문항
	23일	/	PART 2 Ⅴ. 해결(5) - 계산
	24일	/	PART 2 Ⅵ. 빈출 테마

PSAT 상황판단 고득점 가이드

■ 상황판단 알아보기

상황판단은 제시문과 표를 이해하여 상황 및 조건에 적용하고, 판단과 의사결정을 통해 문제를 해결하는 능력을 평가하기 위한 영역입니다. 이에 따라 사전에 암기한 지식을 통해 해결하기보다는 종합적인 사고를 요하는 문제가 출제됩니다.

1. 출제 유형

상황판단은 문제풀이 스킬을 기준으로 크게 이해 스킬, 해결 스킬 유형으로 문제를 나눌 수 있고, 이를 세부 유형으로 구분하면 텍스트, 법조문, 계산, 규칙, 경우의 수, 논리 등 총 여섯 가지 유형으로 나뉩니다. 여섯 가지 유형 모두 제시된 글이나 조건 등을 이해하여 적용·판단하는 능력을 요구하므로 주어진 시간 내에 다양한 형태의 정보를 빠르고 정확하게 파악하는 능력이 필요합니다.

구분	세부유형	유형 설명
텍스트형	· 일치부합형 · 일부 응용형 · 응용형 · 1지문 2문항형	줄글 형태의 지문을 제시하고, 이를 토대로 필요한 정보를 올바르게 이해·추론할 수 있는지를 평가하는 유형
법조문형	· 일치부합형 · 일부 응용형 · 응용형 · 1지문 2문항형	법조문이나 법과 관련된 규정 및 줄글을 지문으로 제시하고 법조문을 정확히 이해할 수 있는지, 법 · 규정의 내용을 올바르게 응용할 수 있는지를 평가하는 유형
계산형	· 정확한 계산형 · 상대적 계산형 · 조건 계산형	수치가 제시된 지문이나 조건을 제시하고 이를 토대로 특정 항목의 최종 결괏값을 도출할 수 있는지, 결괏값을 올바르게 비교할 수 있는지를 평가하는 유형
규칙형	· 규칙 단순확인형 · 규칙 정오판단형 · 규칙 적용해결형	다양한 형태의 규칙을 제시하고, 규칙의 내용과 결과를 정확히 판단 · 적용할 수 있는지를 평가하는 유형
경우의 수	· 경우 확정형 · 경우 파악형	여러 가지 경우의 수가 가능한 문제 상황을 제시하고, 이를 정확히 분석하여 문제를 해결할 수 있는지를 평가하는 유형
논리	-	짧은 길이의 지문 또는 명제(조건)를 제시하고, 제시된 명제(조건)의 참 · 거짓을 판단할 수 있는지, 명제(조건)의 관계를 고려하여 문제에서 요구하는 결과를 찾아낼 수 있는지를 평가하는 유형

2. 대비전략

① 상황판단의 문제 유형을 파악하고, 유형에 따른 풀이법을 학습해야 합니다.

상황판단 영역은 다양한 유형으로 구분되어 있고, 유형에 따라 효과적인 풀이법이 있습니다. 그렇기 때문에 유형에 따른 풀이법을 정확히 파악하고 준비하는 것이 중요합니다. 이에 따라 기출문제를 반복적으로 풀면서 정확하게 유형을 분석하는 능력을 기르고, 본 교재에서 제시하고 있는 문제풀이 스킬을 적용하여 빠르고 정확하게 문제를 풀이하는 연습이 필요합니다.

② 문제풀이에 필요한 정보를 정확하게 파악하는 능력을 길러야 합니다.

상황판단은 다양한 조건과 상황 등이 제시되므로 문제를 해결하기 위해 필요한 정보를 정확하게 파악하는 것이 중요합니다. 따라서 키워드를 중심으로 제시된 정보를 시각화·도표화하여 정리하거나, 관련 있는 조건끼리 그룹화하여 이해하는 연습이 필요합니다.

③ 문제풀이의 순서를 결정하는 판단력을 길러야 합니다.

상황판단은 PSAT 세 영역 중 특히 시간이 부족한 경우가 많습니다. 한 문제를 풀이하는 데 너무 오랜 시간이 소요된다면 다른 문제를 놓칠 가능성이 높으므로 문제의 난도를 판별하여 풀 수 있는 문제부터 먼저 풀어야 합니다.

유형 소개

텍스트, 법조문 유형에 속하는 문제는 문제를 어떻게 해결해야 하는가에 따라 크게 세 가지 유형으로 분류할 수 있다. 먼저 단순히 제시문의 내용과 선지/보기에 주어진 내용을 단순 비교 · 확인하면 해결되는 '일치부합형'의 문제가 있고, 여러 선지/보기 중 일부는 단순 비교 · 확인하고, 나머지 일부는 응용을 해야 해결되는 '일부 응용형'의 문제가 있으며, 마지막으로 제시문의 전반적인 이해를 토대로 응용을 해야 문제가 해결되는 '응용형'의 문제가 있다.

그리고 텍스트 또는 법조문 1개의 제시문(지문)에 2개의 문제가 출제되는 '1지문 2문항형'이 있는데 2개의 문제로는 일치부합형, 일부 응용형, 응용형의 문제가 조합되어 출제된다. 주로 '일치부합형+응용형'으로 조합되는 경우가 가장 많다.

일치부합형	제시문의 내용과 선지/보기에 주어진 내용을 단순 비교 · 확인함으로써 해결하는 문제
일부 응용형	여러 선지/보기 중 일부는 단순 비교 · 확인하고, 나머지 일부는 응용을 해야 해결되는 문제
응용형	제시문의 전반적인 이해를 토대로 응용을 해야 문제가 해결되는 문제
1지문 2문항형	텍스트 또는 법조문 1개의 제시문(지문)에 2개의 문제가 출제되는 문제

각 유형을 구분하는 것은 어렵지 않지만 구분된 유형에 따라 문제를 해결하는 방법이 달라진다. 이를 연습해 두면 여러 소재의 문제가 출제되더라도, 준비된 스킬을 활용하여 빠르고 정확하게 문제를 해결해 낼 수 있게 될 것이다.

PART 1
텍스트

Ⅰ. 제시문

1 내용의 특징에 따른 구분

상황판단의 텍스트 유형에서는 언어논리에서 출제되는 줄글과는 다른 성격의 줄글이 주어진다. 언어논리에서는 통독, 뉘앙스, 흐름 등이 중요할 수도 있다면, 상황판단에서는 주로 정보 제시형 글이 출제되므로, 그에 맞는 빠르고 정확한 정보처리가 관건이 된다. 여러 기준을 통해 구분이 가능하지만, 텍스트 유형에서 주어지는 제시문을 내용의 특징에 따라 구분해 볼 수 있다. 이는 사전적으로 파악하기는 어렵고 선지나 보기를 통해서 또는 제시문을 읽으면서 파악되는 특징이다. 먼저, 여러 종류의 개념 등이 제시되는 글이 있다. 이러한 경우에 옳지 못한 선지·보기를 만드는 주된 함정은 서로 내용을 바꾸는 '바꿔치기'이다. 또는 여러 개념 간의 공통점과 차이점을 묻는 것도 가능하다. 이처럼 평소에 기출분석을 해 두면서 제시문의 특징을 구분하고 그에 따른 출제장치와 함정을 적절하게 대비해 둔다면 정답률은 높아질 것이다.

정보가 많은 글

01 다음 글을 근거로 판단할 때 옳은 것은? 22년 7급 가책형 5번

ⅰ)조선 시대 쌀의 종류에는 가을철 논에서 수확한 벼를 가공한 흰색 쌀 외에 밭에서 자란 곡식을 가공함으로써 얻게 되는 회색 쌀과 노란색 쌀이 있었다. 회색 쌀은 보리의 껍질을 벗긴 보리쌀이었고, 노란색 쌀은 조의 껍질을 벗긴 좁쌀이었다. → 선지 ①, ③

ⅱ)남부 지역에서는 보리가 특히 중요시되었다. 가을 곡식이 바닥을 보이기 시작하는 봄철, 농민들의 희망은 들판에 넘실거리는 보리뿐이었다. 보리가 익을 때까지는 주린 배를 움켜쥐고 생활할 수밖에 없었고, 이를 보릿고개라 하였다. 그것은 보리를 수확하는 하지, 즉 낮이 가장 길고 밤이 가장 짧은 시기까지 지속되다가 사라지는 고개였다. 보리 수확기는 여름이었지만 파종 시기는 보리 종류에 따라 달랐다. 가을철에 파종하여 이듬해 수확하는 보리는 가을보리, 봄에 파종하여 그해 수확하는 보리는 봄보리라고 불렀다. → 선지 ②, ④

ⅲ)적지 않은 농부들은 보리를 수확하고 그 자리에 다시 콩을 심기도 했다. 이처럼 같은 밭에서 1년 동안 보리와 콩을 교대로 경작하는 방식을 그루갈이라고 한다. 그렇지만 모든 콩이 그루갈이로 재배된 것은 아니었다. 콩 수확기는 가을이었으나, 어떤 콩은 봄철에 파종해야만 제대로 자랄 수 있었고 어떤 콩은 여름에 심을 수도 있었다. 한편 조는 보리, 콩과 달리 모두 봄에 심었다. 그래서 봄철 밭에서는 보리, 콩, 조가 함께 자라는 것을 볼 수 있었다. → 선지 ①, ⑤

① 흰색 쌀과 여름에 심는 콩은 서로 다른 계절에 수확했다.
② 봄보리의 재배 기간은 가을보리의 재배 기간보다 짧았다.
③ 흰색 쌀과 회색 쌀은 논에서 수확된 곡식을 가공한 것이었다.
④ 남부 지역의 보릿고개는 가을 곡식이 바닥을 보이는 하지가 지나면서 더 심해졌다.
⑤ 보리와 콩이 함께 자라는 것은 볼 수 있었지만, 조가 이들과 함께 자라는 것은 볼 수 없었다.

해설

문제 분석

문단 ⅰ) 조선 시대 쌀의 종류(흰색 쌀, 회색 쌀, 노란색 쌀)
문단 ⅱ) 보릿고개, 보리 파종 시기에 따라 가을보리, 봄보리(보리 수확기는 여름)
문단 ⅲ) 그루갈이, 콩 수확기는 가을, 조의 파종 시기

문제풀이 실마리

본문에서 쌀, 보리, 콩 등에 대해서 언급하고 있다. 선지에서 파종 시기와 수확기에 관한 것을 묻고 있으므로 이에 대한 내용을 본문에서 확인해야 한다.

① (X) 문단 ⅰ) 첫 번째 문장에 의하면 흰색 쌀은 가을철 논에서 수확한다고 한다. 문단 ⅲ)의 네 번째 문장에 의하면 어떤 콩은 봄철에 어떤 콩은 여름에 심을 수도 있지만 콩 수확기는 가을이라고 하고 있다. 즉 흰색 쌀과 여름에 심는 콩은 모두 가을에 수확했다.

② (O) 문단 ⅱ) 다섯 번째 문장에 의하면 보리의 수확기는 여름이다. 여섯 번째 문장과 함께 생각해 보면 봄보리는 봄에 파종하여 그해 여름에 수확하고 가을보리는 가을에 파종하여 이듬해 여름에 수확한다. 봄보리의 재배 기간은 가을보리의 재배 기간보다 가을, 겨울만큼 짧았다.

③ (X) 문단 ⅰ) 첫 번째 문장에 의하면 흰색 쌀은 가을철 논에서 수확한 벼를 가공해서 얻게 된다. 그러나 회색 쌀은 논에서 수확된 곡식이 아니라 밭에서 자란 곡식을 가공하여 얻게 되는 것이었다.

④ (X) 문단 ⅱ) 두 번째 문장부터 네 번째 문장까지 보릿고개에 대해 설명하고 있다. 네 번째 문장에서 남부 지역의 보릿고개는 하지까지 지속되다가 하지가 지나면서 사라졌다고 한다. 하지가 지나면서 더 심해지지 않는다. 그리고 두 번째 문장에서 가을 곡식이 바닥을 보이기 시작하는 봄철이라고 표현하고 있는데 선지에서는 가을 곡식이 바닥을 보이는 하지라고 표현하고 있다. 가을 곡식이 바닥을 '보이기 시작하는' 것과 '보이는'의 차이는 있지만 각각 봄철과 하지라는 시기가 서로 맞지 않는다고도 볼 수 있다.

⑤ (X) 문단 ⅲ) 여섯 번째 문장에서 봄철 밭에서는 보리, 콩, 조가 함께 자라는 것을 볼 수 있었다고 한다. 해당 문장을 혹시 발견하지 못하더라도 다섯 번째 문장에서 조는 봄에 심었다는 것을 파악한다면, 다른 문장들에서 파악한 보리, 콩의 재배 기간을 고려할 때 틀린 선지임을 알 수 있다.

[정답] ②

02 다음 글을 근거로 판단할 때 옳은 것은?

16년 민경채 5책형 1번

i)온돌(溫突)은 조선시대 건축에서 가장 일반적으로 사용된 바닥구조로 아궁이, 고래, 구들장, 불목, 개자리, 바람막이, 굴뚝 등으로 구성된다.

ii)아궁이는 불을 때는 곳이고, 고래는 아궁이에서 발생한 열기와 연기가 흐르는 곳이다. 고래는 30cm 정도의 깊이로 파인 여러 개의 골이고, 그 위에 구들장을 올려놓는다. 아궁이에서 불을 지피면 고래를 타고 흐르는 열기와 연기가 구들장을 데운다. 고래 바닥은 아궁이가 있는 아랫목에서 윗목으로 가면서 높아지도록 경사를 주는데, 이는 열기와 연기가 윗목 쪽으로 쉽게 들어갈 수 있도록 하기 위한 것이다. → 선지 ②

iii)불목은 아궁이와 고래 사이에 턱이 진 부분으로 불이 넘어가는 고개라는 뜻이다. 불목은 아궁이 바닥과 고래 바닥을 연결시켜서 고래로 가는 열기와 연기를 분산시킨다. 또한 아궁이에서 타고 남은 재가 고래 속으로 들어가지 못하도록 막아준다. 고래가 끝나는 윗목 쪽에도 바람막이라는 턱이 있는데, 이 턱은 굴뚝에서 불어내리는 바람에 의해 열기와 연기가 역류되는 것을 방지한다. → 선지 ①, ⑤

iv)바람막이 뒤에는 개자리라 부르는 깊이 파인 부분이 있다. 개자리는 굴뚝으로 빠져 나가는 열기와 연기를 잔류시켜 윗목에 열기를 유지하는 기능을 한다. 개자리가 깊을수록 열기와 연기를 머금는 용량이 커진다. → 선지 ①, ③

① 아궁이는 불목과 개자리 사이에 있을 것이다.
② 고래 바닥은 아랫목에서 윗목으로 갈수록 낮아질 것이다.
③ 개자리가 깊을수록 윗목의 열기를 유지하기 어려울 것이다.
④ 불목은 아랫목 쪽에 가깝고, 바람막이는 윗목 쪽에 가까울 것이다.
⑤ 바람막이는 타고 남은 재가 고래 안에 들어가지 못하도록 하는 기능을 할 것이다.

해설

문제 분석

문단 i) 온돌의 구성
문단 ii) 아궁이에서 발생한 열기와 연기가 고래로 흐름, 고래 위에는 구들장, 고래 바닥은 아랫목에서 윗목으로 가면서 높아짐
문단 iii) 불목은 아궁이와 고래 사이, 고래 끝 윗목 쪽에는 바람막이
문단 iv) 바람막이 뒤에는 개자리

문제풀이 실마리

무엇이 어디에 있는지를 묻는 선지가 많다. 따라서 제시문의 내용에 따라 온돌의 구조가 그려져야 문제를 빠르고 정확하게 해결할 수 있다.

제시문의 내용에 따라 온돌의 구조를 단순하게 그려보면 다음과 같다.

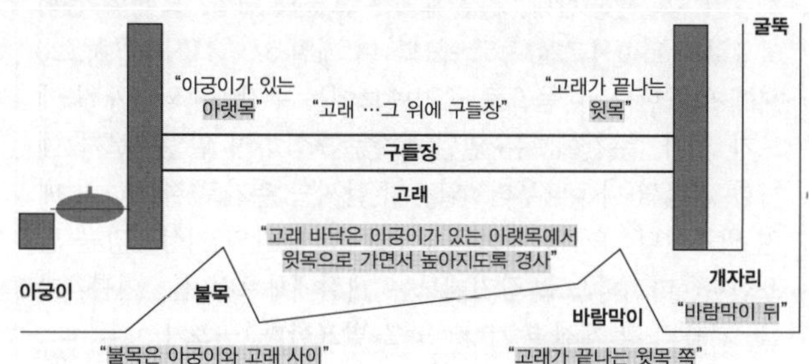

① (X) 문단 iii) 첫 번째 문장에 따르면 '불목은 아궁이와 고래 사이'에 있고, 네 번째 문장에 따르면 '고래가 끝나는 윗목 쪽에도 바람막이'라는 턱이 있다고 한다. 그리고 문단 ii) 네 번째 문장에서 '고래 바닥은 아궁이가 있는 아랫목에서 윗목으로'라고 하여 고래는 아궁이에 가까운 쪽이 아랫목, 먼 쪽이 윗목이다. 그리고 문단 iv) 첫 번째 문장에서 개자리는 바람막이 뒤에 있다고 한다. 이상의 문장들을 조합하면 아궁이를 가장 왼쪽에 배치하였을 때 아궁이 → 불목 → 고래 → 바람막이 → 개자리 순이다. 아궁이는 불목과 개자리 사이에 있지 않다.

② (X) 문단 ii) 네 번째 문장에 따르면 고래 바닥은 아랫목에서 윗목으로 갈수록 높아지도록 경사를 주었다.

③ (X) 문단 iv) 세 번째 문장에 따르면 개자리는 굴뚝으로 빠져나가는 열기와 연기를 잔류시켜 윗목의 열기를 유지하는 기능을 하고, 깊을수록 열기와 연기를 머금는 용량이 커진다고 한다. 따라서 개자리가 깊을수록 윗목의 열기를 유지하기 어렵지 않을 것이다.

④ (O) 선지 ①에서 살펴본 바와 같이 온돌의 구조는 아궁이를 기준으로 아궁이 → 불목 → 고래 → 바람막이 → 개자리 순이다. 불목은 아랫목 쪽에 가깝고, 바람막이는 윗목 쪽에 가깝다.

⑤ (X) 문단 iii) 세 번째 문장에 따르면 아궁이에서 타고 남은 재가 고래 안에 들어가지 못하도록 하는 기능을 하는 것은 바람막이가 아니라 불목이다.

[정답] ④

길쌤's Check

• 정보가 많은 글
텍스트 유형 문제에서 제시문의 가장 큰 특징이 정보가 포함되는 글이라는 점이다. 그 중에서도 특히 더 정보량이 많은 글이 등장할 때 어려움을 겪는 수험생들이 있다. 이런 경우 각자의 피지컬로 이겨내는 경우도 있지만, 그렇지 못한 경우가 더 많기 때문에 효율적인 정보처리 스킬이 필요하다.

• 더 연습해 볼 문제

5급 공채	09년 극책형 23번 09년 극책형 25번

구분하는 글

03 다음 글을 근거로 판단할 때, <보기>에서 옳은 것만을 모두 고르면?

20년 7급(모의) 9번

i) 기상예보는 일기예보와 기상특보로 구분할 수 있다. 일기예보는 단기예보, 중기예보, 장기예보 등 시간에 따른 것이고, 기상특보는 주의보, 경보 등 기상현상의 정도에 따른 것이다.

ii) 일기예보 중 가장 짧은 기간을 예보하는 단기예보는 3시간 예보와 일일예보로 나뉜다. 3시간 예보는 오늘과 내일의 날씨를 예보하며, 매일 0시 발표부터 시작하여 3시간 간격으로 1일 8회 발표한다. 일일예보는 오늘과 내일, 모레의 날씨를 1일 단위(0시~24시)로 예보하며 매일 5시, 11시, 17시, 23시에 발표한다. 다음으로 중기예보에는 주간예보와 1개월 예보가 있다. 주간예보는 일일예보를 포함하여 일일예보가 예보한 기간의 다음날부터 5일간의 날씨를 추가로 예보하며 매일 발표한다. 1개월 예보는 앞으로 한 달간의 기상전망을 발표한다. 마지막으로 장기예보는 계절예보로서 봄, 여름, 가을, 겨울의 각 계절별 기상전망을 발표한다. → 보기 ㄱ, ㄴ, ㄷ

iii) 기상특보는 주의보와 경보로 나뉜다. 주의보는 재해가 일어날 가능성이 있는 경우에, 경보는 중대한 재해가 예상될 때 발표하는 것이다. 주의보가 발표된 후 기상현상의 경과가 악화된다면 경보로 승격 발표되기도 한다. 또한 기상특보의 기준은 지역마다 다를 수도 있다. 대설주의보의 예보 기준은 24시간 신(新)적설량이 대도시일 때 5cm 이상, 일반지역일 때 10cm 이상, 울릉도일 때 20cm 이상이다. 대설경보의 예보 기준은 24시간 신적설량이 대도시일 때 20cm 이상, 일반지역일 때 30cm 이상, 울릉도일 때 50cm 이상이다. → 보기 ㄹ

〈보기〉

ㄱ. 월요일에 발표되는 주간예보에는 그 다음 주 월요일의 날씨가 포함된다.
ㄴ. 일일예보의 발표 시각과 3시간 예보의 발표 시각은 겹치지 않는다.
ㄷ. 오늘 23시에 발표된 일일예보는 오늘 5시에 발표된 일일예보보다 18시간 더 먼 미래의 날씨까지 예보한다.
ㄹ. 대도시 A의 대설경보 예보 기준은 울릉도의 대설주의보 예보 기준과 같다.

① ㄱ, ㄴ
② ㄱ, ㄷ
③ ㄷ, ㄹ
④ ㄱ, ㄴ, ㄹ
⑤ ㄴ, ㄷ, ㄹ

해설

문제 분석

제시문의 기상예보 분류를 정리해 보면 다음과 같다.

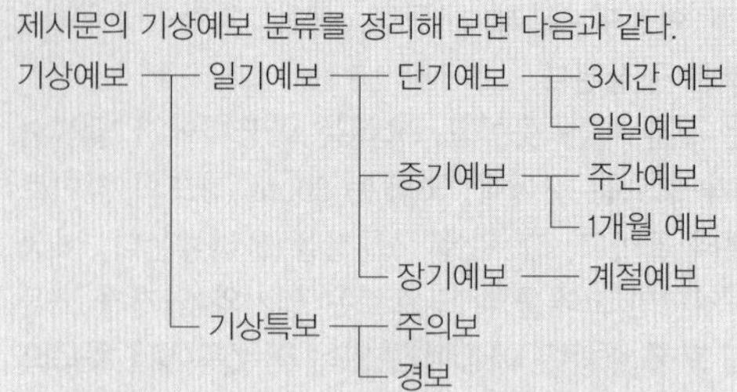

문제풀이 실마리

기상예보를 일기예보와 기상특보로 구분한 후, 시간에 따라, 기상현상의 정도에 따라 여러 기준에 따라 구분하고 있다. 예보의 종류가 여러 개 등장하므로, 발표시각이 겹치는지, 더 먼 미래의 날씨까지 예보하는지 등 보기에서 묻고 있는 개념 간 관계에 집중하여 해결할 수 있어야 한다.

ㄱ. (O) 문단 ii) 다섯 번째 문장에 따르면 주간예보는 일일예보를 포함하여 일일예보가 예보한 기간의 다음날부터 5일간의 날씨를 추가로 예보한다. 그리고 세 번째 문장에 따르면 일일예보는 오늘과 내일, 모레의 날씨를 예보한다. 따라서 월요일에 발표되는 주간예보에는 월요일의 일일예보인 월요일, 화요일, 수요일의 일일예보를 포함하고 있으며, 일일예보가 예보한 기간의 다음날인 목요일부터 5일간(목, 금, 토, 일, 월요일)의 날씨를 추가로 예보하므로 그 다음 주 월요일의 날씨가 포함된다.

ㄴ. (O) 문단 ii) 세 번째 문장에 따르면 일일예보의 발표 시각은 매일 5시, 11시, 17시, 23시이고, 두 번째 문장에 따르면 3시간 예보의 발표 시각은 매일 0시 발표부터 시작하여 3시간 간격으로 1일 8회 발표하므로 0시, 3시, 6시, 9시, 12시, 15시, 18시, 21시이다. 발표 시각이 서로 겹치지 않는다.

ㄷ. (X) 문단 ii) 세 번째 문장에 따르면 일일 예보는 1일 단위로 예보하며, 오늘 발표된 일일예보는 모레의 날씨까지 포함한다. 즉, 일일 예보는 1일 단위의 예보를 매일 5시, 11시, 17시, 23시에 4번 발표하는 것이므로, 오늘 23시에 발표된 일일예보가 오늘 5시에 발표된 일일예보보다 18시간 더 먼 미래의 날씨까지 예보하는 것이 아니라 모두 모레의 날씨까지 예보한다.

ㄹ. (O) 문단 iii) 다섯 번째 문장에 따르면 대도시 A의 대설경보 예보 기준은 20cm 이상이고, 네 번째 문장에 따르면 울릉도의 대설주의보 예보 기준은 20cm 이상으로 서로 같다.

[정답] ④

대조(비교)하는 글

04 다음 글을 근거로 판단할 때 옳지 않은 것은?

20년 민경채 가책형 5번

ⅰ)이해충돌은 공직자들에게 부여된 공적 의무와 사적 이익이 충돌하는 갈등상황을 지칭한다. 공적 의무와 사적 이익이 충돌한다는 점에서 이해충돌은 공직부패와 공통점이 있다. 하지만 공직부패가 사적 이익을 위해 공적 의무를 저버리고 권력을 남용하는 것이라면, 이해충돌은 공적 의무와 사적 이익이 대립하는 객관적 상황 자체를 의미한다. 이해충돌 하에서 공직자는 공적 의무가 아닌 사적 이익을 추구하는 결정을 내릴 위험성이 있지만 항상 그런 결정을 내리는 것은 아니다. → 선지 ①, ③

ⅱ)공직자의 이해충돌은 공직부패 발생의 상황요인이며 공직부패의 사전 단계가 될 수 있기 때문에 이에 대한 적절한 규제가 필요하다. 공직부패가 의도적 행위의 결과인 반면, 이해충돌은 의도하지 않은 상태에서 발생하는 상황이다. 또한 공직부패는 드문 현상이지만 이해충돌은 일상적으로 발생하기 때문에 직무수행 과정에서 빈번하게 나타날 수 있다. 그런 이유로 이해충돌에 대한 전통적인 규제는 공직부패의 사전예방에 초점이 맞추어져 있었다. → 선지 ④, ⑤

ⅲ)최근에는 이해충돌에 대한 규제의 초점이 정부의 의사결정 과정과 결과에 대한 신뢰성 확보로 변화되고 있다. 이는 정부의 의사결정 과정의 정당성과 공정성 자체에 대한 불신이 커지고, 그 결과가 시민의 요구와 선호를 충족하지 못하고 있다는 의구심이 제기되고 있는 상황을 반영하고 있다. 신뢰성 확보로 규제의 초점이 변화되면서 이해충돌의 개념이 확대되어, 외관상 발생 가능성이 있는 것만으로도 이해충돌에 대해 규제하는 것이 정당화되고 있다. → 선지 ②

① 공직부패는 권력 남용과 관계없이 공적 의무와 사적 이익이 대립하는 객관적 상황 자체를 의미한다.

② 이해충돌 발생 가능성이 외관상으로만 존재해도 이해충돌에 대해 규제하는 것이 정당화되고 있다.

③ 공직자의 이해충돌과 공직부패는 공적 의무와 사적 이익의 충돌이라는 점에서 공통점이 있다.

④ 공직자의 이해충돌은 직무수행 과정에서 빈번하게 발생할 가능성이 있다.

⑤ 이해충돌에 대한 규제의 초점은 공직부패의 사전예방에서 정부의 의사결정 과정과 결과에 대한 신뢰성 확보로 변화되고 있다.

해설

문제 분석

순서대로 문단 ⅰ)~문단 ⅲ)이라 한다.

문단 ⅰ) 이해충돌, 공직부패와의 공통점(공적 의무와 사적 이익의 충돌), 차이점(1)

문단 ⅱ) 이해충돌의 규제 필요성, 공직부패와의 차이점(2), 전통적인 규제는 공직부패의 사전예방에 초점

문단 ⅲ) 최근에는 신뢰성 확보로 규제의 초점이 변화, 이해충돌의 개념 확대

문제풀이 실마리

여러 종류가 있을 때, 이를 대조하거나 비교하는 글들이 제시되고 있다. 이때 공통점과 차이점을 잘 봐두어야 문제를 빠르게 해결할 수 있다.

① (X) 문단 ⅰ) 세 번째 문장에 따르면 공직부패는 사적 이익을 위해 공적 의무를 저버리고 권력을 남용하는 것이라고 하므로, 공직부패는 권력 남용과 관계가 있다. 그리고 공적 의무와 사적 이익이 대립하는 객관적 상황 자체를 의미하는 것은 공직부패가 아니라 이해충돌이다.

② (O) 문단 ⅲ) 세 번째 문장에 따르면 이해충돌의 개념이 확대되어, 이해충돌 발생 가능성이 외관상 존재하는 것만으로도 이해충돌에 대해 규제하는 것이 정당화되고 있다.

③ (O) 문단 ⅰ) 두 번째 문장에 따르면 공직자의 이해충돌과 공직부패는 공적 의무와 사적 이익의 충돌이라는 점에서 공통점이 있다.

④ (O) 문단 ⅱ) 세 번째 문장에 따르면 공직자의 이해충돌은 직무수행 과정에서 빈번하게 발생할 가능성이 있다.

⑤ (O) 문단 ⅱ) 네 번째 문장에 따르면 이해충돌에 대한 전통적인 규제는 공직부패의 사전예방에 초점이 맞추어져 있었으나, 문단 ⅲ) 첫 번째 문장에 따르면 최근에는 규제의 초점이 정부의 의사결정 과정과 결과에 대한 신뢰성 확보로 변화되고 있다.

[정답] ①

05 다음 글을 근거로 판단할 때 옳지 않은 것은?

20년 민경채 가책형 14번

ⅰ)최근 공직자의 재산상태와 같은 세세한 사생활 정보까지 공개하라는 요구가 높아지고 있다. 공직자의 사생활은 일반시민의 사생활만큼 보호될 필요가 없다는 것이 그 이유다. 비슷한 맥락에서 일찍이 플라톤은 통치자는 가족과 사유재산을 갖지 말아야 한다고 주장했다. → 선지 ②

ⅱ)공직자의 사생활 보호에 대한 논의는 '동등한 사생활 보호의 원칙'과 '축소된 사생활 보호의 원칙'으로 구분된다. 동등한 사생활 보호의 원칙은 공직자의 사생활도 일반시민과 동등한 정도로 보호되어야 한다고 본다. 이 원칙의 지지자들은 우선 공직자의 사생활 보호로 공적으로 활용가능한 인재가 증가한다는 점을 강조한다. 사생활이 보장되지 않으면 공직 희망자가 적어져 인재 활용이 제한되고 다양성도 줄어들게 된다는 것이다. 또한 이들은 선정적인 사생활 폭로가 난무하여 공공정책에 대한 실질적 토론과 민주적 숙고가 사라져 버릴 위험성에 대해서도 경고한다. → 선지 ①, ④

ⅲ)반면, 공직자는 일반시민보다 우월한 권력을 가지고 있다는 것과 시민을 대표한다는 것 때문에 축소된 사생활 보호의 원칙이 적용되어야 한다는 주장도 있다. 공직자는 일반시민이 아니기 때문에 동등한 사생활 보호의 원칙을 적용할 수 없다는 것이다. 이 원칙의 지지자들은 공직자들이 시민 생활에 영향을 미치는 결정을 내리기 때문에, 사적 목적을 위해 권력을 남용하지 않고 부당한 압력에 굴복하지 않으며 시민이 기대하는 정책을 추구할 가능성이 높은 사람이어야 한다고 주장한다. 즉 이러한 공직자가 행사하는 권력에 대해 책임을 묻기 위해서는 사생활 중 관련된 내용은 공개되어야 한다는 것이다. 또한 공직자는 시민을 대표하기 때문에 훌륭한 인간상으로 시민의 모범이 되어야 한다는 이유도 들고 있다. → 선지 ①, ③, ⑤

① 축소된 사생활 보호의 원칙은 공직자와 일반시민의 사생활 보장의 정도가 달라야 한다고 본다.
② 통치자의 사생활에 대한 플라톤의 생각은 동등한 사생활 보호의 원칙보다 축소된 사생활 보호의 원칙에 더 가깝다.
③ 동등한 사생활 보호의 원칙을 지지하는 이유 중 하나는 공직자가 시민을 대표하는 훌륭한 인간상이어야 하기 때문이다.
④ 동등한 사생활 보호의 원칙을 지지하는 이유 중 하나는 사생활이 보장되지 않으면 공직 희망자가 적어질 수 있다고 보기 때문이다.
⑤ 축소된 사생활 보호의 원칙을 지지하는 이유 중 하나는 공직자가 일반시민보다 우월한 권력을 가지고 있다고 보기 때문이다.

해설

문제 분석

순서대로 문단 ⅰ)~문단 ⅲ)이라 한다.

문단 ⅰ) 공직자의 사생활 정보 공개 요구
문단 ⅱ) 동등한 사생활 보호의 원칙(공직자의 사생활도 일반시민과 동등한 정도로 보호)
문단 ⅲ) 축소된 사생활 보호의 원칙

문제풀이 실마리

공직자의 사생활 보호에 대한 논의로 '동등한' 또는 '축소된' 사생활 보호의 원칙이 제시되어 있다. 이 두 논의 간 내용을 서로 바꾸어 함정을 파는 경우가 많으므로 차이에 집중해서 읽어야 한다.

① (O) 문단 ⅱ) 두 번째 문장에 따르면 동등한 사생활 보호의 원칙은 공직자의 사생활도 일반시민과 동등한 정도로 보호되어야 한다고 본다. 그리고 문단 ⅲ) 두 번째 문장에 따르면 축소된 사생활 보호의 원칙은 공직자에게 동등한 사생활 보호의 원칙을 적용할 수 없다고 한다. 즉, 축소된 사생활 보호의 원칙은 공직자와 일반시민의 사생활 보장의 정도가 동등해야 하는 것이 아니라 달라야 한다고 본다.

② (O) 문단 ⅰ) 세 번째 문장에 따르면 플라톤의 주장은 문단 ⅰ) 두 번째 문장과 비슷한 맥락이고, 두 번째 문장의 공직자의 사생활은 일반시민의 사생활만큼 보호될 필요가 없다는 내용은 문단 ⅲ) 두 번째 문장의 축소된 사생활 보호의 원칙 내용과 같은 맥락이다. 따라서 통치자의 사생활에 대한 플라톤의 주장은 동등한 사생활 보호의 원칙보다 축소된 사생활 보호의 원칙에 더 가깝다.

③ (X) 문단 ⅲ) 다섯 번째 문장에 따르면 동등한 사생활 보호의 원칙을 지지하는 이유가 아니라 축소된 사생활 보호의 원칙을 지지하는 이유 중 하나는 공직자가 시민을 대표하는 훌륭한 인간상이어야 하기 때문이다.

④ (O) 문단 ⅱ) 네 번째 문장에 따르면 동등한 사생활 보호의 원칙을 지지하는 이유 중 하나는 사생활이 보장되지 않으면 공직 희망자가 적어질 수 있다고 보기 때문이다.

⑤ (O) 문단 ⅰ) 첫 번째 문장에 따르면 축소된 사생활 보호의 원칙을 지지하는 이유 중 하나는 공직자가 일반시민보다 우월한 권력을 가지고 있다고 보기 때문이다.

[정답] ③

길쌤's Check 더 연습해 볼 문제

5급 공채	09년 극책형 21번 10년 선책형 28번 16년 4책형 2번

종류가 많은 글

06 다음 글을 근거로 판단할 때, <보기>에서 옳은 것만을 모두 고르면?

13년 민경채 인책형 3번

ⅰ)건축은 자연으로부터 인간을 보호하기 위한 인위적인 시설인 지붕을 만들기 위한 구축술(構築術)에서 시작되었다고 할 수 있다. 우리가 중력의 법칙이 작용하는 곳에 살고 있는 이상 지붕은 모든 건축에서 고려해야 할 필수적인 요소이다. 건축은 바닥과 벽 그리고 지붕의 세 요소로 이루어진다. 하지만 인류 최초의 건축 바닥은 지면이었고 별도의 벽은 없었다. 뿔형이나 삼각형 단면 구조에 의해 이루어지는 지붕이 벽의 기능을 하였을 뿐이다.

ⅱ)그러나 지붕만 있는 건축으로는 넓은 공간을 만들 수 없다. 천장도 낮아서 공간의 효율성이 떨어지고 불편했다. 따라서 공간에 대한 욕구가 커지고 건축술이 발달하면서 건축은 점차 수직으로 선 구조체가 지붕을 받치는 구조로 발전하였다. 그로 인해 지붕의 처마는 지면에서 떨어질 수 있게 되었고, 수직의 벽도 출현하게 되었다. 수직 벽체의 출현은 건축의 발달 과정에서 획기적인 전환이었다. 이후 수직 벽체는 건축구조에서 가장 중요한 부분의 하나가 되었고, 그것을 만드는 재료와 방법에 따라서 다양한 구조와 형태의 건축이 출현하였다. → 보기 ㄱ

ⅲ)흙을 사용하여 수직 벽체를 만드는 건축 방식에는 항토(夯土)건축과 토담, 전축(塼築) 등의 방식이 있다. 항토건축은 거푸집을 대고 흙 또는 흙에 강회(생석회)와 짚여물 등을 섞은 것을 넣고 다져 벽을 만든 것이다. 토담 방식은 햇볕에 말려 만든 흙벽돌을 쌓아올려 벽을 만든 것이다. 그리고 전축은 흙벽돌을 고온의 불에 구워 만든 전돌을 이용해 벽을 만든 것이다. → 보기 ㄷ, ㄹ

ⅳ)항토건축은 기단이나 담장, 혹은 성벽을 만드는 구조로 사용되었을 뿐 대형 건축물의 구조방식으로는 사용되지 않았고, 토담 방식으로 건물을 지은 예는 많지 않았다. 한편 전축은 전탑, 담장, 굴뚝 등에 많이 활용되었고 조선 후기에는 화성(華城)의 건설에 이용되었다. 여름철에 비가 많고 겨울이 유난히 추운 곳에서는 수분의 침투와 동파를 막기 위해서 높은 온도에서 구워낸 전돌을 사용해야 했는데, 경제적인 부담이 커서 대량생산을 할 수 없었다. → 보기 ㄴ, ㄷ, ㄹ

〈보기〉

ㄱ. 수직 벽체를 만들게 됨에 따라서 지붕만 있는 건축물보다는 더 넓은 공간의 건축물을 지을 수 있게 되었다.
ㄴ. 항토건축 방식은 대형 건축물의 수직 벽체로 활용되었을 뿐 성벽에는 사용되지 않았다.
ㄷ. 토담 방식은 흙을 다져 전체 벽을 만든 것으로 당시 대부분의 건축물에 활용되었다.
ㄹ. 화성의 건설에 이용된 전축은 높은 온도에서 구워낸 전돌을 사용한 것이다.

① ㄱ, ㄴ　② ㄱ, ㄹ
③ ㄴ, ㄷ　④ ㄱ, ㄷ, ㄹ
⑤ ㄴ, ㄷ, ㄹ

해설

문제 분석

순서대로 문단 ⅰ)~문단 ⅳ)이라 한다.

문단 ⅰ) 건축의 시작, 건축의 세 요소(바닥, 벽, 지붕), 인류 최초의 건축 바닥은 지면

문단 ⅱ) 지붕만 있는 건축, 수직 벽체의 출현

문단 ⅲ) 흙을 사용하여 수직 벽체를 만드는 건축 방식(항토건축, 토담, 전축)

문단 ⅳ) 항토건축, 토담, 전축의 활용

문제풀이 실마리

흙을 사용하여 수직 벽체를 만드는 건축 방식으로 항토건축과 토담, 전축 등의 방식이 주어져 있다. 이 세 가지 건축방식을 정확하게 구분할 수 있어야 한다.

ㄱ. (O) 문단 ⅱ) 첫 번째 문장에 따르면 지붕만 있는 건축으로는 넓은 공간을 만들 수 없다고 한다. 이를 벽이 있는 건축으로는 넓은 공간을 만들 수 있다고 해석할 수도 있고, 문단 ⅱ)의 나머지 내용에서 공간에 대한 욕구가 커지고 건축술이 발달하면서 수직 벽체가 출현하게 되었다는 내용으로부터 수직 벽체를 만들게 됨에 따라서 지붕만 있는 건축물보다는 더 넓은 공간의 건축물을 지을 수 있게 되었음을 추론할 수 있다.

ㄴ. (X) 문단 ⅳ) 첫 번째 문장에 따르면 항토건축 방식은 대형 건축물의 수직 벽체로 활용되지 않았고, 성벽에는 사용되었다.

ㄷ. (X) 문단 ⅲ) 세 번째 문장에 따르면 토담 방식은 흙을 다져 전체 벽을 만든 것이 아니라 햇볕에 말려 만든 흙벽돌을 쌓아 올려 벽을 만든 것이다. 그리고 문단 ⅳ) 첫 번째 문장에 따르면 토담 방식은 당시 대부분의 건축물에 활용된 것이 아니라, 토담 방식으로 건물을 지은 예가 많지 않았다고 한다.

ㄹ. (O) 문단 ⅳ) 두 번째 문장에 따르면 전축은 화성의 건설에 이용되었고, 문단 ⅲ) 네 번째 문장에 따르면 전축은 흙벽돌을 고온의 불에 구워 만든 전돌을 이용해 벽을 만든 것이라고 하므로 높은 온도에서 구워낸 전돌을 사용한 것임을 알 수 있다.

[정답] ②

07 신석기 시대의 토기에 관한 다음 강연 내용을 읽고 옳게 추론한 것을 <보기>에서 모두 고르면? 11년 5급 선책형 22번

1 A토기

중부지방에서 출토된 이 토기는 전체적으로 보면 동그스름한 팽이 모양의 곡선 형태를 지니고 있습니다. 이 토기를 보면 바닥이 동그스름하게 되어 있어서 혼자서는 설 수가 없습니다. 모래바닥에 묻어 바르게 세워서 사용하든가 밑에 돌을 고여서 쓰러지지 않게 해야만 사용할 수가 있는 것이죠. 그러니까 이러한 토기들은 해안가나 강가의 양지 바른 곳에서 주로 생활을 하던 사람들의 생활 배경을 말해준다고 볼 수 있습니다. 그래서 토기는 단순히 생활용기, 즉 그릇일 뿐만 아니라 그것이 만들어진 시대적 배경을 말해준다는 점에서 역사적 의미가 큽니다. → 보기 ㄴ

이 토기는 토기의 전면에 문양이 새겨져 있습니다. 그런데 이러한 무늬들은 한결같이 기하학적이고 추상적이며 상징적입니다. 심심풀이로 문양을 새긴 것이 아니라 무엇인가를 나타내고자 한 것이죠. 여기에서 추상성과 상징성이 짙은 신석기 시대 미술문화의 일면도 엿볼 수 있습니다. → 보기 ㄱ

2 B토기

신석기 시대의 고급스러우면서도 색다른 토기로 함경도 지역에서 나온 까만색의 흑도를 빼놓을 수 없습니다. 이 토기는 배가 불룩하고 바닥이 평평하며 주둥이가 좁은 형태입니다. 그릇 표면의 대부분을 차지하는 배 부분에는 지렁이 같은 줄무늬들이 남아 있는데, 이런 문양은 그릇 겉면을 긁어내어 나타낸 것입니다. 겉면을 긁어내서 문양을 살리는 이러한 기법은 15세기 분청사기에 많이 나타났던 것입니다.

→ 보기 ㄱ, ㄷ, ㄹ

3 C토기

부산 영선동 패총에서 출토된 이 토기는 조형성이 뛰어나 눈길을 끕니다. 계란 반쪽을 잘라놓은 것 같은 아담하고 동그스름한 곡선적 기형과 거기에 직선화된 띠무늬를 대담하게 덧대어 잘 조화시켰습니다. 그리고 살포시 나온 주둥이를 통해서 기능을 100% 살리고 있습니다. 그래서 공예품으로서 기능과 아름다움을 겸비하고 있다고 볼 수 있습니다.

→ 보기 ㄴ, ㄹ

〈보기〉

ㄱ. 신석기 시대에는 사실주의적 경향의 미술이 본격적으로 발전하기 시작했다고 평가할 수 있다.

ㄴ. C토기는 A토기와 달리 지반이 단단한 산간지방에서 주로 사용되었다.

ㄷ. B토기를 통해서 신라 시대에 사용되었던 기법이 이미 신석기 시대에도 구사되었음을 알 수 있다.

ㄹ. B토기와 C토기는 토기 표면에 문양을 넣는 방식이 달랐다.

① ㄱ ② ㄹ ③ ㄴ, ㄹ

④ ㄷ, ㄹ ⑤ ㄱ, ㄴ, ㄷ

해설

문제 분석

제시문에서 1~3으로 구분하여 A~C토기에 대하여 설명하고 있다. 제시문에서 설명하는 해당 토기들의 특성이 〈보기〉의 내용에 부합하는지 또는 추론할 수 있는 내용이 있는지 판단한다.

문제풀이 실마리

〈보기〉에서 언급하고 있는 각 토기의 특성들만 정리해 보면 다음과 같다. 각 토기에 대한 설명 중 공통적인 설명이나 대비되는 내용들을 중점적으로 확인하면서 제시문을 읽는다.

	A	B	C
문양 → 미술문화	기하학적, 추상적, 상징적(새겨져)	줄무늬(긁어내서)	직선화된 띠무늬(덧대서)
모양 → 지역	바닥이 동그스름 → 해안가나 강가	바닥이 평평	동그스름
시대	신석기 시대	신석기 시대	–

ㄱ. (X) 1 두 번째 문단 세 번째 문장에서 A토기, 2 첫 번째 문장에서 B토기가 신석기 시대의 토기임을 알 수 있다. 미술 문화, 미술 경향에 대해서 언급하고 있는 것은 A토기이고, A토기의 무늬들은 한결같이 기하학적이고 추상적이며 상징적이어서 신석기 시대 미술문화는 추상성과 상징성이 짙은 일면이 있다고 한다. 그러나 이와 같은 내용으로부터 신석기 시대에 추상적, 상징적이지 않은 있는 그대로의 사실을 묘사·재현하려는 사실주의적 경향의 미술이 본격적으로 발전하기 시작했다고 추론할 수는 없다. 사실주의와 같은 예술 사조에 대해 구체적으로 이해하지 못한다 해도 추상적·상징적인 것과는 대비되는 것으로 이해해야 한다.

ㄴ. (X) C토기가 산간지방에서 주로 사용되었다는 직접적인 언급은 없다. 다만 1 첫 번째 문단 두 번째, 세 번째, 네 번째 문장에서 A토기의 모양은 바닥이 동그스름하여 혼자 설 수 없으므로 모래바닥과 같은 곳에 묻어 바르게 세워서 사용할 수 있고, 이로부터 이러한 토기들을 사용하던 사람들이 해안가나 강가에서 생활했을 것이라고 추론한다. 그러므로 3 두 번째 문장에서 C토기도 동그스름한 모양을 한 것으로부터, 지반이 단단한 산간지방에서 주로 사용된 것이 아니라 해안가나 강가에서 주로 사용되었을 것으로 추론할 수 있다.

ㄷ. (X) 2 네 번째 문장에서 B토기에 사용된 기법은 겉면을 긁어내서 문양을 살리는 기법이고 15세기 분청사기에 많이 나타났다고 한다. 그러나 15세기는 조선시대이고 이러한 기법이 신라 시대에 사용되었던 기법인지 직접적인 언급은 없다. '15세기는 조선시대이고 신라시대가 아닌' 것을 모른다고 해도 '15세기'에 많이 나타났던 기법이 '신라시대'에도 사용되었을 것이라고 추론할 수는 없다.

ㄹ. (O) 2 세 번째 문장에서 B토기의 문양은 그릇 겉면을 긁어내어 나타낸 것이고, 3 두 번째 문장에서 C토기의 문양은 띠무늬를 덧대어 만든 것임을 확인할 수 있다. 두 토기 표면에 문양을 넣는 방식이 달랐음을 추론할 수 있다.

[정답] ②

길쌤's Check 더 연습해 볼 문제

민간경력자	11년 실험 발책형 10번 11년 실험 발책형 11번 12년 인책형 15번 15년 인책형 3번
5급 공채	05년 견습 과책형 23번 06년 견습 인책형 24번 07년 재책형 38번

정보의 정리가 필요한 글

08 다음 제시문을 통하여 알 수 있는 내용으로 가장 적절한 것은?

06년 5급 출책형 21번

지방자치단체의 혁신역량은 지방자치단체의 행정역량과 시민사회역량 간의 관계를 기준으로 해서 4가지로 유형화될 수 있다. A유형은 행정역량은 높으나 시민사회역량은 낮은 유형이다. 여기서는 위로부터의 강제나 명령에 의한 정책결정과 집행은 잘 이루어지나 아래로부터의 정책형성과정이나 정치참여는 원활하게 이루어지지 않는다. B유형은 A유형과는 반대되는 경우로서 지방자치단체의 행정역량은 낮으나 시민사회역량은 높은 유형이다. 이러한 지방자치단체는 공동체 전체의 집합적 목적을 추구하기보다는 사회세력의 이익을 정책에 그대로 반영하는 수동적 행위자로 활동한다. C유형은 행정역량과 시민사회역량이 모두 미약하여 시민사회가 소수의 이익집단에 장악되어 있기 때문에 경쟁하는 자발적 집단을 형성하지 못한다. 또 지방자치단체는 정책을 시민사회에 전달할 수 있는 공식채널을 가지고 있지 못하다. D유형은 행정역량과 시민사회역량이 모두 높아서 지방자치단체가 지역주민들과 제도화된 협력관계를 통해 정책을 집행하게 된다.

① D유형 하에서는 공동체 전체의 목적을 추구하기 어렵다.
② B유형과 D유형 하에서는 아래로부터의 정책형성과정이나 정치참여가 어렵다.
③ C유형 하에서는 지방자치단체가 지역유지들과 사적인 교환관계를 형성할 수 있다.
④ A유형 하에서는 지방자치단체와 시민사회가 개별적 네트워크를 통하여 정책을 집행하게 된다.
⑤ B유형 하에서는 지방자치단체의 네트워크가 활성화되어 있어 지역주민의 반대에도 불구하고 정책을 과감하게 밀어붙일 수 있다.

해설

문제 분석

제시문의 내용은 지방자치단체의 혁신역량을 유형화한 것이다. 이를 아래의 표와 같이 나타낼 수 있다. 행정학 등에서 많이 등장하는 2×2 매트릭스 유형화이다.

		시민사회역량	
		높음	낮음
행정역량	높음	D유형	A유형
	낮음	B유형	C유형

문제풀이 실마리

각 유형의 내용 파악만 정확하게 할 수 있다면 각 유형에 해당하는 내용을 제시문에서 발췌독해서 해결하는 것도 가능한 문제이다.

① (X) D유형은 지방자치단체의 행정역량과 시민사회역량이 모두 높은 유형이다. 이 경우 지방자치단체가 지역주민들과 제도화된 협력관계를 통해 정책을 집행하게 된다고 하므로, 지방자치단체와 시민사회, 지역주민을 모두 포함한 지역사회 전체의 공통 목적을 추구하는 정책을 집행하게 될 것이라고 해석할 수 있다. 또한 D유형이 B유형(행정역량은 낮으나 시민사회역량은 높은 유형)의 경우처럼 지방자치단체가 수동적 행위자로 활동하여 공동체 전체의 집합적 목적을 추구하기 어렵다고 생각하는 것은 적절하지 않다.

② (X) B유형과 D유형은 공통적으로 시민사회역량이 높은 유형이다. '아래로부터의 정책형성과정이나 정치참여'의 해석에 있어서 세 번째 문장을 보면 '위로부터'가 지방자치단체로부터 시민사회로, '아래로부터'가 시민사회로부터 지방자치단체로라는 것을 알아낼 수 있다. 시민사회의 역량이 낮은 A유형의 경우 아래로부터의 정책형성과정이나 정치참여가 원활하게 이루어지지 않지만, B유형과 D유형은 시만사회역량이 높은 유형으로서 아래로부터의 정책형성과정이나 정치참여가 어렵다고 생각하는 것은 적절하지 않다.

③ (O) 여섯 번째 문장의 소수의 이익집단이 지역사회의 지역유지들이라고 하자. 그리고 일곱 번째 문장에서처럼 지방자치단체가 정책을 시민사회에 전달할 수 있는 공식채널을 가지고 있지 못하므로 사적인 채널, 즉 사적인 교환관계를 형성한다고 생각해 볼 수 있다. 그렇다면 C유형 하에서는 지방자치단체가 지역유지들과 사적인 교환관계를 형성할 수 있다.

④ (X) A유형 하에서는 위로부터의 강제나 명령에 의한 정책결정과 집행은 잘 이루어지나 아래로부터의 정책형성과정이나 정치참여는 원활하게 이루어지지 않는다고 한다. 지방자치단체와 시민사회가 개별적 네트워크를 통하여 정책을 집행하는 것은 정책집행의 권한이 분산된 것으로 A유형처럼 아래로부터의 정책형성과정이나 정치참여는 원활하게 이루어지지 않는 경우와 부합하지 않는다.

⑤ (X) B유형 하에서는 지방자치단체의 행정역량이 낮아 지방자치단체의 네트워크가 활성화되어 있다고 보기 힘들다. 그리고 지역주민의 반대에도 불구하고 정책을 과감하게 밀어붙일 수 있는 것은 행정역량이 높고 시민사회역량이 낮은 A유형과 같이 위로부터의 강제나 명령에 의한 정책결정과 집행이 잘 이루어지는 경우라고 생각할 수 있고, B유형 하에서 이와 같은 정책결정과 집행이 이루어진다고 보기 어렵다.

[정답] ③

09 다음 글을 근거로 판단할 때 옳은 것은? 18년 민경채 가책형 1번

ⅰ)정책의 쟁점 관리는 정책 쟁점에 대한 부정적 인식을 최소화하여 정책의 결정 및 집행에 우호적인 환경을 조성하기 위한 행위를 말한다. 이는 정책 쟁점이 미디어 의제로 전환된 후부터 진행된다. → 선지 ①

ⅱ)정책의 쟁점 관리에서는 쟁점에 대한 지식수준과 관여도에 따라 공중(公衆)의 유형을 구분하여 공중의 특성에 맞는 전략적 대응방안을 제시한다. 어떤 쟁점에 대해 지식수준과 관여도가 모두 낮은 공중은 '비활동 공중'이라고 한다. 그러나 쟁점에 대한 지식수준이 낮더라도 쟁점에 노출되어 쟁점에 대한 관여도가 높아지게 되면 이들은 '환기 공중'으로 변화한다. 이러한 환기 공중이 쟁점에 대한 지식수준까지 높아지면 지식수준과 관여도가 모두 높은 '활동 공중'으로 변하게 된다. 쟁점에 대한 지식수준이 높지만 관여도가 높지 않은 공중은 '인지 공중'이라고 한다. → 선지 ②, ③, ④

ⅲ)인지 공중은 사회의 다양한 쟁점에 관한 지식을 가지고 있지만 적극적으로 활동하지 않아 이른바 행동하지 않는 지식인이라고도 불리는데, 이들의 관여도를 높여 활동 공중으로 이끄는 것은 매우 어렵다. 이 때문에 이들이 정책 쟁점에 긍정적 태도를 가지게 하는 것만으로도 전략적 성공이라고 볼 수 있다. 반면 환기 공중은 지식수준은 낮지만 쟁점 관여도가 높은 편이어서 문제해결에 필요한 지식을 얻게 된다면 활동 공중으로 변화한다. 따라서 이들에게는 쟁점에 대한 미디어 노출을 증가시키거나 다른 사람과 쟁점에 대해 토론하게 함으로써 지식수준을 높이는 전략을 취할 필요가 있다. 한편 활동 공중은 쟁점에 대한 지식수준과 관여도가 모두 높기 때문에 조직화될 개연성이 크고, 자신의 목적을 이루기 위해 시간과 노력을 아낌없이 투자할 자세가 되어 있다. 정책의 쟁점 관리를 제대로 하려면 이들이 정책을 우호적으로 판단할 수 있도록 하는 다양한 전략을 마련하여야 한다.
→ 선지 ⑤

① 정책의 쟁점 관리는 정책 쟁점이 미디어 의제로 전환되기 전에 이루어진다.

② 어떤 쟁점에 대한 지식수준이 높지만 관여도가 낮은 공중을 비활동 공중이라고 한다.

③ 비활동 공중이 어떤 쟁점에 노출되면서 관여도가 높아지면 환기 공중으로 변한다.

④ 공중은 한 유형에서 다른 유형으로 변화할 수 없기 때문에 정책의 쟁점 관리를 할 필요가 없다.

⑤ 인지 공중의 경우, 쟁점에 대한 미디어 노출을 증가시키고 다른 사람과 쟁점에 대해 토론하게 만든다면 활동 공중으로 쉽게 변한다.

해설

문제 분석

순서대로 문단 ⅰ)~문단 ⅲ)이라 한다.
문단 ⅰ) 정책의 쟁점 관리
문단 ⅱ) 공중의 유형 구분(비활동 공중, 환기 공중, 활동 공중, 인지 공중)
문단 ⅲ) 인지 공중, 환기 공중, 활동 공중에 대한 전략

문제풀이 실마리

문단 ⅱ)의 공중 유형을 정리해 보면 다음과 같다.

구분		지식수준	
		높음	낮음
관여도	높음	활동 공중	환기 공중
	낮음	인지 공중	비활동 공중

① (X) 문단 ⅰ) 두 번째 문장에 따르면 정책의 쟁점 관리는 정책 쟁점이 미디어 의제로 전환되기 전이 아니라 전환된 후부터 이루어진다.

② (X) 문단 ⅱ) 다섯 번째 문장에 따르면 어떤 쟁점에 대한 지식수준이 높지만 관여도가 낮은 공중은 비활동 공중이 아니라 인지 공중이라고 한다.

③ (O) 문단 ⅱ) 두 번째 문장에 따르면 어떤 쟁점에 대해 지식수준과 관여도가 모두 낮은 공중은 비활동 공중이라고 하는데, 세 번째 문장에 따르면 비활동 공중은 지식수준이 낮더라도 어떤 쟁점에 노출되면서 관여도가 높아지면 환기 공중으로 변한다.

④ (X) 문단 ⅱ) 두 번째, 세 번째 문장에서는 비활동 공중이 환기 공중으로, 문단 ⅱ) 네 번째 문장, 문단 ⅲ) 세 번째 문장에서는 환기 공중이 활동 공중으로 변하게 되는 것에 대해서 설명하고 있으므로, 공중이 한 유형에서 다른 유형으로 변화할 수 있다는 것을 알 수 있다.

⑤ (X) 문단 ⅲ) 첫 번째 문장에 따르면 인지 공중이 활동 공중으로 변하는 것은 매우 어렵다. 세 번째, 네 번째 문장에 따르면 환기 공중은 문제해결에 필요한 지식을 얻게 된다면 활동 공중으로 변화하므로, 쟁점에 대한 미디어 노출을 증가시키고 다른 사람과 쟁점에 대해 토론하게 만드는 전략을 취할 필요가 있다고 한다.

[정답] ③

길쌤's Check

• 정보의 정리가 필요한 글

텍스트 유형 중에는 제시문에 표나 그래프, 그림 등으로 정리하면 보다 일목요연하게 이해할 수 있는 정보가 포함된 문제가 출제되기도 한다. 그중 표로 정리를 하면 효율적인 정보가 포함된 제시문이 출제되는 빈도가 가장 높다. 정보를 정리하는 것은 정보가 명확하게 이해되는 장점은 있지만, 그만큼 시간을 사용해야 한다는 점에서는 비효율적이다. 따라서 초심자 단계에서는 표로 정리하면서 정보처리의 방법을 익혀두고, 어느 정도 정보처리가 익숙해지면 표로 정리하는 것을 대체할 보다 효율적인 방법을 활용하는 것이 바람직하다.

통시적인 글

10 다음 글을 근거로 판단할 때 옳은 것은? 14년 민경채 A책형 3번

i)최초의 자전거는 1790년 시브락 백작이 발명한 '셀레리페르'라는 것이 정설이다. 이후 1813년 만하임의 드라이스 폰 자이에르브론 남작이 '드레지엔'을 선보였다. 방향 전환이 가능한 핸들이 추가된 이 자전거는 1817년 파리 티볼리 정원의 구불구불한 길을 단번에 통과한 후 인기를 끌었다. 19세기 중엽에는 '벨로시페드'라는 자전거가 등장했는데, 이 자전거는 앞바퀴 쪽에 달려 있는 페달을 밟아 이동이 가능했다. 이 페달은 1861년 에르네스트 미쇼가 드레지엔을 수리하다가 아이디어를 얻어 발명한 것이었다. → 선지 ①, ②

ii)자전거가 인기를 끌자, 1868년 5월 생클루드 공원에서는 처음으로 자전거 스피드 경주가 열렸다. 이 대회의 우승은 제임스 무어가 차지했다. 그는 다음 해 열린 파리-루앙 간 최초의 도로 사이클 경주에서도 우승했다. → 선지 ③

iii)이로부터 상당한 시일이 흐른 후 금속제 자전거가 등장했다. 1879년에는 큰 기어와 뒷바퀴 사이에 체인이 달린 자전거가, 그리고 1885년에는 안전 커버가 부착되고 두 바퀴의 지름이 똑같은 자전거가 발명되었다. 1888년에는 스코틀랜드의 수의사 던롭이 공기 타이어를 고안했으며, 이후 19세기 말 유럽의 길거리에는 자전거가 붐비기 시작했다. → 선지 ④, ⑤

① 18세기에 발명된 셀레리페르는 핸들로 방향을 전환할 수 있었다.
② 벨로시페드의 페달은 드레지엔의 수리과정에서 얻은 아이디어를 바탕으로 발명되었다.
③ 대중적으로 자전거의 인기가 높아지자 19세기 초에 도로 사이클 경주가 개최되었다.
④ 최초의 자전거 스피드 경주에 사용된 자전거는 두 바퀴의 지름이 같았다.
⑤ 공기 타이어가 부착된 자전거가 체인을 단 자전거보다 먼저 발명되었다.

해설

문제 분석

순서대로 문단 i)~문단 iii)이라 한다.
문단 i) 최초의 자전거(셀레리페르), 초기 자전거들(드레지엔, 벨로시페드)
문단 ii) 자전거 경주
문단 iii) 금속제 자전거 등의 등장

문제풀이 실마리

시간의 흐름에 따라 많은 자전거의 종류가 등장한다. 개념이나 용어가 낯설 수도 있으므로 이를 효율적으로 정보처리할 수 있어야 한다.

① (X) 문단 i)의 첫 번째 문장부터 세 번째 문장까지의 내용에 따르면 드레지엔은 1813년(19세기)에 발명되었는데 방향 전환이 가능한 핸들이 추가되었다고 한다. 이에 비추어 이전의 자전거는 방향 전환이 가능한 핸들이 없었다고 추론할 수 있으므로, 18세기(1790년)에 발명된 셀레리페르는 핸들로 방향을 전환할 수 없었을 것이라고 판단할 수 있다.

② (O) 문단 i)의 네 번째, 다섯 번째 문장에 따르면 벨로시페드의 앞바퀴에는 페달이 달려 있는데, 이 페달은 드레지엔의 수리과정에서 얻은 아이디어를 바탕으로 발명되었다.

③ (X) 문단 ii)의 첫 번째, 세 번째 문장에 따르면 대중적으로 자전거의 인기가 높아지자 자전거 경주가 열렸는데, 19세기 초가 아니라 1868년의 다음 해인 1869년(19세기 말) 최초의 도로 사이클 경주가 개최되었다.

④ (X) 문단 ii)의 첫 번째 문장에 따르면 최초의 자전거 스피드 경주는 1868년이고, 문단 iii)의 두 번째 문장에서 1885년에 두 바퀴의 지름이 같은 자전거가 발명되었다는 것을 알 수 있다. 1885년에 발명된 두 바퀴의 지름이 같은 자전거가 1868년 최초의 자전거 스피드 경주에 사용될 수는 없었다.

⑤ (X) 문단 iii)의 세 번째 문장에 따르면 공기 타이어가 고안된 것이 1888년이므로 공기 타이어가 부착된 자전거는 1888년 이후에 발명되었을 것이다. 두 번째 문장에 따르면 체인을 단 자전거는 1879년에 발명되었으므로 공기 타이어가 부착된 자전거가 체인을 단 자전거보다 늦게 발명되었다.

빠른 문제풀이 Tip

③ 한 세기를 초, 말과 같이 두 기간으로 나눌 수도 있고, 초반, 중반, 후반과 같이 세 기간으로도 나눌 수 있으며, 한 세기의 극 초반만 몇 세기 초, 극 후반을 몇 세기 말과 같이 부르는 경우가 있다. 이렇게 한 세기의 일부분을 지칭하는 기준에 대해서 명확히 합의된 바가 있다고 보기는 어렵다. 다만 문제에서 19세기의 절반 이상이 지난 1869년을 19세기 초라고 보기는 어려우므로 정오 판단에는 문제될 것이 없다.

[정답] ②

길쌤's Check

• **통시적인 글**

시간의 흐름에 따른 변화를 설명하는 글을 말한다. 이런 글이 제시문으로 주어진 문제를 빠르고 정확하게 해결하기 위해서는 시간의 흐름에 따른 소재의 변화 과정을 정확하게 파악하는 것이 중요하다.

• **더 연습해 볼 문제**

민간경력자	15년 인책형 1번 17년 나책형 1번
5급 공채	18년 나책형 6번

11 다음 글을 근거로 판단할 때 옳은 것은? 16년 민경채 5책형 3번

ⅰ)종래의 철도는 일정한 간격으로 된 2개의 강철레일 위를 강철바퀴 차량이 주행하는 것이다. 반면 모노레일은 높은 지주 위에 설치된 콘크리트 빔(beam) 위를 복렬(複列)의 고무타이어 바퀴 차량이 주행하는 것이다. 빔 위에 다시 레일을 고정하고, 그 위를 강철바퀴 차량이 주행하는 모노레일도 있다. → 선지 ③

ⅱ)처음으로 실용화된 모노레일은 1880년경 아일랜드의 밸리뷰니온사(社)에서 건설한 것이었다. 1901년에는 현수장치를 사용하는 모노레일이 등장하였는데, 이 모노레일은 독일 부퍼탈시(市)의 전철교식 복선으로 건설되어 본격적인 운송수단으로서의 역할을 하였다. 그 후 여러 나라에서 각종 모노레일 개발 노력이 이어졌다. → 선지 ②, ④

ⅲ)제2차 세계대전이 끝난 뒤 독일의 알베그사(社)를 창설한 베너그렌은 1952년 1/2.5 크기의 시제품을 만들고, 실험과 연구를 거듭하여 1957년 알베그식(式) 모노레일을 완성하였다. 그리고 1958년에는 기존의 강철레일 · 강철바퀴 방식에서 콘크리트 빔 · 고무타이어 방식으로 개량하여 최고 속력이 80km/h에 달하는 모노레일이 등장하기에 이르렀다. → 선지 ①, ⑤

ⅳ)프랑스에서도 1950년 말엽 사페즈사(社)가 독자적으로 사페즈식(式) 모노레일을 개발하였다. 이것은 쌍레일 방식과 공기식 타이어차량 운용 경험을 살려 개발한 현수식 모노레일로, 1960년 오를레앙 교외에 시험선(線)이 건설되었다. → 선지 ⑤

① 콘크리트 빔 · 고무타이어 방식은 1960년대까지 개발되지 않았다.

② 독일에서 모노레일이 본격적인 운송수단 역할을 수행한 것은 1950년대부터이다.

③ 주행에 강철바퀴가 이용되느냐의 여부에 따라 종래의 철도와 모노레일이 구분된다.

④ 아일랜드의 밸리뷰니온사는 오를레앙 교외에 전철교식 복선 모노레일을 건설하였다.

⑤ 베너그렌이 개발한 알베그식 모노레일은 오를레앙 교외에 건설된 사페즈식 모노레일 시험선보다 먼저 완성되었다.

해설

문제 분석

순서대로 문단 ⅰ)~문단 ⅳ)라 한다.
문단 ⅰ) 철도와 모노레일의 주행 방식
문단 ⅱ) 처음으로 실용화된 벨리뷰니온사의 모노레일
문단 ⅲ) 알베그식 모노레일
문단 ⅳ) 사페즈식 모노레일

문제풀이 실마리

시간의 흐름에 따라 낯선 여러 고유명사가 등장하는데, 이를 정확하게 정보처리할 수 있어야 한다.

① (X) 문단 ⅲ) 두 번째 문장에 따르면 1958년에 베너그렌은 알베그식 모노레일을 기존의 강철레일 · 강철바퀴 방식에서 콘크리트 빔 · 고무타이어 방식으로 개량하였다고 한다. 따라서 콘크리트 빔 · 고무타이어 방식은 1960년대 이전에 개발되었음을 알 수 있다.

② (X) 문단 ⅱ) 두 번째 문장에 따르면 1901년 독일에 등장한 현수장치를 사용하는 모노레일은 본격적인 운송수단으로서의 역할을 하였다고 한다. 따라서 독일에서 모노레일이 본격적인 운송수단 역할을 수행한 것은 1950년대부터가 아니라 1900년대임을 알 수 있다.

③ (X) 문단 ⅰ) 첫 번째 문장에 따르면 종래의 철도는 강철레일 위를 강철바퀴 차량이 주행하는 것이지만, 세 번째 문장에 따르면 강철바퀴 차량이 주행하는 모노레일도 있다고 하므로 주행에 강철바퀴가 이용되느냐의 여부에 따라 종래의 철도와 모노레일이 구분되는 것은 아니다.

④ (X) 문단 ⅱ) 첫 번째, 두 번째 문장에 따르면 아일랜드의 밸리뷰니온사는 오를레앙 교외가 아니라 독일 부퍼탈시에 전철교식 복선 모노레일을 건설하였다.

⑤ (O) 문단 ⅲ) 첫 번째 문장에 따르면 베너그렌이 개발한 알베그식 모노레일이 완성된 것은 1957년이고, 문단 ⅳ) 두 번째 문장에 따르면 오를레앙 교외에 사페즈식 모노레일 시험선이 건설된 것은 1960년이다. 베너그렌이 개발한 알베그식 모노레일이 사페즈식 모노레일 시험선보다 먼저 완성되었다.

[정답] ⑤

Flow chart

12 다음 그림을 보고 옳게 판단한 것을 <보기>에서 모두 고르면?

11년 5급 선책형 6번

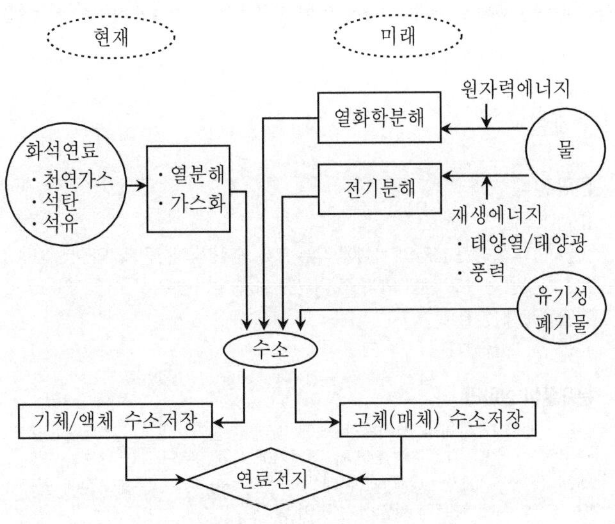

〈보기〉

ㄱ. 현재는 석유와 천연가스 등 화석연료에서 수소를 얻고 있지만, 미래에는 재생에너지나 원자력을 활용한 수소제조법이 사용될 것이다.

ㄴ. 수소는 현재 제조 및 사용과정에서 온실가스를 발생시키지 않는 친환경에너지이며, 쉽게 구할 수 있는 물로부터 얻을 수 있다는 장점을 갖고 있다.

ㄷ. 수소저장기술은 기체나 액체 상태로 저장하는 방식과 고체(매체)로 저장하는 방식으로 나눌 수 있다.

ㄹ. 수소를 제조하는 기술에는 화석연료를 전기분해하는 방법과 재생에너지를 이용하여 물을 열분해하는 두 가지 방법이 있다.

ㅁ. 수소는 물, 석유, 천연가스 및 유기성 폐기물 등에 함유되어 있으므로, 다양한 원료로부터 생산할 수 있다는 장점을 갖고 있다.

① ㄱ, ㄴ, ㅁ ② ㄱ, ㄷ, ㄹ ③ ㄱ, ㄷ, ㅁ
④ ㄴ, ㄷ, ㅁ ⑤ ㄴ, ㄹ, ㅁ

해설

문제 분석

주어진 그림은 순서도와 같이 화석연료 등을 통해 수소를 만들고 다시 연료전지를 만드는 과정을 나타내고 있다. 그러나 순서가 논리적으로 복잡하게 연결되거나 순서를 꼬아서 낸 문제가 아니고 순서도상의 요소만 확인하면 된다.

문제풀이 실마리

일반적인 순서도에서는 기호의 의미가 있다. 문제의 그림에서는 원 또는 타원은 원료 또는 중간 산물, 네모는 제조법 또는 저장 기술, 마름모는 최종 산물을 의미한다고 해석할 수 있다. 아래 등장하는 그림에서는 해당 의미를 회색 글자로 표시하였다.

ㄱ. (O) 문제의 그림 다음과 같은 부분에서 확인할 수 있다.

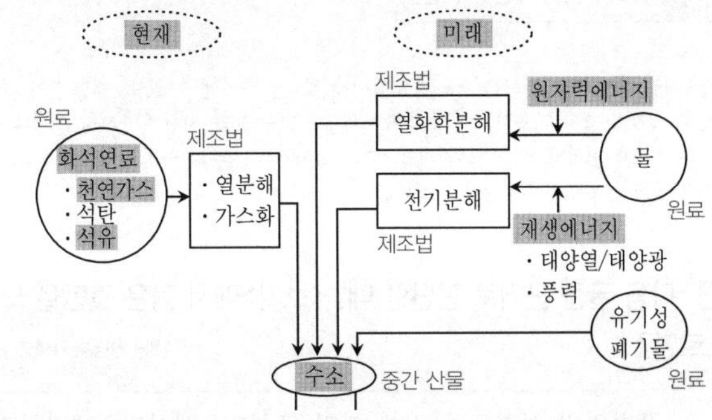

ㄴ. (X) 미래에는 물을 원료로 하여 원자력에너지를 통한 열화학분해 제조법을 통해 수소를 얻을 수 있다는 것은 그림을 통해 확인할 수 있다. 그러나 수소는 현재 제조 및 사용과정에서 온실가스를 발생시키지 않는 친환경에너지라는 것은 확인할 수 없다. 현재 제조법에서 '가스화' 부분이 온실가스를 의미한다고 해석할 수는 없다.

ㄷ. (O) 문제의 그림 다음과 같은 부분에서 확인할 수 있다.

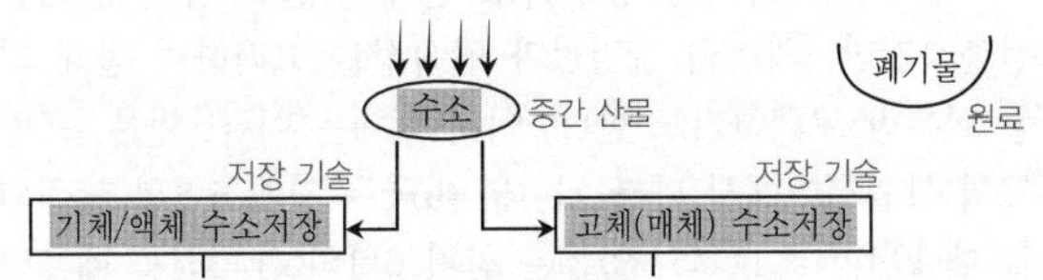

ㄹ. (X) 그림을 참고해 보기에서 틀린 부분만 확인해 보면
1) 화석연료는 열분해 또는 가스화하여 수소를 생산한다.
2) 재생에너지를 이용하여 물을 전기분해한다.
3) 그림에 제시된 수소 제조법은 두 가지 이상이다.

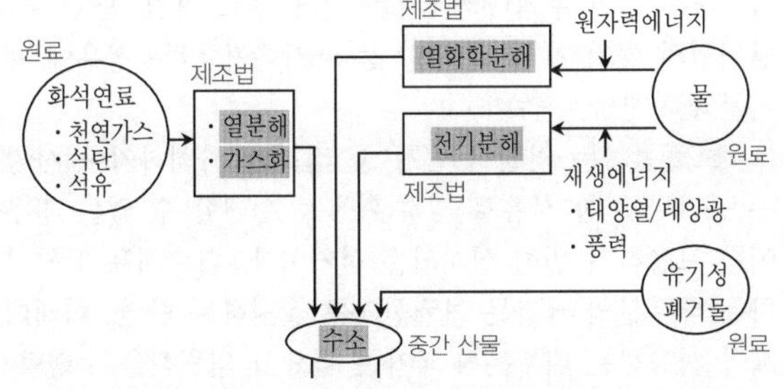

ㅁ. (O) 문제의 그림 다음과 같은 부분에서 확인할 수 있다.

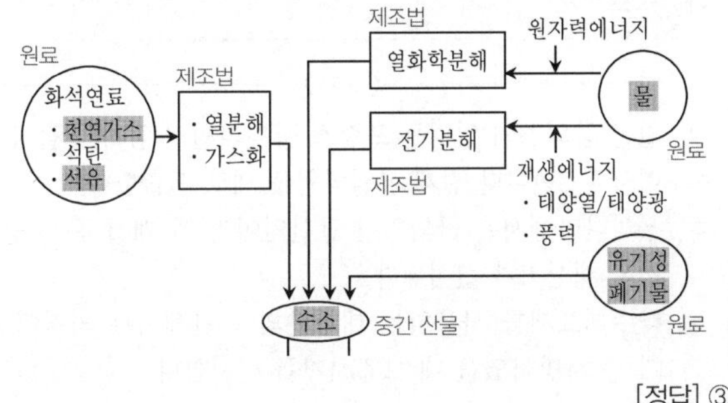

[정답] ③

길쌤's Check

• Flow chart
흐름도(순서도)에서 화살표 방향만 잘 따라가면서 해석하면 문제 해결은 어렵지 않은 경우가 많다.

• 더 연습해 볼 문제

5급 공채	05년 견습 과책형 40번

2 소재에 따른 구분

기출분석을 하다보면, 반복되는 제시문의 소재가 있음을 발견할 수 있다, 예를 들어 청소년비행 소재 제시문, 과학 소재 제시문 등이 반복되어 출제되고 있다. 그런데 상황판단에는 워낙 다양한 소재가 출제 가능하고 출제 범위의 외연이 없는 만큼, 시험에 출제될 문제의 소재를 예상하여 대비하려는 생각은 바람직하지 않다. 다만 기출문제를 다양하게 풀어보면서, 특정 소재의 문제가 어렵게 느껴진다면 해당 소재의 문제에서는 주로 어떤 장치를 사용하고 어떤 함정을 파는지 대비해 두는 것은 어느 정도 의미가 있을 것이다. 예를 들어 선거 소재의 기출문제들을 묶어서 정리해 보면 다음과 같다.

13 다음 글을 근거로 판단할 때, <보기>에서 옳은 것만을 모두 고르면? 18년 민경채 가책형 14번

ⅰ)국회의원 선거는 목적에 따라 총선거, 재선거, 보궐선거 등으로 나누어진다. 대통령제 국가에서는 의원의 임기가 만료될 때 총선거가 실시된다. 반면 의원내각제 국가에서는 의원의 임기가 만료될 때뿐만 아니라 의원의 임기가 남아 있으나 총리(수상)에 의해 의회가 해산된 때에도 총선거가 실시된다.

ⅱ)대다수의 국가는 총선거로 전체 의원을 동시에 새롭게 선출하지만, 의회의 안정성과 연속성을 고려하여 전체 의석 중 일부만 교체하기도 한다. 이러한 예는 미국, 일본, 프랑스 등의 상원선거에서 나타나는데, 미국은 임기 6년의 상원의원을 매 2년마다 1/3씩, 일본은 임기 6년의 참의원을 매 3년마다 1/2씩 선출한다. 프랑스 역시 임기 6년의 상원의원을 매 3년마다 1/2씩 선출한다. → 보기 ㄱ, ㄴ

ⅲ)재선거는 총선거가 실시된 이후에 당선 무효나 선거 자체의 무효 사유가 발생하였을 때 다시 실시되는 선거를 말한다. 예를 들어 우리나라에서는 선거 무효 판결, 당선 무효, 당선인의 임기 개시 전 사망 등의 사유가 있는 경우에 재선거를 실시한다. → 보기 ㄷ

ⅳ)보궐선거는 의원이 임기 중 직책을 사퇴하거나 사망하는 등 부득이한 사유로 의정 활동을 수행할 수 없는 경우에 이를 보충하기 위해 실시되는 선거이다. 다수대표제를 사용하는 대부분의 국가는 보궐선거를 실시하는 반면, 비례대표제를 사용하는 대부분의 국가는 필요시 의원직을 수행할 승계인을 총선거 때 함께 정해 두어 보궐선거를 실시하지 않는다. → 보기 ㄹ

〈보기〉

ㄱ. 일본 참의원의 임기는 프랑스 상원의원의 임기와 같다.
ㄴ. 미국은 2년마다 전체 상원의원을 새로 선출한다.
ㄷ. 우리나라에서는 국회의원 당선인이 임기 개시 전 사망한 경우 재선거가 실시된다.
ㄹ. 다수대표제를 사용하는 대부분의 국가에서는 의원이 임기 중 사망하였을 때 보궐선거를 실시한다.

① ㄱ, ㄴ　② ㄱ, ㄷ
③ ㄴ, ㄹ　④ ㄱ, ㄷ, ㄹ
⑤ ㄴ, ㄷ, ㄹ

해설

문제 분석

순서대로 문단 ⅰ)~문단 ⅳ)라 한다.
문단 ⅰ) 국회의원 선거의 목적에 따른 분류, 총선거(대통령제, 의원내각제)
문단 ⅱ) 총선거로 전체 의석 중 일부만 교체하는 경우
문단 ⅲ) 재선거
문단 ⅳ) 보궐선거

문제풀이 실마리

문단 ⅰ)에서 국회의원 선거를 목적에 따라 총선거, 재선거, 보궐선거로 구분하고, 문단 ⅰ)과 문단 ⅱ)에서 총선거에 대해, 문단 ⅲ)에서 재선거에 대해, 문단 ⅳ)에서 보궐선거에 대해서 설명하고 있다. 문제해결에 필요한 정보위주로 빠르게 확인하는 것이 좋다.

ㄱ. (O) 문단 ⅱ) 두 번째 문장에 따르면 일본 참의원의 임기는 6년이고, 세 번째 문장에 따르면 프랑스 상원의원의 임기는 6년으로 일본 참의원의 임기와 프랑스 상원의원의 임기는 같다.

ㄴ. (X) 문단 ⅱ) 두 번째 문장에 따르면 미국은 2년마다 전체 상원의원을 새로 선출하는 것이 아니라 매 2년마다 1/3씩 선출한다.

ㄷ. (O) 문단 ⅲ) 두 번째 문장에 따르면 우리나라에서는 국회의원 당선인이 임기 개시 전 사망한 경우 재선거가 실시된다.

ㄹ. (O) 문단 ⅳ) 첫 번째, 두 번째 문장에 따르면 다수대표제를 사용하는 대부분의 국가에서는 의원이 임기 중 사망하여 의정 활동을 수행할 수 없는 경우에 이를 보충하기 위하여 보궐선거를 실시한다.

[정답] ④

14 다음 글을 근거로 판단할 때 옳지 않은 것은?

17년 5급 가책형 22번

i)甲국 의회는 상원과 하원으로 구성된다. 甲국 상원은 주(州)당 2명의 의원이 선출되어 총 60명으로 구성되며, 甲국 부통령이 의장이 된다. 상원의원의 임기는 6년이며, 2년마다 총 정원의 1/3씩 의원을 새로 선출한다. → 선지 ①, ⑤

ii)甲국 상원은 대통령을 수반으로 하는 행정부에 대해 각종 동의와 승인의 권한을 갖는다. 하원은 국민을 대표하는 기관으로서 세금과 경제정책에 대한 권한을 가지는 반면, 상원은 각 주를 대표한다. 군대의 파병이나 관료의 임명에 대한 동의, 외국과의 조약에 대한 승인 등의 권한은 모두 상원에만 있다. 또한 상원은 하원에 대한 견제 역할을 담당하여 하원이 만든 법안을 수정하고 다시 하원에 되돌려 보내는 권한을 가지며, 급박한 사항에 대해서는 직접 마련한 법안을 먼저 제출하여 처리하기도 한다. → 선지 ②

iii)甲국 하원의원의 임기는 2년으로 선거 때마다 전원을 새로 선출한다. 하원의원의 수는 총 400명으로서 인구비례에 따라 각 주에 배분된다. 예를 들어 A주, B주, C주의 선출 정원이 각 1명으로 가장 적고, D주의 정원이 53명으로 가장 많다. → 선지 ①, ③, ⑤

iv)하원의원 선거는 2년마다 상원의원 선거와 함께 실시되며, 4년마다 실시되는 대통령 선거와 같은 해에 치러지는 경우가 있다. 대통령 선거와 일치하지 않는 해에 실시되는 하원의원 및 상원의원 선거를 통칭하여 '중간선거'라고 부르는데, 이 중간선거는 대통령의 임기 중반에 대통령의 국정수행에 대하여 유권자의 지지도를 평가하는 성격을 갖는다. → 선지 ④

① 甲국 의회에 속한 D주 의원의 정원 총합은 55명이다.
② 甲국 의회의 상원은 스스로 법안을 제출하여 처리할 수 있다.
③ 甲국에는 상원의원의 정원이 하원의원의 정원보다 많은 주가 있다.
④ 甲국의 대통령 선거가 2016년에 실시되었다면, 그 이후 가장 빠른 '중간선거'는 2018년에 실시된다.
⑤ 같은 해에 실시되는 선거에 의해 甲국 상원과 하원의 모든 의석이 새로 선출된 의원으로 교체되는 경우도 있다.

해설

문제 분석

순서대로 문단 i)~문단 iv)라 한다.
문단 i) 甲국 의회의 구성, 상원(주당 2명 총 60명, 의장, 임기, 선출)
문단 ii) 상원과 하원의 권한과 역할
문단 iii) 하원(임기, 선출, 인구비례에 따라 총 400명)
문단 iv) 상 · 하원의원 선거 주기, 중간선거

문제풀이 실마리

모든 내용을 다 이해하고 기억해서 해결하기에는 정보량이 많다고 느껴질 수 있다. 따라서 문제 해결에 필요한 부분 위주로 확인하는 것이 좋다.

① (O) 문단 i) 두 번째 문장에 따르면 甲국 상원은 주당 2명의 의원이 선출되므로 D주의 상원의원은 2명이다. 그리고 문단 iii) 세 번째 문장에 따르면 D주의 하원의원은 53명이다. 따라서 甲국 의회에 속한 D주 의원의 정원 총합은 2명+53명=55명이다.

② (O) 문단 ii) 네 번째 문장에 따르면 甲국 의회의 상원은 급박한 사항에 대해서 직접 마련한 법안을 먼저 제출하여 처리하기도 한다고 하므로 스스로 법안을 제출하여 처리할 수 있음을 알 수 있다.

③ (O) 문단 i) 두 번째 문장에 따르면 甲국 각 주에는 주당 2명의 상원의원이 있고, 문단 iii) 세 번째 문장에 따르면 A주, B주, C주의 하원의원은 각 1명이라고 한다. 甲국에는 상원의원의 정원이 하원의원의 정원보다 많은 주 A주, B주, C주와 같은 주가 있음을 알 수 있다.

④ (O) 문단 iv) 첫 번째 문장에 따르면 상 · 하원의원 선거는 2년마다 실시되며, 대통령 선거는 4년마다 실시되는데 상 · 하원의원 선거가 대통령 선거와 같은 해에 치러지는 경우가 있다. 즉, 대통령 선거가 실시되는 해에는 상 · 하원의원 선거가 실시된다. 그리고 두 번째 문장에 따르면 대통령 선거와 일치하지 않는 해에 실시되는 하원의원 및 상원의원 선거를 '중간선거'라고 부른다. 따라서 甲국의 대통령 선거가 2016년에 실시되었다면 해당 연도에는 상 · 하원의원 선거도 실시된 것이다. 다음 대통령 선거는 4년 뒤인 2020년에 실시되고, 그 이후 가장 빠른 '중간선거'는 2016년으로부터 2년 뒤인 2018년에 실시된다.

⑤ (X) 문단 iv) 첫 번째 문장에 따르면 하원의원 선거는 상원의원 선거와 함께 실시된다. 그리고 문단 i) 세 번째 문장에 따르면 상원의원은 2년마다 총 정원의 1/3씩 의원을 새로 선출하고, 문단 iii) 첫 번째 문장에 따르면 하원의원은 선거 때마다 전원을 새로 선출한다. 따라서 같은 해에 실시되는 상 · 하원의원 선거에 의해 하원의 모든 의석이 새로 선출된 의원으로 교체되는 경우는 있지만, 상원의 모든 의석이 새로 선출된 의원으로 교체되는 경우는 없다.

[정답] ⑤

15 다음 글에 근거할 때, 옳게 추론한 것을 <보기>에서 모두 고르면? 12년 5급 인책형 6번

> ○○국은 양원제이면서 양당제 국가이다. ○○국의 상원의원과 하원의원 선거구는 동일하며, 총 26개이다. 상 · 하원의원 모두 임기는 4년이다. 하원의원 선거는 1970년에 처음 실시되었고, 상원의원 선거도 그로부터 2년 후에 처음 실시되었다. ○○국의 하원의원 선거 투표율은 1982년부터 1990년까지 지속적으로 하락했다. 1982년 선거에서는 총 유권자의 30%가 투표에 참가하였고, 투표자의 59%가 여당을, 41%가 야당을 지지하였다. 하지만 1990년 선거에서는 총 유권자의 80% 이상이 투표에 참여하지 않았으며, 투표자 중 54%가 여당을, 46%가 야당을 지지하였다. 1990년 선거에서 투표율이 가장 높은 선거구는 37%의 투표율을 보인 A선거구였고, 이 투표율은 1970년 이후 가장 높은 수치였다. 그 다음은 31%의 투표율을 보인 B선거구였다. A · B선거구를 제외한 나머지 24개 선거구 각각의 투표율은 1982년과 1986년의 해당 선거구의 투표율보다 더 낮았다.

※ 상원의원 선거와 하원의원 선거는 매 4년마다 실시되었다.

〈보기〉

ㄱ. 1980년에는 상원의원 선거가 실시되었다.
ㄴ. 1984년 선거의 투표율은 30% 미만에 머물렀다.
ㄷ. A선거구의 투표율은 매 선거마다 다른 선거구보다 더 높았다.
ㄹ. 1990년 선거에서 A · B선거구를 제외한 24개 선거구 가운데 투표율이 20%를 넘는 선거구가 있을 수 있다.
ㅁ. 1982년부터 1990년 사이의 하원의원 선거에서 여당과 야당의 득표율 차이는 지속적으로 줄어들었다.

① ㄱ, ㄴ
② ㄱ, ㄹ
③ ㄱ, ㄹ, ㅁ
④ ㄴ, ㄷ, ㄹ
⑤ ㄴ, ㄷ, ㅁ

해설

문제 분석

○○국이 상원의원과 하원의원이 있는 양원제 국가이면서, 여당과 야당이 있는 양당제 국가라고 하면서 각 선거에서의 투표율 등에 대한 정보를 설명하고 있다.

문제풀이 실마리

보기 ㄱ에서는 특정 연도에 상원의원 선거가 실시되었는지의 여부를 묻고 있고, 보기 ㄴ, ㄷ, ㄹ에서는 선거의 투표율에 대해서, 보기 ㅁ에서는 선거의 여당과 야당의 득표율의 차이를 묻고 있다. 묻는 내용 위주로 정확하게 확인할 수 있어야 한다.

제시문의 내용을 정리해 보면 다음과 같다.

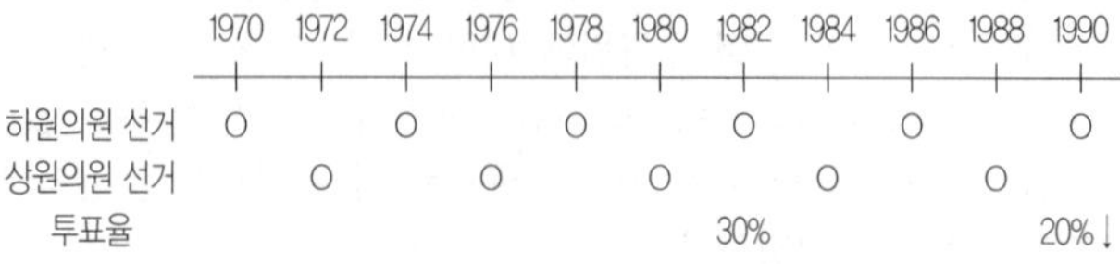

1982년, 1990년 하원의원 선거에 대해서는 여당과 야당의 득표율, 1990년 하원의원 선거에 대해서는 선거구별 투표율에 대해서도 언급하고 있다.

ㄱ. (O) 네 번째 문장에 따르면 상원의원 선거는 하원의원 선거가 처음 실시된 1970년으로부터 2년 후인 1972년에 처음 실시되었다. 그리고 세 번째 문장에 따르면 상원의원의 임기는 4년이므로 1972년으로부터 8년 뒤인 1980년에 상원의원 선거가 실시되었을 것으로 추론할 수 있다.

ㄴ. (X) 1984년 상원의원 선거의 투표율에 대해서는 언급하고 있지 않다.

ㄷ. (X) 여덟 번째 문장 이후에서는 A선거구 등의 투표율에 대해서 언급하고 있지만, 선거구 간의 투표율 차이에 대해서는 언급하고 있지 않다.

ㄹ. (O) 열 번째 문장에서 1990년 선거에서 A · B선거구를 제외한 24개 선거구 각각의 투표율은 1982년과 1986년보다 낮았다고 한다. 그러나 이전 선거에서 투표율이 20%보다 높았다면 그보다 투표율이 조금 낮아졌다고 해도 투표율이 20%를 넘는 선거구가 있을 수 있다.
일곱 번째 문장에서 1990년 선거의 투표율이 20% 미만이라고 하고 A · B선거구의 투표율은 30% 이상이므로 A · B선거구를 제외한 24개 선거구 전체 투표율은 20% 이상일 수 없다. 그렇다고 해도 예를 들어 23개 선거구의 투표율이 20%보다 훨씬 낮다면 나머지 하나의 선거구의 투표율은 20% 이상일 수 있다. 그리고 일반적으로 총투표율은 전체 인구 대비 투표자 수로 계산하는데 선거구별 인구수에서 차이로 인해 투표율이 20%를 넘는 선거구가 있을 수도 있다.

ㅁ. (X) 여섯 번째, 일곱 번째 문장에서 1982년과 1990년 하원의원 선거는 여당과 야당의 득표율에 대해서 언급하고 있지만, 1986년 선거에 대해서는 언급하고 있지 않다. 따라서 1982년부터 1990년 사이의 하원의원 선거에서 여당과 야당의 득표율 차이가 지속적으로 줄어들었는지는 알 수 없다.

[정답] ②

16 다음 글에 근거할 때, 甲의 관점에서 옳게 추론한 것을 <보기>에서 모두 고르면?

12년 5급 인책형 26번

○ 세계 각국에서 상원의석을 지역별로 배분하는 방식은 크게 두 가지이다. 하나는 각 지역의 인구수에 비례하여 의석을 배분하는 것이고, 다른 하나는 각 지역별로 의석을 균등하게 배분하는 것이다. 또한 상원의원을 선출하는 방식에도 두 가지가 있다. 하나는 주민들이 직접 선출하는 방식이고, 다른 하나는 지방의회 등이 선출하는 간접적인 방식이다. 甲은 의석 배분에서 인구비례가 엄격하게 반영될수록, 주민들에 의해 직접 선출되는 상원의원의 비율이 높을수록 더 민주적이라고 생각한다. → 보기 ㄱ, ㄴ

○ X국 하원의원은 인구비례로 선출되는데 반해 상원의원은 모든 주에서 두 명씩 선출된다. 따라서 인구가 가장 많은 a주(인구수: 3,600만 명)와 가장 적은 b주(인구수: 60만 명)에서 똑같이 2명의 상원의원이 선출된다. 1913년 이전에는 주의회가 상원의원을 선출했으나 1913년 헌법 개정 이후에는 주민들이 직접 선출하고 있다. 반면, Y국의 상원의원은 인구의 95% 이상이 집중되어 있고 인구규모가 비슷한 c주, d주, e주, f주에서 각각 24명씩 선출되고, 나머지 g주, h주, i주에서 각각 1명씩 선출된다. Y국에서는 지방의회가 상원의원을 선출한다. Z국 상원의 경우 가장 많은 인구를 가진 주는 8명의 의원을 선출하고, 가장 적은 인구를 가진 주는 3명의 의원을 선출한다. 그밖의 주들은 인구규모에 따라 4~7명의 상원의원을 선출한다.
→ 보기 ㄱ, ㄴ, ㄷ, ㄹ

〈보기〉

ㄱ. X국의 경우 1913년 헌법 개정 이후의 상원의원 선출방식은 그 이전의 선출방식보다 더 민주적이다.
ㄴ. Y국은 상원의원의 선출방식과 상원의석의 배분방식에서 X국보다 더 민주적이다.
ㄷ. 상원의석의 배분방식에서 Z국은 X국보다 더 민주적이다.
ㄹ. X국의 b주에서 선출되는 상원의원의 수를 a주에서 선출되는 상원의원수보다 더 많게 하는 경우 현재의 의석배분방식보다 더 민주적이다.

① ㄱ, ㄴ　② ㄱ, ㄷ
③ ㄴ, ㄹ　④ ㄱ, ㄴ, ㄷ
⑤ ㄱ, ㄷ, ㄹ

해설

문제 분석

첫 번째 동그라미부터 각각 문단 ⅰ), ⅱ)라고 한다.

문단 ⅰ) 상원의석의 지역별 배분 방식(인구비례, 균등), 상원의원의 선출방식(직접 선출, 간접 선출), 인구비례가 엄격하게 반영될수록, 직접 선출될수록 더 민주적

문단 ⅱ) 국가별로 상원의석의 지역별 배분방식과 상원의원 선출방식을 표로 정리해 보면 다음과 같다.

	지역별 의석배분방식	선출방식
X국	균등	직접 선출(1913년 이후)
Y국	인구비례	간접 선출
Z국	인구비례	-

문제풀이 실마리

문단 ⅰ)에서 상원의석을 배분하는 방식과 선출하는 방식에서 더 민주적인 판단기준을 설명하고 있다. 이를 문단 ⅱ)에 주어진 국가들에 적용해서 판단할 수 있어야 한다.

ㄱ. (O) 문단 ⅰ) 다섯 번째 문장에 따르면 甲은 주민들에 의해 직접 선출되는 상원의원의 비율이 높을수록 민주적이라고 생각한다. 문단 ⅱ) 세 번째 문장에 따르면 X국은 1913년 이전에는 상원의원을 주의회가 간접적으로 선출하였으나 1913년 헌법 개정 이후에는 주민들이 직접 선출하고 있으므로, 甲은 1913년 헌법 개정 이후의 상원의원 선출방식을 이전의 간접적인 선출방식보다 더 민주적이라고 생각할 것이다.

ㄴ. (X) X국과 Y국의 상원의원 선출방식부터 비교해 보면 문단 ⅱ) 세 번째 문장에서 X국은 주민들이 직접 선출하고, 네 번째 문장에서 Y국은 지방의회가 상원의원을 선출하는 것을 알 수 있다. 문단 ⅰ) 다섯 번째 문장에 따르면 甲은 주민들에 의해 직접 선출되는 상원의원의 비율이 높을수록 더 민주적이라고 생각하므로 X국의 상원의원 선출방식이 Y국보다 더 민주적이라고 생각할 것이다.

ㄷ. (O) X국과 Z국의 상원의석 배분방식을 비교해 보면 문단 ⅱ) 첫 번째 문장에서 X국은 모든 주에서 두 명씩 균등하게 선출되고, 여섯 번째, 일곱 번째 문장에서 Z국은 인구비례에 따라 선출되는 것을 알 수 있다. 문단 ⅰ) 다섯 번째 문장에 따르면 甲은 의석 배분에서 인구비례가 엄격하게 반영될수록 더 민주적이라고 생각하므로 Z국의 상원의석 배분방식이 X국보다 더 민주적이라고 생각할 것이다.

ㄹ. (X) 문단 ⅱ) 두 번째 문장에 따르면 X국은 인구가 가장 많은 a주와 가장 적은 b주에서 똑같이 2명의 상원의원이 선출된다. b주에서 선출되는 상원의원의 수를 a주에서 선출되는 상원의원수보다 더 많게 하는 경우라면 의석 배분에서 인구비례가 더 엄격하게 반영된다고 볼 수 없고, 오히려 인구가 적은 주에서 더 많은 상원의원이 선출되는 것이다. 甲의 관점에서 현재의 의석배분방식보다 더 민주적이라고 볼 수 없다.

빠른 문제풀이 Tip

ㄴ. 상원의석 배분방식을 비교해 보면 문단 ⅱ) 첫 번째 문장에서 X국은 모든 주에서 두 명씩 균등하게 선출되고, 네 번째 문장에서 Y국은 인구비례에 따라 선출되는 것을 알 수 있다. 문단 ⅰ) 다섯 번째 문장에 따르면 甲은 의석 배분에서 인구비례가 엄격하게 반영될수록 더 민주적이라고 생각하므로 Y국의 상원의석 배분방식이 X국보다 더 민주적이라고 생각할 것이다.

[정답] ②

길쌤's Check　더 연습해 볼 문제

5급 공채	06년 견습 인책형 6번

Ⅱ. 해결(1) - 일치부합

1 일반 키워드 활용

텍스트 유형의 문제를 해결하려면 제시문부터 볼지, 선지/보기부터 볼지, 상황부터 볼지 등 어떤 순서로 볼지 결정해야 한다. 또한 제시문을 볼 때 정독을 할지, 발췌독을 할지, 전반적으로 빠르게 훑어가면서 중심내용 또는 중심키워드를 잡을지 등 얼마나 제시문을 파악해 둘지도 결정을 해야 한다. 이에 대한 정답은 없고 각자의 능력에 따라 가장 잘 맞는 방법이 다르다. 어느 정도 내용을 이해한 후 해결을 해야 하는 문제가 아니라 단순히 정보 확인만 해도 해결되는 문제라는 것이 파악된다면, 기본적으로 일치부합 문제는 선지나 보기에서 물어보는 내용만 제시문에서 빠르게 찾아 해결하는 것이 중요하다. 따라서 선지나 보기에서 무엇을 묻는지 확인하면서 키워드를 잡아두고, 이를 제시문에서 확인하는 식으로 읽는 것이 좋다. 그렇지만 앞서 언급했듯이 문제를 해결하는 방법에는 여러 방법이 있으므로 자신에게 가장 잘 맞는 방법을 찾아 연습해 두어야 한다.

17 다음 글을 근거로 판단할 때 옳은 것은? 16년 민경채 5책형 13번

ⅰ)이슬람권 국가에서는 여성들이 베일을 쓴 모습을 흔히 볼 수 있다. 그런데 이슬람교 경전인 코란이 여성의 정숙함을 강조하지만, 베일로 얼굴을 감싸는 것을 의무로 규정하고 있는 것은 아니다. 겸허한 태도를 지키고 몸의 윤곽, 그것도 얼굴이 아니라 상반신을 베일로 가리라고 충고할 뿐이다. 베일로 얼굴을 감싸는 관습은 코란에 따른 의무라기보다는, 예전부터 존재했던 겸허와 존중의 표시였다. → 선지 ③

ⅱ)날씨가 더운 나라의 여성들도 베일을 착용하였는데, 남성에 대한 순종의 의미보다 햇볕이나 사막의 뜨거운 모래바람으로부터 얼굴을 보호하려는 것이 목적이었다. 이란의 반다르 에아바스에 사는 수니파 여성들은 얼굴 보호를 위해 자수 장식이 있는 두꺼운 면직물로 된 붉은색 마스크를 썼다. 이것도 이슬람 전통이 정착되기 전부터 존재했을 가능성이 크다. 사우디아라비아의 베두인족 여성들은 은과 진주로 장식한 천이나 가죽 소재의 부르카로 얼굴 전체를 감쌌다. 부르카 위에 다시 커다란 검은색 베일을 쓰기도 했다.→ 선지 ②, ⑤

ⅲ)외부 침입이 잦은 일부 지역에서 베일은 낯선 이방인의 시선으로부터 자신을 보호하는 수단으로 사용됐다. 북아프리카의 투아레그족 남자들이 리탐이라고 부르는 남색의 면직물로 된 큰 베일을 썼던 것이 그 예이다. 전설에 따르면 전쟁에서 패하고 돌아온 투아레그족 남자들이 수치심 때문에 머리에 감았던 터번으로 얼굴을 가리고 다녔는데, 그 뒤로는 타인의 시선으로부터 자신을 보호하기 위해 계속해서 얼굴을 감싸게 되었다고 한다. → 선지 ①, ④, ⑤

① 베일은 여성만 착용하는 것으로 남성에 대한 겸허의 의미를 담고 있었을 것이다.

② 반다르 에아바스 지역의 수니파 여성들은 은으로 장식한 가죽으로 얼굴을 감쌌을 것이다.

③ 이슬람권 여성이 베일로 얼굴을 감싸는 것은 코란의 의무규정으로부터 시작되었을 것이다.

④ 타인의 시선으로부터 자신을 보호하는 것도 사람들이 베일을 쓰는 이유 중 하나였을 것이다.

⑤ 사우디아라비아 베두인족 여성의 부르카와 북아프리카 투아레그족의 리탐은 모두 가죽 소재로 만들었을 것이다.

해설

문제 분석

순서대로 문단 ⅰ)~문단 ⅲ)이라 한다.

문단 ⅰ) 베일로 얼굴을 감싸는 관습은 겸허와 존중의 표시

문단 ⅱ) 날씨가 더운 나라의 베일 착용은 얼굴을 보호하려는 목적

문단 ⅲ) 일부 지역에서는 타인의 시선으로부터 자신을 보호하는 수단

문제풀이 실마리

용어가 낯설고 어려울 수도 있는 문제이다. 각 선지에서 묻는 내용 위주로 제시문에서 빠르게 확인하여 해결하여야 한다.

① (X) 문단 ⅲ) 두 번째 문장에 따르면 북아프리카의 투아레그족 남자들은 리탐이라고 부르는 베일을 썼다고 하므로 베일은 여성만 착용하는 것이 아님을 알 수 있다.

② (X) 문단 ⅱ) 두 번째 문장에 따르면 반다르 에아바스 지역의 수니파 여성들은 자수 장식이 있는 두꺼운 면직물로 된 붉은색 마스크를 썼다. 네 번째 문장에 따르면 베두인족 여성들이 은으로 장식한 가죽으로 얼굴을 감쌌다고 한다.

③ (X) 문단 ⅰ) 두 번째 문장에 따르면 코란이 베일로 얼굴을 감싸는 것을 의무로 규정하고 있는 것은 아니다. 그리고 네 번째 문장에 따르면 베일로 얼굴을 감싸는 관습은 코란에 따른 의무라기보다는, 예전부터 존재했다고 한다. 따라서 이슬람권 여성이 베일로 얼굴을 감싸는 것은 코란의 의무규정으로부터 시작된 것이 아니며 예전부터 존재했던 관습임을 알 수 있다.

④ (O) 문단 ⅲ) 첫 번째 문장에 따르면 일부 지역에서 베일은 낯선 이방인의 시선으로부터 자신을 보호하는 수단으로 사용됐다고 한다. 따라서 타인의 시선으로부터 자신을 보호하는 것도 사람들이 베일을 쓰는 이유 중 하나였음을 알 수 있다.

⑤ (X) 문단 ⅱ) 네 번째 문장에 따르면 사우디아라비아 베두인족 여성의 부르카는 가죽 소재로 만들기도 하였지만 천 소재로 만들기도 하였으며, 북아프리카 투아레그족의 리탐은 가죽 소재가 아니라 남색의 면직물로 만들었다.

[정답] ④

18 다음 글을 근거로 판단할 때, <보기>에서 옳은 것만을 모두 고르면?

14년 민경채 A책형 1번

i)우리나라는 건국헌법 이래 문화국가의 원리를 헌법의 기본원리로 채택하고 있다. 우리 현행 헌법은 전문에서 '문화의 … (중략) … 영역에 있어서 각인(各人)의 기회를 균등히' 할 것을 선언하고 있을 뿐 아니라, 문화국가를 실현하기 위하여 보장되어야 할 정신적 기본권으로 양심과 사상의 자유, 종교의 자유, 언론·출판의 자유, 학문과 예술의 자유 등을 규정하고 있다. 개별성·고유성·다양성으로 표현되는 문화는 사회의 자율영역을 바탕으로 한다고 할 것이고, 이들 기본권은 견해와 사상의 다양성을 그 본질로 하는 문화국가원리의 불가결의 조건이라고 할 것이다. → 보기 ㄱ

ii)문화국가원리는 국가의 문화국가실현에 관한 과제 또는 책임을 통하여 실현되므로 국가의 문화정책과 밀접한 관계를 맺고 있다. 과거 국가절대주의 사상의 국가관이 지배하던 시대에는 국가의 적극적인 문화간섭정책이 당연한 것으로 여겨졌다. 이와 달리 오늘날에는 국가가 어떤 문화현상에 대하여도 이를 선호하거나 우대하는 경향을 보이지 않는 불편부당의 원칙이 가장 바람직한 정책으로 평가받고 있다. 오늘날 문화국가에서의 문화정책은 그 초점이 문화 그 자체에 있는 것이 아니라 문화가 생겨날 수 있는 문화풍토를 조성하는 데 두어야 한다. → 보기 ㄷ, ㄹ

iii)문화국가원리의 이러한 특성은 문화의 개방성 내지 다원성의 표지와 연결되는데, 국가의 문화육성의 대상에는 원칙적으로 모든 사람에게 문화창조의 기회를 부여한다는 의미에서 모든 문화가 포함된다. 따라서 엘리트문화뿐만 아니라 서민문화, 대중문화도 그 가치를 인정하고 정책적인 배려의 대상으로 하여야 한다. → 보기 ㄴ, ㄷ

〈보기〉

ㄱ. 우리나라 건국헌법에서는 문화국가원리를 채택하지 않았다.
ㄴ. 문화국가원리에 의하면 엘리트문화는 정부의 정책적 배려대상이 아니다.
ㄷ. 다양한 문화가 생겨날 수 있는 문화풍토를 조성하는 정책은 문화국가원리에 부합한다.
ㄹ. 국가절대주의 사상의 국가관이 지배하던 시대에는 국가가 특정 문화만을 선호하여 지원할 수 있었다.

① ㄱ
② ㄴ
③ ㄱ, ㄷ
④ ㄷ, ㄹ
⑤ ㄱ, ㄷ, ㄹ

해설

문제 분석

문단 i) 헌법상 문화국가의 원리
문단 ii) 국가의 문화정책과 문화국가원리의 관계
문단 iii) 문화국가의 원리와 문화의 개방성·다원성

문제풀이 실마리

보기를 먼저 보면, '문화국가원리'가 반복됨을 통해 문화국가원리에 대해 설명하는 글임을 알아챌 수 있다. 각 보기에서 묻는 내용을 빠르게 제시문에서 확인하여 해결할 수 있어야 한다.

ㄱ. (X) 문단 i) 첫 번째 문장에 따르면 우리나라는 건국헌법 이래 문화국가의 원리를 헌법의 기본원리로 채택하고 있다.

ㄴ. (X) 문단 iii) 두 번째 문장에서 문화국가원리에 의하면 엘리트문화도 정책적인 배려의 대상이 된다.

ㄷ. (O) 문단 ii) 네 번째 문장에 따르면 오늘날 문화국가에서의 문화정책은 그 초점이 문화가 생겨날 수 있는 문화풍토를 조성하는 데 두어야 하고, 문단 iii) 첫 번째 문장에서 문화국가원리의 이러한 특성은 문화의 다원성 표지와 연결된다고 한다. 따라서 다양한 문화가 생겨날 수 있는 문화풍토를 조성하는 정책은 문화국가원리에 부합한다.

ㄹ. (O) 문단 ii) 두 번째 문장에 따르면 국가절대주의 사상의 국가관이 지배하던 시대에는 국가의 적극적인 문화간섭정책이 당연한 것으로 여겨졌지만, 세 번째 문장에 따르면 오늘날에는 국가가 어떤 문화현상에 대하여도 이를 선호하거나 우대하는 경향을 보이지 않는 것이 바람직한 정책으로 평가받는다고 한다. 즉, 국가절대주의 사상의 국가관이 지배하던 시대에는 오늘날과 대비되게 국가가 특정 문화만을 선호하여 지원할 수 있었다고 판단할 수 있다.

[정답] ④

19 다음 글을 근거로 판단할 때 옳은 것은?

13년 5급 인책형 1번

i)꿀벌은 나무 둥지나 벌통에서 군집생활을 한다. 암컷인 일벌과 여왕벌은 침이 있으나 수컷인 수벌은 침이 없다. 여왕벌과 일벌은 모두 산란하지만 여왕벌의 알만이 수벌의 정자와 수정되어 암벌인 일벌과 여왕벌로 발달하고, 일벌이 낳은 알은 미수정란이므로 수벌이 된다. 여왕벌의 수정란은 3일 만에 부화하여 유충이 되는데 로열젤리를 먹는 기간의 정도에 따라서 일벌과 여왕벌로 성장한다. → 선지 ①, ②, ④

ii)꿀벌 집단에서 일어나는 모든 생태 활동은 매우 복잡하기 때문에 이를 이해하는 관점도 다르게 형성되었다. 꿀벌 집단을 하나로 모으는 힘이 일벌을 지배하는 전지적인 여왕벌에서 비롯된다는 믿음은 아리스토텔레스 시대부터 시작되어 오늘에 이르고 있다. 이러한 믿음은 여왕벌이 다수의 수벌을 거느리고 결혼비행을 하며 공중에서 교미를 한 후에 산란을 하는 모습에 연원을 두고 있다. 꿀벌 집단의 노동력을 유지하기 위하여 매일 수천여 개의 알을 낳거나, 다른 여왕벌을 키우지 못하도록 억제하는 것도 이러한 믿음을 강화시켰다. 또한 새로운 여왕벌의 출현으로 여왕벌들의 싸움이 일어나서 여왕벌을 중심으로 한 곳에 있던 벌떼가 다른 곳으로 옮겨가서 새로운 사회를 이루는 과정도 이러한 믿음을 갖게 하였다.

iii)그러나 꿀벌의 모든 생태 활동이 이러한 견해를 뒷받침하는 것은 아니다. 요컨대 벌집의 실질적인 운영은 일벌에 의하여 집단적으로 이루어진다. 일벌은 꽃가루와 꿀 그리고 입에서 나오는 로열젤리를 유충에게 먹여서 키운다. 일벌은 꽃가루를 모으고, 파수병의 역할을 하며, 벌집을 새로 만들거나 청소하는 등 다양한 역할을 수행한다. 일벌은 또한 새로운 여왕벌의 출현을 최대한 억제하는 역할도 수행한다. 여왕벌에서 '여왕 물질'이라는 선분비물이 나오고 여왕벌과 접촉하는 일벌은 이 물질을 더듬이에 묻혀 벌집 곳곳에 퍼뜨린다. 이 물질의 전달을 통해서 여왕벌의 건재함이 알려져서 새로운 여왕벌을 키울 필요가 없다는 사실이 집단에게 알려지는 것이다. → 선지 ③, ⑤

① 사람이 꿀벌에 쏘였다면 그는 일벌이나 수벌에 쏘였을 것이다.
② 일벌은 암컷과 수컷으로 나누어지고 성별에 따라 역할이 나누어진다.
③ 수벌은 꿀벌 집단을 다른 집단으로부터 보호하는 파수병 역할을 한다.
④ 일벌이 낳은 알에서 부화된 유충이 로열젤리를 계속해서 먹으면 여왕벌이 된다.
⑤ 여왕 물질이라는 선분비물을 통하여 새로운 여왕벌의 출현이 억제된다.

해설

문제 분석

순서대로 문단 i)~문단 iii)이라 한다.

문단 i) 꿀벌의 군집생활

	암컷		수컷
	일벌	여왕벌	수벌
침	O	O	X
산란	O	O	X
수정	X → 수벌	O → 일벌, 여왕벌	-

문단 ii) 꿀벌 집단 생태 활동을 이해하는 여왕벌 중심의 관점

문단 iii) 일벌의 역할

문제풀이 실마리

꿀벌을 암컷, 수컷 기준에 따라 일벌과 여왕벌, 수벌로 구분하고 다양한 정보를 주고 있다. 정보가 많을 수도 있는 문제이므로 서로 내용을 바꿀 수 있다는 것을 예상하면서 문제 해결에 필요한 정보를 적절하게 처리해야 한다.

① (X) 문단 i) 두 번째 문장에 따르면 암컷인 일벌과 여왕벌은 침이 있으나 수컷인 수벌은 침이 없다고 한다. 따라서 사람이 꿀벌에 쏘였다면 수벌이 아니라 일벌이나 여왕벌에 쏘였을 것이다.

② (X) 문단 i) 두 번째 문장에 따르면 일벌은 암컷과 수컷으로 나누어지는 것이 아니라 일벌은 암컷이다.

③ (X) 문단 iii) 네 번째 문장에 따르면 파수병 역할을 하는 것은 수벌이 아니라 일벌이다.

④ (X) 문단 i) 네 번째 문장에 따르면 여왕벌의 수정란은 로열젤리를 먹는 기간에 따라 일벌과 여왕벌로 성장한다. 세 번째 문장에 따르면 일벌이 낳은 알은 미수정란이므로 여왕벌이 될 수 없고 수벌이 된다.

⑤ (O) 문단 iii) 다섯 번째 문장 이후의 내용에 따르면 여왕벌에서 여왕물질이라는 선분비물이 나오고 일벌은 이 물질을 벌집 곳곳에 퍼뜨려 새로운 여왕벌의 출현을 억제하는 역할을 한다.

[정답] ⑤

20 다음 글을 근거로 판단할 때 옳은 것은?
15년 5급 인책형 2번

i)한반도에서 연행된 곡예종목의 기원은 문헌 자료로 정확히 파악할 수 없다. 하지만 자생적 전통을 바탕으로 삼국시대에 서역과 중국으로부터 전래된 산악(散樂)과 백희(百戱)가 더해지면서 시작된 것으로 추정된다. 3세기에서 5세기경에 제작된 고구려 고분벽화에는 산악, 백희 등에 해당하는 여러 연희가 그려져 있다. 여기에는 나무다리걷기, 곤봉받기 등과 같은 곡예종목이 나타나지만, 중요한 곡예종목인 줄타기, 땅재주, 솟대타기는 등장하지 않는다. 그러나 고구려 이전 중국 한나라 고분에는 이런 종목이 많이 그려져 있다. 또 전문 연희집단이 산악과 백희를 함께 연행했다는 점을 고려하면, 고구려에서도 줄타기, 솟대타기, 땅재주 등이 연행되었을 것으로 추정된다. → 선지 ②, ③, ⑤

ii)곡예종목이 국내 문헌에 처음 등장하는 시기는 고려시대이다. 현재까지 발견된 곡예종목에 대한 최고(最古)의 기록은 이규보의 시인데, 여기서 고난도의 줄타기 연행을 묘사하고 있다. 또한 이규보는 『동국이상국집』에서 임금의 행차를 맞이할 때 연행했던 여러 연희를 설명하고 있다. → 선지 ①

iii)조선시대 연희를 보고 지은 『관나희』에는 봄에 임금과 신하가 궁궐에 모여 방울받기, 줄타기, 꼭두각시놀이, 솟대타기 등을 즐겼다는 기록이 있다. 『문종실록』에는 중국 사신 영접행사를 위해 베풀 연희에 관하여 논의하는 기록도 있다. 여기에서 줄타기, 방울받기, 땅재주는 가장 중요한 국빈인 중국 사신의 영접행사에서 빠짐없이 연행되었던 조선시대의 대표적 연희종목이었음을 확인할 수 있다. 성종 19년 조선에 왔던 명나라 사신 동월의 「조선부」를 보면, 그 시절 연희의 기교가 매우 세련되었음을 알 수 있다. → 선지 ①, ④

※ 연행(演行): 연출하여 행함
※ 연희(演戱): 말과 동작으로 많은 사람 앞에서 재주를 부림

① 고려시대와 조선시대의 임금은 연희를 볼 기회가 없었다.
② 한반도에서 연행된 곡예종목의 기원을 고려시대 문헌 자료를 통해서는 정확히 알 수 없다.
③ 한나라 고분벽화에서는 줄타기, 땅재주, 솟대타기 그림을 찾을 수 없다.
④ 중국 사신 동월은 고려시대 연희의 세련된 기교를 칭찬하는 기록을 남겼다.
⑤ 고구려에서는 나무다리걷기, 곤봉받기 등의 곡예 외에 줄타기, 땅재주, 솟대타기 등은 연행되지 않았을 것으로 추정된다.

해설

문제 분석

순서대로 문단 i)~문단 iii)이라 한다.
문단 i) 한반도에서 연행된 곡예종목 기원의 추정
문단 ii) 곡예종목에 대한 고려시대 문헌상 기록
문단 iii) 조선시대 문헌상 기록

문제풀이 실마리

전체에 포함된 부분의 의미까지 파악해야 빠르게 해결할 수 있는 문제이다.

① (X) 문단 ii) 세 번째 문장에 따르면 고려시대 기록인 『동국이상국집』은 임금의 행차를 맞이할 때 연행했던 여러 연희를 설명하고 있다고 한다. 따라서 고려시대의 임금은 연희를 볼 기회가 있었음을 알 수 있다. 그리고 문단 iii) 첫 번째 문장에 따르면 조선시대 연희를 보고 지은 『관나희』에 임금과 신하가 궁궐에 모여 방울받기 등을 즐겼다는 기록이 있다. 그러므로 조선시대 임금도 연희를 볼 기회가 있었음을 알 수 있다.

② (O) 문단 i) 첫 번째 문장에서는 한반도에서 연행된 곡예종목의 기원은 문헌 자료로 정확히 파악할 수 없다고 한다. 따라서 한반도에서 연행된 곡예종목의 기원을 고려시대 문헌 자료를 통해서도 정확히 알 수 없다. 문단 ii) 첫 번째 문장에서 곡예종목이 국내 문헌에 처음 등장하는 시기는 고려시대라고 하며, 두 번째 문장에서 현재까지 발견된 곡예종목에 대한 최고 기록으로 줄타기 연행을 설명하고 있으나, 이 내용이 곡예종목의 기원은 아니다.

③ (X) 문단 i) 네 번째, 다섯 번째 문장에 따르면 고구려 고분벽화에는 줄타기, 땅재주, 솟대타기와 같은 곡예종목이 등장하지 않지만, 다섯 번째 문장에서 한나라 고분에서는 이런 종목이 많이 그려져 있다고 한다. 즉 한나라 고분벽화에서는 줄타기, 땅재주, 솟대타기 그림을 찾을 수 있다.

④ (X) 문단 iii) 네 번째 문장에 따르면 중국 사신 동월은 연희의 세련된 기교를 칭찬하는 기록을 남겼으나 이는 고려시대 연희가 아니라 조선시대 연희에 대한 기록이다.

⑤ (X) 문단 i) 여섯 번째 문장에 따르면 고구려에서도 줄타기, 땅재주, 솟대타기 등의 곡예종목이 연행되었을 것으로 추정된다.

[정답] ②

길쌤's Check | 더 연습해 볼 문제

민간경력자	13년 인책형 13번 14년 A책형 4번 17년 나책형 12번
5급 공채	05년 견습 과책형 1번 15년 인책형 23번

2 특수 키워드 활용

빠른 문제해결을 위해 일반적으로 선지에서 확인해야 하는 것은 서술어 + 주어나 목적어 등 서술어와 가장 밀접한 관련이 있는 단어이다. 그런데 이 외에 다른 고유명사나 비한글 장치 등 다른 키워드를 활용하여 문제를 해결하는 방법이 더 효율적인 문제들이 있다. 이런 문제의 경우 특수 키워드를 적절하게 활용하면 문제풀이 시간이 단축될 것이다.

21 다음 글을 근거로 판단할 때 옳은 것은? 12년 민경채 인책형 2번

ⅰ)한복(韓服)은 한민족 고유의 옷이다. 삼국시대의 사람들은 저고리, 바지, 치마, 두루마기를 기본적으로 입었다. 저고리와 바지는 남녀 공용이었으며, 상하귀천에 관계없이 모두 저고리 위에 두루마기를 덧입었다. 삼국시대 이후인 남북국시대에는 서민과 귀족이 모두 우리 고유의 두루마기인 직령포(直領袍)를 입었다. 그런데 귀족은 직령포를 평상복으로만 입었고, 서민과 달리 의례와 같은 공식적인 행사에는 입지 않았다. 고려시대에는 복식 구조가 크게 변했다. 특히 귀족층은 중국옷을 그대로 받아들여 입었지만, 서민층은 우리 고유의 복식을 유지하여, 복식의 이중 구조가 나타났다. 조선시대에도 한복의 기본 구성은 지속되었다. 중기나 후기에 들어서면서 한복 디자인은 한층 단순해졌고, 띠 대신 고름을 매기 시작했다. 조선 후기에는 마고자와 조끼를 입기 시작했는데, 조끼는 서양 문물의 영향을 받은 것이었다.

→ 선지 ①, ②, ③

ⅱ)한편 조선시대 관복에는 여러 종류가 있었다. 곤룡포(袞龍袍)는 임금이 일반 집무를 볼 때 입었던 집무복[상복: 常服]으로, 그 흉배(胸背)에는 금색실로 용을 수놓았다. 문무백관의 상복도 곤룡포와 모양은 비슷했다. 그러나 무관 상복의 흉배에는 호랑이를, 문관 상복의 흉배에는 학을 수놓았다. 무관들이 주로 대례복으로 입었던 구군복(具軍服)은 무관 최고의 복식이었다. 임금도 전쟁 시에는 구군복을 입었는데, 임금이 입었던 구군복에만 흉배를 붙였다. → 선지 ④, ⑤

※ 흉배는 왕을 비롯한 문무백관이 입던 관복의 가슴과 등에 덧붙였던 사각형의 장식품이다.

① 남북국시대의 서민들은 직령포를 공식적인 행사에도 입었다.
② 고려시대에는 복식 구조가 크게 변하여 모든 계층에서 중국옷을 그대로 받아들여 입는 현상이 나타났다.
③ 조선시대 중기에 들어서면서 고름을 매기 시작했고, 후기에는 서양 문물의 영향으로 인해 마고자를 입기 시작했다.
④ 조선시대 무관이 입던 구군복의 흉배에는 호랑이가 수놓아져 있었다.
⑤ 조선시대 문관의 경우 곤룡포와 비슷한 모양의 상복에 호랑이가 수놓아진 흉배를 붙였다.

해설

문제 분석

순서대로 문단 ⅰ)~문단 ⅱ)라 한다.

문단 ⅰ)의 한복 변천사를 시대에 따라 정리하면 다음과 같다.

시대	내용
삼국시대	바지는 남녀 공용, 상하귀천에 관계없이 모두 저고리 위에 두루마기
남북국시대	서민과 귀족 모두 직령포 귀족: 직령포를 평상복으로만
고려시대	귀족: 중국옷 서민: 한복
조선시대	후기: 마고자, 조끼

문단 ⅱ)에서는 조선시대 관복에 대해서 설명하고 있다.

문제풀이 실마리

한복과 관련하여 삼국시대, 남북국시대, 고려시대, 조선시대 순으로 여러 정보를 알려주는 제시문이다. 모든 내용을 다 기억하고 이해할 필요 없이 각 선지에서 묻는바만 빠르게 확인할 수 있어야 한다.

① (O) 문단 ⅰ) 네 번째 문장에 따르면 남북국시대에는 서민과 귀족이 모두 직령포를 입었고, 다섯 번째 문장에 따르면 귀족은 직령포를 평상복으로만 입었고 서민과 달리 공식적인 행사에서는 입지 않았다고 한다. 따라서 남북국시대의 서민들은 직령포를 입었고, 공식적인 행사에서도 입었을 것이라고 판단할 수 있다.

② (X) 문단 ⅰ) 여섯 번째 문장에 따르면 고려시대에는 복식 구조가 크게 변했다고 한다. 그러나 일곱 번째 문장에 따르면 모든 계층에서 중국옷을 그대로 받아들여 입는 현상이 나타난 것은 아니고, 귀족층은 중국옷을 그대로 받아들여 입었지만 서민층은 우리 고유의 복식을 유지하였다고 한다.

③ (X) 문단 ⅰ) 아홉 번째 문장에 따르면 조선시대 중기나 후기에 들어서면서 띠 대신 고름을 매기 시작했다고 하므로 중기에 들어서면서 고름을 매기 시작했는지는 알 수 없다. 그리고 열 번째 문장에 따르면 조선 후기에는 마고자를 입기 시작했는데 조끼는 서양 문물의 영향을 받은 것이지만 마고자도 서양 문물의 영향을 받았는지는 알 수 없다.

④ (X) 문단 ⅱ) 여섯 번째 문장에 따르면 임금이 입었던 구군복에만 흉배를 붙였다고 한다. 따라서 조선시대 무관이 입던 구군복에는 흉배가 붙어 있지 않았을 것이고 호랑이가 수놓아져 있지도 않았을 것이다.

⑤ (X) 문단 ⅱ) 세 번째 문장에 따르면 문무백관의 상복이 곤룡포와 모양은 비슷했다고 한다. 따라서 조선시대 문관 상복은 곤룡포와 비슷한 모양일 것이라고 판단할 수 있다. 그러나 네 번째 문장에 따르면 문관 상복의 흉배에는 호랑이가 아니라 학을 수놓았다고 한다.

[정답] ①

22 다음 글에 대한 가장 적절한 추론은?

11년 5급 선책형 24번

i)조선왕조는 백성을 나라의 근본으로 존중하는 민본정치(民本政治)의 이념을 구현하는 데 목표를 두었다. 하지만 건국 초기 조선왕조의 최우선적인 관심은 역시 왕권의 강화였다. 조선왕조는 고려 시대에 왕권을 제약하고 있던 2품 이상 재상들의 합의기관인 도평의사사를 폐지하고, 대간들이 가지고 있던 모든 관리에 대한 임명동의권인 서경권을 약화시켜 5품 이하 관리의 임명에만 동의권을 갖도록 제한하였다. 이는 고려 말기 약화되었던 왕권을 강화하기 위한 조치였다. → 선지 ③, ④

ii)그러나 조선의 이러한 왕권 강화 정책은 공권 강화에 집중되어 이루어졌다. 국왕은 관념적으로는 무제한의 권력을 갖지만 실제로는 인사권과 반역자를 다스리는 권한만을 행사할 수 있었다. 이는 권력 분산과 권력 견제를 위한 군신공치(君臣共治)의 이념에 기반한 결과라 할 수 있다. 국왕은 오늘날의 국무회의에 해당하는 어전회의를 열어 국사(國事)를 논의하였다. 어전회의는 매일 국왕이 편전에 나아가 의정부, 6조 그리고 국왕을 측근에서 보필하는 시종신(侍從臣)인 홍문관, 사간원, 사헌부, 예문관, 승정원 대신들과 만나 토의하고 정책을 결정하는 상참(常參), 매일 5명 이내의 6품 이상 문관과 4품 이상 무관을 관청별로 교대로 만나 정사를 논의하는 윤대(輪對), 그리고 매달 여섯 차례 의정부 의정, 사간원, 사헌부, 홍문관의 고급관원과 전직대신들을 만나 정책 건의를 듣는 차대(次對) 등 여러 종류가 있었다. → 선지 ①, ②

iii)국왕을 제외한 최고의 권력기관은 의정부였다. 이는 중국에 없는 조선 독자의 관청으로서 여기에는 정1품의 영의정, 좌의정, 우의정 등 세 정승이 있고, 그 밑에 종1품의 좌찬성과 우찬성 그리고 정2품의 좌참찬과 우참찬 등 7명의 재상이 있었다. 의정부 밑에 행정집행기관으로 정2품 관청인 6조를 소속시켜 의정부가 모든 관원과 행정을 총괄하는 형식을 취했다. 6조(이 · 호 · 예 · 병 · 형 · 공조)에는 장관인 판서(정2품)를 비롯하여 참판(종2품), 참의(정3품), 정랑(정5품), 좌랑(정6품) 등의 관원이 있었다. 의정부 다음으로 위상이 높은 것은 종1품 관청인 의금부였는데, 의금부는 왕명에 의해서만 반역죄인을 심문할 수 있어서 왕권을 유지하는 중요한 권력기구였다. → 선지 ③, ④, ⑤

① 조선 초기의 왕은 윤대와 차대에서 중요한 정책을 결정하였다.
② 조선 초기의 왕은 편전에 나아가 매일 형조 정랑을 만나는 차대를 행하였다.
③ 조선 초기의 왕은 이조 참판으로 甲을 임명하기 위하여 의정부 관리들의 동의를 얻어야 하였다.
④ 조선은 왕권을 강화하기 위해 여러 가지 제도개혁을 했고, 의금부는 왕권을 유지하는 중요한 권력기구였다.
⑤ 영의정은 품계상 의정부의 최고 직위자로서 자신보다 하위 품계인 좌의정, 우의정, 6조 판서 등을 관리하고 총괄하였다.

해설

문제 분석

순서대로 문단 i)~문단 iii)이라 한다.
문단 i) 민본정치의 이념, 하지만 초기 조선왕조는 왕권 강화에 최우선 관심(도평의사사 폐지, 서경권 약화)
문단 ii) 군신공치의 이념, 어전회의(상참, 윤대, 차대)
문단 iii) 의정부, 6조, 의금부

문제풀이 실마리

문단 i)에서 건국 초기 조선왕조에 대해 이야기하고 있으므로 이어지는 문단 ii), iii)의 내용 또한 조선 초기에 대한 내용으로 이해한다. 각 선지에 등장하는 용어를 키워드로 적절하게 활용하면 빠른 해결이 가능한 문제이다.

① (X) 문단 ii) 다섯 번째 문장에서 확인할 수 있다. 조선 초기의 왕은 어전회의 중 상참에서 의정부 등의 대신들과 만나 토의하고 정책을 결정하였으며, 윤대에서는 정사를 논의, 차대에서는 정책 건의를 듣는다고 하고 있지만, 윤대와 차대에서 중요한 정책을 결정하였는지는 불분명하다.

② (X) 문단 ii) 다섯 번째 문장에서 확인할 수 있다. 차대는 매일 편전에서 행하여지는 것이 아니고 매달 여섯 차례 행해졌다. 매일 편전에서 행해진 것은 상참이다. 또한 문단 iii) 네 번째 문장에서 형조 정랑이 정5품인 것을 확인할 수 있으나 형조 정랑이 차대에 참석하는 관원인지는 불분명하다.

③ (X) 문단 i) 세 번째 문장에 따르면 초기 조선왕조는 대간들이 가지고 있던 모든 관리에 대한 임명동의권인 서경권을 약화시켜 5품 이하 관리의 임명에만 동의권을 갖도록 하였다. 문단 iii) 네 번째 문장에서 이조 참판은 종2품인 것을 확인할 수 있는데 조선 초기의 왕은 5품 이상인 종2품 이조 참판을 임명하기 위하여 관리들의 동의를 얻을 필요가 없고, 동의를 얻어야 하는 경우에도 대간이 아닌 의정부 관리들의 동의를 얻을 필요는 없다. 대간은 문단 i)에서 언급된 이후 달리 언급되고 있지 않지만 의정부가 아니라는 것만 확인한다.

④ (O) 문단 i) 세 번째 문장에서 조선은 왕권을 강화하기 위해 여러 가지 제도개혁(도평의사사 폐지, 서경권 약화)을 한 것을 확인할 수 있고, 문단 iii) 다섯 번째 문장에서 의금부는 왕권을 유지하는 중요한 권력기구였다는 것을 확인할 수 있다.

⑤ (X) 문단 iii) 두 번째 문장에서 좌의정, 우의정은 품계상 영의정보다 하위 품계가 아니라 모두 정1품이라는 것을 확인할 수 있다. 세 번째 문장에서 6조 판서는 정2품으로 영의정보다 하위 품계임을 확인할 수 있다.

[정답] ④

23 다음 글에 근거할 때, 옳게 추론한 것을 <보기>에서 모두 고르면?

12년 5급 인책형 1번

ⅰ)수원 화성(華城)은 조선의 22대 임금 정조가 강력한 왕도 정치를 실현하고 수도 남쪽의 국방요새로 활용하기 위하여 축성한 것이었다. 규장각 문신 정약용은 동서양의 기술서를 참고하여 『성화주략』(1793년)을 만들었고, 이것은 화성 축성의 지침서가 되었다. 화성은 재상을 지낸 영중추부사 채제공의 총괄 하에 조심태의 지휘로 1794년 1월에 착공에 들어가 1796년 9월에 완공되었다. 축성과정에서 거중기, 녹로 등 새로운 장비를 특수하게 고안하여 장대한 석재 등을 옮기며 쌓는 데 이용하였다. 축성 후 1801년에 발간된 『화성성역의궤』에는 축성계획, 제도, 법식뿐 아니라 동원된 인력의 인적사항, 재료의 출처 및 용도, 예산 및 임금계산, 시공기계, 재료가공법, 공사일지 등이 상세히 기록되어 있어 건축 기록으로서 역사적 가치가 큰 것으로 평가되고 있다. → 보기 ㄱ, ㄹ

ⅱ)화성은 서쪽으로는 팔달산을 끼고 동쪽으로는 낮은 구릉의 평지를 따라 쌓은 평산성인데, 종래의 중화문명권에서는 찾아볼 수 없는 형태였다. 성벽은 서쪽의 팔달산 정상에서 길게 이어져 내려와 산세를 살려가며 쌓았는데 크게 타원을 그리면서 도시 중심부를 감싸는 형태를 띠고 있다. 화성의 둘레는 5,744m, 면적은 130ha로 동쪽 지형은 평지를 이루고 서쪽은 팔달산에 걸쳐 있다. 화성의 성곽은 문루 4개, 수문 2개, 공심돈 3개, 장대 2개, 노대 2개, 포(鋪)루 5개, 포(砲)루 5개, 각루 4개, 암문 5개, 봉돈 1개, 적대 4개, 치성 9개, 은구 2개의 시설물로 이루어져 있었으나, 이 중 수해와 전쟁으로 7개 시설물(수문 1개, 공심돈 1개, 암문 1개, 적대 2개, 은구 2개)이 소멸되었다. 화성은 축성 당시의 성곽이 거의 원형대로 보존되어 있다. 북수문을 통해 흐르던 수원천이 현재에도 그대로 흐르고 있고, 팔달문과 장안문, 화성행궁과 창룡문을 잇는 가로망이 현재에도 성안 도시의 주요 골격을 유지하고 있다. 창룡문 · 장안문 · 화서문 · 팔달문 등 4대문을 비롯한 각종 방어시설들을 돌과 벽돌을 섞어서 쌓은 점은 화성만의 특징이라 하겠다. → 보기 ㄱ, ㄴ, ㄷ

〈보기〉

ㄱ. 화성은 축성 당시 중국에서 찾아보기 힘든 평산성의 형태로서 군사적 방어기능을 보유하고 있다.
ㄴ. 화성의 성곽 시설물 중 은구는 모두 소멸되었다.
ㄷ. 조선의 다른 성곽들의 방어시설은 돌과 벽돌을 섞어서 쌓지 않았을 것이다.
ㄹ. 화성의 축조와 관련된 기술적인 세부사항들은 『성화주략』보다는 화성 축성의 지침이 된 『화성성역의궤』에 보다 잘 기술되어 있을 것이다.

① ㄱ, ㄴ
② ㄴ, ㄹ
③ ㄷ, ㄹ
④ ㄱ, ㄴ, ㄷ
⑤ ㄱ, ㄷ, ㄹ

해설

문제 분석

순서대로 문단 ⅰ)~문단 ⅱ)라 한다.
문단 ⅰ) 수원 화성의 축성
문단 ⅱ) 화성의 형태, 시설물, 특징 등

문제풀이 실마리

문단 ⅰ)은 수원 화성의 축조과정과 관련된 사실들을 시간 순서로 설명하고 있고, 문단 ⅱ)에서는 화성의 시설물을 병렬적으로 나열하고 있다. 문단 ⅱ)에서 정보를 나열하고 있는 부분은 정독하기보다는 〈보기〉에서 묻는 부분만 발췌해서 읽도록 한다.

ㄱ. (O) 문단 ⅱ) 첫 번째 문장에서 화성은 종래 중화문명권에서는 찾아볼 수 없는 형태라고 하여 축성 당시 중국에서 찾아보기 힘든 형태임을 알 수 있으며 평산성의 형태인 것도 확인할 수 있다. 그리고 문단 ⅰ) 첫 번째 문장에서 수원화성은 국방요새로 활용하기 위하여 축성하였다고 하므로 군사적 방어기능을 보유하고 있을 것으로 추론할 수 있다.
문단 ⅱ) 네 번째 문장에서 화성을 이루고 있는 시설물로 포(砲)루가 있는 점에서도 화성이 '군사적' 시설이고, 일곱 번째 문장에서 각종 방어시설이라는 언급에서 군사적 '방어'기능을 보유하고 있음을 추론할 수 있으나, 보다 직접적으로는 문단 ⅰ) 첫 번째 문장으로부터 추론하는 것이 바람직하다.

ㄴ. (O) 문단 ⅱ) 네 번째 문장에서 화성의 성곽 시설물 중 은구 2개가 있었으나 2개가 소멸되었다고 하여 은구가 모두 소멸되었음을 확인할 수 있다.

ㄷ. (O) 문단 ⅱ) 일곱 번째 문장에서 각종 방어시설들을 돌과 벽돌을 섞어서 쌓은 점은 화성만의 특징이라고 한다. 따라서 조선의 다른 성곽들의 방어시설은 돌과 벽돌을 섞어서 쌓지 않았을 것으로 추론할 수 있다.

ㄹ. (X) 문단 ⅰ) 두 번째 문장에서 화성 축성의 지침이 된 것은 『화성성역의궤』가 아니라 『성화주략』임을 확인할 수 있다. 『성화주략』은 동서양의 기술서를 참고하여 만들었다고 하고, 다섯 번째 문장에서 『화성성역의궤』에 기록된 시공기계, 재료가공법 등은 화성 축조와 관련된 기술적인 세부사항들이라고 할 수 있으나 어느 쪽이 기술적인 세부사항에 대하여 더 잘 기술되어 있는지는 불분명하다.

[정답] ④

24 다음 글을 근거로 판단할 때 옳지 않은 것은?

18년 5급 나책형 1번

ⅰ)공공성은 서구에서 유래된 '퍼블릭(public)'이나 '오피셜(official)'과 동아시아에서 전통적으로 사용해 온 개념인 '공(公)'이나 '공공(公共)'이 접합되어 이루어진 개념이다. 공공성 개념은 다음과 같은 세 가지 의미를 포괄하고 있다. 첫째, 어떤 사적인 이익이 아니라 공동체 전체의 이익과 관계된다는 의미이다. 둘째, 만인의 이익을 대표하여 관리하는 정통성을 지닌 기관이라는 의미가 있다. 셋째, 사사롭거나 편파적이지 않으며 바르고 정의롭다는 의미이다. → 선지 ①

ⅱ)정도전의 정치사상에서 가장 인상적인 것은 정치권력의 사유화에 대한 강렬한 비판의식과 아울러 정치권력을 철저하게 공공성의 영역 안에 묶어두려는 의지이다. 또 그가 이를 위한 제도적 장치의 마련을 끊임없이 고민하였다는 사실도 확인되고 있다. 정도전은 정치공동체에서 나타나는 문제의 근저에 '자기 중심성'이 있고, 고려의 정치적 경험에서 자기 중심성이 특히 '사욕(私慾)'의 정치로 나타났다고 생각했다. 그리고 이로 인해 독선적인 정치와 폭정이 야기되었다고 보았다. 정도전은 이러한 고려의 정치를 소유 지향적 정치로 보았고, 이에 대한 대안으로 '공론'과 '공의'의 정치를 제시하였는데 이를 '문덕(文德)'의 정치라 불렀다. → 선지 ②, ④, ⑤

ⅲ)공공성과 관련하여 고려와 조선의 국가 운영 차이를 가장 선명히 드러내는 것은 체계적인 법전의 유무이다. 고려의 경우는 각 행정부처들이 독자적인 관례나 규정에 따라서 통치를 하였을 뿐, 일관되고 체계적인 법전을 갖추고 있지 못하였다. 그래서 조선의 건국 주체는 중앙집권적인 국가운영 체제를 확립하기 위해서 법체계를 갖추려고 했다. 이러한 노력을 통해 만든 최초의 법전이 정도전에 의해 편찬된 『조선경국전』이다. 이를 통해서 건국 주체는 자신이 세운 정치체제에 공공성을 부여하려고 하였다. → 선지 ③

① 공공성에는 공동체 전체의 이익뿐만 아니라 이를 대표하여 관리하는 정통성을 지닌 기관이라는 의미도 포함되어 있다.
② 정도전은 고려의 정치에서 자기 중심성이 '사욕'의 정치로 나타났다고 보았다.
③ 고려시대에는 각 행정부처의 관례나 규정이 존재하지 않아 '사욕'의 정치가 나타났다.
④ 정도전에게 '문덕'의 정치란 소유 지향적 정치의 대안이었다.
⑤ 정도전의 정치사상에서 공공성을 갖추기 위한 제도적 장치 마련은 중요한 의미를 지닌다.

해설

문제 분석

순서대로 문단 ⅰ)~문단 ⅲ)이라 한다.
문단 ⅰ) 공공성의 개념
문단 ⅱ) 정도전의 정치사상, 사욕의 정치와 문덕의 정치
문단 ⅲ) 고려와 조선의 국가 운영 차이(체계적인 법전의 유무)

문제풀이 실마리

'~했기(이기) 때문에 ~했다.'에서 잘못된 원인 또는 인과관계로 함정을 파는 것은 언어논리에서 흔히 볼 수 있는 함정이다.

① (O) 문단 ⅰ) 세 번째 문장에 따르면 공공성은 공동체 전체의 이익이라는 의미를 포괄하고, 네 번째 문장에 따르면 공동체 전체의 이익을 대표하여 관리하는 정통을 지닌 기관이라는 의미도 포괄한다.

② (O) 문단 ⅱ) 세 번째 문장에 따르면 정도전은 고려의 정치에서 자기 중심성이 '사욕'의 정치로 나타났다고 생각했다.

③ (X) 문단 ⅲ) 두 번째 문장에 따르면 고려시대에 각 행정부처의 관례나 규정이 존재했으므로 '사욕'의 정치가 나타난 이유가 각 행정부처의 관례나 규정이 존재하지 않았기 때문이라고 볼 수 없고, 문단 ⅱ) 세 번째 문장에 따르면 정도전은 자기 중심성이 '사욕'의 정치로 나타났다고 생각했다.

④ (O) 문단 ⅱ) 다섯 번째 문장에 따르면 정도전은 '사욕'의 정치를 소유 지향적 정치로 보았고, '문덕'의 정치를 소유 지향적 정치의 대안으로 제시하였다.

⑤ (O) 문단 ⅱ) 첫 번째, 두 번째 문장에 따르면 정도전은 정치권력을 철저하게 공공성의 영역 안에 묶어두기 위한 제도적 장치의 마련을 끊임없이 고민하였다. 따라서 정도전의 정치사상에서 공공성을 갖추기 위한 제도적 장치 마련은 중요한 의미를 지닌다는 것을 알 수 있다.

[정답] ③

25 다음 글을 근거로 추론할 때 옳은 것은? 13년 외교관 인책형 1번

ⁱ⁾미국인의 일상생활은 1919년 이후 꾸준히 변해왔다. 1919년 5월 어느 날 아침, 식탁에 앉은 스미스씨의 복장만 보면 1930년이라고 착각할지도 모른다. 물론 눈썰미가 있는 사람이라면 스미스씨의 바지통이 1930년보다 좁다는 것을 눈치챌 수도 있다. 이처럼 남성들의 패션은 빙하의 움직임처럼 느리게 변화한다. → 선지 ①

ⁱⁱ⁾이와는 달리 스미스 부인은 당시의 유행대로 발목 부분에서 오므라들고, 발목에서 10cm 올라가 있는 치마를 입고 있다. 부인은 패션잡지에서 "부르봉 왕조 이래 여자들이 이렇게 다리를 내놓았던 적은 없다"는 놀라운 이야기와 앞으로 치마 길이가 더욱 짧아질 것임을 전망하는 기사를 보았지만, 발목에서 10cm 위는 여전히 당시의 표준적인 치마 길이였다. → 선지 ②

ⁱⁱⁱ⁾또한 스미스 부인은 지난 겨울 내내 끈으로 꼭 맞게 조인 워킹 부츠 혹은 사슴 가죽을 부착한 에나멜 구두로 복사뼈를 감싸고 있었지만, 지금은 봄이라는 계절에 맞게 단화를 신고 단화 안에는 검은색 스타킹을 신었다. 스미스 부인은 황갈색 구두를 신을 때 황갈색 스타킹을 신는다. → 선지 ⑤

ⁱᵛ⁾1919년이면 화장은 매춘부들이나 하는 것이라는 고정관념이 희미해지고, 세련된 소녀들은 이미 대담하게 화장을 시작했을 때이다. 하지만 스미스 부인은 분을 바르는 정도로 얼굴 화장을 마무리하고, 색조 화장품은 사용하지 않았다. 가정교육을 잘 받은 스미스 부인 같은 여성들은 아직 '볼연지'라면 미간을 찌푸린다. → 선지 ③

ᵛ⁾스미스 부인의 머리는 길다. 그래서 부인은 외출할 때에는 모자를 쓰고 긴머리를 머리 뒤쪽에 핀으로 단정하게 고정시키는 베일(veil)을 착용한다. 스미스 부인에게는 긴머리를 짧게 자른다는 것은 상상조차 할 수 없는 일이었다. 왜냐하면 당시에는 단발머리 여성이나 장발의 남성은 자유연애주의자까지는 아니더라도 급진적인 사상과 관련이 있다고 생각되었기 때문이다. → 선지 ④

① 1919년과 1930년 사이에 미국 남성들의 바지 모양에는 약간의 변화가 있었다.
② 1919년의 여성들의 치마는 대체로 무릎을 드러내는 정도의 길이였다.
③ 스미스 부인은 외출을 할 때는 볼에 색조 화장을 하였을 것이다.
④ 긴 머리의 여성은 자유연애주의자의 대표적인 모습이었다.
⑤ 스미스 부인이 신은 단화는 황갈색이었다.

해설

문제 분석

순서대로 문단 ⅰ)~문단 ⅴ)라 한다.
문단 ⅰ) 스미스씨의 복장
문단 ⅱ) 스미스 부인의 치마
문단 ⅲ) 구두와 스타킹
문단 ⅳ) 화장
문단 ⅴ) 머리

문제풀이 실마리

위에서 정리한 것과 같이 문단별로 복장, 치마 등 구분되는 내용을 이야기하고 있으므로 선지에서 묻는 내용에 따라 해당 문단을 빠르게 확인한다. 문단 ⅰ) 두 번째 문장에서 제시문에서 언급하는 시점이 1919년이라는 것을 확인한다.

① (O) 문단 ⅰ) 세 번째 문장에서 1919년 스미스씨의 바지통이 1930년보다 좁다고 한다. 그리고 네 번째 문장에서 남성들의 패션은 느리게 변화한다고 하는데, 이러한 내용으로부터 1919년과 1930년 사이에 미국 남성들의 바지 모양에는 약간의 변화가 있었을 것으로 추론할 수 있다.

② (X) 문단 ⅱ) 두 번째 문장에 따르면 당시 여성들의 치마는 대체로 무릎을 드러내는 정도의 길이가 아니라 발목에서 10cm 위가 표준적인 치마 길이였다고 한다.

③ (X) 문단 ⅳ) 두 번째 문장에 따르면 스미스 부인은 색조 화장품은 사용하지 않았다고 하므로, 외출할 때 볼에 색조 화장을 하지 않았을 것이다.

④ (X) 문단 ⅴ)에서 단발머리 여성이 자유연애주의자까지는 아니더라도 급진적인 사상과 관련이 있다고 생각된다는 언급이 있으나, 제시문에서 긴 머리의 여성이 자유연애주의자와 어떠한 관련이 있다는 내용은 언급하고 있지 않다.

⑤ (X) 문단 ⅲ) 두 번째 문장에서 스미스 부인은 황갈색 구두를 신을 때 황갈색 스타킹을 신는다고 한다. 그런데 첫 번째 문장에서 스미스 부인은 단화를 신고 검은색 스타킹을 신었다. 즉 스미스 부인이 황갈색 스타킹을 신지 않았다는 내용으로부터 스미스 부인은 황갈색 구두를 신지 않았다는 것을 추론할 수 있다. 여기서 단화가 구두에 포함된다고 가정하면 황갈색 단화를 신지 않았다는 것을 판단할 수 있고, 이러한 가정을 하지 않는다면 스미스 부인이 신은 '단화'는 황갈색인지 알 수 없다고 판단하여야 한다.

빠른 문제풀이 Tip

⑤의 내용을 다음과 같이 명제로 나타낼 수 있다.
1) 황갈색 구두 → 황갈색 스타킹
 ~황갈색 스타킹 → ~황갈색 구두
2) ~황갈색 스타킹(=검은색 스타킹)
3) ∴ ~황갈색 구두

[정답] ①

26 다음 글을 근거로 추론할 때 옳지 않은 것은?

13년 외교관 인책형 21번

> i)중세 이래의 꿈이었던 인도 항해가 바스쿠 다 가마(Vasco da Gama) 이후 가능해지자 포르투갈은 아시아 해양 세계로 진입하였다. 인도양을 중심으로 한 상업 체계는 무역풍과 몬순 때문에 이미 오래전부터 상당히 규칙적인 틀이 만들어져 있었다. 지중해를 잇는 아덴 – 소팔라 – 캘리컷을 연결하는 삼각형이 서쪽에 형성되었는데 이것은 전적으로 아랍권의 것이었다. 여기에 동쪽의 말라카가 연결되어 자바, 중국, 일본, 필리핀 등지에 이르는 광범위한 공간이 연결된다. 한편 서쪽의 상업권에서 홍해 루트와 페르시아만 루트가 뻗어나가서 지중해권과도 연결된다. → 선지 ③
>
> ii)포르투갈은 인도양 세계 전체를 상대로 보면 보잘것없는 세력에 불과했지만, 대포를 앞세워 아시아를 포함한 주요 거점 지역들을 무력으로 장악해 나갔다. 이런 성과를 얻기 위해 포르투갈은 엄청난 비율의 인력 유출을 감내해야 했다. 16세기 포르투갈의 해외 유출인구는 10만 명으로 추산되는데, 이는 포르투갈 전체 인구의 10%에 해당한다. 이것은 남자 인구로만 본다면 35%의 비중이었다. 외국에 나간 사람들 가운데 많은 수가 사망했는데 각 세대마다 남자 인구 7~10%가 희생되었다. 이런 정도로 큰 희생을 치러가며 해외 사업을 벌인 경우는 역사상 많지 않았다. → 선지 ①, ②, ④
>
> iii)포르투갈의 아시아 교역에서는 후추 등 향신료의 비중이 가장 컸다. 포르투갈 상인들은 후추를 얻기 위해 인도로 구리를 가져가서 거래를 했는데, 구리 무게의 2.5~4배에 해당하는 후추를 살 수 있었다. 포르투갈의 해외 교역은 사실상 후추 등 향신료 교역이었으나, 후추 산지들이 매우 넓게 분포해 있어서 독점은 불가능하였다. 그러나 포르투갈 상인들이 유럽으로 들여온 후추의 양은 결코 적은 것이 아니었다. 포르투갈은 모두 12만 톤의 후추를 유럽에 들여왔다. 특히 1500~1509년 기간에 매년 7~8척의 배들이 3,000톤의 후추를 들여왔는데, 이는 당시 전 세계 생산량의 1/3에 해당한다. → 선지 ④, ⑤

① 16세기 포르투갈의 전체 인구는 약 100만 명이었을 것이다.
② 16세기 초 포르투갈은 매년 10만 명이 해외에 나가 3,000톤의 후추를 유럽에 들여왔다.
③ 인도양을 중심으로 하는 상업 체계의 규칙적인 틀은 바스쿠 다 가마의 인도 항해 이전에 형성되었다.
④ 16세기에 포르투갈은 후추 등 향신료의 아시아 무역에서 상권을 장악하기 위해서 군사력을 사용했을 것이다.
⑤ 포르투갈이 12만 톤의 후추를 유럽에 들여올 때 구리를 대금으로 지급했다면, 최소 3만 톤의 구리가 필요했을 것이다.

해설

문제 분석

순서대로 문단 i)~문단 iii)이라 한다.
문단 i) 포르투갈의 아시아 해양 진입
지중해–서쪽의 삼각형–동쪽의 말라카–자바, 중국 등 연결
문단 ii) 포르투갈의 아시아 주요 거점 무력 장악, 인력 유출
문단 iii) 후추 등 향신료 교역

문제풀이 실마리

16세기에 대한 정보는 문단 ii)부터 언급되고 있다. 제시문에서 확인해야 할 범위를 줄여간다면 정답을 보다 빨리 찾아낼 수 있다.

① (O) 문단 ii) 세 번째 문장에 따르면 16세기 포르투갈의 해외 유출인구는 10만 명으로 추산되고, 이는 포르투갈 전체 인구의 10%에 해당한다. 따라서 16세기 포르투갈의 전체 인구는 10만 명의 10배인 약 100만 명이었을 것으로 추론할 수 있다.

② (X) 문단 ii) 세 번째 문장에 따르면 16세기 포르투갈의 해외 유출인구는 10만 명으로 추산된다고 한다. 16세기 초 포르투갈에서 매년 10만 명이 해외에 나갔던 것은 아니다. 문단 iii) 여섯 번째 문장에서 16세기 초에 해당하는 1500~1509년 기간에 매년 7~8척의 배들이 3,000톤의 후추를 들여왔다는 것은 확인할 수 있다.

③ (O) 문단 i) 첫 번째 문장에 따르면 인도 항해는 바스쿠 다가마 이후 가능해졌고, 두 번째 문장에 따르면 인도양을 중심으로 한 상업 체계는 오래전부터 상당히 규칙적인 틀이 만들어져 있었다고 한다. 따라서 인도양을 중심으로 하는 상업 체계의 규칙적인 틀은 바스쿠 다 가마의 인도 항해 이전에 형성되었음을 추론할 수 있다.

④ (O) 문단 iii) 첫 번째 문장, 여섯 번째 문장에 따르면 포르투갈은 아시아 무역에서 후추 등 향신료의 비중이 컸고 시점이 16세기임을 확인할 수 있다. 그리고 문단 ii) 첫 번째 문장에서 대포를 앞세워 아시아 주요 거점 지역들을 무력으로 장악해 나갔다고 하므로 상권을 장악하기 위해서 군사력을 사용했다는 것을 확인할 수 있다.

⑤ (O) 문단 iii) 두 번째 문장에 따르면 포르투갈 상인들은 후추를 얻기 위해 구리로 거래를 했는데, 구리 무게의 2.5~4배에 해당하는 후추를 살 수 있었다고 한다. 따라서 포르투갈이 12만 톤의 후추를 유럽에 들여올 때 구리를 대금으로 지급했다면, 가장 저렴하게 4배에 해당하는 후추를 살 수 있었던 경우 최소 3만 톤의 구리가 필요했을 것이다.

빠른 문제풀이 Tip

⑤ 포르투갈 상인들은 후추를 얻기 위해 구리로 거래를 했는데, 구리 무게의 2.5~4배에 해당하는 후추를 살 수 있었다. 12만 톤의 후추를 유럽에 들여올 때 구리를 대금으로 지급하면서, 구리를 최소로 지급하기 위해서는 최대의 교환비율을 적용해야 한다. 구리를 후추로 최대한 많이 교환해 줄 때 최소로 지급하는 것이 가능해진다.

[정답] ②

27 다음 글을 근거로 판단할 때 옳지 않은 것은?

20년 5급 나책형 26번

ⅰ)개발도상국으로 흘러드는 외국자본은 크게 원조, 부채, 투자가 있다. 원조는 다른 나라로부터 지원받는 돈으로, 흔히 해외 원조 혹은 공적개발원조라고 한다. 부채는 은행 융자와 정부 혹은 기업이 발행한 채권으로, 투자는 포트폴리오 투자와 외국인 직접투자로 이루어진다. 포트폴리오 투자는 경영에 대한 영향력보다는 경제적 수익을 추구하기 위한 투자이고, 외국인 직접투자는 회사 경영에 일상적으로 영향력을 행사하기 위한 투자이다. → 선지 ①, ③

ⅱ)개발도상국에 유입되는 이러한 외국자본은 여러 가지 문제점을 보이고 있다. 해외 원조는 개발도상국에 대한 경제적 효과가 있다고 여겨져 왔으나 최근 경제학자들 사이에서는 그러한 경제적 효과가 없다는 주장이 점차 힘을 얻고 있다. → 선지 ②

ⅲ)부채는 변동성이 크다는 단점이 지적되고 있다. 특히 은행 융자는 변동성이 큰 것으로 유명하다. 예컨대 1998년 개발도상국에 대하여 이루어진 은행 융자 총액은 500억 달러였다. 하지만 1998년 러시아와 브라질, 2002년 아르헨티나에서 일어난 일련의 금융 위기가 개발도상국을 강타하여 1999~2002년의 4개년 동안에는 은행 융자 총액이 연평균 −65억 달러가 되었다가, 2005년에는 670억 달러가 되었다. 은행 융자만큼 변동성이 큰 것은 아니지만, 채권을 통한 자본 유입 역시 변동성이 크다. 외국인은 1997년에 380억 달러의 개발도상국 채권을 매수했다. 그러나 1998~2002년에는 연평균 230억 달러로 떨어졌고, 2003~2005년에는 연평균 440억 달러로 증가했다. → 선지 ④, ⑤

ⅳ)한편 포트폴리오 투자는 은행 융자만큼 변동성이 크지는 않지만 채권에 비하면 변동성이 크다. 개발도상국에 대한 포트폴리오 투자는 1997년의 310억 달러에서 1998~2002년에는 연평균 90억 달러로 떨어졌고, 2003~2005년에는 연평균 410억 달러에 달했다. → 선지 ⑤

① 개발도상국에 대한 투자는 경제적 수익뿐만 아니라 회사 경영에 영향력을 행사하기 위해서도 이루어질 수 있다.

② 해외 원조는 개발도상국에 대한 경제적 효과가 없다고 주장하는 경제학자들이 있다.

③ 개발도상국에 유입되는 외국자본에는 해외 원조, 은행 융자, 채권, 포트폴리오 투자, 외국인 직접투자가 있다.

④ 개발도상국에 대한 2005년의 은행 융자 총액은 1998년의 수준을 회복하지 못하였다.

⑤ 1998~2002년과 2003~2005년의 연평균을 비교할 때, 개발도상국에 대한 포트폴리오 투자가 채권보다 증감액이 크다.

해설

문제 분석

순서대로 문단 ⅰ)~문단 ⅳ)라 한다.

문단 ⅰ) 개발도상국으로 흘러드는

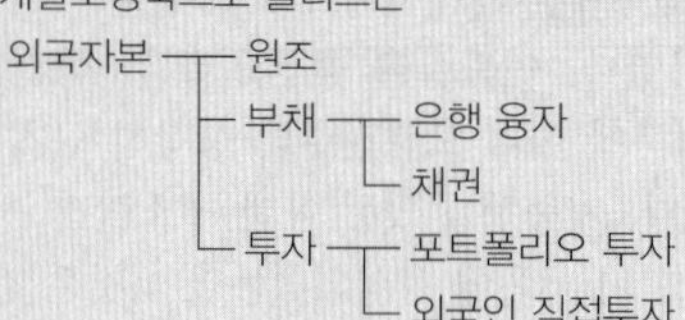

문단 ⅱ) 해외 원조의 문제점

문단 ⅲ) 부채의 변동성, 채권의 변동성

문단 ⅳ) 포트폴리오 투자의 변동성

문제풀이 실마리

특수 키워드를 활용하여 각 선지 해결에 필요한 정보를 제시문 중에서 빠르게 찾을 수 있어야 한다. 이때 '~의 수준을 회복하였다/회복하지 못하였다'라는 부정형 표현 때문에 실수하지 않도록 주의하자.

① (O) 문단 ⅰ) 세 번째 문장에 따르면 개발도상국에 대한 투자는 포트폴리오 투자와 외국인 직접투자로 이루어진다. 그리고 네 번째 문장에 따르면 포트폴리오 투자는 경제적 수익을 추구하기 위해서, 외국인 직접투자는 회사 경영에 일상적으로 영향력을 행사하기 위한 투자이다.

② (O) 문단 ⅱ) 두 번째 문장에 따르면 해외 원조는 개발도상국에 대한 경제적 효과가 없다고 주장하는 경제학자들이 있다.

③ (O) 문단 ⅰ)에 따르면 개발도상국에 유입되는 외국자본에는 두 번째 문장의 해외 원조, 세 번째 문장의 은행 융자와 채권, 포트폴리오 투자와 외국인 직접투자가 있다.

④ (X) 문단 ⅲ) 네 번째 문장에 따르면 개발도상국에 대한 2005년의 은행 융자 총액은 670억 달러이고, 두 번째 문장에 따르면 1998년의 은행 융자 총액은 500억 달러이므로 2005년의 은행 융자 총액은 1998년의 수준을 회복하였음을 알 수 있다.

⑤ (O) 문단 ⅳ) 두 번째 문장에 따르면 개발도상국에 대한 포트폴리오 투자는 1998~2002년에 연평균 90억 달러, 2003~2005년에 연평균 410억 달러로 연평균 320억 달러가 증가하였다. 그리고 문단 ⅲ) 일곱 번째 문장에 따르면 개발도상국에 채권을 통한 자본 유입은 1998~2002년에 연평균 230억 달러, 2003~2005년에 연평균 440억 달러로 연평균 210억 달러가 증가하였다. 개발도상국에 대한 포트폴리오 투자가 채권보다 증감액이 크다.

[정답] ④

28 다음 글에 근거할 때, 옳게 추론한 것을 <보기>에서 모두 고르면?

12년 5급 인책형 2번

ⅰ)클래식 음악에는 보통 'Op.'로 시작하는 작품번호가 붙는다. 이는 '작품'을 의미하는 라틴어 Opus의 약자에서 비롯되었다. 한편 몇몇 작곡가들의 작품에는 다른 약자로 시작하는 작품번호가 붙기도 한다. 예를 들면 하이든의 작품에는 통상적으로 'Hob.'로 시작하는 작품번호가 붙는다. 이는 네덜란드의 안토니 판 호보켄이 1957년과 1971년 하이든의 음악을 정리하여 낸 두 권의 카탈로그에서 유래한 것이다. → 보기 ㄱ

ⅱ)'RV.'는 Ryom-Verzeichnis(리옹번호를 뜻하는 독일어)의 약자이다. 이는 1977년 프랑스의 피터 리옹이 비발디의 방대한 작품들을 번호순으로 정리하여 출판한 목록에서 비롯되었다. 비발디의 작품에 대해서는 그 전에도 마르크 핀케를(P.)이나 안토니오 파나(F.)에 의한 번호목록이 출판되었으나, 리옹의 작품번호가 가장 포괄적이며 많이 쓰인다. → 보기 ㄴ

ⅲ)바흐 역시 작품마다 고유의 작품번호가 붙어 있는데 이것은 바흐의 작품을 구분하여 정리한 볼프강 슈미더에 의한 것이다. 'BWV'는 Bach-Werke-Verzeichnis(바흐의 작품번호를 뜻하는 독일어)의 첫 글자를 따온 것으로, 정리한 순서대로 아라비아 숫자가 붙어서 바흐의 작품번호가 되었다. 'BWV'는 총 1,080개의 바흐의 작품에 붙어 있다. → 보기 ㄹ

ⅳ)모차르트의 작품에 가장 빈번히 사용되는 'K.'는 오스트리아의 모차르트 연구가 루드비히 폰 쾨헬의 이니셜을 딴 것이다. 그는 총 626곡의 모차르트 작품에 번호를 매겼다. 'K.'는 종종 '쾨헬번호'라는 의미의 Köchel-Verzeichnis의 약자인 'KV.'로 표기되기도 한다. → 보기 ㄷ

ⅴ) 'D.'로 시작하는 작품번호는 슈베르트에 관한 권위자인 오토 에리히 도이치의 이름을 따서 붙여진 것이다. 오스트리아의 음악 문헌학자이며 전기작가인 도이치는 연대순으로 총 998개의 슈베르트 작품에 번호를 매겼다. → 보기 ㄹ

〈보기〉

ㄱ. 작품번호만 보아도 누구의 곡인지 알 수 있는 경우가 있다.
ㄴ. 비발디의 작품번호를 최초로 정리하여 출판한 사람은 피터 리옹이다.
ㄷ. 몇몇 작곡가들의 작품번호는 작품들을 정리한 사람 이름의 이니셜을 사용하기도 한다.
ㄹ. BWV293과 D.759라는 작품이 있다면 그것은 각각 바흐와 슈베르트의 작품일 것이다.

① ㄱ, ㄴ
② ㄱ, ㄹ
③ ㄴ, ㄷ
④ ㄱ, ㄷ, ㄹ
⑤ ㄴ, ㄷ, ㄹ

해설

문제 분석

순서대로 문단 ⅰ)~문단 ⅴ)라 한다.

문단 ⅰ)	클래식 작품번호, 보통 'Op.'로 시작		
	하이든	Hob	안토니 판 호보켄
문단 ⅱ)	비발디	RV.	피터 리옹
		P.	핀케를
		F.	안토니오 파나
문단 ⅲ)	바흐	BWV	볼프강 슈미더
문단 ⅳ)	모차르트	K.	루드비히 폰 쾨헬
문단 ⅴ)	슈베르트	D.	오토 에리히 도이치

이상은 문단 ⅰ)~ⅴ)에 나오는 작곡가, (통상적인) 작품번호, 작품을 번호 순으로 정리한 사람 순으로 정리한 것이다.

문제풀이 실마리

제시문에는 문단별로 작곡가에 대한 정보가 매우 많다. 이 모든 정보를 처리할 필요는 없다. 〈보기〉에서 묻는 부분만 확인하면 되므로, 〈보기〉를 먼저 확인하여 이 문제에서 무엇을 묻는지 먼저 확인하는 습관을 들이는 것이 좋다.

ㄱ. (O) 문단 ⅰ) 세 번째 문장에서 몇몇 작곡가들의 작품에는 Op.가 아닌 다른 약자로 시작하는 작품번호가 붙기도 한다고 하며, 위에서 정리한 내용들은 작품번호로 작곡가를 알 수 있는 경우이다. 또한 다른 문단의 내용들까지, 예를 들어 문단 ⅱ)에서 작품번호 RV.는 비발디의 작품이라는 것을 확인하면 작품번호만 보아도 누구의 곡인지 알 수 있는 경우가 있다는 것을 추론할 수 있다.

ㄴ. (X) 문단 ⅱ) 세 번째 문장에서 비발디의 작품번호를 최초로 정리하여 출판한 사람은 피터 리옹이 아니라 그 전에 핀케를이나 안토니오 파나가 정리하여 출판하였음을 확인할 수 있다.

ㄷ. (O) 문단 ⅳ) 첫 번째 문장의 모차르트의 작품번호 K.는 루드비히 폰 쾨헬의 이니셜을 딴 것이라는 내용에서, 몇몇 작곡가들의 작품번호는 작품들을 정리한 사람 이름의 이니셜을 사용했다는 것을 알 수 있다. 이니셜을 사용했다는 직접적인 언급은 없지만 두 번째 문장에서 '쾨헬번호'라는 의미가 작품을 정리한 사람의 번호라는 의미를 파악한다면 문단 ⅱ) 첫 번째 문장의 '리옹번호' 또한 작품을 정리한 사람의 이름으로부터 유래되었다는 것을 알 수 있고, 문단 ⅰ)의 Hob.이나 문단 ⅴ)의 D.도 작품을 정리한 사람의 이름으로부터 유래한 것을 짐작할 수 있다.

ㄹ. (O) 문단 ⅲ) 세 번째 문장에서 BWV293는 바흐의 작품, D.759는 슈베르트의 작품이라는 것을 알 수 있다.

[정답] ④

29 다음 글을 근거로 판단할 때 옳은 것은? 15년 5급 인책형 1번

ⅰ)헌법은 국민의 기본권을 보장하고 국가의 통치조직과 통치작용의 원리를 정하는 최고법이다. '헌법'이라는 용어는 영어의 'constitution', 'constitutional law'를 번역한 것이다. 근대 초기에 우리나라와 중국은 이 단어를 국제(國制), 헌장(憲章), 국헌(國憲) 등으로 다양하게 번역하였는데, 오늘날에는 공동체의 최고법규범을 지칭하는 용어로 사용하고 있다. 그런데 엄격히 보면 constitution은 일정한 구성체(공동체)를 의미하고, constitutional law는 그 구성체를 규율하는 최고의 법규범을 일컫는다. 따라서 헌법학에서 헌법이라는 용어는 문맥에 따라 이 둘 가운데 어느 하나를 지칭하기도 하고, 둘을 같이 지칭하기도 한다. → 선지 ②, ③, ⑤

ⅱ)역사적으로 헌법이라는 단어의 어원은 중국 전국시대 문헌인 『국어』 진어편(篇)의 '상선벌간 국지헌법야'(賞善罰姦 國之憲法也)라는 문장에서 찾아볼 수 있다. 또한 『후한서』, 『서경』, 『예기』 등 중국의 옛 문헌에도 헌법이라는 단어가 나타나는데, 여기에서 헌법은 모든 종류의 법을 통틀어 지칭하는 법의 통칭어이다. 우리나라에서는 법령을 통칭하는 '국제'(國制)라는 용어가 조선시대에 편찬된 『고려사』에 보이고, 헌법이라는 말은 1884년 1월 30일 한성순보에 실린 '구미입헌정체'(歐美立憲政體)라는 글에서 오늘날 의미로 사용되었다. 헌법이라는 단어가 실정법에서 처음 사용된 것은 1919년 9월 11일 공포된 「대한민국임시헌법」이다. → 선지 ②, ⑤

ⅲ)한편 헌법은 시대 흐름에 따라 고유한 의미의 헌법, 근대 입헌주의 헌법 등으로 나눌 수 있다. 고유한 의미의 헌법은 국가의 최고기관을 조직·구성하고, 이들 기관의 권한행사 방법, 국가기관의 상호관계 및 활동범위를 정한 기본법이다. 이러한 의미의 헌법은 국가가 존재하는 한 어떠한 형태로든 존재한다. 근대 입헌주의 헌법이란 개인의 자유와 권리를 보장하고, 권력분립에 의하여 국가권력의 남용을 억제하는 것을 내용으로 하는 헌법을 말한다. → 선지 ①, ④

① 개인의 자유를 보장하지 않은 헌법도 근대 입헌주의 헌법이라 할 수 있다.

② 고려사에 기록된 국제(國制)라는 용어는 오늘날 통용되는 헌법의 의미로 사용되었다.

③ 헌법학에서 사용하는 헌법이라는 용어는 최고의 법규범이 아닌 일정한 구성체를 지칭하기도 한다.

④ 근대 입헌주의 헌법과 비교할 때, 고유한 의미의 헌법은 국가권력의 조직·구성보다는 국가권력의 제한에 그 초점을 둔다고 할 수 있다.

⑤ 중국에서 헌법이라는 용어는 처음에는 최고법규범을 의미했지만, 현재는 다양한 종류의 법이 혼합된 형태를 의미하는 용어로 사용된다.

해설

문제 분석

순서대로 문단 ⅰ)~문단 ⅲ)이라 한다.

문단 ⅰ) 헌법의 정의

문단 ⅱ) 헌법의 어원

문단 ⅲ) 고유한 의미의 헌법, 근대 입헌주의 헌법

문제풀이 실마리

이 문제는 제시문의 용어가 어렵다고 느끼는 경우, 정보량이 많아서 잘 읽히지 않거나 정보처리가 잘 안 되는 경우, 여러 개념 간의 혼동을 하여 실수하는 경우 등 수험생 각자가 가진 문제점을 여러 방면에서 확인해 볼 수 있는 문제이다. 평소에 기출분석을 하면서 자신의 약점과 부족한 부분을 찾아 보완해 나가는 것이 필요하다.

① (X) 문단 ⅲ) 네 번째 문장에 따르면 근대 입헌주의 헌법이란 개인의 자유와 권리를 보장하는 것을 내용으로 하는 헌법이라고 한다. 따라서 개인의 자유를 보장하지 않은 헌법은 근대 입헌주의 헌법이라 할 수 없다.

② (X) 문단 ⅱ) 세 번째 문장에 따르면 고려사에 기록된 국제(國制)라는 용어는 법령을 통칭하는 의미로 사용되었다고 한다. 그러나 문단 ⅰ) 세 번째 문장에 따르면 오늘날 통용되는 헌법의 의미는 공동체의 최고법규범을 지칭하는 용어로 사용하고 있다. 같은 의미로 사용되었다고 볼 수 없다.

③ (O) 문단 ⅰ) 두 번째, 네 번째 문장에서 '헌법'이라는 용어는 영어의 'constitution', 'constitutional law'를 번역한 것이고, constitution은 일정한 구성체(공동체)를, constitutional law는 그 구성체를 규율하는 최고의 법규범을 일컫는다고 한다. 그리고 다섯 번째 문장에 따르면 헌법학에서 헌법이라는 용어는 문맥에 따라 이 둘 가운데 어느 하나를 지칭하기도 한다고 한다. 따라서 헌법학에서 사용하는 헌법이라는 용어는 문맥에 따라 최고의 법규범이 아닌 일정한 구성체를 지칭하기도 한다.

④ (X) 문단 ⅲ) 두 번째 문장에 따르면 고유한 의미의 헌법은 국가의 최고기관을 조직·구성하고, 이들 기관의 권한행사 방법, 국가기관의 상호관계 및 활동범위를 정한 기본법이라고 하고, 네 번째 문장에 따르면 근대 입헌주의 헌법은 국가권력의 남용을 억제하는 것을 내용으로 한다. 즉, 근대 입헌주의 헌법과 비교할 때, 고유한 의미의 헌법은 국가권력의 조직·구성에 초점을 두고, 국가권력의 제한에 그 초점을 두는 것은 근대 입헌주의 헌법이라고 할 수 있다.

⑤ (X) 문단 ⅱ) 첫 번째, 두 번째 문장에 따르면 중국 옛 문헌의 헌법은 모든 종류의 법을 통틀어 지칭하는 법의 통칭어라고 한다. 즉 중국에서 헌법이라는 용어는 처음에는 최고법규범이 아닌 법의 통칭어를 의미했다. 그리고 문단 ⅰ) 세 번째 문장은 중국도 오늘날에는 헌법을 공동체의 최고법규범을 지칭하는 용어로 사용하고 있다고 해석할 수 있으므로, 헌법이라는 용어를 현재는 다양한 종류의 법이 혼합된 형태라는 의미로 사용하는 것도 아니다.

빠른 문제풀이 Tip

② 문단 ⅰ) 세 번째 문장에서 '공동체의 최고법규범'이라 함은 간단하게 헌법이 법률이나 법규명령 등 다른 규범들에 비해 최상위의 효력을 가진다는 것을 의미한다. 그리고 '법령'이라 함은 여러 의미로 사용되지만, 일반적으로는 법률과 법규명령 등을 통칭하는 말이다. '공동체의 최고법규범'과 '법령'의 의미가 같지 않다는 것을 파악하여야 한다. 그리고 문단 ⅱ) 세 번째 문장 후단에서 전단과 대조적으로 '구미입헌정체'(歐美立憲政體)라는 글에서 오늘날 의미로 사용'되었다는 표현에서도 의미의 차이를 파악할 수 있다.

[정답] ③

길쌤's Check 더 연습해 볼 문제

구분	문제
민간경력자	11년 인책형 2번 12년 인책형 12번 13년 인책형 2번 13년 인책형 11번 14년 A책형 2번 14년 A책형 12번 14년 A책형 13번 15년 인책형 2번 15년 인책형 11번 15년 인책형 12번 16년 5책형 2번 16년 5책형 12번 17년 나책형 2번 17년 나책형 13번 18년 가책형 3번 18년 가책형 11번 20년 가책형 15번
7급 공채	23년 인책형 5번
5급 공채	08년 창책형 1번 08년 창책형 2번 08년 창책형 3번 09년 극책형 2번 12년 인책형 21번 13년 외교관 인책형 2번 13년 외교관 인책형 22번 13년 인책형 4번 13년 인책형 21번 15년 인책형 9번 16년 4책형 1번 16년 4책형 21번 16년 4책형 22번 17년 가책형 23번

Ⅲ. 해결(2) - 추론/유추/도출

1 추론/유추/도출

30 다음 글에 근거할 때, A국에 대해 옳게 추론한 것을 <보기>에서 모두 고르면?

12년 5급 인책형 3번

> 미래사회는 노동력 부족을 경험할까? 바우만(Bauman)은 후기 산업사회가 "대규모 노동력을 필요로 하지 않으며, 노동력과 비용을 줄이면서 이익뿐 아니라 생산물 규모를 증대시키는 방법을 익혀왔다."고 단언하고 있다. 노동가능한 모든 사회구성원을 노동시장에 진입시키지 않고도, 안정적 고용을 담보하지 않고도 생산력의 증대가 가능하다는 것이다. A국도 예외가 아니다. A국 내의 전체 근로자 중 500인 이상 대규모 사업체에 고용되어 있는 근로자의 비율은 2001년 17.2%에서 2011년 8.7%로 불과 10년만에 절반 가까이 감소했다. 즉, 안정적이고 좋은 일자리를 제공하는 대규모 사업체의 고용비율이 급격히 감소하고 있다. 또한 지난 2006년부터 2010년까지의 소득 10분위별 고용증감 통계에 따르면, 고소득층과 저소득층의 일자리는 증가한 반면 중간소득층의 일자리는 8만 7천 개가 감소한 것으로 나타났다. 한편 언제든지 대체 가능한 저임금·비정규 일자리가 증가하였다.

〈보기〉

ㄱ. 앞으로 심각한 노동력 부족 현상을 경험하게 될 것이다.
ㄴ. 500인 이상을 고용하고 있는 대규모 사업체의 수는 늘어나고 있다.
ㄷ. 생산력의 증대를 위해서는 안정적인 고용이 필수적인 조건이 되고 있다.
ㄹ. 저임금·비정규 일자리는 증가하였고, 중간소득층의 일자리는 감소하였다.

① ㄴ ② ㄹ ③ ㄱ, ㄴ
④ ㄷ, ㄹ ⑤ ㄱ, ㄷ, ㄹ

해설

문제 분석

제시문의 두 번째 문장에서 바우만은 후기 산업사회가 대규모 노동력을 필요로 하지 않고 생산물 규모를 증대시켰다고 한다. 그리고 네 번째 문장의 A국도 예외가 아니라는 것으로부터 바우만의 후기 산업사회에 대한 서술이 A국에서도 적용될 것으로 가정하고 있다는 것을 알 수 있다. 다섯 번째 문장부터는 이러한 가정하에 A국의 향후 일자리와 관련된 전망을 하고 있다.

문제풀이 실마리

보기 ㄷ은 제시문에 반대되는 내용이 있어 명백하게 옳지 않은 보기이지만, '추론'의 발문이기 때문에 보기 ㄱ과 ㄴ처럼 어느 정도는 각자의 판단이 더해져야 옳지 않다는 것이 판단되는 보기도 있을 수 있다.

ㄱ. (X) 세 번째 문장, 네 번째 문장의 후기 산업사회는 노동가능한 모든 사회구성원을 노동시장에 진입시키지 않고도 생산력의 증대가 가능하다는 내용으로부터 미래사회는 노동력이 부족하지 않을 것이며, A국도 예외가 아니므로 A국이 앞으로 심각한 노동력 부족 현상을 경험하지 않을 것으로 추론할 수 있다. 또한 두 번째 문장에서 후기 산업사회는 대규모 노동력을 필요로 하지 않는다는 내용으로부터도 간접적으로 추론이 가능하다.

ㄴ. (X) 다섯 번째 문장에서 500인 이상 대규모 사업체에 고용되어 있는 근로자의 비율 변화에 대해서 언급하고 있으나, 제시문에서 500인 이상을 고용하고 있는 대규모 사업체의 수에 대해서는 언급하고 있지 않다.

ㄷ. (X) 세 번째 문장에서 후기 산업사회는 안정적인 고용을 담보하지 않고도 생산력의 증대가 가능하다고 했으므로 A국에서도 생산력의 증대를 위해 안정적인 고용은 필수적인 조건이 아니라는 것을 추론할 수 있다.

ㄹ. (O) 일곱 번째와 여덟 번째 문장에서 저임금·비정규 일자리는 증가하였고, 중간소득층의 일자리는 감소하였다는 것을 확인할 수 있다.

빠른 문제풀이 Tip

ㄷ. 세 번째 문장의 안정적인 고용을 담보하지 않고도 생산력의 증대가 가능하다는 내용을 '~안정적인 고용 → 생산력 증대'와 같은 명제로 생각할 수 있고, 보기 ㄷ의 필수 조건이라는 표현에서 '생산력 증대 → 안정적인 고용'과 같은 명제로 생각해 볼 수 있다. 제시문의 명제가 참일 때 보기의 명제가 참이면 모순이 발생한다.

[정답] ②

길쌤's Check 더 연습해 볼 문제

• 추론

5급 공채	05년 견습 과책형 10번 05년 견습 과책형 21번 06년 견습 인책형 1번 06년 견습 인책형 5번 06년 견습 인책형 21번 06년 견습 인책형 27번 06년 견습 인책형 34번 06년 행정 출책형 15번	06년 행정 출책형 37번 07년 재책형 1번 07년 재책형 3번 07년 재책형 22번 08년 창책형 7번 09년 극책형 18번 09년 극책형 27번

• 유추

5급 공채	05년 견습 과책형 29번 06년 행정 출책형 25번	06년 행정 출책형 26번 09년 극책형 6번

• 도출

5급 공채	06년 행정 출책형 16번	06년 행정 출책형 18번

2 추론+표/그래프

31 다음 제시문으로 추론할 수 있는 것을 <보기>에서 모두 고른 것은?

08년 5급 창책형 13번

i)기억에 관련된 연구를 진행한 일부 학자들은 머리크기는 기억 용량과 유의미한 관계가 있다고 주장한다. 외부 세계에서 온 정보가 감각 기관을 통해 머릿속으로 들어오고 그 곳에서 저장되므로 정보가 저장되는 머리 즉 뇌와, 물건을 담는 물리적 용기 사이에는 유사한 대응관계가 있다는 것이다. 물리적 용기가 크면 클수록 내용물을 많이 담을 수 있듯이 머리가 클수록 더 많은 정보를 담을 수 있으리라는 유추가 그들 주장의 핵심이다.

ii)연구자 P는 위의 주장이 타당한지 여부와 지역에 따른 차이를 알아보기 위해서 다음과 같이 실험연구를 실시하였다. 아래 그림은 A지역과 B지역 사람들의 머리둘레와 기억력 테스트에서 회상된 단어 수 사이의 관계를 보여준다. (단, 실험설계 및 통계상의 오류는 없는 것으로 가정한다)

※ 머리크기는 머리둘레로 측정한다.

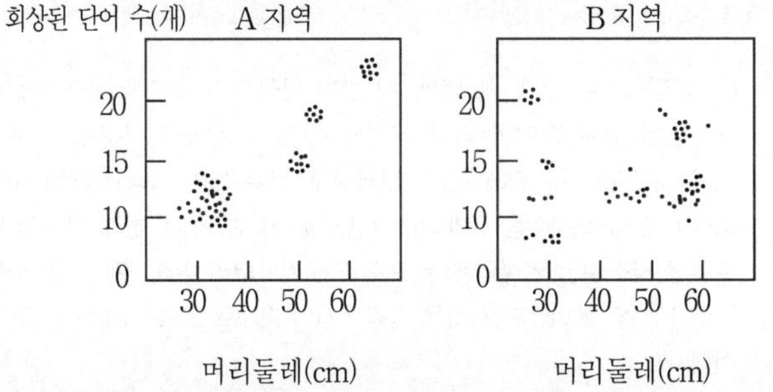

<보기>

ㄱ. A지역 사람들이 B지역 사람들보다 머리크기와 기억용량 사이의 관련성이 더 크다.
ㄴ. A지역 사람들의 경우 기억용량을 측정하면, 그 사람의 머리크기가 어느 정도 될 것인지를 일정한 범위 내에서 대략적으로 예측해 볼 수 있다.
ㄷ. 회상된 단어의 수가 같다면 A지역 사람들보다 B지역 사람들의 머리가 더 크다.
ㄹ. 뇌에서 정보가 저장되는 역할을 하는 부분의 크기가 사람마다 차이가 없다면, A지역의 실험결과는 더욱 의미가 커진다.

① ㄱ, ㄴ　② ㄱ, ㄷ　③ ㄴ, ㄷ
④ ㄷ, ㄹ　⑤ ㄱ, ㄴ, ㄹ

해설

문제 분석

문단 i) 머리크기와 기억 용량에 관한 유추
문단 ii) 실험 결과

문제풀이 실마리

제시문의 그림은 일반적인 산점도 그래프(scatter graph)로 직교 좌표계의 좌표상에 점들을 표시하여 두 변수 간의 관계를 나타낸 것이다. 해당 산점도에 추세선(trend line)을 그리면 크게 세 가지 정도로 요약할 수 있다.

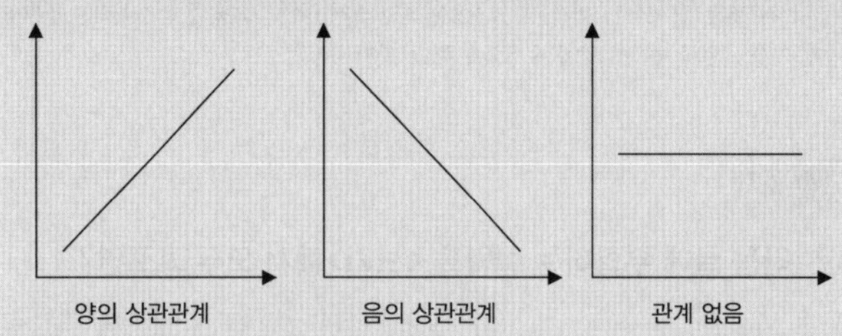

추세선이 양의 상관관계, 또는 음의 상관관계로 나타날 때 두 변수는 상관관계가 있다고 할 수 있다. 상관관계는 인과관계와 달리 어느 변수가 독립변수, 종속변수인지 알 수 없거나, 한 변수가 다른 변수에 영향을 미치는 기제가 정확히 밝혀져 있지 않은 경우이다.

제시문에서 A 지역의 그래프는 머리둘레와 회상된 단어 수라는 두 변수 사이에 양의 상관관계가 있다고 할 수 있으나 B 지역의 그래프는 관계가 없다고 해석할 수 있다.

ㄱ. (O) A지역의 그래프는 머리둘레로 측정한 머리크기와 회상된 단어 수로 측정한 기억용량 사이에서 관련성(양의 상관관계)이 있는 것으로 해석할 수 있고, B지역의 그래프는 머리크기와 기억용량이라는 두 변수 사이의 관련성이 없는 것으로 해석할 수 있다. A지역이 두 변수 사이의 관련성이 더 크다.

ㄴ. (O) A지역 사람들의 머리크기와 기억용량의 관계에 대한 실험연구 결과에서 양의 상관관계가 있는 것으로 나타났으므로 A지역에 한해서는 사람들의 기억용량을 측정하면, 그 사람의 머리크기가 어느 정도 될 것인지를 일정한 범위 내에서 대략적으로 예측해 볼 수 있다.

ㄷ. (X) A, B지역의 회상된 단어의 수가 같은 경우 사람들의 머리둘레를 비교해 보아야 한다. 아래 그림에서 예를 들어 회상된 단어 수가 15개로 같은 경우를 점선으로 표시하였다. 이 경우 A지역 사람들이 B지역 사람들보다 머리가 더 큰 경우가 많다는 것을 확인할 수 있다.

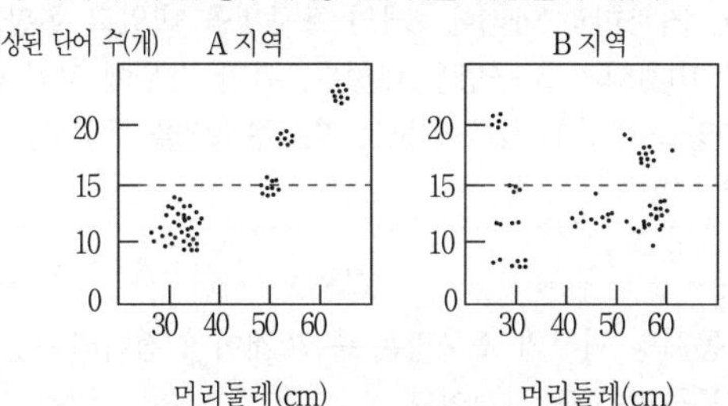

ㄹ. (X) 문단 i)에서 뇌에서 정보가 저장되는 역할을 하는 물리적 용기의 크기와 정보 저장능력 사이의 상관관계가 있을 것이라고 유추하였고 문단 ii)는 유추를 입증하기 위해 이루어진 실험의 결과이다. 뇌에서 정보가 저장되는 역할을 하는 부분의 크기가 사람마다 차이가 없다면 해당 유추가 옳지 않다는 것이고 A지역의 실험결과는 의미가 없어진다.

[정답] ①

길쌤's Check 더 연습해 볼 문제

5급 공채	08년 창책형 33번 09년 극책형 37번	09년 극책형 39번

Ⅳ. 해결(3) - 일부 응용

1 계산

일부 응용형에 속하는 문제는 4개~5개의 선지 보기 중에 일치부합 선지/보기와 응용 선지/보기가 한 문제 내에 혼합된 형태를 보인다. 응용 선지/보기의 가장 대표적인 예는 약간의 계산을 통해 해결되는 경우이다. 제시문의 소재로는 고전 소재, 과학 소재 등이 사용되는 경우가 많다. 텍스트 유형에 해당하는 약간의 계산은 연습을 통해 충분히 해결 가능한 정도의 난도이므로 충분한 연습을 통해 반드시 맞힐 수 있도록 해야 한다.

고전 소재

32 다음 글에 부합하는 설명을 <보기>에서 모두 고르면?

11년 5급 선책형 2번

ⅰ)통제영 귀선(龜船)은 뱃머리에 거북머리를 설치하였는데, 길이는 4자 3치, 너비는 3자이고 그 속에서 유황·염초를 태워 벌어진 입으로 연기를 안개같이 토하여 적을 혼미케 하였다. 좌우의 노는 각각 10개씩이고 좌우 방패판에는 각각 22개씩의 포구멍을 뚫었으며 12개의 문을 설치하였다. 거북머리 위에도 2개의 포구멍을 뚫었고 아래에 2개의 문을 설치했으며 그 옆에는 각각 포구멍을 1개씩 내었다. 좌우 복판(覆板)에도 또한 각각 12개의 포구멍을 뚫었으며 귀(龜)자가 쓰여진 기를 꽂았다. 좌우 포판(鋪板) 아래 방이 각각 12간인데, 2간은 철물을 차곡차곡 쌓았고 3간은 화포·궁시·창검을 갈라두며 19간은 군사들이 쉬는 곳으로 사용했다. 왼쪽 포판 위의 방 한 간은 선장이 쓰고 오른쪽 포판 위의 방 한 간은 장령들이 거처하였다. 군사들이 쉴 때에는 포판 아래에 있고 싸울 때에는 포판 위로 올라와 모든 포구멍에 포를 걸어 놓고 쉴 새 없이 쏘아댔다. → 보기 ㄱ, ㄴ, ㅁ

ⅱ)전라좌수영 귀선의 치수, 길이, 너비 등은 통제영 귀선과 거의 같다. 다만 거북머리 아래에 또 귀두(鬼頭)를 붙였고 복판 위에 거북무늬를 그렸으며 좌우에 각각 2개씩의 문을 두었다. 거북머리 아래에 2개의 포구멍을 내었고 현판 좌우에 각각 10개씩의 포구멍을 내었다. 복판 좌우에 각각 6개씩의 포구멍을 내었고 좌우에 노는 각각 8개씩을 두었다.
→ 보기 ㄱ, ㅁ

〈보기〉

ㄱ. 통제영 귀선의 포구멍은 총 72개이며 전라좌수영 귀선의 포구멍은 총 34개이다.
ㄴ. 통제영 귀선은 포판 아래 총 24간의 방을 두어 그 중 한 간을 선장이 사용하였다.
ㄷ. 두 귀선 모두 포판 위에는 쇠못을 박아두어 적군의 귀선 접근을 막았다.
ㄹ. 포를 쏘는 용머리는 두 귀선의 공통점으로 귀선만의 자랑이다.
ㅁ. 1인당 하나의 노를 담당할 경우 통제영 귀선은 20명, 전라좌수영 귀선은 16명의 노 담당 군사를 필요로 한다.

① ㄱ, ㄷ　② ㄱ, ㅁ　③ ㄷ, ㅁ
④ ㄱ, ㄴ, ㅁ　⑤ ㄴ, ㄷ, ㄹ

해설

문제 분석

순서대로 문단 ⅰ)~문단 ⅱ)라 한다.
문단 ⅰ)은 통제영 귀선, 문단 ⅱ)는 전라좌수영 귀선에 대한 정보를 나열하고 있다.

문제풀이 실마리

제시문을 시각화하며 읽어가는 것이 바람직하다. 통제영 귀선과 전라좌수영 귀선에서 공통적으로 언급하는 노, 거북머리, 복판은 차이점에 유의한다.

ㄱ. (O) 문단 ⅰ) 두 번째, 세 번째, 네 번째 문장에 따르면 통제영 귀선의 포구멍은 좌우 방패판 각각 22개씩 44개, 거북머리 위 2개, 거북머리 아래 2개의 문 옆에 각각 1개씩 2개, 좌우 복판 각각 12개씩 24개로 44+2+2+24=총 72개이다. 문단 ⅱ) 세 번째, 네 번째 문장에 따르면 전라좌수영 귀선의 경우 포구멍은 거북머리 아래 2개, 현판 좌우 각각 10개씩 20개, 복판 좌우 각각 6개씩 12개로 2+20+12=총 34개이다.

ㄴ. (X) 문단 ⅰ) 다섯 번째 문장에서 통제영 귀선은 좌우 포판 아래 각각 12간, 총 24간의 방을 두었음을 확인할 수 있다. 그러나 여섯 번째 문장에 따르면 선장은 그 중 한 간을 사용한 것이 아니라 왼쪽 포판 위 방 한 간을 사용하였다.

ㄷ. (X) 제시문에서 두 귀선에 쇠못이 사용되었다는 관련 서술은 없다.

ㄹ. (X) 제시문에서 두 귀선에 용머리와 관련된 서술은 없다. 문단 ⅰ) 첫 번째 문장, 문단 ⅱ) 두 번째 문장에서 두 귀선 모두 공통적으로 거북머리에 대해서는 서술하고 있다.

ㅁ. (O) 문단 ⅰ) 두 번째 문장에 따르면 통제영 귀선의 노는 좌우 각각 10개씩 20개이고 문단 ⅱ) 네 번째 문장에 따르면 전라좌수영 귀선은 좌우 각각 8개씩 16개이다. 1인당 하나의 노를 담당할 경우, 통제영 귀선은 20명, 전라좌수영 귀선은 16명의 노 담당 군사가 필요하다.

[정답] ②

33 다음 글을 근거로 추론할 때, <보기>에서 옳지 않은 것만을 모두 고르면?

14년 5급 A책형 2번

ⅰ)봉수대 위에서 생활하면서 근무하는 요원으로 봉군(烽軍)과 오장(伍長)이 있었다. 봉군은 주야(晝夜)로 후망(堠望)을 게을리해서는 안되는 고역을 직접 담당하였고, 오장은 대상(臺上)에서 근무하면서 봉군을 감시하는 임무를 맡았다.

→ 보기 ㄱ

ⅱ)경봉수는 전국의 모든 봉수가 집결하는 중앙봉수로서 서울에 위치하였고, 연변봉수는 해륙변경(海陸邊境)의 제1선에 설치한 것으로 그 임무수행이 가장 힘들었다. 내지봉수는 연변봉수와 경봉수를 연결하는 중간봉수로 수적으로 대다수였다.

ⅲ)『경국대전』에 따르면 연변봉수와 내지봉수의 봉군 정원은 매소(每所) 6인이었다. 오장의 정원은 연변봉수·내지봉수·경봉수 모두 매소 2인이었다. 봉군은 신량역천(身良役賤), 즉 신분상으로는 양인(良人)이나 국역담당에 있어서는 천인(賤人)이었다. → 보기 ㄱ, ㄴ

ⅳ)『대동지지』에 수록된 파발(擺撥)의 조직망을 보면, 서발은 의주에서 한성까지 1,050리의 직로(直路)에 기마통신(騎馬通信)인 기발로 41참(站)을 두었고, 북발은 경흥에서 한성까지 2,300리의 직로에 도보통신인 보발로 64참을 설치하였다. 남발은 동래에서 한성까지 920리의 직로에 보발로 31참을 설치하였다. 발군(撥軍)은 양인(良人)인 기보병(騎步兵)으로만 편성되었다. 파발은 긴급을 요하기 때문에 주야로 달렸다. 기발의 속도가 1주야(24시간)에 약 300리 정도로 중국의 400~500리보다 늦은 것은 산악이 많은 지형 때문이었다.

→ 보기 ㄱ, ㄴ, ㄷ, ㄹ

ⅴ)봉수는 경비가 덜 들고 신속하게 전달할 수 있는 장점이 있으나 적의 동태를 오직 봉수의 개수로만 전하기 때문에 그 내용을 자세히 전달할 수 없고 또한 비와 구름·안개로 인하여 판단이 곤란하고 중도에 단절되는 결점이 있었다. 반면에 파발은 경비가 많이 소요되고 봉수보다는 전달속도가 늦은 결점이 있으나 문서로 전달되기 때문에 보안유지는 물론 적의 병력수·장비·이동상황 그리고 아군의 피해상황 등을 상세하게 전달할 수 있는 장점이 있었다.

〈보기〉

ㄱ. 『경국대전』에 따를 때 연변봉수의 근무자 정원은 총 6명이었을 것이다.
ㄴ. 발군의 신분은 봉군의 신분보다 낮았을 것이다.
ㄷ. 파발을 위한 모든 직로에 설치된 참과 참 사이의 거리는 동일했을 것이다.
ㄹ. 의주에서 한성까지 기발로 문서를 전달하는 데 통상 2주야가 걸렸을 것이다.

① ㄱ ② ㄴ, ㄷ ③ ㄱ, ㄴ, ㄹ
④ ㄴ, ㄷ, ㄹ ⑤ ㄱ, ㄴ, ㄷ, ㄹ

해설

문제 분석

문단 ⅰ) 봉수대, 봉군과 오장
문단 ⅱ) 경봉수, 연변봉수, 내지봉수
문단 ⅲ) 봉군과 오장의 정원, 봉군의 신분
문단 ⅳ) 파발, 파발의 조직망(서발, 북발, 남발), 기발의 속도
문단 ⅴ) 봉수와 파발의 비교

문제풀이 실마리

문제를 빠르게 해결하기 위해서 특수키워드를 적절히 활용하는 것이 필요하다. 우리나라와 중국의 기발의 속도를 비교하는 제시문의 내용을 통해 함정을 만들기 좋은 부분임을 알아내는 것도 필요하다.

ㄱ. (X) 문단 ⅰ) 첫 번째 문장에 따르면 봉수대에 근무하는 요원은 봉군과 오장이 있다. 문단 ⅲ) 첫 번째 문장에서 『경국대전』에 따르면 연변봉수의 봉군 정원은 6인이고, 두 번째 문장에서 오장의 정원은 2인이라는 것을 확인할 수 있다. 따라서 『경국대전』에 따를 때 연변봉수의 근무자 정원은 총 6명이 아니라 봉군 6인, 오장 2인으로 총 8명임을 추론할 수 있다.

ㄴ. (X) 문단 ⅳ) 세 번째 문장에서 발군의 신분은 양인, 문단 ⅲ) 세 번째 문장에서 봉군도 양인임을 확인할 수 있다. 발군의 신분은 봉군의 신분과 같다.

ㄷ. (X) 문단 ⅳ) 첫 번째, 두 번째 문장에서 소개하는 파발의 조직망에서 서발, 북발, 남발 모두 직로라고 한다. 직로가 정확히 어떤 의미인지 고민할 필요는 없고, 서발, 북발, 남발에 설치된 참과 참 사이의 거리가 동일한지 확인한다. 그런데 예를 들어 서발 하나만 고려하더라도 참과 참 사이의 거리가 동일한지 명시적으로 판단할 근거가 없다. 따라서 서발, 북발, 남발 각각의 '참' 하나하나의 거리가 동일한지 고민하기 보다는, 서발, 북발, 남발 중 두 경우의 참과 참 사이의 거리가 다르다면 보기 ㄷ이 틀렸다는 것은 확실하게 판단할 수 있으므로 이 부분만 우선 판단해 본다. 서발과 북발만 비교해 보면, 서발은 1,050리에 41참, 북발은 2,300리에 64참이라고 하는데 북발은 서발보다 거리는 2배 이상이면서 '참'의 개수는 2배에 미치지 못한다. 따라서 서발과 북발의 참과 참 사이의 거리는 동일하지 않다.

ㄹ. (X) 문단 ⅳ) 첫 번째 문장에서 의주에서 한성까지의 거리는 1,050리임을, 다섯 번째 문장에서 기발의 속도는 1주야에 약 300리임을 확인할 수 있다. 1,050÷약 300=약 3.5이므로 의주에서 한성까지 기발로 문서를 전달하는 데 통상 2주야가 아니라, 3주야 이상 걸렸을 것이다.

빠른 문제풀이 Tip

ㄷ. 위 해설은 해당 보기가 틀렸다는 것만 확인하였다. 참과 참 사이의 거리를 판단하기에는 제시문의 내용만으로는 어떤 방식으로 구해야 하는지 불분명하므로, 구체적인 값을 구하려고 하지 않고 참과 참 사이의 거리가 다르다는 것만 확인한 것이다. 만약 구체적으로 평균 거리를 판단해 본다면, 예를 들어 서발의 경우 '의주에서 한성까지' 41참을 둔 것인지, '1,050리의 직로에' 41참을 둔 것인지에 따라 1,050리라는 거리를 얼마로 나눌 것인지가 달라진다.

[정답] ⑤

길쌤's Check 더 연습해 볼 문제

민간경력자	11년 실험 발책형 23번 13년 인책형 1번 18년 가책형 13번
5급 공채	08년 창책형 21번 17년 가책형 2번

과학 소재

34 다음 글에 부합하는 것은?

11년 민경채 인책형 1번

i)녹색성장에서 중요시되고 있는 것은 신재생에너지 분야이다. 유망 산업으로 주목받고 있는 신재생에너지 분야는 국가의 성장동력으로 집중 육성될 필요가 있다. 우리 정부가 2030년까지 전체 에너지 중 신재생에너지의 비율을 11%로 확대하려는 것은 탄소배출량 감축과 성장동력 육성이라는 두 마리 토끼를 잡기 위한 전략이다. 우리나라에서 신재생에너지란 수소, 연료전지, 석탄 가스화 복합발전 등의 신에너지와 태양열, 태양광, 풍력, 바이오, 수력, 지열, 폐기물 등의 재생가능에너지를 통칭해 부르는 용어이다. 2007년을 기준으로 신재생에너지의 구성비를 살펴보면 폐기물이 77%, 수력이 14%, 바이오가 6.6%, 풍력이 1.4%, 기타가 1%이었으며, 이들 신재생에너지가 전체 에너지에서 차지하는 비율은 2.4%에 불과했다. → 선지 ①, ②, ③

ii)따라서 정부는 '에너지 및 자원 사업 특별회계'와 '전력기금'으로 신재생에너지 기술개발 지원사업을 확대할 필요가 있다. 특히 산업파급효과가 큰 태양광, 연료전지, 풍력 분야에 대한 국산화 지원과 더불어 예산 대비 보급효과가 큰 바이오 연료, 폐기물 연료 분야에 대한 지원을 강화하기 위한 정책도 개발되어야 한다. 이러한 지원정책과 함께 정부는 신재생에너지의 공급을 위한 다양한 규제정책도 도입해야 할 것이다. → 선지 ④, ⑤

① 환경보전을 위해 경제성장을 제한하고 삶의 질을 높여야 한다.
② 신에너지가 전체 에너지에서 차지하는 비율은 재생가능에너지보다 크다.
③ 2007년을 기준으로 폐기물을 이용한 에너지가 전체 에너지에서 차지하는 비율은 매우 낮다.
④ 정부는 녹색성장을 위해 규제정책을 포기하고 시장친화정책을 도입해야 한다.
⑤ 산업파급효과가 큰 에너지 분야보다 예산 대비 보급효과가 큰 에너지 분야에 대한 지원이 시급하다.

해설

문제 분석

순서대로 문단 i)~문단 ii)라 한다.

문단 i) 신재생에너지 육성 필요성
우리나라의 신재생에너지(신에너지+재생가능에너지)
2007년 신재생에너지의 구성비

문단 ii) 신재생에너지 기술개발 지원사업 확대 필요성
규제정책 도입

문제풀이 실마리

선지 ②에서 신에너지가 전체 에너지에서 차지하는 비율, 재생가능에너지가 전체 에너지에서 차지하는 비율을 묻고 있고, 선지 ③에서는 폐기물을 이용한 에너지가 전체 에너지에서 차지하는 비율을 묻고 있다. 따라서 제시문을 읽을 때 신재생에너지의 구성비를 정확하게 파악해야 한다.

① (X) 문단 i) 두 번째, 세 번째 문장에 따르면 제시문에서는 신재생에너지에 대해 탄소배출량 감축이라는 환경보전과 성장동력 육성이라는 두 가지 목적을 모두 달성하기 위한 전략이라는 관점에서 접근하고 있다. 따라서 환경보전을 위해 경제성장을 제한해야만 하는 것은 아니다.

② (X) 문단 i) 네 번째 문장에 따르면 신재생에너지는 신에너지(수소, 연료전지, 석탄 가스화 복합발전 등)와 재생가능에너지(태양열, 태양광, 풍력, 바이오, 수력, 지열, 폐기물 등)를 통칭하는 용어라고 한다. 다섯 번째 문장에 따르면 신재생에너지의 구성비 중 폐기물만 77%를 차지하고 있는데 폐기물은 재생가능에너지에 해당한다. 신재생에너지 중 신에너지가 차지하는 비율이 재생가능에너지가 차지하는 비율보다 작으므로, 전체 에너지에서도 신에너지가 차지하는 비율이 재생가능에너지가 차지하는 비율보다 작다.

③ (O) 문단 i) 네 번째 문장에 따르면 2007년 기준 신재생에너지 중 폐기물이 차지하는 비중은 77%이고, 다섯 번째 문장에 따르면 신재생에너지가 전체 에너지에서 차지하는 비율은 2.4%에 불과하다. 따라서 폐기물을 이용한 에너지가 전체 에너지에서 차지하는 비율은 2% 미만으로 매우 낮다.

④ (X) 문단 ii) 세 번째 문장에 따르면 정부는 신재생에너지에 대한 지원정책과 함께 다양한 규제정책도 도입해야 한다. 따라서 정부가 녹색성장을 위해 규제정책을 포기하여야 하는 것은 아니다.

⑤ (X) 문단 ii) 두 번째 문장에 따르면 산업파급효과가 큰 분야와 더불어 예산 대비 보급효과가 큰 분야에 대한 지원을 강화하기 위한 정책이 개발되어야 한다. 산업파급효과가 큰 에너지 분야보다 예산 대비 보급효과가 큰 에너지 분야에 대한 지원이 시급한 것은 아니다.

[정답] ③

35 다음 글과 <보기>의 내용이 부합하는 것만을 모두 고르면?

10년 5급 선책형 1번

ⅰ)해양환경보호를 위한 전문가 그룹의 최근 보고서에 의하면 전 세계 해양오염의 발생원인은 육상기인(起因) 77%, 해상기인 12%, 육상폐기물의 해양투기 10% 등이다. 육상기인의 약 60%는 육상으로부터의 직접유입이고, 약 40%는 대기를 통한 유입이다. 육상폐기물 해양투기의 대부분은 항로 확보 및 수심유지를 위한 준설물질이 차지하고 있다. 반면에 우리나라의 경우에는 하수오니(오염물질을 포함한 진흙), 축산분뇨 등 유기물질의 해양투기량이 준설물질의 투기량을 훨씬 능가하고 있는 실정이다. → 보기 ㄱ, ㄴ

ⅱ)국제사회는 1970년대부터 이미 육상폐기물 해양투기규제협약과 선박으로부터의 해양오염방지협약 등 국제협약을 발효하여 해양오염에 대한 문제의식을 고취시켰다. 또한 1990년대에 접어들면서 육상기인 오염에 대하여 그 중요성을 인식하고 '육상활동으로부터 해양환경보호를 위한 범지구적 실천기구'를 발족하여 육상기인 오염에 대한 관리를 강화하고 있다.

ⅲ)우리나라에서는 1977년 해양오염방지법을 제정하여 주로 선박 및 해양시설로부터의 해양오염을 규제해 왔으며, 1995년 씨프린스 호 사고 이후로는 선박기름 유출사고 등에 대비한 방제능력을 강화해 왔다. 1996년 해양수산부 설치 이후에는 보다 적극적인 해양환경보호활동에 나섰다. 또한 해양환경관리법을 제정하여 해양환경의 종합적 관리기반을 구축할 수 있도록 입법체계 정비를 추진하였으며, 오염된 해역에 대한 오염총량관리제의 도입도 추진하였다. → 보기 ㄷ

<보기>

ㄱ. 우리나라의 육상폐기물 해양투기 중 항로 확보 등을 위한 준설물질의 해양투기 비율이 높으므로 이에 대한 대책 마련이 우선적으로 필요하다.
ㄴ. 세계적으로 해양오염을 야기하는 오염원을 보면, 대기를 통해 해양으로 유입되는 육상기인의 비율이 육상폐기물 해양투기의 비율보다 크다.
ㄷ. 우리나라에서는 해양수산부 설치 이전에는 관련법이 없었으므로 선박으로부터의 해양오염방지협약 등 국제협약을 직접 적용하여 해양환경을 관리했다.
ㄹ. 우리나라에서는 육상기인 해양오염이 유류오염사고로 인한 해양오염보다 심하다.

① ㄱ
② ㄴ
③ ㄱ, ㄴ
④ ㄴ, ㄹ
⑤ ㄷ, ㄹ

해설

문제 분석

순서대로 문단 ⅰ)~문단 ⅲ)이라 한다.
문단 ⅰ) 해양오염의 발생원인(전 세계, 우리나라)
문단 ⅱ) 국제사회의 해양오염 방지 방안
문단 ⅲ) 우리나라의 해양오염 방지 방안

문제풀이 실마리

보기 ㄱ에서 우리나라 기준으로 육상폐기물 해양투기 중 항로 확보 등을 위한 준설물질의 해양투기 비율을 묻고 있고, 보기 ㄴ에서는 세계 기준으로 대기를 통해 해양으로 유입되는 육상기인의 비율, 육상폐기물 해양투기의 비율을 묻고 있다. 따라서 제시문을 읽을 때 비율이 제시된 부분을 신경 써서 읽어야 한다.

ㄱ. (X) 보기 ㄱ에서는 우리나라 육상폐기물 해양투기 중 준설물질의 비율이 높다고 하는데, 어느 정도로 높다는 것인지 불분명하다. 문단 ⅰ) 세 번째, 네 번째 문장에 따르면 우리나라의 경우 육상폐기물 해양투기 중 하수오니, 축산분뇨 등 유기물질의 비율이 준설물질의 비율보다는 높다. 그리고 육상폐기물 해양투기 중 비율이 높은 원인에 대해 우선적으로 대책마련이 필요하다면 준설물질보다는 하수오니나 축산분뇨 등 유기물질에 대한 대책마련이 우선되어야 한다.

ㄴ. (O) 문단 ⅰ) 첫 번째, 두 번째 문장에 따르면 대기를 통해 해양으로 유입되는 육상기인의 비율은 77%×약 40%=약 30.8%이고, 육상폐기물 해양투기의 비율은 10%이다. 전자가 후자보다 크다.

ㄷ. (X) 문단 ⅲ) 두 번째 문장에서 해양수산부 설치 시점은 1996년이고, 그 이전인 1977년에 해양오염 관련법이라고 할 수 있는 해양오염방지법이 제정되었음을 확인할 수 있다. 우리나라에 해양오염방지협약 등 국제협약을 직접 적용하였는지는 제시문에서 언급하고 있지 않다.

ㄹ. (X) 제시문에서 우리나라의 육상기인 해양오염, 유류오염사고로 인한 해양오염의 비율 등에 대해서 언급하고 있지 않다.

[정답] ②

길쌤's Check 더 연습해 볼 문제

5급 공채	11년 선책형 1번 11년 선책형 21번

일반 소재

36 다음 글을 근거로 판단할 때 옳은 것은? 14년 5급 A책형 1번

ⅰ)북독일과 남독일의 맥주는 맛의 차이가 분명하다. 북독일 맥주는 한마디로 '강한 맛이 생명'이라고 표현할 수 있다. 맥주를 최대한 발효시켜 진액을 거의 남기지 않고 당분을 낮춘다. 반면 홉(hop) 첨가량은 비교적 많기 때문에 '담백하고 씁쓸한', 즉 강렬한 맛의 맥주가 탄생한다. 이른바 쌉쌀한 맛의 맥주라고 할 수 있다. 이에 반해 19세기 말까지 남독일의 고전적인 뮌헨 맥주는 원래 색이 짙고 순하며 단맛이 감도는 특징이 있었다. 이 전통을 계승하여 만들어진 뮌헨 맥주는 홉의 쓴맛보다 맥아 본래의 순한 맛에 역점을 둔 '강하지 않고 진한' 맥주다. → 선지 ④

ⅱ)옥토버페스트(Oktoberfest)는 맥주 축제의 대명사이다. 옥토버페스트의 기원은 1810년에 바이에른의 시골에서 열린 축제이다. 바이에른 황태자와 작센에서 온 공주의 결혼을 축하하기 위해 개최한 경마대회가 시초이다. 축제는 뮌헨 중앙역에서 서남서로 2km 떨어진 곳에 있는 테레지아 초원에서 열린다. 처음 이곳은 맥주와 무관했지만, 4년 후 놋쇠 뚜껑이 달린 도기제 맥주잔에 맥주를 담아 판매하는 노점상이 들어섰고, 다시 몇 년이 지나자 테레지아 왕비의 기념 경마대회는 완전히 맥주 축제로 변신했다. → 선지 ③

ⅲ)축제가 열리는 동안 세계 각국의 관광객이 독일을 찾는다. 그래서 이 기간에 뮌헨에 숙박하려면 보통 어려운 게 아니다. 저렴하고 좋은 호텔은 봄에 이미 예약이 끝난다. 축제는 2주간 열리고 10월 첫째 주 일요일이 마지막 날로 정해져 있다. → 선지 ①, ②

ⅳ)뮌헨에 있는 오래된 6대 맥주 회사만이 옥토버페스트 축제장에 텐트를 설치할 수 있다. 각 회사는 축제장에 대형 텐트로 비어홀을 내는데, 두 곳을 내는 곳도 있어 텐트의 개수는 총 9~10개 정도이다. 텐트 하나에 5천 명 정도 들어갈 수 있고, 텐트 전체로는 5만 명을 수용할 수 있다. 이 축제의 통계를 살펴보면, 기간 14일, 전체 입장객 수 650만 명, 맥주 소비량 510만 리터 등이다. → 선지 ⑤

① ○○년 10월 11일이 일요일이라면 ○○년의 옥토버페스트는 9월 28일에 시작되었을 것이다.

② 봄에 호텔 예약을 하지 않으면 옥토버페스트 기간에 뮌헨에서 호텔에 숙박할 수 없다.

③ 옥토버페스트는 처음부터 맥주 축제로 시작하여 약 200년의 역사를 지니게 되었다.

④ 북독일 맥주를 좋아하는 사람이 뮌헨 맥주를 '강한 맛이 없다'고 비판한다면, 뮌헨 맥주를 좋아하는 사람은 맥아가 가진 본래의 맛이야말로 뮌헨 맥주의 장점이라고 말할 것이다.

⑤ 옥토버페스트에서 총 10개의 텐트가 설치되고 각 텐트에서의 맥주 소비량이 비슷하다면, 2개의 텐트를 설치한 맥주 회사에서 만든 맥주는 하루에 평균적으로 약 7천 리터가 소비되었을 것이다.

해설

문제 분석

순서대로 문단 ⅰ)~문단 ⅳ)라 한다.

문단 ⅰ) 북독일과 남독일의 맥주 맛 · 발효 정도 · 홉 첨가량 차이

문단 ⅱ) 옥토버페스트의 기원, 장소

문단 ⅲ) 축제 기간의 숙박, 축제 기간

문단 ⅳ) 텐트 설치, 텐트의 수용인원, 통계

문제풀이 실마리

각 선지마다 묻는바가 명확하다. 따라서 각 선지의 해결에 필요한 내용 위주로 제시문에서 빠르게 확인할 수 있어야 한다.

① (X) 문단 ⅲ) 네 번째 문장에 따르면 옥토버페스트는 2주간 열리고 10월 첫째 주 일요일이 마지막 날이라고 한다. ○○년 10월 11일이 일요일이라면 10월 첫째 주 일요일은 10월 4일이고 이날이 축제의 마지막 날이다. 따라서 ○○년의 옥토버페스트는 9월 28일이 아니라 10월 4일의 2주 전인 9월 21일에 시작되었을 것이다. 9월 21일 구체적으로 계산할 필요는 없고 9월 28일이 아니라는 것만 판단한다.

② (X) 문단 ⅲ) 두 번째 문장에서 축제 기간에 뮌헨에 숙박하려면 어렵다고 하고, 세 번째 문장에서 저렴하고 좋은 호텔은 봄에 이미 예약이 끝난다고 한다. 그러나 저렴하고 좋은 호텔이 예약이 끝나는 것일 뿐 모든 호텔의 예약이 끝나는 것이 아니므로 봄에 호텔 예약을 하지 않으면 옥토버페스트 기간에 뮌헨에서 호텔에 숙박할 수 없다고 판단할 수는 없다.

③ (X) 문단 ⅱ) 두 번째 문장에서 옥토버페스트의 기원은 1810년에 바이에른 시골에서 열린 축제라고 하므로 (시험 당시인 2014년 기준) 약 200년의 역사를 지닌 축제이다. 그러나 세 번째 문장에 따르면, 처음부터 맥주 축제로 시작한 것은 아니고 바이에른 황태자와 작센에서 온 공주의 결혼을 축하하기 위해 개최한 경마대회가 시초라고 한다.

④ (O) 문단 ⅰ) 두 번째, 네 번째 문장에서 북독일 맥주는 남독일 맥주보다 상대적으로 강한 맛이고, 일곱 번째 문장에서 남독일 맥주는 북독일 맥주보다 맥아 본래의 순한 맛에 역점을 둔 '강하지 않고 진한' 맥주라고 한다. 따라서 강한 맛의 북독일 맥주를 좋아하는 사람이 남독일 맥주인 뮌헨 맥주를 '강한 맛이 없다'고 비판할 수 있고, 뮌헨 맥주를 좋아하는 사람은 맥아가 가진 본래의 맛이야말로 뮌헨 맥주의 장점이라고 말할 수 있다.

⑤ (X) 문단 ⅳ) 네 번째 문장에 따르면 14일의 기간 동안 510만 리터의 맥주가 소비된다고 한다. 옥토버페스트에서 총 10개의 텐트가 설치되며 각 텐트에서의 맥주 소비량이 비슷하다고 가정하고 2개의 텐트를 설치한 맥주 회사에서 만든 맥주의 소비량을 계산해 보면, '510만 리터÷14일÷10개의 텐트×2개의 텐트'와 같이 계산한다. 대략적으로 계산해도 하루에 평균적으로 약 7천 리터가 아니라 7만 리터 이상 소비되었을 것이다. 자릿수가 다르므로 구체적인 계산 없이 판단할 수 있다. 구체적으로는 약 72,900리터 정도가 소비되었을 것이다.

빠른 문제풀이 Tip

⑤ '510만 리터÷14일÷10개의 텐트×2개의 텐트'를 대략적으로 계산하는 경우에도 순서대로 계산할 필요는 없고 예를 들어 '51만 리터÷7'과 같이 계산한다.

[정답] ④

37 다음 글을 근거로 판단할 때, <보기>에서 옳은 것만을 모두 고르면?

17년 5급 가책형 3번

i)모든 신호등은 '신호운영계획'에 따라 움직인다. 신호운영계획이란 교차로, 횡단보도 등에 설치된 신호등의 신호순서, 신호시간, 신호주기 등을 결정하는 것이다. '신호순서'란 방향별, 회전별 순서를 말하고, '신호시간'이란 차량 또는 보행자 신호등이 켜진 상태로 지속되는 시간을 말하며, '신호주기'란 한 신호가 나오고 그 다음에 최초로 같은 신호가 나오기까지의 시간 간격을 말한다.

ii)'횡단보도 보행시간'은 기본적으로 보행진입시간 (㉠)초에 횡단시간(횡단보도 1m당 1초)을 더하여 결정되는데, 예외적으로 보행약자나 유동인구가 많아 보행밀도가 높은 지역에서는 더 긴 횡단시간을 제공하기도 한다. 이에 따르면 길이가 32m인 횡단보도 보행시간은 원칙적으로 39초이지만, 어린이, 장애인 등 보행약자의 이동이 많아 배려가 필요한 장소에 설치된 횡단보도의 경우 '1m당 1초'보다 완화된 '(㉡)m당 1초'를 기준으로 횡단시간을 결정하여, 32m 길이 횡단보도의 보행시간을 47초로 연장할 수 있다. → 보기 ㄷ

iii)한편 신호가 바뀔 때 교통사고를 막기 위해서 '전(全)방향 적색신호', '한 박자 늦은 보행신호' 방식을 운영하기도 한다. 전방향 적색신호 방식은 차량 녹색신호가 끝나는 시점에 교차로에 진입한 차량이 교차로를 완전히 빠져나갈 때까지 다른 방향 차량이 진입하지 못하도록 1~2초 동안 모든 방향을 적색신호로 운영하는 방식이다. 한 박자 늦은 보행신호 방식은 차량 녹색신호가 끝나는 시점에 진입한 차량이 횡단보도를 완전히 통과하기 전에 보행자가 진입하지 못하도록 차량 녹색신호가 끝나고 1~2초 뒤에 보행 녹색신호가 들어오는 방식이다. → 보기 ㄱ, ㄴ

〈보기〉

ㄱ. '한 박자 늦은 보행신호' 방식은 차량과 보행자 사이의 교통사고를 방지하기 위한 방식이다.
ㄴ. 어떤 교차로에는 모든 차량신호등이 적색이 되는 시점이 있다.
ㄷ. ㉠과 ㉡의 합은 8보다 크다.

① ㄱ
② ㄴ
③ ㄷ
④ ㄱ, ㄴ
⑤ ㄴ, ㄷ

해설

문제 분석

순서대로 문단 i)~문단 iii)이라 한다.
문단 i) 신호등의 신호운영계획(신호순서, 신호시간, 신호주기)
문단 ii) 횡단보도 보행시간
문단 iii) 전방향 적색신호 방식, 한 박자 늦은 보행신호 방식

문제풀이 실마리

보기 ㄷ을 얼마나 효율적으로 해결할 수 있는지가 관건인 문제이다. 비례관계를 활용해서 간단히 해결하는 것이 가능하다.

ㄱ. (O) 문단 iii) 세 번째 문장에 따르면 한 박자 늦은 보행신호 방식은 차량 녹색신호가 끝나는 시점에 진입한 차량이 횡단보도를 완전히 통과하기 전에 보행자가 진입하지 못하도록 하는 방식이다. 따라서 차량과 보행자가 동시에 횡단보도에 진입하지 못하게 함으로써 차량과 보행자 사이의 교통사고를 방지하기 위한 방식임을 알 수 있다.

ㄴ. (O) 문단 iii) 첫 번째 문장에 따르면 전방향 적색신호 방식을 운영하기도 하는데, 두 번째 문장에 따르면 전방향 적색신호 방식은 1~2초 동안 모든 방향을 적색신호로 운영한다. 따라서 어떤 교차로에는 모든 차량신호등이 적색이 되는 시점이 있음을 알 수 있다.

ㄷ. (X) 문단 ii) 첫 번째 문장의 ㉠은 보행진입시간이다. 해당 문장에 따르면
횡단보도 보행시간=보행진입시간(㉠)+횡단시간
=보행진입시간(㉠)+횡단보도의 길이×1초/m
이라고 한다. 두 번째 문장의 '길이가 32m인 횡단보도 보행시간은 원칙적으로 39초'라는 내용을 위의 식에 대입해 보면
39초=보행진입시간(㉠)+32m×1초/m
∴ 보행진입시간(㉠)=7초
임을 알 수 있다. 그리고 '1m당 1초'보다 완화된 '(㉡)m당 1초'를 기준으로 32m 길이 횡단보도의 보행시간을 47초로 연장할 수 있다는 내용으로부터 다음과 같이 식을 세울 수 있다.
47초=7초+32m×1초/(㉡)m
∴ ㉡=0.8
따라서 ㉠과 ㉡의 합은 7+0.8=7.8로 8보다 작다.

빠른 문제풀이 Tip

ㄷ. ㉠을 계산한 이후, '어린이, 장애인 등 보행약자의 이동이 많아 배려가 필요한 장소에 설치된 횡단보도의 경우 '1m당 1초'보다 완화된'이라는 내용은 보행약자를 위해 보다 적은 거리에 대하여 1초를 기준으로 횡단시간을 결정하는 것임을 알 수 있다. 즉, ㉡에 들어갈 값이 1보다 작은 값이라는 것만 파악한다면, 구체적인 계산 없이도 ㉠과 ㉡의 합이 8보다 작다는 것을 알 수 있다.

[정답] ④

38 다음 글을 근거로 판단할 때, 甲의 관찰 결과로 옳은 것은?

17년 5급 가책형 21번

i)꿀벌의 통신방법은 甲의 관찰에 의해 밝혀졌다. 그에 따르면 꿀벌이 어디에선가 꿀을 발견하면 벌집에 돌아와서 다른 벌들에게 그 사실을 알리는데, 이때 춤을 통하여 꿀이 있는 방향과 거리 및 꿀의 품질을 비교적 정확하게 알려준다.

ii)꿀벌의 말에도 '방언'이 있어 지역에 따라 춤을 추는 방식이 다르다. 유럽 꿀벌의 경우 눕힌 8자형(∞) 모양의 춤을 벌집의 벽을 향하여 춘다. 이때 꿀이 발견된 장소의 방향은 ∞자 모양의 가운데 교차점에서의 꿀벌의 움직임과 관련돼 있다. 예컨대 꿀의 방향이 태양과 같은 방향이면 아래에서 위로 교차점을 통과(ꝏ)하고, 태양과 반대 방향이면 위에서 아래로 교차점을 통과(ꝏ)한다. → 선지 ②, ④

iii)벌집에서 꿀이 발견된 장소까지의 거리는 단위 시간당 춤의 횟수로 나타낸다. 예를 들어 유럽 꿀벌이 약 15초 안에 열 번 돌면 100m 가량, 여섯 번 돌면 500m 가량, 네 번 돌면 1.5km 정도를 나타내며, 멀게는 11km 정도의 거리까지 정확하게 교신할 수 있다. 또 같은 ∞자 모양의 춤을 활기차게 출수록 꿀의 품질이 더 좋은 것임을 말해 준다. → 선지 ①, ③

iv)甲은 여러 가지 실험을 통해서 위와 같은 유럽 꿀벌의 통신방법이 우연적인 것이 아니고 일관성 있는 것임을 알아냈다. 예를 들면 벌 한 마리에게 벌집에서 2km 지점에 있는 설탕물을 맛보게 하고 벌집으로 돌려보낸 뒤 설탕물을 다른 곳으로 옮겼는데, 그래도 이 정보를 수신한 벌들은 원래 설탕물이 있던 지점 근방으로 날아와 설탕물을 찾으려 했다. 또 같은 방향이지만 원지점보다 가까운 1.2km 거리에 설탕물을 옮겨 놓아도 벌들은 그곳을 그냥 지나쳐 버렸다. → 선지 ⑤

① 유럽 꿀벌이 고품질의 꿀을 발견하면 ∞자와 다른 모양의 춤을 춘다.
② 유럽 꿀벌이 춤으로 전달하는 정보는 꿀이 있는 방향과 거리 및 꿀의 양이다.
③ 유럽 꿀벌이 단위 시간당 춤을 추는 횟수가 적을수록 꿀이 있는 장소까지의 거리는 멀다.
④ 유럽 꿀벌이 ∞자 모양의 춤을 출 때, 꿀이 있는 방향이 태양과 반대 방향이면 교차점을 아래에서 위로 통과한다.
⑤ 유럽 꿀벌은 동료의 춤을 통해 꿀에 관한 정보를 전달받은 후 실제 꿀의 위치가 달라져도 방향만 같으면, 그 정보를 통하여 꿀이 있는 장소를 한 번에 정확히 찾을 수 있다.

해설

문제 분석

순서대로 문단 i)~문단 iv)라 한다.
문단 i) 甲이 밝혀낸 꿀벌의 통신방법
문단 ii) 유럽 꿀벌의 춤, 꿀이 발견된 장소의 방향을 나타내는 춤
문단 iii) 꿀이 발견된 장소까지의 거리, 꿀의 품질을 나타내는 춤
문단 iv) 유럽 꿀벌 통신방법의 일관성

문제풀이 실마리

각 선지마다 묻는 바가 잘 구분되는 문제이다. 각 선지와 관련된 내용을 제시문에서 빠르게 찾아내어 해결할 수 있어야 한다. 반면 제시문을 먼저 읽는 수험생이라면 효율적으로 정보를 처리하는 것이 필요하다.

① (X) 문단 iii) 세 번째 문장에 따르면 유럽 꿀벌이 ∞자 모양의 춤을 활기차게 출수록 꿀의 품질이 더 좋은 것이라고 한다. 따라서 유럽 꿀벌이 고품질의 꿀을 발견해도 ∞자와 다른 모양의 춤을 추는 것은 아니다. 제시문에서 8자형(∞) 모양과 다른 모양의 춤에 대해서는언급하고 있지 않다.

② (X) 문단 i) 두 번째 문장에서 유럽 꿀벌은 춤을 통하여 꿀이 있는 방향, 거리, 품질을 알려준다고 하면서, 문단 ii)에서는 방향, 문단 iii)에서는 거리와 품질을 알려주는 방법에 대해 설명하고 있다. 유럽 꿀벌이 춤으로 전달하는 정보에는 꿀이 있는 방향과 거리가 포함되지만, 꿀의 양에 대해서는 제시문에서 언급하고 있지 않다.

③ (O) 문단 iii) 첫 번째, 두 번째 문장에 따르면 꿀이 발견된 장소까지의 거리는 단위 시간당 춤의 횟수로 나타내고, 약 15초 안에 열 번, 여섯 번, 네 번 도는 경우 각각 100m, 500m, 1.5km와 같이 단위 시간당 춤을 추는 횟수가 적을수록 꿀이 있는 장소까지의 거리가 멀다는 것을 알 수 있다.

④ (X) 문단 ii) 네 번째 문장에 따르면 유럽 꿀벌이 자 모양의 춤을 출 때, 꿀이 있는 방향이 태양과 반대 방향이면 교차점을 아래에서 위로 통과하는 것이 아니라 위에서 아래로 통과한다.

⑤ (X) 문단 iv) 두 번째, 세 번째 문장에 따르면 벌 한 마리에게 벌집에서 2km 지점에 있는 설탕물을 맛보게 하고 벌집으로 돌려보낸 뒤 설탕물을 같은 방향이지만 원지점보다 가까운 1.2km 거리에 설탕물을 옮겨놓은 경우 벌들은 그곳을 그냥 지나쳐버렸다고 한다. 따라서 유럽 꿀벌은 동료의 춤을 통해 꿀에 관한 정보를 전달받은 후 방향이 같지만 꿀의 위치가 달라진다면 꿀이 있는 장소를 정확히 찾을 수 없다는 것을 알 수 있다.

[정답] ③

39 다음 글을 근거로 판단할 때 옳은 것은? 18년 5급 나책형 26번

i)보름달 중에 가장 크게 보이는 보름달을 슈퍼문이라고 한다. 크게 보이는 이유는 달이 평소보다 지구에 가까이 있기 때문이다. 슈퍼문이 되려면 보름달이 되는 시점과 달이 지구에 가장 가까워지는 시점이 일치하여야 한다. 달의 공전 궤도가 완벽한 원이라면 지구에서 달까지의 거리가 항상 똑같을 것이다. 하지만 실제로는 타원 궤도여서 달이 지구에 가까워지거나 멀어지는 현상이 생긴다. 유독 달만 그런 것은 아니고 태양계의 모든 행성이 태양을 중심으로 타원 궤도로 돈다. 이것이 바로 그 유명한 케플러의 행성운동 제1법칙이다. → 선지 ①

ii)지구와 달의 평균 거리는 약 38만 km인 반면 슈퍼문일 때는 그 거리가 35만 7,000km 정도로 가까워진다. 달의 반지름은 약 1,737km이므로, 지구와 달의 거리가 평균 정도일 때 지구에서 보름달을 바라보는 시각도는 0.52도 정도인 반면, 슈퍼문일 때는 시각도가 0.56도로 커진다. 반대로 보름달이 가장 작게 보일 때, 다시 말해 보름달이 지구에서 제일 멀 때는 그 거리가 약 40만 km여서 보름달을 보는 시각도가 0.49도로 작아진다. → 선지 ④

iii)밀물과 썰물이 생기는 원인은 지구에 작용하는 달과 태양의 중력 때문인데, 달이 태양보다는 지구에 훨씬 더 가깝기 때문에 더 큰 영향을 미친다. 달이 지구에 가까워지면 평소 달이 지구를 당기는 힘보다 더 강하게 지구를 당긴다. 그리고 달의 중력이 더 강하게 작용하면, 달을 향한 쪽의 해수면은 평상시보다 더 높아진다. 실제 우리나라에서도 슈퍼문일 때 제주도 등 해안가에 바닷물이 평소보다 더 높게 밀려 들어와서 일부 지역이 침수 피해를 겪기도 했다. → 선지 ②, ③

iv)한편 달의 중력 때문에 높아진 해수면이 지구와 함께 자전을 하다보면 지구의 자전을 방해하게 된다. 일종의 브레이크가 걸리는 셈이다. 이 때문에 지구의 자전 속도가 느려지게 되고 그 결과 하루의 길이에 미세하게 차이가 생긴다. 실제 연구 결과에 따르면 100만 년에 17초 정도씩 길어지는 효과가 생긴다고 한다. → 선지 ⑤

※ 시각도: 물체의 양끝에서 눈의 결합점을 향하여 그은 두 선이 이루는 각을 의미한다.

① 지구에서 태양까지의 거리는 1년 동안 항상 일정하다.
② 해수면의 높이는 지구와 달의 거리와 관계가 없다.
③ 달이 지구에서 멀어지면 궤도에서 벗어나지 않기 위해 평소보다 더 강하게 지구를 잡아당긴다.
④ 지구와 달의 거리가 36만km 정도인 경우, 지구에서 보름달을 바라보는 시각도는 0.49도보다 크다.
⑤ 지구가 자전하는 속도는 점점 빨라지고 있다.

해설

문제 분석

순서대로 문단 i)~문단 iv)라 한다.
문단 i) 슈퍼문 현상, 발생하는 이유
문단 ii) 지구와 달의 거리에 따른 시각도
문단 iii) 밀물과 썰물
문단 iv) 지구의 자전 속도가 느려지는 현상

문제풀이 실마리

일반형 선지의 문제는 어떤 선지부터 해결하는지가 중요하다. 예를 들어 선지 ④를 가장 먼저 확인했는데, 선지 ④가 정답이라면 시간을 많이 아낄 수 있다. 따라서 일반형 선지의 문제에서 주로 어떤 선지가 정답이 되는지 분석해 보는 것도 의미가 있다.

① (X) 문단 i) 여섯 번째 문장에 따르면 태양계의 모든 행성이 태양을 중심으로 타원 궤도로 돈다. 그리고 다섯 번째 문장에 따르면 지구를 공전하는 달의 궤도가 타원 궤도여서 달이 지구에 가까워지거나 멀어지는 현상이 생긴다고 한다. 따라서 지구에서 태양까지의 거리는 1년 동안 항상 일정하지 않음을 알 수 있다.

② (X) 문단 iii) 두 번째, 세 번째 문장에 따르면 달이 지구에 가까워지면 평소 달이 지구를 당기는 힘보다 더 강하게 지구를 당기고, 달의 중력이 더 강하게 작용하면 달을 향한 쪽의 해수면은 평상시보다 더 높아진다. 따라서 해수면의 높이는 지구와 달의 거리와 관계가 있다는 것을 알 수 있다.

③ (X) 문단 iii) 두 번째 문장에 따르면 달이 지구에서 멀어지는 경우가 아니라 가까워지면 평소보다 더 강하게 지구를 잡아당긴다.

④ (O) 문단 ii)에 따르면 지구와 달의 거리가 35만 7,000km 정도인 경우 지구에서 보름달을 바라보는 시각도는 0.56도, 거리가 약 38만 km인 경우 시각도가 0.52도, 거리가 약 40만 km인 경우 시각도가 0.49도라고 한다. 즉 거리가 가까워질수록 시각도가 커진다는 것을 알 수 있다. 따라서 지구와 달의 거리가 35만 7,000km와 38만 km 사이인 36만 km 정도인 경우, 지구에서 보름달을 바라보는 시각도는 0.56도와 0.52도 사이일 것이므로 0.49도보다 크다.

⑤ (X) 문단 iv) 첫 번째, 세 번째 문단에 따르면 달의 중력이 지구의 자전을 방해하여 지구가 자전하는 속도가 점점 빨라지고 있는 것이 아니라 느려진다.

[정답] ④

길쌤's Check 더 연습해 볼 문제

민간경력자	11년 인책형 11번 14년 A책형 11번 14년 A책형 14번 16년 5책형 11번
5급 공채	07년 재책형 23번 13년 인책형 25번 15년 인책형 3번 17년 가책형 1번 18년 나책형 21번 22년 나책형 26번

일부 응용형에 속하는 응용 선지/보기 중에는 표현(표기, 표시)하는 방법, 쓰는 방법 등 방법을 적용해서 해결해야 하는 문제도 출제되고 있다.

40 다음 글을 근거로 판단할 때, <보기>에서 옳은 것만을 모두 고르면?

18년 5급 나책형 27번

ⅰ)하와이 원주민들이 사용하던 토속어는 1898년 하와이가 미국에 병합된 후 미국이 하와이 학생들에게 사용을 금지하면서 급격히 소멸되었다. 그러나 하와이 원주민들이 소멸한 토속어를 부활시키기 위해 1983년 '아하 푸나나 레오'라는 기구를 설립하여 취학 전 아동부터 중학생까지의 원주민들을 대상으로 집중적으로 토속어를 교육한 결과 언어 복원에 성공했다.

ⅱ)이러한 언어의 다양성을 지키려는 노력뿐만 아니라 언어의 통일성을 추구하려는 노력도 있었다. 안과의사였던 자멘호프는 유태인, 폴란드인, 독일인, 러시아인들이 서로 다른 언어를 사용함으로써 갈등과 불화가 생긴다고 판단하고 예외와 불규칙이 없는 문법과 알기 쉬운 어휘에 기초해 국제공통어 에스페란토를 만들어 1887년 발표했다. 그의 구상은 '1민족 2언어주의'에 입각하여 같은 민족끼리는 모국어를, 다른 민족과는 중립적이고 배우기 쉬운 에스페란토를 사용하자는 것이었다. → 보기 ㄹ

ⅲ)에스페란토의 문자는 영어 알파벳 26개 문자에서 Q, X, W, Y의 4개 문자를 빼고 영어 알파벳에는 없는 Ĉ, Ĝ, Ĥ, Ĵ, Ŝ, Ŭ의 6개 문자를 추가하여 만들어졌다. 문법의 경우 가급적 불규칙 변화를 없애고 각 어간에 품사 고유의 어미를 붙여 명사는 -o, 형용사는 -a, 부사는 -e, 동사원형은 -i로 끝낸다. 예를 들어 '사랑'은 amo, '사랑의'는 ama, '사랑으로'는 ame, '사랑하다'는 ami이다. 시제의 경우 어간에 과거형은 -is, 현재형은 -as, 미래형은 -os를 붙여 표현한다. → 보기 ㄱ, ㄴ

ⅳ)또한 1자 1음의 원칙에 따라 하나의 문자는 하나의 소리만을 내고, 소리 나지 않는 문자도 없으며, 단어의 강세는 항상 뒤에서 두 번째 모음에 있기 때문에 사전 없이도 쉽게 읽을 수 있다. 특정한 의미를 갖는 접두사와 접미사를 활용하여 많은 단어를 파생시켜 사용하므로 단어 암기를 위한 노력이 크게 줄어드는 것도 중요한 특징이다. 아버지는 patro, 어머니는 patrino, 장인은 bopatro, 장모는 bopatrino인 것이 그 예이다. → 보기 ㄷ

※ 에스페란토에서 모음은 A, E, I, O, U이며 반모음은 Ŭ이다.

〈보기〉

ㄱ. 에스페란토의 문자는 모두 28개로 만들어졌다.
ㄴ. 미래형인 '사랑할 것이다'는 에스페란토로 amios이다.
ㄷ. '어머니'와 '장모'를 에스페란토로 말할 때 강세가 있는 모음은 같다.
ㄹ. 자멘호프의 구상에 따르면 동일한 언어를 사용하는 하와이 원주민끼리도 에스페란토만을 써야 한다.

① ㄱ, ㄷ ② ㄱ, ㄹ ③ ㄴ, ㄹ
④ ㄱ, ㄴ, ㄷ ⑤ ㄴ, ㄷ, ㄹ

해설

문제 분석

순서대로 문단 ⅰ)~문단 ⅳ)라 한다.
문단 ⅰ) 하와이 토속어의 소멸과 복원
문단 ⅱ) 언어의 통일성을 추구하려는 노력(에스페란토어)
문단 ⅲ) 에스페란토의 문자, 문법
문단 ⅳ) 에스페란토의 특징

문제풀이 실마리

에스페란토의 문법을 정확하게 이해해야 한다. 이때 어간, 어미를 제시문으로 확인하지 않고 자의적으로 이해하지 않도록 주의한다.

ㄱ. (O) 문단 ⅲ) 첫 번째 문장에 따르면 에스페란토의 문자는 영어 알파벳 26개 문자에서 4개 문자를 빼고 영어 알파벳에는 없는 6개 문자를 추가하였다고 하므로, 26개−4개+6개=28개로 만들어졌음을 알 수 있다.

ㄴ. (X) 문단 ⅲ) 두 번째, 세 번째 문장에 따르면 '사랑'이라는 명사는 amo, '사랑의'라는 형용사는 'ama', '사랑으로'라는 부사는 ame, '사랑하다'라는 동사원형은 ami이므로, 사랑이라는 의미의 어간은 'am'이다. 그리고 네 번째 문장에 따르면 시제의 경우 미래형은 어간에 -os를 붙여 표현한다. 따라서 미래형인 '사랑할 것이다'는 에스페란토로 amios가 아니라 어간 am에 -os를 붙인 amos이다.

ㄷ. (O) 문단 ⅳ) 첫 번째 문장에 따르면 에스페란토 단어의 강세는 항상 뒤에서 두 번째 모음에 있고, 세 번째 문장에 따르면 어머니는 patrino, 장모는 bopatrino이다. 즉, 어머니 patrino의 강세는 뒤에서 두 번째 모음은 'i'에 있고, 장모 bopatrino의 강세도 'i'에 있으므로 강세가 있는 모음은 같다.

ㄹ. (X) 문단 ⅱ) 세 번째 문장에 따르면 자멘호프의 구상은 '1민족 2언어주의'에 입각하여 같은 민족끼리는 모국어를, 다른 민족과는 에스페란토를 사용하는 것이었다. 따라서 자멘호프의 구상에 따르면 같은 민족인 하와이 원주민끼리는 에스페란토가 아니라 모국어를 사용한다.

[정답] ①

3 sub-box

텍스트형 또는 법조문형은 기본적으로 '발문-제시문-선지/보기'의 형태가 일반적이지만, 제시문과 선지/보기 사이에 <상황>, <정보> 등의 sub-box가 주어지는 경우도 있다. 특히나 이 경우 제시문을 먼저 확인할지 sub-box를 먼저 확인할지를 결정해야 한다. 각 방법마다 장점이 있으므로 자신에게 잘 맞는 방법을 연습해 두어야 한다.

41 다음 글과 <정보>를 근거로 추론할 때 옳지 않은 것은?

14년 5급 A책형 3번

i)외계행성은 태양계 밖의 행성으로, 태양이 아닌 다른 항성 주위를 공전하고 있는 행성이다. 외계행성을 발견하면, 그 행성이 공전하고 있는 항성의 이름 바로 뒤에 알파벳 소문자를 붙여 이름을 부여하게 되는데, 발견된 순서에 따라 알파벳 b부터 순서대로 붙인다. 예를 들어, '글리제 876 d'는 '글리제 876' 항성 주위를 공전하는 외계행성이며, 이 행성계 내의 행성 중에서 세 번째로 발견되었음을 알 수 있다. → 선지 ②

ii)한편 행성은 그 특성에 따라 다양한 별칭을 얻기도 한다. 행성은 질량을 기준으로 지구형 행성과 목성형 행성으로 구분된다. 이 기준의 경계는 다소 불분명한 편이나, 일반적으로 목성 질량의 0.9배 이상은 목성형 행성, 그 미만은 지구형 행성(지구처럼 목성보다 작은 질량을 가진 행성)으로 불린다. 목성형 행성은 다른 행성에 미치는 영향에 따라 사악한 행성, 선량한 행성으로 불리기도 한다. 질량이 큰 목성형 행성이 항성 가까이에 있을 경우, 항성을 흔들고 다른 행성의 공전궤도를 교란시키거나 소행성을 날리는 경우가 많기 때문에 사악한 행성이라는 별칭을 얻게 된다. 반면, 항성에서 멀리 떨어져 있는 경우, 내부의 다른 지구형 행성으로 날아가는 소행성이나 혜성을 막아주는 역할을 하므로 선량한 행성으로 불린다. → 선지 ①, ③, ⑤

iii)또한 표면온도에 따라 뜨거운 행성과 차가운 행성으로 구분된다. 항성으로부터 적절한 거리를 유지하고 있어 표면이 지나치게 뜨겁지도 차갑지도 않아 생물이 생존하는 데 필요한 액체 상태의 물이 존재할 수 있는 표면온도를 갖는 행성을 골디락스 행성이라고 부른다. → 선지 ④

〈정보〉

최근 국제 공동연구팀이 고성능 망원경으로 핑크색 외계행성을 발견했으며, 이 핑크색 외계행성은 'GJ 504 b'로 명명되었다. 역대 발견된 외계행성 중에서 가장 질량이 작은 이 핑크색 외계행성은 목성 질량의 4배이고, 목성이 태양 주위를 도는 궤도보다 9배 더 먼 거리에서 항성 주위를 공전하는 것으로 전해졌다. 공동연구팀은 "행성의 표면온도는 섭씨 약 238도이며, 약 1억 6,000만 년 전 생성된 것으로 추정된다. 그리고 물과 외계 생명체는 존재하지 않는 것으로 확인되었다"고 밝혔다.

① 'GJ 504 b'는 목성형 행성이다.
② 'GJ 504' 항성 주변을 돌고 있는 행성 중 발견된 것은 총 2개이다.
③ 역대 발견된 외계행성은 모두 지구보다 질량이 크다고 볼 수 있다.
④ 'GJ 504 b'는 골디락스 행성이라 불릴 수 없다.
⑤ 'GJ 504 b'가 내부의 다른 지구형 행성으로 날아가는 소행성이나 혜성을 막아주는 역할을 하게 된다면, 선량한 행성으로 불릴 수 있다.

해설

문제 분석

문단 i) 외계행성, 명명법
문단 ii) 지구형 행성과 목성형 행성(사악한 행성과 선량한 행성)
문단 iii) 뜨거운 행성과 차가운 행성, 골디락스 행성

문제풀이 실마리

sub-box가 주어진 문제이기 때문에 각 선지의 정오판단을 하기 위해서 제시문 내용만으로 부족하여 추가적으로 정보가 필요한 경우가 발생한다. sub-box를 모두 읽고 처리해서 문제를 해결하는 것보다는 sub-box인 〈정보〉에서 각 선지 해결에 필요한 만큼의 정보만 활용하여 빠르게 해결하는 것이 바람직하다.

① (O) 문단 ii) 세 번째 문장에 따르면 일반적으로 목성 질량의 0.9배 이상은 목성형 행성으로 불린다. 〈정보〉의 두 번째 문장에서 'GJ 504 b'는 목성 질량의 4배라고 하므로 목성형 행성이다.

② (X) 문단 i) 두 번째 문장에 따르면 외계행성은 그 행성이 공전하고 있는 항성 이름 바로 뒤에 알파벳 소문자를 붙여 이름을 부여하고, 발견된 순서에 따라 알파벳 b부터 순서대로 붙인다. 〈정보〉에서 최근 발견된 핑크색 외계행성의 이름이 'GJ 504 b'로 명명된 것으로부터 해당 행성이 'GJ 504' 항성 주위를 공전하고 있는 행성 중 발견된 첫 번째 행성이라는 것을 추론할 수 있다. 따라서 'GJ 504' 항성 주변을 돌고 있는 행성 중 발견된 것은 1개 이상이라는 것을 추론할 수는 있으나 총 2개라는 것은 알 수 없다.

③ (O) 문단 ii) 세 번째 문장의 지구형 행성은 지구처럼 목성보다 작은 질량을 가진 행성이라는 내용으로부터 지구는 목성보다 질량이 작다는 것을 알 수 있다. 그리고 〈정보〉의 두 번째 문장에 따르면 'GJ 504 b'는 역대 발견된 외계행성 중에서 가장 질량이 작은데 목성 질량의 4배라고 한다. 따라서 '지구<목성<GJ 504 b<나머지 발견된 모든 외계행성'이므로 역대 발견된 외계행성은 모두 지구보다 질량이 크다고 볼 수 있다.

④ (O) 문단 iii) 두 번째 문장에 따르면 액체 상태의 물이 존재할 수 있는 표면온도를 갖는 행성을 골디락스 행성이라고 부른다. 즉, 표면온도가 물의 어는점인 0℃와 끓는점인 100℃ 사이여야 골디락스 행성이라고 불릴 수 있다. 〈정보〉의 세 번째 문장에 따르면 'GJ 504 b'의 표면온도는 섭씨 약 238도라고 하므로 골디락스 행성이라 불릴 수 없다.

⑤ (O) 문단 ii) 네 번째 문장에 따르면 목성형 행성은 다른 행성에 미치는 영향에 따라 사악한 행성, 선량한 행성으로 불리기도 한다. 선지 ①에서 살펴본 바와 같이 'GJ 504 b'는 목성형 행성이다. 그러므로 여섯 번째 문장과 같이, 'GJ 504 b'가 내부의 다른 지구형 행성으로 날아가는 소행성이나 혜성을 막아주는 역할을 하게 된다면 선량한 행성으로 불릴 수 있다.

[정답] ②

4 가정의 표현

예를 들어 '~하는 경우', '~인 경우', '~(이)라면', '다른 조건이 일정하다면' 등 선지/보기에 가정형의 표현을 포함하고 있다면 해당 선지/보기의 해결을 위해서는 제시문을 단순히 확인하는 수준이 아니라 응용·적용을 해야 해결되는 경우가 많다.

42 다음 글을 근거로 추론할 때 옳은 것은?

15년 5급 인책형 21번

ⅰ)티파티(Tea Party)는 '증세를 통한 큰 정부'를 반대하는 보수성향 유권자들을 일컫는다. 이들은 세금인하 외에도 건전한 재정 운영, 작은 정부, 국가안보 등 보수적인 가치를 내걸고 막대한 자금력을 동원해 공화당 내 강경파 보수 정치인들을 지원하고 있다. → 선지 ①, ④

ⅱ)티파티 운동이 첫 흑인 대통령 정권에서 현저해진 것은 '우연이 아니라 필연'이라는 지적이 있다. 역사를 거슬러 올라가면 1968년 공화당 후보 닉슨이 대통령 선거에서 승리하기 이전, 민주당은 뉴딜정책의 성공으로 흑인과 빈곤층, 노동자의 전폭적인 지지를 받고 있었다. 흑인의 60%가 거주하는 남부는 민주당의 표밭이었다. 닉슨은 1964년 민권법 제정 이후 흑인 투표율이 높아질 수 있다는 점을 선거에 이용했다. 닉슨은 이른바 '남부전략'으로 일컬어지는 선거전략을 통해, 흑인의 목소리가 정책에 더 많이 반영될 수 있다는 위기감을 남부 백인에게 심어주었다. 사회경제적 변화에 대한 백인의 두려움이 닉슨을 대통령에 앉힌 것이다. 이후 공화당 내 강경보수파는 증세를 통한 큰 정부 정책의 혜택이 흑인을 비롯한 소수자에게 더 많이 돌아갈 수 있다고 강조하면서, 정치적 기조를 작은 정부로 유지하였다. → 선지 ①, ③

ⅲ)티파티가 지원하는 공화당 내 강경보수파는 2010년 미국 중간선거를 기점으로 주요 정치세력으로 급부상하였다. 미국은 2010년 실시된 인구총조사에 기초하여 2012년 연방 하원의원 선거구를 재획정했다. 2000~2010년 미국 전체 유권자 중 백인 유권자 비율은 69%에서 64%로 줄었지만, 2012년 선거구 획정 시 공화당 우세지역의 백인 유권자 비율은 73%에서 75%로 증가했다. 미국 내 인종 분포는 다양해지고 있지만 공화당이 우세한 지역구에서는 백인 유권자의 비율이 늘어났다. 선거구 개편 이후 민주당 우세 지역은 144곳에서 136곳으로 감소한 반면 공화당 우세 지역은 175곳에서 183곳으로 증가했다. → 선지 ②, ⑤

① 뉴딜정책 이후 티파티의 정치적 기반은 빈곤층과 남부의 흑인들이었다.

② 미국 선거에서 공화당이 유리해진 이유는 미국 전체 유권자 중 백인이 차지하는 비율이 증가했기 때문이다.

③ 1960년대 공화당의 남부전략은 증세정책이 백인에게 유리하다고 남부의 백인 유권자를 설득하는 것이었다.

④ 티파티는 소수인종의 복지 증진을 위하여 전반적인 세금인상을 지지한다.

⑤ 다른 조건의 변화가 없다고 가정한다면, 2016년 연방 하원의원 선거에서 공화당이 민주당보다 유리할 것이다.

해설

문제 분석

순서대로 문단 ⅰ)~문단 ⅲ)이라 한다.
문단 ⅰ) 티파티의 성향과 활동
문단 ⅱ) 1968년 대통령 선거와 닉슨의 남부전략
문단 ⅲ) 티파티가 주요 정치세력으로 급부상, 선거구 개편과의 관련성

문제풀이 실마리

민주당-공화당, 흑인-백인, 증세-감세, 작은 정부-큰 정부 등 서로 다른 정치성향이 대립되고 있다. 이를 서로 혼동하지 않도록 정확히 구분하면서 제시문을 읽어가야 한다.

① (X) 문단 ⅱ) 두 번째 문장에 따르면 민주당은 뉴딜정책의 성공으로 흑인과 빈곤층, 노동자의 전폭적인 지지를 받고 있었고, 세 번째 문장에 따르면 흑인의 60%가 거주하는 남부는 민주당의 표밭이었다고 한다. 그런데 문단 ⅰ)의 내용에 따르면 티파티는 공화당 내 강경파 보수 정치인들을 지원하고 있고, 문단 ⅱ) 다섯 번째 문장 이하의 내용에서 공화당의 대통령 후보 닉슨은 이른바 남부전략으로 흑인의 목소리가 정책에 더 많이 반영될 수 있다는 위기감을 남부 백인에게 심어줌으로써 대통령에 당선되었다고 한다. 즉 뉴딜정책 이후 민주당의 정치적 기반이 빈곤층과 남부의 흑인들이었고, 공화당을 지지하는 티파티의 정치적 기반은 이와 다르다는 것을 추론할 수 있다.

② (X) 문단 ⅲ) 세 번째 문장에 따르면 미국 전체 유권자 중 백인 유권자 비율은 69%에서 64%로 줄었다고 하므로 미국 전체 유권자 중 백인이 차지하는 비율이 증가한 것은 아니고, 미국 선거에서 공화당이 유리해진 이유는 다섯 번째 문장의 내용처럼 선거구 개편 이후 민주당 우세지역은 144곳에서 136곳으로 감소한 반면 공화당 우세 지역은 175곳에서 183곳으로 증가했기 때문이다.

③ (X) 문단 ⅱ)에 따르면 1960년대 공화당의 남부전략은 증세정책이 백인에게 유리하다고 남부의 백인 유권자를 설득하는 것이 아니라 흑인의 목소리가 정책에 더 많이 반영될 수 있다는 위기감을 남부 백인에게 심어주는 것이었다.

④ (X) 문단 ⅰ) 두 번째 문장에 따르면 티파티는 전반적인 세금인상을 지지하는 것이 아니라 세금인하를 지지할 것이다.

⑤ (O) 문단 ⅲ) 여섯 번째, 일곱 번째 문장에 따라서 2012년 선거구 획정 이후 공화당 우세지역이 늘어났고 공화당 우세지역이 민주당 우세지역보다 많으므로, 다른 조건의 변화가 없다고 가정한다면 2016년 연방 하원의원 선거에서 공화당이 민주당보다 유리할 것으로 추론할 수 있다.

[정답] ⑤

43 다음 글과 <상황>을 근거로 판단할 때, <보기>에서 옳은 것만을 모두 고르면? 22년 5급 나책형 9번

甲: 수면무호흡증으로 고생하고 있는데 양압기를 사용하면 많이 개선된다고 들었어요. 건강보험 급여 적용을 받으면 양압기 대여료가 많이 저렴해진다던데 설명 좀 들을 수 있을까요?

乙: 급여 대상이 되려면 수면다원검사를 받으시고, 검사 결과 무호흡·저호흡 지수가 15 이상이면 돼요. 무호흡·저호흡 지수가 10 이상 15 미만이면 불면증·주간졸음·인지기능저하·기분장애 중 적어도 하나에 해당하면 돼요. → 보기 ㄱ

甲: 그러면 제가 부담하는 대여료는 얼마인가요?

乙: 일단 수면다원검사 결과 급여 대상에 해당하면 양압기 처방을 받으실 수 있어요. 양압기는 자동형과 수동형이 있는데 둘 중 하나를 선택해야 하고 중간에 바꿀 수는 없어요. 자동형의 기준금액은 하루에 3,000원이고 수동형은 하루에 2,000원이에요. 대여기간 중에는 사용 여부와 관계없이 대여료가 부과돼요. 처방일부터 최대 90일간 순응기간이 주어져요. 순응기간에는 기준금액 중 50%만 고객님이 부담하시면 되고, 나머지는 건강보험공단에서 저희 회사로 지급해요. 90일 기간 내에 연이은 30일 중 하루 4시간 이상 사용한 일수가 21일이 되면 그날로 순응기간이 종료돼요. 그러면 바로 그다음 날부터는 정식사용기간이 시작되어 기준금액의 20%만 고객님이 부담하시면 됩니다. → 보기 ㄱ, ㄴ, ㄷ

〈상황〉

수면다원검사 결과 甲의 무호흡·저호흡 지수는 16이었다. 甲은 2021년 4월 1일 양압기 처방을 받고 그날 양압기를 대여받았다.

〈보기〉

ㄱ. 甲은 불면증·주간졸음·인지기능저하·기분장애 증상이 없었더라도 양압기 처방을 받았을 것이다.
ㄴ. 甲이 2021년 4월 한 달 동안 부담한 양압기 대여료가 30,000원이라면, 甲은 수동형 양압기를 대여받았을 것이다.
ㄷ. 甲의 순응기간이 2021년 5월 21일에 종료되었다면, 甲은 해당 월에 양압기를 최소한 48시간 이상 사용하였을 것이다.
ㄹ. 甲이 자동형 양압기를 대여받았고 2021년 6월에 부담한 대여료가 36,000원이라면, 甲이 처방일부터 3개월간 부담한 총 대여료는 126,000원일 것이다.

① ㄱ, ㄷ
② ㄴ, ㄹ
③ ㄷ, ㄹ
④ ㄱ, ㄴ, ㄷ
⑤ ㄱ, ㄴ, ㄹ

해설

문제 분석

- 건강보험 급여 대상: 수면다원검사 결과
  - 무호흡·저호흡 지수 15 이상
  - 무호흡·저호흡 지수 10 이상 15 미만
  - → 불면증·주간졸음·인지기능저하·기분장애 중 하나에 해당해야 함
- 기준금액: 자동형 하루 3,000원, 수동형 하루 2,000원
- 순응기간: 기준금액 중 50%만 부담
  최대 90일간, 90일 기간 내 연이은 30일 중 하루 4시간 이상 사용한 일수가 21일이 되면 순응기간 종료
- 정식사용기간: 기준금액의 20%만 부담

문제풀이 실마리

위에서 정리한 내용을 토대로 〈상황〉 및 〈보기〉에 주어진 정보를 모두 결합하여 각 보기를 적절하게 확인·응용·적용할 수 있어야 한다.

ㄱ. (O) 乙의 첫 번째 대화에 따르면 수면다원검사 결과 무호흡·저호흡 지수가 15 이상이면 양압기 건강보험 급여 대상이 된다. 무호흡·저호흡 지수가 10 이상 15 미만이면 불면증·주간졸음·인지기능저하·기분장애 중 적어도 하나에 해당하여야 한다. 그리고 乙의 두 번째 대화에 따르면 수면다원검사 결과 급여 대상에 해당하면 양압기 처방을 받을 수 있다. 〈상황〉에 따르면 수면다원검사 결과 甲의 무호흡·저호흡 지수는 16이므로, 불면증·주간졸음·인지기능저하·기분장애 증상이 없었더라도 양압기 건강보험 급여 대상이 되므로, 양압기 처방을 받았을 것이다.

ㄴ. (O) 乙의 두 번째 대화에 따라 2021년 4월 한 달 동안 자동형 양압기 대여료의 최솟값을 구해보면, 우선 순응기간은 최대 21일이고 순응기간에는 기준금액 중 50%만 부담하므로 하루 3,000원×50%×21일=31,500원이다. 甲이 자동형을 선택한 경우, 순응기간의 대여료만 31,500원으로 30,000원을 초과하므로 甲이 2021년 4월 한 달 동안 부담한 양압기 대여료가 30,000원이라면, 甲은 수동형 양압기를 대여받았을 것이다. 甲이 수동형을 선택하고 2021년 4월 한 달 내내 순응기간이라면 30,000원의 대여료가 가능하다.

ㄷ. (O) 乙의 두 번째 대화에 따르면 최대 90일의 순응기간 내에 연이은 30일 중 하루 4시간 이상 사용한 일수가 21일이 되면 순응기간이 종료된다. 甲의 순응기간이 2021년 5월 21일에 종료된 경우, 5월에 양압기를 최소한으로 사용하면서 순응기간이 종료되는 상황을 생각해 본다.

					22	23	4월
24	25	26	27	28	29	30	
1	2	3	4	5	6	7	5월
8	9	10	11	12	13	14	
15	16	17	18	19	20	21	

위와 같이 연이은 30일 중 4월 22일~30일에 9일 모두 양압기를 하루 4시간 이상 사용한 경우, 5월 1일~21일 중에는 12일만 양압기를 하루 4시간 이상 사용하면 순응기간이 종료된다(5월 21일에는 반드시 하루 4시간 사용). 따라서 甲은 5월에 양압기를 최소한 48시간 이상 사용하였음을 알 수 있다.

ㄹ. (X) 甲이 자동형 양압기를 대여받은 경우, 한 달 내내 순응기간이라면 한 달 대여료는 45,000원이고 정식사용기간이라면 18,000원이다. 따라서 2021년 6월에 부담한 대여료가 36,000원이라면, 6월 중에 순응

기간이 종료되고 정식사용기간이 시작되었음을 알 수 있다. 그렇다면 4월, 5월은 순응기간이므로, 甲이 처방일부터 3개월간 부담한 총 대여료는 126,000원이 아니라 45,000원(4월)+46,500원(5월)+36,000원(6월)=127,500원일 것이다.

빠른 문제풀이 Tip

ㄹ. 甲이 자동형 양압기를 대여받았고 2021년 6월에 부담한 대여료가 36,000원이라면 정식사용기간이 시작된 날짜를 계산하는 방법은 다음과 같다.

1) 순응기간에는 하루 1,500원, 정식사용기간에는 하루 600원의 대여료를 부담한다. 즉 순응기간이 종료되고 정식사용기간으로 바뀐 하루당 대여료는 900원이 감소한다. 6월에는 한 달 내내 순응기간인 경우의 대여료 45,000원보다 9,000원 적은 36,000원의 대여료를 부담하였다고 하므로, 정식사용기간은 10일임을 알 수 있다. 즉, 6월 20일까지 순응기간, 6월 21일부터 정식사용기간이다.

2) 연립방정식을 통해 계산한다. 순응기간 일수를 x, 정식사용기간 일수를 y라 하면 다음과 같은 식을 세울 수 있다.

$x+y=30$

$1{,}500x+600y=36{,}000$

연립해서 계산하면 $x=20$, $y=10$임을 알 수 있다.

그러나 해당 보기는 6월 요금이 36,000원으로 주어졌고 6월에 순응기간이 종료한 것만 파악한다면 위와 같은 계산 없이 해당 보기의 정오를 판단할 수 있으므로, 위의 계산은 참고만 하도록 한다.

[정답] ④

Ⅴ. 해결(4) - 응용

1 발문의 특징

응용형에 속하는 문제는 발문에서부터 포인트가 있는 경우가 많다. 단순히 '옳은 것은? 옳지 않은 것은?'으로만 묻는 것이 아니라, 문제에서 무엇을 어떻게 해결해야 할지 또는 제시문에서 어떤 부분을 중점적으로 보아야 할지를 발문에서 알려주는 경우가 많다. 응용형에서 활용되는 발문을 정리해 보자.

해당하는 것

44 **다음 글을 근거로 판단할 때, 적극적 다문화주의 정책에 해당하는 것을 <보기>에서 모두 고르면?** 11년 민경채 인책형 12번

한 사회 내의 소수집단을 위한 정부의 정책 가운데 다문화주의 정책은 크게 소극적 다문화주의 정책과 적극적 다문화주의 정책으로 구분할 수 있다. 소극적 다문화주의 정책은 소수집단과 그 구성원들에 대한 차별적인 대우를 철폐하는 것이다. 한편 적극적 다문화주의 정책은 이와 다른 정책을 그 내용으로 하는데, 크게 다음 네 가지로 구성된다. 첫째, 소수집단의 고유한 관습과 규칙이 일반 법체계에 수용되도록 한다. 둘째, 소수집단의 원활한 사회진출을 위해 특별한 지원을 제공한다. 셋째, 소수집단의 정치참여의 기회를 확대시킨다. 넷째, 일정한 영역에서 소수집단에게 자치권을 부여한다.

〈보기〉

ㄱ. 교육이나 취업에서 소수집단 출신에게 불리한 차별적인 규정을 폐지한다.
ㄴ. 의회의원 비례대표선거를 위한 각 정당명부에서 소수집단 출신 후보자의 공천비율을 확대한다.
ㄷ. 공무원 시험이나 공공기관 입사 시험에서 소수집단 출신에게 가산점을 부여한다.
ㄹ. 특정 지역의 다수 주민을 이루는 소수집단에게 그 지역의 치안유지를 위한 자치경찰권을 부여한다.

① ㄱ, ㄷ
② ㄴ, ㄷ
③ ㄴ, ㄹ
④ ㄱ, ㄴ, ㄹ
⑤ ㄴ, ㄷ, ㄹ

해설

문제 분석

제시문의 소극적 다문화주의 정책과 적극적 다문화주의 정책의 내용을 정리해 보면 다음과 같다.

소극적 다문화주의 정책	적극적 다문화주의 정책
• 차별적인 대우를 철폐	• 관습과 규칙을 일반 법체계에 수용 • 원활한 사회진출을 위한 특별한 지원 • 정치참여 기회 확대 • 자치권 부여

해당 정책들은 모두 소수집단과 그 구성원을 대상으로 한다.

문제풀이 실마리

발문에서 적극적 다문화주의 정책에 해당하는 것을 모두 고를 것을 요구하므로, 적극적 다문화주의 정책과 소극적 다문화주의 정책을 구분하여 제시문을 읽어야 한다. 적극적 다문화주의 정책에 해당하는 것들은 서로 병렬적이라는 점도 활용한다.

ㄱ. (X) 교육이나 취업에서 소수집단 출신에게 불리한 차별적인 규정을 폐지하는 정책은 소수집단에 대한 차별적인 대우를 철폐하는 것을 내용으로 하는 소극적 다문화주의 정책에 해당한다.
ㄴ. (O) 의회의원 비례대표선거를 위한 각 정당명부에서 소수집단 출신 후보자의 공천비율을 확대하는 정책은 소수집단의 정치참여 기회를 확대하는 것을 내용으로 하는 적극적 다문화주의 정책에 해당한다.
ㄷ. (O) 공무원 시험이나 공공기관 입사 시험에서 소수집단 출신에게 가산점을 부여하는 정책은 소수집단의 원활한 사회진출을 위해 특별한 지원을 제공하는 것을 내용으로 하는 적극적 다문화주의 정책에 해당한다.
ㄹ. (O) 특정 지역의 다수 주민을 이루는 소수집단에게 그 지역의 치안유지를 위한 자치경찰권을 부여하는 정책은 일정한 영역에서 소수집단에게 자치권을 부여하는 것을 내용으로 하는 적극적 다문화주의 정책에 해당한다.

[정답] ⑤

길쌤's Check 더 연습해 볼 문제

민간경력자	11년 실험 발책형 2번
5급 공채	10년 선책형 24번 (=11년 민경채 실험 발책형 1번)

허용되는 것

45 **다음 글을 근거로 판단할 때, <보기>에서 허용될 수 있는 행동을 한 사람만을 모두 고르면?** 16년 5급 4책형 23번

i)우매한 수령은 아전을 심복으로 여겨 밤중에 몰래 불러서 여러 가지 일을 의논한다. 아전이 그 수령에게 아첨하여 기쁘게 해주는 까닭은 전세(田稅)를 농간질하고 창고의 곡식을 가로채거나 송사(訟事)와 옥사(獄事)를 팔아서 그 뇌물을 빨아먹기 위한 것뿐이다.

ii)대체적으로 참알(參謁)을 받는 수령은 조관(朝冠)을 착용하는데, 아전이 어찌 흰 옷과 베 띠를 착용하고 관정(官庭)에 들어올 수 있겠는가. 지금 경사(京司)에서 참알하는 서리(書吏)들은 모두 홍단령(紅團領)을 착용하는 것이 본연의 법도인 것이다. 다만, 상중(喪中)에 공무를 보러 나온 자는 검은 갓과 검은 띠를 착용함을 허락하되 관아에서 참알하는 것은 허락하지 말 것이며, 관아를 드나들면서 일을 품의(稟議)하도록 한다. → 보기 ㄱ, ㄹ

iii)요즘 보면, 수령된 자가 아전들이 잔치를 열고 노는 것을 내버려 두니 아전들은 산을 오르고 물에 배를 띄우면서 노래와 춤추기를 번갈아 한다. 백성들은 이를 보고는 미워하기를 원수와 같이 한다. 즐기기는 아전이 하고 원망은 수령이 듣게 되니 또한 터무니없는 일이 아닌가. 마땅히 엄금해야 할 것이다. 혹시 한번쯤 바람 쐬고 싶은 생각이 들면 시절이 좋고 풍년이 든 때를 가려서 관아에 일도 적은 날, 흰 밥과 나물반찬을 준비해 가지고 산에 오르거나 물가에 가서 소박한 모임을 갖도록 해야 할 것이다. → 보기 ㄴ

iv)아전들이나 하인들이 사사로이 서로 경계하고 타이르는 것을 반드시 다 금지할 필요는 없다. 그러나 곤장 10대 이상을 벌주는 일은 마땅히 품의한 다음에 시행하도록 해야 한다. 백성으로서 관아에 직접 딸려 있지 않은 자에게는 읍민(邑民)이나 촌민(村民)을 가리지 않고 매 한 대라도 허용하여서는 안 된다. → 보기 ㄷ

※ 참알: 조선시대 벼슬아치가 그의 책임 벼슬아치를 뵙는 일
※ 경사: 서울에 있던 관아를 통틀어 이르는 말
※ 홍단령: 붉은 색 공복(公服)
※ 품의: 웃어른이나 상사에게 글이나 말로 여쭈어 의논함

〈보기〉

ㄱ. 흰 옷과 베 띠를 착용하고 경사에서 참알한 서리
ㄴ. 흉년에 사기진작을 위해 수시로 잔치를 열어 아전들을 격려한 수령
ㄷ. 아전이 잘못한 하인을 곤장으로 벌주는 모든 행위를 품의 없이 할 수 있도록 허락한 수령
ㄹ. 삼년상을 치르는 중 일을 품의하기 위해 검은 갓과 검은 띠를 착용하고 관아를 드나든 아전

① ㄱ　② ㄴ　③ ㄹ
④ ㄱ, ㄷ　⑤ ㄴ, ㄷ, ㄹ

해설

문제 분석

순서대로 문단 i)~문단 iv)라 한다.
문단 i) 수령과 아전
문단 ii) 아전의 법도
문단 iii) 아전들이 잔치를 열고 노는 것을 마땅히 엄금해야 함
문단 iv) 곤장 10대 이상 벌주는 일은 품의를 거쳐야 함

문제풀이 실마리

발문에서 '허용될 수 있는 행동을 한 사람'을 모두 고를 것을 요구하므로, 제시문에서 허용되는 행동과 허용되지 않는 행동을 구분해야 한다. 이때 각 행동은 서로 병렬적이라는 점을 활용하여 빠르게 해결하도록 한다.

ㄱ. (X) 문단 ii) 첫 번째 문장에 따르면 '참알(參謁)을 받는 수령은 조관(朝冠)을 착용하는데, 아전이 어찌 흰 옷과 베 띠를 착용하고 관정(官庭)에 들어올 수 있겠는가'라고 하며, 두 번째 문장에서 참알하는 서리(書吏)들은 모두 홍단령(紅團領)을 착용하는 것이 본연의 법도라고한다. 따라서 홍단령이 아닌 흰 옷과 베 띠를 착용하고 경사에서 참알한 서리는 본연의 법도를 어긴 것으로 허용될 수 있는 행동이 아니다.

ㄴ. (X) 문단 iii) 네 번째 문장에 따르면 한번쯤 바람 쐬고 싶은 생각이 들면 풍년이 든 때를 가려서 소박한 모임을 갖도록 해야 한다. 따라서 풍년이 아닌 흉년에 소박한 모임이 아닌 잔치를 열어 아전들을 격려한 수령의 행동은 허용될 수 있는 행동이 아니다.

ㄷ. (X) 문단 iv) 두 번째 문장에 따르면 곤장 10대 이상을 벌주는 일은 마땅히 품의한 다음에 시행하도록 해야 한다. 따라서 아전이 잘못한 하인을 곤장으로 벌주는 모든 행위를 품의 없이 할 수 있도록 허락한다면 곤장 10대 이상 벌주는 일도 품의 없이 할 수 있게 되므로 이러한 수령의 행동은 허용될 수 있는 행동이 아니다.

ㄹ. (O) 문단 ii) 세 번째 문장에 따르면 상중(喪中)에 공무를 보러 나온 자는 검은 갓과 검은 띠를 착용하고 관아를 드나들면서 일을 품의할 수 있다. 따라서 삼년상을 치르는 중인 아전이 일을 품의하기 위해 검은 갓과 검은 띠를 착용하는 것은 허용될 수 있는 행동이다.

[정답] ③

가장 ○○한

46 다음 글에 나타난 사상에 가장 근접한 것은?

06년 5급(견습) 인책형 2번

뜰에서 춤추는 사람이 64명인데, 이 가운데서 1명을 선발하여 우보(羽葆)※를 잡고 맨 앞에 서서 춤추는 사람들을 지휘하게 한다. 우보를 잡고 지휘하는 자의 지휘가 절주(節奏)에 잘 맞으면 모두들 존대하여 '우리 무사(舞師)님' 하지만, 그 지휘가 절주에 맞지 않으면 모두들 그를 끌어내려 다시 이전의 반열(班列)로 복귀시키고 유능한 지휘자를 다시 뽑아 올려놓고 '우리 무사님' 하고 존대한다. 그를 끌어내린 것도 대중(大衆)이고 올려놓고 존대한 것도 대중이다. 대저 올려놓고 존대하다가 다른 사람을 올렸다고 해서 교체한 대중을 탓한다면, 이것이 어찌 이치에 맞는 일이겠는가.

※ 우보: 새의 깃으로 장식한 의식용의 아름다운 일산(日傘)

① 입법권은 직접적으로 시민의 뜻에 기초하고 있으므로 다른 권력보다 우월한 최고권력이며, 집행권은 법률을 집행하는 권력이다. 동맹권은 선전포고, 강화(講和), 조약 체결 등 외교 관계를 처리하는 권력으로서, 이 권력은 변하는 국제 정세에 좌우되므로 입법권이 정하는 일반규범에 구속되지 않는다.

② 인간은 자연 상태에서 생명, 자유, 재산에 대한 자연법상의 권리를 평등하게 가지고 태어났으며, 이 자연권을 보장받기 위해 정부에 권력을 위임하였고, 정부가 그 책무를 다하지 못할 때에는 저항하여 정부를 재구성할 권리를 갖는다.

③ 인간은 무정부 상태에서 생명과 재산에 대한 위협을 느끼며, 이러한 상태에서 벗어나기 위해 강력한 정부에 의한 질서를 필요로 한다. 그 결과 사람들은 자신의 행동의 자유를 지배자에게 맡기기 위한 일종의 계약을 맺게 된다.

④ 지도자는 전체사회의 이익 즉 공익을 대표하는 반면, 국민은 개인적인 욕구를 표현하는데 이것이 공익과 반드시 일치하지는 않는다.

⑤ 개인 간의 계약으로 사회가 성립된다는 발상이야말로 무의미하다. 인간은 본성상 사회적 존재이므로, 정치적 사회는 인간 본성에 합치되는 자연스러운 현상이다.

해설

문제 분석

제시문에서 나타난 사상을 찾아내야 한다. 춤추는 사람들을 지휘할 1명을 선발하는데, 지휘를 잘하지 못하면 지휘자를 다시 뽑는다. 끌어내린 것도 대중이고 올려놓고 존대한 것도 대중이다. 올려놓고 존대하다가 다른 사람을 올린다고 하더라도 교체한 대중을 탓하는 것은 이치에 맞지 않는다.

문제풀이 실마리

발문에 '사상'이라는 포인트가 제시되어 있으므로 제시문에서 전반적인 흐름을 파악하듯 읽어가면서 '사상'과 관련된 내용을 찾는다.

① (X) 입법권, 집행권, 동맹권에 관련한 내용은 글에 제시되지 않았으므로 글에 나타난 사상과 근접하지 않다.

② (O) 제시문에서 춤추는 사람 중 1명을 선발하여 지휘하게 한다고 했으므로 인간이 천부적인 자연권을 보장받기 위해 정부에 권력을 위임하였다는 것은 글에 나타난 사상과 근접하다. 또한 제시문에서 지휘가 점주에 맞지 않으면 기존의 지휘자를 끌어내리고 새로운 지휘자를 뽑아 존대한다고 했으므로 정부가 그 책무를 다하지 못할 때에는 저항하여 정부를 재구성할 권리를 갖는다는 것은 글에 나타난 사상과 가장 근접하다.

③ (X) 사회계약론과 관련한 내용은 글에 제시되지 않았으므로 글에 나타난 사상과 근접하지 않다.

④ (X) 공익과 사익에 관련한 내용은 글에 제시되지 않았으므로 글에 나타난 사상과 근접하지 않다.

⑤ (X) 인간이 사회적 존재이기 때문에 정치적 사회가 자연스러운 현상이라는 설명은 글과 무관하므로 글에 나타난 사상과 근접하지 않다.

[정답] ②

47 甲의 견해에 근거할 때 정치적으로 가장 불안정할 것으로 예상되는 정치체제의 유형은? 08년 5급 창책형 6번

i) 민주주의 정치체제 분류는 선거제도와 정부의 권력구조(의원내각제 혹은 대통령제)를 결합시키는 방식에 따라 크게 A, B, C, D, E 다섯 가지 유형으로 나눌 수 있다. A형은 의원들이 비례대표제에 의해 선출되는 의원내각제의 형태다. 비례대표제는 총 득표수에 비례해서 의석수를 배분하는 방식이다. B형은 단순다수대표제 방식으로 의원들을 선출하는 의원내각제의 형태다. 단순다수대표제는 지역구에서 1인의 의원을 선출하는 방식이다. C형은 의회 의원들을 단순다수대표 선거제도에 의해 선출하는 대통령제 형태다. D형의 경우 의원들은 비례대표제 방식을 통해 선출하며 권력구조는 대통령제를 선택하고 있는 형태다. 마지막으로 E형은 일종의 혼합형으로 권력구조에서는 상당한 권한을 가진 선출직 대통령과 의회에 기반을 갖는 수상이 동시에 존재하는 형태다. 의회 의원은 단순다수대표제에 의해 선출된다.

ii) 한편 甲은 "한 국가의 정당체제는 선거제도에 의해 영향을 받는다. 민주주의 국가들에 대한 비교 연구 결과에 의하면 비례대표제를 의회 선거제도로 운용하고 있는 국가들의 정당체제는 대정당과 더불어 군소정당이 존립하는 다당제 형태가 일반적이다. 전국을 다수의 지역구로 나누고 그 지역구별로 1인을 선출하는 단순다수대표제의 경우 군소정당 후보자들에게 불리하며, 따라서 두 개의 지배적인 정당이 출현하는 양당제의 형태가 자리 잡게 된다. 또한 정치적 안정 여부는 정당체제가 어떤 권력구조와 결합하는가에 따라 결정된다. 의원내각제는 양당제와 다당제 모두와 조화되어 정치적 안정을 도모할 수 있는 반면 혼합형과 대통령제의 경우 정당체제가 양당제일 경우에만 정치적으로 안정되는 현상을 보인다."고 주장하였다.

① A형
② B형
③ C형
④ D형
⑤ E형

해설

문제 분석

순서대로 문단 i)~문단 ii)라 한다.

문단 i)의 선거제도와 정부의 권력구조를 결합시키는 유형을 정리해 보면 다음과 같다.

권력구조 \ 선거제도	비례대표제	단순다수대표제
의원내각제	A	B
대통령제	D	C
혼합형		E

문제풀이 실마리

문단 ii)에서는 정당체제(다당제, 양당제)는 선거제도에 의해 영향을 받고, 정치적 안정 여부는 정당체제가 어떤 권력구조와 결합하는가에 따라 결정된다고 한다.

유형	권력구조	선거제도	정당체제	정치적 안정
A	의원내각제	비례대표제	다당제	안정적
B	의원내각제	단순다수대표제	양당제	안정적
C	대통령제	단순다수대표제	양당제	안정적
D	대통령제	비례대표제	다당제	
E	혼합형	단순다수대표제	양당제	안정적

문단 ii)의 내용에 따라 위의 표를 정당체제로 정리해 보면 다음과 같다.

권력구조 \ 정당체제	다당제	양당제
의원내각제	A	B
대통령제	D	C
혼합형		E

문단 ii) 다섯 번째 문장의 甲의 견해에 따르면 의원내각제는 양당제와 결합하는 경우(A), 다당제와 결합하는 경우(B) 모두 정치적 안정을 도모할 수 있다고 한다. 그리고 혼합형의 경우 양당제(E), 대통령제의 경우에도 양당제(C)와 결합하는 경우에만 정치적으로 안정된다고 한다. 이처럼 A, B, C, E 유형의 경우 정치적으로 안정된다는 언급이 있지만 D유형의 경우 정치적으로 안정된다는 언급이 없으므로 D유형이 정치적으로 가장 불안정할 것으로 예상할 수 있다. 정답은 ④이다.

[정답] ④

길쌤's Check 더 연습해 볼 문제

5급 공채	05년 견습 과책형 3번 05년 견습 과책형 14번 05년 견습 과책형 17번 05년 견습 과책형 20번 06년 견습 인책형 15번 06년 견습 인책형 25번 06년 행정 출책형 4번 06년 행정 출책형 19번

나타날 수 있는

48 아래와 같은 설문조사 결과가 나올 수 있는 상황으로 적절하지 않은 것을 <보기>에서 모두 고른 것은? 07년 5급 재책형 26번

재정난을 겪고 있던 A 회사는 일련의 구조조정을 단행한 직후 직원의 직장만족도를 파악하기 위하여 설문조사를 실시하였다. 설문조사는 익명으로 실시되었으나, 설문지는 직장만족도에 관련된 문항을 비롯하여 직위와 연령 및 근속연수 등의 다양한 문항으로 이루어졌다. 오래 전부터 직원들이 회사에 불만이 많다는 소문이 있었기 때문에, 회사 임원진은 직원들의 직장만족도가 매우 낮을 것으로 예상했다. 하지만 설문조사 결과는 예상을 벗어났다. 이번 설문조사 결과는 구조조정 전에 시행된 유사한 설문조사에 비해 평균적으로 높은 직장만족도를 보여주고 있다.

〈보기〉

ㄱ. 해고된 직원들은 대부분 회사에 대한 만족도가 낮았다.
ㄴ. 회사에 큰 기대가 없어서 불만이 적었던 직원 대부분이 해고되었다.
ㄷ. 구조조정 후 실시된 설문조사의 일부 문항들이 응답자의 신분을 노출시킬 수 있는 가능성을 포함하고 있기 때문에 직원들이 솔직한 응답을 하지 않았다.
ㄹ. 과거 직장만족도 설문조사는 회사에 대한 직원들의 불만이 지금보다 훨씬 고조되었을 때 시행되었다.
ㅁ. 구조조정 후에 남은 직원들은 비록 회사에 다소 불만이 있더라도 자신이 해고되지 않았기 때문에 높은 만족도를 보일 수 있다.

① ㄱ
② ㄴ
③ ㄱ, ㄷ
④ ㄴ, ㄹ
⑤ ㄴ, ㅁ

해설

문제 분석

제시문의 설문조사는 익명으로 실시되었다고는 하나 직위와 연령 등의 문항이 포함되어 익명성이 보장되지 않을 수도 있는 설문조사임을 확인한다. 이번 설문조사는 구조조정 전에 시행된 유사한 설문조사에 비해 평균적으로 높은 직장만족도를 보였다고 한다.

문제풀이 실마리

각 보기의 내용과 제시문의 설문조사의 결과가 서로 같은 맥락에서 해석될 수 있는지 또는 상충되는지를 판단해야 한다.

ㄱ. (O) 구조조정에 따라 해고된 직원들이 남은 직원에 비해 상대적으로 직장만족도가 낮았을 가능성이 있다.
ㄴ. (X) 불만이 적었던 직원 대부분이 해고되었다면 이번 설문조사의 결과가 구조조정 전에 시행된 유사한 설문조사에 비해 직장만족도가 낮게 나왔어야 한다.
ㄷ. (O) 설문조사의 익명성이 보장되지 않을 수도 있다는 생각에 직원들이 솔직한 응답을 하지 않고, 직장만족도에 관련된 문항을 긍정적으로 응답했을 가능성이 있다.
ㄹ. (O) 직원들의 직장만족도는 조사 시점에 따라 달라질 수 있다. 과거 설문조사 시기의 직장만족도가 지금보다 훨씬 낮았을 가능성이 있다.
ㅁ. (O) 구조조정 후에 남은 직원들은 구조조정에 따라 해고된 직원들에 비해 상대적으로 직장만족도가 높을 가능성이 있다.

[정답] ②

길쌤's Check 더 연습해 볼 문제

5급 공채	06년 행정 출책형 17번 06년 행정 출책형 36번

부합/일치하는

49 다음 제시문의 주장과 부합하는 사례로 적절한 것은?

08년 5급 창책형 22번

> 인체가 수많은 세포로 이루어져 있듯이 문화도 수많은 문화요소로 이루어진다. 한 사회의 문화를 구성하고 있는 요소들은 그 사회 안에서 발생한 것이 대부분이지만, 다른 사회로부터 문화요소가 전해져 오는 경우도 적지 않다. 한 문화의 어떤 요소는 다른 문화권에 알려지면서, 후자에게 새로운 발명이 일어나도록 자극하는 경우도 있다. 이처럼 사람들은 다른 사회의 문화와 접촉하더라도 이를 스스로 변형하며, 새로운 활동을 통하여 문화를 창출하기도 한다. 다른 사회의 문화를 접촉하는 경우에도 한 사회가 다른 사회의 문화 모두를 받아들이는 것이 아니라 선택적으로 변용한다. 결국 다른 문화와의 접촉은 단지 추가적인 문화요소의 등장을 의미하는 것뿐만 아니라 창조적인 역할을 수행하기도 한다.

① 고유의 문자가 없었던 체로키족이 영어의 알파벳에서 아이디어를 얻어 체로키 문자를 고안하였다.

② 중국의 고전을 한글로 번역하는 과정에서 글의 이해를 돕기 위하여 한글 옆에 한자를 병기하였다.

③ 과거에 거리나 무게를 측정할 때 사용하였던 '리'나 '근'과 같은 단위는 사라지고 미터나 그램과 같은 서구의 단위를 사용하고 있다.

④ 해외에서 유행 중인 스키니진(skinny jean)을 국내 연예인이 입고 방송에 출연한 이후 청소년 사이에서 스키니진이 유행하고 있다.

⑤ 전통적으로 내려오던 활의 원리를 이용하여 거문고나 가야금보다 다양한 음정을 낼 수 있는 현악기를 개발한 후에 살펴보니 서양의 하프와 유사한 형태였다.

해설

문제 분석

제시문의 중심 내용은 다른 문화와의 접촉이 새로운 발명을 자극하는 등 창조적인 역할을 수행하기도 한다는 것이다. 이에 부합하는 사례를 선지에서 찾는다.

문제풀이 실마리

제시문의 내용을 세세하게 들여다보기보다는 큰 맥락에서 주장을 찾는 식으로 빠르게 읽어야 한다.

① (O) 알파벳이라는 다른 문화와의 접촉이 새롭게 체로키 문자를 고안하는 창조적 역할을 한 것은 제시문의 주장과 부합하는 사례이다.

② (X) 중국의 고전을 한글로 번역하는 것은 다른 문화와의 접촉이라고 할 수 있지만, 한글 옆에 한자를 병기하는 것은 다른 문화와의 접촉이 창조적인 역할을 수행하였다기보다는 단지 추가적인 문화 요소가 등장한 것으로 볼 수 있다.

③ (X) 서구의 단위를 사용하게 된 것은 다른 문화와의 접촉이라고 할 수 있지만, 과거의 단위가 사라지게 된 것은 다른 문화와의 접촉이 어떤 창조적인 역할을 수행했다고 보기 어렵다.

④ (X) 해외에서 유행 중인 스키니진이 청소년 사이에서 유행하는 것은 다른 문화와의 접촉이라고 할 수 있지만, 이는 다른 문화와 접촉하면서도 스스로 변형하는 등 문화를 창출하는 창조적인 역할을 수행했다고 보기 어렵다.

⑤ (X) 전통적으로 내려오던 활의 원리를 이용해 현악기를 개발한 것은 다른 문화와의 접촉이라고 볼 수 없다.

[정답] ①

50 다음 <상황>에서 A국가가 세운 협상원칙에 부합하는 것만을 <보기>에서 모두 고르면? 10년 5급 선책형 5번

〈상황〉

ⅰ)A국가와 B국가는 과거 한 차례 전쟁을 벌였던 경험이 있어 관계가 좋지 않다. 근래 A국가는 핵무기 개발을 시도하고 있다. 그리고 B국가는 정보통신 분야의 기술개발을 토대로 비약적인 경제성장을 이룩하였다.

ⅱ)최근 세계 경제위기 상황에서 A국가가 경제 발전을 도모하고자 B국가에 관계 개선을 위한 회담을 제안하자, B국가는 A국가의 제안에 적극 호응하였다. 두 국가 중 A국가는 안보 분야에서 협상력이 강하나, 경제 분야에서는 약하다. 반면 B국가는 경제 분야에서 협상력이 강하고 안보 분야에서는 약하다. → 보기 ㄷ, ㄹ

ⅲ)제3국에서 개최된 1차 회담에서 B국가는 핵무기 개발 포기 등을 포함한 안보 분야의 매우 다양한 협상의제를 제시하였다. 그러나 서로 다른 이해관계 속에서 A국가와 B국가의 관계 개선 및 협력을 위한 1차 회담은 이렇다 할 결실을 맺지 못했다. 특히 핵무기 문제는 양측이 가장 첨예하게 대립하는 의제였다. → 보기 ㄱ

ⅳ)A국가는 향후 개최될 회담을 위하여 다음과 같은 협상원칙을 세웠다.

- 협상의제가 여러 가지이므로 합의에 도달하기 쉬운 것부터 우선 협상한다. → 보기 ㄱ
- B국가의 회담대표와 친분이 두터운 인사에게 비공식채널을 통한 협의를 맡긴다. → 보기 ㄴ
- 협상력이 강한 분야는 협상시한을 미리 확정한다. → 보기 ㄷ
- 협상력이 약한 분야는 지연 전략을 구사한다. → 보기 ㄹ

〈보기〉

ㄱ. 핵무기 문제를 우선적으로 협상한다.
ㄴ. B국가의 회담대표와 유학 시절 절친했던 경제 전문가에게 비공식채널의 협의를 맡긴다.
ㄷ. 안보 분야의 협상시한을 결정하여 B국가에 통지한다.
ㄹ. 경제 분야의 핵심 의제는 전화 협상을 벌여서라도 신속히 해결한다.

① ㄱ, ㄷ
② ㄱ, ㄹ
③ ㄴ, ㄷ
④ ㄱ, ㄴ, ㄹ
⑤ ㄴ, ㄷ, ㄹ

해설

문제 분석
문단 ⅱ)~ⅲ)의 주요 내용만 정리해 보면 다음과 같다.
문단 ⅱ) A국가는 안보 분야에서 협상력이 강하고 경제 분야에서는 약하다.
문단 ⅲ) 핵무기 문제는 양측이 가장 첨예하게 대립하는 의제이다.
문단 ⅳ) 첫 번째 동그라미부터 각각 원칙 ⅰ)~ⅳ)라고 한다.

문제풀이 실마리
발문에서 A국가가 세운 협상원칙에 부합하는 것을 고르라고 하므로, A국가의 입장에서만 생각한다.

ㄱ. (X) 문단 ⅲ)에 따르면 핵무기 문제는 A, B국가가 가장 첨예하게 대립하는 의제이다. 원칙 ⅰ)에 따르면 합의에 도달하기 쉬운 의제부터 우선적으로 협상하므로, 합의에 도달하기 어려운 핵무기 문제를 우선적으로 협상하지는 않는다.
ㄴ. (O) B국가의 회담대표와 절친했던 경제 전문가에게 비공식채널의 협의를 맡기는 것은 원칙 ⅱ)에 부합한다.
ㄷ. (O) 문단 ⅱ) 두 번째 문장에 따르면 A국가는 안보 분야에서 협상력이 강하다. 따라서 안보 분야의 협상시한을 결정하여 B국가에 통지하는 것은 원칙 ⅲ)에 부합한다.
ㄹ. (X) 문단 ⅱ) 두 번째 문장에 따르면 A국가는 경제 분야에서 협상력이 약하다. 따라서 원칙 ⅳ)에 따르면 경제 분야의 핵심 의제는 신속히 해결하는 것이 아니라 지연 전략을 구사한다.

[정답] ③

길쌤's Check 더 연습해 볼 문제

5급 공채	07년 재책형 2번 07년 재책형 15번 07년 재책형 35번 08년 창책형 26번 10년 선책형 6번

퀴즈 스타일

51 H부처에서 업무추진력이 높은 서기관을 ○○프로젝트의 팀장으로 발탁하려고 한다. 성취행동 경향성이 높은 사람을 업무추진력이 높은 사람으로 규정할 때, 아래의 정의를 활용해서 <보기>의 서기관들을 업무추진력이 높은 사람부터 순서대로 바르게 나열한 것은?

08년 5급 창책형 29번

> 성취행동 경향성(TACH)의 강도는 성공추구 경향성(Ts)에서 실패회피 경향성(Tf)을 뺀 점수로 계산할 수 있다(TACH=Ts−Tf). 성공추구 경향성에는 성취동기(Ms)라는 잠재적 에너지의 수준이 영향을 준다. 왜냐하면 성취동기는 성과가 우수하다고 평가받고 싶어하는 것으로 어떤 사람의 포부수준, 노력 및 끈기를 결정하기 때문이다. 어떤 업무에 대해서 사람들이 제각기 다양한 방식으로 행동하는 것은 성취동기가 다른 데도 원인이 있지만, 개인이 처한 환경요인이 서로 다르기 때문이기도 하다. 이 환경요인은 성공기대확률(Ps)과 성공결과의 가치(Ins)로 이루어진다. 즉 성공추구 경향성은 이 세 요소의 곱으로 결정된다(Ts=Ms×Ps×Ins).
>
> 한편 실패회피 경향성은 실패회피동기, 실패기대확률 그리고 실패결과의 가치의 곱으로 결정된다. 이때 성공기대확률과 실패기대확률의 합은 1이며, 성공결과의 가치와 실패결과의 가치의 합도 1이다.

〈보기〉

- ○ A서기관은 성취동기가 3이고, 실패회피동기가 1이다. 그는 국제환경협약에 대비한 공장건설환경규제안을 만들었는데, 이 규제안의 실현가능성을 0.7로 보며, 규제안이 실행될 때의 가치를 0.2로 보았다.
- ○ B서기관은 성취동기가 2이고, 실패회피동기가 1이다. 그는 도시고속화도로 건설안을 기획하였는데, 이 기획안의 실패가능성을 0.7로 보며, 도로건설사업이 실패하면 0.3의 가치를 갖는다고 보았다.
- ○ C서기관은 성취동기가 3이고, 실패회피동기가 2이다. 그는 △△지역의 도심재개발계획을 주도하였는데, 이 계획의 실현가능성을 0.4로 보며, 재개발사업이 실패하는 경우의 가치를 0.3으로 보았다.

① A, B, C　② B, A, C
③ B, C, A　④ C, A, B
⑤ C, B, A

해설

문제 분석

발문에서 성취행동 경향성이 높은 사람을 업무추진력이 높은 사람으로 규정한다고 하였으므로 제시문의 내용에 따라 성취행동 경향성을 계산한다.

문제풀이 실마리

성취행동 경향성을 구하는 식을 정리해 보면 다음과 같다.

- 성취행동 경향성(TACH)=성공추구 경향성(Ts)−실패회피 경향성(Tf)
- 성공추구 경향성(Ts)
  =성취동기(Ms)×성공기대확률(Ps)×성공결과의 가치(Ins)
- 실패회피 경향성(Tf)
  =실패회피동기×실패기대확률×실패결과의 가치
  =실패회피동기×(1−성공기대확률(Ps))×(1−성공결과의 가치(Ins))

A서기관의 경우부터 계산해 보면 다음과 같다.

1) A서기관은 Ms=3, 실패회피동기=1, Ps=0.7, Ins=0.2이다.
   Ts=3×0.7×0.2=0.42
   Tf=1×0.3×0.8=0.24
   TACH=Ts−Tf=0.42 − 0.24=0.18

2) B서기관은 Ms=2, 실패회피동기=1, 1−Ps=0.7, 1−Ins=0.3이다.
   Ts=2×0.3×0.7=0.42
   Tf=1×0.7×0.3=0.21
   TACH=Ts−Tf=0.42−0.21=0.21

3) C서기관은 Ms=3, 실패회피동기=2, Ps=0.4, 1−Ins=0.3이다.
   Ts=3×0.4×0.7=0.84
   Tf=2×0.6×0.3=0.36
   TACH=Ts−Tf=0.84−0.36=0.48

서기관들을 업무추진력이 높은 사람부터 순서대로 바르게 나열하면 C, B, A(⑤)이다.

[정답] ⑤

길쌤's Check　더 연습해 볼 문제

5급 공채	09년 극책형 26번 09년 극책형 36번

빈칸 채우기

52 다음 글을 근거로 판단할 때, <보기>의 빈칸에 들어가는 것을 옳게 짝지은 것은?

13년 민경채 인책형 21번

A국에서는 1~49까지 숫자를 셀 때 다음과 같은 명칭과 규칙을 사용한다. 1~5는 아래와 같이 표현한다.

1 → tai
2 → lua
3 → tolu
4 → vari
5 → luna

6에서 9까지의 수는 위 명칭에 '새로운'이라는 뜻을 가진 'o'를 앞에 붙여 쓰는데, 6은 otai(새로운 하나), 7은 olua(새로운 둘), 8은 otolu(새로운 셋), …(으)로 표현한다.

10은 5가 두 개 더해진 것이므로 '두 개의 다섯'이란 뜻에서 lualuna(2×5), 15는 '세 개의 다섯'이란 뜻에서 toluluna(3×5), 20은 variluna(4×5), …(으)로 표현한다. 즉, 5를 포함하는 두 개 숫자의 곱이다.

11부터는 '더하기'라는 뜻을 가진 'i'를 중간에 넣고, 그 다음에 1~4 사이의 숫자 하나를 순서대로 넣어서 표현한다. 따라서 11은 lualuna i tai(2×5+1), 12는 lualuna i lua(2×5+2), …, 16은 toluluna i tai(3×5+1), 17은 toluluna i lua(3×5+2), …(으)로 표현한다.

〈보기〉

ㄱ. 30은 (　　)로 표현한다.
ㄴ. ovariluna i tolu는 숫자 (　　)이다.

	ㄱ	ㄴ
①	otailuna	48
②	otailuna	23
③	lualualuna	48
④	tolulualuna	17
⑤	tolulualuna	23

해설

문제 분석

제시문에서는 A국에서 1~49까지 숫자를 세는 방법을 설명하고 있다. 이는 아래에서 다시 정리한다.

문제풀이 실마리

이 문제는 기본적으로 5를 기본단위로 하여 기본단위가 반복되는 것으로 이해할 수 있다. 즉, 10까지 명칭이 부여된 이후에는 5가 하나의 단위처럼 활용되고, 5로 나눈 나머지를 더하기의 형식으로 표현하고 있다. 예를 들어 48=9×5+3처럼 표현된다.

A국에서 숫자를 세는 명칭과 규칙은 다음과 같다.

1	tai	6	'o'를 앞에 붙여 쓴다	otai
2	lua	7		olua
3	tolu	8		otolu
4	vari	9		ovari
5	luna	10	두 개의 다섯: lualuna(2×5)	

• 5의 배수
15: '세 개의 다섯' toluluna(3×5)
20: '네 개의 다섯' variluna(4×5)
→ 5를 포함하는 두 개 숫자의 곱으로 표현

• 나머지 숫자
: '더하기'라는 뜻을 가진 'i'를 중간에 넣고, 그 다음에 1~4 사이의 숫자 하나를 순서대로 넣어서 표현
ex. 11: lualuna i tai(2×5+1)
12: lualuna i lua(2×5+2), …,
16: toluluna i tai(3×5+1)
17은 toluluna i lua(3×5+2)

ㄱ. 20의 표현방식을 예로 활용하면 20은 variluna(4×5)로 표현한다. 즉, 5를 포함하는 두 개 숫자의 곱으로 표현한다. 마찬가지로 30을 표현하면 6×5의 형식으로 표현할 수 있다. 따라서 6(otai)×5(luna)=otailuna이다.

ㄴ. ovariluna i tolu에서 ovariluna는 o+vari+luna이므로 이를 해석하면 9×5=45이다. 그리고 i는 더하기를 의미하고, tolu는 숫자 3을 의미하므로 ovariluna i tolu는 45+3=48이다.

[정답] ①

53 다음 글을 근거로 판단할 때, <상황>의 (㉠)에 해당되는 수는? 14년 5급 A책형 30번

〈양성평등채용목표제〉

1. 채용목표인원
   ○ 성별 최소 채용목표인원(이하 '목표인원')은 시험실시단계별 합격예정인원에 30%(다만 검찰사무직렬은 20%)를 곱한 인원수로 함
2. 합격자 결정방법

가. 제1차시험
   ○ 각 과목 만점의 40% 이상, 전 과목 총점의 60% 이상 득점한 자 중에서 전 과목 총득점에 의한 고득점자 순으로 선발예정인원의 150%를 합격자로 결정함
   ○ 상기 합격자 중 어느 한 성(性)의 합격자가 목표인원에 미달하는 경우에는 각 과목 만점의 40% 이상, 전 과목 총점의 60% 이상 득점하고, 전 과목 평균득점이 합격선 −3점 이상인 해당 성의 응시자 중에서 고득점자 순으로 목표미달인원만큼 당초 합격예정인원을 초과하여 추가합격 처리함

나. 제2차시험 및 최종합격자 결정
   ○ 제1차시험에서 어느 한 성을 추가합격시킨 경우 일정인원을 선발예정인원에 초과하여 최종합격자로 결정함

〈7급 국가공무원 공개경쟁채용시험 공고〉

○ 선발예정인원

직렬(직류)	선발예정인원
검찰사무직(검찰사무)	30명

※ 7급 국가공무원 공개경쟁채용시험은 양성평등채용목표제가 적용됨.

〈상황〉

검찰사무직 제1차시험에서 남성이 39명 합격하였다면, 제1차시험의 합격자 수는 최대 (㉠)명이다.

① 42
② 45
③ 48
④ 52
⑤ 53

해설

문제 분석

- 검찰사무직렬은 '시험실시단계별 합격예정인원×20%'를 성별 최소 채용목표인원(=목표인원)으로 채용함
- 제1차시험: 선발예정인원의 150%를 합격자로 결정함
- 상기 합격자 중 어느 한 성(性)의 합격자가 목표인원에 미달하는 경우에는 목표미달인원만큼 당초 합격예정인원을 초과하여 추가합격 처리함
- 검찰사무직(검찰사무)의 선발예정인원은 30명임

문제풀이 실마리

조건이 많은 편에 속하는 문제이다. 주어진 조건 중에 문제 해결에 필요한 조건 위주로 확인할 수 있어야 시간 단축이 가능하다.

점수와 관련한 정보는 합격자 수를 계산하는 데는 필요하지 않은 조건이다. 따라서 점수와 관련된 조건은 약하게 처리하고, 인원과 관련된 조건을 강하게 처리해서 계산해 보면 다음과 같다.

- 검찰사무직(검찰사무)의 선발예정인원은 30명이므로, 선발예정인원(30명)×150%=45명이 제1차시험의 합격자(=합격예정인원)가 된다.
- 시험실시 단계별 합격예정인원×20%(∵ 검찰사무직렬) =45명×20%=9명이 제1차시험의 성별 최소 채용목표인원이 된다.
- 목표인원에 미달할 경우, 목표미달인원만큼 당초 합격예정인원을 초과하여 추가합격 처리함

〈상황〉에 적용해 보면, 남성은 39명이 합격하였으므로 양성평등채용목표제가 적용되는 성별은 아니다. 따라서 여성에 적용되는 것이고, 주어진 성적 조건을 모두 만족한다면 최대 9명까지 당초 합격예정인원을 초과하여 추가합격 처리될 수 있다.

따라서 제1차시험의 합격자 수는 남성 39명+여성 9명=최대 48명이다. 여성의 합격예정인원이 목표인원에 미달하므로 당초 합격예정인원인 45명을 초과하더라도 추가합격 처리할 수 있다.

3명이 추가합격 처리된 것이다.

빠른 문제풀이 Tip

- 먼저 〈상황〉의 (㉠)을 확인하면 문제에서 묻고자 하는 것이 무엇인지를 확인할 수 있다.
- 조건이 복잡하게 주어진 문제에서 모든 조건을 강하게 처리할 수는 없으므로, 적절하게 강약처리를 할 수 있어야 한다.

[정답] ③

방법

54 다음 글을 근거로 판단할 때, 우리나라에서 기단을 표시한 기호로 모두 옳은 것은?

15년 민경채 인책형 13번

i)기단(氣團)은 기온, 습도 등의 대기 상태가 거의 일정한 성질을 가진 공기 덩어리이다. 기단은 발생한 지역에 따라 분류할 수 있다. 대륙에서 발생하는 대륙성기단은 건조한 성질을 가지며, 해양에서 발생하는 해양성기단은 습한 성질을 갖는다. 또한 기단의 온도에 따라 한대기단, 열대기단, 적도기단, 극기단으로 나뉜다.

ii)기단은 그 성질을 기호로 표시하기도 한다. 해양성기단은 알파벳 소문자 m을 기호 처음에 표기하고, 대륙성기단은 알파벳 소문자 c를 기호 처음에 표기한다. 이어서 한대기단은 알파벳 대문자 P로 표기하고, 열대기단은 알파벳 대문자 T로 표기한다. 예를 들어 해양성한대기단은 mP가 되는 것이다. 또한 기단이 이동하면서 나타나는 열역학적 특성에 따라 알파벳 소문자 w나 k를 마지막에 추가한다. w는 기단이 그 하층의 지표면보다 따뜻할 때 사용하며 k는 기단이 그 하층의 지표면보다 차가울 때 사용한다. 한편 적도기단은 E로, 북극기단은 A로 표시한다.

iii)겨울철 우리나라에 영향을 주는 대표적인 기단은 시베리아기단으로 우리나라 지표면보다 차가운 대륙성한대기단이다. 북극기단이 우리나라에 영향을 주기도 하는데, 북극기단은 극기단의 일종으로 최근 우리나라 겨울철 혹한의 주범으로 지목되고 있다. 여름철에 우리나라에 영향을 주는 대표적 열대기단은 북태평양기단이다. 북태평양기단은 해수 온도가 높은 북태평양에서 발생하여 우리나라 지표면보다 덥고 습한 성질을 가져 고온다습한 날씨를 야기한다. 또다른 여름철 기단인 오호츠크해기단은 해양성한대기단으로 우리나라 지표면보다 차갑고 습한 성질을 갖는다. 적도 지방에서 발생하여 북상하는 적도기단도 우리나라 여름철에 영향을 준다.

	시베리아기단	북태평양기단	오호츠크해기단
①	mPk	mTk	cPk
②	mPk	cTw	cPk
③	cPk	cTw	mPk
④	cPk	mTw	mTk
⑤	cPk	mTw	mPk

해설

문제 분석

순서대로 문단 i)~문단 iii)이라 한다.
문단 i) 기단의 정의, 기단의 분류
문단 ii) 기단의 분류에 따른 기호
문단 iii) 우리나라에 영향을 주는 기단

문제풀이 실마리

문단 i), ii)의 기단의 분류에 따른 기호를 정리하면 다음과 같다.

구분	한대기단	열대기단	적도기단	극기단
해양성기단	mP	mT	mE	mA
대륙성기단	cP	cT	cE	cA

이상의 기호 마지막에 열역학적 특성에 따른 w나 k를 추가한다.

1) 문단 iii) 첫 번째 문장에 따르면 시베리아기단은 대륙성한대기단이다. 따라서 'cP'로 표시한다. 그리고 시베리아기단은 우리나라 지표면보다 차갑다고 하므로 마지막에 k를 추가한다. 따라서 시베리아기단은 기호로 'cPk'로 표시하여야 한다.
2) 문단 iii) 네 번째 문장에 따르면 북태평양기단은 북태평양에서 발생한다고 하는데, 문단 i) 세 번째 문장에 따르면 해양에서 발생하는 기단은 해양성 기단으로 분류한다. 그리고 문단 iii) 세 번째 문장에 따르면 북태평양기단은 열대기단이다. 즉, 북태평양기단은 해양성열대기단이므로 'mT'로 표시한다. 문단 iii) 네 번째 문장에 따르면 북태평양기단은 우리나라 지표면보다 덥다고 하므로 마지막에 w를 추가한다. 따라서 북태평양기단은 'mTw'로 표시하여야 한다.
3) 문단 iii) 다섯 번째 문장에 따르면 오호츠크해기단은 해양성한대기단이다. 따라서 'mP'로 표시한다. 그리고 오호츠크해기단은 우리나라 지표면보다 차갑다고 하므로 마지막에 k를 추가한다. 따라서 오호츠크해기단은 기호로 'mPk'로 표시하여야 한다.

정답은 ⑤이다.

[정답] ⑤

55 다음 글을 근거로 판단할 때, A학자의 언어체계에서 표기와 그 의미를 연결한 것으로 옳지 않은 것은? 19년 5급 가책형 27번

i)A학자는 존재하는 모든 사물들을 자연적인 질서에 따라 나열하고 그것들의 지위와 본질을 표현하는 적절한 기호를 부여하면 보편언어를 만들 수 있다고 생각했다.

ii)이를 위해 A학자는 우선 세상의 모든 사물을 40개의 '속(屬)'으로 나누고, 속을 다시 '차이(差異)'로 세분했다. 예를 들어 8번째 속인 돌은 순서대로 아래와 같이 6개의 차이로 분류된다.

(1) 가치 없는 돌
(2) 중간 가치의 돌
(3) 덜 투명한 가치 있는 돌 → 선지 ③
(4) 더 투명한 가치 있는 돌
(5) 물에 녹는 지구의 응결물 → 선지 ①
(6) 물에 녹지 않는 지구의 응결물

iii)이 차이는 다시 '종(種)'으로 세분화되었다. 예를 들어, '가치 없는 돌'은 그 크기, 용도에 따라서 8개의 종으로 분류되었다.

iv)이렇게 사물을 전부 분류한 다음에 A학자는 속, 차이, 종에 문자를 대응시키고 표기하였다.

v)예를 들어, 7번째 속부터 10번째 속까지는 다음과 같이 표기된다.

7) 원소: de → 선지 ④
8) 돌: di → 선지 ①
9) 금속: do → 선지 ⑤
10) 잎: gw → 선지 ②

vi)차이를 나타내는 표기는 첫 번째 차이부터 순서대로 b, d, g, p, t, c, z, s, n을 사용했고, 종은 순서대로 w, a, e, i, o, u, y, yi, yu를 사용했다. 따라서 'di'는 돌을 의미하고 'dib'는 가치 없는 돌을 의미하며, 'diba'는 가치 없는 돌의 두 번째 종을 의미한다. → 선지 ①, ②, ③, ④, ⑤

① ditu – 물에 녹는 지구의 응결물의 여섯 번째 종
② gwpyi – 잎의 네 번째 차이의 네 번째 종
③ dige – 덜 투명한 가치 있는 돌의 세 번째 종
④ deda – 원소의 두 번째 차이의 두 번째 종
⑤ donw – 금속의 아홉 번째 차이의 첫 번째 종

해설

문제 분석

순서대로 문단 i)~문단 iii)이라 한다.

문제풀이 실마리

제시문의 내용을 정리해 보면 다음과 같다.

문단 v)	문단 vi), ii)		문단 vi)
속(屬)	차이(差異)		종(種)
⋮ 7) 원소: de 8) 돌: di 9) 금속: do 10) 잎: gw ⋮	(1) b (2) d (3) g (4) p (5) t (6) c (7) z (8) s (9) n	돌의 예 : (1) 가치 없는 돌 (2) 중간 가치의 돌 (3) 덜 투명한 가치 있는 돌 (4) 더 투명한 가치 있는 돌 (5) 물에 녹는 지구의 응결물 (6) 물에 녹지 않는 지구의 응결물	1. w 2. a 3. e 4. i 5. o 6. u 7. y 8. yi 9. yu

제시문과 같이 속을 ')', 차이를 '( )'로 표시하고, 종은 숫자에 '.'을 찍어 표시하였다.

① (O) 문단 v)에 따르면 'di'는 여덟 번째 속인 돌을 의미하고, 문단 vi), ii)에 따르면 't'는 다섯 번째 차이인 물에 녹는 지구의 응결물을 의미한다. 그리고 문단 vi)에 따르면 'u'는 여섯 번째 종을 의미하므로 'ditu'는 물에 녹는 지구의 응결물의 여섯 번째 종을 의미한다.

② (X) 문단 v)에 따르면 'gw'는 열 번째 속인 잎을 의미하고, 문단 vi)에 따르면 'p'는 네 번째 차이를 의미한다. 그리고 'yi'는 여덟 번째 종을 의미하므로 'gwpyi'는 잎의 네 번째 차이의 네 번째 종이 아니라 잎의 네 번째 차이의 여덟 번째 종을 의미한다.

③ (O) 문단 v)에 따르면 'di'는 여덟 번째 속인 돌을 의미하고, 문단 vi), ii)에 따르면 'g'는 세 번째 차이인 덜 투명한 가치 있는 돌을 의미한다. 그리고 문단 vi)에 따르면 'e'는 세 번째 종을 의미하므로 'dige'는 덜 투명한 가치 있는 돌의 세 번째 종을 의미한다.

④ (O) 문단 v)에 따르면 'de'는 일곱 번째 속인 원소를 의미하고, 문단 vi)에 따르면 'd'는 두 번째 차이를 의미한다. 그리고 'a'는 두 번째 종을 의미하므로 'deda'는 원소의 두 번째 차이의 두 번째 종을 의미한다.

⑤ (O) 문단 v)에 따르면 'do'는 아홉 번째 속인 금속을 의미하고, 문단 vi)에 따르면 'n'은 아홉 번째 차이를 의미한다. 그리고 'w'는 첫 번째 종을 의미하므로 'donw'는 금속의 아홉 번째 차이의 첫 번째 종을 의미한다.

[정답] ②

길쌤's Check 더 연습해 볼 문제

민간경력자	15년 인책형 15번
5급 공채	12년 인책형 8번

판단기준

56 다음 글과 <상황>을 근거로 판단할 때, 甲에게 가장 적절한 유연근무제는?

15년 민경채 인책형 14번

ⅰ)유연근무제는 획일화된 공무원의 근무형태를 개인·업무·기관별 특성에 맞게 다양화하여 일과 삶의 균형을 꾀하고 공직생산성을 향상시키는 것을 목적으로 하며, 시간제근무, 탄력근무제, 원격근무제로 나눌 수 있다.

ⅱ)시간제근무는 다른 유연근무제와 달리 주 40시간보다 짧은 시간을 근무하는 것이다. 수시로 신청할 수 있으며 보수 및 연가는 근무시간에 비례하여 적용한다.

ⅲ)탄력근무제에는 네 가지 유형이 있다. '시차출퇴근형'은 1일 8시간 근무체제를 유지하면서 출퇴근시간을 자율적으로 조정할 수 있다. 07:00~10:00에 30분 단위로 출근시간을 스스로 조정하여 8시간 근무 후 퇴근한다. '근무시간선택형'은 주 5일 근무를 준수해야 하지만 1일 8시간을 반드시 근무해야 하는 것은 아니다. 근무가능 시간대는 06:00~24:00이며 1일 최대 근무시간은 12시간이다. '집약근무형'은 1일 8시간 근무체제에 구애받지 않으며, 주 3.5~4일만을 근무한다. 근무가능 시간대는 06:00~24:00이며 1일 최대 근무시간은 12시간이다. 이 경우 정액급식비 등 출퇴근을 전제로 지급되는 수당은 출근하는 일수만큼만 지급한다. '재량근무형'은 출퇴근 의무 없이 프로젝트 수행으로 주 40시간의 근무를 인정하는 형태이며 기관과 개인이 협의하여 수시로 신청한다.

ⅳ)원격근무제에는 '재택근무형'과 '스마트워크근무형'이 있는데, 실시 1주일 전까지 신청하면 된다. 재택근무형은 사무실이 아닌 자택에서 근무하는 것이며, 초과근무는 불인정된다. 스마트워크근무형은 자택 인근의 스마트워크센터 등 별도 사무실에서 근무하며, 초과근무를 위해서는 사전에 부서장의 승인이 필요하다.

〈보기〉

A부서의 공무원 甲은 유연근무제를 신청하고자 한다. 甲은 원격근무보다는 A부서 사무실에 출근하여 일하는 것을 원하며, 주 40시간의 근무시간은 지킬 예정이다. 이틀은 아침 7시에 출근하여 12시간씩 근무하고, 나머지 사흘은 5~6시간의 근무를 하고 일찍 퇴근하려는 계획을 세웠다.

① 근무시간선택형
② 시차출퇴근형
③ 시간제근무
④ 집약근무형
⑤ 재택근무형

해설

문제 분석

순서대로 문단 ⅰ)~문단 ⅳ)라 한다.

문단 ⅰ) 유연근무제의 정의, 분류(시간제근무, 탄력근무제, 원격근무제)
문단 ⅱ) 시간제근무
문단 ⅲ) 탄력근무제(시차출퇴근형, 근무시간선택형, 집약근무형, 재량근무형)
문단 ⅳ) 원격근무제(재택근무형, 스마트워크근무형)

문제풀이 실마리

〈상황〉의 내용에 따라 甲에게 적절하지 않은 근무제를 선지에서 제거해 가면서 정답을 찾는다. 문단 ⅱ) 시간제근무에 대한 설명에서 '다른 유연근무제와 달리'라는 내용으로부터 다른 근무제는 주 40시간을 근무하는 것을 알 수 있다. 시간제근무와 탄력근무제는 시간, 원격근무제는 근무장소를 중점적으로 확인하도록 한다.

1) 甲은 원격근무보다는 A부서 사무실에 출근하여 일하는 것을 원한다고 한다. 따라서 문단 ⅳ)의 원격근무제 중 두 번째 문장의 사무실이 아닌 자택에서 근무하는 재택근무형 유연근무제는 甲에게 적절하지 않다. 선지 ⑤는 제거된다.
2) 甲은 주 40시간의 근무시간은 지킬 예정인데, 문단 ⅱ) 첫 번째 문장의 시간제근무는 다른 유연근무제와 달리 주 40시간보다 짧은 시간을 근무하는 것이다. 따라서 시간제근무는 甲에게 적절하지 않다. 선지 ③은 제거된다.
3) 甲은, 이틀은 아침 7시에 출근하여 12시간씩 근무하고, 나머지 사흘은 5~6시간의 근무를 하는 계획을 세웠다고 한다. 문단 ⅲ)의 탄력근무제 중 두 번째 문장의 시차출퇴근형 유연근무제는 1일 8시간 근무체제를 유지하면서 출퇴근시간을 조정하는 것이므로 甲에게 적절하지 않다. 선지 ②는 제거된다. 그리고 여섯 번째 문장의 집약근무형 유연근무제는 주 3.5~4일만을 근무하는 것이므로 5일을 근무하는 甲에게 적절하지 않다. 선지 ④는 제거된다. 정답은 ①이다.

정답인 문단 ⅲ) 네 번째, 다섯 번째의 근무시간선택형 유연근무제를 확인해 본다. 근무시간선택형은 주 5일 근무를 준수해야 하는데 甲은 주 5일 근무할 계획이다. 1일 8시간을 반드시 근무해야 하는 것은 아니며 근무가능 시간대는 06:00~24:00, 1일 최대 근무시간은 12시간인 점에서 이틀은 아침 7시에 출근하여 12시간씩 근무하고, 나머지 사흘은 5~6시간의 근무하려는 甲에게 적절한 유연근무제이다.

[정답] ①

sub-box

57 **다음 글과 <○○시의 도로명 현황>을 근거로 판단할 때, ○○시에서 발견될 수 있는 도로명은?** 13년 5급 인책형 3번

도로명의 구조는 일반적으로 두 개의 부분으로 나누어지는데 앞부분을 전부요소, 뒷부분을 후부요소라고 한다.

전부요소는 대상물의 특성을 반영하여 이름붙인 것이며 다른 곳과 구분하기 위해 명명된 부분이다. 즉, 명명의 배경이 반영되어 성립된 요소로 다양한 어휘가 사용된다. 후부요소로는 '로, 길, 골목'이 많이 쓰인다.

그런데 도로명은 전부요소와 후부요소만 결합한 기본형이 있고, 후부요소에 다른 요소가 첨가된 확장형이 있다. 확장형은 후부요소에 '1, 2, 3, 4…' 등이 첨가된 일련번호형과 '동, 서, 남, 북, 좌, 우, 윗, 아래, 앞, 뒷, 사이, 안, 중앙' 등의 어휘들이 첨가된 방위형이 있다.

〈○○시의 도로명 현황〉

○○시의 도로명을 모두 분류한 결과, 도로명의 전부요소로는 한글고유어보다 한자어가 더 많이 발견되었고, 기본형보다 확장형이 많이 발견되었다. 확장형의 후부요소로는 일련번호형이 많이 발견되었고, 일련번호는 '로'와만 결합되었다. 그리고 방위형은 '골목'과만 결합되었으며 사용된 어휘는 '동, 서, 남, 북'으로만 한정되었다.

① 행복1가
② 대학2로
③ 국민3길
④ 덕수궁뒷길
⑤ 꽃동네중앙골목

해설

문제 분석

제시문의 내용과 〈○○시의 도로명 현황〉을 조합하여 정리해 보면 다음과 같다.

도로명		전부요소	후부요소
기본형		대상물의 특성을 반영	로, 길, 골목
확장형	일련번호형		숫자 첨가+로
	방위형		방위 첨가 +동, 서, 남, 북

문제풀이 실마리

'(더) 많이'와 '만' 또는 '으로만 한정'의 의미를 정확하게 구분할 수 있어야 한다.

① (X) 〈○○시의 도로명 현황〉 두 번째 문장에 따르면 일련번호는 '로'와만 결합되었다고 한다. 따라서 일련번호 '1'이 '가'와 결합된 '행복1가'는 ○○시에서 발견될 수 없다.

② (O) '대학2로'는 일련번호형으로 일련번호 '2'가 '로'와 결합된 도로명이다. ○○시에서 발견될 수 있다.

③ (X) 선지 ①에서 살펴본 바와 같이 일련번호 '3'이 '길'과 결합된 '국민3길'은 ○○시에서 발견될 수 없다.

④ (X) 〈○○시의 도로명 현황〉 세 번째 문장에 따르면 방위형은 '골목'과만 결합되었으며 사용된 어휘는 '동, 서, 남, 북'으로만 한정되었다. 따라서 '뒷'이라는 어휘가 '길'과 결합된 '덕수궁뒷길'은 ○○시에서 발견될 수 없다.

⑤ (X) 선지 ④에서 살펴본 바와 같이 방위형에 사용된 어휘는 '동, 서, 남, 북'으로만 한정되었다. 따라서 '중앙'이라는 어휘가 사용된 '꽃동네중앙골목'은 ○○시에서 발견될 수 없다.

[정답] ②

기타

58 다음 글과 <상황>을 근거로 판단할 때, 甲이 보고할 내용으로 옳은 것은? 21년 5급 가책형 18번

> 대규모 외환거래는 런던, 뉴욕, 도쿄, 프랑크푸르트, 싱가포르 같은 금융중심지에서 이루어진다. 최근 들어 세계 외환거래 규모는 급증하고 있다. 하루 평균 세계 외환거래액은 1989년에 6천억 달러 수준이었는데, 2019년에는 6조 6천억 달러로 크게 늘어났다.
>
> 은행 간 외환거래는 대부분 미국 달러를 통해 이루어진다. 달러는 이처럼 외환거래에서 중심적인 역할을 하기 때문에 기축통화라고 불린다. 기축통화는 서로 다른 통화를 사용하는 거래 참여자가 국제거래를 위해 널리 사용하는 통화이다. 1999년 도입된 유럽 유로는 달러와 동등하게 기축통화로 발전할 것으로 예상되었으나, 2020년 세계 외환거래액의 32%를 차지하는 데 그쳤다. 이는 4년 전보다는 2%p 높아진 것이지만 10년 전보다는 오히려 8%p 낮아진 수치이다.

〈상황〉

> 2010년과 2016년의 하루 평균 세계 외환거래액은 각각 3조 9천억 달러와 5조 2천억 달러였다. ○○은행 국제자본이동분석팀장 甲은 2016년 유로로 이루어진 하루 평균 세계 외환거래액을 2010년과 비교(달러 기준)하여 보고하려 한다.

① 10억 달러 감소
② 10억 달러 증가
③ 100억 달러 감소
④ 100억 달러 증가
⑤ 변화 없음

해설

문제 분석

제시문 마지막 문단 내용을 정리해 보면 다음과 같다. 이때 %와 %p의 차이를 혼동하지 않도록 주의한다.

2016년 30% ↓ 4년 전보다 +2%p
2010년 40% ↓ 10년 전보다 −8%p
유럽 유로 2020년 세계 외환거래액의 32% 차지

따라서 유럽 유로는 2010년에는 세계 외환거래액의 40%를 차지하였고, 2016년에는 세계 외환거래액의 30%를 차지하였음을 알 수 있다.

문제풀이 실마리

제시문과 〈상황〉을 통해 유로로 이루어진 하루 평균 세계 외환거래액을 파악할 수 있어야 한다. 이때 %와 %p의 차이를 혼동하지 않도록 주의한다.

〈상황〉에서 보면 2010년과 2016년의 하루 평균 세계 외환거래액은 각각 3조 9천억 달러와 5조 2천억 달러였다.

이를 종합해 보면 다음과 같다.

구분	하루 평균 세계 외환거래액 (단위: 달러)	세계 외환거래액 중 유럽 유로의 비중	유로로 이루어진 하루 평균 세계 외환거래액 (달러 기준)
2010년	3조 9천억	40%	3조 9천억×40% =1조 5,600억
2016년	5조 2천억	30%	5조 2천억×30% =1조 5,600억

따라서 ○○은행 국제자본이동분석팀장 甲은 2016년 유로로 이루어진 하루 평균 세계 외환거래액을 2010년과 비교(달러 기준)하여 보고한다면 '⑤ 변화 없음'이라고 보고할 것이다.

빠른 문제풀이 Tip

39와 52가 모두 13의 배수라는 특징, 즉, 39=13×3, 52=13×4라는 수 구조를 파악할 수 있다면, 보다 빠르게 결괏값이 동일해질 것이라는 결과를 확인할 수 있다.

[정답] ⑤

길쌤's Check 더 연습해 볼 문제

5급 공채	05년 견습 과책형 24번 06년 견습 인책형 14번 06년 견습 인책형 36번 06년 출책형 14번

2 선지의 특징

선지에서의 키워드 반복

59 다음 글을 근거로 판단할 때 옳은 것은? 16년 민경채 5책형 14번

> i)아파트를 분양받을 경우 전용면적, 공용면적, 공급면적, 계약면적, 서비스면적이라는 용어를 자주 접하게 된다.
>
> ii)전용면적은 아파트의 방이나 거실, 주방, 화장실 등을 모두 포함한 면적으로, 개별 세대 현관문 안쪽의 전용 생활공간을 말한다. 다만 발코니 면적은 전용면적에서 제외된다. → 선지 ⑤
>
> iii)공용면적은 주거공용면적과 기타공용면적으로 나뉜다. 주거공용면적은 세대가 거주를 위하여 공유하는 면적으로 세대가 속한 건물의 공용계단, 공용복도 등의 면적을 더한 것을 말한다. 기타공용면적은 주거공용면적을 제외한 지하층, 관리사무소, 노인정 등의 면적을 더한 것이다. → 선지 ①, ②, ④
>
> iv)공급면적은 통상적으로 분양에 사용되는 용어로 전용면적과 주거공용면적을 더한 것이다. 계약면적은 공급면적과 기타공용면적을 더한 것이다. 서비스면적은 발코니 같은 공간의 면적으로 전용면적과 공용면적에서 제외된다. → 선지 ①

① 발코니 면적은 계약면적에 포함된다.
② 관리사무소 면적은 공급면적에 포함된다.
③ 계약면적은 전용면적, 주거공용면적, 기타공용면적을 더한 것이다.
④ 공용계단과 공용복도의 면적은 공급면적에 포함되지 않는다.
⑤ 개별 세대 내 거실과 주방의 면적은 주거공용면적에 포함된다.

해설

문제 분석

순서대로 문단 i)~문단 iii)이라 한다.
문단 i) 전용면적, 공용면적, 공급면적, 계약면적, 서비스면적
문단 ii) 전용면적에 대한 설명
문단 iii) 공용면적에 대한 설명
문단 iv) 공급면적, 계약면적, 서비스면적에 대한 설명

문제풀이 실마리

제시문의 용어들을 정리해 보면 다음과 같다.

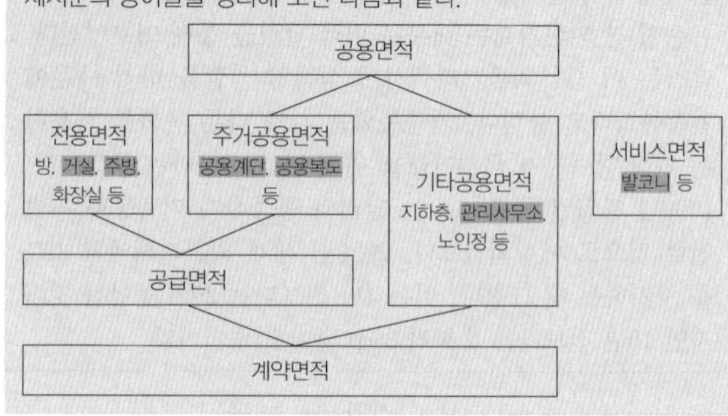

① (X) 문단 iv) 두 번째 문장에 따르면 '계약면적=공급면적+기타공용면적'이고, 첫 번째 문장에 따르면 '공급면적=전용면적+주거공용면적'이다. 즉, '계약면적=전용면적+주거공용면적+기타공용면적'이다. 그리고 문단 iii) 첫 번째 문장에 따르면 '공용면적=주거공용면적+기타공용면적'이므로 '계약면적=전용면적+공용면적'이다. 그런데 문단 iv) 세 번째 문장에 따르면 발코니 면적은 전용면적과 공용면적에서 제외된다. 따라서 발코니 면적은 계약면적에 포함되지 않는다.

② (X) 문단 iii) 세 번째 문장에 따르면 관리사무소는 기타공용면적에 포함된다. 그리고 문단 iv) 첫 번째 문장에 따르면 '공급면적=전용면적+주거공용면적'이다. 따라서 관리사무소 면적은 공급면적에 포함되지 않는다.

③ (O) 선지 ①에서 언급한 바와 같이 문단 iv) 첫 번째, 두 번째 문장에 따르면 계약면적은 전용면적, 주거공용면적, 기타공용면적을 더한 것이다.

④ (X) 문단 iii) 두 번째 문장에 따르면 공용계단과 공용복도의 면적은 주거공용면적에 포함된다. 그리고 문단 iv) 첫 번째 문장에 따르면 '공급면적=전용면적+주거공용면적'이다. 따라서 공용계단과 공용복도의 면적은 공급면적에 포함된다.

⑤ (X) 문단 ii) 첫 번째 문장에 따르면 개별 세대 내 거실과 주방의 면적은 전용면적에 포함된다. 따라서 개별 세대 내 거실과 주방의 면적은 주거공용면적에 포함되지 않는다.

[정답] ③

60 다음 글에 근거할 때, 옳은 것을 <보기>에서 모두 고르면?

12년 5급 인책형 23번

i)종묘(宗廟)는 조선시대 역대 왕과 왕비, 그리고 추존(追尊)된 왕과 왕비의 신주(神主)를 봉안하고 제사를 지내는 왕실의 사당이다. 신주는 사람이 죽은 후 하늘로 돌아간 신혼(神魂)이 의지하는 것으로, 왕과 왕비의 사후에도 그 신혼이 의지할 수 있도록 신주를 제작하여 종묘에 봉안했다.

ii)조선 왕실의 신주는 우주(虞主)와 연주(練主) 두 종류가 있는데, 이 두 신주는 모양은 같지만 쓰는 방식이 달랐다. 먼저 우주는 묘호(廟號), 상시(上諡), 대왕(大王)의 순서로 붙여서 썼다. 여기에서 묘호와 상시는 임금이 승하한 후에 신위(神位)를 종묘에 봉안할 때 올리는 것으로서, 묘호는 '태종', '세종', '문종' 등과 같은 추존 칭호이고 상시는 8글자의 시호로 조선의 신하들이 정해 올렸다.

iii)한편 연주는 유명증시(有明贈諡), 사시(賜諡), 묘호, 상시, 대왕의 순서로 붙여서 썼다. 사시란 중국이 조선의 승하한 국왕에게 내려준 시호였고, 유명증시는 '명나라 왕실이 시호를 내린다'는 의미로 사시 앞에 붙여 썼던 것이었다. 하지만 중국 왕조가 명나라에서 청나라로 바뀐 이후에는 연주의 표기 방식이 바뀌었는데, 종래의 표기 순서 중에서 유명증시와 사시를 빼고 표기하게 되었다. 유명증시를 뺀 것은 더 이상 시호를 내려줄 명나라가 존재하지 않았기 때문이었고, 사시를 뺀 것은 청나라가 시호를 보냈음에도 불구하고 조선이 청나라를 오랑캐의 나라로 치부하여 그것을 신주에 반영하지 않았기 때문이었다.

〈조선 왕조와 중국의 명 · 청 시대 구분표〉

조선	태조(太祖)	정종(定宗)	태종(太宗)	…	인조(仁祖)	…	숙종(肅宗)	…
중국	명(明)					청(淸)		

〈보기〉

ㄱ. 중국이 태종에게 내린 시호가 '공정(恭定)'이고 태종의 상시가 '성덕신공문무광효(聖德神功文武光孝)'라면, 태종의 연주에는 '유명증시공정태종성덕신공문무광효대왕(有明贈諡恭定太宗聖德神功文武光孝大王)'이라고 쓰여 있을 것이다.

ㄴ. 중국이 태종에게 내린 시호가 '공정(恭定)'이고 태종의 상시가 '성덕신공문무광효(聖德神功文武光孝)'라면, 태종의 우주에는 '태종성덕신공문무광효대왕(太宗聖德神功文武光孝大王)'이라고 쓰여 있을 것이다.

ㄷ. 중국이 인조에게 내린 시호가 '송창(松窓)'이고 인조의 상시가 '헌문열무명숙순효(憲文烈武明肅純孝)'라면, 인조의 연주에는 '송창인조헌문열무명숙순효대왕(松窓仁祖憲文烈武明肅純孝大王)'이라고 쓰여 있을 것이다.

ㄹ. 숙종의 우주와 연주는 다르게 표기되어 있을 것이다.

① ㄱ, ㄴ ② ㄴ, ㄹ
③ ㄷ, ㄹ ④ ㄱ, ㄴ, ㄷ
⑤ ㄱ, ㄷ, ㄹ

해설

문제 분석

순서대로 문단 i)~문단 iii)이라 한다.

문단 i) 신주를 종묘에 봉안

문단 ii) 신주의 종류(우주와 연주), 우주(묘호, 상시, 대왕)

문단 iii) 연주(유명증시, 사시, 묘호, 상시, 대왕)

문제풀이 실마리

문단 ii) 두 번째 문장과 문단 iii) 첫 번째 문장의 내용을 비교해 보면 연주는 우주와 묘호, 상시, 대왕은 같고 앞에 유명증시와 사시가 더 있다는 것이 차이점이다. 그리고 문단 ii) 세 번째 문장에 따르면 중국 왕조가 청나라로 바뀐 이후에는 연주에서 유명증시와 사시를 빼고 표기하게 되었다고 하므로 제시문의 명 · 청 시대 구분표에 따라 신주에 쓰인 내용을 정리해 보면 다음과 같다.

중국	명	청
우주	묘호, 상시, 대왕	묘호, 상시, 대왕
연주	유명증시, 사시, 묘호, 상시, 대왕	묘호, 상시, 대왕

ㄱ. (O) 보기 ㄱ은 태종의 연주에 대해서 묻고 있다. 태종 대의 중국은 명나라이므로 연주에 유명증시와 사시가 포함된다. 보기의 내용을 정리해 보면 다음과 같다.

유명증시	사시	묘호	상시	대왕
	공정	태종	성덕신공문무광효	

ㄴ. (O) 보기 ㄱ은 태종의 우주에 대해서 묻고 있다. 보기의 내용을 정리해 보면 다음과 같다.

유명증시 (X)	사시	묘호	상시	대왕
	X	태종	성덕신공문무광효	

ㄷ. (X) 보기 ㄷ은 인조의 연주에 대해서 묻고 이다. 인조 승하 후의 중국은 청나라이므로 연주에 유명증시와 사시가 포함되지 않는다. 따라서 인조의 연주는 다음과 같이 시호 '송창'이 쓰여 있지 않아야 한다.

유명증시 (X)	사시	묘호	상시	대왕
	X	인조	헌문열무명숙순효	

ㄹ. (X) 숙종 대의 중국은 청나라이므로 연주에 유명증시와 사시가 포함되지 않는다. 따라서 연주는 우주와 같게 표기되어 있을 것이다.

[정답] ①

61 다음 글을 근거로 판단할 때, <보기>에서 옳은 것만을 모두 고르면?

22년 5급 나책형 6번

> i)사람들은 관리자의 업무지시 능력이 뛰어난 작업장일수록 '업무실수 기록건수'가 적을 것이라고 생각한다. 이런 통념을 검증하기 위해 ○○공장의 8개 작업장을 대상으로 연구가 진행되었다. 각 작업장의 인력 구성과 업무량 등은 모두 동일했다. 업무실수 기록건수를 종속변수로 설정하고 6개월 동안 관련 자료를 꼼꼼히 조사하여 업무실수 기록건수 실태를 파악하였다. 또한 공장 구성원에 대한 설문조사와 인터뷰를 통해 관리자의 업무지시 능력, 근로자의 직무만족도, 직장문화 등을 조사했다.
>
> ii)분석 결과 관리자의 업무지시 능력이 우수할수록, 근로자의 직무만족도가 높을수록 업무실수 기록건수가 많았다. 또한 근로자가 상급자의 실수 지적을 두려워하지 않고 자신의 실수를 인정하며 그것을 통해 학습하려는 직장문화에서는 업무실수 기록건수가 많았다. 반면 업무실수 기록건수가 적은 작업장에서는 근로자가 자신의 실수를 보고하면 상급자로부터 질타나 징계를 받을 것이라는 우려 때문에 가급적 실수를 감추었다. → 보기 ㄱ, ㄴ, ㄷ

〈보기〉

ㄱ. 업무실수 기록건수가 많은 작업장에서는 실수를 통해 학습하려는 직장문화가 약할 것이다.
ㄴ. 업무실수 기록건수가 많다고 해서 근로자의 직무만족도가 낮은 것은 아닐 것이다.
ㄷ. 관리자의 업무지시 능력이 우수한 작업장일수록 업무실수 기록건수가 적을 것이다.
ㄹ. 징계에 대한 우려가 약한 작업장보다 강한 작업장에서 업무실수 기록건수가 적을 것이다.

① ㄱ, ㄴ
② ㄱ, ㄷ
③ ㄴ, ㄷ
④ ㄴ, ㄹ
⑤ ㄷ, ㄹ

해설

문제 분석

순서대로 문단 i)~문단 ii)라 한다.
문단 i) 업무지시 능력과 업무실수 기록건수에 관한 조사
문단 ii) 조사 결과

문제풀이 실마리

○○공장의 8개 작업장을 대상으로 연구를 진행하여 관리자의 업무지시 능력, 근로자의 직무만족도, 직장문화 등을 조사하여 업무실수 기록건수와 비례하는 요소와 반비례하는 요소를 발견하였다. 이를 정확하게 구분하여 빠르게 문제를 해결해야 한다.

ㄱ. (X) 문단 ii) 두 번째 문장에 따르면 실수를 통해 학습하려는 직장문화에서는 업무실수 기록건수가 많았다. 업무실수 기록건수가 많은 작업장에서는 실수를 통해 학습하려는 직장문화가 약할 것이라고 판단할 수는 없다.

ㄴ. (O) 문단 ii) 첫 번째 문장에 따르면 근로자의 직무만족도가 높을수록 업무실수 기록건수가 많았다. 따라서 업무실수 기록건수가 많다고 해서 근로자의 직무만족도가 낮은 것은 아닐 것으로 판단할 수 있다.

ㄷ. (X) 문단 ii) 첫 번째 문장에 따르면 관리자의 업무지시 능력이 우수한 작업장일수록 업무실수 기록건수가 많았다.

ㄹ. (O) 문단 ii) 두 번째 문장에 따르면 근로자가 상급자의 실수 지적을 두려워하지 않는 직장문화에서는 업무실수 기록건수가 많았으며, 세 번째 문장에 따르면 징계에 대한 우려가 있는 작업장에서는 업무실수 기록건수가 적었다. 따라서 징계에 대한 우려가 약한 작업장보다 강한 작업장에서 업무실수 기록건수가 적을 것으로 판단할 수 있다.

[정답] ④

62 다음 글과 <상황>을 근거로 판단할 때 옳은 것은?

23년 5급 가책형 6번

ⅰ)교부금은 중앙정부가 지방정부에 제공하는 재정지원의 한 종류이다. 중앙정부가 지방정부에 일정 금액의 교부금을 지급하면 이는 지방정부의 예산이 그만큼 증가한 것과 같은 결과를 가져온다. 따라서 교부금 지급이 해당 지역의 공공서비스 공급에 미치는 영향은 지방정부의 자체예산이 교부금과 동일한 금액만큼 증가한 경우의 영향과 같을 것으로 예상된다.

ⅱ)그런데 지방재정에 관한 실증연구 결과를 보면 이러한 예상은 잘 들어맞지 않는다. 현실에서는 교부금 형태로 발생한 추가적 재원 중 공공서비스의 추가적 공급에 사용되는 비중이 지방정부의 자체예산 증가분 중 공공서비스의 추가적 공급에 사용되는 비중보다 높다. 자체예산을 공공서비스와 기타사업에 항상 절반씩 투입하는 甲국 A시에서는 자체예산 증가분의 경우, 그 50%를 공공서비스의 추가적 공급에 투입하고 나머지는 기타사업에 투입한다. 그런데 중앙정부로부터 교부금을 받은 경우에는 그중 80%를 공공서비스의 추가적 공급에 투입하고 나머지를 기타사업에 투입한다.

〈상황〉

甲국 A시의 올해 예산은 100억 원이었으며, 모두 자체예산이었다. 중앙정부는 내년에 20억 원의 교부금을 A시에 지급하기로 하였다. A시의 내년도 자체예산은 올해와 마찬가지로 100억 원이다.

① A시가 내년에 기타사업에 지출하는 총 금액은 60억 원일 것이다.
② A시는 내년에 기타사업에 지출하는 총 금액을 올해보다 4억 원 증가시킬 것이다.
③ A시는 내년에 공공서비스 공급에 지출하는 총 금액을 올해와 동일하게 유지할 것이다.
④ A시는 내년에 공공서비스 공급에 지출하는 총 금액을 올해보다 50% 증가시킬 것이다.
⑤ A시는 내년에 공공서비스 공급에 지출하는 총 금액을 올해보다 10억 원 증가시킬 것이다.

해설

문제 분석

문단 ⅰ) 교부금, 교부금 지급이 해당 지역의 공공서비스 공급에 미치는 영향에 대한 예상
문단 ⅱ) 甲국 A시 자체예산 · 교부금 증가분의 공공서비스 추가적 공급과 기타사업 투입 비율

문제풀이 실마리

각 선지에서는 A시가 내년에 기타사업 또는 공공서비스 공급에 지출하는 총금액이 얼마인지 또는 올해와 비교했을 때 어떠한지를 묻고 있다. 따라서 제시문과 〈상황〉을 통해 정확하게 해결할 수 있어야 한다.

〈상황〉의 내용을 제시문의 내용과 종합하여 정리해 본다.

1) 〈상황〉의 첫 번째 문장에 따르면 甲국 A시의 올해 자체예산은 100억 원이고, 문단 ⅱ) 세 번째 문장에 따르면 甲국 A시는 자체예산을 공공서비스와 기타사업에 항상 절반씩 투입한다. 즉, 올해 자체예산 100억 원을 50억 원은 공공서비스에, 50억 원은 기타사업에 투입한다.
2) 〈상황〉의 두 번째 문장에 따르면 甲국 A시의 내년도 자체예산은 100억 원이므로 공공서비스와 가타사업에 투입하는 금액은 올해와 같다.
3) 〈상황〉의 두 번째 문장에 따르면 중앙정부는 내년에 20억 원의 교부금을 A시에 지급하기로 하였고, 문단 ⅱ) 네 번째 문장에 따르면 甲국 A시는 중앙정부로부터 교부금을 받은 경우에는 그중 80%를 공공서비스의 추가적 공급에 투입하고 나머지를 기타사업에 투입한다. 따라서 20억 원의 교부금 중 80%인 16억 원은 공공서비스의 추가적 공급에, 나머지 4억 원은 기타사업에 투입한다.

이상의 내용을 정리하면 다음과 같다.

		공공서비스	기타사업
올해	자체예산: 100억 원	50억 원	50억 원
내년	자체예산: 100억 원	50억 원	50억 원
	교부금: 20억 원	16억 원	4억 원
	합계	66억 원	54억 원

① (X) A시가 내년에 기타사업에 지출하는 총 금액은 60억 원이 아니라 54억 원일 것이다.
② (O) A시가 올해 기타사업에 지출하는 총 금액은 50억 원이고 내년에 기타사업에 지출하는 총 금액은 54억 원이므로, 올해보다 4억 원 증가시킬 것이다.
③ (X) A시가 올해 공공서비스 공급에 지출하는 총 금액은 50억 원이고 내년에 공공서비스 공급에 지출하는 총 금액은 66억 원으로, 내년에 공공서비스 공급에 지출하는 총 금액을 올해와 동일하게 유지하지 않음을 알 수 있다.
④ (X) A시가 올해 공공서비스 공급에 지출하는 총 금액은 50억 원이고 내년에 공공서비스 공급에 지출하는 총 금액은 66억 원이므로, A시는 내년에 공공서비스 공급에 지출하는 총 금액을 올해보다 50%가 아니라 $\frac{66억\ 원-50억\ 원}{50억\ 원}$=32% 증가시킬 것이다.
⑤ (X) A시가 올해 공공서비스 공급에 지출하는 총 금액은 50억 원이고 내년에 공공서비스 공급에 지출하는 총 금액은 66억 원이므로, A시는 내년에 공공서비스 공급에 지출하는 총 금액을 올해보다 10억 원이 아니라 16억 원 증가시킬 것이다.

[정답] ②

가정형의 표현

63 다음 글을 근거로 판단할 때, <보기>에서 옳은 것만을 모두 고르면?

14년 5급 A책형 21번

ⅰ)○○부는 2013년 11월 김치 담그는 비용을 지수화한 '김치지수'를 발표했다. 김치지수는 개별품목 가격이 아닌 김치재료를 포괄하는 비용을 지수화한 것이다. ○○부는 김치재료 13개 품목의 소매가격을 바탕으로 기준가격을 산출했다. 4인 가족 기준 13개 품목은 배추 20포기(60kg), 무 10개(18kg), 고춧가루 1.86kg, 깐마늘 1.2kg, 대파 2kg, 쪽파 2.4kg, 흙생강 120g, 미나리 2kg, 갓 2.6kg, 굴 2kg, 멸치액젓 1.2kg, 새우젓 1kg, 굵은소금 8kg이다. → 보기 ㄱ, ㄴ

ⅱ)○○부는 2008년부터 2012년 중 최고, 최저를 제외한 3개년의 평균비용을 김치지수 100으로 간주했다. 이를 바탕으로 산출한 이번 달의 김치지수는 91.3이며 김치를 담그는 비용은 19만 5,214원으로 집계됐다. 이는 김장철 기준으로 2009년 이후 가장 낮은 수준이다. 2008년부터 2012년 사이에 김치지수가 가장 높았던 시기는 배추파동이 있었던 2010년 10월로 152.6이었으며 김치를 담그는 비용은 32만 6,387원으로 평년 동월 대비 45.0% 증가한 것으로 나타났다. 또 연간 평균 김치지수가 가장 높았던 2012년의 김치지수는 113.5였다. 이는 고춧가루 가격이 연중 높은 수준을 유지하였고 배추 가격도 평년보다 높게 형성되었기 때문이다. → 보기 ㄱ, ㄷ

〈보기〉

ㄱ. 다른 조건이 동일하다면, 국내보다 저렴한 고춧가루를 대량으로 수입하여 고춧가루 소매가격이 하락하면 김치지수가 상승할 것이다.
ㄴ. 다른 조건이 동일하다면, 모든 해산물 및 해산물 가공제품의 소매가격이 상승할 경우 김치지수는 상승할 것이다.
ㄷ. 2008년부터 2012년 중 최고, 최저를 제외한 3개년의 김치를 담그는 평균 비용은 20만 원을 초과할 것이다.

① ㄱ
② ㄴ
③ ㄱ, ㄷ
④ ㄴ, ㄷ
⑤ ㄱ, ㄴ, ㄷ

해설

문제 분석

순서대로 문단 ⅰ)~문단 ⅱ)라 한다.

문단 ⅰ) 김치지수, 김치재료 13개 품목의 기준가격

문단 ⅱ) 2009년 이후 김치지수가 가장 낮은 달(2013년 11월)
2008년부터 2012년 사이 김치지수가 가장 높았던 달(2010년 10월)
연간 평균 김치지수가 가장 높았던 해(2012년)

문제풀이 실마리

보기 ㄱ, ㄴ에서는 '다른 조건이 동일하다면'이라는 가정형의 표현이 포함되어 있으므로, 단순확인 보기가 아닌 응용보기임을 알 수 있다. 보기 ㄷ에서는 ○○비용이 20만 원을 초과하는지 여부를 묻고 있으므로 보기 ㄷ 역시도 응용보기임을 알 수 있다.

ㄱ. (X) 문단 ⅰ) 두 번째 문장에 따르면 김치지수는 김치재료를 포괄하는 비용을 지수화한 것이고, 네 번째 문장에 따르면 고춧가루는 김치지수를 산출하는 품목에 포함되어 있다. 그리고 문단 ⅱ) 다섯 번째, 여섯 번째 문장에서는 연간 평균 김치지수가 가장 높았던 2012년은 고춧가루 가격이 연중 높은 수준이었고, 배추 가격도 평년보다 높았다고 한다. 따라서 김치재료의 가격과 김치지수는 비례관계에 있음을 알 수 있다. 그러므로 다른 조건이 동일하다면, 국내보다 저렴한 고춧가루를 대량으로 수입하여 고춧가루 소매가격이 하락하면 김치지수가 하락할 것이다.

ㄴ. (O) ㄱ에서 살펴본 바와 같이 김치재료의 가격과 김치지수는 비례관계에 있다. 그리고 문단 ⅰ) 네 번째 문장에 따르면 김치재료에는 굴, 멸치액젓, 새우젓과 같은 해산물 및 해산물 가공제품이 포함되어 있다. 그러므로 다른 조건이 동일하다면, 굴 등을 포함한 모든 해산물 및 해산물 가공제품의 소매가격이 상승할 경우 김치지수는 상승할 것이다.

ㄷ. (O) 문단 ⅱ) 첫 번째 문장에 따르면 2008년부터 2012년 중 최고, 최저를 제외한 3개년의 평균비용을 김치지수 100으로 간주했다. 그리고 두 번째 문장에 따르면 김치지수가 91.3인 달의 김치를 담그는 비용은 19만 5,214원이라고 한다. 이를 근거로 2008년부터 2012년 중 최고, 최저를 제외한 3개년의 김치를 담그는 평균 비용은 $100:x=91.3:195{,}214$와 같은 비례식을 통해 계산할 수 있다. 평균 비용 x는 약 213,816원으로 은 20만 원을 초과할 것이다.

빠른 문제풀이 Tip

ㄷ. 비례식의 계산과정에서 엄밀하게 계산할 필요는 없고 2013년 11월의 김치지수 91.3을 기준으로 약 10% 미만 상승하면 100에 근접하게 된다. 그런데 2013년 11월의 김치를 담그는 비용 19만 5,214원은 약 5%만 상승하면 20만 원을 초과하므로 ㄷ이 옳다는 것은 어림산으로 판단할 수 있다.

[정답] ④

64 다음 글을 근거로 판단할 때, <보기>에서 옳은 것만을 모두 고르면?

19년 5급 가책형 7번

ⅰ)보다 많은 고객을 끌어들일 수 있는 이상적인 점포 입지를 결정하기 위한 상권분석이론에는 'X가설'과 'Y가설'이 있다. X가설에 의하면, 소비자는 유사한 제품을 판매하는 점포들 중 한 점포를 선택할 때 가장 가까운 점포를 선택한다. 그러나 이동거리가 점포 선택에 큰 영향을 미치기는 하지만, 소비자가 항상 가장 가까운 점포를 찾는다는 X가설이 적용되기 어려운 상황들이 있다. 가령, 소비자들은 먼 거리에 위치한 점포가 보다 나은 구매기회를 제공함으로써 이동에 따른 추가 노력을 보상한다면 기꺼이 먼 곳까지 찾아간다. → 보기 ㄱ

ⅱ)한편 Y가설은 다른 조건이 동일하다면 두 도시 사이에 위치하는 어떤 지역에 대한 각 도시의 상거래 흡인력은 각 도시의 인구에 비례하고, 각 도시로부터의 거리 제곱에 반비례한다고 본다. 즉, 인구가 많은 도시일수록 더 많은 구매기회를 제공할 가능성이 높으므로 소비자를 끌어당기는 힘이 크다고 본 것이다. → 보기 ㄴ

ⅲ)예를 들어, 일직선상에 A, B, C 세 도시가 있고, C시는 A시와 B시 사이에 위치하며, C시는 A시로부터 5km, B시로부터 10km 떨어져 있다. 그리고 A시 인구는 50만 명, B시의 인구는 400만 명, C시의 인구는 9만 명이다. 만약 A시와 B시가 서로 영향을 주지 않고, C시의 모든 인구가 A시와 B시에서만 구매한다고 가정하면, Y가설에 따라 A시와 B시로 구매활동에 유인되는 C시의 인구 규모를 계산할 수 있다. A시의 흡인력은 20,000(= 50만÷25), B시의 흡인력은 40,000(= 400만÷100)이다. 따라서 9만 명인 C시의 인구 중 1/3인 3만 명은 A시로, 2/3인 6만 명은 B시로 흡인된다. → 보기 ㄷ

〈보기〉

ㄱ. X가설에 따르면, 소비자가 유사한 제품을 판매하는 점포들 중 한 점포를 선택할 때 소비자는 더 싼 가격의 상품을 구매하기 위해 더 먼 거리에 있는 점포에 간다.
ㄴ. Y가설에 따르면, 인구 및 다른 조건이 동일할 때 거리가 가까운 도시일수록 이상적인 점포 입지가 된다.
ㄷ. Y가설에 따르면, C시로부터 A시와 B시가 떨어진 거리가 5km로 같다고 가정할 때 C시의 인구 중 8만 명이 B시로 흡인된다.

① ㄱ
② ㄴ
③ ㄱ, ㄷ
④ ㄴ, ㄷ
⑤ ㄱ, ㄴ, ㄷ

해설

문제 분석

순서대로 문단 ⅰ)~문단 ⅲ)이라 한다.

문단 ⅰ) 상권분석이론, X가설(소비자는 유사한 제품을 판매하는 점포들 중 한 점포를 선택할 때 가장 가까운 점포를 선택)

문단 ⅱ) Y가설(도시의 상거래 흡인력은 각 도시의 인구에 비례하고, 각 도시로부터의 거리 제곱에 반비례)

문단 ⅲ) Y가설의 예시

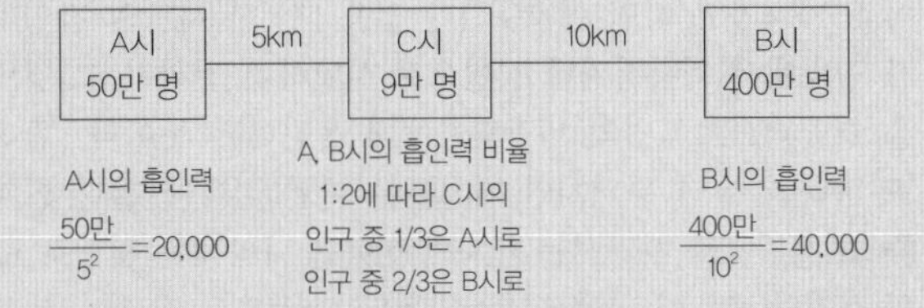

A시의 흡인력 $\frac{50만}{5^2}=20,000$ | A, B시의 흡인력 비율 1:2에 따라 C시의 인구 중 1/3은 A시로 인구 중 2/3은 B시로 | B시의 흡인력 $\frac{400만}{10^2}=40,000$

문제풀이 실마리

제시문에 X가설과 Y가설이 제시되어 있고, 각 보기에서는 X가설 또는 Y가설에 따를 때 판단을 요구하고 있다. 따라서 가설을 정확하게 이해하여 정확하게 응용·적용할 수 있어야 한다.

ㄱ. (X) 문단 ⅰ) 두 번째 문장의 X가설에 따르면, 소비자가 유사한 제품을 판매하는 점포들 중 한 점포를 선택할 때 소비자는 더 싼 가격의 상품을 구매하기 위해 더 먼 거리에 있는 점포에 가는 것이 아니라 가장 가까운 점포를 선택한다. 더 싼 가격의 상품을 구매하기 위해 더 먼 거리에 있는 점포에 가는 경우는, 세 번째, 네 번째 문장에서 언급하는 먼 거리에 위치한 점포가 보다 나은 구매기회를 제공하는 경우로써 X가설이 적용되기 어려운 상황이라고 판단할 수 있다.

ㄴ. (O) 문단 ⅱ) 첫 번째 문장에 따르면 각 도시의 상거래 흡인력을 다음과 같이 나타낼 수 있다.

$$한\ 도시의\ 다른\ 도시에\ 대한\ 상거래\ 흡인력=\frac{해당\ 도시의\ 인구}{다른\ 도시까지의\ 거리의\ 제곱}$$

그러므로 Y가설에 따르면, 인구 및 다른 조건이 동일할 때 거리가 가까운 도시일수록 위의 식에서 분모가 작아지므로 다른 도시에 대한 상거래 흡인력이 커지게 되어 이상적인 점포 입지가 된다.

ㄷ. (O) 문단 ⅲ)의 상황에서 C시로부터 A시와 B시가 떨어진 거리가 5km로 같다고 가정하면 다음과 같이 그림으로 나타낼 수 있다.

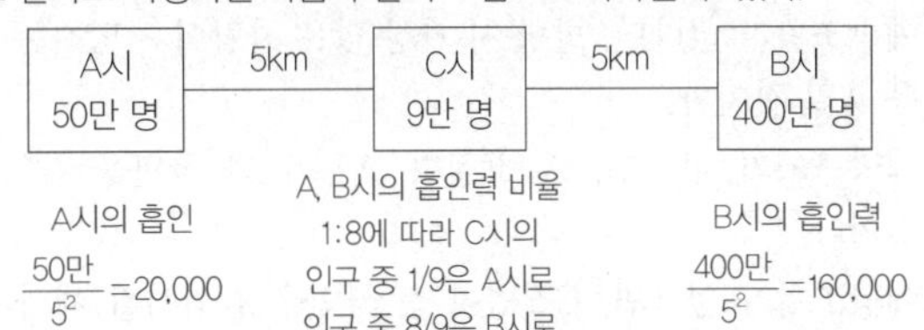

A시의 흡인 $\frac{50만}{5^2}=20,000$ | A, B시의 흡인력 비율 1:8에 따라 C시의 인구 중 1/9은 A시로 인구 중 8/9은 B시로 | B시의 흡인력 $\frac{400만}{5^2}=160,000$

C시의 인구 9만 명 중 8만 명이 B시로 흡인된다.

빠른 문제풀이 Tip

ㄷ. C시로부터 A시와 B시가 떨어진 거리가 5km로 같으므로 A, B시의 흡인력을 비교할 때 해당 도시의 인구만 비교해도 상관없다. 즉, A시의 인구 50만 명과 B시의 인구 400만 명의 비율 1:8에 따라 C시의 인구 중 1/9은 A시로, 인구 중 8/9은 B시로 흡인된다.

[정답] ④

65 다음 글과 <상황>을 근거로 판단할 때 옳은 것은?

21년 5급 가책형 27번

ⅰ)질병의 확산을 예측하는 데 유용한 수치 중 하나로 '기초 감염재생산지수(R_0)'가 있다. 간단히 말해 이 수치는 질병에 대한 예방조치가 없을 때, 해당 질병에 감염된 사람 한 명이 비감염자 몇 명을 감염시킬 수 있는지를 나타낸다. 다만 이 수치는 질병의 전파 속도를 의미하지는 않는다. 예를 들어 R_0가 4라고 하면 예방조치가 없을 때, 한 사람의 감염자가 질병에서 회복하거나 질병으로 사망하기 전까지 그 질병을 평균적으로 4명의 비감염자에게 옮긴다는 뜻이다. 한편 또 하나의 질병 통계치인 치사율은 어떤 질병에 걸린 환자 중 그 질병으로 사망하는 환자의 비율을 나타내는 것으로 R_0의 크기와 반드시 비례하지는 않는다. → 선지 ①, ③, ⑤

ⅱ)예방조치가 없을 때, R_0가 1보다 큰 질병은 전체 개체군으로 확산될 것이다. 이 수치는 때로 1보다 훨씬 클 수 있다. 스페인 독감은 3, 천연두는 6, 홍역은 무려 15였다. 전염성이 강한 질병 중 하나로 꼽히는 말라리아의 R_0는 100이 넘는다. → 선지 ②

ⅲ)문제는 특정 전염병이 한 차례 어느 지역을 휩쓸고 지나간 후 관련 통계 자료를 수집·분석할 수 있는 시간이 더 흐르고 난 뒤에야, 그 질병의 R_0에 대해 믿을 만한 추정치가 나온다는 데 있다. 그렇기에 새로운 질병이 발생한 초기에는 얼마 되지 않는 자료를 바탕으로 추정을 할 수밖에 없다. R_0와 마찬가지로 치사율도 확산 초기 단계에서는 정확하게 알 수 없다. → 선지 ④

〈상황〉

다음 표는 甲국의 최근 20년간의 데이터를 토대로 A~F질병의 R_0를 추정한 것이다.

질병	A	B	C	D	E	F
R_0	100	15	6	3	2	0.5

① 예방조치가 없다면, 발병 시 가장 많은 사람이 사망하는 질병은 A일 것이다.

② 예방조치가 없다면, A~F질병 모두가 전 국민을 감염시킬 것이다.

③ 예방조치가 없다면, C질병이 전 국민을 감염시킬 때까지 걸리는 시간은 평균적으로 D질병의 절반일 것이다.

④ R_0와 달리 치사율은 전염병의 확산 초기 단계에서도 정확하게 알 수 있다.

⑤ 예방조치가 없다면, 감염자 1명당 감염시킬 수 있는 사람 수의 평균은 B질병이 D질병의 5배일 것이다.

해설

문제 분석

순서대로 문단 ⅰ)~문단 ⅲ)이라 한다.

문단 ⅰ) 기초 감염재생산지수(R_0), 치사율

문단 ⅱ) R_0가 1보다 큰 질병은 전체 개체군으로 확산, R_0의 예시

문단 ⅲ) R_0의 추정

문제풀이 실마리

선지 ④를 제외한 나머지 4개의 선지에서는 '예방조치가 없다면,'이라는 가정형의 표현이 반복되고 있다. 따라서 제시문과 〈상황〉을 결합하여 응용을 통해 해결할 것이 요구되는 문제이다.

① (X) 〈상황〉에 따르면 A질병의 R_0가 가장 크지만, 문단 ⅰ) 다섯 번째 문장에 따르면 질병에 걸린 환자 중 그 질병으로 사망하는 사람의 비율인 치사율은 R_0의 크기와 반드시 비례하지 않는다. 따라서 〈상황〉의 질병 중 발병 시 가장 많은 사람이 사망하는 질병은 A인지 알 수 없다.

② (X) 문단 ⅱ) 첫 번째 문장에 따르면 예방조치가 없을 때, R_0가 1보다 큰 질병은 전체 개체군으로 확산될 것이다. 따라서 예방조치가 없다면, R_0가 1보다 큰 A~E 질병은 전 국민을 감염시킬 것이다. 그러나 R_0가 0.5로 1보다 작은 F 질병이 전 국민을 감염시킬 것인지는 알 수 없다.

③ (X) 〈상황〉에 따르면 C 질병의 R_0는 6으로 D 질병의 R_0 3의 두 배이다. 그러나 문단 ⅰ) 세 번째 문장에 따르면 R_0는 질병의 전파 속도를 의미하지 않으므로 C질병이 전 국민을 감염시킬 때까지 걸리는 시간이 평균적으로 D질병의 절반일지 알 수 없다.

④ (X) 문단 ⅲ) 세 번째 문장에 따르면 R_0와 마찬가지로 치사율도 전염병의 확산 초기 단계에서는 정확하게 알 수 없다.

⑤ (O) 문단 ⅰ) 두 번째 문장에 따르면 R_0는 해당 질병에 감염된 사람 한 명이 비감염자 몇 명을 감염시킬 수 있는지를 의미하고, 〈상황〉에 따르면 B 질병의 R_0는 15, D 질병의 R_0는 3이다. 즉, 예방조치가 없다면, 감염자 1명당 감염시킬 수 있는 사람 수의 평균은 B 질병이 15명, D 질병이 3명으로 5배일 것이다.

[정답] ⑤

길쌤's Check 더 연습해 볼 문제

민간경력자	11년 인책형 21번 16년 5책형 9번 19년 나책형 4번
5급 공채	06년 행정 출책형 27번 08년 창책형 37번 09년 극책형 1번 09년 극책형 12번 11년 선책형 3번 13년 인책형 22번 13년 인책형 23번 14년 A책형 23번 21년 가책형 7번 22년 나책형 7번

3 계산

비례, 반비례

66 다음 글을 근거로 판단할 때, <보기>에서 옳은 것만을 모두 고르면?

15년 민경채 인책형 5번

i)방사선은 원자핵이 분열하면서 방출되는 것으로 우리의 몸속을 비집고 들어오면 인체를 구성하는 분자들에 피해를 준다. 인체에 미치는 방사선 피해 정도는 'rem'이라는 단위로 표현된다. 1rem은 몸무게 1g당 감마선 입자 5천만 개가 흡수된 양으로 사람의 몸무게를 80kg으로 가정하면 4조 개의 감마선 입자에 해당한다. 감마선은 방사선 중에 관통력이 가장 강하다. 체르노빌 사고 현장에서 소방대원의 몸에 흡수된 감마선 입자는 각종 보호 장구에도 불구하고 400조 개 이상이었다. → 보기 ㄴ, ㄹ

ii)만일 우리 몸이 방사선에 100rem 미만으로 피해를 입는다면 별다른 증상이 없다. 이처럼 가벼운 손상은 몸이 스스로 짧은 시간에 회복할 뿐만 아니라, 정상적인 신체 기능에 거의 영향을 미치지 않는다. 이 경우 '문턱효과'가 있다고 한다. 일정량 이하 바이러스가 체내에 들어오는 경우 우리 몸이 스스로 바이러스를 제거하여 질병에 걸리지 않는 것도 문턱효과의 예라 할 수 있다. 방사선에 200rem 정도로 피해를 입는다면 머리카락이 빠지기 시작하고, 몸에 기운이 없어지고 구역질이 난다. 항암 치료로 방사선 치료를 받는 사람에게 이런 증상이 나타나는 것을 본 적이 있을 것이다. 300rem 정도라면 수혈이나 집중적인 치료를 받지 않는 한 방사선 피폭에 의한 사망 확률이 50%에 달하고, 1,000rem 정도면 한 시간 내에 행동불능 상태가 되어 어떤 치료를 받아도 살 수 없다. → 보기 ㄱ, ㄴ, ㄷ

※ 모든 감마선 입자의 에너지는 동일하다.

<보기>

ㄱ. 몸무게 120kg 이상인 사람은 방사선에 300rem 정도로 피해를 입은 경우 수혈이나 치료를 받지 않아도 사망할 확률이 거의 없다.
ㄴ. 몸무게 50kg인 사람이 500조 개의 감마선 입자에 해당하는 방사선을 흡수한 경우 머리카락이 빠지기 시작하고 구역질을 할 것이다.
ㄷ. 인체에 유입된 일정량 이하의 유해 물질이 정상적인 신체 기능에 거의 영향을 주지 않으면서 우리 몸에 의해 자연스럽게 제거되는 경우 문턱효과가 있다고 할 수 있다.
ㄹ. 체르노빌 사고 현장에 투입된 몸무게 80kg의 소방대원 A가 입은 방사선 피해는 100rem 이상이었다.

① ㄱ, ㄴ　② ㄴ, ㄷ
③ ㄱ, ㄴ, ㄹ　④ ㄱ, ㄷ, ㄹ
⑤ ㄴ, ㄷ, ㄹ

해설

문제 분석

순서대로 문단 i)~문단 ii)라 한다.
문단 i) 방사선 피해 정도의 단위 'rem', 감마선 입자의 개수로 환산
문단 ii) 방사선 피해 정도에 따른 증상

문제풀이 실마리

rem의 개념을 정확히 이해하는 것이 중요하다. 문단 i)의 'rem' 단위에 대해서 정리해 보면, 체중 $x$kg인 사람이 $y$rem의 방사선 피해를 입은 경우, $y\text{rem}=y\times\frac{5천\ 만(개)}{1g}$이므로

$x\text{kg}\times\frac{1{,}000g}{1kg}\times y\times\frac{5천\ 만(개)}{1g}=xy\times 5백억$ 개

의 감마선 입자를 흡수한 것이다.

ㄱ. (X) 문단 ii) 일곱 번째 문장에 따르면 우리 몸이 방사선에 300rem 정도의 피해를 입은 경우 수혈이나 집중적인 치료를 받지 않아도 사망할 확률이 거의 없는 것이 아니고, 사망 확률이 50%에 달한다. 보기 ㄱ에는 몸무게가 120 kg인 사람이라고 주어져 있지만, 감마선 입자의 개수를 구할 필요는 없고 문단 ii)에서 서술하고 있는 rem의 정도에 따른 증상으로 해당 보기의 내용을 판단할 수 있다.

ㄴ. (O) 문단 i) 두 번째, 세 번째 문장에 따라 몸무게 50kg인 사람이 500조 개의 감마선 입자에 해당하는 방사선을 흡수한 경우 rem을 구해보면,

$$50\text{kg}\times\frac{1{,}000g}{1kg}\times y\times\frac{5천\ 만(개)}{1g}=500조(개)$$

$$y\times\frac{5천\ 만(개)}{1g}=\frac{100억(개)}{1g}$$

$y=200$으로 200rem의 방사선 피해를 입은 것이다. 문단 ii) 다섯 번째 문장에 따르면 200rem 정도의 방사선 피해를 입는 경우 머리카락이 빠지기 시작하고 구역질을 할 것이다.

ㄷ. (O) 문단 ii) 두 번째부터 네 번째 문장의 내용에서 인체에 유입된 일정량 이하의 유해 물질로 방사선과 바이러스의 예를 들면서, 우리 몸에 의해 자연스럽게 제거되어 정상적인 신체 기능에 거의 영향을 주지 않는 경우를 문턱효과라고 설명하고 있다.

ㄹ. (O) 문단 i) 네 번째 문장에 따르면 체르노빌 사고 현장에서 소방대원의 몸에 흡수된 감마선 입자는 400조 개 이상이었다고 한다. 소방대원 A의 몸무게가 80kg인 경우 rem을 구해보면

$$80\text{kg}\times\frac{1{,}000g}{1kg}\times y\times\frac{5천\ 만(개)}{1g}=400조(개)$$

$$y\times\frac{5천\ 만(개)}{1g}=50억(개)$$

$y=100$으로 100rem 이상의 방사선 피해를 입은 것이다.

빠른 문제풀이 Tip

ㄹ. 위의 해설과 같이 계산하지 않고 판단할 수 있다. 문단 i) 세 번째 문장에서는 ㄹ과 같이 몸무게를 80kg으로 가정하여, 1rem은 4조 개의 감마선 입자를 흡수한 것으로 예를 들고 있다. 따라서 400조 개 이상의 감마선 입자를 흡수한 경우 100rem 이상일 것으로 빠르게 판단할 수 있다.

[정답] ⑤

67 다음 글을 근거로 판단할 때, <보기>에서 옳은 것만을 모두 고르면?

19년 민경채 나책형 14번

i)현대적 의미의 시력 검사법은 1909년 이탈리아의 나폴리에서 개최된 국제안과학회에서 란돌트 고리를 이용한 검사법을 국제 기준으로 결정하면서 탄생하였다. 란돌트 고리란 시력 검사표에서 흔히 볼 수 있는 C자형 고리를 말한다. 란돌트 고리를 이용한 시력 검사에서는 5m 거리에서 직경이 7.5mm인 원형 고리에 있는 1.5mm 벌어진 틈을 식별할 수 있는지 없는지를 판단한다. 5m 거리의 1.5mm이면 각도로 따져서 약 1′(1분)에 해당한다. 1°(1도)의 1/60이 1′이고, 1′의 1/60이 1″(1초)이다. → 보기 ㄴ

ii)이 시력 검사법에서는 구분 가능한 최소 각도가 1′일 때를 1.0의 시력으로 본다. 시력은 구분 가능한 최소 각도와 반비례한다. 예를 들어 구분할 수 있는 최소 각도가 1′의 2배인 2′이라면 시력은 1.0의 1/2배인 0.5이다. 만약 이 최소 각도가 0.5′이라면, 즉 1′의 1/2배라면 시력은 1.0의 2배인 2.0이다. 마찬가지로 최소 각도가 1′의 4배인 4′이라면 시력은 1.0의 1/4배인 0.25이다. 일반적으로 시력 검사표에는 2.0까지 나와 있지만 실제로는 이보다 시력이 좋은 사람도 있다. 천문학자 A는 5″까지의 차이도 구분할 수 있었던 것으로 알려져 있다. → 보기 ㄱ, ㄴ

〈보기〉

ㄱ. 구분할 수 있는 최소 각도가 10′인 사람의 시력은 0.1이다.
ㄴ. 천문학자 A의 시력은 12인 것으로 추정된다.
ㄷ. 구분할 수 있는 최소 각도가 1.25′인 甲은 구분할 수 있는 최소 각도가 0.1′인 乙보다 시력이 더 좋다.

① ㄱ
② ㄱ, ㄴ
③ ㄴ, ㄷ
④ ㄱ, ㄷ
⑤ ㄱ, ㄴ, ㄷ

해설

문제 분석

순서대로 문단 i)~문단 ii)라 한다.
문단 i) 란돌트 고리를 이용한 시력 검사법(C자형 고리를 이용)
문단 ii) 시력은 구분 가능한 최소 각도와 반비례

문제풀이 실마리

시력 검사법을 정확히 이해하는 것이 중요하다. 문단 ii)에서 예를 들고 있는 구분할 수 있는 최소 각도와 시력을 정리해 보면 다음과 같다.

구분 가능한 최소 각도(′)	0.5′	1′	2′	4′
시력	2.0	1.0	0.5	0.25

문단 ii)의 두 번째 문장, 시력은 구분 가능한 최소 각도와 반비례한다는 내용과 위의 정리한 내용에 따르면 시력에 관한 식을 다음과 같이 나타낼 수 있다.

$$\text{시력} = \frac{1}{\text{구분 가능한 최소 각도(′)}}$$

ㄱ. (O) 구분할 수 있는 최소 각도가 10′인 사람의 시력은 $\frac{1}{10(′)} = 0.1$이다.

ㄴ. (O) 문단 ii) 일곱 번째 문장에 따르면 천문학자 A는 5″까지의 차이도 구분할 수 있었던 것으로 알려져 있다. 그리고 문단 i) 다섯 번째 문장에 따르면 1′의 1/60이 1″이다. 따라서 천문학자 A의 시력은 $\frac{1}{\frac{5}{60}(′)} = \frac{1}{\frac{1}{12}} = \frac{12}{1} = 12$인 것으로 추정된다.

ㄷ. (X) 문단 ii) 두 번째 문장에 따르면 구분할 수 있는 최소 각도와 시력은 반비례하므로 구분할 수 있는 최소 각도가 더 작은 乙이 甲보다 시력이 더 좋다. 직접 계산할 필요는 없지만, 시력을 확인해 보면 구분할 수 있는 최소 각도가 1.25′인 甲의 시력은 $\frac{1}{1.25(′)} = 0.8$이고, 구분할 수 있는 최소 각도가 0.1′인 乙의 시력은 $\frac{1}{0.1(′)} = 10$이다.

[정답] ②

68 다음 글을 근거로 판단할 때, ㉠과 ㉡을 옳게 짝지은 것은?

21년 5급 가책형 8번

i)동물로봇공학에서는 다양한 형태의 동물 로봇을 개발한다. 로봇 연구자들이 가장 본뜨고 싶어 하는 곤충은 미국바퀴벌레이다. 이 바퀴벌레는 초당 150cm의 속력으로 달린다. 이는 1초에 몸길이의 50배가 되는 거리를 간다는 뜻이다. 신장이 180cm인 육상선수가 1초에 신장의 50배가 되는 거리를 가려면 시속 (㉠)km로 달려야 한다. 이 바퀴벌레의 걸음걸이를 관찰한 결과, 모양이 서로 다른 세 쌍의 다리를 달아주면 로봇의 보행 속력을 끌어올릴 수 있는 것으로 밝혀졌다.

ii)한편 동물로봇공학에서는 수중 로봇에 대한 연구도 활발하다. 바닷가재나 칠성장어의 운동 능력을 본뜬 수중 로봇도 연구되고 있다. 미국에서 개발된 바닷가재 로봇은 높이 20cm, 길이 61cm, 무게 2.9kg으로, 물속의 기뢰제거에 사용될 계획이다. 2005년 10월에는 세계 최초의 물고기 로봇이 영국 런던의 수족관에 출현했다. 길이 (㉡)cm, 두께 12cm인 이 물고기 로봇은 미국바퀴벌레의 1/3 속력으로 헤엄칠 수 있다. 수중에서의 속력이라는 점을 감안하면 엄청난 수준이다. 이는 1분에 몸길이의 200배가 되는 거리를 간다는 뜻이다. 이 물고기 로봇은 해저탐사나 기름 유출의 탐지 등에 활용될 것으로 전망되었다.

	㉠	㉡
①	81	5
②	162	10
③	162	15
④	324	10
⑤	324	15

해설

문제 분석

순서대로 문단 i)~문단 ii)라 한다.

단위 변환 계산 문제이다. 숫자가 포함되어 있는 문장이 계산에 필요할 것이므로 해당 문장들을 중심으로 필요한 문장만 발췌해서 읽도록 한다.

문제풀이 실마리

속력=거리/시간의 공식을 활용하는 것보다는 비례관계를 활용하여 간단히 해결하는 것이 바람직하다.

㉠ 문단 i) 다섯 번째 문장의 ㉠은 속력을 묻고 있으므로 관련된 거리를 시간 단위로 나눠 계산한다.

신장이 180cm인 육상선수가 1초에 신장의 50배가 되는 거리를 가는 경우 속력에 관한 식을 세워보면 다음과 같다.

$$\frac{180\text{cm}\times 50\text{배}}{1\text{초}}$$

㉠을 구하기 위해서는 cm를 km 단위로, 초를 시간 단위로 변환해 주어야 한다. 1시간=3,600초, 1km=100,000cm이므로 단위 변환을 포함한 식은 다음과 같다.

$$\frac{180\text{cm}\times 50\text{배}}{1\text{초}}=\frac{9{,}000\text{cm}}{1\text{초}}\times\frac{3{,}600\text{초}}{1\text{시간}}\times\frac{1\text{km}}{100{,}000\text{cm}}$$

계산하면 ㉠은 324km/h이다. 선지 ①, ②, ③은 제거된다.

정확히 자릿수까지 계산할 필요는 없고, 9×36=324이므로 일의 자리 정도만 계산하면 자릿수를 판단할 필요 없이 선지 ①, ②, ③을 제거할 수 있다. 보다 계산이 복잡한 단위 변환 시에는 단위까지 약분하는 것을 고려해 주면 시간이 걸리더라도 정확도를 높일 수 있다.

㉡ 문단 ii) 다섯 번째 문장의 ㉡은 세계 최초 물고기 로봇의 길이를 묻고 있는데, 문단 i) 세 번째 문장에 따르면 미국바퀴벌레의 속력은 초당 150cm이고, 이 로봇의 속력은 미국바퀴벌레의 1/3이다. 즉, 이 로봇의 속력은

$$\frac{150\text{cm}}{1\text{초}}\times\frac{1}{3}=\frac{50\text{cm}}{1\text{초}}$$

이다. 그리고 이는 문단 ii) 일곱 번째 문장에 따르면 1분에 몸길이의 200배가 되는 거리를 가는 속력이라고 한다. 위의 계산 결과를 분 단위로 변환해 보면

$$\frac{50\text{cm}}{1\text{초}}\times\frac{60\text{초}}{1\text{분}}=\frac{3{,}000\text{cm}}{1\text{분}}$$

이므로 3,000cm이 몸길이의 200배라면 ㉡은 3,000cm÷200=15cm이다. 정답은 ⑤이다. ㉠과 마찬가지로 식을 정확히 세웠다면 자릿수를 판단할 필요 없이 5×6=30이고 2로 나누면 일의 자리는 5이다.

[정답] ⑤

A당 B

69 다음 글을 근거로 판단할 때, <보기>에서 옳은 것만을 모두 고르면?

13년 민경채 인책형 25번

i)전 세계 벼 재배면적의 90%가 아시아에 분포한다. 현재 벼를 재배하는 면적을 나라별로 보면, 인도가 4,300헥타르로 가장 넓고, 중국이 3,300헥타르로 그 다음을 잇고 있으며, 인도네시아, 방글라데시, 베트남, 타이, 미얀마, 일본의 순으로 이어지고 있다. A국은 일본 다음이다.

ii)반면 쌀을 가장 많이 생산하고 있는 나라는 중국으로 전 세계 생산량의 30%를 차지하고 있으며, 그 다음이 20%를 생산하는 인도이다. 단위면적당 쌀 생산량을 보면 A국이 헥타르당 5.0톤으로 가장 많고 일본이 헥타르당 4.5톤이다. A국의 단위면적당 쌀 생산량은 인도의 3배에 달하는 수치로 현재 A국의 단위면적당 쌀 생산능력은 세계에서 제일 높다.

〈보기〉

ㄱ. 중국의 단위면적당 쌀 생산량은 인도의 약 2배이다.

ㄴ. 일본의 벼 재배면적이 A국보다 400헥타르가 크다면, 일본의 연간 쌀 생산량은 A국보다 많다.

ㄷ. 인도의 연간 쌀 생산량은 11,000톤 이상이다.

① ㄱ

② ㄴ

③ ㄷ

④ ㄱ, ㄴ

⑤ ㄴ, ㄷ

해설

문제 분석

문단 i) 전 세계 벼 재배면적

문단 ii) 쌀을 많이 생산하고 있는 나라, 단위면적당 쌀 생산량

문제풀이 실마리

제시문의 내용을 정리하면 다음과 같다.

재배면적 (단위: 헥타르)			단위면적당 생산량 (단위: 헥타르당 톤)			전체 쌀 생산량		
1위	인도	4,300	1위	A국	5.0	1위	중국	전 세계 생산량의 30%
2위	중국	3,300	⋮	⋮	⋮			
3위	인도네시아	⋮	- 일본: 4.5 - A국의 단위면적당 쌀 생산량은 인도의 3배					
4위	방글라데시							
5위	베트남					2위	인도	전 세계 생산량의 20%
6위	타이							
7위	미얀마							
8위	일본					⋮	⋮	⋮
9위	A국							

자료해석 스타일의 문제로, 'A당 B'의 출제장치가 활용된 문제이다. 따라서 공식을 잘 활용하여 문제를 해결해야 한다.

ㄱ. (O) 단위면적당 쌀 생산량=전체 쌀 생산량/재배면적
중국의 단위면적당 쌀 생산량=전 세계 생산량의 30%/3,300
인도의 단위면적당 쌀 생산량=전 세계 생산량의 20%/4,300
중국의 단위면적당 쌀 생산량/인도의 단위면적당 쌀 생산량
=(전 세계 생산량의 30%/3,300)/(전 세계 생산량의 20%/4,300)
≒약 2배
따라서 중국의 단위면적당 쌀 생산량은 인도의 약 2배이다.

ㄴ. (O) 일본의 벼 재배면적이 A국보다 400헥타르가 크다면, A국의 벼 재배면적을 x라고 했을 때, 일본의 벼 재배면적은 $(x+400)$이다. 그리고 A국과 일본 모두 벼 재배면적은 3,300헥타르보다 작다.
연간 쌀 생산량=단위면적당 생산량×재배면적이므로, 이 공식에 주어진 정보를 대입해 보면,
일본의 연간 쌀 생산량$=4.5\times(x+400)$
A국의 연간 쌀 생산량$=5.0\times x$
이다. 일본의 연간 쌀 생산량이 A국의 연간 쌀 생산량보다 많다면,
(일본의 연간 쌀 생산량)−(A국의 연간 쌀 생산량)>0
$=\{4.5\times(x+400)\}-(5.0\times x)>0$일 것이다. 이 식을 정리하면
$1,800>0.5x=3,600>x$이다.
x가 3,600보다 작은 값이면 (일본의 연간 쌀 생산량)−(A국의 연간 쌀 생산량)의 값은 반드시 양수가 나온다. 즉, 일본의 연간 쌀 생산량이 더 많다.
A국의 벼 재배면적인 x는 제시문에서 3,300헥타르보다 반드시 작은 값이므로, (일본의 연간 쌀 생산량)−(A국의 연간 쌀 생산량)의 값은 반드시 양수가 나온다. 즉, 일본의 연간 쌀 생산량이 더 많다.

ㄷ. (X) 연간 쌀 생산량=단위면적당 생산량×재배면적이다. A국의 단위면적당 쌀 생산량(=5.0)은 인도의 3배이므로 인도의 단위면적당 생산량은 5.0/3이다. 인도의 벼 재배면적은 4,300헥타르이다. 공식에 이를 대입해 보면,
연간 쌀 생산량=단위면적당 생산량×재배면적
$=(5.0/3)\times4,300≒7,166.67$
이므로 인도의 연간 쌀 생산량은 11,000톤 이상이 될 수 없다.

빠른 문제풀이 Tip

직접 해결하는 것보다 주어진 내용을 검증하는 것이 더 빠르다.

[정답] ④

70 다음 글을 근거로 판단할 때 옳은 것은? 22년 5급 나책형 27번

ⅰ)커피에 함유된 카페인의 각성효과는 사람에 따라 다르다. 커피를 한 잔만 마셔도 각성효과가 큰 사람이 있고, 몇 잔을 연거푸 마셔도 거의 영향을 받지 않는 사람도 있다. 甲국 정부는 하루 카페인 섭취량으로 성인은 400mg 이하, 임신부는 300mg 이하, 어린이 · 청소년은 체중 1kg당 2.5mg 이하를 권고하고 있다. → 선지 ①, ④

ⅱ)카페인은 식물에서 추출한 알칼로이드 화학물질로 각성효과, 기억력, 집중력을 일시적으로 향상시킨다. 카페인의 효과는 '아데노신'과 밀접한 관련이 있다. 사람의 몸에서 생성되는 화학물질인 아데노신은 뇌의 각성상태를 완화시켜 잠들게 하는 신경전달물질이다. 이 아데노신이 뇌 수용체와 결합하기 전에 카페인이 먼저 뇌 수용체와 결합하면 각성효과가 나타나게 된다. 즉 커피 속의 카페인은 아데노신의 역할을 방해하는 셈이다. → 선지 ②

ⅲ)몸에 들어온 카페인은 간에서 분해된다. 카페인의 분해가 잘 될수록 각성효과가 빨리 사라진다. 카페인이 간에서 분해되는 과정에는 카페인 분해 효소가 필요하다. 카페인 분해 효소의 효율이 유전적 · 환경적 요인에 따라 어떻게 달라지는지 확인하기 위해 조사를 진행하였다. 그 결과 흡연 또는 여성의 경구 피임약 복용 등도 카페인 분해 효율에 영향을 주지만 유전적 요인이 가장 큰 영향을 준다는 결론에 도달했다. 카페인 분해 효소의 효율을 결정하는 유전자는 15번 염색체에 있다. 이 유전자 염기서열 특정 부분의 변이가 A형인 사람을 '빠른 대사자', C형인 사람을 '느린 대사자'로 나누기도 한다. C형인 사람은 카페인 분해가 느려서 카페인이 일으키는 각성효과를 길게 받는다. "나는 낮에 커피 한 잔만 마셔도 밤에 잠이 안 와!"라고 말하는 사람은 느린 대사자일 가능성이 높다. 반면에 커피를 마셔도 잘 자는 사람은 빠른 대사자일 가능성이 높다. → 선지 ③, ⑤

① 甲국 정부가 권고하는 하루 카페인 섭취량 이하를 섭취하면 각성효과가 나타나지 않는다.
② 카페인은 각성효과를 돕는 아데노신 분비를 촉진시킨다.
③ 유전자 염기서열 특정 부분의 변이가 A형인 사람은 C형인 사람보다 카페인의 각성효과가 더 오래 유지된다.
④ 몸무게가 60kg인 성인 남성에 대해 甲국 정부가 권고하는 하루 카페인 섭취량은 최대 150mg이다.
⑤ 사람에 따라 커피의 각성효과가 달라지는 데 가장 큰 영향을 주는 것은 유전적 요인이다.

해설

문제 분석

순서대로 문단 ⅰ)~문단 ⅲ)이라 한다.
문단 ⅰ) 카페인의 각성효과, 甲국 정부의 카페인 하루 권장 섭취량
문단 ⅱ) 카페인의 효과, 아데노신
문단 ⅲ) 유전적 요인에 따른 카페인의 각성효과

문제풀이 실마리

각 선지에서 묻는 바 위주로 제시문에서 확인하면 어렵지 않게 해결할 수 있는 문제이다.

① (X) 문단 ⅰ) 첫 번째, 두 번째 문장에 따르면 카페인의 각성효과는 사람마다 다르다. 따라서 세 번째 문장의 甲국 정부가 권고하는 하루 카페인 섭취량 이하를 섭취한다고 해도 모두 각성효과가 나타나지 않는 것은 아니고 사람에 따라 다르게 나타난다.

② (X) 문단 ⅱ) 세 번째 문장에 따르면 아데노신은 각성효과를 돕는 것이 아니라 뇌의 각성상태를 완화시킨다. 그리고 다섯 번째 문장에 따르면 카페인은 아데노신 분비를 촉진시키는 것이 아니라 아데노신의 역할을 방해한다.

③ (X) 문단 ⅲ) 여섯 번째, 일곱 번째 문장에 따르면 15번 염색체에 있는 유전자 염기서열 특정 부분의 변이가 A형인 사람을 '빠른 대사자', C형인 사람을 '느린 대사자'로 나누는데, A형인 사람이 C형인 사람보다 카페인의 각성효과가 더 오래 유지되는 것이 아니라 C형인 사람이 카페인이 일으키는 각성효과를 길게 받는다.

④ (X) 문단 ⅰ) 세 번째 문장에 따르면 성인 남성에 대해 甲국 정부가 권고하는 하루 카페인 섭취량은 최대 150mg이 아니라 몸무게와 무관하게 최대 400mg이다.

⑤ (O) 문단 ⅰ) 첫 번째 문장에 따르면 카페인의 각성효과는 사람에 따라 다른데, 문단 ⅲ) 두 번째 문장에 따르면 카페인의 분해가 잘 될수록 각성효과가 빨리 사라지고, 다섯 번째 문장에 따르면 카페인 분해효율에는 유전적 요인이 가장 큰 영향을 준다. 따라서 사람에 따라 커피의 각성효과가 달라지는 데 가장 큰 영향을 주는 것은 유전적 요인임을 알 수 있다.

[정답] ⑤

길쌤's Check 더 연습해 볼 문제

5급 공채	08년 창책형 8번

단위변환

71 다음 글을 근거로 판단할 때 옳지 않은 것은?

15년 민경채 인책형 19번

i)1678년 영의정 허적(許積)의 제의로 상평통보(常平通寶)가 주조·발행되어 널리 유통된 이유는 다음과 같다. 첫째, 국내적으로 조정이 운영하는 수공업이 쇠퇴하고 민간이 운영하는 수공업이 발전함으로써 국내 시장의 상품교류가 확대되고, 1645년 회령 지방을 시초로 국경무역이 활발해짐에 따라 화폐의 필요성이 제기되었기 때문이다. 둘째, 임진왜란 이후 국가 재정이 궁핍하였으나 재정 지출은 계속해서 증가함에 따라 재원 마련의 필요성이 있었기 때문이다. → 선지 ⑤

ii)1678년에 발행된 상평통보는 초주단자전(初鑄單字錢)이라 불리는데, 상평통보 1문(개)의 중량은 1전 2푼이고 화폐 가치는 은 1냥을 기준으로 400문으로 정하였으며 쌀 1되가 4문이었다. → 선지 ①, ④

iii)1679년 조정은 상평통보의 규격을 변경하였다. 초주단자전을 대신하여 당이전(當二錢) 또는 절이전(折二錢)이라는 대형전을 주조·발행하였는데, 중량은 2전 5푼이었고 은 1냥에 대한 공인 교환율도 100문으로 변경하였다. → 선지 ①, ②

iv)1678년부터 1680년까지 상평통보 주조·발행량은 약 6만 관으로 추정되고 있다. 당이전의 화폐 가치는 처음에는 제대로 유지되었지만 조정이 부족한 재원을 마련하기 위해 발행을 증대하면서 1689년에 이르러서는 은 1냥이 당이전 400~800문이 될 정도로 그 가치가 폭락하였다. 1681년부터 1689년까지의 상평통보 주조·발행량은 약 17만 관이었다. → 선지 ②, ③

v)1752년에는 훈련도감, 어영청, 금위영 등 중앙의 3개 군사 부서와 지방의 통영에서도 중형상평통보(中型常平通寶)를 주조·발행하도록 하였다. 중형상평통보의 액면 가치는 당이전과 동일하지만 중량이 약 1전 7푼(1757년에는 1전 2푼)으로 당이전보다 줄어들고 크기도 축소되었다. → 선지 ①

※ 상평통보 묶음단위: 1관=10냥=100전=1,000문

※ 중량단위: 1냥=10전=100푼=1,000리=$\frac{1}{16}$근

① 초주단자전, 당이전, 중형상평통보 중 가장 무거운 것은 당이전이다.

② 은을 기준으로 환산할 때 상평통보의 가치는 경우에 따라 $\frac{1}{4}$ 이하로 떨어지기도 하였다.

③ 1678년부터 1689년까지 주조·발행된 상평통보는 약 2억 3,000만 문으로 추정된다.

④ 1678년을 기준으로 은 1근은 같은 해에 주조·발행된 상평통보 4,600문의 가치를 가진다.

⑤ 상품교류 및 무역 활성화뿐만 아니라 국가 재정상 필요에 따라 상평통보가 주조·발행되었다.

해설

문제 분석

순서대로 문단 i)~문단 iii)이라 한다.

문단 i) 1678년 상평통보가 주조·발행(화폐의 필요성 제기, 재원 마련의 필요성)

문단 ii) 1678년 발행된 상평통보의 가치

문단 iii) 1679년 상평통보의 규격을 변경

문단 iv) 상평통보 주조·발행량, 상평통보의 가치 폭락

문단 v) 1752년 중형상평통보 주조·발행, 가치

문제풀이 실마리

선지에서 가장 무거운 것, 은을 기준으로 한 상평통보의 가치, 특정 기간 동안의 상평통보의 주조·발행량, 근과 상평통보 간 교환비율, 상평통보의 주조·발행 이유 등을 묻고 있다. 제시문과 각주를 통해 응용하여 해결해야 하는 문제이다.

① (O) 문단 ii)에 따르면 초주단자전의 중량은 1전 2푼이고, 문단 iii) 첫 번째 문장에 따르면 당이전의 중량은 2전 5푼, 문단 v) 두 번째 문장에 따르면 중형상평통보의 중량은 1전 7푼이라고 한다. 단위를 변환할 필요 없이 가장 무거운 것은 당이전임을 판단할 수 있다.

② (O) 문단 iii) 두 번째 문장에 따르면 1679년 발행된 당이전은 은 1냥에 대한 교환율이 100문이었는데, 문단 iv) 두 번째 문장에 따르면 1689년에 이르러서는 은 1냥이 당이전 400~800문 정도로 가치가 폭락하였다고 한다. 따라서 은을 기준으로 환산할 때 상평통보의 가치는 경우에 따라 $\frac{1}{4}$ 이하, 심지어 $\frac{1}{8}$까지 떨어지기도 하였음을 알 수 있다.

③ (O) 문단 iv) 첫 번째 문장에 따르면 1678년부터 1680년까지 상평통보 주조·발행량은 약 6만 관이고, 이를 문으로 환산하면 6,000만 문이다. 그리고 문단 iv) 세 번째 문장에 따르면 1681년부터 1689년까지의 상평통보 주조·발행량은 약 17만 관으로, 이를 문으로 환산하면 1억 7,000만 문이다. 따라서 1678년부터 1689년까지 주조·발행된 상평통보는 이 둘을 더한 약 2억 3,000만 문으로 추정된다.

④ (X) 문단 ii)에 따르면 1678년에 발행된 상평통보의 가치는 은 1냥을 기준으로 400문이라고 한다. 그리고 각주에 따르면 은 1냥은 $\frac{1}{16}$근이므로 은 1근은 16냥이다. 따라서 1678년을 기준으로 은 1근은 상평통보 4,600문이 아니라 6,400문의 가치를 가진다.

⑤ (O) 문단 i) 두 번째 문장에서는 상평통보의 발행이유에 대해 첫째, 국내 시장의 상품교류가 확대되고 국경무역이 활발해짐에 따라 화폐의 필요성이 제기되었고, 세 번째 문장에서 재원 마련의 필요성이 있었기 때문이라고 한다. 따라서 상품교류 및 무역 활성화뿐만 아니라 국가 재정상 필요에 따라 상평통보가 주조·발행되었음을 알 수 있다.

[정답] ④

72 다음 글을 근거로 판단할 때, <보기>의 ㉠, ㉡이 옳게 짝지어진 것은?

13년 외교관 인책형 30번

신라는 일반적 시간 계산 체계로 백각법(百刻法)과 12시신(時辰) 제도를 배합하여 사용했다. 백각법은 하루의 길이를 100각으로 나누는 시간 계산법이었다. 구체적으로, 매일 낮·밤의 길이와 일출·일몰의 시각을 계산하기 위해, 밤의 길이인 야각(夜刻)을 구하고 100각에서 이를 감해 낮의 길이인 주각(晝刻)을 구하였다. 또한 12시신 제도는 하루를 12시신으로 균등하게 나누는 제도였다. 그런데 100각은 12시신의 정수배가 되지 않으므로 1각을 60분으로 나누어 사용하였다. 그러나 역법(曆法) 계산 시에는 각 역에서 사용되는 수가 다르기 때문에 다른 분법을 사용했다. 예를 들어 선명력(宣明曆)에서는 1일을 100각, 1각을 84분으로 정했다.

한편 신라에서는 야각의 계산에 있어서 밤 시간을 5경으로 나누고, 1경을 다시 5점으로 나누는 경점(更點) 제도도 사용되었다.

이와 같이 신라에서는 백각법과 12시신 제도를 배합하여 일반적 시간 계산 체계와 역법의 계산 체계, 그리고 야각의 시간 계산 체계가 병행되어 사용되었다.

〈보기〉

- ○ 신라의 일반적 시간 계산에 따르면, 1시신은 (㉠)이다.
- ○ 하루 중 4시신이 밤 시간이었다면, 선명력에 따르면 1경은 (㉡)에 해당한다.

	㉠	㉡
①	8각 20분	6각 56분
②	8각 20분	6각 40분
③	7각 28분	6각 56분
④	7각 28분	9각 20분
⑤	6각 30분	9각 20분

해설

문제 분석

제시문에서 신라의 일반적 시간 계산 체계로 사용되는 백각법, 12시신 제도 외에도 역법의 계산 체계, 야각과 주각의 시간 계산 체계가 설명되어 있다.

문제풀이 실마리

세 번째 문단에서는 신라의 시간 계산 체계를 크게 세 가지로 나누어 언급하고 있는데, 세 번째 문단의 분류에 따라 제시문의 시간 계산 체계들을 정리해 보면 다음과 같다.

- 일반적 시간 계산 체계
  - i) 백각법(야각, 주각): 1일=100각
  - ii) 12시신 제도: 1일=12시신
  - iii) 1각=60분
- 역법 계산 체계
  - iv) 선명력: 1일=100각, 1각=84분
- 야각의 시간 계산 체계
  - v) 밤 시간(=야각)=5경, 1경=5점

㉠부터 검토해 본다. 일반적 시간 계산에 대해서 묻고 있으므로 i), ii)와 i), iii)을 각각 조합하여 정리하면 다음과 같다.

i), ii) 100각=12시신

i), iii) 100각=6,000분

두 식을 다시 정리하면 12시신=6,000분이다. 양변을 12로 나누면 1시신=500분임을 알 수 있다. iii)에 따라 500분을 다시 각으로 환산하면 500÷60=8 … 나머지 20이므로 1시신=8각 20분이다. 선지 ③, ④, ⑤는 제거된다.

㉡은 밤 시간(= 야각)과 선명력에 대해서 묻고 있다. 그리고 '4시신'을 언급하고 있으므로 ii)도 고려해야 한다. ii), iv)를 조합하여 정리하면 다음과 같다.

ii), iv) 1일=12시신=100각=8,400분

하루 중 4시신이 밤 시간이었다고 하므로 밤 시간을 분으로 환산하면 밤 시간=4시신=2,800분이다. 그런데 v)에 따르면 밤 시간=5경이므로 5경=2,800분과 같이 정리할 수 있다. 따라서 1경=560분이다. iv)에 따라 560분을 다시 각으로 환산하면 560÷84=6 … 나머지 56이므로 1경=6각 56분이다. 정답은 ①이다.

[정답] ①

73 다음 글을 근거로 판단할 때, <보기>에서 옳은 것만을 모두 고르면? 15년 5급 인책형 22번

> i)조선시대 궁녀가 받는 보수에는 의전, 선반, 삭료 세 가지가 있었다. 『실록』에서 "봄, 가을에 궁녀에게 포화(布貨)를 내려주니, 이를 의전이라고 한다"라고 한 것처럼 '의전'은 1년에 두 차례 지급하는 옷값이다. '선반'은 궁중에서 근무하는 사람들에게 제공하는 식사를 의미한다. '삭료'는 매달 주는 봉급으로 곡식과 반찬거리 등의 현물이 지급되었다. 궁녀들에게 삭료 이외에 의전과 선반도 주었다는 것은 월급 이외에도 옷값과 함께 근무 중의 식사까지 제공했다는 것으로, 지금의 개념으로 본다면 일종의 복리후생비까지 지급한 셈이다. → 보기 ㄱ
>
> ii)삭료는 쌀, 콩, 북어 세 가지 모두 지급되었는데 그 항목은 공상과 방자로 나뉘어 있었다. 공상은 궁녀들에게 지급되는 월급 가운데 기본급에 해당하는 것이다. 공상은 모든 궁녀에게 지급되었으나 직급과 근무연수에 따라 온공상, 반공상, 반반공상 세 가지로 나뉘어 차등 지급되었다. 공상 중 온공상은 쌀 7두 5승, 콩 6두 5승, 북어 2태 10미였다. 반공상은 쌀 5두 5승, 콩 3두 3승, 북어 1태 5미였고, 반반공상은 쌀 4두, 콩 1두 5승, 북어 13미였다. → 보기 ㄴ, ㄷ, ㄹ
>
> iii)방자는 궁녀들의 하녀격인 무수리를 쓸 수 있는 비용이었으며, 기본급 이외에 별도로 지급되었다. 방자는 모두에게 지급된 것이 아니라 직급이나 직무에 따라 일부에게만 지급되었으므로, 일종의 직급수당 또는 직무수당인 셈이다. 방자는 온방자와 반방자 두 가지만 있었는데, 온방자는 매달 쌀 6두와 북어 1태였고 반방자는 온방자의 절반인 쌀 3두와 북어 10미였다. → 보기 ㄷ, ㄹ

〈보기〉

ㄱ. 조선시대 궁녀에게는 현물과 포화가 지급되었다.
ㄴ. 삭료로 지급되는 현물의 양은 온공상이 반공상의 2배, 반공상이 반반공상의 2배였다.
ㄷ. 반공상과 온방자를 삭료로 받는 궁녀가 매달 받는 북어는 45미였다.
ㄹ. 매달 궁녀가 받을 수 있는 가장 적은 삭료는 쌀 4두, 콩 1두 5승, 북어 13미였다.

① ㄱ, ㄴ
② ㄱ, ㄹ
③ ㄴ, ㄷ
④ ㄱ, ㄷ, ㄹ
⑤ ㄴ, ㄷ, ㄹ

해설

문제 분석

순서대로 문단 i)~문단 iii)이라 한다.
문단 i) 조선시대 궁녀가 받는 보수의 종류
문단 ii) 삭료(공상)
문단 iii) 삭료(방자)

문제풀이 실마리

보기에서 조선시대 궁녀에게 현물과 포화가 지급되었는지, 삭료로 지급되는 현물의 양, 삭료로 받는 북어의 양, 매달 궁녀가 받을 수 있는 가장 적은 삭료의 양을 묻고 있다. 이를 제시문에서 중점적으로 확인하여야 한다.

ㄱ. (O) 문단 i) 두 번째 문장에 따르면 '봄, 가을에 궁녀에게 포화를 내려'주니 이를 의전이라고 하고, 네 번째 문장에 따르면 삭료로 현물이 지급되었다고 한다. 따라서 조선시대 궁녀에게는 현물과 포화가 지급되었음을 알 수 있다.

ㄴ. (X) 문단 ii) 네 번째 문장에서 삭료로 온공상, 반공상, 반반공상에 따라 지급되는 현물에 대해 서술하고 있다. 제시문에서 쌀, 콩의 단위인 두, 승에 대해서 언급하고 있지는 않지만, 예를 들어 온공상의 경우 콩 6두 5승, 반공상의 경우 콩 3두 3승을 지급했다는 내용으로부터 삭료로 지급되는 현물의 양은 온공상이 반공상의 2배가 아니라고 판단할 수 있다.

ㄷ. (O) 문단 ii) 다섯 번째 문장에 따르면 반공상을 삭료로 받는 궁녀는 북어 1태 5미를 지급받고, 문단 iii) 세 번째 문장에 따르면 온방자로는 북어 1태를 지급받았다. 그리고 반방자는 온방자의 절반인 북어 10미를 지급받았다고 하므로 북어 20미가 북어 1태라는 것을 알 수 있다. 따라서 반공상과 온방자를 삭료로 받는 궁녀가 매달 받는 북어는 1태 5미+1태=2태 5미=45미임을 알 수 있다.

ㄹ. (O) 문단 ii) 첫 번째 문장에 따르면 삭료는 공상과 방자로 나뉘어 있었고 세 번째 문장에 따르면 공상은 모든 궁녀에게 지급되었지만, 문단 iii) 두 번째 문장에 따르면 방자는 모두에게 지급된 것이 아니라고 한다. 따라서 매달 궁녀가 받을 수 있는 가장 적은 삭료는 공상으로써 반반공상만을 지급받는 경우로써 쌀 4두, 콩 1두 5승, 북어 13미였다.

[정답] ④

74 다음 글을 근거로 판단할 때, <보기>에서 옳은 것을 모두 고르면?

13년 외교관 인책형 23번

ⅰ)피부색은 멜라닌, 카로틴 및 헤모글로빈이라는 세 가지 색소에 의해 나타난다. 흑색 또는 흑갈색의 색소인 멜라닌은 멜라노사이트라 하는 세포에서 만들어지며, 계속적으로 표피세포에 멜라닌 과립을 공급한다. 멜라닌의 양이 많을수록 피부색이 황갈색에서 흑갈색을 띠고, 적을수록 피부색이 엷어진다. 멜라닌은 피부가 햇빛에 노출될수록 더 많이 생성된다. 카로틴은 주로 각질층과 하피의 지방조직에 존재하며, 특히 동양인의 피부에 풍부하여 그들의 피부가 황색을 띠게 한다. 서양인의 혈색이 분홍빛을 띠는 것은 적혈구 세포 내에 존재하는 산화된 헤모글로빈의 진홍색에 기인한다. 골수에서 생성된 적혈구는 산소를 운반하는 역할을 하는데, 1개의 적혈구는 3억 개의 헤모글로빈을 가지고 있으며, 1개의 헤모글로빈에는 4개의 헴이 있다. 헴 1개가 산소 분자 1개를 운반한다. → 보기 ㄱ, ㄴ

ⅱ)한편 태양이 방출하는 여러 파장의 빛, 즉 적외선, 자외선 그리고 가시광선 중 피부에 주된 영향을 미치는 것이 자외선이다. 자외선은 파장이 가장 길고 피부 노화를 가져오는 자외선 A, 기미와 주근깨 등의 색소성 질환과 피부암을 일으키는 자외선 B, 그리고 화상과 피부암 유발 위험을 지니며 파장이 가장 짧은 자외선 C로 구분된다. 자외선으로부터 피부를 보호하기 위해서는 자외선 차단제를 발라주는 것이 좋다. 자외선 차단제에 표시되어 있는 자외선 차단지수(sun protection factor: SPF)는 자외선 B를 차단해주는 시간을 나타낼 뿐 자외선 B의 차단 정도와는 관계가 없다. SPF 수치는 1부터 시작하며, SPF 1은 자외선 차단 시간이 15분임을 의미한다. SPF 수치가 1단위 올라갈 때마다 자외선 차단 시간은 15분씩 증가한다. 따라서 SPF 4는 자외선을 1시간 동안 차단시켜 준다는 것을 의미한다. → 보기 ㄷ, ㄹ

<보기>

ㄱ. 멜라닌의 종류에 따라 피부색이 결정된다.
ㄴ. 1개의 적혈구는 산소 분자 12억 개를 운반할 수 있다.
ㄷ. SPF 50은 SPF 30보다 1시간 동안 차단하는 자외선 B의 양이 많다.
ㄹ. SPF 40을 얼굴에 한 번 바르면 10시간 동안 자외선 B의 차단 효과가 있다.

① ㄱ, ㄴ
② ㄱ, ㄷ
③ ㄴ, ㄹ
④ ㄱ, ㄷ, ㄹ
⑤ ㄴ, ㄷ, ㄹ

해설

문제 분석

순서대로 문단 ⅰ)~문단 ⅱ)라 한다.
문단 ⅰ) 피부색 나타내는 세 가지 색소(멜라닌, 카로틴, 헤모글로빈)
문단 ⅱ) 피부에 영향을 미치는 자외선(A, B, C)
자외선 차단제의 자외선 차단지수 SPF

문제풀이 실마리

1개의 적혈구가 산소 분자 몇 개를 운반하는지를 확인하기 위해서는 단위변환 장치가 사용된다. SPF는 자외선 B를 차단하는 시간만을 나타낸다는 것은 한정조사가 장치로 사용된다. SPF 1은 자외선 차단 시간이 15분임을 의미한다. SPF 수치가 1단위 올라갈 때마다 자외선 차단 시간은 15분씩 증가한다는 것은 비례관계 장치가 사용된다.

ㄱ. (X) 문단 ⅰ) 세 번째 문장에 따르면 멜라닌의 종류에 따라 피부색이 결정되는 것이 아니라 멜라닌의 양이 많을수록 피부색이 황갈색에서 흑갈색을 띠고, 적을수록 피부색이 엷어진다. 제시문에서 멜라닌의 종류에 대해서는 언급하고 있지 않다.

ㄴ. (O) 문단 ⅰ) 일곱 번째 문장에 따르면 1개의 적혈구는 3억 개의 헤모글로빈을 가지고 있고, 1개의 헤모글로빈에는 4개의 헴이 있다. 즉, 1개의 적혈구에는 12억 개의 헴이 있다. 그리고 여덟 번째 문장에서 헴 1개는 산소 분자 1개를 운반한다고 하므로, 1개의 적혈구는 산소 분자 12억 개를 운반할 수 있다.

ㄷ. (X) 문단 ⅱ) 네 번째 문장에 따르면 자외선 차단지수 SPF는 자외선 B를 차단해주는 시간을 나타낼 뿐 자외선 B의 차단 정도와는 관계가 없다. 따라서 SPF 50와 SPF 30를 비교해 보면 1시간 동안 차단하는 자외선 B의 양과는 관계가 없다.

ㄹ. (O) 문단 ⅱ) 다섯 번째 문장에 따르면 SPF 1은 자외선 차단 시간이 15분임을 의미한다. 따라서 SPF 40을 얼굴에 한 번 바르면 40×15분=600분=10시간 동안 자외선 B의 차단 효과가 있다.

[정답] ③

절대 - 상대

75 다음 글을 근거로 판단할 때, <보기>에서 옳은 것만을 모두 고르면?

17년 민경채 나책형 3번

ⅰ)지진의 강도는 '리히터 규모'와 '진도'로 나타낼 수 있다. 리히터 규모는 미국 지질학자인 찰스 리히터가 지진의 강도를 절대적 수치로 나타내기 위해 제안한 개념이다. 리히터 규모는 지진계에 기록된 지진파의 최대 진폭을 측정하여 수학적으로 계산한 값이며, 지진이 발생하면 각 지진마다 고유의 리히터 규모 값이 매겨진다. 리히터 규모는 지진파의 최대 진폭이 10배가 될 때마다 1씩 증가하는데, 이때 지진에너지는 약 32배가 된다. 리히터 규모는 소수점 아래 한 자리까지 나타내는데, 예를 들어 'M 5.6' 또는 '규모 5.6'의 지진으로 표시된다. → 보기 ㄴ, ㄹ

ⅱ)진도는 지진이 일어났을 때 어떤 한 지점에서 사람이 느끼는 정도와 건물의 피해 정도 등을 상대적으로 등급화한 수치로, 동일한 지진에 대해서도 각 지역에 따라 진도가 달라질 수 있다. 예를 들어, 어떤 지진이 발생했을 때 발생 지점에서 거리가 멀어질수록 진도는 낮게 나타난다. 또한 진도는 각 나라별 실정에 따라 다른 기준이 채택된다. 우리나라는 12단계의 '수정 메르칼리 진도'를 사용하고 있으며, 진도를 나타내는 수치는 로마 숫자를 이용하여 '진도 Ⅲ'과 같이 표시한다. 표시되는 로마 숫자가 클수록 지진을 느끼는 정도나 피해의 정도가 크다는 것을 의미한다. → 보기 ㄱ

〈보기〉

ㄱ. M 5.6인 지진을 진도로 표시하면 나라별로 다르게 표시될 수 있다.
ㄴ. M 4.0인 지진의 지진파 최대 진폭은 M 2.0인 지진의 지진파 최대 진폭의 100배이다.
ㄷ. 진도 Ⅱ인 지진이 일어났을 때, 어떤 한 지점에서 사람이 느끼는 정도와 건물의 피해 정도는 진도 Ⅳ인 지진의 2배이다.
ㄹ. M 6.0인 지진의 지진에너지는 M 3.0인 지진의 1,000배이다.

① ㄱ, ㄴ
② ㄱ, ㄷ
③ ㄴ, ㄷ
④ ㄴ, ㄹ
⑤ ㄷ, ㄹ

해설

문제 분석

순서대로 문단 ⅰ)~문단 ⅱ)라 한다.

문단 ⅰ) 지진의 강도
리히터 규모(지진의 강도를 절대적 수치로)
지진파 최대 진폭 10배=리히터 규모 1 증가=지진에너지 약 32배

문단 ⅱ) 진도(사람이 느끼는 정도와 건물의 피해 정도 등을 상대적으로 등급화)

문제풀이 실마리

지진의 강도는 절대적 수치로 나타내는 '리히터 규모'와 상대적으로 등급화한 '진도'로 나타낼 수 있다. 두 개념의 차이를 정확히 구분하여 인식하여야 한다.

ㄱ. (O) 문단 ⅱ) 첫 번째 문장에 따르면 진도는 지진을 상대적으로 등급화한 수치로, 동일한 지진에 대해서도 각 지역에 따라 진도가 달라질 수 있다. 따라서 M 5.6인 동일한 지진을 진도로 표시하면 나라별로 다르게 표시될 수 있다.

ㄴ. (O) 문단 ⅰ) 네 번째 문장에 따르면 리히터 규모는 지진파의 최대 진폭이 10배가 될 때마다 1씩 증가한다. 따라서 M 4.0인 지진과 M 2.0인 지진의 리히터 규모는 2 차이이므로, M 4.0인 지진의 지진파 최대 진폭은 M 2.0인 지진의 지진파 최대 진폭의 10×10=100배이다.

ㄷ. (X) 문단 ⅱ) 첫 번째 문장에 따르면 진도는 지진이 일어났을 때 어떤 한 지점에서 사람이 느끼는 정도와 건물의 피해 정도 등을 상대적으로 등급화한 수치이지만, 세 번째 문장에 따르면 진도는 각 나라별 실정에 따라 다른 기준이 채택되고 제시문에서 구체적으로 진도마다 사람이 느끼는 정도와 건물의 피해 정도에 대해서 언급하고 있지 않다. 다만 다섯 번째 문장에서 표시되는 로마 숫자가 클수록 지진을 느끼는 정도나 피해의 정도가 크다고 한다. 따라서 진도 Ⅱ인 지진이 일어났을 때, 어떤 한 지점에서 사람이 느끼는 정도와 건물의 피해 정도는 진도 Ⅳ인 지진의 2배인지 알 수 없고, 다만 지진을 느끼는 정도나 피해의 정도가 크다는 것만 알 수 있다.

ㄹ. (X) 문단 ⅰ) 네 번째 문장에 따르면 리히터 규모가 1씩 증가할 때마다 지진에너지는 약 32배가 된다. M 6.0인 지진과 M 3.0인 지진의 리히터 규모는 3 차이이므로, M 6.0인 지진의 지진에너지는 M 3.0인 지진의 1,000배가 아니라 32×32×32=약 32,768배이다. 정확한 값을 계산할 필요는 없고 약 1,000배가 아니라는 것만 확인한다. M 6.0인 지진과 M 3.0인 지진은 지진파 최대 진폭이 1,000배이다.

빠른 문제풀이 Tip

제시문에서 리히터 규모가 1 증가할 때 지진에너지는 약 32배 증가한다고 한다. 32는 2^5이고 $32 \times 32 = 2^{10} = 1{,}024$인데 일반적으로 약 1,000이라고 생각하는 경우가 많다. 예를 들어 컴퓨터의 기억장치의 크기를 나타내는 단위인 B(Byte, 바이트)는 1,000배를 뜻하는 접두사 K(킬로), M(메가), G(기가), T(테라)가 앞에 붙어 표시되는데 정확히 1KB는 1,024B이지만 K를 붙여 표시하고, 1MB=1,024KB, 1GB=1,024MB, 1TB=1,024GB이지만 각각 1,000배를 뜻하는 접두사를 붙여서 표시한다.

[정답] ①

분수 – 분자·분모 증가율

76 다음 글을 근거로 판단할 때, <보기>에서 옳은 것만을 모두 고르면? 22년 7급 가책형 6번

> 甲의 자동차에 장착된 내비게이션 시스템은 목적지까지 운행하는 도중 ⅰ)대안경로를 제안하는 경우가 있다. 이때 이 시스템은 기존경로와 비교하여 남은 거리와 시간이 어떻게 달라지는지 알려준다. 즉 ⅱ)목적지까지의 잔여거리(A)가 몇 km 증가·감소하는지, 잔여시간(B)이 몇 분 증가·감소하는지 알려준다. ⅲ)甲은 기존경로와 대안경로 중 출발지부터 목적지까지의 평균속력이 더 높을 것으로 예상되는 경로를 항상 선택한다.

〈보기〉

ㄱ. A가 증가하고 B가 감소하면 甲은 항상 대안경로를 선택한다.
ㄴ. A와 B가 모두 증가하면 甲은 항상 대안경로를 선택한다.
ㄷ. A와 B가 모두 감소할 때 甲이 대안경로를 선택하는 경우가 있다.
ㄹ. A가 감소하고 B가 증가할 때 甲이 대안경로를 선택하는 경우가 있다.

① ㄱ, ㄴ
② ㄱ, ㄷ
③ ㄴ, ㄷ
④ ㄴ, ㄹ
⑤ ㄷ, ㄹ

해설

문제 분석

제시문에서는 ⅰ) 내비게이션 시스템이 대안경로를 제안하면서, ⅱ) 기존경로와 비교하여 목적지까지의 잔여거리(A), 잔여시간(B)가 증가·감소하는지 알려준다. 그렇다면 ⅲ) 甲은 변화된 잔여거리(A), 잔여시간(B)을 통해 목적지까지의 평균속력이 더 높을 것으로 예상되는 경로를 선택한다.

문제풀이 실마리

제시문의 내용을 통해 거리·속력·시간에 대한 이해를 묻는 문제이다. 거리·속력·시간에 대한 기본적인 식을 문제에 맞게 표현해 보면

$$평균속력 = \frac{잔여거리(A)}{잔여시간(B)}$$

임이 적용되지만, 해당 식을 시간 $= \frac{거리}{속력}$, 거리 = 속력×시간과 같이 변형하는 것도 익숙해져야 한다.

ㄱ. (O) 평균속력을 구성하는 식에서 분자인 A가 증가하고 B가 감소하면 평균속력은 증가한다. 甲은 평균속력이 더 높은 대안경로를 선택한다.

ㄴ. (X) 식에서 분자인 A와 분모인 B가 모두 증가하면, 甲은 분자인 A의 증가율이 분모인 B의 증가율보다 높은 경우 평균속력이 증가하므로 대안경로를 선택한다. 반대로 A의 증가율이 B의 증가율보다 낮은 경우 평균속력은 감소하므로 甲은 기존경로를 선택한다. 따라서 甲이 항상 대안경로를 선택하는 것은 아니다.

ㄷ. (O) 식에서 분자인 A와 분모인 B가 모두 감소하면, 甲은 분자인 A의 감소율이 분모인 B의 감소율보다 큰 경우 평균속력이 감소하므로 대안경로를 선택하지 않고 기존경로를 선택한다. 그러나 분자인 A의 감소율이 분모인 B의 감소율보다 작은 경우 평균속력이 증가하므로 이러한 경우 대안경로를 선택한다. 甲이 대안경로를 선택하는 경우가 있다.

ㄹ. (X) 식에서 분자인 A가 감소하고 분모인 B가 증가하면 평균속력은 감소한다. 甲은 평균속력이 더 높은 기존경로를 선택하고 대안경로를 선택하지 않는다.

빠른 문제풀이 Tip

문제에서 사용된 속력 $= \frac{거리}{시간}$과 같은 식뿐만 아니라, 해당 식을 시간 $= \frac{거리}{속력}$, 거리 = 속력×시간과 같이 변형하는 것도 익숙해져야 한다. 그리고 해당 문제에서는 단위에 대해 묻고 있지는 않지만, 거리·속력·시간의 단위 변환에 대한 문제도 출제되는 경우가 있다.

[정답] ②

날짜 계산

77 다음 글과 <상황>을 근거로 추론할 때 옳지 않은 것은? (단, 월·일은 양력 기준이다)

13년 5급 인책형 2번

i)절기(節氣)는 태양의 주기에 기초해서 1개월에 2개씩 지정되는 것으로 1년에 총 24개의 절기가 있다. 24절기는 12절기와 12중기로 이루어져 있는데, 각 달의 첫 번째는 절기, 두 번째는 중기라 한다. 절기를 정하는 방법으로 정기법이 있다. 정기법은 황도상의 해당 지점인 태양황경을 기준으로 태양이 동쪽으로 15도 간격으로 이동할 때마다, 즉 15도씩 증가할 때마다 절기와 중기를 매겨 나가는 방법이다. 황경은 지구에서 태양을 보았을 때, 태양이 1년 동안 하늘을 한 바퀴 도는 길인 황도를 지나가는 각도이다. 춘분은 황경의 기점이 되며, 황경이 0도일 때이다.

양력	절기	중기	양력	절기	중기
1월	소한	대한	7월	소서	대서
2월	입춘	우수	8월	입추	처서
3월	경칩	춘분	9월	백로	추분
4월	청명	곡우	10월	한로	상강
5월	입하	소만	11월	입동	소설
6월	망종	하지	12월	대설	동지

ii)계절은 3개월마다 바뀌고, 각 계절마다 6개의 절기가 있다. 입춘, 입하, 입추, 입동은 봄, 여름, 가을, 겨울이 시작되는 첫날이다. 절기 사이에는 15일의 간격이 있다. 그런데 일부 절기 사이의 간격은 하루가 늘거나 줄기도 한다.

〈상황〉

- 올해는 입하, 망종, 하지, 대서, 입추, 백로, 한로가 앞 절기와 16일 간격이고, 대한과 대설은 앞 절기와 14일 간격이다.
- 올해 춘분은 3월 21일이다.
- 올해 2월은 28일까지 있다.

① 올해 여름의 첫날은 5월 5일이다.
② 절기의 양력 날짜는 매년 고정적인 것은 아니다.
③ 올해 태양황경이 60도가 되는 날은 5월 중기인 소만이다.
④ 올해 7월 24일은 태양황경이 120도에서 135도 사이에 있는 날이다.
⑤ 올해 입춘부터 곡우까지의 날짜 간격은 한로부터 동지까지의 날짜 간격보다 길다.

해설

문제 분석

순서대로 문단 i)~문단 ii)라 하고, 〈상황〉의 첫 번째 동그라미부터 각각 조건 i)~iii)이라고 한다.

문제풀이 실마리

제시문의 내용을 정리하면 다음과 같다.

날짜		절기	중기	황경(도)	계절
1월	6일	소한	–	285	겨울
	20일	–	대한	300	
2월	4일	입춘	–	315	봄
	19일	–	우수	330	
3월	6일	경칩	–	345	
	21일	–	춘분	0(기점)	
4월	5일	청명	–	15	
	20일	–	곡우	30	
5월	6일	입하	–	45	여름
	21일	–	소만	60	
6월	6일	망종	–	75	
	22일	–	하지	90	
7월	7일	소서	–	105	
	23일	–	대서	120	
8월	8일	입추	–	135	가을
	23일	–	처서	150	
9월	8일	백로	–	165	
	23일	–	추분	180	
10월	9일	한로	–	195	
	24일	–	상강	210	
11월	8일	입동	–	225	겨울
	23일	–	소설	240	
12월	7일	대설	–	255	
	22일	–	동지	270	

① (X) 문단 ii) 두 번째 문장에 따르면 입하는 여름이 시작되는 첫날이다. 그리고 세 번째 문장에서 절기 사이에는 15일의 간격이 있다고 한다. 〈상황〉의 조건 ii)에서 올해 춘분은 3월 21일이라고 하고 조건 i)에서 입하는 앞 절기와 16일 간격이라고 하므로, 올해 여름의 첫날인 입하는 5월 5일이 아니라 춘분으로부터 46일 뒤인 5월 6일이다.

② (O) 문단 ii) 세 번째 문장에 따르면 절기 사이에는 15일의 간격이 있고, 네 번째 문장에 따르면 일부 절기 사이의 간격은 하루가 늘거나 줄기도 한다. 그리고 〈상황〉의 조건 i)에서 각 절기의 간격이 15일이 아닌 경우를 설명하고 있는 점과 '올해'라는 표현으로부터 절기의 양력 날짜는 매년 고정적인 것은 아니라는 것을 추론할 수 있다.

③ (O) 문단 i) 여섯 번째 문장에 따르면 춘분은 황경의 기점으로 황경이 0도이다. 그리고 네 번째 문장에 따르면 한 번의 절기마다 황경이 15도씩 증가한다. 따라서 올해 태양황경이 60도가 되는 날은 춘분으로부터 4개의 절기가 지난 5월 중기인 소만이다.

④ (O) 문단 i) 네 번째 문장에 따르면 한 번의 절기마다 황경이 15도씩 증가하므로, 태양황경이 120도에서 135도 사이에 있는 날은 춘분으로부터 8개의 절기가 지난, 대서 이후여야 한다. 〈상황〉의 조건 ii)에 따르면 올해 춘분은 3월 21일이고, 조건 i)에 따르면 춘분과 대서 사이의 입하, 망종, 하지, 대서는 앞 절기와 16일 간격이므로 대서는 춘분으로부터 124일 뒤인 7월 23일이다. 따라서 7월 24일은 태양황경이 120도에서 135도 사이에 있는 날이다.

⑤ (O) 입춘부터 곡우까지는 다섯 개의 절기가 지나야 하고 16일 간격이나 14일 간격인 절기는 없다. 그리고 한로부터 동지까지는 다섯 개의 절기가 지나야 하고 대설은 앞 절기와 14일 간격이다. 따라서 올해 입춘부터 곡우까지의 날짜 간격은 한로부터 동지까지의 날짜 간격보다 길다는 것을 확인할 수 있다.

[정답] ①

기타 계산

78 다음 글을 근거로 판단할 때, <보기>에서 옳은 것만을 모두 고르면? 18년 민경채 가책형 24번

엘로 평점 시스템(Elo Rating System)은 체스 등 일대일 방식의 종목에서 선수들의 실력을 표현하는 방법으로 물리학자 아르파드 엘로(Arpad Elo)가 고안했다.

임의의 두 선수 X, Y의 엘로 점수를 각각 E_X, E_Y라 하고 X가 Y에게 승리할 확률을 P_{XY}, Y가 X에게 승리할 확률을 P_{YX}라고 하면, 각 선수가 승리할 확률은 다음 식과 같이 계산된다. 무승부는 고려하지 않으므로 두 선수가 승리할 확률의 합은 항상 1이 된다. → 보기 ㄴ

$$P_{XY}=\frac{1}{1+10^{-(E_X-E_Y)/400}}$$

$$P_{YX}=\frac{1}{1+10^{-(E_Y-E_X)/400}}$$

두 선수의 엘로 점수가 같다면, 각 선수가 승리할 확률은 0.5로 같다. 만약 한 선수가 다른 선수보다 엘로 점수가 200점 높다면, 그 선수가 승리할 확률은 약 0.76이 된다. → 보기 ㄹ

경기 결과에 따라 각 선수의 엘로 점수는 변화한다. 경기에서 승리한 선수는 그 경기에서 패배할 확률에 K를 곱한 만큼 점수를 얻고, 경기에서 패배한 선수는 그 경기에서 승리할 확률에 K를 곱한 만큼 점수를 잃는다(K는 상수로, 보통 32를 사용한다). 승리할 확률이 높은 경기보다 승리할 확률이 낮은 경기에서 승리했을 경우 더 많은 점수를 얻는다. → 보기 ㄱ

〈보기〉

ㄱ. 경기에서 승리한 선수가 얻는 엘로 점수와 그 경기에서 패배한 선수가 잃는 엘로 점수는 다를 수 있다.
ㄴ. K=32라면, 한 경기에서 아무리 강한 상대에게 승리해도 얻을 수 있는 엘로 점수는 32점 이하이다.
ㄷ. A가 B에게 패배할 확률이 0.1이라면, A와 B의 엘로 점수 차이는 400점 이상이다.
ㄹ. A가 B에게 승리할 확률이 0.8, B가 C에게 승리할 확률이 0.8이라면, A가 C에게 승리할 확률은 0.9 이상이다.

① ㄱ, ㄴ
② ㄴ, ㄹ
③ ㄱ, ㄴ, ㄷ
④ ㄱ, ㄷ, ㄹ
⑤ ㄴ, ㄷ, ㄹ

해설

문제 분석

제시문에 주어진 식을 확인해 보면 임의의 선수 X, Y의 엘로 점수를 E_X, E_Y라 하고 엘로 점수가 승리 확률 P_{XY}, P_{YX}의 지수 부분에 들어가 있는 것을 확인할 수 있다. 승리 확률 P_{XY} 식에서 E_Y가 고정일 때 E_X가 증가하면 $-(E_X-E_Y)/400$가 감소하고, 분모의 $10^{-(E_X-E_Y)/400}$도 감소하게 되므로 P_{XY} 값은 커진다는 것을 이해할 수 있다.

문제풀이 실마리

문제에서 엘로 점수로부터 직접적인 승리 확률을 정확히 계산하는 것을 묻지는 않으므로 엘로 점수와 승리 확률 간의 관계를 이해하는 데 집중한다. 다만 제시문에 예로 주어진 것과 같이 엘로 점수가 200점 차이 나는 경우를 이용할 수 있고, 식 구성상 엘로 점수가 400점 차이 나는 경우와 같이 계산이 간단한 경우는 계산을 요할 수 있다.

ㄱ. (X) 임의의 두 선수 X, Y가 있고 각 선수가 승리할 확률을 P_{XY}, P_{YX}라고 하자. 여기서 X가 승리할 확률 P_{XY}는 Y가 패배할 확률이고, Y가 승리할 확률 P_{YX}는 X가 패배할 확률이다. X가 승리했다고 가정하면 하면 X는 그 경기에서 패배할 확률 P_{YX}에 K를 곱한 $K\times P_{YX}$만큼 점수를 얻고, Y는 그 경기에서 승리할 확률 P_{YX}에 K를 곱한 $K\times P_{YX}$만큼 점수를 잃게 된다. 임의로 X가 승리한 경우에도 X가 얻는 점수와 Y가 잃는 점수는 항상 같다.

ㄴ. (O) 임의의 두 선수 X, Y가 있고 각 선수가 승리할 확률을 P_{XY}, P_{YX}라고 하자. 두 선수가 승리할 확률의 합은 항상 1이므로 $P_{XY}+P_{YX}=1$이다. 그리고 P_{XY}, $P_{YX}\geq0$이므로 $0\leq P_{XY}$, $P_{YX}\leq1$이다. 경기에서 승리한 선수는 패배할 확률에 K를 곱한 만큼 점수를 얻게 되는데 K=32이고 X가 승리했다고 하면, 얻게 되는 점수 $K\times P_{YX}$는 $0\leq K\times P_{XY}\leq32$이므로 아무리 강한 상대에서 승리해도 얻을 수 있는 엘로 점수는 32점 이하이다.

ㄷ. (X) E_A-E_B가 증가할수록 P_{AB}는 증가하는 것은 위의 조건의 정리에서 확인하였고, $P_{AB}+P_{BA}=1$이므로 P_{AB}가 증가하면 P_{BA}는 감소한다. 따라서 $P_{BA}=0.1$로부터 E_A-E_B가 400점 이상인지 확인하는 것이 아니라 E_A-E_B가 400인 경우 P_{AB}가 0.9 이하인지 확인한다. $E_A-E_B=400$을 P_{AB}에 대입해 보면

$$P_{AB}=\frac{1}{1+10^{-(400)/400}}=\frac{1}{1+10^{-1}}=\frac{1}{1+\frac{1}{10}}\times\frac{\frac{11}{10}}{\frac{11}{10}}=\frac{10}{11}$$

이고 $\frac{10}{11}$은 약 0.91이다. P_{AB}가 0.9 이상이다.

ㄹ. (O) 제시문에서 엘로 점수차가 200점일 때 점수가 높은 선수가 승리할 확률은 약 0.76이라고 한다. A가 B에게 승리할 확률이 0.8라면 A는 B보다 엘로 점수가 200점 이상 높고, B의 엘로 점수도 C보다 200점 이상 높다. 그렇다면 A의 엘로 점수는 C보다 400점 이상 높다. ㄷ에서 $E_A-E_B=400$인 경우 P_{AB}가 0.9 이상인 것을 확인하였으므로 A가 C보다 엘로 점수가 400점 이상 높다면 A가 C에게 승리할 확률은 0.9 이상이다.

빠른 문제풀이 Tip

ㄴ. 확률의 경우 일반적으로 P≥0이라고 생각할 수 있다. 제시문에 별다른 언급이 없는 이유는 $10^{-(E_X-E_Y)/400}\geq0$이므로 $P_{XY}\geq0$이기 때문이다.

[정답] ②

PART 1 텍스트 해커스 PSAT 길규범 상황판단 올인원 3권 텍스트·법조문

79 다음 글과 <상황>을 근거로 판단할 때, 과거에 급제한 아들이 분재 받은 밭의 총 마지기 수는? 19년 7급(예시) 3번

> ⅰ)조선시대의 분재(分財)는 시기가 재주(財主) 생전인지 사후인지에 따라 구분할 수 있다. 별급(別給)은 재주 생전에 과거급제, 생일, 혼인, 출산, 감사표시 등 특별한 사유로 인해 이루어지는 분재였으며, 깃급[衿給]은 특별한 사유 없이 재주가 임종이 가까울 무렵에 하는 일반적인 분재였다.
>
> ⅱ)재주가 재산을 분배하지 못하고 죽는 경우 재주 사후에 그 자녀들이 모여 재산을 분배하게 되는데, 이를 화회(和會)라고 했다. 화회는 재주의 3년 상(喪)을 마친 후에 이루어졌다. 자녀들이 재산을 나눌 때 재주의 유서나 유언이 남아 있으면 이에 근거하여 분재가 되었으나, 그렇지 못한 경우에는 합의하여 재산을 나누어 가졌다. 조선 전기에는 『경국대전』의 규정에 따랐는데, 친자녀 간 균분 분재를 원칙으로 하나 제사를 모실 자녀에게는 다른 친자녀 한 사람 몫의 5분의 1이 더 분재되었다. 그러나 이때에도 양자녀에게는 차별을 두도록 되어 있었다. 조선 중기 이후에는 『경국대전』의 규정이 그대로 지켜지지 못하고 장남에게 많은 재산이 우선적으로 분재되었다. 깃급과 화회 대상 재산에는 별급으로 받은 재산이 포함되지 않았다.

※ 분재: 재산을 나누어 줌
※ 재주: 분재되는 재산의 주인

〈상황〉

- ㅇ 유서와 유언 없이 사망한 재주 甲의 분재 대상자는 아들 2명과 딸 2명이며, 이 중 딸 1명은 양녀이고 나머지 3명은 친자녀이다.
- ㅇ 甲이 별급한 재산은 과거에 급제한 아들 1명에게 밭 20마지기를 준 것과 두 딸이 시집갈 때 각각 밭 10마지기씩을 준 것이 전부였다.
- ㅇ 화회 대상 재산은 밭 100마지기이며 화회는 『경국대전』의 규정에 따라 이루어졌다.
- ㅇ 과거에 급제한 아들이 제사를 모시기로 하였으며, 양녀는 제사를 모시지 않는 친자녀 한 사람이 화회로 받은 몫의 5분의 4를 받았다.

① 30
② 35
③ 40
④ 45
⑤ 50

해설

문제 분석

순서대로 문단 ⅰ)~문단 ⅱ)라 한다.
문단 ⅰ) 분재의 구분 (별급, 깃급)
문단 ⅱ) 분재의 구분 (화회), 분재의 방법

문제풀이 실마리

어려운 한자어를 포함하여 분재를 설명하고 있으므로 개념의 이해 자체부터 다소 어려울 수 있다. 따라서 용어에 주의하며 분재의 방법을 정확히 이해하고, 분재 받는 밭의 총 마지기 수를 계산해야 한다.

분재의 시기가 재주의 생전인지 사후인지에 따라 정리하면 다음과 같다.

분재	별급	재주 생전에 과거급제, 생일, 혼인, 출산, 감사표시 등 특별한 사유로 인해 이루어지는 분재
	깃급	특별한 사유 없이 재주가 임종이 가까울 무렵에 하는 일반적인 분재
	하회	재주가 재산을 분배하지 못하고 죽는 경우 재주 사후에 그 자녀들이 모여 재산을 분배

또한 분재의 방법을 정리하면 다음과 같다.

- 자녀들이 재산을 나눌 때 재주의 유서나 유언이 남아 있으면 이에 근거하여 분재가 되었으나, 그렇지 못한 경우에는 합의하여 재산을 나누어 가졌다.
- 『경국대전』의 규정: 친자녀 간 균분 분재를 원칙으로 하나, 제사를 모실 자녀에게는 다른 친자녀 한 사람 몫의 5분의 1이 더 분재되었다. 그러나 이때에도 양자녀에게는 차별을 두도록 되어 있었다.
- 깃급과 화회 대상 재산에는 별급으로 받은 재산이 포함되지 않았다.

이를 〈상황〉에 적용하면 甲이 별급한 재산은 과거에 급제한 아들 1명에게 밭 20마지기를 준 것과 두 딸이 시집갈 때 각각 밭 10마지기씩을 준 것이 전부이고, 깃급과 화회 대상 재산에는 별급으로 받은 재산이 포함되지 않는다. 이때 재주 甲은 유서와 유언 없이 사망하였고, 과거 급제한 아들이 제사를 모시기로 하였으며 화회 대상 재산은 경국대전의 규정에 따라 이루어졌으므로 화회 대상 재산인 밭 100마지기를 분재 대상자 4명으로 나눈 25마지기씩 균분한 후, 제사를 모실 과거에 급제한 아들에게는 다른 친자녀 한 사람 몫의 5분의 1인 5마지기가 더 분재된다. 이때 양녀는 제사를 모시지 않는 친자녀 한 사람이 화회로 받은 몫의 5분의 4인 20마지기를 분재 받는다. 따라서 과거에 급제한 아들은 별급으로 20마지기, 화회로 30마지기를 분재 받으므로 분재 받은 밭의 총 마지기 수는 20+30=50마지기이다.

[정답] ⑤

80 다음 글을 근거로 판단할 때, ㉠과 ㉡에 들어갈 수를 옳게 짝지은 것은?

20년 7급(모의) 8번

> i)올림픽은 원칙적으로 4년에 한 번씩 개최되는 세계 최대 규모의 스포츠 대회이다. 제1회 하계 올림픽은 1896년 그리스 아테네에서, 제1회 동계 올림픽은 1924년 프랑스 샤모니에서 개최되었다. 그런데 두 대회의 차수(次數)를 계산하는 방식은 서로 다르다.
>
> ii)올림픽 사이의 기간인 4년을 올림피아드(Olympiad)라 부르는데, 하계 올림픽의 차수는 올림피아드를 기준으로 계산한다. 이전 대회부터 하나의 올림피아드만큼 시간이 흐르면 올림픽 대회 차수가 하나씩 올라가게 된다. 대회가 개최되지 못해도 올림피아드가 사라지는 것은 아니기 때문에 대회 차수에는 영향을 미치지 않는다. 실제로 하계 올림픽은 제1·2차 세계대전으로 세 차례(1916년, 1940년, 1944년) 개최되지 못하였는데, 1912년 제5회 스톡홀름 올림픽 다음으로 1920년에 벨기에 안트베르펜에서 개최된 올림픽은 제7회 대회였다. 마찬가지로 1936년 제11회 베를린 올림픽 다음으로 개최된 1948년 런던 올림픽은 제(㉠)회 대회였다. 반면에 동계 올림픽의 차수는 실제로 열린 대회만으로 정해진다. 동계 올림픽은 제2차 세계대전으로 두 차례(1940년, 1944년) 열리지 못하였는데, 1936년 제4회 동계 올림픽 다음 대회인 1948년 동계 올림픽은 제5회 대회였다. 이후 2020년 전까지 올림픽이 개최되지 않은 적은 없다.
>
> iii)1992년까지 동계·하계 올림픽은 같은 해 치러졌으나 그 이후로는 IOC 결정에 따라 분리되어 2년 격차로 개최되었다. 1994년 노르웨이 릴레함메르에서 열린 동계 올림픽 대회는 이 결정에 따라 처음으로 하계 올림픽에 2년 앞서 치러진 대회였다. 이를 기점으로 동계 올림픽은 지금까지 4년 주기로 빠짐없이 개최되고 있다.
>
> iv)대한민국은 1948년 런던 하계 올림픽에 처음 출전하여, 1976년 제21회 몬트리올 하계 올림픽과 1992년 제(㉡)회 알베르빌 동계 올림픽에서 각각 최초로 금메달을 획득하였다.

	㉠	㉡
①	12	16
②	12	21
③	14	16
④	14	19
⑤	14	21

해설

문제 분석

순서대로 문단 i)~문단 iv)라 한다.

문단 i) 올림픽, 제1회 하계 올림픽과 동계 올림픽

문단 ii) 하계 올림픽의 차수는 올림피아드(4년)를 기준으로 계산
동계 올림픽의 차수는 실제로 열린 대회만으로 계산

문단 iii) 1992년까지 동계·하계 올림픽은 같은 해 개최
그 이후로는 2년 격차로 개최

문단 iv) 대한민국의 올림픽 출전 및 최초 금메달 획득 기록

문제풀이 실마리

㉠과 ㉡을 채우기 위해서는 0회인지를 해결하기 위해 차수를 계산하는 방식을 파악해야 한다. 하계 올림픽의 차수를 계산하는 방식과 동계 올림픽의 차수를 계산하는 방법이 서로 차이가 있으므로 잘 구분하여 해결해야 한다.

㉠ 문단 ii) 첫 번째부터 세 번째 문장에 따르면 하계 올림픽의 차수는 4년을 기준으로 계산하고 대회가 개최되지 못해도 대회 차수에는 영향을 미치지 않는다. 다섯 번째 문장에 따르면 1936년 개최된 베를린 올림픽은 제11회였으므로, 12년 후에 개최된 1948년 런던 올림픽의 차수는 제11회로부터 12년÷4년=3을 더한 제14회 대회였다.

㉡ 문단 ii) 일곱 번째 문장에 따르면 1948년 동계 올림픽은 제5회 대회였고 동계올림픽의 차수는 실제로 열린 대회만으로 정해지지만, 여덟 번째 문장에 따르면 이후 2020년 전까지 올림픽이 개최되지 않은 적은 없다. 따라서 1948년 제5회 동계 올림픽으로부터 44년 후에 개최된 1992년 알베르빌 동계 올림픽의 차수는 제5회로부터 44년÷4년=11을 더한 제16회 대회이다.

[정답] ③

81 다음 글과 <조건>을 근거로 판단할 때, <보기>에서 옳은 것만을 모두 고르면? 16년 5급 4책형 3번

i)정약용은 『목민심서』에서 흉작에 대비하여 군현 차원에서 수령이 취해야 할 대책에 대해 서술하였다. 그는 효과적인 대책으로 권분(勸分)을 꼽았는데, 권분이란 군현에서 어느 정도 경제력을 갖춘 사람들에게 곡식을 내놓도록 권하는 제도였다.

ii)권분의 대상자는 요호(饒戶)라고 불렀다. 요호는 크게 3등(等)으로 구분되는데, 각 등은 9급(級)으로 나누어졌다. 상등 요호는 봄에 무상으로 곡물을 내놓는 진희(賑餼), 중등 요호는 봄에 곡물을 빌려주었다가 가을에 상환받는 진대(賑貸), 하등 요호는 봄에 곡물을 시가의 1/4로 판매하는 진조(賑糶)를 권분으로 행하였다. 정약용이 하등 요호 8, 9급까지 권분의 대상에 포함시킨 것은, 현실적으로 상등 요호와 중등 요호는 소수이고 하등 요호가 대다수이었기 때문이다.

iii)상등 요호 1급의 진희량은 벼 1,000석이고, 요호의 등급이 2급, 3급 등으로 한 급씩 내려갈 때마다 벼 100석씩 감소하였다. 중등 요호 1급의 진대량은 벼 100석이고, 한 급씩 내려갈 때마다 벼 10석씩 감소하였다. 하등 요호 1급의 진조량은 벼 10석이고, 한 급씩 내려갈 때마다 벼 1석씩 감소하였다. 조선시대 국법은 벼 50석 이상 권분을 행한 자부터 시상(施賞)할 수 있도록 규정하였는데 상등 요호들은 이러한 자격조건을 충분히 넘어섰고, 이들에게는 군역 면제의 혜택이 주어졌다.

〈조건〉

○ 조선시대 벼 1석의 봄 시가: 6냥
○ 조선시대 벼 1석의 가을 시가: 1.5냥

〈보기〉

ㄱ. 상등 요호 1급 甲에게 정해진 권분량과 하등 요호 9급 乙에게 정해진 권분량의 차이는 벼 999석이었을 것이다.
ㄴ. 중등 요호 6급 丙이 권분을 다한 경우, 조선시대 국법에 의하면 시상할 수 없었을 것이다.
ㄷ. 중등 요호 7급 丁에게 정해진 권분량의 대여시점과 상환시점의 시가 차액은 180냥이었을 것이다.
ㄹ. 상등 요호 9급 戊에게 정해진 권분량의 권분 당시 시가는 1,200냥이었을 것이다.

① ㄱ, ㄴ
② ㄱ, ㄷ
③ ㄴ, ㄷ
④ ㄴ, ㄹ
⑤ ㄷ, ㄹ

해설

문제 분석

순서대로 문단 i)~문단 iii)이라 한다.
문단 i) 흉작에 대비한 권분
문단 ii) 권분의 대상자 및 각 대상자별 권분
문단 iii) 권분의 각 대상자 별 권분량, 권분에 따른 혜택

문제풀이 실마리

제시문의 권분에 대해 정리해 보면 다음과 같다.

급	요호		
	상등(진희)	중등(진대)	하등(진조)
1	벼 1,000석	벼 100석	벼 10석
2	벼 900석	벼 90석	벼 9석
3	벼 800석	벼 80석	벼 8석
4	벼 700석	벼 70석	벼 7석
5	벼 600석	벼 60석	벼 6석
6	벼 500석	벼 50석	벼 5석
7	벼 400석	벼 40석	벼 4석
8	벼 300석	벼 30석	벼 3석
9	벼 200석	벼 20석	벼 2석

ㄱ. (X) 문단 iii) 첫 번째 문장에 따르면 상등 요호 1급 甲에게 정해진 권분량은 벼 1,000석이고, 세 번째 문장에 따르면 하등 요호 1급의 진조량은 벼 10석이고, 한 급씩 내려갈 때마다 벼 1석씩 감소하였으므로 하등 요호 9급 乙에게 정해진 권분량은 벼 2석이다. 그 차이는 벼 999석이 아니라 벼 998석이었을 것이다.

ㄴ. (X) 문단 iii) 두 번째 문장에 따르면 중등 요호 1급의 진대량은 벼 100석이고, 한 급씩 내려갈 때마다 벼 10석씩 감소하였으므로 중등 요호 6급의 권분량은 벼 50석이다. 네 번째 문장에 따르면 조선시대 국법은 벼 50석 이상 권분을 행한 자부터 시상할 수 있도록 규정하였으므로, 중등 요호 6급 丙이 권분을 다한 경우 벼 50석 이상 권분을 행한 자에 해당하여 조선시대 국법에 의하면 시상할 수 있었을 것이다.

ㄷ. (O) 문단 iii) 두 번째 문장에 따르면 중등 요호 7급 丁에게 정해진 권분량은 벼 40석이다. 벼 40석의 대여시점인 봄 시가는 40(석)×6냥=240냥이고 상환시점인 가을 시가는 40(석)×1.5냥=60냥으로, 시가 차액은 240냥−60냥=180냥이었을 것이다.

ㄹ. (O) 문단 iii) 첫 번째 문장에 따르면 상등 요호 9급 戊에게 정해진 권분량은 벼 200석이다. 권분 당시인 봄 시가는 200(석)×6냥=1,200냥이었을 것이다.

빠른 문제풀이 Tip

ㄷ. 차이값으로 계산해서 4.5냥×40석=180냥으로 계산하는 것이 빠르다.

[정답] ⑤

82 다음 글을 근거로 판단할 때 옳은 것은?

16년 5급 4책형 4번

> ⅰ)독일의 통계학자 A는 가계지출을 음식비, 피복비, 주거비, 광열비, 문화비(교육비, 공과금, 보건비, 기타 잡비)의 5개 항목으로 구분해 분석했다. 그 결과 소득의 증가에 따라 총 가계지출 중 음식비 지출 비중은 점차 감소하는 경향이 있지만, 피복비 지출은 소득의 증감에 비교적 영향을 받지 않는다는 사실을 발견했다. 또 주거비와 광열비에 대한 지출 비중은 소득수준에 관계없이 거의 일정하고, 문화비 지출 비중은 소득 증가에 따라 급속하게 증가한다는 것도 알아냈다. 이러한 사실을 모두 아울러 'A의 법칙'이라고 한다. 특히 이 가운데서 가계지출 중 음식비 지출 비중만을 따로 떼어 내어 'A계수'라고 한다. A계수는 총 가계지출에서 차지하는 음식비의 비중을 백분율로 표시한 것으로, 소득수준이 높을수록 낮아지고, 소득수준이 낮을수록 높아지는 경향을 보인다.
>
> ⅱ)가계지출 중 자녀 교육비의 비중을 나타낸 수치를 'B계수'라고 한다. 지난 1분기 가계소득 하위 20% 가구의 월평균 교육비 지출액은 12만 원으로 가계지출의 10%였다. 반면 가계소득 상위 20% 가구의 월평균 교육비 지출액은 72만 원으로 가계소득 하위 20% 가구의 6배에 달했고 가계지출에서 차지하는 비중도 20%였다.

① 가계소득이 증가할 때 A계수와 B계수는 모두 높아질 것이다.
② 소득이 높은 가계라도 가계구성원 모두가 값비싼 음식을 선호한다면 소득이 낮은 가계보다 A계수가 높을 수 있다.
③ A의 법칙에 의하면 소득이 증가할수록 음식비 지출액이 줄어든다고 할 수 있다.
④ 지난 1분기 가계소득 상위 20% 가구의 월평균 소득은 가계소득 하위 20% 가구의 월평균 소득의 3배이다.
⑤ 지난 1분기 가계소득 분위별 교육비 지출액 현황을 볼 때 가계소득이 낮을수록 교육열이 높다고 볼 수 있다.

해설

문제 분석

순서대로 문단 ⅰ)~문단 ⅱ)라 한다.
문단 ⅰ) A의 법칙, A계수
문단 ⅱ) B계수
문단 ⅰ) 첫 번째 문장에 따르면 가계지출과 문화비는 다음과 같다.
가계지출=음식비+피복비+주거비+광열비+문화비
문화비=교육비+공과금+보건비+기타 잡비

문제풀이 실마리

소득의 증가에 따른 가계지출 항목들의 변화, A의 법칙, A계수, B계수 등을 정확하게 이해한 후 이를 응용·적용하여 해결해야 한다.

① (X) 문단 ⅰ) 여섯 번째 문장에 따르면 가계소득이 증가할 때 A계수는 낮아진다. 문단 ⅱ) 두 번째, 세 번째 문장에 따르면 가계소득 하위 20% 가구의 B계수는 10%이고 상위 20% 가구의 B계수는 20%이므로 가계소득이 증가할 때 B계수가 높아질 것으로 판단할 수 있다.

② (O) 문단 ⅰ) 여섯 번째 문장에 따라 A계수를 식으로 표현해 보면 다음과 같다.

$$A계수(\%)=\frac{음식비}{총\ 가계지출}\times100$$

소득이 높은 가계라도 가계구성원 모두가 값비싼 음식을 선호한다면 분모의 총 가계지출 대비 분자의 음식비 비중이 높아지면서 소득이 낮은 가계보다 A계수가 높을 수 있다.

③ (X) A의 법칙에 따르면 소득이 증가할수록 음식비 지출액이 줄어드는 것은 알 수 없고, 문단 ⅰ) 두 번째 문장에 따르면 소득의 증가에 따라 총 가계지출 중 음식비 지출 비중이 점차 감소하는 경향이 있다고 한다. 즉, 분자가 감소하는지는 알 수 없고, $\frac{음식비}{총\ 가계지출}$에서 분모 대비 분자가 감소하는 경향이 있다는 것이다.

④ (X) 제시문의 내용에서 지난 1분기 가계소득 상위 20% 가구의 월평균 소득이 가계소득 하위 20% 가구의 월평균 소득의 3배인지 알 수 없다. 다만 문단 ⅱ) 두 번째 문장에 따라 가계소득 하위 20% 가구의 가계지출을 계산해 보면 12만 원÷10%=120만 원이고, 세 번째 문장에 따라 가계소득 상위 20% 가구의 가계지출은 72만 원÷20%=360만 원으로 가계지출은 3배이다.

⑤ (X) 제시문에서 어떠한 지표로 가계의 교육열을 판단할 것인지 언급한 바 없으므로 지난 1분기 가계소득 분위별 교육비 지출액 현황을 볼 때 가계소득이 낮을수록 교육열이 높은지 알 수 없다. 만약 월평균 교육비 지출액으로 교육열을 판단한다면 가계소득 하위 20% 가구의 월평균 교육비 지출액은 12만 원, 가계소득 상위 20% 가구의 월평균 교육비 지출액은 72만 원이므로 가계소득이 높을수록 교육열이 높다고 볼 수 있다. 그리고 가계지출 대비 교육비 지출액으로 교육열을 판단한다면 가계소득 하위 20% 가구는 가계지출에서 차지하는 비중이 10%, 가계소득 상위 20% 가구는 가계지출에서 차지하는 비중이 20%이므로 마찬가지로 가계소득이 높을수록 교육열이 높다고 볼 수 있다.

[정답] ②

83 다음 글을 근거로 판단할 때, <보기>에서 옳은 것만을 모두 고르면?

16년 5급 4책형 24번

ⅰ)특정 물질의 치사량은 주로 동물 연구와 실험을 통해서 결정한다. 치사량의 단위는 주로 LD50을 사용하는데, 'LD'는 Lethal Dose의 약어로 치사량을 의미하고, '50'은 물질 투여 시 실험 대상 동물의 50%가 죽는 것을 의미한다. 이런 이유로 LD50을 반수(半數) 치사량이라고도 한다. 일반적으로 치사량이란 '즉시' 생명을 앗아갈 수 있는 양을 의미하고 있으므로 '급성' 반수 치사량이 사실 정확한 표현이다. LD50 값을 표기할 때는 보통 실험 대상 동물의 몸무게 1kg을 기준으로 하는 mg/kg 단위를 사용한다.

ⅱ)독성이 강하다는 보톡스의 LD50 값은 1ng/kg으로 복어 독보다 1만 배 이상 강하다. 일상에서 쉽게 접할 수 있는 카페인의 LD50 값은 200mg/kg이며 니코틴의 LD50 값은 1mg/kg이다. 커피 1잔에는 평균적으로 150mg의 카페인이 들어 있으며 담배 한 개비에는 평균적으로 0.1mg의 니코틴이 함유되어 있다.

※ 1ng(나노그램)$=10^{-6}$mg$=10^{-9}$g

〈보기〉

ㄱ. 복어 독의 LD50 값은 0.01mg/kg 이상이다.
ㄴ. 일반적으로 독성이 더 강한 물질일수록 LD50 값이 더 작다.
ㄷ. 몸무게가 7kg인 실험 대상 동물의 50%가 즉시 치사하는 카페인 투여량은 1.4g이다.
ㄹ. 몸무게가 60kg인 실험 대상 동물의 50%가 즉시 치사하는 니코틴 투여량은 1개비당 니코틴 함량이 0.1mg인 담배 60개비에 들어 있는 니코틴의 양에 상응한다.

① ㄱ, ㄴ
② ㄱ, ㄷ
③ ㄱ, ㄴ, ㄷ
④ ㄴ, ㄷ, ㄹ
⑤ ㄱ, ㄴ, ㄷ, ㄹ

해설

문제 분석

순서대로 문단 ⅰ)~문단 ⅱ)라 한다.
주어진 개념을 정확하게 이해 · 응용 · 적용할 수 있는지 묻는 문제이다. 따라서 LD50의 개념을 정확히 이해한 후, 비례 · 반비례 관계 등을 활용하여 해결해야 한다.

문제풀이 실마리

동일한 효과를 얻기 위해서 더 강력한 물질을 사용한다면, 사용량은 줄어들어야 한다.

ㄱ. (O) 문단 ⅰ)에서 보면, LD50은 급성 반수(半數) 치사량으로 물질 투여 시 실험 대상 동물의 50%가 바로 죽는 치사량을 의미한다. LD50 값이 작다는 것은 그만큼 적은 양으로 실험 대상 동물의 50%를 바로 죽일 수 있다는 것을 의미하므로, 독성이 더 강하다는 것을 의미한다. 문단 ⅱ)에서 보면 독성이 강하다는 보톡스의 LD50 값은 1ng/kg으로 복어 독보다 1만 배 이상 강하다. 반대로 복어독은 보톡스 보다 1만 배 이상 약한 셈이다. 따라서 복어 독으로 실험 대상 동물의 50%가 바로 죽는 동일한 결과를 내기 위해서는 보톡스보다 1만 배 이상의 양을 사용해야 한다.

복어 독의 LD 50$=$1ng/kg$\times$10,000배 이상($=10^4$ 이상)
$=10^{-6}$mg/kg$\times10^4$ 이상
$=10^{-2}$mg/kg 이상$=$0.01mg/kg 이상

ㄴ. (O) 치사량의 단위는 주로 LD50을 사용하는데, 'LD'는 Lethal Dose의 약어로 치사량을 의미하고, '50'은 물질 투여 시 실험 대상 동물의 50%가 죽는 것을 의미한다. 즉, LD50 값은 물질 투여 시 실험 대상 동물의 50%를 죽음에 이르게 하는 특정 물질의 치사량이다. 따라서 독성이 더 강하다면 더 적은 량으로도 같은 효과(목적)을 달성할 수 있을 것이다. 따라서 독성이 강할수록 치사량은 줄게 될 것이므로 LD50 값도 작아지게 될 것이다.

ㄷ. (O) 문단 ⅱ)에서 보면, 카페인의 LD50 값은 200mg/kg이다. 문단 ⅰ)에 따를 때, LD50 값을 표기할 때는 보통 실험 대상 동물의 몸무게 1kg을 기준으로 하는 mg/kg 단위를 사용한다. 따라서 몸무게가 7kg인 실험 대상 동물의 50%가 즉시 치사하는 카페인 투여량은 200mg/kg$\times$7kg$=$1,400mg ($=$1.4g)이다.

ㄹ. (X) 니코틴의 LD50 값은 1mg/kg이다. 위에 보기 ㄷ에서 따져본 바와 같이 몸무게가 60kg인 실험 대상 동물의 50%가 즉시 치사하는 니코틴 투여량은 1mg/kg$\times$60kg$=$60mg이다.
1개비당 니코틴 함량이 0.1mg인 담배 60개비에 들어 있는 니코틴의 양은 0.1mg/1개비$\times$60개비$=$6mg이다.
따라서 두 값은 각각 60mg과 6mg으로 10배 차이가 나고 같지 않다.

[정답] ③

84 다음 글을 근거로 판단할 때, <보기>에서 옳은 것만을 모두 고르면?

18년 5급 나책형 7번

ⅰ)조선왕실의 음악 일체를 담당한 장악원(掌樂院)은 왕실의례에서 핵심적 역할을 수행하였다. 장악원은 승정원, 사간원, 홍문관, 예문관, 성균관, 춘추관과 같은 정3품 관청으로서, 『경국대전』에 의하면 2명의 당상관이 장악원 제조(提調)를 맡았고, 정3품의 정 1명, 종4품의 첨정 1명, 종6품의 주부 1명, 종7품의 직장 1명이 관리로 소속되어 있었다. 이들은 모두 음악 전문인이 아닌 문관 출신의 행정관리로서, 음악교육과 관련된 행정업무를 담당하였다. 이는 음악행정과 음악연주를 담당한 계층이 분리되어 있었다는 것을 의미한다. → 보기 ㄷ

ⅱ)궁중음악 연주를 담당한 장악원 소속 악공(樂工)과 악생(樂生)들은 행사에서 연주할 음악을 익히기 위해 정기적 또는 부정기적으로 연습하였다. 이 가운데 정기적인 연습은 특별한 사정이 없는 경우 매달 2자와 6자가 들어가는 날, 즉 2일과 6일, 12일과 16일, 22일과 26일의 여섯 차례에 걸쳐 이루어졌다. 그러한 이유에서 장악원 악공과 악생들의 습악(習樂)을 이륙좌기(二六坐起), 이륙회(二六會), 이륙이악식(二六肄樂式)과 같은 이름으로 불렀다. 이는 장악원의 정규적 음악이습(音樂肄習) 과정의 하나로 조선시대의 여러 법전에 규정된 바에 따라 시행되었다. → 보기 ㄱ

ⅲ)조선시대에는 악공과 악생의 음악연습을 독려하기 위한 여러 장치가 있었다. 1779년(정조 3년) 당시 장악원 제조로 있던 서명응이 정한 규칙 가운데에는 악공과 악생의 실력을 겨루어서 우수한 사람에게 상을 주는 내용이 있었다. 시험을 봐서 악생 중에 가장 우수한 사람 1인에게는 2냥(兩), 1등을 한 2인에게는 각각 1냥 5전(錢), 2등을 한 3인에게는 각각 1냥, 3등을 한 9인에게 각각 5전을 상금으로 주었다. 또 악공 중에서도 가장 우수한 사람 1인에게 2냥, 1등을 한 3인에게는 각각 1냥 5전, 2등을 한 5인에게는 각각 1냥, 3등을 한 21인에게 각각 5전을 상금으로 주었다. 악공 포상자가 더 많은 이유는 악공의 수가 악생의 수보다 많았기 때문이다. 1779년 당시의 악공은 168명, 악생은 90명이었다. → 보기 ㄴ, ㄹ

※ 10전(錢)=1냥(兩)

〈보기〉

ㄱ. 장악원에서는 특별한 사정이 없는 한 연간 최소 72회의 습악이 있었을 것이다.
ㄴ. 서명응이 정한 규칙에 따라 장악원에서 실시한 시험에서 상금을 받는 악공의 수는 상금을 받는 악생 수의 2배였다.
ㄷ. 『경국대전』에 따르면 장악원에서 음악행정 업무를 담당하는 관리들은 4명이었다.
ㄹ. 서명응이 정한 규칙에 따라 장악원에서 실시한 1회의 시험에서 악공과 악생들이 받은 총 상금액은 40냥 이상이었을 것이다.

① ㄱ, ㄴ ② ㄱ, ㄷ
③ ㄷ, ㄹ ④ ㄱ, ㄴ, ㄹ
⑤ ㄴ, ㄷ, ㄹ

해설

문제 분석

순서대로 문단 ⅰ)~문단 ⅲ)이라 한다.

문단 ⅰ) 장악원, 왕실의례에서 핵심적 역할, 장악원의 구성

문단 ⅱ) 악공과 악생의 연습

문단 ⅲ) 악공과 악생의 음악연습을 독려하기 위한 여러 장치(상금), 악공과 악생의 수

문제풀이 실마리

제시문과 각주를 통해 연간 몇 회의 습악이 있었는지, 상금을 받는 악공·악생수는 몇 명인지, 음악행정을 담당하는 관리가 총 몇 명인지, 악공·악생이 받는 총 상금액이 얼마인지 등을 응용·적용하여 해결해야 한다.

ㄱ. (O) 문단 ⅱ) 두 번째 문장에 따르면 장악원 소속 악공과 악생들은 특별한 사정이 없는 경우 매달 여섯 차례에 걸쳐 정기적으로 연습이 이루어졌으며, 세 번째 문장에 따르면 이를 습악이라고 한다. 따라서 장악원에서는 열두 달을 기준으로 12×6회=72회, 연간 최소 72회의 습악이 있었을 것이다.

ㄴ. (O) 문단 ⅲ) 두 번째 문장 이하의 내용에 따르면 서명응이 정한 규칙에 따라 장악원에서 실시한 시험에서 상금을 받는 악공의 수는 1인(가장 우수한 사람)+3인(1등)+5인(2등)+21인(3등)=30인이고, 상금을 받는 악생의 수는 1인(가장 우수한 사람)+2인(1등)+3인(2등)+9인(3등)=15인으로 상금을 받은 악공의 수가 상금을 받는 악생 수의 2배였다.

ㄷ. (X) 문단 ⅰ) 두 번째, 세 번째 문장에서 『경국대전』에 의하면 장악원에는 2명의 당상관, 정3품의 정 1명, 종4품의 첨정 1명, 종6품의 주부 1명, 종7품의 직장 1명이 관리로 소속되어 있었고, 이들은 모두 음악 전문인이 아닌 문관 출신의 행정관리라고 한다. 장악원에서 음악행정 업무를 담당하는 관리들은 4명이 아니라 2명+1명+1명+1명+1명=6명이었다.

ㄹ. (X) 문단 ⅲ) 두 번째 문장 이하의 내용에 따르면 서명응이 정한 규칙에 따라 장악원에서 실시한 1회의 시험에서 악공과 악생들이 받은 총 상금액을 계산해 보면 다음과 같다. 각주에 따르면 10전은 1냥이다.

	악생	악공	계
가장 우수한 사람	1인×2냥	1인×2냥	2인×2냥=4냥
1등	2인×1냥 5전	3인×1냥 5전	5인×1냥 5전=7냥 5전
2등	3인×1냥	5인×1냥	8인×1냥=8냥
3등	9인×5전	21인×5전	30인×5전=15냥
합계			34냥 5전

40냥 이상이 아니라 34냥 5전으로 40냥 미만이다.

[정답] ①

길쌤's Check 더 연습해 볼 문제

5급 공채	06년 행정 출책형 20번 08년 창책형 10번

85 다음 글을 근거로 판단할 때, <보기>에서 옳은 것을 모두 고르면?

12년 민경채 인책형 6번

ㅇ A학자는 청소년들이 폭력성이 강한 드라마를 자주 보면 폭력성향이 강해지고, 이것이 청소년 폭력행위의 증가로 이어진다고 주장한다. 따라서 텔레비전에서 폭력성이 강한 드라마가 방영되는 것에 대해 심각한 우려를 표명하고 있다.

ㅇ B학자는 폭력성이 강한 드라마가 일부 청소년들 사이에서 인기가 높고, 청소년들의 폭력행위도 늘어나고 있다는 사실을 인식하고 있다. 하지만 폭력성향이 강한 청소년들은 폭력을 일삼는 드라마에 더 끌리는 경향이 있을 뿐, 이를 시청한다고 해서 청소년 폭력행위가 증가하는 것은 아니라고 주장한다.

〈보기〉

ㄱ. A의 주장에 따르면, 텔레비전에서 폭력물을 방영하는 것을 금지한다면 청소년 폭력행위는 줄어들 것이다.

ㄴ. A의 주장에 따르면, 남성 청소년들은 여성 청소년들보다 폭력물에서 보이는 세계가 현실이라고 믿는 경향이 더 강하다.

ㄷ. B의 주장에 따르면, 폭력물을 자주 본다는 것은 강한 폭력성향의 원인이 아니라 결과이다.

ㄹ. A와 B의 주장에 따르면, 청소년 폭력성향과 폭력물 시청은 상관관계가 있다.

① ㄱ

② ㄱ, ㄷ

③ ㄴ, ㄹ

④ ㄱ, ㄷ, ㄹ

⑤ ㄴ, ㄷ, ㄹ

해설

문제 분석

A학자는 청소년의 폭력성 강한 드라마 시청이 폭력성향 강화와 폭력행위 증가의 원인이라고 주장하고, B학자는 청소년 폭력행위가 증가하는 사실을 인식하고는 있지만 폭력성 강한 드라마 시청이 폭력행위 증가의 원인은 아니며, 폭력성향이 강한 것이 폭력성이 강한 드라마 시청의 원인이라고 주장한다.

문제풀이 실마리

A, B학자의 주장을 그림으로 나타내면 다음과 같다.

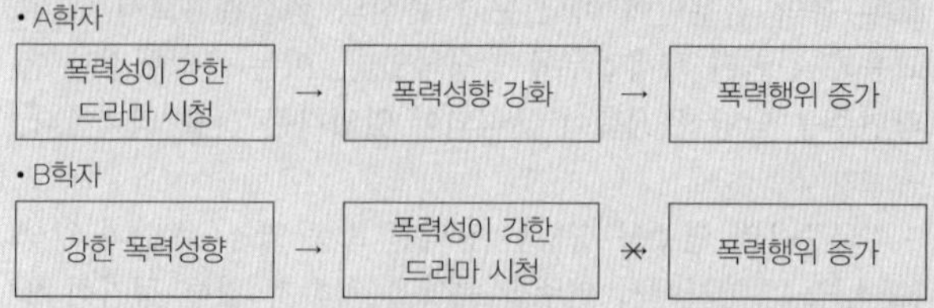

이상의 그림에서 화살표는 일반적으로 명제의 조건문을 나타내는 의미로 사용한 것이 아니라는 점을 유의한다. 명제 중 조건문은 그 자체로는 전건과 후건이 인과관계가 있다는 것을 의미하지 않는다. 그리고 상관관계란 어떤 대상들이 서로 관련성이 있다고 추측되는 관계이고, 인과관계란 한 대상의 변화가 다른 대상의 변화 원인이 된다고 추측되는 관계이다. 인과관계가 있다면 상관관계가 있다고 할 수 있지만, 상관관계가 있다고 해서 인과관계가 있는 것으로 생각해서는 안 된다.

ㄱ. (O) A의 주장에 따르면 폭력성이 강한 드라마 시청이 청소년 폭력행위의 원인이므로, 텔레비전에서 폭력물을 방영하는 것을 금지한다면 청소년 폭력행위는 줄어들 것이다.

ㄴ. (X) A학자가 남성 청소년과 여성 청소년의 폭력물 관련 차이점에 대해서 언급한 바는 없다.

ㄷ. (O) B학자는 폭력성향이 강한 청소년들이 폭력을 일삼는 드라마에 더 끌리는 경향이 있다고 하므로, 폭력물을 자주 본다는 것은 강한 폭력성향의 원인이 아니라 결과라고 주장하는 것이다.

ㄹ. (O) A와 B는 원인과 결과를 달리 보고 있지만, 청소년 폭력성향과 폭력물 시청은 일정한 상관관계가 있다고 주장한다.

빠른 문제풀이 Tip

상관관계란 어떠한 대상들이 서로 관련성이 있다고 추측되는 관계를 말한다. 임의의 두 대상 x, y가 있다고 할 때 하나의 대상이 변화할 때 다른 하나의 대상도 변화한다면 두 대상은 상관관계가 있다고 말할 수 있다. 그리고 인과관계는 한 대상의 변화가 다른 대상의 변화의 원인이 되고 있다고 믿어지는 관계이다. 임의의 두 대상 x, y가 있다고 할 때 하나의 대상이 변화함으로써 다른 하나의 대상이 변화한다면 두 대상은 인과관계가 있다고 말할 수 있다.

[정답] ④

86 다음 (가)와 (나)의 주장을 근거로 판단할 때, <보기>에서 옳은 것만을 모두 고르면? 14년 5급 A책형 22번

(가) 사회경제적 지위가 낮은 계층(이하 '하층')의 청소년들은 학교에서 지위좌절을 경험하면서 비행하위문화를 형성하고 그러한 문화의 영향으로 비행을 저지르게 된다. 학교라는 사회적 장에서 청소년들은 경쟁을 통해서 지위를 획득하게 되는데, 학교에서는 하층 청소년에게는 불리하고 중산층 청소년에게는 유리한 평가기준을 통해서 학생들을 평가한다. 오로지 학업성적 위주로만 평가하는 학교에서는 하층 청소년이 불리할 수밖에 없다. 그 과정에서 하층 청소년들은 지위좌절을 경험하게 되고, 중산층 청소년에게 유리한 평가기준이 적용되는 학교에 대하여 반발하게 된다. 그러면서 하층 청소년들은 지위좌절을 느끼지 않도록, 학업성적이 아닌 자신들에게 유리한 평가기준을 만들어가게 된다. 그것이 그들만의 하위문화로 발전하게 된다. 그러한 하위문화는 비행하위문화로서 중산층 문화에 반발하는 성격을 지니는 문화이다.→ 보기 ㄱ, ㄴ, ㄷ

(나) 하층 지역에는 본래부터 비행 친화적인 가치와 문화가 존재하고 있기 때문에 하층 지역 출신의 청소년들이 비행을 더 많이 저지르게 된다. 예컨대 하층 지역은 아버지가 없는 가정에서 자란 아이들이 많고, 따라서 성역할 모델인 아버지가 없어 청소년들이 친구들과 어울리면서 부단히 남성성을 찾으려고 노력한다. 그 과정에서 하층 지역에서는 독자적이고 전통성을 지닌 고유한 문화가 발달하게 되는데, 이는 중산층 문화에 적대적이거나 반발하여 형성된 것이 아니다. → 보기 ㄱ, ㄴ, ㄹ

<보기>

ㄱ. (가), (나) 모두 하층 청소년들의 비행을 문화적 특성이 반영된 결과라고 주장한다.
ㄴ. (가), (나) 모두 하층 청소년들의 비행은 중산층 문화에 대한 반발과 관련이 있다고 주장한다.
ㄷ. 청소년들은 계층에 상관없이 모두 좋은 학업성적을 얻기 위하여 열심히 공부한다는 조사결과는 (가)의 주장을 지지한다.
ㄹ. 계층에 따라서 비행 정도에 차이가 없다는 청소년 대상 설문 조사결과는 (나)의 주장을 지지한다.

① ㄱ
② ㄱ, ㄴ
③ ㄴ, ㄷ
④ ㄱ, ㄹ
⑤ ㄴ, ㄷ, ㄹ

해설

문제 분석

(가) 하층 청소년의 지위좌절, 비행하위문화
(나) 하층 지역의 비행 친화적인 가치와 문화

문제풀이 실마리

(가), (나)의 주장의 공통점, (가)와 (나) 주장을 지지하는 근거를 적절하게 판단할 수 있어야 한다.

ㄱ. (O) (가) 첫 번째 문장에 따르면 하층 청소년들이 비행하위문화의 영향으로 비행을 저지르게 된다고 하고, (나) 첫 번째 문장에 따르면 하층 지역의 비행 친화적인 가치와 문화 때문에 비행을 더 많이 저지르게 된다고 한다. 즉 (가), (나) 모두 하층 청소년들의 비행을 문화적 특성이 반영된 결과라고 주장하는 것을 확인할 수 있다.

ㄴ. (X) (가) 일곱 번째 문장에 따르면 비행하위문화는 중산층 문화에 반발하는 성격을 지니는 문화이다. 그러나 (나) 세 번째 문장에 따르면 하층 지역의 비행 친화적인 가치와 문화는 중산층 문화에 적대적이거나 반발하여 형성된 것이 아니라고 하므로 (나)는 하층 청소년들의 비행이 중산층 문화에 대한 반발과 관련이 있다고 주장하는 것이 아니다.

ㄷ. (X) (가) 다섯 번째 문장에 따르면 지위좌절을 경험한 하층 청소년들은 학업성적이 아닌 자신들에게 유리한 평가기준을 만들어 가게 된다고 한다. 따라서 청소년들은 계층에 상관없이 모두 좋은 학업성적을 얻기 위하여 열심히 공부한다는 조사결과는 (가)의 주장을 지지하지 않는다.

ㄹ. (X) (나) 첫 번째 문장에 따르면 하층 지역 출신의 청소년들이 비행을 더 많이 저지르게 된다고 주장한다. 따라서 계층에 따라서 비행 정도에 차이가 없다는 청소년 대상 설문 조사결과는 (나)의 주장을 지지하지 않는다.

[정답] ①

87 다음 글을 뒷받침할 근거로 제시될 수 있는 것만을 <보기>에서 모두 고르면?

15년 5급 인책형 24번

하나의 선거구에서 1인을 선출하는 국회의원 지역선거구를 획정할 때, 과거 헌법재판소는 국회의원의 지역대표성, 도시와 농어촌 간의 인구편차, 각 분야의 개발불균형 등을 근거로 인구편차의 허용기준을 전국 국회의원 지역선거구 평균인구 기준 상하 50%로 제시한 바 있었다. 그러나 최근 헌법재판소는 다음과 같은 이유로 국회의원 지역선거구별 인구편차 기준은 가장 큰 선거구와 가장 작은 선거구가 인구비례 2 : 1을 넘지 않아야 한다고 입장을 변경하였다. → 보기 ㄷ

(1) 종래의 인구편차의 허용 기준을 적용하게 되면 1인의 투표가치가 다른 1인의 투표가치에 비하여 세 배가 되는 경우도 발생하는데, 이는 투표가치의 지나친 불평등이다. → 보기 ㄹ

(2) 국회를 구성함에 있어 국회의원의 지역대표성이 고려되어야 한다고 할지라도 이것이 국민주권주의의 출발점인 투표가치의 평등보다 우선시 될 수는 없다. 특히 현재는 지방자치제도가 정착되어 있으므로, 지역대표성을 이유로 헌법상 원칙인 투표가치의 평등을 현저히 완화할 필요성이 예전에 비해 크지 않다. → 보기 ㄱ

(3) 인구편차의 허용기준을 완화하면 할수록 과대대표되는 지역과 과소대표되는 지역이 생길 가능성 또한 높아지는데, 이는 지역정당구조를 심화시키는 부작용을 야기할 수 있다. 이러한 불균형은 농어촌 지역 사이에서도 나타날 수 있다. 그것은 농어촌 지역의 합리적인 변화를 저해할 수 있으며, 국토의 균형발전에도 도움이 되지 않는다.

(4) 인구편차의 허용기준을 엄격하게 하는 것이 외국의 판례와 입법추세임을 고려할 때, 우리도 인구편차의 허용기준을 엄격하게 하는 일을 더 이상 미룰 수 없다. → 보기 ㄴ

※ '인구'는 '선거권자'를 의미함

〈보기〉

ㄱ. 지방자치제도가 정착되었기 때문에 국회의원의 지역대표성을 더욱 강화해야 한다.
ㄴ. 국회의원 지역선거구를 획정할 때, 인구가 '최대인 선거구의 인구'를 '최소인 선거구의 인구'로 나눈 숫자가 2 이상이 되지 않는 것이 외국의 일반적인 경향이다.
ㄷ. 지역정당구조의 완화와 농어촌 지역 간 불균형을 극복하기 위하여 국회의원 지역선거구 획정은 평균인구 기준 상하 66.6%를 기준으로 판단해야 한다.
ㄹ. 선거구별 인구의 차이가 커질수록 인구가 많은 선거구에 거주하는 사람의 투표가치는 인구가 적은 선거구에 거주하는 사람의 투표가치보다 줄어든다.

① ㄱ
② ㄴ, ㄷ
③ ㄴ, ㄹ
④ ㄷ, ㄹ
⑤ ㄱ, ㄴ, ㄷ

해설

문제 분석

제시문의 내용에 따르면 최근 헌법재판소는 국회의원 지역선거구별 인구편차 기준은 가장 큰 선거구와 가장 작은 선거구가 인구비례 2:1을 넘지 않아야 한다고 입장을 변경하면서 (1)~(4)와 같은 이유를 들었다고 한다. 발문에서는 제시문을 뒷받침할 근거로 제시될 수 있는 것을 고르라고 하므로 〈보기〉의 내용이 (1)~(4)의 이유를 뒷받침하는지 검토한다.

문제풀이 실마리

과거 헌법재판소는 국회의원의 인구편차의 허용기준을 전국 국회의원 지역선거구 평균인구 기준 상하 50%로 제시한 바 있었다고 하는데 이는 100%를 기준으로 -50%, +50%인 50%와 150%인 경우로 인구비례로 3:1이다. 그리고 최근 헌법재판소는 인구비례 2:1을 넘지 않아야 한다고 하는데, 최근 헌법재판소의 입장을 %로 나타내 보면 100%를 기준으로 -33.3%, +33.3%인 66.7%와 133.3%인 경우이다. 즉, 평균인구 기준 상하 33.3%로 제시한 것이다.

ㄱ. (X) 국회의원의 지역대표성을 더욱 강화하는 것은 (2)의 지역대표성을 이유로 헌법상 원칙인 투표가치의 평등을 현저히 완화할 필요성이 예전에 비해 크지 않다는 내용과 상반된다. 최근 헌법재판소의 입장을 뒷받침할 수 없다.

ㄴ. (O) 국회의원 지역선거구를 획정할 때, 인구가 '최대인 선거구의 인구'를 '최소인 선거구의 인구'로 나눈 숫자가 2 이상이 되지 않는 것이 외국의 일반적인 경향이라는 내용은 (4)의 우리도 인구편차의 허용기준을 엄격하게 변경하는 것을 뒷받침한다.

ㄷ. (X) 국회의원 지역선거구 획정은 평균인구 기준 상하 66.6%를 기준으로 판단해야 한다면 100%를 기준으로 -66.6%, +66.6%인 33.4%와 166.6%인 경우로써 인구비례가 약 5:1이다. 이는 인구편차의 허용기준을 오히려 완화하는 것으로써 국회의원 지역선거구별 인구편차 기준은 가장 큰 선거구와 가장 작은 선거구가 인구비례 2:1을 넘지 않도록 인구편차의 허용기준을 엄격하게 하려는 제시문의 최근 헌법재판소 입장과 상반되는 내용이다. 최근 헌법재판소의 입장을 뒷받침할 수 없다.

ㄹ. (O) 선거구별 인구의 차이가 커질수록 인구가 많은 선거구에 거주하는 사람의 투표가치는 인구가 적은 선거구에 거주하는 사람의 투표가치보다 줄어든다는 것은 (1)에서 종래의 인구편차의 허용 기준 2:1을 예를 들어 설명하고 있는 내용을 뒷받침한다.

[정답] ③

88 다음 글을 근거로 판단할 때, <보기>에서 옳은 것만을 모두 고르면?

16년 5급 4책형 28번

1989년 독일 통일 직후, 체제가 다른 구동독에서 교육받아 양성되고 활동했던 판사 · 검사들의 자격유지를 둘러싸고 논쟁이 벌어졌다.

판사 · 검사들의 자격유지에 반대하는 주장의 논거는 다음과 같다.

논거 1: 구동독에서 전체주의 국가의 체제지도이념에 따라 소송을 수행해 온 판사 · 검사들은 자유민주적 법치국가에 부합하는 국가관이 결여되어 있고, 오히려 그들은 과거 관여한 재판의 결과로 야기된 체제 불법에 대하여 책임을 져야 한다. → 보기 ㄱ

논거 2: 구동독과 구서독은 법체제뿐만 아니라 소송의 전 과정에 큰 차이가 있었기 때문에, 구동독에서 법학 교육을 받고 판사 · 검사로 양성된 자들을 구서독 질서를 기준으로 작동하고 있는 통일독일의 사법체제 내로 받아들인다는 것은 소송수행능력 차원에서도 인정되기 어렵다.

판사 · 검사들의 자격유지에 찬성하는 주장의 논거는 다음과 같다.

논거 1: 구동독 출신 판사 · 검사들을 통일독일의 사법체제 내로 받아들이지 않는다면, 당장 상당히 넓은 지역에서 재판 정지상태가 야기될 것이다. → 보기 ㄴ

논거 2: 구서독 출신 판사 · 검사들은 구동독 지역의 생활관계의 고유한 관점들을 고려하지 못하여 구동독 주민들로부터 신뢰받기 어렵고, 이러한 점은 재판에서 불복과 다툼의 원인이 될 것이다. → 보기 ㄷ

한편, 구동독 지역인 튀링엔 주의 경우 1990년 10월 3일 판사 · 검사의 자격유지 여부를 위한 적격심사를 한 결과, 전체 194명의 판사 중 101명이, 141명의 검사 중 61명이 심사를 통과하여 판사 · 검사로 계속 활동하게 되었다. → 보기 ㄹ

<보기>

ㄱ. 구동독 판사 · 검사의 자격유지를 반대하는 입장에서는, 이들이 구동독 전체주의 체제에서 오랜 기간 교육받고 생활하면서 형성된 국가관을 가지고 있다는 점을 문제로 제기했을 것이다.

ㄴ. 구동독 판사 · 검사의 자격유지를 찬성하는 입장에서는, 기존 판사 · 검사들의 공백으로 인한 재판업무의 마비를 우려했을 것이다.

ㄷ. 구동독 판사 · 검사의 자격유지를 찬성하는 입장에서는, 구동독 주민들의 관점에서 이들의 생활관계상 특수성을 이해하고 주민들의 신뢰를 받을 수 있는 판사 · 검사가 필요하다고 주장했을 것이다.

ㄹ. 튀링엔 주의 경우 1990년 10월 3일 적격심사 결과, 판사들보다 검사들 중 통일독일의 판사 · 검사로서 적합한 인물이 보다 많았다고 할 수 있다.

① ㄱ, ㄴ　② ㄱ, ㄴ, ㄷ
③ ㄱ, ㄴ, ㄹ　④ ㄱ, ㄷ, ㄹ
⑤ ㄴ, ㄷ, ㄹ

해설

문제 분석

제시문의 찬성·반대 논거들을 간단히 정리해 보면 다음과 같다.

- 반대 주장
  논거 1: 자유민주적 법치국가에 부합하는 국가관 결여
  체제 불법에 대한 책임
  논거 2: 소송수행능력을 인정하기 어려움
- 찬성 주장
  논거 1: 재판 정지상태 야기 우려
  논거 2: 구동독 주민들로부터 신뢰

문제풀이 실마리

반대 주장과 찬성 주장의 근거를 적절하게 판단할 수 있어야 한다.

ㄱ. (O) 구동독 판사·검사의 자격유지를 반대하는 입장에서는 논거 1에서 이들이 자유민주적 법치국가에 부합하는 국가관이 결여되어 있다는 점을 논거로 들었다. 구동독 전체주의 체제에서 오랜 기간 교육받고 생활하면서 형성된 국가관을 가지고 있다는 것은 자유민주적 법치국가에 부합하는 국가관이 결여되어 있는 것으로 해석할 수 있다.

ㄴ. (O) 구동독 판사·검사의 자격유지를 찬성하는 입장에서는 논거 1에서 넓은 지역에서 재판 정지상태가 야기될 것이라는 점을 논거로 들었다. 기존 판사·검사들의 공백으로 인한 재판업무의 마비를 우려한 것으로 해석할 수 있다.

ㄷ. (O) 구동독 판사·검사의 자격유지를 찬성하는 입장에서는 논거 2에서 구서독 출신 판사·검사들은 구동독 지역의 생활관계의 고유한 관점들을 고려하지 못하여 구동독 주민들로부터 신뢰받기 어렵다는 점을 논거로 들었다. 동독 주민들의 관점에서 이들의 생활관계상 특수성을 이해하고 주민들의 신뢰를 받을 수 있는 판사·검사가 필요하다는 것으로 해석할 수 있다.

ㄹ. (X) 제시문의 마지막 문단에 따르면 튀링엔 주의 경우 1990년 10월 3일 적격심사 결과, 전체 194명의 판사 중 101명이, 141명의 검사 중 61명이 심사를 통과하여 판사·검사로 계속 활동하게 되었다고 한다. 판사들보다 검사들 중 통일독일의 판사·검사로서 적합한 인물이 많았다고 할 수 없고, 계속 활동하게 된 판사의 수는 101명, 검사의 수는 61명으로 판사의 수가 더 많다. 계속 활동하게 된 비율로 판단해 보아도 판사는 194명 중 101명이므로 50% 이상(약 52.0%), 검사는 141명 중 61명으로 50% 미만(약 43.3%)이다.

[정답] ②

길쌤's Check　더 연습해 볼 문제

구분	문제	
민간경력자	11년 실험 인책형 3번 11년 실험 인책형 6번 11년 실험 인책형 9번	
5급 공채	05년 견습 과책형 2번 05년 견습 과책형 6번 05년 견습 과책형 22번 05년 견습 과책형 30번 06년 견습 인책형 7번 06년 견습 인책형 8번 06년 견습 인책형 16번 06년 견습 인책형 17번 06년 견습 인책형 22번 06년 견습 인책형 26번 06년 견습 인책형 28번 06년 견습 인책형 35번 06년 행정 출책형 1번	06년 행정 출책형 5번 06년 행정 출책형 6번 06년 행정 출책형 7번 08년 창책형 23번 08년 창책형 28번 09년 극책형 7번 09년 극책형 22번 09년 극책형 38번 10년 선책형 22번 10년 선책형 25번 11년 선책형 23번 12년 인책형 27번

5 매칭

89 다음 <보기 1>의 유형에 알맞은 것을 <보기 2>에서 골라 적절하게 연결한 것은? 07년 5급 재책형 30번

〈보기 1〉

A형: 어느 모임에서나 적극적으로 나서려고 한다. 외향적이고 활발하여 자신의 명성을 과업보다 우선순위에 놓는다. 이들의 핵심 욕구는 인정과 칭찬이다.

B형: 남들의 진실한 관심과 존중을 원한다. 장기적인 인간관계를 목표로 하기 때문에 언제나 신뢰를 구축하고 남의 얼굴을 익히는 것에 집중한다. 이들의 핵심 욕구는 친밀과 조화이다.

C형: 감정은 주관적이므로 객관성을 왜곡시킨다고 믿는다. 따라서 자신의 비이성적 행위가 목표달성을 방해할까 두려워한다. 이들의 핵심 욕구는 정보와 정확성이다.

D형: 타인을 지도하고 통제하려는 내적 욕구가 강하며 상황에 대해 적극적으로 책임을 지고자 한다. 이들은 목표달성을 원한다. 결과만을 놓고 성공 여부를 측정하려 한다. 이들의 핵심 욕구는 결과와 성취감이다.

〈보기 2〉

ㄱ. 게임을 할 때, 이기고 지는 것보다 내가 어떻게 보이는지가 중요하다.

ㄴ. 게임에서는 이기는 것이 무엇보다 중요하다.

ㄷ. 게임에서는 이기고 지는 것보다 그 과정이 합리적으로 진행되는지가 중요하다.

ㄹ. 게임을 할 때, 이기고 지는 것보다 협동과 우정이 중요하다.

	A형	B형	C형	D형
①	ㄱ	ㄹ	ㄴ	ㄷ
②	ㄱ	ㄹ	ㄷ	ㄴ
③	ㄹ	ㄱ	ㄷ	ㄴ
④	ㄹ	ㄴ	ㄷ	ㄱ
⑤	ㄹ	ㄷ	ㄴ	ㄱ

해설

문제 분석

〈보기 1〉에 4가지 각기 다른 유형이 제시되어 있고, 〈보기 2〉에서는 공통적으로 게임을 하는 상황이 주어져 있다.

문제풀이 실마리

〈보기 1〉의 내용 중 핵심적인 키워드를 〈보기 2〉에 적용하여 서로 관련된 것을 매칭한다.

ㄱ. 게임을 할 때 '내가 어떻게 보이는지'가 중요하다고 한다. 자신의 명성을 중요시하는 A형과 연결할 수 있다.

ㄴ. 게임에서는 '이기는 것'이 중요하다고 한다. 목표달성을 원하며 결과만을 놓고 성공 여부를 측정하는 D형과 연결할 수 있다.

ㄷ. 게임의 '과정이 합리적으로 진행'되는지가 중요하다고 한다. 다른 유형보다는 C형과 연결하는 것이 가장 적절하다.

ㄹ. 게임을 할 때 '협동과 우정'이 중요하다고 한다. 친밀과 조화를 중요시하는 B형과 연결할 수 있다.

정답은 ②이다.

[정답] ②

길쌤's Check 더 연습해 볼 문제

5급 공채	05년 견습 과책형 18번 05년 견습 과책형 27번 06년 견습 인책형 3번 06년 견습 인책형 4번 06년 견습 인책형 23번 06년 행정 출책형 23번 06년 행정 출책형 24번 06년 행정 출책형 35번 06년 행정 출책형 39번

6 문제 해결 방법

90 다음 글을 근거로 판단할 때, 문화바우처사업의 문제점에 대한 개선방안으로 가장 적절한 것은? 13년 외교관 인책형 5번

> i)문화바우처사업은 기초생활수급자와 법정 차상위계층을 대상으로 연간 5만 원 상당의 문화예술 상품을 구매하거나 이용할 수 있는 '문화카드'를 발급하는 정책을 말한다. 2005년 5억 원 예산으로 시작한 이 사업은 2011년 347억 원으로 증액되는 등 대표적인 문화 복지 정책으로 자리 잡고 있다.
>
> ii)그러나 대상자의 문화카드 발급률과 사용률에 있어 양극화가 심각하게 나타나고 있다. 이러한 격차는 문화생활에 대한 개인적 관심의 차이보다는 대상자의 거주지역, 문화예술 교육경험, 나이, 학력 등에서 비롯된다는 것이 각종 통계에서 드러나고 있다. 특히 문화카드 발급률 및 사용률 실태조사에서 세대적 요인에 따른 격차가 큰 것으로 나타나고 있다. 20대와 30대의 발급률과 사용률은 각각 90% 이상인 반면, 50대와 60대의 경우 각각 50% 이하로 나타났다.
>
> iii)또한 지역 간 격차도 심각한 것으로 나타났다. 도시의 경우 발급률과 사용률 평균이 전국 평균을 훨씬 웃도는 70% 이상이었으나, 농촌지역의 경우는 20%에도 못 미치는 경우가 대다수였다. 이로 인해 어느 지방자치단체에서는 이 사업에 책정된 예산의 80% 가까이를 집행하지 못하는 상황도 발생하고 있다.
>
> iv)이와 같이 문화카드의 발급률과 사용률이 저조한 것은 농촌지역 주민 대부분이 사업 시행을 모르거나 사업 자체에 대한 인식을 제대로 하지 못하고 있기 때문으로 분석된다. 또한 행정기관을 방문해 문화카드를 발급받아야 하는 등 절차가 까다로워 고령의 농촌지역 주민들이 이용을 꺼리는 것도 한 원인으로 손꼽힌다.

① 고학력자에 대한 문화예술 체험 확대 방안
② 사업의 불법 수혜자에 대한 적발 강화 방안
③ 농촌지역의 문화바우처사업 예산 확대 방안
④ 젊은 세대가 선호하는 문화 사업 다양화 방안
⑤ 사업의 홍보 확대 및 문화카드 발급절차 간소화 방안

해설

문제 분석

문단 i) 문화바우처사업
문단 ii) 문화카드 발급률과 사용률의 양극화, 세대적 요인에 따른 격차
문단 iii) 지역 간 격차
문단 iv) 지역 간 격차의 원인

문제풀이 실마리

제시문에서는 문화바우처 사업의 문제점으로 문화카드 발급률과 사용률의 양극화를 지적하고 있다. 이러한 양극화는 대상자의 거주지역, 문화예술 교육경험, 나이, 학력 등에서 비롯된다고 하면서, 세대적 요인과 지역 간 격차에 대해 자세히 언급하고 있다.

① (X) 문단 ii) 두 번째 문장에서 문화카드 발급률과 사용률의 양극화 문제의 원인 중 하나로 학력에 대해서 언급하고 있다. 그러나 학력이 높을수록 문화카드의 발급률과 사용률이 높은지 낮은지에 대한 언급이 없으므로 고학력자에 대한 문화예술 체험 확대 방안이 양극화 문제를 개선할지 더 악화시킬지 알 수 없다.

② (X) 제시문에서는 문화바우처 사업의 문제점으로 사업의 불법 수혜자에 대해서 언급하고 있지 않다. 따라서 사업의 불법 수혜자에 대한 적발 강화 방안이 문화바우처사업의 문제점의 적절한 개선방안이라고 볼 수 없다.

③ (X) 문단 ii) 두 번째 문장에서는 문화바우처사업의 문제점으로 예산 부족을 직접적으로 언급하고 있지 않다. 그리고 문단 iii) 세 번째 문장에 따르면 어느 지방자치단체에서는 문화바우처사업에 책정된 예산의 80% 가까이를 집행하지 못하는 상황도 발생하였다고 하므로 예산 부족이 문화바우처 사업의 문제점이 아니라는 것을 추론할 수 있다. 따라서 농촌지역의 문화바우처사업 예산 확대 방안이 문화바우처 사업의 문제점을 개선하는 적절한 방안이라고 볼 수 없다.

④ (X) 문단 ii) 세 번째, 네 번째 문장에 따르면 문화카드 발급률과 사용률은 세대적 요인에 따른 격차가 크고, 20대와 30대의 발급률과 사용률이 50대와 60대보다 높다고 한다. 젊은 세대가 선호하는 문화 사업 다양화 방안은 20대와 30대의 발급률과 사용률을 더 높일 것이므로 세대 간 격차를 더 악화시킬 것이라고 추론할 수 있다. 적절한 개선방안이 아니다.

⑤ (O) 문단 iv) 첫 번째 문장에 따르면 농촌지역 주민 대부분이 사업 시행을 모르거나 사업 자체에 대한 인식을 제대로 하지 못하고 있다고 하며, 두 번째 문장에 따르면 문화카드 발급절차가 까다로워 고령의 농촌지역 주민들이 이용을 꺼린다고 한다. 따라서 사업의 홍보 확대 및 문화카드 발급절차 간소화 방안은 문화바우처사업에 대한 인식을 높이고 고령의 농촌지역 주민들의 문화카드 발급률을 높일 수 있는 적절한 개선방안이다.

[정답] ⑤

길쌤's Check 더 연습해 볼 문제

5급 공채	05년 견습 과책형 5번 05년 견습 과책형 15번 05년 견습 과책형 16번 05년 견습 과책형 19번 05년 견습 과책형 25번 05년 견습 과책형 26번 05년 견습 과책형 35번	05년 견습 과책형 36번 06년 견습 인책형 18번 06년 견습 인책형 37번 06년 행정 출책형 38번 07년 재책형 16번 07년 재책형 37번

Ⅵ. 해결(5) - 1지문 2문항

1 일반(단순확인)

[91~92] 다음 글을 읽고 물음에 답하시오. 21년 5급 가책형 19~20번

ⅰ)연령규범은 특정 연령의 사람이 어떤 일을 할 수 있거나 해야 한다는 사회적 기대와 믿음이다. 연령규범은 사회적 자원 분배나 사회문화적 특성, 인간발달의 생물학적 리듬이 복합적으로 작용하여 제도화된다. 그 결과 결혼할 나이, 자녀를 가질 나이, 은퇴할 나이 등 사회구성원이 동의하는 기대연령이 달라진다. 즉 졸업, 취업, 결혼 등에 대한 기대연령은 사회경제적 여건에 따라 달라지는 것이다.

ⅱ)연령규범이 특정 나이에 어떤 행동을 해야 하는지에 대한 기대를 담고 있기 때문에 나이에 따라 사회적으로 용인되는 행위도 달라진다. 이러한 기대는 법적 기준에 반영되기도 한다. 예를 들어 甲국의 청소년법은 만 19세 미만인 청소년의 건강을 고려하여 음주나 흡연을 제한한다. 그럼에도 불구하고 만 19세가 되는 해의 1월 1일부터는 술·담배 구입을 허용한다. 동법에 따르면 청소년은 만 19세 미만이지만, 만 19세에 도달하는 해의 1월 1일을 맞은 사람은 제외하기 때문이다. 이때 사용되는 나이 기준을 '연 나이'라고 한다. '연 나이'는 청소년법 등에서 공식적으로 사용하는 나이 계산법으로 현재 연도에서 태어난 연도를 뺀 값이 나이가 된다. 이와 달리 '만 나이'는 태어난 날을 기준으로 0살부터 시작하여 1년이 지나면 한 살을 더 먹는 것으로 계산한다.

ⅲ)한편 법률상 甲국의 성인기준은 만 19세 이상이지만, 만 18세 이상이면 군 입대, 운전면허 취득, 취업, 공무원 시험 응시가 가능하다. 청소년 관람불가 영화도 고등학생을 제외한 만 18세 이상이면 관람할 수 있다. 국회의원 피선거권은 만 20세 이상, 대통령 피선거권은 만 35세 이상이지만 투표권은 만 19세 이상에게 부여된다.

ⅳ)최근 甲국에서 노인 인구가 급증하면서 노인에 대한 연령규범이 변화하고 노인의 연령기준도 달라지고 있다. 甲국에서 노인 연령기준은 통상 만 65세 이상이지만, 만 65세 이상 국민의 과반수가 만 70세 이상을 노인으로 인식하고 있다.

ⅴ)하지만 甲국의 어떤 법에서도 몇 세부터 노인이라고 규정하는 연령기준이 일관되게 제시되지 않고 있다. 예를 들어 노인복리법은 노인에 대한 정의를 내리지 않고 만 65세 이상에게 교통수단 이용 시 무료나 할인 혜택을 주도록 규정하고 있다. 기초연금 수급, 장기요양보험 혜택, 노인 일자리 제공 등도 만 65세 이상이 대상이다. 한편 노후연금 수급연령은 만 62세부터이며, 노인복지관과 노인교실 이용, 주택연금 가입이나 노인주택 입주자격은 만 60세부터이다.

91 윗글을 근거로 판단할 때 옳은 것은?

① 연령규범은 특정 나이에 어떤 일을 할 수 있는지에 대한 개인적 믿음을 말한다.
② 같은 연도 내에서는 만 나이와 연 나이가 항상 같다.
③ 甲국 법률에서 제시되는 노인 연령기준은 동일하다.
④ 결혼에 대한 기대연령은 생물학적 요인의 영향을 크게 받기 때문에 사회여건 변화가 영향을 미치기 어렵다.
⑤ 甲국의 연령규범에 따르면 만 19세인 사람은 운전면허 취득, 술 구매, 투표가 가능하다.

92 윗글을 근거로 판단할 때, 5월생인 甲국 국민이 '연 나이' 62세가 된 날 이미 누리고 있거나 누릴 수 있게 되는 것만으로 옳은 것은?

① 국회의원 피선거권, 노인교실 이용, 장기요양보험 혜택
② 노후연금 수급, 기초연금 수급, 대통령 피선거권
③ 국회의원 피선거권, 기초연금 수급, 노인주택 입주자격
④ 노후연금 수급, 국회의원 피선거권, 노인복지관 이용
⑤ 노인교실 이용, 대통령 피선거권, 주택연금 가입

91

해설

문제 분석

순서대로 문단 ⅰ)~문단 ⅴ)라 한다.

문단 ⅰ) 연령규범, 사회경제적 여건에 따라 기대연령이 달라짐

문단 ⅱ) 법적 기준에 반영된 연령규범(甲국의 예), 연나이 · 만나이

문단 ⅲ) 甲국의 연령에 따라 용인되는 행위

문단 ⅳ) 甲국의 노인 연령규범 변화, 연령기준도 변화

문단 ⅴ) 甲국의 노인에 대한 법적 연령기준이 일관적이지 않음

문제풀이 실마리

제시문에 정보가 많은 문제이므로, 선지에서 묻는 내용 위주로만 제시문에서 빠르게 확인한다.

① (X) 문단 ⅰ) 첫 번째 문장에 따르면 연령규범은 특정 나이에 어떤 일을 할 수 있는지에 대한 개인적 믿음이 아니라 사회적 기대와 믿음이다.

② (X) 문단 ⅱ) 일곱 번째, 여덟 번째 문장에 따르면 연 나이는 1월 1일에 한 살을 더 먹고, 만 나이는 태어난 날(생일)이 지나면 한 살을 더 먹는다. 따라서 같은 연도 내에서 생일이 지나기 전까지는 만 나이가 연 나이보다 한 살 적다.

③ (X) 문단 ⅴ) 첫 번째 문장에 따르면 甲국 법률에서 제시되는 노인 연령기준은 동일한 것이 아니라 일관되지 않다고 한다.

④ (X) 문단 ⅰ) 두 번째 문장 이하의 내용에 따르면 결혼에 대한 기대연령은 생물학적 요인 뿐만 아니라 사회적 자원 분배나 사회문화적 특성과 같은 사회여건 변화가 복합적으로 영향을 미친다.

⑤ (O) 甲국의 연령규범에 따르면 만 19세인 사람은 운전면허 취득(문단 ⅲ) 첫 번째 문장), 투표(문단 ⅲ) 세 번째 문장)가 가능하다. 그리고 문단 ⅱ) 세 번째 문장에 따르면 만 19세가 되는 해의 1월 1일부터는 술 구입을 허용하므로 생일이 지나 만 19세인 사람은 술 구매가 가능하다.

[정답] ⑤

92

해설

문제 분석

문단 ⅱ)~ⅴ)의 갑국의 법적 연령기준을 정리해 보면 다음과 같다.

	연령	용인되는 행위
문단 ⅲ)	만 18세 이상	군 입대, 운전면허 취득, 취업, 공무원 시험응시
문단 ⅱ)	19세 이상(연 나이)	술 · 담배 구입
문단 ⅲ)	만 19세 이상	(성인기준), 투표권
문단 ⅴ)	만 20세 이상	국회의원 피선거권
	만 35세 이상	대통령 피선거권
	만 60세 이상	노인복지관 · 노인교실 이용, 주택연금 가입, 노인주택 입주
	만 62세 이상	노후연금 수급
	만 65세 이상	교통수단 이용 시 무료나 할인 혜택 기초연금 수급, 장기요양보험 혜택, 노인 일자리 제공

문제풀이 실마리

해당 내용들을 여러 문단에 걸쳐 서술하고 있으므로 필요한 내용만 찾아서 판단하도록 한다.

발문의 5월생인 甲국 국민이 '연 나이' 62세가 된 날은 '만 나이' 만 61세이다. 각 선지에서 만 나이 61세인 甲이 아직 누릴 수 없는, 만 62세 이상 누릴 수 있는 것을 음영 처리하면 다음과 같다.

① (X) 국회의원 피선거권, 노인교실 이용, 장기요양보험 혜택

② (X) 노후연금 수급, 기초연금 수급, 대통령 피선거권

③ (X) 국회의원 피선거권, 기초연금 수급, 노인주택 입주자격

④ (X) 노후연금 수급, 국회의원 피선거권, 노인복지관 이용

⑤ (O) 노인교실 이용, 대통령 피선거권, 주택연금 가입

[정답] ⑤

길쌤's Check 더 연습해 볼 문제

5급 공채	09년 극책형 19번 09년 극책형 20번 15년 인책형 39번 15년 인책형 40번 20년 나책형 39번 20년 나책형 40번

2 계산

[93~94] 다음 글을 읽고 물음에 답하시오. 23년 7급 가책형 9~10번

> i)'국민참여예산제도'는 국가 예산사업의 제안, 심사, 우선순위 결정과정에 국민을 참여케 함으로써 예산에 대한 국민의 관심도를 높이고 정부 재정운영의 투명성을 제고하기 위한 제도이다. 이 제도는 정부의 예산편성권과 국회의 예산심의·의결권 틀 내에서 운영된다.
>
> ii)국민참여예산제도는 기존 제도인 국민제안제도나 주민참여예산제도와 차이점을 지닌다. 먼저 '국민제안제도'가 국민들이 제안한 사항에 대해 관계부처가 채택 여부를 결정하는 방식이라면, 국민참여예산제도는 국민의 제안 이후 사업심사와 우선순위 결정과정에도 국민의 참여를 가능하게 함으로써 국민의 역할을 확대하는 방식이다. 또한 '주민참여예산제도'가 지방자치단체의 사무를 대상으로 하는 반면, 국민참여예산제도는 중앙정부가 재정을 지원하는 예산사업을 대상으로 한다.
>
> iii)국민참여예산제도에서는 3~4월에 국민사업제안과 제안사업 적격성 검사를 실시하고, 이후 5월까지 각 부처에 예산안을 요구한다. 6월에는 예산국민참여단을 발족하여 참여예산 후보사업을 압축한다. 7월에는 일반국민 설문조사와 더불어 예산국민참여단 투표를 통해 사업선호도 조사를 한다. 이러한 과정을 통해 선호순위가 높은 후보사업은 국민참여예산사업으로 결정되며, 8월에 재정정책자문회의의 논의를 거쳐 국무회의에서 정부예산안에 반영된다. 정부예산안은 국회에 제출되며, 국회는 심의·의결을 거쳐 12월까지 예산안을 확정한다.
>
> iv)예산국민참여단은 일반국민을 대상으로 전화를 통해 참여의사를 타진하여 구성한다. 무작위로 표본을 추출하되 성·연령·지역별 대표성을 확보하는 통계적 구성방법이 사용된다. 예산국민참여단원은 예산학교를 통해 국가재정에 대한 교육을 이수한 후, 참여예산 후보사업을 압축하는 역할을 맡는다. 예산국민참여단이 압축한 후보사업에 대한 일반국민의 선호도는 통계적 대표성이 확보된 표본을 대상으로 한 설문을 통해, 예산국민참여단의 사업선호도는 오프라인 투표를 통해 조사한다.
>
> v)정부는 2017년에 2018년도 예산을 편성하면서 국민참여예산제도를 시범 도입하였는데, 그 결과 6개의 국민참여예산사업이 선정되었다. 2019년도 예산에는 총 39개 국민참여예산사업에 대해 800억 원이 반영되었다.

93 윗글을 근거로 판단할 때 옳은 것은?

① 국민제안제도에서는 중앙정부가 재정을 지원하는 예산사업의 우선순위를 국민이 정할 수 있다.
② 국민참여예산사업은 국회 심의·의결 전에 국무회의에서 정부예산안에 반영된다.
③ 국민참여예산제도는 정부의 예산편성권 범위 밖에서 운영된다.
④ 참여예산 후보사업은 재정정책자문회의의 논의를 거쳐 제안된다.
⑤ 예산국민참여단의 사업선호도 조사는 전화설문을 통해 이루어진다.

94 윗글과 <상황>을 근거로 판단할 때, 甲이 보고할 수치를 옳게 짝지은 것은?

〈상황〉

> 2019년도 국민참여예산사업 예산 가운데 688억 원이 생활밀착형사업 예산이고 나머지는 취약계층지원사업 예산이었다. 2020년도 국민참여예산사업 예산 규모는 2019년도에 비해 25% 증가했는데, 이 중 870억 원이 생활밀착형사업 예산이고 나머지는 취약계층지원사업 예산이었다. 국민참여예산제도에 관한 정부부처 담당자 甲은 2019년도와 2020년도 각각에 대해 국민참여예산사업 예산에서 취약계층지원사업 예산이 차지한 비율을 보고하려고 한다.

	2019년도	2020년도
①	13%	12%
②	13%	13%
③	14%	13%
④	14%	14%
⑤	15%	14%

93

해설

문제 분석

순서대로 문단 ⅰ)~문단 ⅴ)라 한다.
문단 ⅰ) 국민참여예산제도
문단 ⅱ) 국민제안제도, 주민참여예산제도와의 차이
문단 ⅲ) 국민참여예산제도의 과정
문단 ⅳ) 예산국민참여단의 참여 과정
문단 ⅴ) 국민참여예산제도 시범 도입 결과

문제풀이 실마리

국민참여예산제도, 국민제안제도, 주민참여예산제도의 세 가지 개념이 등장하므로 이를 잘 구분할 수 있어야 한다. 국민참여예산제도의 과정 즉, 절차도 정확하게 파악해야 한다.

① (X) 문단 ⅱ)에서는 국민제안제도와 국민참여예산제도, 주민참여예산제도와 국민참여예산제도의 차이를 설명하고 있다. 제시문에서 국민제안제도의 대상에 대한 설명은 없지만, 선지의 중앙정부가 재정을 지원하는 예산사업을 대상으로 하는 제도는 문단 ⅱ) 세 번째 문장의 국민참여예산제도이다. 또한 예산사업의 우선순위를 국민이 정할 수 있는 제도는 국민제안제도가 아니라, 두 번째 문단 두 번째 문장의 우선순위 결정과정에도 국민의 참여가 가능한 국민참여 예산제도이다. 국민제안제도는 국민들이 제안한 사항에 대해 관계부처가 채택여부를 결정하는 제도이다.

② (O) 세 번째 문단 첫 번째 문장부터 네 번째 문장의 내용에 따르면 국민참여예산제도는 3~7월의 과정을 통해 국민참여예산사업이 결정되며 이는 8월에 국무회의에서 정부예산안에 반영된다. 그리고 다섯 번째 문장에 따르면 이러한 정부예산안은 국회에 제출되며 국회의 심의·의결을 거치게 된다. 즉 국민참여예산사업은 시간 순서상 국회 심의·의결 전에 국무회의에서 정부예산안에 반영된다.

③ (X) 첫 번째 문단 두 번째 문장에 따르면 국민참여예산제도는 정부의 예산편성권 범위 밖에서 운영되는 것이 아니라, 정부의 예산편성권의 틀 내에서 운영된다.

④ (X) 참여예산 후보사업을 누가 제안하는지에 대해 제시문에서 직접적으로 언급한 바 없지만, 두 번째 문단 두 번째 문장에서 '국민의 제안 이후'라고 하고 있고, 세 번째 문단 첫 번째 문장에서는 '국민사업제안과 제안사업 적격성 검사'를 실시한다고 하여 국민이 제안한 사업이 참여예산 후보사업이 되며 이후 이러한 사업에 대한 적경성 검사를 실시하는 것임을 알 수 있다. 세 번째 문단의 국민참여예산제도 과정에 따르면 국민사업제안과 제안사업 적격성 검사는 3~4월에 실시하고, 재정정책자문회의의 논의는 8월에 거치게 되므로, 시간 순서 상 참여예산 후보사업이 재정정책자문회의의 논의를 거쳐 제안되는 것이 아니라는 것을 알 수 있다.

⑤ (X) 네 번째 문단 네 번째 문장에 따르면 예산국민참여단의 사업선호도 조사는 전화설문을 통해 이루어지는 것이 아니라 오프라인 투표를 통해 조사한다.

[정답] ②

94

해설

문제 분석

제시문과 〈상황〉을 근거로 2019년도와 2020년도에 국민참여예산사업 예산에서 취약계층지원사업 예산이 차지한 비율을 계산해야 한다.

문제풀이 실마리

문단 ⅴ) 두 번째 문장에서 2019년 국민참여예산사업 예산이 800억 원이라는 것을 파악한다면 간단한 계산을 통해 해결할 수 있는 문제이다.

우선 〈상황〉에서 국민참여예산사업 예산 가운데 일부는 생활밀착형사업 예산이고 나머지는 취약계층지원사업 예산이라고 하여 국민참여예산사업 예산은 두 가지로만 분류되는 것을 알 수 있다. 국민참여예산사업 예산을 x라고 하고, 〈상황〉의 내용을 정리해 보면 다음과 같다.

표 1)	2019년	2020년
생활밀착형사업 예산(억 원)	688	870
취약계층지원사업 예산(억 원)	$x-688$	$1.25x-870$
합계(억 원)	x	$1.25x$

2019년 국민참여예산사업 예산이 800억 원이라는 것을 반영하면 다음과 같다.

표 2)	2019년	2020년
생활밀착형사업 예산(억 원)	112	870
취약계층지원사업 예산(억 원)	688	130
합계(억 원)	800	1,000

국민참여예산사업 예산에서 취약계층지원사업 예산이 차지하는 비율은 각각 다음과 같다.

2019년: $\frac{112}{800}\times100=14\%$

2020년: $\frac{130}{1,000}\times100=13\%$

정답은 ③이다.

빠른 문제풀이 Tip

〈상황〉만 읽고 2019년 국민참여예산사업 예산이 800억 원이라는 것을 파악하지 못했다 하더라도, 표 1)과 같은 상황에서는 2019년도와 2020년도 각각 국민참여예산사업 예산에서 취약계층지원사업 예산이 차지하는 비율을 구할 수 없다는 것을 알 수 있다. 이런 경우에는 〈상황〉 내에서 문제를 해결하려고 시간을 지체하기 보다는 문제에서 추가적으로 실마리를 찾아야 한다.

[정답] ③

길쌤's Check 더 연습해 볼 문제

구분	문제	
7급 공채	23년 인책형 9번 23년 인책형 10번	
5급 공채	13년 인책형 39번 13년 인책형 40번 14년 A책형 19번 14년 A책형 20번 16년 4책형 39번 16년 4책형 40번 17년 가책형 19번 17년 가책형 20번 17년 가책형 39번	17년 가책형 40번 18년 나책형 19번 18년 나책형 20번 21년 가책형 39번 21년 가책형 40번 22년 나책형 19번 22년 나책형 20번 23년 가책형 19번 23년 가책형 20번

3 방법

[95~96] 다음 글을 읽고 물음에 답하시오.

20년 7급(모의) 23~24번

i)독립운동가 김우전 선생은 일제강점기 광복군으로 활약한 인물로, 광복군의 무전통신을 위한 한글 암호를 만든 것으로 유명하다. 1922년 평안북도 정주 태생인 선생은 일본에서 대학에 다니던 중 재일학생 민족운동 비밀결사단체인 '조선민족 고유문화유지계몽단'에 가입했다. 1944년 1월 일본군에 징병돼 중국으로 파병됐지만 같은 해 5월 말 부대를 탈출해 광복군에 들어갔다.

ii)1945년 3월 미 육군 전략정보처는 일본이 머지않아 패망할 것으로 보아 한반도 진공작전을 계획하고 중국에서 광복군과 함께 특수훈련을 하고 있었다. 이 시기에 선생은 한글 암호인 W-K(우전킴) 암호를 만들었다. W-K 암호는 한글의 자음과 모음, 받침을 구분하여 만들어진 암호체계이다. 자음과 모음을 각각 두 자리 숫자로, 받침은 자음을 나타내는 두 자리 숫자의 앞에 '00'을 붙여 네 자리로 표시한다.

iii)W-K 암호체계에서 자음은 '11~29'에, 모음은 '30~50'에 순서대로 대응된다. 받침은 자음 중 ㄱ~ㅎ을 이용하여 '0011'부터 '0024'에 순서대로 대응된다. 예를 들어 '김'은 W-K 암호로 변환하면 'ㄱ'은 11, 'ㅣ'는 39, 받침 'ㅁ'은 0015이므로 '11390015'가 된다. 같은 방식으로 '1334001114390016'은 '독립'으로, '1340243000121334001114390016153000121742'는 '대한독립만세'로 해독된다. 모든 숫자를 붙여 쓰기 때문에 상당히 길지만 네 자리씩 끊어 읽으면 된다.

iv)하지만 어렵사리 만든 W-K 암호는 결국 쓰이지 못했다. 작전 준비가 한창이던 1945년 8월 일본이 갑자기 항복했기 때문이다. 이 암호에 대한 기록은 비밀에 부쳐져 미국 국가기록원에 소장되었다가 1988년 비밀이 해제되어 세상에 알려졌다.

※ W-K 암호체계에서 자음의 순서는 ㄱ, ㄴ, ㄷ, ㄹ, ㅁ, ㅂ, ㅅ, ㅇ, ㅈ, ㅊ, ㅋ, ㅌ, ㅍ, ㅎ, ㄲ, ㄸ, ㅃ, ㅆ, ㅉ 이고, 모음의 순서는 ㅏ, ㅑ, ㅓ, ㅕ, ㅗ, ㅛ, ㅜ, ㅠ, ㅡ, ㅣ, ㅐ, ㅒ, ㅔ, ㅖ, ㅘ, ㅙ, ㅚ, ㅝ, ㅞ, ㅟ, ㅢ 이다.

95 윗글을 근거로 판단할 때, <보기>에서 옳은 것만을 모두 고르면?

〈보기〉

ㄱ. 김우전 선생은 일본군에 징병되었을 때 무전통신을 위해 W-K 암호를 만들었다.
ㄴ. W-K 암호체계에서 한글 단어를 변환한 암호문의 자릿수는 4의 배수이다.
ㄷ. W-K 암호체계에서 '183000152400'은 한글 단어로 해독될 수 없다.
ㄹ. W-K 암호체계에서 한글 '궤'는 '11363239'로 변환된다.

① ㄱ, ㄴ
② ㄴ, ㄷ
③ ㄷ, ㄹ
④ ㄱ, ㄴ, ㄹ
⑤ ㄱ, ㄷ, ㄹ

96 윗글과 다음 <조건>을 근거로 판단할 때, '3·1운동!'을 옳게 변환한 것은?

〈조건〉

숫자와 기호를 표현하기 위하여 W-K 암호체계에 다음의 규칙이 추가되었다.

- 1~9의 숫자는 차례대로 '51~59', 0은 '60'으로 변환하고, 끝에 '00'을 붙여 네 자리로 표시한다.
- 온점(.)은 '70', 가운뎃점(·)은 '80', 느낌표(!)는 '66', 물음표(?)는 '77'로 변환하고, 끝에 '00'을 붙여 네 자리로 표시한다.

① 530080005100183600121334400186600
② 530080005100183600121335500186600
③ 530070005100183600121334400187700
④ 5370005118360012133400176600
⑤ 5380005118360012133500177700

95

해설

문제 분석

순서대로 문단 i)~문단 iv)라 한다.
문단 i) 독립운동가 김우전 선생
문단 ii) W-K(우전킴) 암호가 만들어진 시기, 표시 방법
문단 iii) 자음과 모음에 대응되는 숫자
문단 iv) 세상에 알려진 W-K 암호

문제풀이 실마리

암호 변환 소재의 1지문 2문항 문제이다. 보기 ㄱ을 제외한 보기 ㄴ~ㄹ은 제시문 내용의 응용·적용이 필요하다.

ㄱ. (X) 문단 i) 세 번째 문장에 따르면 김우전 선생은 1944년 1월 일본군에 징병되었고 같은 해 5월 말 부대를 탈출하였다. 그리고 문단 ii) 첫 번째, 두 번째 문장에 따르면 다음 해인 1945년 3월 정도의 시기에 W-K 암호를 만들었다고 하므로, 일본군에 징병되었을 때 무전통신을 위해 W-K 암호를 만든 것이 아님을 알 수 있다.

ㄴ. (O) 문단 ii) 네 번째 문장과 문단 iii)의 내용에 따르면 W-K 암호체계에서 받침이 없는 한글 글자는 자음과 모음 각각 두 자리 숫자인 네 자리로, 받침은 자음을 나타내는 두 자리 숫자의 앞에 '00'을 붙여 네 자리로 표시한다. 따라서 받침이 없는 한글 글자는 네 자리, 받침이 있는 한글 글자는 여덟 자리로 표시되며 네 자리씩 끊어 읽으면 된다. 따라서 W-K 암호체계에서 한글 글자로 이루어진 한글 단어를 변환한 암호문의 자릿수는 4의 배수라는 것을 알 수 있다.

ㄷ. (O) 문단 iii) 다섯 번째 문장에 따라 네 자리씩 '1830', '0015', '2400'과 같이 끊어 읽어본다. 문단 iii) 첫 번째 문장에 따르면 W-K 암호체계에서 자음은 '11~29'에, 모음은 '30~50'에 순서대로 대응되고, 문단 ii) 네 번째 문장에 따르면 받침은 자음을 나타내는 두 자리 숫자의 앞에 '00'을 붙여 네 자리로 표시한다. 따라서 '1830'은 자음과 모음이 결합된 것이고, '0015'는 받침을 의미한다는 것을 알 수 있다. 그러나 '2400'에서 '24'는 각주에 따르면 자음 'ㅎ'에 대응되지만 '00'에 대응되는 모음은 없고, 받침을 의미하려면 '00'이 '24' 앞에 붙여 표시하였어야 한다. W-K 암호체계에 부합하지 않으므로 한글 단어로 해독될 수 없다.

ㄹ. (X) 문단 iii) 첫 번째 문장, 문단 ii) 네 번째 문장과 각주에 따라 W-K 암호체계에서 한글 '궤'를 변환해 보면 '11363239'이 아니라 'ㄱ'은 '11', 'ㅞ'는 '48'에 대응되므로 '1148'로 변환된다.

[정답] ②

96

해설

문제 분석

문단 iii) 첫 번째 문장, 문단 ii) 네 번째 문장과 각주의 내용에 〈조건〉의 내용을 더하여 '3·1운동!'을 변환해 본다.

문제풀이 실마리

'3·1운동!'을 스스로 다 변환하는 것보다는 선지를 활용하여 해결하는 것이 바람직하다.

1) 우선 '3'을 변환해 보면 〈조건〉에 따라 '3'은 '53'에 대응되고 끝에 '00'을 붙여 네 자리로 표시한다. 즉, '5300'으로 변환한다. 선지 ④, ⑤는 제거된다.
선지 ①, ②, ③을 문단 ii) 다섯 번째 문장에 따라 네 자리씩 끊어서 비교하면 다음과 같다.

	3	·	1	우	(받침)ㄴ	도	(받침)ㅇ	!
①	5300	8000	5100	1836	0012	1334	0018	6600
②	5300	8000	5100	1836	0012	1335	0018	6600
③	5300	7000	5100	1836	0012	1334	0018	7700

2) '·'을 변환해 보면 〈조건〉에 따라 가운뎃점(·)은 '80'에 대응되고 끝에 '00'을 붙여 네 자리로 표시한다. 즉, '8000'으로 변환한다. 선지 ③은 제거된다.
또는 '!'을 변환해 보면 〈조건〉에 따라 느낌표(!)는 '66'에 대응되고 끝에 '00'을 붙여 네 자리로 표시한다. 즉, '6600'으로 변환한다. 마찬가지로 선지 ③은 제거된다.

3) '도'를 변환해 보면 'ㄷ'은 '13'에, 'ㅗ'는 '34'에 대응되므로 '1334'로 변환한다. 정답은 ①이다.

빠른 문제풀이 Tip

위에서 표로 정리한 바와 같이 '3·1운동!'은 총 8개의 네 자리 숫자로 변환되어야 한다. 선지의 길이를 먼저 비교해 보면 선지 ④, ⑤를 제거할 수 있다.

[정답] ①

길쌤's Check 더 연습해 볼 문제

5급 공채	11년 선책형 31번 11년 선책형 32번 13년 외교관 인책형 19번 13년 외교관 인책형 20번 15년 인책형 19번 15년 인책형 20번 18년 나책형 39번 18년 나책형 40번 20년 나책형 19번 20년 나책형 20번 22년 나책형 39번 22년 나책형 40번

4 고전 소재

[97~98] 다음 글을 읽고 물음에 답하시오.

16년 5급 4책형 19~20번

i)경연(經筵)이란 신하들이 임금에게 유학의 경서를 강론하는 것으로서, 경악(經幄) 또는 경유(經帷)라고도 하였다. 임금에게 경사(經史)를 가르쳐 유교의 이상정치를 실현하려는 것이 그 목적이었으나, 실제로는 왕권의 행사를 규제하는 중요한 기능을 수행하였다. 경연에서는 사서와 오경 및 역사책인 자치통감 등에 대한 강의가 이루어졌고, 강의가 끝난 후에는 정치문제도 협의하였다.

ii)기록에 따르면 경연은 고려 예종이 처음 도입하였고, 조선시대에 들어와 숭유(崇儒)정책을 실시하면서 비약적으로 발전하였다. 조선시대 태조는 경연청을 설치했고, 정종과 태종도 각각 경연을 실시하였다. 세종은 즉위한 뒤 약 20년 동안 매일 경연에 참석했으며, 집현전을 정비해 경연관(經筵官)을 강화하였다. 특히 성종은 재위 25년 동안 매일 세 번씩 경연에 참석하여 여러 정치 문제를 협의하였다. 경연이 바야흐로 정치의 심장부가 된 것이다.

iii)조선시대 경연관은 당상관(堂上官)과 낭청(郎廳)으로 구성되었다. 당상관은 영사(領事) 3인, 지사(知事) 3인, 동지사(同知事) 3인, 참찬관(參贊官) 7인이다. 영사는 삼정승이 겸하고 지사와 동지사는 정2품과 종2품에서 각각 적임자를 임명하였다. 참찬관은 여섯 승지와 홍문관 부제학이 겸직하였다. 그 밖에 성종 말년에 특진관을 두었는데, 1·2품의 대신 중에서 임명했으며, 정원은 없었다. 낭청으로는 시강관·시독관·검토관이 있었는데 모두 홍문관원이 겸임하였다. 시강관은 직제학·전한·응교·부응교가 겸했고, 시독관은 교리·부교리가 겸했으며, 검토관은 수찬·부수찬이 겸임하였다.

iv)강의 방식도 세종과 성종 때에 대체로 확립되었다. 세종 때는 승지 1인, 낭청 2인, 사관(史官) 1인이 참석하였다. 성종은 어린 나이로 왕이 되었을 때부터 하루에 세 번 조강(朝講)·주강(晝講)·석강(夕講)에 참석했는데, 성년이 된 후에도 계속되었다. 조강에는 영사·지사(또는 동지사)·참찬관 각 1인, 낭청 2인, 대간(臺諫) 각 1인, 사관 1인, 특진관 2인 등 모두 10인 이상의 신하들이 참석하였다. 주강과 석강의 참석자는 세종 때와 같았다. 좌석의 배치는 왕이 북쪽에 남향해 앉고, 1품은 동편에 서향, 2품은 서편에 동향, 3품 이하는 남쪽에 북향해 부복하였다.

※ 승지: 조선시대 승정원의 도승지·좌승지·우승지·좌부승지·우부승지·동부승지의 총칭
※ 경연관: 고려·조선시대 국왕의 학문지도와 치도강론을 위하여 설치한 관직
※ 대간: 사헌부의 대관과 사간원의 간관을 합칭한 말
※ 부복: 고개를 숙이고 엎드림

97 위의 글을 근거로 판단할 때 옳은 것은?

① 조선시대 성종 때 조강에 참석했던 인원은 최소 11인이었을 것이다.
② 삼정승 중 으뜸인 영의정은 경연관 중 동지사에 해당한다.
③ 지사와 동지사는 동편에 서향해 부복하였을 것이다.
④ 경연 시 다루어진 주제에 역사는 포함되지 않았을 것이다.
⑤ 경연은 조선시대에 처음 시작되어 유교의 이상정치 실현에 기여하였다.

98 위의 글을 근거로 판단할 때, 조선시대 성종 대의 강의 시간과 경연 참석자의 관직으로 구성될 수 없는 것은?

	강의 시간	당상관	낭청
①	조강	우의정	부응교
②	조강	도승지	직제학
③	주강	도승지	부제학
④	주강	우승지	직제학
⑤	석강	좌승지	전한

97

해설

문제 분석

순서대로 문단 ⅰ)~문단 ⅳ)라 한다.
문단 ⅰ) 경연, 왕권의 행사를 규제하는 기능
문단 ⅱ) 경연에 관한 기록
문단 ⅲ) 경연관의 구성
문단 ⅳ) 경연 방식(경연 참석자), 좌석 배치

문제풀이 실마리

일부응용형에 속하는 문제이다. 각 선지에서 묻는 바 위주로 제시문에서 빠르게 확인하는 것이 필요하다.

① (O) 문단 ⅳ) 세 번째, 네 번째 문장에 따르면 조선시대 성종 때 조강에는 영사·지사(또는 동지사)·참찬관 등 모두 10인 이상의 신하들이 참석하였다. 성종 본인을 포함한다면 조강에 참석했던 인원은 최소 11인이었을 것으로 판단할 수 있다.

② (X) 문단 ⅲ) 세 번째 문장에 따르면 영사는 삼정승이 겸하고 동지사는 정2품과 종2품에서 각각 적임자를 임명하였다. 따라서 삼정승 중 으뜸인 영의정은 경연관 중 동지사가 아니라 영사에 해당한다.

③ (X) 문단 ⅲ) 세 번째 문장에 따르면 지사와 동지사는 정2품 또는 종2품임을 알 수 있다. 그리고 문단 ⅳ) 다섯 번째 문장의 2품은 서편에 동향해 부복하였다는 내용으로부터, 지사와 동지사는 동편에 서향해 부복하지 않았음을 알 수 있다.

④ (X) 문단 ⅰ) 세 번째 문장에 따르면 경연에서는 역사책인 자치통감 등에 대한 강의가 이루어졌다고 하므로, 경연 시 다루어진 주제에 역사가 포함되었을 것으로 판단할 수 있다.

⑤ (X) 문단 ⅱ) 첫 번째 문장에 따르면 경연은 고려 예종이 처음 도입한 것으로 조선시대에 처음 시작된 것이 아니다. 그리고 문단 ⅰ) 두 번째 문장에서 경연은 유교의 이상정치를 실현하려는 것이 그 목적이었다고는 하나, 지문의 내용에서 경연이 유교 이상정치의 실현에 기여하였는지는 판단할 수 없다.

[정답] ①

98

해설

문제 분석

제시문을 토대로 조선시대 성종 대의 각 강의 시간에 경영관인 당상관과 낭청으로 참석할 수 없는 관직을 확인해야 한다.

문제풀이 실마리

관직 이름이 다소 어려울 수 있으므로 정확한 정보처리를 해야 한다.

문단 ⅲ)의 경연관과 문단 ⅳ)의 강의 방식에 나와 있는 경연 참석자 내용 중 당상관과 낭청에 대한 내용을 정리해 보면 다음과 같다.

경연관			조강	주강·석강
당상관	영사	영의정, 우의정, 좌의정	O(1인)	X
	지사 (또는 동지사)	정2품, 종2품	O(1인)	X
	참찬관	승지, 홍문관 부제학	O(1인)	승지(1인)
낭청	시강관	직제학·전한·응교·부응교	O(2인)	O(2인)
	시독관	교리·부교리		
	검토관	수찬·부수찬		

각주에서 승지란 도승지·좌승지·우승지·좌부승지·우부승지·동부승지임을 확인한다.

① (O) 강의 시간이 조강인 경우 경연 참석자의 관직은 당상관으로 우의정, 낭청으로 부응교가 구성될 수 있다.

② (O) 강의 시간이 조강인 경우 경연 참석자의 관직은 당상관으로 도승지, 낭청으로 직제학이 구성될 수 있다.

③ (X) 강의 시간이 주강인 경우 경연 참석자의 관직은 당상관으로 도승지가 구성될 수 있으나, 낭청으로 부제학은 구성될 수 없다. 부제학은 당상관 중에서도 참찬관에 해당한다.

④ (O) 강의 시간이 주강인 경우 경연 참석자의 관직은 당상관으로 우승지, 낭청으로 직제학이 구성될 수 있다.

⑤ (O) 강의 시간이 석강인 경우 경연 참석자의 관직은 당상관으로 좌승지, 낭청으로 전한이 구성될 수 있다.

[정답] ③

길쌤's Check 더 연습해 볼 문제

5급 공채	08년 창책형 19번 08년 창책형 20번 10년 선책형 19번 10년 선책형 20번 11년 선책형 19번 11년 선책형 20번 11년 선책형 39번 11년 선책형 40번 13년 외교관 인책형 39번 13년 외교관 인책형 40번 19년 가책형 19번 19년 가책형 20번

5 기타 - 주기

[99~100] 다음 글을 읽고 물음에 답하시오.

12년 5급 인책형 39~40번

i)마야인은 시간의 최소단위를 하루라고 보았고, 시간이 형상화된 것이 신이라고 생각했다. 이 신이 활동하기 위해서는 신에게 제례의식을 올려야 했다. 마야의 왕들은 제례의식을 자신과 신을 연결하는 기회라고 보고, 제례의식을 독점적으로 진행하였다.

ii)마야에서는 통치자의 위엄과 달력의 권위가 운명적으로 결합해 있다고 보아 달력에 조그만 실수도 용납하지 않았으며, 만일 달력에 실수가 있으면 백성들이 왕위계승을 인정하지 않을 정도였다. 따라서 달력을 제작했던 역법학자나 천문관들은 선발된 특수계층으로서 자의식이 강했다. 이들은 태양계의 운행에 대한 정확한 관측자료 및 수학과 천문학에 의존하여 두 종류의 달력을 만들었다.

iii)종교력인 '촐킨'은 신성한 순환이라고도 불리는데 주로 종교적이고 예언적인 기능을 담당하였다. 촐킨의 날짜는 1에서 13까지의 숫자와 신의 이름을 나타내는 그림문자 20개를 조합하여 만들었으며, 각각의 날은 다른 명칭을 가지고 있다. 예를 들면 '1이믹스' 다음 날은 '2이크'였다. 20개의 신의 이름의 순서는 이믹스 – 이크 – 아크발 – 칸– 치칸 – 키미 – 마니크 – 라마트 – 물루크 – 오크 – 추웬– 에브 – 벤 – 익스 – 멘 – 킵 – 카반 – 에츠납 – 카와크– 아하우 이다. 1~13까지의 숫자는 목, 어깨 등 인간의 중요 신체부위 13군데를 의미하였는데, 특히 13이란 숫자는 신체에너지와 우주에너지가 통하는 교점을 상징하였다.

iv)'하아브'는 지구의 공전을 근거로 만든 달력이다. 하아브는 20일씩 날짜가 꽉 채워진 18개의 달인 위날과 5일로 이루어진 짧은 달인 와옙으로 이루어져 있다. 위날의 이름 순서는 포프 – 우오 – 시프 – 소츠 – 세크 – 슐 – 약스킨– 몰 – 캔 – 약스 – 사크 – 케흐 – 마크 – 칸킨 – 무완 –팍스 – 카얍 – 쿰쿠 이다. 위날의 매 달은 '1'일로 시작하지만, 마지막 날은 그 다음 달 이름에 '0'을 붙인다. 한 해의 마지막 달인 와옙은 아주 불운한 달이라고 생각해서 단식을 하고 많은 제물을 바쳤다. 그리고 하아브 첫 날을 기다리며 되도록 집을 나가지 않는 등 행동을 삼갔다. 하아브 첫 날에는 성대한 축제가 열렸다.

v)촐킨과 하아브의 주기를 조합하는 계산방식을 역법순환이라고 한다. 역법순환이 새롭게 시작하는 해가 되면 대대적인 축하행사가 열렸다. 역법순환 방식으로 날짜를 표기한다면, '4아하우 8쿰쿠'식이 된다. 이들은 이러한 역법순환을 이용하여 만든 긴 주기의 달력을 통해 우주의 창조와 소멸을 이야기하였다.

99 <보기>에서 옳게 추론한 것을 모두 고르면?

〈보기〉

ㄱ. 마야의 달력은 왕의 권위를 유지하는 데 중요한 역할을 했다.
ㄴ. 마야의 달력은 마야인의 신앙과 밀접한 관련이 있었을 것이다.
ㄷ. '1이믹스'에서 '5이믹스'까지의 기간은 와옙의 기간과 같다.
ㄹ. 마야는 수학과 천문학이 발달하였지만 하루를 매 시간 단위로 분절하지는 않았을 것이다.

① ㄱ, ㄷ
② ㄴ, ㄹ
③ ㄱ, ㄴ, ㄷ
④ ㄱ, ㄴ, ㄹ
⑤ ㄴ, ㄷ, ㄹ

100 마야의 달력에 대해 잘못 이해하고 있는 사람은?

① 윤채: 촐킨에서 '13익스'의 다음 날은 '1멘'이야.
② 형욱: 촐킨의 1주기는 260일인데, '1이믹스'에서 시작하여 '13아하우'에서 끝나.
③ 지나: 하아브의 1주기는 365일이겠군.
④ 현석: 촐킨의 '1이믹스'와 하아브의 '0세크'가 다시 만나는 데는 최소한 18,980일이 걸릴 거야.
⑤ 지윤: 하아브의 '1포프'가 오늘날의 양력 1월 1일이라면, '0세크'는 오늘날의 양력 4월 중의 하루일 거야.

99

해설

문제 분석

문단 ⅰ): 마야인의 신과 시간의 의미
문단 ⅱ): 마야 달력의 권위, 두 종류의 달력
문단 ⅲ): 촐킨(13까지의 숫자와 그림문자 20개의 조합=260일 주기)
문단 ⅳ): 하아브(지구의 공전에 근거, 20일×18개의 달(위날)+5일(짧은 달, 와옙)=365일 주기)
문단 ⅴ): 역법순환

문제풀이 실마리

각 보기와 관련된 내용 위주로 제시문에서 빠르게 확인하여 해결해야 한다.

ㄱ. (O) 문단 ⅱ) 첫 번째 문장에 따르면 마야에서는 통치자의 위엄과 달력의 권위가 운명적으로 결합해 있다고 보았다. 따라서 마야의 달력은 왕의 권위를 유지하는 데 중요한 역할을 했을 것으로 추론할 수 있다.

ㄴ. (O) 문단 ⅰ) 첫 번째 문장에 따르면 마야인들은 시간이 형상화된 것이 신이라고 생각했다고 한다. '시간이 형상화된 것'을 달력으로 해석한다면 마야의 달력은 신앙과 밀접한 관련이 있었을 것으로 추론할 수 있다. 문단 ⅲ) 첫 번째 문장에서 마야 달력 중 한 종류인 '촐킨'은 종교적 기능을 담당하였다는 점, 두 번째 문장에서 촐킨의 날짜는 숫자와 신의 이름을 나타내는 그림문자를 조합하여 만들었다는 점에서도 추론할 수 있다.

ㄷ. (X) 문단 ⅲ)의 내용에 따르면 '1이믹스'에서 '5이믹스'까지의 기간 161일이고(→ 빠른 문제풀이 Tip), 와옙은 5일이다.

ㄹ. (O) 문단 ⅰ) 첫 번째 문장에 따르면 마야인은 시간의 최소단위를 하루라고 보았다고 한다. 따라서 하루를 그보다 더 작은 단위인 시간 단위로 분절하지 않았을 것으로 추론할 수 있다.

빠른 문제풀이 Tip

ㄷ. '1이믹스'부터 다음 '이믹스'까지의 기간이 최소 와옙의 5일과는 차이가 있기 때문에 정오 판단은 어렵지 않다. 그러나 문단 ⅲ)의 촐킨에 따른 날짜의 명칭을 계산하는 방법도 구체적으로 살펴보자. 세 번째 문장에서 예로 든 방법에 따라 날짜의 명칭을 일부 나열하면 다음과 같다. 날짜의 명칭 중 이믹스는 음영 처리하였다.

1이믹스	1익스	1마니크	1아하우	1벤	1키미	1카와크	1에브	1치칸	1에츠납
2이크	2멘	2라마트	2이믹스	2익스	2마니크	2아하우	2벤	2키미	2카와크
3아크발	3킵	3물루크	3이크	3멘	3라마트	3이믹스	3익스	3마니크	3아하우
4칸	4카반	4오크	4아크발	4킵	4물루크	4이크	4멘	4라마트	4이믹스
5치칸	5에츠납	5추웬	5칸	5카반	5오크	5아크발	5킵	5물루크	5이크
6키미	6카와크	6에브	6치칸	6에츠납	6추웬	6칸	6카반	6오크	6아크발
7마니크	7아하우	7벤	7키미	7카와크	7에브	7치칸	7에츠납	7추웬	7칸
8라마트	8이믹스	8익스	8마니크	8아하우	8벤	8키미	8카와크	8에브	8치칸
9물루크	9이크	9멘	9라마트	9이믹스	9익스	9마니크	9아하우	9벤	9키미
10오크	10아크발	10킵	10물루크	10이크	10멘	10라마트	10이믹스	10익스	10마니크
11추웬	11칸	11카반	11오크	11아크발	11킵	11물루크	11이크	11멘	11라마트
12에브	12치칸	12에츠납	12추웬	12칸	12카반	12오크	12아크발	12킵	12물루크
13벤	13키미	13카와크	13에브	13치칸	13에츠납	13추웬	13칸	13카반	13오크

1이믹스로부터 다음 이믹스는 20개의 신의 이름을 한 번씩 사용한 20일 후이다. 즉, 1이믹스 포함 21번째 날인데 숫자는 13까지만 사용하여 날짜를 나타내므로 21에서 13을 빼주어야 한다. 다시 정리하면 '1이믹스'로부터 다음 '이믹스'는 20일 후이므로(1+20=21), 13을 빼주면(21−13=8) '8이믹스'이다. 그다음 이믹스는 또 20일 후이므로 8에서 20을 더하고 13을 빼주면 15가 된다. 15는 13보다 크므로 13을 다시 한번 빼주면 2가 되고 '2이믹스'가 되는 것이다. +20−13을 줄여서 +7이라고 생각하면, 다음 이믹스는 7을 더하고 13을 초과하는 경우 13을 빼준다고 정리할 수 있다. 따라서 '1이믹스'에서 '5이믹스'까지의 기간이 161일인 것을 계산할 수 있다. 진법에 익숙하다면 13진법의 1의 자리만 고려한다고 이해해도 좋다.

[정답] ④

100

해설

문제 분석

'하아브'와 '촐킨'의 개념을 정확하게 이해하여 각 선지에 응용·적용하여야 한다.

문제풀이 실마리

주기의 결합을 정확하게 해결할 수 있어야 한다.

① (O) 문단 ⅲ) 두 번째 문장에서 촐킨의 날짜는 1에서 13까지의 숫자를 사용하여 나타내고, 네 번째 문장에서 설명한 20개의 신의 이름 순서에 따르면 '익스' 다음은 '멘'이다. 따라서 '13익스'의 다음 날은 다시 숫자 1을 사용하여 '1멘'이라고 나타낸다.

② (O) 문단 ⅲ) 두 번째 문장에 따르면 촐킨의 날짜는 13까지의 숫자와 20개의 그림문자를 조합하여 만들었다고 하므로 그 주기는 13과 20의 최소공배수인 260일임을 알 수 있다. 또한 그 주기는 첫 번째 숫자 1과 첫 번째 그림문자의 조합인 '1이믹스'로 시작하여 마지막 숫자와 마지막 그림문자의 조합인 '13아하우'로 끝나는 것도 알 수 있다.

③ (O) 문단 ⅳ) 두 번째 문장에 따르면 18개의 달인 위날은 20일로 이루어져 있고 와옙은 5일로 이루어져 있다. 따라서 하아브의 주기는 18×20+5=365일임을 알 수 있다.

④ (O) 촐킨의 특정 날짜 명칭과 하아브의 특정 날짜 명칭이 다시 만나기 위해서는 촐킨의 주기인 260(일)과 하아브의 주기인 365(일)의 최소공배수만큼의 날짜가 지나야 한다. 260과 365의 공약수는 5밖에 없으므로 계산해 보면 260×365÷5=18,980일만큼의 날짜가 지나야 한다.

⑤ (X) 문단 ⅳ) 네 번째 문장에 따르면 위날의 마지막 날은 그 다음 달 이름에 '0'을 붙였다고 한다. 따라서 '0세크'는 '소츠'의 마지막 날임을 알 수 있다. '소츠'는 네 번째 위날이므로 '1포프'가 양력 1월 1일이라면 '0세크'는 1월 1일부터 80번째 날이다. 오늘날의 양력 4월 중의 하루가 아니라 3월 중 하루일 것이다.

[정답] ⑤

유형 소개

텍스트, 법조문 유형에 속하는 문제는 문제를 어떻게 해결해야 하는가에 따라 크게 세 가지 유형으로 분류할 수 있다. 먼저 단순히 제시문(지문)의 내용과 선지, 보기에 주어진 내용을 단순 비교 · 확인하면 해결되는 '일치부합형'의 문제가 있고, 여러 선지, 보기 중 일부는 단순 비교 · 확인, 나머지 일부는 응용을 해야 해결되는 '일부 응용형'의 문제가 있으며, 마지막으로 제시문의 전반적인 이해를 토대로 응용을 해야 문제가 해결되는 '응용형'의 문제가 있다.

그리고 텍스트 또는 법조문 1개의 제시문(지문)에 2개의 문제가 출제되는 '1지문 2문항형'이 있는데 2개의 문제로는 일치부합형, 일부 응용형, 응용형 중 2개의 문제가 조합되어 출제된다. 주로 '일치부합형+응용형'으로 조합되는 경우가 가장 많다.

일치부합형	제시문의 내용과 선지, 보기에 주어진 내용을 단순 비교 · 확인함으로써 해결하는 문제
일부 응용형	여러 선지, 보기 중 일부는 단순 비교 · 확인, 나머지 일부는 응용을 해야 해결되는 문제
응용형	제시문의 전반적인 이해를 토대로 응용을 해야 문제가 해결되는 문제
1지문 2문항형	텍스트 또는 법조문 1개의 제시문(지문)에 2개의 문제가 출제되는 문제

각 유형을 구분하는 것은 조금만 연습해 보면 어렵지 않다. 그리고 구분된 유형에 따라 문제를 빠르게 해결하는 방법이 달라진다. 이를 연습을 통해 체화해 두면 여러 소재의 문제가 출제되더라도, 준비된 스킬을 활용하여 빠르고 정확하게 문제를 해결해 낼 수 있게 될 것이다.

PART 2
법조문

법조문의 개관

1 법조문의 준비 방법

1. 법조문형의 출제 이유

공무원이든 회사 직원이든 정해진 규율 안에서 일을 하는 경우 각종 법령과 업무 규칙에 대한 이해 및 적용 능력이 필수적으로 요구된다. 따라서 법조문형은 직원을 선발하는 시험에 있어 필수적인 요소이다. 그렇기 때문에 PSAT에서는 도입 초창기부터 법조문 유형이 꾸준히 출제되어 왔고, 특히 2019년 이후부터는 법조문형의 출제 비중이 매우 높아졌다. 텍스트형, 법조문형의 전체 비중은 크게 줄지 않았으나, 그 안에서 텍스트형의 비중이 줄고 법조문형의 비중이 높아졌다. 특히 텍스트형에서 일치부합형의 비중이 급격하게 줄었다. 그렇다고 해서 걱정할 필요는 없는 것이 법조문형은 구조가 정형화되어 있어 문제를 많이 풀어볼수록 실력의 변화가 가장 확실하게 나타나는 유형이다. 따라서 기출문제를 풀어봄으로써 법조문형의 출제장치, 함정 등의 특성을 이해하고, 빠르고 정확하게 즉 효율적으로 문제를 풀 수 있도록 연습해 두는 것이 필요하다. 이를 통해 충분히 고득점이 가능해질 것이다.

2. 법조문과 친해지기

법조문을 풀면서 출제장치 함정, 스킬 등을 대비하는 것도 중요하지만, 그 전에 법조문 문제에서 활용되는 소재, 용어, 표현 등과 친숙해지는 것부터 필요하다. 특히 법조문 용어의 경우 기존 기출문제에서 각주로 주고 설명한 용어는 그 이후에 출제할 때 더 이상 알려주지 않는 경우가 대부분이다. 따라서 누적된 빈출 개념은 준비해 두는 것이 필요하고, 이를 위해 뒤에 법률용어를 정리해 두었다. 일반적으로 우리가 살아가면서 법조문을 자연스럽게 접하게 되는 경우는 많지 않기 때문에, 법조문의 형식, 표현, 용어 등이 익숙하지 않은 경우가 대부분이다. 그러므로 엄선된 법조문을 많이 읽어보는 것은 법조문과 친해지는 데 매우 큰 도움이 된다. 법조문은 많이 접해보면서 익숙해지는 것이 최고의 방법이다.

3. 기출문제를 철저하게 분석하자

법조문 유형은 상식, 지식으로 푸는 것은 아니다. 하지만 PSAT을 준비하기 위해서 기출문제를 풀어봐야 한다는 것은 공유된 지식이고, 그렇기 때문에 기존에 출제된 내용은 그 이후에 문제를 출제할 때 자유롭게 활용되고 있다. 예를 들어 기속과 재량을 구분하는 것, 광역지자체와 기초지자체를 구분하는 것, 직계비속과 직계존속을 구분하는 것 등은 최근에 중요한 함정으로 활용되고 있다. 따라서 PSAT을 준비하는 가장 기본은 기출문제를 철저하게 분석하는 것이다. PSAT 준비의 바이블은 기출문제이다.

4. 스킬을 준비하자

출제될 법조문을 예상해서 준비한다는 것은 거의 불가능에 가까울뿐더러 효율적이지도 않다. 우리는 어떠한 문제가 출제되더라도 효율적으로 해결할 수 있는 스킬을 준비하여 대비하는 것이지 지식을 준비하는 것이 아니다.

5. 부담감을 떨쳐내자

출제된 선지/보기를 전부 정확하게 해결해야 한다는 부담은 갖지 말자. 애매한 것은 넘어가고 3~4개만 정확하게 확신을 가지고 판단할 수 있다면, 그중 답을 구하거나, 나머지에서 답이 될 수 있으므로, 완벽히 해결해야 한다는 부담감을 갖지 말자.

6. 출제자의 입장이 되어보자

법조문에서 큰 어려움을 겪고 있는 수험생이라면 시간은 많이 소요되겠지만, 기출문제에서의 법조문 제시문을 가지고 함정을 파보는, 즉 옳지 못한 선지를 만드는 연습을 해보는 것도 큰 도움이 된다. 따라서 기출문제에서 엄선된 법조문을 가지고, 스스로 선지를 만들어 보자. 그러면 출제자가 어느 부분을 함정으로 만들어 출제하는지 출제자의 입장을 이해해 볼 수 있다.

7. 실수를 줄이자

내가 틀리게 되는 이유를 분석해 두어야 한다. 법조문이 이해가 되지 않아서 틀린 경우를 제외하고, 자신 있게 답을 골라냈지만 틀리게 되는 경우가 있을 것이다. 그렇다면 내가 미처 모르는 함정에 빠졌다는 것이다. 이를 분석해 둠으로써 우리가 문제를 풀 때보다 의식적으로 신경 써야 하는 부분을 파악해 두는 것이 중요하다. 그리고 같은 실수를 반복하지 않는다면 정답률은 자연스럽게 높아질 것이다.

8. 전략을 고민해 보자

PSAT에는 상충하는 가치가 있다. 대표적인 것이 기출을 많이 풀 것인가 또는 적은 문제를 풀더라도 심층적으로 분석할 것인가 하는 '양 vs 질'의 문제이다. 초심자일수록, 그리고 실수가 많은 수험생일수록 반드시 적은 문제를 풀더라도 심층적으로 분석하는 것을 권한다. 틀리면서 배워야 한다고 생각하면서 많이 틀리면서 많이 풀어보는 것은 자신감 하락의 주된 원인이 된다. 따라서 같은 실수를 반복하지 않도록 충분히 분석하고 대비하면서 문제를 풀어갈 때 실수를 줄여나갈 수 있다.

또 다른 상충하는 가치는 '속도 vs 정확도'이다. 둘 다 잡고자 노력하지만 동시에 잡기 힘든 두 가치이다.

주어진 문제의 100%를 풀고 70%의 정답률이면 70점이다.
주어진 문제의 90%를 풀고 80%의 정답률이면 72점이다.
주어진 문제의 80%를 풀고 90%의 정답률이면 72점이다.
주어진 문제의 70%를 풀고 100%의 정답률이면 70점이다.

결국 한쪽으로 치우진 전략보다는 두 가치가 조화될수록 점수는 상승한다. 어려운 몇 문제를 적당히 버리고 정확도를 높일 때 가장 높은 점수를 받을 수 있다. 수험생 각자의 속도와 정확도에 따라 전략은 천차만별이다. 책에서 일률적으로 전략은 어떤 것이 좋다고 정할 수 없다. 하지만 명확한 결론은 있다. 초심자의 입장에서는 무조건 정확도에 초점을 맞추고 준비해야 한다!

9. 최근 출제 경향

텍스트형과 법조문형이 주로 출제되는 번호 위치도 PSAT에서는 최근 거의 고정되어 있다. 그리고 앞에서도 잠깐 언급했듯이 5급 기출의 경우 06년부터 1기, 10년부터 2기, 19년부터 3기의 과정을 거치고 있는데 3기의 가장 큰 변화 중에 하나가 텍스트형의 비중이 줄고 법조문형의 비중이 높아졌다. 당연히 최근으로 올수록 기출문제는 진화 · 발전해 오고 있으므로 과거의 문제부터 최신 문제 순으로 풀어오기를 추천한다.

2 제시문의 종류 및 소재

법조문 유형에서 활용되는 제시문(지문)의 종류로는 법조문, 규정 · 규칙, 줄글, 기호(○), 표 등의 형식이 있다. 소재(출처)는 다양하게 활용되고 있다. 앞에서 언급했듯이 출제될 법조문을 예상하여 대비한다는 것은 쉽지 않다.

이외에 '상황'이 추가적으로도 주어지는 경우도 있는데, 과거에는 발문에 상황이 주어지는 경우도 많았으나 최근 그런 경향은 거의 사라졌다. 최근에는 〈상황〉 박스를 따로 주거나, 각 선지/보기에 간략한 상황을 제시하면서 상황에 제시문의 적용을 필요로 하는 문제가 주로 출제되고 있다. 최근 〈상황〉이 등장한 문제의 난도가 높은 편이기 때문에 상황이 주어지는 사례형 문제의 대비가 매우 필수적이다.

각 선지 또는 보기에 사례를 포함해서 알려주는 것은 간단한 사례인 경우가 많아 크게 문제 되지는 않는다. 하지만 sub-box로 〈상황〉이 등장하는 사례형 문제의 경우 상황에 등장하는 인물이 2인 이하면 평이한 난도인 경우도 많으므로 해결이 어렵지 않은 반면에, 등장하는 인물이 3인 이상인 경우에는 상황이 복잡해지기 때문에 난도가 높아지는 경우가 많다. 따라서 등장하는 인물의 특성, 인물 간 관계를 명확히 파악해야 한다. 이는 시각적으로 처리하는 것이 좋다. 각 인물 간의 관계(부-모-자녀관계, 혼인관계, 채무자-채권자 관계, 판매자-구입자 관계 등), 금전거래관계, 금액, 시점, 시기 등을 정리해 두는 것이 좋다. 제시문에 단순히 밑줄이나 동그라미로 체크해 두는 것보다는 가계도, 화살표 등을 활용하여 그림으로 시각적 처리를 해두는 것이 좋다. 특히 최근 행위자 관련한 함정을 많이 파기 때문에, 상황에 등장하는 사람들이 각각 어떤 사람인지를 정확하게 파악해 두는 것이 필요하다. 다음 제시문 종류별 예시를 통해 어떤 제시문이 주어지는지 알아보자.

법조문

23년 5급 가책형 22번

제00조(정의) 이 법에서 사용하는 용어의 뜻은 다음과 같다.
1. "건강검사"란 신체의 발달상황 및 능력, 정신건강 상태, 생활습관, 질병의 유무 등에 대하여 조사하거나 검사하는 것을 말한다.
2. "학교"란 유치원, 초 · 중 · 고등학교, 대학 · 산업대학 · 교육대학 · 전문대학 및 각종학교를 말한다.
3. "관할청"이란 다음 각 목의 구분에 따른 지도 · 감독기관을 말한다.
가. 국립 유치원, 국립 초 · 중 · 고등학교: 교육부장관
나. 공 · 사립 유치원, 공 · 사립 초 · 중 · 고등학교: 교육감
다. 대학 · 산업대학 · 교육대학 · 전문대학 및 각종학교: 교육부장관

제00조(건강검사 등) ① 학교의 장은 학생과 교직원에 대하여 건강검사를 실시하여야 한다.
② 학교의 장은 천재지변 등 부득이한 사유가 있는 경우 관할청의 승인을 받아 건강검사를 연기하거나 건강검사의 전부 또는 일부를 생략할 수 있다.
③ 학교의 장은 정신건강 상태 검사를 실시할 때 필요한 경우에는 학부모의 동의 없이 실시할 수 있다. 이 경우 학교의 장은 그 실시 후 지체 없이 해당 학부모에게 검사 사실을 통보하여야 한다.

제00조(등교 중지) ① 감염병으로 인해 주의 이상의 위기경보가 발령되는 경우, 교육부장관은 질병관리청장과 협의하여 등교 중지가 필요하다고 인정되는 학생 또는 교직원에 대하여 등교를 중지시킬 것을 학교의 장에게 명할 수 있다. 이 경우 해당 학교의 관할청을 경유하여야 한다.
② 제1항에 따른 명을 받은 학교의 장은 해당 학생 또는 교직원에 대하여 지체 없이 등교를 중지시켜야 한다.

규정·규칙

14년 5급 A책형 6번

〈쓰레기 분리배출 규정〉

○ 배출 시간: 수거 전날 저녁 7시~수거 당일 새벽 3시까지 (월요일~토요일에만 수거함)
○ 배출 장소: 내 집 앞, 내 점포 앞
○ 쓰레기별 분리배출 방법
- 일반 쓰레기: 쓰레기 종량제 봉투에 담아 배출
- 음식물 쓰레기: 단독주택의 경우 수분 제거 후 음식물 쓰레기 종량제 봉투에 담아서, 공동주택의 경우 음식물 전용용기에 담아서 배출
- 재활용 쓰레기: 종류별로 분리하여 투명 비닐봉투에 담아 묶어서 배출
  ① 1종(병류)
  ② 2종(캔, 플라스틱, 페트병 등)
  ③ 3종(폐비닐류, 과자 봉지, 1회용 봉투 등)
  ※ 1종과 2종의 경우 뚜껑을 제거하고 내용물을 비운 후 배출.
  ※ 종이류/박스/스티로폼은 각각 별도로 묶어서 배출.
- 폐가전 · 폐가구: 폐기물 스티커를 부착하여 배출
○ 종량제 봉투 및 폐기물 스티커 구입: 봉투판매소

줄글

20년 5급 나책형 24번

주주총회의 소집절차 또는 그 결의방법이 법령이나 정관을 위반하거나 그 결의내용이 정관을 위반한 경우, 주주총회 결의취소의 소(이하 '결의취소의 소'라 한다)를 제기할 수 있는 사람은 해당 회사의 주주, 이사 또는 감사이다. 이들 이외의 사람이 결의취소의 소를 제기하면 소는 부적법한 것으로 각하된다. 결의취소의 소를 제기한 주주 · 이사 · 감사는 변론이 종결될 때까지 그 자격을 유지하여야 한다. 따라서 변론 종결 전에 원고인 주주가 주식을 전부 양도하거나 이사 · 감사가 임기만료나 해임 · 사임 · 사망 등으로 그 지위를 상실한 경우, 소는 부적법한 것으로 각하된다. 소가 부적법 각하되면 주주총회의 결의를 취소하는 것이 정당한지에 관한 법원의 판단 없이 소송은 그대로 종료하게 된다.

결의취소의 소는 해당 회사를 피고로 해야 하며, 회사 아닌 사람을 공동피고로 한 경우 그 사람에 대한 소는 부적법한 것으로 각하되고, 회사에 대한 소송만 진행된다. 한편 회사가 피고가 된 소송에서는 회사의 대표이사가 회사를 대표하여 소송을 수행한다. 그렇지만 이사가 결의취소의 소를 제기한 때에는 이사와 대표이사의 공모를 막기 위해서 감사가 회사를 대표하여 소송을 수행한다. 이와 달리 이사 이외의 자가 결의취소의 소를 제기한 때에는 대표이사가 소송을 수행하며, 그 대표이사가 결의취소의 소의 대상이 된 주주총회 결의로 선임된 경우라 하더라도 마찬가지이다.

기호(○)

13년 5급 인책형 24번

○ 상호를 양도하기 위해서는 영업을 폐지하여야 한다. 영업을 함께 양도하는 경우에도 상호를 양도할 수 있다.
○ 영업주(상점주인)가 자신을 대신하여 물건을 판매할 지배인을 고용한 경우, 지배인은 물건을 판매하면서 영업주를 위하여 판매한다고 고객에게 표시하지 않아도 그 판매행위는 영업주가 한 행위와 같은 것으로 본다.
○ 타인의 부탁을 받고 타인의 물건을 자신의 이름으로 직접 매매하고 그 대가를 받는 사람은, 그 물건을 매수한 사람에 대하여 매매로 인하여 발생하는 권리를 직접 취득하고 의무를 부담한다.
○ 고객의 물건을 창고에 보관해 주고 대가를 받는 것을 영업으로 하는 사람이 그 보관 물건의 멸실이나 훼손으로 인하여 책임을 부담해야 하는 경우, 고객은 물건이 출고된 날로부터 1년 이내에 그 책임을 물을 수 있다.
○ 합병을 하는 회사의 일방 또는 쌍방이 주식회사 또는 유한회사인 때에는 합병 후 존속하는 회사 또는 합병으로 인하여 설립되는 회사는 주식회사 또는 유한회사이어야 한다(회사의 종류에는 합명회사, 합자회사, 유한책임회사, 주식회사, 유한회사가 있다).

표

20년 5급 나책형 23번

제00조 ① 체육시설업은 다음과 같이 구분한다.
1. 등록 체육시설업: 스키장업, 골프장업, 자동차 경주장업
2. 신고 체육시설업: 빙상장업, 썰매장업, 수영장업, 체력단련장업, 체육도장업, 골프연습장업, 당구장업, 무도학원업, 무도장업, 야구장업, 가상체험 체육시설업
② 체육시설업자는 체육시설업의 종류에 따라 아래 〈시설기준〉에 맞는 시설을 설치하고 유지 · 관리하여야 한다.

〈시설기준〉

필수 시설	○ 수용인원에 적합한 주차장(등록 체육시설업만 해당한다) 및 화장실을 갖추어야 한다. 다만 해당 체육시설이 같은 부지 또는 복합건물 내에 다른 시설물과 함께 위치한 경우로서 그 다른 시설물과 공동으로 사용하는 주차장 및 화장실이 있을 때에는 별도로 갖추지 아니할 수 있다. ○ 수용인원에 적합한 탈의실과 급수시설을 갖추어야 한다. 다만 신고 체육시설업(수영장업은 제외한다)과 자동차 경주장업에는 탈의실을 대신하여 세면실을 설치할 수 있다. ○ 부상자 및 환자의 구호를 위한 응급실 및 구급약품을 갖추어야 한다. 다만 신고 체육시설업(수영장업은 제외한다)과 골프장업에는 응급실을 갖추지 아니할 수 있다.
임의 시설	○ 체육용품의 판매 · 수선 또는 대여점을 설치할 수 있다. ○ 식당 · 목욕시설 · 매점 등 편의시설을 설치할 수 있다(무도학원업과 무도장업은 제외한다). ○ 등록 체육시설업의 경우에는 해당 체육시설을 이용하는 데에 지장이 없는 범위에서 그 체육시설 외에 다른 종류의 체육시설을 설치할 수 있다. 다만 신고 체육시설업의 경우에는 그러하지 아니하다.

<상황>

20년 7급(모의) 4번

〈상황〉

○ 발명자 甲, 乙, 丙은 각각 독자적인 연구개발을 수행하여 동일한 A발명을 완성하였다.
○ 甲은 2020. 3. 1. A발명을 완성하였지만 그 발명 내용을 비밀로 유지하다가 2020. 9. 2. 특허출원을 하였다.
○ 乙은 2020. 4. 1. A발명을 완성하자 2020. 6. 1. 간행되어 반포된 학술지에 그 발명 내용을 논문으로 게재한 후, 2020. 8. 1. 특허출원을 하였다.
○ 丙은 2020. 7. 1. A발명을 완성하자마자 바로 당일에 특허출원을 하였다.

3 법조문의 형식

1. 법령의 종류

법령에는 법률 – 시행령(대통령령) – 시행규칙(총리령 및 부령)이 포함된다.

최고규범인 헌법을 비롯하여, 법률, 시행령(대통령령), 시행규칙(총리령 · 부령) 등이 출제되고 있는데, 이를 구분할 실익은 별로 없다. 법령은 이를 모두 총칭하는 말이다. 법령에는 위계가 있지만 역시나 이를 상식으로 묻는 문제는 출제되지 않았다. 따라서 간단히 한 번 봐두는 것만으로 충분하다. PSAT는 상식을 테스트하는 시험이 아니라, 판단할 수 있는 근거를 다 주고 이를 효율적으로 정확하게 처리할 수 있는가를 묻는다.

법률의 정의나 법률의 종류를 구분하지 않더라도 문제는 충분히 해결할 수 있다. 따라서 이 책에서는 문제 해결에 필요한 스킬적인 부분만 압축적으로 정리하려고 노력했고, 굳이 문제 해결에 필요하지 않은 학문적인 내용은 수록하지 않았다. 이를테면 세단, SUV, CUV, 스포츠카, 하이브리드카 등 자동차 종류에 무엇이 있는지 자세히 모르더라도, 자동차가 어떻게 변화 발전해 왔는지 모르더라도 안전하게 자동차 운전은 할 수 있다. 따라서 이 책에는 안전하게 운전하기 위한 스킬 위주로, 즉 문제를 효율적으로 해결할 수 있는 스킬 위주로 정리하였다.

2. 법조문의 형식

법조문의 형식으로 (편 – 장 – 절 – 관) – 조 – 항 – 호 – 목이 있다. 이 중 실질적 내용을 담고 있어 시험에서 활용되는 형식은 '조 – 항 – 호 – 목'이다. 이에 대해서 보다 자세히 알아보기 위해 앞서 살펴본 법조문을 다시 하나하나 살펴보자.

> 제00조(정의) 이 법에서 사용하는 용어의 뜻은 다음과 같다.
> 1. "건강검사"란 신체의 발달상황 및 능력, 정신건강 상태, 생활습관, 질병의 유무 등에 대하여 조사하거나 검사하는 것을 말한다.
> 2. "학교"란 유치원, 초·중·고등학교, 대학·산업대학·교육대학·전문대학 및 각종학교를 말한다.
> 3. "관할청"이란 다음 각 목의 구분에 따른 지도·감독기관을 말한다.
>   가. 국립 유치원, 국립 초·중·고등학교: 교육부장관
>   나. 공·사립 유치원, 공·사립 초·중·고등학교: 교육감
>   다. 대학·산업대학·교육대학·전문대학 및 각종학교: 교육부장관
>
> 제00조(건강검사 등) ① 학교의 장은 학생과 교직원에 대하여 건강검사를 실시하여야 한다.
> ② 학교의 장은 천재지변 등 부득이한 사유가 있는 경우 관할청의 승인을 받아 건강검사를 연기하거나 건강검사의 전부 또는 일부를 생략할 수 있다.
> ③ 학교의 장은 정신건강 상태 검사를 실시할 때 필요한 경우에는 학부모의 동의 없이 실시할 수 있다. 이 경우 학교의 장은 그 실시 후 지체 없이 해당 학부모에게 검사 사실을 통보하여야 한다.
>
> 제00조(등교 중지) ① 감염병으로 인해 주의 이상의 위기경보가 발령되는 경우, 교육부장관은 질병관리청장과 협의하여 등교 중지가 필요하다고 인정되는 학생 또는 교직원에 대하여 등교를 중지시킬 것을 학교의 장에게 명할 수 있다. 이 경우 해당 학교의 관할청을 경유하여야 한다.
> ② 제1항에 따른 명을 받은 학교의 장은 해당 학생 또는 교직원에 대하여 지체 없이 등교를 중지시켜야 한다.

(1) 조(條)

'조'는 기본적으로 '제00조'로 표기하며, 법령을 구성하는 원칙적인 기본 단위이다. 모든 법률은 조의 형식으로 일련의 숫자를 붙여 제1조, 제2조, 제3조, …와 같이 순서대로 배열된다. 조의 형식에서 확인해야 하는 것은 다음 두 가지이다.

첫째, '제00조'인지 '제○○조'인지 여부이다.

5급 공채 PSAT 기준으로 2014년 전까지는 '제00조'의 형식이 대부분이었다가 2014년 이후 '제○○조', '제□□조' 등으로 표기하는 경우가 많아졌다. 도형을 활용하여 서로 다른 조 간의 연결을 보다 용이하게 만들고 있다. 위에서 제시한 법조문은 '제00조'의 형식이다.

둘째, 표제가 있는지 여부이다.

단순히 '제00조' 또는 '제○○조'만 주어지는 경우도 있지만, 표제를 포함하여 '제00조(표제)'의 형식으로 주어지기도 한다. 텍스트형은 누구에게나 익숙할 테니, 텍스트에 빗대어 설명하면 '조'는 쉽게 말해 텍스트에서의 '문단'이라고 생각하면(이해하면) 되고, 표제는 해당 문단의 중심내용이라고 이해하면 쉽다. 위에서 제시한 법조문은 표제를 포함하고 있다. 첫 번째 조문(문단)에서는 용어의 '정의'를 내리고 있음을 쉽게 알 수 있다.

(2) 항(項)

'항'은 '①, ②, ③, ……'의 형식으로 표기하며, 쉽게 말해 텍스트에서의 문단을 구성하는 하나하나의 '문장'이라고 이해하면 쉽다. 어떤 사항을 규율함에 있어서 하나의 문장으로 하기 어렵거나 또는 경우를 나누어 달리 규정할 필요가 있을 때 사용하는 입법형식이다. 따라서 제1항의 원칙을 제2항에서 예외의 경우를 규정하는 경우, 제1항의 요건에 대한 추가적인 내용을 제2항에서 규정하는 경우 등 '원칙 + 예외', '기본 + 추가' 등의 구조인 경우가 가장 흔하다.

(3) 호

'호'는 '1. 2. 3. …'의 형식으로 표기하며, 일정한 사항을 열거하는 등의 필요가 있을 때 사용하는 입법형식이다. 특히 요건을 열거(나열)할 때 주로 활용된다. 이 경우 열거된 여러 요건들이 모두 충족해야 하는 'and 요건'인지 일부만 충족하면 되는 'or 요건'인지를 명확하게 구분해야 한다.

(4) 목

'목'은 '가. 나. 다. …'의 형식으로 표기하며, 호에서 열거한 내용을 다시 세부적으로 나누어 열거할 필요가 있는 경우에 사용한다. 따라서 활용방식이 호와 동일하다.

더 알아보기

'조 - 항 - 호 - 목' 중 조와 항은 문장으로 되어 있고 '요건+효과'의 형식을 가진다. 그렇지만 호와 목은 병렬적인 열거(나열)에 활용되는 형식이라는 데 차이점이 있다. 호나 목에서 문장의 형식을 갖는 경우는 간혹 있기는 하지만 드물다. 문장의 형식이더라도 기본적으로 병렬적인 정보의 속성은 가진다. 따라서 '문장'의 형식인 조와 항, '문장의 형식이 아닌 병렬적인 정보인 호와 목의 성질에 따라 각각 다른 정보처리 방식이 요구된다. 문장 형식인 조와 항에서는 키워드를 잡아서 활용하는 방법을 연습해 두어야 하고, 호와 목에서는 병렬적이고 대등적인 정보를 빠르게 처리하는 방법을 준비해 두는 것이 필요하다. 호·목은 스키밍(skimming) 즉, 전반적인 내용을 파악하거나, 구조를 파악할 때는 보지 않는다. 호나 목을 봐야 할 경우에는 병렬적인 정보를 잘 구분할 수 있도록 키워드를 찾아 두는 것만으로 충분하다.

4 법조문의 이해·해석 스킬

1. 일반적 이해

법조문의 구조가 복잡해질 때, '본문+단서', '전단, 후단', '1문, 2문' 등으로 부른다. 이러한 구분은 문제를 푸는 것과는 무관하다. 따라서 이에 대한 설명을 포함하기는 하였으나, 가볍게 읽어보는 것만으로 충분하다. 이는 출제된 바 없고, 출제하기도 어려운 내용이다.

구분	설명
본문, 단서	조 또는 항의 기본이 되는 문장을 본문이라고 한다. 그리고 '단, 다만, 그러나, (그럼에도)불구하고, ' 등으로 시작되는 부분이 있다면 '단서'라고 한다. 이 경우 본문은 원칙을, 단서는 예외를 규정한다.
전단, 후단	조나 항이 두 개 이상의 문장으로 구성되어 있고, 다음 문장이 '이 경우' 등과 같이 앞 문장과 연결되는 경우 또는 하나의 조문이 ','로 구분되는 경우에 앞부분을 전단, 뒷부분을 후단이라고 한다. 역접 없이 병렬적으로 연결되는 경우 또는 하나의 문장에 대등한 두 개 이상의 사항이 나란히 주어진 경우에도 전단과 후단으로 구분하기도 한다. 전단에서는 원칙을 말하고, 후단에서는 이에 대한 추가적인 부연설명을 하는 경우가 많다.
제1문, 제2문	하나의 조문이 2개 이상의 여러 문장으로 구성되고 각 문장이 대등한 내용으로 구성된 경우에, 일반적으로 각 문장 순서대로 제1문, 제2문, 제3문, …이라 부르기도 한다.

2. 실질적 이해

(1) 간결체/만연체

텍스트 유형의 제시문은 주로 정보를 제시하는 글이 주어진다. 그리고 문장이 긴 경우보다는 대체로 간결한 경우가 많다. 정보를 주는 문장이기 때문에 정확하게 이해될 수 있도록 되도록 간결하게 설명한다.

반면 법조문은 만연체인 경우가 대부분이다. 기출문제에서도 보면 한 문장이 다섯 줄을 넘어가는 경우가 많다. 따라서 만연체인 문장을 제대로 정확하게 읽고 해석해 내는 것은 수험생에게 매우 요구되는 능력이다. '의미단위별 괄호 체크, 끊어 읽기', '또는, 및 신경 써서 해석하기' 등을 연습해 두어야 한다. 즉, 의미단위에 따라 끊어 읽기와 묶어 읽기를 잘 해야 한다. 또한 문장이 길다보니 '또는'이나 ' 및'의 해석에 주의해야 한다.

또한 무엇을 해야 하는지 의무, 무엇을 하면 안 되는지 금지, 무엇을 할 수 있는지 허가 등의 내용을 주로 규정하고 있다. 이때 주로 쓰이는 용어, 표현이 있기 때문에 법조문은 기출문제부터 최대한 많이 접해보기를 추천한다. 그렇게 한다면 처음에는 어렵게 느껴졌던 용어와 표현들이 차차 익숙해지는 경험을 하게 될 것이다.

'/ '와 ' ( )'를 적절하게 활용할 수 있어야 한다. 문장이 매우 긴 만연체이기 때문에 적절히 끊어 읽기와 의미단위별 묶어 읽기가 되어야 정확하게 이해할 수 있다. 법조문이 익숙하지 않은 수험생이라면 시각적으로 '/ '와 '( )' 표시를 적절하게 활용할 수 있어야 한다.

다음 법조문을 적절하게 끊어 읽고 묶어 읽어 보자.

> 23년 5급 가책형 22번
>
> 제00조(등교 중지) ① 감염병으로 인해 주의 이상의 위기경보가 발령되는 경우, 교육부장관은 질병관리청장과 협의하여 등교 중지가 필요하다고 인정되는 학생 또는 교직원에 대하여 등교를 중지시킬 것을 학교의 장에게 명할 수 있다. 이 경우 해당 학교의 관할청을 경유하여야 한다.

> 21년 5급 가책형 2번
>
> ② 문화재청장은 제1항에 따라 발굴할 경우 발굴의 목적, 방법, 착수 시기 및 소요 기간 등의 내용을 발굴 착수일 2주일 전까지 해당 지역의 소유자, 관리자 또는 점유자(이하 '소유자 등'이라 한다)에게 미리 알려 주어야 한다.

> 23년 5급 가책형 22번
>
> 제00조(등교 중지) ① 감염병으로 인해 주의 이상의 위기경보가 발령되는 경우 // 교육부장관은 / 질병관리청장과 협의하여 / 등교 중지가 필요하다고 인정되는 (학생 or 교직원)에 대하여 / 등교를 중지시킬 것을 / 학교의 장에게 명할 수 있다. // 이 경우 / 해당 학교의 관할청을 경유하여야 한다.

21년 5급 가책형 2번

② 문화재청장은 / 제1항에 따라 발굴할 경우 // (발굴의 목적, 방법, 착수 시기 및 소요 기간 등의 내용)을 / 발굴 착수일 2주일 전까지 / 해당 지역의 (소유자, 관리자 또는 점유자(이하 '소유자 등'이라 한다)) 에게 / 미리 알려 주어야 한다.

다음 법조문도 정확하게 이해해 보자.

20년 5급 나책형 4번

농식품투자조합의 자산이 출자금 총액보다 적어지거나 그 밖의 사유가 생겨 업무를 계속 수행하기 어려운 경우로서 조합원 총수의 과반수와 조합원 총지분 과반수의 동의를 받은 경우

이를 정확하게 구분해서 읽으면 다음과 같다.

<table>
<tr><td rowspan="3">농식품투자조합의</td><td>자산이 출자금 총액보다 적어짐</td><td rowspan="3">업무를 계속 수행하기 어려운 경우</td><td rowspan="3">and</td><td>조합원 총수의 과반수의 동의</td><td rowspan="3">를 받은 경우</td></tr>
<tr><td>or</td><td>and</td></tr>
<tr><td>그 밖의 사유가 생겨</td><td>조합원 총지분 과반수의 동의</td></tr>
</table>

(2) 법조문은 가언명제이다(요건 + 효과).

법조문은 가정적 표현(조건문)을 주로 사용한다. 위에서 살펴본 문장들도 아래 예시와 같이 가정형의 가언명제의 형태였다.

23년 5급 가책형 22번

제00조(등교 중지) ① 감염병으로 인해 주의 이상의 위기경보가 발령되는 경우, 교육부장관은 질병관리청장과 협의하여 등교 중지가 필요하다고 인정되는 학생 또는 교직원에 대하여 등교를 중지시킬 것을 학교의 장에게 명할 수 있다. 이 경우 해당 학교의 관할청을 경유하여야 한다.

21년 5급 가책형 2번

② 문화재청장은 제1항에 따라 발굴할 경우 발굴의 목적, 방법, 착수 시기 및 소요 기간 등의 내용을 발굴 착수일 2주일 전까지 해당 지역의 소유자, 관리자 또는 점유자(이하 '소유자 등'이라 한다)에게 미리 알려 주어야 한다.

이처럼 가장 간단한 예는 '~(이)라면, ~한다'이다. 즉 '어떠한 경우에 해당하면, 어떠한 효과가 발생한다.'라는 규정하는 것이 가장 일반적이다. 이를 보다 실제 형식에 맞게 예를 들면 다음과 같다.

'________ 하려는 자는 ________해야 한다
(해당하는) (해서는 아니 된다.
할 수 있다,
할 수 없다)'

________한 경우에는 ________해야 한다
(일 때에는) (해서는 안 된다)

이처럼 요건에 해당하는 경우 효과대로 하는 구조가 일반적이다. 쉽게 말해 어떤 경우에 어떻게 하는지 판단하면 된다. 요건과 효과에 각각 포함되는 대표적인 내용은 다음과 같다.

요건	효과
목적 / 의의 / 주체(누가) / 객체(누구에게) / 대상(무엇을) / 요건(경우), 복수의 and, or 요건 / 자격	시기(기간) / 장소 / 방법(방식) / 절차 / 효과 (주로 효과에서는 의무를 강제하거나, 허용하거나 반대로 금지하는 경우가 흔하다.)

그런데 문제를 해결하기 위해서 이처럼 복잡하게 하나하나 따져보지 않아도 된다. 문장성분이나 요소를 하나하나 따져가면서, 법조문에서 이 부분이 목적이고 이 부분이 의의고 등 문제 해결을 위해 필요하지 않은 부분까지 연습해서 괜히 그 부분까지 신경 써서는 안 된다. 그건 문제 해결에 불필요하다. 영어 원어민이 문장 성분이나 문장 요소 하나하나 다 신경 써가면서 영어를 잘하는 걸까? 그렇지 않다. 그냥 잘하게 되어야 한다. 문제 해결에 필요한 스킬만 압축적으로 설명하고자 하였으므로, 이 책에서 설명하

고 있는 부분만 열심히 연습하다 보면 법조문 유형의 문제를 그냥 잘 풀게 될 것이다. 평소에 잘 접해보지 못한 법조문이라고 해서 괜히 긴장할 것 없다. 법조문은 평범한 일반 사람들도 읽고 해석할 수 있어야 한다. 따라서 법조문도 계속 접하고 해결해 나가다 보면 일반적으로 서술되고 있고 글을 읽을 수 있는 누구나 법조문을 해석할 수 있도록 하고 있다.

(3) 요건 해석 시 알아두면 좋은 표현

다음 각호의 모두 그리고, ~이고, ~와, 로서	and
다음 각호의 어느 하나 혹은, 또는, ~거나	or
다음 각호	이때 and인지 or인지는 맥락에 맞게 해석해야 한다.
다음 각호의 1	or처럼 해석된다. 이 표현은 최근 순화되어 다음 각호의 어느 하나로 사용되고 있다.
및	and와 or를 맥락에 맞게 해석해야 한다. 둘 중 어느 해석으로 하더라도 무방한 경우에 '및'을 주로 사용하지만, 경우에 따라서는 맥락에 맞게 해석해야 하는 경우도 있어 주의를 요한다.
,(쉼표) ·(가운데점)	여러 항목이나 요건을 나열할 때 쓰는 형식이다. 이와 같이 적혀있는 접속부사의 의미로 해석하면 된다. 단순나열하는 경우, '또는'으로 해석하는 경우, '그리고'로 해석하는 경우가 있다.
내지	'~'의 의미로 주로 쓰인다. 사전적인 의미로는 '또는'의 의미도 있기는 하지만 기출에서는 '~'의 의미로 쓰였고, 최근 법조문형 문제에서는 거의 사용되지 않고 '제1조부터 제3조까지'와 같은 형식으로 한글로 순화되어 쓰이고 있다. ㉠ 제1호 내지 제3호: 제1호부터 제3호까지 1급 내지 3급: 1급부터 3급까지 2년 내지 3년: 2년 이상 3년 이하

요건에 and와 or의 표현이 혼합되어 있는 경우, 특히 해석에 유의해야 한다.

07년 5급 무책형 25번

기초생활수급자 선정기준
: 부양의무자가 없거나, 부양의무자가 있어도 부양능력이 없거나 또는 부양을 받을 수 없는 자로서 소득인정액이 최저생계비 이하인 자

(4) 반대해석

반대해석은 어렵지 않다. 만약 부모님과 이런 약속을 했다고 하자.

시험 100점 맞으면 컴퓨터 사 준다.

시험을 100점 맞으면 너무 좋겠지만, 그렇지 못한 경우도 생길 수 있다. 그렇다면 만약 시험을 100점 맞지 못한다면 어떻게 될까?

시험 100점 맞으면 컴퓨터 사 준다.
= 100점 못맞으면 컴퓨터 안 사 준다.

이는 어렵지 않게 해석할 수 있을 것이다. 이처럼 아래와 같이 해석하는 것이 법조문에서의 반대해석이다.

요건에 해당 → 효과대로 한다.
요건에 해당하지 않으면 → 효과대로 하지 않는다.

부디 이 해석에 논리에서의 '역, 이, 대우'의 개념까지 포함시키며 어렵게 공부하지 않기를 바란다. 앞에서 예를 들었듯이 우리는 논리적 지식이 없이도 평소에도 반대해석을 자주 사용하고 있다.

'시험에 합격하면 공무원이 된다.' 그렇다면 시험에 합격하지 못하면 어떻게 될까? 공무원이 될 수 없는 것이다. 가장 심플하게 이해하자. 요건에 해당하면 효과대로 된다. 하지만 요건에 해당하지 않는다면, 효과대로 하지 않는다. 또는 효과처럼 할 수 없다. 그냥 이 이해면 충분하다.

(5) 다른 조문과 연결시키는 표현

하나의 조문을 해석할 때 다른 조문과 연결되는 경우가 있다. 최근에는 도형을 활용하여 다른 조문과 연결시키는 경우가 많다. 예를 들어 제△△조 제1항에서 '제○○조에서 …'라는 표현이 있다면 제△△조 제1항은 자연스럽게 제○○조와 연결된다. 그 밖에 알아두어야 하는 표현은 다음과 같다.

전조	바로 앞의 조문
전항	바로 앞의 항
전전조	앞앞의 조문
전2조	앞의 두 조문을 묶어서 함께 지칭할 때
전3항	앞의 두 항을 묶어서 함께 지칭할 때
제2항에 따라	제2항을 함께 봐야 한다.

(6) 예외를 만드는 표현

'다만, 단,'과 같이 단서 조건도 당연히 중요한데 이는 문장의 시작부터 등장하는 표현이기 때문에 이 표현을 놓치는 수험생은 드물다. 그밖에 예외를 만드는 표현으로 다음과 같은 표현이 중요하다.

그러하지 아니하다	바로 앞 문장 서술어의 반대로 해석한다. 예 지원할 수 있다. …… 그러하지 아니하다.(=지원할 수 없다.)
제외하고는	요건에서 제외된다. 즉, 반대해석을 해야 하는 표현이다. 예 변호사를 선임한 경우를 제외하고는 비용을 지원한다. = 변호사를 선임한 경우는 비용을 지원하지 않는다.
영향을 미치지(받지) 아니한다	쉽게 설명하면 원래대로 할 수 있다는 의미이다. 예를 들어 '손해배상의 청구에 영향을 미치지 아니한다.'라고 한다면, 앞에서 발생한 효과와 더불어 별도로 손해배상 청구를 할 수 있다. 즉, 원래의 권리를 행사할 수 있을뿐만 아니라 별도로 손해배상도 청구할 수 있다는 의미이다.
제3자의 권리를 해하지 못한다	제3자의 권리가 유지된다는 의미이다. 예를 들어 甲과 乙이 재산과 관련해서 다툼이 생겼는데, 제3자에게 재산 등이 이미 이전된 경우라면 제3자에게 그 재산의 반환을 청구할 수 없다는 의미이다.

(7) 특별히 활용되는 형식

- 시행령: 시행령의 형식은 13년부터 활용되고 있다. 시행령은 법률로부터 권한을 위임받아 법률을 실제로 시행하는 데 필요한 세부 규정을 담은 것으로, 주로 요건에 대한 상세한 설명을 하는 경우가 많다. 반면, 시행규칙은 시행령으로부터 권한을 위임받아 제정되는 것으로, 법률과 시행령의 내용을 시행하는 데 필요한 행정절차와 관련된 사항을 주로 규정하고 있다. 반드시 그런 것은 아니지만, 가장 쉽게 기억한다면 '시행령'은 요건에 대한 자세한 설명이고, '시행규칙'은 절차에 대한 보다 자세한 설명이라고 기억해 두면 잘 구분될 것이다.
- 별표: 11년 민경채 인책형 23번 문제 등 법조문 계산에서 별표의 형식이 활용되는 경우가 가끔 있으나, 거의 활용되지 않는다. 별표의 형식임을 인지하지 않더라도 자연스럽게 계산과정에서 활용될 것이다.

(8) 법조문 이해 시 주의할 부분

- 괄호가 포함된 문장의 해석에 주의하자. 최근 더 중요도가 높아지고 있다.
- '시장 등, 당사자 등'에서 등장하는 '등'의 표현에 주의하자.
- '등'과 '외(外)'를 구분하자.
- 앞에서도 강조했듯이 '또는'과 '및'의 해석에 주의하자.
- 각주의 내용을 조심히 보자. 소재를 설명하는 각주는 중요도가 떨어지는 경우가 있지만, 각주는 놓치지 않도록 주의하자.

5 법조문의 해결 스킬

1. 자신의 특성을 파악하자.

텍스트형, 법조문형을 푸는 방식은 여러 가지가 있고, 이 중 맞고 틀린 방법이 있다기보다는 자신에게 잘 맞거나 덜 맞는 방법이 있다. 따라서 자신의 특성이 어떤지를 파악하는 것이 중요하다. 제시문을 빨리 읽을 수 있고 게다가 정보처리도 효율적으로 할 수 있는, 즉 피지컬이 좋은 수험생이라면 이런 고민을 거의 하지 않을 것이다. 하지만 지금껏 10년 넘게 강의를 해오면서 만나본 대부분의 수험생들은 어떻게 하면 더 효율적으로 문제를 풀 수 있을까에 대한 해답을 찾고 있었다. 그에 대한 해답을 찾기 위해서는 자신의 특성을 먼저 파악해야 한다. 각자의 독해속도, 이해력, 암기력, 응용력 등의 많은 능력이 파악되어야 한다. 그리고 특성에 맞는 방법을 특화시켜 나가야 한다.

대표적인 몇 가지만 예를 들어보자.

특성	방법	장/단점
· 제시문을 빠르게 파악, 장악할 수 있는가?	· 제시문을 전반적으로 훑어보면서 파악해 둔 후, 선지/보기를 관련된 법조문을 찾아가서 해결한다.	가장 정답률이 높다.
· 글을 읽을 때 중심 문장을 잘 찾는가?	· 제시문에서 중심 문장을 체크한다.	-
· 글을 읽을 때 요약을 잘 하는가?	· 제시문에서 중심 내용을 확인해 둔다.	-
· 글을 읽을 때 단어를 기억하는 편인가?	· 제시문에서 키워드를 확인해 둔다.	-
· 긴 글에서 특정 단어를 빨리 찾을 수 있는가?	· 선지나 보기를 먼저 확인한 후, 하나씩 관련된 법조문을 찾아가면서 해결한다.	찾고자 하는 단어가 여러 개 있을 경우 잘못 찾을 우려가 있다.

2. 발문에서 포인트 여부를 확인하자.

(1) 발문의 포인트

쉽게 말해 발문에서 ① 문제에서 무엇을 해결해야 하는지 ② 제시문에서 무엇을 중점적으로 봐야하는지와 관련된 힌트를 얻을 수 있는지 봐야 한다. 그에 따라 문제 해결과정이 달라질 수 있다.

다음은 최근 4개년 7급 공채와 5급 공채 PSAT에서 텍스트형과 법조문형으로 출제된 문제의 발문만 정리한 것이다. 발문에 포인트가 없는 문제가 더 높은 비중으로 출제되고 있다. 가장 쉽게 구분하면 단순히 옳은 것은? 옳지 않은 것은?만 주어질 때는 발문에 포인트가 없다고 판단한다.

텍스트 유형	법조문 유형
[7급 대표예제] - 1문제 출제 문 3. 다음 글과 <상황>을 근거로 판단할 때, 과거에 급제한 아들이 분재받은 밭의 총 마지기 수는?	[7급 대표예제] - 1문제 출제 문 1. 다음 글을 근거로 판단할 때, (A)~(E)의 요건과 <상황>의 ㉮~㉲를 옳게 짝지은 것은?
[7급 모의평가] - 4문제 출제 문 8. 다음 글을 근거로 판단할 때, ㉠과 ㉡에 들어갈 수를 옳게 짝지은 것은? 문 9. 다음 글을 근거로 판단할 때, <보기>에서 옳은 것만을 모두 고르면? [문 23. ~ 문 24.] 다음 글을 읽고 물음에 답하시오. 문 23. 윗글을 근거로 판단할 때, <보기>에서 옳은 것만을 모두 고르면? 문 24. 윗글과 다음 <조건>을 근거로 판단할 때, '3·1운동!'을 옳게 변환한 것은?	[7급 모의평가] - 6문제 출제 문 1. 다음 글과 <상황>을 근거로 판단할 때 옳은 것은? 문 2. 다음 글을 근거로 판단할 때 옳은 것은? 문 3. 다음 글과 <상황>을 근거로 판단할 때 옳은 것은? 문 4. 다음 글과 <상황>을 근거로 판단할 때 옳은 것은? 문 5. 다음 글과 <상황>을 근거로 판단할 때, <보기>에서 옳은 것만을 모두 고르면? 문 6. 다음 글과 <상황>을 근거로 판단할 때 옳은 것은?

[21년 기출] - 출제되지 않음	[21년 기출] - 9문제 출제 문 1. 다음 글과 <상황>을 근거로 판단할 때 옳은 것은? 문 2. 다음 글을 근거로 판단할 때 옳은 것은? 문 3. 다음 글을 근거로 판단할 때 옳은 것은? 문 15. 다음 글과 <상황>을 근거로 판단할 때, 수질검사빈도와 수질기준을 둘 다 충족한 검사지점만을 모두 고르면? 문 16. 다음 글과 <상황>을 근거로 판단할 때 옳은 것은? 문 17. 다음 글과 <상황>을 근거로 판단할 때 옳지 않은 것은? 문 18. 다음 글을 근거로 판단할 때 옳지 않은 것은? [문 23. ~ 문 24.] 다음 글을 읽고 물음에 답하시오. 문 23. 윗글을 근거로 판단할 때 옳은 것은? 문 24. 윗글과 <상황>을 근거로 판단할 때, '통합추진공동위원회'의 전체 위원 수는?
[22년 기출] - 4문제 출제 문 5. 다음 글을 근거로 판단할 때 옳은 것은? 문 6. 다음 글을 근거로 판단할 때, <보기>에서 옳은 것만을 모두 고르면? [문 9. ~ 문 10.] 다음 글을 읽고 물음에 답하시오. 문 9. 윗글을 근거로 판단할 때 옳은 것은? 문 10. 윗글과 <상황>을 근거로 판단할 때, 甲이 보고할 수치를 옳게 짝지은 것은?	[22년 기출] - 5문제 출제 문 1. 다음 글을 근거로 판단할 때 옳은 것은? 문 2. 다음 글과 <상황>을 근거로 판단할 때, 김가을의 가족관계등록부에 기록해야 하는 내용이 아닌 것은? 문 3. 다음 글을 근거로 판단할 때 옳은 것은? 문 4. 다음 글을 근거로 판단할 때 옳은 것은? 문 25. 다음 글과 <상황>을 근거로 판단할 때 옳은 것은?
[23년 기출] - 3문제 출제 문 5. 다음 글을 근거로 판단할 때 옳은 것은? [문 9. ~ 문 10.] 다음 글을 읽고 물음에 답하시오. 문 9. 윗글을 근거로 판단할 때 옳은 것은? 문 10. 윗글과 <대화>를 근거로 판단할 때, 甲 ~ 戊 중 가장 늦은 시각까지 향수의 향이 남아 있는 사람은?	[23년 기출] - 7문제 출제 문 1. 다음 글을 근거로 판단할 때 옳은 것은? 문 2. 다음 글을 근거로 판단할 때 옳은 것은? 문 3. 다음 글을 근거로 판단할 때 옳은 것은? 문 4. 다음 글과 <상황>을 근거로 판단할 때 옳은 것은? 문 11. 다음 글을 근거로 판단할 때 옳은 것은? 문 12. 다음 글을 근거로 판단할 때 옳은 것은? 문 25. 다음 글을 근거로 판단할 때 옳은 것은?

(2) 발문의 형태

- 일반형: 다음 글을 근거로 판단할 때 옳은 것은?, 다음 글을 근거로 판단할 때 옳지 않은 것은?
- 보기형: 다음 글을 근거로 판단할 때 〈보기〉에서 옳은 것만을 모두 고르면? 다음 글을 근거로 판단할 때 〈보기〉에서 옳지 않은 것만을 모두 고르면? 보기형에서는 옳은 것을 고르는 경우가 거의 대부분이고, 옳지 않은 것을 고르는 경우는 5급 기준 가장 최근이 14년 A책형 34번, 민경채 기준 13년 인책형 17번이다. 보기형은 절대 다수가 옳은 것을 고르는 문제이다.
- 〈상황〉이 주어지는 경우: 발문이 '다음 글과 〈상황〉을 근거로 판단할 때, '라는 표현으로 시작한다.

따라서 이 문제가 일반형인지, 보기형인지, 또는 〈상황〉이 주어지는지는 발문에서부터 힌트를 얻을 수 있다. 발문은 매우 중요한 정보를 많이 포함하고 있으므로 발문을 정확하게 읽는 습관을 들여야 한다.

3. 어떤 순서로 볼지 결정하자.

텍스트형, 법조문형은 형식상 1) 발문 2) 제시문(지문) 3) sub-box 4) 선지/보기가 주어진다. 이 중 3) sub-box은 없는 문제도 많다. 따라서 '1) 발문 2) 제시문(지문) 4) 선지/보기'가 기본형이며 '1) 발문 2) 제시문(지문) 3) sub-box 4) 선지/보기'의 사례형 문제는 아무래도 3) sub-box로 주어진 상황에 적용이 더 요구되다 보니 난도가 높아지는 경향이 있다. 그런데 이 네 가지 형식을 어떤 순서로 보는지는 수험생마다 천차만별이다. 1) 발문은 누구나 공통적으로 먼저 보기 때문에 여기까지는 이론의 여지가 없다. 그런데 다음에 2), 3), 4)를 보는 순서는 수험생마다 다르고, 순서를 따져 보면 최대 여섯 가지 경우가 있다.

<table>
<tr><td rowspan="6">1) 발문</td><td rowspan="2">2) 제시문(지문)</td><td>3) sub-box</td><td>4) 선지/보기</td></tr>
<tr><td>4) 선지/보기</td><td>3) sub-box</td></tr>
<tr><td rowspan="2">3) sub-box</td><td>2) 제시문(지문)</td><td>4) 선지/보기</td></tr>
<tr><td>4) 선지/보기</td><td>2) 제시문(지문)</td></tr>
<tr><td rowspan="2">4) 선지/보기</td><td>2) 제시문(지문)</td><td>3) sub-box</td></tr>
<tr><td>3) sub-box</td><td>2) 제시문(지문)</td></tr>
</table>

이 중에 뭐가 좋을까? 정답이 없다. 무엇이 자신에게 맞을지 고민해 봐야 한다. 방법 중에 틀린 방법은 없다. 자신에게 더 잘 맞는 방법, 더 효율적인 방법이 있을 뿐이다. 우리는 시간이 부족하기 때문에 한 문제 한 문제를 효율적으로 해결해야 제한된 시험 시간에 최대한 많은 문제를 풀 수 있게 된다.

일률적으로 어떤 방법이 좋다고 말할 수는 없지만, 대체로 많은 수험생이 쓰는 방법은 제시문을 대략 훑어보고, 선지나 보기를 하나하나 읽은 뒤, 각 선지/보기를 해결하기 위해 제시문에서 필요한 부분을 다시 정확하게 읽는 방법을 쓴다. 지문을 대략 훑어볼 때, 문단별(조문별) 핵심 내용을 파악한 후, 각 선지나 보기에서 판단해야 할 부분을 확인한 후, 다시 지문 중에서 해당 내용을 해결할 수 있는 부분을 다시 정확하게 정독해 가며 정오판단을 한다. 이때 scanning(발췌독)과 skimming(훑어읽기)을 적절하게 구분해서 사용할 수 있어야 한다.

4. scanning(발췌독)과 skimming(훑어읽기)

scanning(발췌독)은 필요한 정보를 찾아서 보는 것을 의미하고 skimming(훑어읽기)은 제시문을 전반적으로 보면서 구조를 파악해 두거나 중심문장을 찾거나 핵심키워드를 찾거나 또는 중심내용을 요약해 두는 것을 말한다.

먼저, skimming(훑어읽기) 시에 하면 좋은 것들은 다음과 같다.

(1) 구조적 파악 – 조, 항의 개수의 파악 등

앞에서 설명했듯이 조(條)가 문단에 대응되는데, 문단별 내용을 파악해 두는 것도 중요하다. 그 밖에 '조 개수<선지/보기 개수' 일 때 하나의 조에서 여러 선지/보기가 만들어짐을 활용하여 하나의 조를 읽고 여러 선지/보기를 한꺼번에 처리하는 것도 가능하다.

(2) 내용의 파악

내용을 정확하게 읽으면서 이해하고 암기하는 것이 아니라, 전반적으로 내용을 파악해 두는 것이다. 이때 표제가 있는 문제라면 표제를 활용한다. 표제가 없다면 각 문장을 봐야 하는데, 문장에서는 서술어(효과)를 체크한다. 호 · 목은 해당 조 또는 항과 관련되어 세부적으로 열거하는 내용이 주어지기 때문에 전반적으로 제시문의 큰 틀을 이해할 때는 읽지 않는 것이 더 좋다.

(3) 키워드 체크 및 연결되는 표현의 확인

효과 등의 키워드를 체크해 두어야 하고, 다른 조문과 연결시키는 표현이 있다면 놓치지 않도록 체크해 둔다. 이때 어느 수준까지 확인해 둘지는 수험생마다 다를 수 있다.

(4) 예외의 표현

다음과 같은 표현이 있다면 체크해 두고 조심한다.

- 다만, 단,
- 괄호 ( )
- 제외하고는
- (제1조에도, 제1항에도) 불구하고
- 적용하지 아니한다. 그러하지 아니하다.

(5) 후단

'이 경우'로 시작하는 후단이 주어진 경우, 내용이 추가되면서, 물을만한(선지로 만들만한) 내용이 생긴다.

(6) 단계 혹은 선후관계

단계나 선후관계의 내용을 포함하고 있다면 오답을 만들기 좋은 내용이므로 유심히 살핀다.

5. skimming(훑어읽기) 시, 시각적 처리를 어디에 할까?

수험생들의 시험지를 보면, '다만'이나 의심되는 표현인 '모두' 등 각자가 생각하기에 함정이 될 만한 부분에 체크를 해두는 경우를 가장 많이 보게 된다. 그런데 이 방법이 효율적일까? 여러 방법을 다 사용해 본 결과, 시각적 처리는 '선지/보기-제시문' 상호 매칭 용도로 사용하는 것이 가장 컴팩트하다. 만약 의심되는 포인트 즉, 주체나 단서, 의심되는 표현에 시각적 처리를 한다면 어떻게 될까? 수험생들이 언어논리에서 의심되는 포인트에 체크를 해두는 버릇이 있어서, 법조문에서도 의심되는 포인트 즉, 주체나 단서 조건 등에 체크를 해두는 경우가 많은데, 그렇게 되면 제시문 중에 체크를 해두는 부분이 너무 많아지게 된다. 그리고 그 부분을 정확하게 묻지 않는다면 별로 쓸모가 없는 표시가 된다. 시각적 처리를 하는 것은 제시문과 선지/보기를 매칭하기 위한 용도임을 잊지 말자. 시각적 체크가 많아지면, 매칭할 때 짝이 맞는 것을 찾기가 더 어려워지고 혼동이 생길 수 있다.

6. 키워드의 활용

복잡한 정보처리를 부담스러워하는 수험생이라면 정보처리 시 키워드를 활용하는 것이 좋다.

첫째, 선지/보기에서의 키워드는 서술어를 잡는다.
둘째, 제시문에서의 키워드는 선지/보기의 서술어와 대응되는 효과부분을 키워드로 잡는다.
셋째, 선지/보기에서의 키워드와 제시문의 키워드를 서로 매칭하면서 관련된 조문을 찾아 해결한다.

이때 효과부분을 키워드로 잡는 이유는, 기출에서의 아무 조문이나 하나를 붙잡고 오답을 만들어 보면 쉽게 알 수 있다. 여러 함정을 활용하여 옳지 못한 선지/보기를 만들 수 있는데, 이때 제시문의 다른 부분은 다 바뀔 수 있지만, 효과부분으로 만들 수 있는 함정은 반대로 말하는 것이나 기속/재량을 바꾸는 것이다. 예를 들어 '…한 경우, 신청할 수 있다.'로 오답을 만든다면 반대로 말하는 '…한 경우, 신청할 수 없다.'나 기속과 재량을 반대로 말하는 '…한 경우, 신청해야 한다.'의 경우가 가능하다. 이때 효과부분의 기본 키워드인 '신청'은 함정을 파서 오답을 만들더라도 그대로 남게 된다. 따라서 관련된 법조문의 근거를 매칭할 때는 서술어와 효과를 통해 정보를 연결하는 것이 가장 바람직하다.

7. 표제의 활용

텍스트에서 각 문단별 중심키워드, 중심내용, 중심문장을 찾으라고들 많이 할 것이다. 이를 법조문에서는 직접적으로 주는 경우가 있다. 표제는 해당 조문의 중심내용을 알려주는 역할을 한다. 표제와 선지의 개수를 활용한다. 선지의 개수가 표제의 개수보다 많다면, 하나의 표제(문단)에서 두 개 이상의 선지가 만들어진다. 따라서 하나의 조문을 읽고 여러 선지/보기를 해결하는 것이 효과적이다. 즉, 표제를 통해 중심내용을 파악할 수 있고, 문단이 몇 개 주어졌는지를 파악할 수 있는 것이다. 이를 통해 하나의 문단에서 선지/보기를 하나씩 만들었을지 또는 하나의 문단에서 여러 개의 선지/보기가 만들어졌을지를 대략적으로 예상해 볼 수 있다.

표제를 확인하면서 표제 바로 앞에 적혀있는 '제00조'와 '제○○조'를 구분할 수 있다면, '제○○조'의 경우 다른 조문과의 연결이 있을 것임을 예상할 수 있다. 이는 PSAT에서 14년 5급 A책형 24번부터 보다 확연하게 사용하고 있는 장치이다. 그런데 표제가 문제해결에 별로 도움이 안 되는 경우가 있다. 표제가 한 개뿐이어서 텍스트로 치면 한 문단으로만 구성된 법조문이거나, 표제의 내용이 비슷비슷해서 명확한 구분이 어려운 경우에는 표제를 활용하여 문제를 해결하는 것이 쉽지 않다. 표제는 각 문단의 중심내용을 알려주는 역할을 하므로 제4조를 보는데 제2조의 표제 즉, 제2조의 중심내용을 포함하여 설명하는 경우 자연스럽게 제2조의 내용도 추가적으로 함께 확인해야 한다. 예를 들어 제2조의 표제는 '회의의 구성'인데 제4조(의사 · 의결정족수)에서 '구성원 과반수의 찬성으로 의결한다.'라고 한다면, 구성원을 확인하기 위해서 제2조를 함께 확인해야 한다.

8. 기타 세부 전략

수험생들이 어려워하는 문제들은 다음과 같다. 자신이 어려워하는 법조문 문제의 특성을 파악한 후 그에 맞게 철저하게 준비해 두어야 한다.

(1) 매우 긴 법조문이 주어진 경우

내용을 다 이해하고 암기하려고 하면 매우 부담이 되는 문제이다. 따라서 skimming(훑어읽기)을 하면서 보다 효율적으로 정보를 처리해야 한다.

(2) 연결이 많은 법조문의 경우

연결되는 표현을 시각적 처리해 두고 연결된 조문을 빠뜨리지 않도록 주의한다. 이때 제3항에서 제2항을 연결해서 설명하고 있다면 먼저 제3항의 내용이 맞는지를 확인하고 제3항의 내용에 선지/보기가 위배된다면 바로 틀린 선지/보기라고 판단하면 된다. 제3항의 내용에 선지/보기가 위배되지 않는다면 그 다음에 연결된 조항을 찾아가서 확인하는 것이 좋다. 제3항이 제2항과 연결되어 있다고 해서 두 개의 항을 동시에 보기 시작하는 것은 그만큼 더 많은 정보처리를 할 것을 요하게 된다.

(3) 호·목이 다수 열거되어 있는 경우

호 · 목의 형식은 열거, 나열할 때 사용하는 형식이다. 따라서 각 열거된 내용을 정확하게 구분할 수 있도록 각 호 · 목이 다른 호 · 목과 구분되는 키워드를 잡아 두는 것이 필요하다. 그리고 호 → 목 → 호 → 목의 순서로 보는 것보다는, 호 → 호 → 호 → 목 → 목 → 목처럼 호의 수준에서 먼저 파악하고 그 다음 목의 내용을 보는 것이 더 바람직하다.

(4) 표제가 하나뿐이거나 유사한 표제가 구분이 잘 안 되는 경우

표제를 사용하는 것이 별 도움이 되지 않는다. 표제가 없다 생각하고 각 문장에서의 키워드를 잡아 해결해야 한다.

그 밖에 수험생이 세부적으로 신경 쓰면 좋은 것들은 다음과 같다.

(5) 작은따옴표의 활용

용어 파악 시 ' '를 활용하면 도움이 된다. 중요한 용어에는 작은따옴표의 형식을 활용하여 제시되는 경우가 많다.

(6) 키워드의 활용

키워드를 잡는다면 기본적으로 서술어나 효과 부분을 잡는 것이 좋다. 그런데 그것만으로는 잘 파악이 안 된다면 '서술어 + α'를 키워드로 잡는 것이 좋다. 'α'는 서술어와 가장 밀접한 관련이 있는 단어를 말하고 보통 주어나 목적어인 경우가 많다. 즉, 서술어나 효과부분만으로 키워드가 부족하다고 생각된다면 '서술어+서술어와 가장 밀접한 관련이 있는 단어, 보통 주어나 목적어'를 키워드로 잡으면 된다.

(7) 선지/보기에 반복되는 단어의 활용

제시문과 선지/보기에 반복이 많은 단어를 키워드로 잡는 것도 좋다. 반복이 많은 단어에 집중한다.

(8) 정의규정의 활용(키워드: 말한다)

'○○는 ……를 말한다'의 형식으로 정의를 내린 용어가 있는 경우, 용어의 의미를 설명한 경우 해당 ○○가 활용되어 정오판단을 하는 경우 함께 확인해야 한다. 그런데 기출을 분석해 보면 이런 정의 규정은 문제해결에 중요하지 않은 경우도 꽤 있다.

(9) 용어의 구분

기초조사와 기본조사, 물품관리공무원과 물품출납공무원 등 비슷한 용어가 나왔을 때 혼동하지 않도록 주의를 기울여야 한다.

(10) 예시의 활용

예시가 소개된 내용은 주의 깊게 살핀다. 또는 예시를 활용하여 보다 수월하게 해결한다.

(11) 조사의 확인

반드시 조사에도 신경 쓴다(는, 만의 차이). ~만, 뿐과 같은 한정조사에는 특히 더 신경 써야 한다.

(12) 법률용어 및 표현

낯선 법률용어나 법률적 표현은 평소에 법조문을 접해보면서 친숙하게 만들어 두어야 한다. 문제를 많이 접해보면서 표현과 용어에 익숙해지는 것이 좋다.

6 법조문의 함정, 장치, 주의할 점

1. 제시문의 특징 구분

앞서 텍스트 유형에서 제시문의 특징을 구분해 보는 것부터 시작하였다. 그에 따라 어떻게 대비해야 할지를 설명하면 다음과 같다.

첫째, 만약 여러 종류가 등장하는 제시문이라면, 서로 내용을 바꿔치기하거나 공통점 · 차이점을 물을 것을 예상하고 대비해야 한다.
둘째, 통시적인 글이라면 시대의 흐름에 따라 어떤 변화가 생기는지를 유심히 살펴야 한다.
셋째, 대조(비교)가 있는 글이라면 대조되는 내용에 포커스를 맞추고 내용을 확인해 두어야 한다.
넷째, A가 구분되어 B, C, D로 나뉘어 가는 등 구분이 많은 글이라면 어떻게 구분되는지, A에 해당하는 것은 무엇인지 등을 살펴보아야 한다. 이때도 서로 내용을 바꿔치기하거나 공통점 · 차이점을 물을 수도 있다.
다섯째, 기본적으로 '다만, 그럼에도 불구하고, 반면, 그러나 등' 역접의 표현이 등장하면 중요하게 봐두어야 한다.
여섯째, '오직, 만'과 같은 한정조사도 중요하다.
일곱째, 자주 함정으로 만들어지는 '달리, 지속적으로, 최초로, 처음으로' 등의 표현은 주의 깊게 살펴야 한다.

2. 선지/보기의 활용

텍스트 유형이나 법조문 유형에서는 선지/보기를 잘 활용해야 한다. 발문을 통해 무엇을 해결해야 할지, 무엇을 봐야할지가 파악되지 않는다면 선지/보기를 활용해서 문제해결의 방향을 잡아야 한다. 발문과 선지/보기를 통해 ① 무엇을 해결해야 할지, ② 무엇을 봐야 할지를 반드시 확인하고 문제를 해결해야 압축적으로 효율적으로 문제를 해결할 수 있다.

선지/보기에서는 키워드를 잡는 것은 기본이고 무엇을 묻고자 하는지를 확인해야 한다. 이때 선지/보기 간 공통적인 특징이 있다면 발견해 두는 것이 좋다. 특히 눈에 띄는 선지/보기가 있다면 해당 선지/보기부터 해결하는 것도 좋다. 특히 보기형에서는 해결이 쉬운 보기, 눈에 잘 발견되는 보기 등을 먼저 해결한다면 선지플레이를 할 수 있기 때문에 매우 유리하다.

3. 의심되는 표현

법조문 유형의 경우 다분히 상식선에서 출제되는 경우가 많다. 따라서 아는 법조문의 경우 그냥 아는 대로 풀어도 되나요?라는 질문을 종종 받고는 한다. 물론 어느 정도 가능한 방법일 수는 있지만, 틀릴 가능성도 엄연히 존재한다. 되도록 아는 대로 제시문이 주어졌는지 정도는 확인하는 과정이 필요하다. 되도록 제시문에 근거하여 판단하고, 매우 익숙한 내용이라면 아는 대로 제시문이 주어졌는지 확인하자.

또한 선지/보기에 의심되는 표현이 있다면 옳을 가능성보다는 옳지 않을 가능성이 높다. 하지만 이 또한 반드시 그런 것은 아니기 때문에 의심하면서 제시문에서 근거를 찾아야지 의심되는 표현이 있다고 바로 옳지 않다고 단정해 버리는 것은 위험할 수 있다. 의심되는 표현을 포함하고 있지만 틀린 선지/보기가 아니라 옳은 경우도 분명히 있다. 즉, 의심은 할 수 있을지 모르겠으나, 그것으로 정오판단의 확신을 가지지는 말자.

20년 5급 나책형 22번

① A자치구 구청장은 주거환경에 현저한 장애가 되더라도 붕괴 우려가 없는 빈집에 대해서는 빈집정비계획에 따른 철거를 명할 수 없다. (X)
③ C특별자치시 시장은 직권으로 빈집을 철거한 경우, 그 소유자에게 철거에 소요된 비용을 빼지 않고 보상비 전액을 지급해야 한다. (X)
⑤ E시 시장은 빈집정비계획에 따른 빈집 철거를 명한 후 그 소유자가 특별한 사유 없이 60일 이내에 철거하지 않으면, 지방건축위원회의 심의 없이 직권으로 철거할 수 있다. (O)

11년 민경채 인책형 5번

ㄱ. 부도위기에 직면한 甲회사가 근로자의 과반수로 조직된 노동조합이 있음에도 불구하고, 그 노동조합과 협의하지 않고 전체 근로자의 절반을 정리해고 한 경우, 그 해고는 정당한 이유가 있는 해고이다. (X)

13년 외교관 인책형 27번

ㄷ. 중요무형문화재 보유자는 전수교육을 정상적으로 실시할 수 있는 때에도 일정한 연령이 되면 명예보유자가 되고 중요무형문화재 보유자의 인정은 해제된다.

23년 7급 인책형 12번

② 원친 번식에 의한 생후 20개월인 순수한 혈통의 훈련견은 훈련견 평가결과에 관계없이 종모견으로 도입될 수 있다.

23년 7급 인책형 25번

③ 부모의 생사가 불분명한 6세인 손자를 양육하는 조모에게는 복지 급여 신청이 없어도 생계비를 지급하여야 한다.

4. 기속/재량

종류	의미	표현
기속행위	어떠한 주체가 법령 등을 적용하고 집행함에 있어 특정 요건이 충족되면 반드시 어떠한 행위를 하거나 하지 않아야 하는 경우. 따라서 기속행위에 따르지 않는다면 하자있는 위법한 행위가 된다. (의무, 필수적)	~ 해야 한다.
재량행위	어떠한 주체가 법령 등을 적용하고 집행함에 있어 자유롭게 판단하여 결정할 수 있는 경우. 따라서 신청할 수 있다고 할 때 신청을 하지 않더라도 하자있는 위법한 행위가 되지 않는다. (자유, 임의적)	~할 수 있다.

재량에는 결정재량이 있고, 선택재량이 있다.

결정재량	결정할 수 있는 자유	예 공무원이 …의 잘못을 한 경우 처벌할 수 있다. → 처벌할지 말지를 결정할 수 있다. 반드시 처벌해야 하는 것은 아니다.
선택재량	선택할 수 있는 자유	예 공무원이 …의 잘못을 한 경우 처벌해야 한다. → 처벌을 해야 하는 기속이기 때문에 처벌할지 말지를 결정할 수는 없다. 예 공무원이 …의 잘못을 한 경우 파면 또는 해임해야 한다. → 처벌할지 말지를 결정할 수는 없지만, 파면 또는 해임 중에서 선택할 수 있다. 이러한 경우 선택재량이 있다고 말할 수있다.

최근 출제경향은 18년 민경채 가책형 5번부터 '선택재량 + 기속'의 장치를 자주 활용한다.

선택재량 + 기속의 표현 = 선택재량 중 택 1 + 재량(가능)의 표현이어야 한다.
예 공무원이 …의 잘못을 한 경우 파면 또는 해임해야 한다.
→ 공무원이 …의 잘못을 한 경우 파면해야 한다. (X)
공무원이 …의 잘못을 한 경우 파면할 수 있다. (O)

또한 최근 출제경향은 재량행위일 때, 해당 행위를 하지 않더라도 위법한 행위가 되지 않음을 자주 활용한다.

5. 원칙과 예외(단서 조항의 중요성)

원칙 + 예외가 중요하다. 이때 예외를 말하는 표현은 다음과 같다.

다만, 단, ~하되, ~(그럼)에도 불구하고, 제00항에도 불구하고, 하지만, 그러나, ~를 제외하고는, ( )괄호의 형식

주어진 법률 등을 적용할 때 중요한 것은 단서나 예외규정을 빠뜨리지 않고 정확하게 적용하는 것이다. 예외규정은 법률 구성 형식의 여러 부분에 다 적용될 수 있다. 주체에서 제외시킬 수도 있고, 요건에서 예외를 둘 수도 있고, 효과의 적용에서 배제할 수도 있고, 절차를 적용하지 않아도 되도록 규정할 수도 있고, 법조문 자체의 적용을 배제할 수도 있다. 이처럼 예외는 법률 구성 형식의 여러 부분에 부가될 수 있으므로 이해에 각별히 주의해야 한다. 최근에는 특히 '제외하고는'과 괄호 형식의 해석이 매우 중요하다.

6. 출제장치의 정리

출제장치로 선호하는 표현과 장치들이 반복해서 출제되고 있다. 이러한 것들에 익숙해질수록 법조문은 실력이 향상됨을 느낄 것이다.

(1) 적용범위

제시문에서 적용범위를 말하는 조문이 있다면 이는 전제 제시문에 다 해당되는 내용이므로, 먼저 꼭 확인해 두어야 한다. (목적), (적용), (적용범위) 등의 표제가 쓰여 있거나, 효과 부분에서 '적용'의 키워드가 잡힌다. 이를 놓치는 경우 정확한 해결이 어렵다.

09년 5급 극책형 11번

제1조 (목적) 이 법은 사람의 생명 또는 신체를 해하는 범죄행위로 인하여 사망한 자의 유족이나 중장해를 당한 자를 구조함을 목적으로 한다.
제2조 (적용범위) 국가는 범죄피해를 받은 자가 가해자의 불명 또는 무자력의 사유로 인하여 피해의 전부 또는 일부를 배상받지 못하거나, 자기 또는 타인의 형사사건의 수사 또는 재판에 있어서 고소, 고발 등 수사단서의 제공, 진술, 증언 또는 자료제출과 관련하여 피해자로 된 때에는 이 법이 정하는 바에 의하여 피해자 또는 유족에게 범죄피해구조금을 지급한다.

20년 7급(모의) 1번

제00조(적용범위) 이 규정은 중앙행정기관, 광역자치단체(광역자치단체와 기초자치단체 공동주관 포함)가 국제행사를 개최하기 위하여 10억 원 이상의 국고지원을 요청하는 경우에 적용한다.

22년 5급 나책형 1번

제00조 ① 자신의 생명 또는 신체상의 위험을 무릅쓰고 급박한 위해에 처한 다른 사람의 생명·신체 또는 재산을 구하기 위한 구조행위로서 다음 각 호의 어느 하나의 경우에 대해서는 이 법을 적용한다. 다만 자신의 행위로 인하여 위해에 처한 사람에 대하여 구조행위를 하다가 사망하거나 부상을 입은 행위는 제외한다.

(2) 정의

최근 정의 조문에서 선지/보기가 출제되는 경우가 많아졌다. 표제에 (정의)라고 쓰여 있거나, 서술어가 '말한다'의 형식이다.

(3) 단서나 예외규정, 각주에서 출제하는 경우

(4) '원칙 – 예외 – 예외의 예외'인 경우

예외가 한 번만 있는 경우보다 예외의 예외가 있는 경우에 보다 복잡하게 느끼므로, 더 정확하게 확인해 두어야 한다.

14년 5급 A책형 24번

제□□조(비공개대상 정보)
공개대상이 된다. – 다만, 해당하면 공개하지 아니할 수 있다. – 다만, 해당하면 제외한다.

(5) 호·목

호 · 목으로 연결이 많을 때, 이 중 특정 호 · 목과만 연결된다면 이를 정확하게 확인해 두어야 한다. 최근 자주 활용되고 있는 출제장치이다.

23년 5급 가책형 1번

⑤ 지방자치단체의 장은 지정된 동물보호센터가 다음 각 호의 어느 하나에 해당하는 경우에는 그 지정을 취소할 수 있다. 다만 제1호에 해당하는 경우에는 지정을 취소하여야 한다.
1. 거짓이나 그 밖의 부정한 방법으로 지정을 받은 경우
2. 제3항에 따른 지정기준에 맞지 아니하게 된 경우
3. 제○○조의 규정을 위반한 경우
4. 보호비용을 거짓으로 청구한 경우
⑥ 지방자치단체의 장은 제5항에 따라 지정이 취소된 기관이나 단체를 지정이 취소된 날부터 1년 이내에는 다시 동물보호센터로 지정하여서는 아니 된다. 다만 제5항 제3호에 따라 지정이 취소된 기관이나 단체는 지정이 취소된 날부터 2년 이내에는 다시 동물보호센터로 지정하여서는 아니 된다.

(6) 요건의 확인

앞서 정리했듯이 법조문은 '요건+효과'의 구조이고, 특정한 요건을 충족하면 일정한 효과가 발생한다고 규정한다. 이때 요건이 복수인 경우에 and와 or를 반드시 구분해야 한다. 즉, 복수의 요건이 등장할 경우 언제나 확인해야 하는 것이 모두 충족해야 하는 and 요건인지, 일부만 충족하면 되는 or 요건인지를 확인해야 한다. 이때 and로 연결된 요건인 경우에는 쉬운 요건부터 확인함으로써 최종적으로 모든 요건을 충족하는지를 판단해야 한다.

(7) 숨겨진 정보 도출

숨겨진 정보를 찾을 수 있어야 한다. 반대해석은 물론이고, '소득이 3,000만 원 이상이면 세금을 부과한다'는 표현으로부터 그렇다면, '소득이 3,000만 원 미만이면 세금을 부과하지 않는다.'라는 숨겨진 정보도 도출할 수 있어야 한다. '이상 ↔ 미만'의 숨겨진 정보는 법조문에서 매우 자주 활용되는 장치이다.

(8) 주체

대부분의 법조문 제시문에서는 주체가 동일하거나 중복되는 경우가 많다. 따라서 주체를 키워드로 잡아두는 방법은 효율적이지 않을 때가 많다. 그런데 주체가 복잡하게 등장한다면 주체별로 무엇을 할 수 있는지, 무엇과 관련되는지 구분해 두는 것이 좋다.

(9) '제외하고는'의 표현

최근 이 표현을 정확하게 해석해야 하는 문제가 여러 번 반복해서 출제되고 있다.

21년 5급 가책형 3번

제00조 ① 농림축산식품부장관은 농산물(쌀과 보리는 제외한다. 이하 이 조에서 같다)의 수급조절과 가격안정을 위하여 필요하다고 인정할 때에는 농산물가격안정기금으로 농산물을 비축하거나 농산물의 출하를 약정하는 생산자에게 그 대금의 일부를 미리 지급하여 출하를 조절할 수 있다

23년 5급 가책형 3번

제00조(인공우주물체의 국내 등록) ① 인공우주물체(우주발사체는 제외한다. 이하 같다)를 발사하려는 경우, 다음 각 호의 구분에 따라 발사 예정일부터 180일 전까지 과학기술정보통신부장관에게 예비등록을 하여야 한다.

23년 7급 인책형 2번

제00조(법 적용의 기준) ① 새로운 법령등은 법령등에 특별한 규정이 있는 경우를 제외하고는 그 법령등의 효력 발생 전에 완성되거나 종결된 사실관계 또는 법률관계에 대해서는 적용되지 아니한다.

② 당사자의 신청에 따른 처분은 법령등에 특별한 규정이 있거나 처분 당시의 법령등을 적용하기 곤란한 특별한 사정이 있는 경우를 제외하고는 처분 당시의 법령등에 따른다.

(10) 지자체의 종류

광역지자체와 기초지자체를 정확하게 구분할 수 있어야 한다. 지방자치단체 종류는 '시'와 '구'의 구분이 핵심이 된다.

<table>
<tr><th>광역</th><th>특별시</th><th colspan="2">광역시</th><th>특별자치시</th><th colspan="2">도</th><th>특별자치도</th></tr>
<tr><td rowspan="2">기초</td><td rowspan="2">구(자치구)</td><td rowspan="2">구</td><td rowspan="2">군</td><td rowspan="2">X</td><td>시</td><td rowspan="2">군</td><td>X</td></tr>
<tr><td>구*</td><td>시</td></tr>
<tr><td>자치권 無</td><td colspan="2">동</td><td>읍·면</td><td colspan="2">읍·면·동</td><td>읍·면</td><td>읍·면·동</td></tr>
</table>

※ 자치구 아님: 경기도 성남시 분당구

(11) 행위자와 관련된 함정

최근 이와 관련된 함정이 매우 자주 사용되므로, 주체, 객체, 대상 등 행위자를 유심히 살펴야 한다. 특히 '당사자'의 개념은 상식선에서 판단하지 말고 정확하게 누가 당사자인지를 확인해야 한다. 또한 최근 행위자 관련 (주체, 객체)를 바꾸는 장치는 계속 출제되고 있다.

(12) 개념의 바꿔치기

여러 개념이 등장하면 서로 바꿔치기에 대비해야 한다.

(13) 두 종류의 정보, 동일한 여러 개의 키워드

최근 개념(18년 5급 나책형 3번-기본계획, 종합계획)을 두 종류로 주거나, 제시문의 키워드가 반복되는 등 유사하게 파악될 수 있는 여러 정보를 주고 정확하게 확인할 수 있는지를 테스트하는 문제가 반복적으로 출제되고 있다.

(14) 함정을 파기에 좋은 반대 개념, 구분해야 하는 개념

과태료-벌금	직계존속-직계비속-방계혈족	구두, 구술-서면, 문서
시·도지사-시·군·구청장-장관 : 광역·기초지방자치단체	인용-기각-각하	원고-피고-제3자
채권자-채무자	일부-전부	전≠이전
직권-신청		

7. 문제 해결 시 주의할 부분

중요한 것은 주어진 제시문만으로 해결이 되는가이다. 주어진 제시문만을 활용하여 선지나 보기의 정오를 판단할 수 있어야 한다.

정보제시형 글이기 때문에 전반적인 흐름, 뉘앙스를 파악할 수 있는 통독을 하기보다는, 문제 해결에 필요한 부분을 중점으로 보는 '발췌독'의 방법이 더 효과적이다. 물론 피지컬이 좋은 사람이라면, 피지컬이 좋다는 의미는 일반적으로 ① 글 읽기의 속도가 빠르고 ② 읽은 정보가 체계적으로 정리가 잘 되고 ③ 이를 토대로 한 연산 · 응용 · 적용이 빠르게 잘 되는 사람이다. 하지만, 이런 사람은 수험생 중 아주 극히 일부일 뿐이다. 따라서 거의 모든 수험생들은 문제 해결의 시간을 줄이기 위한 노력을 해야 한다. 내가 기본적으로 읽기 속도가 빠르지 않은데, 정보가 조금만 많아져도 허덕이는데, 다 읽고 다 기억해서 문제를 푼다는 것은 어불성설이다.

제시문만으로 충분히 풀 수 있기 때문에 PSAT은 준비를 안 해도 된다는 얘기도 나오는 것이다. 결과론적으로 해결은 누구나 할 수 있을 것이다. 그런데 그 문제를 2분 만에 해결한 사람이 있고, 1분 만에 해결하는 사람이 있다고 하자. 모든 문제를 다 풀지 못하는 상황이 일반적이라고 할 때, 즉 거의 모든 수험생이 주어진 문제를 모두 풀지 못하고 있다면 2분 만에 해결한 사람은 적은 문제를 풀고 떨어지고, 1분 만에 해결한 사람은 다른 문제를 더 많이 풀어서 합격할 것이다.

명심하자! 문제를 풀어냈다가 중요한 게 아니다. 얼마나 효율적으로 풀어냈는지가 중요하다.

8. 쉽게 해결하는 방법-예상하고 풀기?

앞서 상식선에서 푸는 것도 어느 정도 가능하다고 설명한 바 있다. 그럼 출제자가 제시문에서 무엇을 물을지 분석하여 예상하는 것이 중요할까? 문제를 출제할 수 있는 부분은 너무 많다. 그리고 섣부른 예상은 잘못된 결과로 이어질 수 있다. 앞서 시각적 체크에서도 고민해 본 문제이다. 의심되는 부분에 시각적 체크를 하면서 가벼운 의심의 수준에서 그치지 않고 암묵적으로 틀릴 것임을 강하게 확신하는 경우가 생긴다. 그렇다면 해석도 자꾸 틀린 쪽으로 하게 된다. 따라서 지문은 최대한 객관적으로 읽어야 한다. 섣불리 예상하면 그 부분을 강하게 의심하게 되고, 애매하다고 느낄 때 자신이 예상한 대로 치우치게 되는 해석의 왜곡이 발생할 수도 있다.

정보처리는 최대한 객관적으로 해야 한다. 선입견이 작용해서는 안 된다. 그동안 이런 부분은 많이 틀리게 만들었었지, 라고 생각하는 순간 그 부분은 이미 틀린 쪽으로 기울여져 버렸다. 그렇다면 정보를 흡수할 때 편향적으로 흡수하는 경우가 생긴다. 옳게 만드는 정보는 의식적으로 무시하고, 옳지 않은 쪽에 유리한 정보만을 정보처리하여 결국 문제를 틀리게 된다. 어떤 부분을 출제할지 예상하는 것은 완전 숙련자에게는 가능한 방법이다. 초보자가 섣불리 예상하는 것은 위험할 수 있다.

7 법조문의 출제유형: 계산형

텍스트 유형과 법조문 유형은 다음과 같이 도식화하여 구분할 수 있다.

		일치부합	일부응용	응용
텍스트	발문			
	제시문			
	sub-box			
	선지/보기			
법조문	발문			
	제시문			
	sub-box			
	선지/보기			

이 중 난도가 특히 높은 유형은 응용형에 해당하는 계산형의 문제이다. 따라서 계산형 문제만 더 분석해 보도록 하겠다.

1. 법조문유형 계산 문제의 형식

(1) 법조문의 형식

1) 조문 또는 항의 형식으로 줄글처럼 설명하는 경우

2) 호 · 목이 많은 경우

(2) 줄글(텍스트)의 형식

(3) 공식 등 가공된 형식

(4) 별표의 형식: 여비 문제, 교지 문제

- 기본적으로 공식을 파악해야 한다. 특히 1) - (1)이나 2)의 경우 공식을 잘 찾아내야 한다.
- 1) - (2)는 병렬적인 호·목을 잘 구분해 두어야 한다.
- 당연히 단서규정·예외규정도 잘 찾아 두어야 한다. '단, 괄호 등의 형식' 등이 활용된다.
- 동시배당 문제 등 계산 규칙을 주어진 상황에 적절하게 적용하기 위해서는 제시문의 정확한 이해뿐만 아니라 주어진 상황도 적절하게 정리할 수 있어야 한다.

2. 법조문유형 계산 문제의 특징

난도가 높은 경우가 많으며, 비용, 세금, 과태료 등을 묻는 금액 계산, 점수 계산, 기간 계산, 인원 계산, 순위를 매기는 문제 등이 출제된다.

3. 법조문 계산 방법

(1) 기간 계산

- 어디에 적용되는지 기산점에 주의해야 한다.
- 실제 계산을 해야 한다면 난도는 꽤 높다. 이때 초일 산입 · 기산 여부가 매우 중요하다. (문제를 풀지 말지의 기준이 된다.)
- 묻는 단위는 일/월/년이다. 이 중 '일' 단위의 계산이 주로 어렵다.
- 일 ↔ 월, 년 간에 서로 환산하지 않는다.
  180일 = 6개월과 같은 방식으로, 730일 = 2년과 같은 방식으로 환산하지 않는다.
- 1월 내에 실시: 2월까지 실시 – 월과 개월은 혼동하지 않도록 주의한다.
- 초일 불산입, 기산하지 않는 것이 원칙이다.
  ㉦ 6월 15일 + 7일 = 6월 22일, 10월 8일부터 10월 13일 = 5일간
- 초일을 산입, 기산하게 되면 계산이 다소 복잡해진다.

	6월 15일	16일	17일	18일	19일	20일	21일	22일
초일 산입, 기산 X		+1	+2	+3	+4	+5	+6	+7
초일 산입, 기산 O	+1	+2	+3	+4	+5	+6	+7	

따라서 6월 15일부터 초일을 산입하여 7일 후는 6월 21일이 된다.

	10월 8일	9일	10일	11일	12일	13일
초일 산입, 기산 X		1일	2일	3일	4일	5일
초일 산입, 기산 O	1일	2일	3일	4일	5일	6일

따라서 10월 8일부터 10월 13일까지 초일을 산입하여 계산하면 5일간이 아닌 6일간이 된다.

- 최근에는 '10일 전', '10일 전까지'를 구분해야 하는 문제도 출제되고 있다.

(2) 정족수 계산

- 의사정족수와 의결정족수 개념을 정확하게 구분하자. 쉽게 정리하면 의사정족수는 의사진행에 필요한 정족수이고, 의결정족수는 의결을 하는 데 필요한 정족수이다.
- 계산 결과 2.3명 이상이 도출되었다면 3명 이상이 된다. 소수점이 생기면 사람은 반올림이 아닌 올림을 해야 한다. 인원 계산 시 소수점이 될 수 없으므로 소수점 계산에 주의하자.
- 과반의 의미를 조심하자. 과반 ≠ 절반이다.
- 이상, 이하, 초과, 미만의 개념을 조심하자. 경계값을 포함하는지 여부를 잘 살펴야 한다.
- 재적의원, 출석의원: 재적과 출석 등 용어를 정확하게 구분해야 한다.
- 계산할 때 과정을 거치지 않고 한꺼번에 계산하지 않도록 주의한다. 올림을 거치다 보면 계산값이 달라지는 경우가 있다.
  예를 들어 '재적의원 과반수의 출석과 출석의원 3분의 2 이상의 찬성'이 필요하다고 할 때, 이를 한꺼번에 계산하여 재적의원 3분의 1 이상의 찬성이라고 보지 않도록 하자. 많이 실수하는 부분이다. 만약 재적의원이 6명일 때 한꺼번에 계산하면 재적의원 3분의 1 이상은 2명이 된다. 하지만 과정을 다 거치면 6명 중 과반수는 4명, 4명 중 3분의 2 이상이면 3명이 되어 결괏값이 달라진다.

(3) 누진세 구조의 계산

세금 등에서 누진세를 계산시키는 경우가 있다. 누진세 구조의 계산은 자료해석에서도 요구되는 계산 능력이다.

- 세금을 구하는 공식: 과세표준×세율
- 세금 계산 소재 문제: 비례세 - 누진세 (단순누진세, 초과누진세)

1) 비례세: 단일세율 적용 ⓔ 부가가치세 10%

2) 누진세: 세율이 변화

① 단순누진세: 모든 과세표준에 동일하게 변화

② 초과누진세: 과세표준에 구간을 나누어 다른 세율이 적용

- 초과누진세의 예시

1) 일정액 + 변화된 세율

: 10년 5급 선책형 7번

15년 5급 인책형 7번

2) 누진공제: 양도소득세

과세표준	세율	누진공제
1,200만 원 이하	6%	없음
4,600만 원 이하	15%	108만 원
8,800만 원 이하	24%	522만 원
3억 원 이하	35%	1,490만 원
3억 원 초과	38%	2,390만 원

: 계산법 = (과세표준×세율) - 누진공제

3) 누진세 구조를 계산하는 방법

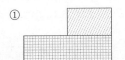

①
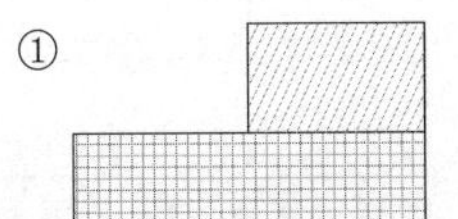
②
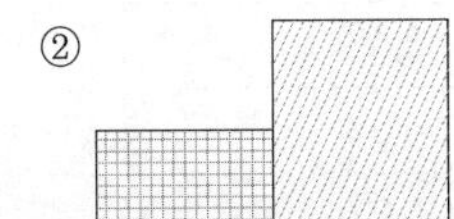
③
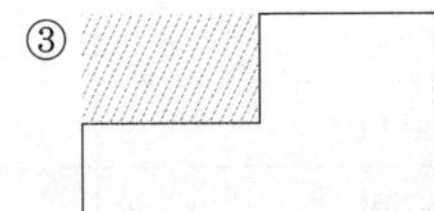
③은 전체에서 빗금친 부분을 빼서 구하는 것이다.

4) 응용: 종합부동산세

① 일정액 + 변화된 세율

과세표준	세율
6억 원 이하	1천분의 5
6억 원 초과 12억 원 이하	300만 원 + (6억 원을 초과하는 금액의 1천분의 7.5)
12억 원 초과 50억 원 이하	750만 원 + (12억 원을 초과하는 금액의 1천분의 10)
50억 원 초과 94억 원 이하	4,550만 원 + (50억 원을 초과하는 금액의 1천분의 15)
94억 원 초과	11,150만 원 + (94억 원을 초과하는 금액의 1천분의 20)

② 누진공제

과세표준	세율	누진공제
6억 원 이하	0.5%	
6억 원 초과 12억 원 이하	0.75%	150만 원
12억 원 초과 50억 원 이하	1%	450만 원
50억 원 초과 94억 원 이하	1.5%	2,950만 원
94억 원 초과	2%	7,650만 원

: 만약 과세표준이 20억 원이라면, 세금은 1,550만 원이 된다.

5) 연습 (초과누진세 구조)

아래 [표 1]에서 과세표준이 2,000만 원이라면 1,2000만 원까지는 3.2%의 세율이, 1,200만 원을 초과하는 800만 원에는 6.4%의 세율이 적용된다. [표 1]과 [표 2] 모두 동일한 방식으로 계산한다.

[표 1]

과세표준	세율
1,200만 원 이하	3.2%
1,200만 원 초과 2,400만 원 이하	6.4%
2,400만 원 초과 3,600만 원 이하	9.8%
3,600만 원 초과 4,800만 원 이하	12.3%

문 1) 만약 과세표준이 4,000만 원 이라면 세금은?

[표 2]

과세표준	세율
1,200만 원 이하	3.4%
1,200만 원 초과 3,600만 원 이하	4.8%
3,600만 원 초과 7,200만 원 이하	6.0%
7,200만 원 초과 1억 2천만 원 이하	9.8%

문 2) 만약 과세표준이 4,800만 원 이라면 세금은?

문 1)은 282만 원, 문 2)는 228만 원이 된다.

(4) 촌수 따지기

촌수를 따지는 방법을 설명하지 않는다. 가계도에서 본인과 상대방의 공통된 조상까지의 거리를 세면 쉽게 구할 수 있다.

8 법조문의 빈출개념, 용어

1. 기초적 지식(아직 각주로 주어지지는 않음)

각하: 소송요건이 충족되지 않은 경우 등 소송을 진행하는 형식적 요건을 갖추지 못하여 재판을 하지 않고 소송을 종료시키는 것
기각: 법원이 원고의 주장을 받아들이지 않는 것, 원고가 패소
인용: 법원이 원고의 주장을 옳다고 판단해서 받아들이는 것, 원고가 승소

손해배상: 타인의 위법한 행위로 인하여 발생한 손해를 배상
손실보상: 국가 등의 접법한 공권력 행사로 인하여 발생한 손실을 보상

의사정족수: 회의체의 회의가 가능하게 되는 참석자의 수
의결정족수: 회의체의 안건을 가결할 수 있는 찬성자의 수
㉵ 헌법 제49조 국회는 헌법 또는 법률에 특별한 규정이 없는 한 재적의원 과반수의 출석과 출석의원 과반수의 찬성으로 의결한다. 가부동수인 때에는 부결된 것으로 본다.

재임: 같은 직위에 다시 임명
연임: 임기를 마친 후에 연속해서 다시 그 직위를 맡음
중임: 같은 직위를 (연속해서 또는 간격을 두고) 다시 맡음

심급: 재판하는 법원에 급을 두어 하급 법원의 판결 등에 불복하는 경우 상급 법원에 다시 재판을 청구할 수 있는 제도

2. 기출문제 활용된 개념(연도와 문제번호 순으로 정리)

▶ 2005년 견습직원 선발시험 과책형

25. 입증책임: 일정한 법률관계의 존부를 판단하기 위하여 필요한 사실이 존부불명인 때에 해당 법률효과의 발생이 인정되지 아니하여 당사자 일방이 받게되는 위험 또는 불이익. 이러한 입증책임을 어느 당사자가 부담하는가의 문제를 입증책임의 분배라고 한다.

▶ 2006년 5급 공채 출책형

2. 저작물: 문학·학술 또는 예술의 범위에 속하는 창작물을 말한다.
편집물: 저작물이나 부호·문자·음성·음향·영상 그 밖의 형태의 자료(소재)의 집합물을 말하되, 데이터베이스를 포함한다.
편집저작물: 편집물로서 그 소재의 선택·배열 또는 구성에 창작성이 있는 것을 말한다.

22. 사단(社團): 사람들의 결합체인 단체로서 개개의 구성원(사원)을 초월하여 독립한 단일체로 존재하고 활동하는 것
법인(法人): 원래 사람이 아니나 법률에 의하여 권리의무의 주체가 되는 존재

▶ 2006년 견습직원 선발시험 인책형

3. A: 비례의 원칙, B: 평등의 원칙, C: 신뢰보호의 원칙, D: 부당결부금지의 원칙
기부채납: 국가 또는 지방자치단체가 무상으로 재산을 받아들이는 것. 기부는 민법상의 증여, 채납은 승낙이다.
(국가 외의 자)가 (재산)의 소유권을 무상으로 (국가)에 이전하여 (국가)가 이를 취득하는 것(국유재산법 제2조), 첫 번째, 세 번째, 네 번째 괄호에는 국가가 아닌 지방자치단체가 들어갈 수 있고(공유재산 및 물품 관리법 제2조), 두 번째 괄호의 재산은 관련 법조문에 따라 국가 또는 지방자치단체가 취득할 수 있는 재산을 말한다. 국유재산법, 공유재산 및 물품 관리법 뿐만 아니라 다른 여러 규정과 지침에도 이와 같은 형식으로 규정되어 있다.

19. 송하인(送荷人): 운송물의 운송을 의뢰하는 발송인
운송인(運送人): 물품 또는 여객의 운송을 영업으로 하는 자
수하인(受荷人): 운송물의 수령인으로 지정된 자
최고(催告): 타인에게 일정한 행위를 할 것을 요구하는 통지

38.

특수관계자(related parties): 지배·종속회사, 관계회사, 관련회사, 주주, 임원, 종업원 및 회사와 밀접한 거래 관계에 있는 자로서 회사의 경영이나 영업 정책에 영향을 줄 수 있는 자
국세기본법 제2조 제20호에서 정의하는 특수관계인의 예
가. 혈족·인척 등 대통령령으로 정하는 친족관계
나. 임원·사용인 등 대통령령으로 정하는 경제적 연관관계
다. 주주·출자자 등 대통령령으로 정하는 경영지배관계

▶ 2006년 입법고시 가책형

15. "개인정보취급자"라 함은 타인의 개인정보를 수집·기록·이용·가공·제공하는 자를 말한다.
<B법률안>에서 "처리"라 함은 수집·기록·이용·가공·제공하는 것을 말한다.

▶ 2007년 5급 공채 재책형

4. A. 일반법은 그 적용범위에 있어서 사람·장소·사항 등에 특별한 제한이 없는 법이며, 특별법은 한정된 사람·장소·사항 등에만 적용되는 법이다. 특별법은 일반법에 우선하여 적용된다.
B. 고의 또는 과실로 인한 위법행위로 타인에게 손해를 끼친 자는 그 손해를 배상할 책임이 있다.(민법 제750조) 이를 불법행위로 인한 손해배상책임이라 한다. 실화(失火)의 경우에는 중대한 과실이 있을 때에 한하여 민법 제750조를 적용한다.(실화책임에 관한 법률)
C. 타인을 사용하여 어느 사무에 종사하게 한 자(사용자)는 피용자(被用者)가 그 사무집행에 관하여 제3자에게 끼친 손해를 배상하여야 하는데(민법 제756조 제1항), 이를 사용자책임이라 한다. 여기서 '사무'는 통속적으로 '일'이라는 것과 같은 의미이며, 사용관계란 실질적인 지휘·감독관계를 말한다.
D. 국가 또는 지방자치단체는 공무원이 그 직무를 집행하면서 고의 또는 과실로 법령을 위반하여 타인에게 손해를 끼쳤을 때 그 손해를 배상하여야 한다.(국가배상법 제2조) 이를 국가배상책임이라 한다. 여기서 '직무를 집행하면서'란 공무원의 행위의 외관을 객관적으로 관찰하여 공무원의 직무 또는 이와 밀접한 관련이 있는 행위로 보이는 경우를 말한다.
E. '중대한 과실(중과실)'이란 사회평균인에게 요구되는 정도의 상당한 주의를 하지 않더라도 약간의 주의를 기울였다면 손쉽게 위법·유해한 결과를 예견할 수 있었음에도 이를 간과한 것과 같은, 거의 고의에 가까울 정도로 주의를 현저하게 결여한 상태를 말한다.

5. 부양능력 있는 부양의무자가 있어도 부양을 받을 수 없는 경우란, 부양의무자가 교도소 등에 수용되거나 병역법에 의해 징집·소집되어 실질적으로 부양을 할 수 없는 경우와 가족관계 단절 등을 이유로 부양을 거부하거나 기피하는 경우 등을 가리킨다.

11. 직계비속(直系卑屬)은 피상속인(사망한 자)의 자녀, 손자, 증손자 등을 말하며, 직계존속(直系尊屬)은 피상속인의 부모, 조부모, 외조부모 등을 의미한다. 그리고 방계혈족(傍系血族)은 피상속인의 숙부, 고모, 외숙부, 이모 등을 말함.

부재자(不在者): 종래의 주소나 거소를 떠나 당분간 돌아올 가능성이 없는 자
수인(數人): 여러 사람

25. 이주대책이란 공익사업의 시행으로 인하여 주거용 건축물을 제공함에 따라 생활의 근거를 상실하게 되는 자를 위하여 사업시행자에 의해 수립되는 대책임.

27. 조약의 유보란 조약의 서명·비준·수락·승인·가입 시에 특정 규정의 법적 효과를 배제하거나 변경하여 자국에 적용하려는 의사표시를 말함.

32. 발행주식총수: 회사가 실제로 발행한 주식의 총수

▶ 2008년 5급 공채 창책형

5. 추정(推定)이란 어떤 사실에 대하여 반대증거가 없을 때 그 사실을 그대로 인정하는 것을 말한다.

법적 사실에 대한 증명이 확실하지 않은 경우에 일반적인 상황에 의한 효과를 인정하고, 이러한 일반적인 상황에 의한 효과를 번복할 증거가 있는 경우에만 그 추정력을 상실시키는 제도

15.

민법 제157조(기간의 기산점) 기간을 일, 주, 월 또는 연으로 정한 때에는 기간의 초일은 산입하지 아니한다. 그러나 그 기간이 오전 영시로부터 시작하는 때에는 그러하지 아니하다. → 초일불산입의 원칙
민법 제664조(도급의 의의) 도급은 당사자 일방이 어느 일을 완성할 것을 약정하고 상대방이 그 일의 결과에 대하여 보수를 지급할 것을 약정함으로써 그 효력이 생긴다.

24. 배우자란 혼인신고를 한 부부의 일방(한쪽)을 말한다.

25. 중재인이란 법령에 의하여 중재의 직무를 담당하는 자를 말한다. 예컨대 노동조합 및 노동관계조정법에 의한 중재위원, 중재법에 의한 중재인 등이 이에 해당한다.

35. 상거소라 함은 한 장소에 주소를 정하려는 의사 없이 상당기간 머무는 장소를 말한다.

▶ 2009년 5급 공채 극책형

3.

고의: 자기의 행위가 불법구성요건을 실현함을 인식하고 인용하는 행위자의 심적 태도
타인의 권리를 침해하는 줄 알면서도 일부러 하는 생각이나 태도
과실: 행위자가 보통의 주의를 게을리하여 범죄사실의 발생을 인식하지 않은 것
어떤 특정의 사정하에서 통상인이면 할 수 있었을 것이라고 예상되는 작위를 하지 아니한 경우, 또는 통상인이라면 하지 않았을 것으로 예상되는 일을 한 경우, 그 작위, 또는 부작위
형법은 고의범을 원칙적으로 벌하고, 과실범은 예외적으로 법률에 과실범을 벌하는 규정이 있는 경우에 한하여 이를 벌하고 있다(형법 제14조).

4.

형의 집행 및 수용자의 처우에 관한 법률 제2조
수형자: 징역형·금고형 또는 구류형을 선고받아 그 형이 확정된 자, 벌금을 완납하지 아니하여 노역장 유치명령을 받은 자
미결수용자: 형사피의자 또는 형사피고인으로 구속영장의 집행을 받은 자
수용자 = 수형자 + 미결수용자

11.

중장해: 부상 또는 질병이 치유된 때의 신체상의 장해(범죄피해자구조법 제2조 제2호)
무자력: 물자, 재산 따위를 댈 만한 경제적 능력이 없음.
균분: 똑같이 나누다, 같은 금액으로 나누다
당해: 해당
손: 손자녀

15.

위로 갈수록 상위 행정구역, 아래로 갈수록 하위 행정구역
- 광역자치단체: 특별시, 광역시, 도, 특별자치도(제주, 강원), 특별자치시(세종)
- 기초자치단체: 시(도 산하), 군(도, 광역시 산하), 구(특별시, 광역시 산하)
- 읍·면·동
- 통(동 산하)·리(읍·면 산하)

24.

의무적, 자율적 보고의 개념은 기속 ↔ 재량의 개념
기속과 재량의 구별기준
1차적으로 법문언을 기준으로 판단
- 하여야 한다 → 기속
  수 있다 → 재량
애매한 경우 2차적 판단기준. 그러나 2차적인 판단기준은 PSAT에서는 문제되지 않음

31. 연대채무: 연대하여 변제할 책임으로서 동일 내용의 급부에 관하여 여러 명의 채무자가 각자 채무 전부를 변제할 의무를 지고, 채무자 중의 한 사람이 전부 변제하면 다른 채무자의 채무도 모두 소멸되는 채무
항변: 상대방의 청구권 행사나 주장을 막는 사유
상계: 채권자와 채무자가 동종의 채권·채무를 가지는 경우, 대등액의 채권·채무를 서로 소멸(상쇄)시키는 행위
구상권: 남의 채무를 갚아준 사람이 그 사람에게 자신이 갚은 채무액의 반환을 청구할 수 있는 권리

변제: 채무자가 채무의 내용을 실행하는 행위
공동면책: 채무자가 수인인 채무관계 즉 불가분채무·연대채무·보증채무에 있어서 채무자의 한 사람이 하는 변제가 그 밖의 채무의 소멸 또는 소멸을 생기게 하는 행위로서 총채무자를 위하여 그 효력이 생기게 하는 것을 말한다.

▶ 2010년 5급 공채 선책형

3.

화해, 중재, 조정과 같은 제도들을 재판이 아닌 다른 방법으로 분쟁을 해결하는 제도로써 일반적으로 '대안적 분쟁해결제도'라 한다.
당사자: 자기의 이름으로 권리보호를 요구하거나 또는 요구받는 자
재판에서는 권리보호를 요구하는 자를 원고, 요구받는 자를 피고
분쟁해결제도에서는 원·피고라는 용어를 사용하지 않더라도 분쟁에서 서로 대립하는 이해를 가진 자를 당사자로 표현
민법에서 당사자 이외의 자로서 '제3자'란 일반적으로 당사자 및 포괄승계인 이외의 모든 자를 의미하고, 다른 법에서는 법률관계의 상대방이 아닌 제3자가 분쟁에 관여할 수 있게 하는 경우가 있다.

주택과 부동산 명도(인도)소송이란, 부동산의 적법한 점유권한 있는 자가 현실적으로 해당 부동산을 점유하고 있는 상대방에 대하여 그 점유를 배제하고 인도할 것을 청구하는 소송이다.
인도: 물건을 타인에게 이전하는 사실행위

4.

자연인: 생물로서의 사람
법인: 법으로부터 인격을 부여받아 권리와 의무의 주체가 될 수 있는 것
인(人): 법률행위에 의해 발생하는 권리와 의무의 주체 = 민법상 자연인 + 법인
직계존속: 본인을 기준으로 수직으로 연결된 윗세대(부모, 조부모 등, 친·외가를 구분하지 않음)
직계비속: 본인을 기준으로 수직으로 연결된 아랫세대

10. 의약품 특허권에 대한 강제실시(compulsory licensing): 정부가 비영리적·공익적 목적을 위해서 특허권자의 독점적·배타적인 권리를 제한하고, 타인에게 그 권리를 일시적으로 이용하게 하여 특허의약품의 복제약을 생산·공급하게 하는 강제조치

12

좌동: 왼쪽과 같음, 상동: 위와 같음, 우동: 오른쪽과 같음

21.

신의성실의 원칙: 민법상 신의성실의 원칙은 법률관계의 당사자는 상대방의 이익을 배려하여 형평에 어긋나거나, 신뢰를 저버리는 내용 또는 방법으로 권리를 행사하거나 의무를 이행하여서는 아니된다는 추상적 규범

22. 소송가액: 원고가 청구하는 금액

소송가액 = 소가 = 소송목적물의 값
소액사건: 민사사건 중 '소송목적의 값'이 3,000만 원 이하인 사건(「소액사건심판법」 제2조제1항, 「소액사건심판규칙」 제1조의2)

23. 지상권: 타인의 토지에 건물, 기타 공작물을 소유하기 위하여 그 토지를 사용할 수 있는 물권
전세권: 전세금을 지급하고 타인의 부동산을 점유하여 그 부동산의 용도에 따라 사용·수익하고, 그 부동산 전부에 대하여 후순위권리자, 기타 채권자보다 전세금을 우선 변제 받을 수 있는 물권
대항할 수 없다: 자신의 권리를 상대방에게 주장할 수 없다

채권: 특정인(채권자)이 다른 특정인(채무자)에 대하여 특정의 행위(급부·급여·작위·부작위)를 청구할 수 있는 권리
물권: 특정한 물건에 대한 권리
임차권: 임대차계약(賃貸借契約)에 의하여 목적물을 사용·수익하는 임차인의 권리, 부동산 임대차의 경우 부동산을 임대해 준 사람이 임대인, 임대한 사람이 임차인이다.
등기: 국가기관(공무원)이 등기부라는 공적 장부에 권리관계를 기재하는 행위 또는 그 기재 자체

27. 국적이탈신고: 이중국적자로서 외국 국적을 선택하는 자는 대한민국 국적을 이탈한다는 뜻을 신고함을 의미

제1국민역, 제2국민역, 보충역 등은 구 병역법에서 병역의 종류를 나타내는 용어이다. 2016년 병역법이 개정됨에 따라 제1국민역, 제2국민역과 같은 용어는 삭제되었다.
소급: 과거로 거슬러 올라가 효력 발생
직계존속: 본인을 기준으로 수직으로 연결된 윗세대(부모, 조부모 등, 친·외가를 구분하지 않음)
직계비속: 본인을 기준으로 수직으로 연결된 아랫세대

35. 인도(引渡): 물건에 대한 점유의 이전, 즉 사실상 지배의 이전

39. ~ 40. 준거법: 재판에서 기준으로 삼는 법. 국제사법에서는 내국인과 외국인, 외국인과 외국인 사이의 법률 분쟁을 해결하기 위해서 당사자들이 대한민국 법원에 소를 제기한 경우, 그 사건에 적용하여야 할 본국법 또는 외국법
상거소지: 상시 거주하는 장소
부부재산제: 혼인을 한 당사자가 혼인 당시에 재산을 가지고 있거나 혼인 후에 새로이 재산을 취득하는 경우 그 재산의 귀속과 관리에 관련된 제도

▶ 2011년 5급 공채 선택형

8. 평온(平穩): 평상시의 상태
공연(公然): 불특정 또는 다수의 사람이 알 수 있는 상태
양수(讓受): 권리·재산 및 법률상의 지위 등을 남에게서 넘겨받음 ↔ 양도(讓渡)
선의(善意): 당해 사실을 모르고 있는 경우

점유: 물건에 대한 사실상의 지배, 사실상의 지배에 점유자의 주관적 의사를 필요로 하는가에 관하여 주관설, 객관설
도품: 도난당한 물품을 말하여, 절도죄 기타 재산범죄에 의하여 취득된 물건을 의미한다. 민법상 유실물과 함께 즉시취득의 특례가 규정되어 있다. 즉 피해자는 도난한 날로부터 2년내에 그 물건의 반환을 청구할 수 있다.
유실물: 점유자의 의사에 의하지 않고 그 점유를 이탈한 물건으로, 도품이 아닌 것
민법 제99조(부동산, 동산) ①토지 및 그 정착물은 부동산이다. ②부동산 이외의 물건은 동산이다.

10. 경징계: 견책, 감봉
중징계: 정직, 강등, 해임, 파면
단순음주운전(혈중알콜농도 0.05 % 이상인 상태에서 인적·물적사고 없이 운전한 것)으로 적발 시 혈중알콜농도 0.05 % 이상 ~ 0.10 % 미만의 경우는 면허정지 처벌을 받고, 0.10 % 이상인 경우에는 면허가 취소된다.

공무원징계령
제1조의3(정의) 이 영에서 사용하는 용어의 뜻은 다음과 같다.
1. "중징계"란 파면, 해임, 강등 또는 정직을 말한다.
2. "경징계"란 감봉 또는 견책을 말한다.
파면: 징계의 일종으로서 어떤 지위에 있는 자를 그 의사에 반하여 직에서 물러나게 하는 것, 공무원의 신분 상실
징계로 파면처분을 받은 때부터 5년이 지나지 아니한 자는 공무원으로 임용될 수 없다.(국가공무원법 제33조 제7호)
퇴직급여액 4분의 1에서 2분의 1 감액(공무원연금법 제65조, 시행령 제61조)
해임: 징계의 일종으로서 파면과 마찬가지로 공무원의 신분 상실
징계로 해임처분을 받은 때부터 3년이 지나지 아니한 자는 공무원으로 임용될 수 없다.(국가공무원법 제33조 제8호)
퇴직급여액 4분의 1 이하 감액(공무원연금법 제65조, 시행령 제61조)
강등: 강등은 1계급 아래로 직급을 내리고 공무원 신분은 보유하나 3개월간 직무에 종사하지 못하며 그 기간 중 보수는 전액을 감한다.(국가공무원법 제80조 제1항)
정직: 정직은 1개월 이상 3개월 이하의 기간으로 하고, 정직 처분을 받은 자는 그 기간 중 공무원의 신분은 보유하나 직무에 종사하지 못하며 보수는 전액을 감한다.(국가공무원법 제80조 제3항)
감봉: 감봉은 1개월 이상 3개월 이하의 기간 동안 보수의 3분의 1을 감한다.(국가공무원법 제80조 제4항)
견책: 견책(譴責)은 전과(前過)에 대하여 훈계하고 회개하게 한다.(국가공무원법 제80조 제5항)

25. 지방자치단체에는 ① 광역지방자치단체(특별시·광역시·도·특별자치도), ② 기초지방자치단체(시·군·자치구) 등이 있다.
감사원의 감사권에는 회계검사권과 직무감찰권이 있다.

28. 농업경영이란 농업인이나 농업법인이 자기의 계산과 책임으로 농업을 영위하는 것을 말함
주말·체험영농이란 개인이 주말 등을 이용하여 취미생활이나 여가활동으로 농작물을 경작하는 것을 말함

29.
민법 제664조(도급의 의의) 도급은 당사자 일방이 어느 일을 완성할 것을 약정하고 상대방이 그 일의 결과에 대하여 보수를 지급할 것을 약정함으로써 그 효력이 생긴다.

29. 기간제 근로자라 함은 기간의 정함이 있는 근로계약을 체결한 근로자를 말한다.

36.
임대차: 민법 제618조(임대차의 의의) 임대차는 당사자 일방이 상대방에게 목적물을 사용, 수익하게 할 것을 약정하고 상대방이 이에 대하여 차임을 지급할 것을 약정함으로써 그 효력이 생긴다.
인도(引渡): 물건에 대한 점유의 이전, 즉 사실상 지배의 이전
변제: 채무자가 채무의 내용을 실행하는 행위

▶ 2011년 민간경력자 일괄채용 실험평가 발책형

4. 소송가액: 원고가 청구하는 금액

▶ 2011년 민간경력자 일괄채용 인책형

4.
의사정족수: 회의를 시작하고 계속해서 진행할 수 있는 최소한의 의원 수
의결정족수: 안건을 의결할 수 있는 최소한의 의원 수
일사부재의(一事不再議): 의회에서 부결된 의안은 같은 회기 중에 다시 발의하거나 심의하지 못한다는 원칙(회의의 효율적 운영, 소수파에 의한 의사방해를 방지하기 위한 목적)
일사부재리(一事不再理): 확정판결이 내려진 어떤 사건에 대해 다시 심리·재판을 하지 않는다는 형사상의 원칙

▶ 2011년 입법고시 가책형

27. 교원은 전임강사, 조교수, 부교수, 교수를 말한다
박사 수료생은 박사 과정을 이수한 후 학위를 취득하지 않고 대학에 소속되어 있는 자를 말한다.

▶ 2012년 민간경력자 일괄채용 인책형

3. '장애의 정도가 심한 사람'이란 다음 중 어느 하나에 해당하는 사람을 말한다.
가. 장애등급 제1급부터 제6급까지
나. 상이등급 제1급부터 제7급까지
다. 장해등급 제1급부터 제6급까지

직계존속: 본인을 기준으로 수직으로 연결된 윗세대(부모, 조부모 등, 친·외가를 구분하지 않음)
직계비속: 본인을 기준으로 수직으로 연결된 아랫세대

16. 감치(監置): 법원의 결정에 의하여 증인을 경찰서 유치장 등에 유치하는 것
유치(留置): 사람이나 물건을 어떤 사람이나 기관의 지배 하에 두는 것
구인(拘引): 사람을 강제로 잡아 끌고 가는 것
인치(引致): 사람을 강제로 끌어 가거나 끌어 오는 것

▶ 2012년 입법고시 가책형

3. 유보: 국제법에서 자기 나라에 대한 조약의 적용을 일정한 범위로 제한하기 위한 의사 표시로, 조약을 체결할 때 조약의 당사국이 되기 위한 승낙의 한 조건이다.

23. 이자나 지연손해금을 계산할 때는 매월 1일부터 말일까지를 1달이라고 간주하며, 이자계산은 단리로 한다.

▶ 2013년 5급 공채 인책형

8. 소가(訴價)라 함은 원고가 승소하면 얻게 될 경제적 이익을 화폐단위로 평가한 금액을 말한다.

23.
징역: 수형자를 교도소에 구금하고 일정한 강제노동을 과하는 형벌(형법 제67조)
금고: 강제노동을 과하지 아니하고 수형자를 형무소에 구치하는 것(형법 제68조)
구류: 1일 이상 30일 미만 동안 구류장에 구금하는 것(형법 제46조)
형의 집행 및 수용자의 처우에 관한 법률 제2조
수형자: 징역형·금고형 또는 구류형을 선고받아 그 형이 확정된 자, 벌금을 완납하지 아니하여 노역장 유치명령을 받은 자
미결수용자: 형사피의자 또는 형사피고인으로 구속영장의 집행을 받은 자
수용자 = 수형자 + 미결수용자

24.
양도: 계약상 또는 법률상의 원인에 의하여 유상으로 소유권이 이전되는 것을 말한다.(증권거래세법 제1조의2(정의))
멸실: 물건이 물건으로서의 물리적 존재를 상실하는 것, 어떤 권리가 법률상의 존재를 상실하는 것을 나타내는 경우에는 소멸이라고 한다.
출고: 물건을 창고에서 꺼내는 것

27. 신고는 납세의무자가 법에서 정한 기한 내에 과세표준과 세액을 세무서에 알리는 것
고지는 세무서장이 세액, 세목, 납부기한과 납부장소 등을 납세의무자에게 알리는 것

▶ 2013년 민간경력자 일괄채용 인책형

4.
제척: 법관이 어떤 사건에 관하여 법에서 정한 일정한 관계(민사소송법 제41조, 형사소송법 제17조)가 있는 경우에 법률상 당연히 그 사건에 관한 직무를 행할 수 없는 것
기피: 법관에게 제척원인이 있을 때 또는 재판의 공정을 기대하기 어려운 사정이 있는 때에 당사자의 신청에 의하여 재판에 의해 당해 법관을 직무집행으로부터 배제하는 것(민사소송법 제43조, 형사소송법 제18조).
회피: 법관이 사건에 관하여 제척 또는 기피의 원인이 있다고 생각하여 스스로 사건을 취급하는 것을 피하는 것(민사소송법 제49조, 형사소송법 제24조).

▶ 2013년 외무고시 인책형

4.

인도: 인도(引渡): 물건에 대한 점유의 이전, 즉 사실상 지배의 이전
채무: 특정인이 다른 특정인에게 어떠한 행위를 이행해야 하는 의무
약정: 2인 이상이 어떤 사항에 관하여 합의로 정하는 것
변제: 채무자가 채무의 내용을 실행하는 행위

6. 양도가액이란 판매가격을 의미하며, 양도차액은 구매가격과 판매가격과의 차이를 말한다.

8.

취하: 원고가 제기한 소의 전부 또는 일부를 취하하는 법원에 대한 의사표시
항소: 미확정상태인 제1심 종국판결에 대하여 상급법원에 제기하는 불복신청
상고: 항소의 일종으로서 원칙적으로 제2심판결에 대하여 제3심, 즉 종심법원에 불복을 신청하는 것
상소: 재판이 확정되기 전에 상급법원에 취소·변경을 구하는 불복신청(상소 = 항소 + 상고)

24.

질권: 채권자가 채권의 담보로서 채무자의 물건을 수취하여 채무자가 변제할 때까지 수중에 두고, 변제하지 않은 때에는 그 물건에서 우선하여 변제를 받을 수 있는 담보물권(민법 제329조~제344조)
채권자가 채권의 담보로서 채무자 또는 제3자(물상보증인)로부터 받은 약정담보물권
질권을 설정할 수 있는 것은 동산과 양도할 수 있는 권리(채권·주식·특허권 등)이다. 부동산에는 저당권만을 설정할 수 있다.
담보: 채무자의 채무불이행에 의하여 채권자가 불이익을 받을 위기를 고려하여 사전에 그 채무의 변제를 확보하고 채권자에게 만족을 주기 위하여 제공되는 수단
동산: 민법 제99조(부동산, 동산) ①토지 및 그 정착물은 부동산이다. ②부동산 이외의 물건은 동산이다.
변제: 채무자가 채무의 내용을 실행하는 행위
등기: 일정한 사항을 널리 공시하기 위하여 등기소에 비치하는 공부에 기재하는 것
담보등기: 동산·채권 등의 담보에 관한 법률에 따라 동산·채권을 담보로 제공하기 위하여 이루어진 등기(동산·채권 등의 담보에 관한 법률 제2조(정의))

▶ 2013년 입법고시 가책형

12. 용적률 = 건축연면적÷대지면적

25. 항소란 1심판결에 대한 2심에의 불복을, 상고란 2심판결에 대한 3심에의 불복을 말한다. 그리고 원심법원이란 항소나 상고의 대상이 되는 판결을 선고한 법원을 말한다.
위의 항소절차에 관한 설명은 상고절차에도 동일하게 적용된다.

38. 법사위(법제사법위원회), 정무위(정무위원회), 외통위(외교통상통일위원회), 환노위(환경노동위원회)

▶ 2014년 5급 공채 A책형

7. 보증계약은 채무자(乙)가 채권자(甲)에 대한 금전채무를 이행하지 아니하는 경우에 보증인(丙)이 그 채무를 이행하기로 하는 채권자와 보증인 사이의 계약을 말하며, 이때 乙을 주채무자라 한다.

26.

민법
제157조(기간의 기산점) 기간을 일, 주, 월 또는 연으로 정한 때에는 기간의 초일은 산입하지 아니한다. 그러나 그 기간이 오전 영시로부터 시작하는 때에는 그러하지 아니하다 → 초일 불산입
제158조(연령의 기산점) 연령계산에는 출생일을 산입한다.
제159조(기간의 만료점) 기간을 일, 주, 월 또는 연으로 정한 때에는 기간말일의 종료로 기간이 만료한다.
제160조(역에 의한 계산) ① 기간을 주, 월 또는 연으로 정한 때에는 역에 의하여 계산한다.
② 주, 월 또는 연의 처음으로부터 기간을 기산하지 아니하는 때에는 최후의 주, 월 또는 연에서 그 기산일에 해당한 날의 전일로 기간이 만료한다.
③ 월 또는 연으로 정한 경우에 최종의 월에 해당일이 없는 때에는 그 월의 말일로 기간이 만료한다.

27. 수의계약: 경매나 입찰에 의하지 않고, 임의로 적당한 상대방을 선택하여 체결하는 계약.

용역이란 물질적 재화의 생산 이외의 생산이나 소비에 필요한 노무의 제공을 말하고, 연구용역이란 연구의 과정과 결과를 산출하는 용역을 말한다.

28. 사위(詐僞): 거짓을 꾸미어 속임.

28.

친고죄: 검사의 공소를 위한 요건으로서 피해자 기타 일정한 자의 고소를 필요로 하는 범죄

33. 법령이란 법률과 명령을 의미함.

▶ 2014년 민간경력자 일괄채용 A책형

16. 법령: 국회에서 제정한 법률과 행정부에서 제정한 명령(대통령령·총리령·부령)을 의미한다.

18.

소급효: 법률이나 판결 등의 효력이 과거 일정 시점으로 거슬러 올라가서 미치는 것 집행유예: 유죄판결을 받은 사람에 대하여 일정 기간 형의 집행을 유예하고, 그 기간을 무사히 지내면 형의 선고는 효력을 상실하는 것으로 하여 실형을 과하지 않는 제도

18. 개발부담금이란 개발이익 중 국가가 부과·징수하는 금액을 말한다.
소멸시효는 일정한 기간 권리자가 권리를 행사하지 않으면 권리가 소멸하는 것을 말한다.

▶ 2014년 입법고시 가책형

1. 지문에서 "선의"란 어떠한 사실이 있었다는 사실을 모르는 경우를 뜻하며, "악의"란 그러한 사실이 존재한다는 사실을 알면서도 어떠한 행위로 나아간 경우를 지칭한다.
지문에서 부동산은 장소적 이전이 불가능한 재산을, 동산은 장소적 이전이 가능한 재산을 의미한다.

18. '소정근로시간'이란 법정근로시간(1주 40시간)의 범위에서 근로자와 사용자 사이에 정한 근로시간을 말함.
소정근로시간을 초과하여 근무하는 것을 '연장근로', 휴일에 근무하는 것을 '휴일근로', 야간(22시에서 다음날 06시 사이의 근로)에 근무하는 것을 '야간근로'라고 한다.

24. 지출원인행위는 중앙관서의 장 또는 지출원인행위에 관한 사무의 위임을 받은 자가 법령에 따라 배정된 예산 또는 기금운용계획의 금액 범위안에서 국고금 지출의 원인이 되는 계약 그 밖의 행위를 하는 것임. 지출의 원인이 되는 계약행위는 상호 간에 대립하는 2개 이상의 의사표시가 합치되어 성립하는 법률행위, 즉 당사자(채권자·채무자) 간에 지출금액 등을 확정하는 행위라 할 수 있으며, 그 밖의 행위는 당사자 간의 계약 외의 행위로서 최소한 예산지출의 대상자, 지출금액 및 지출시기(연도내) 등을 확정하는 행위를 말함.

40. 비자(사증)면제협정이란 국가 간 협정에 의해 비자(사증) 없이 상대국에 입국할 수 있는 제도를 말한다.

▶ 2015년 5급 공채 인책형

4. 번안동의: 법률안 내용을 변경하고자 안건을 상정하는 행위

5. 기항(寄港): 배가 항구에 들름
사증(査證): 외국인의 입국허가증명, 즉 비자

26. 공판조서: 법원사무관 등이 공판기일에 진행된 소송절차의 경과를 기재한 조서

28. 지방의회의원 중 사망한 자, 제명된 자, 확정판결로 의원직을 상실한 자는 재적의원에 포함되지 않는다.

▶ 2015년 민간경력자 일괄채용 인책형

4. 직계존속: 부모, 조부모, 증조부모 등 조상으로부터 자기에 이르기까지 직계로 이어 내려온 혈족
직계비속: 자녀, 손자, 증손 등 자기로부터 아래로 직계로 이어 내려가는 혈족

7. 소급효: 법률이나 판결 등의 효력이 과거 일정 시점으로 거슬러 올라가서 미치는 것
집행유예: 유죄판결을 받은 사람에 대하여 일정 기간 형의 집행을 유예하고, 그 기간을 무사히 지내면 형의 선고는 효력을 상실하는 것으로 하여 실형을 과하지 않는 제도

▶ 2015년 입법고시 가책형

2. 거소(居所): 생활의 본거지는 아니지만 잠시 몸을 위탁하여 거주하는 장소
가주소(假住所): 어느 특정한 행위의 당사자가 그 행위에 대하여 주소를 대신할 것으로 선정한 장소

8. 본회의에서의 발언 중 토론은 정부에 대한 질문, 의사진행발언, 신상발언, 보충발언, 다른 의원의 발언에 대한 반론발언에 해당하지 않는다.
개의: 본회의를 시작하는 것
산회: 본회의를 종료하는 것

12. 검역(檢疫): 해외에서 전염병이나 해충이 들어오는 것을 막기 위해 공항과 항구에서 하는 일
고시(告示): 법령이 정하는 바에 따라 일정한 사항을 일반인에게 알리기 위한 문서

25. 승용자동차: 10인 이하를 운송하기에 적합하게 제작된 자동차
승합자동차: 11인 이상을 운송하기에 적합하게 제작된 자동차

32. 의원급 의료기관: 의사, 치과의사 또는 한의사가 주로 외래환자를 대상으로 각각 그 의료행위를 하는 의료기관
병원급 의료기관: 의사, 치과의사 또는 한의사가 주로 입원환자를 대상으로 의료행위를 하는 의료기관

34. 배서(背書): 어음, 기타 지시 증권의 권리자가 그 이면에 필요사항을 기입 서명하여 상대방에 교부하는 행위
제권판결: 수표나 주권 등의 유가 증권을 도난 · 분실당하였을 경우에 신청인에게 증권이 아니라도 권리 행사를 할 수 있도록 그 증권에 무효를 선언하는 판결

▶ 2016년 5급 공채 4책형

6. 회보: 신청인의 요구에 대하여 조회 후 알려주는 것

25. 종전부지: 군 공항이 설치되어 있는 기존의 부지
이전부지: 군 공항이 이전되어 설치될 부지

25. 당연직 위원: 사람이 아닌 직책이나 직위에 그 직을 부여하는 것으로 당해 직위나 직책상 당연히 위원의 자격을 가지는 위원(서울정보소통광장)

26. 중재: 당사자간 합의로 선출된 중재인의 판정에 따른 당사자간의 분쟁해결절차
각하: 적법하지 않은 소가 제기된 경우 이를 배척하는 것

▶ 2016년 입법고시 가책형

8. 인지(認知): 혼인 외에 출생한 자녀에 대하여 친아버지나 친어머니가 자기 자식임을 확인하는 일

13. 1촌 직계혈족은 부모(1촌 직계존속) 또는 자녀(1촌 직계비속)를 말함.

14. 장기라 함은 법정형 상 징역·금고의 최장기간을 의미한다.
위의 내용은 실제 법률규정과는 차이가 있음.
형(刑)은 사형-징역-금고-벌금 순으로 중하다.
공소시효 기간의 말일이 공휴일이라도 그 날이 경과하면 공소시효가 완성된다. 예를 들어 공소시효가 3년이라 할 때, 공소시효의 기산점이 2013.3.14라 하면 공휴일인 2016.3.13이 경과하면 공소시효가 완성된다.

26. 법정대리인: 본인의 대리권 수여에 의하지 않고 법률에 기초해 대리권을 부여받은 자

27. 평균임금: 이를 산정하여야 할 사유가 발생한 날 이전 3개월 동안에 그 근로자에게 지급된 임금의 총액을 그 기간의 총일수로 나눈 금액
통상임금: 근로자에게 정기적이고 일률적으로 소정(所定)근로 또는 총근로에 대하여 지급하기로 정한 시간급 금액, 일급 금액, 주급 금액, 월급 금액 또는 도급 금액
사용자: 사업주(법인을 포함한다) 또는 사업 경영 담당자 등

33. 제00조【상해·존속상해】① 고의로 사람의 신체를 상해한 자는 7년이하의 징역, 10년이하의 자격정지 또는 1천만원 이하의 벌금에 처한다.
제00조【업무상과실·중과실·치사상(致死傷)】업무상과실 또는 중대한 과실로 인하여 사람을 사상(死傷)에 이르게 한 자는 5년이하의 금고 또는 2천만원이하의 벌금에 처한다.
제00조【의사 등의 낙태, 부동의낙태】① 의사, 한의사, 조산사, 약제사 또는 약종상이 부녀의 촉탁 또는 승낙을 받아 낙태하게 한 때에는 2년이하의 징역에 처한다.

35. 법관으로는 대법원장, 대법관, 판사가 있으며, 주어진 조문만을 고려한다.

▶ 2017년 5급 공채 가책형

11. '다자녀 가정'은 만 19세 미만의 자녀가 3인 이상 있는 가족을 말한다.

24.
(판결의) 확정: 판결이 확정되면 확정판결의 효력으로 기속력(자기구속력, 판결법원도 판결을 철회·변경할 수 없음), 형식적 확정력(불복불가능성, 취소불가능성), 기판력(실체적 확정력, 동일한 당사자가 동일한 사항에 대하여 다시 다투는 것이 허용되지 않으며 법원도 해당 판결과 모순·저촉되는 판단을 해서는 안 됨) 등의 효력이 발생
취하: 원고가 제기한 소의 전부 또는 일부를 취하하는 법원에 대한 의사표시
항소: 미확정상태인 제1심 종국판결에 대하여 상급법원에 제기하는 불복신청
상고: 항소의 일종으로서 원칙적으로 제2심판결에 대하여 제3심, 즉 종심법원에 불복을 신청하는 것
상소: 재판이 확정되기 전에 상급법원에 취소·변경을 구하는 불복신청(상소 = 항소 + 상고)
민법
제157조(기간의 기산점) 기간을 일, 주, 월 또는 연으로 정한 때에는 기간의 초일은 산입하지 아니한다. 그러나 그 기간이 오전 영시로부터 시작하는 때에는 그러하지 아니하다 → 초일 불산입
제158조(연령의 기산점) 연령계산에는 출생일을 산입한다.
제159조(기간의 만료점) 기간을 일, 주, 월 또는 연으로 정한 때에는 기간말일의 종료로 기간이 만료한다.

▶ 2017년 민간경력자 일괄채용 나책형

7. 현상광고: 어떤 목적으로 조건을 붙여 보수(상금, 상품 등)를 지급할 것을 약속한 광고

16.

법률행위: 일정한 효과의 발생을 목적으로 법률요건, 법률행위에 의하여 권리의 발생, 변경, 소멸과 같은 구체적인 법률효과가 발생

17. 차면(遮面)시설: 서로 안 보이도록 가리는 시설
저치(貯置): 저축하거나 저장하여 둠

▶ 2017년 입법고시 가책형

13. 사용자단체: 노동관계에 관하여 그 구성원인 사용자에 대하여 조정 또는 규제할 수 있는 권한을 가진 사용자의 단체
쟁의행위: 파업·태업·직장폐쇄 기타 노동관계 당사자가 그 주장을 관철할 목적으로 행하는 행위와 이에 대항하는 행위로서 업무의 정상적인 운영을 저해하는 행위

17. 형은 사형 - 징역 - 금고 - 자격상실 - 자격정지 - 벌금 - 구류 - 과료 - 몰수의 순서로 중(重)함.

32. 사법경찰관: 수사권을 가진 경찰관
기소유예처분: 검사가 범죄혐의가 충분하고 공소를 제기·유지하기 위한 조건이 구비되어 있음에도 범인의 연령·성행(性行), 지능과 환경, 피해자에 대한 관계, 범행동기·수단과 결과, 범행 후의 정황 등을 참작하여 공소를 제기하지 않는 불기소처분
범죄즉결제도: 일정한 범위의 경미한 사건에 대하여 경찰서장(즉결관청)이 곧바로 형을 선고하고 피고인이 불복하지 않으면 그대로 형을 확정시키는 제도. 만일 피고인이 불복할 경우에 관할지방법원에 정식재판을 청구하게 함.
태형제도: 검사 또는 경찰서장(즉결관청)이 일정한 범위의 경미한 사건에 대하여 볼기를 때리는 형벌을 과할 수 있도록 한 제도

37. 단, '이해관계가 상반될 때'라 함은 행위의 객관적 성질상 당사자 사이에 이해의 대립이 생길 우려가 있는 때를 가리키는 것이며 당사자의 의도나 그 행위의 결과 실제로 이해의 대립이 생겼는지 여부는 묻지 않는다.

▶ 2018년 5급 공채 나책형

4. 공공기관: 중앙행정기관, 지방자치단체, 정부투자기관을 의미한다.

5. 귀휴: 교도소 등에 복역 중인 죄수가 출소하기 전에 일정한 사유에 따라 휴가를 얻어 일시적으로 교도소 밖으로 나오는 것을 의미한다.

22. 법령: 법률, 조약, 대통령령, 총리령, 부령을 의미한다.

23. 당사자: 원고, 피고를 가리킨다.

▶ 2018년 민간경력자 일괄채용 가책형

2. 공공하수도: 지방자치단체가 설치 또는 관리하는 하수도

16.

유가증권: 증권, 어음, 채무증서 등(각 법마다 정의가 다를 수 있음)(국가법령정보센터) 채권: 특정인(채권자)이 다른 특정인(채무자)에 대하여 특정의 행위(급부·급여·작위·부작위)를 청구할 수 있는 권리 변제: 채무자가 채무의 내용을 실행하는 행위 선량한 관리자의 주의: 통상의 사려분별과 경험이 있는 사람이면 가지고 있을 것이라고 추정되는 정도의 주의

16. 유치: 물건 등을 일정한 지배 아래 둠

▶ 2018년 입법고시 가책형

29. 임치: 당사자 중 한쪽이 금전이나 물건을 맡기고 상대편이 이를 보관하기로 약속함. 또는 그로써 성립하는 계약

▶ 2019년 5급 공채 가책형

6.

과세대상: 조세를 부과하는 목표가 되는 물건 또는 사실, 과세객체 또는 과세물건이라고도 한다. 과세표준: 과세물건의 가격·수량·중량·용적 과세표준을 화폐단위로 표시하면 종가세, 수량·중량·용적 등으로 표시하면 종량세)

26.

병과: 동시에 둘 이상의 형벌에 처하는 일

▶ 2019년 민간경력자 일괄채용 나책형

13.

결정: 법원이 행하는 판결 이외의 재판, 구두변론에 의할 필요가 없다(형사소송법 제37조2항)(임의적 변론 또는 서면심리에 의하여 법원이 행하는 재판), 민사소송법 제척·기피의 재판(제46조), 참가허가 여부에 대한 재판(제73조), 청구의 변경의 불허가재판(제263조) 등의 소송절차상의 사항, 변론의 제한·분리 및 병합(제141조), 형사소송법 보석을 허가하는 결정, 보석을 각하하는 결정(제97조), 증거조사에 관한 이의신청에 대한 결정(제296조), 공소기각의 결정(제328조) 등

25. 수계신청: 법원에 대해 중단된 절차의 속행을 구하는 신청

▶ 2019년 입법고시 가책형

28. 이월액: 당해 연도에 사용하지 않고 다음 연도로 넘겨서 사용하는 금액

▶ 2020년 5급 공채 나책형

1. 적극행정이란 공무원이 불합리한 규제를 개선하는 등 공공의 이익을 위해 창의성과 전문성을 바탕으로 적극적으로 업무를 처리하는 행위를 말한다.

21.

공무원징계령 제1조의3(정의) 이 영에서 사용하는 용어의 뜻은 다음과 같다. 1. "중징계"란 파면, 해임, 강등 또는 정직을 말한다. 2. "경징계"란 감봉 또는 견책을 말한다. 파면: 징계의 일종으로서 어떤 지위에 있는 자를 그 의사에 반하여 직에서 물러나게 하는 것, 공무원의 신분 상실 징계로 파면처분을 받은 때부터 5년이 지나지 아니한 자는 공무원으로 임용될 수 없다.(국가공무원법 제33조 제7호) 퇴직급여액 4분의 1에서 2분의 1 감액(공무원연금법 제65조, 시행령 제61조) 해임: 징계의 일종으로서 파면과 마찬가지로 공무원의 신분 상실 징계로 해임처분을 받은 때부터 3년이 지나지 아니한 자는 공무원으로 임용될 수 없다.(국가공무원법 제33조 제8호) 퇴직급여액 4분의 1 이하 감액(공무원연금법 제65조, 시행령 제61조) 강등: 강등은 1계급 아래로 직급을 내리고 공무원 신분은 보유하나 3개월간 직무에 종사하지 못하며 그 기간 중 보수는 전액을 감한다.(국가공무원법 제80조 제1항) 정직: 정직은 1개월 이상 3개월 이하의 기간으로 하고, 정직 처분을 받은 자는 그 기간 중 공무원의 신분은 보유하나 직무에 종사하지 못하며 보수는 전액을 감한다.(국가공무원법 제80조 제3항) 감봉: 감봉은 1개월 이상 3개월 이하의 기간 동안 보수의 3분의 1을 감한다.(국가공무원법 제80조 제4항) 견책: 견책(譴責)은 전과(前過)에 대하여 훈계하고 회개하게 한다.(국가공무원법 제80조 제5항)

22. 공탁이란 채무자가 변제할 금액을 법원에 맡기면 채무(의무)가 소멸하는 것을 말한다.

25. 소송구조: 소송수행상 필요한 비용을 감당할 수 없는 경제적 약자를 위하여 비용을 미리 납입하지 않고 소송을 할 수 있도록 하는 제도
소송승계인: 소송 중 소송당사자의 지위를 승계한 사람

▶ 2020년 7급 공채 모의평가

3. 소송물가액: 원고가 승소하면 얻게 될 경제적 이익을 화폐 단위로 평가한 것

▶ 2020년 민간경력자 일괄채용 가책형

2. 원시선: 중배엽 형성 초기에 세포의 이동에 의해서 형성되는 배반(胚盤)의 꼬리쪽 끝에서 볼 수 있는 얇은 선

4. 어문저작물: 소설·시·논문·각본 등 문자로 이루어진 저작물

▶ 2021년 5급 공채 가책형

5. 감금죄의 공소시효는 7년, A죄의 공소시효는 5년임

22.

호선: 어떤 조직의 구성원들이 서로 투표하여 그 조직 구성원 가운데에서 어떠한 사람을 뽑다.

▶ 2021년 민간경력자 일괄채용 나책형

3. 구분소유자: 집합건물(예: 아파트, 공동주택 등) 각 호실의 소유자
담보책임: 집합건물의 하자로 인해 분양자, 시공자가 구분소유자에 대하여 지는 손해배상, 하자보수 등의 책임

전유부분: 구분소유권의 목적인 건물부분(집합건물의 소유 및 관리에 관한 법률 제2조(정의)) 공용부분: 전유부분 외의 건물부분, 전유부분에 속하지 아니하는 건물의부속물 등(집합건물의 소유 및 관리에 관한 법률 제2조(정의))

▶ 2022년 5급 공채 나책형

1. 서훈: 공적의 등급에 따라 훈장을 내림

2.

친양자: 양자를 법률상 완전한 친생자로 인정하는 제도. 친양자로 입양되면 친생부모와의 친족관계나 상속관계는 모두 종료되고, 양부모와의 법률상 친생자 관계를 새롭게 형성하며, 성과 본도 양부의 성과 본으로 변경할 수 있다.

16. 청년기업: 14세 이상 39세 이하인 청년이 현재 대표이면서 사업을 개시한 날부터 7년이 지나지 않은 기업

22. 도급(都給): 공사 등을 타인(수급인)에게 맡기는 일

23. 일실수익: 교통사고 등으로 사망하거나 신체상의 상해를 입은 사람이 장래 얻을 수 있는 수입액의 상실분

37. 내용연수: 소방장비의 내구성을 고려할 때, 최대 사용연수로 적절한 기준 연수

▶ 2023년 5급 공채 가책형

37. 연면적: 한 건축물의 각층 바닥면적의 합계

Ⅰ. 해결 (1) - 일치부합

1 법조문: 표제가 없는 경우

제00조

01 다음 글을 근거로 판단할 때, <보기>에서 옳은 것만을 모두 고르면? 18년 민경채 가책형 5번

제00조 ① 민사에 관한 분쟁의 당사자는 법원에 조정을 신청할 수 있다.
② 조정을 신청하는 당사자를 신청인이라고 하고, 그 상대방을 피신청인이라고 한다.
제00조 ① 신청인은 다음 각 호의 어느 하나에 해당하는 곳을 관할하는 지방법원에 조정을 신청해야 한다. → 보기 ㄱ
1. 피신청인의 주소지, 피신청인의 사무소 또는 영업소 소재지, 피신청인의 근무지
2. 분쟁의 목적물 소재지, 손해 발생지
② 조정사건은 조정담당판사가 처리한다.
제00조 ① 조정담당판사는 사건이 그 성질상 조정을 하기에 적당하지 아니하다고 인정하거나 신청인이 부당한 목적으로 조정신청을 한 것임을 인정하는 경우에는 조정을 하지 아니하는 결정으로 사건을 종결시킬 수 있다. 신청인은 이 결정에 대해서 불복할 수 없다. → 보기 ㄴ, ㅁ
② 조정담당판사는 신청인과 피신청인 사이에 합의가 성립되지 아니한 경우 조정 불성립으로 사건을 종결시킬 수 있다.
③ 조정담당판사는 신청인과 피신청인 사이에 합의된 사항이 조정조서에 기재되면 조정 성립으로 사건을 종결시킨다. 조정조서는 판결과 동일한 효력이 있다. → 보기 ㄷ
제00조 다음 각 호의 어느 하나에 해당하는 경우에는 조정신청을 한 때에 민사소송이 제기된 것으로 본다. → 보기 ㄹ
1. 조정을 하지 아니하는 결정이 있는 경우
2. 조정 불성립으로 사건이 종결된 경우

〈보기〉

ㄱ. 신청인은 피신청인의 근무지를 관할하는 지방법원에 조정을 신청할 수 있다.
ㄴ. 조정을 하지 아니하는 결정을 조정담당판사가 한 경우, 신청인은 이에 대해 불복할 수 있다.
ㄷ. 신청인과 피신청인 사이에 합의된 사항이 기재된 조정조서는 판결과 동일한 효력을 갖는다.
ㄹ. 조정 불성립으로 사건이 종결된 경우, 사건이 종결된 때를 민사소송이 제기된 시점으로 본다.
ㅁ. 조정담당판사는 신청인이 부당한 목적으로 조정신청을 한 것으로 인정하는 경우, 조정 불성립으로 사건을 종결시킬 수 있다.

① ㄱ, ㄷ ② ㄴ, ㄹ ③ ㄱ, ㄷ, ㄹ
④ ㄱ, ㄷ, ㅁ ⑤ ㄴ, ㄹ, ㅁ

해설

문제 분석

첫 번째 조문부터 각각 제1조~제4조라고 한다.
제1조 제1항 조정신청
제2항 신청인, 피신청인
제2조 제1항 관할 지방법원에 조정신청
제2항 조정담당판사가 처리
제3조 제1항 조정을 하지 아니하는 결정(사건 종결)
제2항 조정 불성립(사건 종결)
제3항 조정 성립(사건 종결)
제4조 민사소송이 제기된 것으로 보는 경우

문제풀이 실마리

법조문에 종결의 키워드가 세 번 등장한다. 보기 ㄹ, ㅁ을 해결할 때 정확한 조문을 찾아 연결할 수 있도록 주의해야 한다.
제2조 제1항에서 '신청인은 다음 각 호의 어느 하나에 해당하는 곳을 관할하는 지방법원에(선택재량) 조정을 신청해야 한다.(기속)'의 표현을 정확하게 해결할 수 있어야 한다.

ㄱ. (O) 제2조 제1항에 따르면 신청인은 제1호의 피신청인의 근무지를 관할하는 지방법원에 조정을 신청할 수 있다.
ㄴ. (X) 제3조 제1항에 따르면 조정담당판사가 조정을 하지 아니하는 결정을 한 경우, 신청인은 이에 대해 불복할 수 없다.
ㄷ. (O) 저3조 제3항에 따르면 신청인과 피신청인 사이에 합의된 사항이 기재된 조정조서는 판결과 동일한 효력을 갖는다.
ㄹ. (X) 제4조에 따르면 제2호의 조정 불성립으로 사건이 종결된 경우, 사건이 종결된 때가 아니라 조정신청을 한 때 민사소송이 제기된 시점으로 본다.
ㅁ. (X) 제3조 제1항에 따르면 조정담당판사는 신청인이 부당한 목적으로 조정신청을 한 것으로 인정하는 경우, 조정 불성립이 아니라 조정을 하지 아니하는 결정으로 사건을 종결시킬 수 있다.

[정답] ①

02 다음 글을 근거로 판단할 때 옳은 것은? 20년 민경채 가책형 11번

제00조 이 규칙은 법원이 소지하는 국가기밀에 속하는 문서 등의 보안업무에 관한 사항을 규정함을 목적으로 한다.
제00조 이 규칙에서 비밀이라 함은 그 내용이 누설되는 경우 국가안전보장에 유해한 결과를 초래할 우려가 있는 국가기밀로서 이 규칙에 의하여 비밀로 분류된 것을 말한다.
제00조 ① Ⅰ급비밀 취급 인가권자는 대법원장, 대법관, 법원행정처장으로 한다. → 선지 ②
② Ⅱ급 및 Ⅲ급비밀 취급 인가권자는 다음과 같다.
1. Ⅰ급비밀 취급 인가권자 → 선지 ②
2. 사법연수원장, 고등법원장, 특허법원장, 사법정책연구원장, 법원공무원교육원장, 법원도서관장
3. 지방법원장, 가정법원장, 행정법원장, 회생법원장
제00조 ① 비밀 취급 인가권자는 비밀을 취급 또는 비밀에 접근할 직원에 대하여 해당 등급의 비밀 취급을 인가한다.
② 비밀 취급의 인가는 대상자의 직책에 따라 필요한 최소한의 인원으로 제한하여야 한다.
③ 비밀 취급 인가를 받은 자가 다음 각 호의 어느 하나에 해당하는 경우에는 그 취급의 인가를 해제하여야 한다. → 선지 ④
1. 고의 또는 중대한 과실로 중대한 보안 사고를 범한 때
2. 비밀 취급이 불필요하게 된 때
④ 비밀 취급의 인가 및 해제와 인가 등급의 변경은 문서로 하여야 하며 직원의 인사기록사항에 이를 기록하여야 한다. → 선지 ①
제00조 ① 비밀 취급 인가권자는 임무 및 직책상 해당 등급의 비밀을 항상 사무적으로 취급하는 자에 한하여 비밀 취급을 인가하여야 한다. → 선지 ③
② 비밀 취급 인가권자는 소속직원의 인사기록카드에 기록된 비밀 취급의 인가 및 해제사유와 임용시의 신원조사회보서에 의하여 새로 신원조사를 행하지 아니하고 비밀 취급을 인가할 수 있다. 다만 Ⅰ급비밀 취급을 인가하는 때에는 새로 신원조사를 실시하여야 한다. → 선지 ⑤

① 비밀 취급 인가의 해제는 구술로 할 수 있다.
② 법원행정처장은 Ⅰ급비밀, Ⅱ급비밀, Ⅲ급비밀 모두에 대해 취급 인가권을 가진다.
③ 비밀 취급 인가는 대상자의 직책에 따라 가능한 한 제한 없이 충분한 인원에게 하여야 한다.
④ 비밀 취급 인가를 받은 자가 중대한 보안 사고를 범한 경우 고의가 없었다면 그 취급의 인가를 해제할 수 없다.
⑤ 비밀 취급 인가권자는 소속직원에 대해 새로 신원조사를 행하지 아니하고 Ⅰ급비밀 취급을 인가할 수 있다.

해설

문제 분석

첫 번째 조문부터 각각 제1조~제5조라고 한다.
제1조 목적
제2조 비밀의 정의
제3조 제1항 Ⅰ급비밀 취급 인가권자
제2항 Ⅱ급 및 Ⅲ급비밀 취급 인가권자
제4조 제1항 비밀 취급 인가
제2항 최소한의 인원으로 제한
제3항 비밀 취급 인가의 해제
제4항 비밀 취급 인가·해제·등급 변경의 형식
제5조 제1항 비밀 취급 인가는 임무 및 직책에 따라
제2항 신원조사의 예외, 단서(Ⅰ급비밀 취급인가)

문제풀이 실마리

일반 키워드를 잘 잡아서 해결하거나, 특수 키워드를 활용하여 빠르게 해결하는 것 모두 가능한 문제이다. 선지 ③에서는 '또는'의 해결에 주의하여야 한다.

① (X) 제4조 제4항에 따르면 비밀 취급 인가의 해제는 구술로 할 수 없고, 문서로 하여야 한다.

② (O) 제3조 제1항에 따르면 법원행정처장은 Ⅰ급비밀 취급 인가권자이다. 그리고 같은 조 제2항에 따르면 Ⅰ급비밀 취급 인가권자는 Ⅱ급 및 Ⅲ급비밀 취급 인가권자가 된다고 하므로, Ⅰ급비밀 취급 인가권자인 법원행정처장은 Ⅱ급 및 Ⅲ급비밀 취급 인가권자이다. 따라서 법원행정처장은 Ⅰ급비밀, Ⅱ급비밀, Ⅲ급비밀 모두에 대해 취급 인가권을 가진다.

③ (X) 제5조 제1항에 따르면 비밀 취급 인가는 대상자의 직책에 따라 가능한 한 제한 없이 충분한 인원에게 하여서는 안 되고, 해당 등급의 비밀을 항상 사무적으로 취급하는 자에 한하여 비밀 취급을 인가하여야 한다.

④ (X) 제4조 제3항 제1호에 따르면 비밀 취급 인가를 받은 자가 중대한 보안 사고를 범한 경우, 고의가 없었다고 하더라도 중대한 과실이 있는 경우라면 그 취급의 인가를 해제하여야 한다.

⑤ (X) 제5조 제2항 본문에 따르면 비밀 취급 인가권자는 소속직원의 인사기록카드에 기록된 비밀 취급의 인가 및 해제사유 등에 의하여 새로 신원조사를 행하지 아니하고 비밀 취급을 인가할 수 있다. 그러나 단서에서는 Ⅰ급비밀 취급을 인가하는 때에선 새로 신원조사를 실시하여야 한다고 하여, 기속행위로 규정하고 있다. 따라서 비밀 취급 인가권자가 소속직원에 대해 Ⅰ급비밀 취급을 인가하는 때에는 새로 신원조사를 행하지 아니하고 비밀 취급을 인가할 수는 없고, 새로 신원조사를 실시하여야 한다.

[정답] ②

03 다음 글을 근거로 판단할 때 옳은 것은?
21년 7급 나책형 2번

제00조 ① 각 중앙관서의 장은 그 소관 물품관리에 관한 사무를 소속 공무원에게 위임할 수 있고, 필요하면 다른 중앙관서의 소속 공무원에게 위임할 수 있다. → 선지 ②
② 제1항에 따라 각 중앙관서의 장으로부터 물품관리에 관한 사무를 위임받은 공무원을 물품관리관이라 한다.
제00조 ① 물품관리관은 물품수급관리계획에 정하여진 물품에 대하여는 그 계획의 범위에서, 그 밖의 물품에 대하여는 필요할 때마다 계약담당공무원에게 물품의 취득에 관한 필요한 조치를 할 것을 청구하여야 한다. → 선지 ④
② 계약담당공무원은 제1항에 따른 청구가 있으면 예산의 범위에서 해당 물품을 취득하기 위한 필요한 조치를 하여야 한다.
제00조 물품은 국가의 시설에 보관하여야 한다. 다만 물품관리관이 국가의 시설에 보관하는 것이 물품의 사용이나 처분에 부적당하다고 인정하거나 그 밖에 특별한 사유가 있으면 국가 외의 자의 시설에 보관할 수 있다. → 선지 ③
제00조 ① 물품관리관은 물품을 출납하게 하려면 물품출납공무원에게 출납하여야 할 물품의 분류를 명백히 하여 그 출납을 명하여야 한다. → 선지 ①
② 물품출납공무원은 제1항에 따른 명령이 없으면 물품을 출납할 수 없다. → 선지 ①
제00조 ① 물품출납공무원은 보관 중인 물품 중 사용할 수 없거나 수선 또는 개조가 필요한 물품이 있다고 인정하면 그 사실을 물품관리관에게 보고하여야 한다. → 선지 ⑤
② 물품관리관은 제1항에 따른 보고에 의하여 수선이나 개조가 필요한 물품이 있다고 인정하면 계약담당공무원이나 그 밖의 관계 공무원에게 그 수선이나 개조를 위한 필요한 조치를 할 것을 청구하여야 한다. → 선지 ⑤

① 물품출납공무원은 물품관리관의 명령이 없으면 자신의 재량으로 물품을 출납할 수 없다.
② A중앙관서의 장이 그 소관 물품관리에 관한 사무를 위임하고자 할 경우, B중앙관서의 소속 공무원에게는 위임할 수 없다.
③ 계약담당공무원은 물품을 국가의 시설에 보관하는 것이 그 사용이나 처분에 부적당하다고 인정하는 경우, 그 물품을 국가 외의 자의 시설에 보관할 수 있다.
④ 물품수급관리계획에 정해진 물품 이외의 물품이 필요한 경우, 물품관리관은 필요할 때마다 물품출납공무원에게 물품의 취득에 관한 필요한 조치를 할 것을 청구해야 한다.
⑤ 물품출납공무원은 보관 중인 물품 중 수선이 필요한 물품이 있다고 인정하는 경우, 계약담당공무원에게 수선에 필요한 조치를 할 것을 청구해야 한다.

해설

문제 분석

첫 번째 조문부터 제1조~제5조라고 한다.

제1조 제1항 물품관리에 관한 사무의 위임
제2항 물품관리관

제2조 제1항 물품관리관 —(물품의 취득에 관한 필요한 조치를 할 것을 청구)→ 계약담당공무원
제2항 계약담당공무원은 청구에 따라 필요한 조치를 하여야 함

제3조 물품은 국가의 시설에 보관

제4조 제1항 물품관리관 —(물품 출납 명령)→ 물품출납공무원
제2항 물품출납공무원은 물품관리관의 명령에 따라 물품을 출납

제5조 제1항 물품출납공무원 —(사용할 수 없는 물품 등을 보고)→ 물품관리관
제2항 물품관리관 —(수선 등을 위해 필요한 조치를 할 것을 청구)→ 계약담당공무원

문제풀이 실마리

제시문에 청구의 키워드가 두 번 등장한다. 따라서 선지 ④, ⑤ 해결 시에 정확한 근거를 찾을 수 있도록 신경 써야 한다. 선지 ③, ④, ⑤에서는 최근 출제 트렌드인 행위자의 함정을 사용하고 있고, 이때 용어의 변화에 둔감하면 실수할 수 있는 선지이므로 단어 하나하나 신경 써야 한다.

① (O) 제4조 제1항에 따르면 물품관리관은 물품을 출납하게 하려면 물품출납공무원에게 물품의 출납을 명하여야 하고, 같은 조 제2항에 따르면 물품출납공무원은 제1항에 따른 물품관리관의 명령이 없으면 자신의 재량으로 물품을 출납할 수 없다.

② (X) 제1조 제1항에 따르면 A중앙관서의 장이 그 소관 물품관리에 관한 사무를 위임하고자 할 경우, 필요하면 다른 중앙관서 소속인 B중앙관서의 소속 공무원에게 위임할 수 있다.

③ (X) 제3조 본문에 따르면 물품은 국가의 시설에 보관하여야 한다. 그러나 단서에 따르면 계약담당공무원이 아니라 물품관리관이 물품을 국가의 시설에 보관하는 것이 그 사용이나 처분에 부적당하다고 인정하는 경우, 그 물품을 국가 외의 자의 시설에 보관할 수 있다.

④ (X) 제2조 제1항에 따르면 물품수급관리계획에 정해진 물품 이외의 물품이 필요한 경우, 물품관리관은 필요할 때마다 물품출납공무원이 아니라 계약담당공무원에게 물품의 취득에 관한 필요한 조치를 할 것을 청구해야 한다.

⑤ (X) 제5조 제1항에 따르면 물품출납공무원은 보관 중인 물품 중 수선이 필요한 물품이 있다고 인정하는 경우 그 사실을 물품관리관에게 보고해야 한다. 그리고 같은 조 제2항에 따르면 물품출납공무원이 아니라 물품관리관이 제1항에 따른 물품출납공무원의 보고에 의하여 수선에 필요한 조치를 할 것을 청구해야 하며, 반드시 계약담당공무원에게 청구해야 하는 것이 아니라 계약담당공무원이나 그 밖의 관계 공무원에게 청구해야 한다.

[정답] ①

04 다음 글을 근거로 판단할 때 옳은 것은?

22년 7급 가책형 3번

제00조 정비사업이란 도시기능을 회복하기 위하여 정비구역에서 정비사업시설을 정비하거나 주택 등 건축물을 개량 또는 건설하는 주거환경개선사업, 재개발사업, 재건축사업 등을 말한다.

제00조 특별자치시장 · 특별자치도지사 · 시장 · 군수 · 구청장(이하 '시장 등'이라 한다)은 노후불량건축물이 밀집하는 구역에 대하여 정비계획에 따라 정비구역을 지정할 수 있다.

제00조 시장 등이 아닌 자가 정비사업을 시행하려는 경우에는 토지 등 소유자로 구성된 조합을 설립해야 한다. → 선지 ①

제00조 ① 시장 등이 아닌 사업시행자가 정비사업 공사를 완료한 때에는 시장 등의 준공인가를 받아야 한다. → 선지 ②

② 제1항에 따라 준공인가신청을 받은 시장 등은 지체 없이 준공검사를 실시해야 한다.

③ 시장 등은 제2항에 따른 준공검사를 실시한 결과 정비사업이 인가받은 사업시행 계획대로 완료되었다고 인정되는 때에는 준공인가를 하고 공사의 완료를 해당 지방자치단체의 공보에 고시해야 한다.

④ 시장 등은 직접 시행하는 정비사업에 관한 공사가 완료된 때에는 그 완료를 해당 지방자치단체의 공보에 고시해야 한다. → 선지 ⑤

제00조 ① 정비구역의 지정은 공사완료의 고시가 있은 날의 다음 날에 해제된 것으로 본다. → 선지 ④

② 제1항에 따른 정비구역의 해제는 조합의 존속에 영향을 주지 않는다. → 선지 ③

① 甲특별자치시장이 직접 정비사업을 시행하려는 경우에는 토지 등 소유자로 구성된 조합을 설립해야 한다.
② A도 乙군수가 직접 시행하는 정비사업에 관한 공사가 완료된 때에는 A도지사에게 준공인가신청을 해야 한다.
③ 丙시장이 사업시행자 B의 정비사업에 관해 준공인가를 하면, 토지 등 소유자로 구성된 조합은 해산된다.
④ 丁시장이 사업시행자 C의 정비사업에 관해 공사완료를 고시하면, 정비구역의 지정은 고시한 날 해제된다.
⑤ 戊시장이 직접 시행하는 정비사업에 관한 공사가 완료된 때에는 그 완료를 戊시의 공보에 고시해야 한다.

해설

문제 분석

첫 번째 조문부터 각각 제1조~제5조라고 한다.

제1조 정비사업의 정의
제2조 정비구역의 지정
제3조 조합의 설립(시장 등이 아닌 자가 정비사업을 시행)
제4조 제1항 준공인가(시장 등이 아닌 사업시행자)
제2항 시장 등의 준공검사
제3항 준공인가, 준공인가의 고시
제4항 시장 등의 정비사업에 대한 고시
제5조 제1항 정비구역 지정의 해제
제2항 정비구역의 해제와 조합의 존속

문제풀이 실마리

제시문에 '고시'의 키워드가 두 번 등장하므로 정확한 해결을 위해서는 선지 ⑤와 관련된 조문을 제시문에서 정확하게 찾을 수 있어야 한다.

① (X) 제4조 제4항에서 '시장 등은 직접 시행하는 정비사업'과 같이 언급하고 있으므로 시장 등이 직접 정비사업을 시행할 수 있음을 알 수 있다. 그리고 제3조에 따르면 '시장 등이 아닌 자가 정비사업을 시행하려는 경우에는 토지 등 소유자로 구성된 조합을 설립해야 한다'고 하므로, 이를 반대해석 해보면 시장 등이 직접 정비사업을 시행하는 경우 토지 등 소유자로 구성된 조합을 설립하지 않아도 된다고 해석할 수 있다. 따라서 제2조에 따라 '시장 등'에 해당하는 甲특별자치시장이 직접 정비사업을 시행하려는 경우에는 토지 등 소유자로 구성된 조합을 설립하지 않아도 된다.

② (X) 제2조에 따르면 A도 乙군수는 시장 등에 해당하는데, 제4조 제1항은 시장 등이 아닌 사업시행자가 정비사업 공사를 완료한 경우 준공인가 신청에 대해 규정하고 있다. 1) 제시문의 조문에서 乙군수가 직접 시행하는 정비사업에 관한 공사가 완료된 경우 준공인가신청에 관한 규정이 없고(제4조 제4항은 준공인가신청에 관한 규정이 아니다), 2) 제4조 제1항, 제2항에 따르면 준공인가신청은 시장 등에게 하여야 하므로 乙군수가 乙군수에게 준공인가신청을 하는 것으로 해석할 수는 없다. 또한 A도지사는 시장 등에 해당하지 않으므로, 乙군수가 A도지사에게 준공인가신청을 해야 하는 것은 아니다.

③ (X) 제3조에 따르면 시장 등이 아닌 사업시행자 B는 정비사업을 시행하려는 경우에는 토지 등 소유자로 구성된 조합을 설립해야 한다. 제4조 제1항에 따르면 사업시행자 B가 정비사업 공사를 완료한 때에는 丙시장의 준공인가를 받아야 하고, 丙시장이 제2항 및 제3항에 따라 준공검사 및 준공인가를 하면 공사의 완료를 丙시의 공보에 고시해야 한다. 그리고 제5조 제1항에 따르면 정비구역의 지정은 공사완료의 고시가 있은 날의 다음 날에 해제된 것으로 보지만, 제2항에 따르면 제1항에 따른 정비구역의 해제는 조합의 존속에 영향을 주지 않는다. 따라서 丙시장이 사업시행자 B의 정비사업에 관해 준공인가를 하여 정비구역이 해제된다고 하더라도, 토지 등 소유자로 구성된 조합은 해산되지 않는다.

④ (X) 제5조 제1항에 따르면 정비구역의 지정은 공사완료의 고시가 있은 날의 다음 날에 해제된 것으로 본다. 즉, 丁시장이 사업시행자 C의 정비사업에 관해 공사완료를 고시하면, 정비구역의 지정은 고시한 날 해제되는 것이 아니라 고시한 날의 다음 날에 해제된다.

⑤ (O) 제4조 제4항에 따르면 시장 등은 직접 시행하는 정비사업에 대한 공사가 완료된 때에는 그 완료를 해당 지방자치단체의 공보에 고시해야 한다. 따라서 戊시장이 직접 시행하는 정비사업에 관한 공사가 완료된 때에는 그 완료를 戊시의 공보에 고시해야 한다.

[정답] ⑤

05 다음 글을 근거로 판단할 때 옳은 것은?

23년 7급 가책형 4번

제00조 ① 선박이란 수상 또는 수중에서 항행용으로 사용하거나 사용할 수 있는 배 종류를 말하며 그 구분은 다음 각 호와 같다.
1. 기선: 기관(機關)을 사용하여 추진하는 선박과 수면비행선박(표면효과 작용을 이용하여 수면에 근접하여 비행하는 선박)
2. 범선: 돛을 사용하여 추진하는 선박
3. 부선: 자력(自力) 항행능력이 없어 다른 선박에 의하여 끌리거나 밀려서 항행되는 선박

② 소형선박이란 다음 각 호의 어느 하나에 해당하는 선박을 말한다. → 선지 ①, ③, ⑤
1. 총톤수 20톤 미만인 기선 및 범선
2. 총톤수 100톤 미만인 부선

제00조 ① 매매계약에 의한 선박 소유권의 이전은 계약당사자 사이의 양도합의만으로 효력이 생긴다. 다만 소형선박 소유권의 이전은 계약당사자 사이의 양도합의와 선박의 등록으로 효력이 생긴다. → 선지 ①
② 선박의 소유자(제1항 단서의 경우에는 선박의 매수인)는 선박을 취득(제1항 단서의 경우에는 매수)한 날부터 60일 이내에 선적항을 관할하는 지방해양수산청장에게 선박의 등록을 신청하여야 한다. 이 경우 총톤수 20톤 이상인 기선과 범선 및 총톤수 100톤 이상인 부선은 선박의 등기를 한 후에 선박의 등록을 신청하여야 한다. → 선지 ②, ③, ④
③ 지방해양수산청장은 제2항의 등록신청을 받으면 이를 선박원부(船舶原簿)에 등록하고 신청인에게 선박국적증서를 발급하여야 한다. → 선지 ④, ⑤

제00조 선박의 등기는 등기할 선박의 선적항을 관할하는 지방법원, 그 지원 또는 등기소를 관할 등기소로 한다.

① 총톤수 80톤인 부선의 매수인 甲이 선박의 소유권을 취득하기 위해서는 매도인과 양도합의를 하고 선박을 등록해야 한다.
② 총톤수 100톤인 기선의 소유자 乙이 선박의 등기를 하기 위해서는 먼저 관할 지방해양수산청장에게 선박의 등록을 신청해야 한다.
③ 총톤수 60톤인 기선의 소유자 丙은 선박을 매수한 날부터 60일 이내에 해양수산부장관에게 선박의 등록을 신청해야 한다.
④ 총톤수 200톤인 부선의 소유자 丁이 선적항을 관할하는 등기소에 선박의 등기를 신청하면, 등기소는 丁에게 선박국적증서를 발급해야 한다.
⑤ 총톤수 20톤 미만인 범선의 매수인 戊가 선박의 등록을 신청하면, 관할 법원은 이를 선박원부에 등록하고 戊에게 선박국적증서를 발급해야 한다.

해설

문제 분석

첫 번째 조문부터 각각 제1조~제3조라고 한다.

제1조 제1항 선박의 정의, 선박의 구분
제2항 소형선박의 요건
제2조 제1항 선박의 소유권 이전
제2항 선박 등록 신청
제3항 선박원부 등록, 선박국적증서 발급
제3조 선박 등기의 관할

문제풀이 실마리

선박의 종류가 많고 그중 소형선박을 정의하는 내용도 추가적으로 있어서 복잡하게 느껴지는 문제이다. 그러나 기존 기출문제에서의 출제장치(함정)을 그대로 사용하고 있는 문제이기도 하여 출제장치를 잘 분석해 둔다면 복잡하게 포장된 다른 내용에 힘을 쏟지 않고도 어렵지 않게 해결할 수 있는 문제이다.

① (O) 제1조 제2항 제2호에 따르면 총톤수 80톤인 부선은 총톤수 100톤 미만으로 소형선박에 해당한다. 제2조 제1항 단서에 따르면 소형선박 소유권의 이전은 계약당사자 사이의 양도합의와 선박의 등록으로 효력이 생기므로, 해당 소형선박의 매수인 甲이 매도인과 양도합의를 하고 선박을 등록해야 소유권 이전의 효력이 발생하여 甲이 선박의 소유권을 취득할 수 있다.
제2조 제2항에서는 제1항의 본문의 경우 선박의 '소유자', 제1항 단서의 경우에는 선박의 '매수인'이라고 구분해서 지칭하고 있으므로 선지의 표현 '매수인 甲'에서 이미 제1항 단서에 해당하는 사안임을 알 수 있다.

② (X) 제2조 제2항 제2문에 따르면 총톤수 20톤 이상인 기선은 선박의 등기를 한 후에 선박의 등록을 신청하여야 한다. 따라서 총톤수 100톤인 기선의 소유자 乙은 먼저 관할 등기소에 선박의 등기를 한 이후에 관할 지방해양수산청장에게 선박의 등록을 신청해야 한다.

③ (X) 제1조 제2항에 따르면 총톤수 60톤인 기선은 소형선박에 해당하지 않는다. 제2조 제2항 제1문에 따르면 총톤수 20톤 이상인 기선의 소유자 丙은 선박을 취득한 날부터 60일 이내에 해양수산부장관이 아닌 관할 지방해양수산청장에게 선박의 등록을 신청하여야 한다.
제2조 제2항 제2문에서 총톤수 20톤 이상인 기선은 선박의 등기를 한 후에 선박의 등록을 신청하여야 한다고 하고 있으나, 이는 60일이라는 기간에 영향을 미치지 않는 것으로 해석된다. 그리고 선지 ①의 경우와 마찬가지로 소유자 丙이라고 하여 소유자와 매수인을 구분하여 사용하고 있다. 그러나 총톤수 60톤인 기선은 제2조 제1항 단서의 적용 대상이 아닌데도 해당 선지에서는 '취득'이 아닌 '매수'라고 표현하여 용어의 혼동을 주고 있다.

④ (X) 제1조 제2항에 따르면 총톤수 200톤인 부선은 소형선박에 해당하지 않는다. 따라서 제2조 제2항 제2문에 따르면 총톤수 100톤 이상인 부선의 소유자 丁은 선박의 등기를 한 후에 선박의 등록을 신청하여야 한다. 이때 丁이 제3조에 따른 관할 등기소에 선박의 등기를 신청하면 등기소가 丁에게 선박국적증명서를 발급하는 것이 아니라, 丁이 관할 등기소에 선박의 등기를 한 후에 제2조 제2항 제1문에 따라 지방해양수산청장에게 선박의 등록을 신청하면, 같은 조 제3항에 따라 지방해양수산청장이 丁에게 선박국적증서를 발급해야 한다.

⑤ (X) 제1조 제2항 제2호에 따르면 총톤수 20톤 미만인 범선은 소형선박에 해당한다. 제2조 제2항에 따르면 제1항 단서의 소형선박 매수인 戊는 지방해양수산청장에게 선박의 등록을 신청하여야 하고, 제3항에 따르면 관할 법원이 아닌 지방해양수산청장은 이를 선박원부에 등록하고 戊에게 선박국적증서를 발급해야 한다.

[정답] ①

06 다음 규정에 근거할 때, 옳지 않은 것을 <보기>에서 모두 고르면?

12년 5급 인책형 24번

제00조 행정기관의 장은 민원사항을 접수·처리함에 있어서 민원인에게 소정의 구비서류 외의 서류를 추가로 요구하여서는 아니 된다. → 보기 ㅁ

제00조 행정기관의 장은 민원인의 편의를 위하여 그 행정기관이 접수·교부하여야 할 민원사항을 다른 행정기관 또는 특별법에 의하여 설립되고 전국적 조직을 가진 법인 중 대통령령이 정하는 법인으로 하여금 접수·교부하게 할 수 있다. → 보기 ㄹ

제00조 행정기관의 장은 정보통신망을 이용하여 다른 행정기관 소관의 민원사무를 접수·교부할 수 있다. → 보기 ㄴ

제00조 행정기관의 장은 민원사항을 처리한 결과(다른 행정기관 소관의 민원사항을 포함한다)를 무인민원발급창구를 이용하여 교부할 수 있다. → 보기 ㄱ

제00조 행정기관의 장은 민원사무 처리상황의 확인·점검 등을 위하여 소속 공무원 중에서 민원사무심사관을 지정하여야 한다.

제00조 행정기관의 장은 민원 1회방문 처리제의 원활한 운영을 위하여 민원사무의 처리에 경험이 많은 소속 공무원을 민원후견인으로 지정하여 민원인 안내 및 민원인과의 상담에 응하도록 할 수 있다.

제00조 민원인은 대규모의 경제적 비용이 수반되는 민원사항의 경우에 한하여 행정기관의 장에게 정식으로 민원서류를 제출하기 전에 약식서류로 사전심사를 청구할 수 있다. → 보기 ㄷ

〈보기〉

ㄱ. A시 시장은 B시 소관의 민원사항에 관해서는 무인민원발급창구를 통해 그 처리결과를 교부할 수 없다.

ㄴ. C시 시장은 정보통신망을 이용하여 D시 소관의 민원사무를 접수·교부할 수 있다.

ㄷ. 민원인은 소액의 경제적 비용이 소요되고 신속히 처리할 사안에 대하여 약식서류로 사전심사를 청구할 수 있다.

ㄹ. E시 시장은 민원인의 편의를 위하여 당해 시에만 소재하는 유명 서점을 지정하여 소관 민원사항을 접수·교부하게 할 수 있다.

ㅁ. F시 시장은 민원인에게 소정의 구비서류 이외의 서류 제출을 요구할 수 없다.

① ㄱ, ㄴ
② ㄱ, ㄹ
③ ㄱ, ㄷ, ㄹ
④ ㄴ, ㄷ, ㅁ
⑤ ㄴ, ㄹ, ㅁ

해설

문제 분석

첫 번째 조문부터 각각 제1조~제7조라고 한다.

제1조 불필요한 서류 요구의 금지
제2조 다른 행정기관 등을 이용한 민원의 접수·교부
제3조 정보통신망을 이용한 다른 행정기관 소관 민원의 접수·교부
제4조 무인민원발급창구를 이용한 민원의 교부
제5조 민원사무심사관
제6조 민원후견인
제7조 사전심사의 청구

문제풀이 실마리

각 보기의 키워드와 제시문의 키워드가 잘 연결되는 문제이다. 각 보기와 연결되는 조문을 빠르게 연결하여 해결할 수 있어야 한다.

ㄱ. (X) 제4조에 따르면 행정기관의 장은 다른 행정기관 소관의 민원사항을 포함하여 민원사항을 처리한 결과를 무인민원발급창구를 이용하여 교부할 수 있다. A시 시장은 다른 행정기관인 B시 소관의 민원사항에 대해서도 그 처리결과를 무인민원발급창구를 통하여 교부할 수 있다.

ㄴ. (O) 제3조에 따르면 C시 시장은 정보통신망을 이용하여 다른 행정기관 소관인 D시 소관의 민원사무를 접수·교부할 수 있다.

ㄷ. (X) 제7조에 따르면 민원인은 대규모의 경제적 비용이 수반되는 민원사항의 경우에 한하여 약식서류로 사전심사를 청구할 수 있다. 따라서 민원인은 소액의 경제적 비용이 소요되는 경우에는 사전심사를 청구할 수 없다.

ㄹ. (X) 제2조에 따르면 행정기관의 장은 그 행정기관이 접수·교부하여야 할 민원사항을 특별법에 의하여 설립되고 전국적 조직을 가진 법인 중 대통령령이 정하는 법인으로 하여금 접수·교부하게 할 수 있다. 따라서 당해 시에만 소재하는 유명 서점은 전국적 조직을 가진 법인이 아니고, 특별법에 의하여 설립되었는지도 불분명하며, 대통령령으로 정한 법인인지도 불분명하다. 따라서 E시 시장은 해당 유명 서점을 지정하여 소관 민원사항을 접수·교부하게 할 수 없다.

ㅁ. (O) 제1조에 따르면 F시 시장은 민원인에게 소정의 구비서류 이외의 서류 제출을 요구하여서는 아니 된다.

[정답] ③

07 다음 글을 근거로 판단할 때 옳은 것은?

18년 5급 나책형 3번

제00조 이 법에서 말하는 폐기물이란 쓰레기, 연소재, 폐유, 폐알칼리 및 동물의 사체 등으로 사람의 생활이나 사업활동에 필요하지 않게 된 물질을 말한다.

제00조 ① 도지사는 관할 구역의 폐기물을 적정하게 처리하기 위하여 환경부장관이 정하는 지침에 따라 10년마다 '폐기물 처리에 관한 기본계획'(이하 '기본계획'이라 한다)을 세워 환경부장관의 승인을 받아야 한다. 승인사항을 변경하려 할 때에도 또한 같다. 이 경우 환경부장관은 기본계획을 승인하거나 변경승인하려면 관계 중앙행정기관의 장과 협의하여야 한다. → 선지 ②

② 시장 · 군수 · 구청장은 10년마다 관할 구역의 기본계획을 세워 도지사에게 제출하여야 한다. → 선지 ④

③ 제1항과 제2항에 따른 기본계획에는 다음 각 호의 사항이 포함되어야 한다. → 선지 ①

1. 관할 구역의 지리적 환경 등에 관한 개황
2. 폐기물의 종류별 발생량과 장래의 발생 예상량
3. 폐기물의 처리 현황과 향후 처리 계획
4. 폐기물의 감량화와 재활용 등 자원화에 관한 사항
5. 폐기물처리시설의 설치 현황과 향후 설치 계획
6. 폐기물 처리의 개선에 관한 사항
7. 재원의 확보계획

제00조 ① 환경부장관은 국가 폐기물을 적정하게 관리하기 위하여 전조 제1항에 따른 기본계획을 기초로 '국가 폐기물 관리 종합계획'(이하 '종합계획'이라 한다)을 10년마다 세워야 한다. → 선지 ③

② 환경부장관은 종합계획을 세운 날부터 5년이 지나면 그 타당성을 재검토하여 변경할 수 있다. → 선지 ⑤

① 재원의 확보계획은 기본계획에 포함되지 않아도 된다.
② A도 도지사가 제출한 기본계획을 승인하려면, 환경부장관은 관계 중앙행정기관의 장과 협의를 거쳐야 한다.
③ 환경부장관은 국가 폐기물을 적정하게 관리하기 위하여 10년마다 기본계획을 수립하여야 한다.
④ B군 군수는 5년마다 종합계획을 세워 환경부장관에게 제출하여야 한다.
⑤ 기본계획 수립 이후 5년이 경과하였다면, 환경부장관은 계획의 타당성을 재검토하여 계획을 변경하여야 한다.

해설

문제 분석

첫 번째 조문부터 각각 제1조~제3조라고 한다.

제1조 폐기물의 정의
제2조 제1항 도지사의 기본계획
제2항 시장·군수·구청장의 기본계획
제3항 기본계획의 내용
제3조 제1항 환경부장관의 종합계획
제2항 재검토

문제풀이 실마리

제시문에 '기본계획'과 '종합계획'의 두 종류가 등장하는 문제이다. 서로 내용을 바꾸어 함정을 팔 것을 예상해 볼 수 있다.

① (X) 제2조 제3항에 따르면 제7호의 재원의 확보계획은 기본계획에 포함되어야 한다.

② (O) 제2조 제1항에 따르면 도지사는 기본계획을 세워 환경부장관의 승인을 받아야 하고, 환경부장관은 A도 도지사가 제출한 기본계획을 승인하려면 관계 중앙행정기관의 장과 협의를 거쳐야 한다.

③ (X) 제3조 제1항에 따르면 환경부장관은 국가 폐기물을 적정하게 관리하기 위하여 10년마다 기본계획이 아니라 종합계획을 수립하여야 한다.

④ (X) 제2조 제2항에 따르면 B군 군수는 5년마다가 아니라 10년마다 종합계획이 아닌 기본계획을 세워 환경부장관이 아닌 도지사에게 제출하여야 한다.

⑤ (X) 제3조 제2항에 따르면 환경부장관은 종합계획을 세운 날부터 5년이 지나면 그 타당성을 재검토하여 변경할 수 있다고 하여 종합계획의 타당성 재검토를 재량으로 정하고 있다. 따라서 환경부장관은 기본계획이 아니라 종합계획 수립 이후 5년이 경과하였다면, 계획의 타당성을 재검토하여 계획을 변경하여야만 하는 것은 아니고 변경할 수 있다.

[정답] ②

08 다음 글을 근거로 판단할 때 옳은 것은?

20년 5급 나책형 4번

제00조 ① 다음 각 호의 어느 하나에 해당하는 자는 농식품경영체에 대한 투자를 목적으로 하는 농식품투자조합을 결성할 수 있다.

1. 중소기업창업투자회사
2. 투자관리전문기관 → 선지 ②

② 제1항에 따른 조합은 그 채무에 대하여 무한책임을 지는 1인 이상의 조합원(이하 '업무집행조합원'이라 한다)과 출자액을 한도로 하여 유한책임을 지는 조합원(이하 '유한책임조합원'이라 한다)으로 구성한다. 이 경우 업무집행조합원은 다음 각 호의 어느 하나에 해당하는 자로 하되, 그 중 1인은 제1호에 해당하는 자이어야 한다. → 선지 ②

1. 제1항 각 호의 어느 하나에 해당하는 자
2. 「보험업법」에 따른 보험회사

제00조 업무집행조합원은 농식품투자조합의 업무를 집행할 때 다음 각 호의 어느 하나에 해당하는 행위를 하여서는 아니 된다. → 선지 ③

1. 자기나 제3자의 이익을 위하여 농식품투자조합의 재산을 사용하는 행위
2. 농식품투자조합 명의로 자금을 차입하는 행위
3. 농식품투자조합의 재산으로 지급보증 또는 담보를 제공하는 행위

제00조 ① 농식품투자조합은 다음 각 호의 어느 하나에 해당하는 사유가 있을 때에는 해산한다. → 선지 ⑤

1. 존속기간의 만료
2. 유한책임조합원 또는 업무집행조합원 전원의 탈퇴
3. 농식품투자조합의 자산이 출자금 총액보다 적어지거나 그 밖의 사유가 생겨 업무를 계속 수행하기 어려운 경우로서 조합원 총수의 과반수와 조합원 총지분 과반수의 동의를 받은 경우

② 농식품투자조합이 해산하면 업무집행조합원이 청산인이 된다. 다만 조합의 규약으로 정하는 바에 따라 업무집행조합원 외의 자를 청산인으로 선임할 수 있다. → 선지 ①

③ 농식품투자조합의 해산 당시의 출자금액을 초과하는 채무가 있으면 업무집행조합원이 그 채무를 변제하여야 한다. → 선지 ④

① 농식품투자조합이 해산한 경우, 조합의 규약에 다른 규정이 없는 한 업무집행조합원이 청산인이 된다.

② 투자관리전문기관은 농식품투자조합의 유한책임조합원이 될 수 있지만 업무집행조합원이 될 수 없다.

③ 업무집행조합원은 농식품투자조합의 업무를 집행할 때, 그 조합의 재산으로 지급을 보증하는 행위를 할 수 있다.

④ 농식품투자조합 해산 당시 출자금액을 초과하는 채무가 있으면, 유한책임조합원 전원이 연대하여 그 채무를 변제하여야 한다.

⑤ 농식품투자조합의 자산이 출자금 총액보다 적어 업무를 계속 수행하기 어려운 경우, 조합원 총수의 과반수의 동의만으로 농식품투자조합은 해산한다.

해설

문제 분석

첫 번째 조문부터 각각 제1조~제3조라고 한다.

제1조 제1항 농식품투자조합 결성
제2항 업무집행조합원과 유한책임조합원으로 구성
제2조 업무집행조합원의 금지행위
제3조 제1항 농식품투자조합의 해산
제2항 청산인
제3항 채무의 변제

문제풀이 실마리

농식품투자조합은 업무집행조합원과 유한책임조합원으로 구성된다. 따라서 두 조합원의 내용을 섞어서 함정을 만들 것을 예상할 수 있으므로 혼동하지 않도록 신경 써야 한다.

① (O) 제3조 제2항 본문에 따르면 농식품투자조합이 해산하면 업무집행조합원이 청산인이 되고, 단서에 따르면 조합의 규약으로 정하는 바에 따라 업무집행조합원 외의 자를 청산인으로 선임할 수 있다. 따라서 농식품투자조합이 해산한 경우, 조합의 규약에 다른 규정이 없는 한 업무집행조합원이 청산인이 된다.

② (X) 제1조 제2항은 업무집행조합원과 유한책임조합원에 관한 규정으로, 2문에 따르면 업무집행조합원은 제2항 각호의 어느 하나에 해당하는 자이여야 하지만 유한책임조합원에 대해서는 일정한 자격을 요하지 않는다. 따라서 투자관리전문기관은 농식품투자조합의 유한책임조합원이 될 수 있고, 제1항 제2호에 해당하므로 제2항 제1호에 따라 업무집행조합원이 될 수 있다.

③ (X) 제2조 제3호에 따르면 업무집행조합원이 농식품투자조합의 업무를 집행할 때, 그 조합의 재산으로 지급을 보증하는 행위를 하여서는 아니 된다.

④ (X) 제3조 제3항에 따르면 농식품투자조합 해산 당시 출자금액을 초과하는 채무가 있는 경우, 유한책임조합원 전원이 연대하여 그 채무를 변제하는 것이 아니라 업무집행조합원이 그 채무를 변제하여야 한다.

⑤ (X) 제3조 제1항 제3호에 따르면 농식품투자조합의 자산이 출자금 총액보다 적어 업무를 계속 수행하기 어려운 경우, 조합원 총수의 과반수의 동의만으로 농식품투자조합은 해산하는 것이 아니라 조합원 총지분 과반수의 동의도 받아야 한다.

[정답] ①

09 다음 글을 근거로 판단할 때 옳은 것은? 20년 5급 나책형 22번

제00조 ① 특별자치시장 · 특별자치도지사 · 시장 · 군수 또는 자치구의 구청장(이하 '시장 · 군수 등'이라 한다)은 빈집이 다음 각 호의 어느 하나에 해당하면 빈집정비계획에서 정하는 바에 따라 그 빈집 소유자에게 철거 등 필요한 조치를 명할 수 있다. 다만 빈집정비계획이 수립되어 있지 아니한 경우에는 지방건축위원회의 심의를 거쳐 그 빈집 소유자에게 철거 등 필요한 조치를 명할 수 있다. → 선지 ①, ⑤

1. 붕괴 · 화재 등 안전사고나 범죄발생의 우려가 높은 경우
2. 공익상 유해하거나 도시미관 또는 주거환경에 현저한 장애가 되는 경우

② 제1항의 경우 빈집 소유자는 특별한 사유가 없으면 60일 이내에 조치를 이행하여야 한다. → 선지 ⑤

③ 시장 · 군수 등은 제1항에 따라 빈집의 철거를 명한 경우 그 빈집 소유자가 특별한 사유 없이 제2항의 기간 내에 철거하지 아니하면 직권으로 그 빈집을 철거할 수 있다. → 선지 ②, ⑤

④ 시장 · 군수 등은 제3항에 따라 철거할 빈집 소유자의 소재를 알 수 없는 경우 그 빈집에 대한 철거명령과 이를 이행하지 아니하면 직권으로 철거한다는 내용을 일간신문 및 홈페이지에 1회 이상 공고하고, 일간신문에 공고한 날부터 60일이 지난 날까지 빈집 소유자가 빈집을 철거하지 아니하면 직권으로 철거할 수 있다. → 선지 ②

⑤ 시장 · 군수 등은 제3항 또는 제4항에 따라 빈집을 철거하는 경우에는 정당한 보상비를 빈집 소유자에게 지급하여야 한다. 이 경우 시장 · 군수 등은 보상비에서 철거에 소요된 비용을 빼고 지급할 수 있다. → 선지 ③, ④

⑥ 시장 · 군수 등은 다음 각 호의 어느 하나에 해당하는 경우에는 보상비를 법원에 공탁하여야 한다. → 선지 ④

1. 빈집 소유자가 보상비 수령을 거부하는 경우
2. 빈집 소유자의 소재불명(所在不明)으로 보상비를 지급할 수 없는 경우

※ 공탁이란 채무자가 변제할 금액을 법원에 맡기면 채무(의무)가 소멸하는 것을 말한다.

① A자치구 구청장은 주거환경에 현저한 장애가 되더라도 붕괴 우려가 없는 빈집에 대해서는 빈집정비계획에 따른 철거를 명할 수 없다.

② B군 군수가 소유자의 소재를 알 수 없는 빈집의 철거를 명한 경우, 일간신문에 공고한 날부터 60일 내에 직권으로 철거해야 한다.

③ C특별자치시 시장은 직권으로 빈집을 철거한 경우, 그 소유자에게 철거에 소요된 비용을 빼지 않고 보상비 전액을 지급해야 한다.

④ D군 군수가 빈집을 철거한 경우, 그 소유자가 보상비 수령을 거부하면 그와 동시에 보상비 지급의무는 소멸한다.

⑤ E시 시장은 빈집정비계획에 따른 빈집 철거를 명한 후 그 소유자가 특별한 사유 없이 60일 이내에 철거하지 않으면, 지방건축위원회의 심의 없이 직권으로 철거할 수 있다.

해설

문제 분석

제1항 빈집 소유자에 대한 조치 명령
제2항 빈집 소유자의 조치 이행
제3항 직권으로 빈집 철거
제4항 철거명령 등의 공고 및 직권으로 빈집 철거
제5항 빈집 소유자에 대한 보상금
제6항 보상비의 공탁

문제풀이 실마리

시장·군수 등이 직권으로 직접 철거하는 것과 철거를 명하는 것은 구분해야 한다. 지방건축위원회의 심의를 거치는 것은 빈집 소유자에게 철거 등 필요한 조치를 명할 때 거쳐야 하는 절차로, 시장이 직권으로 직접 철거하는 경우에는 필요한 절차가 아니다.
또한 기간이 주어졌을 때는 날짜를 계산하기 전에 기간이 적용되는 기산일을 정확하게 확인하는 습관을 들여야 한다.

① (X) 제1항 제2호에 따르면 A자치구 구청장은 빈집이 주거환경에 현저한 장애가 되는 경우, 붕괴 우려가 없어 제1항 제1호에 해당하지 않더라도 제1항에 따라 빈집정비계획에 따른 철거를 명할 수 있다.

② (X) 제3항에 따르면 B군 군수가 제1항에 따라 빈집의 철거를 명한 경우 그 빈집 소유자가 특별한 사유 없이 제2항의 기간인 60일 이내에 철거하지 아니하면 직권으로 그 빈집을 철거할 수 있다. 그리고 제4항에 따르면 B군 군수는 제3항에 따라 철거할 빈집 소유자의 소재를 알 수 없는 경우 그 빈집에 대한 철거명령 등의 내용을 일간신문 등에 공고하고, 일간신문에 공고한 날부터 60일 내가 아니라 60일이 지난 날까지 빈집소유자가 빈집을 철거하지 아니하면 직권으로 철거해야 하는 것이 아니라 철거할 수 있다.

③ (X) 제5항 1문에 따르면 C특별자치시 시장이 제3항 또는 제4항에 따라 직권으로 빈집을 철거한 경우 빈집 소유자에게 정당한 보상비를 지급하여야 하지만, 2문에 따르면 보상비에서 철거에 소요된 비용을 빼고 지급할 수 있다. 따라서 빈집 소유자에게 철거에 소요된 비용을 빼지 않고 보상비 전액을 지급해야 하는 것은 아니다.

④ (X) 제5항 1문에 따르면 D군 군수가 빈집을 철거한 경우 정당한 보상비를 빈집 소유자에게 지급하여야 한다. 그리고 제6항 제1호에 따르면 빈집 소유자가 보상비 수령을 거부하는 경우 제6항에 따라 보상비를 법원에 공탁하여야 한다. 각주에 따르면 공탁이란 채무자가 변제할 금액을 법원에 맡기면 채무(의무)가 소멸하는 것이므로, 빈집 소유자가 보상비 수령을 거부하면 그와 동시에 보상비 지급의무가 소멸하는 것이 아니라 보상금을 법원에 맡기면 보상금지급의무가 소멸한다.

⑤ (O) 제1항 본문에 따라 E시 시장은 빈집정비계획에 따른 빈집 철거를 명하였고, 제2항에 따르면 빈집의 소유자는 특별한 사유가 없으면 60일 이내에 조치를 이행하여야 한다. 제3항에 따르면 E시 시장이 제1항에 따라 빈집의 철거를 명하였는데 빈집 소유자가 특별한 사유 없이 제2항의 기간인 60일 이내에 철거하지 않으면 직권으로 그 빈집을 철거할 수 있다. 제1항 본문에 따르면 시장은 빈집이 제1항 각호의 어느 하나에 해당하면 빈집정비계획에 따라 철거를 명할 수 있고, 단서에 따르면 빈집정비계획이 수립되어 있지 아니한 경우에는 지방건축위원회의 심의를 거쳐 철거를 명할 수 있다. 그러므로 E시 시장은 빈집정비계획에 따라 지방건축위원회의 심의 없이 철거를 명할 수 있고, 제3항에 따라 직권으로 빈집을 철거하는 경우에도 지방건축위원회의 심의를 요하지 않는다.

[정답] ⑤

10 다음 글을 근거로 판단할 때 옳은 것은?

22년 5급 나책형 1번

제00조 ① 자신의 생명 또는 신체상의 위험을 무릅쓰고 급박한 위해에 처한 다른 사람의 생명 · 신체 또는 재산을 구하기 위한 구조행위로서 다음 각 호의 어느 하나의 경우에 대해서는 이 법을 적용한다. 다만 자신의 행위로 인하여 위해에 처한 사람에 대하여 구조행위를 하다가 사망하거나 부상을 입은 행위는 제외한다.

1. 범죄행위를 제지하거나 그 범인을 체포하다가 사망하거나 부상을 입은 경우
2. 운송수단의 사고로 위해에 처한 다른 사람의 생명 · 신체 또는 재산을 구하다가 사망하거나 부상을 입은 경우 → 선지 ⑤
3. 천재지변, 수난(水難), 화재 등으로 위해에 처한 다른 사람의 생명 · 신체 또는 재산을 구하다가 사망하거나 부상을 입은 경우
4. 물놀이 등을 하다가 위해에 처한 다른 사람의 생명 또는 신체를 구하다가 사망하거나 부상을 입은 경우 → 선지 ④

② 의사자(義死者)란 직무 외의 행위로서 구조행위를 하다가 사망하여 □□부장관이 의사자로 인정한 사람을 말한다.

③ 의상자(義傷者)란 직무 외의 행위로서 구조행위를 하다가 신체상의 부상을 입어 □□부장관이 의상자로 인정한 사람을 말한다. → 선지 ③

제00조 ① 국가는 의사자 · 의상자가 보여준 살신성인의 숭고한 희생정신과 용기가 항구적으로 존중될 수 있도록 서훈(敍勳)을 수여하는 등 필요한 조치를 할 수 있다. → 선지 ②

② 국가와 지방자치단체는 의사자를 추모하고 숭고한 뜻을 기리기 위한 동상 및 비석 등의 기념물을 설치하는 기념사업을 수행할 수 있다. → 선지 ②

③ 국가는 다음 각 호의 기준에 따라 의상자 및 의사자 유족에게 보상금을 지급한다. → 선지 ①

1. 의상자의 경우에는 그 본인에게 지급한다.
2. 의사자의 경우에는 그 배우자, 자녀, 부모, 조부모, 형제자매의 순으로 지급한다. 이 경우 같은 순위의 유족이 2인 이상인 때에는 보상금을 같은 금액으로 나누어 지급한다.

※ 서훈: 공적의 등급에 따라 훈장을 내림

① 의사자 甲에게 배우자와 자녀가 있는 경우, 보상금은 전액 배우자에게 지급된다.
② 지방자치단체는 의상자 乙에게 서훈을 수여하거나 동상을 설치하는 기념사업을 수행할 수 있다.
③ 소방관 丙이 화재 현장에 출동하여 화재를 진압하던 중 부상을 입은 경우, 丙은 의상자로 인정될 수 있다.
④ 물놀이를 하던 丁이 물에 빠진 애완동물을 구조하던 중 부상을 입은 경우, 丁은 의상자로 인정될 수 있다.
⑤ 운전자 戊가 자신이 일으킨 교통사고의 피해자를 구조하던 중 다른 차량에 치여 부상당한 경우, 戊는 의상자로 인정될 수 있다.

해설

문제 분석

첫 번째 조문부터 각각 제1조, 제2조라고 한다.

제1조 제1항 적용범위, 예외
제2항 의사자
제3항 의상자
제2조 제1항 서훈의 수여 등
제2항 기념사업
제3항 보상금

문제풀이 실마리

제1조 제1항에서 이 법이 적용되는 경우와 적용이 제외되는 경우를 말하고 있다. 이는 제시문 전체에 영향을 미치는 내용이므로 발췌독을 하여 해결하는 경우에 주의해야 한다.

또한 의사자와 의상자의 비슷해 보이는 두 개념이 등장하므로 혼동하지 않도록 유의해야 하며, 두 내용을 섞거나 바꿔서 함정을 팔 것을 예상할 수 있다.

① (O) 제2조 제3항 제2호에 따르면 의사자의 보상금은 그 배우자, 자녀, 부모, 조부모, 형제자매의 순으로 지급한다. 따라서 의사자 甲에게 배우자와 자녀가 있는 경우, 보상금은 자녀보다 우선순위에 해당하는 배우자에게 전액 지급된다.

② (X) 제2조 제1항에 따르면 국가는 의상자에게 서훈을 수여할 수 있으나, 지방자치단체가 의상자에서 서훈을 수여할 수 있다는 규정은 없다. 따라서 국가가 아닌 지방자치단체는 의상자 乙에게 서훈을 수여할 수 없다. 그리고 제2조 제2항에 따르면 지방자치단체는 의사자의 동상을 설치하는 기념사업을 수행할 수 있으나, 의상자의 동상을 설치할 수 있다는 규정은 없다. 따라서 지방자치단체는 의사자가 아닌 의상자 乙에게 동상을 설치하는 기념사업을 수행할 수 없다.

③ (X) 제1조 제3항에 따르면 의상자란 직무 외의 행위로서 구조행위를 하다가 신체상의 부상을 입어 □□부장관이 의상자로 인정한 사람을 말한다. 따라서 소방관 丙이 화재 현장에 출동하여 화재를 진압하는 행위는 직무상의 행위이므로, 해당 구조행위를 하던 중 부상을 입은 경우라고 해도 丙은 의상자로 인정될 수 없다.

④ (X) 제1조 제1항 제4호에 따르면 물놀이 등을 하다가 위해에 처한 다른 사람의 생명 또는 신체를 구하다가 부상을 입은 경우 제시문의 법을 적용한다. 그러나 물놀이를 하던 丁이 물에 빠진 애완동물을 구조하던 중 부상을 입은 경우라면 다른 사람의 생명 또는 신체를 구하다가 부상을 입은 경우가 아니므로 제시문의 법이 적용되지 않는다. 따라서 丁은 제1조 제3항이 적용되지 않으므로 의상자로 인정될 수 없다.

⑤ (X) 제1조 제1항 제2호에 따르면 운송수단의 사고로 위해에 처한 다른 사람의 생명·신체 또는 재산을 구하다가 부상을 입은 경우 제시문의 법을 적용하지만, 제1항 단서에 따르면 자신의 행위로 인하여 위해에 처한 사람에 대하여 구조행위를 하다가 부상을 입은 행위는 제외한다. 따라서 운전자 戊가 교통사고의 피해자를 구조하던 중 다른 차량에 치여 부상당한 경우라면 제1조 제1항 제2호에 해당하지만, 해당 피해자는 자신이 일으킨 교통사고로 인한 피해자이므로 제1항 단서에 따라 제시문의 법이 적용되지 않는다. 따라서 戊는 제1조 제3항이 적용되지 않으므로 의상자로 인정될 수 없다.

[정답] ①

PART 2 법조문 해커스 PSAT 김규범 상황판단 올인원 3권 텍스트 · 법조문

11 다음 글을 근거로 판단할 때 옳은 것은? 13년 5급 인책형 5번

> ○○법 제00조 ① 여행업, 관광숙박업, 관광객 이용시설업 및 국제회의업을 경영하려는 자는 특별자치도지사 · 시장 · 군수 · 구청장(자치구의 구청장을 말한다. 이하 같다)에게 등록하여야 한다. → 선지 ②
> ② 카지노업을 경영하려는 자는 문화체육관광부장관의 허가를 받아야 한다. → 선지 ④
> ③ 유원시설업 중 대통령령으로 정하는 유원시설업을 경영하려는 자는 특별자치도지사 · 시장 · 군수 · 구청장의 허가를 받아야 한다. → 선지 ⑤
> ④ 제3항에 따른 유원시설업 외의 유원시설업을 경영하려는 자는 특별자치도지사 · 시장 · 군수 · 구청장에게 신고하여야 한다.
> ⑤ 관광극장유흥업, 한옥체험업, 외국인관광 도시민박업, 관광식당업, 관광사진업 및 여객자동차터미널시설업 등의 관광 편의시설업을 경영하려는 자는 특별시장 · 광역시장 · 도지사 · 특별자치도지사(이하 "시 · 도지사"라 한다) 또는 시장 · 군수 · 구청장의 지정을 받아야 한다. → 선지 ①, ③
> ⑥ 제5항의 시 · 도지사 또는 시장 · 군수 · 구청장은 대통령령이 정하는 바에 따라 관광 편의시설업의 지정에 관한 권한 일부를 한국관광공사, 협회, 지역별 · 업종별 관광협회 등에 위탁할 수 있다.
>
> ○○법 시행령 제00조 ① ○○법 제00조 제3항에서 "대통령령으로 정하는 유원시설업"이란 종합유원시설업 및 일반유원시설업을 말한다. → 선지 ⑤
> ② ○○법 제00조 제4항에서 "제3항에 따른 유원시설업 외의 유원시설업"이란 기타 유원시설업을 말한다.
> ③ ○○법 제00조 제6항의 "관광 편의시설업"이란 관광식당업 · 관광사진업 및 여객자동차터미널시설업을 말한다.

① 청주시에서 관광극장유흥업을 경영하려는 자는 지역별 관광협회인 충청북도 관광협회에 등록하여야 한다.
② 제주특별자치도에서 관광숙박업을 경영하려는 자는 문화체육관광부장관에게 신고하여야 한다.
③ 서울특별시 종로구에서 한옥체험업을 경영하려는 자는 서울특별시 종로구청장이 위탁한 자로부터 지정을 받아야 한다.
④ 부산광역시 해운대구에서 카지노업을 경영하려는 자는 부산광역시장의 허가를 받아야 한다.
⑤ 군산시에서 종합유원시설업을 경영하려는 자는 군산시장의 허가를 받아야 한다.

해설

문제 분석

○○법 제00조와 ○○법 시행령 제00조를 함께 표로 정리해 보면 다음과 같다.

법	업종		주체	
제1항	여행업 관광숙박업 관광객 이용시설업 국제회의업		특별자치도지사· 시장·군수·구청장	등록
제2항	카지노업		문화체육관광부장관	허가
제3항	종합유원시설업 일반유원시설업		특별자치도지사· 시장·군수·구청장	허가
제4항	기타 유원시설업		특별자치도지사· 시장·군수·구청장	신고
제5항	관광극장유흥업 한옥체험업 외국인관광 도시민박업 관광식당업 관광사진업 여객자동차터미널시설업	관광 편의시설업	시·도지사 시장·군수·구청장	지정
제6항	제5항의 관광 편의시설업 지정에 관한 권한 일부를 한국관광공사, 협회, 지역별·업종별 관광협회 등에 위탁할 수 있다.			

문제풀이 실마리

시행령의 형식이 활용된 문제이다. 따라서 ○○법과 ○○법 시행령을 잘 연결하여 요건 판단 시 시행령을 적절하게 활용할 수 있어야 한다. 요건이 복잡하고 여러 행위자들이 등장하는 문제이므로 이를 효율적으로 처리할 수 있어야 빠른 해결이 가능한 문제이다.

① (X) 법 제5항에 따르면 청주시에서 관광극장유흥업을 경영하려는 자는 지역별 관광협회인 충청북도 관광협회가 아닌 청주시장에게 등록이 아니라 지정을 받아야 한다. 관광극장유흥업은 제6항에 따라 지역별 관광협회에 지정에 관한 권한 일부를 위탁할 수 있는 관광 편의시설업에 해당하지 않는다.

② (X) 법 제1항에 따르면 제주특별자치도에서 관광숙박업을 경영하려는 자는 문화체육관광부장관이 아닌 제주특별자치도지사에게 신고가 아니라 등록하여야 한다.

③ (X) 시행령 제3항에 따르면 법 제6항에 따라 제5항의 지정에 관한 권한 일부를 한국관광공사 등에 위탁할 수 있는 관광 편의시설업은 관광식당업·관광사진업 및 여객자동차터미널시설업을 말하는 것이고, 한옥체험업은 해당하지 않는다. 따라서 서울특별시 종로구에서 한옥체험업을 경영하려는 자는 법 제5항에 따라 서울특별시 종로구청장이 위탁한 자가 아니라 종로구청장으로부터 지정을 받아야 한다.

④ (X) 법 제2항에 따르면 부산광역시 해운대구에서 카지노업을 경영하려는 자는 부산광역시장이 아닌 문화체육관광부장관의 허가를 받아야 한다.

⑤ (O) 시행령 제1항에 따르면 법 제3항의 대통령령으로 정하는 유원시설업에는 종합유원시설업이 해당된다. 따라서 군산시에서 종합유원시설업을 경영하려는 자는 군산시장의 허가를 받아야 한다.

[정답] ⑤

12 다음 글을 근거로 판단할 때 옳은 것은? 14년 5급 A책형 25번

우리나라는 경주시, 부여군, 공주시, 익산시를 고도(古都)로 지정하고 이를 보존·육성하기 위해 고도 특별보존지구 및 보존육성지구에서의 행위를 다음과 같이 제한하고 있다.

○○법 제00조 ① 특별보존지구에서는 다음 각 호의 어느 하나에 해당하는 행위를 할 수 없다. 다만 문화체육관광부장관의 허가를 받은 행위는 할 수 있다. → 선지 ①

1. 건축물이나 각종 시설물의 신축·개축·증축·이축 및 용도 변경
2. 택지의 조성, 토지의 개간 또는 토지의 형질 변경
3. 수목(樹木)을 심거나 벌채 또는 토석류(土石類)의 채취·적치(積置)
4. 그 밖에 고도의 역사문화환경의 보존에 영향을 미치거나 미칠 우려가 있는 행위로서 대통령령으로 정하는 행위

② 보존육성지구에서 다음 각 호의 어느 하나에 해당하는 행위를 하려는 자는 해당 시장·군수의 허가를 받아야 한다. → 선지 ②

1. 건축물이나 각종 시설물의 신축·개축·증축 및 이축
2. 택지의 조성, 토지의 개간 또는 토지의 형질 변경
3. 수목을 심거나 벌채 또는 토석류의 채취

③ 제2항에도 불구하고 건조물의 외부형태를 변경시키지 아니하는 내부시설의 개·보수 등 대통령령으로 정하는 행위는 시장·군수의 허가를 받지 아니하고 할 수 있다. → 선지 ②

○○법 시행령 제△△조 ① 법 제00조 제1항 제4호에서 '대통령령으로 정하는 행위'란 다음 각 호의 어느 하나에 해당하는 행위를 말한다. → 선지 ③

1. 토지 및 수면의 매립·절토(切土)·성토(盛土)·굴착·천공(穿孔) 등 지형을 변경시키는 행위
2. 수로·수질 및 수량을 변경시키는 행위

② 법 제00조 제3항에서 '대통령령으로 정하는 행위'란 다음 각 호의 어느 하나에 해당하는 행위를 말한다. → 선지 ②, ⑤

1. 건조물의 외부형태를 변경시키지 아니하는 내부시설의 개·보수
2. 60제곱미터 이하의 토지 형질 변경
3. 고사(枯死)한 수목의 벌채

① 경주시의 특별보존지구에서 과수원을 하고 있는 甲이 과수를 새로 심기 위해서는 시장의 허가를 받아야 한다.
② 익산시의 보존육성지구에 토지를 소유한 乙은 시장의 허가 없이 60제곱미터의 토지 형질을 변경할 수 있다.
③ 공주시의 특별보존지구에서 농사를 짓고 있는 丙은 문화체육관광부장관의 허가 없이 수로를 변경할 수 있다.
④ 공주시의 보존육성지구에서 채석장을 운영하고 있는 丁이 일정 기간 채석장에 토석류를 적치하기 위해서는 시장의 허가를 받아야 한다.
⑤ 부여군의 보존육성지구에 건조물을 가지고 있는 戊가 건조물의 외부형태를 변경시키지 않는 내부시설 보수를 하기 위해서는 군수의 허가를 받아야 한다.

해설

문제 분석

○○법 제00조를 법이라 하고, ○○법 시행령 제△△조를 시행령이라 한다.

법 제1항 특별보존지구에서 금지되는 행위
단서 문화체육관광부장관의 허가를 받은 행위
제2항 보존육성지구에서 허가가 필요한 행위
제3항 제2항에도 불구하고 허가가 필요하지 아니한 행위
시행령 제1항 법 제1항 제4호의 대통령령으로 정하는 행위
제2항 법 제3항의 대통령령으로 정하는 행위

문제풀이 실마리

특별보존지구와 보존육성지구의 두 개의 개념이 등장하므로 이 두 개를 정확하게 구분해야 한다. 특별보존지구와 보존육성지구 모두 원칙과 예외의 구조로 이루어져 있으므로 예외에 해당하는 경우에 정확하게 판단할 수 있어야 한다.

① (X) 법 제1항 제3호에 따르면 특별보존지구에서는 수목을 심는 행위를 할 수 없고, 다만 문화체육관광부장관의 허가를 받은 행위는 할 수 있다. 따라서 경주시의 특별보존지구에서 과수원을 하고 있는 甲이 과수를 새로 심기 위해서는 시장이 아니라 문화체육관광부장관의 허가를 받아야 한다.

② (O) 법 제2항 제2호에 따르면 보존육성지구에서 토지의 형질을 변형하는 행위는 시장·군수의 허가를 받아야 하지만, 같은 조 제3항, 시행령 제2항 제2호에 따르면 60제곱미터 이하의 토지 형질 변경행위는 시장·군수의 허가를 받지 아니하고 할 수 있다. 따라서 익산시의 보존육성지구에 토지를 소유한 乙은 시장의 허가 없이 60제곱미터의 토지 형질을 변경할 수 있다.

③ (X) 법 제1항 제4호, 시행령 제1항 제2호에 따르면 특별보존지구에서 수로를 변경시키는 행위를 할 수 없고 문화체육관광부장관의 허가를 받은 행위는 할 수 있다. 공주시의 특별보존지구에서 농사를 짓고 있는 丙은 문화체육관광부장관의 허가 없이는 수로를 변경할 수 없다.

④ (X) 법 제2항 제3호에 따르면 보존육성지구에서는 토석류와 관련해서 토석류를 채취하는 경우 시장·군수의 허가를 받도록 하고 있다. 토석류의 적치에 관해서는 규정하고 있지 않으므로, 공주시의 보존육성지구에서 채석장을 운영하고 있는 丁이 일정 기간 채석장에 토석류를 적치하기 위해서 시장의 허가를 받아야 하는 것은 아니다.

⑤ (X) 법 제3항, 시행령 제2항 제1호에 따르면 건조물의 외부형태를 변경시키지 아니하는 내부시설의 개·보수 행위는 시장·군수의 허가를 받지 아니하고 할 수 있다. 따라서 부여군의 보존육성지구에 건조물을 가지고 있는 戊가 건조물의 외부형태를 변경시키지 않는 내부시설 보수를 하기 위해서 군수의 허가를 받아야 하는 것은 아니다.

빠른 문제풀이 Tip

특별보존지구에서는 다음 각호의 해당하는 행위를 원칙적으로 금지하고, 문화체육관광부 장관의 허가를 받은 행위는 예외적으로 허용하고 있다. 따라서 선지 ③처럼 문화체육관광부장관의 허가 없이 할 수 있는 행위는 없을 것이므로 간단하게 옳지 않은 보기임을 판단할 수 있다.

[정답] ②

길쌤's Check 더 연습해 볼 문제

5급 공채	11년 선책형 8번 11년 선책형 25번 20년 나책형 3번	21년 가책형 3번 21년 가책형 25번 22년 나책형 2번

13 다음 글을 근거로 판단할 때 옳은 것은? 18년 민경채 가책형 2번

제○○조 ① 지방자치단체의 장은 하수도정비기본계획에 따라 공공하수도를 설치하여야 한다.
② 시·도지사는 공공하수도를 설치하고자 하는 때에는 사업시행지의 위치 및 면적, 설치하고자 하는 시설의 종류, 사업시행기간 등을 고시하여야 한다. 고시한 사항을 변경 또는 폐지하고자 하는 때에도 또한 같다. → 선지 ②, ④
③ 시장·군수·구청장(자치구의 구청장을 말한다. 이하 같다)은 공공하수도를 설치하려면 시·도지사의 인가를 받아야 한다. → 선지 ①, ⑤
④ 시장·군수·구청장은 제3항에 따라 인가받은 사항을 변경하거나 폐지하려면 시·도지사의 인가를 받아야 한다.
→ 선지 ③
⑤ 시·도지사는 국가의 보조를 받아 설치하고자 하는 공공하수도에 대하여 제2항에 따른 고시 또는 제3항의 규정에 따른 인가를 하고자 할 때에는 그 설치에 필요한 재원의 조달 및 사용에 관하여 환경부장관과 미리 협의하여야 한다. → 선지 ②
제□□조 ① 공공하수도관리청(이하 '관리청'이라 한다)은 관할 지방자치단체의 장이 된다.
② 공공하수도가 둘 이상의 지방자치단체의 장의 관할구역에 걸치는 경우, 관리청이 되는 자는 제○○조 제2항에 따른 공공하수도 설치의 고시를 한 시·도지사 또는 같은 조 제3항에 따른 인가를 받은 시장·군수·구청장으로 한다. → 선지 ①

※ 공공하수도: 지방자치단체가 설치 또는 관리하는 하수도

① A 자치구의 구청장이 관할구역 내에 공공하수도를 설치하려고 인가를 받았는데, 그 공공하수도가 B 자치구에 걸치는 경우, 설치하려는 공공하수도의 관리청은 B 자치구의 구청장이다.
② 시·도지사가 국가의 보조를 받아 공공하수도를 설치하려면, 그 설치에 필요한 재원의 조달 등에 관하여 환경부장관의 인가를 받아야 한다.
③ 시장·군수·구청장이 공공하수도 설치에 관하여 인가받은 사항을 폐지할 경우에는 시·도지사의 인가를 필요로 하지 않는다.
④ 시·도지사가 공공하수도 설치를 위해 고시한 사항은 변경할 수 없다.
⑤ 시장·군수·구청장이 공공하수도를 설치하려면 시·도지사의 인가를 받아야 한다.

해설

문제 분석

제○○조 제1항 공공하수도의 설치
제2항 사업시행지 등의 고시
제3항 공공하수도 설치에 대한 시·도지사의 인가
제4항 인가받은 사항의 변경·폐지에 대한 시·도지사의 인가
제5항 환경부장관과 협의
제□□조 제1항 공공하수도관리청
제2항 공공하수도가 둘 이상의 지방자치단체의 장의 관할구역에 걸치는 경우

문제풀이 실마리

광역지자체장에 해당하는 시·도지사와 기초지자체장에 해당하는 시장·군수·구청장을 구분할 수 있다면 제시문을 보다 쉽게 이해할 수 있다.

① (X) 제□□조 제2항에 따르면 공공하수도가 A 자치구와 B 자치구에 걸치는 경우, 공공하수도의 관리청은 B 자치구의 구청장이 아니라 제○○조 제3항에 따라 A 자치구 관할구역 내에 공공하수도를 설치하려고 인가를 받은 A 자치구의 구청장이다.

② (X) 제○○조 제2항에 따르면 시·도지사가 공공하수도를 설치하고자 하는 때에는 사업시행지의 위치 등을 고시하여야 한다. 그리고 같은 조 제5항에 따르면 시·도지사가 국가의 보조를 받아 설치하고자 하는 공공하수도에 대하여 제2항의 따른 고시를 하고자 할 때에는, 설치에 필요한 재원의 조달 등에 관하여 환경부장관의 인가를 받아야 하는 것은 아니고 환경부장관과 미리 협의하여야 한다.

③ (X) 제○○조 제4항에 따르면 시장·군수·구청장이 공공하수도 설치에 관하여 인가받은 사항을 폐지할 경우에도 시·도지사의 인가를 받아야 한다.

④ (X) 제○○조 제2항에 따르면 시·도지사는 공공하수도를 설치하고자 하는 때에는 사업시행지의 위치 등을 고시하여야 하고, 고시한 사항을 변경하고자 하는 때에도 또한 같다. 따라서 시·도지사가 공공하수도 설치를 위해 고시한 사항을 변경할 수 있음을 알 수 있다.

⑤ (O) 제○○조 제3항에 따르면 시장·군수·구청장이 공공하수도를 설치하려면 시·도지사의 인가를 받아야 한다.

[정답] ⑤

14 다음 글을 근거로 판단할 때 옳은 것은?

20년 5급 나책형 1번

제○○조 ① 지방자치단체의 장은 소속공무원이 적극행정으로 인해 징계 의결 요구가 된 경우 적극행정지원위원회(이하 '위원회'라 한다)의 변호인 선임비용 지원결정(이하 '지원결정'이라 한다)에 따라 200만 원 이하의 범위 내에서 변호인 선임비용을 지원할 수 있다. → 선지 ①
② 지방자치단체의 장은 소속공무원이 적극행정으로 인해 고소·고발을 당한 경우 위원회의 지원결정에 따라 기소 이전 수사과정에 한하여 500만 원 이하의 범위 내에서 변호인 선임비용을 지원할 수 있다. → 선지 ②, ③
③ 제1항, 제2항에 따라 지원결정을 받은 공무원은 이미 변호인을 선임한 경우를 제외하고는 선임비용을 지원받은 날부터 1개월 내에 변호인을 선임하여야 한다. → 선지 ②
제□□조 ① 위원회는 지원결정을 받은 공무원이 다음 각 호의 어느 하나에 해당하는 경우 그 결정을 취소할 수 있다. → 선지 ③
1. 허위 또는 부정한 방법으로 지원결정을 받은 경우
2. 제○○조 제2항의 고소·고발 사유와 동일한 사실관계로 유죄의 확정판결을 받은 경우
3. 제○○조 제3항의 사항을 이행하지 않은 경우
② 제1항에 따라 지원결정이 취소된 경우 해당 공무원은 지원받은 변호인 선임비용을 즉시 반환하여야 한다. → 선지 ④
③ 위원회는 제2항에 따른 반환의무를 전부 부담시키는 것이 타당하지 않다고 판단하는 경우에는 반환의무의 일부 또는 전부를 면제하는 결정을 할 수 있다. → 선지 ④
④ 제1항부터 제3항은 해당 공무원이 변호인 선임비용을 지원받은 후 퇴직한 경우에도 적용한다. → 선지 ⑤

※ 적극행정이란 공무원이 불합리한 규제를 개선하는 등 공공의 이익을 위해 창의성과 전문성을 바탕으로 적극적으로 업무를 처리하는 행위를 말한다.

① 지방자치단체의 장은 소속공무원이 적극행정으로 인해 징계 의결 요구가 된 경우, 위원회의 지원결정에 따라 500만 원의 변호인 선임비용을 지원할 수 있다.
② 지원결정을 받은 공무원이 적극행정으로 인해 고발당한 사건에 대해 이미 변호인을 선임하였더라도 선임비용을 지원받은 날부터 1개월 내에 새로운 변호인을 선임해야 한다.
③ 지원결정을 받은 공무원이 적극행정으로 인해 고소당한 사유와 동일한 사실관계로 무죄의 확정판결을 받은 경우, 위원회는 지원결정을 취소해야 한다.
④ 지원결정이 취소된 경우라도 위원회는 해당 공무원이 지원받은 변호인 선임비용에 대한 반환의무의 일부 또는 전부를 면제하는 결정을 할 수 있다.
⑤ 지원결정에 따라 변호인 선임비용을 지원받고 퇴직한 공무원에 대해 지원결정이 취소되더라도 그가 그 비용을 반환하는 경우는 없다.

해설

문제 분석

제○○조 제1항 징계 의결 요구가 된 경우 지원결정(위원회) 및 지원(지방자치단체의 장)
제2항 고소·고발을 당한 경우 지원결정 및 지원
제3항 1개월 내에 변호인을 선임
제□□조 제1항 지원결정의 취소
제2항 변호인 선임비용 반환
제3항 위원회의 반환의무 면제 결정
제4항 퇴직 후에도 적용

문제풀이 실마리

제시문에 '지원'의 키워드가 두 번 등장하므로 이를 정확하게 구분할 수 있어야 선지 ①을 빠르고 정확하게 해결할 수 있다. 또한 최근 '제외하고는'의 출제장치가 자주 활용되고 있으므로 이를 정확하게 해석할 수 있어야 선지 ②를 해결할 수 있다.

① (X) 제○○조 제2항이 아닌 제1항을 정확하게 확인해야 한다. 제○○조 제1항에 따르면 지방자치단체의 장은 소속공무원이 적극행정으로 인해 징계 의결 요구가 된 경우, 위원회의 지원결정에 따라 500만 원이 아닌 200만 원 이하의 범위 내에서 변호인 선임비용을 지원할 수 있다.

② (X) 제○○조 제3항에 따르면 제2항에 따라 지원결정을 받은 공무원은 이미 변호인을 선임한 경우를 제외하고는 선임비용을 지원받은 날부터 1개월 내에 변호인을 선임하여야 한다. 공무원이 적극행정으로 인해 고발당한 사건에 대해 지원결정을 받았다면 제○○조 제2항에 따라 지원결정을 받은 것이고, 이미 변호인을 선임한 경우라면 선임비용을 지원받은 날부터 1개월 내에 새로운 변호인을 선임해야 하는 경우에서 제외된다.

③ (X) 제□□조 제1항 제2호에 따르면 지원결정을 받은 공무원이 제○○조 제2항의 적극행정으로 인해 고소당한 사유와 동일한 사실관계로 무죄의 확정판결이 아닌 유죄의 확정판결을 받은 경우, 제□□조 제1항에 따라 위원회는 지원결정을 취소해야 하는 것은 아니고 취소할 수 있다.

④ (O) 제□□조 제2항에 따르면 제1항에 따라 지원결정이 취소된 경우 해당 공무원은 지원받은 변호인 선임비용을 즉시 반환하여야 한다. 그러나 제1항에 따라 지원결정이 취소된 경우라도 위원회는 해당 공무원의 제2항에 따른 지원받은 변호인 선임비용에 대한 반환의무를, 제3항에 따라 일부 또는 전부 면제하는 결정을 할 수 있다.

⑤ (X) 제□□조 제2항에 따르면 제1항에 따라 지원결정이 취소된 경우 해당 공무원은 지원받은 변호인 선임비용을 즉시 반환하여야 하고, 제4항에 따르면 제2항은 해당 공무원이 변호인 선임비용을 지원받은 후 퇴직한 경우에도 적용한다. 따라서 지원결정에 따라 변호인 선임비용을 지원받고 퇴직한 공무원에 대해 지원결정이 취소된다면, 제□□조 제2항, 제4항에 따라 해당 공무원은 그 비용을 반환하여야 한다.

[정답] ④

길쌤's Check 더 연습해 볼 문제

민간경력자	20년 가책형 2번
5급 공채	08년 창책형 4번

2 법조문: 표제가 있는 경우

제00조

15 다음 글을 근거로 판단할 때 옳은 것은? 13년 민경채 인책형 5번

> 법 제00조(정의) 이 법에서 "재외동포"란 다음 각 호의 어느 하나에 해당하는 자를 말한다.
> 1. 대한민국의 국민으로서 외국의 영주권(永住權)을 취득한 자 또는 영주할 목적으로 외국에 거주하고 있는 자(이하 "재외국민"이라 한다) → 선지 ①
> 2. 대한민국의 국적을 보유하였던 자(대한민국정부 수립 전에 국외로 이주한 동포를 포함한다) 또는 그 직계비속(直系卑屬)으로서 외국국적을 취득한 자 중 대통령령으로 정하는 자(이하 "외국국적동포"라 한다)
>
> 시행령 제00조(재외국민의 정의) ① 법 제00조 제1호에서 "외국의 영주권을 취득한 자"라 함은 거주국으로부터 영주권 또는 이에 준하는 거주목적의 장기체류자격을 취득한 자를 말한다. → 선지 ②
> ② 법 제00조 제1호에서 "영주할 목적으로 외국에 거주하고 있는 자"라 함은 해외이주자로서 거주국으로부터 영주권을 취득하지 아니한 자를 말한다.
> 제00조(외국국적동포의 정의) 법 제00조 제2호에서 "대한민국의 국적을 보유하였던 자(대한민국정부 수립 이전에 국외로 이주한 동포를 포함한다) 또는 그 직계비속으로서 외국국적을 취득한 자 중 대통령령이 정하는 자"란 다음 각 호의 어느 하나에 해당하는 자를 말한다.
> 1. 대한민국의 국적을 보유하였던 자(대한민국정부 수립 이전에 국외로 이주한 동포를 포함한다. 이하 이 조에서 같다)로서 외국국적을 취득한 자 → 선지 ④, ⑤
> 2. 부모의 일방 또는 조부모의 일방이 대한민국의 국적을 보유하였던 자로서 외국국적을 취득한 자 → 선지 ③

① 대한민국 국민은 재외동포가 될 수 없다.
② 재외국민이 되기 위한 필수 요건은 거주국의 영주권 취득이다.
③ 할아버지가 대한민국 국적을 보유하였던 미국 국적자는 재외국민이다.
④ 대한민국 국민으로서 회사업무를 위해 중국출장 중인 사람은 외국국적동포이다.
⑤ 과거에 대한민국 국적을 보유하였던 자로서 현재 브라질 국적을 취득한 자는 외국국적동포이다.

해설

문제 분석

법 제1조 재외동포의 정의(재외국민, 외국국적동포)
시행령 제1조 (재외국민의 정의)
제1항 외국의 영주권을 취득한 자
제2항 영주할 목적으로 외국에 거주하고 있는 자
시행령 제2조 (외국국적동포의 정의)

문제풀이 실마리

시행령의 형식을 적절하게 활용할 수 있어야 한다. 시행령에서는 요건에 대해서 말하고, 시행규칙에서는 절차에 대해서 말하는 경우가 가장 흔하다.

또한 재외동포는 재외국민 또는 외국국적동포를 말한다. 세 개의 용어가 등장하는데 서로 다른 두 개념이 있고, 그 두 개념을 포함하는 상위 레벨의 하나의 개념이 있으므로 각 용어를 정확하게 파악할 수 있어야 한다.

① (X) 법 제1조 제1호에 따르면 대한민국의 국민으로서 외국의 영주권을 취득한 자 또는 영주할 목적으로 외국에 거주하고 있는 자는 재외국민에 해당하며 법 제1조에 따라 재외동포에 해당한다. 따라서 대한민국 국민도 재외동포가 될 수 있다.

② (X) 시행령 제1조 제1항에 따르면 거주국으로부터 영주권 또는 이에 준하는 거주목적의 장기체류자격을 취득한 자는 "외국의 영주권을 취득한 자"에 해당하고, 같은 조 제2항에 따르면 해외이주자로서 거주국으로부터 영주권을 취득하지 아니한 자는 "영주할 목적으로 외국에 거주하고 있는 자"에 해당하여 법 제1조 제1호에 따라 재외국민이 된다. 거주국의 영주권을 취득하면 재외국민이 되는 것은 맞지만, 재외국민이 되기 위한 필수 요건이 거주국의 영주권 취득인 것은 아니다.

③ (X) 시행령 제2조 제2호에 따르면 조부모의 일방이 대한민국의 국적을 보유하였던 자로서 외국국적을 취득한 자는 외국국적동포에 해당한다. 할아버지가 대한민국 국적을 보유하였던 미국 국적자는 재외국민이 아니라 외국국적동포에 해당한다.

④ (X) 시행령 제2조에 따르면 외국국적동포이기 위해서는 제1호, 제2호 모두 외국국적을 취득한 자이여야 한다. 대한민국 국민으로서 회사업무를 위해 중국출장 중인 사람은 외국국적을 취득한 자가 아니므로 외국국적동포에 해당하지 않는다.

⑤ (O) 시행령 제2조 제1항에 따르면 대한민국의 국적을 보유하였던 자로서 외국국적을 취득한 자는 외국국적동포에 해당한다. 과거에 대한민국 국적을 보유하였던 자로서 현재 외국국적인 브라질 국적을 취득한 자는 외국국적동포에 해당한다.

빠른 문제풀이 Tip

② '필수 요건'과 같은 표현이 나오면 필요조건을 떠올린다. 즉, 재외국민 → 거주국의 영주권 취득인 것은 아니고, 시행령 제1조 제1항, 법 제1조 제1호에 따라 거주국의 영주권 취득 → 재외국민은 옳다.

[정답] ⑤

16 다음 규정을 근거로 판단할 때, <보기>에서 옳지 않은 것을 모두 고르면? (단, 각 회사는 상시 5명 이상의 근로자를 사용하고 있음을 전제로 한다)

11년 민경채 인책형 5번

> 제00조(해고 등의 제한) 사용자는 근로자에게 정당한 이유 없이 해고, 휴직, 정직, 전직, 감봉, 그 밖의 징벌(懲罰)을 하지 못한다.
>
> 제00조(경영상 이유에 의한 해고의 제한) ① 사용자가 경영상 이유에 의하여 근로자를 해고하려면 긴박한 경영상의 필요가 있어야 한다. 이 경우 경영 악화를 방지하기 위한 사업의 양도·인수·합병은 긴박한 경영상의 필요가 있는 것으로 본다.
>
> ② 제1항의 경우에 사용자는 해고를 피하기 위한 노력을 다하여야 하며, 합리적이고 공정한 해고의 기준을 정하고 이에 따라 그 대상자를 선정하여야 한다. 이 경우 남녀의 성을 이유로 차별하여서는 아니 된다.
>
> ③ 사용자는 제2항에 따른 해고를 피하기 위한 방법과 해고의 기준 등에 관하여 그 사업 또는 사업장에 근로자의 과반수로 조직된 노동조합이 있는 경우에는 그 노동조합(근로자의 과반수로 조직된 노동조합이 없는 경우에는 근로자의 과반수를 대표하는 자를 말한다)에 해고를 하려는 날의 50일 전까지 통보하고 성실하게 협의하여야 한다. → 보기 ㄱ
>
> ④ 사용자가 제1항부터 제3항까지의 규정에 따른 요건을 갖추어 근로자를 해고한 경우에는 정당한 이유가 있는 해고를 한 것으로 본다. → 보기 ㄱ
>
> 제00조(해고의 예고) 사용자는 근로자를 해고(경영상 이유에 의한 해고를 포함한다)하려면 적어도 30일 전에 예고를 하여야 하고, 30일 전에 예고를 하지 아니하였을 때에는 30일분 이상의 통상임금을 지급하여야 한다. 다만, 천재·사변, 그 밖의 부득이한 사유로 사업을 계속하는 것이 불가능한 경우 또는 근로자가 고의로 사업에 막대한 지장을 초래하거나 재산상 손해를 끼친 경우에는 그러하지 아니하다. → 보기 ㄷ
>
> 제00조(해고사유 등의 서면통지) ① 사용자는 근로자를 해고하려면 해고사유와 해고시기를 서면으로 통지하여야 한다.
>
> ② 근로자에 대한 해고는 제1항에 따라 서면으로 통지하여야 효력이 있다. → 보기 ㄴ

〈보기〉

ㄱ. 부도위기에 직면한 甲회사가 근로자의 과반수로 조직된 노동조합이 있음에도 불구하고, 그 노동조합과 협의하지 않고 전체 근로자의 절반을 정리해고한 경우, 그 해고는 정당한 이유가 있는 해고이다.

ㄴ. 乙회사가 무단결근을 이유로 근로자를 해고하면서 그 사실을 구두로 통지한 경우, 그 해고는 효력이 있는 해고이다.

ㄷ. 丙회사가 고의는 없었으나 부주의로 사업에 막대한 지장을 초래한 근로자를 예고 없이 즉시 해고한 경우에는, 그 근로자에게 30일분 이상의 통상임금을 지불하지 않아도 된다.

ㄹ. 丁회사가 고의로 사업에 막대한 지장을 초래한 근로자를 해고하면서 그 사실을 서면으로 통지하지 않은 경우, 그 해고는 효력이 없다.

① ㄱ, ㄴ ② ㄱ, ㄹ ③ ㄷ, ㄹ
④ ㄱ, ㄴ, ㄷ ⑤ ㄴ, ㄷ, ㄹ

해설

문제 분석

제1조 해고 등의 제한
제2조 제1항 경영상 이유에 의한 해고의 제한
제2항 해고회피노력, 합리적이고 공정한 해고 기준
제3항 성실하게 노동조합과 협의
제4항 정당한 이유가 있는 해고
제3조 해고의 예고
제4조 제1항 해고사유 등의 서면통지
제2항 해고의 효력

문제풀이 실마리

각 조문의 제목(표제)에는 해당 조문의 핵심적인 내용을 요약하고 있다. 따라서 표제를 잘 활용하면 보다 빠르게 문제를 해결할 수 있다.

ㄱ. (X) 제2조 제3항에 따르면 해당 사업 또는 사업장에 근로자의 과반수로 조직된 노동조합이 있는 경우 사용자는 제2조 제2항에 따른 해고를 피하기 위한 방법 등에 관하여 그 노동조합에 해고를 하려는 날의 50일 전까지 통보하고 성실하게 협의하여야 한다. 甲회사가 근로자의 과반수로 조직된 노동조합이 있음에도 불구하고, 그 노동조합과 협의하지 않고 전체 근로자의 절반을 정리해고한 경우 제2조 제3항을 위반한 것이다. 같은 조 제4항에 따르면 제1항부터 제3항까지의 규정에 따른 요건을 갖추어 근로자를 해고한 경우 정당한 이유가 있는 해고를 한 것으로 본다고 하므로 제3항의 요건을 갖추지 못한 해고는 정당한 이유가 있는 해고가 아니다.

ㄴ. (X) 제4조 제1항에 따르면 사용자는 근로자를 해고하려면 해고사유와 해고시기를 서면으로 통지하여야 하고, 제2항에 따르면 근로자에 대한 해고는 서면으로 통지하여야 효력이 있다. 따라서 乙회사가 근로자를 해고하면서 그 사실을 서면으로 통지하지 않고 구두로 통지한 경우, 그 해고는 효력이 없다.

ㄷ. (X) 제3조 본문에 따르면 사용자는 경영상 이유에 의한 해고를 포함하여 근로자를 해고하려면 적어도 30일 전에 예고를 하여야 하고 30일 전에 예고를 하지 아니하였을 때에는 30일분 이상의 통상임금을 지급하여야 한다고 하면서도 단서에 따른 일정한 사유의 경우는 그러하지 아니하다고 한다. 고의는 없었으나 부주의로 사업에 막대한 지장을 초래한 근로자는 고의로 사업에 막대한 지장을 초래한 경우가 아니므로 제3조 단서에 해당하지 않는다. 따라서 제3조 본문에 따라 적어도 30일 전에 예고를 하여야 하는데, 30일 전에 예고를 하지 아니하고 즉시 해고한 경우에는 그 근로자에게 30일분 이상의 통상임금을 지불하여야 한다.

ㄹ. (O) 丁회사가 고의로 사업에 막대한 지장을 초래한 근로자를 해고하려면 ㄴ에서 살펴본 바와 같이 해고사유 등을 서면으로 통지하여야 하고, 서면으로 통지하여야 효력이 있다. 따라서 해고 사실을 서면으로 통지하지 않은 경우, 그 해고는 효력이 없다.

[정답] ④

17 다음 글을 근거로 판단할 때, <보기>에서 규정을 위반한 행위만을 모두 고르면?

17년 민경채 나책형 5번

제00조(청렴의 의무) ① 공무원은 직무와 관련하여 직접적이든 간접적이든 사례 · 증여 또는 향응을 주거나 받을 수 없다.
② 공무원은 직무상의 관계가 있든 없든 그 소속 상관에게 증여하거나 소속 공무원으로부터 증여를 받아서는 아니 된다.
→ 보기 ㄱ
제00조(정치운동의 금지) ① 공무원은 정당이나 그 밖의 정치단체의 결성에 관여하거나 이에 가입할 수 없다.
② 공무원은 선거에서 특정 정당 또는 특정인을 지지 또는 반대하기 위한 다음의 행위를 하여서는 아니 된다.

1. 투표를 하거나 하지 아니하도록 권유 운동을 하는 것 → 보기 ㄹ
2. 기부금을 모집 또는 모집하게 하거나, 공공자금을 이용 또는 이용하게 하는 것 → 보기 ㄷ
3. 타인에게 정당이나 그 밖의 정치단체에 가입하게 하거나 가입하지 아니하도록 권유 운동을 하는 것

③ 공무원은 다른 공무원에게 제1항과 제2항에 위배되는 행위를 하도록 요구하거나, 정치적 행위에 대한 보상 또는 보복으로서 이익 또는 불이익을 약속하여서는 아니 된다.
제00조(집단행위의 금지) ① 공무원은 노동운동이나 그 밖에 공무 외의 일을 위한 집단행위를 하여서는 아니 된다. 다만, 사실상 노무에 종사하는 공무원은 예외로 한다. → 보기 ㄴ
② 제1항 단서에 규정된 공무원으로서 노동조합에 가입된 자가 조합 업무에 전임하려면 소속 장관의 허가를 받아야 한다. → 보기 ㄴ

〈보기〉

ㄱ. 공무원 甲은 그 소속 상관에게 직무상 관계 없이 고가의 도자기를 증여하였다.
ㄴ. 사실상 노무에 종사하는 공무원으로서 노동조합에 가입된 乙은 소속 장관의 허가를 받아 조합 업무에 전임하고 있다.
ㄷ. 공무원 丙은 동료 공무원 丁에게 선거에서 A정당을 지지하기 위한 기부금을 모집하도록 요구하였다.
ㄹ. 공무원 戊는 국회의원 선거기간에 B후보를 낙선시키기 위해 해당 지역구 지인들을 대상으로 다른 후보에게 투표하도록 권유 운동을 하였다.

① ㄱ, ㄴ
② ㄴ, ㄷ
③ ㄷ, ㄹ
④ ㄱ, ㄴ, ㄹ
⑤ ㄱ, ㄷ, ㄹ

해설

문제 분석

첫 번째 조문부터 각각 제1조~제3조라고 한다. 제1조~제3조 모두 공무원에 대해 일정한 사항을 금지하고 있다.

제1조 (청렴의 의무)
 제1항 직무관련 사례·증여 또는 향응의 수수 등 금지
 제2항 직무와 무관하게 소속 상관에게 증여 등 금지
제2조 (정치운동의 금지)
 제1항 정치단체의 결성에 관여하거나 가입 금지
 제2항 특정 정당 등을 지지 또는 반대하기 위한 일정한 행위 금지
제3조 (집단행위의 금지)
 제1항 공무 외의 일을 위한 집단행위 금지
 제2항 조합 업무에 전임하려면 소속 장관의 허가를 받아야 함

문제풀이 실마리

표제를 활용하면 빠른 해결이 가능한 문제이다. 옳은 것 또는 옳지 않은 것의 발문이 아니라 '규정을 위반한 행위만을 모두 고르면'이므로 정답을 고를 때 주의한다. 아래 해설에서 각 보기에는 규정을 위반한 행위를 (X)로, 위반하지 않은 행위를 (O)로 표시하였다.

ㄱ. (X) 제1조 제2항에 따르면 공무원은 직무상의 관계가 있든 없든 그 소속 상관에게 증여를 하여서는 아니 된다. 따라서 공무원 甲이 그 소속 상관에게 직무상 관계 없이 고가의 도자기를 증여한 행위는 제1조 제2항을 위반하였다.

ㄴ. (O) 제3조 제2항에 따르면 사실상 노무에 종사하는 같은 조 제1항 단서에 규정된 공무원으로서 노동조합에 가입된 자가 조합 업무에 전임하려면 소속 장관의 허가를 받아야 한다. 따라서 사실상 노무에 종사하는 공무원으로서 제3조 제1항 단서에 해당하는 노동조합에 가입된 乙이 소속 장관의 허가를 받아 조합 업무에 전임하는 것은 제시문의 규정을 위반한 행위가 아니다.

ㄷ. (X) 제2조 제2항 제2호에 따르면 공무원은 선거에서 특정 정당을 지지하기 위하여 기부금을 모집하게 하는 행위를 하여서는 아니 된다. 따라서 공무원 丙이 동료 공무원 丁에게 선거에서 A정당을 지지하기 위하여 기부금을 모집하도록 요구한 행위는 제2조 제2항을 위반하였다.

ㄹ. (X) 제2조 제2항 제1호에 따르면 공무원은 선거에서 특정인을 반대하기 위하여 투표를 하지 아니하도록 권유 운동을 하여서는 아니 된다. 따라서 공무원 戊가 국회의원 선거기간에 B후보를 낙선시키기 위해 해당 지역구 지인들을 대상으로 다른 후보에게 투표하도록 권유 운동을 한 행위는 제2조 제2항을 위반하였다.

[정답] ⑤

18 다음 글을 근거로 판단할 때 옳은 것은?

23년 7급 인책형 2번

제00조(법 적용의 기준) ① 새로운 법령등은 법령등에 특별한 규정이 있는 경우를 제외하고는 그 법령등의 효력 발생 전에 완성되거나 종결된 사실관계 또는 법률관계에 대해서는 적용되지 아니한다. → 선지 ①

② 당사자의 신청에 따른 처분은 법령등에 특별한 규정이 있거나 처분 당시의 법령등을 적용하기 곤란한 특별한 사정이 있는 경우를 제외하고는 처분 당시의 법령등에 따른다. → 선지 ④

제00조(처분의 효력) 처분은 권한이 있는 기관이 취소 또는 철회하거나 기간의 경과 등으로 소멸되기 전까지는 유효한 것으로 통용된다. 다만, 무효인 처분은 처음부터 그 효력이 발생하지 아니한다. → 선지 ②

제00조(위법 또는 부당한 처분의 취소) ① 행정청은 위법 또는 부당한 처분의 전부나 일부를 소급하여 취소할 수 있다. 다만, 당사자의 신뢰를 보호할 가치가 있는 등 정당한 사유가 있는 경우에는 장래를 향하여 취소할 수 있다. → 선지 ③

② 행정청은 제1항에 따라 당사자에게 권리나 이익을 부여하는 처분을 취소하려는 경우에는 취소로 인하여 당사자가 입게 될 불이익을 취소로 달성되는 공익과 비교·형량(衡量)하여야 한다. 다만, 다음 각 호의 어느 하나에 해당하는 경우에는 그러하지 아니하다. → 선지 ⑤

1. 거짓이나 그 밖의 부정한 방법으로 처분을 받은 경우
2. 당사자가 처분의 위법성을 알고 있었거나 중대한 과실로 알지 못한 경우

① 새로운 법령등은 법령등에 특별한 규정이 있는 경우에는 그 법령등의 효력 발생 전에 종결된 법률관계에 대해 적용될 수 있다.

② 무효인 처분의 경우 그 처분의 효력이 소멸되기 전까지는 유효한 것으로 통용된다.

③ 행정청은 부당한 처분의 일부는 소급하여 취소할 수 있으나 전부를 소급하여 취소할 수는 없다.

④ 당사자의 신청에 따른 처분은 처분 당시의 법령등을 적용하기 곤란한 특별한 사정이 있는 경우에도 처분 당시의 법령등에 따른다.

⑤ 당사자가 부정한 방법으로 자신에게 이익이 부여되는 처분을 받아 행정청이 그 처분을 취소하고자 하는 경우, 취소로 인해 당사자가 입게 될 불이익과 취소로 달성되는 공익을 비교·형량하여야 한다.

해설

문제 분석

첫 번째 조문부터 각각 제1조~제3조라고 한다.

제1조 제1항 법률 불소급
　　　제2항 처분 시 법 적용
제2조 처분의 효력
제3조 제1항 위법 또는 부당한 처분의 취소
　　　제2항 수익적 처분의 취소 시 공·사익 비교·형량

문제풀이 실마리

'제외하고는'의 해석을 정확하게 할 수 있어야, 선지 ①, ④를 정확하게 해결할 수 있다.

① (O) 제1조 제1항에 따르면 새로운 법령등은 법령등에 특별한 규정이 있는 경우를 제외하고는 그 법령등의 효력 발생 전에 완성되거나 종결된 사실관계 또는 법률관계에 대해서는 적용되지 아니한다. 따라서 반대로 해석하면 새로운 법령등은 법령등에 특별한 규정이 있는 경우에는 그 법령등의 효력 발생 전에 종결된 법률관계에 대해 적용될 수 있다.

② (X) 제2조 단서에 따르면 무효인 처분의 경우 처음부터 그 효력이 발생하지 아니하므로, 처분의 효력이 소멸되기 전에도 유효한 것으로 통용되지 않는다.

③ (X) 제3조 제1항 본문에 따르면 행정청은 부당한 처분의 일부를 소급하여 취소할 수 있고, 전부도 소급하여 취소할 수 있다.

④ (X) 제1조 제2항에 따르면 당사자의 신청에 따른 처분은 처분 당시의 법령등을 적용하기 곤란한 특별한 사정이 있는 경우를 제외하고는 처분 당시의 법령등에 따른다.

⑤ (X) 제3조 제2항 본문에 따르면 행정청은 같은 조 제1항에 따라 당사자에게 권리나 이익을 부여하는 처분을 취소하려는 경우에는 취소로 인하여 당사자가 입게 될 불이익을 취소로 달성되는 공익과 비교·형량하여야 한다. 그러나 단서에 따르면 제1호의 부정한 방법으로 처분을 받은 경우에는 그러하지 아니하다. 따라서 당사자가 부정한 방법으로 자신에게 이익이 부여되는 처분을 받았다면 제3조 제2항 제1호에 해당하므로, 제3조 제2항 단서에 따라 행정청이 그 처분을 취소하고자 하는 경우 취소로 인해 당사자가 입게 될 불이익과 취소로 달성되는 공익을 비교·형량하지 아니한다.

[정답] ①

19 다음 글을 근거로 판단할 때, <보기>에서 옳지 않은 것을 모두 고르면?

13년 외교관 인책형 27번

제1조(보물 및 국보의 지정) ① 문화재청장은 문화재위원회의 심의를 거쳐 유형문화재 중 중요한 것을 보물로 지정할 수 있다. → 보기 ㄱ
② 문화재청장은 제1항의 보물에 해당하는 문화재 중 인류문화의 관점에서 볼 때, 그 가치가 크고 유례가 드문 것을 문화재위원회의 심의를 거쳐 국보로 지정할 수 있다. → 보기 ㄱ
제2조(중요무형문화재의 지정) ① 문화재청장은 문화재위원회의 심의를 거쳐 무형문화재 중 중요한 것을 중요무형문화재로 지정할 수 있다.
② 문화재청장은 제1항에 따라 중요무형문화재를 지정하는 경우 해당 중요무형문화재의 보유자(보유단체를 포함한다. 이하 같다)를 인정하여야 한다.
③ 문화재청장은 제2항에 따라 인정한 보유자 외에 해당 중요무형문화재의 보유자를 추가로 인정할 수 있다. → 보기 ㄹ
④ 문화재청장은 제2항과 제3항에 따라 인정된 중요무형문화재의 보유자가 기능 또는 예능의 전수(傳授) 교육을 정상적으로 실시하기 어려운 경우 문화재위원회의 심의를 거쳐 명예보유자로 인정할 수 있다. 이 경우 중요무형문화재의 보유자가 명예보유자로 인정되면 그때부터 중요무형문화재 보유자의 인정은 해제된 것으로 본다. → 보기 ㄷ
제3조(보호물 또는 보호구역의 지정) ① 문화재청장은 제1조에 따른 지정을 할 때 문화재 보호를 위하여 특히 필요하면 이를 위한 보호물 또는 보호구역을 지정할 수 있다. → 보기 ㄴ
② 문화재청장은 인위적 또는 자연적 조건의 변화 등으로 인하여 조정이 필요하다고 인정하면 제1항에 따라 지정된 보호물 또는 보호구역을 조정할 수 있다.

〈보기〉

ㄱ. 중요무형문화재 가운데 인류문화의 관점에서 볼 때, 그 가치가 크고 유례가 드물면 국보가 될 수 있다.
ㄴ. 중요무형문화재가 발생한 지역의 보호가 특별히 필요한 경우 해당 지역을 보호구역으로 지정할 수 있다.
ㄷ. 중요무형문화재 보유자는 전수교육을 정상적으로 실시할 수 있는 때에도 일정한 연령이 되면 명예보유자가 되고 중요무형문화재 보유자의 인정은 해제된다.
ㄹ. 문화재청장은 해당 중요무형문화재를 최고의 가치로 실현할 수 있는 사람을 선정하여 종목당 한 사람 또는 한 단체만을 중요무형문화재 보유자 또는 보유단체로 인정한다.

① ㄱ, ㄷ
② ㄴ, ㄹ
③ ㄷ, ㄹ
④ ㄱ, ㄴ, ㄷ
⑤ ㄱ, ㄴ, ㄷ, ㄹ

해설

문제 분석

제1조 (보물 및 국보의 지정)
- 제1항 보물 지정
- 제2항 국보 지정

제2조 (중요무형문화재의 지정)
- 제1항 중요무형문화재 지정
- 제2항 중요무형문화재의 보유자 인정
- 제3항 보유자 추가 인정
- 제4항 명예보유자 인정

제3조 (보호물 또는 보호구역의 지정)
- 제1항 보호물 또는 보호구역 지정
- 제2항 보호물 또는 보호구역 조정

문제풀이 실마리

표제를 활용하여 빠른 해결이 가능한 문제이다. 유형 ↔ 무형의 함정에 빠지지 않도록 주의하자.

ㄱ. (X) 제1조 제1항에 따르면 유형문화재 중 중요한 것을 보물로 지정할 수 있고, 제2항에 따르면 보물에 해당하는 문화재 중 인류문화의 관점에서 볼 때, 그 가치가 크고 유례가 드문 것을 국보로 지정할 수 있다. 즉, 보물로 지정된 유형문화재 중 제2항의 요건을 충족하는 문화재에 대하여 국보로 지정할 수 있다. 따라서 중요무형문화재는 유형문화재가 아니므로 제1항에 따라 보물로 지정될 수 없고, 인류문화의 관점에서 볼 때, 그 가치가 크고 유례가 드물다고 하더라도 보물에 해당하는 문화재가 아니므로 제2조에 따라 국보로 지정될 수 없다.

ㄴ. (X) 제3조 제1항에 따르면 제1조에 따른 지정을 할 때 문화재 보호를 위하여 특히 필요하면 이를 위한 보호물 또는 보호구역을 지정할 수 있고, 제1조는 유형문화재 중 보물 및 국보의 지정에 대해 정하고 있다. 따라서 중요무형문화재가 발생한 지역의 보호가 특별히 필요한 경우라도, 중요무형문화재는 유형문화재가 아니므로 제1조에 따라 보물 및 국보로 지정될 수 없어 해당 지역을 보호구역으로 지정할 수 없다.

ㄷ. (X) 제2조 제4항 제1문에 따르면 중요무형문화재의 보유자가 전수 교육을 정상적으로 실시하기 어려운 경우 명예보유자로 인정할 수 있다고 한다. 연령에 대해서 정하고 있는 바가 없으므로 중요무형문화재 보유자는 전수교육을 정상적으로 실시할 수 있는 때에도 일정한 연령이 되면 명예보유자가 되는 것은 아니다. 제2문에 따르면 명예보유자로 인정된 경우, 중요무형문화재 보유자의 인정은 해제된다.

ㄹ. (X) 제2조 제2항에서는 중요무형문화재 보유자 인정에 대해서 정하고 있는데, 제3항에서는 제2항에 따라 인정한 보유자 외에 해당 중요무형문화재의 보유자를 추가로 인정할 수 있다고 한다. 따라서 중요무형문화재 종목당 한 사람 또는 한 단체만을 중요무형문화재 보유자 또는 보유단체로 인정하는 것이 아니라 추가로 인정할 수 있다.

[정답] ⑤

20 다음 글을 근거로 판단할 때 옳지 않은 것은?

14년 5급 A책형 7번

제00조(보증의 방식) ① 보증은 그 의사가 보증인의 기명날인 또는 서명이 있는 서면으로 표시되어야 효력이 발생한다. → 선지 ①

② 보증인의 채무를 불리하게 변경하는 경우에도 제1항과 같다.

제00조(채권자의 통지의무 등) ① 채권자는 주채무자가 원본, 이자 그 밖의 채무를 3개월 이상 이행하지 아니하는 경우 또는 주채무자가 이행기에 이행할 수 없음을 미리 안 경우에는 지체없이 보증인에게 그 사실을 알려야 한다. → 선지 ③

② 제1항에도 불구하고 채권자가 금융기관인 경우에는 주채무자가 원본, 이자 그 밖의 채무를 1개월 이상 이행하지 아니할 때에는 지체없이 그 사실을 보증인에게 알려야 한다.

③ 채권자는 보증인의 청구가 있으면 주채무의 내용 및 그 이행 여부를 보증인에게 알려야 한다. → 선지 ④

④ 채권자가 제1항부터 제3항까지의 규정에 따른 의무를 위반한 경우에는 보증인은 그로 인하여 손해를 입은 한도에서 채무를 면한다. → 선지 ④

제00조(보증기간 등) ① 보증기간의 약정이 없는 때에는 그 기간을 3년으로 본다. → 선지 ②

② 보증기간은 갱신할 수 있다. 이 경우 보증기간의 약정이 없는 때에는 계약체결 시의 보증기간을 그 기간으로 본다.

③ 제1항 및 제2항에서 간주되는 보증기간은 계약을 체결하거나 갱신하는 때에 채권자가 보증인에게 고지하여야 한다. → 선지 ⑤

※ 보증계약은 채무자(乙)가 채권자(甲)에 대한 금전채무를 이행하지 아니하는 경우에 보증인(丙)이 그 채무를 이행하기로 하는 채권자와 보증인 사이의 계약을 말하며, 이때 乙을 주채무자라 한다.

① 보증인 丙이 주채무자 乙의 甲에 대한 금전채무를 보증하기 위해 채권자 甲과 보증계약을 서면으로 체결하지 않으면 그 계약은 무효이다.

② 보증인 丙이 주채무자 乙의 甲에 대한 금전채무를 보증하기 위해 채권자 甲과 보증계약을 체결하면서 보증기간을 약정하지 않으면 그 기간은 3년이다.

③ 주채무자 乙이 원본, 이자 그 밖의 채무를 2개월 이상 이행하지 아니하는 경우, 금융기관이 아닌 채권자 甲은 지체없이 보증인 丙에게 그 사실을 알려야 한다.

④ 보증인 丙의 청구가 있는데도 채권자 甲이 주채무의 내용 및 그 이행 여부를 丙에게 알려주지 않으면, 丙은 그로 인하여 손해를 입은 한도에서 채무를 면하게 된다.

⑤ 보증인 丙이 주채무자 乙의 甲에 대한 금전채무를 보증하기 위해 채권자 甲과 기간을 2년으로 약정한 보증계약을 체결한 다음, 그 계약을 갱신하면서 기간을 약정하지 않으면 그 기간은 2년이다.

해설

문제 분석

제1조 제1항 보증의 효력 발생 요건
제2항 채무를 불리하게 변경하는 경우
제2조 제1항 채권자의 보증인에 대한 통지의무
제2항 채권자가 금융기관인 경우
제3항 보증인의 청구에 따른 채권자의 통지
제4항 채권자의 통지의무 위반
제3조 제1항 보증기간
제2항 보증기간의 갱신
제3항 채권자의 보증인에 대한 고지의무

문제풀이 실마리

표제를 활용하여 빠른 해결이 가능한 문제이다. 두 번째 조문에서 제1항과 제2항의 관계를 파악하는 것과 제1항~제3항의 키워드인 '알려야 한다'를 정확하게 구분하는 것이 핵심이다.

① (O) 제1조 제1항에 따르면 보증은 그 의사가 보증인의 기명날인 또는 서명이 있는 서면으로 표시되어야 효력이 발생한다. 따라서 보증인 丙이 채권자 甲과 보증계약을 서면으로 체결하지 않으면 그 계약은 효력이 발생하지 않으므로 무효이다.

② (O) 제3조 제1항에 따르면 보증기간의 약정이 없는 때에는 그 기간을 3년으로 본다. 보증인 丙이 채권자 甲과 보증계약을 체결하면서 보증기간을 약정하지 않으면 그 기간은 3년이다.

③ (X) 제2조 제1항에 따르면 채권자는 주채무자가 원본, 이자 그 밖의 채무를 3개월 이상 이행하지 아니하는 경우에는 지체없이 보증인에게 그 사실을 알려야 한다. 주채무자 乙이 원본, 이자 그 밖의 채무를 2개월 이상 이행하지 아니하는 경우, 3개월 이상 이행하지 아니한 경우가 아니므로 금융기관이 아닌 채권자 甲은 보증인 丙에게 그 사실을 알려야 할 의무가 없다.

④ (O) 제2조 제3항에 따르면 채권자는 보증인의 청구가 있으면 주채무의 내용 및 그 이행 여부를 보증인에게 알려야 하고, 제4항에 따르면 채권자가 제3항의 규정에 따른 의무를 위반한 경우에는 보증인은 그로 인하여 손해를 입은 한도에서 채무를 면한다. 따라서 보증인 丙의 청구가 있는데도 채권자 甲이 주채무의 내용 및 그 이행 여부를 丙에게 알려주지 않으면 제2조 제3항의 통지의무를 위반한 것이고, 같은 조 제4항에 따라 丙은 그로 인하여 손해를 입은 한도에서 채무를 면하게 된다.

⑤ (O) 제3조 제2항에 따르면 보증기간을 갱신하는 경우, 보증기간의 약정이 없는 때에는 계약체결 시의 보증기간을 그 기간으로 본다. 따라서 보증인 丙이 주채무자 乙의 甲에 대한 금전채무를 보증하기 위해 채권자 甲과 기간을 2년으로 약정한 보증계약을 체결한 다음 그 계약을 갱신하면서 기간을 약정하지 않으면, 그 기간은 계약체결 시의 보증기간인 2년이다.

[정답] ③

21 다음 <규정>을 근거로 판단할 때 위반행위가 아닌 것은?

14년 5급 A책형 27번

〈규정〉

제00조(용역발주의 방식) 연구비 총액 5,000만 원 이상의 연구용역은 경쟁입찰 방식을 따르되, 그 외의 연구용역은 담당자에 의한 수의계약 방식으로 발주한다. → 선지 ①
제00조(용역방침결정서) 용역 발주 전에 담당자는 용역방침결정서를 작성하여 부서장의 결재를 받아야 한다.
제00조(책임연구원의 자격) 연구용역의 연구원 중에 책임연구원은 대학교수 또는 박사학위 소지자이어야 한다. → 선지 ②
제00조(계약실시요청 공문작성) 연구자가 결정된 경우, 담당자는 연구용역 계약실시를 위해 용역수행계획서와 예산계획서를 작성하여 부서장의 결재를 받아야 한다.
제00조(보안성 검토) 담당자는 연구용역에 참가하는 모든 연구자들에게 보안서약서를 받아야 하며, 총액 3,000만 원을 초과하는 연구용역에 대해서는 감사원에 보안성 검토를 의뢰해야 한다. → 선지 ④
제00조(계약실시요청) 담당자는 용역방침결정서, 용역수행계획서, 예산계획서, 보안성 검토결과를 첨부하여 운영지원과에 연구용역 계약실시요청 공문을 발송해야 한다. → 선지 ⑤
제00조(계약의 실시) 운영지원과는 연구용역 계약실시를 요청받은 경우 지체없이 계약업무를 개시하여야 하며, 계약과정에서 연구자와의 협의를 통해 예산계획서상의 예산을 10% 이내의 범위에서 감액할 수 있다. → 선지 ③

※ 수의계약: 경매나 입찰에 의하지 않고, 임의로 적당한 상대방을 선택하여 체결하는 계약.

① 甲부처는 연구비 총액 6,000만 원의 예산이 책정된 연구용역을 수의계약 방식으로 발주하였다.
② 박사학위 소지자 乙을 책임연구원으로 하고, 2인의 석사과정생을 연구원으로 하는 연구팀이 연구자로 선정되었다.
③ 계약체결과정에서 10%의 예산감액이 예상되어 丙사무관은 연구비 총액 5,500만 원의 연구용역을 수의계약 방식으로 발주하였다.
④ 丙사무관은 경쟁입찰 방식으로 발주하는 연구용역에 대하여 감사원에 보안성 검토를 의뢰하지 않았다.
⑤ 丙사무관은 수의계약 방식으로 용역계약이 체결될 때까지 용역수행계획서, 보안서약서, 예산계획서 등 총 3건을 작성하여 부서장의 결재를 받았다.

해설

문제 분석

첫 번째 조문부터 각각 제1조~제7조라고 한다.

제1조 (용역발주의 방식) 경쟁입찰과 수의계약
제2조 (용역방침결정서(ⓐ))
제3조 (책임연구원의 자격), 대학교 또는 박사학위 소지자
제4조 (계약실시요청 공문작성) 용역수행계획서(ⓑ), 예산계획서(ⓒ)
제5조 (보안성 검토) 보안서약서, 보안성 검토(ⓓ) 의뢰
제6조 (계약실시요청) 연구용역 계약실시요청 공문 발송(ⓐ~ⓓ 첨부)
제7조 (계약의 실시)

문제풀이 실마리

위반행위가 아닌 것을 선택해야 하는 문제이기 때문에 옳은 선지를 선택하면 되는 문제이다. 조문 간 내용이 서로 연결되어 해결되는 선지들이 있어 다소 까다롭게 느껴질 수도 있는 문제이다. 표제는 각 조문의 중심내용을 나타내기 때문에 표제를 적극적으로 활용하여 문제를 해결할 수 있어야 한다. 선지 ⑤의 경우 부서장의 결재를 받은 항목들을 모두 꼼꼼하게 확인하는 것이 필요하다.

① (X) 제1조에 따르면 연구비 총액 5,000만 원 이상의 연구용역은 경쟁입찰 방식을 따라야 한다. 따라서 甲부처가 연구비 총액 6,000만 원의 예산이 책정된 연구용역을 경쟁입찰 방식을 따르지 않고 수의계약 방식으로 발주한 것은 제1조를 위반한 것이다.

② (O) 제3조에 따르면 책임연구원은 대학교수 또는 박사학위 소지자이어야 한다. 박사학위 소지자 乙을 책임연구원으로 한 것은 제3조에 부합하는 것이며, 2인의 석사과정생을 연구원으로 하는 연구팀을 연구자로 선정한 것 또한 〈규정〉을 위반한 것이 아니다.

③ (X) 제1조에 따르면 연구비 총액 5,000만 원 이상의 연구용역은 경쟁입찰 방식을 따라야 하고, 제7조에 따르면 계약과정에서 연구자와의 협의를 통해 예산계획서상의 예산을 10% 이내의 범위에서 감액할 수 있다. 그러나 계약과정 이전에 앞으로 계약체결과정에서 10%의 예산감액이 '예상'된 것만으로 연구비 총액 5,500만 원의 연구용역을 경쟁입찰 방식을 따르지 않고 수의계약 방식으로 발주한 것은 〈규정〉 중 제1조를 위반한 것이다.

④ (X) 제1조에 따르면 연구비 총액 5,000만 원 이상의 연구용역은 경쟁입찰 방식을 따라야 하고, 예외를 규정하고 있지 않다. 따라서 해당 경쟁입찰 방식으로 발주하는 연구용역은 연구비 총액이 5,000만 원 이상이다. 그리고 제5조 후단에 따르면 총액 3,000만 원을 초과하는 연구용역에 대해서는 감사원에 보안성 검토를 의뢰해야 한다. 해당 연구용역이 연구비 총액이 5,000만 원 이상임에도 감사원에 보안성 검토를 의뢰하지 않은 것은 제5조를 위반한 것이다.

⑤ (X) 〈규정〉에서 언급하는 담당자가 丙사무관인지 부서장인지 불분명하다. 그러나 출제 의도는 선지에서 언급하는 문서들의 종류가 제6조에 부합하는지 판단하라는 것으로 생각된다. 제6조에 따르면 담당자는 용역방침결정서, 용역수행계획서, 예산계획서, 보안성 검토결과를 첨부하여 운영지원과에 연구용역 계약실시요청 공문을 발송해야 한다. 丙사무관은 용역수행계획서, 예산계획서 이외에도 용역방침결정서, 보안성 검토결과를 결재 받아야 하며 보안서약서는 결재 받아야 할 서류에 해당하지 않는다. 제6조를 위반한 것이다.

빠른 문제풀이 Tip

선지 ③과 관련하여 〈규정〉의 각 조문들의 적용 순서를 정리해 보면 다음과 같다. 제2조(용역방침결정서) → 제1조(용역발주) → 제3조(책임연구원) → 제4조(용역수행계획서, 예산계획서 작성), 제5조(보안성 검토) → 제6조(계약실시 요청) → 제7조(계약의 실시)와 같은 순서대로 이루어진다. 제4조, 제5조는 병렬적으로 이루어진다고 보아도 좋다. 따라서 제7조에 따라 계약과정에서 연구자와 협의를 통해 예산을 감액할 수도 있지만, 그것이 제1조에 따른 용역발주에 영향을 미쳐서는 안 된다.

[정답] ②

22 다음 글을 근거로 판단할 때 옳지 않은 것은?

15년 5급 인책형 5번

제00조(관광상륙허가) 출입국관리공무원은 관광을 목적으로 대한민국과 외국 해상을 국제적으로 순회(巡廻)하여 운항하는 여객운송선박 중 다음 각 호의 요건을 모두 갖춘 선박에 승선한 외국인승객에 대하여 그 선박의 장 또는 운수업자가 상륙허가를 신청하면 3일의 범위에서 승객의 관광상륙을 허가할 수 있다. → 선지 ①, ②, ⑤

1. 국제총톤수 2만 톤 이상일 것
2. 대한민국을 포함하여 3개국 이상의 국가를 기항할 것
3. 순항여객운송사업 또는 복합해상여객운송사업 면허를 받은 선박일 것
4. 크루즈업을 등록한 선박일 것

제00조(관광상륙허가의 기준) ① 관광을 목적으로 대한민국과 외국 해상을 국제적으로 순회하여 운행하는 여객운송선박의 외국인승객에 대하여 그 선박의 장 또는 운수업자가 관광상륙허가를 신청할 때에는 외국인승객이 아래 제2항의 기준에 해당하는지를 검토한 후 신청하여야 한다.

② 출입국관리공무원은 다음 각 호의 해당 여부를 심사하여 관광상륙을 허가한다. → 선지 ①

1. 본인의 유효한 여권을 소지하고 있는지 여부
2. 대한민국에 관광 목적으로 하선(下船)하여 자신이 하선한 기항지에서 자신이 하선한 선박으로 돌아와 출국할 예정인지 여부 → 선지 ②
3. 외국인승객이 다음 각 목의 어느 하나에 해당하는지 여부
   가. 사증면제협정 등에 따라 대한민국에 사증 없이 입국할 수 있는 사람 → 선지 ③
   나. 제주특별자치도에 체류하려는 사람

※ 기항(寄港): 배가 항구에 들름
※ 사증(査證): 외국인의 입국허가증명, 즉 비자

① 관광 목적의 여객운송선박에 탑승한 외국인승객이더라도 관광상륙허가를 받지 못할 수 있다.
② 관광상륙허가를 받은 외국인승객은 하선 후 상륙허가기간 내에 하선한 기항지의 하선한 선박으로 돌아가야 한다.
③ 대한민국 사증이 없으면 입국할 수 없는 사람은 관광상륙허가를 받더라도 제주특별자치도에 체류할 수 없다.
④ 관광 목적으로 부산에 하선한 후 인천에서 승선하여 출국하려고 하는 외국인승객은 관광상륙허가를 받을 수 없다.
⑤ 국제총톤수 10만 톤으로 복합해상여객운송사업 면허를 받고 크루즈업을 등록한 선박 A가 관광 목적으로 중국 – 한국 – 일본에 기항하는 경우, 그 선박의 장은 승객의 관광상륙허가를 신청할 수 있다.

해설

문제 분석

첫 번째 조문부터 각각 제1조, 제2조라고 한다.
제1조 (관광상륙허가) 여객운송선박의 관광상륙허가 신청 요건
제2조 (관광상륙허가의 기준)
  제1항 관광상륙허가의 신청
  제2항 외국인승객의 관광상륙허가 요건

문제풀이 실마리

제1조에서는 선박의 요건이, 제2조에서는 승객의 요건이 규정되어 있다. 요건이 여러 개이므로 and로 연결되는 모두 충족해야 하는 요건인지, or로 연결되는 그중 일부만 충족해도 되는 요건인지를 엄밀하게 따져 보아야 한다.

① (O) 제1조에 따르면 관광을 목적으로 하는 여객운송선박은 제1조 각호의 요건을 모두 갖추어 관광상륙허가를 신청하여야 하고, 제2조 제2항에 따라 제2항 각호의 요건을 갖춘 외국인승객에 대하여 관광상륙을 허가한다. 따라서 관광 목적의 여객운송선박에 탑승한 외국인승객이더라도, 해당 선박이 제1조 각호에 따른 상륙허가 신청 요건을 갖추지 못하였거나, 제2조 제2항의 허가 요건을 갖추지 못한 경우 관광상륙허가를 받지 못할 수 있다.

② (O) 제1조에 따르면 관광상륙허가 기간은 3일이고, 제2조 제2항 제2호에 따르면 외국인승객이 관광상륙허가를 받기 위해서는 관광 목적으로 하선하여 자신이 하선한 기항지에서 자신이 하선한 선박으로 돌아올 예정이어야 한다. 따라서 관광상륙허가를 받은 외국인승객은 하선 후 상륙허가기간 내에 하선한 기항지의 하선한 선박으로 돌아가야 한다.

③ (X) 제2조 제2항에 따르면 제2항 각호의 요건을 충족하는 외국인승객에 대해 관광상륙을 허가한다. 제2항 제3호는 가목 또는 나목 중 어느 하나에 해당하여야 하는데, 제2항 제3호 취지는 대한민국에 사증없이 입국할 수 없는 사람이라고 하더라도 제주특별자치도에 체류하려는 사람은 관광상륙을 허가해 주고자 하는 취지의 규정이다. 따라서 대한민국 사증이 없으면 입국할 수 없는 사람으로서 제2조 제2항 제3호 가목에 해당하지 않는 사람이지만 제주특별자치도에 체류하려는 사람이라면 제3호 나목에 해당하므로, 제2항 제1호, 제2호에 해당하는 경우에는 관광상륙허가를 받아 제주특별자치도에 체류할 수 있다.

④ (O) 제2조 제2항 제2호에 따르면 외국인승객이 관광상륙허가를 받기 위해서는 관광 목적으로 하선하여 '자신이 하선한 기항지'에서 '자신이 하선한 선박'으로 돌아와 출국할 예정이어야 한다. 따라서 관광 목적으로 부산에 하선한 후, 자신이 하선한 기항지가 아닌 인천에서 승선하여 출국하려고 하는 외국인승객은 제2조 제2항 제2호의 요건에 해당하지 않으므로 관광상륙허가를 받을 수 없다.

⑤ (O) 국제총톤수 10만 톤인 경우 제1조 제1호의 국제총톤수 2만 톤 이상에 해당하고, 복합해상여객운송사업 면허를 받은 경우 제3호에 해당하며, 크루즈업을 등록한 선박이면 제4호에 해당한다. 그리고 A가 중국 –한국 – 일본에 기항하는 경우 제2호의 대한민국을 포함하여 3개국 이상의 국가를 기항하는 선박에 해당한다. 그리고 선박 A는 관광 목적으로 운항하는 것으로 제1조 본문의 요건에도 해당하므로 그 선박의 장은 승객의 관광상륙허가를 신청할 수 있다.

[정답] ③

23 다음 글을 근거로 판단할 때 옳은 것은?

16년 5급 4책형 5번

제00조(선거공보) ① 후보자는 선거운동을 위하여 책자형 선거공보 1종을 작성할 수 있다. → 선지 ⑤
② 제1항의 규정에 따른 책자형 선거공보는 대통령선거에 있어서는 16면 이내로, 국회의원선거 및 지방자치단체의 장 선거에 있어서는 12면 이내로, 지방의회의원선거에 있어서는 8면 이내로 작성한다. → 선지 ①
③ 후보자는 제1항의 규정에 따른 책자형 선거공보 외에 별도의 점자형 선거공보(시각장애선거인을 위한 선거공보) 1종을 책자형 선거공보와 동일한 면수 제약 하에서 작성할 수 있다. 다만, 대통령선거 · 지역구국회의원선거 및 지방자치단체의 장 선거의 후보자는 책자형 선거공보 제작 시 점자형 선거공보를 함께 작성 · 제출하여야 한다. → 선지 ②
④ 대통령선거, 지역구국회의원선거, 지역구지방의회의원선거 및 지방자치단체의 장 선거에서 책자형 선거공보(점자형 선거공보를 포함한다)를 제출하는 경우에는 다음 각 호에 따른 내용(이하 이 조에서 '후보자정보공개자료'라 한다)을 게재하여야 하며, 후보자정보공개자료에 대하여 소명이 필요한 사항은 그 소명자료를 함께 게재할 수 있다. 점자형 선거공보에 게재하는 후보자정보공개자료의 내용은 책자형 선거공보에 게재하는 내용과 똑같아야 한다.

1. 재산상황 → 선지 ③
   후보자, 후보자의 배우자 및 직계존 · 비속(혼인한 딸과 외조부모 및 외손자녀를 제외한다)의 각 재산총액
2. 병역사항 → 선지 ④
   후보자 및 후보자의 직계비속의 군별 · 계급 · 복무기간 · 복무분야 · 병역처분사항 및 병역처분사유
3. 전과기록
   죄명과 그 형 및 확정일자

① 지역구지방의회의원선거에 출마한 A는 책자형 선거공보를 12면까지 가득 채워서 작성할 수 있다.
② 지역구국회의원선거에 출마한 B는 자신의 선거운동전략에 따라 책자형 선거공보 제작 시 점자형 선거공보는 제작하지 않을 수 있다.
③ 지역구지방의회의원선거에 출마한 C는 책자형 선거공보를 제출할 경우, 자신의 가족 중 15세인 친손녀의 재산총액을 표시할 필요가 없다.
④ 지역구국회의원선거에 출마한 D가 제작한 책자형 선거공보에는 D 본인과 자신의 가족 중 아버지, 아들, 손자의 병역사항을 표시해야 한다.
⑤ 지역구국회의원선거에 출마한 E는 자신에게 전과기록이 있다는 사실을 공개하면 선거운동에 악영향을 미칠 것이라고 판단할 경우, 책자형 선거공보를 제작하지 않고 선거운동을 할 수 있다.

해설

문제 분석

제1항 책자형 선거공보 1종
제2항 책자형 선거공보 면수 제한
제3항 점자형 선거공보
제4항 후보자정보공개자료

문제풀이 실마리

한 개의 조문으로만 구성된 문제이기 때문에 조문 내에서 내용이 서로 연결되는 경우가 많은 문제이다. 선거공보로는 책자형과 점자형이 등장하고, 선거의 종류도 많이 등장하기 때문에 선거의 종류를 정확하게 구분하여 이해하는 것이 필요한 문제이다.

① (X) 제2항에 따르면 지역구지방의회의원선거에 출마한 A는 책자형 선거공보를 12면까지 가득 채워서 작성할 수 없고, 8면 이내로 작성한다.

② (X) 제3항 단서에 따르면 지역구국회의원선거에 출마한 B는 책자형 선거공보 제작 시 점자형 선거공보를 함께 제작하여야 한다.

③ (X) 제4항에 따르면 지역구지방의회의원선거에 출마한 C가 책자형 선거공보를 제출할 경우, 후보자정보공개자료로써 제4항 제1호에 따라 직계비속인 친손녀의 재산총액을 표시하여야 한다.

④ (X) 제4항에 따르면 지역구국회의원선거에 출마한 D가 책자형 선거공보를 제작하는 경우, 후보자정보공개자료로써 제4항 제2호에 따라 후보자 D 본인과 직계비속인 아들, 손자의 병역사항을 표시해야 하지만, 직계존속인 아버지의 병역사항을 표시해야 하는 것은 아니다.

⑤ (O) 제4항에 따르면 책자형 선거공보를 작성하는 경우에는 제4항 제3호에 따라 전과기록을 게재하여야 하지만, 제1항에서는 책자형 선거공보를 '작성할 수 있다'고 하여 책자형 선거공보 작성이 의무인 것은 아니다. 따라서 지역구국회의원선거에 출마한 E는 책자형 선거공보를 제작하지 않고 선거운동을 할 수 있다.

[정답] ⑤

24 다음 글을 근거로 판단할 때 옳은 것은?

23년 5급 가책형 2번

제00조(소하천의 점용 등) ① 소하천에서 다음 각 호의 어느 하나에 해당하는 행위를 하려는 자는 그 소하천을 지정한 시장 · 군수 또는 구청장(이하 '관리청'이라 한다)의 허가(이하 '소하천 점용 · 사용 허가'라 한다)를 받아야 한다. → 선지 ①

1. 유수(流水)의 점용
2. 토지의 점용
3. 토석 · 모래 · 자갈, 그 밖의 소하천 산출물의 채취
4. 인공구조물의 신축 · 개축 또는 변경

② 관리청은 소하천에 대하여 제1항 제1호에 따른 허가를 한 때에는 그 내용을 A부장관에게 통보하여야 한다. → 선지 ①

제00조(원상회복 의무) ① 소하천 점용 · 사용 허가를 받은 자는 그 허가가 실효(失效)되거나 점용 또는 사용을 폐지한 경우에는 그 소하천을 원상으로 회복시켜야 한다.

② 관리청은 필요한 경우 제1항의 원상회복 의무를 면제할 수 있고, 이때 그 인공구조물이나 그 밖의 물건은 해당 지방자치단체에 무상(無償)으로 귀속된다. → 선지 ②

제00조(점용료 등의 징수) ① 관리청은 소하천 점용 · 사용 허가를 받은 자로부터 유수 및 토지의 점용료, 토석 · 모래 · 자갈 등 소하천 산출물의 채취료(이하 '점용료 등'이라 한다)를 징수할 수 있다.

② 관리청은 소하천 점용 · 사용 허가를 받지 아니하고 소하천을 점용하거나 사용한 자로부터 변상금을 징수할 수 있다. → 선지 ⑤

③ 소하천 점용 · 사용 허가를 받으려는 자는 수수료를 내야 한다.

④ 관리청은 소하천 점용 · 사용 허가를 하는 경우로서 다음 각 호의 어느 하나에 해당하는 경우에는 점용료 등 또는 수수료를 감면할 수 있다. 이 경우 점용료 등의 감면 비율은 대통령령으로 정하고, 수수료의 감면 비율은 해당 지방자치단체의 조례로 정한다. → 선지 ③, ④

1. 공공용 사업, 그 밖의 공익 목적 비영리사업인 경우 → 선지 ⑤
2. 재해나 그 밖의 특별한 사정으로 본래의 점용 목적을 달성할 수 없는 경우 → 선지 ④

① 관리청은 소하천에서의 토석 채취를 허가한 경우, 그 내용을 A부장관에게 통보하여야 한다.

② 관리청이 소하천에서의 인공구조물 신축 허가를 받은 자에게 원상회복 의무를 면제한 경우, 해당 인공구조물은 그 허가를 받은 자에게 귀속된다.

③ 소하천 점용 · 사용 허가에 따른 점용료 등과 수수료의 각 감면 비율은 해당 지방자치단체의 조례로 정한다.

④ 소하천 점용 · 사용 허가를 하는 경우에 재해로 인하여 본래의 점용 목적을 달성할 수 없는 때에는 관리청은 점용료 등을 감면할 수 있다.

⑤ 공공용 사업을 위해 소하천 점용 · 사용 허가를 받지 않고 소하천을 점용한 경우, 관리청은 변상금을 감면할 수 있다.

해설

문제 분석

첫 번째 조문부터 각각 제1조~제3조라고 한다.

제1조(소하천의 점용 등)
- 제1항 소하천 점용·사용 허가
- 제2항 A부장관에게 통보

제2조(원상회복 의무)
- 제1항 소하천에 대한 원상회복 의무
- 제2항 원상회복 의무 면제, 인공구조물 등의 귀속

제3조(점용료 등의 징수)
- 제1항 점용료 등의 징수
- 제2항 변상금의 징수
- 제3항 수수료
- 제4항 점용료 등의 감면

문제풀이 실마리

표제를 활용하여 빠른 해결이 가능한 문제이다. 일부 항에서 호의 형식이 활용되는 문제이고, 특정 호만 지정하며 의무를 부과하기도 하므로 이를 정확하게 파악해야만 실수하지 않고 문제를 해결할 수 있다. 또한 '점용료 등'이라는 표현이 보이면 무엇을 의미하는지도 정확하게 파악해야 한다.

① (X) 제1조 제2항에 따르면 관리청은 소하천에서의 제1항 제3호의 토석 채취를 허가한 경우가 아니라, 제1항 제1호의 유수의 점용을 허가한 때에 그 내용을 A부장관에게 통보하여야 한다. 제1항 제3호의 토석 채취를 허가한 경우 A부장관에게 통보하여야 한다는 규정은 없다.

② (X) 제2조 제2항에 따라 관리청이 소하천에서의 제1조 제1항 제4호의 인공구조물 신축 허가를 받은 자에게 원상회복 의무를 면제한 경우, 해당 인공구조물은 그 허가를 받은 자가 아니라 해당 지방자치단체에 귀속된다.

③ (X) 제3조 제4항에 따르면 소하천 점용·사용 허가에 따른 점용료 등의 감면 비율은 해당 지방자치단체의 조례가 아니라 대통령령으로 정하고, 수수료의 각 감면 비율은 해당 지방자치단체의 조례로 정한다.

④ (O) 제3조 제4항 제2호에 따르면 소하천 점용·사용 허가를 하는 경우에 재해로 인하여 본래의 점용 목적을 달성할 수 없는 때에는, 제4항 제1문에 따라 관리청은 점용료 등을 감면할 수 있다.

⑤ (X) 제3조 제2항에 따르면 관리청은 소하천 점용·사용 허가를 받지 아니하고 소하천을 점용한 자로부터 변상금을 징수할 수 있다. 제4항 제1호에 따르면 소하천 점용·사용 허가를 하는 경우로서 공공용 사업에 해당하는 경우, 제4항 제1문에 따라 점용료 등을 감면할 수 있지만, 변상금을 감면할 수 있다는 규정은 없다. 그리고 제3조 제4항은 소하천 점용·사용 허가를 하는 경우에 적용되고, 소하천 점용·사용 허가를 받지 않고 소하천을 점용한 경우에는 적용되지 않는다.

[정답] ④

25 다음 글을 근거로 판단할 때 옳은 것은? 23년 5급 가책형 22번

제00조(정의) 이 법에서 사용하는 용어의 뜻은 다음과 같다.
1. "건강검사"란 신체의 발달상황 및 능력, 정신건강 상태, 생활습관, 질병의 유무 등에 대하여 조사하거나 검사하는 것을 말한다.
2. "학교"란 유치원, 초·중·고등학교, 대학·산업대학·교육대학·전문대학 및 각종학교를 말한다.
3. "관할청"이란 다음 각 목의 구분에 따른 지도·감독기관을 말한다. → 선지 ①
   가. 국립 유치원, 국립 초·중·고등학교: 교육부장관
   나. 공·사립 유치원, 공·사립 초·중·고등학교: 교육감
   다. 대학·산업대학·교육대학·전문대학 및 각종학교: 교육부장관 → 선지 ③

제00조(건강검사 등) ① 학교의 장은 학생과 교직원에 대하여 건강검사를 실시하여야 한다.
② 학교의 장은 천재지변 등 부득이한 사유가 있는 경우 관할청의 승인을 받아 건강검사를 연기하거나 건강검사의 전부 또는 일부를 생략할 수 있다. → 선지 ④
③ 학교의 장은 정신건강 상태 검사를 실시할 때 필요한 경우에는 학부모의 동의 없이 실시할 수 있다. 이 경우 학교의 장은 그 실시 후 지체 없이 해당 학부모에게 검사 사실을 통보하여야 한다. → 선지 ②

제00조(등교 중지) ① 감염병으로 인해 주의 이상의 위기경보가 발령되는 경우, 교육부장관은 질병관리청장과 협의하여 등교 중지가 필요하다고 인정되는 학생 또는 교직원에 대하여 등교를 중지시킬 것을 학교의 장에게 명할 수 있다. 이 경우 해당 학교의 관할청을 경유하여야 한다. → 선지 ③, ⑤
② 제1항에 따른 명을 받은 학교의 장은 해당 학생 또는 교직원에 대하여 지체 없이 등교를 중지시켜야 한다.

① 건강검사와 관련하여 국·공립 중학교의 관할청은 교육부장관이다.
② 학생의 정신건강 상태 검사를 실시하는 경우, 학교의 장은 필요한 때에는 학부모의 동의 없이 이를 실시할 수 있다.
③ 교육부장관이 사립대학 교직원의 등교 중지를 명하는 경우, 관할 교육감을 경유하여야 한다.
④ 학교의 장은 천재지변이 발생한 경우, 건강검사를 다음 학년도로 연기하거나 생략하여야 한다.
⑤ 감염병으로 인해 주의 이상의 위기경보가 발령되는 경우, 질병관리청장은 학교의 장에게 학생 또는 교직원에 대한 등교 중지를 명할 수 있다.

해설

문제 분석

첫 번째 조문부터 각각 제1조~제3조라고 한다.
제1조 정의
제2조(건강검사 등)
  제1항 학생과 교직원에 대한 건강검사 실시
  제2항 건강검사의 연기·생략
  제3항 정신건강 상태 검사
제3조(등교 중지)
  제1항 교육부장관의 등교 중지 명령
  제2항 학교장의 등교 중지

문제풀이 실마리

표제를 활용하여 빠르게 해결할 수 있는 문제이다. '정의' 조문을 활용하여 문제를 해결하는 것은 최근 출제 트렌드이므로 잘 대비해 두어야 한다. 그 외 기속 ↔ 재량의 함정, 행위자 함정은 계속 자주 활용되고 있는 출제장치이다.

① (X) 제1조 제3호 가목에 따르면 건강검사와 관련하여 국립 중학교의 관할청은 교육부장관이지만, 나목에 따르면 공립 중학교의 관할청은 교육부장관이 아니라 교육감이다.

② (O) 제2조 제3항에 따르면 학교의 장은 학생의 정신건강 상태 검사를 실시하는 경우, 필요한 때에는 학부모의 동의 없이 이를 실시할 수 있다.

③ (X) 제3조 제1항에 따르면 교육부장관은 등교 중지가 필요하다고 인정되는 교직원에 대하여 등교를 중지시킬 것을 학교의 장에게 명할 수 있고, 이 경우 해당 학교의 관할청을 경유하여야 한다. 그리고 제1조 제3호 다목에 따르면 대학의 관할청은 교육부장관이므로 교육부장관이 사립대학 교직원의 등교 중지를 명하는 경우, 관할 교육감을 경유하여야 하는 것은 아니다.

④ (X) 제2조 제2항에 따르면 학교의 장은 천재지변이 발생한 경우 관할청의 승인을 받아, 건강검사를 연기하거나 생략할 수 있지만, 반드시 다음 학년도로 연기하거나 생략하여야 하는 것은 아니다.

⑤ (X) 제3조 제1항에 따르면 감염병으로 인해 주의 이상의 위기경보가 발령되는 경우, 질병관리청장이 아니라 교육부장관은 질병관리청장과 협의하여 학교의 장에게 등교 중지가 필요하다고 인정되는 학생 또는 교직원에 대한 등교 중지를 명할 수 있다.

[정답] ②

길쌤's Check 더 연습해 볼 문제

구분	문제
민간경력자	16년 5책형 5번 17년 나책형 16번
7급 공채	23년 인책형 1번
5급 공채	12년 인책형 25번 15년 인책형 8번 16년 4책형 25번 16년 4책형 26번 19년 가책형 22번 23년 가책형 3번 23년 가책형 23번

제○○조

26 다음 글을 근거로 판단할 때, <보기>에서 옳은 것만을 모두 고르면? 14년 5급 A책형 24번

제○○조(행정정보의 공표 등) ① 공공기관은 다음 각 호의 어느 하나에 해당하는 정보에 대해서는 공개의 구체적 범위와 공개의 주기 · 시기 및 방법 등을 미리 정하여 공표하고, 이에 따라 정기적으로 공개하여야 한다. 다만 제□□조 제1항 각 호의 어느 하나에 해당하는 정보에 대해서는 그러하지 아니하다.

1. 국민생활에 매우 큰 영향을 미치는 정책에 관한 정보 → 보기 ㄱ
2. 국가의 시책으로 시행하는 공사(工事) 등 대규모 예산이 투입되는 사업에 관한 정보 → 보기 ㄷ
3. 예산집행의 내용과 사업평가 결과 등 행정감시를 위하여 필요한 정보

② 공공기관은 제1항에 규정된 사항 외에도 국민이 알아야 할 필요가 있는 정보를 국민에게 공개하도록 적극적으로 노력하여야 한다.

제○○조(공개대상 정보의 원문공개) 공공기관 중 중앙행정기관은 전자적 형태로 보유 · 관리하는 정보 중 공개대상으로 분류된 정보를 국민의 정보공개 청구가 없더라도 정보통신망을 활용한 정보공개시스템을 통하여 공개하여야 한다.

제□□조(비공개대상 정보) ① 공공기관이 보유 · 관리하는 정보는 공개대상이 된다. 다만 다음 각 호의 어느 하나에 해당하는 정보는 공개하지 아니할 수 있다.

1. 다른 법률 또는 법률에서 위임한 명령(국회규칙 · 대법원규칙 · 헌법재판소규칙 · 중앙선거관리위원회규칙 · 대통령령 및 조례로 한정한다)에 따라 비밀이나 비공개 사항으로 규정된 정보 → 보기 ㄴ
2. 해당 정보에 포함되어 있는 성명 · 주민등록번호 등 개인에 관한 사항으로서 공개될 경우 사생활의 비밀 또는 자유를 침해할 우려가 있다고 인정되는 정보. 다만 다음 각 목에 열거한 개인에 관한 정보는 제외한다.
   가. 법령에서 정하는 바에 따라 열람할 수 있는 정보
   나. 공공기관이 공표를 목적으로 작성하거나 취득한 정보로서 사생활의 비밀 또는 자유를 부당하게 침해하지 아니하는 정보
   다. 직무를 수행한 공무원의 성명 · 직위 → 보기 ㄷ

〈보기〉

ㄱ. 국민생활에 매우 큰 영향을 미치는 정책에 관한 정보는 모두 공개하여야 한다.
ㄴ. 헌법재판소규칙에서 비공개 사항으로 규정한 정보는 공개하지 아니할 수 있다.
ㄷ. 국가의 시책으로 시행하는 공사 등 대규모 예산이 투입되는 사업에 관한 직무를 수행한 공무원의 성명 · 직위는 공개할 수 있다.

① ㄱ　② ㄷ　③ ㄱ, ㄴ　④ ㄴ, ㄷ　⑤ ㄱ, ㄴ, ㄷ

해설

문제 분석

첫 번째 조문과 두 번째 조문을 각각 제1조, 제2조라고 한다.

제1조
　제1항 공공기관 정기적으로 공개하여야 하는 정보
　　　예외 제□□조 제1항 각 호
　제2항 공공기관은 적극적으로 정보공개 노력
제2조 정보공개시스템을 통한 정보 공개
　　(중앙행정기관, 전자적 형태로 보유·관리하는 정보, 공개대상 정보)
제□□조 제1항 공공기관이 보유·관리하는 정보는 공개대상
　　예외 비공개대상 정보

문제풀이 실마리

조문들의 내용에서 원칙과 예외의 관계에 유의한다. 제○○조의 단서는 제○○조 제1항에 적용되는 것이 아니라, 제□□조 제1항 각호에 적용되는 단서이다. 또한 제□□조 제1항 제2호의 단서는 제1항 단서에 대한 예외의 예외이다.

ㄱ. (X) 제1조 제1항에 따르면 공공기관은 제1호의 국민생활에 매우 큰 영향을 미치는 정책에 관한 정보는 정기적으로 공개하여야 한다. 그러나 단서에 따르면 제□□조 제1항 각호의 어느 하나에 해당하는 정보에 대해서는 그러하지 아니하다고 하므로, 국민생활에 매우 큰 영향을 미치는 정책에 관한 정보라고 하더라도 제□□조 제1항 각 호의 어느 하나에 해당하는 경우 공개하지 아니할 수 있다.

ㄴ. (O) 제□□조 제1항 본문에 따르면 공공기관이 보유·관리하는 정보는 원칙적으로 공개대상이 된다. 그러나 단서에 따르면 제□□조 제1항 각호의 어느 하나에 해당하는 정보는 공개하지 아니할 수 있는 예외에 해당한다. 따라서 헌법재판소규칙에서 비공개 사항으로 규정한 정보는 제□□조 제1항 제1호에 해당하므로 공개하지 아니할 수 있다.

ㄷ. (O) 제1조 제1항 본문에 따르면 제2호의 국가의 시책으로 시행하는 공사 등 대규모 예산이 투입되는 사업에 관한 정보는 정기적으로 공개하여야 한다. 해당 사업에 관한 직무를 수행한 공무원의 성명 · 직위는 해당 사업에 관한 정보라고 볼 수 있으므로 제1조 제1항 본문에 따라 정기적으로 공개하여야 한다. 그러나 같은 조 단서에 따르면 제□□조 제1항 각호의 어느 하나에 해당하는 정보에 대해서는 그러하지 아니하다고 하는데, 직무를 수행한 공무원의 성명 · 직위는 제□□조 제1항 제2호 본문의 성명·주민등록번호 등 개인에 관한 사항으로서 공개될 경우 사생활의 비밀 또는 자유를 침해할 우려가 있다고 인정되는 정보에 해당하여 공개하지 아니할 수 있다. 다시 그러나 제□□조 제1항 제2호 단서에 따르면 같은 조 제1항 제2호 다목의 직무를 수행한 공무원의 성명·직위는 제외하므로 제1조 제1항 단서에 해당하지 아니한다. 따라서 제1조 제1항 본문에 따라 해당 사업에 관한 직무를 수행한 공무원의 성명·직위는 공개할 수 있다.

[정답] ④

27 다음 글을 근거로 판단할 때 옳은 것은? 23년 5급 가책형 1번

제○○조(동물학대 등의 금지) 누구든지 동물에 대하여 학대행위를 하여서는 아니 된다. → 선지 ②

제△△조(동물보호센터의 설치 · 지정 등) ① 지방자치단체의 장은 동물의 구조 · 보호조치 등을 위하여 A부장관이 정하는 기준에 맞는 동물보호센터를 설치 · 운영할 수 있다.

② A부장관은 지방자치단체의 장이 설치 · 운영하는 동물보호센터의 설치 · 운영비용의 전부 또는 일부를 지원할 수 있다. → 선지 ①

③ 지방자치단체의 장은 A부장관이 정하는 기준에 맞는 기관이나 단체를 동물보호센터로 지정하여 동물의 구조 · 보호조치 등을 하게 할 수 있고, 이때 소요비용(이하 '보호비용'이라 한다)의 전부 또는 일부를 지원할 수 있다.

④ 제3항에 따른 동물보호센터로 지정받으려는 기관이나 단체는 A부장관이 정하는 바에 따라 지방자치단체의 장에게 신청하여야 한다. → 선지 ③

⑤ 지방자치단체의 장은 지정된 동물보호센터가 다음 각 호의 어느 하나에 해당하는 경우에는 그 지정을 취소할 수 있다. 다만 제1호에 해당하는 경우에는 지정을 취소하여야 한다.

1. 거짓이나 그 밖의 부정한 방법으로 지정을 받은 경우 → 선지 ④
2. 제3항에 따른 지정기준에 맞지 아니하게 된 경우
3. 제○○조의 규정을 위반한 경우 → 선지 ②
4. 보호비용을 거짓으로 청구한 경우 → 선지 ⑤

⑥ 지방자치단체의 장은 제5항에 따라 지정이 취소된 기관이나 단체를 지정이 취소된 날부터 1년 이내에는 다시 동물보호센터로 지정하여서는 아니 된다. 다만 제5항 제3호에 따라 지정이 취소된 기관이나 단체는 지정이 취소된 날부터 2년 이내에는 다시 동물보호센터로 지정하여서는 아니 된다. → 선지 ④

① A부장관은 지방자치단체의 장이 지정한 동물보호센터에 보호비용의 일부를 지원하여야 한다.
② 지정된 동물보호센터가 동물을 학대한 사실이 확인된 경우, 지방자치단체의 장은 그 지정을 취소하여야 한다.
③ 동물보호센터로 지정받고자 하는 기관은 지방자치단체의 장이 정하는 바에 따라 A부장관에게 신청하여야 한다.
④ 부정한 방법으로 동물보호센터 지정을 받아 그 지정이 취소된 기관은 지정이 취소된 날부터 2년이 지나야 다시 동물보호센터로 지정받을 수 있다.
⑤ 지정된 동물보호센터가 보호비용을 거짓으로 청구한 경우라도 지방자치단체의 장은 그 지정을 취소해야 하는 것은 아니다.

해설

문제 분석

제○○조(동물학대 등의 금지)
제△△조(동물보호센터의 설치 · 지정 등)
제1항 동물보호센터의 설치 · 운영
제2항 동물보호센터 설치 · 운영의 지원
제3항 동물보호센터의 지정, 보호비용의 지원
제4항 동물보호센터 지정 신청
제5항 지정의 취소
제6항 재지정의 금지

문제풀이 실마리

표제를 활용하여 빠르게 해결할 수 있는 문제이다. 전통적인 출제장치인 기속 ↔ 재량의 함정을 활용하고 있다. 호 · 목이 있고 이를 다른 조문과 연결시키는 문제의 경우에 정확하게 볼 수 있어야 함정에 빠지지 않을 수 있다.

① (X) 제△△조 제2항에 따르면 A부장관은 지방자치단체의 장이 지정한 동물보호센터가 아니라 설치 · 운영하는 동물보호센터의, 보호비용이 아니라 설치 · 운영비용의 일부를 지원할 수 있고, 지원하여야 하는 것은 아니다. 제3항에 따르면 A부장관이 아니라 지방자치단체의 장이 A부장관이 정하는 기준에 맞는 기관이나 단체를 동물보호센터로 지정하여 동물의 구조 · 보호조치 등을 하게 할 수 있고, 이때 소요비용의 전부 또는 일부를 지원할 수 있고 지원하여야 하는 것은 아니다.

② (X) 제△△조 제5항 제3호에 따르면 지방자치단체의 장은 지정된 동물보호센터가 제○○조의 규정을 위반한 경우 제5항 본문에 따라 그 지정을 취소할 수 있다. 그리고 제○○조에 따르면 누구든지 동물에 대하여 학대행위를 하여서는 아니 된다. 따라서 지정된 동물보호센터가 동물을 학대한 사실이 확인된 경우, 제○○조를 위반한 것으로 제△△조 제5항 제3호에 해당하므로 제5항 본문에 따라 지방자치단체의 장은 그 지정을 취소할 수 있고, 취소하여야 하는 것은 아니다.

③ (X) 제△△조 제4항에 따르면 동물보호센터로 지정받고자 하는 기관은 지방자치단체의 장이 아니라 A부장관이 정하는 바에 따라, A부장관이 아니라 지방자치단체의 장에게 신청하여야 한다.

④ (X) 제△△조 제6항 본문에 따르면 지방자치단체의 장은 제5항에 따라 지정이 취소된 기간을 지정이 취소된 날부터 1년 이내에 다시 동물보호센터로 지정하여서는 아니 된다. 그리고 제5항 제1호에 따르면 동물보호센터가 부정한 방법으로 지정을 받은 경우 제5항 본문에 따라 지방자치단체의 장은 그 지정을 취소할 수 있다. 따라서 부정한 방법으로 동물보호센터 지정을 받아 그 지정이 취소된 기관은 제△△조 제5항 제1호에 해당하여 제5항 본문에 따라 지정이 취소된 것이므로, 제6항에 본문에 따르면 지정이 취소된 날부터 2년이 아니라 1년이 지나야 다시 동물보호센터로 지정받을 수 있다.

⑤ (O) 제△△조 제5항 제4호에 따르면 지방자치단체의 장은 지정된 동물보호센터가 보호비용을 거짓으로 청구한 경우, 제5항 본문에 따라 그 지정을 취소할 수 있고, 반드시 그 지정을 취소해야 하는 것은 아니다.

[정답] ⑤

28 다음 글을 근거로 판단할 때 옳은 것은? 23년 7급 인책형 12번

제○○조(119구조견교육대의 설치 · 운영 등) ① 소방청장은 체계적인 구조견 양성 · 교육훈련 및 보급 등을 위하여 119구조견교육대를 설치 · 운영하여야 한다. → 선지 ①
② 119구조견교육대는 중앙119구조본부의 단위조직으로 한다.
③ 119구조견교육대가 관리하는 견(犬)은 다음 각 호와 같다.
1. 훈련견: 구조견 양성을 목적으로 도입되어 훈련 중인 개
2. 종모견: 훈련견 번식을 목적으로 보유 중인 개

제□□조(훈련견 교육 및 평가 등) ① 119구조견교육대는 관리하는 견에 대하여 입문 교육, 정기 교육, 훈련견 교육 등을 실시한다.
② 훈련견 평가는 다음 각 호의 평가로 구분하여 실시하고 각 평가에서 정한 요건을 모두 충족한 경우 합격한 것으로 본다.
1. 기초평가: 훈련견에 대한 기본평가 → 선지 ③
  가. 생후 12개월 이상 24개월 이하일 것
  나. 기초평가 기준에 따라 총점 70점 이상을 득점하고, 수의검진 결과 적합판정을 받을 것
2. 중간평가: 양성 중인 훈련견의 건강, 성품 변화, 발전 가능성 및 임무 분석 등의 판정을 위해 실시하는 평가 → 선지 ④
  가. 훈련 시작 12개월 이상일 것
  나. 중간평가 기준에 따라 총점 70점 이상을 득점하고, 수의진료소견 결과 적합판정을 받을 것
  다. 공격성 보유, 능력 상실 등의 결격사유가 없을 것
③ 훈련견 평가 중 어느 하나라도 불합격한 훈련견은 유관기관 등 외부기관으로 관리전환할 수 있다. → 선지 ⑤

제△△조(종모견 도입) 훈련견이 종모견으로 도입되기 위해서는 제□□조 제2항에 따른 훈련견 평가에 모두 합격하여야 하며, 다음 각 호의 요건을 갖추어야 한다. → 선지 ②
1. 순수한 혈통일 것
2. 생후 20개월 이상일 것
3. 원친(遠親) 번식에 의한 견일 것

① 중앙119구조본부의 장은 구조견 양성 및 교육훈련 등을 위하여 119구조견교육대를 설치하여야 한다.
② 원친 번식에 의한 생후 20개월인 순수한 혈통의 훈련견은 훈련견 평가결과에 관계없이 종모견으로 도입될 수 있다.
③ 기초평가 기준에 따라 총점 80점을 득점하고, 수의검진 결과 적합판정을 받은 훈련견은 생후 15개월에 종모견으로 도입될 수 있다.
④ 생후 12개월에 훈련을 시작해 반년이 지난 훈련견이 결격사유 없이 중간평가 기준에 따라 총점 75점을 득점하고, 수의진료소견 결과 적합판정을 받는다면 중간평가에 합격한 것으로 본다.
⑤ 기초평가에서 합격했더라도 결격사유가 있어 중간평가에 불합격한 훈련견은 유관기관으로 관리전환할 수 있다.

해설

문제 분석

제○○조 제1항 119구조견교육대의 설치 · 운영
제2항 조직
제3항 관리하는 견의 종류
제□□조 제1항 관리하는 견에 대한 교육
제2항 훈련견 평가의 실시, 훈련견의 요건
제3항 관리전환
제△△조 종모견으로 도입되기 위한 요건

문제풀이 실마리

호나 목으로 요건을 설명하는 경우 모두 갖추어야 하는 and 요건인지 그중 일부만 충족하면 되는 or 요건인지 구분하는 것부터 시작해야 한다. 제시문에 훈련견의 요건과 종모견의 요건이 포함되어 있다. and 요건의 경우 하나라도 갖추지 못하면 요건을 충족하지 못하게 된다.

① (X) 제○○조 제1항에 따르면 중앙119구조본부의 장이 아니라 소방청장은 구조견 양성 및 교육훈련 등을 위하여 119구조견교육대를 설치하여야 한다.

② (X) 제△△조에 따르면 훈련견이 종모견으로 도입되기 위해서는 원친 번식(제3호)에 의한 생후 20개월(제2호)인 순수한 혈통(제1호)의 훈련견이어야 하며 제□□조 제2항에 따른 훈련견 평가결과에 모두 합격하여야 한다.

③ (X) 제△△조에 따르면 훈련견이 종모견으로 도입되기 위해서는 제□□조 제2항에 따른 훈련견 평가결과에 모두 합격하여야 하고, 제2호에 따르면 생후 20개월 이상이어야 한다. 제□□조 제2항 제1호의 기초평가 기준에 따라 총점 80점을 득점하고, 수의검진 결과 적합판정을 받은 훈련견은 제□□조 제2항 제1호의 기초평가를 합격한 것이지만, 생후 15개월인 훈련견은 제△△조 제2호의 요건인 생후 20개월 이상에 해당하지 않으므로 종모견으로 도입될 수 없다.

④ (X) 제□□조 제2항 제2호 가목에 따르면 중간평가에 합격하기 위해서는 훈련 시작 12개월 이상이어야 한다. 생후 12개월에 훈련을 시작해 반년이 지난 훈련견은 훈련 시작 6개월이므로, 제□□조 제2항 제2호 다목의 결격사유가 없고, 나목의 중간평가 기준에 따라 총점 75점을 득점하고, 수의진료소견 결과 적합판정을 받는다고 하더라도 가목의 요건을 충족하지 못하므로 중간평가에 합격할 수 없다.

⑤ (O) 제□□조 제3항에 따르면 기초평가에서 합격했더라도 결격사유가 있어 중간평가에 불합격한 훈련견은 유관기관으로 관리전환할 수 있다.

[정답] ⑤

29 다음 글을 근거로 판단할 때 옳은 것은? 23년 7급 인책형 25번

제○○조(정의) 이 법에서 사용하는 용어의 뜻은 다음과 같다.

1. "한부모가족"이란 모자가족 또는 부자가족을 말한다.
2. "모(母)" 또는 "부(父)"란 다음 각 목의 어느 하나에 해당하는 자로서 아동인 자녀를 양육하는 자를 말한다. → 선지 ①
   가. 배우자와 사별 또는 이혼하거나 배우자로부터 유기된 자
   나. 정신이나 신체의 장애로 장기간 노동능력을 상실한 배우자를 가진 자 → 선지 ②
   다. 교정시설 · 치료감호시설에 입소한 배우자 또는 병역복무 중인 배우자를 가진 자
   라. 미혼자 → 선지 ④
3. "아동"이란 18세 미만(취학 중인 경우에는 22세 미만을 말하되, 병역의무를 이행하고 취학 중인 경우에는 병역의무를 이행한 기간을 가산한 연령 미만을 말한다)의 자를 말한다. → 선지 ①, ②

제□□조(지원대상자의 범위) ① 이 법에 따른 지원대상자는 제○○조 제1호부터 제3호까지의 규정에 해당하는 자로 한다. → 선지 ①

② 제1항에도 불구하고 부모가 사망하거나 그 생사가 분명하지 아니한 아동을 양육하는 조부 또는 조모는 이 법에 따른 지원대상자가 된다. → 선지 ③

제△△조(복지 급여 등) ① 국가나 지방자치단체는 지원대상자의 복지 급여 신청이 있으면 다음 각 호의 복지 급여를 실시하여야 한다. → 선지 ③, ⑤

1. 생계비
2. 아동교육지원비
3. 아동양육비

② 이 법에 따른 지원대상자가 다른 법령에 따라 지원을 받고 있는 경우에는 그 범위에서 이 법에 따른 급여를 실시하지 아니한다. 다만, 제1항 제3호의 아동양육비는 지급할 수 있다.→ 선지 ⑤

③ 제1항 제3호의 아동양육비를 지급할 때에 다음 각 호의 어느 하나에 해당하는 경우에는 예산의 범위에서 추가적인 복지 급여를 실시하여야 한다. → 선지 ④

1. 미혼모나 미혼부가 5세 이하의 아동을 양육하는 경우
2. 34세 이하의 모 또는 부가 아동을 양육하는 경우

① 5세인 자녀를 홀로 양육하는 자가 지원대상자가 되기 위해서는 미혼자여야 한다.

② 배우자와 사별한 자가 18개월간 병역의무를 이행한 22세의 대학생 자녀를 양육하는 경우, 지원대상자가 될 수 없다.

③ 부모의 생사가 불분명한 6세인 손자를 양육하는 조모에게는 복지 급여 신청이 없어도 생계비를 지급하여야 한다.

④ 30세인 미혼모가 5세인 자녀를 양육하는 경우, 아동양육비를 지급할 때 추가적인 복지 급여를 실시할 수 없다.

⑤ 지원대상자가 다른 법령에 따른 지원을 받고 있는 경우에도 국가나 지방자치단체는 아동양육비를 지급할 수 있다.

해설

문제 분석

제○○조 정의 규정
제□□조 제1항 지원대상자의 범위
제2항 제1항의 예외
제△△조 제1항 지원대상자의 신청에 따른 복지 급여 내용
제2항 복지 급여를 실시하지 아니하는 경우
제3항 추가적인 복지급여

문제풀이 실마리

정의 조문을 활용하여 정오판단을 해야 하는 선지, 여러 호·목 중 일부만 다른 조문과 연결되어 정확하게 파악해야 하는 선지 등 최근 출제 트렌드가 잘 반영되어 있는 문제이다. 그 밖에 and 요건의 충족 여부, 기속 ↔ 재량의 함정은 계속 중요하게 활용되고 있는 출제장치이다.

① (X) 제□□조 제1항에 따르면 제○○조 제1호부터 제3호까지의 규정에 해당하는 자는 지원대상자가 된다. 5세인 자녀는 제○○조 제3호의 아동에 해당하므로, 아동인 5세인 자녀를 홀로 양육하는 자는 같은 조 제2호 각 목의 어느 하나에 해당하면 지원대상자가 될 수 있다. 따라서 5세인 자녀를 홀로 양육하는 자가 지원대상자가 되기 위해서는 반드시 제○○조 제2호 라목의 미혼자여야 하는 것은 아니고, 가목 내지 다목의 어느 하나에 해당하는 경우에도 지원대상자가 될 수 있다.

② (X) 제○○조 제3호의 "아동"이란 18세 미만(취학 중인 경우에는 22세 미만을 말하되, 병역의무를 이행하고 취학 중인 경우에는 병역의무를 이행한 기간을 가산한 연령 미만을 말한다)의 자를 말한다. 22세의 대학생 자녀의 경우, 18개월간 병역의무를 이행한 기간을 가산하여 최소 23세 미만이므로 제○○조 제3호의 아동에 해당한다. 따라서 배우자와 사별한 자는 제○○조 제2호 가목에 해당하고 해당 자녀는 아동에 해당하므로, 제○○조 제2호의 "모(母)" 또는 "부(父)"에 해당하여 제□□조 제1항에 따라 지원대상자가 될 수 있다.

③ (X) 6세인 손자는 제○○조 제3호의 아동에 해당한다. 그리고 부모의 생사가 불분명한 6세인 손자를 양육하는 조모는 제○○조 제2항에 따라 지원대상자가 된다. 그러나 제△△조 제1항에 따르면 국가나 지방자치단체는 지원대상자의 복지 급여 신청이 있으면 각 호의 복지 급여를 실시한다고 하므로, 복지 급여 신청이 없어도 제△△조 제1호의 생계비를 지급하여야 하는 것은 아니다.

④ (X) 제○○조 제2호, 제3호에 따르면 30세인 미혼모가 5세인 자녀를 양육하는 경우 제□□조 제1항에 따라 지원대상이 된다. 제△△조 제1항 제3호에 따르면 해당 지원대상자의 복지 급여 신청이 있으면 아동양육비를 지급하여야하고, 같은 조 제3항에 따르면 제1항 제3호의 아동양육비를 지급할 때 제1호의 미혼모가 5세 이하의 아동을 양육하는 경우 예산의 범위에서 추가적인 복지 급여를 실시하여야 한다.

⑤ (O) 제△△조 제1항, 제2항 단서에 따르면 지원대상자가 다른 법령에 따른 지원을 받고 있는 경우에도 국가나 지방자치단체는 아동양육비를 지급할 수 있다.

[정답] ⑤

길쌤's Check 더 연습해 볼 문제

5급 공채	08년 창책형 5번 17년 가책형 4번

3 줄글

일반

30 甲, 乙, 丙, 丁은 A국의 건강보험 가입자이다. 다음 글을 근거로 판단할 때, <보기>에서 옳지 않은 것을 모두 고르면?

12년 5급 인책형 1번

ⅰ)A국의 건강보험공단(이하 '공단'이라 한다)이 제공하는 건강보험의 급여는 현물급여와 현금급여로 나눌 수 있다. 현물급여는 지정된 요양기관(병 · 의원)을 통하여 가입자 및 피부양자에게 직접 의료서비스를 제공하는 것으로, 요양급여와 건강검진이 있다. 요양급여는 가입자 및 피부양자의 질병 · 부상 · 출산 등에 대한 지정된 요양기관의 진찰, 처치 · 수술 기타의 치료, 재활, 입원, 간호 등을 말한다. 또한 공단은 질병의 조기 발견과 그에 따른 요양급여를 제공하기 위하여 가입자 및 피부양자에게 2년마다 1회 무료로 건강검진을 실시한다. → 보기 ㄱ

ⅱ)현금급여는 가입자 또는 피부양자가 긴급하거나 기타 부득이한 사유로 인하여 지정된 요양기관 이외의 의료기관에서 질병 · 부상 · 출산 등에 대하여 요양을 받은 경우와 요양기관 외의 장소에서 출산을 한 경우, 공단이 그 요양급여에 상당하는 금액을 가입자 또는 피부양자에게 요양비로 지급하는 것을 말한다. 이러한 요양비를 지급받기 위하여 요양을 제공받은 자는 요양기관이 발행한 요양비용명세서나 요양내역을 기재한 영수증 등을 공단에 제출하여야 한다. 또한 본인부담액보상금도 현금급여에 해당한다. 이는 전체 보험가입자의 보험료 수준별로 하위 50%는 연간 200만 원, 중위 30%는 연간 300만 원, 상위 20%는 연간 400만 원의 진료비를 초과하는 경우, 그 초과액을 공단이 부담하는 제도이다. → 보기 ㄴ, ㄷ, ㄹ

〈보기〉

ㄱ. 甲의 피부양자는 작년에 이어 올해도 질병의 조기 발견을 위해 공단이 지정한 요양기관으로부터 건강검진을 무료로 받을 수 있다.
ㄴ. 乙이 갑작스러운 진통으로 인해 자기 집에서 출산한 경우, 공단으로부터 요양비를 지급받을 수 있다.
ㄷ. 丙이 혼자 섬으로 낚시를 갔다가 다리를 다쳐 낚시터에서 그 마을 주민으로부터 치료를 받은 경우, 공단으로부터 요양비를 지급받을 수 있다.
ㄹ. 상위 10% 수준의 보험료를 내고 있는 丁이 진료비로 연간 400만 원을 지출한 경우, 진료비의 일부를 공단으로부터 지원받을 수 있다.

① ㄱ, ㄴ
② ㄴ, ㄷ
③ ㄷ, ㄹ
④ ㄱ, ㄴ, ㄹ
⑤ ㄱ, ㄷ, ㄹ

해설

문제 분석

문단 ⅰ) 현물급여
문단 ⅱ) 현금급여

	현물급여	현금급여
대상	가입자 및 피부양자	
의료기관	지정된 요양기관 (병 · 의원)	지정된 요양기관 이외의 의료기관 등
내용	요양급여 건강검진	요양비 본인부담액보상금

발문에서 甲, 乙, 丙, 丁은 A국의 건강보험 가입자라는 것을 확인한다.

문제풀이 실마리

법조문 소재가 줄글 형식의 제시문으로 주어지는 경우, 적절히 시각적 처리를 하면서 정보처리를 한 후, 문제 해결에 필요한 정보 위주로 다시 확인하는 것이 좋다.

ㄱ. (X) 건강검진은 문단 ⅰ)의 공단이 제공하는 건강보험의 급여 중 현물급여에 해당한다. 문단 ⅰ) 네 번째 문장에 따르면 가입자 및 피부양자는 공단이 지정한 요양기관에서 2년마다 1회 무료로 건강검진을 받을 수 있으므로, 甲의 피부양자가 작년에 무료로 건강검진을 받았다면 올해는 건강검진을 무료로 받을 수 없다.

ㄴ. (O) 乙이 자기 집에서 출산한 경우라면 문단 ⅱ) 첫 번째 문장의 요양기관 외의 장소에서 출산한 경우로 현금급여 중 요양비에 해당한다. 공단으로부터 요양비를 지급받을 수 있다. 지정된 요양기관 이외의 의료기관에서 출산에 대하여 요양을 받은 경우는 마찬가지로 요양비에 해당하고, 지정된 요양기관에서의 출산은 문단 ⅰ) 세 번째 문장의 요양급여에 해당한다.

ㄷ. (X) 문단 ⅱ) 첫 번째 문장에 따르면 요양비를 지급받기 위해서는 출산을 제외하고는 지정된 요양기관 이외의 의료기관에서 요양을 받은 경우이어야 한다. 丙이 마을 주민으로부터 치료를 받은 경우라면 지정된 요양기관이나 지정된 요양기관 이외의 의료기관으로부터 치료를 받은 것이 아니므로 요양비를 지급받을 수 없다.

ㄹ. (X) 진료비의 일부를 공단으로부터 지원받는 것은 문단 ⅱ) 세 번째 문장의 본인부담액보상금에 해당한다. 문단 ⅱ) 네 번째 문장에 따르면 보험료 수준 상위 20%는 연간 400만 원의 진료비를 초과하는 경우 본인부담액보상금을 지원받을 수 있다. 상위 10% 수준의 보험료를 내고 있는 丁이 진료비로 연간 400만 원을 지출한 경우라면 연간 400만 원을 초과하는 경우가 아니므로 본인부담액 보상금을 지원받을 수 없다.

[정답] ⑤

31 다음 글을 근거로 판단할 때, <보기>에서 옳은 것만을 모두 고르면?

17년 민경채 나책형 11번

i)주민투표제도는 주민에게 과도한 부담을 주거나 중대한 영향을 미치는 주요사항을 결정하는 과정에서 주민에게 직접 의사를 표시할 수 있는 기회를 주기 위해 2004년 1월 주민투표법에 의해 도입되었다. 주민투표법에서는 주민투표를 실시할 수 있는 권한을 지방자치단체장에게만 부여하고 있다. 한편 중앙행정기관의 장은 지방자치단체장에게 주민투표 실시를 요구할 수 있고, 지방의회와 지역주민은 지방자치단체장에게 주민투표 실시를 청구할 수 있다. → 보기 ㄱ

ii)주민이 직접 조례의 제정 및 개폐를 청구할 수 있는 주민발의제도는 1998년 8월 지방자치법의 개정으로 도입되었다. 주민발의는 지방자치단체장에게 청구하도록 되어 있는데, 지방자치단체장은 청구를 수리한 날로부터 60일 이내에 조례의 제정 또는 개폐안을 작성하여 지방의회에 부의하여야 한다. 주민발의를 지방자치단체장에게 청구하려면 선거권이 있는 19세 이상 주민 일정 수 이상의 서명을 받아야 한다. 청구에 필요한 주민의 수는 지방자치단체의 조례로 정하되 인구가 50만 명 이상인 대도시에서는 19세 이상 주민 총수의 100분의 1 이상 70분의 1 이하의 범위 내에서, 그리고 그 외의 시·군 및 자치구에서는 19세 이상 주민 총수의 50분의 1 이상 20분의 1 이하의 범위 내에서 정하도록 하고 있다. → 보기 ㄴ, ㄷ

iii)주민소환제도는 선출직 지방자치단체장 또는 지방의회 의원의 위법·부당행위, 직무유기 또는 직권남용 등에 대한 책임을 묻는 제도로, 2006년 5월 지방자치법 개정으로 도입되었다. 주민소환 실시의 청구를 위해서도 주민소환에 관한 법률에 따라 일정 수 이상 주민의 서명을 받아야 한다. 광역자치단체장을 소환하고자 할 때는 선거권이 있는 19세 이상 주민 총수의 100분의 10 이상, 기초자치단체장에 대해서는 100분의 15 이상, 지방의회 지역구의원에 대해서는 100분의 20 이상의 서명을 받아야 주민소환 실시를 청구할 수 있다. → 보기 ㄹ

〈보기〉

ㄱ. 주민투표법에서 주민투표를 실시할 수 있는 권한은 지방자치단체장만이 가지고 있다.
ㄴ. 인구 70만 명인 甲시에서 주민발의 청구를 위해서는 19세 이상 주민 총수의 50분의 1 이상 20분의 1 이하의 범위에서 서명을 받아야 한다.
ㄷ. 주민발의제도에 근거할 때 주민은 조례의 제정 및 개폐에 관한 사항을 지방의회에 대해 직접 청구할 수 없다.
ㄹ. 기초자치단체인 乙시의 丙시장에 대한 주민소환 실시의 청구를 위해서는 선거권이 있는 19세 이상 주민의 100분의 20 이상의 서명을 받아야 한다.

① ㄱ, ㄷ
② ㄱ, ㄹ
③ ㄴ, ㄷ
④ ㄱ, ㄴ, ㄹ
⑤ ㄴ, ㄷ, ㄹ

해설

문제 분석

순서대로 문단 i)~문단 iii)이라 한다.
문단 i) 주민투표제도, 주민투표 실시 권한·요구·청구
문단 ii) 주민발의제도, 주민발의 절차·청구 요건
문단 iii) 주민소환제도, 주민소환 실시 청구 요건

문제풀이 실마리

텍스트 유형의 스킬과 마찬가지로 각 선지에서 묻는 바를 제시문에서 확인하는 방식으로 해결하는 것이 좋다. 광역자치단체장과 기초자치단체장, 지방의회 지역구의원의 구분, 인구가 50만 명 이상인 대도시와 그 외 시·군 및 자치구의 구분 등 혼동을 유발할 수 있는 정보처리에 주의해야 한다.

ㄱ. (O) 문단 i) 두 번째 문장에 따르면 주민투표법에서 주민투표를 실시할 수 있는 권한은 지방자치단체장만 가지고 있다.

ㄴ. (X) 문단 ii) 세 번째 문장에 따르면 주민발의를 지방자치단체장에게 청구하려면 선거권이 있는 19세 이상 주민 일정 수 이상의 서명을 받아야 하고, 네 번째 문장에 따르면 청구에 필요한 주민의 수는 지방자치단체의 조례로 정하되 인구가 50만 명 이상인 대도시에서는 19세 이상 주민 총수의 100분의 1 이상 70분의 1 이하의 범위 내에서 정하도록 하고 있다. 따라서 甲시의 조례가 주민발의 청구에 필요한 주민의 수를 어떻게 정하였는지는 알 수 없지만 甲시는 인구 70만 명으로 50만 명 이상의 대도시이므로, 주민발의 청구를 위해서는 19세 이상 주민 총수의 50분의 1 이상 20분의 1 이하의 범위에서 서명을 받아야 하는 것이 아니라 100분의 1 이상 70분의 1 이하의 범위 내에서 서명을 받아야 하도록 조례로 정하고 있을 것이다.

ㄷ. (O) 문단 ii) 첫 번째 문장에 따르면 주민발의제도는 주민이 직접 조례의 재정 및 개폐를 청구할 수 있는 제도이고, 두 번째 문장에 따르면 주민발의는 지방자치단체장에게 청구하도록 되어 있다. 따라서 주민발의제도에 근거할 때 주민은 조례의 제정 및 개폐에 관한 사항을 지방의회에 대해 직접 청구할 수 없다.

ㄹ. (X) 문단 iii) 두 번째 문장에 따르면 주민소환 실시의 청구를 위해서는 일정 수 이상 주민의 서명을 받아야 하는데, 세 번째 문장에 따르면 기초자치단체장에 대해서는 100분의 15 이상의 서명을 받아야 주민소환 실시를 청구할 수 있다. 따라서 기초자치단체인 乙시의 丙시장에 대한 주민소환 실시의 청구를 위해서는 선거권이 있는 19세 이상 주민의 100분의 20 이상이 아니라 100분의 15 이상의 서명을 받아야 한다.

[정답] ①

32 다음 글을 읽고 <보기>에서 옳은 것만을 모두 고르면?

10년 5급 선책형 35번

> 동산에 관한 소유권의 이전(양도)은 그 동산을 인도하여야 효력이 생긴다. 그러나 첫째, 양수인이 이미 동산을 점유한 때에는 당사자 사이에 의사표시의 합치만 있으면 그 효력이 생긴다. 둘째, 당사자 사이의 계약으로 양도인이 그 동산을 계속 점유하기로 한 때에는 양수인이 인도받은 것으로 본다. 셋째, 제3자가 점유하고 있는 동산에 관한 소유권을 이전하는 경우에는 양도인이 그 제3자에 대한 반환청구권을 양수인에게 양도함으로써 동산을 인도한 것으로 본다.

※ 인도(引渡): 물건에 대한 점유의 이전, 즉 사실상 지배의 이전

〈보기〉

ㄱ. 乙이 甲소유의 동산을 증여받아 소유하기 위해서는 원칙적으로 甲이 乙에게 그 동산에 대한 사실상 지배를 이전하여야 한다.

ㄴ. 乙이 甲소유의 동산을 빌려서 사용하고 있는 경우, 甲과 乙 사이에 그 동산에 대한 매매를 합의하더라도 甲이 현실적으로 인도하지 않으면 乙은 동산의 소유권을 취득할 수 없다.

ㄷ. 甲이 자신의 동산을 乙에게 양도하기로 하면서 乙과의 계약으로 자신이 그 동산을 계속 점유하고 있으면, 乙은 그 동산의 소유권을 취득할 수 없다.

ㄹ. 甲이 乙에게 맡겨 둔 자신의 동산을 丙에게 현실적으로 인도하지 않더라도 甲이 乙에 대한 반환청구권을 丙에게 양도함으로써 소유권을 丙에게 이전할 수 있다.

① ㄹ
② ㄱ, ㄴ
③ ㄱ, ㄹ
④ ㄴ, ㄷ
⑤ ㄱ, ㄷ, ㄹ

해설

문제 분석

제시문에서는 동산 소유권 이전은 동산의 인도로 효력이 발생한다고 하면서, 예외적인 상황으로 첫째, 양수인이 이미 동산을 점유한 때, 둘째, 양도인이 동산을 계속 점유하기로 한 때, 셋째, 제3자가 점유하고 있는 때에 대해 설명하고 있다.

문제풀이 실마리

제시문의 정보를 각 보기의 상황에 적절하게 적용할 수 있어야 한다.

ㄱ. (O) 첫 번째 문장에 따르면 동산에 관한 소유권의 이전(양도)은 그 동산을 인도하여야 효력이 생기며, 각주에 따르면 인도란 사실상 지배의 이전이라고 한다. 따라서 乙이 甲소유의 동산을 증여받아 소유하기 위해서는, 즉 소유권을 이전받기 위해서는 甲이 乙에게 그 동산에 대한 사실상 지배를 이전(인도)하여야 한다.

ㄴ. (X) 두 번째 문장에 따르면 양수인이 이미 동산을 점유한 때에는 당사자 사이에 의사표시의 합치만 있으면 동산에 관한 소유권 이전의 효력이 생긴다고 한다. 따라서 乙이 甲소유의 동산을 빌려서 사용하고 있는 경우는 양수인인 乙이 이미 동산을 점유한 때이고, 甲과 乙 사이에 그 동산에 대한 매매를 합의한다면 甲이 현실적으로 인도하지 않더라도 매매 합의를 통해 乙은 동산의 소유권을 취득할 수 있다.

ㄷ. (X) 세 번째 문장에 따르면 당사자 사이의 계약으로 양도인이 그 동산을 계속 점유하기로 한 때에는 양수인이 인도받은 것으로 본다. 따라서 甲이 자신의 동산을 乙에게 양도하기로 하면서 乙과의 계약으로 자신이 그 동산을 계속 점유하고 있으면, 양수인인 乙이 그 동산을 인도받은 것으로 보아 소유권 이전의 효력이 발생한다.

ㄹ. (O) 네 번째 문장에 따르면 제3자가 점유하고 있는 동산에 관한 소유권을 이전하는 경우에는 양도인이 그 제3자에 대한 반환청구권을 양수인에게 양도함으로써 동산을 인도한 것으로 본다. 따라서 甲이 乙에게 맡겨둔, 즉 乙이 점유하고 있는 동산에 관한 소유권을 丙에게 이전하는 경우에는 丙에게 현실적으로 인도하지 않더라도 양도인인 甲이 乙에 대한 반환청구권을 양수인인 丙에게 양도함으로써 동산을 인도한 것으로 보게 되어 소유권 이전의 효력이 발생한다.

[정답] ③

33 다음 글에 근거할 때, 옳은 것을 <보기>에서 모두 고르면?

12년 5급 인책형 22번

i)○○연구재단은 지난 2000년부터 인문사회연구역량의 세부사업으로 12개의 사업을 추진하고 있는데, 그 중 하나로 학제간 융합연구사업을 추진하고 있다. 학제간 융합연구사업은 연구와 교육을 연계한 융합연구의 전문인력 양성을 주요 목적으로 하며, 인문사회분야와 이공계분야 간의 학제간 융합연구를 지원대상으로 하고 있다. 연구지원 신청자격은 연구책임자를 포함한 6인 이상의 연구팀이나 사업단(센터)에 부여되며, 그 연구팀이나 사업단에는 동일 연구분야의 전공자 비율이 70%를 넘지 않아야 하는 동시에 2개 이상 연구분야의 전공자가 참여하는 것이 기본요건이다. → 보기 ㄱ

ii)이와 같은 학제간 융합연구 지원사업은 씨앗형 사업과 새싹형 사업으로 이원화되어 추진되고 있으나, 연구의 저변 확대를 위해 씨앗형 사업에 중점을 두고 있다. 씨앗형 사업과 새싹형 사업은 기본적으로 연구자의 창의성을 장려한다는 목적으로 지원자들이 자유주제를 선정하여 신청하는 상향식 지원방식을 채택하고 있다. 그러나 새싹형 사업은 국가차원의 전략적 과제의 원활한 수행을 위해 지정과제 공모식의 하향식 연구지원방식도 포함하고 있다. → 보기 ㄴ

iii)연구지원기간은 씨앗형 사업의 경우 1년으로 완료되며, 사업완료 후 평가를 거쳐 새싹형 사업으로 진입할 수 있도록 하고 있다. 새싹형 사업은 최대 5년(기본 3년+추가 2년)간 연구지원을 하고 있다. 지난 2009년까지는 기본 3년의 연구수행결과에 대한 1단계 평가를 통해 강제탈락제도를 시행하여 왔으나, 2010년부터는 매년 연차평가를 실시하여 계속 지원 여부를 결정하고 있다. 새싹형 사업의 연구지원방식은 씨앗형 사업완료 후 평가를 거쳐 새싹형 사업을 추진하는 방법과 씨앗형 사업을 거치지 않고 새싹형 사업을 바로 지원할 수 있는 방식을 취하고 있다. 학제간 융합연구사업의 선정평가는 씨앗형 사업과 새싹형 사업 모두 1단계 요건심사, 2단계 전공심사, 3단계 종합심사의 동일한 과정으로 구성되어 있다. → 보기 ㄷ, ㄹ, ㅁ

〈보기〉

ㄱ. 철학 전공자 2명과 물리학 전공자 4명으로 구성된 연구팀은 학제간 융합연구사업을 신청할 수 있다.
ㄴ. 국가차원의 전략적 과제로서 생명공학의 사회적·윤리적 문제에 대한 지정과제 연구는 씨앗형 사업에 해당된다.
ㄷ. 2008년에 실시된 1단계 평가에서 탈락한 새싹형 사업 과제의 연구지원기간은 최소 5년이다.
ㄹ. 2011년에 실시된 연차평가에서 탈락한 새싹형 사업 과제의 연구지원기간은 1년일 수 있다.
ㅁ. 씨앗형 사업과 새싹형 사업의 선정평가는 모두 3단계로 이루어져 있다.

① ㄱ, ㄴ
② ㄴ, ㄹ
③ ㄱ, ㄷ, ㄹ
④ ㄱ, ㄹ, ㅁ
⑤ ㄴ, ㄷ, ㅁ

해설

문제 분석

순서대로 문단 i)~문단 iii)이라 한다.

문단 i) ○○연구재단의 학제간 융합연구사업, 목적, 지원대상, 신청자격

문단 ii) 씨앗형 사업과 새싹형 사업

문단 iii) 연구지원기간, 지원 여부 평가, 연구지원 방식, 연구사업 선정 평가 과정

문제풀이 실마리

텍스트 유형에서 특수 키워드형 문제를 풀 듯이 발췌독하여 문제를 푸는 것도 가능한 문제이다. 학제간 융합연구지원사업에 대한 규정·규칙이 줄글의 형태로 변형되어 출제된 문제이므로 필요한 정보 위주로 확인하여 문제를 해결하는 것이 바람직하다.

ㄱ. (O) 문단 i) 세 번째 문장의 연구지원 신청 자격에 부합하는지 검토한다. 1) 연구 책임자를 포함한 6인 이상의 연구팀이어야 하는데 철학 전공자 2명과 물리학 전공자 4명, 총 6명으로 구성된 연구팀이고, 2) 동일 연구분야의 전공자 비율이 70%를 넘지 않아야 하는데 철학 전공자 2명으로 전체 6명 중 약 33.3%, 물리학 전공자 4명으로 전체 6명 중 약 66.6%로 구성된 연구팀이며, 3) 2개 이상 연구분야의 전공자가 참여하여야 하는데 철학 전공자와 물리학 전공자가 참여한다면 해당 연구팀은 학제간 융합연구사업을 신청할 수 있다.

ㄴ. (X) 문단 ii) 두 번째 문장에서 씨앗형 사업과 새싹형 사업은 기본적으로 지원자들이 자유주제를 선정하여 신청하는 방식이지만, 새싹형 사업은 국가차원의 전략적 과제 수행을 위해 지정과제 공모식의 연구지원방식도 포함한다고 한다. 따라서 국가차원의 전략적 과제로서 생명공학의 사회적·윤리적 문제에 대한 지정과제 연구는 씨앗형 사업이 아니라 새싹형 사업에 해당된다.

ㄷ. (X) 문단 iii) 두 번째 문장에 따르면 새싹형 사업은 최대 5년, 기본 3년간 연구지원을 하고 있으며, 세 번째 문장에 따르면 2009년까지는 기본 3년의 연구수행결과에 대한 1단계 평가를 통해 강제탈락제도를 시행하여 왔다고 한다. 따라서 새싹형 사업 과제가 2009년 이전인 2008년에 실시된 1단계 평가에서 탈락하였다면 기본 3년의 연구수행결과에 대한 평가에서 탈락한 것이므로 연구지원기간은 최소 5년이 아닌 3년이다.

ㄹ. (O) 문단 iii) 세 번째 문장에 따르면 새싹형 사업은 2010년부터 매년 연차평가를 실시하여 계속지원 여부를 결정하고 있다고 한다. 따라서 새싹형 사업 과제가 2010년 이후인 2011년에 실시된 연차평가에서 탈락하였다면, 연구지원이 이루어진 뒤 1년 만에 탈락한 것일 수 있으므로 연구지원기간은 1년일 수 있다.

ㅁ. (O) 문단 iii) 다섯 번째 문장에 따르면 씨앗형 사업과 새싹형 사업의 선정평가는 모두 1단계 요건심사, 2단계 전공심사, 3단계 종합심사의 3단계로 이루어져 있다.

[정답] ④

34 다음 글을 근거로 판단할 때 옳지 않은 것은?

13년 외교관 인책형 24번

> ⅰ)동산질권(動産質權)이란 채권자가 채권의 담보로서 채무자 또는 제3자가 제공한 동산을 유치(점유)할 수 있는 권리이다. 예컨대 A가 500만 원을 B에게 빌려주고 그 담보로 B소유의 보석을 받으면, B가 500만 원을 변제할 때까지 A는 그 보석을 보유한 채 되돌려 주지 않을 권리가 있다. 여기서 A처럼 질권을 취득한 채권자를 질권자라 하고, B처럼 채권담보로 동산을 제공한 채무자 또는 제3자를 질권설정자라 한다. 동산질권은 채무를 전부 변제한 때, 질권자가 담보목적물을 질권설정자에게 반환한 때 소멸한다. → 선지 ①
>
> ⅱ)한편 법인이나 상호등기를 한 사람(이하 '법인 등'이라 한다)이 채권자에게 채권의 담보로 동산을 제공한 경우에는 그 동산에 대해 채권자가 담보등기를 할 수 있다. 이와 같이 법인 등이 제공한 동산에 대해 담보목적으로 등기된 채권자의 권리를 동산담보권(動産擔保權)이라 한다. 동산담보권의 취득이나 소멸은 동산질권과 달리 담보등기부에 등기를 하여야 그 효력이 발생한다. 또한 동일한 동산에 설정된 동산담보권 상호간의 우선순위는 등기의 선후에 따른다. 그밖에 동산담보권자는 동산질권자와 마찬가지로 채권 전부를 변제받을 때까지 담보목적물 전부에 대하여 동산담보권을 행사할 수 있다.
> → 선지 ②, ③, ④, ⑤

① 甲이 乙소유의 동산에 대해 동산질권을 취득한 후, 그 동산을 乙에게 반환하면 甲의 동산질권은 소멸한다.

② 경찰관 乙이 채권자 甲에게 자신의 동산을 담보로 제공하기로 약정하더라도 甲은 동산담보권을 취득할 수 없다.

③ 상호등기를 한 乙이 채권자 甲에게 자신의 동산을 담보로 제공한 경우, 甲이 그 동산을 담보등기부에 등기하면 甲은 동산담보권을 취득한다.

④ 乙법인이 제공한 동산을 담보등기부에 등기하여 甲이 동산담보권을 취득한 후, 丙이 그 동산에 대해 동산담보권을 취득한 경우, 甲의 동산담보권이 丙의 동산담보권보다 우선한다.

⑤ 채권자 甲이 채무자 乙법인의 동산을 담보등기부에 등기하여 동산담보권을 취득한 후, 乙이 甲에게 채무 일부를 변제하면 변제액에 비례하여 甲은 동산의 일부에 대해 동산담보권을 행사할 수 있다.

해설

문제 분석

문단 ⅰ) 동산질권
문단 ⅱ) 동산담보권

제시문의 내용을 정리하면 아래와 같다.

	동산질권	동산담보권
권리 주체	동산질권자(채권자)	동산담보권자(채권자)
권리의 성립	채무자 또는 제3자가 동산을 제공	채무자가 담보로 제공한 동산을 채권자가 담보등기부에 등기
소멸	– 채무자가 채무를 전부 변제 – 질권자가 담보목적물을 반환	담보등기부에 등기

문제풀이 실마리

두 개의 개념이 등장하므로 동산질권과 동산담보권을 정확히 구분하여 이해하고 해결하여야 한다.

① (O) 문단 ⅰ) 네 번째 문장에 따르면 동산질권은 질권자인 甲이 담보목적물인 乙소유의 동산을 질권설정자인 乙에게 반환하면 甲의 동산질권은 소멸한다.

② (O) 문단 ⅱ) 첫 번째 문장에 따르면 법인 등이 채권자에게 채권의 담보로 동산을 제공한 경우에는 그 동산에 대해 채권자가 담보등기를 할 수 있다. 그리고 세 번째 문장에 따르면 동산담보권을 취득하기 위해서는 담보등기부에 등기를 하여야 그 효력이 발생한다. 그러므로 乙이 채권자 甲에게 자신의 동산을 담보로 제공하기로 약정하더라도 경찰관 乙은 법인 등이 아니므로 그 동산에 대해 채권자 甲이 담보등기를 할 수 없고, 따라서 동산담보권을 취득할 수 없다.

③ (O) 선지 ②에서 살펴본 바와 같이 상호등기를 한 乙이 채권자 甲에게 자신의 동산을 담보로 제공한 경우, 甲은 그 동산에 대해 담보등기를 할 수 있고, 甲이 그 동산을 담보등기부에 등기하면 甲은 동산담보권을 취득한다.

④ (O) 문단 ⅱ) 네 번째 문장에 따르면 동일한 동산에 설정된 동산담보권 상호간의 우선순위는 등기의 선후에 따른다. 甲과 丙이 취득한 동산담보권은 乙법인이 제공한 동일한 동산에 설정된 동산담보권이므로 甲이 담보등기부에 등기하여 동산담보권을 취득한 후 丙이 해당 동산에 대해 동산담보권을 취득하였다면 먼저 등기한 甲의 동산담보권이 丙의 동산담보권보다 우선한다.

⑤ (X) 문단 ⅱ) 다섯 번째 문장에 따르면 동산담보권자는 채권 전부를 변제받을 때까지 담보목적물 전부에 대하여 동산담보권을 행사할 수 있다. 따라서 동산담보권자인 甲은 乙이 채무 일부를 변제하면 변제액에 비례하여 동산의 일부에 대해 동산담보권을 행사할 수 있는 것이 아니라 담보목적물 전부에 대하여 동산담보권을 행사할 수 있다.

[정답] ⑤

길쌤's Check 더 연습해 볼 문제

• 줄글 일반

민간경력자	12년 인책형 11번 12년 인책형 16번	13년 인책형 4번 13년 인책형 12번
5급 공채	09년 극책형 3번 13년 인책형 6번	13년 외교관 인책형 3번 20년 나책형 6번

• 줄글+법

5급 공채	10년 선책형 10번	14년 A책형 33번

구분된 글

35 다음 글을 근거로 판단할 때 옳은 것은? 20년 민경채 가책형 13번

A국은 다음 5가지 사항을 반영하여 특허법을 제정하였다.

(1) 새로운 기술에 의한 발명을 한 사람에게 특허권이라는 독점권을 주는 제도와 정부가 금전적 보상을 해주는 보상제도 중, A국은 전자를 선택하였다. → 선지 ③

(2) 특허권을 별도의 특허심사절차 없이 부여하는 방식과 신청에 의한 특허심사절차를 통해 부여하는 방식 중, A국은 후자를 선택하였다.

(3) 새로운 기술에 의한 발명인지를 판단하는 데 있어서 전세계에서의 새로운 기술을 기준으로 하는 것과 국내에서의 새로운 기술을 기준으로 하는 것 중, A국은 후자를 선택하였다. → 선지 ①

(4) 특허권의 효력발생범위를 A국 영토 내로 한정하는 것과 A국 영토 밖으로 확대하는 것 중, A국은 전자를 선택하였다. 따라서 특허권이 부여된 발명을 A국 영토 내에서 특허권자의 허락없이 무단으로 제조 · 판매하는 행위를 금지하며, 이를 위반한 자에게는 손해배상의무를 부과한다. → 선지 ⑤

(5) 특허권의 보호기간을 한정하는 방법과 한정하지 않는 방법 중, A국은 전자를 선택하였다. 그리고 그 보호기간은 특허권을 부여받은 날로부터 10년으로 한정하였다. → 선지 ②

① A국에서 알려지지 않은 새로운 기술로 알코올램프를 발명한 자는 그 기술이 이미 다른 나라에서 널리 알려진 것이라도 A국에서 특허권을 부여받을 수 있다.

② A국에서 특허권을 부여받은 날로부터 11년이 지난 손전등을 제조 · 판매하기 위해서는 발명자로부터 허락을 받아야 한다.

③ A국에서 새로운 기술로 석유램프를 발명한 자는 A국 정부로부터 그 발명에 대해 금전적 보상을 받을 수 있다.

④ A국에서 새로운 기술로 필기구를 발명한 자는 특허심사절차를 밟지 않더라도 A국 내에서 다른 사람이 그 필기구를 무단으로 제조 · 판매하는 것을 금지시킬 수 있다.

⑤ A국에서 망원경에 대해 특허권을 부여받은 자는 다른 나라에서 그 망원경을 무단으로 제조 및 판매한 자로부터 A국 특허법에 따라 손해배상을 받을 수 있다.

해설

문제 분석

A국이 선택한 사항을 음영 처리하여 제시문의 내용을 정리해 보면 다음과 같다.

(1) 새로운 기술에 의한 발명을 한 사람에 대해:
특허권 vs 금전적 보상

(2) 특허권을:
별도의 특허심사절차 없이 부여 vs 신청에 의한 특허심사절차를 통해 부여

(3) 새로운 기술에 의한 발명인지를 판단:
전세계에서의 새로운 기술을 기준 vs 국내에서의 새로운 기술을 기준

(4) 특허권의 효력발생범위
A국 영토 내 vs A국 영토 밖

(5) 특허권의 보호기간
한정 vs 한정하지 않음

문제풀이 실마리

제시문에 (1)~(5)까지 5가지 사항이 있으므로 선지 ①~⑤에 하나씩 대응될 것을 예상해 볼 수 있다.

① (O) (3)에 따르면 A국은 새로운 기술에 의한 발명인지를 판단하는 데 있어서 국내에서의 새로운 기술을 기준으로 한다. 따라서 A국에서 알려지지 않은 새로운 기술로 알코올램프를 발명한 자는 그 기술이 이미 다른 나라에서 널리 알려진 것이라도 A국에서 특허권을 부여받을 수 있다.

② (X) (5)에 따르면 A국은 특허권의 보호기간을 특허권을 부여받은 날로부터 10년으로 한정한다. 따라서 A국에서 특허권을 부여받은 날로부터 11년이 지난 손전등은 특허권의 보호기간인 10년이 경과하여 해당 손전등에 관한 특허권은 보호되지 않으므로 해당 손전등을 제조·판매하기 위해서 발명자로부터 허락을 받아야 하는 것은 아니다.

③ (X) (1)에 따르면 A국은 새로운 기술을 발명한 사람에게 특허권이라는 독점권을 주는 제도를 선택하였다. 따라서 A국에서 새로운 기술로 석유램프를 발명한 자에게 A국 정부가 그 발명에 대해 금전적 보상을 해주지는 않는다.

④ (X) (2)에 따르면 A국은 특허권을 신청에 의한 특허심사절차를 통해 부여한다. 따라서 A국에서 새로운 기술로 필기구를 발명한 자는 신청에 의한 특허심사절차를 밟아야 하며, 특허심사절차를 밟지 않는다면 A국 내에서 다른 사람이 그 필기구를 무단으로 제조 · 판매하는 것을 금지시킬 수 없다.

⑤ (X) (4)에 따르면 A국은 특허권의 효력발생범위를 A국 영토 내로 한정한다. 그리고 A국 영토 내에서 특허권자의 허락없이 무단으로 제조·판매하는 행위를 금지하며, 이를 위반한 자에게는 손해배상의무를 부과한다. 한다. 따라서 A국에서 망원경에 대해 특허권을 부여받은 자가 A국 영토 내가 아닌 다른 나라에서 A국 특허법을 위반하여 그 망원경을 무단으로 제조 및 판매한 자에게 A국 특허법에 따라 손해배상을 받을 수는 없다.

[정답] ①

길쌤's Check 더 연습해 볼 문제

5급 공채	06년 견습 인책형 19번 07년 재책형 4번 10년 선책형 21번

4 기호(ㅇ)

36 **甲은 2010.10.10. 인근 농업진흥지역 내의 A농지 2,000m² 를 주말영농을 하기 위하여 구입하였고, 2010.11.11. B농지 15,000m²를 상속받았다 다음 <조건>을 근거로 판단할 때 옳지 않은 것을 <보기>에서 모두 고르면?** 11년 5급 선책형 28번

〈조건〉

- ㅇ 농업인이란 1,000m² 이상의 농지에서 농작물을 경작하는 자 또는 1년 중 90일 이상 농업에 종사하는 자를 말한다. → 보기 ㄱ
- ㅇ 자기의 농업경영에 이용하거나 이용할 자가 아니면 농지를 소유하지 못한다. 예외적으로 ① 자기의 농업경영에 이용하지 않더라도 주말·체험영농을 하려는 자는 총 1,000m² 미만의 농지를 소유할 수 있다. ② 상속으로 농지를 취득한 자로서 농업경영을 하지 않는 자는 그 상속 농지 중에서 총 10,000m²까지는 자기의 농업경영에 이용하지 않더라도 농지를 소유 및 제3자에게 임대할 수 있지만, 한국농촌공사에 위탁하여 임대하는 경우에는 20,000m²까지 소유할 수 있다. → 보기 ㄷ, ㄹ
- ㅇ 농지소유자가 정당한 사유 없이 그 농지를 주말·체험영농에 이용하지 않는 경우, 그 때부터 1년 이내에 그 농지를 처분하여야 한다. 또한 농지 소유 상한을 초과하여 농지를 소유한 것이 판명된 경우, 농지소유자는 그 때부터 1년 이내에 초과된 농지를 처분하여야 한다. → 보기 ㄴ

※ 농업경영이란 농업인이나 농업법인이 자기의 계산과 책임으로 농업을 영위하는 것을 말함

※ 주말·체험영농이란 개인이 주말 등을 이용하여 취미생활이나 여가활동으로 농작물을 경작하는 것을 말함 → 보기 ㄴ

〈보기〉

ㄱ. 甲이 직장을 다니면서 A농지에 농작물을 직접 경작하는 경우, 농업인으로 볼 수 있다.

ㄴ. 甲이 정당한 사유 없이 A농지를 경작하지 않는 경우, 그 때부터 1년 이내에 A농지 전부를 처분하여야 한다.

ㄷ. 甲이 농업인 乙에게 B농지를 임대한 경우, B농지 전부를 처분하여야 한다.

ㄹ. 직장을 그만두고 귀농한 甲이 A농지에 농작물을 스스로 경작하고 B농지는 한국농촌공사에 임대한 경우, A·B 농지 모두를 계속 소유할 수 있다.

① ㄷ　　② ㄹ

③ ㄱ, ㄴ　　④ ㄷ, ㄹ

⑤ ㄱ, ㄴ, ㄹ

해설

문제 분석

〈조건〉의 첫 번째 동그라미부터 각각 조건 ⅰ)~ⅲ)이라 한다.

조건 ⅰ) 농업인의 정의

조건 ⅱ) 자기의 농업경영에 이용하거나 이용할 자가 아니면 농지 소유 금지, 예외

조건 ⅲ) 농지를 처분하여야 하는 경우

문제풀이 실마리

'ㅇ' 형식으로 제시문이 주어지더라도, 일반적으로 법조문을 푸는 스킬과 동일하게 제시문의 키워드와 선지/보기의 키워드를 매칭하여 관련된 내용을 찾아 해결하면 된다.

발문에서 甲은 A농지 2,000m²를 주말영농을 하기 위하여 구입하였고, B농지 15,000m²를 상속받았다고 한다.

ㄱ. (O) 조건 ⅰ)에 따르면 1) 1,000m² 이상의 농지에서 농작물을 경작하는 경우 농업인으로 정의한다. 甲이 A농지 2,000m²에 농작물을 직접 경작하는 경우, 1,000m² 이상의 농지에서 농작물을 경작하는 것이므로 농업인으로 볼 수 있다. 그리고 2) 1년 중 90일 이상 농업에 종사하는 자도 농업인으로 정의할 수 있는데, 甲은 A농지를 주말영농을 하기 위하여 구입하였으므로 1년(52주) 중 주말마다 총 90일 이상 농업에 종사한다면 농업인으로 볼 수 있다.

ㄴ. (O) 두 번째 각주에 따르면 주말·체험영농도 농작물을 경작하는 것에 해당한다. 따라서 甲이 A농지를 경작하지 않는 경우라면 A농지를 주말·체험영농에 이용하지 않는 경우라고 볼 수 있다. 농지소유자인 甲은 정당한 사유 없이 A농지를 주말·체험영농에 이용하지 않는 경우, 조건 ⅲ) 첫 번째 문장에 따라 그 때부터 1년 이내에 A농지 전부를 처분하여야 한다.

ㄷ. (X) 조건 ⅱ) 첫 번째 문장에 따라 甲은 B농지를 자가의 농업경영에 이용하거나 이용할 것이 아니면 해당 농지를 소유하지 못한다. 그러나 두 번째 문장에 따르면 상속으로 농지를 취득한 자로서 농업경영을 하지 않는 자는 그 상속 농지 중에서 총 10,000m²까지는 제3자에게 임대할 수 있다고 한다. 따라서 B농지 15,000m²를 상속받은 甲은 B농지 전부를 처분하여야 하는 것은 아니며, 15,000m² 중 총 10,000m²까지 처분하지 않고 농업인 乙에게 임대할 수 있다. 농지 소유 상한을 초과하는 5,000m²에 대해서는 조건 ⅲ) 두 번째 문장에 따라 1년 이내에 처분하여야 한다.

ㄹ. (O) 甲이 A농지에 농작물을 스스로 경작하여 자기의 농업경영에 이용한다면 조건 ⅱ) 첫 번째 문장의 농지 소유가 금지되는 경우가 아니다. A농지를 계속 소유할 수 있다. 甲이 B농지는 자기의 농업경영에 이용하지 않는다고 해도 조건 ⅱ) 세 번째 문장에 따라 한국농촌공사에 임대하는 경우 20,000m²까지 소유할 수 있으므로 15,000m²의 B농지도 계속 소유할 수 있다.

빠른 문제풀이 Tip

ㄴ. 조건 ⅱ) 첫 번째 문장에 따라 자가의 농업경영에 이용하거나 이용할 자가 아니면 농지를 소유하지 못하고, 두 번째 문장에 따르면 예외적으로 자기의 농업경영에 이용하지 않더라도 주말영농을 하려는 자는 총 1,000m² 미만의 농지를 소유할 수 있다고 한다. 그러므로 甲이 A농지에서 주말영농을 한다고 해도 1,000m² 미만의 농지를 소유할 수 있으므로 A농지 2,000m² 중 1,000m² 이상의 농지는 처분하여야 한다.

[정답] ①

37 다음 글과 <상황>을 근거로 판단할 때 옳은 것은?

13년 외교관 인책형 8번

○ 소취하: 소송진행 중 원고는 자신이 제기한 소(訴)를 취하할 수 있다. 다만 피고가 소송에서 변론을 하였을 때에는 피고의 동의를 얻어야 소취하를 할 수 있다. 소취하를 하면 소가 제기된 때로 소급하여 소송이 소멸된다. 원고는 판결이 선고되었어도 그 판결이 확정되기 전까지 언제든지 소취하를 할 수 있다. 따라서 원고는 1심 소송진행 중에 소취하를 할 수 있을 뿐만 아니라 항소심 소송진행 중에도 소취하를 할 수 있다. 원고가 항소심에서 소취하를 하면 1심의 소를 제기한 때로 소급하여 소송이 소멸된다. 따라서 현재 진행 중인 항소심이 종료될 뿐만 아니라 1심 소송결과 자체를 소멸시키기 때문에 항소의 대상이 되었던 1심 판결도 그 효력을 상실한다. 그 결과 소송당사자 사이의 권리의무에 관한 분쟁은 해결되지 아니한 채 소송만 종료된다. → 선지 ③, ⑤

○ 항소취하: 1심 판결에 패소한 당사자는 항소(抗訴)를 제기할 수 있는데, 그 자를 '항소인'이라고 하고 항소의 상대방 당사자를 '피항소인'이라고 한다. 항소인은 항소심 판결이 선고되기 전까지만 항소취하를 할 수 있다. 피항소인의 동의는 필요하지 않다. 항소취하를 하면 항소가 제기된 때로 소급하여 항소가 소멸되고 항소심은 종료된다. 항소취하는 항소 제기시점으로 소급하여 항소만 소멸되기 때문에, 항소의 대상이 되었던 1심 판결의 효력은 유지되며 그 판결 내용대로 당사자 사이의 분쟁은 해결된다.
→ 선지 ①, ③, ④

〈상황〉

甲은 乙에게 1억 원을 빌려주었는데 갚기로 한 날짜가 지났는데도 乙이 갚지 않고 있다. 그래서 甲이 원고가 되어 乙을 피고로 하여 1억 원의 대여금반환청구의 소를 제기하였다. 1심 법원은 甲의 주장을 인정하여 甲의 승소판결을 선고하였고, 이에 대해 乙이 항소를 제기하여 현재 항소심이 진행 중이다.

① 항소심 판결이 선고된 후에는 乙은 항소취하를 할 수 없다.
② 항소심 판결이 선고되기 전에 甲은 乙의 동의 없이 항소취하를 할 수 있다.
③ 항소심 판결이 선고되기 전에 乙은 甲의 동의를 얻어야 소취하를 할 수 있다.
④ 항소취하가 유효하면 항소심이 종료되고, 甲의 乙에 대한 1심 승소판결의 효력은 소멸된다.
⑤ 소취하가 항소심에서 유효하게 이루어진 경우, 甲과 乙 사이의 대여금에 관한 분쟁에서 甲이 승소한 것으로 분쟁이 해결된다.

해설

문제 분석

첫 번째 동그라미를 문단 ⅰ), 두 번째 동그라미를 문단 ⅱ)라고 한다. 제시문에서 설명하고 있는 소취하와 항소취하를 비교해서 정리해 보면 다음과 같다.

	소취하	항소취하
주체	원고	항소인 (1심 판결에서 패소한 당사자)
상대방의 동의	피고가 소송에서 변론을 하였을 때 필요	×
효과	- 소가 제기된 때로 소급하여 소송이 소멸 - 1심 판결 효력 상실 - 분쟁 해결×	- 항소가 제기된 때로 소급하여 항소가 소멸 - 1심 판결 효력 유지 - 분쟁 해결
시기	판결이 확정되기 전까지	항소심 판결이 선고되기 전까지

문제풀이 실마리

〈상황〉에서 1심의 원고는 甲, 피고는 乙이고 항소심에서 항소인은 乙, 피항소인은 甲이다.

① (O) 문단 ⅱ) 두 번째 문장에 따르면 항소심의 항소인은 항소심 판결이 선고되기 전까지만 항소취하를 할 수 있다고 한다. 따라서 항소인 乙은 항소심 판결이 선고된 후에는 항소취하를 할 수 없다.

② (X) 문단 ⅱ) 첫 번째, 두 번째 문장에 따르면 항소취하를 할 수 있는 것은 항소심의 항소인이다. 피항소인인 甲은 '항소심 판결이 선고되기 전'과 같은 시기나 항소인 乙의 동의 여부와 상관없이 항소취하를 할 수 없다. 원고 甲은 문단 ⅰ) 첫 번째 문장 등에 따라 판결이 확정되기 전까지 소취하를 할 수 있다.

③ (X) 문단 ⅰ) 첫 번째 문장에 따르면 1심의 원고는 자신이 제기한 소를 취하할 수 있다. 따라서 피고 乙은 원고 甲의 동의 여부와 상관없이 소취하를 할 수 없다. 네 번째, 다섯 번째, 여섯 번째 문장에서도 소를 취하할 수 있는 것은 원고임을 확인할 수 있다. 乙은 항소심판결이 선고되기 전까지 甲의 동의 여부와 상관없이 항소취하를 할 수 있다.

④ (X) 문단 ⅱ) 네 번째 문장에 따르면 항소취하를 하면 항소심이 종료된다는 것은 확인할 수 있다. 그러나 다섯 번째 문장에 따르면 1심 판결의 효력은 유지된다고 하므로 甲의 乙에 대한 1심 승소판결의 효력은 소멸되지 않고 유지된다.

⑤ (X) 소취하가 항소심에서 유효하게 이루어진 경우, 문단 ⅰ) 일곱 번째 문장에 따르면 1심 소송결과 자체를 소멸시키기 때문에 甲과 乙 사이의 대여금에 관한 분쟁에서 甲이 승소하였던 1심 결과가 소멸되며, 여덟 번째 문장과 같이 甲과 乙의 분쟁은 해결되지 아니한 채 소송만 종료된다.

[정답] ①

길쌤's Check 더 연습해 볼 문제

5급 공채	13년 인책형 24번

5 표

38 다음 <국내 대학(원) 재학생 학자금 대출 조건>을 근거로 판단할 때, <보기>에서 옳은 것만을 모두 고르면? (단, 甲~丙은 국내 대학(원)의 재학생이다) 19년 5급 가책형 3번

〈국내 대학(원) 재학생 학자금 대출 조건〉

구분		X학자금 대출	Y학자금 대출
신청 대상	신청 연령	• 35세 이하	• 55세 이하
	성적 기준	• 직전 학기 12학점 이상 이수 및 평균 C학점 이상 (단, 장애인, 졸업학년인 경우 이수학점 기준 면제)	• 직전 학기 12학점 이상 이수 및 평균 C학점 이상 (단, 대학원생, 장애인, 졸업학년인 경우 이수학점 기준 면제)
	가구소득 기준	• 소득 1~8분위	• 소득 9, 10분위
	신용 요건	• 제한 없음	• 금융채무불이행자, 저신용자 대출 불가
대출 한도	등록금	• 학기당 소요액 전액	• 학기당 소요액 전액
	생활비	• 학기당 150만 원	• 학기당 100만 원
상환 사항	상환 방식 (졸업 후)	• 기준소득을 초과하는 소득 발생 이전: 유예 • 기준소득을 초과하는 소득 발생 이후: 기준 소득 초과분의 20%를 원천 징수 ※ 기준소득: 연 □천만 원	• 졸업 직후 매월 상환 • 원금균등분할상환과 원리금균등분할상환 중 선택

〈보기〉

ㄱ. 34세로 소득 7분위인 대학생 甲이 직전 학기에 14학점을 이수하여 평균 B학점을 받았을 경우 X학자금 대출을 받을 수 있다.
ㄴ. X학자금 대출 대상이 된 乙의 한 학기 등록금이 300만 원일 때, 한 학기당 총 450만 원을 대출받을 수 있다.
ㄷ. 50세로 소득 9분위인 대학원생 丙(장애인)은 신용 요건에 관계없이 Y학자금 대출을 받을 수 있다.
ㄹ. 대출금액이 동일하고 졸업 후 소득이 발생하지 않았다면, X학자금 대출과 Y학자금 대출의 매월 상환금액은 같다.

① ㄱ, ㄴ
② ㄱ, ㄷ
③ ㄷ, ㄹ
④ ㄱ, ㄴ, ㄹ
⑤ ㄴ, ㄷ, ㄹ

해설

문제 분석

제시문의 〈국내 대학(원) 재학생 학자금 대출 조건〉(이하 〈조건〉이라 한다)의 구분에서 크게 신청 대상, 대출 한도, 상환 사항으로 나누어져 있고 다시 세부항목으로 나누어져 있다.

문제풀이 실마리

표의 정보는 분절적이고 병렬적이다. 따라서 표의 항목을 활용하여 〈보기〉에서 묻는 바에만 집중해서 검토한다.

ㄱ. (O) 甲이 X학자금 대출을 받을 수 있는지에 대해서 묻고 있으므로 〈조건〉에서 신청 대상 항목을 검토한다. 1) 甲은 34세로 35세 이하이므로 신청 연령을 충족한다. 그리고 2) 직전 학기에 14학점을 이수하여 평균 B학점을 받아, 직전 학기 12학점 이상 이수 및 평균 C학점 이상이므로 성적 기준을 충족한다. 또한 3) 소득 7분위로 소득 1~8분위에 해당하므로 가구소득 기준을 충족한다. 따라서 甲은 X학자금 대출을 받을 수 있다.

ㄴ. (O) 乙이 X학자금 대출 대상이 되었다고 하므로 신청 대상 항목을 검토할 필요는 없고, 〈조건〉에서 대출 한도 항목을 검토한다. 대출 한도 항목에 따르면 乙은 학기당 등록금 소요액 전액과 생활비 150만 원을 대출받을 수 있다. 따라서 한 학기 등록금이 300만 원일 때, 등록금 300만 원 전액과 생활비 150만 원을 더한 300+150=450만 원을 대출받을 수 있다.

ㄷ. (X) 〈조건〉에서 신청 대상 항목을 검토한다. 1) 丙은 50세로 55세 이하이므로 신청 연령을 충족한다. 2) 보기에서 丙의 성적에 대해서는 언급하고 있지 않지만, 丙은 장애인으로 이수학점 기준이 면제된다. 그리고 3) 소득 9분위로 가구소득 기준을 충족한다. 그러나 4) 신용 요건에 따르면 금융채무불이행자, 저신용자는 대출을 받을 수 없으므로 丙이 신용 요건에 관계없이 Y학자금 대출을 받을 수 있는 것은 아니다.

ㄹ. (X) 〈조건〉에서 상환 사항 항목을 비교한다. 졸업 후 소득이 발생하지 않았다면, X학자금 대출은 상환이 유예된다. Y학자금 대출의 경우 원금균등분할상환과 원리금균등분할상환 중 선택하여 졸업 직후 매월 상환하여야 한다. 즉, X학자금 대출은 매월 상환금액이 0원이지만 Y학자금 대출은 매월 일정액을 상환하여야 하므로 매월 상환금액은 같지 않다.

[정답] ①

길쌤's Check 더 연습해 볼 문제

5급 공채	06년 출책형 3번 10년 선책형 12번 19년 가책형 4번 19년 가책형 23번 19년 가책형 24번

39 다음 글을 근거로 판단할 때 옳은 것은?

20년 5급 나책형 23번

> 제00조 ① 체육시설업은 다음과 같이 구분한다.
> 1. 등록 체육시설업: 스키장업, 골프장업, 자동차 경주장업
> 2. 신고 체육시설업: 빙상장업, 썰매장업, 수영장업, 체력단련장업, 체육도장업, 골프연습장업, 당구장업, 무도학원업, 무도장업, 야구장업, 가상체험 체육시설업
>
> ② 체육시설업자는 체육시설업의 종류에 따라 아래 〈시설기준〉에 맞는 시설을 설치하고 유지 · 관리하여야 한다.
>
> 〈시설기준〉

필수시설	○ 수용인원에 적합한 주차장(등록 체육시설업만 해당한다) 및 화장실을 갖추어야 한다. 다만 해당 체육시설이 같은 부지 또는 복합건물 내에 다른 시설물과 함께 위치한 경우로서 그 다른 시설물과 공동으로 사용하는 주차장 및 화장실이 있을 때에는 별도로 갖추지 아니할 수 있다. → 선지 ④ ○ 수용인원에 적합한 탈의실과 급수시설을 갖추어야 한다. 다만 신고 체육시설업(수영장업은 제외한다)과 자동차 경주장업에는 탈의실을 대신하여 세면실을 설치할 수 있다. → 선지 ② ○ 부상자 및 환자의 구호를 위한 응급실 및 구급약품을 갖추어야 한다. 다만 신고 체육시설업(수영장업은 제외한다)과 골프장업에는 응급실을 갖추지 아니할 수 있다. → 선지 ⑤
임의시설	○ 체육용품의 판매 · 수선 또는 대여점을 설치할 수 있다. ○ 식당 · 목욕시설 · 매점 등 편의시설을 설치할 수 있다(무도학원업과 무도장업은 제외한다). → 선지 ① ○ 등록 체육시설업의 경우에는 해당 체육시설을 이용하는 데에 지장이 없는 범위에서 그 체육시설 외에 다른 종류의 체육시설을 설치할 수 있다. 다만 신고 체육시설업의 경우에는 그러하지 아니하다. → 선지 ③

① 무도장을 운영할 때 목욕시설과 매점을 설치하는 경우 시설기준에 위반된다.

② 수영장을 운영할 때 수용인원에 적합한 세면실과 급수시설을 모두 갖추어야 한다.

③ 체력단련장을 운영할 때 이를 이용하는 데에 지장이 없는 범위에서 가상체험 체육시설을 설치할 수 있다.

④ 복합건물 내에 위치한 골프연습장을 운영할 때 다른 시설물과 공동으로 사용하는 주차장이 없다면, 수용인원에 적합한 주차장을 반드시 갖추어야 한다.

⑤ 수영장을 운영할 때 구급약품을 충분히 갖추어 부상자 및 환자의 구호에 지장이 없다면, 응급실을 갖추지 않아도 시설기준에 위반되지 않는다.

해설

문제 분석

제1항 체육시설업의 구분
제2항 체육시설업의 종류에 따른 설치 · 유지 · 관리
〈시설기준〉의 첫 번째 동그라미부터 각각 기준 ⅰ)~ⅵ)이라고 한다.

문제풀이 실마리

선지의 체육시설이 제1항에서 나열하고 있는 체육시설 중 어떤 체육시설에 해당하는지, 〈시설기준〉에 적용되는 시설인지 제외되는 시설인지 필요한 부분만 찾아서 판단한다. 제외되는 시설을 정확히 확인하여야 한다.

① (O) 제1항 제2호에 따르면 무도장업은 신고 체육시설업이다. 기준 ⅴ)에 따르면 체육시설에는 목욕시설·매점 등 편의시설을 설치할 수 있지만 무도장업은 제외된다. 따라서 무도장을 운영할 때 목욕시설과 매점을 설치하는 경우 〈시설기준〉 중 기준 ⅴ)에 위반된다.

② (X) 제1항 제2호에 따르면 수영장업은 신고 체육시설업이다. 기준 ⅱ) 1문에 따르면 체육시설은 수용인원에 적합한 탈의실과 급수시설을 갖추어야 한다. 그리고 2문에 따르면 신고 체육시설업에는 탈의실을 대신하여 세면실을 설치할 수 있지만, 수영장업은 제외한다. 즉 수영장에는 탈의실을 대신하여 세면실을 설치할 수 없으므로, 세면실이 아니라 탈의실과 급수시설을 갖추어야 한다.

③ (X) 제1항 제2호에 따르면 체력단련장업은 신고 체육시설업이다. 기준 ⅵ)에 따르면 등록 체육시설업의 경우에는 해당 체육시설을 이용하는 데에 지장이 없는 범위에서 그 체육시설 외에 다른 종류의 체육시설을 설치할 수 있지만, 신고 체육시설업인 체력단련장을 운영할 때에는 이를 이용하는 데에 지장이 없는 범위 내라고 하더라도 다른 종류의 체육시설인 가상체험 체육시설을 설치할 수 없다.

④ (X) 제1항 제2호에 따르면 골프연습장업은 신고 체육시설업이다. 기준 ⅰ)에 따르면 등록 체육시설업은 수용인원에 적합한 주차장을 갖추어야 하지만, 신고 체육시설인 골프연습장업이 수용인원에 적합한 주차장을 갖추어야 하는 것은 아니다.

⑤ (X) 제1항 제2호에 따르면 수영장업은 신고 체육시설업이다. 기준 ⅲ)에 따르면 체육시설은 부상자 및 환자의 구호를 위한 응급실 및 구급약품을 갖추어야 하지만 수영장업을 제외한 신고 체육시설업과 골프장업에는 응급실을 갖추지 아니할 수 있다. 즉 수영장업은 응급실을 갖추지 아니할 수 있는 체육시설업에서 제외되므로 수영장을 운영할 때 구급약품을 충분히 갖추어야하고 응급실을 갖추어야 시설기준에 위반되지 않는다.

[정답] ①

6 규정·규칙

40 다음 글과 <상황>을 근거로 판단할 때 옳은 것은?

21년 7급 나책형 16번

○ 민원의 종류
법정민원(인가 · 허가 등을 신청하거나 사실 · 법률관계에 관한 확인 또는 증명을 신청하는 민원), 질의민원(법령 · 제도 등에 관하여 행정기관의 설명 · 해석을 요구하는 민원), 건의민원(행정제도의 개선을 요구하는 민원), 기타민원(그 외 상담 · 설명 요구, 불편 해결을 요구하는 민원)으로 구분함 → 선지 ①, ⑤

○ 민원의 신청
문서(전자문서를 포함, 이하 같음)로 해야 하나, 기타민원은 구술 또는 전화로 가능함 → 선지 ①, ②

○ 민원의 접수
민원실에서 접수하고, 접수증을 교부하여야 함(단, 기타민원, 우편 및 전자문서로 신청한 민원은 접수증 교부를 생략할 수 있음)

○ 민원의 이송
접수한 민원이 다른 행정기관의 소관인 경우, 접수된 민원문서를 지체 없이 소관 기관에 이송하여야 함 → 선지 ③

○ 처리결과의 통지
접수된 민원에 대한 처리결과를 민원인에게 문서로 통지하여야 함(단, 기타민원의 경우와 통지에 신속을 요하거나 민원인이 요청하는 경우, 구술 또는 전화로 통지할 수 있음) → 선지 ④

○ 반복 및 중복 민원의 처리
민원인이 동일한 내용의 민원(법정민원 제외)을 정당한 사유 없이 3회 이상 반복하여 제출한 경우, 2회 이상 그 처리결과를 통지하였다면 그 후 접수되는 민원에 대하여는 바로 종결 처리할 수 있음 → 선지 ⑤

〈상황〉

○ 甲은 인근 공사장 소음으로 인한 불편 해결을 요구하는 민원을 A시에 제기하려고 한다. → 선지 ①
○ 乙은 자신의 영업허가를 신청하는 민원을 A시에 제기하려고 한다. → 선지 ⑤

① 甲은 구술 또는 전화로 민원을 신청할 수 없다.
② 乙은 전자문서로 민원을 신청할 수 없다.
③ 甲이 신청한 민원이 다른 행정기관 소관 사항인 경우라도, A시는 해당 민원을 이송 없이 처리할 수 있다.
④ A시는 甲이 신청한 민원에 대한 처리결과를 전화로 통지할 수 있다.
⑤ 乙이 동일한 내용의 민원을 이미 2번 제출하여 처리결과를 통지받았으나 정당한 사유 없이 다시 신청한 경우, A시는 해당 민원을 바로 종결 처리할 수 있다.

해설

문제 분석
제시문의 첫 번째 동그라미부터 규정 ⅰ)~ⅵ)이라고 한다.

문제풀이 실마리
선지의 내용으로부터 각 규정에서 필요한 내용만 찾아서 선지를 판단한다. 예를 들어 규정 ⅱ)에서는 민원의 신청을 설명하고 있으므로, 민원의 신청에 대해서 묻는 선지 ①, ②의 정오판단을 하기 위해서는 규정 ⅱ)를 확인한다.

① (X) 〈상황〉의 甲의 민원은 불편 해결을 요구하는 민원으로 규정 ⅰ) 민원의 종류에 따르면 기타민원에 해당한다. 규정 ⅱ)에 따르면 기타민원의 신청은 구술 또는 전화로 가능하므로, 甲은 구술 또는 전화로 민원을 신청할 수 있다.

② (X) 〈상황〉의 乙의 민원은 영업허가를 신청하는 민원으로 규정 ⅰ) 민원의 종류에 따르면 법정민원에 해당한다. 규정 ⅱ)에 따르면 민원은 문서로 해야 하고, 문서에는 전자문서가 포함되므로 乙은 전자문서로 민원을 신청할 수 있다.

③ (X) 규정 ⅳ)에 따르면 甲이 신청한 민원이 다른 행정기관 소관 사항인 경우, A시는 해당 민원을 이송 없이 처리할 수 없고 지체 없이 소관 기관에 이송하여야 한다.

④ (O) 규정 ⅴ)에 따르면 접수된 민원에 대한 처리결과를 민원인에게 문서로 통지하여야 하나, 기타민원의 경우에는 구술 또는 전화로 통지할 수 있다. 선지 ①에서 검토한 바와 같이 甲의 민원은 기타민원에 해당하므로, A시는 甲이 신청한 민원에 대한 처리결과를 전화로 통지할 수 있다.

⑤ (X) 규정 ⅵ)에 따르면 민원인이 동일한 내용의 민원을 정당한 사유 없이 3회 이상 반복하여 제출한 경우, 2회 이상 그 처리결과를 통지하였다면 그 후 접수되는 민원에 대하여는 바로 종결 처리할 수 있지만, 법정민원의 경우에는 그러하지 아니하다. 乙이 동일한 내용의 민원을 이미 2번 제출하여 처리결과를 통지받았다면 2회 이상 처리결과를 통지하였고, 정당한 사유 없이 다시 신청하였다면 동일한 내용의 민원을 정당한 사유없이 3회 이상 반복하여 제출한 경우에 해당하지만, 선지 ②에서 검토한 바와 같이 乙의 민원은 법정민원에 해당하므로 A시는 2번의 처리결과 통지 후 다시 접수되는 해당 민원에 대하여 바로 종결 처리할 수 없다.

[정답] ④

길쌤's Check 더 연습해 볼 문제

민간경력자	18년 가책형 4번
5급 공채	14년 A책형 6번

Ⅱ. 해결(2) - 일부 응용

1 계산 포함

법조문

41 다음 글을 근거로 판단할 때 옳은 것은? 20년 7급(모의) 2번

제○○조(진흥기금의 징수) ① 영화위원회(이하 "위원회"라 한다)는 영화의 발전 및 영화·비디오물산업의 진흥을 위하여 영화상영관에 입장하는 관람객에 대하여 입장권 가액의 100분의 5의 진흥기금을 징수한다. 다만, 직전 연도에 제△△조 제1호에 해당하는 영화를 연간 상영일수의 100분의 60 이상 상영한 영화상영관에 입장하는 관람객에 대해서는 그러하지 아니하다. → 선지 ①, ③
② 영화상영관 경영자는 관람객으로부터 제1항의 규정에 따른 진흥기금을 매월 말일까지 징수하여 해당 금액을 다음 달 20일까지 위원회에 납부하여야 한다. → 선지 ②
③ 위원회는 영화상영관 경영자가 제2항에 따라 관람객으로부터 수납한 진흥기금을 납부기한까지 납부하지 아니하였을 때에는 체납된 금액의 100분의 3에 해당하는 금액을 가산금으로 부과한다. → 선지 ⑤
④ 위원회는 제2항에 따른 진흥기금 수납에 대한 위탁 수수료를 영화상영관 경영자에게 지급한다. 이 경우 수수료는 제1항에 따른 진흥기금 징수액의 100분의 3을 초과할 수 없다. → 선지 ⑤
제△△조(전용상영관에 대한 지원) 위원회는 청소년 관객의 보호와 영화예술의 확산 등을 위하여 다음 각 호의 어느 하나에 해당하는 영화를 연간 상영일수의 100분의 60 이상 상영하는 영화상영관을 지원할 수 있다.
1. 애니메이션영화·단편영화·예술영화·독립영화
→ 선지 ①, ④
2. 제1호에 해당하지 않는 청소년관람가영화
3. 제1호 및 제2호에 해당하지 않는 국내영화

① 영화상영관 A에서 직전 연도에 연간 상영일수의 100분의 60 이상 청소년관람가 애니메이션영화를 상영한 경우 진흥기금을 징수한다.
② 영화상영관 경영자 B가 8월분 진흥기금 60만 원을 같은 해 9월 18일에 납부하는 경우, 가산금을 포함하여 총 61만 8천 원을 납부하여야 한다.
③ 관람객 C가 입장권 가액과 그 진흥기금을 합하여 영화상영관에 지불하는 금액이 12,000원이라고 할 때, 지불 금액 중 진흥기금은 600원이다.
④ 연간 상영일수가 매년 200일인 영화상영관 D에서 직전 연도에 단편영화를 40일, 독립영화를 60일 상영했다면 진흥기금을 징수하지 않는다.
⑤ 영화상영관 경영자 E가 7월분 진흥기금과 그 가산금을 합한 금액인 103만 원을 같은 해 8월 30일에 납부한 경우, 위원회는 E에게 최대 3만 원의 수수료를 지급할 수 있다.

해설

문제 분석

제○○조 제1항 위원회의 진흥기금 징수, 단서
제2항 진흥기금의 납부
제3항 체납 시 가산금
제4항 위탁 수수료
제△△조 (전용상영관에 대한 지원)

문제풀이 실마리

진흥기금, 가산금, 수수료 징수하는 경우와 예외, 징수대상, 금액을 계산하는 방법 등을 정확하게 파악해야 한다. 금액을 구해야 할 때 직접 계산하는 것보다는 선지에 주어진 내용을 검증해야 보다 수월하게 해결할 수 있다.

① (X) 제○○조 제1항 본문에 따르면 영화상영관에 입장하는 관람객에 대하여 진흥기금을 징수한다. 그러나 단서에 따르면 직전 연도에 제△△조 제1호에 해당하는 영화를 연간 상영일수의 100분의 60 이상 상영한 영화상영관에 입장하는 관람객에 대해서는 그러하지 아니하다. 따라서 영화상영관 A에서 직전 연도에 제△△조 제1호에 따른 애니메이션영화를 연간 상영일수의 100분의 60 이상 상영한 경우, 제○○조 제1항 단서에 따라 진흥기금을 징수하지 아니한다.

② (X) 제○○조 제2항에 따르면 영화상영관 경영자 B는 8월분 진흥기금 60만 원을 다음 달인 20일인 9월 20일까지 납부하여야 하는데, 9월 18일에 납부한다면 이는 납부 기한 내에 납부한 것이므로 가산금을 납부하여야 하는 것은 아니다.

③ (X) 제○○조 제1항에 따르면 관람객에 대하여 입장권 가액의 100분의 5를 진흥기금으로 징수한다. 관람객 C가 입장권 가액과 그 진흥기금을 합하여 영화상영관에 지불하는 금액이 12,000원이라면 입장권 가액은 12,000원에 미치지 못하는 것이고, 입장권 가액의 100분의 5인 진흥기금도 600원이 아니라 600원에 미치지 못한다.

④ (X) 제○○조 제1항 단서에 해당하는지 검토해 보면, 영화상영관 D에서 직전연도에 제△△조 제1호에 해당하는 단편영화를 40일, 독립영화를 60일 상영한 경우, 총 상영일수는 100일로 연간 상영일수 200일의 100분의 60인 120일 미만 상영한 것이므로 제○○조 제1항 단서에 해당하지 않는다. 따라서 제○○조 제1항 본문에 따라 위원회는 영화상영관 D에 입장하는 관람객에 대하여 진흥기금을 징수한다.

⑤ (O) 제○○조 제2항에 따르면 영화상영관 경영자 E는 7월분 진흥기금을 8월 20일까지 위원회에 납부하여야 한다. E가 7월분 진흥기금과 그 가산금을 합한 금액인 103만 원을 같은 해 8월 30일에 납부한 경우라면, 7월분 진흥기금을 납부기한까지 납부하지 않아 제3항에 따라서 체납된 금액의 100분의 3에 해당하는 금액이 가산금으로부과된 것이다. 즉 7월분 진흥기금은 100만 원, 가산금은 100만 원의 100분의 3인 3만 원이다. 제4항에 따르면 위탁수수료는 진흥기금 징수액의 100분의 3을 초과할 수 없으므로, 위원회는 E에게 100만 원의 100분의 3인 최대 3만 원의 수수료를 지급할 수 있다.

[정답] ⑤

42 다음 규정을 근거로 판단할 때 옳은 것을 <보기>에서 모두 고르면?

11년 5급 선책형 9번

제00조 ① 모든 초등학교 · 중학교 · 고등학교 및 특수학교(이하 '학교'라 한다)에 두는 학교운영위원회(이하 '운영위원회'라 한다) 위원의 정수는 당해 학교의 학교운영위원회규정(이하 '위원회규정'이라 한다)으로 정한다.
② 학교에 두는 운영위원회 위원의 구성비율은 다음 각 호의 구분에 의한 범위 내에서 위원회규정으로 정한다.
1. 학부모위원: 100분의 40~100분의 50
2. 교원위원: 100분의 30~100분의 40
3. 지역위원(당해 학교가 소재하는 지역을 생활근거지로 하는 자로서 교육행정에 관한 업무를 수행하는 공무원, 당해 학교가 소재하는 지역을 사업활동의 근거지로 하는 사업자, 당해 학교를 졸업한 자, 기타 학교운영에 이바지하고자 하는 자를 말한다): 100분의 10~100분의 30 → 보기 ㄱ, ㄴ

③ 제2항의 규정에도 불구하고 전문계고등학교운영위원회 위원의 구성비율은 다음 각 호의 구분에 의한 범위 내에서 위원회규정으로 정한다. 이 경우 지역위원 중 2분의 1 이상은 제2항 제3호의 규정에 의한 사업자로 선출하여야 한다. → 보기 ㄴ
1. 학부모위원: 100분의 30~100분의 40
2. 교원위원: 100분의 20~100분의 30
3. 지역위원: 100분의 30~100분의 50

제00조 ① 학교의 장은 항상 운영위원회의 교원위원이 된다.
② 운영위원회에는 위원장 및 부위원장 각 1인을 두되, 교원위원이 아닌 위원 중에서 무기명투표로 선출한다. → 보기 ㄹ

제00조 학교에 두는 운영위원회의 구성 및 운영에 관하여 이 법에서 규정하지 아니한 사항은 모두 시 · 도의 조례로 정한다. → 보기 ㄷ

〈보기〉

ㄱ. 전교생이 549명인 초등학교의 학교운영위원회규정에 위원의 정수가 10명이라고 되어 있을 경우, 이 학교의 지역위원은 1명일 수 있다.
ㄴ. 학생수가 1,500명인 전문계고등학교의 학교운영위원회규정에 위원의 정수가 15명이라고 되어 있을 경우, 해당 학교가 소재하는 지역을 사업활동의 근거지로 하는 사업자인 지역위원은 최소 2명에서 최대 7명이다.
ㄷ. 학교운영위원회 위원장의 연임허용 여부가 이 법에 규정되어 있지 않을 경우, 해당 시 · 도의 조례를 찾아보아야 한다.
ㄹ. 학교의 장은 운영위원회의 위원장이 될 수 없다.

① ㄱ, ㄷ
② ㄴ, ㄹ
③ ㄱ, ㄴ, ㄹ
④ ㄱ, ㄷ, ㄹ
⑤ ㄴ, ㄷ, ㄹ

해설

문제 분석

첫 번째 조문부터 각각 제1조~제3조라고 한다.
제1조
 제1항 학교운영위원회 위원의 정수
 제2항 운영위원회 위원의 구성비율의 범위
 제3항 전문계고등학교운영위원회 위원의 구성비율 범위
제2조
 제1항 학교의 장은 항상 교원위원
 제2항 위원장 및 부위원장
제3조 이 법에서 규정하지 아니한 사항은 시·도의 조례로 정한다.

문제풀이 실마리

제1조~제3조 모두 학교운영위원회 구성에 관한 내용이다. 이 중 제1조 제2항, 제3항의 구성비율은 정수대비 해당 위원의 비율을 말한다.

ㄱ. (O) 해당 초등학교는 학교운영위원회 위원의 정수가 10명이라고 한다. 해당 학교의 지역위원은 제1조 제2항 제3호에 따라 운영위원의 100분의 10~100분의 30 범위 내이어야 한다. 따라서 이 학교의 지역위원은 운영위원 정수 10명의 100분의 10인 1명일 수 있다. 전교생이 549명이라는 정보는 보기의 정오를 판단하는 것과 무관하다.

ㄴ. (X) 해당 전문계고등학교의 학교운영위원회 위원의 정수는 15명이라고 한다. 해당 학교의 지역위원은 제1조 제3항 제3호에 따라 운영위원의 100분의 30~100분의 50 범위 내이어야 한다. '범위 내'의 의미를 고려해서 계산해보면 4.5명~7.5명 범위 이내이어야 하므로 지역위원은 5명~7명이어야 한다. 그리고 제1조 제3항 2문에 의하면 지역 위원 중 2분의 1 이상은 같은 조 제2항 제3호의 규정에 의한 해당 학교가 소재하는 지역을 사업활동의 근거지로 하는 사업자로 선출하여야 한다고 하므로 5명의 2분의 1인 2.5명 이상, 즉 3명 이상을 선출하여야 한다. 즉 해당 학교의 지역위원 중 제2항 제3호의 규정에 의한 사업자는 최소 2명이 아닌 최소 3명에서 최대 7명이다. 학생수가 학생수가 1,500명이라는 정보는 보기의 정오를 판단하는 것과 무관하다.

ㄷ. (O) 제시문의 규정들에는 학교운영위원회 위원장의 연임허용 여부에 대하여 규정하고 있지 않다. 학교운영위원회 위원장의 연임허용 여부는 운영위원회의 구성 및 운영에 관한 사항이고 제3조는 이러한 사항이 해당 법에서 규정되어 있지 않을 경우 시 · 도의 조례로 정하도록 하고 있으므로, 해당 시·도의 조례를 찾아보아야 한다.

ㄹ. (O) 제2조 제1항에 의하면 학교의 장은 항상 운영위원회의 교원위원이 된다. 그리고 같은 조 제2항에 따르면 운영위원회의 위원장은 교원위원이 아닌 위원 중 선출된다. 따라서 항상 교원위원이 되는 학교의 장은 운영위원회의 위원장이 될 수 없다.

빠른 문제풀이 Tip

사람 인원 수를 구할 때 예를 들어 3.2명 이상이라면 최소 4명이 되므로, 항상 올림한 계산값을 구해야 한다.

[정답] ④

길쌤's Check 더 연습해 볼 문제

민간경력자	18년 가책형 6번
5급 공채	19년 가책형 2번 21년 가책형 23번 23년 가책형 21번

표

43 다음 <사업설명서>를 근거로 판단할 때, <보기>에서 옳은 것만을 모두 고르면?

14년 민경채 A책형 15번

〈사업설명서〉

<table>
<tr><td colspan="2">총지원금</td><td>2013년</td><td>14,000백만 원</td><td>2014년</td><td colspan="2">13,000백만 원</td></tr>
<tr><td colspan="2">지원 인원</td><td>2013년</td><td>3,000명</td><td>2014년</td><td colspan="2">2,000명</td></tr>
<tr><td rowspan="4">사업
개요</td><td>시작년도</td><td colspan="5">1998년</td></tr>
<tr><td>추진경위</td><td colspan="5">IMF 대량실업사태 극복을 위해 출발</td></tr>
<tr><td>사업목적</td><td colspan="5">실업자에 대한 일자리 제공으로 생활안정 및 사회 안전망 제공</td></tr>
<tr><td>모집시기</td><td colspan="5">연간 2회(5월, 12월)</td></tr>
<tr><td rowspan="3">근로
조건</td><td>근무조건</td><td>월 소정 근로시간</td><td>112시간 이하</td><td>주당 근로일수</td><td colspan="2">5일</td></tr>
<tr><td rowspan="2">4대 사회보험 보장 여부</td><td>국민연금</td><td>건강보험</td><td>고용보험</td><td colspan="2">산재보험</td></tr>
<tr><td>O</td><td>O</td><td>O</td><td colspan="2">O</td></tr>
<tr><td rowspan="3">참여자</td><td rowspan="2">주된 참여자</td><td>청년
(35세 미만)</td><td>중장년
(50~64세)</td><td>노인
(65세 이상)</td><td>여성</td><td>장애인</td></tr>
<tr><td></td><td>O</td><td></td><td></td><td></td></tr>
<tr><td>기타</td><td>우대 요건</td><td colspan="2">저소득층, 장기실업자, 여성가장 등 취업취약계층 우대</td><td>취업 취약계층 목표비율</td><td>70%</td></tr>
</table>

〈보기〉

ㄱ. 2014년에는 2013년보다 총지원금은 줄었지만 지원 인원 1인당 평균 지원금은 더 많아졌다.
ㄴ. 저소득층, 장기실업자, 여성가장이 아니라면 이 사업에 참여할 수 없다.
ㄷ. 이 사업 참여자들은 4대 사회보험을 보장받지 못한다.
ㄹ. 이 사업은 청년층이 주된 참여자이다.

① ㄱ
② ㄱ, ㄴ
③ ㄴ, ㄷ
④ ㄷ, ㄹ
⑤ ㄱ, ㄷ, ㄹ

해설

문제 분석

〈사업설명서〉가 표의 형식으로 제시되어 있다. 크게 총지원금, 지원 인력, 사업개요, 근로조건, 참여자에 대해서 알려주고 있다.

문제풀이 실마리

〈사업설명서〉 표의 항목을 활용하여 〈보기〉에서 묻는 내용표에서 찾아 확인하는 식으로 해결한다.

ㄱ. (O) 2014년의 총지원금은 13,000백만 원으로 2013년의 총지원금 14,000백만 원보다 줄었다. 그리고 2013년의 지원 인원 1인당 평균 지원금은 $\frac{14,000(백만\ 원)}{3,000(명)}$ ≒ 4.67(백만 원/명)이고 2014년은 $\frac{13,000(백만\ 원)}{2,000(명)}$ =6.5(백만 원/명)이므로 지원 인원 1인당 평균 지원금은 더 많아졌다.

ㄴ. (X) 우대 요건 항목에 따르면 취업취약계층을 우대한다고 하지만, 저소득층, 장기실업자, 여성가장이 아니라면 이 사업에 참여할 수 없는 것은 아니다.

ㄷ. (X) 4대 사회보험 보장 여부 항목에서 국민연금, 건강보험, 고용보험, 산재보험 모두 O로 표시되어 있으므로, 이 사업 참여자들은 4대 사회보험을 보장받는다는 것을 알 수 있다.

ㄹ. (X) 주된 참여자 항목에서 중장년(50~64세)에 O로 표시되어 있으므로, 이 사업의 주된 참여자는 청년층이 아니라 중장년층임을 알 수 있다.

[정답] ①

규정·규칙

44 다음 <연구용역 계약사항>을 근거로 판단할 때, <보기>에서 옳은 것만을 모두 고르면? 17년 민경채 나책형 4번

〈연구용역 계약사항〉

□ 과업수행 전체회의 및 보고 → 보기 ㄴ
- ㅇ 참석대상: 발주기관 과업 담당자, 연구진 전원
- ㅇ 착수보고: 계약일로부터 10일 이내
- ㅇ 중간보고: 계약기간 중 2회
  - – 과업 진척상황 및 중간결과 보고, 향후 연구계획 및 내용 협의
- ㅇ 최종보고: 계약만료 7일 전까지
- ㅇ 수시보고: 연구 수행상황 보고 요청 시, 긴급을 요하거나 특이사항 발생 시 등
- ㅇ 전체회의: 착수보고 전, 각 중간보고 전, 최종보고 전

□ 과업 산출물
- ㅇ 중간보고서 20부, 최종보고서 50부, 연구 데이터 및 관련 자료 CD 1매

□ 연구진 구성 및 관리 → 보기 ㄷ
- ㅇ 연구진 구성: 책임연구원, 공동연구원, 연구보조원
- ㅇ 연구진 관리
  - – 연구 수행기간 중 연구진은 구성원을 임의로 교체할 수 없음. 단, 부득이한 경우 사전에 변동사유와 교체될 구성원의 경력 등에 관한 서류를 발주기관에 제출하여 승인을 받은 후 교체할 수 있음

□ 과업의 일반조건
- ㅇ 연구진은 연구과제의 시작부터 종료(최종보고서 제출)까지 과업과 관련된 제반 비용의 지출행위에 대해 책임을 지고 과업을 진행해야 함 → 보기 ㄹ
- ㅇ 연구진은 용역완료(납품) 후에라도 발주기관이 연구결과와 관련된 자료를 요청할 경우에는 관련 자료를 성실히 제출하여야 함 → 보기 ㄱ

〈보기〉

ㄱ. 발주기관은 연구용역이 완료된 후에도 연구결과와 관련된 자료를 요청할 수 있다.
ㄴ. 과업수행을 위한 전체회의 및 보고 횟수는 최소 8회이다.
ㄷ. 연구진은 연구 수행기간 중 책임연구원과 공동연구원을 변경할 수 없지만 연구보조원의 경우 임의로 교체할 수 있다.
ㄹ. 중간보고서의 경우 그 출력과 제본 비용의 지출행위에 대해 발주기관이 책임을 진다.

① ㄱ, ㄴ
② ㄱ, ㄷ
③ ㄱ, ㄹ
④ ㄴ, ㄷ
⑤ ㄷ, ㄹ

해설

문제 분석

〈연구용역 계약사항〉이 병렬적인 정보로 제시되었다. 아래 해설 시 제시문의 네모를 첫 번째 네모부터 각각 조건 ⅰ)~ⅳ)라고 하며, 동그라미는 '–'와 숫자를 붙여 표시한다. 예를 들어 첫 번째 네모의 첫 번째 동그라미는 조건 ⅰ)–1과 같이 표시한다.

문제풀이 실마리

먼저 제시문을 전반적으로 훑어보면서 어떠한 정보가 주어졌는지 파악한 후, 〈보기〉에서 묻는 중심 키워드를 파악하여 묻는 바만 빠르게 정오 판단을 하는 식으로 해결한다.

ㄱ. (O) 조건 ⅳ)–2에 따르면 연구진은 용역완료 후에라도 발주기관이 연구결과와 관련된 자료를 요청할 경우에는 관련 자료를 성실히 제출하여야 한다. 따라서 발주기관은 연구용역이 완료된 후에도 연구결과와 관련된 자료를 요청할 수 있다는 것을 알 수 있다.

ㄴ. (O) 조건 ⅰ)–2, 3, 4에 따르면 착수보고 1회, 중간보고 2회, 최종보고는 1회이다. 그리고 조건 ⅰ)–6에 따르면 전체회의는 각 착수보고, 중간보고, 최종보고 전에 하도록 정하고 있으므로 총 4회이다. 따라서 조건 ⅰ)–5에 따른 수시보고를 제외하면 과업수행을 위한 전체회의 및 보고 횟수는 최소 8회이다.

ㄷ. (X) 조건 ⅲ)–1에 따르면 연구진은 책임연구원, 공동연구원, 연구보조원으로 구성되어 있고, 조건 ⅲ)–2에 따르면 연구 수행기간 중 연구진은 구성원을 임의로 교체할 수 없다. 다만 부득이한 경우 발주기관의 승인을 받은 후 교체할 수 있다. 따라서 연구진은 연구 수행기간 중 책임연구원과 공동연구원을 변경할 수 없고, 연구보조원의 경우도 임의로 교체할 수 있는 것이 아니라 모든 연구진 구성원은 교체를 위해서 발주기관의 승인을 받아야 한다.

ㄹ. (X) 조건 ⅳ)–1에 따르면 연구진은 연구과제의 시작부터 종료까지 과업과 관련된 제반 비용의 지출행위에 대해 책임을 지고 과업을 진행해야 한다. 따라서 중간보고서의 경우 그 출력과 제본 비용과 같은 제반 비용의 지출행위에 대해 발주기관이 아니라 연구진이 책임을 진다.

[정답] ①

길쌤's Check 더 연습해 볼 문제

민간경력자	14년 A책형 5번

2 적용

45 다음 글을 근거로 판단할 때 옳은 것은? 19년 5급 가책형 1번

제00조(문서의 성립 및 효력발생) ① 문서는 결재권자가 해당 문서에 서명(전자이미지서명, 전자문자서명 및 행정전자서명을 포함한다)의 방식으로 결재함으로써 성립한다.
② 문서는 수신자에게 도달(전자문서의 경우는 수신자가 지정한 전자적 시스템에 입력되는 것을 말한다)됨으로써 효력이 발생한다. → 선지 ③
③ 제2항에도 불구하고 공고문서는 그 문서에서 효력발생 시기를 구체적으로 밝히고 있지 않으면 그 고시 또는 공고가 있은 날부터 5일이 경과한 때에 효력이 발생한다. → 선지 ②
제00조(문서 작성의 일반원칙) ① 문서는 어문규범에 맞게 한글로 작성하되, 뜻을 정확하게 전달하기 위하여 필요한 경우에는 괄호 안에 한자나 그 밖의 외국어를 함께 적을 수 있으며, 특별한 사유가 없으면 가로로 쓴다.
② 문서의 내용은 간결하고 명확하게 표현하고 일반화되지 않은 약어와 전문용어 등의 사용을 피하여 이해하기 쉽게 작성하여야 한다. → 선지 ④
③ 문서에는 음성정보나 영상정보 등을 수록할 수 있고 연계된 바코드 등을 표기할 수 있다. → 선지 ⑤
④ 문서에 쓰는 숫자는 특별한 사유가 없으면 아라비아 숫자를 쓴다.
⑤ 문서에 쓰는 날짜는 숫자로 표기하되, 연 · 월 · 일의 글자는 생략하고 그 자리에 온점(.)을 찍어 표시하며, 시 · 분은 24시각제에 따라 숫자로 표기하되, 시 · 분의 글자는 생략하고 그 사이에 쌍점(:)을 찍어 구분한다. 다만 특별한 사유가 있으면 다른 방법으로 표시할 수 있다. → 선지 ①

① 문서에 '2018년 7월 18일 오후 11시 30분'을 표기해야 할 때 특별한 사유가 없으면 '2018. 7. 18. 23 : 30'으로 표기한다.
② 2018년 9월 7일 공고된 문서에 효력발생 시기가 구체적으로 명시되지 않은 경우 그 문서의 효력은 즉시 발생한다.
③ 전자문서의 경우 해당 수신자가 지정한 전자적 시스템에 도달한 문서를 확인한 때부터 효력이 발생한다.
④ 문서 작성 시 이해를 쉽게 하기 위해 일반화되지 않은 약어와 전문용어를 사용하여 작성하여야 한다.
⑤ 연계된 바코드는 문서에 함께 표기할 수 없기 때문에 영상 파일로 처리하여 첨부하여야 한다.

해설

문제 분석

첫 번째 조문부터 각각 제1조, 제2조라고 한다.
제1조 (문서의 성립 및 효력발생)
제1항 문서의 성립
제2항 문서의 효력발생
제3항 공고문서의 효력발생
제2조 (문서 작성의 일반원칙)
제1항 한글로 작성, 가로 쓰기
제2항 간결하고 명확하게, 이해하기 쉽게
제3항 음성정보, 영상정보 수록, 바코드 표기
제4항 아라비아 숫자 표기
제5항 날짜 표기, 시간 표기

문제풀이 실마리

선지 ①을 해결하기 위해서는 문서 작성의 방법을 이해하여 적용할 수 있어야 한다. 선지 ②, ③을 정확하게 해결하기 위해서는 문서의 효력 발생 시점을 정확하게 파악할 수 있어야 한다.

① (O) 제2조 제5항에 따르면 특별한 사유가 없는 한 문서에 날짜 '2018년 7월 18일'을 표기해야 할 때 날짜는 숫자로 표기하되, 연·월·일의 글자는 생략하고 그 자리에 온점(.)을 찍어 '2018. 7. 18.'으로 표기한다. 그리고 '오후 11시 30분'은 24시각제에 따라 숫자로 표기하되, 시·분의 글자는 생략하고 그 사이에 쌍점(:)을 찍어 구분하므로 '23:30'으로 표기한다.

② (X) 제1조 제3항에 따르면 공고문서는 그 문서에서 효력발생 시기를 구체적으로 밝히고 있지 않으면 그 고시 또는 공고가 있은 날부터 5일이 경과한 때에 효력이 발생한다. 따라서 2018년 9월 7일 공고된 문서에 효력발생 시기가 구체적으로 명시되지 않은 경우 그 문서의 효력은 즉시 발생하는 것이 아니라 공고가 있은 날부터 5일이 경과한 때 발생한다.

③ (X) 제1조 제2항에 따르면 전자문서의 경우 해당 수신자가 지정한 전자적 시스템에 도달한 문서를 확인한 때부터 효력이 발생하는 것이 아니라 입력됨으로써 효력이 발생한다.

④ (X) 제2조 제2항에 따르면 문서 작성 시 일반화되지 않은 약어와 전문용어를 사용하여 작성하여야 하는 것이 아니라 사용을 피하여 이해하기 쉽게 작성하여야 한다.

⑤ (X) 제2조 제3항에 따르면 연계된 바코드는 문서에 함께 표기할 수 있기 때문에 영상 파일로 처리하여 첨부하여야 하는 것은 아니다.

[정답] ①

3 sub-box의 활용

법조문

46 다음 글과 <상황>을 근거로 판단할 때 옳은 것은?

20년 7급(모의) 1번

제00조(적용범위) 이 규정은 중앙행정기관, 광역자치단체(광역자치단체와 기초자치단체 공동주관 포함)가 국제행사를 개최하기 위하여 10억 원 이상의 국고지원을 요청하는 경우에 적용한다. → 선지 ③, ⑤

제00조(정의) "국제행사"라 함은 5개국 이상의 국가에서 외국인이 참여하고, 총 참여자 중 외국인 비율이 5% 이상(총 참여자 200만 명 이상은 3% 이상)인 국제회의 · 체육행사 · 박람회 · 전시회 · 문화행사 · 관광행사 등을 말한다. → 선지 ①

제00조(국고지원의 제외) 국제행사 중 다음 각 호에 해당하는 행사는 국고지원의 대상에서 제외된다. 이 경우 제외되는 시기는 다음 각 호 이후 최초 개최되는 행사의 해당 연도부터로 한다. → 선지 ②

1. 매년 1회 정기적으로 개최하는 국제행사로서 국고지원을 7회 받은 경우
2. 그 밖의 주기로 개최하는 국제행사로서 국고지원을 3회 받은 경우

제00조(타당성조사, 전문위원회 검토의 대상 등) ① 국고지원의 타당성조사 대상은 국제행사의 개최에 소요되는 총 사업비가 50억 원 이상인 국제행사로 한다. → 선지 ④

② 국고지원의 전문위원회 검토 대상은 국제행사의 개최에 소요되는 총 사업비가 50억 원 미만인 국제행사로 한다. → 선지 ⑤

③ 제1항에도 불구하고 국고지원 비율이 총 사업비의 20% 이내인 경우 타당성조사를 전문위원회 검토로 대체할 수 있다. → 선지 ④

〈상황〉

甲광역자치단체는 2021년에 제6회 A박람회를 국고지원을 받아 개최할 예정이다. A박람회는 매년 1회 총 250만 명이 참여하는 행사로서 20여 개국에서 8만 명 이상의 외국인들이 참여해 왔다. 2021년에도 동일한 규모의 행사가 예정되어 있다. 한편 2020년에 5번째로 국고지원을 받은 A박람회의 총 사업비는 40억 원이었으며, 이 중 국고지원 비율은 25%였다.

① 2021년에 총 250만 명의 참여자 중 외국인 참여자가 감소하여 6만 명이 되더라도 A박람회는 국제행사에 해당된다.

② 2021년에 A박람회가 예정대로 개최된다면, A박람회는 2022년에 국고지원의 대상에서 제외된다.

③ 2021년 총 사업비가 52억 원으로 증가하고 국고지원은 8억 원을 요청한다면, A박람회는 타당성조사 대상이다.

④ 2021년 총 사업비가 60억 원으로 증가하고 국고지원은 전년과 동일한 금액을 요청한다면, A박람회는 전문위원회 검토를 받을 수 있다.

⑤ 2021년 甲광역자치단체와 乙기초자치단체가 공동주관하여 전년과 동일한 총 사업비로 A박람회를 개최한다면, A박람회는 타당성조사 대상이다.

해설

문제 분석

첫 번째 조문부터 각각 제1조~제4조라고 한다.

제1조 (적용범위) 10억 원 이상의 국고지원

제2조 (정의) 국제행사

제3조 (국고지원의 제외)

제4조 (타당성조사, 전문위원회 검토의 대상)

- 제1항 타당성조사 대상
- 제2항 전문위원회 검토 대상
- 제3항 타당성조사를 전문위원회 검토로 대체

문제풀이 실마리

제1조의 적용범위는 제시문 전체에 영향을 미치는 부분이므로 반드시 확인해야 한다. 각 선지의 정오판단을 위해 추가적으로 필요한 정보 위주로 〈상황〉에서 찾아서 확인하는 것이 바람직하다.

① (X) 〈상황〉의 A박람회는 20여 개국에서 외국인이 참여하는 행사로서 5개국 이상의 국가에서 외국인이 참여하고, 총 250만 명의 참여자 중 외국인은 8만 명 이상으로 외국인 비율이 3% 이상인 박람회이므로 제2조의 국제행사에 해당한다. 그러나 2021년에 총 250만 명의 참여자 중 외국인 참여자가 감소하여 6만 명이 된다면 총 참여자 250만 명의 3%인 7만 5천 명 이하이므로 A박람회는 제2조의 국제행사에 해당되지 않는다.

② (X) 〈상황〉의 A박람회는 매년 1회 개최되는 국제행사로써 2020년에 5번째로 국고지원을 받았고 2021년에도 국고지원을 받아 개최할 예정이므로, 예정대로 개최된다면 2021년까지 6회 국고지원을 받게 된다. 제3조 제1호에 따르면 매년 1회 정기적으로 개최하는 A박람회가 2022년에 개최되면서 국고지원을 받는다면 국고지원을 7회 받은 경우에 해당하므로, 제3조 제1문에 따라 국고지원의 대상에서 제외된다. 그러나 제2문에 따르면 국고지원의 대상에서 제외되는 시기는 제1호에 해당한 이후 최초 개최되는 행사의 해당 연도라고 하므로, 2022년에 국고지원의 대상에서 제외되는 것이 아니라 2023년부터 제외된다.

③ (X) 제1조에 따르면 제시문의 조문들은 10억 원 이상의 국고지원을 요청하는 경우에 적용한다. 2021년 A박람회의 총 사업비가 52억 원으로 증가하고 국고지원은 8억 원을 요청한다면 10억 원 미만의 국고지원을 요청하는 것이므로, A박람회는 제시문의 각 조문들이 적용되지 않는다. 따라서 A박람회는 제4조에 따른 타당성조사 대상이 아니다.

④ (O) 제4조 제1항에 따르면 2021년 A박람회의 총 사업비가 60억 원으로 증가하는 경우 총 사업비가 50억 원 이상인 국제행사로 타당성 조사의 대상이 된다. 그리고 〈상황〉에 따르면 2020년에 A박람회의 총 사업비는 40억 원, 국고지원 비율은 25%이었으므로 국고지원 금액은 10억 원이었다. 2021년에 국고지원은 전년과 동일한 금액을 요청한다면 10억 원을 요청하는 것이고, 제4조 제3항에 따르면 A박람회는 제1항에 따라 타당성 조사의 대상이 되었음에도 불구하고 국고지원 비율이 총 사업비 60억 원 대비 10억 원으로 20% 이내이므로 타당성 조사를 전문위원회 검토로 대체할 수 있다.

⑤ (X) 제1조에 따르면 A박람회는 甲광역자치단체와 乙기초자치단체가 공동주관하여 개최할 수 있다. 2021년에 전년인 2020년과 동일한 총 사업비 40억 원으로 A박람회를 개최한다면, 제4조 제1항의 총 사업비가 50억 원 이상인 타당성조사 대상이 아니라 같은 조 제2항의 총 사업비가 50억 원 미만인 전문위원회 검토 대상이다.

[정답] ④

47 다음 글과 <상황>을 근거로 판단할 때 옳은 것은?

21년 7급 나책형 1번

제00조 ① 다음 각 호의 어느 하나에 해당하는 사람은 주민등록지의 시장(특별시장 · 광역시장은 제외하고 특별자치도지사는 포함한다. 이하 같다) · 군수 또는 구청장에게 주민등록번호(이하 '번호'라 한다)의 변경을 신청할 수 있다. → 선지 ①

1. 유출된 번호로 인하여 생명 · 신체에 위해를 입거나 입을 우려가 있다고 인정되는 사람
2. 유출된 번호로 인하여 재산에 피해를 입거나 입을 우려가 있다고 인정되는 사람
3. 성폭력피해자, 성매매피해자, 가정폭력피해자로서 유출된 번호로 인하여 피해를 입거나 입을 우려가 있다고 인정되는 사람

② 제1항의 신청 또는 제5항의 이의신청을 받은 주민등록지의 시장 · 군수 · 구청장(이하 '시장 등'이라 한다)은 ○○부의 주민등록번호변경위원회(이하 '변경위원회'라 한다)에 번호변경 여부에 관한 결정을 청구해야 한다. → 선지 ①

③ 주민등록지의 시장 등은 변경위원회로부터 번호변경 인용결정을 통보받은 경우에는 신청인의 번호를 다음 각 호의 기준에 따라 지체 없이 변경하고 이를 신청인에게 통지해야 한다. → 선지 ②

1. 번호의 앞 6자리(생년월일) 및 뒤 7자리 중 첫째 자리는 변경할 수 없음 → 선지 ③
2. 제1호 이외의 나머지 6자리는 임의의 숫자로 변경함

④ 제3항의 번호변경 통지를 받은 신청인은 주민등록증, 운전면허증, 여권, 장애인등록증 등에 기재된 번호의 변경을 위해서는 그 번호의 변경을 신청해야 한다. → 선지 ④

⑤ 주민등록지의 시장 등은 변경위원회로부터 번호변경 기각결정을 통보받은 경우에는 그 사실을 신청인에게 통지해야 하며, 신청인은 통지를 받은 날부터 30일 이내에 그 시장 등에게 이의신청을 할 수 있다. → 선지 ⑤

〈상황〉

甲은 주민등록번호 유출로 인해 재산상 피해를 입게 되자 주민등록번호 변경신청을 하였다. 甲의 주민등록지는 A광역시 B구이고, 주민등록번호는 980101－23456□□이다.

① A광역시장이 주민등록번호변경위원회에 甲의 주민등록번호 변경 여부에 관한 결정을 청구해야 한다.
② 주민등록번호변경위원회는 번호변경 인용결정을 하면서 甲의 주민등록번호를 다른 번호로 변경할 수 있다.
③ 주민등록번호변경위원회의 번호변경 인용결정이 있는 경우, 甲의 주민등록번호는 980101－45678□□으로 변경될 수 있다.
④ 甲의 주민등록번호가 변경된 경우, 甲이 운전면허증에 기재된 주민등록번호를 변경하기 위해서는 변경신청을 해야 한다.
⑤ 甲은 번호변경 기각결정을 통지받은 날부터 30일 이내에 주민등록번호변경위원회에 이의신청을 할 수 있다.

해설

문제 분석

제1항 주민등록번호변경 신청
제2항 주민등록번호변경위원회에 변경 여부 결정 청구
제3항 번호변경 인용결정, 번호변경 및 신청인에게 통지
제4항 주민등록증 등의 번호변경 신청
제5항 번호변경 기각결정, 이의신청

문제풀이 실마리

제시문을 〈상황〉에 적용한다고 생각해서 〈상황〉을 제시문보다 먼저 확인하는 경우도 많은 유형이지만, 제시문의 정오를 판단하는데 부족한 정보를 〈상황〉에서 추가로 확인한다고 생각할 때 더 빠른 해결이 가능한 유형이다.

① (X) 〈상황〉의 甲은 제1항 제2호의 사유에 해당하여 제1항에 따라 주민등록번호 변경 신청을 하였다. 甲의 주민등록지는 A광역시 B구이고 제1항에 따르면 광역시장은 제외되므로 甲은 A광역시장이 아닌 B구청장에게 주민등록번호 변경 신청을 할 수 있다. 따라서 제2항에 따르면 A광역시장이 아닌 甲의 변경 신청을 받은 B구청장이 주민등록번호변경위원회에 甲의 주민등록번호 변경 여부에 관한 결정을 청구해야 한다.

② (X) 제3항 및 제5항의 내용에 따르면 주민등록번호변경위원회는 시장 등의 결정 청구에 따라 인용 또는 기각결정을 하고 시장 등에게 통보한다. 그리고 제3항에 따르면 주민등록번호변경위원회로부터 번호변경 인용결정을 통보받은 주민등록지의 시장 등이 신청인의 번호를 변경한다. 따라서 주민등록번호변경위원회가 번호변경 인용결정을 하면서 甲의 주민등록번호를 직접 다른 번호로 변경할 수 없다.

③ (X) 제3항에 따르면 주민등록번호변경위원회의 번호변경 인용결정이 있는 경우 신청인의 번호를 제3항 각 호의 기준에 따라 변경한다. 〈상황〉에 따르면 甲의 변경 전 주민등록번호는 980101－23456□□인데, 제3항 제1호에 따르면 번호의 앞 6자리(생년월일) 및 뒤 7자리 중 첫째 자리는 변경할 수 없으므로 980101－45678□□와 같이 뒤 7자리 중 첫째 자리를 2에서 4로 변경할 수 없다.

④ (O) 제3항에 따르면 甲의 주민등록번호가 변경된 경우 시장 등은 이를 甲에게 통지해야 한다. 제4항에 따르면 제3항의 번호변경 통지를 받은 甲이 운전면허증에 기재된 주민등록번호를 변경하기 위해서는 변경신청을 해야 한다.

⑤ (X) 제5항에 따르면 신청인 甲은 번호변경 기각결정을 통지받은 날부터 30일 이내에 주민등록번호변경위원회가 아니라 시장 등에게 이의신청을 할 수 있다.

[정답] ④

48 다음 글과 <상황>을 근거로 판단할 때 옳지 않은 것은?

21년 7급 나책형 17번

제00조 ① 건축물을 건축하거나 대수선하려는 자는 특별자치시장 · 특별자치도지사 또는 시장 · 군수 · 구청장의 허가를 받아야 한다. 다만 21층 이상의 건축물이나 연면적 합계 10만 제곱미터 이상인 건축물을 특별시나 광역시에 건축하려면 특별시장이나 광역시장의 허가를 받아야 한다. → 선지 ①, ④

② 허가권자는 제1항에 따른 허가를 받은 자가 다음 각 호의 어느 하나에 해당하면 허가를 취소하여야 한다. 다만 제1호에 해당하는 경우로서 정당한 사유가 있다고 인정되면 1년의 범위에서 공사의 착수기간을 연장할 수 있다. → 선지 ④

1. 허가를 받은 날부터 2년 이내에 공사에 착수하지 아니한 경우
2. 제1호의 기간 이내에 공사에 착수하였으나 공사의 완료가 불가능하다고 인정되는 경우

제00조 ① ○○부 장관은 국토관리를 위하여 특히 필요하다고 인정하거나 주무부장관이 국방, 문화재보존, 환경보전 또는 국민경제를 위하여 특히 필요하다고 인정하여 요청하면 허가권자의 건축허가나 허가를 받은 건축물의 착공을 제한할 수 있다. → 선지 ③, ⑤

② 특별시장 · 광역시장 · 도지사(이하 '시 · 도지사'라 한다)는 지역계획이나 도시 · 군계획에 특히 필요하다고 인정하면 시장 · 군수 · 구청장의 건축허가나 허가를 받은 건축물의 착공을 제한할 수 있다. → 선지 ②

③ ○○부 장관이나 시 · 도지사는 제1항이나 제2항에 따라 건축허가나 건축허가를 받은 건축물의 착공을 제한하려는 경우에는 주민의견을 청취한 후 건축위원회의 심의를 거쳐야 한다. → 선지 ③

④ 제1항이나 제2항에 따라 건축허가나 건축물의 착공을 제한하는 경우 제한기간은 2년 이내로 한다. 다만 1회에 한하여 1년 이내의 범위에서 제한기간을 연장할 수 있다.

〈상황〉

甲은 20층의 연면적 합계 5만 제곱미터인 건축물을, 乙은 연면적 합계 15만 제곱미터인 건축물을 각각 A광역시 B구에 신축하려고 한다.

① 甲은 B구청장에게 건축허가를 받아야 한다.
② 甲이 건축허가를 받은 경우에도 A광역시장은 지역계획에 특히 필요하다고 인정하면 일정한 절차를 거쳐 甲의 건축물 착공을 제한할 수 있다.
③ B구청장은 주민의견을 청취한 후 건축위원회의 심의를 거쳐 건축허가를 받은 乙의 건축물 착공을 제한할 수 있다.
④ 乙이 건축허가를 받은 날로부터 2년 이내에 정당한 사유 없이 공사에 착수하지 않은 경우, A광역시장은 건축허가를 취소하여야 한다.
⑤ 주무부장관이 문화재보존을 위하여 특히 필요하다고 인정하여 요청하는 경우, ○○부 장관은 건축허가를 받은 乙의 건축물에 대해 최대 3년간 착공을 제한할 수 있다.

해설

문제 분석

첫 번째 조문부터 각각 제1조, 제2조라고 한다.

제1조 제1항 건축허가
제2항 건축허가의 취소
제2조 제1항 ○○부 장관의 허가권자에 대한 건축허가 제한
제2항 시 · 도지사의 시장 · 군수 · 구청장에 대한 건축허가 제한
제3항 건축위원회 심의
제4항 제한기간

문제풀이 실마리

옳지 않은 것을 고르는 문제이므로 '옳은/옳지 않은'의 실수를 하지 않도록 주의한다. 행위자 함정은 최근 가장 많이 활용되는 함정이므로 항상 신경 써야 한다.

① (O) 〈상황〉에 따르면 甲은 20층의 연면적 합계 5만 제곱미터인 건축물을 A광역시 B구에 신축하려고 하므로 제1조 제1항 단서의 21층 이상 건축물 또는 연면적 합계 10만 제곱미터 이상의 건축물에 해당하지 않는다. 따라서 甲은 제1조 제1항 본문에 따라 B구청장에게 건축허가를 받아야 한다. 제1조 제1항 본문의 허가권자가 A광역시장이 아님에 유의한다.

② (O) 제2조 제2항에 따르면 A광역시장은 지역계획에 특히 필요하다고 인정하면, 같은 조 제3항에서 정하는 주민 의견청취 등의 일정한 절차를 거쳐 甲이 B구청장의 건축허가를 받은 경우에도 건축물 착공을 제한할 수 있다.

③ (X) 제2조 제1항, 제2항에 따르면 B구청장이 아니라 ○○부 장관 또는 A광역시장은, 제3항에 따라 주민의견을 청취한 후 건축위원회의 심의를 거쳐 건축허가를 받은 乙의 건축물 착공을 제한할 수 있다.

④ (O) 〈상황〉에 따르면 乙은 연면적 합계 15만 제곱미터인 건축물을 A광역시 B구에 신축하려고 하므로 제1조 제1항 단서의 연면적 합계 10만 제곱미터 이상의 건축물에 해당한다. 따라서 乙에 대한 건축허가의 허가권자는 A광역시장이다. 제1조 제2항 제1호에 따르면 乙이 건축허가를 받은 날로부터 2년 이내에 공사에 착수하지 않았고, 정당한 사유 없이 공사에 착수하지 않아 제2항 단서도 적용되지 않으므로, 제2항 본문에 따라 허가권자인 A광역시장은 건축허가를 취소하여야 한다.

⑤ (O) 제2조 제1항에 따르면 주무부장관이 문화재보존을 위하여 특히 필요하다고 인정하여 요청하는 경우, ○○부 장관은 건축허가를 받은 乙의 건축물에 대해 착공을 제한할 수 있다. 같은 조 제4항 본문에 따르면 제1항에 따라 건축물의 착공을 제한하는 경우 제한기간은 2년 이내로 하지만, 단서에 따르면 1회에 한하여 1년 이내의 범위에서 제한기간을 연장할 수 있으므로, ○○부 장관은 2년의 착공 제한에 1년을 연장하여 최대 3년간 乙의 건축물에 대해 착공을 제한할 수 있다.

[정답] ③

49 다음 글과 <상황>을 근거로 판단할 때 옳은 것은?

20년 5급 나책형 25번

제00조 ① 법원은 소송비용을 지출할 자금능력이 부족한 사람의 신청에 따라 또는 직권으로 소송구조(訴訟救助)를 할 수 있다. 다만 패소할 것이 분명한 경우에는 그러하지 아니하다. → 선지 ④
② 제1항의 신청인은 구조의 사유를 소명하여야 한다. → 선지 ④
제00조 소송구조의 범위는 다음 각 호와 같다. 다만 법원은 상당한 이유가 있는 때에는 다음 각 호 가운데 일부에 대한 소송구조를 할 수 있다. → 선지 ①
1. 재판비용의 납입유예
2. 변호사 보수의 지급유예
3. 소송비용의 담보면제
제00조 ① 소송구조는 이를 받은 사람에게만 효력이 미친다. → 선지 ③
② 법원은 소송승계인에게 미루어 둔 비용의 납입을 명할 수 있다. → 선지 ⑤
제00조 소송구조를 받은 사람이 소송비용을 납입할 자금능력이 있다는 것이 판명되거나, 자금능력이 있게 된 때에는 법원은 직권으로 또는 이해관계인의 신청에 따라 언제든지 구조를 취소하고, 납입을 미루어 둔 소송비용을 지급하도록 명할 수 있다. → 선지 ②

※ 소송구조: 소송수행상 필요한 비용을 감당할 수 없는 경제적 약자를 위하여 비용을 미리 납입하지 않고 소송을 할 수 있도록 하는 제도
※ 소송승계인: 소송 중 소송당사자의 지위를 승계한 사람

〈상황〉

甲은 乙이 운행하던 차량에 의해 교통사고를 당했다. 이에 甲은 乙을 상대로 불법행위로 인한 손해배상청구의 소를 제기하였다.

① 甲의 소송구조 신청에 따라 법원이 소송구조를 하는 경우, 甲의 재판비용 납입을 면제할 수 있다.
② 甲이 소송구조를 받아 소송을 진행하던 중 증여를 받아 자금능력이 있게 되었더라도 법원은 직권으로 소송구조를 취소할 수 없다.
③ 甲의 신청에 의해 법원이 소송구조를 한 경우, 甲뿐만 아니라 乙에게도 그 효력이 미쳐 乙은 법원으로부터 변호사 보수의 지급유예를 받을 수 있다.
④ 甲이 소송비용을 지출할 자금능력이 부족함을 소명하여 법원에 소송구조를 신청한 경우, 법원은 甲이 패소할 것이 분명하더라도 소송구조를 할 수 있다.
⑤ 甲이 소송구조를 받아 소송이 진행되던 중 丙이 甲의 소송승계인이 된 경우, 법원은 소송구조에 따라 납입유예한 재판비용을 丙에게 납입하도록 명할 수 있다.

해설

문제 분석

첫 번째 조문부터 각각 제1조~제4조라고 한다.

제1조 제1항 법원의 소송구조
제2항 신청인의 소명
제2조 소송구조의 범위
제3조 제1항 소송구조의 효력범위
제2항 소송승계인에 대한 비용 납입명령
제4조 소송구조의 취소, 소송비용 지급명령

문제풀이 실마리

〈상황〉에서는 실질적으로 甲이 乙을 상대로 소를 제기했다는 정보만 필요하다. 누가 운행하던 차량에 의해 교통사고를 당한건지, 제기한 소가 불법행위로 인한 손해배상청구의 소인지 등의 정보는 필요하지 않다. 〈상황〉은 문제해결에 필요한 만큼만 활용해야 한다.

① (X) 제2조에 따르면 甲의 소송구조 신청에 따라 법원이 소송구조를 하는 경우 甲의 재판비용 납입을 면제할 수는 없고 제1호에 따라 재판비용의 납입을 유예할 수 있다.

② (X) 제4조에 따르면 소송구조를 받은 甲이 소송을 진행하던 중 증여를 받아 자금능력이 있게 된 때에는 법원은 직권으로 언제든지 소송구조를 취소할 수 있다.

③ (X) 제3조 제1항에 따르면 甲의 신청에 의해 법원이 소송구조를 한 경우, 소송구조는 甲에게만 효력을 미치고 乙에게는 그 효력이 미치지 않는다. 乙은 甲의 소송승계인 등이 아니라 甲이 제기한 손해배상청구 소송의 상대방에 불과하며, 제2조 제2호에 따라 법원으로부터 변호사 보수의 지급유예를 받을 수 없다.

④ (X) 제1조 제1항 본문, 제2항에 따라 甲이 소송비용을 지출할 자금능력이 부족함을 소명하여 법원에 소송구조를 신청한 경우라도, 법원은 甲이 패소할 것이 분명한 경우에는 제1조 제1항 단서에 따라 소송구조를 하지 않을 수 있다.

⑤ (O) 제1조 제1항에 따라 甲이 소송구조를 받았고 제2조 제1호에 따라 재판비용의 납입을 유예하고 소송이 진행되던 중 丙이 甲의 소송승계인이 된 경우, 제3조 제2항에 따르면 법원은 丙에게 소송구조에 따라 납입유예한 재판비용을 납입하도록 명할 수 있다.

[정답] ⑤

50 다음 글과 <상황>을 근거로 판단할 때 옳은 것은?

21년 5급 가책형 2번

제00조 ① 문화재청장은 학술조사 또는 공공목적 등에 필요한 경우 다음 각 호의 지역을 발굴할 수 있다.

1. 고도(古都)지역
2. 수중문화재 분포지역
3. 폐사지(廢寺址) 등 역사적 가치가 높은 지역

② 문화재청장은 제1항에 따라 발굴할 경우 발굴의 목적, 방법, 착수 시기 및 소요 기간 등의 내용을 발굴 착수일 2주일 전까지 해당 지역의 소유자, 관리자 또는 점유자(이하 '소유자 등'이라 한다)에게 미리 알려주어야 한다. → 선지 ①

③ 제2항에 따른 통보를 받은 소유자 등은 그 발굴에 대하여 문화재청장에게 의견을 제출할 수 있으며, 발굴을 거부하거나 방해 또는 기피하여서는 아니 된다. → 선지 ②, ④

④ 문화재청장은 제1항의 발굴이 완료된 경우에는 완료된 날부터 30일 이내에 출토유물 현황 등 발굴의 결과를 소유자 등에게 알려주어야 한다.

⑤ 국가는 제1항에 따른 발굴로 손실을 받은 자에게 그 손실을 보상하여야 한다. → 선지 ⑤

⑥ 제5항에 따른 손실보상에 관하여는 문화재청장과 손실을 받은 자가 협의하여야 하며, 보상금에 대한 합의가 성립하지 않은 때에는 관할 토지수용위원회에 재결(裁決)을 신청할 수 있다. → 선지 ⑤

⑦ 문화재청장은 제1항에 따른 발굴 현장에 발굴의 목적, 조사기관, 소요 기간 등의 내용을 알리는 안내판을 설치하여야 한다. → 선지 ③

<상황>

문화재청장 甲은 고도(古都)에 해당하는 A지역에 대한 학술조사를 위해 2021년 3월 15일부터 A지역의 발굴에 착수하고자 한다. 乙은 자기 소유의 A지역을 丙에게 임대하여 현재 임차인 丙이 이를 점유·사용하고 있다.

① 甲은 A지역 발굴의 목적, 방법, 착수 시기 및 소요 기간 등에 관한 내용을 丙에게 2021년 3월 29일까지 알려주어야 한다.
② A지역의 발굴에 대한 통보를 받은 丙은 甲에게 그 발굴에 대한 의견을 제출할 수 있다.
③ 乙은 발굴 현장에 발굴의 목적 등을 알리는 안내판을 설치하여야 한다.
④ A지역의 발굴로 인해 乙에게 손실이 예상되는 경우, 乙은 그 발굴을 거부할 수 있다.
⑤ A지역과 인접한 토지 소유자인 丁이 A지역의 발굴로 인해 손실을 받은 경우, 丁은 보상금에 대해 甲과 협의하지 않고 관할 토지수용위원회에 재결을 신청할 수 있다.

해설

문제 분석

조문은 하나이다.
제1항 발굴 가능지역
제2항 해당 지역의 소유자 등에게 미리 알려주어야 함
제3항 의견 제출, 발굴의 거부·방해·기피 금지
제4항 발굴의 결과를 소유자 등에게 알려주어야 함
제5항 손실보상
제6항 협의, 관할 토지수용위원회에 재결 신청
제7항 안내판 설치

문제풀이 실마리

<상황>의 乙은 A지역의 소유자이고 丙은 점유자로서, 乙, 丙 모두 소유자 등에 해당한다. 문화재청장 甲은 제1항에 따라 A지역을 발굴하고자 한다. 제시문에 '알려주어야 한다'의 키워드가 두 개이므로, 선지 ①을 해결할 때 주의하여야 한다.

① (X) 제2항에 따르면 문화재청장 甲은 A지역 발굴의 목적, 방법, 착수 시기 및 소요 기간 등에 관한 내용을 발굴 착수일 2021년 3월 15일의 2주일 후인 2021년 3월 29일까지가 아니라 2주일 전까지 점유자 丙에게 미리 알려주어야 한다. 2021년 3월 1일까지 丙에게 알려주어야 하지만 정확한 날짜를 판단할 필요는 없다.

② (O) 제3항에 따르면 제2항에 따라 A지역의 발굴에 대한 통보를 받은 점유자 丙은 문화재청장 甲에게 그 발굴에 대한 의견을 제출할 수 있다.

③ (X) 제7항에 따르면 A지역의 소유자 乙이 아니라 문화재청장 甲은 발굴 현장에 발굴의 목적 등을 알리는 안내판을 설치하여야 한다.

④ (X) 제3항에 따르면 A지역의 발굴로 인해 A지역의 소유자 乙에게 손실이 예상되는 경우라도 乙은 그 발굴을 거부할 수 없다. A지역의 발굴로 인한 손실은 제5항에 따라 국가로부터 손실보상을 받을 수 있다.

⑤ (X) 제5항에 따르면 A지역과 인접한 토지 소유자인 丁이 A지역의 발굴로 인해 손실을 받은 자라면 국가는 그 손실을 보상하여야 한다. 제6항에 따르면 제5항에 따른 보상금에 대해 丁과 문화재청장 甲은 협의하여야 한다. 협의하지 않고 관할 토지수용위원회에 재결을 신청할 수는 없으며, 협의를 거쳤으나 보상금에 대한 합의가 성립하지 않은 때 관할 토지수용위원회에 재결을 신청할 수 있다.

[정답] ②

길쌤's Check 더 연습해 볼 문제

민간경력자	17년 나책형 7번 17년 나책형 17번 18년 가책형 16번 19년 나책형 11번
7급 공채	20년 모의 5번 20년 모의 6번
5급 공채	18년 나책형 23번 21년 가책형 21번 22년 나책형 3번

줄글

51 다음 글과 <상황>을 근거로 판단할 때 옳은 것은?

14년 5급 A책형 5번

i) 국제사법재판소(International Court of Justice)는 국가에게만 소송당사자의 지위를 인정하고 있다. 따라서 투자자의 본국이 정치적인 이유에서 투자유치국을 상대로 국제사법재판소에 소를 제기하지 않는다면 투자자의 권리가 구제되지 못하게 된다. 이러한 문제를 해결하기 위해 '국가와 타방국가 국민간의 투자분쟁의 해결에 관한 협약'(이하 '1965년 협약')에 따라 투자유치국의 법원보다 공정하고 중립적이며 사건을 신속하게 해결하기 위한 중재기관으로 국제투자분쟁해결센터(International Centre for Settlement of Investment Disputes: ICSID)가 설립되었다. ICSID는 투자자와 투자유치국 사이의 투자분쟁 중재절차 진행을 위한 시설을 제공하고 중재절차 규칙을 두고 있다. ICSID의 소재지는 미국의 워싱턴 D.C.이다. → 선지 ①, ③

ii)한편 투자유치국이 '1965년 협약'에 가입했다고 해서 투자자가 곧바로 그 국가를 상대로 ICSID 중재를 신청할 수는 없다. 투자자와 투자유치국이 ICSID 중재를 통해 투자분쟁을 해결한다고 합의를 했을 때 ICSID 중재가 개시될 수 있다. 이처럼 분쟁당사자들이 ICSID에서 중재하기로 합의한 경우에는 원칙적으로 당사자들은 자국법원에 제소할 수 없다. 다만 당사자들이 ICSID 중재나 법원에의 제소 중 하나를 선택할 수 있다고 합의한 때에는 당사자는 후자를 선택하여 자국법원에 제소할 수 있다. 그리고 ICSID 중재에 관해 일단 당사자들이 동의하면, 당사자들은 해당 동의를 일방적으로 철회할 수 없다. 따라서 투자유치국이 자국 법률을 통해 사전에 체결한 중재합의를 철회하는 것은 무효이다. → 선지 ⑤

iii)ICSID 중재판정부는 단독 또는 홀수의 중재인으로 구성되며, 그 수는 당사자들이 합의한다. 당사자들이 중재인의 수에 관해 합의하지 않으면 3인의 중재인으로 구성된다. 당사자들 사이에 중재지에 관한 별도의 합의가 없으면 ICSID 소재지에서 중재절차가 진행된다. 중재판정부가 내린 중재판정은 당사자들에 대해서 구속력과 집행력을 가지며, 이로써 당사자들 사이의 투자분쟁은 최종적으로 해결된다.
→ 선지 ③, ④

〈상황〉

A국과 B국은 '1965년 협약'의 당사국이다. A국 국민인 甲은 B국 정부의 허가를 얻어 특정지역에 관한 30년간의 토지사용권을 취득하여 그곳에 관광리조트를 건설하였다. 얼마 후 B국의 법률이 변경되어 甲이 개발한 관광리조트 부지가 B국에 의해 강제수용되었다. B국이 강제수용에 따라 甲에게 지급하려는 보상금이 시가에 미치지 못하여 甲과 B국 사이에 보상금을 둘러싼 투자분쟁이 발생하였다.

① 甲은 소송의 당사자로서 B국을 상대로 국제사법재판소에 보상금 청구에 관한 소를 제기하여 그의 권리를 구제받을 수 있다.
② 甲과 B국 사이에 ICSID에서 중재하기로 합의를 했다면, 甲은 투자분쟁을 B국 법원에 제소할 수 있다.
③ 甲과 B국 사이에 ICSID 중재합의를 할 때, 중재지에 관해 별도의 합의가 없으면 워싱턴 D.C.에서 중재절차가 진행된다.
④ 甲과 B국은 ICSID 중재판정부를 4인의 중재인으로 구성하는 것에 합의할 수 있다.
⑤ 甲과 B국 사이에 ICSID 중재절차를 진행하던 중 B국이 ICSID 중재합의를 일방적으로 철회하면 그 중재절차는 종료되고, 이후 B국 법원이 甲의 보상금청구를 심리하게 된다.

해설

문제 분석

문단 i) 국제사법재판소, ICSID(투자자와 투자유치국 사이의 투자분쟁 중재)
문단 ii) ICSID 중재 개시 요건, 자국법원에 제소에 대한 합의, 중재 동의는 일방적으로 철회 불가
문단 iii) ICSID 중재판정부의 구성, 중재절차 진행지는 ICSID 소재지, 중재판정의 효력

문제풀이 실마리

〈상황〉이 복잡하게 주어졌지만 실제로 문제 해결에는 거의 사용되지 않는다. 간단하게 정리하면 〈상황〉에서는 A국 국민인 甲과 B국 사이에 투자분쟁이 발생하였다고 한다.

① (X) 문단 i) 첫 번째 문장에 따르면 국제사법재판소는 국가에게만 소송당사자의 지위를 인정하고 있다. 따라서 A국 국민인 甲은 소송의 당사자로서의 지위를 인정받지 못하므로 B국을 상대로 국제사법재판소에 보상금 청구에 관한 소를 제기할 수 없다.

② (X) A국 국민인 甲이 투자분쟁을 자국 법원이 아닌 B국 법원에 제소할 수 있는지 여부에 대해서는 제시문에서 언급하고 있지 않다. 문단 ii) 세 번째 문장은 분쟁당사자들이 ICSID에서 중재하기로 합의한 경우에는 원칙적으로 당사자들은 '자국법원'에 제소할 수 없다는 내용이다.

③ (O) 문단 iii) 두 번째 문장에 따르면 당사자들 사이에 중재지에 관한 별도의 합의가 없으면 ICSID 소재지에서 중재절차가 진행되고, 문단 i) 다섯 번째 문장에 따르면 ICSID의 소재지는 미국의 워싱턴 D.C.이다. 따라서 당사자인 甲과 B국 사이에 ICSID 중재합의를 할 때, 중재지에 관해 별도의 합의가 없으면 ICSID의 소재지인 워싱턴 D.C.에서 중재절차가 진행된다.

④ (X) 문단 iii) 첫 번째 문장에 따르면 ICSID 중재판정부는 단독 또는 홀수의 중재인으로 구성되며 그 수는 당사자들이 합의한다. 따라서 당사자인 甲과 B국은 ICSID 중재판정부를 짝수인 4인의 중재인으로 구성하는 것에 합의할 수 없다.

⑤ (X) 문단 ii) 두 번째 문장에 따르면 투자자와 투자유치국이 ICSID 중재를 통해 투자분쟁을 해결한다고 합의를 했을 때 ICSID 중재가 개시될 수 있다고 하므로, 투자자인 甲과 투자유치국인 B국 사이에 ICSID 중재절차를 진행하였다면 甲과 B국이 ICSID 중재에 관해 동의한 것이다. 다섯 번째 문장에 따르면 ICSID 중재에 관해 일단 당사자들이 동의하면, 당사자들은 해당 동의를 일방적으로 철회할 수 없다고 한다. 따라서 B국은 ICSID 중재합의를 일방적으로 철회할 수 없다.

[정답] ③

52 다음 글과 <상황>을 근거로 판단할 때 옳은 것은?

15년 5급 인책형 4번

i)A국 의회 의원은 10인 이상 의원의 찬성으로 법률안을 발의할 수 있다. 법률안을 발의한 의원(이하 '발의의원'이라 한다)은 찬성의원 명단과 함께 법률안을 의장에게 제출하여야 한다. 의원이 법률안을 발의할 때에는 그 법률안에 대하여 법률명(法律名)의 부제(副題)로 발의의원의 성명을 기재한다. 만약 발의의원이 2인 이상이면 발의의원 중 대표발의의원 1인을 정하여 그 1인의 성명만을 기재해야 한다. → 선지 ①

ii)의장은 법률안이 발의되었을 때 이를 의원에게 배포하고 본회의에 보고하며, 소관상임위원회에 회부하여 그 심사가 끝난 후 본회의에 부의한다. 법률안이 어느 상임위원회의 소관인지 명백하지 않을 때 의장은 의회운영위원회와 협의하여 정한 소관상임위원회에 회부하되, 협의가 이루어지지 않을 때는 의장이 소관상임위원회를 결정한다. → 선지 ②

iii)소관상임위원회에서 본회의에 부의할 필요가 없다고 결정된 법률안은 본회의에 부의하지 않는다. 그러나 소관상임위원회의 결정이 본회의에 보고된 날부터 7일 내에 의원 30인 이상의 요구가 있을 때는 그 법률안을 본회의에 부의해야 한다. 이러한 요구가 없을 때는 그 법률안은 폐기된다. → 선지 ⑤

iv)발의의원은 찬성의원 전원의 동의를 얻어 자신이 발의한 법률안을 철회할 수 있다. 단, 본회의 또는 소관상임위원회에서 그 법률안이 의제로 된 때에는 발의의원은 본회의 또는 소관상임위원회의 동의를 얻어야 한다. → 선지 ③

v)한편 본회의에서 번안동의(飜案動議)는 법률안을 발의한 의원이 그 법률안을 발의할 때의 발의의원 및 찬성의원 총수의 3분의 2 이상의 동의(同意)로 하여야 한다. 이렇게 상정된 법률안을 본회의에서 의결하려면 재적의원 과반수의 출석과 출석의원 3분의 2 이상의 찬성이 필요하다. → 선지 ④

※ 번안동의: 법률안 내용을 변경하고자 안건을 상정하는 행위

〈상황〉

○ A국 의회 의원 甲은 △△법률안을 의원 10인의 찬성을 얻어 발의하였다.
○ A국 의회의 재적의원은 200인이다.

① △△법률안 법률명의 부제로 의원 甲의 성명을 기재한다.
② △△법률안이 어느 상임위원회 소관인지 명확하지 않을 경우 본회의의 의결로 소관상임위원회를 결정한다.
③ 의원 甲은 △△법률안이 소관상임위원회의 의제가 되기 전이면, 단독으로 그 법률안을 철회할 수 있다.
④ △△법률안이 번안동의로 본회의에 상정되면 의원 60인의 찬성으로 의결할 수 있다.
⑤ 소관상임위원회가 △△법률안을 본회의에 부의할 필요가 없다고 결정하더라도, △△법률안의 찬성의원 10인의 요구만 있으면 본회의에 부의할 수 있다.

해설

문제 분석

제시문의 내용은 국회입법절차에 대해서 설명하고 있는데, 제시문에서 언급한 국회입법절차를 순서에 따라 1)~7)로 표시하였다.

문단 i) A국 의회 의원의 법률안 1) 발의, 2) 제출
문단 ii) 의장이 법률안 3) 배포, 4) 본회의 보고, 5) 소관상임위원회 회부, 소관상임위원회의 6) 심사, 7) 본회의 부의
문단 iii) 소관상임위원회의 7) 본회의 부의 또는 폐기
문단 iv) 법률안 발의의 철회
문단 v) 본회의 번안동의

문제풀이 실마리

〈상황〉이 줄글의 형태가 아니라 'ㅇ' 형식으로 주어진 것이 특징적이다. 줄글의 형태로 주어진 경우보다 분절적인 정보임을 알 수 있다.

① (O) 문단 i) 세 번째 문장에 따르면 의원이 법률안을 발의할 때에는 그 법률안에 대하여 법률명의 부제로 발의의원의 성명을 기재한다. 〈상황〉에 따르면 △△법률안을 발의한 발의의원은 甲이므로, 법률명의 부제로 의원 甲의 성명을 기재한다.

② (X) 문단 ii) 두 번째 문장에 따르면 △△법률안이 어느 상임위원회 소관인지 명확하지 않을 경우, 본회의의 의결로 소관상임위원회를 결정하는 것이 아니라 의장이 의회운영위원회와 협의하여 정한 소관상임위원회에 회부하되 협의가 이루어지지 않을 때는 의장이 소관상임위원회를 결정한다.

③ (X) 문단 iv) 첫 번째 문장에 따르면 발의의원 甲은 △△법률안이 소관상임위원회의 의제가 되기 전이면, 단독으로 그 법률안을 철회할 수 있는 것이 아니라, 찬성의원 전원의 동의를 얻어야 한다. 두 번째 문장의 법률안이 본회의 또는 소관상임위원회에서 의제로 된 때에는 발의의원은 본회의 또는 소관상임위원회의 동의를 얻어야 한다는 내용으로부터, 첫 번째 문장의 내용은 법률안이 본회의 또는 소관상임위원회의 의제가 되기 전에 적용되는 것으로 이해할 수 있다.

④ (X) 문단 v) 두 번째 문장에 따르면 번안동의로 상정된 법률안을 본회의에서 의결하려면 재적의원 과반수의 출석과 출석의원 3분의 2 이상의 찬성이 필요하다. 〈상황〉에 따르면 A국 의회의 재적의원은 200인이므로 △△법률안이 번안동의로 본회의에 상정되면, 재적의원 200인의 과반수인 101인의 출석과 출석의원 3분의 2(101×2/3≒67.33) 이상인 68인 이상의 찬성이 필요하다. 60인의 찬성으로 의결할 수 없다.

⑤ (X) 문단 iii) 두 번째 문장에 따르면 소관상임위원회가 △△법률안을 본회의에 부의할 필요가 없다고 결정하더라도, 해당 결정이 본회의에 보고된 날부터 7일 내에 △△법률안의 찬성의원 10인의 요구가 아니라 의원 30인 이상의 요구가 있으면 본회의에 부의할 수 있다.

[정답] ①

53 다음 글과 <상황>을 근거로 판단할 때 옳은 것은?

15년 5급 인책형 6번

ⅰ)불법 주·정차 등 질서위반행위에 대하여 관할행정청은 과태료를 부과한다. 관할행정청으로부터 과태료 부과처분의 통지를 받은 사람(이하 '당사자'라 한다)은 그 처분을 다투기 위하여 관할행정청에 이의를 제기할 수 있고, 이의제기가 있으면 과태료 처분은 효력을 상실한다. 관할행정청이 당사자의 이의제기 사실을 관할법원에 통보하면, 그 법원은 당사자의 신청 없이 직권으로 과태료를 부과하는 재판을 개시한다. 과태료 재판을 담당하는 관할법원은 당사자의 주소지 지방법원 또는 지방법원지원이다. → 선지 ①, ②

ⅱ)법원은 정식재판절차 또는 약식재판절차 중 어느 하나의 절차를 선택하여 과태료 재판을 진행한다. 정식재판절차로 진행하는 경우, 법원은 당사자 진술을 듣고 검사 의견을 구한 다음에 과태료 재판을 한다. 약식재판절차에 의하는 경우, 법원은 당사자 진술을 듣지 않고 검사 의견만을 구하여 재판을 한다. → 선지 ④

ⅲ)정식절차에 의한 과태료 재판에 불복하고자 하는 당사자 또는 검사는 그 재판의 결과(이하 '결정문'이라 한다)를 고지받은 날부터 1주일 내에 상급심 법원에 즉시항고하여야 한다. 그러나 약식절차에 의한 과태료 재판에 불복하고자 하는 당사자 또는 검사는 결정문을 고지받은 날부터 1주일 내에 과태료 재판을 한 법원에 이의신청하여야 한다. 이의신청이 있으면 법원은 정식재판절차에 의해 다시 과태료 재판을 하며, 그 재판에 대해 당사자 또는 검사는 상급심 법원에 즉시항고할 수 있다. → 선지 ③, ⑤

<상황>

청주시에 주소를 둔 甲은 자기 승용차를 운전하여 인천에 놀러갔다. 며칠 후 관할행정청(이하 '乙'이라 한다)은 불법 주차를 이유로 과태료를 부과한다는 통지를 甲에게 하였다. 이 과태료 부과에 대해 甲은 乙에게 이의를 제기하였고, 乙은 甲의 주소지 법원인 청주지방법원에 이의제기 사실을 통보하였다.

① 甲은 乙에게 이의제기를 하지 않고 직접 청주지방법원에 과태료 재판을 신청할 수 있다.

② 甲이 乙에게 이의를 제기하더라도 과태료 처분은 유효하기 때문에 검사의 명령에 의해 과태료를 징수할 수 있다.

③ 청주지방법원이 정식재판절차에 의해 과태료 재판을 한 경우, 乙이 그 재판에 불복하려면 결정문을 고지받은 날부터 1주일 내에 상급심 법원에 즉시항고하여야 한다.

④ 청주지방법원이 甲의 진술을 듣고 검사 의견을 구한 다음 과태료 재판을 한 경우, 검사가 이 재판에 불복하려면 결정문을 고지받은 날부터 1주일 내에 청주지방법원에 이의신청을 하여야 한다.

⑤ 청주지방법원이 약식재판절차에 의해 과태료 재판을 한 경우, 甲이 그 재판에 불복하려면 결정문을 고지받은 날부터 1주일 내에 청주지방법원에 이의신청을 하여야 한다.

해설

문제 분석

문단 ⅰ) 1) 불법 주·정차 등에 대한 관할행정청의 과태료 부과
2) 관할행정청에 이의제기
3) 관할행정청이 이의제기 사실을 관할법원에 통보
4) 과태료 재판 개시

문단 ⅱ) 정식재판절차, 약식재판절차

문단 ⅲ) 5) 정식절차에 의한 과태료 재판에 불복
6) 약식절차에 의한 과태료 재판에 불복

문제풀이 실마리

주어진 내용을 도식화해 보면 다음과 같다.

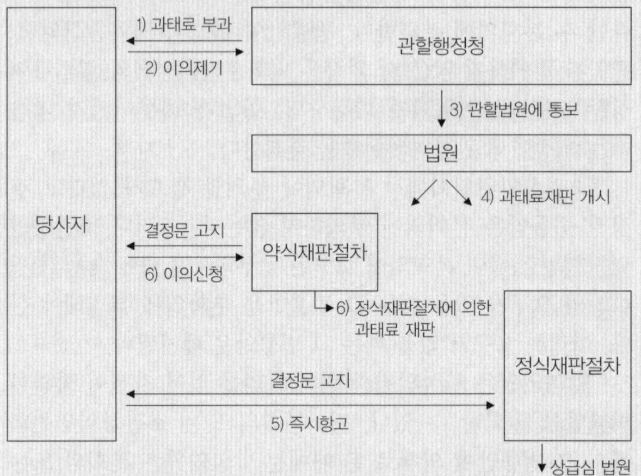

<상황>에 따르면 甲이 乙에 이의를 제기하였고 乙은 청주지방법원에 이의제기 사실을 통보하였으므로 약식재판절차 또는 정식재판절차에 의한 과태료 재판을 앞두고 있다. 이 과정에서 상식선에서 판단하지 말고 당사자가 누구인지를 정확하게 확인해야 한다.

① (X) 문단 ⅰ) 세 번째 문장에 따르면 乙이 甲의 이의제기 사실을 청주지방법원에 통보하면 해당 법원은 당사자인 甲의 신청 없이 직권으로 과태료를 부과하는 재판을 개시한다고 한다. 즉, 甲은 乙에게 이의제기를 하지 않고 직접 청주지방법원에 과태료 재판을 신청할 수 없고, 과태료를 부과하는 재판은 甲의 신청 없이 법원의 직권으로 개시한다.

② (X) 문단 ⅰ) 두 번째 문장에 따르면, 甲이 乙에게 이의를 제기하면 과태료 처분은 유효한 것이 아니라 효력을 상실한다.

③ (X) 문단 ⅲ) 첫 번째 문장에 따르면 청주지방법원이 정식재판절차에 의해 과태료 재판을 한 경우, 그 재판에 불복하려면 乙이 아니라 당사자 또는 검사가 결정문을 고지받은 날부터 1주일 내에 상급심 법원에 즉시항고하여야 한다.

④ (X) 청주지방법원이 甲의 진술을 듣고 검사 의견을 구한 다음 과태료 재판을 한 경우라면 문단 ⅱ) 두 번째 문장의 정식재판절차로 과태료 재판을 진행한 것이다. 따라서 이 재판에 불복하려면 문단 ⅲ) 첫 번째 문장에 따라 검사가 결정문을 고지받은 날부터 1주일 내에 청주지방법원에 이의신청을 하는 것이 아니라 상급심 법원이 즉시항고하여야 한다.

⑤ (O) 문단 ⅲ) 두 번째 문장에 따르면 청주지방법원이 약식재판절차에 의해 과태료 재판을 한 경우, 그 재판에 불복하려는 당사자 甲은 결정문을 고지받은 날부터 1주일 내에 청주지방법원에 이의신청을 하여야 한다.

[정답] ⑤

54 다음 글과 <상황>을 근거로 판단할 때 옳은 것은?

17년 5급 가책형 5번

i)저작자는 미술저작물, 건축저작물, 사진저작물(이하 "미술저작물 등"이라 한다)의 원본이나 그 복제물을 전시할 권리를 가진다. 전시권은 저작자인 화가, 건축물설계자, 사진작가에게 인정되므로, 타인이 미술저작물 등을 전시하기 위해서는 저작자의 허락을 얻어야 한다. 다만 전시는 일반인에 대한 공개를 전제로 하는 것이므로, 예컨대 가정 내에서 진열하는 때에는 저작자의 허락이 필요 없다. 또한 저작자는 복제권도 가지기 때문에 타인이 미술저작물 등을 복제하기 위해서는 저작자의 허락을 얻어야 한다. 그런데 저작자가 미술저작물 등을 타인에게 판매하여 소유권을 넘긴 경우에는 저작자의 전시권·복제권과 소유자의 소유권이 충돌하는 문제가 발생한다. 저작권법은 미술저작물 등의 전시·복제와 관련된 문제들을 다음과 같이 해결하고 있다. → 선지 ②

ii)첫째, 미술저작물 등의 원본의 소유자나 그의 허락을 얻은 자는 자유로이 미술저작물 등의 원본을 전시할 수 있다. 다만 가로·공원·건축물의 외벽 등 공중에게 개방된 장소에 항시 전시하는 경우에는 저작자의 허락을 얻어야 한다.
→ 선지 ①

iii)둘째, 개방된 장소에 항시 전시되어 있는 미술저작물 등은 제3자가 어떠한 방법으로든지 이를 복제하여 이용할 수 있다. 다만 건축물을 건축물로 복제하는 경우, 조각 또는 회화를 조각 또는 회화로 복제하는 경우, 미술저작물 등을 판매목적으로 복제하는 경우에는 저작자의 허락을 얻어야 한다. → 선지 ③, ⑤

iv) 셋째, 화가 또는 사진작가가 고객으로부터 위탁을 받아 완성한 초상화 또는 사진저작물의 경우, 화가 또는 사진작가는 위탁자의 허락이 있어야 이를 전시·복제할 수 있다.
→ 선지 ④

〈상황〉

- 화가 甲은 자신이 그린 「군마」라는 이름의 회화를 乙에게 판매하였다.
- 화가 丙은 丁의 위탁을 받아 丁을 모델로 한 초상화를 그려 이를 丁에게 인도하였다.

① 乙이 「군마」를 건축물의 외벽에 잠시 전시하고자 할 때라도 甲의 허락을 얻어야만 한다.
② 乙이 감상하기 위해서 「군마」를 자신의 거실 벽에 걸어 놓을 때는 甲의 허락을 얻어야 한다.
③ A가 공원에 항시 전시되어 있는 「군마」를 회화로 복제하고자 할 때는 乙의 허락을 얻어야 한다.
④ 丙이 丁의 초상화를 복제하여 전시하고자 할 때는 丁의 허락을 얻어야 한다.
⑤ B가 공원에 항시 전시되어 있는 丁의 초상화를 판매목적으로 복제하고자 할 때는 丙의 허락을 얻을 필요가 없다.

해설

문제 분석

문단 i) 저작자의 미술저작물 등에 대한 전시권·복제권
저작자의 전시권·복제권과 소유자의 소유권이 충돌하는 문제
문단 ii) 미술저작물 등의 원본을 전시
문단 iii) 개방된 장소에 항시 전시되어 있는 미술저작물
문단 iv) 고객으로부터 위탁을 받아 완성한 초상화 또는 사진저작물의 경우

문제풀이 실마리

〈상황〉 첫 번째 동그라미의 미술저작물인 「군마」라는 이름의 회화는 甲이 저작자, 乙이 소유자이고, 두 번째 동그라미의 미술저작물인 丁을 모델로 한 초상화는 丙이 저작자, 丁이 소유자·위탁자이다. 제시문에서는 '첫째, 둘째, 셋째'의 형식을 활용하여 경우를 구분하고 있으므로 이를 잘 정리한 후 상황을 알맞은 경우에 적절하게 대입하여 정확하게 판단할 수 있어야 한다.

① (X) 문단 ii) 첫 번째 문장에 따르면 미술저작물의 원본의 소유자는 자유로이 미술저작물 등의 원본을 전시할 수 있다. 다만 두 번째 문장에 따르면 건축물의 외벽 등 공중에게 개방된 장소에 항시 전시하는 경우에는 저작자의 허락을 얻어야 한다. 따라서 「군마」의 소유자인 乙은 자유로이 「군마」의 원본을 전시할 수 있으며, 건축물의 외벽과 같이 공중에게 개방된 장소에 전시하는 경우에도 항시 전시하는 것이 아니라 잠시 전시하고자 한다면 저작자인 甲의 허락을 얻어야만 하는 것은 아니다.

② (X) 문단 i) 두 번째, 세 번째 문장에 따르면 전시권은 저작자에게 인정되지만, 가정 내에서 진열하는 때에는 저작자의 허락이 필요 없다. 따라서 乙이 감상하기 위해서 「군마」를 자신의 거실 벽에 걸어 놓을 때는 저작자인 甲의 허락을 얻어야 하는 것은 아니다.

③ (X) 문단 iii) 첫 번째, 두 번째 문장에 따르면 개방된 장소에 항시 전시되어 있는 미술저작물 등은 제3자가 어떠한 방법으로든지 이를 복제하여 이용할 수 있지만, 회화를 회화로 복제하는 경우에는 저작자의 허락을 얻어야 한다. 따라서 A가 개방된 장소인 공원에 항시 전시되어 있는 「군마」라는 회화를 회화로 복제하고자 할 때는 소유자인 乙이 아니라 저작자인 甲의 허락을 얻어야 한다.

④ (O) 문단 iv)에 따르면 화가가 고객으로부터 위탁을 받아 완성한 초상화의 경우, 화가는 위탁자의 허락이 있어야 이를 전시·복제할 수 있다. 따라서 화가 丙이 위탁자 丁의 초상화를 복제하여 전시하고자 할 때는 丁의 허락을 얻어야 한다.

⑤ (X) 문단 iii) 첫 번째, 두 번째 문장에 따르면 개방된 장소에 항시 전시되어 있는 미술저작물 등은 제3자가 어떠한 방법으로든지 이를 복제하여 이용할 수 있지만, 미술저작물을 판매목적으로 복제하는 경우에는 저작자의 허락을 얻어야 한다. 따라서 B가 공원에 항시 전시되어 있는 丁의 초상화를 판매목적으로 복제하고자 할 때는 丙의 허락을 얻어야 한다.

[정답] ④

기타(○, 규정·규칙)

55 다음 글과 <상황>을 근거로 판단할 때 옳은 것은?

23년 5급 가책형 25번

□ 특허무효심판

가. 특허청에 등록된 특허를 무효로 하기 위해서는 이해관계인 또는 특허청 심사관이 특허권자를 상대로 특허심판원에 특허무효심판을 제기해야 한다.

나. 특허심판원은 특허가 무효라고 판단하면 인용심결을, 특허가 유효라고 판단하면 기각심결을 선고하여 심판을 종료한다. 특허의 유·무효에 관한 심결이 잘못되었음을 주장하여 심결에 대해 불복하는 자는 심결의 등본을 송달받은 날부터 30일 이내에 특허법원에 심결취소의 소를 제기해야 한다. → 선지 ①, ②, ④

□ 심결취소의 소

가. 특허법원은 특허의 유·무효에 관한 특허심판원의 심결에 잘못이 없다고 인정한 경우에는 기각판결을, 잘못이 있다고 인정한 경우에는 인용판결을 선고하여 소송을 종료한다. 예컨대 특허심판원의 인용심결에 대해 특허법원 역시 특허가 무효라고 판단하여 심결에 잘못이 없다고 인정하면 기각판결을 한다. 특허법원의 판결이 잘못되었음을 주장하여 판결에 대해 불복하는 자는 판결의 등본을 송달받은 날부터 2주 이내에 대법원에 상고해야 한다. → 선지 ③, ④

나. 대법원은 특허법원의 판결에 잘못이 없다고 인정한 경우에는 기각판결을, 잘못이 있다고 인정한 경우에는 인용판결을 선고하여 상고심을 종료한다. 이 판결에 대해서는 불복할 수 없다. → 선지 ④, ⑤

〈상황〉

특허청에 등록된 甲의 특허에 대해서 이해관계인 乙이 특허무효심판을 제기하였다.

① 특허심판원은 甲의 특허가 무효라고 판단한 경우, 기각심결을 선고하여 심판을 종료한다.

② 특허심판원의 인용심결이 선고된 경우, 乙은 심결의 등본을 송달받은 날부터 30일 이내에 특허법원에 심결취소의 소를 제기해야 한다.

③ 특허심판원의 인용심결에 대한 심결취소의 소에서 특허법원이 甲의 특허가 유효하다고 판단한 경우, 인용판결을 선고해야 한다.

④ 특허심판원의 기각심결에 대한 심결취소의 소에서 특허법원이 기각판결을 선고하고 이에 대한 상고심에서 기각판결이 선고된 경우, 대법원은 甲의 특허가 무효라고 판단한 것이다.

⑤ 특허심판원의 기각심결에 대한 심결취소의 소에서 특허법원이 기각판결을 선고하고 이에 대한 상고심에서 기각판결이 선고된 경우, 乙은 상고심 판결의 등본을 송달받은 날부터 2주 이내에 불복할 수 있다.

해설

문제 분석

제시문의 첫 번째 네모부터 각각 문단 ⅰ), ⅱ)라고 한다. 특허무효심판과 심결취소의 소의 결과에 대해 정리해 보면 다음과 같다.

	특허무효심판	심결취소의 소	
	특허심판원	특허법원	대법원
인용	특허가 무효라고 판단	심결에 잘못이 있다고 인정	특허법원의 판결에 잘못이 있다고 인정
기각	특허가 유효라고 판단	심결에 잘못이 없다고 인정	특허법원의 판결에 잘못이 없다고 인정

문제풀이 실마리

위에서 정리한 내용 외에 특허심판원의 심결·특허법원의 판결에 대해 불복 가능한지, 불복 가능하다면 불복 기간은 언제까지인지에 유의한다.

① (X) 문단 ⅰ) 나.에 따르면 특허심판원은 甲의 특허가 무효라고 판단한 경우, 기각심결이 아니라 인용심결을 선고하여 심판을 종료한다.

② (X) 문단 ⅰ) 나.에 따르면 특허의 무효에 관한 심결이 잘못되었음을 주장하여 심결에 대해 불복하는 자는 심결의 등본을 송달받은 날부터 30일 이내에 특허법원에 심결취소의 소를 제기해야 한다. 〈상황〉에 따르면 이해관계인 乙은 甲의 특허를 무효로 하기 위해 특허무효심판을 제기하였고, 특허심판원의 인용심결이 선고된 경우 특허심판원은 특허가 무효라고 판단한 것이므로 특허무효심판을 제기한 乙은 해당 심결에 불복할 실익이 없다. 乙이 아니라 甲은 자신의 특허가 무효라고 판단한 해당 심결이 잘못되었음을 주장하며 심결의 등본을 송달받은 날부터 30일 이내에 특허법원에 심결취소의 소를 제기해야 한다.

③ (O) 문단 ⅰ) 나.에 따르면 특허심판원은 甲의 특허가 무효라고 판단한 경우 인용심결을 선고한다. 문단 ⅱ) 가.에 따르면 특허심판원의 인용심결에 대한 심결취소의 소에서, 특허법원이 甲의 특허가 무효라고 판단한 특허심판원의 심결이 잘못이 있다고 인정하여 甲의 특허가 유효하다고 판단한 경우 인용판결을 선고해야 한다.

④ (X) 문단 ⅰ) 나.에 따르면 특허심판원은 甲의 특허가 유효라고 판단한 경우 기각심결을 선고한다. 문단 ⅱ) 가.에 따르면 특허심판원의 기각심결에 대한 심결취소의 소에서, 특허법원이 甲의 특허가 유효라고 판단한 특허심판원의 심결이 잘못이 없다고 인정하여 甲의 특허가 유효하다고 판단한 경우 기각판결을 선고한다. 문단 ⅱ) 나.에 따르면 이에 대한 상고심에서 특허법원의 판결에 잘못이 없다고 인정하여 기각판결을 선고한 경우, 대법원은 甲의 특허를 무효가 아니라 유효라고 판단한 것이다.

⑤ (X) 문단 ⅱ) 나.에 따르면 乙은 상고심 판결에 대해 불복할 수 없다. 특허심판원과 법원이 판단한 내용은 선지 ④와 같다.

[정답] ③

길쌤's Check 더 연습해 볼 문제

5급 공채	10년 선책형 3번 11년 선책형 10번

Ⅲ. 해결(3) - 응용

1 발문 포인트

해당하는

56 다음 규정을 근거로 판단할 때, '차'에 해당하는 것을 <보기> 에서 모두 고르면? 11년 민경채 인책형 3번

> 제00조(정의) 이 법에서 사용하는 용어의 정의는 다음과 같다.
> 1. '차'라 함은 다음의 어느 하나에 해당하는 것을 말한다.
>   가. 자동차
>   나. 건설기계
>   다. 원동기장치자전거
>   라. 자전거 → 보기 ㄴ
>   마. 사람 또는 가축의 힘이나 그 밖의 동력에 의하여 운전되는 것. 다만, 철길이나 가설된 선에 의하여 운전되는 것과 유모차 및 보행보조용 의자차는 제외한다. → 보기 ㄷ
> 2. '자동차'라 함은 철길이나 가설된 선에 의하지 아니하고 원동기를 사용하여 운전되는 차(견인되는 자동차도 자동차의 일부로 본다)를 말한다. → 보기 ㄱ
> 3. '원동기장치자전거'라 함은 다음 각 목의 어느 하나에 해당하는 차를 말한다.
>   가. 이륜자동차 가운데 배기량 125cc 이하의 이륜자동차 → 보기 ㅁ
>   나. 배기량 50cc 미만(전기를 동력으로 하는 경우에는 정격출력 0.59kw 미만)의 원동기를 단 차

〈보기〉

ㄱ. 경운기
ㄴ. 자전거
ㄷ. 유모차
ㄹ. 기차
ㅁ. 50cc 스쿠터

① ㄱ, ㄴ
② ㄴ, ㄷ
③ ㄷ, ㄹ
④ ㄱ, ㄴ, ㅁ
⑤ ㄴ, ㄹ, ㅁ

해설

문제 분석

주어진 조문에서는 '차'를 제1호 가~마목에서 다섯 가지로 정의하고, 제2호에서는 제1호 가목의 '자동차'를, 제3호에서는 다목의 '원동기장치자전거'를 보다 상세히 정의하고 있다.

문제풀이 실마리

스쿠터가 이륜자동차에 해당하는지 〈보기〉의 일부는 일반적인 상식 수준에서 판단하여야 한다.

ㄱ. (O) 경운기는 제2호의 철길이나 가설된 선에 의하지 아니하고 원동기를 사용하여 운전되는 차에 해당한다. 따라서 제1호 가목에 따라 '차'에 해당한다.

ㄴ. (O) 자전거는 제1호 라목에 따라 '차'에 해당한다.

ㄷ. (X) 유모차는 제1호 가~라목에 해당하지 않는다. 제1호 마목에 따르면 사람의 힘에 의하여 운전되는 것도 자동차에 해당하나, 단서에서 유모차는 제외하고 있으므로 유모차는 '차'에 해당하지 않는다.

ㄹ. (X) 제2호에서 '자동차'라 함은 철길이나 가설된 선에 의하지 아니하고 운전되는 차라고 하므로 기차는 제1호 가목의 자동차에 해당하지 않는다. 또한 제1호 나~라목에도 해당하지 않으며, 마목 단서에서도 철길이나 가설된 선에 의하여 운전되는 것을 제외하고 있다. '기차'는 제1호 가~마목 어디에도 해당하지 않으므로 '차'에 해당하지 않는다.

ㅁ. (O) 50cc 스쿠터는 제3호 가목의 이륜자동차 가운데 배기량 125cc 이하의 이륜자동차에 해당한다. 따라서 제1호 다목에 따라 '차'에 해당한다.

[정답] ④

57 다음 글을 근거로 판단할 때, 재산등록 의무자(A~E)의 재산 등록 대상으로 옳은 것은? 15년 민경채 인책형 4번

재산등록 및 공개 제도는 재산등록 의무자가 본인, 배우자 및 직계존·비속의 재산을 주기적으로 등록·공개하도록 하는 제도이다. 이 제도는 재산등록 의무자의 재산 및 변동사항을 국민에게 투명하게 공개함으로써 부정이 개입될 소지를 사전에 차단하여 공직 사회의 윤리성을 높이기 위해 도입되었다.

○ 재산등록 의무자: 대통령, 국무총리, 국무위원, 지방자치단체장 등 국가 및 지방자치단체의 정무직 공무원, 4급 이상의 일반직·지방직 공무원 및 이에 상당하는 보수를 받는 별정직 공무원, 대통령령으로 정하는 외무공무원 등 → 선지 ①, ②, ④

○ 등록대상 친족의 범위: 본인, 배우자, 본인의 직계존·비속. 다만, 혼인한 직계비속인 여성, 외증조부모, 외조부모 및 외손자녀, 외증손자녀는 제외한다. → 선지 ②

○ 등록대상 재산: 부동산에 관한 소유권·지상권 및 전세권, 자동차·건설기계·선박 및 항공기, 합명회사·합자회사 및 유한회사의 출자 지분, 소유자별 합계액 1천만 원 이상의 현금·예금·증권·채권·채무, 품목당 5백만 원 이상의 보석류, 소유자별 연간 1천만 원 이상의 소득이 있는 지식재산권 → 선지 ②, ③, ④, ⑤

※ 직계존속: 부모, 조부모, 증조부모 등 조상으로부터 자기에 이르기까지 직계로 이어 내려온 혈족

※ 직계비속: 자녀, 손자, 증손 등 자기로부터 아래로 직계로 이어 내려가는 혈족

① 시청에 근무하는 4급 공무원 A의 동생이 소유한 아파트

② 시장 B의 결혼한 딸이 소유한 1,500만 원의 정기예금

③ 도지사 C의 아버지가 소유한 연간 600만 원의 소득이 있는 지식재산권

④ 정부부처 4급 공무원 상당의 보수를 받는 별정직 공무원 D의 아들이 소유한 승용차

⑤ 정부부처 4급 공무원 E의 이혼한 전처가 소유한 1,000만 원 상당의 다이아몬드

해설

문제 분석

제시문에서 먼저 줄글로 재산등록 및 공개 제도의 목적과 취지를 설명한 후, 'ㅇ'의 형식으로 재산등록의무자, 등록대상 친족의 범위, 등록대상 재산을 열거하고 있다.

문제풀이 실마리

첫 번째 동그라미부터 각각 ⅰ)~ⅲ)이라고 덧붙여 서술하도록 하며, 선지의 내용이 ⅰ) 재산등록 의무자, ⅱ) 등록대상 친족의 범위, ⅲ) 등록대상 재산에 해당하는지만 검토하면 된다.

① (X) ⅰ) 시청에 근무하는 4급 공무원 A는 재산등록 의무자 중 4급 이상의 일반직·지방직 공무원에 해당한다. 그러나 ⅱ) A의 동생은 등록대상 친족의 범위에 해당하지 않는다. 따라서 해당 아파트는 A의 재산등록 대상이 아니다. ⅲ) A의 동생이 소유한 아파트는 등록대상 재산 중 부동산에 관한 소유권에 해당한다.

② (X) ⅰ) 시장 B는 재산등록 의무자 중 지방자치단체장에 해당한다. ⅱ) 시장 B의 결혼한 딸은 등록대상 친족 중 직계비속이지만, 혼인한 직계비속인 여성은 제외한다. 따라서 해당 정기예금은 B의 재산등록 대상이 아니다. ⅲ) B의 딸이 소유한 1,500만 원의 정기예금은 등록대상 재산 중 합계액 1천만 원 이상의 예금에 해당한다.

③ (X) ⅰ) 도지사 C는 재산등록 의무자 중 지방자치단체장에 해당하고, ⅱ) C의 아버지는 등록대상 친족 중 직계존속에 해당한다. 그러나 ⅲ) 연간 600만 원의 소득이 있는 지식재산권은 연간 1천만 원 이상의 소득이 있는 지식재산권에 해당하지 않으므로, 해당 지식재산권은 C의 재산등록 대상이 아니다.

④ (O) ⅰ) 정부부처 4급 공무원 상당의 보수를 받는 별정직 공무원 D는 재산등록 의무자에 해당한다. ⅱ) D의 아들은 등록대상 친족 중 직계비속에 해당하고, ⅲ) 승용차는 등록대상 재산 중 자동차에 해당한다. 따라서 해당 승용차는 D의 재산등록 대상이다.

⑤ (X) ⅰ) 정부부처 4급 공무원 E는 재산등록 의무자 중 4급 이상의 일반직 공무원에 해당한다. 그러나 ⅱ) D의 이혼한 전처는 D의 배우자가 아니므로 등록대상 친족의 범위에 해당하지 않는다. 따라서 해당 다이아몬드는 E의 재산등록 대상이 아니다. ⅲ) 1,000만 원 상당의 다이아몬드는 등록대상 재산 중 품목당 5백만 원 이상의 보석류에 해당한다.

[정답] ④

58 다음 규정을 근거로 판단할 때 기간제 근로자로 볼 수 있는 경우를 <보기>에서 모두 고르면? (단, 아래의 모든 사업장은 5인 이상의 근로자를 고용하고 있다)

11년 5급 선책형 29번

제00조 ① 이 법은 상시 5인 이상의 근로자를 사용하는 모든 사업 또는 사업장에 적용한다. 다만 동거의 친족만을 사용하는 사업 또는 사업장과 가사사용인에 대하여는 적용하지 아니한다.
② 국가 및 지방자치단체의 기관에 대하여는 상시 사용하는 근로자의 수에 관계없이 이 법을 적용한다.
제00조 ① 사용자는 2년을 초과하지 아니하는 범위 안에서(기간제 근로계약의 반복갱신 등의 경우에는 계속 근로한 총기간이 2년을 초과하지 아니하는 범위 안에서) 기간제 근로자※를 사용할 수 있다. 다만 다음 각 호의 어느 하나에 해당하는 경우에는 2년을 초과하여 기간제 근로자로 사용할 수 있다. → 보기 ㄱ, ㄴ
1. 사업의 완료 또는 특정한 업무의 완성에 필요한 기간을 정한 경우 → 보기 ㄹ
2. 휴직·파견 등으로 결원이 발생하여 당해 근로자가 복귀할 때까지 그 업무를 대신할 필요가 있는 경우 → 보기 ㄴ
3. 전문적 지식·기술의 활용이 필요한 경우와 박사 학위를 소지하고 해당 분야에 종사하는 경우 → 보기 ㄷ
② 사용자가 제1항 단서의 사유가 없거나 소멸되었음에도 불구하고 2년을 초과하여 기간제 근로자로 사용하는 경우에는 그 기간제 근로자는 기간의 정함이 없는 근로계약을 체결한 근로자로 본다. → 보기 ㄴ

※ 기간제 근로자라 함은 기간의 정함이 있는 근로계약을 체결한 근로자를 말한다. → 보기 ㄱ

〈보기〉

ㄱ. 甲회사가 수습기간 3개월을 포함하여 1년 6개월간 A를 고용하기로 근로계약을 체결한 경우
ㄴ. 乙회사는 근로자 E의 휴직으로 결원이 발생하여 2년간 B를 계약직으로 고용하였는데, E의 복직 후에도 B가 계속해서 현재 3년 이상 근무하고 있는 경우
ㄷ. 丙국책연구소는 관련 분야 박사학위를 취득한 C를 계약직(기간제) 연구원으로 고용하여 C가 현재 丙국책연구소에서 3년간 근무하고 있는 경우
ㄹ. 국가로부터 도급받은 3년간의 건설공사를 완성하기 위해 丁건설회사가 D를 그 기간 동안 고용하기로 근로계약을 체결한 경우

① ㄱ, ㄴ
② ㄴ, ㄷ
③ ㄱ, ㄷ, ㄹ
④ ㄴ, ㄷ, ㄹ
⑤ ㄱ, ㄴ, ㄷ, ㄹ

해설

문제 분석

첫 번째 조문부터 제1조, 제2조라고 한다.
제1조 제1항 적용범위
제2항 국가 및 지방자치단체의 경우
제2조 제1항 기간제 근로자의 사용
제2항 기간의 정함이 없는 근로계약을 체결한 경우로 보는 경우

문제풀이 실마리

제시문에서 기간제 근로자로 볼 수 있는 경우와 볼 수 없는 경우를 잘 구분하여 파악한 후, 이를 각 보기에 정확하게 적용할 수 있어야 한다.

ㄱ. (O) 제2조 제1항과 각주에 따르면 2년을 초과하지 아니하는 범위 안에서 근로계약을 체결한 근로자는 기간제 근로자이다. 甲회사가 A를 1년 6개월간 고용하기로 근로계약을 체결하였다면 A는 기간제 근로자이다.

ㄴ. (X) 근로자 E의 휴직으로 결원이 발생하여 2년간 B를 계약직으로 고용하였다면 제2조 제1항 제2호의 경우에 해당하므로 해당 기간동안 B는 기간제 근로자로 본다. 그러나 E의 복직 후에도 B가 계속해서 3년 이상 근무하고 있는 경우라면 제2조 제1항 본문의 기간제 근로자에 해당하지 않고, 제2조 제2항에 따라 제2조 제1항 단서의 사유가 소멸되었음에도 2년을 초과하여 기간제 근로자로 사용하는 경우로써 B는 기간의 정함이 없는 근로계약을 체결한 근로자로 본다. 각주에서 기간제 근로자는 기간의 정함이 있는 근로계약을 체결한 근로자이므로 기간의 정함이 없는 근로계약을 체결한 근로자는 기간제 근로자가 아닌 것으로 해석하여야 한다.

ㄷ. (O) 제2조 제1항 제3호에 따르면 박사 학위를 소지하고 해당 분야에 종사하는 경우 2년을 초과하여 기간제 근로자로 사용할 수 있다. 관련 분야 박사 학위를 취득한 C가 丙국책연구소에서 3년간 근무하고 있는 경우라면 2년을 초과하여 근무하여도 C는 기간제 근로자로 볼 수 있다.

ㄹ. (O) 제2조 제1항 제1호에 따르면 특정한 업무의 완성에 필요한 기간을 정한 경우라면 2년을 초과하여 기간제 근로자로 사용할 수 있다. 3년간의 건설공사를 완성하기 위해 그 기간 동안 고용하기로 근로계약을 체결한 경우라면 2년을 초과하여 근무하여도 D는 기간제 근로자로 볼 수 있다.

빠른 문제풀이 Tip

발문에서 모든 사업장은 5인 이상의 근로자를 고용하고 있다고 하고, 〈보기〉의 모든 사업장은 제1조 제1항 단서에 해당하지 않는 것으로 보인다. 또한 ㄷ의 경우 丙국책연구소가 국가기관인지 불분명하나 국가기관인 경우에는 제1조 제2항, 국가기관이 아닌 경우에는 제1조 제1항에 따라 제시문의 법이 적용된다.

[정답] ③

59 **다음 글을 근거로 판단할 때, <보기>에서 고액현금거래 보고대상에 해당되는 사람을 모두 고르면? (단, 모든 금융거래는 1거래일 내에 이루어진 것으로 가정한다)** 13년 외교관 인책형 26번

> [i]금융기관은 현금(외국통화는 제외)이나 어음 · 수표와 같이 현금과 비슷한 기능의 지급수단(이하 '현금 등'이라 한다)으로 1거래일 동안 같은 사람 명의로 이루어진 금융거래를 통해 거래상대방에게 지급한 총액이 2,000만 원 이상 또는 영수(領收)한 총액이 2,000만 원 이상인 경우, 이러한 고액현금거래 사실을 관계기관에 보고하여야 한다. 다만 금융기관 사이 또는 금융기관과 국가 · 지방자치단체 사이에서 이루어지는 현금 등의 지급 또는 영수는 보고대상에서 제외된다.
>
> [ii]이러한 고액현금거래 보고대상에는 금융기관 창구에서 이루어지는 현금거래뿐만 아니라 현금자동입출금기상에서의 현금입출금 등이 포함된다. 하지만 계좌이체, 인터넷뱅킹 등 회계상의 가치이전만 이루어지는 금융거래는 보고대상에 해당하지 않는다.

〈보기〉

- A는 甲은행의 자기 명의 계좌에 100,000달러를 입금하고, 3,000만 원을 100만 원권 자기앞수표로 인출하였다.
- B는 乙은행의 자기 명의 계좌에서 세종시 세무서에서 부과된 소득세 3,000만 원을 계좌이체를 통해 납부하였다.
- C는 丙은행의 자기 명의 계좌에서 현금 1,500만 원을, 丙은행의 배우자 명의 계좌에서 현금 1,000만 원을 각각 인출하였다.
- D는 丁은행의 자기 명의 a, b계좌에서 현금 1,000만 원을 각각 인출하였다.
- E는 戊은행의 자기 명의 계좌에 현금 1,900만 원을 입금하고, 戊은행의 F 명의 계좌로 인터넷뱅킹을 통해 100만 원을 이체하였다.

① A, B
② A, D
③ A, B, D
④ B, C, E
⑤ C, D, E

해설

문제 분석

제시문의 고액현금거래 보고대상을 정리해 보면 다음과 같다.
1) 현금 등(현금, 어음, 수표 등)(외국통화는 제외)
2) 1거래일
3) 같은 사람 명의
4) 지급한 또는 영수한 총액 2,000만 원 이상
5) 금융기관 사이 또는 금융기관과 국가 · 지방자치단체 사이에서 이루어지는 현금 등의 지급 또는 영수는 보고대상에서 제외
6) 금융기관 창구에서 이루어지는 현금거래뿐, 현금자동입출금기상에서의 현금입출금 등이 포함, 계좌이체, 인터넷뱅킹 등 금융거래는 제외

문제풀이 실마리

발문에서 모든 금융거래는 1거래일 내에 이루어진 것이라고 하므로 2)를 제외한 1), 3)~6)를 각 보기에 적용하여 검토한다.

A. (O) A가 자기 명의 계좌에 100,000달러를 입금한 것은 외국통화이므로 보고대상에서 제외된다.
A가 자기 명의 계좌에서 3,000만 원을 100만 원권 자기앞수표로 인출하였다면 1) 현금 등에 해당하고 3) A의 명의로 이루어진 금융거래가 4) 총액 2,000만 원 이상이다. 그리고 5)에 해당하지 않으며 6)의 출금에 해당한다. A는 고액현금거래 사실을 관계기관에 보고하여야 한다.

B. (X) B가 자기 명의 계좌에서 세종시 세무서에서 부과된 소득세 3,000만 원을 계좌이체를 통해 납부하였다면 1) 현금 등에 해당하고, 3) B의 명의로 이루어진 금융거래가 4) 총액 2,000만 원 이상에 5)에 해당한다. 그러나 6) 계좌이체와 같이 회계상의 가치이전만 이루어지는 금융거래는 고액현금거래 보고대상에 해당하지 않는다.

C. (X) C는 자기 명의 계좌에서 현금 1,500만 원을 인출한 것은 1) 현금 등에 해당하지만 3) C의 명의로 이루어진 금융거래가 4) 총액 2,000만 원 미만이다. 그리고 C의 배우자 명의 계좌에서 현금 1,000만 원을 각각 인출한 것도 1) 현금 등에 해당하지만 3) C의 배우자 명의로 이루어진 금융거래가 4) 총액 2,000만 원 미만이다.

D. (O) D는 자기 명의 a, b계좌에서 현금 1,000만 원을 각각 인출하였다면 1) 현금 등에 해당하고, 3) D의 명의로 이루어진 금융거래가 4) 총액 2,000만 원 이상이다. 그리고 5)에 해당하지 않으며 6)의 출금에 해당한다. D는 고액현금거래 사실을 관계기관에 보고하여야 한다.

E. (X) E는 자기 명의 계좌에 현금 1,900만 원을 입금한 것은 1) 현금 등에 해당하지만 3) E의 명의로 이루어진 금융거래가 4) 총액 2,000 미만이다. E가 F 명의 계좌로 인터넷뱅킹을 통해 100만 원을 이체한 것도 1) 현금 등에 해당하지만, 3) F의 명의로 이루어진 금융거래가 4) 총액 2,000 미만이며, 6) 계좌이체는 고액현금거래 보고대상에 해당하지 않는다.

고액현금거래 보고대상에 해당되는 사람은 A, D이다.

[정답] ②

길쌤's Check 더 연습해 볼 문제

민간경력자	11년 인책형 8번 14년 A책형 7번
5급 공채	05년 견습 과책형 4번 06년 출책형 2번 08년 창책형 25번 09년 극책형 5번 11년 선책형 7번

허용되는

60 다음 글을 근거로 판단할 때, <보기>에서 저작권자의 허락 없이 허용되는 행위만을 모두 고르면?

20년 민경채 가책형 4번

제00조 타인의 공표된 저작물의 내용 · 형식을 변환하거나 그 저작물을 복제 · 배포 · 공연 또는 공중송신(방송 · 전송을 포함한다)하기 위해서는 특별한 규정이 없는 한 저작권자의 허락을 받아야 한다.

제00조 ① 누구든지 공표된 저작물을 저작권자의 허락없이 시각장애인을 위하여 점자로 복제 · 배포할 수 있다.

② 시각장애인을 보호하고 있는 시설, 시각장애인을 위한 특수학교 또는 점자도서관은 영리를 목적으로 하지 아니하고 시각장애인의 이용에 제공하기 위하여, 공표된 어문저작물을 저작권자의 허락없이 녹음하여 복제하거나 디지털음성정보기록방식으로 복제 · 배포 또는 전송할 수 있다. → 보기 ㄷ

제00조 ① 누구든지 공표된 저작물을 저작권자의 허락없이 청각장애인을 위하여 한국수어로 변환할 수 있으며 이러한 한국수어를 복제 · 배포 · 공연 또는 공중송신할 수 있다. → 보기 ㄱ

② 청각장애인을 보호하고 있는 시설, 청각장애인을 위한 특수학교 또는 한국어수어통역센터는 영리를 목적으로 하지 아니하고 청각장애인의 이용에 제공하기 위하여, 공표된 저작물에 포함된 음성 및 음향 등을 저작권자의 허락없이 자막 등 청각장애인이 인지할 수 있는 방식으로 변환할 수 있으며 이러한 자막 등을 청각장애인이 이용할 수 있도록 복제 · 배포 · 공연 또는 공중송신할 수 있다. → 보기 ㄴ

※ 어문저작물: 소설 · 시 · 논문 · 각본 등 문자로 이루어진 저작물

〈보기〉

ㄱ. 학교도서관이 공표된 소설을 청각장애인을 위하여 한국수어로 변환하고 이 한국수어를 복제 · 공중송신하는 행위

ㄴ. 한국어수어통역센터가 영리를 목적으로 청각장애인의 이용에 제공하기 위하여, 공표된 영화에 포함된 음성을 자막으로 변환하여 배포하는 행위

ㄷ. 점자도서관이 영리를 목적으로 하지 아니하고 시각장애인의 이용에 제공하기 위하여, 공표된 피아니스트의 연주 음악을 녹음하여 복제 · 전송하는 행위

① ㄱ

② ㄴ

③ ㄱ, ㄷ

④ ㄴ, ㄷ

⑤ ㄱ, ㄴ, ㄷ

해설

문제 분석

첫 번째 조문부터 각각 제1조~제3조라고 한다.

제1조 저작물의 이용 허락

제2조 제1항 시각장애인을 위한 저작물의 복제 · 배포

제2항 어문저작물의 복제, 디지털음성정보기록방식으로 복제 · 배포 · 전송

제3조 제1항 청각장애인을 위한 저작물의 복제 · 배포 · 공연 · 공중송신

제2항 음성 및 음향 등의 변환, 자막 등의 복제 · 배포 · 공연 · 공중송신

문제풀이 실마리

시각장애인을 위한 저작물에 대한 내용과 청각장애인을 위한 저작물에 대한 내용을 잘 구분하여 파악해야 한다.

ㄱ. (O) 제3조 제1항에 따르면 누구든지 공표된 저작물을 저작권자의 허락없이 청각장애인을 위하여 한국수어로 변환할 수 있으며 이러한 한국수어를 복제 또는 공중송신할 수 있다. 따라서 학교도서관이 공표된 소설을 청각장애인을 위하여 한국수어로 변환하고, 이 한국수어를 복제 · 공중송신하는 행위는 저작권자의 허락없이 허용된다.

ㄴ. (X) 제3조 제2항에 따르면 한국수어통역센터는 영리를 목적으로 하지 아니하고 청각장애인의 이용에 제공하기 위하여, 공표된 저작물에 포함된 음성을 저작권자의 허락없이 자막으로 변환할 수 있으며 이러한 자막 등을 청각장애인이 이용할 수 있도록 배포할 수 있다. 따라서 한국어수어통역센터가 영리를 목적으로 저작물을 변환 · 배포하는 행위는 저작권자의 허락없이 허용되지 아니한다.

ㄷ. (X) 제2조 제2항에 따르면 점자도서관은 영리를 목적으로 하지 아니하고 시각장애인의 이용에 제공하기 위하여, 공표된 어문저작물을 저작권자의 허락없이 녹음하여 복제하거나 디지털음성정보기록방식으로 복제 · 배포 또는 전송할 수 있다. 공표된 피아니스트의 연주 음악은 공표된 어문저작물이 아니므로 해당 저작물을 녹음하여 복제 · 전송하는 행위는 저작권자의 허락없이 허용되지 아니한다.

[정답] ①

길쌤's Check 더 연습해 볼 문제

민간경력자	13년 인책형 15번
5급 공채	06년 견습 인책형 38번 16년 4책형 6번

종합

61 **정부포상 대상자 추천의 제한요건에 관한 다음 규정을 근거로 판단할 때, 2011년 8월 현재 정부포상 대상자로 추천을 받을 수 있는 자는?**

11년 민경채 인책형 18번

> 1) 형사처벌 등을 받은 자
>   가) 형사재판에 계류 중인 자 → 선지 ②
>   나) 금고 이상의 형을 받고 그 집행이 종료된 후 5년을 경과하지 아니한 자 → 선지 ①
>   다) 금고 이상의 형의 집행유예를 받은 경우 그 집행유예의 기간이 완료된 날로부터 3년을 경과하지 아니한 자
>   라) 금고 이상의 형의 선고유예를 받은 경우에는 그 기간 중에 있는 자
>   마) 포상추천일 전 2년 이내에 벌금형 처벌을 받은 자로서 1회 벌금액이 200만 원 이상이거나 2회 이상의 벌금형 처분을 받은 자 → 선지 ④
>
> 2) 공정거래관련법 위반 법인 및 그 임원
>   가) 최근 2년 이내 3회 이상 고발 또는 과징금 처분을 받은 법인 및 그 대표자와 책임 있는 임원 (단, 고발에 따른 과징금 처분은 1회로 간주) → 선지 ⑤
>   나) 최근 1년 이내 3회 이상 시정명령 처분을 받은 법인 및 그 대표자와 책임 있는 임원 → 선지 ③

① 금고 1년 형을 선고 받아 복역한 후 2009년 10월 출소한 자
② 2011년 8월 현재 형사재판에 계류 중인 자
③ 2010년 10월 이후 현재까지, 공정거래관련법 위반으로 3회 시정명령 처분을 받은 기업의 대표자
④ 2010년 1월, 교통사고 후 필요한 구호조치를 하지 않아 500만 원의 벌금형 처분을 받은 자
⑤ 2009년 7월 이후 현재까지, 공정거래관련법 위반으로 고발에 따른 과징금 처분을 2회 받은 기업

해설

문제 분석

선지의 대상자 중 제시문의 제한요건에 해당하지 않는 자를 찾는다.

문제풀이 실마리

발문에 따르면 현재 시점은 2011년 8월이고, 각 제한요건은 대부분 기간에 대한 판단을 포함하고 있음에 유의한다.

① (X) 1) 나)에 따르면 금고 이상의 형을 받고 그 집행이 종료된 후 5년을 경과하지 아니한 자는 정부포상 대상자 추천이 제한된다. 금고 1년 형을 선고 받아 복역한 후 2009년 10월 출소한 자는 2011년 8월 현재 5년이 경과하지 아니하였으므로 정부포상 대상자로 추천을 받을 수 없다.

② (X) 2011년 8월 현재 형사재판에 계류 중인 자는 1) 가)에 해당하므로 정부포상 대상자로 추천을 받을 수 없다.

③ (X) 2) 나)에 따르면 공정거래관련법 위반으로 최근 1년 이내 3회 이상 시정명령 처분을 받은 대표자는 정부포상 대상자 추천이 제한된다. 2010년 10월 이후 2011년 8월 현재까지, 공정거래관련법 위반으로 3회 시정명령 처분을 받은 기업의 대표자는 최근 1년 이내에 3회 시정명령 처분을 받은 것이므로 정부포상 대상자로 추천을 받을 수 없다.

④ (X) 1) 마)에 따르면 2년 이내에 벌금형 처벌을 받은 자로서 1회 벌금액이 200만 원 이상인 경우 정부포상 대상자 추천이 제한된다. 2010년 1월 500만 원의 벌금형 처분을 받은 자는 2011년 8월 현재 2년 이내에 200만 원 이상의 벌금형 처벌을 받은 자이므로 정부포상 대상자로 추천을 받을 수 없다.

⑤ (O) 2) 나)에 따르면 공정거래관련법 위반으로 최근 2년 이내 3회 이상 고발 또는 과징금 처분을 받은 법인은 정부포상 대상자 추천이 제한된다. '고발에 따른 과징금 처분은 1회로 간주'한다는 내용은 고발을 통해 과징금 처분으로 이어지면 고발과 과징금 처분을 각각 1회로 보는 것이 아니라 둘을 더해 1회로 간주한다는 것이다. 2009년 7월 이후 2011년 8월 현재까지, 공정거래관련법 위반으로 고발에 따른 과징금 처분을 2회 받은 기업은 최근 2년 이내 3회 미만의 고발 또는 과징금 처분을 받은 법인이므로 정부포상 대상자로 추천을 받을 수 있다.

[정답] ⑤

62 다음 글을 근거로 판단할 때, 국제형사재판소(ICC)가 재판관할권을 행사하기 위한 전제조건이 충족된 경우를 <보기>에서 모두 고르면?

11년 민경채 인책형 19번

i)네덜란드의 헤이그에 위치한 국제형사재판소(International Criminal Court, 이하 'ICC'라 한다)는 4대 중대범죄인 대량학살, 인도주의(人道主義)에 반하는 범죄, 전쟁범죄, 침략범죄에 대한 개인의 책임을 묻고자 '국제형사재판소에 관한 로마규정'(이하 '로마규정'이라 한다)에 따라 2002년 7월 1일 설립되었다. 로마규정에 의하면 ICC는 위의 4대 중대범죄에 대해 재판관할권을 가진다.

ii)ICC가 재판관할권을 행사하기 위해서는 다음의 전제조건이 충족되어야 한다. 즉, 범죄가 발생한 국가가 범죄발생 당시 ICC 재판관할권을 인정하고 있던 국가이거나, 범죄 가해자의 현재 국적국이 ICC 재판관할권을 인정한 국가이어야 한다.

〈보기〉

ㄱ. ICC 재판관할권을 인정하지 않은 A국 정부는 자국 국민 甲이 ICC 재판관할권을 인정하고 있던 B국에서 인도주의에 반하는 범죄를 저지르고 자국으로 도망쳐 오자 그를 체포했지만, 범죄인 인도협정이 체결되어 있지 않다는 이유로 甲의 인도를 요구하는 B국의 요청을 거부했다.

ㄴ. ICC 재판관할권을 인정하지 않고 있는 C국의 국민인 乙은 ICC 재판관할권을 현재까지 인정하지 않고 있는 D국에 주둔 중인 E국의 군인들을 대상으로 잔혹한 전쟁범죄를 저질렀다. 위 전쟁범죄 발생 당시 E국은 ICC 재판관할권을 인정하고 있었다.

ㄷ. ICC 재판관할권을 인정해오던 F국은 최근 자국에서 발생한 인도주의에 반하는 범죄를 저지른 민병대 지도자 丙을 국제사회의 압력에 밀려 체포했지만, 별다른 이유를 제시하지 않은 채 丙에 대한 기소와 재판을 차일피일 미루고 있다.

ㄹ. 현재까지 ICC 재판관할권을 인정하지 않고 있는 G국의 대통령 丁은 자국에서 소수민족을 대량학살하였다. 그 후 丁이 학살당한 소수민족의 모국인 H국을 방문하던 중 ICC 재판관할권을 인정하는 H국 정부는 丁을 체포하였다.

① ㄱ, ㄴ
② ㄱ, ㄷ
③ ㄱ, ㄹ
④ ㄴ, ㄹ
⑤ ㄷ, ㄹ

해설

문제 분석

문단 i) 4대 중대범죄에 대한 ICC의 재판관할권
문단 ii) ICC가 재판관할권을 행사하기 위한 전제조건

문제풀이 실마리

발문에서는 ICC가 재판관할권을 행사하기 위한 전제조건이 충족된 경우를 고르라고 하고 있다. 각 보기가 문단 ii)의 1) 범죄가 발생한 국가가 범죄발생 당시 ICC 재판관할권을 인정하고 있던 국가인가, 2) 범죄 가해자의 현재 국적국이 ICC 재판관할권을 인정한 국가인가를 검토한다. 1)과 2)는 둘 중 하나만 충족하면 된다.

ㄱ. (O) A국 국민인 甲이 B국에서 범죄를 저질렀다고 한다. 1) 범죄가 발생한 국가는 B국이고, B국은 ICC 재판관할권을 인정하고 있던 국가이다. ICC가 재판관할권을 행사하기 위한 전제조건이 충족된 경우이다. 2) 범죄 가해자 甲의 현재 국적국인 A국은 ICC 재판관할권을 인정하지 않은 국가이다.

ㄴ. (X) C국 국민인 乙이 D국에서 범죄를 저질렀다고 한다. 1) 범죄가 발생한 국가는 D국이고, D국은 ICC 재판관할권을 인정하지 않고 있다. 그리고 2) 범죄 가해자 乙의 현재 국적국인 C국도 ICC 재판관할권을 인정하지 않고 있다. 1), 2) 모두 충족하지 않으므로 ICC가 재판관할권을 행사하기 위한 전제조건이 충족된 경우가 아니다.

ㄷ. (O) F국 국민인 丙이 F국에서 범죄를 저질렀다고 한다. 1) 범죄가 발생한 국가는 F국이고, F국은 ICC 재판관할권을 인정하고 있다. 그리고 2) 범죄 가해자 丙의 현재 국적국도 F국이다. ICC가 재판관할권을 행사하기 위한 전제조건이 충족된 경우이다.

ㄹ. (X) G국 국민인 丁이 G국에서 범죄를 저질렀다고 한다. 1) 범죄가 발생한 국가는 G국이고, G국은 ICC 재판관할권을 인정하지 않고 있다. 그리고 2) 범죄 가해자 丁의 현재 국적국도 G국이다. ICC가 재판관할권을 행사하기 위한 전제조건이 충족된 경우가 아니다.

빠른 문제풀이 Tip

문단 i)에서는 4대 중대범죄에 대해서 서술하면서 각 보기에서 어떤 범죄를 저질렀는지 나와 있고, 각 보기에서는 구체적인 상황을 설명하고 있다. 그러나 발문에서 묻는 바와 같이 ICC가 재판관할권을 행사하기 위한 전제조건이 충족된 경우에 초점을 맞춰서 보기를 검토한다.

[정답] ②

63 다음 글과 <상황>을 근거로 판단할 때, 甲국 A정당 회계책임자가 2011년 1월 1일부터 2012년 12월 31일까지 중앙선거관리위원회에 회계보고를 한 총 횟수는? 13년 민경채 인책형 23번

법 제00조 정당 회계책임자는 중앙선거관리위원회에 다음 각 호에 정한 대로 회계보고를 하여야 한다.

1. 공직선거에 참여하지 아니한 연도
   매년 1월 1일부터 12월 31일까지의 정치자금 수입과 지출에 관한 회계보고는 다음 연도 2월 15일에 한다.
2. 공직선거에 참여한 연도
   가. 매년 1월 1일부터 선거일 후 20일까지의 정치자금 수입과 지출에 관한 회계보고는 당해 선거일 후 30일(대통령선거는 40일)에 한다.
   나. 당해 선거일 후 21일부터 당해 연도 12월 31일까지의 정치자금 수입과 지출에 관한 회계보고는 다음 연도 2월 15일에 한다.

〈상황〉

○ 甲국의 A정당은 위 법에 따라 정치자금 수입과 지출에 관한 회계보고를 했다.
○ 甲국에서는 2010년에 공직선거가 없었고, 따라서 A정당은 공직선거에 참여하지 않았다.
○ 甲국에서는 2011년 12월 5일에 대통령선거를, 2012년 3월 15일에 국회의원 총선거를 실시하였고, 그 밖의 공직선거는 없었다.
○ 甲국의 A정당은 2011년 대통령선거에 후보를 공천해 참여하였고, 2012년 국회의원 총선거에도 후보를 공천해 참여하였다.

① 3회
② 4회
③ 5회
④ 6회
⑤ 7회

해설

문제 분석

제시문의 법 제00조를 이하 '법'이라 한다. 제시문의 내용과 〈상황〉에 따르면 2010년은 공직선거에 참여하지 않았고, 2011년, 2012년은 각각 대통령선거, 국회의원 총선거가 실시되고 A정당은 참여하였다.

문제풀이 실마리

발문에서 2011년 1월 1일부터 2012년 12월 31일까지 중앙선거관리위원회에 회계보고를 한 총 횟수를 묻고 있으므로 연도별로 나누어서 검토한다.

1) 2010년의 경우, A정당이 공직선거에 참여하지 아니한 연도이므로 법 제1호에 따라 2010년 1월 1일부터 12월 31일까지의 정치자금 수입과 지출에 관한 회계보고는 다음 연도인 2011년 2월 15일에 한다.

2) 2011년의 경우, 대통령선거를 실시하였고 A정당이 참여하였으므로 법 제2호에서 정하는 바에 따라 회계보고를 하여야 한다. 법 제2호 가목에 따르면 대통령선거는 2011년 12월 5일에 실시되었으므로 2011년 1월 1일부터 선거일 후 20일인 2011년 12월 25일까지의 회계보고는 해당 선거일 후 40일인 2012년 1월 14일에 한다. 그리고 법 제2호 나목에 따라 대통령선거일 후 21일인 2011년 12월 26일부터 12월 31일까지의 회계보고는 다음 연도인 2012년 2월 15일에 한다.

3) 2012년의 경우, 국회의원 총선거를 실시하였고 A정당이 참여하였으므로 법 제2호에서 정하는 바에 따라 회계보고를 하여야 한다. 법 제2호 가목에 따르면 국회의원 총선거는 2012년 3월 15일에 실시되었으므로 2011년 1월 1일부터 선거일 후 20일인 2012년 4월 4일까지의 회계 보고는 해당 선거일 후 30일인 2012년 4월 14일에 한다. 그리고 법 제2호 나목에 따라 국회의원 총선거일 후 21일인 2012년 4월 5일부터 12월 31일까지의 회계보고는 다음 연도인 2013년 2월 15일에 한다.
   정리하면 다음과 같다.

연도	기간	회계보고 시점
2010년	1월 1일부터 12월 31일까지	2011년 2월 15일
2011년	1월 1일부터 12월 25일까지 (선거일 후 20일까지)	2012년 1월 14일 (선거일 후 40일)
	12월 26일부터 12월 31일까지	2012년 2월 15일
2012년	1월 1일부터 4월 4일까지 (선거일 후 20일까지)	2012년 4월 14일 (선거일 후 30일)
	4월 5일부터 12월 31일까지	2013년 2월 15일

따라서 2011년 1월 1일부터 2012년 12월 31일까지 회계보고를 한 총 횟수는 4회이다. 정답은 ②이다.

빠른 문제풀이 Tip

정확한 날짜까지는 판단할 필요 없이, 횟수만 판단하면 정답을 구할 수 있으므로, 정답을 구하는 데 필요한 만큼만 해결해야 한다.

[정답] ②

64 다음 글과 <상황>을 근거로 판단할 때, 수질검사빈도와 수질기준을 둘 다 충족한 검사지점만을 모두 고르면?

21년 7급 나책형 15번

□□법 제00조(수질검사빈도와 수질기준) ① 기초자치단체의 장인 시장·군수·구청장은 다음 각 호의 구분에 따라 지방상수도의 수질검사를 실시하여야 한다.

1. 정수장에서의 검사
   가. 냄새, 맛, 색도, 탁도(濁度), 잔류염소에 관한 검사: 매일 1회 이상
   나. 일반세균, 대장균, 암모니아성 질소, 질산성 질소, 과망간산칼륨 소비량 및 증발잔류물에 관한 검사: 매주 1회 이상
   단, 일반세균, 대장균을 제외한 항목 중 지난 1년간 검사를 실시한 결과, 수질기준의 10퍼센트를 초과한 적이 없는 항목에 대하여는 매월 1회 이상
2. 수도꼭지에서의 검사
   가. 일반세균, 대장균, 잔류염소에 관한 검사: 매월 1회 이상
   나. 정수장별 수도관 노후지역에 대한 일반세균, 대장균, 암모니아성 질소, 동, 아연, 철, 망간, 잔류염소에 관한 검사: 매월 1회 이상
3. 수돗물 급수과정별 시설(배수지 등)에서의 검사
   일반세균, 대장균, 암모니아성 질소, 동, 수소이온 농도, 아연, 철, 잔류염소에 관한 검사: 매 분기 1회 이상

② 수질기준은 아래와 같다.

항목	기준	항목	기준
대장균	불검출/100mL	일반세균	100CFU/mL 이하
잔류염소	4mg/L 이하	질산성 질소	10mg/L 이하

〈상황〉

甲시장은 □□법 제00조에 따라 수질검사를 실시하고 있다. 甲시 관할의 검사지점(A~E)은 이전 검사에서 매번 수질기준을 충족하였고, 이번 수질검사에서 아래와 같은 결과를 보였다.

검사지점	검사대상	검사결과	검사빈도
정수장 A	잔류염소	2mg/L	매일 1회
정수장 B	질산성 질소	11mg/L	매일 1회
정수장 C	일반세균	70CFU/mL	매월 1회
수도꼭지 D	대장균	불검출/100mL	매주 1회
배수지 E	잔류염소	2mg/L	매주 1회

※ 제시된 검사대상 외의 수질검사빈도와 수질기준은 모두 충족한 것으로 본다.

① A, D ② B, D
③ A, D, E ④ A, B, C, E
⑤ A, C, D, E

해설

문제 분석

제1항에서는 수질검사의 빈도를 정수장, 수도꼭지, 배수지 등으로 구분하여 호와 목의 형식으로 알려주고, 제2항에서는 수질기준을 표의 형식으로 알려준다.

문제풀이 실마리

호와 목, 표 모두 병렬적인 정보를 제공하는 형식이다. 따라서 〈상황〉의 표에서 검사지점과 검사빈도는 제1항 각호에 따라, 검사대상과 검사결과는 제2항에 따라 필요한 부분만 판단한다.

〈상황〉의 표에서 검사지점을 순서대로 확인해본다.

1) 정수장 A: 검사지점이 정수장이므로 제1항 제1호를 확인하고 검사대상이 잔류염소이므로 가목을 확인한다. 제1항 제1호 가목에 따르면 정수장에서 잔류염소에 관한 검사는 매일 1회 이상 하여야 하는데 정수장 A의 수질검사빈도는 매일 1회이므로 수질검사빈도를 충족한다. 그리고 제2항에 따르면 잔류염소의 수질기준은 4mg/L 이하이어야 하는데 정수장 A의 수질검사결과는 2mg/L이므로 수질기준도 충족한다.
   선지 ②는 제거된다.
2) 정수장 B: 검사지점이 정수장이므로 제1항 제1호를 확인하고 검사대상이 질산성 질소이므로 나목을 확인한다. 제1항 제1호 나목에 따르면 정수장에서 질산성 질소에 관한 검사는 매주 1회 이상 하여야 하는데 정수장 B의 수질검사빈도는 매일 1회이므로 수질검사빈도를 충족한다. 그러나 제2항에 따르면 질산성 질소의 수질기준은 10mg/L 이하이어야 하는데 정수장 B의 수질검사결과는 11mg/L이므로 수질기준을 충족하지 못한다. 선지 ④는 제거된다.
3) 정수장 C: 검사지점이 정수장이므로 제1항 제1호를 확인하고 검사대상이 일반세균이므로 나목을 확인한다. 제1항 제1호 나목에 따르면 정수장에서 일반세균에 관한 검사는 매주 1회 이상 하여야 하는데 정수장 C의 수질검사빈도는 매월 1회이므로 수질검사빈도를 충족하지 못한다. 제2항에 따르면 일반세균의 수질기준은 100 CFU/mL 이하이어야 하는데 정수장 C의 수질검사결과는 70 CFU/mL이므로 수질기준은 충족한다. 선지 ⑤는 제거된다.
4) 수도꼭지 D: 검사지점이 수도꼭지이므로 제1항 제2호를 확인하고 검사대상이 대장균이므로 가목을 확인한다. 제1항 제2호 가목에 따르면 수도꼭지에서 대장균에 관한 검사는 매월 1회 이상 하여야 하는데 수도꼭지 D의 수질검사빈도는 매주 1회이므로 수질검사빈도를 충족한다. 제2항에 따르면 대장균의 수질기준은 불검출/100mL이어야 하는데 수도꼭지 D의 수질검사결과는 불검출/100mL이므로 수질기준도 충족한다.
5) 배수지 E: 검사지점이 배수지이고 제1항 제3호를 확인한다. 제1항 제3호에 따르면 배수지에서 잔류염소에 관한 검사는 매 분기 1회 이상 하여야 하는데 배수지 E의 수질검사빈도는 매주 1회이므로 수질검사빈도를 충족한다. 제2항에 따르면 잔류염소의 수질기준은 4mg/L 이하이어야 하는데 배수지 E의 수질검사결과는 2mg/L이므로 수질기준도 충족한다.

[정답] ③

65 다음 글을 근거로 판단할 때, <표>에서 도시재생사업이 가장 먼저 실시되는 지역은? 14년 5급 A책형 9번

제00조 이 법에서 사용하는 용어의 뜻은 다음과 같다.

1. 도시재생이란 인구의 감소, 산업구조의 변화, 주거환경의 노후화 등으로 쇠퇴하는 도시를 지역역량의 강화, 지역자원의 활용을 통하여 경제적 · 사회적 · 물리적 · 환경적으로 활성화시키는 것을 말한다.
2. 도시재생활성화지역이란 국가와 지방자치단체의 자원과 역량을 집중함으로써 도시재생사업의 효과를 극대화하려는 전략적 대상지역을 말한다.

제00조 ① 도시재생활성화지역을 지정하려는 경우에는 다음 각 호 요건 중 2개 이상을 갖추어야 한다.

1. 인구가 감소하는 지역: 다음 각 목의 어느 하나에 해당하는 지역
   가. 최근 30년간 인구가 가장 많았던 시기 대비 현재 인구가 20% 이상 감소
   나. 최근 5년간 3년 이상 연속으로 인구가 감소
2. 총 사업체 수가 감소하는 지역: 다음 각 목의 어느 하나에 해당하는 지역
   가. 최근 10년간 사업체 수가 가장 많았던 시기 대비 현재 사업체 수가 5% 이상 감소
   나. 최근 5년간 3년 이상 연속으로 사업체 수가 감소
3. 전체 건축물 중 준공된 후 20년 이상 된 건축물이 차지하는 비율이 50% 이상인 지역

제00조 도시재생활성화지역으로 가능한 곳이 복수일 경우, 전 조 제1항 제1호의 인구기준을 우선시하여 도시재생사업을 순차적으로 진행한다. 다만 인구기준의 하위 두 항목은 동등하게 고려하며, 최근 30년간 최다 인구 대비 현재 인구비율이 낮을수록, 최근 5년간 인구의 연속 감소 기간이 길수록 그 지역의 사업을 우선적으로 실시한다.

〈표〉 도시재생활성화 후보지역

구분		A지역	B지역	C지역	D지역	E지역
인구	최근 30년간 최다 인구 대비 현재 인구 비율	68%	82%	87%	92%	77%
	최근 5년간 인구의 연속 감소 기간	5년	4년	2년	4년	2년
사업체	최근 10년간 최다 사업체 수 대비 현재 사업체 수 비율	92%	89%	96%	97%	96%
	최근 5년간 사업체 수의 연속 감소 기간	3년	5년	2년	2년	2년
전체 건축물 수 대비 20년 이상된 건축물 비율		62%	55%	46%	58%	32%

① A지역 ② B지역
③ C지역 ④ D지역
⑤ E지역

해설

문제 분석

제1조 정의 규정(도시재생, 도시재생활성화지역)
제2조 제1항 도시재생활성화지역 지정 요건
제1호~제3호 요건 중 2개 이상을 갖추어야 함
제3조 도시재생활성화지역으로 가능한 곳이 복수일 경우 우선순위

문제풀이 실마리

제2조에서 도시재생활성화지역이 갖추어야 할 요건을 〈표〉의 후보지역에 정확하게 적용하여 요건을 갖추었는지 여부를 판단한 후, 제3조에서의 우선순위를 판단하는 규칙을 적용하여 도시재생사업이 가장 먼저 실시될 지역을 찾아야 한다.

우선 제2조 제1항 제1호의 인구기준부터 〈표〉에 적용해 보면 다음과 같다. 제2조 제1항 제1호 가목의 최근 30년간 인구가 가장 많았던 시기 대비 현재 인구가 20% 이상 감소한 지역은 최근 30년간 최다 인구 대비 현재 인구 비율이 80% 미만이어야 한다. A, E지역이 이에 해당한다. 그리고 나목의 최근 5년간 3년 이상 연속으로 인구가 감소한 지역은 A, B, D지역이다.

구분		A지역	B지역	C지역	D지역	E지역
인구	최근 30년간 최다 인구 대비 현재 인구 비율	68%	82%	87%	92%	77%
	최근 5년간 인구의 연속 감소 기간	5년	4년	2년	4년	2년

그리고 제2조 제1항 제2호의 사업체 수 기준을 〈표〉에 적용해본다. 제2조 제1항 제2호 가목의 최근 10년간 사업체 수가 가장 많았던 시기 대비 현재 사업체 수가 5% 이상 감소한 지역은 최근 10년간 최다 사업체 수 대비 현재 사업체 수 비율이 95% 미만이어야 한다. A, B지역이 이에 해당한다. 그리고 나목의 최근 5년간 3년 이상 연속으로 사업체 수가 감소한 지역은 A, B지역이다.

구분		A지역	B지역	C지역	D지역	E지역
사업체	최근 10년간 최다 사업체 수 대비 현재 사업체 수 비율	92%	89%	96%	97%	96%
	최근 5년간 사업체 수의 연속 감소 기간	3년	5년	2년	2년	2년

제2조 제1항 제3호의 기준을 적용해 보면 전체 건축물 중 준공된 후 20년 이상 된 건축물이 차지하는 비율이 50% 이상인 지역은 A, B, D지역이다.

구분	A지역	B지역	C지역	D지역	E지역
전체 건축물 수 대비 20년 이상 된 건축물 비율	62%	55%	46%	58%	32%

제2조 제1항 각호의 요건 중 2개 이상을 갖춘 지역은 A, B, D지역이다. 제3조에 따르면 도시재생활성화지역으로 가능한 곳이 복수일 경우, 전 조 제1항 제1호의 인구기준을 우선시하여 도시재생사업을 순차적으로 진행한다. 그리고 인구기준의 하위 두 항목은 동등하게 고려하는데 1) 최근 30년간 최다 인구 대비 현재 인구비율이 낮을수록 우선적으로 실시한다면 A, B, D 순으로, 2) 최근 5년간 인구의 연속 감소 기간이 길수록 우선적으로 실시한다면 A, (B, D) 순으로 실시한다. 인구기준의 하위 두 항목 중 어느 것을 고려하더라도 도시재생사업은 A지역에서 가장 먼저 실시되어야 한다. 정답은 ①이다.

[정답] ①

66 다음 글을 근거로 판단할 때, 소장이 귀휴를 허가할 수 없는 경우는? (단, 수형자 甲~戊의 교정성적은 모두 우수하고, 귀휴를 허가할 수 있는 일수는 남아있다) 18년 5급 나책형 5번

제00조 ① 교도소·구치소 및 그 지소의 장(이하 '소장'이라 한다)은 6개월 이상 복역한 수형자로서 그 형기의 3분의 1(21년 이상의 유기형 또는 무기형의 경우에는 7년)이 지나고 교정성적이 우수한 사람이 다음 각 호의 어느 하나에 해당하면 1년 중 20일 이내의 귀휴를 허가할 수 있다. → 선지 ①, ②, ④

1. 가족 또는 배우자의 직계존속이 위독한 때
2. 질병이나 사고로 외부의료시설에의 입원이 필요한 때
3. 천재지변이나 그 밖의 재해로 가족, 배우자의 직계존속 또는 수형자 본인에게 회복할 수 없는 중대한 재산상의 손해가 발생하였거나 발생할 우려가 있는 때
4. 직계존속, 배우자, 배우자의 직계존속 또는 본인의 회갑일이나 고희일인 때
5. 본인 또는 형제자매의 혼례가 있는 때 → 선지 ②
6. 직계비속이 입대하거나 해외유학을 위하여 출국하게 된 때 → 선지 ④
7. 각종 시험에 응시하기 위하여 필요한 때

② 소장은 다음 각 호의 어느 하나에 해당하는 사유가 있는 수형자에 대하여는 제1항에도 불구하고 5일 이내의 귀휴를 특별히 허가할 수 있다.

1. 가족 또는 배우자의 직계존속이 사망한 때 → 선지 ⑤
2. 직계비속의 혼례가 있는 때

※ 귀휴: 교도소 등에 복역 중인 죄수가 출소하기 전에 일정한 사유에 따라 휴가를 얻어 일시적으로 교도소 밖으로 나오는 것을 의미한다.

① 징역 1년을 선고받고 4개월 동안 복역 중인 甲의 아버지의 회갑일인 경우
② 징역 2년을 선고받고 10개월 동안 복역 중인 乙의 친형의 혼례가 있는 경우
③ 징역 10년을 선고받고 4년 동안 복역 중인 丙의 자녀가 입대하는 경우
④ 징역 30년을 선고받고 8년 동안 복역 중인 丁의 부친이 위독한 경우
⑤ 무기징역을 선고받고 5년 동안 복역 중인 戊의 배우자의 모친이 사망한 경우

해설

문제 분석

제1항 1) 6개월 이상 복역한 수형자
2) 형기의 3분의 1 초과('지나고') 복역
(21년 이상의 유기형 또는 무기형의 경우에는 7년)
3) 교정성적 우수
4) 제1호~제7호
⇒ 20일 이내의 귀휴 허가
제2항 제1호, 제2호의 경우 5일 이내의 귀휴 허가

문제풀이 실마리

발문에서 수형자 甲~戊의 교정성적은 모두 우수하다고 하므로 교정성적이 우수한지 여부는 검토하지 않는다. 제1항에서 귀휴를 허가할 수 있는 경우, 제2항에서는 귀휴를 특별히 허가할 수 있는 경우를 규정하고 있으므로, 정보처리를 통해 문제에서 요구하는 귀휴를 허가할 수 없는 경우를 찾아내야 한다.

① (X) 징역 1년을 선고받고 4개월 동안 복역 중인 甲은 제1항의 1) 6개월 이상 복역한 수형자에 해당하지 않는다. 그리고 아버지의 회갑일인 경우 제2항 제1호, 제2호에도 해당하지 않는다. 따라서 甲에게 귀휴를 허가할 수 없다.

② (O) 징역 2년을 선고받고 10개월 동안 복역 중인 乙은 제1항의 1) 6개월 이상 복역한 수형자이며 2) 형기 2년의 3분의 1이 지났다. 그리고 친형의 혼례가 있는 경우는 제1항 제5호에 해당하므로 제1항에 따라 乙에게 귀휴를 허가할 수 있다.

③ (O) 징역 10년을 선고받고 4년 동안 복역 중인 丙은 제1항의 1) 6개월 이상 복역한 수형자이며 2) 형기 10년의 3분의 1이 지났다. 그리고 자녀가 입대하는 경우는 제1항 제6호에 해당하므로 제1항에 따라 丙에게 귀휴를 허가할 수 있다.

④ (O) 징역 30년을 선고받고 8년 동안 복역 중인 丁은 제1항의 1) 6개월 이상 복역한 수형자이며 2) 21년 이상의 유기형인 형기 30년 중 7년이 지났다. 그리고 부친이 위독한 경우는 제1항 제1호에 해당하므로 제1항에 따라 丁에게 귀휴를 허가할 수 있다.

⑤ (O) 무기징역을 선고받고 5년 동안 복역 중인 戊은 1) 6개월 이상 복역한 수형자이지만 2) 무기징역의 경우인데 7년이 지나지 않았다. 그러나 배우자의 모친이 사망한 경우는 제2항 제1호에 해당하므로 제2항에 따라 戊에게 귀휴를 허가할 수 있다.

[정답] ①

67 **다음 글과 <상황>을 근거로 판단할 때, 甲~丙 중 임금피크제 지원금을 받을 수 있는 사람만을 모두 고르면?**

19년 5급 가책형 5번

제00조(임금피크제 지원금) ① 정부는 다음 각 호의 어느 하나에 해당하는 경우, 근로자의 신청을 받아 제2항의 규정에 따라 임금피크제 지원금을 지급하여야 한다.

1. 사업주가 근로자 대표의 동의를 받아 정년을 60세 이상으로 연장하면서 55세 이후부터 일정 나이, 근속시점 또는 임금액을 기준으로 임금을 줄이는 제도를 시행하는 경우
2. 정년을 55세 이상으로 정한 사업주가 정년에 이른 사람을 재고용(재고용 기간이 1년 미만인 경우는 제외한다)하면서 정년퇴직 이후부터 임금만을 줄이는 경우
3. 사업주가 제2호에 따라 재고용하면서 주당 소정의 근로시간을 15시간 이상 30시간 이하로 단축하는 경우

② 임금피크제 지원금은 해당 사업주에 고용되어 18개월 이상을 계속 근무한 자로서 피크임금(임금피크제의 적용으로 임금이 최초로 감액된 날이 속하는 연도의 직전 연도 임금을 말한다)과 지원금 신청연도의 임금을 비교하여 다음 각 호의 구분에 따른 비율 이상 낮아진 자에게 지급한다. 다만 상시 사용하는 근로자가 300명 미만인 사업장인 경우에는 100분의 10으로 한다.

1. 제1항제1호의 경우: 100분의 10
2. 제1항제2호의 경우: 100분의 20
3. 제1항제3호의 경우: 100분의 30

〈상황〉

甲~丙은 올해 임금피크제 지원금을 신청하였다.

- 甲(56세)은 사업주가 근로자 대표의 동의를 받아 정년을 60세로 연장하면서 임금피크제를 실시하고 있는 사업장(상시 사용하는 근로자 320명)에 고용되어 3년간 계속 근무하고 있다. 甲의 피크임금은 4,000만 원이었고, 올해 임금은 3,500만 원이다.
- 乙(56세)은 사업주가 정년을 55세로 정한 사업장(상시 사용하는 근로자 200명)에서 1년간 계속 근무하다 작년 12월 31일 정년에 이르렀다. 乙은 올해 1월 1일 근무기간 10개월, 주당 근로시간은 동일한 조건으로 재고용되었다. 乙의 피크임금은 3,000만 원이었고, 올해 임금은 2,500만 원이다.
- 丙(56세)은 사업주가 정년을 55세로 정한 사업장(상시 사용하는 근로자 400명)에서 2년간 계속 근무하다 작년 12월 31일 정년에 이르렀다. 丙은 올해 1월 1일 근무기간 1년, 주당 근로시간을 40시간에서 30시간으로 단축하는 조건으로 재고용되었다. 丙의 피크임금은 2,000만 원이었고, 올해 임금은 1,200만 원이다.

① 甲 ② 乙
③ 甲, 丙 ④ 乙, 丙
⑤ 甲, 乙, 丙

해설

문제 분석

제1항 임금피크제 지원금 지급 대상
제2항 임금피크제 지원금 지급 기준

문제풀이 실마리

호의 경우도 다소 복잡하고 특히 〈상황〉에서 주어진 甲, 乙, 丙의 정보가 길고 복잡하므로 속도보다는 정확도에 초점을 맞추고 정확하게 풀어내는 것에 더 신경 써야 하는 문제이다.

甲: 제1항에 따르면 사업주가 근로자 대표의 동의를 받아 정년을 60세로 연장하면서 임금피크제를 실시하고 있는 경우는 제1항 제1호에 해당하므로, 정부는 근로자의 신청을 받아 제2항의 규정에 따라 임금피크제 지원금을 지급하여야 한다.
甲은 해당 사업장에 고용되어 3년간 계속 근무하고 있으므로 해당 사업주에 고용되어 18개월 이상을 계속 근무한 자이고, 피크임금 4,000만 원과 지원금 신청연도인 올해 임금은 3,500만 원을 비교해 보면 올해 임금이 제2항 제1호의 비율인 100분의 10 이상 낮아졌으므로 甲은 제2항에 따라 임금피크제 지원금을 받을 수 있다. 해당 사업장은 상시 사용하는 근로자가 320명이므로 제2항 단서에 해당하지 않는다.

乙: 제1항에 따르면 사업주가 정년을 55세로 정한 사업장에서 작년 12월 31일 정년에 이른 乙을 재고용하였지만, 근무기간 10개월로 재고용하여 재고용 기간이 1년 미만이므로 제1항 제2호에 따라 임금피크제 지원금 지급 대상에서 제외된다. 乙은 임금피크제 지원금을 받을 수 없다.
제2항도 검토해 보면, 乙은 해당 사업장에서 1년간 계속 근무하였으므로 해당 사업주에 고용되어 18개월 이상 계속 근무한 자에 해당하지 않는다.

丙: 제1항에 따르면 사업주가 정년을 55세로 정한 사업장에서 작년 12월 31일 정년에 이른 丙을 근무기간 1년으로 재고용하면서, 주당 근로시간을 40시간에서 30시간으로 단축하였으므로 제1항 제3호에 해당한다. 정부는 근로자의 신청을 받아 제2항의 규정에 따라 임금피크제 지원금을 지급하여야 한다.
丙은 해당 사업장에 고용되어 2년간 계속 근무하였으므로 해당 사업주에 고용되어 18개월 이상을 계속 근무한 자이고, 피크임금 2,000만 원과 지원금 신청연도인 올해 임금은 1,200만 원을 비교해보면 올해 임금이 제2항 제3호의 비율인 100분의 30 이상 낮아졌으므로 丙은 제2항에 따라 임금피크제 지원금을 받을 수 있다. 해당 사업장은 상시 사용하는 근로자가 400명이므로 제2항 단서에 해당하지 않는다.

[정답] ③

68 다음 글과 <상황>을 근거로 판단할 때, <보기>에서 A가 가맹금을 반환해야 하는 것만을 모두 고르면? 23년 5급 가책형 5번

제○○조(정보공개서의 제공의무) 가맹본부는 가맹희망자에게 정보공개서를 제공하지 아니하였거나 제공한 날부터 14일이 지나지 아니한 경우에는 다음 각 호의 행위를 하여서는 아니 된다. → 보기 ㄱ

1. 가맹희망자로부터 가맹금을 수령하는 행위
2. 가맹희망자와 가맹계약을 체결하는 행위

제□□조(허위 · 과장된 정보제공의 금지) 가맹본부는 가맹희망자나 가맹점사업자에게 정보를 제공함에 있어서 다음 각 호의 행위를 하여서는 아니 된다. → 보기 ㄷ

1. 사실과 다르게 정보를 제공하거나 사실을 부풀려 정보를 제공하는 행위
2. 계약의 체결 · 유지에 중대한 영향을 미치는 사실을 은폐하거나 축소하는 방법으로 정보를 제공하는 행위

제△△조(가맹금의 반환) 가맹본부는 다음 각 호의 어느 하나에 해당하는 경우에는 가맹희망자나 가맹점사업자가 서면으로 요구하면 가맹금을 반환하여야 한다.

1. 가맹본부가 제○○조를 위반한 경우로서 가맹희망자 또는 가맹점사업자가 가맹계약 체결 전 또는 가맹계약의 체결일부터 4개월 이내에 가맹금의 반환을 요구하는 경우 → 보기 ㄱ
2. 가맹본부가 제□□조를 위반한 경우로서 가맹희망자가 가맹계약 체결 전에 가맹금의 반환을 요구하는 경우 → 보기 ㄷ
3. 가맹본부가 정당한 사유 없이 가맹사업을 일방적으로 중단한 경우로서 가맹희망자 또는 가맹점사업자가 가맹사업의 중단일부터 4개월 이내에 가맹금의 반환을 요구하는 경우 → 보기 ㄴ

〈상황〉

甲, 乙, 丙은 가맹본부 A에게 지급했던 가맹금의 반환을 2023. 2. 27. 서면으로 A에게 요구하였다.

〈보기〉

ㄱ. 2023. 1. 18. A가 甲에게 정보공개서를 제공하고, 2023. 1. 30. 가맹계약을 체결한 경우
ㄴ. 2022. 9. 27. 가맹계약을 체결한 乙이 건강상의 이유로 2023. 1. 3. 가맹점사업을 일방적으로 중단한 경우
ㄷ. 2023. 3. 7. 가맹계약을 체결할 예정인 가맹희망자 丙에게 A가 2023. 2. 10. 제공하였던 정보공개서상 정보의 내용이 사실과 다른 경우

① ㄱ
② ㄷ
③ ㄱ, ㄴ
④ ㄱ, ㄷ
⑤ ㄴ, ㄷ

해설

문제 분석

제○○조(정보공개서의 제공의무)
제□□조(허위·과장된 정보제공의 금지)
제△△조(가맹금의 반환)

문제풀이 실마리

발문에서 가맹금을 반환해야 하는 경우를 묻고 있다. 제○○조, 제□□조에서는 가맹본부가 해서는 안 되는 행위를 규정하고 있고, 제△△조에서는 제○○조, 제□□조 위반을 포함하여 가맹본부가 가맹금을 반환해야 하는 경우를 규정하고 있다. 이때 가맹본부와 가맹희망자, 가맹점사업자의 행위자를 정확하게 구분하여 인식해야 한다.

ㄱ. (O) 제○○조 제2호에 따르면 가맹본부는 가맹희망자에게 정보공개서를 제공하지 아니하고 가맹희망자와 가맹계약을 체결하는 행위를 하여서는 아니 된다. 그리고 제△△조 제1호에 따르면 가맹본부가 제○○조를 위반한 경우로서 가맹희망자가 가맹계약의 체결일부터 4개월 이내에 가맹금의 반환을 서면으로 요구하는 경우, 가맹본부는 제△△조에 따라 가맹금을 반환하여야 한다. 가맹본부 A가 2023. 1. 18.에 가맹희망자 甲에게 정보공개서를 제공하고 14일이 지나지 아니한 2023. 1. 30.에 가맹계약을 체결한 경우, 제○○조 제2호에 해당하여 제○○조를 위반한 것이다. 〈상황〉과 같이 甲이 2023. 2. 27.에 서면으로 가맹금의 반환을 요구하였다면, 가맹계약을 체결한 2023. 1 30.으로부터 4개월 이내에 가맹금의 반환을 요구한 것으로 제△△조 제1호에 해당하므로, 가맹본부 A는 제△△조에 따라 가맹금을 반환하여야 한다.

ㄴ. (X) 제△△조 제3호에 따르면 가맹본부가 정당한 사유없이 가맹사업을 일방적으로 중단한 경우로서 가맹점사업자가 가맹사업의 중단일부터 4개월 이내에 가맹금의 반환을 서면으로 요구하는 경우, 가맹본부는 제△△조에 따라 가맹금을 반환하여야 한다. 그러나 가맹본부가 아니라 가맹계약을 체결한 乙이 건강상의 이유로 가맹점사업을 일방적으로 중단한 경우, 가맹본부 A가 가맹금을 반환하여야 한다는 규정은 없다.

ㄷ. (O) 제□□조 제1호에 따르면 가맹본부는 가맹희망자에게 사실과 다르게 정보를 제공하는 행위를 하여서는 아니 된다. 그리고 제△△조 제2호에 따르면 가맹본부가 제□□조를 위반한 경우로서 가맹희망자가 가맹계약의 체결 전에 가맹금의 반환을 서면으로 요구하는 경우, 가맹본부는 제△△조에 따라 가맹금을 반환하여야 한다. 가맹본부 A가 2023. 2. 10.에 가맹희망자 丙에게 제공하였던 정보공개서상 정보의 내용이 사실과 다른 경우, 제□□조 제1호에 해당하여 제□□조를 위반한 것이다. 〈상황〉과 같이 丙이 2023. 2. 27.에 서면으로 가맹금의 반환을 요구하였다면 가맹계약을 체결할 예정이었던 2023. 3. 7. 전에 가맹금의 반환을 요구한 것으로 제△△조 제2호에 해당하므로, 가맹본부 A는 제△△조에 따라 가맹금을 반환하여야 한다.

[정답] ④

69 아래의 정보만으로 판단할 때 기초생활수급자로 선정할 수 없는 경우는?

07년 5급 무책형 25번

가. 기초생활수급자 선정기준

○ 부양의무자가 없거나, 부양의무자가 있어도 부양능력이 없거나 또는 부양을 받을 수 없는 자로서 소득인정액이 최저생계비 이하인 자

※ 부양능력 있는 부양의무자가 있어도 부양을 받을 수 없는 경우란, 부양의무자가 교도소 등에 수용되거나 병역법에 의해 징집·소집되어 실질적으로 부양을 할 수 없는 경우와 가족관계 단절 등을 이유로 부양을 거부하거나 기피하는 경우 등을 가리킨다.

나. 매월 소득인정액 기준

○ 소득인정액 = 소득평가액 + 재산의 소득환산액

○ 소득평가액 = 실제소득 − 가구특성별 지출비용

1) 실제소득: 근로소득, 사업소득, 재산소득

2) 가구특성별 지출비용: 경로연금, 장애수당, 양육비, 의료비, 중·고교생 입학금 및 수업료

다. 가구별 매월 최저생계비

(단위: 만 원)

1인	2인	3인	4인	5인	6인
42	70	94	117	135	154

라. 부양의무자의 범위

○ 수급권자의 배우자, 수급권자의 1촌의 직계혈족 및 그 배우자, 수급권자와 생계를 같이 하는 2촌 이내의 혈족

① 유치원생 아들 둘과 함께 사는 A는 재산의 소득환산액이 12만 원이고, 구멍가게에서 월 100만 원의 수입을 얻고 있으며, 양육비로 월 20만 원씩 지출하고 있다.

② 부양능력이 있는 근로소득 월 60만 원의 조카와 살고 있는 B는 실제소득 없이 재산의 소득환산액이 36만 원이며, 의료비로 월 30만 원을 지출한다.

③ 중학생이 된 두 딸을 혼자 키우고 있는 C는 재산의 소득환산액이 24만 원이며, 근로소득으로 월 80만 원이 있지만, 두 딸의 수업료로 각각 월 11만 원씩 지출하고 있다.

④ 외아들을 잃은 D는 어린 손자 두 명과 부양능력이 있는 며느리와 함께 살고 있다. D는 근로소득이 월 80만 원, 재산의 소득환산액이 48만 원이며, 의료비로 월 15만 원을 지출하고 있다.

⑤ 군대 간 아들 둘과 함께 사는 고등학생 딸을 둔 E는 재산의 소득환산액이 36만 원이며, 월 평균 60만 원의 근로소득을 얻고 있지만, 딸의 수업료로 월 30만 원을 지출하고 있다.

해설

문제 분석

기초생활수급자로 선정되기 위해서는 부양의무자 관련 조건과 소득인정액 관련 조건 두 가지 모두를 충족해야 한다.

문제풀이 실마리

- 기초생활수급자의 선정기준을 정확히 이해하고 이를 각 선지의 상황에 정확히 적용할 수 있어야 한다.
- 공식이 여러 개 등장한 문제이므로 이를 잘 파악할 수 있어야 한다.
- 선지별 상황을 정확히 파악하고 구분할 수 있어야 한다.

기초생활수급자가 되기 위해서는 소득인정액이 최저생계비 이하인 자의 요건도 필요하다.

소득인정액 = 소득평가액 + 재산의 소득환산액
소득평가액 = 실제소득 − 가구특성별 지출비용

즉, '소득인정액 = 실제소득 − 가구특성별 지출비용 + 재산의 소득환산액'이고, 이를 바탕으로 각 선지에 적용해 보면 다음과 같다.

	최저생계비	소득인정액 (단위: 만 원)			
		실제 소득	− 지출 비용	+ 소득 환산액	총액
① (O)	3인가구이므로 최저생계비는 94만 원	100	20	12	92

최저생계비 > 소득인정액이므로 A는 선정된다.

② (O)	1인가구이므로* 최저생계비는 42만 원	−	30	36	6

* 조카는 부양의무자의 범위에 포함되지 않는다.
최저생계비 > 소득인정액이므로 B는 선정된다.

③ (O)	3인가구이므로 최저생계비는 94만 원	80	22	24	82

최저생계비 > 소득인정액이므로 C는 선정된다.

④ (X) 부양의무자인 며느리와 함께 살고 있으므로 기초생활수급자로 선정될 수 없다.

⑤ (O)	2인가구이므로* 최저생계비는 70만 원	60	30	36	66

* 군대 간 아들 둘은 부양능력 있는 부양의무자가 있어도 부양을 받을 수 없는 경우에 해당한다. 따라서 E는 고등학생 딸과 함께 2인가족이 된다.
최저생계비 > 소득인정액이므로 E는 선정된다.

빠른 문제풀이 Tip

선지별 상황의 파악을 통해 복잡한 계산 없이 해결할 때 가장 빠른 해결이 가능하다.

[정답] ④

70 다음 글에 근거할 때, 최우선 순위의 당첨 대상자는?

10년 5급 선책형 34번

보금자리주택 특별공급 사전예약이 진행된다. 신청자격은 사전예약 입주자 모집 공고일 현재 미성년(만 20세 미만)인 자녀를 3명 이상 둔 서울, 인천, 경기도 등 수도권 지역에 거주하는 무주택 가구주에게 있다. 청약저축통장이 필요 없고, 당첨자는 배점기준표에 의한 점수 순에 따라 선정된다. 특히 자녀가 만 6세 미만 영유아일 경우, 2명 이상은 10점, 1명은 5점을 추가로 받게 된다.

총점은 가산점을 포함하여 90점 만점이며 배점기준은 다음 〈표〉와 같다.

〈표〉 배점기준표

배점요소	배점기준	점수
미성년 자녀수	4명 이상	40
	3명	35
가구주 연령 · 무주택 기간	가구주 연령이 만 40세 이상이고, 무주택 기간 5년 이상	20
	가구주 연령이 만 40세 미만이고, 무주택 기간 5년 이상	15
	무주택 기간 5년 미만	10
당해 시 · 도 거주기간	10년 이상	20
	5년 이상~10년 미만	15
	1년 이상~5년 미만	10
	1년 미만	5

※ 다만 동점자인 경우 ① 미성년 자녀 수가 많은 자, ② 미성년 자녀 수가 같을 경우, 가구주의 연령이 많은 자 순으로 선정한다.

① 만 7세 이상 만 17세 미만인 자녀 4명을 두고, 인천에서 8년 거주하고 있으며, 14년 동안 무주택자인 만 45세의 가구주
② 만 19세와 만 15세의 자녀를 두고, 대전광역시에서 10년 이상 거주하고 있으며, 7년 동안 무주택자인 만 40세의 가구주
③ 각각 만 1세, 만 3세, 만 7세, 만 10세인 자녀를 두고, 서울에서 4년 거주하고 있으며, 15년 동안 무주택자인 만 37세의 가구주
④ 각각 만 6세, 만 8세, 만 12세, 만 21세인 자녀를 두고, 서울에서 9년 거주하고 있으며, 20년 동안 무주택자인 만 47세의 가구주
⑤ 만 7세 이상 만 11세 미만인 자녀 3명을 두고, 경기도 하남시에서 15년 거주하고 있으며, 10년 동안 무주택자인 만 45세의 가구주

해설

문제 분석

- 신청자격
  사전예약 입주자 모집 공고일 현재
  1) 미성년(만 20세 미만)인 자녀를 3명 이상 둔
  2) 서울, 인천, 경기도 등 수도권 지역에 거주하는
  3) 무주택 가구주
- 〈표〉 배점기준표에 의한 점수 순에 따라 당첨자 선정
- 자녀가 만 6세 미만 영유아일 경우, 2명 이상은 10점, 1명은 5점의 가산점
- 총점은 가산점을 포함하여 90점 만점

문제풀이 실마리

조건이 꽤 복잡한 문제이다. 이런 경우 조건별 처리를 할지, 사례별(선지별) 처리를 할지 고민해 보아야 한다.

먼저 신청자격을 검토해 보면, 미성년 자녀수가 2명이고, 수도권 지역에 거주하지 않는 선지 ②는 신청자격 1), 2)를 충족시키지 못하므로 제거할 수 있다.

남은 선지를 대상으로 배점기준표에 따라 점수를 부여해 보면 다음과 같다. 특히 가산점을 놓치지 않도록 주의한다.

	미성년 자녀수	점수	연령& 무주택기간	점수	거주 기간	점수	가점	총점
①	4명	40	45세&14년	20	8년	15		75
③	4명	40	37세&15년	15	4년	10	10	75
④	3명	35	47세&20년	20	9년	15		70
⑤	3명	35	45세&10년	20	15년	20		75

①, ③, ⑤가 75점으로 동점인데, 이 경우 각주에 따라 동점자인 경우 (1) 미성년 자녀 수가 많은 자, (2) 미성년 자녀 수가 같을 경우, 가구주의 연령이 많은 자 순으로 선정한다.

(1) 미성년 자녀 수가 많은 자 → 선택지 ①, ③이 미성년 자녀 수가 4명으로 동일하다.

(2) 미성년 자녀 수가 같을 경우, 가구주의 연령이 많은 자 순으로 선정한다 → 각각 가구주의 연령이 ① 45세, ③ 37세이므로 최종적으로 선지 ①이 선정된다.

빠른 문제풀이 Tip

- 상대적 계산스킬(차이, 비)을 사용하는 것이 가능한 문제이다.
- 감점으로 접근하는 점수 계산 스킬을 사용할 수 있는 문제이다.
- 가산점 등 예외적인 조건, 특히 단서 조건 등을 놓치면 틀릴 수밖에 없는 문제이다.
- 동점자 처리 규칙이 있는 경우 이를 잘 활용하여 정답을 도출해야 한다.

[정답] ①

71 다음 <귀농인 주택시설 개선사업 개요>와 <심사 기초 자료>를 근거로 판단할 때, 지원대상 가구만을 모두 고르면?

15년 5급 인책형 31번

〈귀농인 주택시설 개선사업 개요〉

□ 사업목적: 귀농인의 안정적인 정착을 도모하기 위해 일정 기준을 충족하는 귀농가구의 주택 개·보수 비용을 지원

□ 신청자격: △△군에 소재하는 귀농가구 중 거주기간이 신청마감일(2014. 4. 30.) 현재 전입일부터 6개월 이상이고, 가구주의 연령이 20세 이상 60세 이하인 가구

□ 심사기준 및 점수 산정방식

○ 신청마감일 기준으로 다음 심사기준별 점수를 합산한다.

○ 심사기준별 점수

(1) 거주기간: 10점(3년 이상), 8점(2년 이상 3년 미만), 6점(1년 이상 2년 미만), 4점(6개월 이상 1년 미만)

※ 거주기간은 전입일부터 기산한다.

(2) 가족 수: 10점(4명 이상), 8점(3명), 6점(2명), 4점(1명)

※ 가족 수에는 가구주가 포함된 것으로 본다.

(3) 영농규모: 10점(1.0ha 이상), 8점(0.5ha 이상 1.0ha 미만), 6점(0.3ha 이상 0.5ha 미만), 4점(0.3ha 미만)

(4) 주택노후도: 10점(20년 이상), 8점(15년 이상 20년 미만), 6점(10년 이상 15년 미만), 4점(5년 이상 10년 미만)

(5) 사업시급성: 10점(매우 시급), 7점(시급), 4점(보통)

□ 지원내용

○ 예산액: 5,000,000원

○ 지원액: 가구당 2,500,000원

○ 지원대상: 심사기준별 점수의 총점이 높은 순으로 2가구. 총점이 동점일 경우 가구주의 연령이 높은 가구를 지원. 단, 하나의 읍·면당 1가구만 지원 가능

〈심사 기초 자료〉

(2014. 4. 30. 현재)

귀농가구	가구주 연령(세)	주소지(△△군 소재 읍·면)	전입일	가족 수(명)	영농 규모(ha)	주택 노후도(년)	사업 시급성
甲	49	A	2010. 12. 30.	1	0.2	17	매우 시급
乙	48	B	2013. 5. 30.	3	1.0	13	매우 시급
丙	56	B	2012. 7. 30.	2	0.6	23	매우 시급
丁	60	C	2013. 12. 30.	4	0.4	13	시급
戊	33	D	2011. 9. 30.	2	1.2	19	보통

① 甲, 乙

② 甲, 丙

③ 乙, 丙

④ 乙, 丁

⑤ 丙, 戊

해설

문제 분석

• 신청자격을 갖춘 가구에 심사기준별 점수를 부여한 후 합산한다.

• 심사기준별 점수의 총점이 높은 순으로 2가구를 지원한다.

• 총점이 동점일 경우 가구주의 연령이 높은 가구를 지원한다. 단, 하나의 읍·면당 1가구만 지원 가능하다.

문제풀이 실마리

귀농인 주택시설의 개·보수 비용을 지원하는 개선사업의 신청자격, 심사기준 및 산정방식, 지원대상을 판단하는 규칙이 다소 복잡하다. 이를 정확하게 이해한 후 〈심사 기초 자료〉에 정확히 적용할 수 있어야 한다.

먼저 신청자격에 따를 때, 신청마감일 현재 전입일로부터 거주기간이 6개월 이상이어야 하는데, 거주기간이 6개월 미만인 丁은 제외된다. 丁을 제외하고 심사기준 및 점수 산정방식에 따라 각 가구별 점수를 부여해 보면 다음 표와 같다.

귀농가구	가구주 연령(세)	주소지(△△군 소재 읍·면)	전입일	가족 수(명)	영농 규모(ha)	주택 노후도(년)	사업 시급성	총점
甲	49	A	2010. 12. 30.	1	0.2	17	매우 시급	
			10	4	4	8	10	36
乙	48	B	2013. 5. 30.	3	1.0	13	매우 시급	
			4	8	10	6	10	38
丙	56	B	2012. 7. 30.	2	0.6	23	매우 시급	
			6	6	8	10	10	40
丁	60	C	2013. 12. 30.	4	0.4	13	시급	
戊	33	D	2011. 9. 30.	2	1.2	19	보통	
			8	6	10	8	4	36

점수 순으로 지원대상 가구를 결정하면, 丙>乙>甲=戊 순이지만, 점수가 높은 순으로 첫 번째, 두 번째 귀농가구인 乙과 丙은 둘 다 주소지가 B이므로 하나의 읍·면당 1가구만 지원 가능하다는 조건에 의해, 丙만 지원을 받을 수 있다. 乙이 탈락한 자리에 한 가구를 더 지원할 수 있는데, 甲과 戊는 총점이 동점이기 때문에 가구주의 연령이 더 높은 甲 가구가 지원을 받게 된다. 따라서 최종적으로 甲가구와 丙가구가 지원을 받는다.

빠른 문제풀이 Tip

문제에 제시된 규칙은 활용된다는 점을 적용하면 모든 가구의 점수를 부여하지 않고도 정답을 찾아낼 수 있다.

[정답] ②

길쌤's Check 더 연습해 볼 문제

구분		
민간경력자	12년 인책형 3번 12년 인책형 13번 14년 A책형 16번	14년 A책형 17번 15년 인책형 16번 16년 5책형 4번
7급 공채	23년 가책형 2번	
5급 공채	07년 재책형 25번 07년 재책형 28번 07년 재책형 31번 07년 재책형 36번	09년 극책형 24번 17년 가책형 13번 20년 나책형 21번 10년 선책형 33번

2 선지 포인트

키워드 반복

72 다음 A국의 법률을 근거로 할 때, ○○장관의 조치로 옳지 않은 것은?

12년 5급 인책형 14번

> 제00조(출국의 금지) ① ○○장관은 다음 각 호의 어느 하나에 해당하는 사람에 대하여는 6개월 이내의 기간을 정하여 출국을 금지할 수 있다.
>
> 1. 형사재판에 계류 중인 사람 → 선지 ①
> 2. 징역형이나 금고형의 집행이 끝나지 아니한 사람 → 선지 ④
> 3. 1천만 원 이상의 벌금이나 2천만 원 이상의 추징금을 내지 아니한 사람 → 선지 ②
> 4. 5천만 원 이상의 국세·관세 또는 지방세를 정당한 사유 없이 그 납부기한까지 내지 아니한 사람 → 선지 ⑤
>
> ② ○○장관은 범죄 수사를 위하여 출국이 적당하지 아니하다고 인정되는 사람에 대하여는 1개월 이내의 기간을 정하여 출국을 금지할 수 있다. 다만 다음 각 호에 해당하는 사람은 그 호에서 정한 기간으로 한다.
>
> 1. 소재를 알 수 없어 기소중지결정이 된 사람 또는 도주 등 특별한 사유가 있어 수사진행이 어려운 사람: 3개월 이내 → 선지 ③
> 2. 기소중지결정이 된 경우로서 체포영장 또는 구속영장이 발부된 사람: 영장 유효기간 이내

① 사기사건으로 인해 유죄판결을 받고 현재 고등법원에서 항소심이 진행 중인 甲에 대하여 5개월간 출국을 금지할 수 있다.

② 추징금 2천 5백만 원을 내지 않은 乙에 대하여 3개월간 출국을 금지할 수 있다.

③ 소재를 알 수 없어 기소중지결정이 된 강도사건 피의자 丙에 대하여 2개월간 출국을 금지할 수 있다.

④ 징역 2년을 선고받고 그 집행이 끝나지 않은 丁에 대하여 3개월간 출국을 금지할 수 있다.

⑤ 정당한 사유 없이 2천만 원의 지방세를 납부기한까지 내지 않은 戊에 대하여 4개월간 출국을 금지할 수 있다.

해설

문제 분석

제1항 출국금지(6개월 이내)

제2항 출국금지(범죄 수사, 1개월 이내)
단서: 제1호 3개월 이내, 제2호 영장 유효기간 이내

문제풀이 실마리

출국을 금지할 수 있는 기간이 호의 형식으로 병렬적으로 제시되어 있다. 호 형식의 특징을 활용하여 해결에 필요한 정보를 빠르게 찾아낼 수 있어야 한다.

① (O) 사기사건으로 인해 유죄판결을 받고 현재 고등법원에서 항소심이 진행 중인 甲은 형사재판에 계류 중인 사람이므로, ○○장관은 甲에 대하여 제1항 제1호에 따라 6개월 이내의 기간인 5개월간 출국을 금지할 수 있다.

② (O) 추징금 2천 5백만 원을 내지 않은 乙은 2천만 원 이상의 추징금을 내지 아니한 사람이므로, ○○장관은 乙에 대하여 제1항 제3호에 따라 6개월 이내의 기간인 3개월간 출국을 금지할 수 있다.

③ (O) 소재를 알 수 없어 기소중지결정이 된 강도사건 피의자 丙에 대하여 ○○장관은 제2항 제1호에 따라 3개월 이내의 기간인 2개월간 출국을 금지할 수 있다.

④ (O) 징역 2년을 선고받고 그 집행이 끝나지 않은 丁은 징역형의 집행이 끝나지 아니한 사람이므로, ○○장관은 丁에 대하여 제1항 제2호에 따라 6개월 이내의 기간인 3개월간 출국을 금지할 수 있다.

⑤ (X) 정당한 사유 없이 2천만 원의 지방세를 납부기한까지 내지 않은 戊는 제1항 제4호의 5천만 원 이상의 국세·관세 또는 지방세를 정당한 사유 없이 그 납부기한까지 내지 아니한 사람에 해당하지 않는다. 제1항 각 호의 나머지 사유에도 해당하지 않는 것으로 보이므로 ○○장관은 戊에 대하여 4개월간 출국을 금지할 수 없다.

[정답] ⑤

73 다음 글을 근거로 판단할 때 옳은 것은? 16년 민경채 5책형 16번

> 토지와 그 정착물을 부동산이라 하고, 부동산 이외의 물건을 동산이라 한다. 계약(예 매매, 증여 등)에 의하여 부동산의 소유권을 취득하려면 양수인(예 매수인, 수증자) 명의로 소유권이전등기를 마쳐야 한다. 반면에 상속·공용징수(강제수용)·판결·경매나 그 밖의 법률규정에 의하여 부동산의 소유권을 취득하는 경우에는 등기를 필요로 하지 않는다. 다만 등기를 하지 않으면 그 부동산을 처분하지 못한다. 한편 계약에 의하여 동산의 소유권을 취득하려면 양도인(예 매도인, 증여자)이 양수인에게 그 동산을 인도하여야 한다.

① 甲이 자신의 부동산 X를 乙에게 1억 원에 팔기로 한 경우, 乙이 甲에게 1억 원을 지급할 때 부동산 X의 소유권을 취득한다.

② 甲의 부동산 X를 경매를 통해 취득한 乙이 그 부동산을 丙에게 증여하고 인도하면, 丙은 소유권이전등기 없이 부동산 X의 소유권을 취득한다.

③ 甲이 점유하고 있는 자신의 동산 X를 乙에게 증여하기로 한 경우, 甲이 乙에게 동산 X를 인도하지 않더라도 乙은 동산 X의 소유권을 취득한다.

④ 甲의 상속인으로 乙과 丙이 있는 경우, 乙과 丙이 상속으로 甲의 부동산 X에 대한 소유권을 취득하려면 乙과 丙 명의로 소유권이전등기를 마쳐야 한다.

⑤ 甲과의 부동산 X에 대한 매매계약에 따라 乙이 甲에게 매매대금을 지급하였더라도 乙 명의로 부동산 X에 대한 소유권이전등기를 마치지 않은 경우, 乙은 그 소유권을 취득하지 못한다.

해설

문제 분석

1) 계약에 의한 부동산의 소유권 취득
 - 양수인 명의로 소유권이전등기를 마쳐야 한다.

2) 상속 등 그 밖의 법률규정에 의한 부동산의 소유권 취득
 - 등기를 필요로 하지 않는다.
 - 다만 등기를 하지 않으면 처분하지 못한다.

3) 계약에 의한 동산의 소유권 취득
 - 양도인이 양수인에게 동산을 인도하여야 한다.

문제풀이 실마리

제시문에서는 부동산과 동산을 나누어 정의한 후, 여러 경우를 구분하여 소유권을 취득하려면 어떻게 해야 하는지를 규정하고 있다. 따라서 경우를 정확하게 구분하여 각 선지의 상황을 제시문의 각각의 경우에 적절하게 대입하여 판단할 수 있어야 한다.

① (X) 甲이 자신의 부동산 X를 乙에게 1억 원에 팔기로 한 경우는 乙이 1) 계약에 의하여 부동산의 소유권을 취득하려는 경우이다. 乙이 甲에게 1억 원을 지급할 때 부동산 X의 소유권을 취득하는 것이 아니라, 두 번째 문장에 따라 乙의 명의로 소유권이전등기를 마쳐야 한다.

② (X) 乙이 부동산 X를 丙에게 증여하는 경우는 丙이 1) 계약에 의하여 부동산의 소유권을 취득하려는 경우이다. 乙이 증여하고 인도하면 丙은 소유권이전등기 없이 부동산 X의 소유권을 취득하는 것이 아니라 두 번째 문장에 따라 丙의 명의로 소유권이전등기를 마쳐야 한다.

③ (X) 甲이 자신의 동산 X를 乙에게 증여하기로 한 경우는 乙이 3) 계약에 의한 동산의 소유권을 취득하는 경우이다. 甲이 乙에게 동산 X를 인도하지 않더라도 乙은 동산 X의 소유권을 취득하는 것이 아니라 다섯 번째 문장에 따라 甲이 乙에게 동산 X를 인도하여야 한다.

④ (X) 乙과 丙이 상속으로 甲의 부동산 X에 대한 소유권을 취득하려는 경우는 2)의 경우이다. 乙과 丙 명의로 소유권이전등기를 마쳐야 하는 것은 아니고 세 번째 문장에 따르면 등기를 필요로 하지 않는다.

⑤ (O) 甲과의 부동산 X에 대한 매매계약에 따라 乙이 甲에게 매매대금을 지급한 경우는 乙이 1)의 경우이다. 두 번째 문장에 따라 부동산의 소유권을 취득하려면 양수인 乙의 명의로 소유권이전등기를 마쳐야 하고, 매매대금을 지급하였더라도 乙 명의로 부동산 X에 대한 소유권이전등기를 마치지 않은 경우, 乙은 그 소유권을 취득하지 못한다.

[정답] ⑤

74 다음 글과 <상황>을 근거로 판단할 때, <보기>에서 옳은 것만을 모두 고르면? 19년 민경채 나책형 25번

i)소송절차의 '정지'란 소송이 개시된 뒤 절차가 종료되기 전에 소송절차가 법률상 진행되지 않는 상태를 말한다. 여기에는 '중단'과 '중지'가 있다.

ii)소송절차의 중단은 소송진행 중 당사자에게 소송을 수행할 수 없는 사유가 발생하였을 경우, 새로운 소송수행자가 나타나 소송에 관여할 수 있을 때까지 법률상 당연히 절차진행이 정지되는 것이다. 예컨대 당사자가 사망한 경우, 그 상속인이 소송을 수행할 수 있을 때까지 절차진행이 정지되며, 이후 상속인의 수계신청 또는 법원의 속행명령에 의해 중단이 해소되고 절차는 다시 진행된다. 다만 사망한 당사자에게 이미 변호사가 소송대리인으로 선임되어 있을 때는 변호사가 소송을 대리하는 데 지장이 없으므로 절차는 중단되지 않는다. 소송대리인인 변호사의 사망도 중단사유가 아니다. 당사자가 절차를 진행할 수 있기 때문이다. → 보기 ㄱ, ㄴ

iii)소송절차의 중지는 법원이나 당사자에게 소송을 진행할 수 없는 장애가 생겼거나 진행에 부적당한 사유가 발생하여 법률상 당연히 또는 법원의 재판에 의하여 절차가 정지되는 것이다. 이는 새로운 소송수행자로 교체되지 않는다는 점에서 중단과 다르다. 소송절차의 중지에는 당연중지와 재판중지가 있다. 당연중지는 천재지변이나 그 밖의 사고로 법원이 직무수행을 할 수 없게 된 경우에 법원의 재판 없이 당연히 절차진행이 정지되는 것을 말한다. 이 경우 법원의 직무수행 불능 상태가 소멸함과 동시에 중지도 해소되고 절차는 진행된다. 재판중지는 법원이 직무수행을 할 수 있지만 당사자가 법원에 출석하여 소송을 진행할 수 없는 장애사유가 발생한 경우, 예컨대 전쟁이나 그 밖의 사유로 교통이 두절되어 당사자가 출석할 수 없는 경우에 법원의 재판에 의해 절차진행이 정지되는 것을 의미한다. 이때는 법원의 취소재판에 의하여 중지가 해소되고 절차는 진행된다. → 보기 ㄷ, ㄹ

※ 수계신청: 법원에 대해 중단된 절차의 속행을 구하는 신청

〈상황〉

원고 甲과 피고 乙 사이에 대여금반환청구소송이 A법원에서 진행 중이다. 甲은 변호사 丙을 소송대리인으로 선임하였지만, 乙은 소송대리인을 선임하지 않았다.

〈보기〉

ㄱ. 소송진행 중 甲이 사망하였다면, 절차진행은 중단되며 甲의 상속인의 수계신청에 의해 중단이 해소되고 절차가 진행된다.
ㄴ. 소송진행 중 丙이 사망하였다면, 절차진행은 중단되며 甲이 새로운 변호사를 소송대리인으로 선임하면 중단은 해소되고 절차가 진행된다.
ㄷ. 소송진행 중 A법원의 건물이 화재로 전소(全燒)되어 직무수행이 불가능해졌다면, 절차진행은 중단되며 이후 A법원의 속행명령이 있으면 절차가 진행된다.
ㄹ. 소송진행 중 乙이 거주하고 있는 장소에서만 발생한 지진으로 교통이 두절되어 乙이 A법원에 출석할 수 없는 경우, A법원의 재판에 의해 절차진행이 중지되며 이후 A법원의 취소재판에 의해 중지는 해소되고 절차가 진행된다.

① ㄹ ② ㄱ, ㄴ ③ ㄱ, ㄹ
④ ㄴ, ㄷ ⑤ ㄷ, ㄹ

해설

문제 분석

문단 i) 소송절차의 정지(중단, 중지)
문단 ii) 소송절차의 중단, 새로운 소송수행자 O(예 당사자의 사망)
문단 iii) 소송절차의 중지, 새로운 소송수행자 X, 당연중지와 재판중지

문제풀이 실마리

〈상황〉의 내용 중 甲과 乙이 진행하고 있는 소송이 대여금반환청구소송인지는 문제되지 않고, 甲은 변호사 丙을 선임하였고 乙은 소송대리인을 선임하지 않았다는 것을 확인한다. 각 보기의 내용이 제시문의 '중단'에 해당하는지 또는 '중지'에 해당하는지 문단별로 확인한다.

ㄱ. (X) 문단 ii) 두 번째 문장에 따르면 당사자가 사망한 경우는 소송절차의 중단 사유이다. 소송진행 중 甲이 사망하였다면 소송절차의 중단 사유에 해당하지만, 세 번째 문장에 따르면 변호사가 소송대리인으로 선임되어 있는 경우 절차는 중단되지 않는다. 〈상황〉에 따르면 甲은 변호사 丙을 소송대리인으로 선임하였으므로 절차진행은 중단되지 않고, 두 번째 문장의 내용과 같이 甲의 상속인의 수계신청에 의해 중단이 해소되고 절차가 다시 진행되는 것도 아니다.

ㄴ. (X) 문단 ii) 네 번째 문장에 따르면 소송대리인인 변호사의 사망은 소송절차의 중단 사유가 아니다. 따라서 소송진행 중 甲의 소송대리인인 丙이 사망하였다고 해도 절차진행은 중단되지 않는다.

ㄷ. (X) 문단 iii) 네 번째 문장에 따르면 천재지변이나 그 밖의 사고로 법원이 직무수행을 할 수 없게 된 경우에는 당연중지 사유에 해당한다. 따라서 소송진행 중 A법원의 건물이 화재로 전소(全燒)되어 직무수행이 불가능해졌다면 절차진행이 중단되는 것이 아니라 정지되며, 다섯 번째 문장에 따르면 이후 A법원의 속행명령에 따라 절차가 진행되는 것이 아니라 직무 수행불능 상태가 소멸함과 동시에 중지도 해소되고 절차가 진행된다.

ㄹ. (O) 문단 iii) 여섯 번째 문장에 따르면 당사자가 법원에 출석하여 소송을 진행할 수 없는 장애사유가 발생한 경우에는 재판중지 사유에 해당한다. 따라서 소송진행 중 乙이 거주하고 있는 장소에서만 발생한 지진으로 교통이 두절되어 乙이 A법원에 출석할 수 없는 경우라면 A법원의 재판에 의해 절차진행이 중지된다. 그리고 일곱 번째 문장에 따르면 이후 A법원의 취소재판에 의해 중지는 해소되고 절차가 진행된다.

[정답] ①

75 다음 글과 <상황>을 근거로 판단할 때 옳은 것은?

20년 7급(모의) 3번

i)민사소송의 1심을 담당하는 법원으로는 지방법원과 지방법원지원(이하 "그 지원"이라 한다)이 있다. 지방법원과 그 지원이 재판을 담당하는 관할구역은 지역별로 정해져 있는데, 피고의 주소지를 관할하는 지방법원 또는 그 지원이 재판을 담당한다. 다만 금전지급청구소송은 원고의 주소지를 관할하는 지방법원 또는 그 지원도 재판할 수 있다.

ii)한편, 지방법원이나 그 지원의 재판사무의 일부를 처리하기 위해서 그 관할구역 안에 시법원 또는 군법원(이하 "시·군법원"이라 한다)이 설치되어 있는 경우가 있다. 시·군법원은 지방법원 또는 그 지원이 재판하는 사건 중에서 소송물가액이 3,000만 원 이하인 금전지급청구소송을 전담하여 재판한다. 즉, 이러한 소송의 경우 원고 또는 피고의 주소지를 관할하는 시·군법원이 있으면 지방법원과 그 지원은 재판할 수 없고 시·군법원만이 재판한다.

※ 소송물가액: 원고가 승소하면 얻게 될 경제적 이익을 화폐 단위로 평가한 것

〈상황〉

○ 甲은 乙에게 빌려준 돈을 돌려받기 위해 소송물가액 3,000만 원의 금전지급청구의 소(이하 "A청구"라 한다)와 乙에게서 구입한 소송물가액 1억 원의 고려청자 인도청구의 소(이하 "B청구"라 한다)를 각각 1심 법원에 제기하려고 한다.
○ 甲의 주소지는 김포시이고 乙의 주소지는 양산시이다. 이들 주소지와 관련된 법원명과 그 관할구역은 다음과 같다.

법원명	관할구역
인천지방법원	인천광역시
인천지방법원 부천지원	부천시, 김포시
김포시법원	김포시
울산지방법원	울산광역시, 양산시
양산시법원	양산시

① 인천지방법원 부천지원은 A청구를 재판할 수 있다.
② 인천지방법원은 A청구를 재판할 수 있다.
③ 양산시법원은 B청구를 재판할 수 있다.
④ 김포시법원은 B청구를 재판할 수 있다.
⑤ 울산지방법원은 B청구를 재판할 수 있다.

해설

문제 분석

제시문의 내용을 정리해 보면 다음과 같다.

소송	담당 법원
민사소송 1심	피고의 주소지를 관할하는 지방법원, 지방법원 지원
금전지급청구소송	원고 또는 피고의 주소지를 관할하는 지방법원, 지방법원 지원
소송물가액이 3,000만 원 이하	원고 또는 피고의 주소지를 관할하는 시·군법원

문제풀이 실마리

〈상황〉의 A청구와 B청구 모두 甲이 乙을 상대로 소를 제기한 것으로 원고는 甲, 피고는 乙이다.

1) A청구는 소송물가액 3,000만 원의 금전지급청구의 소로써 민사소송이므로, 원고 또는 피고의 주소지를 관할하는 시·군법원이 재판한다. 따라서 A청구는 원고 甲의 주소지인 김포시를 관할하는 김포시법원 또는 피고 乙의 주소지인 양산시를 관할하는 양산시법원이 재판한다.
2) B청구는 소송물가액은 1억 원의 고려청자 인도청구의 소로써 민사소송이므로, 피고의 주소지를 관할하는 지방법원 또는 지방법원 지원이 재판한다. 따라서 B청구는 피고 乙의 주소지를 관할하는 지방법원인 울산지방법원이 재판한다.

① (X) 문단 ii) 두 번째, 세 번째 문장에 따르면 소송물가액이 3,000만 원 이하인 금전지급청구소송은 시·군법원이 전담하여 재판하고, 지방법원과 그 지원은 재판할 수 없다. 따라서 인천지방법원 부천지원은 지방법원 지원이므로 A청구를 재판할 수 없다.

② (X) 선지 ①에서 살펴본 바와 같이 인천지방법원은 지방법원이므로 A청구를 재판할 수 없다.

③ (X) 문단 i) 첫 번째 문장에 따르면 민사소송의 1심은 지방법원과 지방법원지원이 재판한다. 따라서 양산시법원은 시·군법원이므로 B청구를 재판할 수 없다.

④ (X) 선지 ③에서 살펴본 바와 같이 김포시법원은 시·군법원이므로 B청구를 재판할 수 없다.

⑤ (O) 문단 i) 두 번째 문장에 따르면 민사소송의 1심은 피고의 주소지를 관할하는 지방법원과 지방법원지원이 재판한다. 따라서 울산지방법원은 피고 乙의 주소지인 양산시를 관할하는 지방법원이므로 B청구를 재판할 수 있다.

[정답] ⑤

76 다음 글과 <상황>을 근거로 판단할 때 옳은 것은?

20년 7급(모의) 4번

i)발명에 대해 특허권이 부여되기 위해서는 다음의 두 가지 요건 모두를 충족해야 한다.

ii)첫째, 발명은 지금까지 세상에 없는 새로운 것, 즉 신규성이 있는 발명이어야 한다. 이미 누구나 알고 있는 발명에 대해서 독점권인 특허권을 부여하는 것은 부당하기 때문이다. 이때 발명이 신규인지 여부는 특허청에의 특허출원 시점을 기준으로 판단한다. 따라서 신규의 발명이라도 그에 대한 특허출원 전에 발명 내용이 널리 알려진 경우라든지, 반포된 간행물에 게재된 경우에는 특허출원 시점에는 신규성이 상실되었기 때문에 특허권이 부여되지 않는다. 그러나 발명자가 자발적으로 위와 같은 신규성을 상실시키는 행위를 하고 그 날로부터 12개월 이내에 특허를 출원하면 신규성이 상실되지 않은 것으로 취급된다. 이를 '신규성의 간주'라고 하는데, 신규성을 상실시킨 행위를 한 발명자가 특허출원한 경우에만 신규성이 있는 것으로 간주된다.

iii)둘째, 여러 명의 발명자가 독자적인 연구를 하던 중 우연히 동일한 발명을 완성하였다면, 발명의 완성 시기에 관계없이 가장 먼저 특허청에 특허출원한 발명자에게만 특허권이 부여된다. 이처럼 가장 먼저 출원한 발명자에게만 특허권이 부여되는 것을 '선출원주의'라고 한다. 따라서 특허청에 선출원된 어떤 발명이 신규성 상실로 특허권이 부여되지 못한 경우, 동일한 발명에 대한 후출원은 선출원주의로 인해 특허권이 부여되지 않는다.

〈상황〉

- 발명자 甲, 乙, 丙은 각각 독자적인 연구개발을 수행하여 동일한 A발명을 완성하였다.
- 甲은 2020. 3. 1. A발명을 완성하였지만 그 발명 내용을 비밀로 유지하다가 2020. 9. 2. 특허출원을 하였다.
- 乙은 2020. 4. 1. A발명을 완성하자 2020. 6. 1. 간행되어 반포된 학술지에 그 발명 내용을 논문으로 게재한 후, 2020. 8. 1. 특허출원을 하였다.
- 丙은 2020. 7. 1. A발명을 완성하자마자 바로 당일에 특허출원을 하였다.

① 甲이 특허권을 부여받는다.
② 乙이 특허권을 부여받는다.
③ 丙이 특허권을 부여받는다.
④ 甲, 乙, 丙이 모두 특허권을 부여받는다.
⑤ 甲, 乙, 丙 중 어느 누구도 특허권을 부여받지 못한다.

해설

문제 분석

문단 i) 발명에 특허권이 부여되기 위한 두 가지 요건
문단 ii) 신규성, 특허청에 특허출원 시점을 기준으로 판단, 신규성의 간주
문단 iii) 선출원주의

문제풀이 실마리

〈상황〉에 따르면 발명자 甲, 乙, 丙은 각각 독자적인 연구개발을 수행하여 동일한 A발명을 완성하였고, 각자의 발명 완성 시점과 특허출원 시점 등을 정리해 보면 다음과 같다.

1) 2020. 3. 1. 甲이 A발명을 완성하였다.
2) 2020. 4. 1. 乙이 A발명을 완성하였다.
3) 2020. 6. 1. 乙이 반포된 학술지에 발명 내용을 논문으로 게재하였다. 해당 행위는 문단 ii) 네 번째 문장의 신규성이 상실되는 행위에 해당한다.
4) 2020. 7. 1. 丙이 A발명을 완성하고 특허를 출원하였다.
5) 2020. 8. 1. 乙이 A발명의 특허를 출원하였다.
6) 2020. 9. 2. 甲이 A발명의 특허를 출원하였다.

	발명 완성 시점	특허출원 시점
甲	2020. 3. 1.	2020. 9. 2.
乙	2020. 4. 1.	2020. 8. 1.
丙	2020. 7. 1.	2020. 7. 1.

① (X) 문단 ii) 세 번째 문장에 따르면 발명이 신규인지 여부는 특허청에 특허출원 시점을 기준으로 판단한다. 그리고 네 번째 문장에 따르면 발명 내용이 반포된 간행물에 게재된 경우에는 신규성이 상실된 것으로 본다. 따라서 甲이 특허를 출원한 시점인 2020. 9. 2.에는 A발명의 신규성이 상실된 것으로 본다. 또한 문단 iii) 첫 번째 문장에 따르면 선출원주의에 따라 발명의 완성 시기에 관계없이 가장 먼저 특허청에 특허출원한 발명자에게만 특허권이 부여되므로 2020. 9. 2.에 특허를 출원한 甲에게는 선출원주의에 따라 특허권이 부여되지 않는다.

② (X) 문단 ii) 네 번째 문장 이하의 내용에 따르면 발명자인 乙이 2020. 6. 1.에 자발적으로 반포된 학술지에 발명 내용을 논문으로 게재하는 신규성을 상실시키는 행위를 하고 그날로부터 12개월 이내인 2020. 8. 1.에 신규성을 상실시킨 행위를 한 乙이 특허를 출원하면 신규성이 상실되지 않은 것으로 취급된다. 그러나 문단 iii) 세 번째 문장에 따르면 특허청에 선출원된 丙의 발명이 乙의 신규성을 상실시키는 행위로 인해 특허권이 부여되지 못하였으므로 동일한 발명에 대한 후출원인 乙의 특허출원은 선출원주의로 인해 특허권이 부여되지 않는다.

③ (X) 문단 iii)에 따르면 丙은 2020. 7. 1.에 특허를 출원하여 가장 먼저 특허를 출원한 발명자이지만, 문단 ii) 세 번째 문장에 따르면 丙이 특허를 출원한 시점 이전인 2020. 6. 1. 乙의 행위로 인해 신규성이 상실되었기 때문에 특허권이 부여되지 않는다.

④ (X) 선지 ①, ②, ③에서 검토한 바와 같이 甲, 乙, 丙 모두 특허권을 부여받지 못한다.

⑤ (O) 선지 ①, ②, ③에서 검토한 바와 같이 甲, 乙, 丙 중 어느 누구도 특허권을 부여받지 못한다.

[정답] ⑤

77 다음 글과 <상황>을 근거로 판단할 때 옳은 것은?

23년 7급 가책형 25번

제00조 ① 재외공관에 근무하는 공무원(이하 '재외공무원'이라 한다)이 공무로 일시귀국하고자 하는 경우에는 장관의 허가를 받아야 한다. → 선지 ①

② 공관장이 아닌 재외공무원이 공무 외의 목적으로 일시귀국하려는 경우에는 공관장의 허가를, 공관장이 공무 외의 목적으로 일시귀국하려는 경우에는 장관의 허가를 받아야 한다. 다만 재외공무원 또는 그 배우자의 직계존·비속이 사망하거나 위독한 경우에는 공관장이 아닌 재외공무원은 공관장에게, 공관장은 장관에게 각각 신고하고 일시귀국할 수 있다. → 선지 ②, ③

③ 재외공무원이 공무 외의 목적으로 일시귀국할 수 있는 기간은 연 1회 20일 이내로 한다. 다만 다음 각 호의 어느 하나에 해당하는 경우에는 이를 일시귀국의 횟수 및 기간에 산입하지 아니한다. → 선지 ③

1. 재외공무원의 직계존·비속이 사망하거나 위독하여 일시귀국하는 경우
2. 재외공무원 또는 그 동반가족의 치료를 위하여 일시귀국하는 경우

④ 제2항에도 불구하고 다음 각 호의 어느 하나에 해당하는 경우에는 장관의 허가를 받아야 한다. → 선지 ④

1. 재외공무원이 연 1회 또는 20일을 초과하여 공무 외의 목적으로 일시귀국하려는 경우 → 선지 ⑤
2. 재외공무원이 일시귀국 후 국내 체류기간을 연장하는 경우 → 선지 ④

〈상황〉

A국 소재 대사관에는 공관장 甲을 포함하여 총 3명의 재외공무원(甲~丙)이 근무하고 있다. 아래는 올해 1월부터 7월 현재까지 甲~丙의 일시귀국 현황이다.

○ 甲: 공무상 회의 참석을 위해 총 2회(총 25일)
○ 乙: 동반자녀의 관절 치료를 위해 총 1회(치료가 더 필요하여 국내 체류기간 1회 연장, 총 17일)
○ 丙: 직계존속의 회갑으로 총 1회(총 3일)

① 甲은 일시귀국 시 장관에게 신고하였을 것이다.
② 甲은 배우자의 직계존속이 위독하여 올해 추가로 일시귀국하기 위해서는 장관의 허가를 받아야 한다.
③ 乙이 직계존속의 회갑으로 인해 올해 3일간 추가로 일시귀국하기 위해서는 장관의 허가를 받아야 한다.
④ 乙이 공관장의 허가를 받아 일시귀국하였더라도 국내 체류기간을 연장하였을 때에는 장관의 허가를 받았을 것이다.
⑤ 丙이 자신의 혼인으로 인해 올해 추가로 일시귀국하기 위해서는 공관장의 허가를 받아야 한다.

해설

문제 분석

제1항 재외공무원 공무로 일시귀국, 장관의 허가를 받아야 함
제2항 재외공무원 공무 외의 목적으로 일시 귀국
제3항 일시귀국의 기간(연 1회 20일 이내)
제4항 제2항의 예외

문제풀이 실마리

선지에 '누구의 허가를 받아야 한다.'의 표현이 반복되고 있으므로 관련된 내용을 중점적으로 제시문에서 확인해야 한다. 〈상황〉의 甲은 공관장임에 유의한다. 甲~丙 모두 재외공관인 A국 소재 대사관에 근무하는 공무원으로 재외공무원에 해당한다.

① (X) 제1항에 따르면 재외공무원이 공무로 일시귀국하고자 하는 경우에는 장관의 허가를 받아야 한다. 〈상황〉에 따르면 올해 甲의 일시귀국 2회는 모두 공무상 회의 참석을 위한 것으로, 甲은 일시귀국 시 장관에게 신고를 하는 것이 아닌 허가를 받아야 한다.

② (X) 제2항 본문에 따르면 공관장이 공무 외의 목적으로 일시귀국하려는 경우에는 장관의 허가를 받아야 하지만, 단서에 따르면 배우자의 직계존·비속이 사망하거나 위독한 경우 공관장은 장관에게 신고하고 일시귀국할 수 있다. 甲은 배우자의 직계존속이 위독하여 올해 추가로 일시귀국하기 위해서는, 장관의 허가를 받는 것이 아니라 제2항 단서에 따라 장관에게 신고하고 일시귀국할 수 있다. 甲은 제4항 제1호, 제2호에 해당하지 않으므로 제4항에 따라 장관의 허가를 받아야 하는 상황도 아니다.

③ (X) 〈상황〉에 따르면 乙은 동반자녀의 관절 치료를 위해 총 1회 일시귀국하였고, 이는 제3항 제2호에 해당하므로 제3항 단서에 따라 일시귀국의 횟수 및 기간에 산입하지 아니한다. 따라서 乙이 직계존속의 회갑으로 인해 올해 3일간 추가로 일시귀국하더라도 제3항 본문의 연 1회 20일 이내로 일시귀국하는 것이다. 제4항에 따르면 제4항 각 호의 어느 하나에 해당하는 경우 공관장이 아닌 재외공무원도 장관의 허가를 받아야 하는데, 乙은 제4항 제1호, 제2호에 해당하지 않으므로 제2항에 따라 장관의 허가가 아닌 공관장의 허가를 받아야 한다.

④ (O) 제4항 제2호에 따르면 재외공무원이 일시귀국 후 국내 체류기간을 연장하는 경우 제4항에 따라 장관의 허가를 받아야 한다. 해당 허가의 예외를 정하고 있는 조문은 없으므로 乙이 공관장의 허가를 받아 일시귀국하였더라도 국내 체류기간을 연장하였을 때에는 장관의 허가를 받아야 한다.

⑤ (X) 제4항 제1호에 따르면 재외공무원이 연 1회 또는 20일을 초과하여 공무 외의 목적으로 일시귀국하려는 경우 제4항에 따라 장관의 허가를 받아야 한다. 〈상황〉에 따르면 丙은 올해 직계존속의 회갑으로 이미 공무 외의 목적으로 1회 일시귀국한 바 있고 丙의 자신의 혼인이라는 사유는 제4항 제1호의 공무 외의 목적에 해당하므로, 올해 추가로 연 1회를 초과하여 일시귀국하기 위해서는 공관장의 허가가 아닌 제4항에 따라 장관의 허가를 받아야 한다.

빠른 문제풀이 Tip

⑤ 제3항에서 재외공무원이 공무 외의 목적으로 일시귀국할 수 있는 기간은 연 1회 20일 이내로 정하고 있긴 하지만, 직접적으로 적용되는 조문은 제4항이다.

[정답] ④

78 2008년 1월 1일 A는 B와 전화통화를 하면서 자기 소유 X 물건을 1억 원에 매도하겠다는 청약을 하고, 그 승낙 여부를 2008년 1월 15일까지 통지해 달라고 하였다. 다음 날 A는 "2008년 1월 1일에 했던 청약을 철회합니다."라고 B와 전화통화를 하였는데, 같은 해 1월 12일 B는 " X 물건에 대한 A의 청약을 승낙합니다."라는 내용의 서신을 발송하여 같은 해 1월 14일 A에게 도달하였다. 다음 법 규정을 근거로 판단할 때, 옳은 것은?

08년 5급 창책형 35번

> 제○○조 ① 청약은 상대방에게 도달한 때에 효력이 발생한다.
> ② 청약은 철회될 수 없는 것이더라도, 철회의 의사표시가 청약의 도달 전 또는 그와 동시에 상대방에게 도달하는 경우에는 철회될 수 있다.
> 제○○조 청약은 계약이 체결되기까지는 철회될 수 있지만, 상대방이 승낙의 통지를 발송하기 전에 철회의 의사표시가 상대방에게 도달되어야 한다. 다만 승낙기간의 지정 또는 그 밖의 방법으로 청약이 철회될 수 없음이 청약에 표시되어 있는 경우에는 청약은 철회될 수 없다.
> 제○○조 ① 청약에 대한 동의를 표시하는 상대방의 진술 또는 그 밖의 행위는 승낙이 된다. 침묵이나 부작위는 그 자체만으로 승낙이 되지 않는다.
> ② 청약에 대한 승낙은 동의의 의사표시가 청약자에게 도달하는 시점에 효력이 발생한다. 청약자가 지정한 기간 내에 동의의 의사표시가 도달하지 않으면 승낙의 효력이 발생하지 않는다.
> 제○○조 계약은 청약에 대한 승낙의 효력이 발생한 시점에 성립된다.
> 제○○조 청약, 승낙, 그 밖의 의사표시는 상대방에게 구두로 통고된 때 또는 그 밖의 방법으로 상대방 본인, 상대방의 영업소나 우편주소에 전달된 때, 상대방이 영업소나 우편주소를 가지지 아니한 경우에는 그의 상거소(常居所)에 전달된 때에 상대방에게 도달된다.

※ 상거소라 함은 한 장소에 주소를 정하려는 의사 없이 상당기간 머무는 장소를 말한다.

① 계약은 2008년 1월 15일에 성립되었다.
② 계약은 2008년 1월 14일에 성립되었다.
③ A의 청약은 2008년 1월 2일에 철회되었다.
④ B의 승낙은 2008년 1월 1일에 효력이 발생하였다.
⑤ B의 승낙은 2008년 1월 12일에 효력이 발생하였다.

해설

문제 분석

제시문의 조문은 국제물품매매계약에 관한 국제연합 협약에 관한 내용이다. 첫 번째 조문부터 각각 제1조~제5조라고 한다.

제1조 제1항 청약의 효력 발생 시기
　　　제2항 청약의 거절
제2조 청약의 철회
제3조 제1항 승낙
　　　제2항 승낙의 효력 발생 시기
제4조 계약의 성립 시기
제5조 도달의 의미

문제풀이 실마리

제시문으로 주어진 조문들과 발문의 사실관계를 통해 해당 청약, 승낙, 계약의 효력 발생 여부와 시기를 검토하여야 한다.

발문의 사실관계를 일별로 정리해 보면 다음과 같다.

1) 2008년 1월 1일에 A가 B에게 X물건을 1억 원에 매도하겠다는 청약(이하 '이 사건 청약'이라 한다.)을 하였다. 이 사건 청약은 A가 B와 전화통화를 하면서 이루어졌으므로 청약 즉시 도달하였고 제1조 제1항에 따라 효력이 발생하였다.

2) 제2조 단서에 따르면 승낙기간의 지정으로 청약이 철회될 수 없음이 청약에 표시되어 있는 경우에는 청약은 철회될 수 없다. 이 사건 청약이 이루어진 전화통화에서 A는 B에게 이 사건 청약의 승낙 여부를 2008년 1월 15일까지 통지해 달라고 승낙기간을 지정하였으므로, 이 사건 청약은 철회될 수 없다.

3) 다음 날인 1월 2일에 A는 B와 전화통화로 이 사건 청약을 철회한다는 의사표시를 하였다. 제1조 제2항은 철회될 수 없는 청약이 철회되는 경우에 대해서 정하고 있는데, 이 사건 청약은 철회될 수 없는 것이고 이 사건 청약은 이 사건 청약이 이루어진 1월 1일 전화통화에서 B에게 이미 도달하였으므로 철회의 의사표시가 청약의 도달 전 또는 그와 동시에 상대에게 도달하여 철회될 수 있는 경우가 아니다. 이 사건 청약은 철회될 수 있는 경우가 아니므로 선지 ③은 옳지 않다.

4) 1월 12일 B는 " X 물건에 대한 A의 청약을 승낙합니다."라는 내용의 서신을 발송하였다면 제3조 제1항의 청약에 대한 동의를 표시하는 행위인 승낙에 해당한다. 해당 서신이 A에게 1월 14일에 도달하였다면 제3조 제2항에 따라 1월 14일에 승낙의 효력이 발생하였다. 선지 ④, ⑤는 옳지 않다.

5) 1월 14일에 승낙의 효력이 발생하였다면 제4조에 따라 계약은 승낙의 효력이 발생한 시점인 1월 14일에 성립된다. 정답은 ②이다. 선지 ①은 옳지 않다.

[정답] ②

79 다음 규정과 <상황>에 근거할 때, 옳은 것은?

12년 5급 인책형 5번

제00조(환경오염 및 예방 대책의 추진) 환경부장관 및 시장·군수·구청장 등은 국가산업단지의 주변지역에 대한 환경기초조사를 정기적으로 실시하여야 하며 이를 기초로 하여 환경오염 및 예방 대책을 수립·시행하여야 한다.
제00조(환경기초조사의 방법·시기 등) 전조(前條)에 따른 환경기초조사의 방법과 시기 등은 다음 각 호와 같다.
1. 환경기초조사의 범위는 지하수 및 지표수의 수질, 대기, 토양 등에 대한 계획·조사 및 치유대책을 포함한다.
2. 환경기초조사는 당해 기초지방자치단체장이 1단계 조사를 실시하고 환경부장관이 2단계 조사를 실시한다. 다만 1단계 조사결과에 의하여 정상지역으로 판정된 때는 2단계 조사를 실시하지 아니한다.
3. 제2호에 따른 1단계 조사는 그 조사 실시일 기준으로 매 3년마다 실시하고, 2단계 조사는 1단계 조사 판정일 이후 1월 내에 실시하여야 한다.

〈상황〉

甲시에는 A, B, C 세 개의 국가산업단지가 위치해 있다. 甲시 시장은 아래와 같이 세 개 단지의 주변지역에 대한 1단계 환경기초조사를 실시하였다. 2012년 1월 1일 현재, 기록되어 있는 실시일, 판정일 및 판정결과는 다음과 같다.

	1단계 조사 실시일	1단계 조사 판정일	판정 결과
A단지 주변지역	2011. 7. 1.	2011. 11. 30.	오염지역
B단지 주변지역	2009. 3. 1.	2009. 9. 1.	오염지역
C단지 주변지역	2010. 10. 1.	2011. 7. 1.	정상지역

① A단지 주변지역에 대하여 2012년에 환경부장관은 2단계 조사를 실시해야 한다.
② B단지 주변지역에 대하여 2012년에 甲시 시장은 1단계 조사를 실시해야 한다.
③ B단지 주변지역에 대하여 甲시 시장은 2단계 조사를 실시하였다.
④ C단지 주변지역에 대하여 환경부장관은 2011년 7월 중에 2단계 조사를 실시하였다.
⑤ C단지 주변지역에 대하여 甲시 시장은 2012년에 1단계 조사를 실시해야 한다.

해설

문제 분석

첫 번째 조문부터 각각 제1조, 제2조라고 한다.
제1조 환경기초조사의 주체(환경부장관, 시장·군수·구청장)
제2조 환경기초조사의 범위, 1단계 조사와 2단계 조사, 시기

문제풀이 실마리

A, B, C단지 주변지역은 甲시에 위치하고 있으므로 제2조 제2호에 따라 1단계 조사는 甲시 시장이 실시한다. A단지 주변지역의 1단계 조사 실시일은 2011. 7. 1.이고 조사 판정일은 2011. 11. 30.이다. 판정 결과 정상지역으로 판정된 때에는 2단계 조사를 실시하지 않지만 A단지 주변지역은 오염지역으로 판정되었으므로 환경부장관이 2단계 조사를 실시한다. 같은 조 제3호에 따르면 2단계 조사는 1단계 조사 판정일 이후 1월 내에 실시하여야 하므로 2011년 12월 30일 이내로 실시하여야 하고, 다음 1단계 조사는 조사 실시일 기준으로 매 3년마다 실시한다고 하므로 2014. 7. 1.에 실시하여야 한다. 이상의 내용을 포함해서 B, C단지 주변지역에 대한 내용까지 정리해 보면 다음과 같다.

	1단계 조사 실시일	다음 1단계 조사 실시일	1단계 조사 판정일	판정 결과	2단계 조사 실시일
A단지 주변지역	2011. 7. 1.	2014. 7. 1.	2011. 11. 30.	오염지역	2011. 12. 30.
B단지 주변지역	2009. 3. 1.	2012. 3. 1.	2009. 9. 1.	오염지역	2009. 10. 1
C단지 주변지역	2010. 10. 1.	2013. 10. 1.	2011. 7. 1.	정상지역	×

① (X) A단지 주변지역에 대한 2단계 조사는 2012년이 아니라 2011. 12. 30. 이내에 실시해야 한다.
② (O) 2012년 1월 1일 현재 B단지 주변지역에 대한 1단계 조사 실시일은 2009. 3. 1.이므로 다음 1단계 조사는 3년 뒤인 2012년에 실시해야 한다.
③ (X) B단지 주변지역에 대한 2단계 조사는 甲시 시장이 아니라 환경부장관이 실시한다.
④ (X) C단지 주변지역은 1단계 조사결과 정상지역으로 판정되었으므로 2단계 조사를 실시하지 아니한다.
⑤ (X) 2012년 1월 1일 현재 C단지 주변지역에 대한 1단계 조사 실시일은 2010. 10. 1.이므로 다음 1단계 조사는 2012년이 아니라 3년 뒤인 2013년에 실시해야 한다.

[정답] ②

80 다음 규정에 근거할 때, 옳은 것을 <보기>에서 모두 고르면?

12년 5급 인책형 28번

제00조(공공기관의 구분) ① 기획재정부장관은 공공기관을 공기업·준정부기관과 기타공공기관으로 구분하여 지정한다. 직원 정원이 50인 이상인 공공기관은 공기업 또는 준정부기관으로, 그 외에는 기타공공기관으로 지정한다.
② 기획재정부장관은 제1항의 규정에 따라 공기업과 준정부기관을 지정하는 경우 자체수입액이 총수입액의 2분의 1 이상인 기관은 공기업으로, 그 외에는 준정부기관으로 지정한다.
③ 기획재정부장관은 제1항 및 제2항의 규정에 따른 공기업을 다음 각 호의 구분에 따라 세분하여 지정한다.
1. 시장형 공기업: 자산규모가 2조 원 이상이고, 총 수입액 중 자체수입액이 100분의 85 이상인 공기업
2. 준시장형 공기업: 시장형 공기업이 아닌 공기업

〈공공기관 현황〉

공공기관	직원 정원	자산규모	자체수입비율
A	80명	3조 원	85%
B	40명	1.5조 원	60%
C	60명	1조 원	45%
D	55명	2.5조 원	40%

※ 자체수입비율: 총 수입액 대비 자체수입액 비율

〈보기〉

ㄱ. 기관 A는 시장형 공기업이다.
ㄴ. 기관 B는 준시장형 공기업이다.
ㄷ. 기관 C는 기타공공기관이다.
ㄹ. 기관 D는 준정부기관이다.

① ㄱ, ㄴ
② ㄱ, ㄹ
③ ㄴ, ㄷ
④ ㄱ, ㄷ, ㄹ
⑤ ㄴ, ㄷ, ㄹ

해설

문제 분석

제시문의 규정을 정리해 보면 다음과 같다.

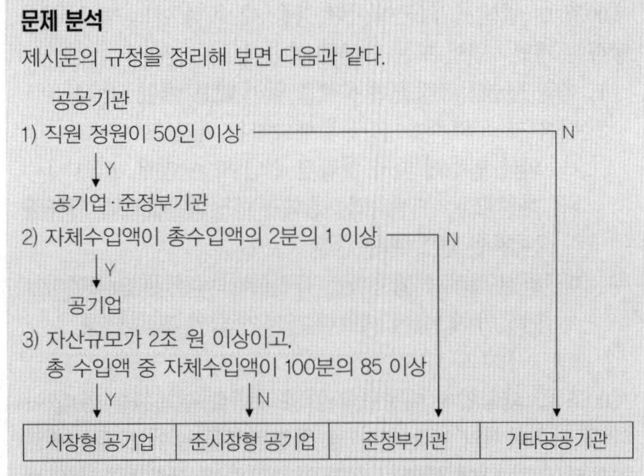

문제풀이 실마리

제시문에 주어진 내용을 토대로

제2항에서는 자체수입액이 총수입액의 2분의 1 이상, 제3항 제1호에서는 총수입액 중 자체수입액이 100분의 85 이상이라고 다르게 표현하고 있으나 각각 각주에 주어져 있는 자체수입비율이 50% 이상, 85% 이상인 경우라고 이해할 수 있다.

ㄱ. (O) 기관 A는 1) 직원 정원이 80명으로 50명 이상이므로 공기업 또는 준정부기관이다. 2) A의 자체수입비율은 85%로 50% 이상이므로 공기업과 준정부기관 중 공기업에 해당한다. A의 자산규모는 3조 원으로 2조 원 이상이고 자체수입비율이 85% 이상이므로 시장형 공기업에 해당한다.

ㄴ. (X) 기관 B는 1) 직원 정원이 40명으로 50명 미만이므로 준시장형 공기업이 아니라 기타공공기관에 해당한다.

ㄷ. (X) 기관 C는 1) 직원 정원이 50명으로 50명 이상이므로 기타공공기관이 아니라 공기업 또는 준정부기관에 해당한다. 2) C의 자체수입비율은 45%로 50% 미만이므로 공기업과 준정부기관 중 준정부기관에 해당한다.

ㄹ. (O) 기관 D는 1) 직원 정원이 55명으로 50명 이상이므로 공기업 또는 준정부기관에 해당한다. 2) D의 자체수입비율은 45%로 50% 미만이므로 공기업과 준정부기관 중 준정부기관에 해당한다.

[정답] ②

81 다음 글을 근거로 판단할 때 옳은 것은? 15년 5급 인책형 27번

제00조 이 법에서 '외국인'이란 다음 각 호의 어느 하나에 해당하는 개인·법인 또는 단체를 말한다.

1. 대한민국의 국적을 보유하고 있지 않은 개인 → 선지 ①
2. 다음 각 목의 어느 하나에 해당하는 법인 또는 단체
   가. 외국 법령에 따라 설립된 법인 또는 단체 → 선지 ④
   나. 사원 또는 구성원의 2분의 1 이상이 제1호에 해당하는 자인 법인 또는 단체 → 선지 ③
   다. 임원(업무를 집행하는 사원이나 이사 등)의 2분의 1 이상이 제1호에 해당하는 자인 법인 또는 단체 → 선지 ⑤

제00조 ① 외국인이 대한민국 안의 토지를 취득하는 계약(이하 '토지취득계약'이라 한다)을 체결하였을 때에는 계약체결일부터 60일 내에 토지 소재지를 관할하는 시장·군수 또는 구청장에게 신고하여야 한다. → 선지 ①, ⑤

② 제1항에도 불구하고 외국인이 취득하려는 토지가 다음 각 호의 어느 하나에 해당하는 구역·지역 등에 있으면 토지취득계약을 체결하기 전에 토지 소재지를 관할하는 시장·군수 또는 구청장으로부터 토지취득의 허가를 받아야 한다. → 선지 ④

1. 군사시설 및 군사시설보호법에 따른 군사기지 및 군사시설 보호구역
2. 문화재보호법에 따른 지정문화재와 이를 위한 보호물 또는 보호구역
3. 자연환경보전법에 따른 생태·경관보전지역

③ 제2항을 위반하여 체결한 토지취득계약은 그 효력이 발생하지 아니한다. → 선지 ④

제00조 외국인은 상속·경매로 대한민국 안의 토지를 취득한 때에는 토지를 취득한 날부터 6개월 내에 토지 소재지를 관할하는 시장·군수 또는 구청장에게 신고하여야 한다. → 선지 ③

제00조 대한민국 안의 토지를 가지고 있는 대한민국 국민이나 대한민국 법령에 따라 설립된 법인 또는 단체가 외국인으로 변경된 경우, 그 외국인이 해당 토지를 계속 보유하려는 경우에는 외국인으로 변경된 날부터 6개월 내에 토지 소재지를 관할하는 시장·군수 또는 구청장에게 신고하여야 한다. → 선지 ②

① 대한민국 국적을 보유하지 않은 甲이 전남 무안군에 소재하는 토지를 취득하는 계약을 체결한 경우, 전라남도지사에게 신고하여야 한다.

② 충북 보은군에 토지를 소유하고 있는 乙이 대한민국 국적을 포기하고 외국국적을 취득한 경우, 그 토지를 계속 보유하려면 외국국적을 취득한 날부터 6개월 내에 보은군수의 허가를 받아야 한다.

③ 사원 50명 중 대한민국 국적을 보유하지 않은 자가 30명인 丙법인이 사옥을 신축하기 위해 서울 금천구에 있는 토지를 경매로 취득한 경우, 경매를 받은 날부터 60일 내에 서울특별시장에게 신고하여야 한다.

④ 외국 법령에 따라 설립된 丁법인이 자연환경보전법에 따른 생태·경관보전지역 내의 토지(강원 양양군 소재)를 취득하는 계약을 체결한 경우, 계약체결 전에 양양군수의 허가를 받지 않았다면 그 계약은 무효이다.

⑤ 대한민국 법령에 따라 설립된 戊법인의 임원 8명 중 5명이 2012. 12. 12. 외국인으로 변경된 후, 戊법인이 2013. 3. 3. 경기 군포시에 있는 토지를 취득하는 계약을 체결한 경우, 戊법인은 2013. 9. 3.까지 군포시장에게 신고하여야 한다.

해설

문제 분석

첫 번째 조문부터 각각 제1조~제4조라고 한다.

제1조 외국인의 정의

제2조 제1항 외국인의 토지취득계약 신고

제2항 외국인의 토지취득 허가

제3항 효력

제3조 외국인이 상속·경매로 토지 취득한 때 신고

제4조 토지를 가지고 있는 국민 등이 외국인으로 변경된 경우 신고

문제풀이 실마리

제시문에 신고의 키워드가 세 번 등장한다. 따라서 각각의 신고가 어떻게 다른지 정확하게 구분하여야 각 선지에 등장하는 상황과 관련된 조문을 적절하게 찾아서 해결할 수 있다.

① (X) 대한민국 국적을 보유하지 않은 甲은 제1조 제1호에 따라 외국인에 해당한다. 제2조 제1항에 따르면 외국인이 대한민국 안의 토지를 취득하는 계약을 체결하였을 때에는 토지 소재지를 관할하는 시장·군수 또는 구청장에게 신고하여야 한다. 따라서 甲이 전남 무안군에 소재하는 토지를 취득하는 계약을 체결한 경우, 전라남도지사가 아니라 무안군수에게 신고하여야 한다.

② (X) 乙이 대한민국 국적을 포기하고 외국국적을 취득한 경우 제1조 제1호에 따라 외국인에 해당한다. 제4조에 따르면 대한민국 안의 토지를 가지고 있는 대한민국 국민이 외국인으로 변경된 경우, 그 외국인이 해당 토지를 계속 보유하려는 경우에는 외국인으로 변경된 날부터 6개월 내에 토지 소재지를 관할하는 시장·군수 또는 구청장에게 신고하여야 한다. 따라서 충북 보은군에 있는 乙의 토지를 계속 보유하려면 외국국적을 취득한 날부터 6개월 내에 보은군수에게 허가를 받아야 하는 것이 아니라 신고하여야 한다.

③ (X) 사원 50명 중 대한민국 국적을 보유하지 않은 자가 30명인 丙법인은 제1조 제2호 나목에 따라 외국인에 해당한다. 제3조에 따르면 외국인이 경매로 대한민국 안의 토지를 취득한 때에는 토지를 취득한 날부터 6개월 내에 토지 소재지를 관할하는 시장·군수 또는 구청장에게 신고하여야 한다. 따라서 丙법인이 서울 금천구에 있는 토지를 경매로 취득한 경우, 경매를 받은 날부터 60일 내에 서울특별시장이 아니라 금천구청장에게 신고하여야 한다.

④ (O) 외국 법령에 따라 설립된 丁법인은 제1조 제2호 가목에 따라 외국인에 해당한다. 제2조 제2항에 따르면 외국인이 제3호의 자연환경보전법에 따른 생태·경관보전지역의 토지를 취득하는 계약을 체결하려면 같은 조 제1항에도 불구하고 토지취득계약을 체결하기 전에 토지 소재지를 관할하는 시장·군수 또는 구청장으로부터 토지취득의 허가를 받아야 하고, 같은 조 제3항에 따르면 제2항을 위반하여 체결한 토지취득계약은 그 효력이 발생하지 아니한다. 따라서 丁법인이 자연환경보전법에 따른 생태·경관보전지역 내의 토지(강원 양양군 소재)를 취득하는 계약을 체결한 경우 계약체결 전에 양양군수의 허가를 받아야 하고, 허가를 받지 않았다면 해당 토지취득계약은 제2조 제2항을 위반한 것이다. 같은 조 제3항에 따라 그 계약은 무효이다.

⑤ (X) 대한민국 법령에 따라 설립된 戊법인의 임원 8명 중 5명이 2012. 12. 12. 외국인으로 변경되었다면 제1조 제2호 다목에 따라 외국인에 해당한다. 제2조 제1항에 따르면 외국인이 대한민국 안의 토지를 취득하는 계약을 체결하였을 때에는 계약체결일부터 60일 내에 토지 소재지를 관할하는 시장·군수 또는 구청장에게 신고하여야 한다. 따라서 戊법인이 2013. 3. 3. 경기 군포시에 있는 토지를 취득하는 계약을 체결한 경우, 2013. 9. 3.까지가 아니라 2013. 5. 2까지 군포시장에게 신고하여야 한다. 대한민국 안의 토지를 가지고 있는 법인이 외국인으로 변경되어 해당 토지를 계속 보유하려는 경우가 아니므로 제4조가 적용되지 않는 것에 유의한다.

[정답] ④

82 다음 글을 근거로 판단할 때 옳은 것은? 18년 5급 나책형 24번

제00조 ① 산지전용허가를 받으려는 자는 신청서를 다음 각 호의 구분에 따른 자(이하 '산림청장 등'이라 한다)에게 제출하여야 한다.
1. 산지전용허가를 받으려는 산지의 면적이 200만 m^2 이상인 경우: 산림청장 → 선지 ②
2. 산지전용허가를 받으려는 산지의 면적이 50만 m^2 이상 200만 m^2 미만인 경우 → 선지 ①
가. 산림청장 소관인 국유림의 산지인 경우: 산림청장
나. 산림청장 소관이 아닌 국유림, 공유림 또는 사유림의 산지인 경우: 시 · 도지사
3. 산지전용허가를 받으려는 산지의 면적이 50만 m^2 미만인 경우
가. 산림청장 소관인 국유림의 산지인 경우: 산림청장
나. 산림청장 소관이 아닌 국유림, 공유림 또는 사유림의 산지인 경우: 시장 · 군수 · 구청장

② 산림청장 등은 제1항에 따라 산지전용허가 신청을 받은 때에는 허가대상 산지에 대하여 현지조사를 실시하여야 한다. 다만 산지전용타당성조사를 받은 경우에는 현지조사를 않고 심사할 수 있다. → 선지 ⑤

③ 제1항의 신청서에는 다음 각 호의 서류를 첨부하여야 한다.
1. 사업계획서(산지전용의 목적, 사업기간 등이 포함되어야 한다) 1부 → 선지 ③
2. 허가신청일 전 2년 이내에 완료된 산지전용타당성조사 결과서 1부(해당자에 한한다) → 선지 ⑤
3. 산지전용을 하고자 하는 산지의 소유권 또는 사용 · 수익권을 증명할 수 있는 서류 1부(토지등기사항증명서로 확인할 수 없는 경우에 한정한다)
4. 산림조사서 1부. 다만 전용하려는 산지의 면적이 65만 m^2 미만인 경우에는 제외한다. → 선지 ④

① 사유림인 산지 180만 m^2에 대해 산지전용허가를 받으려는 甲은 신청서를 산림청장에게 제출해야 한다.
② 공유림인 산지 250만 m^2에 대해 산지전용허가를 받으려는 乙은 신청서를 시 · 도지사에게 제출해야 한다.
③ 산지전용허가를 신청하는 丙은 토지등기사항증명서를 첨부하면 사업계획서를 제출하지 않아도 된다.
④ 산림청장 소관의 국유림 50만 m^2에 대해 산지전용허가를 받으려는 丁은 산림조사서를 산림청장에게 제출해야 한다.
⑤ 산지전용허가를 받으려는 戊가 해당 산지에 대하여 허가신청일 1년 전에 완료된 산지전용타당성조사 결과서를 제출한 경우, '산림청장 등'은 현지조사를 않고 심사할 수 있다.

해설

문제 분석
제1항 산지전용허가 신청서 제출
제2항 현지조사
제3항 첨부 서류

문제풀이 실마리
제1항 제1호~제3호의 내용을 정리해 보면 다음과 같다.

산지전용허가를 받으려는 산지의 면적	산림청장 소관인 국유림의 산지	산림청장 소관인 국유림의 산지 외
200만 m^2 이상	산림청장	산림청장
50만 m^2 이상 200만 m^2 미만	산림청장	시·도지사
50만 m^2 미만	산림청장	시장·군수·구청장

① (X) 사유림인 산지 180만 m^2에 대해 산지전용허가를 받으려는 甲은 신청서를 제1항 제2호 나목에 따라 산림청장이 아닌 시·도지사에게 제출해야 한다.

② (X) 공유림인 산지 250만 m^2에 대해 산지전용허가를 받으려는 乙은 신청서를 제1항 제1호에 시·도지사가 아닌 산림청장에게 제출해야 한다.

③ (X) 제3항 제1호에 따르면 산지전용허가를 신청하는 丙은 신청서에 사업계획서를 첨부하여야 하고 예외에 대해서 규정하고 있지 않다. 제3항 제3호에 따르면 산지전용을 하고자 하는 산지의 소유권 또는 사용·수익권을 토지등기사항 증명서로 확인할 수 있는 경우, 해당 산지의 소유권 또는 사용·수익권을 증명할 수 있는 서류를 제출하지 않아도 된다고 규정하고 있지만 사업계획서와는 무관하다.

④ (X) 제1항 각 호, 제3항 제4호에 따르면 산림청장 소관의 국유림에 대해 산지전용허가를 받으려는 자는 신청서에 산림조사서를 첨부하여야 하지만, 제3항 제4호 단서에 따르면 전용하려는 산지의 면적이 65만 m^2 미만인 경우에는 제외한다. 따라서 산림청장 소관의 국유림 50만 m^2에 대해 산지전용허가를 받으려는 丁은 제3항 제4호에 따라 산림조사서를 산림청장에게 제출하지 않아도 된다.

⑤ (O) 제2항에 따르면 산림청장 등은 산지전용허가 신청을 받은 때에 허가대상 산지에 대하여 현지조사를 실시하여야 하지만, 산지전용타당성조사를 받은 경우에는 현지조사를 않고 심사할 수 있다. 그리고 제3항 제2호에 따르면 허가신청일 전 2년 이내에 완료된 산지전용타당성조사 결과서가 있는 자는 산지전용허가 신청서에 이를 첨부하여야 한다. 따라서 산지전용허가를 받으려는 戊가 해당 산지에 대하여 허가신청일 1년 전에 완료된 산지전용타당성조사 결과서를 제출한 경우 '산림청장 등'은 현지조사를 않고 심사할 수 있다.

[정답] ⑤

길쌤's Check 더 연습해 볼 문제

민간경력자	11년 인책형 10번 11년 인책형 14번 12년 인책형 4번 12년 인책형 21번 14년 A책형 8번 15년 인책형 7번	15년 인책형 17번 16년 5책형 15번 18년 가책형 15번 20년 가책형 12번 21년 나책형 1번 21년 나책형 2번
5급 공채	05년 견습 과책형 9번 07년 재책형 27번 09년 극책형 15번 10년 선책형 23번 10년 선책형 26번	11년 선책형 5번 11년 선책형 26번 18년 나책형 4번 18년 나책형 22번

응용

83 다음 글과 <상황>을 근거로 판단할 때 옳은 것은?

17년 5급 가책형 24번

민사소송에서 판결은 다음의 어느 하나에 해당하면 확정되며, 확정된 판결에 대해서 당사자는 더 이상 상급심 법원에 상소를 제기할 수 없게 된다.

i)첫째, 판결은 선고와 동시에 확정되는 경우가 있다. 예컨대 대법원 판결에 대해서는 더 이상 상소할 수 없기 때문에 그 판결은 선고 시에 확정된다. 그리고 하급심 판결이라도 선고 전에 당사자들이 상소하지 않기로 합의하고 이 합의서를 법원에 제출할 경우, 판결은 선고 시에 확정된다. → 선지 ④

ii)둘째, 상소기간이 만료된 때에 판결이 확정되는 경우가 있다. 상소는 패소한 당사자가 제기하는 것으로, 상소를 하고자 하는 자는 판결문을 송달받은 날부터 2주 이내에 상소를 제기해야 한다. 이 기간 내에 상소를 제기하지 않으면 더 이상 상소할 수 없게 되므로, 판결은 상소기간 만료 시에 확정된다. 또한 상소기간 내에 상소를 제기하였더라도 그 후 상소를 취하하면 상소기간 만료 시에 판결은 확정된다.
→ 선지 ①, ②, ③

iii)셋째, 상소기간이 경과되기 전에 패소한 당사자가 법원에 상소포기서를 제출하면, 제출 시에 판결은 확정된다.
→ 선지 ⑤

〈상황〉

원고 甲은 피고 乙을 상대로 ○○지방법원에 매매대금지급청구소송을 제기하였다. ○○지방법원은 甲에게 매매대금지급청구권이 없다고 판단하여 2016년 11월 1일 원고 패소 판결을 선고하였다. 이 판결문은 甲에게는 2016년 11월 10일 송달되었고, 乙에게는 2016년 11월 14일 송달되었다.

① 乙은 2016년 11월 28일까지 상소할 수 있다.
② 甲이 2016년 11월 28일까지 상소하지 않으면, 같은 날 판결은 확정된다.
③ 甲이 2016년 11월 11일 상소한 후 2016년 12월 1일 상소를 취하하였다면, 취하한 때 판결은 확정된다.
④ 甲과 乙이 상소하지 않기로 하는 내용의 합의서를 2016년 10월 25일 법원에 제출하였다면, 판결은 2016년 11월 1일 확정된다.
⑤ 甲이 2016년 11월 21일 법원에 상소포기서를 제출하면, 판결은 2016년 11월 1일 확정된 것으로 본다.

해설

문제 분석

제시문에서는 민사소송 판결의 확정 시기에 대하여 i) 선고와 동시에 확정, ii) 상소기간의 만료, iii) 상소포기서의 제출의 세 가지로 나누어 설명하고 있다.

문제풀이 실마리

상소는 패소한 당사자가 제기하는 것과 확정 시기별 차이점('선고 시', '상소기간 만료 시', '제출 시')에 주목한다. 〈상황〉은 甲이 하급심 법원인 ○○지방법원 소송을 제기한 것이고, 원고 甲이 패소하여 해당 판결문이 甲, 乙에게 송달된 날짜를 확인한다.

① (X) ii) 두 번째 문장에 따르면 상소는 패소한 당사자가 제기하는 것이다. 따라서 승소한 피고 乙은 상소할 수 없다.

② (X) ii) 두 번째 문장에 따르면 상소를 하고자 하는 자는 판결문을 송달받은 날부터 2주 이내에 상소를 제기해야 하고, 세 번째 문장에 따라 상소기간 만료 시 판결은 확정된다. 〈상황〉에서 甲은 2016년 11월 10일 판결문을 송달받았으므로 甲이 2016년 11월 28일까지가 아니라 2주 뒤인 2016년 11월 24일까지 상소하지 않으면, 해당 기간의 만료 시(기간 말일인 2016년 11월 24일의 종료) 판결은 확정된다.

③ (X) ii) 네 번째 문장에 따르면 상소를 취하하면 상소기간 만료 시에 판결은 확정된다. 즉 甲이 2016년 11월 11일 상소한 후, 2016년 12월 1일 상소를 취하하였다면, 취하한 때 판결은 확정되는 것이 아니라 상소기간인 2016년 11월 24일의 종료로 판결이 확정된다.

④ (O) i) 세 번째 문장에 따르면 하급심 판결이라도 선고 전에 당사자들이 상소하지 않기로 합의하고 이 합의서를 법원에 제출할 경우, 판결은 선고 시에 확정된다고 한다. 따라서 당사자인 甲과 乙이 상소하지 않기로 합의하고 판결 선고일 2016년 11월 1일의 이전인 2016년 10월 25일에 이 합의서를 법원에 제출하였다면, 판결은 2016년 11월 1일 선고 시 확정된다.

⑤ (X) iii)에 따르면 상소기간이 경과되기 전에 패소한 당사자가 법원에 상소포기서를 제출하면, 제출 시에 판결이 확정된다고 한다. 甲이 상소기간 2016년 11월 24일이 경과되기 이전인 2016년 11월 21일에, 패소한 당사자인 甲이 법원에 상소포기서를 제출하면, 판결은 2016년 11월 1일에 확정되는 것이 아니라 제출 시, 즉 2016년 11월 21일에 확정된 것으로 본다.

빠른 문제풀이 Tip

제시문의 내용은 민사소송에 관한 것으로 민사소송법 제170조(기간의 계산)에서는 기간의 계산은 민법에 따르도록 정하고 있다. 따라서 상소기간 만료 시점은 민법 제157조(기간의 기산점)의 초일 불산입 원칙에 따라 초일을 산입하지 아니하고, 제159조(기간의 만료점)에 따라 기간말일의 종료로 기간이 만료한다. 따라서 甲에게 판결문이 2016년 11월 10일에 송달되었다면 11월 11일부터 2주 이내인 11월 24일의 종료로 상소기간이 만료한다. 선지 ②에서는 상소기간을 11월 28일과 비교하게 함으로써 이러한 구체적인 날짜 계산을 의도하지는 않은 것으로 보인다.

[정답] ④

84 다음 글과 <상황>을 근거로 판단할 때 옳은 것은?

22년 5급 나책형 23번

i) 민사소송에서 법원은 원고가 청구한 금액의 한도 내에서만 판결을 해야 하고, 그 상한을 넘는 금액을 인정하는 판결을 해서는 안 된다. 예컨대 임대인(원고)이 임차인(피고)을 상대로 밀린 월세를 이유로 2천 4백만 원의 지급을 청구하는 소를 제기하였다. 이 경우 법원은 심리 결과 임차인의 밀린 월세를 2천만 원으로 판단하면 2천만 원을 지급하라고 판결해야 하지만, 3천만 원으로 판단하더라도 3천만 원을 지급하라고 판결할 수는 없다. 다만 임대인이 소송 도중 청구금액을 3천만 원으로 변경하면 비로소 법원은 3천만 원을 지급하라고 판결할 수 있다.

ii) 그런데 교통사고 등으로 신체상 손해를 입은 경우, 피해자인 원고는 적극적 손해(치료비), 소극적 손해(일실수익), 위자료 등 3가지 손해항목으로 금액을 나누어 손해배상을 청구하는 것이 일반적이다. 예컨대 교통사고 피해자가 적극적 손해 3백만 원, 소극적 손해 4백만 원, 위자료 2백만 원으로 손해항목을 나누고 그 총액인 9백만 원의 지급을 청구하는 소를 제기하는 것이다. 이와 관련하여 손해배상 총액을 초과하지 않으면, 법원이 손해항목별 상한을 넘는 금액을 인정하는 판결을 할 수 있는지가 문제된다. 위 사례에서 법원이 심리 결과 적극적 손해 2백만 원, 소극적 손해 5백만 원, 위자료 2백만 원이 타당하다고 판단한 경우, 피고가 원고에게 합계 9백만 원의 손해배상을 지급하라고 판결할 수 있는지에 대해 3가지 견해가 있다. A견해는 각 손해항목별로 금액의 상한을 초과하는 판결을 할 수 없다고 한다. B견해는 손해배상 총액의 상한만 넘지 않으면 손해항목별 상한 금액을 넘더라도 무방하다고 한다. C견해는 적극적 손해와 소극적 손해는 동일한 '재산상 손해'이지만 '위자료'는 정신적 고통에 대한 배상으로 그 성질이 다르다는 점을 중시하여, 적극적 손해와 소극적 손해를 합산한 '재산상 손해' 그리고 '위자료' 두 개의 손해항목으로 나누고 그 항목별 상한 금액을 넘지 않으면 된다고 한다.

※ 일실수익: 교통사고 등으로 사망하거나 신체상의 상해를 입은 사람이 장래 얻을 수 있는 수입액의 상실분

〈상황〉

甲은 乙 소유의 주택에 화재를 일으켰다. 이로 인해 乙은 주택 소실에 따른 재산상 손해를 입었고 주택의 임차인 丙이 화상을 입었다. 이에 乙은 재산상 손해 6천만 원의 지급을 청구하는 소를, 丙은 치료비 1천만 원, 일실수익 1억 원, 위자료 5천만 원, 합계 1억 6천만 원의 지급을 청구하는 소를 甲을 상대로 각각 제기하였다.

법원은 심리 결과 乙의 재산상 손해는 5천만 원이고, 丙의 손해는 치료비 5백만 원, 일실수익 1억 2천만 원, 위자료 3천 5백만 원이 타당하다고 판단하였다.

① 법원은 甲이 乙에게 6천만 원을 지급하라고 판결해야 한다.

② 소송 도중 乙이 청구금액을 8천만 원으로 변경한 경우, 법원은 심리 결과 손해액을 5천만 원으로 판단하더라도 甲이 乙에게 8천만 원을 지급하라고 판결해야 한다.

③ A견해에 따르면, 법원은 甲이 丙에게 1억 6천만 원을 지급하라고 판결해야 한다.

④ B견해에 따르면, 법원은 甲이 丙에게 1억 4천만 원을 지급하라고 판결해야 한다.

⑤ C견해에 따르면, 법원은 甲이 丙에게 1억 4천 5백만 원을 지급하라고 판결해야 한다.

해설

문제 분석

문단 ⅰ) 민사소송에서 법원은 원고가 청구한 금액의 한도 내에서만 판결

문단 ⅱ) 신체상 손해에 대한 적극적 손해(치료비), 소극적 손해(일실수익), 위자료의 3가지 손해항목, 법원이 손해항목별 상한을 넘는 금액을 인정하는 판결을 할 수 있는지에 대한 3가지 견해

문제풀이 실마리

손해배상 금액을 정하는 3가지 견해인 A~C견해가 어떻게 다른지 정확하게 이해한 후 〈상황〉에 적용할 수 있어야 한다.

① (X) 문단 ⅰ) 첫 번째 문장에 따르면 민사소송에서 법원은 원고가 청구한 금액의 상한을 넘는 금액을 인정하는 판결을 해서는 안 된다. 〈상황〉에 따르면 乙은 재산상 손해 6천만 원의 지급을 청구하는 소를 제기하였고 법원의 심리 결과 乙의 재산상 손해는 5천만 원이 타당하다고 판단하였다면, 법원은 甲이 乙에게 6천만 원이 아니라 乙이 청구한 금액 6천만 원 이내이면서 법원이 심리 결과 타당하다고 판단한 금액인 5천만 원을 지급하라고 판결해야 한다.

② (X) 문단 ⅰ)의 내용에 따르면 소를 제기한 乙은 소송 도중 청구금액을 8천만 원으로 변경할 수 있고, 법원이 심리 결과 손해액을 5천만 원으로 판단하였다면 甲이 乙에게 8천만 원이 아니라 5천만 원을 지급하라고 판결해야 한다.

③ (X) 문단 ⅱ) 다섯 번째 문장의 A견해에 따르면 각 손해항목별로 금액의 상한을 초과하는 판결을 할 수 없다. 〈상황〉의 내용을 정리하면 다음과 같다.

	재산상 손해		위자료
	적극적 손해 (치료비)	소극적 손해 (일실수익)	
丙의 청구금액	1천만 원	1억 원	5천만 원
법원의 심리 결과	5백만 원	1억 2천만 원	3천 5백만 원

A견해에 따르면 법원은 甲이 丙에게 1억 6천만 원이 아니라 1) 치료비는 법원이 타당하다고 판단한 5백만 원, 2) 일실수익은 丙이 청구한 금액의 한도 이내인 1억 원, 3) 위자료는 법원이 타당하다고 판단한 3천 5백만 원을 모두 더해 총 1억 4천만 원을 지급하라고 판결해야 한다.

④ (X) 문단 ⅱ) 여섯 번째 문장에 따르면 B견해는 손해배상 총액의 상한만 넘지 않으면 손해항목별 상한 금액을 넘더라도 무방하다. B견해에 따르면 丙이 청구한 손해배상 금액 총액은 1억 6천만 원이고, 법원의 심리결과 판단한 손해배상 금액 총액도 1억 6천만 원으로 丙이 청구한 손해배상 총액의 상한을 넘지 않으므로 법원은 甲이 丙에게 1억 4천만 원이 아니라 1억 6천만 원을 지급하라고 판결해야 한다.

	재산상 손해		위자료
	적극적 손해 (치료비)	소극적 손해 (일실수익)	
丙의 청구금액	1천만 원	1억 원	5천만 원
법원의 심리 결과	5백만 원	1억 2천만 원	3천 5백만 원

⑤ (O) 문단 ⅱ) 일곱 번째 문장의 C견해에 따르면 적극적 손해와 소극적 손해를 합산한 '재산상 손해' 그리고 '위자료' 두 개의 손해항목으로 나누고 그 항목별 상한 금액을 넘지 않으면 된다고 한다. 따라서 법원은 甲이 丙에게 1) 재산상 손해는 丙이 청구한 금액의 한도 이내인 1억 1천만 원, 2) 위자료는 법원이 타당하다고 판단한 3천 5백만원을 모두 더해 총 1억 4천 5백만 원을 지급하라고 판결해야 한다.

	재산상 손해		위자료
	적극적 손해 (치료비)	소극적 손해 (일실수익)	
丙의 청구금액	1천만 원	1억 원	5천만 원
법원의 심리 결과	5백만 원	1억 2천만 원	3천 5백만 원

[정답] ⑤

길쌤's Check 더 연습해 볼 문제

5급 공채	13년 외교관 인책형 4번 14년 A책형 8번 21년 가책형 4번

85 다음 글을 근거로 판단할 때, <보기>에서 옳지 않은 것을 모두 고르면?

13년 외교관 인책형 6번

[i]정부는 미술품 및 문화재를 소장한 자가 이를 판매해 발생한 이익에 대해 소정세율의 기타소득세를 부과하는 법률을 시행하고 있다. 이 법률에서는 '대통령령으로 정하는 서화(書畵) · 골동품'으로 개당 · 점당 또는 조(2개 이상이 함께 사용되는 물품으로서 통상 짝을 이루어 거래되는 것을 말한다)당 양도가액이 6,000만 원 이상인 것을 과세 대상으로 규정하고 있다. 다만 양도일 현재 생존하고 있는 국내 원작자의 작품은 과세 대상에서 제외한다. 또한 국보와 보물 등 국가지정문화재의 거래 및 양도도 제외한다.

[ii]대통령령으로 정하는 서화 · 골동품이란 (i) 회화, 데생, 파스텔(손으로 그린 것에 한정하며, 도안과 장식한 가공품은 제외한다) 및 콜라주와 이와 유사한 장식판, (ii) 판화 · 인쇄화 및 석판화의 원본, (iii) 골동품(제작 후 100년을 넘은 것에 한정한다)을 말한다.

[iii]법률에 따르면 대통령령으로 정하는 서화 · 골동품을 6,000만 원 이상으로 판매하는 경우, 양도차액의 80~90%를 필요경비로 인정하고, 나머지 금액인 20~10%를 기타소득으로 간주하여 이에 대해 기타소득세를 징수하게 된다. 작품의 보유 기간이 10년 미만일 때는 양도차액의 80%가, 10년 이상일 때는 양도차액의 90%가 필요경비로 인정된다. 기타소득세의 세율은 작품 보유기간에 관계 없이 20%이다. 예를 들어 1,000만 원에 그림을 구입하여 10년 후 6,000만 원에 파는 사람은 양도차액 5,000만 원 가운데 90%(4,500만 원)를 필요경비로 공제받고, 나머지 금액 500만 원에 대해 기타소득세가 부과된다. 따라서 결정 세액은 100만 원이다.

※ 양도가액이란 판매가격을 의미하며, 양도차액은 구매가격과 판매가격과의 차이를 말한다.

〈보기〉

ㄱ. A가 석판화의 복제품을 12년 전 1,000만 원에 구입하여 올해 5,000만 원에 판매한 경우, 이에 대한 기타소득세 100만 원을 납부하여야 한다.

ㄴ. B가 보물로 지정된 고려시대의 골동품 1점을 5년 전 1억 원에 구입하여 올해 1억 5,000만 원에 판매한 경우, 이에 대한 기타소득세 200만 원을 납부하여야 한다.

ㄷ. C가 현재 생존하고 있는 국내 화가의 회화 1점을 15년 전 100만 원에 구입하여 올해 1억 원에 판매한 경우, 이에 대한 기타소득세를 납부하지 않아도 된다.

ㄹ. D가 작년에 세상을 떠난 국내 화가의 회화 1점을 15년 전 1,000만 원에 구입하여 올해 3,000만 원에 판매한 경우, 이에 대한 기타소득세 40만 원을 납부하여야 한다.

① ㄱ, ㄴ
② ㄱ, ㄷ
③ ㄷ, ㄹ
④ ㄱ, ㄴ, ㄹ
⑤ ㄴ, ㄷ, ㄹ

해설

문제 분석

문단 i) 미술품 및 문화재 판매에 대한 기타소득세 과세 대상
1) 대통령령으로 정하는 서화 · 골동품
2) 개당 · 점당 또는 조당 양도가액이 6,000만 원 이상
단서: 현재 생존하고 있는 국내 원작자의 작품, 국보와 보물 등 국가지정문화재의 거래 및 양도는 제외

문단 ii) 대통령령으로 정하는 서화 · 골동품

문단 iii) 양도차액에서 필요경비를 제외한 나머지 금액에 20%의 세율로 기타소득세를 부과

문제풀이 실마리

제시문을 통해 기타소득세를 납부해야 하는 경우와 납부하지 않아도 되는 경우를 구분하여 각 보기에 등장한 상황에 정확하게 적용할 수 있어야 한다. 이때 각주의 형식으로 주어진 양도가액과 양도차액의 개념을 반드시 확인하여야 한다.

ㄱ. (X) A가 석판화의 복제품을 판매한 경우, 문단 ii)의 (ii) 석판화의 원본이 아니므로 대통령령으로 정하는 서화 · 골동품에 해당하지 않는다. 또한 문단 i) 두 번째 문장에 따르면 양도가액이 6,000만 원 이상이어야 하는데 A가 판매한 석판화의 복제품은 양도가액이 5,000만 원으로 6,000만 원 미만이다. 기타소득세 과세 대상에 해당하지 않는다.

ㄴ. (X) B가 고려시대의 골동품 1점을 판매한 경우, 문단 ii)의 (iii) 골동품에 해당한다. 그리고 양도가액은 1억 5,000만 원으로 6,000만 원 이상이다. 그러나 해당 골동품은 보물로 지정되었다고 하므로 문단 i) 세 번째 문장에 따라 기타소득세 과세 대상에서 제외된다.

ㄷ. (O) C가 회화 1점을 판매한 경우, 문단 ii)의 (i) 회화에 해당한다. 그리고 양도가액은 1억 원으로 6,000만 원 이상이다. 그러나 해당 회화는 현재 생존하고 있는 국내 화가의 작품으로 문단 i) 세 번째 문장에 따라 기타소득세 과세 대상에서 제외된다. 따라서 기타소득세를 납부하지 않아도 된다.

ㄹ. (X) D가 회화 1점을 판매한 경우, 문단 ii)의 (i) 회화에 해당한다. 그러나 양도가액은 3,000만 원으로 6,000만 원 미만이다. 기타소득세 과세 대상에 해당하지 않는다. 참고로 작년에 세상을 떠난 국내 화가의 작품인 경우, 기타소득세 과세 대상에서 제외되지 않는다.

빠른 문제풀이 Tip

모든 보기에서 기타소득세 과세 요건과 양도가액만 판단의 대상이 되고 세액은 판단할 필요가 없다.

[정답] ④

3 매칭

86 다음 글을 근거로 판단할 때, (A)~(E)의 요건과 <상황>의 ㉮~㉲를 옳게 짝지은 것은? 7급 대표예제 1번

민법 제00조는 "고의 또는 과실로 인한 위법행위로 타인에게 손해를 가한 자는 그 손해를 배상할 책임이 있다."고 규정하고 있다. 이는 가해자의 불법행위로 피해자가 손해를 입은 경우, 가해자의 손해배상책임을 인정하는 규정이다. 이 규정에 따라 손해배상책임이 인정되기 위해서는 다음의 (A)~(E) 다섯 가지 요건을 모두 충족하여야 한다.

(A) 가해자에게 고의 또는 과실이 있어야 한다. 고의란 가해자가 불법행위의 결과를 인식하고 받아들이는 심리상태이며, 과실이란 가해자에게 무엇인가 준수해야 할 의무가 있음에도 부주의로 그 의무의 이행을 다하지 아니한 것을 말한다.

(B) 피해자의 손해를 야기할 수 있는 가해자의 행위(가해행위)가 있어야 한다.

(C) 가해행위가 위법한 행위이어야 한다. 일반적으로 법규에 어긋나는 행위는 위법한 행위에 해당한다.

(D) 피해자에게 손해가 발생해야 한다.

(E) 가해행위와 손해발생 사이에 인과관계가 있어야 한다. 가해행위가 없었더라면 손해가 발생하지 않았을 경우에 인과관계가 인정된다.

〈상황〉

甲이 차량을 운전하다가 보행자 교통신호의 지시에 따라 횡단보도를 건너던 乙을 치어 乙에게 부상을 입혔다. 이 경우, ㉮ 甲이 차량으로 보행자 乙을 친 것, ㉯ 甲의 차량이 교통신호를 지키지 않아 도로교통법을 위반한 것, ㉰ 甲이 교통신호를 준수할 의무를 부주의로 이행하지 않은 것, ㉱ 횡단보도를 건너던 乙이 부상을 입은 것, ㉲ 甲의 차량이 보행자 乙을 치지 않았다면 乙이 부상을 입지 않았을 것이 (A)~(E) 요건을 각각 충족하기 때문에 甲의 손해배상책임이 인정된다.

① (A) − ㉱
② (B) − ㉮
③ (C) − ㉲
④ (D) − ㉰
⑤ (E) − ㉯

해설

문제 분석

제시된 법조문의 내용을 파악하고 이를 특정 상황에 적용 · 응용하는 문제이다. 다양한 범주의 법조문이나 규정 · 규칙이 제시되며, 제시문의 내용을 적용할 수 있는 구체적인 상황이 추가로 제시된다.

문제풀이 실마리

제시문에서 요건이 다섯 개가 제시되고, 〈상황〉도 다섯 개가 제시되므로 하나씩 매칭되는 경우가 일반적이다. 따라서 (A)~(E) 요건의 핵심적인 키워드를 〈상황〉의 ㉮~㉲에 적용하여 매칭한다. 만약 직접 매칭하는 것이 어렵다면 선지를 활용하여 풀이한다.

〈상황〉에서 (A)~(E) 요건을 각각 충족하기 때문에 甲의 손해배상책임이 인정된다고 했으므로 (A)~(E) 요건은 〈상황〉의 ㉮~㉲와 하나씩 반드시 매칭됨을 알 수 있다. 이에 따라 요건과 〈상황〉을 매칭하면 다음과 같다.

- (A) 가해자에게 고의 또는 과실이 있어야 한다. 고의란 가해자가 불법행위의 결과를 인식하고 받아들이는 심리상태이며, 과실이란 가해자에게 무엇인가 준수해야 할 의무가 있음에도 부주의로 그 의무의 이행을 다하지 아니한 것을 말한다.
  → ㉰ 甲이 교통신호를 준수할 의무를 부주의로 이행하지 않은 것
- (B) 피해자의 손해를 야기할 수 있는 가해자의 행위(가해행위)가 있어야 한다.
  → ㉮ 甲이 차량으로 보행자 乙을 친 것
- (C) 가해행위가 위법한 행위이어야 한다. 일반적으로 법규에 어긋나는 행위는 위법한 행위에 해당한다.
  → ㉯ 甲의 차량이 교통신호를 지키지 않아 도로교통법을 위반한 것
- (D) 피해자에게 손해가 발생해야 한다.
  → ㉱ 횡단보도를 건너던 乙이 부상을 입은 것
- (E) 가해행위와 손해발생 사이에 인과관계가 있어야 한다. 가해행위가 없었더라면 손해가 발생하지 않았을 경우에 인과관계가 인정된다.
  → ㉲ 甲의 차량이 보행자 乙을 치지 않았다면 乙이 부상을 입지 않았을 것

따라서 ㉮는 (B) 요건을 충족한다.

[정답] ②

길쌤's Check 더 연습해 볼 문제

민간경력자	14년 A책형 6번
5급 공채	07년 재책형 6번 07년 재책형 24번

4 기타

87 다음 글을 근거로 판단할 때 옳지 않은 것은?

16년 민경채 5책형 25번

○○군에서는 관내 임업인 중 정부 보조금 지원 대상자를 선정하기 위하여 〈평가기준〉을 홈페이지에 게시하였다. 이에 임업인 甲, 乙, 丙, 丁이 관련 서류를 완비하여 보조금 지원을 신청하였으며, ○○군은 평가를 거쳐 〈선정결과〉를 발표하였다.

〈평가기준〉

구분	평가항목	배점기준		배점	평가자료
1	보조금 수급 이력	없음		40	정부 보유자료
		있음	3백만 원 미만	26	
			3백만 원 이상	10	
2	임산물 판매규모	2천만 원 이상		30	2015년 연간 판매액 증빙자료
		1천만 원 이상 2천만 원 미만		25	
		5백만 원 이상 1천만 원 미만		19	
		5백만 원 미만		12	
3	전문임업인	해당		10	군청 보유자료
		해당 없음		5	
4	임산물 관련 교육 이수	해당		10	이수증, 수료증
		해당 없음		5	
5	2015년 산림청 통계조사 표본농가	해당		10	산림청 보유자료
		해당 없음		7	

□ 선정기준: 평가기준에 따른 총점이 가장 높은 임업인 1인

□ 임업인이 제출해야 할 서류
  ○ 2번 항목: 2015년 임산물 판매 영수증, 세금계산서
  ○ 4번 항목: 이수증 또는 수료증

□ 선정제외 대상: 보조금을 부당하게 사용하였거나 관련 법령을 위반한 자

□ 동점 시 우선 선정기준
  1. 보조금 수급 이력 점수가 높은 자
  2. 임산물 판매규모 점수가 높은 자
  3. 연령이 높은 자

〈선정결과〉

항목 임업인	1	2	3	4	5	총점	선정여부
甲	40	25	10	5	7	87	X
乙	40	19	5	10	10	84	X
丙	40	19	10	5	10	84	O
丁	26	30	5	10	7	78	X

① 甲은 관련 법령을 위반한 적이 있을 것이다.
② 甲과 丁은 2015년 산림청통계조사 표본농가에 포함되지 않았을 것이다.
③ 乙이 관련 법령위반 경력이 없다면, 丙은 乙보다 연령이 높을 것이다.
④ 丁은 300만 원 이상에 해당되는 보조금 수급 이력 서류를 제출하였을 것이다.
⑤ 乙과 丁은 임산물 관련 교육 이수 사실 증명을 위해 이수증이나 수료증을 제출하였을 것이다.

해설

문제 분석

관내 임업인 중 정부 보조금 지원 대상자를 선정하기 위한 평가기준, 선정기준, 선정제외 대상, 제출해야 할 서류 등이 제시되어 있다.

문제풀이 실마리

〈선정결과〉에 각 임업인의 항목별 점수가 제시되어 있고, 최종적으로 丙이 선정되었음을 토대로 선지별 상황을 추론해야 한다.

① (O) 甲은 총점이 87점으로 가장 높고, 관련 서류도 완비하여 보조금 지원을 신청했음에도 불구하고 선정되지 못했다. 이는 甲은 '선정제외 대상'에 해당된 경우에 가능한 상황이다. 선정제외 대상이 되려면 보조금을 부당하게 사용하였거나 관련 법령을 위반한 자이어야 한다. 그런데 甲의 평가기준 1번, '보조금 수급 이력' 점수가 40점이라는 것은 보조금 수급 이력이 없다는 의미이므로 보조금을 부당하게 사용하여 선정제외 대상이 된 것은 아님을 알 수 있다. 따라서 甲은 관련 법령을 위반한 적이 있어 보조금 선정제외 대상이 되었을 것임을 알 수 있다.

② (O) 2015년 산림청통계조사 표본농가에 포함되었는지 여부는 〈평가기준〉 5번, '2015년 산림청 통계조사 표본농가'의 평가항목에서 확인할 수 있다. 甲과 丁은 해당 평가항목 점수가 둘 다 7점이므로 2015년 산림청통계조사 표본농가에 포함되지 않았을 것임을 알 수 있다.

③ (O) 乙과 丙은 둘 다 총점이 84점으로 동점이지만, 丙이 선정되고, 乙은 선정되지 않았음을 알 수 있다. 이때 선지의 가정과 같이 乙이 관련 법령위반 경력이 없다면, 보조금 수급 이력 점수도 40점이기 때문에 보조금을 부당하게 사용한 사유도 없으므로 선정제외 대상이 되는 두 가지 사유에 해당하지 않음에도 최종적으로 선정되지 않았음을 알 수 있다.

이에 따라 乙이 선정되지 못한 이유는, 동점 시 우선 선정기준에 따라 결정된 것이므로 동점시 우선 선정기준을 정리하면 다음과 같다.

〈선정기준 1〉 보조금 수급 이력 점수가 높은 자: 평가항목 1번, '보조금 수급 이력'에 따라 乙과 丙의 점수는 40점으로 동일하다.

〈선정기준 2〉 임산물 판매규모 점수가 높은 자: 평가항목 2번, '임산물 판매규모'에 따라 乙과 丙의 점수는 19점으로 역시 동일하다.

〈선정기준 3〉 연령이 높은 자: 앞선 선정기준 1, 2에서 선정이 되지 못하므로 丙이 乙보다 연령이 높아 최종적으로 선정되었다는 판단이 가능하다.

따라서 선정되지 않은 乙이 관련법령위반 경력이 없다면, 丙은 乙보다 연령이 높을 것임을 알 수 있다.

④ (X) 보조금 수급 이력 서류를 제출했는지 여부는 평가기준 1번, '보조금 수급 이력'에서 확인할 수 있다. 丁의 1번 항목 점수는 26점으로 300만 원 미만의 보조금 수급 이력이 있으므로 평가자료인 정부의 보유자료를 제출해야 한다. 이때 제시문에서 관련 서류를 완비하여 보조금 지원을 신청하였다고 했으므로 보조금 수급 이력 서류를 제출했으나, 丁은 300만 원 '이상'이 아닌 300만 원 '미만'에 해당되는 보조금 수급 이력 서류를 제출했을 것임을 알 수 있다.

⑤ (O) 임산물 관련 교육 이수 사실 증명을 위해 이수증이나 수료증을 제출하였는지 여부는 평가기준 4번, '임산물 관련 교육 이수'에서 확인할 수 있다. 乙과 丁 의 해당 항목 점수를 보면 10점으로 교육 이수에 해당한다. 관련 서류를 완비하여 보조금 지원을 신청했으므로 乙과 丁은 임산물 관련 교육 이수 사실 증명을 위해 이수증이나 수료증을 제출했을 것임을 알 수 있다.

[정답] ④

Ⅳ. 해결 (4) - 1지문 2문항

1 일반

[88~89] 다음 글을 읽고 물음에 답하시오. 23년 5급 가책형 39~40번

다음은 ○○국가의 민원인 질의에 대한 챗봇의 답변내용 중 일부이다.

Q: 산지전용은 무엇이며 허가권자는 누구인가요?

A: 산지전용이란 산지를 본래의 용도(조림(造林), 입목의 벌채 등) 외로 사용하기 위해 그 형질을 변경하는 것을 말합니다. 산지전용을 하려는 사람은 산지의 종류 및 면적 등의 구분에 따라 허가권자의 허가를 받아야 합니다. 허가권자는 보전산지인지 그렇지 않은 산지인지에 따라 다릅니다. 보전산지는 산림청장이 임업생산과 공익을 위해 지정하는 산지로서 산림청장 소관입니다. 보전산지에는 산림자원의 조성 등 임업생산 기능의 증진을 위해 지정하는 임업용산지와 재해방지, 국민보건휴양 증진 등 공익 기능을 위하여 지정하는 공익용산지가 있습니다. 산지전용 허가권자는 다음과 같습니다.

> ○ 산지면적 200만 m^2 이상(보전산지의 경우 100만 m^2 이상): 산림청장
> ○ 산지면적 50만 m^2 이상 200만 m^2 미만(보전산지의 경우 3만 m^2 이상 100만 m^2 미만)
> – 산림청장 소관인 국유림의 산지인 경우: 산림청장
> – 산림청장 소관이 아닌 국유림, 공유림 또는 사유림의 산지인 경우: 시·도지사
> ○ 산지면적 50만 m^2 미만(보전산지의 경우 3만 m^2 미만): 시장·군수·구청장

Q: 산지전용 허가를 받기 위해서는 어떤 서류를 제출해야 하나요?

A: 산지전용허가신청서와 사업계획서, 도면을 제출하여야 합니다. 도면으로는 지적도와 임야도를 제출하는데, 이것은 지도나 지형도와는 개념이 다릅니다. 지적도와 임야도를 보면 해당 필지의 모양, 주변 필지와의 경계를 알 수 있습니다. 물론 지도와 마찬가지로 지적도와 임야도에도 축척을 사용합니다. 1/1,200의 대축척 도면은 좁은 지역을 상세하게 표시하고, 1/6,000의 소축척 도면은 넓은 지역을 간략하게 표시합니다. 지적도는 1/1,200 축척을 사용하고, 임야도는 1/6,000 축척을 사용합니다. 임야는 다른 지목의 토지보다 넓어서 1/1,200 축척의 도면에 전체 면적을 담기 어렵기 때문입니다.

Q: 산지면적을 표시할 때 여러 단위를 쓰지 않나요?

A: 토지의 면적은 미터법(m^2)으로 표기하는 것이 원칙이나, 일상에서 '평'으로 표기하기도 합니다. 1평은 3.3m^2입니다. 그런데 산지는 면적이 넓어 편리하게 'ha(헥타르)'나 '정보(町步)'로 표기하기도 합니다. 1ha는 가로와 세로가 각각 100m인 정사각형의 면적을 말하며 1정보는 3,000평입니다.

88 윗글을 근거로 판단할 때, <보기>에서 옳은 것만을 모두 고르면?

〈보기〉

ㄱ. 임야도의 경우 넓은 지역의 전체 면적을 담기 위해 대축척을 사용한다.
ㄴ. 보전산지의 지정권자는 면적에 관계없이 산림청장이다.
ㄷ. 산지전용 허가를 받기 위해서는 지도와 지형도를 제출하여야 한다.
ㄹ. 산림청장 소관이 아닌 사유림의 소유자가 그 산지에서 입목의 벌채를 하려는 경우 산지전용 허가를 받아야 한다.

① ㄱ ② ㄴ ③ ㄱ, ㄷ
④ ㄴ, ㄹ ⑤ ㄷ, ㄹ

89 윗글과 <상황>을 근거로 판단할 때, X임야와 Y임야의 산지전용 허가권자를 옳게 짝지은 것은?

〈상황〉

개발업자 甲은 X임야와 Y임야에 대한 산지전용 허가를 받고자 한다. X임야는 산림청장이 국민보건휴양 증진을 위해 보전산지로 지정한 국유림으로서 산지면적이 100정보이며, Y임야는 甲의 소유로서 산지면적이 50ha이다.

	X임야	Y임야
①	시·도지사	시장·군수·구청장
②	산림청장	산림청장
③	산림청장	시·도지사
④	시·도지사	시·도지사
⑤	산림청장	시장·군수·구청장

88

해설

문제 분석

제시문의 챗봇 답변 내용 중 첫 번째 답변부터 각각 답변 ⅰ)~ⅲ)이라고 한다.

답변 ⅰ) 산지전용, 산지전용 허가권자

답변 ⅱ) 산지전용허가를 받기 위해 제출하여야 하는 서류

답변 ⅲ) 산지면적을 표시하는 단위

문제풀이 실마리

제시문이 Q&A의 형식으로 분절적으로 제시되어 있다. 각 보기의 해결에 필요한 부분을 찾아서 해결할 때 빠른 해결이 가능하다.

ㄱ. (X) 답변 ⅱ) 다섯 번째, 여섯 번째 문장에 따르면 임야도의 경우 대축적을 사용하는 것이 아니라, 1/6,000의 소축적을 사용한다.

ㄴ. (O) 답변 ⅰ) 네 번째 문장에 따르면 보전산지는 면적에 관계없이 산림청장이 지정한다.

ㄷ. (X) 답변 ⅱ) 첫 번째, 두 번째 문장에 따르면 산지전용 허가를 받기 위해서는 도면으로 지적도와 임야도를 제출해야 하는데, 이는 지도·지형도와는 다르다. 지도와 지형도를 제출하여야 하는 것은 아니다.

ㄹ. (X) 답변 ⅰ) 첫 번째, 두 번째 문장에 따르면 산지전용이란 산지를 본래의 용도 외로 사용하기 위해 그 형질을 변경하는 것이고, 산지전용을 하려는 사람은 허가권자의 허가를 받아야 한다. 따라서 산지에서 입목의 벌채를 하려는 경우 산지를 본래의 용도로 사용하는 것이므로, 산림청장 소관이 아닌 사유림인지 여부와 무관하게 소유자가 산지전용 허가를 받아야 하는 것은 아니다.

[정답] ②

89

해설

문제 분석

발문에서 X임야와 Y임야의 산지전용 허가권자를 확인할 것을 요구하는 문제이다.

문제풀이 실마리

산지전용 허가권자는 제시문 중에 박스로 제시되어 있어 찾아보기 쉽다. 다만 산지면적을 정보 또는 ha의 단위로 주고 있어 이를 m^2의 단위로 환산하는 과정이 필요하다.

X임야: X임야는 산림청장이 국민보건휴양 증진을 위해 보전산지로 지정한 국유림으로서 산지면적이 100정보이다. 답변 ⅰ) 네 번째 문장에 따르면 보전산지는 산림청장 소관이다. 그리고 답변 ⅲ) 네 번째 문장에 따르면 1정보는 3,000평이고, 두 번째 문장에 따르면 1평은 $3.3m^2$이므로 정보를 제곱미터로 환산하면 1정보=3,000평×$3.3m^2$=$9,900m^2$, 100정보는 $990,000m^2$이다. 보전산지로서 산지면적이 3만 m^2 이상 100만 m^2 미만이고 산림청장 소관인 국유림 산지이므로, 제시문의 두 번째 동그라미에 따라 X임야의 산지전용 허가권자는 산림청장이다. 선지 ①, ④는 제거된다.

Y임야: Y임야는 甲의 소유로서 산지면적이 50ha이다. 답변 ⅲ) 네 번째 문장에 따르면 1ha는 가로와 세로가 각각 100m인 정사각형의 면적을 말하는 것이므로 ha를 제곱미터로 환산하면 1ha=100m×100m=$10,000m^2$, 50ha는 $500,000m^2$이다. 산지 면적이 50만 m^2 이상 200만 m^2 미만이고 甲의 소유인 사유림이므로, 제시문의 두 번째 동그라미에 따라 Y임야의 산지전용 허가권자는 시·도지사이다. 정답은 ③이다.

[정답] ③

길쌤's Check　더 연습해 볼 문제

5급 공채	06년 견습 인책형 39번 06년 견습 인책형 40번 19년 가책형 39번 19년 가책형 40번

2 계산

[90~91] 다음 글을 읽고 물음에 답하시오.

21년 7급 나책형 23~24번

○ 국가는 지방자치단체인 시·군·구의 인구, 지리적 여건, 생활권·경제권, 발전가능성 등을 고려하여 통합이 필요한 지역에 대하여는 지방자치단체 간 통합을 지원해야 한다.
○ △△위원회(이하 '위원회')는 통합대상 지방자치단체를 발굴하고 통합방안을 마련한다. 지방자치단체의 장, 지방의회 또는 주민은 인근 지방자치단체와의 통합을 위원회에 건의할 수 있다. 단, 주민이 건의하는 경우에는 해당 지방자치단체의 주민투표권자 총수의 50분의 1 이상의 연서(連書)가 있어야 한다. 지방자치단체의 장, 지방의회 또는 주민은 위원회에 통합을 건의할 때 통합대상 지방자치단체를 관할하는 특별시장·광역시장 또는 도지사(이하 '시·도지사')를 경유해야 한다. 이 경우 시·도지사는 접수받은 통합건의서에 의견을 첨부하여 지체 없이 위원회에 제출해야 한다. 위원회는 위의 건의를 참고하여 시·군·구 통합방안을 마련해야 한다.
○ □□부 장관은 위원회가 마련한 시·군·구 통합방안에 따라 지방자치단체 간 통합을 해당 지방자치단체의 장에게 권고할 수 있다. □□부 장관은 지방자치단체 간 통합권고안에 관하여 해당 지방의회의 의견을 들어야 한다. 그러나 □□부 장관이 필요하다고 인정하여 해당 지방자치단체의 장에게 주민투표를 요구하여 실시한 경우에는 그렇지 않다. 지방자치단체의 장은 시·군·구 통합과 관련하여 주민투표의 실시 요구를 받은 때에는 지체 없이 이를 공표하고 주민투표를 실시해야 한다.
○ 지방의회 의견청취 또는 주민투표를 통하여 지방자치단체의 통합의사가 확인되면 '관계지방자치단체(통합대상 지방자치단체 및 이를 관할하는 특별시·광역시 또는 도)'의 장은 명칭, 청사 소재지, 지방자치단체의 사무 등 통합에 관한 세부사항을 심의하기 위하여 공동으로 '통합추진공동위원회'를 설치해야 한다.
○ 통합추진공동위원회의 위원은 관계지방자치단체의 장 및 그 지방의회가 추천하는 자로 한다. 통합추진공동위원회를 구성하는 각각의 관계지방자치단체 위원 수는 다음에 따라 산정한다. 단, 그 결괏값이 자연수가 아닌 경우에는 소수점 이하의 수를 올림한 값을 관계지방자치단체 위원 수로 한다.

> 관계지방자치단체 위원 수=[(통합대상 지방자치단체 수)×6+(통합대상 지방자치단체를 관할하는 특별시·광역시 또는 도의 수)×2+1]÷(관계지방자치단체 수)

○ 통합추진공동위원회의 전체 위원 수는 위에 따라 산출된 관계지방자치단체 위원 수에 관계지방자치단체 수를 곱한 값이다.

90 윗글을 근거로 판단할 때 옳은 것은?

① □□부 장관이 요구하여 지방자치단체의 통합과 관련한 주민투표가 실시된 경우에는 통합권고안에 대해 지방의회의 의견을 청취하지 않아도 된다.
② 지방의회가 의결을 통해 다른 지방자치단체와의 통합을 추진하고자 한다면 통합건의서는 시·도지사를 경유하지 않고 △△위원회에 직접 제출해야 한다.
③ 주민투표권자 총수가 10만 명인 지방자치단체의 주민들이 다른 인근 지방자치단체와의 통합을 △△위원회에 건의하고자 할 때, 주민 200명의 연서가 있으면 가능하다.
④ 통합추진공동위원회의 위원은 □□부 장관과 관계지방자치단체의 장이 추천하는 자로 한다.
⑤ 지방자치단체의 장은 해당 지방자치단체의 통합을 △△위원회에 건의할 때, 지방의회의 의결을 거쳐야 한다.

91 윗글과 <상황>을 근거로 판단할 때, '통합추진공동위원회'의 전체 위원 수는?

〈상황〉

> 甲도가 관할하는 지방자치단체인 A군과 B군, 乙도가 관할하는 지방자치단체인 C군, 그리고 丙도가 관할하는 지방자치단체인 D군은 관련 절차를 거쳐 하나의 지방자치단체로 통합을 추진하고 있다. 현재 관계지방자치단체장은 공동으로 '통합추진공동위원회'를 설치하고자 한다.

① 42명
② 35명
③ 32명
④ 31명
⑤ 28명

90

해설

문제 분석

제시문의 첫 번째 동그라미부터 각각 문단 ⅰ)~ⅵ)이라고 한다.

문단 ⅰ) 국가의 지방자치단체 간 통합 지원

문단 ⅱ) 위원회의 지방자치단체 통합방안 마련
지방자치단체장 등의 지방자치단체 통합 건의, 주민의 건의 요건

문단 ⅲ) □□부 장관의 지방자치단체 간 통합 권고, 의견 청취, 주민투표 실시 요구 및 실시

문단 ⅳ) 통합추진공동위원회 설치

문단 ⅴ) 각 관계지방자치단체의 통합추진공동위원회 위원 수

문단 ⅵ) 통합추진공동위원회 전체 위원 수

문제풀이 실마리

각 선지 해결에 필요한 정보를 제시문에서 찾아서 확인하는 것도 가능한 문제이다. 이를 위해서 각 선지에서 무엇을 묻는지, 어떤 부분을 해결해야 하는지를 미리 확인하는 것이 좋다.

① (O) 문단 ⅲ) 두 번째 문장에 따르면 □□부 장관은 지방자치단체 간 통합권고안에 관하여 해당 지방의회의 의견을 들어야 하지만, 세 번째 문장에 따르면 □□부 장관이 필요하다고 인정하여 해당 지방자치단체의 장에게 주민투표를 요구하여 실시한 경우에는 지방의회의 의견을 청취하지 않을 수 있다. 따라서 □□부 장관이 지방자치단체의 통합과 관련한 주민투표를 요구하여 주민투표가 실시된 경우에는 통합권고안에 대해 지방의회의 의견을 청취하지 않아도 된다.

② (X) 문단 ⅱ) 네 번째 문장에 따르면 지방의회는 △△위원회에 통합을 건의할 때 통합건의서를 통합대상 지방자치단체를 관할하는 시·도지사를 경유하여야 하고, 다섯 번째 문장에 따르면 시·도지사가 접수받은 통합건의서를 위원회에 제출해야 한다. 따라서 지방의회가 의결을 통해 다른 지방자치단체와의 통합을 추진하고자 한다면 통합건의서는 시·도지사를 경유하지 않고 △△위원회에 직접 제출할 수는 없고, 시·도지사를 경유하여 시·도지사가 △△위원회에 제출해야 한다.

③ (X) 문단 ⅱ) 두 번째, 세 번째 문장에 따르면 주민이 인근 지방자치단체와의 통합을 위원회에 건의하는 경우, 해당 지방자치단체의 주민투표권자 총수의 50분의 1 이상의 연서가 있어야 한다. 따라서 주민투표권자 총수가 10만 명인 지방자치단체의 주민들이 다른 인근 지방자치단체와의 통합을 △△위원회에 건의하고자 할 때, 주민 200명이 아니라 주민투표권자 총수 10만 명의 50분의 1인 2,000명 이상의 연서가 있어야 가능하다.

④ (X) 문단 ⅴ) 첫 번째 문장에 따르면 통합추진공동위원회의 위원은 □□부 장관이 아닌, 관계지방자치단체의 장 및 그 지방의회가 추천하는 자로 한다.

⑤ (X) 문단 ⅱ) 두 번째 문장에 따르면 지방자치단체의 장은 인근 지방자치단체와의 통합을 위원회에 건의할 수 있고, 지방의회의 의결을 거쳐야 한다는 언급은 없다. 따라서 지방자치단체의 장이 해당 지방자치단체의 통합을 △△위원회에 건의할 때, 지방의회의 의결을 거쳐야 하는 것은 아니다.

[정답] ①

91

해설

문제 분석

제시문과 〈상황〉을 활용하여 '통합추진공동위원회'의 전체 위원 수를 구해야 한다.

문제풀이 실마리

〈상황〉의 내용을 문단 ⅴ)의 식에 적용한다. 문단 ⅳ) 첫 번째 문장에 따르면 관계지방자치단체는 '통합대상 지방자치단체 및 이를 관할하는 특별시·광역시 또는 도'이다. 계산할 때 올림하는 과정이 있으므로 실수하지 않도록 주의한다.

문단 ⅴ)의 식에 대입할 내용을 정리해 보면 다음과 같다.

1) 통합대상 지방자치단체 수: A군, B군, C군, D군 → 4개
2) 통합대상 지방자치단체를 관할하는 특별시·광역시 또는 도의 수:
甲도(A군, B군을 관할), 乙도(C군을 관할), 丙도(D군을 관할) → 3개
3) 관계지방자치단체 수 → 4개 + 3개 = 7개

식에 대입하여 계산해보면

⇒ $(4 \times 6 + 3 \times 2 + 1) \div 7 \fallingdotseq 4.4 \cdots$

이다. 문단 ⅴ)의 세 번째 문장에 따라 관계지방자치단체 위원 수는 4.4 …의 소수점 이하의 수를 올림한 5명이다.

문단 ⅵ)에 따르면 통합추진공동위원회의 전체 위원 수는 위에서 계산한 관계지방자치단체 위원 수 5명에 관계지방자치단체 수 7을 곱한 35명이다. 정답은 ②이다.

[정답] ②

길쌤's Check 더 연습해 볼 문제

5급 공채	07년 재책형 19번 07년 재책형 20번 14년 A책형 39번 14년 A책형 40번

V. 해결 (5) - 계산

1 날짜 계산

92 다음 규칙에 근거할 때 옳은 것을 <보기>에서 모두 고르면?

12년 입법 가책형 26번

제1규칙: 기간을 시, 분, 초로 정한 때에는 즉시로부터 기산한다.
제2규칙: 기간을 일, 주, 월 또는 년으로 정한 때에는 기간의 초일은 산입하지 아니한다. 그러나 그 기간이 오전 0시로부터 시작하는 때에는 그러하지 아니하다.
제3규칙: 연령계산에는 출생일을 산입한다.
제4규칙: ① 기간을 일, 주, 월 또는 년으로 정한 때에는 기간말일의 종료로 기간이 만료한다. ② 주, 월 또는 년의 처음으로부터 기간을 기산하지 아니하는 때에는 최후의 주, 월 또는 년에서 그 기산일에 해당한 날의 전일로 기간이 만료한다. ③ 월 또는 년으로 정한 경우에 최종의 월에 해당일이 없는 때에는 그 월의 말일로 기간이 만료한다.

〈보기〉

ㄱ. 甲이 乙에게 2012. 1. 10. 14:00에 돈을 빌리면서 5일 이내에 갚기로 한 경우 돈을 2012. 1. 15. 14:00까지 갚아야 한다.
ㄴ. 甲이 1989. 10. 4. 14:00에 태어났다면 그가 만 20세가 되는 시점은 2009. 10. 3. 24:00이다.
ㄷ. 물건을 구매한 날로부터 1달 이내에 반품할 수 있는 것으로 규정되어 있는 경우, 甲이 2012. 1. 30. 14:00에 물품을 구매하였다면 2012. 2. 29. 24:00까지 반품할 수 있다.
ㄹ. 甲이 2012. 1. 10. 14:00에 乙에게 "2012. 1. 17. 오전 0시부터 3일간 내 아파트를 마음대로 사용해도 좋다."고 했다면 乙은 2012. 1. 20. 24:00에 아파트를 반환하여야 한다.

① ㄱ, ㄴ
② ㄱ, ㄹ
③ ㄴ, ㄷ
④ ㄴ, ㄹ
⑤ ㄷ, ㄹ

해설

문제 분석

제1규칙: (시, 분, 초 기산점) 기간을 시, 분, 초 → 즉시 기산
제2규칙: (일, 주, 월 기산점) 기간을 일, 주, 월 → 초일 불산입
단서: 기간이 오전 0시 시작
제3규칙: (연령의 기산점) 연령계산은 출생일 산입
제4규칙
① (기간의 만료점) 기간을 일, 주, 월 또는 년으로 정한 때
② 주, 월 또는 년의 처음으로부터 기간을 기산하지 아니하는 때
③ 기간의 월 또는 년의 최종 월에 해당일이 없는 때

문제풀이 실마리

민법 제155조부터 제160조까지의 내용 중 일부를 제외하고 규칙이라는 이름으로 제시문을 구성한 것이다. 날짜 계산은 응용소재에서 매우 자주 활용되므로 날짜 계산이 익숙해 질 때까지 많이 연습해 두는 것이 필요하다.

ㄱ. (X) 기간을 5일 이내로 정하였다. 제2규칙, 제4규칙 ①이 적용된다. 1) 제2규칙에 의하면 기간을 일로 정한 때에는 기간의 초일은 산입하지 아니한다. 따라서 2012. 1. 10은 기간의 계산에 산입하지 아니하고 2012. 1. 11~1. 15과 같이 5일을 계산한다. 2) 제4규칙 ①에 의하면 기간을 일로 정한 때에는 기간 말일의 종료로 기간이 만료한다. 따라서 기간 말일인 2012. 1. 15.이 종료되는 2012. 1. 15. 24:00이 기간의 만료 시점이다. 따라서 甲은 乙에게 빌린 돈을 2012. 1. 15. 24:00까지 갚아야 한다.

ㄴ. (O) 연령계산에는 제3규칙이 적용되고, 년의 처음으로부터 기간을 기산하지 아니하는 경우이므로 제4규칙 ②가 적용된다. 1) 제3규칙에 의하면 연령계산은 출생일을 산입하여 1989. 10. 4부터 기산한다. 2) 제4규칙 ②에 따르면 20년이라는 기간은 기산일인 10. 4의 전일인 2009. 10. 3.에, 그리고 제4규칙 ①에 따라 2009. 10. 3. 24:00에 만료된다. 따라서 甲은 2009. 10. 3. 24:00에 만 20세가 된다.

ㄷ. (O) 기간을 1달로 정하였다. 1) 제2규칙에 따라 2012. 1. 30은 기간의 계산에 산입하지 아니하고 2012. 1. 31부터 기산한다. 2) 제4규칙 ②에 따르면 1달이라는 기간은 기산일인 31일의 전일인 30일, 즉 2012. 2. 30.로 기간이 만료한다. 3) 그러나 2월 30일은 없으므로 제4규칙 ③에 따라 2012. 2. 29.에, 그리고 제4규칙 ①에 따라 2012. 2. 29. 24:00에 기간이 만료한다.

ㄹ. (X) 기간을 3일로 정하였다. 1) 제2규칙에 따르면 기간의 초일은 산입하지 아니한다. 그러나 甲이 '2012. 1. 17. 오전 0시부터'라고 하였으므로 제2규칙 단서가 적용되는 경우이다. 따라서 기간의 초일인 2012. 1. 17.부터 기산하여 2012. 1. 17~1. 19와 같이 3일을 계산한다. 2) 제4규칙 ①에 따라 기간말일인 2012. 1. 19.이 종료되는 2012. 1. 19. 24:00이 기간의 만료 시점이다. 따라서 乙은 2012. 1. 19. 24:00에 아파트를 반환하여야 한다.

[정답] ③

93 **다음 글을 근거로 판단할 때, <보기>에서 민원을 정해진 기간 이내에 처리한 것만을 모두 고르면?** 20년 5급 나책형 5번

제00조 ① 행정기관의 장은 '질의민원'을 접수한 경우에는 다음 각 호의 기간 이내에 처리하여야 한다. → 보기 ㄹ
1. 법령에 관해 설명이나 해석을 요구하는 질의민원: 7일
2. 제도 · 절차 등에 관해 설명이나 해석을 요구하는 질의민원: 4일

② 행정기관의 장은 '건의민원'을 접수한 경우에는 10일 이내에 처리하여야 한다. → 보기 ㄱ
③ 행정기관의 장은 '고충민원'을 접수한 경우에는 7일 이내에 처리하여야 한다. 단, 고충민원의 처리를 위해 14일의 범위에서 실지조사를 할 수 있고, 이 경우 실지조사 기간은 처리기간에 산입(算入)하지 아니한다. → 보기 ㄴ
④ 행정기관의 장은 '기타민원'을 접수한 경우에는 즉시 처리하여야 한다. → 보기 ㄷ

제00조 ① 민원의 처리기간을 '즉시'로 정한 경우에는 3근무시간 이내에 처리하여야 한다.
② 민원의 처리기간을 5일 이하로 정한 경우에는 민원의 접수시각부터 '시간' 단위로 계산한다. 이 경우 1일은 8시간의 근무시간을 기준으로 한다. → 보기 ㄹ
③ 민원의 처리기간을 6일 이상으로 정한 경우에는 '일' 단위로 계산하고 첫날을 산입한다. → 보기 ㄱ
④ 공휴일과 토요일은 민원의 처리기간과 실지조사 기간에 산입하지 아니한다.

※ 업무시간은 09:00~18:00이다. (점심시간 12:00~13:00 제외)
※ 3근무시간: 업무시간 내 3시간 → 보기 ㄷ
※ 광복절(8월 15일, 화요일)과 일요일은 공휴일이고, 그 이외에 공휴일은 없다고 가정한다.

〈보기〉

ㄱ. A부처는 8. 7(월) 16시에 건의민원을 접수하고, 8. 21(월) 14시에 처리하였다.
ㄴ. B부처는 8. 14(월) 13시에 고충민원을 접수하고, 10일간 실지조사를 하여 9.7(목) 10시에 처리하였다.
ㄷ. C부처는 8. 16(수) 17시에 기타민원을 접수하고, 8. 17(목) 10시에 처리하였다.
ㄹ. D부처는 8. 17(목) 11시에 제도에 대한 설명을 요구하는 질의민원을 접수하고, 8. 22(화) 14시에 처리하였다.

① ㄱ, ㄴ ② ㄱ, ㄷ ③ ㄴ, ㄹ
④ ㄱ, ㄷ, ㄹ ⑤ ㄴ, ㄷ, ㄹ

해설

문제 분석

첫 번째 조문부터 각각 제1조, 제2조라고 한다.

제1조 처리기간
- 제1항 질의민원　　제2항 건의민원
- 제3항 고충민원, 단서(실지조사)　　제4항 기타민원

제2조 처리기간의 계산
- 제1항 '즉시'는 3근무시간　　제2항 5일 이하는 시간 단위로
- 제3항 6일 이상은 일 단위로(첫날 산입)
- 제4항 공휴일과 토요일은 산입 안 함

문제풀이 실마리

각주에 따르면 광복절(8월 15일, 화요일)은 공휴일이고 〈보기〉에서는 여러 민원들의 처리기간에 대해 묻고 있으므로, 8월 15일을 화요일로 하는 달력의 일부분을 생각한다. 이하의 달력에서는 공휴일과 토요일은 음영 처리하였다.

ㄱ. (O) A부처는 8.7(월) 16시에 건의민원을 접수하였다. 제1조 제2항에 따르면 '건의민원'의 처리기간은 10일 이내이고, 제2조 제3항에 따라 민원의 처리기간이 6일 이상인 경우, '일' 단위로 계산하고 첫날을 산입한다. 즉, 첫날을 산입하여 8.7(월)부터 공휴일과 토요일인 8.12(토), 13(일), 15(광복절), 19(토), 20(일)을 제외하고 10일 이내인 8.21(월)까지 처리한다. '일' 단위로 계산하므로 시간은 문제되지 않고 업무시간 내에 처리하면 된다. 따라서 8.21(월) 14시에 해당 민원을 처리한 것은 정해진 기간 이내에 처리한 것이다. 달력으로 나타내면 다음과 같다.

일	월	화	수	목	금	토
8 / 6	7	8	9	10	11	12
13	14	15	16	17	18	19
20	21	22	23	24	25	26

ㄴ. (X) B부처는 8.14(월) 13시에 고충민원을 접수하였다. 제1조 제3항 본문에 따르면 '고충민원'의 처리기간은 7일 이내이고, 제2조 제3항에 따라 '일' 단위로 계산하고 첫날을 산입한다. 10일간 실지조사를 하였으므로 제1조 제3항 단서에 따라 해당 기간은 처리기간에 산입하지 아니한다. 따라서 8.14(월)부터 총 17일 이내인 9.6(수)까지 처리해야 하므로, 9.7(목) 10시에 해당 민원을 처리한 것은 정해진 기간 이내에 처리한 것이 아니다. 달력으로 나타내면 다음과 같다.

일	월	화	수	목	금	토
8 / 13	14	15	16	17	18	19
20	21	22	23	24	25	26
27	28	29	30	31	9 / 1	2
3	4	5	6	7	8	9

ㄷ. (O) C부처는 8.16(수) 17시에 기타민원을 접수하였다. 제1조 제4항에 따라 '기타민원'은 즉시 처리하여야 하고, 제2조 제1항에 따라 3근무시간 내에 처리한다. 8.16(수) 17:00~18:00이 1업무시간, 다음날인 8.17(목) 09:00~11:00이 2업무시간이므로 3업무시간 이내인 8.17(목) 11시까지 처리한다. 8.17(목) 10시에 해당 민원을 처리한 것은 정해진 기간 이내에 처리한 것이다.

ㄹ. (O) D부처는 8.17(목) 11시에 제도에 대한 설명을 요구하는 질의민원을 접수하였다. 제1조 제1항 제2호에 따르면 해당 질의민원은 4일 이내에 처리하여야 하고, 제2조 제2항에 따라 민원의 처리기간이 5일 이하인 경우, '시간' 단위로 계산한다. 1일은 8시간의 근무시간을 기준으로 하므로 4일 뒤 민원을 접수한 시간 이내에 처리한다. 즉, 8.19(토), 8.20(일)을 제외하고 8.23(수) 11시까지 처리한다. 8.22(화) 14시에 해당 민원을 처리한 것은 정해진 기간 이내에 처리한 것이다.

빠른 문제풀이 Tip

실제 문제풀이에서 직접 달력을 그리는 것은 시간이 많이 소모된다. 따라서 달력을 그리지 않고 문제를 해결할 필요가 있다. 해당 문제에서는 날짜를 계산할 때 초일 산입에 주의한다. 예를 들어 ㄴ에서 아직 공휴일과 토요일을 감안하지 않고 8.14(월)부터 17일 이내는 8.31(목)이 아니라 8.30(수)이다.

[정답] ④

94 다음 글과 <상황>을 근거로 판단할 때 옳은 것은? (단, 기간을 일(日)로 정한 때에는 기간의 초일은 산입하지 않는다)

17년 5급 가책형 25번

제○○조(위원회의 직무) 위원회는 그 소관에 속하는 의안과 청원 등의 심사 기타 법률에서 정하는 직무를 행한다.
제△△조(안건의 신속처리) ① 위원회에 회부된 안건을 제2항에 따른 신속처리대상안건으로 지정하고자 하는 경우 의원은 재적의원 과반수가 서명한 신속처리대상안건 지정요구 동의(이하 "신속처리안건지정동의")를 국회의장에게, 안건의 소관 위원회 소속 위원은 소관 위원회 재적위원 과반수가 서명한 신속처리안건지정동의를 소관 위원회 위원장에게 제출하여야 한다. 이 경우 의장 또는 안건의 소관 위원회 위원장은 지체 없이 신속처리안건지정동의를 무기명투표로 표결하되 재적의원 5분의 3 이상 또는 안건의 소관 위원회 재적위원 5분의 3 이상의 찬성으로 의결한다. → 선지 ①
② 의장은 제1항에 따라 신속처리안건지정동의가 가결된 때에는 해당 안건을 제3항의 기간 내에 심사를 마쳐야 하는 안건(이하 "신속처리대상안건")으로 지정하여야 한다.
③ 위원회는 신속처리대상안건에 대한 심사를 그 지정일부터 180일 이내에 마쳐야 한다. 다만, 법제사법위원회는 신속처리대상안건에 대한 체계 · 자구심사를 그 지정일, 제4항에 따라 회부된 것으로 보는 날 또는 제□□조에 따라 회부된 날부터 90일 이내에 마쳐야 한다. → 선지 ②, ④
④ 위원회(법제사법위원회를 제외한다)가 신속처리대상안건에 대하여 제3항에 따른 기간 내에 신속처리대상안건의 심사를 마치지 아니한 때에는 그 기간이 종료된 다음 날에 소관 위원회에서 심사를 마치고 체계 · 자구심사를 위하여 법제사법위원회로 회부된 것으로 본다. → 선지 ③
⑤ 법제사법위원회가 신속처리대상안건에 대하여 제3항에 따른 기간 내에 심사를 마치지 아니한 때에는 그 기간이 종료한 다음 날에 법제사법위원회에서 심사를 마치고 바로 본회의에 부의된 것으로 본다. → 선지 ⑤
⑥ 제5항에 따른 신속처리대상안건은 본회의에 부의된 것으로 보는 날부터 60일 이내에 본회의에 상정되어야 한다.
제□□조(체계 · 자구의 심사) 위원회에서 법률안의 심사를 마치거나 입안한 때에는 법제사법위원회에 회부하여 체계와 자구에 대한 심사를 거쳐야 한다.

〈상황〉

○ 국회 재적의원은 300명이고, 지식경제위원회 재적위원은 25명이다.
○ 지식경제위원회에 회부된 안건 X가 3월 2일 신속처리대상안건으로 지정되었다.

① 안건 X는 국회 재적의원 중 최소 150명 또는 지식경제위원회 위원 중 최소 13명의 찬성으로 신속처리대상안건으로 지정되었다.
② 지식경제위원회는 안건 X에 대해 당해년도 10월 1일까지 심사를 마쳐야 한다.
③ 지식경제위원회가 안건 X에 대해 기간 내 심사를 마치지 못했다면, 90일을 연장하여 재심사 할 수 있다.
④ 지식경제위원회가 안건 X에 대해 심사를 마치고 당해년도 7월 1일 법제사법위원회로 회부했다면, 법제사법위원회는 당해년도 9월 29일까지 심사를 마쳐야 한다.
⑤ 안건 X가 당해년도 8월 1일 법제사법위원회로 회부되었고 법제사법위원회가 기간 내 심사를 마치지 못했다면, 다음 해 1월 28일에 본회의에 부의된 것으로 본다.

해설

문제 분석

제○○조 (위원회의 직무)

제△△조 (안건의 신속처리)

제1항 신속처리대상안건지정동의·의결

	의원	안건의 소관위원회 소속 위원
신속처리안건 지정동의	재적의원 과반수의 서명	소관 위원회 재적위원 과반수가 서명
제출	국회의장	소관 위원회 위원장
의결	재적의원 5분의 3 이상의 찬성	소관 위원회 재적위원 5분의 3 이상의 찬성

제2항 신속처리대상안건 지정

제3항 위원회의 신속처리대상안건에 대한 심사

제4항 위원회가 신속처리대상안건에 대하여 기간 내에 심사를 마치지 아니한 때

제5항 법제사법위원회가 신속처리대상안건에 대하여 기간 내에 심사를 마치지 아니한 때

제6항 본회의 상정

제□□조 (체계·자구의 심사)

문제풀이 실마리

날짜 계산과 관련된 선지가 ②, ④, ⑤가 있다. 이 중 선지 ②, ⑤는 어림산으로도 판단이 가능하다. 날짜계산을 잘 대비해 두어야 한다.

① (X) 제△△조 제1항에 따르면 신속처리안건지정동의는 재적의원 5분의 3 이상 또는 안건의 소관 위원회 재적위원 5분의 3 이상의 찬성으로 의결한다. 따라서 안건 X는, 국회 재적의원 중 최소 150명이 아니라 국회 재적의원은 300명이므로 5분의 3인 180명 이상, 또는 지식경제위원회 위원 중 최소 13명이 아닌 지식경제위원회 재적위원 25명의 5분의 3인 15명 이상의 찬성으로 신속처리대상안건으로 지정되었을 것이다.

② (X) 제△△조 제3항에 따르면 위원회는 신속처리대상안건에 대한 심사를 그 지정일부터 180일 이내에 마쳐야 한다. 안건 X가 신속처리대상안건으로 지정된 것은 3월 2일이므로 지식경제위원회는 안건 X에 대해 당해년도 10월 1일까지가 아니라 180일 후인 8월 29일까지 심사를 마쳐야 한다.

③ (X) 제△△조 제4항에 따르면 지식경제위원회가 신속처리대상안건인 안건 X에 대하여 기간 내에 심사를 마치지 못했다면, 90일을 연장하여 재심사하는 것이 아니라 그 기간이 종료된 다음 날에 소관 위원회에서 심사를 마치고 체계·자구심사를 위하여 법제사법위원회로 회부된 것으로 본다. 90일을 연장하여 재심사 할 수 있다는 규정은 없다.

④ (O) 제△△조 제3항 단서에 따르면 법제사법위원회는 신속처리대상안건에 대한 체계·자구심사를 제□□조에 따라 회부된 날부터 90일 이내에 마쳐야 한다. 지식경제위원회가 안건 X에 대해 심사를 마치고 당해년도 7월 1일 법제사법위원회로 회부했다면, 법제사법위원회는 90일 이내인 당해년도 9월 29일까지 심사를 마쳐야 한다. 발문의 단서에 따라 초일을 산입하지 않는다면 7월 2일부터 30일(7월)+31일(8월)+29일(9월)=90일은 9월 29일이 된다.

⑤ (X) 제△△조 제3항에 따르면 신속처리대상안건인 안건 X가 당해년도 8월 1일 법제사법위원회로 회부된 경우 대상안건에 대한 체계·자구심사를 90일 이내에 마쳐야 한다. 90일 이내인 10월 30일까지 심사를 마쳐야 하지만, 해당 기간 내 심사를 마치지 못했다면 제△△조 제5항에 따라 다음 해 1월 28일이 아니라 10월 30일의 다음 날인 10월 31일에 본회의에 부의된 것으로 본다.

[정답] ④

PART 2 법조문 해커스 PSAT 길규범 상황판단 올인원 3권 텍스트·법조문

95 다음 글을 근거로 판단할 때, 입찰공고 기간을 준수한 것은?

22년 5급 나책형 24번

제00조 ① 입찰공고(이하 '공고'라 한다)는 입찰서 제출마감일의 전일부터 기산(起算)하여 7일 전에 이를 행하여야 한다. → 선지 ①

② 공사를 입찰하는 경우로서 현장설명을 실시하는 경우에는 현장설명일의 전일부터 기산하여 7일 전에 공고하여야 한다. 다만 입찰참가자격을 사전에 심사하려는 공사에 관한 입찰의 경우에는 현장설명일의 전일부터 기산하여 30일 전에 공고하여야 한다. → 선지 ②

③ 공사를 입찰하는 경우로서 현장설명을 실시하지 아니하는 경우에는 입찰서 제출마감일의 전일부터 기산하여 다음 각 호에서 정한 기간 전에 공고하여야 한다.

1. 입찰가격이 10억 원 미만인 경우: 7일
2. 입찰가격이 10억 원 이상 50억 원 미만인 경우: 15일
3. 입찰가격이 50억 원 이상인 경우: 40일

④ 제1항부터 제3항까지의 규정에도 불구하고 다음 각 호의 어느 하나에 해당하는 경우에는 입찰서 제출마감일의 전일부터 기산하여 5일 전까지 공고할 수 있다.

1. 재공고입찰의 경우 → 선지 ⑤
2. 다른 국가사업과 연계되어 일정조정이 불가피한 경우 → 선지 ③
3. 긴급한 행사 또는 긴급한 재해예방·복구 등을 위하여 필요한 경우

⑤ 협상에 의해 계약을 체결하는 경우에는 제1항 및 제4항에도 불구하고 제안서 제출마감일의 전일부터 기산하여 40일 전에 공고하여야 한다. 다만 다음 각 호의 어느 하나에 해당하는 경우에는 제안서 제출마감일의 전일부터 기산하여 10일 전까지 공고할 수 있다. → 선지 ③, ④

1. 제4항 각 호의 어느 하나에 해당하는 경우
2. 입찰가격이 고시금액 미만인 경우

① A부서는 건물 청소 용역업체 교체를 위해 제출마감일을 2021. 4. 1.로 정하고 2021. 3. 26. 공고를 하였다.

② B부서는 입찰참가자격을 사전에 심사하고 현장설명을 실시하는 신청사 건설공사 입찰가격을 30억 원에 진행하고자, 현장설명일을 2021. 4. 1.로 정하고 2021. 3. 15. 공고를 하였다.

③ C부서는 협상에 의해 헬기도입에 관한 계약을 체결하려고 하였는데, 다른 국가사업과 연계되어 일정조정이 불가피하게 되자 제출마감일을 2021. 4. 1.로 정하고 2021. 3. 19. 공고를 하였다.

④ D부서는 협상에 의해 다른 국가사업과 관계없는 계약을 체결하고자, 제출마감일을 2021. 4. 1.로 정하고 2021. 3. 26. 공고를 하였다.

⑤ E부서는 현장설명 없이 5억 원에 주차장 공사를 입찰하고자 2021. 4. 1.을 제출마감일로 하여 공고하였으나, 입찰자가 1개 회사밖에 없어 제출마감일을 2021. 4. 9.로 다시 정하고 2021. 4. 5. 재공고하였다.

해설

문제 분석

제1항 입찰공고

제2항 공사를 입찰하는 경우로서 현장설명을 실시하는 경우 공고 (입찰참가자격을 사전 심사하려는 공사에 관한 입찰의 경우)

제3항 공사를 입찰하는 경우로서 현장설명을 실시하지 아니하는 경우 공고

제4항 제1항부터 제3항의 공고에 대한 예외

제5항 협상에 의해 계약을 체결하는 경우 공고

문제풀이 실마리

제시문에는 날짜계산을 해야 하는 여러 경우가 등장하고 있다. 이를 엄밀하게 구분하여 어떠한 경우에 어떻게 날짜를 계산해야하는지 파악한 후, 각 선지의 상황에 정확하게 적용할 수 있어야 한다. 이때 '전에'와 '전까지'의 차이가 매우 중요하다.

① (X) 제1항에 따르면 공고는 입찰서 제출마감일의 전일부터 기산하여 7일 전에 이를 행하여야 한다. 따라서 A부서가 건물 청소 용역업체 교체를 위해 제출마감일을 2021. 4. 1.로 정하였다면, 2021. 3. 26.이 아니라 마감일의 전일인 2021. 3. 31.부터 기산하여 7일 전인 2021. 3. 25.에 공고하여야 한다. 제2항, 제3항은 '공사'를 입찰하는 경우이므로 건물 청소 용역업체 교체를 위한 공고에는 적용되지 않고, 제4항 각 호 또는 제5항에 해당된다는 언급이 없으므로 제1항만 적용하여 판단한다.

② (X) 제2항 단서에 따르면 입찰참가자격을 사전에 심사하고 현장설명을 실시하는 공사에 관한 입찰의 경우에는 현장설명일의 전일부터 기산하여 30일 전에 공고하여야 한다. B부서가 입찰참가자격을 사전에 심사하고 현장설명을 실시하는 신청사 건설공사 입찰의 경우, 현장설명일을 2021. 4. 1.로 정하였다면 2021. 3. 15.이 아니라 현장설명일의 전일인 2021. 3. 31.부터 기산하여 30일 전인 2021. 3. 2.에 공고하여야 한다.

③ (O) 제5항 단서에 따르면 협상에 의해 계약을 체결하면서 제1호에 해당하는 경우 제안서 제출마감일의 전일부터 기산하여 10일 전까지 공고할 수 있다. C부서가 협상에 의해 헬기도입에 관한 계약을 체결하려고 하였는데 다른 국가사업과 연계되어 일정조정이 불가피한 경우라면, 제4항 제2호에 해당하므로 제5항 제1호에 해당하여 제1항 및 제4항에도 불구하고 제5항 단서에 따라, 제출마감일을 2021. 4. 1.로 정하였다면 제출마감일의 전일인 2021. 3. 31.부터 기산하여 10일 전인 2021. 3. 22. 전까지 공고하여야 하므로 2021. 3. 19.에 공고한 것은 입찰공고 기간을 준수한 것이다. 다른 조문에서는 '…일 전에'라고 규정하고 있는 것과 대비되게 제4항은 5일 전'까지', 제5항 단서는 10일 전'까지'라고 규정하고 있는 것에 유의한다.

④ (X) 제5항 본문에 따르면 협상에 의해 계약을 체결하는 경우에는 제1항 및 제4항에도 불구하고 제안서 제출마감일의 전일부터 기산하여 40일 전에 공고하여야 한다. D부서는 협상에 의해 계약을 체결하고자 하므로 제5항이 적용되고, 다른 국가사업과 관계없는 계약이므로 제5항 단서가 적용되지 않는다. 따라서 제출마감일을 2021. 4. 1.로 정하였다면 2021. 3. 26.이 아니라 제출마감일의 전일인 2021. 3. 31.부터 기산하여 40일 전인 2021. 2. 20.에 공고하여야 한다.

⑤ (X) 제4항에 따르면 제1항부터 제3항까지의 규정에도 불구하고 제1호의 재공고입찰의 경우에는 입찰서 제출마감일의 전일부터 기산하여 5일 전까지 공고할 수 있다. E부서가 제출마감일을 2021. 4. 9.로 다시 정하고 재공고하는 경우라면 2021. 4. 5.이 아니라 제출마감일의 전일인 2021. 4. 8.일부터 기산하여 5일 전인 2021. 4. 4.까지 재공고하여야 한다.

[정답] ③

길쌤's Check 더 연습해 볼 문제

구분	문제
민간경력자	11년 실험 발책형 5번 11년 실험 발책형 24번 15년 인책형 10번 19년 나책형 1번 19년 나책형 2번 19년 나책형 12번 20년 가책형 3번 21년 나책형 3번 21년 나책형 4번
7급 공채	22년 가책형 1번
5급 공채	07년 재책형 18번 11년 선책형 4번 14년 A책형 26번 22년 나책형 5번 22년 나책형 25번 23년 가책형 24번
입법고시	06년 가책형 1번 10년 가책형 18번 13년 가책형 38번 19년 가책형 35번 21년 가책형 38번

2 금액 계산

96 다음 글과 <상황>을 근거로 판단할 때, 甲이 납부하는 송달료의 합계는?

13년 5급 인책형 8번

송달이란 소송의 당사자와 그 밖의 이해관계인에게 소송상의 서류의 내용을 알 수 있는 기회를 주기 위해 법에 정한 방식에 따라 하는 통지행위를 말하며, 송달에 드는 비용을 송달료라고 한다. 소 또는 상소를 제기하려는 사람은, 소장이나 상소장을 제출할 때 당사자 수에 따른 계산방식으로 산출된 송달료를 수납은행(대부분 법원구내 은행)에 납부하고 그 은행으로부터 교부받은 송달료납부서를 소장이나 상소장에 첨부하여야 한다. 송달료 납부의 기준은 아래와 같다.

○ 소 또는 상소 제기 시 납부해야 할 송달료
  가. 민사 제1심 소액사건: 당사자 수×송달료 10회분
  나. 민사 제1심 소액사건 이외의 사건: 당사자 수×송달료 15회분
  다. 민사 항소사건: 당사자 수×송달료 12회분
  라. 민사 상고사건: 당사자 수×송달료 8회분
○ 송달료 1회분: 3,200원
○ 당사자: 원고, 피고
○ 사건의 구별
  가. 소액사건: 소가 2,000만 원 이하의 사건
  나. 소액사건 이외의 사건: 소가 2,000만 원을 초과하는 사건

※ 소가(訴價)라 함은 원고가 승소하면 얻게 될 경제적 이익을 화폐단위로 평가한 금액을 말한다.

〈상황〉

甲은 보행로에서 자전거를 타다가 乙의 상품진열대에 부딪쳐서 부상을 당하였고, 이 상황을 丙이 목격하였다. 甲은 乙에게 자신의 병원치료비와 위자료를 요구하였다. 그러나 乙은 甲의 잘못으로 부상당한 것으로 자신에게는 책임이 없으며, 오히려 甲 때문에 진열대가 파손되어 손해가 발생했으므로 甲이 손해를 배상해야 한다고 주장하였다. 甲은 자신을 원고로, 乙을 피고로 하여 병원치료비와 위자료로 합계 금 2,000만 원을 구하는 소를 제기하였다. 제1심 법원은 증인 丙의 증언을 바탕으로 甲에게 책임이 있다는 乙의 주장이 옳다고 인정하여, 甲의 청구를 기각하는 판결을 선고하였다. 이 판결에 대해서 甲은 항소를 제기하였다.

① 76,800원
② 104,800원
③ 124,800원
④ 140,800원
⑤ 172,800원

해설

문제 분석
제시문의 첫 번째 동그라미부터 각각 조건 ⅰ)~ⅳ)라고 한다.

문제풀이 실마리
〈상황〉에 주어진 사건이 소액사건인지 소액사건 이외의 사건인지, 사건의 당사자는 누구인지 등을 파악하여 송달료를 계산한다.

- 〈상황〉의 네 번째 문장에서 사건의 당사자인 원고는 甲, 피고는 乙임을 알 수 있다.
- 〈상황〉의 네 번째 문장과 각주에 따르면 甲이 위자료로 합계 금 2,000만 원을 구하는 소를 제기하였다고 하므로 해당 사건은 소가 2,000만 원 이하의 소액사건임을 알 수 있다.
- 조건 ⅰ)에서 모두 민사사건만 주어져 있고 〈상황〉의 다섯 번째 문장에서 해당 사건이 민사 제1심 소액사건임을 알 수 있다. 해당 민사 제1심 소액사건의 송달료를 계산해 보면, 당사자 수는 2명이므로 2명×송달료 10회분이고 조건 ⅱ)에 따르면 송달료 1회분은 3,200원이므로 甲은 2명×3,200원×10회=64,000원을 납부하여야 한다.
- 〈상황〉의 여섯 번째 문장에서 甲은 항소를 제기하였다고 한다. 해당 민사 항소사건의 송달료를 계산해 보면 甲은 2명×3,200원×12회=76,800원을 납부하여야 한다.
- 따라서 甲이 납부하는 송달료의 합계는 64,000원+76,800원=140,800원이다. 정답은 ④이다.

[정답] ④

97 다음 글과 <상황>을 근거로 판단할 때, 甲과 乙에게 부과된 과태료의 합은?

19년 5급 가책형 26번

A국은 부동산 또는 부동산을 취득할 수 있는 권리의 매매계약을 체결한 경우, 매도인이 그 실제 거래가격을 거래계약 체결일부터 60일 이내에 관할관청에 신고하도록 신고의무를 ○○법으로 규정하고 있다. 그리고 이를 위반할 경우 다음의 기준에 따라 과태료를 부과한다.

○○법 제00조(과태료 부과기준) ① 신고의무를 게을리 한 경우에는 다음 각 호의 기준에 따라 과태료를 부과한다.

1. 신고기간 만료일의 다음 날부터 기산하여 신고를 하지 않은 기간(이하 '해태기간'이라 한다)이 1개월 이하인 경우
   가. 실제 거래가격이 3억 원 미만인 경우: 50만 원
   나. 실제 거래가격이 3억 원 이상인 경우: 100만 원
2. 해태기간이 1개월을 초과한 경우
   가. 실제 거래가격이 3억 원 미만인 경우: 100만 원
   나. 실제 거래가격이 3억 원 이상인 경우: 200만 원

② 거짓으로 신고를 한 경우에는 다음 각 호의 기준에 따라 과태료를 부과한다. 단, 과태료 산정에 있어서의 취득세는 매수인을 기준으로 한다.

1. 부동산의 실제 거래가격을 거짓으로 신고한 경우
   가. 실제 거래가격과 신고가격의 차액이 실제 거래가격의 20% 미만인 경우
      - 실제 거래가격이 5억 원 이하인 경우: 취득세의 2배
      - 실제 거래가격이 5억 원 초과인 경우: 취득세의 1배
   나. 실제 거래가격과 신고가격의 차액이 실제 거래가격의 20% 이상인 경우
      - 실제 거래가격이 5억 원 이하인 경우: 취득세의 3배
      - 실제 거래가격이 5억 원 초과인 경우: 취득세의 2배
2. 부동산을 취득할 수 있는 권리의 실제 거래가격을 거짓으로 신고한 경우
   가. 실제 거래가격과 신고가격의 차액이 실제 거래가격의 20% 미만인 경우: 실제 거래가격의 100분의 2
   나. 실제 거래가격과 신고가격의 차액이 실제 거래가격의 20% 이상인 경우: 실제 거래가격의 100분의 4

③ 제1항과 제2항에 해당하는 위반행위를 동시에 한 경우 해당 과태료는 병과한다.

〈상황〉

○ 매수인의 취득세는 실제 거래가격의 100분의 1이다.
○ 甲은 X토지를 2018. 1. 15. 丙에게 5억 원에 매도하였으나, 2018. 4. 2. 거래가격을 3억 원으로 신고하였다가 적발되어 과태료가 부과되었다.
○ 乙은 공사 중인 Y아파트를 취득할 권리인 입주권을 2018. 2. 1. 丁에게 2억 원에 매도하였으나, 2018. 2. 5. 거래가격을 1억 원으로 신고하였다가 적발되어 과태료가 부과되었다.

① 1,400만 원　② 2,000만 원
③ 2,300만 원　④ 2,400만 원
⑤ 2,500만 원

해설

문제 분석

과태료 부과의 대상만 정리해 보면 다음과 같다.

제1항 신고의무를 게을리 한 경우
　제1호 해태기간 1개월 이하
　제2호 해태기간 1개월 초과
제2항 거짓 신고
　제1호 부동산의 실제 거래가격을 거짓으로 신고
　제2호 부동산을 취득할 수 있는 권리의 실제 거래가격을 거짓으로 신고

문제풀이 실마리

신고기간이 60일 이내임을 놓치지 말아야 한다.

- 제시문에 따르면 부동산의 매매계약을 체결한 경우, 매도인은 그 실제 거래가격을 거래계약 체결일부터 60일 이내에 관할관청에 신고하여야 하고 이를 위반할 경우 제시문의 기준에 따라 과태료를 부과한다.
  - 甲이 X토지를 2018. 1. 15.에 매도하였으므로 매도인인 甲은 60일 이내인 2018. 3. 16. 이내에 관할관청에 신고하여야 하고, 2018. 4. 2.에 신고하였다면 60일을 초과하여 신고한 것이므로 제1항의 신고의무를 게을리 한 경우에 해당한다.
    신고기간 만료일인 2018. 3. 16.의 다음 날인 2018. 3. 17.로부터 기산하여 해태기간이 1개월 이하이고, 실제 거래가격이 5억 원으로 3억 원 이상이므로 제1항 제1호 나목에 따라 100만 원의 과태료를 부과한다.
  - 甲이 X토지를 丙에게 5억 원에 매도하였으나, 거래가격을 3억 원으로 신고하였으므로 제2항 제1호의 부동산의 실제 거래가격을 거짓으로 신고한 경우에 해당한다.
    실제 거래가격 5억 원과 신고가격 3억 원의 차액 2억 원은 실제 거래가격 5억 원의 40%로 20% 이상이므로, 제2항 제1호 나목에 따라 취득세의 3배에 해당하는 과태료를 부과한다. 〈상황〉에 따르면 매수인의 취득세는 실제 거래가격의 100분의 1이므로 5억 원×100분의 1=500만 원이므로, 500만 원×3=1,500만 원의 과태료를 부과한다.
  - 甲이 제1항과 제2항에 해당하는 위반행위를 동시에 한 경우 제3항에 따라 해당 과태료는 병과한다. 즉, 100만 원과 1,500만 원의 과태료를 모두 부과한다.
- 乙이 공사 중인 Y아파트를 취득할 권리인 입주권을 2018. 2. 1. 丁에게 2억 원에 매도하였으나, 2018. 2. 5. 거래가격을 1억 원으로 신고하였다면 신고의무를 게을리 한 경우는 아니다.
  - 乙이 공사 중인 Y아파트를 취득할 권리인 입주권을 2억 원에 매도하였으나 거래가격을 1억 원으로 신고하였다면 제2항 제2호의 부동산을 취득할 수 있는 권리의 실제 거래가격을 거짓으로 신고한 경우에 해당한다.
    실제 거래가격 2억 원과 신고가격 1억 원의 차액 1억 원은 실제 거래가격 2억 원의 50%로 20% 이상이므로, 제2항 제2호 나목에 따라 실제 거래가격 2억 원의 100분의 4에 해당하는 2억 원×100분의 4=800만 원의 과태료를 부과한다.

甲과 乙에게 부과된 과태료의 합은 100만 원+1,500만 원+800만 원=2,400만 원이다. 정답은 ④이다.

[정답] ④

98 다음 글과 <상황>을 근거로 판단할 때, A시장이 잘못 부과한 과태료 초과분의 합은? 22년 5급 나책형 21번

제00조 ① ☆☆영업을 하려는 자는 시·도지사에게 기간 내에 일정한 사항을 신고하여야 한다.
② 신고의무자가 부실하게 신고한 경우에는 신고하지 아니한 것으로 본다.
③ 시·도지사는 신고의무자가 기간 내에 신고하지 아니한 경우, 일정한 기간(이하 '사실조사기간'이라 한다)을 정하여 그 사실을 조사하고, 신고의무자에게 사실대로 신고할 것을 촉구하여야 한다.
④ 시·도지사는 신고의무자가 기간 내에 신고하지 아니한 경우에는 다음 각 호의 기준에 따라 과태료를 부과한다. 단, 제3항의 촉구를 받은 신고의무자가 신고하지 아니한 경우에는 다음 각 호 기준 금액의 2배를 부과한다.
1. 신고기간이 지난 후 1개월 이내: 1만 원
2. 신고기간이 지난 후 1개월 초과 6개월 이내: 3만 원
3. 신고기간이 지난 후 6개월 초과: 5만 원

제00조 시·도지사는 과태료 처분대상자가 다음 각 호의 어느 하나에 해당하는 경우에는 과태료를 경감하여 부과한다. 단, 둘 이상에 해당하는 경우에는 그 중 높은 경감비율만을 한 차례 적용한다.
1. 사실조사기간 중 자진신고한 자: 2분의 1 경감
2. 「장애인복지법」상 장애인: 10분의 2 경감

〈상황〉

A시장은 신고기간 내에 신고를 하지 않은 甲, 乙, 丙을 대상으로 사실조사를 실시하였고, 사실조사기간 중 자진신고를 한 丙을 제외한 모든 자에게 신고를 촉구하였다. 촉구를 받은 甲은 사실대로 신고하였지만 乙은 부실하게 신고하였다. 그 후 A시장은 甲, 乙, 丙에게 아래의 금액을 과태료로 부과하였다.

〈과태료 부과현황〉

대상자	신고기간 후 경과일수	특이사항	부과액
甲	200일	국가유공자	10만 원
乙	71일		6만 원
丙	9일	「장애인복지법」상 장애인	1만 5천 원

① 57,000원
② 60,000원
③ 72,000원
④ 85,000원
⑤ 90,000원

해설

문제 분석

첫 번째 조문부터 각각 제1조, 제2조라고 한다.
제1조 제1항 ☆☆영업 신고 의무
제2항 부실 신고
제3항 신고 의무 불이행 시 사실조사·촉구
제4항 과태료
제2조 과태료의 경감

문제풀이 실마리

신고의무자가 기간 내에 신고하지 아니한 경우에 시·도지사는 과태료를 부과한다. 이때 기준 금액의 2배를 부과하는 경우도 있고, 과태료를 경감하여 부과하는 경우도 있다. 이를 정확하게 파악하여 주어진 〈상황〉에 적용할 수 있어야 한다.

〈상황〉의 甲, 乙, 丙 순서대로 부과되어야 할 과태료를 판단해 본다.

甲: 〈상황〉에 따르면 甲은 신고기간 내에 신고를 하지 않았고, A시장은 제1조 제3항에 따라 사실조사를 실시하고 이후 신고를 촉구하였다. 촉구를 받은 甲은 사실대로 신고하였으므로, 1) 제1조 제4항 단서에 해당하지 않고 2) 제2조 각 호에도 해당하지 않는다. 甲은 신고기간 후 200일이 경과하여 신고하였으므로, A시장은 제1조 제4항 제3호에 따라 5만 원의 과태료를 부과하여야 하나, 10만 원의 과태료를 부과하였으므로 잘못 부과한 과태료 초과분은 5만 원이다.

乙: 〈상황〉에 따르면 乙은 신고기간 내에 신고를 하지 않았고, A시장은 제1조 제3항에 따라 사실조사를 실시하고 이후 신고를 촉구하였다. 촉구를 받은 乙은 부실하게 신고하였는데, 제1조 제2항에 따르면 부실하게 신고한 경우에는 신고하지 아니한 것으로 본다. 따라서 乙은 1) 제1조 제4항 단서의 촉구를 받은 신고의무자가 신고하지 아니한 경우에 해당하므로 제4항 각 호 기준 금액의 2배를 부과하고, 2) 제2조 각 호에는 해당하지 않는다. 乙은 신고기간 후 71일이 경과하여 신고하였으므로, A시장은 제1조 제4항 제2호와 제4항 단서에 따라 3만 원의 기준 금액의 2배인 6만 원의 과태료를 부과하여야 한다. A시장은 6만 원의 과태료를 부과하였으므로 잘못 부과한 과태료 초과분은 0원이다.

丙: 〈상황〉에 따르면 丙은 신고기간 내에 신고를 하지 않았고, A시장은 제1조 제3항에 따라 사실조사를 실시하였는데 2) 丙은 사실조사기간 중 자진신고를 하여 제2조 제1호에 해당한다. 또한 丙은 「장애인복지법」상 장애인이므로 제2조 제2호에 해당한다. 제2조 단서에 따르면 제2조 각 호의 둘 이상에 해당하는 경우에는 그 중 높은 경감비율만을 한 차례 적용하므로 경감비율이 높은 제1호의 경감비율만을 적용한다. 丙은 신고기간 후 9일이 경과하여 신고하였고, 1) 제1조 제4항 단서에 해당하지 않으므로 A시장은 제1조 제4항 제1호에 따른 기준 금액 1만 원에 대하여 제2조 제1호와 단서에 따라 2분의 1을 경감하여 5천 원의 과태료를 부과하여야 한다. A시장은 1만 5천 원의 과태료를 부과하였으므로 잘못 부과한 과태료 초과분은 1만 원이다.

A시장이 잘못 부과한 과태료 초과분의 합은 5만 원+0원+1만 원=6만 원이다. 정답은 ②이다.

[정답] ②

99 다음 규정에 근거할 때, 수수료 총액이 가장 많은 것은?

12년 5급 인책형 9번

제00조 특허출원 관련 수수료는 다음 각 호와 같다.
1. 특허출원료 → 선지 ③
   가. 출원서를 서면으로 제출하는 경우: 매건 5만 8천 원 (단, 출원서의 첨부서류 중 명세서, 도면 및 요약서의 합이 20면을 초과하는 경우 초과하는 1면마다 1천 원을 가산한다)
   나. 출원서를 전자문서로 제출하는 경우: 매건 3만 8천 원
2. 출원인변경신고료 → 선지 ①
   가. 상속에 의한 경우: 매건 6천 5백 원
   나. 법인의 분할·합병에 의한 경우: 매건 6천 5백 원
   다. 「기업구조조정 촉진법」 제15조 제1항의 규정에 따른 약정을 체결한 기업이 경영정상화계획의 이행을 위하여 행하는 영업양도의 경우: 매건 6천 5백 원
   라. 가목 내지 다목 외의 사유에 의한 경우: 매건 1만 3천 원

제00조 특허권 관련 수수료는 다음 각 호와 같다.
1. 특허권의 실시권 설정 또는 그 보존등록료 → 선지 ④
   가. 전용실시권: 매건 7만 2천 원
   나. 통상실시권: 매건 4만 3천 원
2. 특허권의 이전등록료 → 선지 ⑤
   가. 상속에 의한 경우: 매건 1만 4천 원
   나. 법인의 분할·합병에 의한 경우: 매건 1만 4천 원
   다. 「기업구조조정 촉진법」 제15조 제1항의 규정에 따른 약정을 체결한 기업이 경영정상화계획의 이행을 위하여 행하는 영업양도의 경우: 매건 1만 4천 원
   라. 가목 내지 다목 외의 사유에 의한 경우: 매건 5만 3천 원
3. 등록사항의 경정·변경(행정구역 또는 지번의 변경으로 인한 경우 및 등록명의인의 표시변경 또는 경정으로 인한 경우는 제외한다)·취소·말소 또는 회복등록료: 매건 5천 원 → 선지 ②

① 특허출원 5건을 신청한 A가 사망한 후, A의 단독 상속인 B가 출원인을 변경하고자 할 때의 출원인변경신고료
② C가 자기 소유의 특허권 9건을 말소하는 경우의 등록료
③ D가 특허출원 1건에 대한 40면 분량의 특허출원서를 전자문서로 제출하는 경우의 특허출원료
④ E소유의 특허권 1건의 통상실시권에 대한 보존등록료
⑤ F주식회사가 G주식회사를 합병하면서 획득한 G주식회사 소유의 특허권 4건에 대한 이전등록료

해설

문제 분석

첫 번째 조문부터 각각 제1조, 제2조라고 한다.
제1조 특허출원료, 출원인변경신고료
제2조 보존등록료, 이전등록료, 경정·변경·취소·말소 또는 회복등록료

문제풀이 실마리

제1조에서는 특허'출원' 관련 수수료를, 제2조에서는 '특허권' 관련 수수료를 정하고 있는데, 선지에서 묻는 바에 따라 수수료의 종류를 찾아 해당 조문을 적용한다.

① (X) 출원인변경신고료의 경우 제1조 제2호에 따른다. A가 사망한 후, A의 단독 상속인 B가 A의 특허출원 5건에 대하여 출원인을 변경하고자 할 때의 수수료는 제1조 제2호 가목에 따라 매건 6천 5백 원이다. 따라서 B의 수수료 총액은 6,500(원)×5(건)=32,500원이다.

② (X) 특허권 말소등록료의 경우 제2조 제3호에 따른다. C가 9건의 특허권을 말소하는 경우의 수수료는 매건 5천 원이다. 따라서 C의 수수료 총액은 5,000(원)×9(건)=45,000원이다

③(X) 특허출원료의 경우 제1조 제1호에 따른다. D가 특허출원 1건에 대한 40면 분량의 특허출원서를 전자문서로 제출하는 경우의 수수료는 제1조 제1호 나목에 따라 38,000(원)×1(건)=38,000원이다. 출원서를 전자문서로 제출하는 경우에는 같은 조 제1호 가목과 달리 명세서 등의 합이 20면을 초과하는 경우에도 가산되는 수수료는 없다.

④ (X) 통상실시권에 대한 보존등록료의 경우 제2조 제1호에 따른다. E 소유의 특허권 1건의 통상실시권에 대한 보존등록료는 43,000(원)×1(건)=43,000원이다.

⑤ (O) 특허권의 이전등록료의 경우 제2조 제2호에 따른다. F주식회사가 G주식회사를 합병하면서 획득한 G주식회사 소유의 특허권 4건에 대한 이전등록료는 14,000(원)×4(건)=56,000원이다.

수수료 총액이 가장 많은 것은 선지 ⑤이다.

[정답] ⑤

3 세금 계산

100 다음 글과 <상황>을 근거로 판단할 때 옳은 것은?

19년 5급 가책형 6번

제00조(과세대상) 주권(株券)의 양도에 대해서는 이 법에 따라 증권거래세를 부과한다.
제00조(납세의무자) 주권을 양도하는 자는 납세의무를 진다. 다만 금융투자업자를 통하여 주권을 양도하는 경우에는 해당 금융투자업자가 증권거래세를 납부하여야 한다.
제00조(과세표준) 주권을 양도하는 경우에 증권거래세의 과세표준은 그 주권의 양도가액(주당 양도금액에 양도 주권수를 곱한 금액)이다.
제00조(세율) 주권의 양도에 대한 세율은 양도가액의 1천분의 5로 한다.
제00조(탄력세율) X 또는 Y증권시장에서 양도되는 주권에 대하여는 제00조(세율)의 규정에도 불구하고 다음의 세율에 의한다.
1. X증권시장: 양도가액의 1천분의 1.5
2. Y증권시장: 양도가액의 1천분의 3

〈상황〉

투자자 甲은 금융투자업자 乙을 통해 다음 3건의 주권을 양도하였다.
○ A회사의 주권 100주를 주당 15,000원에 양수하였다가 이를 주당 30,000원에 X증권시장에서 전량 양도하였다.
○ B회사의 주권 200주를 주당 10,000원에 Y증권시장에서 양도하였다.
○ C회사의 주권 200주를 X 및 Y증권시장을 통하지 않고 주당 50,000원에 양도하였다.

① 증권거래세는 甲이 직접 납부하여야 한다.
② 납부되어야 할 증권거래세액의 총합은 6만 원 이하다.
③ 甲의 3건의 주권 양도는 모두 탄력세율을 적용받는다.
④ 甲의 A회사 주권 양도에 따른 증권거래세 과세표준은 150만 원이다.
⑤ 甲이 乙을 통해 Y증권시장에서 C회사의 주권 200주 전량을 주당 50,000원에 양도할 수 있다면 증권거래세액은 2만 원 감소한다.

길쌤's Check 더 연습해 볼 문제

• 금액 계산

구분	문제	
민간경력자	16년 5책형 6번 19년 나책형 3번	
5급 공채	08년 창책형 12번 10년 선책형 14번 11년 선책형 36번	13년 인책형 35번 13년 외교관 인책형 7번 14년 A책형 29번
입법고시	20년 가책형 6번 20년 가책형 36번	

• 여비 계산

구분	문제
민간경력자	11년 인책형 23번
5급 공채	10년 선책형 8번

• 누진세 계산

구분	문제
민간경력자	13년 인책형 25번(자료해석 영역)
5급 공채	08년 열책형 31번(자료해석 영역) 08년 열책형 32번(자료해석 영역) 10년 선책형 7번 15년 인책형 7번
입법고시	21년 가책형 36번

• 채무 계산

구분	문제	
5급 공채	09년 극책형 31번 10년 선책형 11번 13년 인책형 17번	
입법고시	12년 가책형 23번 13년 가책형 13번	14년 가책형 37번 22년 가책형 6번

• 보조금 계산

구분	문제
5급 공채	11년 선책형 27번 16년 4책형 27번

• 현금영수증 소재

구분	문제
5급 공채	06년 출책형 34번 12년 인책형 4번

• 기타 계산

구분	문제	
5급 공채	09년 극책형 4번 16년 4책형 7번 17년 가책형 6번 17년 가책형 26번	17년 가책형 29번 19년 가책형 25번 21년 가책형 17번
입법고시	18년 가책형 5번	

해설

문제 분석

첫 번째 조문부터 각각 제1조~제5조라고 한다.
제1조 과세대상: 주권의 양도
제2조 납세의무자: 주권을 양도하는 자
제3조 과세표준: 주권의 양도가액 = 주당 양도금액 × 양도 주권수
제4조 (세율)
제5조 (탄력세율)

문제풀이 실마리

'세액=과세표준×세율'로 구해야 한다.

<상황>의 첫 번째 동그라미부터 각각 상황 ⅰ)~ⅲ)이라고 하고, 상황 ⅰ)부터 각각 증권거래세액을 계산해 보면 다음과 같다.

상황 ⅰ)
- A회사의 주권 100주를 주당 15,000원에 양수
  ⇒ 제1조에 따르면 과세대상은 주권의 양도이므로 과세대상이 아님
- A회사의 주권 100주를 주당 30,000원에 X증권시장에서 양도
  제3조에 따른 과세표준은 양도가액 30,000원×100주=3,000,000원, X증권시장에서 양도되었으므로 제4조에도 불구하고 제5조 제1호의 탄력세율이 적용된다. 과세표준에 제5조 제1호의 세율 1천분의 1.5를 적용해 계산해 보면 3,000,000원×1천분의 1.5=4,500원이다.

상황 ⅱ)
- B회사의 주권 200주를 주당 10,000원에 Y증권시장에서 양도
  제3조에 따른 과세표준은 양도가액 10,000원 × 200주 = 2,000,000원, Y증권시장에서 양도되었으므로 제4조에도 불구하고 제5조 제2호의 탄력세율이 적용된다. 과세표준에 제5조 제2호의 세율 1천분의 3을 적용해 계산해 보면 2,000,000원×1천분의 3=6,000원이다.

상황 ⅲ)
- C회사의 주권 200주를 X 및 Y증권시장을 통하지 않고 주당 50,000원에 양도
  제3조에 따른 과세표준은 양도가액 50,000원×200주=10,000,000원, 제4조에 따라 세율 1천분의 5를 적용해 계산해 보면 10,000,000원×1천분의 5=50,000원이다.

① (X) 제2조 본문에 따르면 주권을 양도하는 자가 납세의무를 지지만, 단서에 따르면 금융투자업자를 통하여 주권을 양도하는 경우에는 해당 금융투자업자가 증권거래세를 납부하여야 한다. 투자자 甲은 금융투자업자 乙을 통해 3건의 주권을 양도하였으므로 증권거래세는 甲이 직접 납부하는 것이 아니라 제2조 단서에 따라 乙이 납부하여야 한다.

② (X) 위에서 검토한 바에 따르면 납부되어야 할 증권거래세액의 총합은 4,500원+6,000원+50,000원=60,500원으로 6만 원 이상이다.

③ (X) 위에서 검토한 바에 따르면 상황 ⅰ), ⅱ)의 주권 양도는 탄력세율의 적용을 받지만, 상황 ⅲ)의 주권 양도는 탄력세율의 적용을 받지 않는다. 甲의 3건의 주권 양도 모두 탄력세율을 적용받는 것은 아니다.

④ (X) 제3조에 따르면 甲의 A회사 주권 양도에 따른 증권거래세 과세표준은 150만 원이 아니라 주당 양도금액 30,000원에 양도 주권수 100주를 곱한 30,000원×100주=3,000,000원이다.

⑤ (O) 甲이 乙을 통해 Y증권시장에서 C회사의 주권 200주 전량을 주당 50,000원에 양도한 경우 증권거래세액을 계산해 보면 다음과 같다.
제3조에 따른 과세표준은 양도가액 50,000원×200주=10,000,000원
Y증권시장에서 양도되었으므로 제4조에도 불구하고 제5조 제2호의 탄력세율이 적용된다. 과세표준에 제5조 제2호의 세율 1천분의 3을 적용해 계산해 보면 10,000,000원×1천분의 3=30,000원

따라서 C회사의 주권 200주를 X 및 Y증권시장을 통하지 않고 주당 50,000원에 양도한 경우의 증권거래세액 50,000원과 비교해 증권거래세액은 2만 원 감소한다.

빠른 문제풀이 Tip

⑤ 상황 ⅲ)과 선지 ⑤의 상황에서 C회사의 주권 200주를 주당 50,000원에 양도한 것은 같으므로 양도가액 1천만 원은 같다. 두 경우 세율만 1천분의 5에서 1천분의 3으로 바뀌는 것이므로 그 세율의 차이인 1천분의 2를 양도가액 1천만 원에 적용해 증권거래세액이 2만 원 감소한다는 것을 판단할 수 있다.
• 세액 구하기가 어렵다면 해결이 쉬운 선지부터 해결하는 것이 필요하다.

[정답] ⑤

길쌤's Check 더 연습해 볼 문제

민간경력자	11년 인책형 20번 11년 인책형 25번 13년 인책형 17번 20년 가책형 18번
5급 공채	10년 선책형 9번

101 다음의 종합부동산세에 관한 법률규정을 근거로 판단할 때 옳지 않은 것은?

07년 5급 재책형 12번

제○○조(과세기준일) 종합부동산세의 과세기준일은 재산세의 과세기준일(6월 1일)로 한다.

제○○조(납세의무자) 과세기준일 현재 주택분 재산세의 납세의무자로서 국내에 있는 재산세 과세대상인 주택의 공시가격을 합산한 금액(개인의 경우 세대별로 합산한 금액)이 10억 원을 초과하는 자는 종합부동산세를 납부할 의무가 있다.

제○○조(과세표준) 주택에 대한 종합부동산세의 과세표준은 납세의무자별로 주택의 공시가격을 합산한 금액에서 10억 원을 공제한 금액으로 한다.

제○○조(세율 및 세액) ① 주택에 대한 종합부동산세는 과세표준에 다음의 세율을 적용하여 계산한 금액을 그 세액으로 한다.

과세표준	세율
5억 원 이하	1천분의 10
5억 원 초과 10억 원 이하	1천분의 15
10억 원 초과 100억 원 이하	1천분의 20
100억 원 초과	1천분의 30

② 주택분 종합부동산세액을 계산함에 있어 2008년부터 2010년까지의 기간에 납세의무가 성립하는 주택분 종합부동산세에 대하여는 제1항의 규정에 의한 세율별 과세표준에 다음 각호의 연도별 적용비율과 제1항의 규정에 의한 세율을 곱하여 계산한 금액을 각각 당해 연도의 세액으로 한다.

1. 2008년: 100분의 70
2. 2009년: 100분의 80
3. 2010년: 100분의 90

① 각각 단독세대주인 갑(공시가격 25억 원 주택소유)과 을(공시가격 30억 원 주택소유)이 2008년 5월 31일 혼인신고 하여 부부가 되었다. 만약 혼인하지 않았다면 갑과 을이 각각 납부하였을 2008년 종합부동산세액의 합계는 혼인 후 납부하는 세액과 동일하다.

② 2008년 12월 31일 현재 A의 세대별 주택공시가격의 합산액이 15억 원일 경우 재산변동이 없다면 다음 해의 종합부동산세액은 400만 원이다.

③ 종합부동산세를 줄이기 위해 주택을 처분하기로 결정하였다면, 당해 연도 6월 1일 이전에 처분하는 것이 유리하다.

④ 2008년부터 2010년까지의 적용비율을 점차적으로 상승시킴으로써 시행 초기에 나타날 수 있는 조세저항을 줄이려고 했다.

⑤ 종합부동산세를 줄이기 위해 기혼 무주택 자녀에게 주택을 증여하여 재산을 분할하는 일이 증가할 수 있다.

해설

문제 분석

과세기준일, 납세의무자, 과세표준, 세율 및 세액 등 세금을 계산하는 데 기초적인 개념들을 설명하고 있다.

문제풀이 실마리

선지 ③~⑤는 최근 출제 트렌드와는 조금 거리가 있다. 선지 ①, ②에서 세액을 구하는 방법 위주로 연습해 두도록 하자.

① (X) 세 번째 조문에서 보면, '과세표준=(납세의무자별로 주택의 공시가격을 합산한 금액-10억 원)'이고, 마지막 조문에서 보면, '종합부동산세=과세표준×과세표준별 세율'이다. 각각 단독세대주인 갑(공시가격 25억 원 주택소유)과 을(공시가격 30억 원 주택소유)이 만약 혼인하지 않았다면 갑과 을이 각각 납부하였을 2008년 종합부동산세액의 합계를 구하면 갑의 종합부동산세는 (25억 원-10억 원)×2%=3천만 원이고, 을의 종합부동산세는 (30억 원-10억 원)×2%=4천만 원이다. 마지막 조문 제2항 제1호에 따라서 2008년의 주택분 종합부동산세는 세액의 70%만 납부하므로 갑은 2천 1백만 원, 을은 2천 8백만 원을 납부하여 총 4천 9백만 원을 납부하였을 것이다. 혼인 후 납부하는 세액은 갑과 을의 종합부동산세=(25억 원+30억 원-10억 원)×2%=45억 원×2%=9천만 원이다. 마찬가지로 마지막 조문 제2항 제1호에 따라 2008년의 주택분 종합부동산세는 세액의 70%만 납부하므로 6천 3백만 원을 납부하였을 것이다. 따라서 세액이 동일하지 않다.

② (O) 2008년 12월 31일 현재 A의 세대별 주택공시가격의 합산액이 15억 원일 경우 재산변동이 없다면 과세표준은 15억 원에서 10억 원을 공제한 5억 원이고, 5억 원에 적용되는 세율은 1천분의 10(=1%)이다. 2008년 12월 31일 기준 다음 해의 종합부동산세액은 2009년의 종합부동산세액을 구하는 것이고, 마지막 조문 제2항에서 연도별 적용비율을 확인하면 100분의 80이다. 이를 종합하여 계산하면 다음 해, 즉 2009년의 종합부동산세액은 (15억 원-10억 원)×1%×80%=400만 원이다.

③ (O) 첫 번째 조문에서 보면, 종합부동산세의 과세기준일이 재산세의 과세기준일인 6월 1일이므로, 종합부동산세를 줄이기 위해 주택을 처분하기로 결정하였다면, 당해 연도 6월 1일 이전에 처분하는 것이 유리하다.

④ (O) 마지막 조문 제2항에서 보면 2008년부터 2010년까지의 적용비율이 70%, 80%, 90% 순으로 점차적으로 상승하고 있다. 이는 적용비율을 점차적으로 상승시킴으로써 시행 초기에 나타날 수 있는 조세저항을 줄이려고 함을 추론할 수 있다.

⑤ (O) 두 번째 조문과 세 번째 조문을 보면 개인의 경우 세대별로 합산한 금액이 10억 원을 초과하는 자가 종합부동산세를 납부할 의무가 있는 납세의무자가 되고, 납세의무자가 되었을 때의 주택에 대한 종합부동산세의 과세표준은 납세의무자별로 주택의 공시가격을 합산한 금액에서 10억 원을 공제한 금액으로 한다. 따라서 종합부동산세를 줄이기 위해 기혼 무주택 자녀에게 주택을 증여하면 합산하는 금액도 줄고 과세표준에서 10억 원을 여러 번 공제받을 수 있게 된다. 선지 ①에서의 상황도 과세표준에서 10억 원이 몇 번 공제되는가에 따라 유불리의 상황을 본 것이고, 또 다른 예로 각각 9억 원, 8억 원인 주택 두 채를 소유한 사람이 기혼 무주택 자녀에게 주택을 증여하기 전에는 17억 원에서 10억 원을 공제한 7억 원이 과세표준이 되지만, 자녀에게 두 채 중 한 채를 증여하는 경우 두 채 모두 종합부동산세의 과세대상이 아니게 된다. 따라서 종합부동산세를 줄이기 위해 기혼 무주택 자녀에게 주택을 증여하여 재산을 분할하는 일이 증가할 수 있다.

빠른 문제풀이 Tip

① 상대적인 비교는 차이 나는 부분으로만 판단하는 것이 가장 빠르다. 갑과 을이 혼인하지 않은 상황과 혼인한 상황에서 차이가 생기는 과세표준만 비교해 보면 정확한 세액까지 구하지 않더라도 정오판단이 가능하다.

[정답] ①

Ⅵ. 빈출 테마

1 위원회

102 다음 글을 근거로 판단할 때 옳지 않은 것은?

21년 7급 나책형 18번

제00조 ① 정보공개심의회(이하 '심의회'라 한다)는 다음 각 호의 구분에 따라 10인 이내의 위원으로 구성한다. → 선지 ②

1. 내부 위원: 위원장 1인(○○실장)과 각 부서의 정보공개담당관 중 지명된 3인
2. 외부 위원: 관련분야 전문가 중에서 총 위원수의 3분의 1 이상 위촉

② 위원은 특정 성별이 다른 성별의 2분의 1 이하가 되지 않도록 한다.

③ 위원장을 비롯한 내부 위원의 임기는 그 직위에 재직하는 기간으로 하며, 외부 위원의 임기는 2년으로 하되 2회에 한하여 연임할 수 있다. → 선지 ①

④ 심의회는 위원장이 소집하고, 회의는 위원장을 포함한 재적위원 3분의 2 이상의 출석으로 개의하고 출석위원 3분의 2 이상의 찬성으로 의결한다. → 선지 ④

⑤ 위원은 부득이한 이유로 참석할 수 없는 경우에는 서면으로 의견을 제출할 수 있다. 이 경우 해당 위원은 심의회에 출석한 것으로 본다. → 선지 ⑤

① 외부 위원의 최대 임기는 6년이다.

② 정보공개심의회는 최소 6명의 위원으로 구성된다.

③ 정보공개심의회 내부 위원이 모두 여성일 경우, 정보공개심의회는 7명의 위원으로 구성될 수 있다.

④ 정보공개심의회가 8명의 위원으로 구성되면, 위원 3명의 찬성으로 의결되는 경우가 있다.

⑤ 위원장을 포함한 위원 5명이 직접 출석하여 이들 모두 안건에 찬성하고, 위원 2명이 부득이한 이유로 서면으로 의견을 제출한 경우, 제출된 서면 의견에 상관없이 해당 안건은 찬성으로 의결된다.

해설

문제 분석

조문은 하나이다.

제1항 정보공개심의회의 구성

제2항 성별제한

제3항 임기

제4항 심의회의 소집, 의사정족수, 의결정족수

제5항 의견제출

문제풀이 실마리

위원회 위원의 임기, 위원회의 구성, 의사·의결정족수 등 위원회 소재와 관련된 기본적인 것들을 묻는 문제이다. 이 때 사람 수를 계산할 때는 올림을 해야 한다. 예를 들어 8명의 3분의 2 이상은 5.33…을 올림하여 6명이 된다.

① (O) 제3항에 따르면 외부 위원의 임기는 2년으로 하되 2회에 한하여 연임할 수 있다. 따라서 외부 위원의 최대 임기는 최초의 임기 2년에 2번 연임하는 경우 총 4년을 더하여 6년이다.

② (O) 제1항에 따라 정보공개심의회를 10인 이내의 위원으로 구성하면서, 제1호에 따라 내부위원 4명(위원장 1인, 각 부서의 정보공개담당관 중 지명된 3인), 제2호에 따라 외부위원을 총 위원수 6명의 3분의 1인 2명으로 구성한다면, 최소 6명의 위원으로 구성될 수 있다.

③ (O) 제1항 제1호에 따르면 정보공개심의회 내부 위원이 모두 여성일 경우, 우선 4명(위원장 1인, 각 부서의 정보공개담당관 중 지명된 3인)의 위원이 여성이다. 제2항에 따르면 위원은 특정 성별이 다른 성별의 2분의 1 이하가 되지 않도록 하여야 하므로, 제1항 제2호의 외부 위원으로 남성 3명을 위촉한다면 정보공개심의회는 7명의 위원으로 구성될 수 있다.

④ (X) 제4항에 따르면 심의회는 위원장을 포함한 재적위원 3분의 2 이상의 출석으로 개의하고 출석위원 3분의 2 이상의 찬성으로 의결한다. 따라서 정보공개심의회가 8명의 위원으로 구성되면, 재적위원 8명의 3분의 2 이상인 6명의 출석으로 개의하고, 출석위원 6명의 3분의 2 이상인 4명의 찬성으로 의결하므로, 위원 3명의 찬성으로 의결되는 경우는 없다.

⑤ (O) 제5항에 따르면 위원은 부득이한 이유로 심의회에 참석할 수 없는 경우 서면으로 의견을 제출할 수 있고, 이 경우 해당 위원은 심의회에 출석한 것으로 본다. 따라서 위원장을 포함한 위원 5명이 직접 출석하였고 위원 2명이 부득이한 이유로 서면으로 의견을 제출한 경우, 총 7명이 출석한 것으로 본다. 그리고 재적위원이 총 몇 명인지는 불분명하나 제1항에 따르면 심의회는 최대 10인의 위원으로 구성되므로, 제4항에 따르면 재적위원이 총 10인인 경우에도 재적위원 3분의 2 이상인 7명이 출석한 경우 심의회는 개의한다. 그리고 위원장을 포함한 위원 5명이 모두 안건에 찬성하였으므로 출석위원 7명의 3분의 2인 5명 이상 찬성한 것이 되어, 나머지 2명의 제출된 서면 의견에 상관없이 해당 안건은 찬성으로 의결된다.

[정답] ④

PART 2 법조문

해커스 PSAT 길규범 상황판단 올인원 3권 텍스트·법조문

103 다음 글을 근거로 판단할 때 옳은 것은? 19년 5급 가책형 21번

제00조(연구실적평가) ① 연구직으로 근무한 경력이 2년 이상인 연구사(석사 이상의 학위를 가진 사람은 제외한다)는 매년 12월 31일까지 그 연구실적의 결과를 논문으로 제출하여야 한다. 다만 연구실적 심사평가를 3번 이상 통과한 연구사는 그러하지 아니하다. → 선지 ⑤
② 연구실적의 심사를 위하여 소속기관의 장은 임용권자 단위 또는 소속 기관 단위로 직렬별, 직류별 또는 직류 내 같은 업무분야별로 연구실적평가위원회를 설치하여야 한다.
③ 연구실적평가위원회는 위원장을 포함한 5명의 위원으로 구성한다. 위원장과 2명의 위원은 소속기관 내부 연구관 중에서, 위원 2명은 대학교수나 외부 연구기관 · 단체의 연구관 중에서 연구실적평가위원회를 구성할 때마다 임용권자가 임명하거나 위촉한다. 이 경우 위원 중에는 대학교수인 위원이 1명 이상 포함되어야 한다. → 선지 ①, ③, ④
④ 연구실적평가위원회의 회의는 임용권자나 위원장이 매년 1월 중에 소집하고, 그 밖에 필요한 경우에는 수시로 소집한다.
⑤ 연구실적평가위원회의 표결은 무기명 투표로 하며, 재적위원 과반수의 찬성으로 의결한다. → 선지 ③

※ 대학교수와 연구관은 겸직할 수 없음

① 개별 연구실적평가위원회는 최대 3명의 대학교수를 위원으로 위촉할 수 있다.
② 연구실적평가위원회 위원장은 소속기관 내부 연구관이 아닌 대학교수가 맡을 수 있다.
③ 연구실적평가위원회에 4명의 위원이 출석한 경우와 5명의 위원이 출석한 경우의 의결정족수는 같다.
④ 연구실적평가위원회 위원으로 위촉된 경력이 있는 사람을 재위촉하는 경우 별도의 위촉절차를 거치지 않아도 된다.
⑤ 석사학위 이상을 소지하지 않은 모든 연구사는 연구직으로 임용된 이후 5년이 지나면 석사학위를 소지한 연구사와 동일하게 연구실적 결과물 제출을 면제받는다.

해설

문제 분석

조문은 하나이다.
제1항 연구사의 논문 제출
제2항 연구실적평가위원회 설치
제3항 연구실적평가위원회의 구성
제4항 연구실적평가위원회의 소집
제5항 표결, 의결정족수

문제풀이 실마리

위원회의 구성, 위원의 자격, 위촉 과정, 의결정족수 등을 묻고 있다. 법조문을 읽을 때는 '그러하지 아니하다'를 신경 써야 한다. 논문을 제출한다는 것이 반드시 통과한다는 것은 아님을 파악해야 정확하게 해결할 수 있는 문제이다.

① (X) 제3항 1문, 2문에 따르면 연구실적평가위원회는 위원장을 포함한 5명의 위원으로 구성하며, 위원장과 2명의 위원은 소속기관 내부 연구관 중에서, 위원 2명은 대학교수나 외부 연구기관·단체의 연구관 중에서 연구실적평가위원회를 구성할 때마다 임용권자가 임명하거나 위촉한다. 그리고 각주에 따르면 대학교수와 연구관은 겸직할 수 없다. 따라서 개별 연구실적평가위원회는 최대 3명의 대학교수를 위원으로 위촉할 수 없고, 5명 중 위원장과 2명의 위원을 소속기관 내부 연구관으로 위촉하고 나면 최대 2명의 대학교수를 위원으로 위촉할 수 있다.

② (X) 제3항 2문에 따르면 연구실적평가위원회 위원장은 소속기관 내부 연구관 중에서 임명하거나 위촉하여야 하며, 소속기관 내부 연구관이 아닌 대학교수가 맡을 수 없다.

③ (O) 제3항 1문에 따르면 연구실적평가위원회는 위원장을 포함한 5명의 위원으로 구성하며, 제5항에 따르면 재적위원 과반수의 찬성으로 의결한다. 따라서 연구실적평가위원회의 의결정족수는 재적위원 5명의 과반수인 3명이므로, 4명의 위원이 출석한 경우, 5명의 위원이 출석한 경우와 무관하게 의결정족수는 같다.

④ (X) 제3항 2문에 따르면 위원장과 위원은 연구실적평가위원회를 구성할 때마다 임용권자가 임명하거나 위촉한다. 따라서 연구실적평가위원회 위원으로 위촉된 경력이 있는 사람을 재위촉하는 경우에도 연구실적평가위원회를 구성할 때마다 임명 또는 위촉절차를 거쳐야 한다.

⑤ (X) 제1항 본문에 따르면 연구사 중 석사 이상의 학위를 가진 사람을 제외한 근무 경력이 2년 이상인 연구사는 매년 연구실적 결과를 논문으로 제출하여야 하지만, 단서에 따르면 연구실적 심사평가를 3번 이상 통과한 연구사는 그러하지 아니하다. 따라서 석사학위 이상을 소지하지 않은 모든 연구사는 연구직으로 임용된 이후 5년이 지났다고 해서 석사학위를 소지한 연구사와 동일하게 연구실적 결과물 제출을 면제받는 것이 아니라, 연구실적 심사평가를 3번 이상 통과하여야 한다.

[정답] ③

104 다음 글을 근거로 판단할 때 옳은 것은? 21년 5급 가책형 22번

제00조 ① 재산공개대상자 및 그 이해관계인이 보유하고 있는 주식의 직무관련성을 심사·결정하기 위하여 인사혁신처에 주식백지신탁 심사위원회(이하 '심사위원회'라 한다)를 둔다.
② 심사위원회는 위원장 1명을 포함한 9명의 위원으로 구성한다.
③ 심사위원회의 위원장 및 위원은 대통령이 임명하거나 위촉한다. 이 경우 위원 중 3명은 국회가, 3명은 대법원장이 추천하는 자를 각각 임명하거나 위촉한다. → 선지 ①, ②
④ 심사위원회의 위원은 다음 각 호의 어느 하나에 해당하는 자격을 갖추어야 한다. → 선지 ⑤
1. 대학이나 공인된 연구기관에서 부교수 이상의 직에 5년 이상 근무하였을 것
2. 판사, 검사 또는 변호사로 5년 이상 근무하였을 것
3. 금융 관련 분야에 5년 이상 근무하였을 것
4. 3급 이상 공무원 또는 고위공무원단에 속하는 공무원으로 3년 이상 근무하였을 것
⑤ 위원장 및 위원의 임기는 2년으로 하되, 1차례만 연임할 수 있다. 다만 임기가 만료된 위원은 그 후임자가 임명되거나 위촉될 때까지 해당 직무를 수행한다. → 선지 ③
⑥ 주식의 직무관련성은 주식 관련 정보에 관한 직접적·간접적인 접근 가능성, 영향력 행사 가능성 등을 기준으로 판단하여야 한다. → 선지 ④

① 심사위원회의 위원장은 위원 중에서 호선한다.
② 심사위원회의 위원 중 3명은 국회가 위촉한다.
③ 심사위원회의 위원이 4년을 초과하여 직무를 수행하는 경우가 있다.
④ 주식 관련 정보에 관한 간접적인 접근 가능성은 주식의 직무관련성을 판단하는 기준이 될 수 없다.
⑤ 금융 관련 분야에 5년 이상 근무하였더라도 대학에서 부교수 이상의 직에 5년 이상 근무하지 않으면 심사위원회의 위원이 될 수 없다.

해설

문제 분석

조문은 하나이다.
제1항 주식백지신탁 심사위원회
제2항 심사위원회의 구성
제3항 위원장 및 위원의 임명
제4항 위원의 자격
제5항 위원장 및 위원의 임기
제6항 주식의 직무관련성 판단기준

문제풀이 실마리

기출문제에서는 위원회 위원의 임기와 관련하여 자주 묻는다. 이때 연임, 중임 등을 조심해야 한다.

① (X) 제3항에 따르면 심사위원회의 위원장은 위원 중에서 호선하는 것이 아니라 대통령이 임명하거나 위촉한다.

② (X) 제3항에 따르면 심사위원회의 위원 중 3명은 국회가 위촉하는 것이 아니라 국회가 추천하는 자를 대통령이 임명하거나 위촉한다.

③ (O) 제5항 본문에 따르면 위원의 임기는 2년이고 1차례만 연임할 수 있다. 따라서 원칙적으로 위원은 4년간 직무를 수행하게 되지만 제5항 단서에 따르면 임기가 만료된 위원은 그 후임자가 임명되거나 위촉될 때까지 해당 직무를 수행한다고 하므로, 어떤 위원의 임기가 만료되고 후임자가 임명되거나 위촉될 때까지 4년을 초과하여 직무를 수행하는 경우가 있다.

④ (X) 제6항에 따르면 주식 관련 정보에 관한 간접적인 접근 가능성은 주식의 직무관련성을 판단하는 기준이다.

⑤ (X) 제4항 제3호에 따르면 금융 관련 분야에 5년 이상 근무한 경우 심사위원회 위원이 될 수 있고, 대학에서 부교수 이상의 직에 5년 이상 근무하여 제1호에 따른 요건까지 함께 갖추어야 하는 것은 아니다.

[정답] ③

길쌤's Check 더 연습해 볼 문제

민간경력자	11년 인책형 4번 15년 인책형 6번 20년 가책형 1번
5급 공채	08년 창책형 27번 10년 선책형 4번 18년 나책형 2번
입법고시	22년 가책형 3번

2 의사·의결정족수

105 **다음 글을 근거로 판단할 때, <보기>에서 옳은 것만을 모두 고르면?**

15년 5급 인책형 25번

제00조(기능) 대외경제장관회의(이하 '회의'라 한다)는 다음 각 호의 사항을 심의 · 조정한다.

1. 대외경제동향의 종합점검과 주요 대외경제정책의 방향 설정 등 대외경제정책 운영 전반에 관한 사항
2. 양자 · 다자 · 지역간 또는 국제경제기구와의 대외경제 협력 · 대외개방 및 통상교섭과 관련된 주요 경제정책에 관한 사항
3. 재정지출을 수반하는 각 부처의 대외경제 분야 주요 정책 또는 관련 중장기계획
4. 국내경제정책이 대외경제관계에 미치는 영향과 효과에 대한 사전검토에 관한 사항

제00조(회의의 구성 등) ① 회의는 기획재정부장관, 미래창조과학부장관, 외교부장관, 농림축산식품부장관, 산업통상자원부장관, 환경부장관, 국토교통부장관, 해양수산부장관, 국무조정실장, 대통령비서실의 경제수석비서관과 회의에 상정되는 안건을 제안한 부처의 장 및 그 안건과 관련되는 부처의 장으로 구성한다.

② 회의 의장은 기획재정부장관이다.

③ 회의 의장은 회의에 상정할 안건을 선정하여 회의를 소집하고, 이를 주재한다.

④ 회의 의장은 필요하다고 인정하는 경우 관계 부처 또는 관계 기관과 협의하여 안건을 상정하게 할 수 있다.

제00조(의견청취) 회의 의장은 회의에 상정된 안건의 심의를 위하여 필요하다고 인정되는 경우에는 해당 분야의 민간전문가를 회의에 참석하게 하여 의견을 들을 수 있다.

제00조(의사 및 의결정족수) ① 회의는 구성원 과반수의 출석으로 개의하고, 출석 구성원 3분의 2 이상의 찬성으로 의결한다.

② 회의 구성원이 회의에 출석하지 못하는 경우에는 그 바로 하위직에 있는 자가 대리로 출석하여 그 직무를 대행할 수 있다.

〈보기〉

ㄱ. 회의 안건이 보건복지와 관련이 있더라도 보건복지부장관은 회의 구성원이 될 수 없다.

ㄴ. 회의 당일 해양수산부장관이 수산협력 국제컨퍼런스에 참석 중이라면, 해양수산부차관이 회의에 대신 출석할 수 있다.

ㄷ. 환경부의 A안건이 관계 부처의 협의를 거쳐 회의에 상정된 경우, 환경부장관이 회의를 주재한다.

ㄹ. 회의에 민간전문가 3명을 포함해 13명이 참석하였을 때 의결을 위해서는 최소 9명의 찬성이 필요하다.

① ㄱ　　② ㄴ
③ ㄱ, ㄷ　　④ ㄴ, ㄹ
⑤ ㄷ, ㄹ

해설

문제 분석

첫 번째 조문부터 각각 제1조~제4조라고 한다.

제1조 대외경제장관회의의 심의·조정 대상
제2조 회의의 구성 등)
　제1항 회의의 구성
　제2항 의장
　제3항 의장의 권한
　제4항 안건의 상정
제3조 (의견청취)
제4조 (의사 및 의결정족수)
　제1항 의사 및 의결정족수
　제2항 직무 대행

문제풀이 실마리

표제를 잘 활용해야 하는 문제이다. 의사 및 의결정족수를 해결하기 위해서는 회의의 구성을 반드시 살펴 보아야 한다.

ㄱ. (X) 제2조 제1항에 따르면 회의는 기획재정부장관 등 및 그 안건과 관련되는 부처의 장으로 구성한다. 따라서 회의 안건이 보건복지와 관련이 있다면 제2조 제1항에서 직접 회의를 구성하는 부처의 장 등으로 정하고 있지 않더라도 보건복지부장관은 회의 구성원이 될 수 있다.

ㄴ. (O) 제2조 제1항에 따르면 해양수산부장관은 회의 구성원이고, 제4조 제2항에 따르면 회의 구성원이 회의에 출석하지 못하는 경우에는 그 바로 하위직에 있는 자가 대리로 출석하여 그 직무를 대행할 수 있다. 따라서 회의 당일 회의 구성원인 해양수산부장관이 수산협력 국제컨퍼런스에 참석 중이라서 회의에 출석하지 못하는 경우라면, 바로 하위직인 해양수산부차관이 회의에 대신 출석할 수 있다.

ㄷ. (X) 제2조 제2항에 따르면 회의 의장은 기획재정부장관이고, 제3항에 따르면 의장은 회의를 주재한다. 따라서 환경부의 회의에 상정되었는지와 무관하게, 환경부장관이 아니라 기획재정부장관이 회의를 주재한다.

ㄹ. (X) 제2조 제1항에 따르면 민간전문가는 회의의 구성원에 포함되지 않는다. 그리고 제4조 제1항에 따르면 회의는 출석 구성원 3분의 2 이상의 찬성으로 의결한다. 따라서 회의에 민간전문가 3명을 포함해 13명이 참석하였을 때 회의 구성원은 민간전문가 3명을 제외한 10명 출석한 것이고, 의결을 위해서는 최소 9명이 아니라 10명의 3분의 2 이상인 최소 7명의 찬성이 필요하다.

[정답] ②

106 다음 글과 <상황>을 근거로 판단할 때, A지방자치단체 지방의회의 의결에 관한 설명으로 옳은 것은?

15년 5급 인책형 28번

제00조(의사정족수) ① 지방의회는 재적의원 3분의 1 이상의 출석으로 개의(開議)한다.
② 회의 중 제1항의 정족수에 미치지 못할 때에는 의장은 회의를 중지하거나 산회(散會)를 선포한다.
제00조(의결정족수) ① 의결사항은 재적의원 과반수의 출석과 출석의원 과반수의 찬성으로 의결한다.
② 의장은 의결에서 표결권을 가지며, 찬성과 반대가 같으면 부결된 것으로 본다.
③ 의장은 제1항에 따라 의결하지 못한 때에는 다시 그 일정을 정한다.
제00조(지방의회의 의결사항) 지방의회는 다음 사항을 의결한다.
1. 조례의 제정 · 개정 및 폐지
2. 예산의 심의 · 확정

※ 지방의회의원 중 사망한 자, 제명된 자, 확정판결로 의원직을 상실한 자는 재적의원에 포함되지 않는다.

〈상황〉

- A지방자치단체의 지방의회 최초 재적의원은 111명이다. 그 중 2명은 사망하였고, 3명은 선거법 위반으로 구속되어 재판이 진행 중이며, 2명은 의회에서 제명되어 현재 총 104명이 의정활동을 하고 있다.
- A지방자치단체 ○○조례 제정안이 상정되었다.
- A지방자치단체의 지방의회는 의장을 포함한 53명이 출석하여 개의하였다.

① 의결할 수 없다.
② 부결된 것으로 본다.
③ 26명 찬성만으로 의결할 수 있다.
④ 27명 찬성만으로 의결할 수 있다.
⑤ 28명 찬성만으로 의결할 수 있다.

해설

문제 분석

첫 번째 조문부터 각각 제1조~제3조라고 한다. 제1조, 제2조에서는 A지방자치단체 지방의회에 적용되는 의사정족수와 의결정족수에 대해서 정하고 있고, 제3조는 지방의회의 의결사항을 각 호에서 나열하고 있다.

문제풀이 실마리

의사정족수, 의결정족수와 관련된 가장 기본형의 문제이다. 이를 주어진 〈상황〉에 정확하게 적용할 수 있어야 한다.

각 조문의 내용을 각주 및 〈상황〉과 함께 이해해 본다. 〈상황〉의 첫 번째 동그라미에 따르면 A지방자치단체 의원 중 2명은 사망하였고 2명은 의회에서 제명되었다고 한다. 각주에 따르면 사망한 자, 제명된 자는 재적의원에 포함되지 않는다. 그리고 각주에 따르면 확정판결로 의원직을 상실한 자는 재적의원에 포함되지 않는데 3명은 선거법 위반으로 구속되어 재판이 진행 중이므로 3명의 해당 의원은 재적의원에 포함된다. 따라서 최초 재적의원 111명에서 총 4명을 제외하면 현재 재적의원은 107명이다.

〈상황〉의 두 번째 동그라미에 따르면 A지방자치단체 ○○조례 제정안이 상정되었다고 하는데, 제3조 제1호에 따르면 조례 제정안은 지방의회의 의결사항이다.

〈상황〉의 세 번째 동그라미에 따르면 A지방자치단체의 지방의회는 의장을 포함한 53명이 출석하여 개의하였다고 하는데, 이는 제1조 제1항의 재적의원 3분의 1 이상(107명×1/3≒35.67)이 출석한 것으로 의사정족수를 충족한다. 그러나 제2조 제1항에 다르면 의결을 위해서는 재적의원 과반수의 출석과 출석의원 과반수의 찬성이 필요하다. 현재 재적의원 107명의 과반수는 54명(107명×1/2=53.5)으로 과반수가 출석하지 못한 것이므로 제2조 제1항의 의결정족수를 충족하지 못한 것이다. A지방자치단체 지방의회는 ○○조례 제정안을 의결할 수 없다.

정답은 ①이다.

[정답] ①

107 재적의원이 210명인 ○○국 의회에서 다음과 같은 <규칙>에 따라 안건 통과 여부를 결정한다고 할 때, <보기>에서 옳은 것만을 모두 고르면? 16년 5급 4책형 13번

〈규칙〉

○ 안건이 상정된 회의에서 기권표가 전체의 3분의 1 이상이면 안건은 부결된다.
○ 기권표를 제외하고, 찬성 또는 반대의견을 던진 표 중에서 찬성표가 50%를 초과해야 안건이 가결된다.

※ 재적의원 전원이 참석하여 1인 1표를 행사하였고, 무효표는 없다.

〈보기〉

ㄱ. 70명이 기권하여도 71명이 찬성하면 안건이 가결된다.
ㄴ. 104명이 반대하면 기권표에 관계없이 안건이 부결된다.
ㄷ. 141명이 찬성하면 기권표에 관계없이 안건이 가결된다.
ㄹ. 안건이 가결될 수 있는 최소 찬성표는 71표이다.

① ㄱ, ㄴ
② ㄱ, ㄷ
③ ㄴ, ㄷ
④ ㄴ, ㄹ
⑤ ㄷ, ㄹ

해설

문제 분석

〈규칙〉을 정리하면 다음과 같다.

- 안건이 상정된 회의에서 기권표가 전체(210표)의 3분의 1 이상(70표 이상)이면 안건은 부결된다.
- 기권표를 제외하고, 찬성 또는 반대의견을 던진 표 중에서 찬성표가 50%를 초과해야 안건이 가결된다. 즉, 기권표를 제외한 표 중에 찬성표가 과반이어야 한다.
- 각주에 따라 재적의원 전원이 참석하여 1인 1표를 행사하였고, 무효표는 없으므로, 210표가 행사되었다.

문제풀이 실마리

위에서 분석한 조건에 따라 각 보기의 정오판단을 하기 위한 적절한 사례를 들 수 있어야 한다.

ㄱ. (X) 70명이 기권하면, 기권표가 전체 210표의 3분의 1 이상인 70표 이상인 경우이므로 안건은 부결된다.

ㄴ. (X) 104명이 반대하였더라도, 기권표가 0표이고 나머지 106표가 모두 찬성표인 경우, 기권표인 0표를 제외하고 찬성 또는 반대의견을 던진 표 중에서 찬성표가 50%를 초과하므로 안건은 가결된다. 기권표가 1표이고 나머지 105표가 모두 찬성표인 경우에도 마찬가지로 가결되는 경우가 있다.

ㄷ. (O) 141명이 찬성을 하면, 나머지 표는 69표이다. 가결되지 않는 상황을 상정하기 위해서는 기권표 또는 반대표를 최대로 만들어 보아야 한다. 남은 69표를 모두 기권표로 가정하면 기권 69표, 찬성 141표, 반대 0표로 안건은 가결될 것이다. 69표를 모두 반대표로 가정하더라도 기권 0표, 찬성 141표, 반대 69표로 찬성표가 50%를 초과하므로 안건은 가결될 것이다. 따라서 141명이 찬성하면, 어떠한 경우에도 안건은 가결된다.

ㄹ. (O) 기권표가 전체 210표의 3분의 1 이상인 70표 이상이면 안건은 부결되므로, 안건이 가결되려면 기권표는 최대 69표까지 가능하다. 나머지 141표 중에서 안건이 가결되도록 찬성표가 50%를 초과하게 만들려면 141÷2=70.5이므로 최소 71표가 필요하다. 따라서 안건이 가결될 수 있는 최소 찬성표는 71표이다.

[정답] ⑤

길쌤's Check 더 연습해 볼 문제

5급 공채	11년 인책형 15번 14년 A책형 9번 18년 가책형 21번

3 시효

108 다음 글과 <상황>을 근거로 판단할 때 옳은 것은?

21년 5급 가책형 5번

ⅰ)공소제기는 법원에 특정한 형사사건의 심판을 청구하는 검사의 소송행위이다. 그러나 공소시효 기간이 만료(공소시효가 완성)된 범죄에 대하여는 검사가 공소를 제기할 수 없다. 공소시효는 범죄 후 일정 기간이 지나면 국가의 형벌소추권을 소멸시키는 제도이다. 따라서 공소시효가 완성된 범죄에 대한 검사의 공소제기는 위법하다. → 선지 ⑤

ⅱ)공소시효는 범죄행위가 종료된 때를 기준으로 계산한다. 예컨대 감금죄의 경우 범죄행위의 종료는 감금된 날이 아니라 감금에서 벗어나는 날이 기준이므로 그날부터 공소시효를 계산한다. 또한 초일은 시간을 계산하지 않고 1일로 산정하며, 기간의 말일이 공휴일이거나 토요일이라도 기간에 산입한다. 연 또는 월 단위로 정한 기간은 연 또는 월 단위로 기간을 계산한다. 예컨대 절도행위가 2021년 1월 5일에 종료된 경우 절도죄의 공소시효는 7년이고 1월 5일을 1일로 계산하므로 2028년 1월 4일 24시에 공소시효가 완성된다. → 선지 ①

ⅲ)한편 공소시효는 일정한 사유로 정지될 수 있다. 공소시효가 정지되었다가 그 사유가 없어지면 그날부터 나머지 공소시효 기간이 진행된다. 예컨대 범인이 형사처벌을 면할 목적으로 1년간 국외에 있다가 귀국하였다면 공소시효의 계산에서 1년을 제외한다. 다만 공범이 있는 경우 국외로 출국하지 않은 공범은 그 기간에도 공소시효가 정지되지 않는다.
→ 선지 ①, ④

ⅳ)또한 공소가 제기되면 그때부터 공소시효가 정지되고, 이는 공범의 경우에도 마찬가지이다. 따라서 공범 1인에 대하여 공소가 제기되면 그날부터 다른 공범의 공소시효도 정지되었다가 공범이 재판에서 유죄로 확정된 날부터 다른 공범에 대한 나머지 공소시효 기간이 진행된다. 그러나 공소가 먼저 제기된 사람이 범죄혐의 없음을 이유로 무죄판결을 받은 경우, 다른 공범에 대한 공소시효는 정지되지 않는다.
→ 선지 ⑤

〈상황〉

- 甲은 2015년 5월 1일 피해자를 불법으로 감금하였는데, 피해자는 2016년 5월 2일에 구조되어 감금에서 풀려났다. 甲은 피해자를 감금 후 수사망이 좁혀오자 2개월간 국외로 도피하였다가 2016년 5월 1일에 귀국하였다.
- 乙, 丙, 丁이 공동으로 행한 A죄의 범죄행위가 2015년 2월 1일 종료되었다. 그 후 乙은 국내에서 도피 중 2016년 1월 1일 공소제기 되어 2016년 6월 30일 범죄혐의 없음을 이유로 무죄 확정판결을 받았다. 한편 丙은 범죄행위 종료 후 형사처벌을 면할 목적으로 1년간 국외에서 도피 생활을 하다가 귀국한 뒤 2020년 1월 1일 공소가 제기되어 2020년 12월 31일 유죄 확정판결을 받았다. 丁은 범죄행위 종료 후 계속 국내에서 도피 중이다.

※ 감금죄의 공소시효는 7년, A죄의 공소시효는 5년임

① 甲에 대해 공소가 제기되기 전 정지된 공소시효 기간은 2개월이다.

② 2023년 5월 1일 甲에 대해 공소가 제기된다면 위법한 공소제기이다.

③ 丙에 대해 공소가 제기되기 전 정지된 공소시효 기간은 1년이다.

④ 丙의 국외 도피기간 중 丁의 공소시효는 정지된다.

⑤ 2022년 1월 31일 丁에 대해 공소가 제기된다면 적법한 공소제기이다.

해설

문제 분석

문단 ⅰ) 공소제기, 공소시효
문단 ⅱ) 공소시효의 계산
문단 ⅲ) 공소시효의 정지
(범인이 형사처벌을 면할 목적으로 국외로 도피)
문단 ⅳ) 공소시효의 정지(공소제기)

문제풀이 실마리

제시문의 내용도 다소 어려운 편이고 경우도 많이 구분하면서 설명하고 있다. 따라서 정확한 내용 파악을 요한다. 또한 〈상황〉에서도 네 명의 행위자가 등장하며 각자에 대한 정보도 많다. 얼마나 정확하게 제시문과 〈상황〉을 처리할 수 있는지가 관건인 문제이다.

① (X) 〈상황〉에 따르면 甲은 감금죄를 저지르고 형사처벌을 면할 목적으로 국외로 도피하였다. 문단 ⅲ) 두 번째, 세 번째 문장에 따르면 감금죄를 범한 甲이 형사처벌을 면할 목적으로 국외에 있는 기간 동안 공소시효는 정지된다. 그러나 〈상황〉에 따르면 피해자는 2016년 5월 2일에 감금에서 풀려났고, 문단 ⅱ) 첫 번째, 두 번째 문장에 따르면 감금죄의 경우 감금에서 벗어나는 날을 기준으로 공소시효를 계산하므로 甲의 감금죄에 대한 공소시효는 2016년 5월 2일부터 계산한다. 甲은 2개월간 국외로 도피하였다가 공소시효 시작 이전인 2016년 5월 1일에 귀국하였으므로 甲에 대해 공소가 제기되기 전 정지된 공소시효 기간은 없다.

② (X) 선지 ①에서 살펴본 바와 같이 甲의 감금죄에 대한 공소시효는 2016년 5월 2일부터 계산하고, 각주에 따르면 감금죄의 공소시효는 7년이다. 따라서 甲의 감금죄에 대한 공소시효는 2016년 5월 2일로부터 7년 후인 2023년 5월 1일 24시에 완성되므로, 2023년 5월 1일 甲에 대해 공소가 제기된다면 위법한 공소제기가 아니다.

③ (O) 〈상황〉에 따르면 丙이 저지른 A죄의 범죄행위는 2015년 2월 1일 종료되었으므로 문단 ⅱ) 첫 번째 문장에 따라 2015년 2월 1일부터 공소시효를 계산한다. 그리고 문단 ⅲ) 두 번째, 세 번째 문장에 따르면 丙은 범죄행위 종료 후 형사처벌을 면할 목적으로 1년간 국외로 도피하였으므로 丙에 대해 공소가 제기되기 전 정지된 공소시효 기간은 1년이다.

④ (X) 문단 ⅲ) 네 번째 문장에 따르면 국외로 출국하지 않은 공범은 그 기간에도 공소시효가 정지되지 않는다. 따라서 선지 ③에서 살펴본 바와 같이 丙에 대한 공소시효는 1년간 정지되었지만, 〈상황〉에 따르면 丙과 함께 A죄를 저지른 공범 丁은 범죄행위 종료 후 계속 국내에서 도피 중이므로 丙의 국외 도피기간 중 丁의 공소시효는 정지되지 않는다.

⑤ (X) 〈상황〉에 따르면 丁이 저지른 A죄의 범죄행위는 2015년 2월 1일 종료되었으므로 문단 ⅱ) 첫 번째 문장에 따라 2015년 2월 1일부터 공소시효를 계산하고, 각주에 따르면 A죄의 공소시효는 5년이다. 따라서 공소시효가 정지되지 않는다면 丁의 A죄에 대한 공소시효는 2020년 1월 31일 24시에 완성된다.
공소시효의 정지에 대해 검토해 보면 丁과 함께 A죄를 저지른 공범 乙은 2016년 1월 1일 공소제기 되어 범죄혐의 없음을 이유로 무죄 확정판결을 받았으므로, 문단 ⅳ) 세 번째 문장에 따라 丁에 대한 공소시효는 정지되지 않는다. 그리고 공범 丙은 2020년 1월 1일 공소가 제기되어 2020년 12월 31일 유죄 확정판결을 받았으므로, 문단 ⅳ) 두 번째 문장에 따라 丁의 공소시효도 2020년 1월 1일부터 정지되었다가 2020년 12월 31일부터 나머지 공소시효 기간이 진행된다. 따라서 丁의 A죄에 대한 공소시효는 2021년 1월 30일 24시에 완성되므로, 문단 ⅰ) 네 번째 문장에 따라 2022년 1월 31일 丁에 대해 공소가 제기된다면 적법한 공소제기가 아니다.

빠른 문제풀이 Tip

⑤ 문단 ⅱ) 세 번째 문장 이하에서 기간의 계산 방법을 자세히 설명하고 있지만, 선지의 의도는 정확한 계산을 요구하고 있지 않다. 그래도 丁의 공소시효가 2021년 1월 30일 24시에 완성되는 것을 확인해 볼 때, 공범 丙의 공소제기에 따라 공소시효가 2020년 1월 1일부터 정지되었다가 2020년 12월 31일부터 다시 진행되므로 시효가 정지된 기간은 2020년 12월 30일까지로 1년이 되지 않음을 유의한다.

[정답] ③

길쌤's Check 더 연습해 볼 문제

5급 공채	08년 창책형 15번
입법고시	16년 가책형 14번 21년 가책형 22번

109 다음 글을 근거로 판단할 때, <보기>에서 옳은 것만을 모두 고르면?

14년 민경채 A책형 18번

제00조 ① 개발부담금을 징수할 수 있는 권리(개발부담금 징수권)와 개발부담금의 과오납금을 환급받을 권리(환급청구권)는 행사할 수 있는 시점부터 5년간 행사하지 아니하면 소멸시효가 완성된다. → 선지 ②, ⑤
② 제1항에 따른 개발부담금 징수권의 소멸시효는 다음 각 호의 어느 하나의 사유로 중단된다. → 선지 ①
1. 납부고지
2. 납부독촉
3. 교부청구
4. 압류
③ 제2항에 따라 중단된 소멸시효는 다음 각 호의 어느 하나에 해당하는 기간이 지난 시점부터 새로이 진행한다.
1. 고지한 납부기간
2. 독촉으로 재설정된 납부기간
3. 교부청구 중의 기간
4. 압류해제까지의 기간
④ 제1항에 따른 환급청구권의 소멸시효는 환급청구권 행사로 중단된다.

※ 개발부담금이란 개발이익 중 국가가 부과·징수하는 금액을 말한다.
※ 소멸시효는 일정한 기간 권리자가 권리를 행사하지 않으면 권리가 소멸하는 것을 말한다.

〈보기〉

ㄱ. 개발부담금 징수권의 소멸시효는 고지한 납부기간이 지난 시점부터 중단된다.
ㄴ. 국가가 개발부담금을 징수할 수 있는 때로부터 3년간 징수하지 않으면 개발부담금 징수권의 소멸시효가 완성된다.
ㄷ. 국가가 개발부담금을 징수할 수 있는 날로부터 2년이 경과한 후 납부의무자에게 납부고지하면, 개발부담금 징수권의 소멸시효가 중단된다.
ㄹ. 납부의무자가 개발부담금을 기준보다 많이 납부한 경우, 그 환급을 받을 수 있는 때로부터 환급청구권을 3년간 행사하지 않으면 소멸시효가 완성된다.

① ㄱ
② ㄷ
③ ㄱ, ㄹ
④ ㄴ, ㄷ
⑤ ㄴ, ㄹ

해설

문제 분석

조문은 하나이다.
제1항 개발부담금 징수권, 개발부담금 과오납금 환급청구권의 소멸시효
제2항 개발부담금 징수권 소멸시효의 중단 사유
제3항 개발부담금 징수권 소멸시효의 재개시 사유
제4항 개발부담금 과오납금 환급청구권의 소멸시효의 중단 사유

문제풀이 실마리

제2항, 제3항은 개발부담금 징수권, 제4항은 과오납금 환급청구권에 적용되는 것에 유의한다.

ㄱ. (X) 제2항 제1호에 따르면 개발부담금 징수권의 소멸시효는 고지한 납부기간이 지난 시점부터 중단되는 것이 아니라 납부고지로 중단된다. 제3항 제1호에 따르면 고지한 납부기간이 지난 시점부터는 개발부담금 징수권의 소멸시효가 중단되는 것이 아니라 중단된 소멸시효가 새로이 진행한다.

ㄴ. (X) 제1항에 따르면 국가가 개발부담금을 징수할 수 있는 때로부터(권리를 행사할 수 있는 시점부터) 3년간 징수하지 않으면(권리를 행사하지 아니하면) 개발부담금 징수권의 소멸시효가 완성되는 것이 아니라 5년간 징수하지 않으면 소멸시효가 완성된다.

ㄷ. (O) 제1항에 따르면 개발부담금 징수권의 소멸시효는 5년이고, 제2항 제1호에 따르면 개발부담금 징수권의 소멸시효는 납부고지로 중단된다. 따라서 국가가 개발부담금을 징수할 수 있는 날로부터 2년이 경과한 후 납부의무자에게 납부고지하면, 5년이 지난 것이 아니므로 소멸시효가 완성되기 전에 납부고지를 한 것이고 개발부담금 징수권의 소멸시효가 중단된다.

ㄹ. (X) 제1항에 따르면 납부의무자가 환급을 받을 수 있는 때로부터(권리를 행사할 수 있는 시점부터) 환급청구권을 3년간 행사하지 않으면(권리를 행사하지 아니하면) 환급청구권의 소멸시효가 완성되는 것이 아니라 5년간 행사하지 않으면 소멸시효가 완성된다.

[정답] ②

4 상속

110 다음 규정과 <상황>에 근거할 때 가장 옳은 것은?

12년 입법 가책형 7번

제00조(상속의 순위) 상속에 있어서는 다음 순위로 상속인이 된다.

1. 피상속인의 직계비속
2. 피상속인의 직계존속
3. 피상속인의 형제자매
4. 피상속인의 4촌 이내의 방계혈족

제00조(배우자의 상속순위) 상속인의 배우자는 전조 제1호와 제2호의 규정에 의한 상속인이 있는 경우에는 그 상속인과 동순위로 공동상속인이 되고 그 상속인이 없는 때에는 단독상속인이 된다.

제00조(상속과 포괄적 권리의무의 승계) 상속인은 상속개시된 때로부터 피상속인의 재산에 관한 포괄적 권리의무를 승계한다. 그러나 피상속인의 일신에 전속한 것은 그러하지 아니하다.

제00조(공동상속인의 권리의무승계) 공동상속인은 각자의 상속분에 응하여 피상속인의 권리의무를 승계한다.

제00조(법정상속분) ① 동순위의 상속인이 수인인 때에는 그 상속분은 균분으로 한다.

② 피상속인의 배우자의 상속분은 직계비속과 공동으로 상속하는 때에는 직계비속의 상속분의 5할을 가산하고 직계존속과 공동으로 상속하는 때에는 직계존속의 상속분의 5할을 가산한다.

제00조(승인, 포기의 기간) 상속인은 상속개시 있음을 안 날로부터 3월내에 단순승인이나 한정승인 또는 포기를 할 수 있다.

제00조(단순승인의 효과) 상속인이 단순승인을 한 때에는 제한없이 피상속인의 권리의무를 승계한다.

제00조(법정단순승인) 다음 각 호의 사유가 있는 경우에는 상속인이 단순승인을 한 것으로 본다.

1. 상속인이 상속재산에 대한 처분행위를 한 때
2. 상속인이 상속개시 있음을 안 날로부터 3월내에 한정승인 또는 포기를 하지 아니한 때
3. 상속인이 한정승인 또는 포기를 한 후에 상속재산을 은닉하거나 부정소비하거나 고의로 재산목록에 기입하지 아니한 때

제00조(공동불법행위자의 책임) ① 수인이 공동의 불법행위로 타인에게 손해를 가한 때에는 연대하여 그 손해를 배상할 책임이 있다.

② 공동 아닌 수인의 행위 중 어느 자의 행위가 그 손해를 가한 것인지를 알 수 없는 때에도 전항과 같다.

③ 교사자나 방조자는 공동행위자로 본다.

〈상황〉

2011. 7. 1. 평소 丙에게 감정이 좋지 않았던 甲은 丙의 주택에 불을 지르기로 하고 친구 乙에게 불을 지르는 동안 망을 봐달라고 부탁하였다. 甲의 부탁에 응한 乙이 망을 보는 사이 甲이 丙의 주택에 불을 질러 丙에게 2억 원의 재산상 손해를 발생케 하였다. 그로부터 5개월 후인 2011. 12. 1. 甲이 사망하였고 甲에게는 배우자 丁과 아들 戊가 있다. 甲이 사망한 후 2012. 1. 5. 丁과 戊는 가정법원에 상속포기의 신고를 하였다. 그런데 戊가 상속재산의 일부를 2012. 1. 20. 은닉한 사실이 이후 발견되었다.

① 丙은 乙 또는 戊에게 2억 원을 청구할 수 있다.
② 丙은 乙에게 2억 원을, 戊에게 1억 원을 청구할 수 있다.
③ 丙은 乙에게만 2억 원을 청구할 수 있다.
④ 丙은 乙, 丁 또는 戊에게 2억 원을 청구할 수 있다.
⑤ 丙은 乙에게 1억 원을, 戊에게 1억 원을 청구할 수 있다.

해설

문제 분석

첫 번째 조문부터 각각 제1조~제9조라고 한다.

문제풀이 실마리

민법에 관한 사전 지식이 없는 상태에서는 제시문에 주어진 모든 조문을 정확히 이해하기는 어려우므로, 〈상황〉의 내용에 따라 순서대로 관련 조문을 검토해 본다.

1) 제9조 제1항에 따르면 수인이 공동의 불법행위로 타인에게 손해를 가한 때에는 연대하여 그 손해를 배상할 책임이 있다. 甲이 丙의 주택에 불을 지른 것은 불법행위에 해당하고, 甲이 불을 지르는 동안 乙이 망을 보았다면 제9조 제3항의 방조자에 해당하므로 乙은 공동행위자로 본다. 甲과 乙이라는 수인(數人) 2명 이상의 여러 명)이 주택에 불을 지르는 공동의 불법행위로 타인인 丙에게 2억 원의 재산상 손해를 가하였으므로, 甲과 乙은 연대하여 그 손해를 배상할 책임이 있다.
   연대하여 그 손해를 배상할 책임이 있다고 함은, 다수의 채무자가 동일한 내용의 채무에 관하여 각각 독립해서 전부의 급부를 이행할 의무를 부담하고 그중 1인 혹은 일부가 급부를 이행하면 모든 채무자의 채무가 소멸한다는 것이다. 즉, 甲과 乙은 각각 丙에게 2억 원의 손해를 배상할 책임이 있고 그중 1인 혹은 일부가 2억 원의 급부를 이행하면 甲과 乙의 채무가 소멸한다.

2) 甲이 사망하였다면 상속이 개시되고, 피상속인 甲의 배우자인 丁과 직계비속인 아들 戊 중에서 제1조의 순위에 따라 甲의 직계비속인 아들 戊가 1순위 상속인이 된다.

3) 제2조에 따르면 '상속인의 배우자는 …'이라고 규정하고 있으나 해당 제시문의 근거가 된 민법 제1003조에 따르면 '피상속인의 배우자는 …'이라고 규정하고 있다. 민법 제1003조에 따르면 피상속인 甲의 배우자 丁은 제1조 제1호 규정에 의한 상속인 戊가 있는 경우 戊와 동순위로 공동상속인이 된다.
   문제 풀이 과정에서는 제시문의 조문이 민법 제1003조의 내용과 다르게 주어져 있는 것을 알 수 없다. 제시문의 내용에 충실하게 판단한다면, 〈상황〉에서는 제1조에 따른 상속인 戊의 배우자에 대한 언급이 없으므로 제2조는 검토하지 않고 戊가 단독상속인이 된다.

4) 제3조에 따르면 상속인 丁, 戊는 상속이 개시된 때로부터 피상속인 甲의 재산에 관한 포괄적 권리의무를 승계한다. 그러나 제6조에 따르면 상속인은 상속개시 있음을 안 날로부터 3월 내에 포기를 할 수 있다. 〈상황〉에 따르면 상속인 丁, 戊는 상속이 개시된 2011. 12. 1.로부터 3월 내인 2012. 1. 5.에 가정법원에 상속포기의 신고를 하였다. 상속이 개시된 날로부터 3월 내이므로 상속개시가 있음을 안 날로부터 3월 내라는 것도 판단할 수 있다.

5) 제8조 제3호에 따르면 상속인이 상속을 포기한 후에 상속재산을 은닉한 경우, 제8조에 따라 상속인이 단순승인을 한 것으로 본다. 〈상황〉에 따르면 상속인 戊는 상속재산의 일부를 은닉한 사실이 발견되었으므로 제8조 제3호에 따라 단순승인을 한 것으로 본다. 따라서 상속인 戊는 甲이 乙과 연대하여 丙에게 손해를 배상할 책임을 승계한다.

정리하면 甲과 乙은 연대하여 丙에게 2억 원을 배상할 책임이 있었다. 그리고 甲이 사망하게 되면서 丁, 戊가 공동상속인이 되었으나 丁, 戊는 상속을 포기하였다. 이후 戊가 상속재산의 일부를 은닉한 사실이 발견되면서 戊는 단순승인을 한 것으로 보게 되어 乙와 戊는 연대하여 丙에게 2억 원을 배상할 책임이 있다. 따라서 丙은 乙 또는 戊에게 2억 원을 청구할 수 있다. 정답은 ①이다.

[정답] ①

111 A에게는 처 B와 장남 C와 장녀 D가 있다. 한편 장남 C는 이미 사망하였지만, 그에게는 처 E와 자 F가 있다. A가 유산 3,500만 원을 남기고 사망한 경우에 장남 C의 처 E와 자 F가 받을 각각의 상속액은? (단, 상속인 간의 상속비율은 배우자는 1.5이고 나머지 자녀들은 각각 1이다. 상속인 중에 1인이 사망한 경우에는 사망한 자의 상속인이 그 몫을 상속한다.)

08년 입법 가책형 19번

	E	F
①	600만 원	400만 원
②	500만 원	500만 원
③	1,000만 원	0만 원
④	875만 원	125만 원
⑤	400만 원	600만 원

해설

문제 분석

상속인 간의 상속비율은 배우자는 1.5이고 나머지 자녀들은 각각 1이다. 상속인 중에 1인이 사망한 경우에는 사망한 자의 상속인이 그 몫을 상속한다.

문제풀이 실마리

상속 규정을 주어진 상황에 정확하게 적용할 수 있어야 한다. A의 유산이 상속되는 관계에서는 A가 피상속인, B, C, D가 상속인이 되고, C의 상속분이 상속되는 관계에서는 C가 피상속인, E, F가 상속인이 된다.

1) A의 유산 3,500만 원은 배우자 B에게 1.5, 자녀인 C, D에게 1의 비율로 상속된다. 즉, 배우자 B에게는 $\frac{1.5}{1.5+1+1}$, 자녀 C, D에게는 $\frac{1}{1.5+1+1}$의 비율로 상속된다. 이를 도식화해 보면 다음과 같다.

피상속인 A — 배우자 B → 3,500만 원×$\frac{1.5}{3.5}$=1,500만 원

장남 C → 3,500만 원×$\frac{1}{3.5}$=1,000만 원

장녀 D → 3,500만 원×$\frac{1}{3.5}$=1,000만 원

2) 장남 C는 이미 사망하였으므로 C의 몫 1,000만 원은 C의 배우자 E가 1.5, 자녀 F가 1의 비율로 상속한다. 즉, 배우자 E에게는 $\frac{1.5}{1.5+1}$, 자녀 F에게는 $\frac{1}{1.5+1}$의 비율로 상속된다. 이를 도식화해 보면 다음과 같다.

피상속인 C — 배우자 E → 1,000만 원×$\frac{1.5}{2.5}$=600만 원

자녀 F → 1,000만 원×$\frac{1}{2.5}$=400만 원

E의 상속액은 600만 원, F는 400만 원이다. 정답은 ①이다.

[정답] ①

112 다음 글을 근거로 판단할 때 옳은 것은? 21년 5급 가책형 24번

ⅰ)상속에는 혈족상속과 배우자상속이 있다. 혈족상속인은 피상속인(사망자)과의 관계에 따라 피상속인의 직계비속(1순위), 피상속인의 직계존속(2순위), 피상속인의 형제자매(3순위), 피상속인의 4촌 이내 방계혈족(4순위) 순으로 상속인이 된다. 후순위 상속인은 선순위 상속인이 없는 경우에 상속재산을 상속할 수 있다. 같은 순위의 혈족상속인이 여럿인 경우, 그 법정상속분은 균분(均分)한다. → 선지 ③, ⑤

ⅱ)피상속인의 배우자는 언제나 상속인이 된다. 그 배우자의 법정상속분은 직계비속과 공동으로 상속하는 때에는 직계비속 상속분의 5할을 가산하고, 직계존속과 공동으로 상속하는 때에는 직계존속 상속분의 5할을 가산한다. 피상속인에게 배우자만 있고 직계비속도 직계존속도 없는 때에는 배우자가 단독으로 상속한다. → 선지 ②

ⅲ)한편 개인은 자신의 재산을 증여하거나 유언(유증)으로 자유롭게 처분할 수 있다. 그런데 이러한 자유를 무제한 허용한다면 상속재산의 전부가 타인에게 넘어가 상속인의 생활기반이 붕괴될 우려가 있다. 그래서 법률은 일정한 범위의 상속인에게 유류분을 인정하고 있다. 유류분이란 법률상 상속인에게 귀속되는 것이 보장되는 상속재산에 대한 일정비율을 의미한다.

ⅳ)피상속인이 유류분을 침해하는 유증이나 증여를 하는 경우, 유류분 권리자는 자기가 침해당한 유류분에 대해 반환을 청구할 수 있다. 유류분 권리자는 피상속인의 직계비속, 배우자, 직계존속 및 형제자매이다. 유류분은 피상속인의 배우자 또는 직계비속의 경우 그 법정상속분의 2분의 1, 피상속인의 직계존속 또는 형제자매의 경우 그 법정상속분의 3분의 1이다. → 선지 ①, ②

ⅴ)유류분반환청구권의 행사는 반드시 소에 의한 방법으로 하여야 할 필요는 없고, 유증을 받은 자 또는 증여를 받은 자에 대한 의사표시로 하면 된다. 유류분반환청구권은 유류분 권리자가 상속의 개시(피상속인의 사망시)와 반환하여야 할 증여 또는 유증을 한 사실을 안 때부터 1년 내에 행사하지 않거나, 상속이 개시된 때부터 10년이 경과하면 시효에 의하여 소멸한다. → 선지 ④

① 피상속인이 유언에 의해 재산을 모두 사회단체에 기부한 경우, 그의 자녀는 유류분 권리자가 될 수 없다.
② 피상속인의 자녀에게는 법정상속분 2분의 1의 유류분이 인정되며, 유류분 산정액은 피상속인의 배우자의 그것과 같다.
③ 피상속인의 부모는 피상속인의 자녀와 공동으로 상속재산을 상속할 수 있다.
④ 상속이 개시한 때부터 10년이 경과하였다면, 소에 의한 방법으로 유류분반환청구권을 행사해야 한다.
⑤ 피상속인에게 3촌인 방계혈족만 있는 경우, 그 방계혈족은 상속인이 될 수 있지만 유류분 권리자는 될 수 없다.

해설

문제 분석

문단 ⅰ) 혈족상속, 혈족상속인의 상속 순위
문단 ⅱ) 배우자상속, 배우자의 법정상속분
문단 ⅲ) 유류분
문단 ⅳ) 유류분 반환청구, 유류분 권리자, 유류분 비율
문단 ⅴ) 유류분반환청구권의 행사, 소멸

문제풀이 실마리

내용이 다소 복잡하게 느껴질 수도 있지만, 상속의 대상 및 순위, 상속의 방법, 유류분의 개념, 유류분의 비율, 유류분반환청구원의 행사 방법 등의 내용을 정확하게 이해하여야 한다.

① (X) 문단 ⅳ) 첫 번째, 두 번째 문장에 따르면 피상속인이 유류분을 침해하는 유증을 하는 경우 유류분 권리자는 자기가 침해당한 유류분에 대해 반환을 청구할 수 있고, 유류분 권리자에는 직계비속이 포함된다. 피상속인이 유언에 의해 재산을 모두 사회단체에 기부한 경우라면 피상속인이 유류분을 침해하는 유증을 한 경우이고, 그의 자녀는 피상속인의 직계비속이므로 유류분 권리자가 될 수 있다.

② (X) 문단 ⅳ) 세 번째 문장에 따르면 피상속인의 직계비속인 자녀에게는 법정상속분 2분의 1의 유류분이 인정되며, 배우자에게도 법정상속분의 2분의 1이 인정된다. 그러나 문단 ⅱ) 두 번째 문장에 따르면 배우자와 직계비속이 공동으로 상속하는 경우 배우자의 법정상속분은 직계비속 상속분의 5할을 가산하므로, 피상속인의 자녀의 유류분 산정액은 피상속인의 배우자의 유류분 산정액과 같지 않고, 자녀의 유류분 산정액이 배우자의 유류분 산정액보다 적다.

③ (X) 문단 ⅰ) 두 번째 문장에 따르면 혈족상속인은 직계비속이 1순위, 직계존속이 2순위 상속인이 되고, 세 번째 문장에 따르면 후순위 상속인은 선순위 상속인이 없는 경우에 상속재산을 상속할 수 있다. 따라서 피상속인의 직계존속인 부모는 피상속인의 직계비속인 자녀보다 후순위 상속인이므로, 피상속인의 자녀가 있는 한 공동으로 상속재산을 상속할 수 없다.

④ (X) 문단 ⅴ) 두 번째 문장에 따르면 유류분반환청구권은 상속이 개시한 때부터 10년이 경과한 경우 시효에 의하여 소멸한다. 따라서 소에 의한 방법으로도 유류분반환청구권을 행사할 수 없다.

⑤ (O) 문단 ⅰ) 두 번째 문장에 따르면 피상속인에게 3촌인 방계혈족만 있는 경우, 선순위 상속인이 없으므로 그 방계혈족은 상속인이 될 수 있다. 그리고 문단 ⅳ) 두 번째 문장에 따르면 유류분 권리자는 피상속인의 직계비속, 배우자, 직계존속 및 형제자매이므로, 이에 해당하지 않는 3촌인 방계혈족은 유류분 권리자가 될 수 없다.

빠른 문제풀이 Tip

② 직계비속의 법정상속분이 x라면 문단 ⅳ) 세 번째 문장에 따라 피상속인의 직계비속의 유류분 산정액은 법정상속분의 2분의 1인 $0.5x$이다. 문단 ⅱ) 두 번째 문장에 따르면 피상속인의 배우자의 법정상속분은 직계비속과 공동으로 상속하는 경우 직계비속 상속분의 5할을 가산하므로 $1.5x$이고, 유류분 산정액은 법정상속분의 2분의 1인 $0.75x$이다. 직계비속의 유류분 산정액이 배우자의 유류분 산정액보다 적다.

[정답] ⑤

길쌤's Check 더 연습해 볼 문제

구분		
민간경력자	16년 5책형 7번	
5급 공채	07년 재책형 11번 09년 극책형 11번	18년 나책형 25번
입법고시	11년 가책형 21번 12년 가책형 28번	16년 가책형 17번

5 광역·기초 지자체

113 다음 글과 <상황>을 근거로 판단할 때, 괄호 안의 ㉠과 ㉡에 해당하는 것을 옳게 짝지은 것은? 21년 7급 나책형 25번

> ㅇ 행정구역분류코드는 다섯 자리 숫자로 구성되어 있다.
> ㅇ 행정구역분류코드의 '처음 두 자리'는 광역자치단체인 시·도를 의미하는 고유한 값이다.
> ㅇ '그 다음 두 자리'는 광역자치단체인 시·도에 속하는 기초자치단체인 시·군·구를 의미하는 고유한 값이다. 단, 광역자치단체인 시에 속하는 기초자치단체는 군·구이다.
> ㅇ '마지막 자리'에는 해당 시·군·구가 기초자치단체인 경우 0, 자치단체가 아닌 경우 0이 아닌 임의의 숫자를 부여한다.
> ㅇ 광역자치단체인 시에 속하는 구는 기초자치단체이며, 기초자치단체인 시에 속하는 구는 자치단체가 아니다.

〈상황〉

> ○○시의 A구와 B구 중 B구의 행정구역분류코드의 첫 네 자리는 1003이며, 다섯 번째 자리는 알 수 없다.
> 甲은 ○○시가 광역자치단체인지 기초자치단체인지 모르는 상황에서, A구의 행정구역분류코드는 ○○시가 광역자치단체라면 (㉠), 기초자치단체라면 (㉡)이/가 가능하다고 판단하였다.

	㉠	㉡
①	10020	10021
②	10020	10033
③	10033	10034
④	10050	10027
⑤	20030	10035

해설

문제 분석
법조문에서 출제되고 있는 장치인 광역자치단체와 기초자체단체를 구분하여 〈상황〉에 응용·적용하는 문제이다.

문제풀이 실마리
○○시 B구의 행정구역분류코드는 '1003?'이다. 이를 고려하여 제시문에 제시된 조건에 따라 가능한 코드를 확인한다.

- 행정구역분류코드의 '처음 두 자리'는 광역자치단체인 시·도를 의미하는 고유한 값이다.
  〈경우 1〉 ○○시가 광역자치단체인 경우
  처음 두 자리 '10'이 광역자치단체인 '○○시'를 의미하는 고유한 값이다.
  〈경우 2〉 ○○시가 기초자치단체인 경우
  '10'은 기초자치단체인 ○○시가 속한 광역자치단체를 의미하는 고유한 값이다. 예를 들어 '경기도(광역) 성남시(기초) 분당구'라면 '10'은 '경기도'를 의미하는 고유한 값이다.
  따라서 어떠한 경우에도 처음 두 자리는 '10'이어야 하므로 선지 ⑤는 제거된다.
- '그 다음 두 자리'는 광역자치단체인 시·도에 속하는 기초자치단체인 시·군·구를 의미하는 고유한 값이다. 단, 광역자치단체인 시에 속하는 기초자치단체는 군·구이다.
  〈경우 1〉 ○○시가 광역자치단체인 경우
  처음 두 자리는 광역자치단체(○○시), 다음 두 자리는 기초자치단체(B구)를 의미하는 숫자이므로 '03'은 B구의 고유한 값이다. 따라서 A구의 경우는 B구의 고유한 값인 '03'과는 달라야 한다. 따라서 선지 ③은 제거된다.
  〈경우 2〉 ○○시가 기초자치단체인 경우
  '03'은 B구가 아닌 '○○시'의 고유한 값이다. A구와 B구가 모두 '○○시'에 속해 있으므로 A구와 B구 모두 다음 두 자리가 '03'이어야 한다. 예를 들어 '경기도(광역) 성남시(기초) 분당구'라면 '03'은 '성남시'를 의미하는 고유한 값이다. 따라서 분당구와 수정구가 모두 성남시에 속해 있다면 둘 다 다음 두 자리는 같아야 한다. 따라서 A구와 B구 모두 다음 두 자리가 '03'이어야 하고, 선지 ①, ④가 제거된다.
- '마지막 자리'에는 해당 시·군·구가 기초자치단체인 경우 0, 자치단체가 아닌 경우 0이 아닌 임의의 숫자를 부여한다.
  〈경우 1〉 ○○시가 광역자치단체인 경우
  A구가 기초자치단체가 되므로 마지막 자리는 0이어야 한다.
  〈경우 2〉 ○○시가 기초자치단체인 경우
  기초자치단체인 시에 속하는 구는 자치단체가 아니므로, 자치단체가 아닌 경우 0이 아닌 임의의 숫자를 부여하면 된다.

빠른 문제풀이 Tip
- 지방자치단체 종류

광역	특별시	광역시		특별자치시	도		특별자치도
기초	구 (자치구)	구	군	X	시	군	X
자치권 無	동		읍·면		구*	읍·면	시
			읍·면·동				읍·면·동

* 자치구 아님: 경기도 성남시 분당구

[정답] ②

6 징역, 벌금, 과태료, 과징금

114 다음 글을 근거로 판단할 때 옳은 것은? 21년 7급 나책형 3번

제○○조 ① 누구든지 법률에 의하지 아니하고는 우편물의 검열·전기통신의 감청 또는 통신사실확인자료의 제공을 하거나 공개되지 아니한 타인 상호간의 대화를 녹음 또는 청취하지 못한다. → 선지 ①, ②
② 다음 각 호의 어느 하나에 해당하는 자는 1년 이상 10년 이하의 징역과 5년 이하의 자격정지에 처한다. → 선지 ③, ⑤
1. 제1항에 위반하여 우편물의 검열 또는 전기통신의 감청을 하거나 공개되지 아니한 타인 상호간의 대화를 녹음 또는 청취한 자
2. 제1호에 따라 알게 된 통신 또는 대화의 내용을 공개하거나 누설한 자
③ 누구든지 단말기기 고유번호를 제공하거나 제공받아서는 안 된다. 다만 이동전화단말기 제조업체 또는 이동통신사업자가 단말기의 개통처리 및 수리 등 정당한 업무의 이행을 위하여 제공하거나 제공받는 경우에는 그러하지 아니하다.
④ 제3항을 위반하여 단말기기 고유번호를 제공하거나 제공받은 자는 3년 이하의 징역 또는 1천만 원 이하의 벌금에 처한다. → 선지 ④
제□□조 제○○조의 규정에 위반하여, 불법검열에 의하여 취득한 우편물이나 그 내용, 불법감청에 의하여 지득(知得) 또는 채록(採錄)된 전기통신의 내용, 공개되지 아니한 타인 상호간의 대화를 녹음 또는 청취한 내용은 재판 또는 징계절차에서 증거로 사용할 수 없다. → 선지 ①

① 甲이 불법검열에 의하여 취득한 乙의 우편물은 징계절차에서 증거로 사용할 수 있다.
② 甲이 乙과 정책용역을 수행하면서 乙과의 대화를 녹음한 내용은 재판에서 증거로 사용할 수 없다.
③ 甲이 乙과 丙 사이의 공개되지 않은 대화를 녹음하여 공개한 경우, 1천만 원의 벌금에 처해질 수 있다.
④ 이동통신사업자 甲이 乙의 단말기를 개통하기 위하여 단말기기 고유번호를 제공받은 경우, 1년의 징역에 처해질 수 있다.
⑤ 甲이 乙과 丙 사이의 우편물을 불법으로 검열한 경우, 2년의 징역과 3년의 자격정지에 처해질 수 있다.

해설

문제 분석

제○○조 제1항 불법검열, 불법감청 금지
제2항 제1항 위반 시 처벌 등
제3항 단말기기 고유번호 제공 금지
제4항 제3항 위반 시 처벌
제□□조 불법검열에 의한 우편물의 내용과 불법감청에 의한 전기통신내용의 증거사용 금지

문제풀이 실마리

제○○조 제2항에서 '…하는 자는 1년 이상 10년 이하의 징역과 5년 이하의 자격정지에 처한다.'의 표현과 동조 제4항의 '…받은 자는 3년 이하의 징역 또는 1천만 원 이하의 벌금에 처한다.'의 표현을 정확하게 구분하여 이해할 수 있어야 한다.

① (X) 제□□조에 따르면 甲이 불법검열에 의하여 乙의 우편물을 취득한 것은 제○○조 제1항을 위반한 것이므로, 해당 우편물은 징계절차에서 증거로 사용할 수 없다.
② (X) 제○○조 제1항에 따르면 누구든지 공개되지 아니한 타인 상호간의 대화를 녹음하지 못한다. 그러나 甲이 乙과의 대화를 녹음한 것은 타인 상호간의 대화가 아니므로 제○○조 제1항의 규정을 위반한 것이 아니다. 그러므로 해당 대화를 녹음한 내용은 제□□조에 의하여 재판에서 증거로 사용하는 것이 금지되지 않는다.
③ (X) 제○○조 제2항 제2호에 따르면 甲이 타인 상호간인 乙과 丙 사이의 공개되지 않은 대화를 녹음한 것은 제1항을 위반한 것으로 제2항 제1호에 해당하므로, 이를 공개한 경우 제2항에 따라 1천만 원의 벌금이 아닌 1년 이상 10년 이하의 징역과 5년 이하의 자격정지에 처해질 수 있다.
④ (X) 제○○조 제3항 본문에 따르면 누구든지 단말기기 고유번호를 제공받아서는 안 되지만, 단서에 따르면 이동통신 사업자가 단말기의 개통처리와 같이 정당한 업무의 이행을 위하여 제공받는 경우에는 그러하지 아니하다. 따라서 이동통신사업자 甲이 乙의 단말기를 개통하기 위하여 단말기기 고유번호를 제공받은 경우는 제○○조 제3항 단서에 해당하여 제3항을 위반한 것이 아니므로 같은 조 제4항에 의하여 1년의 징역에 처해질 수 없다.
⑤ (O) 제○○조 제2항 제1호에 따르면 甲이 乙과 丙 사이의 우편물을 불법으로 검열한 것은 제1항을 위반하여 우편물을 검열한 것이므로 제2항에 따라 1년 이상 10년 이하에 해당하는 2년의 징역과 5년 이하에 해당하는 3년의 자격정지에 처해질 수 있다.

[정답] ⑤

115 다음 글을 근거로 판단할 때 옳은 것은? 23년 7급 인책형 11번

제○○조(해수욕장의 구역) 관리청은 해수욕장을 이용하는 용도에 따라 물놀이구역과 수상레저구역으로 구분하여 관리·운영하여야 한다. 다만, 해수욕장 이용이나 운영에 상당한 불편을 초래하거나 효율성을 떨어뜨린다고 판단되는 경우에는 그러하지 아니하다. → 선지 ②

제□□조(해수욕장의 개장기간 등) ① 관리청은 해수욕장의 특성이나 여건 등을 고려하여 해수욕장의 개장기간 및 개장시간을 정할 수 있다. 이 경우 관리청은 해수욕장협의회의 의견을 듣고, 미리 관계 행정기관의 장과 협의하여야 한다. → 선지 ⑤

② 관리청은 해수욕장 이용자의 안전 확보나 해수욕장의 환경보전 등을 위하여 필요한 경우에는 해수욕장의 개장기간 또는 개장시간을 제한할 수 있다. 이 경우 제1항 후단을 준용한다.

제△△조(해수욕장의 관리·운영 등) ① 해수욕장은 관리청이 직접 관리·운영하여야 한다.

② 관리청은 제1항에도 불구하고 해수욕장의 효율적인 관리·운영을 위하여 필요한 경우 관할 해수욕장 관리·운영업무의 일부를 위탁할 수 있다. → 선지 ①

③ 관리청은 제2항에 따라 해수욕장 관리·운영업무를 위탁하려는 경우 지역번영회·어촌계 등 지역공동체 및 공익법인 등을 수탁자로 우선 지정할 수 있다. → 선지 ③

④ 제2항 및 제3항에 따라 수탁자로 지정받은 자는 위탁받은 관리·운영업무의 전부 또는 일부를 재위탁하여서는 아니 된다.

제◇◇조(과태료) ① 다음 각 호의 어느 하나에 해당하는 자에게는 500만 원 이하의 과태료를 부과한다. → 선지 ④

1. 거짓이나 부정한 방법으로 제△△조에 따른 수탁자로 지정받은 자
2. 제△△조 제4항을 위반하여 위탁받은 관리·운영업무의 전부 또는 일부를 재위탁한 자

② 제1항에 따른 과태료는 관리청이 부과·징수한다.

① 관리청은 해수욕장의 효율적인 관리·운영을 위하여 필요한 경우, 관할 해수욕장 관리·운영업무의 전부를 위탁할 수 있다.

② 관리청은 해수욕장을 운영함에 있어 그 효율성이 떨어진다고 판단하더라도 물놀이구역과 수상레저구역을 구분하여 관리·운영하여야 한다.

③ 관리청이 해수욕장 관리·운영업무를 위탁하려는 경우, 공익법인을 수탁자로 우선 지정할 수 있으나 지역공동체를 수탁자로 우선 지정할 수는 없다.

④ 관리청으로부터 해수욕장 관리·운영업무를 위탁받은 공익법인이 이를 타 기관에 재위탁한 경우, 관리청은 그 공익법인에 대해 300만 원의 과태료를 부과할 수 있다.

⑤ 관리청은 해수욕장의 개장기간 및 개장시간을 정함에 있어 해수욕장의 특성이나 여건 등을 고려해야 하나, 관계 행정기관의 장과 협의할 필요는 없다.

해설

문제 분석

제○○조 해수욕장의 구역을 구분하여 관리·운영
제□□조 제1항 관리청은 해수욕장의 개장기간 및 개장시간을 정할 수 있다.
제2항 개장시간의 제한
제△△조 제1항 해수욕장의 관리·운영
제2항 위탁
제3항 수탁자 우선 지정
제4항 재위탁 금지
제◇◇조 제1항 과태료 제2항 관리청이 부과·징수

문제풀이 실마리

'…에 해당하는 자에게는 500만 원 이하의 과태료를 부과한다.'하는 규정에 따르면 500만 원 이하의 범위에 해당하는 300만 원의 과태료를 부과할 수 있다.

① (X) 제□□조 제1항에 따르면 해수욕장은 관리청이 직접 관리·운영하여야 하지만 제2항에 따르면 관리청은 해수욕장의 효율적인 관리·운영을 위하여 필요한 경우, 관할 해수욕장 관리·운영업무의 전부가 아닌 일부를 위탁할 수 있다.

② (X) 제○○조 본문에 따르면 관리청은 해수욕장을 물놀이구역과 수상레저구역을 구분하여 관리·운영하여야 하지만, 단서에 따르면 해수욕장을 운영함에 있어 그 효율성이 떨어진다고 판단되는 경우 그러하지 아니하다.

③ (X) 제△△조 제3항에 따르면 관리청이 해수욕장 관리·운영업무를 위탁하려는 경우, 공익법인을 수탁자로 우선 지정할 수 있고 지역공동체도 수탁자로 우선 지정할 수 있다.

④ (O) 제△△조 제4항에 따르면 관리청으로부터 해수욕장 관리·운영업무를 위탁받은 공익법인은 해수욕장 관리·운영업무의 전부 또는 일부를 재위탁하여서는 아니 되며, 제◇◇조 제1항 제2호에 따르면 해수욕장 관리·운영업무를 위탁받은 공익법인이 이를 타 기관에 재위탁한 경우, 관리청은 제◇◇조 제1항, 제2항에 따라 그 공익법인에 대해 500만 원 이하인 300만 원의 과태료를 부과할 수 있다.

⑤ (X) 제□□조 제1항 제1문에 따르면 관리청은 해수욕장의 개장기간 및 개장시간을 정함에 있어 해수욕장의 특성이나 여건 등을 고려해야 하고, 제2문에 따르면 관계 행정기관의 장과 협의하여야 한다.

[정답] ④

116 다음 글과 <상황>을 근거로 판단할 때 옳은 것은?

14년 5급 A책형 28번

제00조(특허침해죄) ① 특허권을 침해한 자는 7년 이하의 징역 또는 1억 원 이하의 벌금에 처한다. → 선지 ④
② 제1항의 죄는 고소가 있어야 한다.
제00조(위증죄) 이 법의 규정에 의하여 선서한 증인 · 감정인 또는 통역인이 특허심판원에 대하여 허위의 진술 · 감정 또는 통역을 한 때에는 5년 이하의 징역 또는 1천만 원 이하의 벌금에 처한다. → 선지 ②
제00조(사위행위의 죄) 사위(詐僞) 기타 부정한 행위로써 특허청으로부터 특허의 등록이나 특허권의 존속기간의 연장등록을 받은 자 또는 특허심판원의 심결을 받은 자는 3년 이하의 징역 또는 2천만 원 이하의 벌금에 처한다.
제00조(양벌규정) 법인의 대표자나 법인 또는 개인의 대리인, 사용인, 그 밖의 종업원이 그 법인 또는 개인의 업무에 관하여 특허침해죄, 사위행위의 죄의 어느 하나에 해당하는 위반행위를 하면 그 행위자를 벌하는 외에 그 법인에게는 다음 각 호의 어느 하나에 해당하는 벌금형을, 그 개인에게는 해당 조문의 벌금형을 과(科)한다. 다만 법인 또는 개인이 그 위반행위를 방지하기 위하여 해당 업무에 관하여 상당한 주의와 감독을 게을리하지 아니한 경우에는 그러하지 아니하다. → 선지 ⑤
1. 특허침해죄의 경우: 3억 원 이하의 벌금
2. 사위행위죄의 경우: 6천만 원 이하의 벌금

※ 사위(詐僞): 거짓을 꾸미어 속임.

<상황>

개인 발명자 甲은 전자제품인 발명품 A에 대해서 특허권을 부여받았다. 한편 乙은 A에 대해 특허권이 부여된 것은 잘못이라고 주장하며, 특허심판원에 甲을 상대로 A에 관한 특허무효심판을 청구하였다. 당해 심판에서 선서한 감정인 丙은 甲의 발명품이 특허무효사유에 해당한다는 내용의 감정을 하였다. 그 후 당해 감정이 허위임이 밝혀지고 달리 특허무효사유가 없음을 이유로 특허심판원은 甲에 대한 특허권의 부여는 유효라고 심결하였고 이 심결이 확정되었다. 한편 전자제품 생산회사인 丁회사의 생산공장에 근무하는 戊는 그 공장에서 A를 무단으로 생산한 후 丁회사의 이름으로 이를 판매하였다.

① 甲의 고소가 있어야 丙이 위증죄로 처벌될 수 있다.
② 丙이 위증죄로 처벌되는 경우 1천만 원의 벌금형을 받을 수 있다.
③ 丙이 위증죄로 처벌되는 경우 양벌규정에 따라 乙에게 6천만 원의 벌금형이 부과될 수 있다.
④ 戊가 특허침해죄로 처벌되는 경우 벌금형의 상한은 3억 원이다.
⑤ 戊에 대해서 특허침해죄가 성립되지 않더라도 사용자의 관리책임을 이유로 丁회사에게 3억 원의 벌금형이 부과될 수 있다.

해설

문제 분석

첫 번째 조문부터 각각 제1조~제4조라고 한다.
제1조 제1항 특허침해죄
제2항 친고죄
제2조 위증죄
제3조 사위행위의 죄
제4조 특허침해죄, 사위행위의 죄에 관한 양벌규정

문제풀이 실마리

친고죄란 검사의 공소를 위한 요건으로 피해자 등의 고소를 필요로 하는 범죄이다. 제1조 제2항에서 제1조 제1항의 특허침해죄는 친고죄로 규정되어 있다. 제4조 양벌규정을 도식화해 보면 다음과 같다.

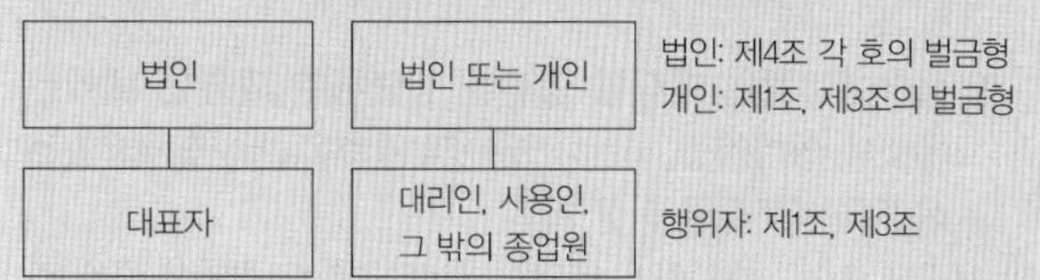

〈상황〉의 특허무효심판에서 甲은 피청구인, 乙은 청구인이다. 해당 특허무효심판에서 감정인 丙은 허위의 감정을 하였으므로 제2조의 위증죄에 해당한다. 丁회사의 사용인 戊는 A를 무단으로 생산하여 제1조의 특허침해죄에 해당하며, 戊가 사용인으로 있는 丁회사는 법인으로서 제4조 제1호에 따라 벌금형을 과할 수 있다.

① (X) 제2조 위증죄의 경우 제1조 제2항과 같이 고소가 있어야 한다고 규정하지 않고 있다. 따라서 위증죄의 경우 甲의 고소가 있어야 丙이 처벌될 수 있는 것은 아니다.

② (O) 제2조에 따르면 감정인이 허위의 감정을 한 때에는 1천만 원 이하의 벌금에 처한다. 〈상황〉의 특허무효심판에서 감정인 丙은 허위의 감정을 하였으므로, 丙이 위증죄로 처벌되는 경우 1천만 원 이하인 1천만 원의 벌금형을 받을 수 있다.

③ (X) 제4조 양벌규정은 제1조의 특허침해죄와 제3조의 사위행위죄에 대하여 적용된다. 따라서 丙이 위증죄로 처벌되는 경우 乙에게는 양벌규정이 적용되지 않는다.

④ (X) 제1조 특허침해죄의 경우 벌금형의 상한은 1억 원이며, 제4조의 양벌규정에 따르더라도 특허침해죄에 해당하는 행위자는 제1조에 따라 처벌한다. 따라서 丁회사의 사용인 戊가 특허침해죄로 처벌되는 경우에, 벌금형의 상한은 3억 원이 아니라 제1조에 따른 1억 원이다.

⑤ (X) 제4조에 따르면 법인의 사용인이 특허침해죄에 해당하는 위반행위를 하면 그 법인에게는 제1호에 해당하는 벌금형에 처할 수 있다. 그러나 사용인 戊에 대해서 특허침해죄가 성립되지 않는 경우에는 사용자의 관리책임을 이유로 丁회사에게 3억 원의 벌금형이 부과될 수 없다.

빠른 문제풀이 Tip

- 친고죄: 검사의 공소를 위한 요건으로서 피해자 기타 일정한 자의 고소를 필요로 하는 범죄

[정답] ②

117 다음 글과 <상황>을 근거로 판단할 때 옳은 것은?

20년 5급 나책형 2번

제○○조 ① 주택 등에서 월령 2개월 이상인 개를 기르는 경우, 그 소유자는 시장·군수·구청장에게 이를 등록하여야 한다. → 선지 ③
② 소유자는 제1항의 개를 기르는 곳에서 벗어나게 하는 경우에는 소유자의 성명, 소유자의 전화번호, 등록번호를 표시한 인식표를 그 개에게 부착하여야 한다. → 선지 ③
제□□조 ① 맹견의 소유자는 다음 각 호의 사항을 준수하여야 한다. → 선지 ①
1. 소유자 없이 맹견을 기르는 곳에서 벗어나지 아니하게 할 것
2. 월령이 3개월 이상인 맹견을 동반하고 외출할 때에는 목줄과 입마개를 하거나 맹견의 탈출을 방지할 수 있는 적정한 이동장치를 할 것
② 시장·군수·구청장은 맹견이 사람에게 신체적 피해를 주는 경우, 소유자의 동의 없이 맹견에 대하여 격리조치 등 필요한 조치를 취할 수 있다. → 선지 ④
③ 맹견의 소유자는 맹견의 안전한 사육 및 관리에 관하여 정기적으로 교육을 받아야 한다. → 선지 ②
제△△조 ① 제□□조 제1항을 위반하여 사람을 사망에 이르게 한 자는 3년 이하의 징역 또는 3천만 원 이하의 벌금에 처한다.
② 제□□조 제1항을 위반하여 사람의 신체를 상해에 이르게 한 자는 2년 이하의 징역 또는 2천만 원 이하의 벌금에 처한다. → 선지 ⑤

〈상황〉

甲과 乙은 맹견을 각자 자신의 주택에서 기르고 있다. 甲은 월령 1개월인 맹견 A의 소유자이고, 乙은 월령 3개월인 맹견 B의 소유자이다.

① 甲이 A를 동반하고 외출하는 경우 A에게 목줄과 입마개를 해야 한다.
② 甲은 맹견의 안전한 사육 및 관리에 관하여 정기적으로 교육을 받지 않아도 된다.
③ 甲이 A와 함께 타 지역으로 여행을 가는 경우, A에게 甲의 성명과 전화번호를 표시한 인식표를 부착하지 않아도 된다.
④ B가 제3자에게 신체적 피해를 주는 경우, 구청장이 B를 격리조치하기 위해서는 乙의 동의를 얻어야 한다.
⑤ 乙이 B에게 목줄을 하지 않아 제3자의 신체를 상해에 이르게 한 경우, 乙을 3년의 징역에 처한다.

해설

문제 분석

제○○조 제1항 월령 2개월 이상 개의 등록
제2항 인식표 부착
제□□조 제1항 맹견 소유자의 준수사항
제2항 시장·군수·구청장의 격리조치
제3항 맹견 소유자의 교육을 받아야 할 의무
제△△조 제1항, 제2항 제□□조 제1항을 위반에 대한 처벌

문제풀이 실마리

제○○조 제1항, 제2항은 주택 등에서 월령 2개월 이상인 개를 기르는 경우 그 소유자에게 적용되므로 〈상황〉의 乙에게 적용되고, 제□□조 제1항, 제3항은 맹견의 소유자에게 적용되므로 甲, 乙 모두에게 적용된다.

① (X) 제□□조 제2호에 따르면 甲이 A를 동반하고 외출하는 경우, A는 월령 1개월인 맹견으로 월령 3개월 미만이므로 목줄과 입마개를 해야 하는 것은 아니다. A가 월령 3개월 이상인 경우에도 반드시 목줄과 입마개를 해야하는 것은 아니고 목줄과 입마개, 또는 맹견의 탈출을 방지할 수 있는 적정한 이동장치 중 하나를 하여야 한다.

② (X) 제□□조 제3항에 따르면 맹견 A의 소유자인 甲은 맹견의 안전한 사육 및 관리에 관하여 정기적으로 교육을 받아야 한다.

③ (O) 제○○조 제2항에 따르면 제1항에 따른 주택 등에서 월령 2개월 이상인 개를 기르는 경우 그 소유자는 개를 기르는 곳에서 벗어나게 하는 경우에는 소유자의 성명, 전화번호 등을 표시한 인식표를 그 개에게 부착하여야 한다. A는 월령 1개월로 2개월 미만이므로, 甲이 A와 함께 기르던 주택에서 벗어나 타 지역으로 여행을 가는 경우에도 A에게 甲의 성명과 전화번호를 표시한 인식표를 부착하지 않아도 된다.

④ (X) 제□□조 제2항에 따르면 맹견 B가 제3자에게 신체적 피해를 주는 경우, 구청장은 B의 소유자 乙의 동의없이 B에 대하여 격리조치를 할 수 있다.

⑤ (X) 제△△조 제2항에 따르면 乙이 제□□조 제1항 제2호를 위반하여 B에게 목줄을 하지 않아 제3자의 신체를 상해에 이르게 한 경우, 乙을 3년의 징역에 처할 수는 없고 2년 이하의 징역 또는 2천만 원 이하의 벌금에 처한다.

[정답] ③

118 다음 글을 근거로 판단할 때 옳은 것은? 21년 5급 가책형 1번

제00조 ① 특별시장 · 광역시장 · 특별자치시장 · 도지사 또는 특별자치도지사(이하 '시 · 도지사'라 한다)는 아이돌보미의 양성을 위하여 적합한 시설을 교육기관으로 지정 · 운영하여야 한다. → 선지 ②

② 시 · 도지사는 교육기관이 다음 각 호의 어느 하나에 해당하는 경우 사업의 정지를 명하거나 그 지정을 취소할 수 있다. 다만 제1호에 해당하는 경우 지정을 취소하여야 한다. → 선지 ⑤

1. 거짓이나 그 밖의 부정한 방법으로 교육기관으로 지정을 받은 경우 → 선지 ④
2. 교육과정을 1년 이상 운영하지 아니하는 경우 → 선지 ⑤

③ 제2항 제1호의 방법으로 교육기관 지정을 받은 자는 1년 이하의 징역 또는 1천만 원 이하의 벌금에 처한다. → 선지 ④

④ 아이돌보미가 되려는 사람은 시 · 도지사가 지정 · 운영하는 교육기관에서 교육과정을 수료하여야 한다.

⑤ 아이돌보미가 되려는 사람은 여성가족부장관이 실시하는 적성 · 인성검사를 받아야 한다. → 선지 ③

제00조 ① 아이돌보미는 다른 사람에게 자기의 성명을 사용하여 아이돌보미 업무를 수행하게 하거나 수료증을 대여하여서는 아니 된다.

② 아이돌보미가 아닌 사람은 아이돌보미 또는 이와 유사한 명칭을 사용할 수 없다. → 선지 ①

③ 제1항, 제2항을 위반한 사람에게는 300만 원 이하의 과태료를 부과한다.

제00조 ① 여성가족부장관은 아이돌봄서비스의 질적 수준과 아이돌보미의 전문성 향상을 위하여 보수교육을 실시하여야 한다. → 선지 ②

② 제1항에 따른 보수교육은 전문기관에 위탁하여 실시할 수 있다.

① 아이돌보미가 아닌 보육 관련 종사자도 아이돌보미 명칭을 사용할 수 있다.

② 시 · 도지사는 아이돌보미 양성을 위한 교육기관을 지정 · 운영하고 보수교육을 실시하여야 한다.

③ 아이돌보미가 되려는 사람은 시 · 도지사가 실시하는 적성 · 인성검사를 받아야 한다.

④ 서울특별시의 A기관이 부정한 방법을 통해 아이돌보미 양성을 위한 교육기관으로 지정을 받은 경우, 서울특별시장은 200만 원의 과태료를 부과할 수 있다.

⑤ 인천광역시의 B기관이 아이돌보미 양성을 위한 교육기관으로 지정된 후 교육과정을 1년간 운영하지 않은 경우, 인천광역시장은 그 지정을 취소할 수 있다.

해설

문제 분석

첫 번째 조문부터 각각 제1조~제3조라고 한다.

제1조 제1항 아이돌보미 양성 교육기관 지정·운영
제2항 사업의 정지 또는 지정의 취소
제3항 제2항 제1호의 경우 징역·벌금
제4항 교육과정 수료
제5항 적성·인성검사
제2조 제1항 아이돌보미의 금지행위
제2항 아이돌보미 등의 명칭 사용 금지
제3항 제1항, 제2항 위반 시 과태료
제3조 제1항 보수교육 제2항 보수교육의 위탁

문제풀이 실마리

과태료와 벌금은 용어상으로도 구분되므로 다른 것임을 구분할 수 있어야 한다.

① (X) 제2조 제2항에 따르면 아이돌보미가 아닌 보육 관련 종사자는 아이돌보미 명칭을 사용할 수 없다.

② (X) 제1조 제1항에 따르면 시·도지사는 아이돌보미 양성을 위한 교육기관을 지정·운영하여야 한다. 그리고 제3조 제1항에 따르면 시·도지사가 아니라 여성가족부장관이 보수교육을 실시하여야 한다.

③ (X) 제1조 제5항에 따르면 아이돌보미가 되려는 사람은 시·도지사가 아니라 여성가족부장관이 실시하는 적성·인성검사를 받아야 한다.

④ (X) 제1조 제3항에 따르면 서울특별시의 A기관이 제1조 제2항 제1호에 해당하는 부정한 방법을 통해 아이돌보미 양성을 위한 교육기관으로 지정을 받은 경우, 200만 원의 과태료가 아닌 1년 이하의 징역 또는 1천만 원 이하의 벌금에 처한다. 제2조 제1항, 제2항을 위반한 사람에게는 300만 원 이하의 과태료를 부과할 수 있지만, 제시문의 내용만으로는 서울특별시장이 과태료를 부과하는지 불분명하다.

⑤ (O) 제1조 제2항 제2호 따르면 인천광역시의 B기관이 아이돌보미 양성을 위한 교육기관으로 지정된 후 교육과정을 1년간 운영하지 않은 경우, 제1조 제2항 본문에 따라 인천광역시장은 그 지정을 취소할 수 있다.

빠른 문제풀이 Tip

• 벌금/과태료

벌금	과태료
– 형법에서 정하고 있는 9가지의 형벌 중 하나인 재산형 – 부과 여부 및 금액이 판결을 통해 확정됨. 재판을 거쳐 일정 금액을 국가에 납부 – 벌금을 5만 원 이상으로 규정, 5만 원 미만일 경우 과료	– 행정상의 위반에 대한 처분 – 행정법 상의 제재(행정질서벌의 일종) – 국가 또는 지방자치단체가 부과

• 형벌의 종류: 사형, 징역, 금고, 자격상실, 자격정지, 벌금, 구류, 과료, 몰수

[정답] ⑤

119 다음 글과 <상황>을 근거로 판단할 때 옳은 것은?

22년 5급 나책형 4번

제00조 ① 박물관에는 임원으로서 관장 1명, 상임이사 1명, 비상임이사 5명 이내, 감사 1명을 둔다.
② 감사는 비상임으로 한다. → 선지 ⑤
③ 관장은 정관으로 정하는 바에 따라 □□부장관이 임면하고, 상임이사와 비상임이사 및 감사의 임면은 정관으로 정하는 바에 따른다. → 선지⑤
제00조 ① 관장의 임기는 3년으로 하며, 1년 단위로 연임할 수 있다. → 선지 ①
② 이사와 감사의 임기는 2년으로 하며, 1년 단위로 연임할 수 있다.
③ 임원의 사임 등으로 인하여 선임되는 임원의 임기는 새로 시작된다. → 선지 ①
④ 관장은 박물관을 대표하고 그 업무를 총괄하며, 소속 직원을 지휘 · 감독한다.
⑤ 관장이 부득이한 사유로 직무를 수행할 수 없을 때에는 상임이사가 그 직무를 대행하고, 상임이사도 직무를 수행할 수 없을 때에는 정관으로 정하는 임원이 그 직무를 대행한다. → 선지 ③
제00조 ① 박물관의 중요 사항을 심의 · 의결하기 위하여 박물관에 이사회를 둔다.
② 이사회는 의장을 포함한 이사로 구성하고 관장이 의장이 된다. → 선지 ②
③ 이사회는 재적이사 과반수의 출석으로 개의하고, 재적이사 과반수의 찬성으로 의결한다. → 선지 ②
④ 감사는 직무와 관련하여 필요한 경우 이사회에 출석하여 발언할 수 있다.
제00조 ① 박물관의 임직원이나 임직원으로 재직하였던 사람은 그 직무상 알게 된 비밀을 누설하거나 도용하여서는 아니 된다. → 선지 ④
② 제1항을 위반하여 직무상 알게 된 비밀을 누설하거나 도용한 사람은 2년 이하의 징역 또는 2천만 원 이하의 벌금에 처한다. → 선지 ④

〈상황〉

○○박물관에는 임원으로 이사인 관장 A, 상임이사 B, 비상임이사 C, D, E, F와 감사 G가 있다.

① A가 2년간 재직하다가 퇴직한 경우, 새로 임명된 관장의 임기는 1년이다.
② 이사회에 A, B, C, D, E가 출석한 경우, 그 중 2명이 반대하면 안건은 부결된다.
③ A가 부득이한 사유로 직무를 수행할 수 없을 때에는 G가 소속 직원을 지휘 · 감독한다.
④ B가 직무상 알게 된 비밀을 누설한 경우, 1년의 징역과 500만 원의 벌금에 처해질 수 있다.
⑤ ○○박물관 정관에 "관장은 이사, 감사를 임면한다."라고 규정되어 있는 경우, A는 G의 임기가 만료되면 H를 상임감사로 임명할 수 있다.

해설

문제 분석

첫 번째 조문부터 각각 제1조~제4조라고 한다.

제1조	제1항 박물관 임원의 구성	제2항 비상임 감사
	제3항 관장 등의 임면	
제2조	제1항 관장의 임기	제2항 이사와 감사의 임기
	제3항 임원의 사임 등으로 인하여 선임되는 임원의 임기	
	제4항 관장의 직무	제5항 관장의 직무 대행
제3조	제1항 이사회	제2항 이사회의 구성
	제3항 의사정족수, 의결정족수	제4항 감사의 발언
제4조	제1항 비밀 누설 금지	제2항 벌칙

문제풀이 실마리

〈상황〉에 A~G의 7명이 등장하고 모두 임원이기는 하지만 이사인 관장, 상임이사, 비상임이사, 감사로 여러 종류의 임원이 있다. 또한 제1조 제2항에 따를 때 감사는 비상임으로 한다. 이를 정확하게 구분하여 법조문을 적용할 수 있어야 한다.

① (X) 제2조 제1항에 따르면 관장의 임기는 3년이고, 제3항에 따르면 임원의 사임 등으로 인하여 선임되는 임원의 임기는 새로 시작된다. 따라서 관장 A가 2년간 재직하다가 퇴직한 경우, 새로 임명된 관장의 임기는 1년이 아니라 3년의 임기를 새로 시작한다.

② (O) 제3조 제2항에 따르면 이사회는 이사로 구성하므로, 재적이사는 A~F, 총 6명이다. 같은 조 제3항에 따르면 이사회는 재적이사 과반수의 출석으로 개의하는데, 이사회에 A, B, C, D, E가 출석한 경우 재적이사 6명의 과반수가 출석한 것으로 이사회를 개의한다. 그리고 재적이사 과반수의 찬성으로 의결하는데, A, B, C, D, E 중 2명이 반대하면 A, B, C가 찬성한다고 해도 재적이사 과반수가 찬성한 것이 아니므로 안건은 부결된다.

③ (X) 제2조 제5항에 따르면 관장 A가 부득이한 사유로 직무를 수행할 수 없을 때에는 감사 G가 관장의 직무를 대행하여 소속 직원을 지휘 · 감독하는 것이 아니라 상임이사 B가 그 직무를 대행한다. 상임이사 B도 직무를 수행할 수 없을 때에는 정관으로 정하는 임원이 그 직무를 대행한다.

④(X) 제4조 제1항에 따르면 임원 B는 직무상 알게 된 비밀을 누설하여서는 아니 되며, 제2항에 따르면 B가 제1항을 위반하여 직무상 알게 된 비밀을 누설한 경우 2년 이하의 징역 또는 2천만 원 이하의 벌금에 처한다. 따라서 1년의 징역 또는 500만 원의 벌금에 처해질 수는 있지만, 1년의 징역과 500만 원의 벌금에 동시에 처해질 수는 없다.(→ 빠른 문제풀이 TIP)

⑤ (X) 제1조 제3항에 따르면 감사의 임면은 정관으로 정하는 바에 따른다고 하므로, ○○박물관 정관에 "관장은 이사, 감사를 임면한다."라고 규정되어 있는 경우 관장 A는 G의 임기가 만료되면 H를 감사로 임명할 수 있다. 그러나 같은 조 제2항에 따르면 감사는 비상임으로 하여야 하므로, H를 상임감사로 임명할 수는 없다.

빠른 문제풀이 Tip

- 징역과 벌금의 병과

징역과 벌금을 병과할 때에는 임의적 병과를 원칙으로 하고 필요적 병과방식은 가능하면 피한다. 일반적으로 아래와 같이 징역 또는 벌금을 병과할 수 있다는 규정이 있을 때 징역과 벌금을 병과할 수 있는 것으로 해석하여야 한다.

1) 선택형의 조항을 먼저 정하고 조항을 달리하여 병과 규정을 둔 사례

> 제○○조(벌칙) ① 제△△조를 위반한 자는 3년 이하의 징역 또는 2천만 원 이하의 벌금에 처한다. ② 제1항의 징역과 벌금은 병과(併科)할 수 있다.

2) 선택형과 병과 규정을 하나의 조항에서 규정한 사례

> 제○○조(벌칙) ① 제△△조를 위반한 자는 3년 이하의 징역 또는 2천만 원 이하의 벌금에 처하거나 이를 병과(併科)할 수 있다.

[정답] ②

120 다음 글과 <상황>을 근거로 판단할 때 옳은 것은?

23년 5급 가책형 4번

제○○조(신고) 식품판매업을 하려는 자는 영업소 소재지를 관할하는 시장·군수·구청장(이하 '시장 등'이라 한다)에게 신고해야 한다. → 선지 ①

제□□조(준수사항) ① 식품판매업자는 다음 각 호의 사항을 지켜야 한다.

1. 소비기한이 경과된 식품을 판매의 목적으로 진열·보관하거나 이를 판매하지 말 것 → 선지 ①
2. 식중독 발생 시 보관 또는 사용 중인 식품은 역학조사가 완료될 때까지 폐기하지 않고 원상태로 보존하여야 하며, 식중독 원인규명을 위한 행위를 방해하지 말 것 → 선지 ⑤

② 관할 시장 등은 식품판매업자가 제1항을 위반한 경우에는 6개월 이내의 기간을 정하여 그 영업의 전부 또는 일부를 정지하거나 영업소 폐쇄를 명할 수 있다. → 선지 ①

③ 관할 시장 등은 다음 각 호의 행위를 신고한 자에게는 포상금을 지급한다. → 선지 ④

1. 제1항 제1호에 위반되는 행위: 7만 원
2. 제2항에 따른 영업정지 또는 영업소 폐쇄명령에 위반하여 영업을 계속하는 행위: 20만 원

제◇◇조(제품교환 등) 식품판매업자는 소비자에게 다음 각 호에 따른 조처를 이행해야 한다. → 선지 ③

1. 소비자가 소비기한이 경과한 식품을 구입한 경우: 제품교환 또는 구입가 환급
2. 소비자가 제1호의 식품을 섭취함으로써 신체에 부작용이 발생한 경우: 치료비, 경비 및 일실소득 배상

제△△조(벌칙) 다음 각 호의 어느 하나에 해당하는 식품판매업자는 3년 이하의 징역 또는 3천만 원 이하의 벌금에 처한다. → 선지 ②

1. 제□□조 제1항의 사항을 위반한 경우
2. 제□□조 제2항의 명령을 위반하여 영업을 계속한 경우

〈상황〉

식품판매업자 甲은 A도 B군에 영업소를 두고 있다. 乙은 甲의 영업소에 진열되어 있는 C식품을 구입하였는데, 집에서 확인해보니 구매 당시 이미 소비기한이 지나 있었고 이 사실을 친구 丙에게 알려 주었다.

① A도지사는 소비기한이 경과된 식품을 판매한 甲에 대해 1개월의 영업정지 명령을 내릴 수 있다.

② 甲에 대한 영업정지 또는 영업소 폐쇄명령 여부에 관계없이 甲은 3년 이하의 징역에 처해질 수 있다.

③ 乙이 C식품에 대해 제품교환을 요구하는 경우, 甲은 乙에게 제품교환과 함께 구입가 환급을 해 주어야 한다.

④ 丙이 甲의 소비기한 경과 식품 판매 사실을 신고한 경우, 乙과 丙은 각각 7만 원의 포상금을 지급받는다.

⑤ 乙이 C식품의 일부를 먹고 식중독에 걸렸는데 먹다 남은 C식품을 丙이 폐기함으로써 식중독 원인규명이 방해된 경우, 丙은 500만 원의 벌금에 처해질 수 있다.

해설

문제 분석

제○○조 식품판매업의 신고
제□□조(준수사항)
제1항 식품판매업자의 준수사항 제2항 영업정지, 영업소 폐쇄 명령
제3항 포상금
제◇◇조(제품교환 등)
제△△조(벌칙)

문제풀이 실마리

상황에 3인 이상이 등장하는 경우 행위자가 누구인지 명확하게 구분해야 한다. 甲은 식품판매업자, 乙은 甲으로부터 식품을 구입한 사람이고, 丙은 문제되는 상황을 乙에게서 들은 乙의 친구이다.

① (X) 제□□조 제1항 제1호에 따르면 식품판매업자는 소비기한이 경과된 식품을 판매하여서는 안 되고, 제2항에 따르면 관할 시장 등은 식품판매업자가 제1항을 위반한 경우에는 6개월 이내의 기간을 정하여 그 영업의 전부 또는 일부를 정지하거나 영업소 폐쇄를 명할 수 있다. 〈상황〉에 따르면 식품판매업자 甲이 소비기한이 지난 C식품을 판매하여 제□□조 제1항 제1호에 해당하므로, A도지사가 아니라 B군수는 제2항에 따라 제1항을 위반하여 소비기한이 경과된 식품을 판매한 甲에 대해 6개월 이내인 1개월의 영업정지 명령을 내릴 수 있다.

② (O) 선지 ①에서 살펴본 바와 같이 甲이 C식품을 판매한 것은 제□□조 제1항을 위반한 것이고, 제△△조 제1호에 따르면 제□□조 제1항의 사항을 위반한 경우 제△△조에 따라 3년 이하의 징역 또는 3천만 원 이하의 벌금에 처한다. 따라서 제□□조 제2항에 따른 甲에 대한 영업정지 또는 영업소 폐쇄명령 여부에 관계없이, 甲은 제△△조 제1호에 해당하므로 제△△조에 따라 3년 이하의 징역에 처해질 수 있다.

③ (X) 제◇◇조 제1호에 따르면 乙이 C식품에 대해 제품교환을 요구하는 경우, 식품판매업자 甲은 乙에게 제품교환과 함께 구입가 환급을 모두 해주어야 하는 것이 아니라 제품교환 또는 구입가 환급을 해주어야 한다.

④ (X) 선지 ①에서 살펴본 바와 같이 甲이 C식품을 판매한 것은 제□□조 제1항을 위반한 것이고, 제□□조 제3항 제1호에 따르면 관할 시장 등은 제1항 제1호에 위반되는 행위를 신고한 자에게 7만 원의 포상금을 지급한다. 丙이 甲의 소비기한 경과 식품 판매 사실을 신고한 경우, 丙은 제□□조 제3항 제1호에 따른 7만 원의 포상금을 지급받지만, 신고하지 않은 乙은 포상금을 지급받지 않는다.

⑤ (X) 제□□조 제1항 제2호에 따르면 식품판매업자는 식중독 발생 시 해당 식품은 역학조사가 완료될 때까지 폐기하지 않고 원상태로 보존하여야 하며, 식중독 원인규명을 위한 행위를 방해하지 말아야 한다. 그리고 제△△조 제1호에 따르면 제□□조 제1항의 사항을 위반한 경우 제△△조에 따라 3년 이하의 징역 또는 3천만 원 이하의 벌금에 처한다. 그러나 乙이 C식품의 일부를 먹고 식중독에 걸렸는데 먹다 남은 C식품을 丙이 폐기함으로써 식중독 원인규명이 방해된 경우, 丙은 식품판매업자가 아니므로 제□□조 제1항의 사항을 위반한 것이 아니다. 따라서 제△△조 제1호에도 해당하지 않으므로, 제△△조에 따라 500만 원의 벌금에 처해지지 않는다.

[정답] ②

길쌤's Check 더 연습해 볼 문제

민간경력자	17년 나책형 15번 18년 가책형 12번	19년 나책형 13번
7급 공채	23년 인책형 3번	23년 인책형 4번
5급 공채	22년 나책형 22번	

7 국적

121 다음 법규정에 근거할 때 <보기>에서 옳은 것을 모두 고르면? 10년 5급 선책형 27번

> 제00조 ① 출생 기타 이 법의 규정에 의하여 만 20세가 되기 전에 대한민국의 국적과 외국 국적을 함께 가지게 된 자(이하 '이중국적자'라 한다)는 만 22세가 되기 전까지, 만 20세가 된 후에 이중국적자가 된 자는 그 때부터 2년 내에 하나의 국적을 선택하여야 한다. 다만 제1국민역에 편입된 자는 편입된 때부터 3개월 이내에 하나의 국적을 선택하거나 제3항 각 호의 어느 하나에 해당하는 때부터 2년 이내에 하나의 국적을 선택하여야 한다. → 보기 ㄴ, ㄹ
> ② 제1항에 따라 국적을 선택하지 아니한 자는 제1항의 만 22세 또는 2년이 지난 때에 대한민국 국적을 상실한다.
> ③ 직계존속이 외국에서 영주할 목적 없이 체류한 상태에서 출생한 자는 병역의무의 이행과 관련하여 다음 각 호의 어느 하나에 해당하면 국적이탈신고※를 할 수 있다. → 보기 ㄴ
> 1. 현역상근예비역 또는 보충역으로 복무를 마치거나 마친 것으로 보게 되는 경우
> 2. 병역면제처분을 받은 경우
> 3. 제2국민역에 편입된 경우
>
> 제00조 ① 대한민국의 국민으로서 자진하여 외국 국적을 취득한 자는 그 외국 국적을 취득한 때에 대한민국 국적을 상실한다. → 보기 ㄱ
> ② 대한민국의 국민으로서 다음 각 호의 어느 하나에 해당하는 자는 그 외국 국적을 취득한 때부터 6개월 내에 법무부장관에게 대한민국 국적을 보유할 의사가 있다는 뜻을 신고하지 아니하면 그 외국 국적을 취득한 때로 소급(遡及)하여 대한민국 국적을 상실한 것으로 본다.
> 1. 외국인과의 혼인으로 그 배우자의 국적을 취득하게 된 자 → 보기 ㄹ
> 2. 외국인에게 입양되어 그 양부 또는 양모의 국적을 취득하게 된 자 → 보기 ㄷ
>
> 제00조 이 법에 규정된 신청이나 신고와 관련하여 그 신청이나 신고를 하려는 자가 15세 미만이면 법정대리인이 대신하여 이를 행한다. → 보기 ㄷ

※ 국적이탈신고: 이중국적자로서 외국 국적을 선택하는 자는 대한민국 국적을 이탈한다는 뜻을 신고함을 의미

〈보기〉

ㄱ. 호주 국적을 자진 취득한 한국인 A는 호주 국적을 취득한 때 대한민국 국적을 상실한다.
ㄴ. 영주 목적이 아닌 미국 유학생활 중에 한국인 부부가 낳아 미국 국적도 취득한 B가 제1국민역에 편입된 후 징병검사를 받고 제2국민역에 편입된 경우, 제2국민역에 편입된 때부터 2년 이내에 하나의 국적을 선택하여야 한다.
ㄷ. 7세 때 한국에서 캐나다로 입양되어 캐나다 국적을 취득하게 된 C는 캐나다 국적 취득 후 6개월 내에 법무부장관에게 대한민국 국적을 보유할 의사가 있다는 뜻을 법정대리인이 신고하지 아니하였을 경우, 캐나다 국적 취득 후 6개월이 경과한 때 대한민국 국적을 상실한다.
ㄹ. 외국인과의 혼인으로 외국법에 따라 외국 국적을 취득한 24세 D가 외국 국적 취득 후 6개월 내에 법무부장관에게 대한민국 국적을 보유할 의사가 있다는 뜻을 신고한 경우 이중국적을 보유하나, 외국 국적을 취득한 때로부터 2년 내에 국적을 선택해야 한다.

① ㄱ, ㄴ
② ㄱ, ㄷ
③ ㄴ, ㄷ
④ ㄱ, ㄴ, ㄹ
⑤ ㄱ, ㄷ, ㄹ

해설

문제 분석

첫 번째 조문부터 각각 제1조~제3조라고 한다.

제1조(이중국적자의 국적선택의무)

제1항 국적 선택 기간

제2항 기간이 지나면 대한민국 국적 상실

제3항 국적이탈신고를 할 수 없는 경우

제2조(외국 국적 취득에 따른 국적상실)

제1항 자진하여 외국 국적을 취득한 자는 대한민국 국적 상실

제2항 신고하지 아니하면 소급하여 대한민국 국적을 상실하는 경우

제3조(법정대리인이 하는 신청이나 신고)

문제풀이 실마리

법이 해당 시점부터 적용되는지 또는 이전으로 거슬러 적용되는 소급효를 가지는지를 정확하게 구분하여야 한다.

ㄱ. (O) 제2조 제1항에 따르면 대한민국 국민이 자진하여 외국 국적을 취득한 경우, 그 외국 국적을 취득한 때에 대한민국 국적을 상실한다. 대한민국 국민인 A가 자진하여 호주 국적을 취득하였다면, 호주 국적을 취득한 때 대한민국 국적을 상실한다.

ㄴ. (O) 영주 목적이 아닌 미국 유학생활 중에 한국인 부부가 낳아 미국 국적도 취득한 B가 병역의무의 이행과 관련하여 제2국민역에 편입된 경우, 제1조 제3항 제3호에 해당한다. 이 경우 B는 제1조 제1항 단서에 따라 제2국민역에 편입된 때부터 2년 이내에 하나의 국적을 선택하여야 한다.

ㄷ. (X) 한국에서 캐나다로 입양되어 캐나다 국적을 취득하게 된 C는 제2조 제2항 제2호에 해당한다. C는 6개월 내에 법무부장관에게 대한민국 국적을 보유할 의사가 있다는 뜻을 신고하여야 하는데 7세 때 캐나다로 입양되어 캐나다 국적 취득 후 6개월 이내는 15세 미만이므로, 해당 신고는 제3조에 따라 법정대리인이 대신하여 행한다. 제2조 제2항에 따르면 법정대리인이 6개월 내에 이러한 신고하지 아니하였을 경우, 캐나다 국적 취득 후 6개월이 경과한 때 대한민국 국적을 상실하는 것이 아니라 캐나다 국적을 취득한 때로 소급하여 대한민국 국적을 상실한 것으로 본다.

ㄹ. (O) 외국인과의 혼인으로 외국법에 따라 외국 국적을 취득한 D는 제2조 제2항 제1호에 해당한다. 따라서 D가 외국 국적 취득 후 6개월 내에 법무부장관에게 대한민국 국적을 보유할 의사가 있다는 뜻을 신고한 경우, 대한민국의 국적을 상실하지 않고 이중국적을 보유한다. 그러나 24세인 D는 제1조 제1항의 만 20세가 된 후에 이중국적자가 된 자로 외국 국적을 취득한 때로부터 2년 내에 하나의 국적을 선택해야 한다.

빠른 문제풀이 Tip

- 소급효: 법률행위나 기타 법률요건의 효과가 그 성립보다 이전에 거슬러 발생하는 효력을 말한다. 과거에까지 영향을 부여하여 법적 안정성을 해치므로 특별히 소급효를 정하지 않으면 소급효는 원칙적으로 인정되지 않는다.

[정답] ④

길쌤's Check 더 연습해 볼 문제

7급 공채	07년 재책형 17번
입법고시	16년 가책형 8번

8 혼인

122 다음 법규정에 근거할 때 <보기>에서 옳은 내용을 모두 고른 것은? 08년 5급 창책형 24번

> 제○○조 혼인은 가족관계등록법에 정한 바에 의하여 신고함으로써 그 효력이 생긴다.
> 제○○조 부부 사이에 체결된 재산에 관한 계약은 부부가 그 혼인관계를 해소하지 않는 한 언제든지 부부의 일방이 이를 취소할 수 있다. 그러나 제3자의 권리를 해하지 못한다.
> 제○○조 혼인성립 전에 그 재산에 관하여 약정한 때에는 혼인 중에 한하여 이를 변경하지 못한다. 그러나 정당한 사유가 있는 때에는 법원의 허가를 얻어 변경할 수 있다.

〈보기〉

ㄱ. 약혼자 A와 B가 가족관계등록법에서 정한 절차에 따라 혼인신고를 하면 아직 혼례식을 올리지 않았더라도 법률상 부부가 된다.
ㄴ. A는 혼인 5주년을 기념하는 의미로 자기가 장래 취득할 부동산을 배우자 B의 명의로 등기하기로 약정하였지만, 마음이 바뀌면 혼인 중에는 이 약정을 언제든지 취소할 수 있다.
ㄷ. B는 배우자 A에게 자기 소유의 주택을 증여하였는데, A가 친구 C에게 이 주택을 매도하여 소유권을 이전하였더라도 그 증여계약을 취소하면 B는 C에게 그 주택의 반환을 청구할 수 있다.
ㄹ. 혼인 후 사이가 좋을 때에 A가 배우자 B에게 자기 소유의 주택을 증여했으나, 이혼을 한 현재는 이전의 증여계약을 취소하고 주택반환을 청구할 수 없다.
ㅁ. 약혼자 A와 B가 혼인 후 B의 재산을 A가 관리하기로 합의를 하였다면, 아직 혼인신고 이전이더라도 법원의 허가 없이는 합의내용을 변경할 수 없다.

※ 배우자란 혼인신고를 한 부부의 일방(한쪽)을 말한다.

① ㄱ, ㄷ
② ㄴ, ㅁ
③ ㄱ, ㄴ, ㄹ
④ ㄱ, ㄴ, ㅁ
⑤ ㄷ, ㄹ, ㅁ

해설

문제 분석

첫 번째 조문부터 각각 제1조~제3조라고 한다.
제1조 혼인의 성립(민법 제812조 제1항)
제2조 부부간의 계약의 취소(민법 제828조(삭제 2012. 2. 10.))
제3조 부부재산의 약정과 그 변경(민법 제829조 제2항)
제시문의 조문들은 민법의 조문들로 구성된 것이고, 위의 내용은 해당 조문들의 조문 제목이다.

문제풀이 실마리

〈상황〉박스가 별도로 주어진 것은 아니지만, 모든 선지에서 가정형의 표현으로 사례를 주고 법조문을 정확하게 적용하여 해결할 것을 필요로 한다. 따라서 정확한 이해를 토대로 한 정확한 해결이 요구되는 문제이다.

ㄱ. (O) 제1조에 따르면 약혼자 A와 B가 가족관계등록법에서 정한 절차에 따라 혼인신고를 한 경우 아직 혼례식을 올리지 않았더라도 법률상 혼인의 효력이 발생하므로 법률상 부부가 된다.

ㄴ. (O) 제2조 본문에 따르면 A가 장래 취득할 부동산을 배우자 B의 명의로 등기하기로 약정한 것은 부부 사이에 체결된 재산에 관한 계약이다. A의 마음이 바뀐다면 제2조 본문에 따라 혼인관계가 해소되지 않은 혼인 중에는 언제든지 A가 이 약정을 취소할 수 있다.

ㄷ. (X) 제2조 본문에 따르면 B가 배우자 A에게 자기 소유의 주택을 증여한 것은 부부 사이에 체결된 재산에 관한 계약이고, 혼인관계를 해소하지 않는 한 언제든지 B가 이를 취소할 수 있다. 다만 제2조 단서에 따르면 제3자의 권리를 해하지 못한다. A가 친구 C에게 이 주택을 매도하여 소유권을 이전하였다면 그 증여계약을 취소하는 것은 제3자인 C의 권리(해당 주택의 소유권)를 해하는 것이므로, B는 그 증여계약을 취소하여 C에게 그 주택의 반환을 청구할 수 없다.

ㄹ. (O) 제2조 본문에 따르면 혼인 후 A가 배우자 B에게 자기 소유의 주택을 증여한 것은 부부 사이에 체결된 재산에 관한 계약이고 혼인관계를 해소하지 않는 한 언제든지 A가 이를 취소할 수 있다. 그리고 제2조 본문은 이혼을 하여 혼인관계를 해소한 현재에는 이전의 증여계약을 일방적으로 취소하고 주택반환을 청구할 수 없는 것으로 해석하여야 한다.

ㅁ. (X) 제3조 본문에 따르면 약혼자 A와 B가 혼인 후 B의 재산을 A가 관리하기로 합의한 것은 혼인성립 전에 재산에 관하여 약정한 것이다. 혼인 중에 한하여 이를 변경하지 못한다고 하므로 아직 혼인신고 이전인 경우에는 법원의 허가 없이도 이를 변경할 수 있다.

[정답] ③

길쌤's Check 더 연습해 볼 문제

5급 공채	07년 재책형 21번 10년 선책형 39번 10년 선책형 40번
입법고시	14년 가책형 12번 23년 가책형 23번

해커스 PSAT **길규범 상황판단 올인원**
3권 **텍스트 · 법조문**

부록

기출 출처 인덱스

기출 출처 인덱스

교재에 수록된 문제의 출처를 쉽게 확인할 수 있도록 출제 연도, 시험 유형, 책형, 문제 번호, 교재 수록 페이지 순으로 정리하였습니다. 기출 문제 학습 후 해당 유형을 찾을 때 활용할 수 있습니다.

7급 공채

민경채

5급 공채

외교관

입법고시

해커스 PSAT

길규범 상황판단 올인원

3권 | 텍스트·법조문

초판 2쇄 발행 2024년 7월 4일
초판 1쇄 발행 2023년 11월 3일

지은이	길규범
펴낸곳	해커스패스
펴낸이	해커스공무원 출판팀

주소	서울특별시 강남구 강남대로 428 해커스공무원
고객센터	1588-4055
교재 관련 문의	gosi@hackerspass.com 해커스공무원 사이트(gosi.Hackers.com) 교재 Q&A 게시판 카카오톡 플러스 친구 [해커스공무원 노량진캠퍼스]
학원 강의 및 동영상강의	gosi.Hackers.com

ISBN	979-11-6999-554-2 (13320)
Serial Number	01-02-01

최신판

해커스 PSAT

길규범 상황판단 올인원

3권 | 텍스트·법조문

문제만 쏙쏙!

실전 연습 문제집

해커스 PSAT

길규범 상황판단 올인원

3권 | 텍스트·법조문

문제만 쏙쏙!

실전 연습 문제집

해커스공무원

Ⅰ. 제시문

1 내용의 특징에 따른 구분

정보가 많은 글

01 다음 글을 근거로 판단할 때 옳은 것은? 22년 7급 가책형 5번

조선 시대 쌀의 종류에는 가을철 논에서 수확한 벼를 가공한 흰색 쌀 외에 밭에서 자란 곡식을 가공함으로써 얻게 되는 회색 쌀과 노란색 쌀이 있었다. 회색 쌀은 보리의 껍질을 벗긴 보리쌀이었고, 노란색 쌀은 조의 껍질을 벗긴 좁쌀이었다.

남부 지역에서는 보리가 특히 중요시되었다. 가을 곡식이 바닥을 보이기 시작하는 봄철, 농민들의 희망은 들판에 넘실거리는 보리뿐이었다. 보리가 익을 때까지는 주린 배를 움켜쥐고 생활할 수밖에 없었고, 이를 보릿고개라 하였다. 그것은 보리를 수확하는 하지, 즉 낮이 가장 길고 밤이 가장 짧은 시기까지 지속되다가 사라지는 고개였다. 보리 수확기는 여름이었지만 파종 시기는 보리 종류에 따라 달랐다. 가을철에 파종하여 이듬해 수확하는 보리는 가을보리, 봄에 파종하여 그해 수확하는 보리는 봄보리라고 불렀다.

적지 않은 농부들은 보리를 수확하고 그 자리에 다시 콩을 심기도 했다. 이처럼 같은 밭에서 1년 동안 보리와 콩을 교대로 경작하는 방식을 그루갈이라고 한다. 그렇지만 모든 콩이 그루갈이로 재배된 것은 아니었다. 콩 수확기는 가을이었으나, 어떤 콩은 봄철에 파종해야만 제대로 자랄 수 있었고 어떤 콩은 여름에 심을 수도 있었다. 한편 조는 보리, 콩과 달리 모두 봄에 심었다. 그래서 봄철 밭에서는 보리, 콩, 조가 함께 자라는 것을 볼 수 있었다.

① 흰색 쌀과 여름에 심는 콩은 서로 다른 계절에 수확했다.
② 봄보리의 재배 기간은 가을보리의 재배 기간보다 짧았다.
③ 흰색 쌀과 회색 쌀은 논에서 수확된 곡식을 가공한 것이었다.
④ 남부 지역의 보릿고개는 가을 곡식이 바닥을 보이는 하지가 지나면서 더 심해졌다.
⑤ 보리와 콩이 함께 자라는 것은 볼 수 있었지만, 조가 이들과 함께 자라는 것은 볼 수 없었다.

02 다음 글을 근거로 판단할 때 옳은 것은? 16년 민경채 5책형 1번

온돌(溫突)은 조선시대 건축에서 가장 일반적으로 사용된 바닥구조로 아궁이, 고래, 구들장, 불목, 개자리, 바람막이, 굴뚝 등으로 구성된다.

아궁이는 불을 때는 곳이고, 고래는 아궁이에서 발생한 열기와 연기가 흐르는 곳이다. 고래는 30cm 정도의 깊이로 파인 여러 개의 골이고, 그 위에 구들장을 올려놓는다. 아궁이에서 불을 지피면 고래를 타고 흐르는 열기와 연기가 구들장을 데운다. 고래 바닥은 아궁이가 있는 아랫목에서 윗목으로 가면서 높아지도록 경사를 주는데, 이는 열기와 연기가 윗목 쪽으로 쉽게 들어갈 수 있도록 하기 위한 것이다.

불목은 아궁이와 고래 사이에 턱이 진 부분으로 불이 넘어가는 고개라는 뜻이다. 불목은 아궁이 바닥과 고래 바닥을 연결시켜서 고래로 가는 열기와 연기를 분산시킨다. 또한 아궁이에서 타고 남은 재가 고래 속으로 들어가지 못하도록 막아준다. 고래가 끝나는 윗목 쪽에도 바람막이라는 턱이 있는데, 이 턱은 굴뚝에서 불어내리는 바람에 의해 열기와 연기가 역류되는 것을 방지한다.

바람막이 뒤에는 개자리라 부르는 깊이 파인 부분이 있다. 개자리는 굴뚝으로 빠져 나가는 열기와 연기를 잔류시켜 윗목에 열기를 유지하는 기능을 한다. 개자리가 깊을수록 열기와 연기를 머금는 용량이 커진다.

① 아궁이는 불목과 개자리 사이에 있을 것이다.
② 고래 바닥은 아랫목에서 윗목으로 갈수록 낮아질 것이다.
③ 개자리가 깊을수록 윗목의 열기를 유지하기 어려울 것이다.
④ 불목은 아랫목 쪽에 가깝고, 바람막이는 윗목 쪽에 가까울 것이다.
⑤ 바람막이는 타고 남은 재가 고래 안에 들어가지 못하도록 하는 기능을 할 것이다.

구분하는 글

03 다음 글을 근거로 판단할 때, <보기>에서 옳은 것만을 모두 고르면?

20년 7급(모의) 9번

기상예보는 일기예보와 기상특보로 구분할 수 있다. 일기예보는 단기예보, 중기예보, 장기예보 등 시간에 따른 것이고, 기상특보는 주의보, 경보 등 기상현상의 정도에 따른 것이다.

일기예보 중 가장 짧은 기간을 예보하는 단기예보는 3시간 예보와 일일예보로 나뉜다. 3시간 예보는 오늘과 내일의 날씨를 예보하며, 매일 0시 발표부터 시작하여 3시간 간격으로 1일 8회 발표한다. 일일예보는 오늘과 내일, 모레의 날씨를 1일 단위(0시~24시)로 예보하며 매일 5시, 11시, 17시, 23시에 발표한다. 다음으로 중기예보에는 주간예보와 1개월 예보가 있다. 주간예보는 일일예보를 포함하여 일일예보가 예보한 기간의 다음날부터 5일간의 날씨를 추가로 예보하며 매일 발표한다. 1개월 예보는 앞으로 한 달간의 기상전망을 발표한다. 마지막으로 장기예보는 계절예보로서 봄, 여름, 가을, 겨울의 각 계절별 기상전망을 발표한다.

기상특보는 주의보와 경보로 나뉜다. 주의보는 재해가 일어날 가능성이 있는 경우에, 경보는 중대한 재해가 예상될 때 발표하는 것이다. 주의보가 발표된 후 기상현상의 경과가 악화된다면 경보로 승격 발표되기도 한다. 또한 기상특보의 기준은 지역마다 다를 수도 있다. 대설주의보의 예보 기준은 24시간 신(新)적설량이 대도시일 때 5cm 이상, 일반지역일 때 10cm 이상, 울릉도일 때 20cm 이상이다. 대설경보의 예보 기준은 24시간 신적설량이 대도시일 때 20cm 이상, 일반지역일 때 30cm 이상, 울릉도일 때 50cm 이상이다.

〈보기〉

ㄱ. 월요일에 발표되는 주간예보에는 그 다음 주 월요일의 날씨가 포함된다.
ㄴ. 일일예보의 발표 시각과 3시간 예보의 발표 시각은 겹치지 않는다.
ㄷ. 오늘 23시에 발표된 일일예보는 오늘 5시에 발표된 일일예보보다 18시간 더 먼 미래의 날씨까지 예보한다.
ㄹ. 대도시 A의 대설경보 예보 기준은 울릉도의 대설주의보 예보 기준과 같다.

① ㄱ, ㄴ
② ㄱ, ㄷ
③ ㄷ, ㄹ
④ ㄱ, ㄴ, ㄹ
⑤ ㄴ, ㄷ, ㄹ

대조(비교)하는 글

04 다음 글을 근거로 판단할 때 옳지 않은 것은?

20년 민경채 가책형 5번

이해충돌은 공직자들에게 부여된 공적 의무와 사적 이익이 충돌하는 갈등상황을 지칭한다. 공적 의무와 사적 이익이 충돌한다는 점에서 이해충돌은 공직부패와 공통점이 있다. 하지만 공직부패가 사적 이익을 위해 공적 의무를 저버리고 권력을 남용하는 것이라면, 이해충돌은 공적 의무와 사적 이익이 대립하는 객관적 상황 자체를 의미한다. 이해충돌 하에서 공직자는 공적 의무가 아닌 사적 이익을 추구하는 결정을 내릴 위험성이 있지만 항상 그런 결정을 내리는 것은 아니다.

공직자의 이해충돌은 공직부패 발생의 상황요인이며 공직부패의 사전 단계가 될 수 있기 때문에 이에 대한 적절한 규제가 필요하다. 공직부패가 의도적 행위의 결과인 반면, 이해충돌은 의도하지 않은 상태에서 발생하는 상황이다. 또한 공직부패는 드문 현상이지만 이해충돌은 일상적으로 발생하기 때문에 직무수행 과정에서 빈번하게 나타날 수 있다. 그런 이유로 이해충돌에 대한 전통적인 규제는 공직부패의 사전예방에 초점이 맞추어져 있었다.

최근에는 이해충돌에 대한 규제의 초점이 정부의 의사결정 과정과 결과에 대한 신뢰성 확보로 변화되고 있다. 이는 정부의 의사결정 과정의 정당성과 공정성 자체에 대한 불신이 커지고, 그 결과가 시민의 요구와 선호를 충족하지 못하고 있다는 의구심이 제기되고 있는 상황을 반영하고 있다. 신뢰성 확보로 규제의 초점이 변화되면서 이해충돌의 개념이 확대되어, 외관상 발생 가능성이 있는 것만으로도 이해충돌에 대해 규제하는 것이 정당화되고 있다.

① 공직부패는 권력 남용과 관계없이 공적 의무와 사적 이익이 대립하는 객관적 상황 자체를 의미한다.
② 이해충돌 발생 가능성이 외관상으로만 존재해도 이해충돌에 대해 규제하는 것이 정당화되고 있다.
③ 공직자의 이해충돌과 공직부패는 공적 의무와 사적 이익의 충돌이라는 점에서 공통점이 있다.
④ 공직자의 이해충돌은 직무수행 과정에서 빈번하게 발생할 가능성이 있다.
⑤ 이해충돌에 대한 규제의 초점은 공직부패의 사전예방에서 정부의 의사결정 과정과 결과에 대한 신뢰성 확보로 변화되고 있다.

05 다음 글을 근거로 판단할 때 옳지 않은 것은?

20년 민경채 가책형 14번

최근 공직자의 재산상태와 같은 세세한 사생활 정보까지 공개하라는 요구가 높아지고 있다. 공직자의 사생활은 일반 시민의 사생활만큼 보호될 필요가 없다는 것이 그 이유다. 비슷한 맥락에서 일찍이 플라톤은 통치자는 가족과 사유재산을 갖지 말아야 한다고 주장했다.

공직자의 사생활 보호에 대한 논의는 '동등한 사생활 보호의 원칙'과 '축소된 사생활 보호의 원칙'으로 구분된다. 동등한 사생활 보호의 원칙은 공직자의 사생활도 일반시민과 동등한 정도로 보호되어야 한다고 본다. 이 원칙의 지지자들은 우선 공직자의 사생활 보호로 공적으로 활용가능한 인재가 증가한다는 점을 강조한다. 사생활이 보장되지 않으면 공직 희망자가 적어져 인재 활용이 제한되고 다양성도 줄어들게 된다는 것이다. 또한 이들은 선정적인 사생활 폭로가 난무하여 공공정책에 대한 실질적 토론과 민주적 숙고가 사라져 버릴 위험성에 대해서도 경고한다.

반면, 공직자는 일반시민보다 우월한 권력을 가지고 있다는 것과 시민을 대표한다는 것 때문에 축소된 사생활 보호의 원칙이 적용되어야 한다는 주장도 있다. 공직자는 일반시민이 아니기 때문에 동등한 사생활 보호의 원칙을 적용할 수 없다는 것이다. 이 원칙의 지지자들은 공직자들이 시민 생활에 영향을 미치는 결정을 내리기 때문에, 사적 목적을 위해 권력을 남용하지 않고 부당한 압력에 굴복하지 않으며 시민이 기대하는 정책을 추구할 가능성이 높은 사람이어야 한다고 주장한다. 즉 이러한 공직자가 행사하는 권력에 대해 책임을 묻기 위해서는 사생활 중 관련된 내용은 공개되어야 한다는 것이다. 또한 공직자는 시민을 대표하기 때문에 훌륭한 인간상으로 시민의 모범이 되어야 한다는 이유도 들고 있다.

① 축소된 사생활 보호의 원칙은 공직자와 일반시민의 사생활 보장의 정도가 달라야 한다고 본다.
② 통치자의 사생활에 대한 플라톤의 생각은 동등한 사생활 보호의 원칙보다 축소된 사생활 보호의 원칙에 더 가깝다.
③ 동등한 사생활 보호의 원칙을 지지하는 이유 중 하나는 공직자가 시민을 대표하는 훌륭한 인간상이어야 하기 때문이다.
④ 동등한 사생활 보호의 원칙을 지지하는 이유 중 하나는 사생활이 보장되지 않으면 공직 희망자가 적어질 수 있다고 보기 때문이다.
⑤ 축소된 사생활 보호의 원칙을 지지하는 이유 중 하나는 공직자가 일반시민보다 우월한 권력을 가지고 있다고 보기 때문이다.

종류가 많은 글

06 다음 글을 근거로 판단할 때, <보기>에서 옳은 것만을 모두 고르면?

13년 민경채 인책형 3번

건축은 자연으로부터 인간을 보호하기 위한 인위적인 시설인 지붕을 만들기 위한 구축술(構築術)에서 시작되었다고 할 수 있다. 우리가 중력의 법칙이 작용하는 곳에 살고 있는 이상 지붕은 모든 건축에서 고려해야 할 필수적인 요소이다. 건축은 바닥과 벽 그리고 지붕의 세 요소로 이루어진다. 하지만 인류 최초의 건축 바닥은 지면이었고 별도의 벽은 없었다. 뿔형이나 삼각형 단면 구조에 의해 이루어지는 지붕이 벽의 기능을 하였을 뿐이다.

그러나 지붕만 있는 건축으로는 넓은 공간을 만들 수 없다. 천장도 낮아서 공간의 효율성이 떨어지고 불편했다. 따라서 공간에 대한 욕구가 커지고 건축술이 발달하면서 건축은 점차 수직으로 선 구조체가 지붕을 받치는 구조로 발전하였다. 그로 인해 지붕의 처마는 지면에서 떨어질 수 있게 되었고, 수직의 벽도 출현하게 되었다. 수직 벽체의 출현은 건축의 발달 과정에서 획기적인 전환이었다. 이후 수직 벽체는 건축구조에서 가장 중요한 부분의 하나가 되었고, 그것을 만드는 재료와 방법에 따라서 다양한 구조와 형태의 건축이 출현하였다.

흙을 사용하여 수직 벽체를 만드는 건축 방식에는 항토(夯土)건축과 토담, 전축(塼築) 등의 방식이 있다. 항토건축은 거푸집을 대고 흙 또는 흙에 강회(생석회)와 짚여물 등을 섞은 것을 넣고 다져 벽을 만든 것이다. 토담 방식은 햇볕에 말려 만든 흙벽돌을 쌓아올려 벽을 만든 것이다. 그리고 전축은 흙벽돌을 고온의 불에 구워 만든 전돌을 이용해 벽을 만든 것이다.

항토건축은 기단이나 담장, 혹은 성벽을 만드는 구조로 사용되었을 뿐 대형 건축물의 구조방식으로는 사용되지 않았고, 토담 방식으로 건물을 지은 예는 많지 않았다. 한편 전축은 전탑, 담장, 굴뚝 등에 많이 활용되었고 조선 후기에는 화성(華城)의 건설에 이용되었다. 여름철에 비가 많고 겨울이 유난히 추운 곳에서는 수분의 침투와 동파를 막기 위해서 높은 온도에서 구워낸 전돌을 사용해야 했는데, 경제적인 부담이 커서 대량생산을 할 수 없었다.

〈보기〉

ㄱ. 수직 벽체를 만들게 됨에 따라서 지붕만 있는 건축물보다는 더 넓은 공간의 건축물을 지을 수 있게 되었다.
ㄴ. 항토건축 방식은 대형 건축물의 수직 벽체로 활용되었을 뿐 성벽에는 사용되지 않았다.
ㄷ. 토담 방식은 흙을 다져 전체 벽을 만든 것으로 당시 대부분의 건축물에 활용되었다.
ㄹ. 화성의 건설에 이용된 전축은 높은 온도에서 구워낸 전돌을 사용한 것이다.

① ㄱ, ㄴ
② ㄱ, ㄹ
③ ㄴ, ㄷ
④ ㄱ, ㄷ, ㄹ
⑤ ㄴ, ㄷ, ㄹ

07 신석기 시대의 토기에 관한 다음 강연 내용을 읽고 옳게 추론한 것을 <보기>에서 모두 고르면? 11년 5급 선책형 22번

1 A토기

중부지방에서 출토된 이 토기는 전체적으로 보면 동그스름한 팽이 모양의 곡선 형태를 지니고 있습니다. 이 토기를 보면 바닥이 동그스름하게 되어 있어서 혼자서는 설 수가 없습니다. 모래바닥에 묻어 바르게 세워서 사용하든가 밑에 돌을 고여서 쓰러지지 않게 해야만 사용할 수가 있는 것이죠. 그러니까 이러한 토기들은 해안가나 강가의 양지 바른 곳에서 주로 생활을 하던 사람들의 생활 배경을 말해준다고 볼 수 있습니다. 그래서 토기는 단순히 생활용기, 즉 그릇일 뿐만 아니라 그것이 만들어진 시대적 배경을 말해준다는 점에서 역사적 의미가 큽니다.

이 토기는 토기의 전면에 문양이 새겨져 있습니다. 그런데 이러한 무늬들은 한결같이 기하학적이고 추상적이며 상징적입니다. 심심풀이로 문양을 새긴 것이 아니라 무엇인가를 나타내고자 한 것이죠. 여기에서 추상성과 상징성이 짙은 신석기 시대 미술문화의 일면도 엿볼 수 있습니다.

2 B토기

신석기 시대의 고급스러우면서도 색다른 토기로 함경도 지역에서 나온 까만색의 흑도를 빼놓을 수 없습니다. 이 토기는 배가 불룩하고 바닥이 평평하며 주둥이가 좁은 형태입니다. 그릇 표면의 대부분을 차지하는 배 부분에는 지렁이 같은 줄무늬들이 남아 있는데, 이런 문양은 그릇 겉면을 긁어내어 나타낸 것입니다. 겉면을 긁어내서 문양을 살리는 이러한 기법은 15세기 분청사기에 많이 나타났던 것입니다.

3 C토기

부산 영선동 패총에서 출토된 이 토기는 조형성이 뛰어나 눈길을 끕니다. 계란 반쪽을 잘라놓은 것 같은 아담하고 동그스름한 곡선적 기형과 거기에 직선화된 띠무늬를 대담하게 덧대어 잘 조화시켰습니다. 그리고 살포시 나온 주둥이를 통해서 기능을 100% 살리고 있습니다. 그래서 공예품으로서 기능과 아름다움을 겸비하고 있다고 볼 수 있습니다.

<보기>

ㄱ. 신석기 시대에는 사실주의적 경향의 미술이 본격적으로 발전하기 시작했다고 평가할 수 있다.
ㄴ. C토기는 A토기와 달리 지반이 단단한 산간지방에서 주로 사용되었다.
ㄷ. B토기를 통해서 신라 시대에 사용되었던 기법이 이미 신석기 시대에도 구사되었음을 알 수 있다.
ㄹ. B토기와 C토기는 토기 표면에 문양을 넣는 방식이 달랐다.

① ㄱ ② ㄹ ③ ㄴ, ㄹ
④ ㄷ, ㄹ ⑤ ㄱ, ㄴ, ㄷ

정보의 정리가 필요한 글

08 다음 제시문을 통하여 알 수 있는 내용으로 가장 적절한 것은? 06년 5급 출책형 21번

지방자치단체의 혁신역량은 지방자치단체의 행정역량과 시민사회역량 간의 관계를 기준으로 해서 4가지로 유형화될 수 있다. A유형은 행정역량은 높으나 시민사회역량은 낮은 유형이다. 여기서는 위로부터의 강제나 명령에 의한 정책결정과 집행은 잘 이루어지나 아래로부터의 정책형성과정이나 정치참여는 원활하게 이루어지지 않는다. B유형은 A유형과는 반대되는 경우로서 지방자치단체의 행정역량은 낮으나 시민사회역량은 높은 유형이다. 이러한 지방자치단체는 공동체 전체의 집합적 목적을 추구하기보다는 사회세력의 이익을 정책에 그대로 반영하는 수동적 행위자로 활동한다. C유형은 행정역량과 시민사회역량이 모두 미약하여 시민사회가 소수의 이익집단에 장악되어 있기 때문에 경쟁하는 자발적 집단을 형성하지 못한다. 또 지방자치단체는 정책을 시민사회에 전달할 수 있는 공식채널을 가지고 있지 못하다. D유형은 행정역량과 시민사회역량이 모두 높아서 지방자치단체가 지역주민들과 제도화된 협력관계를 통해 정책을 집행하게 된다.

① D유형 하에서는 공동체 전체의 목적을 추구하기 어렵다.
② B유형과 D유형 하에서는 아래로부터의 정책형성과정이나 정치참여가 어렵다.
③ C유형 하에서는 지방자치단체가 지역유지들과 사적인 교환관계를 형성할 수 있다.
④ A유형 하에서는 지방자치단체와 시민사회가 개별적 네트워크를 통하여 정책을 집행하게 된다.
⑤ B유형 하에서는 지방자치단체의 네트워크가 활성화되어 있어 지역주민의 반대에도 불구하고 정책을 과감하게 밀어붙일 수 있다.

09 다음 글을 근거로 판단할 때 옳은 것은? 18년 민경채 가책형 1번

정책의 쟁점 관리는 정책 쟁점에 대한 부정적 인식을 최소화하여 정책의 결정 및 집행에 우호적인 환경을 조성하기 위한 행위를 말한다. 이는 정책 쟁점이 미디어 의제로 전환된 후부터 진행된다.

정책의 쟁점 관리에서는 쟁점에 대한 지식수준과 관여도에 따라 공중(公衆)의 유형을 구분하여 공중의 특성에 맞는 전략적 대응방안을 제시한다. 어떤 쟁점에 대해 지식수준과 관여도가 모두 낮은 공중은 '비활동 공중'이라고 한다. 그러나 쟁점에 대한 지식수준이 낮더라도 쟁점에 노출되어 쟁점에 대한 관여도가 높아지게 되면 이들은 '환기 공중'으로 변화한다. 이러한 환기 공중이 쟁점에 대한 지식수준까지 높아지면 지식수준과 관여도가 모두 높은 '활동 공중'으로 변하게 된다. 쟁점에 대한 지식수준이 높지만 관여도가 높지 않은 공중은 '인지 공중'이라고 한다.

인지 공중은 사회의 다양한 쟁점에 관한 지식을 가지고 있지만 적극적으로 활동하지 않아 이른바 행동하지 않는 지식인이라고도 불리는데, 이들의 관여도를 높여 활동 공중으로 이끄는 것은 매우 어렵다. 이 때문에 이들이 정책 쟁점에 긍정적 태도를 가지게 하는 것만으로도 전략적 성공이라고 볼 수 있다. 반면 환기 공중은 지식수준은 낮지만 쟁점 관여도가 높은 편이어서 문제해결에 필요한 지식을 얻게 된다면 활동 공중으로 변화한다. 따라서 이들에게는 쟁점에 대한 미디어 노출을 증가시키거나 다른 사람과 쟁점에 대해 토론하게 함으로써 지식수준을 높이는 전략을 취할 필요가 있다. 한편 활동 공중은 쟁점에 대한 지식수준과 관여도가 모두 높기 때문에 조직화될 개연성이 크고, 자신의 목적을 이루기 위해 시간과 노력을 아낌없이 투자할 자세가 되어 있다. 정책의 쟁점 관리를 제대로 하려면 이들이 정책을 우호적으로 판단할 수 있도록 하는 다양한 전략을 마련하여야 한다.

① 정책의 쟁점 관리는 정책 쟁점이 미디어 의제로 전환되기 전에 이루어진다.
② 어떤 쟁점에 대한 지식수준이 높지만 관여도가 낮은 공중을 비활동 공중이라고 한다.
③ 비활동 공중이 어떤 쟁점에 노출되면서 관여도가 높아지면 환기 공중으로 변한다.
④ 공중은 한 유형에서 다른 유형으로 변화할 수 없기 때문에 정책의 쟁점 관리를 할 필요가 없다.
⑤ 인지 공중의 경우, 쟁점에 대한 미디어 노출을 증가시키고 다른 사람과 쟁점에 대해 토론하게 만든다면 활동 공중으로 쉽게 변한다.

통시적인 글

10 다음 글을 근거로 판단할 때 옳은 것은? 14년 민경채 A책형 3번

최초의 자전거는 1790년 시브락 백작이 발명한 '셀레리페르'라는 것이 정설이다. 이후 1813년 만하임의 드라이스 폰 자이에르브론 남작이 '드레지엔'을 선보였다. 방향 전환이 가능한 핸들이 추가된 이 자전거는 1817년 파리 티볼리 정원의 구불구불한 길을 단번에 통과한 후 인기를 끌었다. 19세기 중엽에는 '벨로시페드'라는 자전거가 등장했는데, 이 자전거는 앞바퀴 쪽에 달려 있는 페달을 밟아 이동이 가능했다. 이 페달은 1861년 에르네스트 미쇼가 드레지엔을 수리하다가 아이디어를 얻어 발명한 것이었다.

자전거가 인기를 끌자, 1868년 5월 생클루드 공원에서는 처음으로 자전거 스피드 경주가 열렸다. 이 대회의 우승은 제임스 무어가 차지했다. 그는 다음 해 열린 파리–루앙 간 최초의 도로 사이클 경주에서도 우승했다.

이로부터 상당한 시일이 흐른 후 금속제 자전거가 등장했다. 1879년에는 큰 기어와 뒷바퀴 사이에 체인이 달린 자전거가, 그리고 1885년에는 안전 커버가 부착되고 두 바퀴의 지름이 똑같은 자전거가 발명되었다. 1888년에는 스코틀랜드의 수의사 던롭이 공기 타이어를 고안했으며, 이후 19세기 말 유럽의 길거리에는 자전거가 붐비기 시작했다.

① 18세기에 발명된 셀레리페르는 핸들로 방향을 전환할 수 있었다.
② 벨로시페드의 페달은 드레지엔의 수리과정에서 얻은 아이디어를 바탕으로 발명되었다.
③ 대중적으로 자전거의 인기가 높아지자 19세기 초에 도로 사이클 경주가 개최되었다.
④ 최초의 자전거 스피드 경주에 사용된 자전거는 두 바퀴의 지름이 같았다.
⑤ 공기 타이어가 부착된 자전거가 체인을 단 자전거보다 먼저 발명되었다.

11 다음 글을 근거로 판단할 때 옳은 것은?

16년 민경채 5책형 3번

종래의 철도는 일정한 간격으로 된 2개의 강철레일 위를 강철바퀴 차량이 주행하는 것이다. 반면 모노레일은 높은 지주 위에 설치된 콘크리트 빔(beam) 위를 복렬(複列)의 고무타이어 바퀴 차량이 주행하는 것이다. 빔 위에 다시 레일을 고정하고, 그 위를 강철바퀴 차량이 주행하는 모노레일도 있다.

처음으로 실용화된 모노레일은 1880년경 아일랜드의 밸리뷰니온사(社)에서 건설한 것이었다. 1901년에는 현수장치를 사용하는 모노레일이 등장하였는데, 이 모노레일은 독일 부퍼탈시(市)의 전철교식 복선으로 건설되어 본격적인 운송수단으로서의 역할을 하였다. 그 후 여러 나라에서 각종 모노레일 개발 노력이 이어졌다.

제2차 세계대전이 끝난 뒤 독일의 알베그사(社)를 창설한 베너그렌은 1952년 1/2.5 크기의 시제품을 만들고, 실험과 연구를 거듭하여 1957년 알베그식(式) 모노레일을 완성하였다. 그리고 1958년에는 기존의 강철레일·강철바퀴 방식에서 콘크리트 빔·고무타이어 방식으로 개량하여 최고 속력이 80km/h에 달하는 모노레일이 등장하기에 이르렀다.

프랑스에서도 1950년 말엽 사페즈사(社)가 독자적으로 사페즈식(式) 모노레일을 개발하였다. 이것은 쌍레일 방식과 공기식 타이어차량 운용 경험을 살려 개발한 현수식 모노레일로, 1960년 오를레앙 교외에 시험선(線)이 건설되었다.

① 콘크리트 빔·고무타이어 방식은 1960년대까지 개발되지 않았다.

② 독일에서 모노레일이 본격적인 운송수단 역할을 수행한 것은 1950년대부터이다.

③ 주행에 강철바퀴가 이용되느냐의 여부에 따라 종래의 철도와 모노레일이 구분된다.

④ 아일랜드의 밸리뷰니온사는 오를레앙 교외에 전철교식 복선 모노레일을 건설하였다.

⑤ 베너그렌이 개발한 알베그식 모노레일은 오를레앙 교외에 건설된 사페즈식 모노레일 시험선보다 먼저 완성되었다.

Flow chart

12 다음 그림을 보고 옳게 판단한 것을 <보기>에서 모두 고르면?

11년 5급 선택형 6번

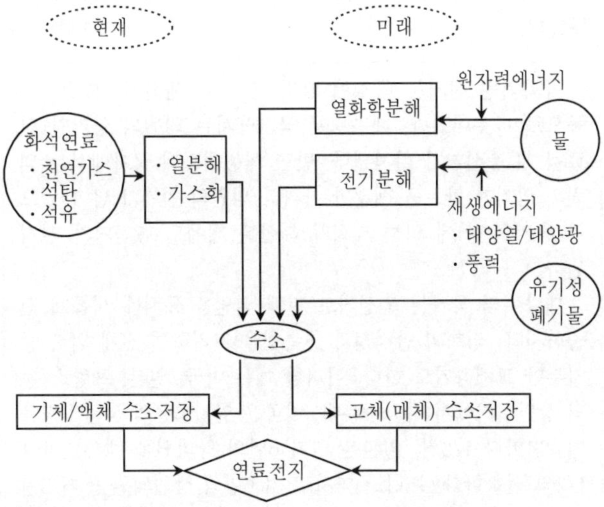

현재
미래
화석연료
· 천연가스
· 석탄
· 석유
· 열분해
· 가스화
열화학분해
전기분해
원자력에너지
물
재생에너지
· 태양열/태양광
· 풍력
유기성 폐기물
수소
기체/액체 수소저장
고체(매체) 수소저장
연료전지

〈보기〉

ㄱ. 현재는 석유와 천연가스 등 화석연료에서 수소를 얻고 있지만, 미래에는 재생에너지나 원자력을 활용한 수소제조법이 사용될 것이다.

ㄴ. 수소는 현재 제조 및 사용과정에서 온실가스를 발생시키지 않는 친환경에너지이며, 쉽게 구할 수 있는 물로부터 얻을 수 있다는 장점을 갖고 있다.

ㄷ. 수소저장기술은 기체나 액체 상태로 저장하는 방식과 고체(매체)로 저장하는 방식으로 나눌 수 있다.

ㄹ. 수소를 제조하는 기술에는 화석연료를 전기분해하는 방법과 재생에너지를 이용하여 물을 열분해하는 두 가지 방법이 있다.

ㅁ. 수소는 물, 석유, 천연가스 및 유기성 폐기물 등에 함유되어 있으므로, 다양한 원료로부터 생산할 수 있다는 장점을 갖고 있다.

① ㄱ, ㄴ, ㅁ
② ㄱ, ㄷ, ㄹ
③ ㄱ, ㄷ, ㅁ
④ ㄴ, ㄷ, ㅁ
⑤ ㄴ, ㄹ, ㅁ

2 소재에 따른 구분

13 다음 글을 근거로 판단할 때, <보기>에서 옳은 것만을 모두 고르면?

18년 민경채 가책형 14번

> 국회의원 선거는 목적에 따라 총선거, 재선거, 보궐선거 등으로 나누어진다. 대통령제 국가에서는 의원의 임기가 만료될 때 총선거가 실시된다. 반면 의원내각제 국가에서는 의원의 임기가 만료될 때뿐만 아니라 의원의 임기가 남아 있으나 총리(수상)에 의해 의회가 해산된 때에도 총선거가 실시된다.
>
> 대다수의 국가는 총선거로 전체 의원을 동시에 새롭게 선출하지만, 의회의 안정성과 연속성을 고려하여 전체 의석 중 일부만 교체하기도 한다. 이러한 예는 미국, 일본, 프랑스 등의 상원선거에서 나타나는데, 미국은 임기 6년의 상원의원을 매 2년마다 1/3씩, 일본은 임기 6년의 참의원을 매 3년마다 1/2씩 선출한다. 프랑스 역시 임기 6년의 상원의원을 매 3년마다 1/2씩 선출한다.
>
> 재선거는 총선거가 실시된 이후에 당선 무효나 선거 자체의 무효 사유가 발생하였을 때 다시 실시되는 선거를 말한다. 예를 들어 우리나라에서는 선거 무효 판결, 당선 무효, 당선인의 임기 개시 전 사망 등의 사유가 있는 경우에 재선거를 실시한다.
>
> 보궐선거는 의원이 임기 중 직책을 사퇴하거나 사망하는 등 부득이한 사유로 의정 활동을 수행할 수 없는 경우에 이를 보충하기 위해 실시되는 선거이다. 다수대표제를 사용하는 대부분의 국가는 보궐선거를 실시하는 반면, 비례대표제를 사용하는 대부분의 국가는 필요시 의원직을 수행할 승계인을 총선거 때 함께 정해 두어 보궐선거를 실시하지 않는다.

〈보기〉

ㄱ. 일본 참의원의 임기는 프랑스 상원의원의 임기와 같다.
ㄴ. 미국은 2년마다 전체 상원의원을 새로 선출한다.
ㄷ. 우리나라에서는 국회의원 당선인이 임기 개시 전 사망한 경우 재선거가 실시된다.
ㄹ. 다수대표제를 사용하는 대부분의 국가에서는 의원이 임기 중 사망하였을 때 보궐선거를 실시한다.

① ㄱ, ㄴ
② ㄱ, ㄷ
③ ㄴ, ㄹ
④ ㄱ, ㄷ, ㄹ
⑤ ㄴ, ㄷ, ㄹ

14 다음 글을 근거로 판단할 때 옳지 않은 것은?

17년 5급 가책형 22번

> 甲국 의회는 상원과 하원으로 구성된다. 甲국 상원은 주(州)당 2명의 의원이 선출되어 총 60명으로 구성되며, 甲국 부통령이 의장이 된다. 상원의원의 임기는 6년이며, 2년마다 총 정원의 1/3씩 의원을 새로 선출한다.
>
> 甲국 상원은 대통령을 수반으로 하는 행정부에 대해 각종 동의와 승인의 권한을 갖는다. 하원은 국민을 대표하는 기관으로서 세금과 경제정책에 대한 권한을 가지는 반면, 상원은 각 주를 대표한다. 군대의 파병이나 관료의 임명에 대한 동의, 외국과의 조약에 대한 승인 등의 권한은 모두 상원에만 있다. 또한 상원은 하원에 대한 견제 역할을 담당하여 하원이 만든 법안을 수정하고 다시 하원에 되돌려 보내는 권한을 가지며, 급박한 사항에 대해서는 직접 마련한 법안을 먼저 제출하여 처리하기도 한다.
>
> 甲국 하원의원의 임기는 2년으로 선거 때마다 전원을 새로 선출한다. 하원의원의 수는 총 400명으로서 인구비례에 따라 각 주에 배분된다. 예를 들어 A주, B주, C주의 선출 정원이 각 1명으로 가장 적고, D주의 정원이 53명으로 가장 많다.
>
> 하원의원 선거는 2년마다 상원의원 선거와 함께 실시되며, 4년마다 실시되는 대통령 선거와 같은 해에 치러지는 경우가 있다. 대통령 선거와 일치하지 않는 해에 실시되는 하원의원 및 상원의원 선거를 통칭하여 '중간선거'라고 부르는데, 이 중간선거는 대통령의 임기 중반에 대통령의 국정수행에 대하여 유권자의 지지도를 평가하는 성격을 갖는다.

① 甲국 의회에 속한 D주 의원의 정원 총합은 55명이다.
② 甲국 의회의 상원은 스스로 법안을 제출하여 처리할 수 있다.
③ 甲국에는 상원의원의 정원이 하원의원의 정원보다 많은 주가 있다.
④ 甲국의 대통령 선거가 2016년에 실시되었다면, 그 이후 가장 빠른 '중간선거'는 2018년에 실시된다.
⑤ 같은 해에 실시되는 선거에 의해 甲국 상원과 하원의 모든 의석이 새로 선출된 의원으로 교체되는 경우도 있다.

15 다음 글에 근거할 때, 옳게 추론한 것을 <보기>에서 모두 고르면? 12년 5급 인책형 6번

○○국은 양원제이면서 양당제 국가이다. ○○국의 상원의원과 하원의원 선거구는 동일하며, 총 26개이다. 상 · 하원의원 모두 임기는 4년이다. 하원의원 선거는 1970년에 처음 실시되었고, 상원의원 선거도 그로부터 2년 후에 처음 실시되었다. ○○국의 하원의원 선거 투표율은 1982년부터 1990년까지 지속적으로 하락했다. 1982년 선거에서는 총 유권자의 30%가 투표에 참가하였고, 투표자의 59%가 여당을, 41%가 야당을 지지하였다. 하지만 1990년 선거에서는 총 유권자의 80% 이상이 투표에 참여하지 않았으며, 투표자 중 54%가 여당을, 46%가 야당을 지지하였다. 1990년 선거에서 투표율이 가장 높은 선거구는 37%의 투표율을 보인 A선거구였고, 이 투표율은 1970년 이후 가장 높은 수치였다. 그 다음은 31%의 투표율을 보인 B선거구였다. A · B선거구를 제외한 나머지 24개 선거구 각각의 투표율은 1982년과 1986년의 해당 선거구의 투표율보다 더 낮았다.

※ 상원의원 선거와 하원의원 선거는 매 4년마다 실시되었다.

〈보기〉

ㄱ. 1980년에는 상원의원 선거가 실시되었다.
ㄴ. 1984년 선거의 투표율은 30% 미만에 머물렀다.
ㄷ. A선거구의 투표율은 매 선거마다 다른 선거구보다 더 높았다.
ㄹ. 1990년 선거에서 A · B선거구를 제외한 24개 선거구 가운데 투표율이 20%를 넘는 선거구가 있을 수 있다.
ㅁ. 1982년부터 1990년 사이의 하원의원 선거에서 여당과 야당의 득표율 차이는 지속적으로 줄어들었다.

① ㄱ, ㄴ
② ㄱ, ㄹ
③ ㄱ, ㄹ, ㅁ
④ ㄴ, ㄷ, ㄹ
⑤ ㄴ, ㄷ, ㅁ

16 다음 글에 근거할 때, 甲의 관점에서 옳게 추론한 것을 <보기>에서 모두 고르면? 12년 5급 인책형 26번

○ 세계 각국에서 상원의석을 지역별로 배분하는 방식은 크게 두 가지이다. 하나는 각 지역의 인구수에 비례하여 의석을 배분하는 것이고, 다른 하나는 각 지역별로 의석을 균등하게 배분하는 것이다. 또한 상원의원을 선출하는 방식에도 두 가지가 있다. 하나는 주민들이 직접 선출하는 방식이고, 다른 하나는 지방의회 등이 선출하는 간접적인 방식이다. 甲은 의석 배분에서 인구비례가 엄격하게 반영될수록, 주민들에 의해 직접 선출되는 상원의원의 비율이 높을수록 더 민주적이라고 생각한다.

○ X국 하원의원은 인구비례로 선출되는데 반해 상원의원은 모든 주에서 두 명씩 선출된다. 따라서 인구가 가장 많은 a주(인구수: 3,600만 명)와 가장 적은 b주(인구수: 60만 명)에서 똑같이 2명의 상원의원이 선출된다. 1913년 이전에는 주의회가 상원의원을 선출했으나 1913년 헌법 개정 이후에는 주민들이 직접 선출하고 있다. 반면, Y국의 상원의원은 인구의 95% 이상이 집중되어 있고 인구규모가 비슷한 c주, d주, e주, f주에서 각각 24명씩 선출되고, 나머지 g주, h주, i주에서 각각 1명씩 선출된다. Y국에서는 지방의회가 상원의원을 선출한다. Z국 상원의 경우 가장 많은 인구를 가진 주는 8명의 의원을 선출하고, 가장 적은 인구를 가진 주는 3명의 의원을 선출한다. 그밖의 주들은 인구규모에 따라 4~7명의 상원의원을 선출한다.

〈보기〉

ㄱ. X국의 경우 1913년 헌법 개정 이후의 상원의원 선출방식은 그 이전의 선출방식보다 더 민주적이다.
ㄴ. Y국은 상원의원의 선출방식과 상원의석의 배분방식에서 X국보다 더 민주적이다.
ㄷ. 상원의석의 배분방식에서 Z국은 X국보다 더 민주적이다.
ㄹ. X국의 b주에서 선출되는 상원의원의 수를 a주에서 선출되는 상원의원수보다 더 많게 하는 경우 현재의 의석배분방식보다 더 민주적이다.

① ㄱ, ㄴ
② ㄱ, ㄷ
③ ㄴ, ㄹ
④ ㄱ, ㄴ, ㄷ
⑤ ㄱ, ㄷ, ㄹ

Ⅱ. 해결(1) - 일치부합

1 일반 키워드 활용

17 다음 글을 근거로 판단할 때 옳은 것은? 16년 민경채 5책형 13번

> 이슬람권 국가에서는 여성들이 베일을 쓴 모습을 흔히 볼 수 있다. 그런데 이슬람교 경전인 코란이 여성의 정숙함을 강조하지만, 베일로 얼굴을 감싸는 것을 의무로 규정하고 있는 것은 아니다. 겸허한 태도를 지키고 몸의 윤곽, 그것도 얼굴이 아니라 상반신을 베일로 가리라고 충고할 뿐이다. 베일로 얼굴을 감싸는 관습은 코란에 따른 의무라기보다는, 예전부터 존재했던 겸허와 존중의 표시였다.
>
> 날씨가 더운 나라의 여성들도 베일을 착용하였는데, 남성에 대한 순종의 의미보다 햇볕이나 사막의 뜨거운 모래바람으로부터 얼굴을 보호하려는 것이 목적이었다. 이란의 반다르 에아바스에 사는 수니파 여성들은 얼굴 보호를 위해 자수 장식이 있는 두꺼운 면직물로 된 붉은색 마스크를 썼다. 이것도 이슬람 전통이 정착되기 전부터 존재했을 가능성이 크다. 사우디아라비아의 베두인족 여성들은 은과 진주로 장식한 천이나 가죽 소재의 부르카로 얼굴 전체를 감쌌다. 부르카 위에 다시 커다란 검은색 베일을 쓰기도 했다.
>
> 외부 침입이 잦은 일부 지역에서 베일은 낯선 이방인의 시선으로부터 자신을 보호하는 수단으로 사용됐다. 북아프리카의 투아레그족 남자들이 리탐이라고 부르는 남색의 면직물로 된 큰 베일을 썼던 것이 그 예이다. 전설에 따르면 전쟁에서 패하고 돌아온 투아레그족 남자들이 수치심 때문에 머리에 감았던 터번으로 얼굴을 가리고 다녔는데, 그 뒤로는 타인의 시선으로부터 자신을 보호하기 위해 계속해서 얼굴을 감싸게 되었다고 한다.

① 베일은 여성만 착용하는 것으로 남성에 대한 겸허의 의미를 담고 있었을 것이다.

② 반다르 에아바스 지역의 수니파 여성들은 은으로 장식한 가죽으로 얼굴을 감쌌을 것이다.

③ 이슬람권 여성이 베일로 얼굴을 감싸는 것은 코란의 의무규정으로부터 시작되었을 것이다.

④ 타인의 시선으로부터 자신을 보호하는 것도 사람들이 베일을 쓰는 이유 중 하나였을 것이다.

⑤ 사우디아라비아 베두인족 여성의 부르카와 북아프리카 투아레그족의 리탐은 모두 가죽 소재로 만들었을 것이다.

18 다음 글을 근거로 판단할 때, <보기>에서 옳은 것만을 모두 고르면? 14년 민경채 A책형 1번

> 우리나라는 건국헌법 이래 문화국가의 원리를 헌법의 기본원리로 채택하고 있다. 우리 현행 헌법은 전문에서 '문화의 … (중략) … 영역에 있어서 각인(各人)의 기회를 균등히' 할 것을 선언하고 있을 뿐 아니라, 문화국가를 실현하기 위하여 보장되어야 할 정신적 기본권으로 양심과 사상의 자유, 종교의 자유, 언론 · 출판의 자유, 학문과 예술의 자유 등을 규정하고 있다. 개별성 · 고유성 · 다양성으로 표현되는 문화는 사회의 자율영역을 바탕으로 한다고 할 것이고, 이들 기본권은 견해와 사상의 다양성을 그 본질로 하는 문화국가원리의 불가결의 조건이라고 할 것이다.
>
> 문화국가원리는 국가의 문화국가실현에 관한 과제 또는 책임을 통하여 실현되므로 국가의 문화정책과 밀접한 관계를 맺고 있다. 과거 국가절대주의 사상의 국가관이 지배하던 시대에는 국가의 적극적인 문화간섭정책이 당연한 것으로 여겨졌다. 이와 달리 오늘날에는 국가가 어떤 문화현상에 대하여도 이를 선호하거나 우대하는 경향을 보이지 않는 불편부당의 원칙이 가장 바람직한 정책으로 평가받고 있다. 오늘날 문화국가에서의 문화정책은 그 초점이 문화 그 자체에 있는 것이 아니라 문화가 생겨날 수 있는 문화풍토를 조성하는 데 두어야 한다.
>
> 문화국가원리의 이러한 특성은 문화의 개방성 내지 다원성의 표지와 연결되는데, 국가의 문화육성의 대상에는 원칙적으로 모든 사람에게 문화창조의 기회를 부여한다는 의미에서 모든 문화가 포함된다. 따라서 엘리트문화뿐만 아니라 서민문화, 대중문화도 그 가치를 인정하고 정책적인 배려의 대상으로 하여야 한다.

〈보기〉

ㄱ. 우리나라 건국헌법에서는 문화국가원리를 채택하지 않았다.

ㄴ. 문화국가원리에 의하면 엘리트문화는 정부의 정책적 배려대상이 아니다.

ㄷ. 다양한 문화가 생겨날 수 있는 문화풍토를 조성하는 정책은 문화국가원리에 부합한다.

ㄹ. 국가절대주의 사상의 국가관이 지배하던 시대에는 국가가 특정 문화만을 선호하여 지원할 수 있었다.

① ㄱ ② ㄴ

③ ㄱ, ㄷ ④ ㄷ, ㄹ

⑤ ㄱ, ㄷ, ㄹ

19 다음 글을 근거로 판단할 때 옳은 것은? 13년 5급 인책형 1번

꿀벌은 나무 둥지나 벌통에서 군집생활을 한다. 암컷인 일벌과 여왕벌은 침이 있으나 수컷인 수벌은 침이 없다. 여왕벌과 일벌은 모두 산란하지만 여왕벌의 알만이 수벌의 정자와 수정되어 암벌인 일벌과 여왕벌로 발달하고, 일벌이 낳은 알은 미수정란이므로 수벌이 된다. 여왕벌의 수정란은 3일 만에 부화하여 유충이 되는데 로열젤리를 먹는 기간의 정도에 따라서 일벌과 여왕벌로 성장한다.

꿀벌 집단에서 일어나는 모든 생태 활동은 매우 복잡하기 때문에 이를 이해하는 관점도 다르게 형성되었다. 꿀벌 집단을 하나로 모으는 힘이 일벌을 지배하는 전지적인 여왕벌에서 비롯된다는 믿음은 아리스토텔레스 시대부터 시작되어 오늘에 이르고 있다. 이러한 믿음은 여왕벌이 다수의 수벌을 거느리고 결혼비행을 하며 공중에서 교미를 한 후에 산란을 하는 모습에 연원을 두고 있다. 꿀벌 집단의 노동력을 유지하기 위하여 매일 수천여 개의 알을 낳거나, 다른 여왕벌을 키우지 못하도록 억제하는 것도 이러한 믿음을 강화시켰다. 또한 새로운 여왕벌의 출현으로 여왕벌들의 싸움이 일어나서 여왕벌을 중심으로 한 곳에 있던 벌떼가 다른 곳으로 옮겨가서 새로운 사회를 이루는 과정도 이러한 믿음을 갖게 하였다.

그러나 꿀벌의 모든 생태 활동이 이러한 견해를 뒷받침하는 것은 아니다. 요컨대 벌집의 실질적인 운영은 일벌에 의하여 집단적으로 이루어진다. 일벌은 꽃가루와 꿀 그리고 입에서 나오는 로열젤리를 유충에게 먹여서 키운다. 일벌은 꽃가루를 모으고, 파수병의 역할을 하며, 벌집을 새로 만들거나 청소하는 등 다양한 역할을 수행한다. 일벌은 또한 새로운 여왕벌의 출현을 최대한 억제하는 역할도 수행한다. 여왕벌에서 '여왕 물질'이라는 선분비물이 나오고 여왕벌과 접촉하는 일벌은 이 물질을 더듬이에 묻혀 벌집 곳곳에 퍼뜨린다. 이 물질의 전달을 통해서 여왕벌의 건재함이 알려져서 새로운 여왕벌을 키울 필요가 없다는 사실이 집단에게 알려지는 것이다.

① 사람이 꿀벌에 쏘였다면 그는 일벌이나 수벌에 쏘였을 것이다.
② 일벌은 암컷과 수컷으로 나누어지고 성별에 따라 역할이 나누어진다.
③ 수벌은 꿀벌 집단을 다른 집단으로부터 보호하는 파수병 역할을 한다.
④ 일벌이 낳은 알에서 부화된 유충이 로열젤리를 계속해서 먹으면 여왕벌이 된다.
⑤ 여왕 물질이라는 선분비물을 통하여 새로운 여왕벌의 출현이 억제된다.

20 다음 글을 근거로 판단할 때 옳은 것은? 15년 5급 인책형 2번

한반도에서 연행된 곡예종목의 기원은 문헌 자료로 정확히 파악할 수 없다. 하지만 자생적 전통을 바탕으로 삼국시대에 서역과 중국으로부터 전래된 산악(散樂)과 백희(百戲)가 더해지면서 시작된 것으로 추정된다. 3세기에서 5세기경에 제작된 고구려 고분벽화에는 산악, 백희 등에 해당하는 여러 연희가 그려져 있다. 여기에는 나무다리걷기, 곤봉받기 등과 같은 곡예종목이 나타나지만, 중요한 곡예종목인 줄타기, 땅재주, 솟대타기는 등장하지 않는다. 그러나 고구려 이전 중국 한나라 고분에는 이런 종목이 많이 그려져 있다. 또 전문연희집단이 산악과 백희를 함께 연행했다는 점을 고려하면, 고구려에서도 줄타기, 솟대타기, 땅재주 등이 연행되었을 것으로 추정된다.

곡예종목이 국내 문헌에 처음 등장하는 시기는 고려시대이다. 현재까지 발견된 곡예종목에 대한 최고(最古)의 기록은 이규보의 시인데, 여기서 고난도의 줄타기 연행을 묘사하고 있다. 또한 이규보는 『동국이상국집』에서 임금의 행차를 맞이할 때 연행했던 여러 연희를 설명하고 있다.

조선시대 연희를 보고 지은 『관나희』에는 봄에 임금과 신하가 궁궐에 모여 방울받기, 줄타기, 꼭두각시놀이, 솟대타기 등을 즐겼다는 기록이 있다. 『문종실록』에는 중국 사신 영접행사를 위해 베푼 연희에 관하여 논의하는 기록도 있다. 여기에서 줄타기, 방울받기, 땅재주는 가장 중요한 국빈인 중국 사신의 영접행사에서 빠짐없이 연행되었던 조선시대의 대표적 연희종목이었음을 확인할 수 있다. 성종 19년 조선에 왔던 명나라 사신 동월의 「조선부」를 보면, 그 시절 연희의 기교가 매우 세련되었음을 알 수 있다.

※ 연행(演行): 연출하여 행함
※ 연희(演戲): 말과 동작으로 많은 사람 앞에서 재주를 부림

① 고려시대와 조선시대의 임금은 연희를 볼 기회가 없었다.
② 한반도에서 연행된 곡예종목의 기원을 고려시대 문헌 자료를 통해서는 정확히 알 수 없다.
③ 한나라 고분벽화에서는 줄타기, 땅재주, 솟대타기 그림을 찾을 수 없다.
④ 중국 사신 동월은 고려시대 연희의 세련된 기교를 칭찬하는 기록을 남겼다.
⑤ 고구려에서는 나무다리걷기, 곤봉받기 등의 곡예 외에 줄타기, 땅재주, 솟대타기 등은 연행되지 않았을 것으로 추정된다.

2 특수 키워드 활용

21 다음 글을 근거로 판단할 때 옳은 것은? 12년 민경채 인책형 2번

한복(韓服)은 한민족 고유의 옷이다. 삼국시대의 사람들은 저고리, 바지, 치마, 두루마기를 기본적으로 입었다. 저고리와 바지는 남녀 공용이었으며, 상하귀천에 관계없이 모두 저고리 위에 두루마기를 덧입었다. 삼국시대 이후인 남북국시대에는 서민과 귀족이 모두 우리 고유의 두루마기인 직령포(直領袍)를 입었다. 그런데 귀족은 직령포를 평상복으로만 입었고, 서민과 달리 의례와 같은 공식적인 행사에는 입지 않았다. 고려시대에는 복식 구조가 크게 변했다. 특히 귀족층은 중국옷을 그대로 받아들여 입었지만, 서민층은 우리 고유의 복식을 유지하여, 복식의 이중 구조가 나타났다. 조선시대에도 한복의 기본 구성은 지속되었다. 중기나 후기에 들어서면서 한복 디자인은 한층 단순해졌고, 띠 대신 고름을 매기 시작했다. 조선 후기에는 마고자와 조끼를 입기 시작했는데, 조끼는 서양 문물의 영향을 받은 것이었다.

한편 조선시대 관복에는 여러 종류가 있었다. 곤룡포(袞龍袍)는 임금이 일반 집무를 볼 때 입었던 집무복[상복: 常服]으로, 그 흉배(胸背)에는 금색실로 용을 수놓았다. 문무백관의 상복도 곤룡포와 모양은 비슷했다. 그러나 무관 상복의 흉배에는 호랑이를, 문관 상복의 흉배에는 학을 수놓았다. 무관들이 주로 대례복으로 입었던 구군복(具軍服)은 무관 최고의 복식이었다. 임금도 전쟁 시에는 구군복을 입었는데, 임금이 입었던 구군복에만 흉배를 붙였다.

※ 흉배는 왕을 비롯한 문무백관이 입던 관복의 가슴과 등에 덧붙였던 사각형의 장식품이다.

① 남북국시대의 서민들은 직령포를 공식적인 행사에도 입었다.
② 고려시대에는 복식 구조가 크게 변하여 모든 계층에서 중국옷을 그대로 받아들여 입는 현상이 나타났다.
③ 조선시대 중기에 들어서면서 고름을 매기 시작했고, 후기에는 서양 문물의 영향으로 인해 마고자를 입기 시작했다.
④ 조선시대 무관이 입던 구군복의 흉배에는 호랑이가 수놓아져 있었다.
⑤ 조선시대 문관의 경우 곤룡포와 비슷한 모양의 상복에 호랑이가 수놓아진 흉배를 붙였다.

22 다음 글에 대한 가장 적절한 추론은? 11년 5급 선책형 24번

조선왕조는 백성을 나라의 근본으로 존중하는 민본정치(民本政治)의 이념을 구현하는 데 목표를 두었다. 하지만 건국 초기 조선왕조의 최우선적인 관심은 역시 왕권의 강화였다. 조선왕조는 고려 시대에 왕권을 제약하고 있던 2품 이상 재상들의 합의기관인 도평의사사를 폐지하고, 대간들이 가지고 있던 모든 관리에 대한 임명동의권인 서경권을 약화시켜 5품 이하 관리의 임명에만 동의권을 갖도록 제한하였다. 이는 고려 말기 약화되었던 왕권을 강화하기 위한 조치였다.

그러나 조선의 이러한 왕권 강화 정책은 공권 강화에 집중되어 이루어졌다. 국왕은 관념적으로는 무제한의 권력을 갖지만 실제로는 인사권과 반역자를 다스리는 권한만을 행사할 수 있었다. 이는 권력 분산과 권력 견제를 위한 군신공치(君臣共治)의 이념에 기반한 결과라 할 수 있다. 국왕은 오늘날의 국무회의에 해당하는 어전회의를 열어 국사(國事)를 논의하였다. 어전회의는 매일 국왕이 편전에 나아가 의정부, 6조 그리고 국왕을 측근에서 보필하는 시종신(侍從臣)인 홍문관, 사간원, 사헌부, 예문관, 승정원 대신들과 만나 토의하고 정책을 결정하는 상참(常參), 매일 5명 이내의 6품 이상 문관과 4품 이상 무관을 관청별로 교대로 만나 정사를 논의하는 윤대(輪對), 그리고 매달 여섯 차례 의정부 의정, 사간원, 사헌부, 홍문관의 고급관원과 전직대신들을 만나 정책 건의를 듣는 차대(次對) 등 여러 종류가 있었다.

국왕을 제외한 최고의 권력기관은 의정부였다. 이는 중국에 없는 조선 독자의 관청으로서 여기에는 정1품의 영의정, 좌의정, 우의정 등 세 정승이 있고, 그 밑에 종1품의 좌찬성과 우찬성 그리고 정2품의 좌참찬과 우참찬 등 7명의 재상이 있었다. 의정부 밑에 행정집행기관으로 정2품 관청인 6조를 소속시켜 의정부가 모든 관원과 행정을 총괄하는 형식을 취했다. 6조(이 · 호 · 예 · 병 · 형 · 공조)에는 장관인 판서(정2품)를 비롯하여 참판(종2품), 참의(정3품), 정랑(정5품), 좌랑(정6품) 등의 관원이 있었다. 의정부 다음으로 위상이 높은 것은 종1품 관청인 의금부였는데, 의금부는 왕명에 의해서만 반역죄인을 심문할 수 있어서 왕권을 유지하는 중요한 권력기구였다.

① 조선 초기의 왕은 윤대와 차대에서 중요한 정책을 결정하였다.
② 조선 초기의 왕은 편전에 나아가 매일 형조 정랑을 만나는 차대를 행하였다.
③ 조선 초기의 왕은 이조 참판으로 甲을 임명하기 위하여 의정부 관리들의 동의를 얻어야 하였다.
④ 조선은 왕권을 강화하기 위해 여러 가지 제도개혁을 했고, 의금부는 왕권을 유지하는 중요한 권력기구였다.
⑤ 영의정은 품계상 의정부의 최고 직위자로서 자신보다 하위 품계인 좌의정, 우의정, 6조 판서 등을 관리하고 총괄하였다.

23 다음 글에 근거할 때, 옳게 추론한 것을 <보기>에서 모두 고르면?

12년 5급 인책형 1번

수원 화성(華城)은 조선의 22대 임금 정조가 강력한 왕도 정치를 실현하고 수도 남쪽의 국방요새로 활용하기 위하여 축성한 것이었다. 규장각 문신 정약용은 동서양의 기술서를 참고하여 『성화주략』(1793년)을 만들었고, 이것은 화성 축성의 지침서가 되었다. 화성은 재상을 지낸 영중추부사 채제공의 총괄 하에 조심태의 지휘로 1794년 1월에 착공에 들어가 1796년 9월에 완공되었다. 축성과정에서 거중기, 녹로 등 새로운 장비를 특수하게 고안하여 장대한 석재 등을 옮기며 쌓는 데 이용하였다. 축성 후 1801년에 발간된 『화성성역의궤』에는 축성계획, 제도, 법식뿐 아니라 동원된 인력의 인적사항, 재료의 출처 및 용도, 예산 및 임금계산, 시공기계, 재료가공법, 공사일지 등이 상세히 기록되어 있어 건축 기록으로서 역사적 가치가 큰 것으로 평가되고 있다.

화성은 서쪽으로는 팔달산을 끼고 동쪽으로는 낮은 구릉의 평지를 따라 쌓은 평산성인데, 종래의 중화문명권에서는 찾아볼 수 없는 형태였다. 성벽은 서쪽의 팔달산 정상에서 길게 이어져 내려와 산세를 살려가며 쌓았는데 크게 타원을 그리면서 도시 중심부를 감싸는 형태를 띠고 있다. 화성의 둘레는 5,744m, 면적은 130ha로 동쪽 지형은 평지를 이루고 서쪽은 팔달산에 걸쳐 있다. 화성의 성곽은 문루 4개, 수문 2개, 공심돈 3개, 장대 2개, 노대 2개, 포(鋪)루 5개, 포(砲)루 5개, 각루 4개, 암문 5개, 봉돈 1개, 적대 4개, 치성 9개, 은구 2개의 시설물로 이루어져 있었으나, 이 중 수해와 전쟁으로 7개 시설물(수문 1개, 공심돈 1개, 암문 1개, 적대 2개, 은구 2개)이 소멸되었다. 화성은 축성 당시의 성곽이 거의 원형대로 보존되어 있다. 북수문을 통해 흐르던 수원천이 현재에도 그대로 흐르고 있고, 팔달문과 장안문, 화성행궁과 창룡문을 잇는 가로망이 현재에도 성안 도시의 주요 골격을 유지하고 있다. 창룡문 · 장안문 · 화서문 · 팔달문 등 4대문을 비롯한 각종 방어시설들을 돌과 벽돌을 섞어서 쌓은 점은 화성만의 특징이라 하겠다.

〈보기〉

ㄱ. 화성은 축성 당시 중국에서 찾아보기 힘든 평산성의 형태로서 군사적 방어기능을 보유하고 있다.
ㄴ. 화성의 성곽 시설물 중 은구는 모두 소멸되었다.
ㄷ. 조선의 다른 성곽들의 방어시설은 돌과 벽돌을 섞어서 쌓지 않았을 것이다.
ㄹ. 화성의 축조와 관련된 기술적인 세부사항들은 『성화주략』보다는 화성 축성의 지침이 된 『화성성역의궤』에 보다 잘 기술되어 있을 것이다.

① ㄱ, ㄴ
② ㄴ, ㄹ
③ ㄷ, ㄹ
④ ㄱ, ㄴ, ㄷ
⑤ ㄱ, ㄷ, ㄹ

24 다음 글을 근거로 판단할 때 옳지 않은 것은?

18년 5급 나책형 1번

공공성은 서구에서 유래된 '퍼블릭(public)'이나 '오피셜(official)'과 동아시아에서 전통적으로 사용해 온 개념인 '공(公)'이나 '공공(公共)'이 접합되어 이루어진 개념이다. 공공성 개념은 다음과 같은 세 가지 의미를 포괄하고 있다. 첫째, 어떤 사적인 이익이 아니라 공동체 전체의 이익과 관계된다는 의미이다. 둘째, 만인의 이익을 대표하여 관리하는 정통성을 지닌 기관이라는 의미가 있다. 셋째, 사사롭거나 편파적이지 않으며 바르고 정의롭다는 의미이다.

정도전의 정치사상에서 가장 인상적인 것은 정치권력의 사유화에 대한 강렬한 비판의식과 아울러 정치권력을 철저하게 공공성의 영역 안에 묶어두려는 의지이다. 또 그가 이를 위한 제도적 장치의 마련을 끊임없이 고민하였다는 사실도 확인되고 있다. 정도전은 정치공동체에서 나타나는 문제의 근저에 '자기 중심성'이 있고, 고려의 정치적 경험에서 자기 중심성이 특히 '사욕(私慾)'의 정치로 나타났다고 생각했다. 그리고 이로 인해 독선적인 정치와 폭정이 야기되었다고 보았다. 정도전은 이러한 고려의 정치를 소유 지향적 정치로 보았고, 이에 대한 대안으로 '공론'과 '공의'의 정치를 제시하였는데 이를 '문덕(文德)'의 정치라 불렀다.

공공성과 관련하여 고려와 조선의 국가 운영 차이를 가장 선명히 드러내는 것은 체계적인 법전의 유무이다. 고려의 경우는 각 행정부처들이 독자적인 관례나 규정에 따라서 통치를 하였을 뿐, 일관되고 체계적인 법전을 갖추고 있지 못하였다. 그래서 조선의 건국 주체는 중앙집권적인 국가운영체제를 확립하기 위해서 법체계를 갖추려고 했다. 이러한 노력을 통해 만든 최초의 법전이 정도전에 의해 편찬된 『조선경국전』이다. 이를 통해서 건국 주체는 자신이 세운 정치체제에 공공성을 부여하려고 하였다.

① 공공성에는 공동체 전체의 이익뿐만 아니라 이를 대표하여 관리하는 정통성을 지닌 기관이라는 의미도 포함되어 있다.
② 정도전은 고려의 정치에서 자기 중심성이 '사욕'의 정치로 나타났다고 보았다.
③ 고려시대에는 각 행정부처의 관례나 규정이 존재하지 않아 '사욕'의 정치가 나타났다.
④ 정도전에게 '문덕'의 정치란 소유 지향적 정치의 대안이었다.
⑤ 정도전의 정치사상에서 공공성을 갖추기 위한 제도적 장치 마련은 중요한 의미를 지닌다.

25 다음 글을 근거로 추론할 때 옳은 것은? 13년 외교관 인책형 1번

미국인의 일상생활은 1919년 이후 꾸준히 변해왔다. 1919년 5월 어느 날 아침, 식탁에 앉은 스미스씨의 복장만 보면 1930년이라고 착각할지도 모른다. 물론 눈썰미가 있는 사람이라면 스미스씨의 바지통이 1930년보다 좁다는 것을 눈치 챌 수도 있다. 이처럼 남성들의 패션은 빙하의 움직임처럼 느리게 변화한다.

이와는 달리 스미스 부인은 당시의 유행대로 발목 부분에서 오므라들고, 발목에서 10cm 올라가 있는 치마를 입고 있다. 부인은 패션잡지에서 "부르봉 왕조 이래 여자들이 이렇게 다리를 내놓았던 적은 없다"는 놀라운 이야기와 앞으로 치마 길이가 더욱 짧아질 것임을 전망하는 기사를 보았지만, 발목에서 10cm 위는 여전히 당시의 표준적인 치마 길이였다.

또한 스미스 부인은 지난 겨울 내내 끈으로 꼭 맞게 조인 워킹 부츠 혹은 사슴 가죽을 부착한 에나멜 구두로 복사뼈를 감싸고 있었지만, 지금은 봄이라는 계절에 맞게 단화를 신고 단화 안에는 검은색 스타킹을 신었다. 스미스 부인은 황갈색 구두를 신을 때 황갈색 스타킹을 신는다.

1919년이면 화장은 매춘부들이나 하는 것이라는 고정관념이 희미해지고, 세련된 소녀들은 이미 대담하게 화장을 시작했을 때이다. 하지만 스미스 부인은 분을 바르는 정도로 얼굴 화장을 마무리하고, 색조 화장품은 사용하지 않았다. 가정교육을 잘 받은 스미스 부인 같은 여성들은 아직 '볼연지'라면 미간을 찌푸린다.

스미스 부인의 머리는 길다. 그래서 부인은 외출할 때에는 모자를 쓰고 긴머리를 머리 뒤쪽에 핀으로 단정하게 고정시키는 베일(veil)을 착용한다. 스미스 부인에게는 긴머리를 짧게 자른다는 것은 상상조차 할 수 없는 일이었다. 왜냐하면 당시에는 단발머리 여성이나 장발의 남성은 자유연애주의자까지는 아니더라도 급진적인 사상과 관련이 있다고 생각되었기 때문이다.

① 1919년과 1930년 사이에 미국 남성들의 바지 모양에는 약간의 변화가 있었다.
② 1919년의 여성들의 치마는 대체로 무릎을 드러내는 정도의 길이였다.
③ 스미스 부인은 외출을 할 때는 볼에 색조 화장을 하였을 것이다.
④ 긴 머리의 여성은 자유연애주의자의 대표적인 모습이었다.
⑤ 스미스 부인이 신은 단화는 황갈색이었다.

26 다음 글을 근거로 추론할 때 옳지 않은 것은?

13년 외교관 인책형 21번

중세 이래의 꿈이었던 인도 항해가 바스쿠 다 가마(Vasco da Gama) 이후 가능해지자 포르투갈은 아시아 해양 세계로 진입하였다. 인도양을 중심으로 한 상업 체계는 무역풍과 몬순 때문에 이미 오래전부터 상당히 규칙적인 틀이 만들어져 있었다. 지중해를 잇는 아덴 - 소팔라 - 캘리컷을 연결하는 삼각형이 서쪽에 형성되었는데 이것은 전적으로 아랍권의 것이었다. 여기에 동쪽의 말라카가 연결되어 자바, 중국, 일본, 필리핀 등지에 이르는 광범위한 공간이 연결된다. 한편 서쪽의 상업권에서 홍해 루트와 페르시아만 루트가 뻗어나가서 지중해권과도 연결된다.

포르투갈은 인도양 세계 전체를 상대로 보면 보잘것없는 세력에 불과했지만, 대포를 앞세워 아시아를 포함한 주요 거점 지역들을 무력으로 장악해 나갔다. 이런 성과를 얻기 위해 포르투갈은 엄청난 비율의 인력 유출을 감내해야 했다. 16세기 포르투갈의 해외 유출인구는 10만 명으로 추산되는데, 이는 포르투갈 전체 인구의 10%에 해당한다. 이것은 남자 인구로만 본다면 35%의 비중이었다. 외국에 나간 사람들 가운데 많은 수가 사망했는데 각 세대마다 남자 인구 7~10%가 희생되었다. 이런 정도로 큰 희생을 치러가며 해외 사업을 벌인 경우는 역사상 많지 않았다.

포르투갈의 아시아 교역에서는 후추 등 향신료의 비중이 가장 컸다. 포르투갈 상인들은 후추를 얻기 위해 인도로 구리를 가져가서 거래를 했는데, 구리 무게의 2.5~4배에 해당하는 후추를 살 수 있었다. 포르투갈의 해외 교역은 사실상 후추 등 향신료 교역이었으나, 후추 산지들이 매우 넓게 분포해 있어서 독점은 불가능하였다. 그러나 포르투갈 상인들이 유럽으로 들여온 후추의 양은 결코 적은 것이 아니었다. 포르투갈은 모두 12만 톤의 후추를 유럽에 들여왔다. 특히 1500~1509년 기간에 매년 7~8척의 배들이 3,000톤의 후추를 들여왔는데, 이는 당시 전 세계 생산량의 1/3에 해당한다.

① 16세기 포르투갈의 전체 인구는 약 100만 명이었을 것이다.
② 16세기 초 포르투갈은 매년 10만 명이 해외에 나가 3,000톤의 후추를 유럽에 들여왔다.
③ 인도양을 중심으로 하는 상업 체계의 규칙적인 틀은 바스쿠 다 가마의 인도 항해 이전에 형성되었다.
④ 16세기에 포르투갈은 후추 등 향신료의 아시아 무역에서 상권을 장악하기 위해서 군사력을 사용했을 것이다.
⑤ 포르투갈이 12만 톤의 후추를 유럽에 들여올 때 구리를 대금으로 지급했다면, 최소 3만 톤의 구리가 필요했을 것이다.

27 다음 글을 근거로 판단할 때 옳지 않은 것은?

20년 5급 나책형 26번

개발도상국으로 흘러드는 외국자본은 크게 원조, 부채, 투자가 있다. 원조는 다른 나라로부터 지원받는 돈으로, 흔히 해외 원조 혹은 공적개발원조라고 한다. 부채는 은행 융자와 정부 혹은 기업이 발행한 채권으로, 투자는 포트폴리오 투자와 외국인 직접투자로 이루어진다. 포트폴리오 투자는 경영에 대한 영향력보다는 경제적 수익을 추구하기 위한 투자이고, 외국인 직접투자는 회사 경영에 일상적으로 영향력을 행사하기 위한 투자이다.

개발도상국에 유입되는 이러한 외국자본은 여러 가지 문제점을 보이고 있다. 해외 원조는 개발도상국에 대한 경제적 효과가 있다고 여겨져 왔으나 최근 경제학자들 사이에서는 그러한 경제적 효과가 없다는 주장이 점차 힘을 얻고 있다.

부채는 변동성이 크다는 단점이 지적되고 있다. 특히 은행 융자는 변동성이 큰 것으로 유명하다. 예컨대 1998년 개발도상국에 대하여 이루어진 은행 융자 총액은 500억 달러였다. 하지만 1998년 러시아와 브라질, 2002년 아르헨티나에서 일어난 일련의 금융 위기가 개발도상국을 강타하여 1999~2002년의 4개년 동안에는 은행 융자 총액이 연평균 −65억 달러가 되었다가, 2005년에는 670억 달러가 되었다. 은행 융자만큼 변동성이 큰 것은 아니지만, 채권을 통한 자본 유입 역시 변동성이 크다. 외국인은 1997년에 380억 달러의 개발도상국 채권을 매수했다. 그러나 1998~2002년에는 연평균 230억 달러로 떨어졌고, 2003~2005년에는 연평균 440억 달러로 증가했다.

한편 포트폴리오 투자는 은행 융자만큼 변동성이 크지는 않지만 채권에 비하면 변동성이 크다. 개발도상국에 대한 포트폴리오 투자는 1997년의 310억 달러에서 1998~2002년에는 연평균 90억 달러로 떨어졌고, 2003~2005년에는 연평균 410억 달러에 달했다.

① 개발도상국에 대한 투자는 경제적 수익뿐만 아니라 회사 경영에 영향력을 행사하기 위해서도 이루어질 수 있다.
② 해외 원조는 개발도상국에 대한 경제적 효과가 없다고 주장하는 경제학자들이 있다.
③ 개발도상국에 유입되는 외국자본에는 해외 원조, 은행 융자, 채권, 포트폴리오 투자, 외국인 직접투자가 있다.
④ 개발도상국에 대한 2005년의 은행 융자 총액은 1998년의 수준을 회복하지 못하였다.
⑤ 1998~2002년과 2003~2005년의 연평균을 비교할 때, 개발도상국에 대한 포트폴리오 투자가 채권보다 증감액이 크다.

28 다음 글에 근거할 때, 옳게 추론한 것을 <보기>에서 모두 고르면?

12년 5급 인책형 2번

클래식 음악에는 보통 'Op.'로 시작하는 작품번호가 붙는다. 이는 '작품'을 의미하는 라틴어 Opus의 약자에서 비롯되었다. 한편 몇몇 작곡가들의 작품에는 다른 약자로 시작하는 작품번호가 붙기도 한다. 예를 들면 하이든의 작품에는 통상적으로 'Hob.'로 시작하는 작품번호가 붙는다. 이는 네덜란드의 안토니 판 호보켄이 1957년과 1971년 하이든의 음악을 정리하여 낸 두 권의 카탈로그에서 유래한 것이다.

'RV.'는 Ryom−Verzeichnis(리옹번호를 뜻하는 독일어)의 약자이다. 이는 1977년 프랑스의 피터 리옹이 비발디의 방대한 작품들을 번호순으로 정리하여 출판한 목록에서 비롯되었다. 비발디의 작품에 대해서는 그 전에도 마르크 핀케를(P.)이나 안토니오 파나(F.)에 의한 번호목록이 출판되었으나, 리옹의 작품번호가 가장 포괄적이며 많이 쓰인다.

바흐 역시 작품마다 고유의 작품번호가 붙어 있는데 이것은 바흐의 작품을 구분하여 정리한 볼프강 슈미더에 의한 것이다. 'BWV'는 Bach−Werke−Verzeichnis(바흐의 작품번호를 뜻하는 독일어)의 첫 글자를 따온 것으로, 정리한 순서대로 아라비아 숫자가 붙어서 바흐의 작품번호가 되었다. 'BWV'는 총 1,080개의 바흐의 작품에 붙어 있다.

모차르트의 작품에 가장 빈번히 사용되는 'K.'는 오스트리아의 모차르트 연구가 루드비히 폰 쾨헬의 이니셜을 딴 것이다. 그는 총 626곡의 모차르트 작품에 번호를 매겼다. 'K.'는 종종 '쾨헬번호'라는 의미의 Köchel−Verzeichnis의 약자인 'KV.'로 표기되기도 한다.

'D.'로 시작하는 작품번호는 슈베르트에 관한 권위자인 오토 에리히 도이치의 이름을 따서 붙여진 것이다. 오스트리아의 음악 문헌학자이며 전기작가인 도이치는 연대순으로 총 998개의 슈베르트 작품에 번호를 매겼다.

〈보기〉

ㄱ. 작품번호만 보아도 누구의 곡인지 알 수 있는 경우가 있다.
ㄴ. 비발디의 작품번호를 최초로 정리하여 출판한 사람은 피터 리옹이다.
ㄷ. 몇몇 작곡가들의 작품번호는 작품들을 정리한 사람 이름의 이니셜을 사용하기도 한다.
ㄹ. BWV293과 D.759라는 작품이 있다면 그것은 각각 바흐와 슈베르트의 작품일 것이다.

① ㄱ, ㄴ
② ㄱ, ㄹ
③ ㄴ, ㄷ
④ ㄱ, ㄷ, ㄹ
⑤ ㄴ, ㄷ, ㄹ

29 **다음 글을 근거로 판단할 때 옳은 것은?** 15년 5급 인책형 1번

헌법은 국민의 기본권을 보장하고 국가의 통치조직과 통치작용의 원리를 정하는 최고법이다. '헌법'이라는 용어는 영어의 'constitution', 'constitutional law'를 번역한 것이다. 근대 초기에 우리나라와 중국은 이 단어를 국제(國制), 헌장(憲章), 국헌(國憲) 등으로 다양하게 번역하였는데, 오늘날에는 공동체의 최고법규범을 지칭하는 용어로 사용하고 있다. 그런데 엄격히 보면 constitution은 일정한 구성체(공동체)를 의미하고, constitutional law는 그 구성체를 규율하는 최고의 법규범을 일컫는다. 따라서 헌법학에서 헌법이라는 용어는 문맥에 따라 이 둘 가운데 어느 하나를 지칭하기도 하고, 둘을 같이 지칭하기도 한다.

역사적으로 헌법이라는 단어의 어원은 중국 전국시대 문헌인『국어』진어편(篇)의 '상선벌간 국지헌법야'(賞善罰姦 國之憲法也)라는 문장에서 찾아볼 수 있다. 또한『후한서』,『서경』,『예기』등 중국의 옛 문헌에도 헌법이라는 단어가 나타나는데, 여기에서 헌법은 모든 종류의 법을 통틀어 지칭하는 법의 통칭어이다. 우리나라에서는 법령을 통칭하는 '국제'(國制)라는 용어가 조선시대에 편찬된『고려사』에 보이고, 헌법이라는 말은 1884년 1월 30일 한성순보에 실린 '구미입헌정체'(歐美立憲政體)라는 글에서 오늘날 의미로 사용되었다. 헌법이라는 단어가 실정법에서 처음 사용된 것은 1919년 9월 11일 공포된「대한민국임시헌법」이다.

한편 헌법은 시대 흐름에 따라 고유한 의미의 헌법, 근대 입헌주의 헌법 등으로 나눌 수 있다. 고유한 의미의 헌법은 국가의 최고기관을 조직·구성하고, 이들 기관의 권한행사 방법, 국가기관의 상호관계 및 활동범위를 정한 기본법이다. 이러한 의미의 헌법은 국가가 존재하는 한 어떠한 형태로든 존재한다. 근대 입헌주의 헌법이란 개인의 자유와 권리를 보장하고, 권력분립에 의하여 국가권력의 남용을 억제하는 것을 내용으로 하는 헌법을 말한다.

① 개인의 자유를 보장하지 않은 헌법도 근대 입헌주의 헌법이라 할 수 있다.

② 고려사에 기록된 국제(國制)라는 용어는 오늘날 통용되는 헌법의 의미로 사용되었다.

③ 헌법학에서 사용하는 헌법이라는 용어는 최고의 법규범이 아닌 일정한 구성체를 지칭하기도 한다.

④ 근대 입헌주의 헌법과 비교할 때, 고유한 의미의 헌법은 국가권력의 조직·구성보다는 국가권력의 제한에 그 초점을 둔다고 할 수 있다.

⑤ 중국에서 헌법이라는 용어는 처음에는 최고법규범을 의미했지만, 현재는 다양한 종류의 법이 혼합된 형태를 의미하는 용어로 사용된다.

Ⅲ. 해결(2) - 추론/유추/도출

1 추론/유추/도출

30 다음 글에 근거할 때, A국에 대해 옳게 추론한 것을 <보기>에서 모두 고르면? 12년 5급 인책형 3번

미래사회는 노동력 부족을 경험할까? 바우만(Bauman)은 후기 산업사회가 "대규모 노동력을 필요로 하지 않으며, 노동력과 비용을 줄이면서 이익뿐 아니라 생산물 규모를 증대시키는 방법을 익혀왔다."고 단언하고 있다. 노동가능한 모든 사회구성원을 노동시장에 진입시키지 않고도, 안정적 고용을 담보하지 않고도 생산력의 증대가 가능하다는 것이다. A국도 예외가 아니다. A국 내의 전체 근로자 중 500인 이상 대규모 사업체에 고용되어 있는 근로자의 비율은 2001년 17.2%에서 2011년 8.7%로 불과 10년만에 절반 가까이 감소했다. 즉, 안정적이고 좋은 일자리를 제공하는 대규모 사업체의 고용비율이 급격히 감소하고 있다. 또한 지난 2006년부터 2010년까지의 소득 10분위별 고용증감 통계에 따르면, 고소득층과 저소득층의 일자리는 증가한 반면 중간소득층의 일자리는 8만 7천 개가 감소한 것으로 나타났다. 한편 언제든지 대체 가능한 저임금 · 비정규 일자리가 증가하였다.

〈보기〉

ㄱ. 앞으로 심각한 노동력 부족 현상을 경험하게 될 것이다.
ㄴ. 500인 이상을 고용하고 있는 대규모 사업체의 수는 늘어나고 있다.
ㄷ. 생산력의 증대를 위해서는 안정적인 고용이 필수적인 조건이 되고 있다.
ㄹ. 저임금 · 비정규 일자리는 증가하였고, 중간소득층의 일자리는 감소하였다.

① ㄴ
② ㄹ
③ ㄱ, ㄴ
④ ㄷ, ㄹ
⑤ ㄱ, ㄷ, ㄹ

2 추론+표/그래프

31 다음 제시문으로 추론할 수 있는 것을 <보기>에서 모두 고른 것은? 08년 5급 창책형 13번

기억에 관련된 연구를 진행한 일부 학자들은 머리크기는 기억 용량과 유의미한 관계가 있다고 주장한다. 외부 세계에서 온 정보가 감각 기관을 통해 머릿속으로 들어오고 그 곳에서 저장되므로 정보가 저장되는 머리 즉 뇌와, 물건을 담는 물리적 용기 사이에는 유사한 대응관계가 있다는 것이다. 물리적 용기가 크면 클수록 내용물을 많이 담을 수 있듯이 머리가 클수록 더 많은 정보를 담을 수 있으리라는 유추가 그들 주장의 핵심이다.

연구자 P는 위의 주장이 타당한지 여부와 지역에 따른 차이를 알아보기 위해서 다음과 같이 실험연구를 실시하였다. 아래 그림은 A지역과 B지역 사람들의 머리둘레와 기억력 테스트에서 회상된 단어 수 사이의 관계를 보여준다. (단, 실험설계 및 통계상의 오류는 없는 것으로 가정한다)

※ 머리크기는 머리둘레로 측정한다.

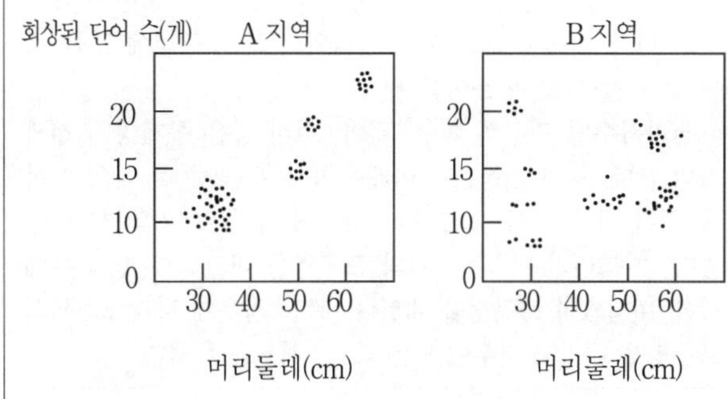

〈보기〉

ㄱ. A지역 사람들이 B지역 사람들보다 머리크기와 기억용량 사이의 관련성이 더 크다.
ㄴ. A지역 사람들의 경우 기억용량을 측정하면, 그 사람의 머리크기가 어느 정도 될 것인지를 일정한 범위 내에서 대략적으로 예측해 볼 수 있다.
ㄷ. 회상된 단어의 수가 같다면 A지역 사람들보다 B지역 사람들의 머리가 더 크다.
ㄹ. 뇌에서 정보가 저장되는 역할을 하는 부분의 크기가 사람마다 차이가 없다면, A지역의 실험결과는 더욱 의미가 커진다.

① ㄱ, ㄴ
② ㄱ, ㄷ
③ ㄴ, ㄷ
④ ㄷ, ㄹ
⑤ ㄱ, ㄴ, ㄹ

Ⅳ. 해결(3) - 일부 응용

1 계산

고전 소재

32 다음 글에 부합하는 설명을 <보기>에서 모두 고르면?

11년 5급 선책형 2번

통제영 귀선(龜船)은 뱃머리에 거북머리를 설치하였는데, 길이는 4자 3치, 너비는 3자이고 그 속에서 유황 · 염초를 태워 벌어진 입으로 연기를 안개같이 토하여 적을 혼미케 하였다. 좌우의 노는 각각 10개씩이고 좌우 방패판에는 각각 22개씩의 포구멍을 뚫었으며 12개의 문을 설치하였다. 거북머리 위에도 2개의 포구멍을 뚫었고 아래에 2개의 문을 설치했으며 그 옆에는 각각 포구멍을 1개씩 내었다. 좌우 복판(覆板)에도 또한 각각 12개의 포구멍을 뚫었으며 귀(龜)자가 쓰여진 기를 꽂았다. 좌우 포판(鋪板) 아래 방이 각각 12간인데, 2간은 철물을 차곡차곡 쌓았고 3간은 화포 · 궁시 · 창검을 갈라두며 19간은 군사들이 쉬는 곳으로 사용했다. 왼쪽 포판 위의 방 한 간은 선장이 쓰고 오른쪽 포판 위의 방 한 간은 장령들이 거처하였다. 군사들이 쉴 때에는 포판 아래에 있고 싸울 때에는 포판 위로 올라와 모든 포구멍에 포를 걸어 놓고 쉴 새 없이 쏘아댔다.

전라좌수영 귀선의 치수, 길이, 너비 등은 통제영 귀선과 거의 같다. 다만 거북머리 아래에 또 귀두(鬼頭)를 붙였고 복판 위에 거북무늬를 그렸으며 좌우에 각각 2개씩의 문을 두었다. 거북머리 아래에 2개의 포구멍을 내었고 현판 좌우에 각각 10개씩의 포구멍을 내었다. 복판 좌우에 각각 6개씩의 포구멍을 내었고 좌우에 노는 각각 8개씩을 두었다.

〈보기〉

ㄱ. 통제영 귀선의 포구멍은 총 72개이며 전라좌수영 귀선의 포구멍은 총 34개이다.

ㄴ. 통제영 귀선은 포판 아래 총 24간의 방을 두어 그 중 한 간을 선장이 사용하였다.

ㄷ. 두 귀선 모두 포판 위에는 쇠못을 박아두어 적군의 귀선 접근을 막았다.

ㄹ. 포를 쏘는 용머리는 두 귀선의 공통점으로 귀선만의 자랑이다.

ㅁ. 1인당 하나의 노를 담당할 경우 통제영 귀선은 20명, 전라좌수영 귀선은 16명의 노 담당 군사를 필요로 한다.

① ㄱ, ㄷ

② ㄱ, ㅁ

③ ㄷ, ㅁ

④ ㄱ, ㄴ, ㅁ

⑤ ㄴ, ㄷ, ㄹ

33 다음 글을 근거로 추론할 때, <보기>에서 옳지 않은 것만을 모두 고르면?

14년 5급 A책형 2번

봉수대 위에서 생활하면서 근무하는 요원으로 봉군(烽軍)과 오장(伍長)이 있었다. 봉군은 주야(晝夜)로 후망(堠望)을 게을리해서는 안되는 고역을 직접 담당하였고, 오장은 대상(臺上)에서 근무하면서 봉군을 감시하는 임무를 맡았다.

경봉수는 전국의 모든 봉수가 집결하는 중앙봉수로서 서울에 위치하였고, 연변봉수는 해륙변경(海陸邊境)의 제1선에 설치한 것으로 그 임무수행이 가장 힘들었다. 내지봉수는 연변봉수와 경봉수를 연결하는 중간봉수로 수적으로 대다수였다.

『경국대전』에 따르면 연변봉수와 내지봉수의 봉군 정원은 매소(每所) 6인이었다. 오장의 정원은 연변봉수 · 내지봉수 · 경봉수 모두 매소 2인이었다. 봉군은 신량역천(身良役賤), 즉 신분상으로는 양인(良人)이나 국역담당에 있어서는 천인(賤人)이었다.

『대동지지』에 수록된 파발(擺撥)의 조직망을 보면, 서발은 의주에서 한성까지 1,050리의 직로(直路)에 기마통신(騎馬通信)인 기발로 41참(站)을 두었고, 북발은 경흥에서 한성까지 2,300리의 직로에 도보통신인 보발로 64참을 설치하였다. 남발은 동래에서 한성까지 920리의 직로에 보발로 31참을 설치하였다. 발군(撥軍)은 양인(良人)인 기보병(騎步兵)으로만 편성되었다. 파발은 긴급을 요하기 때문에 주야로 달렸다. 기발의 속도가 1주야(24시간)에 약 300리 정도로 중국의 400~500리보다 늦은 것은 산악이 많은 지형 때문이었다.

봉수는 경비가 덜 들고 신속하게 전달할 수 있는 장점이 있으나 적의 동태를 오직 봉수의 개수로만 전하기 때문에 그 내용을 자세히 전달할 수 없고 또한 비와 구름 · 안개로 인하여 판단이 곤란하고 중도에 단절되는 결점이 있었다. 반면에 파발은 경비가 많이 소요되고 봉수보다는 전달속도가 늦은 결점이 있으나 문서로 전달되기 때문에 보안유지는 물론 적의 병력수 · 장비 · 이동상황 그리고 아군의 피해상황 등을 상세하게 전달할 수 있는 장점이 있었다.

〈보기〉

ㄱ. 『경국대전』에 따를 때 연변봉수의 근무자 정원은 총 6명이었을 것이다.

ㄴ. 발군의 신분은 봉군의 신분보다 낮았을 것이다.

ㄷ. 파발을 위한 모든 직로에 설치된 참과 참 사이의 거리는 동일했을 것이다.

ㄹ. 의주에서 한성까지 기발로 문서를 전달하는 데 통상 2주야가 걸렸을 것이다.

① ㄱ　② ㄴ, ㄷ　③ ㄱ, ㄴ, ㄹ

④ ㄴ, ㄷ, ㄹ　⑤ ㄱ, ㄴ, ㄷ, ㄹ

과학 소재

34 다음 글에 부합하는 것은?

11년 민경채 인책형 1번

녹색성장에서 중요시되고 있는 것은 신재생에너지 분야이다. 유망 산업으로 주목받고 있는 신재생에너지 분야는 국가의 성장동력으로 집중 육성될 필요가 있다. 우리 정부가 2030년까지 전체 에너지 중 신재생에너지의 비율을 11%로 확대하려는 것은 탄소배출량 감축과 성장동력 육성이라는 두 마리 토끼를 잡기 위한 전략이다. 우리나라에서 신재생에너지란 수소, 연료전지, 석탄 가스화 복합발전 등의 신에너지와 태양열, 태양광, 풍력, 바이오, 수력, 지열, 폐기물 등의 재생가능에너지를 통칭해 부르는 용어이다. 2007년을 기준으로 신재생에너지의 구성비를 살펴보면 폐기물이 77%, 수력이 14%, 바이오가 6.6%, 풍력이 1.4%, 기타가 1%이었으며, 이들 신재생에너지가 전체 에너지에서 차지하는 비율은 2.4%에 불과했다.

따라서 정부는 '에너지 및 자원 사업 특별회계'와 '전력 기금'으로 신재생에너지 기술개발 지원사업을 확대할 필요가 있다. 특히 산업파급효과가 큰 태양광, 연료전지, 풍력 분야에 대한 국산화 지원과 더불어 예산 대비 보급효과가 큰 바이오 연료, 폐기물 연료 분야에 대한 지원을 강화하기 위한 정책도 개발되어야 한다. 이러한 지원정책과 함께 정부는 신재생에너지의 공급을 위한 다양한 규제정책도 도입해야 할 것이다.

① 환경보전을 위해 경제성장을 제한하고 삶의 질을 높여야 한다.
② 신에너지가 전체 에너지에서 차지하는 비율은 재생가능에너지보다 크다.
③ 2007년을 기준으로 폐기물을 이용한 에너지가 전체 에너지에서 차지하는 비율은 매우 낮다.
④ 정부는 녹색성장을 위해 규제정책을 포기하고 시장친화정책을 도입해야 한다.
⑤ 산업파급효과가 큰 에너지 분야보다 예산 대비 보급효과가 큰 에너지 분야에 대한 지원이 시급하다.

35 다음 글과 <보기>의 내용이 부합하는 것만을 모두 고르면?

10년 5급 선책형 1번

해양환경보호를 위한 전문가 그룹의 최근 보고서에 의하면 전 세계 해양오염의 발생원인은 육상기인(起因) 77%, 해상기인 12%, 육상폐기물의 해양투기 10% 등이다. 육상기인의 약 60%는 육상으로부터의 직접유입이고, 약 40%는 대기를 통한 유입이다. 육상폐기물 해양투기의 대부분은 항로 확보 및 수심유지를 위한 준설물질이 차지하고 있다. 반면에 우리나라의 경우에는 하수오니(오염물질을 포함한 진흙), 축산분뇨 등 유기물질의 해양투기량이 준설물질의 투기량을 훨씬 능가하고 있는 실정이다.

국제사회는 1970년대부터 이미 육상폐기물 해양투기규제협약과 선박으로부터의 해양오염방지협약 등 국제협약을 발효하여 해양오염에 대한 문제의식을 고취시켰다. 또한 1990년대에 접어들면서 육상기인 오염에 대하여 그 중요성을 인식하고 '육상활동으로부터 해양환경보호를 위한 범지구적 실천기구'를 발족하여 육상기인 오염에 대한 관리를 강화하고 있다.

우리나라에서는 1977년 해양오염방지법을 제정하여 주로 선박 및 해양시설로부터의 해양오염을 규제해 왔으며, 1995년 씨프린스 호 사고 이후로는 선박기름 유출사고 등에 대비한 방제능력을 강화해 왔다. 1996년 해양수산부 설치 이후에는 보다 적극적인 해양환경보호활동에 나섰다. 또한 해양환경관리법을 제정하여 해양환경의 종합적 관리기반을 구축할 수 있도록 입법체계 정비를 추진하였으며, 오염된 해역에 대한 오염총량관리제의 도입도 추진하였다.

<보기>

ㄱ. 우리나라의 육상폐기물 해양투기 중 항로 확보 등을 위한 준설물질의 해양투기 비율이 높으므로 이에 대한 대책 마련이 우선적으로 필요하다.
ㄴ. 세계적으로 해양오염을 야기하는 오염원을 보면, 대기를 통해 해양으로 유입되는 육상기인의 비율이 육상폐기물 해양투기의 비율보다 크다.
ㄷ. 우리나라에서는 해양수산부 설치 이전에는 관련법이 없었으므로 선박으로부터의 해양오염방지협약 등 국제협약을 직접 적용하여 해양환경을 관리했다.
ㄹ. 우리나라에서는 육상기인 해양오염이 유류오염사고로 인한 해양오염보다 심하다.

① ㄱ
② ㄴ
③ ㄱ, ㄴ
④ ㄴ, ㄹ
⑤ ㄷ, ㄹ

일반 소재

36 다음 글을 근거로 판단할 때 옳은 것은?

14년 5급 A책형 1번

북독일과 남독일의 맥주는 맛의 차이가 분명하다. 북독일 맥주는 한마디로 '강한 맛이 생명'이라고 표현할 수 있다. 맥주를 최대한 발효시켜 진액을 거의 남기지 않고 당분을 낮춘다. 반면 홉(hop) 첨가량은 비교적 많기 때문에 '담백하고 씁쓸한', 즉 강렬한 맛의 맥주가 탄생한다. 이른바 쌉쌀한 맛의 맥주라고 할 수 있다. 이에 반해 19세기 말까지 남독일의 고전적인 뮌헨 맥주는 원래 색이 짙고 순하며 단맛이 감도는 특징이 있었다. 이 전통을 계승하여 만들어진 뮌헨 맥주는 홉의 쓴맛보다 맥아 본래의 순한 맛에 역점을 둔 '강하지 않고 진한' 맥주다.

옥토버페스트(Oktoberfest)는 맥주 축제의 대명사이다. 옥토버페스트의 기원은 1810년에 바이에른의 시골에서 열린 축제이다. 바이에른 황태자와 작센에서 온 공주의 결혼을 축하하기 위해 개최한 경마대회가 시초이다. 축제는 뮌헨 중앙역에서 서남서로 2km 떨어진 곳에 있는 테레지아 초원에서 열린다. 처음 이곳은 맥주와 무관했지만, 4년 후 놋쇠 뚜껑이 달린 도기제 맥주잔에 맥주를 담아 판매하는 노점상이 들어섰고, 다시 몇 년이 지나자 테레지아 왕비의 기념 경마대회는 완전히 맥주 축제로 변신했다.

축제가 열리는 동안 세계 각국의 관광객이 독일을 찾는다. 그래서 이 기간에 뮌헨에 숙박하려면 보통 어려운 게 아니다. 저렴하고 좋은 호텔은 봄에 이미 예약이 끝난다. 축제는 2주간 열리고 10월 첫째 주 일요일이 마지막 날로 정해져 있다.

뮌헨에 있는 오래된 6대 맥주 회사만이 옥토버페스트 축제장에 텐트를 설치할 수 있다. 각 회사는 축제장에 대형 텐트로 비어홀을 내는데, 두 곳을 내는 곳도 있어 텐트의 개수는 총 9~10개 정도이다. 텐트 하나에 5천 명 정도 들어갈 수 있고, 텐트 전체로는 5만 명을 수용할 수 있다. 이 축제의 통계를 살펴보면, 기간 14일, 전체 입장객 수 650만 명, 맥주 소비량 510만 리터 등이다.

① ○○년 10월 11일이 일요일이라면 ○○년의 옥토버페스트는 9월 28일에 시작되었을 것이다.

② 봄에 호텔 예약을 하지 않으면 옥토버페스트 기간에 뮌헨에서 호텔에 숙박할 수 없다.

③ 옥토버페스트는 처음부터 맥주 축제로 시작하여 약 200년의 역사를 지니게 되었다.

④ 북독일 맥주를 좋아하는 사람이 뮌헨 맥주를 '강한 맛이 없다'고 비판한다면, 뮌헨 맥주를 좋아하는 사람은 맥아가 가진 본래의 맛이야말로 뮌헨 맥주의 장점이라고 말할 것이다.

⑤ 옥토버페스트에서 총 10개의 텐트가 설치되고 각 텐트에서의 맥주 소비량이 비슷하다면, 2개의 텐트를 설치한 맥주 회사에서 만든 맥주는 하루에 평균적으로 약 7천 리터가 소비되었을 것이다.

37 다음 글을 근거로 판단할 때, <보기>에서 옳은 것만을 모두 고르면?

17년 5급 가책형 3번

모든 신호등은 '신호운영계획'에 따라 움직인다. 신호운영계획이란 교차로, 횡단보도 등에 설치된 신호등의 신호순서, 신호시간, 신호주기 등을 결정하는 것이다. '신호순서'란 방향별, 회전별 순서를 말하고, '신호시간'이란 차량 또는 보행자 신호등이 켜진 상태로 지속되는 시간을 말하며, '신호주기'란 한 신호가 나오고 그 다음에 최초로 같은 신호가 나오기까지의 시간 간격을 말한다.

'횡단보도 보행시간'은 기본적으로 보행진입시간 (㉠)초에 횡단시간(횡단보도 1m당 1초)을 더하여 결정되는데, 예외적으로 보행약자나 유동인구가 많아 보행밀도가 높은 지역에서는 더 긴 횡단시간을 제공하기도 한다. 이에 따르면 길이가 32m인 횡단보도 보행시간은 원칙적으로 39초이지만, 어린이, 장애인 등 보행약자의 이동이 많아 배려가 필요한 장소에 설치된 횡단보도의 경우 '1m당 1초'보다 완화된 '(㉡)m당 1초'를 기준으로 횡단시간을 결정하여, 32m 길이 횡단보도의 보행시간을 47초로 연장할 수 있다.

한편 신호가 바뀔 때 교통사고를 막기 위해서 '전(全)방향 적색신호', '한 박자 늦은 보행신호' 방식을 운영하기도 한다. 전방향 적색신호 방식은 차량 녹색신호가 끝나는 시점에 교차로에 진입한 차량이 교차로를 완전히 빠져나갈 때까지 다른 방향 차량이 진입하지 못하도록 1~2초 동안 모든 방향을 적색신호로 운영하는 방식이다. 한 박자 늦은 보행신호 방식은 차량 녹색신호가 끝나는 시점에 진입한 차량이 횡단보도를 완전히 통과하기 전에 보행자가 진입하지 못하도록 차량 녹색신호가 끝나고 1~2초 뒤에 보행 녹색신호가 들어오는 방식이다.

〈보기〉

ㄱ. '한 박자 늦은 보행신호' 방식은 차량과 보행자 사이의 교통사고를 방지하기 위한 방식이다.

ㄴ. 어떤 교차로에는 모든 차량신호등이 적색이 되는 시점이 있다.

ㄷ. ㉠과 ㉡의 합은 8보다 크다.

① ㄱ
② ㄴ
③ ㄷ
④ ㄱ, ㄴ
⑤ ㄴ, ㄷ

38 다음 글을 근거로 판단할 때, 甲의 관찰 결과로 옳은 것은?

17년 5급 가책형 21번

꿀벌의 통신방법은 甲의 관찰에 의해 밝혀졌다. 그에 따르면 꿀벌이 어디에선가 꿀을 발견하면 벌집에 돌아와서 다른 벌들에게 그 사실을 알리는데, 이때 춤을 통하여 꿀이 있는 방향과 거리 및 꿀의 품질을 비교적 정확하게 알려준다.

꿀벌의 말에도 '방언'이 있어 지역에 따라 춤을 추는 방식이 다르다. 유럽 꿀벌의 경우 눕힌 8자형(○○) 모양의 춤을 벌집의 벽을 향하여 춘다. 이때 꿀이 발견된 장소의 방향은 ○○자 모양의 가운데 교차점에서의 꿀벌의 움직임과 관련돼 있다. 예컨대 꿀의 방향이 태양과 같은 방향이면 아래에서 위로 교차점을 통과(○○)하고, 태양과 반대 방향이면 위에서 아래로 교차점을 통과(○○)한다.

벌집에서 꿀이 발견된 장소까지의 거리는 단위 시간당 춤의 횟수로 나타낸다. 예를 들어 유럽 꿀벌이 약 15초 안에 열 번 돌면 100m 가량, 여섯 번 돌면 500m 가량, 네 번 돌면 1.5km 정도를 나타내며, 멀게는 11km 정도의 거리까지 정확하게 교신할 수 있다. 또 같은 ○○자 모양의 춤을 활기차게 출수록 꿀의 품질이 더 좋은 것임을 말해 준다.

甲은 여러 가지 실험을 통해서 위와 같은 유럽 꿀벌의 통신방법이 우연적인 것이 아니고 일관성 있는 것임을 알아냈다. 예를 들면 벌 한 마리에게 벌집에서 2km 지점에 있는 설탕물을 맛보게 하고 벌집으로 돌려보낸 뒤 설탕물을 다른 곳으로 옮겼는데, 그래도 이 정보를 수신한 벌들은 원래 설탕물이 있던 지점 근방으로 날아와 설탕물을 찾으려 했다. 또 같은 방향이지만 원지점보다 가까운 1.2km 거리에 설탕물을 옮겨 놓아도 벌들은 그곳을 그냥 지나쳐 버렸다.

① 유럽 꿀벌이 고품질의 꿀을 발견하면 ○○자와 다른 모양의 춤을 춘다.
② 유럽 꿀벌이 춤으로 전달하는 정보는 꿀이 있는 방향과 거리 및 꿀의 양이다.
③ 유럽 꿀벌이 단위 시간당 춤을 추는 횟수가 적을수록 꿀이 있는 장소까지의 거리는 멀다.
④ 유럽 꿀벌이 ○○자 모양의 춤을 출 때, 꿀이 있는 방향이 태양과 반대 방향이면 교차점을 아래에서 위로 통과한다.
⑤ 유럽 꿀벌은 동료의 춤을 통해 꿀에 관한 정보를 전달받은 후 실제 꿀의 위치가 달라져도 방향만 같으면, 그 정보를 통하여 꿀이 있는 장소를 한 번에 정확히 찾을 수 있다.

39 다음 글을 근거로 판단할 때 옳은 것은?

18년 5급 나책형 26번

보름달 중에 가장 크게 보이는 보름달을 슈퍼문이라고 한다. 크게 보이는 이유는 달이 평소보다 지구에 가까이 있기 때문이다. 슈퍼문이 되려면 보름달이 되는 시점과 달이 지구에 가장 가까워지는 시점이 일치하여야 한다. 달의 공전 궤도가 완벽한 원이라면 지구에서 달까지의 거리가 항상 똑같을 것이다. 하지만 실제로는 타원 궤도여서 달이 지구에 가까워지거나 멀어지는 현상이 생긴다. 유독 달만 그런 것은 아니고 태양계의 모든 행성이 태양을 중심으로 타원 궤도로 돈다. 이것이 바로 그 유명한 케플러의 행성운동 제1법칙이다.

지구와 달의 평균 거리는 약 38만km인 반면 슈퍼문일 때는 그 거리가 35만 7,000km 정도로 가까워진다. 달의 반지름은 약 1,737km이므로, 지구와 달의 거리가 평균 정도일 때 지구에서 보름달을 바라보는 시각도는 0.52도 정도인 반면, 슈퍼문일 때는 시각도가 0.56도로 커진다. 반대로 보름달이 가장 작게 보일 때, 다시 말해 보름달이 지구에서 제일 멀 때는 그 거리가 약 40만km여서 보름달을 보는 시각도가 0.49도로 작아진다.

밀물과 썰물이 생기는 원인은 지구에 작용하는 달과 태양의 중력 때문인데, 달이 태양보다는 지구에 훨씬 더 가깝기 때문에 더 큰 영향을 미친다. 달이 지구에 가까워지면 평소 달이 지구를 당기는 힘보다 더 강하게 지구를 당긴다. 그리고 달의 중력이 더 강하게 작용하면, 달을 향한 쪽의 해수면은 평상시보다 더 높아진다. 실제 우리나라에서도 슈퍼문일 때 제주도 등 해안가에 바닷물이 평소보다 더 높게 밀려 들어와서 일부 지역이 침수 피해를 겪기도 했다.

한편 달의 중력 때문에 높아진 해수면이 지구와 함께 자전을 하다보면 지구의 자전을 방해하게 된다. 일종의 브레이크가 걸리는 셈이다. 이 때문에 지구의 자전 속도가 느려지게 되고 그 결과 하루의 길이에 미세하게 차이가 생긴다. 실제 연구 결과에 따르면 100만 년에 17초 정도씩 길어지는 효과가 생긴다고 한다.

※ 시각도: 물체의 양끝에서 눈의 결합점을 향하여 그은 두 선이 이루는 각을 의미한다.

① 지구에서 태양까지의 거리는 1년 동안 항상 일정하다.
② 해수면의 높이는 지구와 달의 거리와 관계가 없다.
③ 달이 지구에서 멀어지면 궤도에서 벗어나지 않기 위해 평소보다 더 강하게 지구를 잡아당긴다.
④ 지구와 달의 거리가 36만km 정도인 경우, 지구에서 보름달을 바라보는 시각도는 0.49도보다 크다.
⑤ 지구가 자전하는 속도는 점점 빨라지고 있다.

2 방법

40 다음 글을 근거로 판단할 때, <보기>에서 옳은 것만을 모두 고르면?

18년 5급 나책형 27번

하와이 원주민들이 사용하던 토속어는 1898년 하와이가 미국에 병합된 후 미국이 하와이 학생들에게 사용을 금지하면서 급격히 소멸되었다. 그러나 하와이 원주민들이 소멸한 토속어를 부활시키기 위해 1983년 '아하 푸나나 레오'라는 기구를 설립하여 취학 전 아동부터 중학생까지의 원주민들을 대상으로 집중적으로 토속어를 교육한 결과 언어 복원에 성공했다.

이러한 언어의 다양성을 지키려는 노력뿐만 아니라 언어의 통일성을 추구하려는 노력도 있었다. 안과의사였던 자멘호프는 유태인, 폴란드인, 독일인, 러시아인들이 서로 다른 언어를 사용함으로써 갈등과 불화가 생긴다고 판단하고 예외와 불규칙이 없는 문법과 알기 쉬운 어휘에 기초해 국제공통어 에스페란토를 만들어 1887년 발표했다. 그의 구상은 '1민족 2언어주의'에 입각하여 같은 민족끼리는 모국어를, 다른 민족과는 중립적이고 배우기 쉬운 에스페란토를 사용하자는 것이었다.

에스페란토의 문자는 영어 알파벳 26개 문자에서 Q, X, W, Y의 4개 문자를 빼고 영어 알파벳에는 없는 Ĉ, Ĝ, Ĥ, Ĵ, Ŝ, Ŭ의 6개 문자를 추가하여 만들어졌다. 문법의 경우 가급적 불규칙 변화를 없애고 각 어간에 품사 고유의 어미를 붙여 명사는 -o, 형용사는 -a, 부사는 -e, 동사원형은 -i로 끝낸다. 예를 들어 '사랑'은 amo, '사랑의'는 ama, '사랑으로'는 ame, '사랑하다'는 ami이다. 시제의 경우 어간에 과거형은 -is, 현재형은 -as, 미래형은 -os를 붙여 표현한다.

iv) 또한 1자 1음의 원칙에 따라 하나의 문자는 하나의 소리만을 내고, 소리 나지 않는 문자도 없으며, 단어의 강세는 항상 뒤에서 두 번째 모음에 있기 때문에 사전 없이도 쉽게 읽을 수 있다. 특정한 의미를 갖는 접두사와 접미사를 활용하여 많은 단어를 파생시켜 사용하므로 단어 암기를 위한 노력이 크게 줄어드는 것도 중요한 특징이다. 아버지는 patro, 어머니는 patrino, 장인은 bopatro, 장모는 bopatrino인 것이 그 예이다.

※ 에스페란토에서 모음은 A, E, I, O, U이며 반모음은 Ŭ이다.

〈보기〉

ㄱ. 에스페란토의 문자는 모두 28개로 만들어졌다.
ㄴ. 미래형인 '사랑할 것이다'는 에스페란토로 amios이다.
ㄷ. '어머니'와 '장모'를 에스페란토로 말할 때 강세가 있는 모음은 같다.
ㄹ. 자멘호프의 구상에 따르면 동일한 언어를 사용하는 하와이 원주민끼리도 에스페란토만을 써야 한다.

① ㄱ, ㄷ
② ㄱ, ㄹ
③ ㄴ, ㄹ
④ ㄱ, ㄴ, ㄷ
⑤ ㄴ, ㄷ, ㄹ

3 sub-box

41 다음 글과 <정보>를 근거로 추론할 때 옳지 않은 것은?

14년 5급 A책형 3번

외계행성은 태양계 밖의 행성으로, 태양이 아닌 다른 항성 주위를 공전하고 있는 행성이다. 외계행성을 발견하면, 그 행성이 공전하고 있는 항성의 이름 바로 뒤에 알파벳 소문자를 붙여 이름을 부여하게 되는데, 발견된 순서에 따라 알파벳 b부터 순서대로 붙인다. 예를 들어, '글리제 876 d'는 '글리제 876' 항성 주위를 공전하는 외계행성이며, 이 행성계 내의 행성 중에서 세 번째로 발견되었음을 알 수 있다.

한편 행성은 그 특성에 따라 다양한 별칭을 얻기도 한다. 행성은 질량을 기준으로 지구형 행성과 목성형 행성으로 구분된다. 이 기준의 경계는 다소 불분명한 편이나, 일반적으로 목성 질량의 0.9배 이상은 목성형 행성, 그 미만은 지구형 행성(지구처럼 목성보다 작은 질량을 가진 행성)으로 불린다. 목성형 행성은 다른 행성에 미치는 영향에 따라 사악한 행성, 선량한 행성으로 불리기도 한다. 질량이 큰 목성형 행성이 항성 가까이에 있을 경우, 항성을 흔들고 다른 행성의 공전궤도를 교란시키거나 소행성을 날리는 경우가 많기 때문에 사악한 행성이라는 별칭을 얻게 된다. 반면, 항성에서 멀리 떨어져 있는 경우, 내부의 다른 지구형 행성으로 날아가는 소행성이나 혜성을 막아주는 역할을 하므로 선량한 행성으로 불린다.

또한 표면온도에 따라 뜨거운 행성과 차가운 행성으로 구분된다. 항성으로부터 적절한 거리를 유지하고 있어 표면이 지나치게 뜨겁지도 차갑지도 않아 생물이 생존하는 데 필요한 액체 상태의 물이 존재할 수 있는 표면온도를 갖는 행성을 골디락스 행성이라고 부른다.

〈정보〉

최근 국제 공동연구팀이 고성능 망원경으로 핑크색 외계행성을 발견했으며, 이 핑크색 외계행성은 'GJ 504 b'로 명명되었다. 역대 발견된 외계행성 중에서 가장 질량이 작은 이 핑크색 외계행성은 목성 질량의 4배이고, 목성이 태양 주위를 도는 궤도보다 9배 더 먼 거리에서 항성 주위를 공전하는 것으로 전해졌다. 공동연구팀은 "행성의 표면온도는 섭씨 약 238도이며, 약 1억 6,000만 년 전 생성된 것으로 추정된다. 그리고 물과 외계 생명체는 존재하지 않는 것으로 확인되었다"고 밝혔다.

① 'GJ 504 b'는 목성형 행성이다.
② 'GJ 504' 항성 주변을 돌고 있는 행성 중 발견된 것은 총 2개이다.
③ 역대 발견된 외계행성은 모두 지구보다 질량이 크다고 볼 수 있다.
④ 'GJ 504 b'는 골디락스 행성이라 불릴 수 없다.
⑤ 'GJ 504 b'가 내부의 다른 지구형 행성으로 날아가는 소행성이나 혜성을 막아주는 역할을 하게 된다면, 선량한 행성으로 불릴 수 있다.

4 가정의 표현

42 다음 글을 근거로 추론할 때 옳은 것은? 15년 5급 인책형 21번

티파티(Tea Party)는 '증세를 통한 큰 정부'를 반대하는 보수성향 유권자들을 일컫는다. 이들은 세금인하 외에도 건전한 재정 운영, 작은 정부, 국가안보 등 보수적인 가치를 내걸고 막대한 자금력을 동원해 공화당 내 강경파 보수 정치인들을 지원하고 있다.

티파티 운동이 첫 흑인 대통령 정권에서 현저해진 것은 '우연이 아니라 필연'이라는 지적이 있다. 역사를 거슬러 올라가면 1968년 공화당 후보 닉슨이 대통령 선거에서 승리하기 이전, 민주당은 뉴딜정책의 성공으로 흑인과 빈곤층, 노동자의 전폭적인 지지를 받고 있었다. 흑인의 60%가 거주하는 남부는 민주당의 표밭이었다. 닉슨은 1964년 민권법 제정 이후 흑인 투표율이 높아질 수 있다는 점을 선거에 이용했다. 닉슨은 이른바 '남부전략'으로 일컬어지는 선거전략을 통해, 흑인의 목소리가 정책에 더 많이 반영될 수 있다는 위기감을 남부 백인에게 심어주었다. 사회경제적 변화에 대한 백인의 두려움이 닉슨을 대통령에 앉힌 것이다. 이후 공화당 내 강경보수파는 증세를 통한 큰 정부 정책의 혜택이 흑인을 비롯한 소수자에게 더 많이 돌아갈 수 있다고 강조하면서, 정치적 기조를 작은 정부로 유지하였다.

티파티가 지원하는 공화당 내 강경보수파는 2010년 미국 중간선거를 기점으로 주요 정치세력으로 급부상하였다. 미국은 2010년 실시된 인구총조사에 기초하여 2012년 연방 하원의원 선거구를 재획정했다. 2000~2010년 미국 전체 유권자 중 백인 유권자 비율은 69%에서 64%로 줄었지만, 2012년 선거구 획정 시 공화당 우세지역의 백인 유권자 비율은 73%에서 75%로 증가했다. 미국 내 인종 분포는 다양해지고 있지만 공화당이 우세한 지역구에서는 백인 유권자의 비율이 늘어났다. 선거구 개편 이후 민주당 우세 지역은 144곳에서 136곳으로 감소한 반면 공화당 우세 지역은 175곳에서 183곳으로 증가했다.

① 뉴딜정책 이후 티파티의 정치적 기반은 빈곤층과 남부의 흑인들이었다.
② 미국 선거에서 공화당이 유리해진 이유는 미국 전체 유권자 중 백인이 차지하는 비율이 증가했기 때문이다.
③ 1960년대 공화당의 남부전략은 증세정책이 백인에게 유리하다고 남부의 백인 유권자를 설득하는 것이었다.
④ 티파티는 소수인종의 복지 증진을 위하여 전반적인 세금인상을 지지한다.
⑤ 다른 조건의 변화가 없다고 가정한다면, 2016년 연방 하원의원 선거에서 공화당이 민주당보다 유리할 것이다.

5 응용

43 다음 글과 <상황>을 근거로 판단할 때, <보기>에서 옳은 것만을 모두 고르면? 22년 5급 나책형 9번

甲: 수면무호흡증으로 고생하고 있는데 양압기를 사용하면 많이 개선된다고 들었어요. 건강보험 급여 적용을 받으면 양압기 대여료가 많이 저렴해진다던데 설명 좀 들을 수 있을까요?

乙: 급여 대상이 되려면 수면다원검사를 받으시고, 검사 결과 무호흡·저호흡 지수가 15 이상이면 돼요. 무호흡·저호흡 지수가 10 이상 15 미만이면 불면증·주간졸음·인지기능저하·기분장애 중 적어도 하나에 해당하면 돼요.

甲: 그러면 제가 부담하는 대여료는 얼마인가요?

乙: 일단 수면다원검사 결과 급여 대상에 해당하면 양압기 처방을 받으실 수 있어요. 양압기는 자동형과 수동형이 있는데 둘 중 하나를 선택해야 하고 중간에 바꿀 수는 없어요. 자동형의 기준금액은 하루에 3,000원이고 수동형은 하루에 2,000원이에요. 대여기간 중에는 사용 여부와 관계없이 대여료가 부과돼요. 처방일부터 최대 90일간 순응기간이 주어져요. 순응기간에는 기준금액 중 50%만 고객님이 부담하시면 되고, 나머지는 건강보험공단에서 저희 회사로 지급해요. 90일 기간 내에 연이은 30일 중 하루 4시간 이상 사용한 일수가 21일이 되면 그날로 순응기간이 종료돼요. 그러면 바로 그다음 날부터는 정식 사용기간이 시작되어 기준금액의 20%만 고객님이 부담하시면 됩니다.

<상황>

수면다원검사 결과 甲의 무호흡·저호흡 지수는 16이었다. 甲은 2021년 4월 1일 양압기 처방을 받고 그날 양압기를 대여받았다.

<보기>

ㄱ. 甲은 불면증·주간졸음·인지기능저하·기분장애 증상이 없었더라도 양압기 처방을 받았을 것이다.
ㄴ. 甲이 2021년 4월 한 달 동안 부담한 양압기 대여료가 30,000원이라면, 甲은 수동형 양압기를 대여받았을 것이다.
ㄷ. 甲의 순응기간이 2021년 5월 21일에 종료되었다면, 甲은 해당 월에 양압기를 최소한 48시간 이상 사용하였을 것이다.
ㄹ. 甲이 자동형 양압기를 대여받았고 2021년 6월에 부담한 대여료가 36,000원이라면, 甲이 처방일부터 3개월간 부담한 총 대여료는 126,000원일 것이다.

① ㄱ, ㄷ ② ㄴ, ㄹ
③ ㄷ, ㄹ ④ ㄱ, ㄴ, ㄷ
⑤ ㄱ, ㄴ, ㄹ

V. 해결(4) - 응용

1 발문의 특징

해당하는 것

44 다음 글을 근거로 판단할 때, 적극적 다문화주의 정책에 해당하는 것을 <보기>에서 모두 고르면? 11년 민경채 인책형 12번

> 한 사회 내의 소수집단을 위한 정부의 정책 가운데 다문화주의 정책은 크게 소극적 다문화주의 정책과 적극적 다문화주의 정책으로 구분할 수 있다. 소극적 다문화주의 정책은 소수집단과 그 구성원들에 대한 차별적인 대우를 철폐하는 것이다. 한편 적극적 다문화주의 정책은 이와 다른 정책을 그 내용으로 하는데, 크게 다음 네 가지로 구성된다. 첫째, 소수집단의 고유한 관습과 규칙이 일반 법체계에 수용되도록 한다. 둘째, 소수집단의 원활한 사회진출을 위해 특별한 지원을 제공한다. 셋째, 소수집단의 정치참여의 기회를 확대시킨다. 넷째, 일정한 영역에서 소수집단에게 자치권을 부여한다.

〈보기〉

ㄱ. 교육이나 취업에서 소수집단 출신에게 불리한 차별적인 규정을 폐지한다.
ㄴ. 의회의원 비례대표선거를 위한 각 정당명부에서 소수집단 출신 후보자의 공천비율을 확대한다.
ㄷ. 공무원 시험이나 공공기관 입사 시험에서 소수집단 출신에게 가산점을 부여한다.
ㄹ. 특정 지역의 다수 주민을 이루는 소수집단에게 그 지역의 치안유지를 위한 자치경찰권을 부여한다.

① ㄱ, ㄷ
② ㄴ, ㄷ
③ ㄴ, ㄹ
④ ㄱ, ㄴ, ㄹ
⑤ ㄴ, ㄷ, ㄹ

허용되는 것

45 다음 글을 근거로 판단할 때, <보기>에서 허용될 수 있는 행동을 한 사람만을 모두 고르면? 16년 5급 4책형 23번

> 우매한 수령은 아전을 심복으로 여겨 밤중에 몰래 불러서 여러 가지 일을 의논한다. 아전이 그 수령에게 아첨하여 기쁘게 해주는 까닭은 전세(田稅)를 농간질하고 창고의 곡식을 가로채거나 송사(訟事)와 옥사(獄事)를 팔아서 그 뇌물을 빨아먹기 위한 것뿐이다.
>
> 대체적으로 참알(參謁)을 받는 수령은 조관(朝冠)을 착용하는데, 아전이 어찌 흰 옷과 베 띠를 착용하고 관정(官庭)에 들어올 수 있겠는가. 지금 경사(京司)에서 참알하는 서리(書吏)들은 모두 홍단령(紅團領)을 착용하는 것이 본연의 법도인 것이다. 다만, 상중(喪中)에 공무를 보러 나온 자는 검은 갓과 검은 띠를 착용함을 허락하되 관아에서 참알하는 것은 허락하지 말 것이며, 관아를 드나들면서 일을 품의(稟議)하도록 한다.
>
> 요즘 보면, 수령된 자가 아전들이 잔치를 열고 노는 것을 내버려 두니 아전들은 산을 오르고 물에 배를 띄우면서 노래와 춤추기를 번갈아 한다. 백성들은 이를 보고는 미워하기를 원수와 같이 한다. 즐기기는 아전이 하고 원망은 수령이 듣게 되니 또한 터무니없는 일이 아닌가. 마땅히 엄금해야 할 것이다. 혹시 한번쯤 바람 쐬고 싶은 생각이 들면 시절이 좋고 풍년이 든 때를 가려서 관아에 일도 적은 날, 흰 밥과 나물반찬을 준비해 가지고 산에 오르거나 물가에 가서 소박한 모임을 갖도록 해야 할 것이다.
>
> 아전들이나 하인들이 사사로이 서로 경계하고 타이르는 것을 반드시 다 금지할 필요는 없다. 그러나 곤장 10대 이상을 벌주는 일은 마땅히 품의한 다음에 시행하도록 해야 한다. 백성으로서 관아에 직접 딸려 있지 않은 자에게는 읍민(邑民)이나 촌민(村民)을 가리지 않고 매 한 대라도 허용하여서는 안 된다.

※ 참알: 조선시대 벼슬아치가 그의 책임 벼슬아치를 뵙는 일
※ 경사: 서울에 있던 관아를 통틀어 이르는 말
※ 홍단령: 붉은 색 공복(公服)
※ 품의: 웃어른이나 상사에게 글이나 말로 여쭈어 의논함

〈보기〉

ㄱ. 흰 옷과 베 띠를 착용하고 경사에서 참알한 서리
ㄴ. 흉년에 사기진작을 위해 수시로 잔치를 열어 아전들을 격려한 수령
ㄷ. 아전이 잘못한 하인을 곤장으로 벌주는 모든 행위를 품의 없이 할 수 있도록 허락한 수령
ㄹ. 삼년상을 치르는 중 일을 품의하기 위해 검은 갓과 검은 띠를 착용하고 관아를 드나든 아전

① ㄱ　② ㄴ　③ ㄹ
④ ㄱ, ㄷ　⑤ ㄴ, ㄷ, ㄹ

가장 OO한

46 다음 글에 나타난 사상에 가장 근접한 것은?

06년 5급(견습) 인책형 2번

뜰에서 춤추는 사람이 64명인데, 이 가운데서 1명을 선발하여 우보(羽葆)※를 잡고 맨 앞에 서서 춤추는 사람들을 지휘하게 한다. 우보를 잡고 지휘하는 자의 지휘가 절주(節奏)에 잘 맞으면 모두들 존대하여 '우리 무사(舞師)님' 하지만, 그 지휘가 절주에 맞지 않으면 모두들 그를 끌어내려 다시 이전의 반열(班列)로 복귀시키고 유능한 지휘자를 다시 뽑아 올려놓고 '우리 무사님' 하고 존대한다. 그를 끌어내린 것도 대중(大衆)이고 올려놓고 존대한 것도 대중이다. 대저 올려놓고 존대하다가 다른 사람을 올렸다고 해서 교체한 대중을 탓한다면, 이것이 어찌 이치에 맞는 일이겠는가.

※ 우보: 새의 깃으로 장식한 의식용의 아름다운 일산(日傘)

① 입법권은 직접적으로 시민의 뜻에 기초하고 있으므로 다른 권력보다 우월한 최고권력이며, 집행권은 법률을 집행하는 권력이다. 동맹권은 선전포고, 강화(講和), 조약 체결 등 외교관계를 처리하는 권력으로서, 이 권력은 변하는 국제 정세에 좌우되므로 입법권이 정하는 일반규범에 구속되지 않는다.

② 인간은 자연 상태에서 생명, 자유, 재산에 대한 자연법상의 권리를 평등하게 가지고 태어났으며, 이 자연권을 보장받기 위해 정부에 권력을 위임하였고, 정부가 그 책무를 다하지 못할 때에는 저항하여 정부를 재구성할 권리를 갖는다.

③ 인간은 무정부 상태에서 생명과 재산에 대한 위협을 느끼며, 이러한 상태에서 벗어나기 위해 강력한 정부에 의한 질서를 필요로 한다. 그 결과 사람들은 자신의 행동의 자유를 지배자에게 맡기기 위한 일종의 계약을 맺게 된다.

④ 지도자는 전체사회의 이익 즉 공익을 대표하는 반면, 국민은 개인적인 욕구를 표현하는데 이것이 공익과 반드시 일치하지는 않는다.

⑤ 개인 간의 계약으로 사회가 성립된다는 발상이야말로 무의미하다. 인간은 본성상 사회적 존재이므로, 정치적 사회는 인간 본성에 합치되는 자연스러운 현상이다.

47 甲의 견해에 근거할 때 정치적으로 가장 불안정할 것으로 예상되는 정치체제의 유형은?

08년 5급 창책형 6번

민주주의 정치체제 분류는 선거제도와 정부의 권력구조(의원내각제 혹은 대통령제)를 결합시키는 방식에 따라 크게 A, B, C, D, E 다섯 가지 유형으로 나눌 수 있다. A형은 의원들이 비례대표제에 의해 선출되는 의원내각제의 형태다. 비례대표제는 총 득표수에 비례해서 의석수를 배분하는 방식이다. B형은 단순다수대표제 방식으로 의원들을 선출하는 의원내각제의 형태다. 단순다수대표제는 지역구에서 1인의 의원을 선출하는 방식이다. C형은 의회 의원들을 단순다수대표 선거제도에 의해 선출하는 대통령제 형태다. D형의 경우 의원들은 비례대표제 방식을 통해 선출하며 권력구조는 대통령제를 선택하고 있는 형태다. 마지막으로 E형은 일종의 혼합형으로 권력구조에서는 상당한 권한을 가진 선출직 대통령과 의회에 기반을 갖는 수상이 동시에 존재하는 형태다. 의회 의원은 단순다수대표제에 의해 선출된다.

한편 甲은 "한 국가의 정당체제는 선거제도에 의해 영향을 받는다. 민주주의 국가들에 대한 비교 연구 결과에 의하면 비례대표제를 의회 선거제도로 운용하고 있는 국가들의 정당체제는 대정당과 더불어 군소정당이 존립하는 다당제 형태가 일반적이다. 전국을 다수의 지역구로 나누고 그 지역구별로 1인을 선출하는 단순다수대표제의 경우 군소정당 후보자들에게 불리하며, 따라서 두 개의 지배적인 정당이 출현하는 양당제의 형태가 자리 잡게 된다. 또한 정치적 안정 여부는 정당체제가 어떤 권력구조와 결합하는가에 따라 결정된다. 의원내각제는 양당제와 다당제 모두와 조화되어 정치적 안정을 도모할 수 있는 반면 혼합형과 대통령제의 경우 정당체제가 양당제일 경우에만 정치적으로 안정되는 현상을 보인다."고 주장하였다.

① A형

② B형

③ C형

④ D형

⑤ E형

나타날 수 있는

48 아래와 같은 설문조사 결과가 나올 수 있는 상황으로 적절하지 않은 것을 <보기>에서 모두 고른 것은? 07년 5급 재책형 26번

재정난을 겪고 있던 A 회사는 일련의 구조조정을 단행한 직후 직원의 직장만족도를 파악하기 위하여 설문조사를 실시하였다. 설문조사는 익명으로 실시되었으나, 설문지는 직장만족도에 관련된 문항을 비롯하여 직위와 연령 및 근속연수 등의 다양한 문항으로 이루어졌다. 오래 전부터 직원들이 회사에 불만이 많다는 소문이 있었기 때문에, 회사 임원진은 직원들의 직장만족도가 매우 낮을 것으로 예상했다. 하지만 설문조사 결과는 예상을 벗어났다. 이번 설문조사 결과는 구조조정 전에 시행된 유사한 설문조사에 비해 평균적으로 높은 직장만족도를 보여주고 있다.

〈보기〉

ㄱ. 해고된 직원들은 대부분 회사에 대한 만족도가 낮았다.
ㄴ. 회사에 큰 기대가 없어서 불만이 적었던 직원 대부분이 해고되었다.
ㄷ. 구조조정 후 실시된 설문조사의 일부 문항들이 응답자의 신분을 노출시킬 수 있는 가능성을 포함하고 있기 때문에 직원들이 솔직한 응답을 하지 않았다.
ㄹ. 과거 직장만족도 설문조사는 회사에 대한 직원들의 불만이 지금보다 훨씬 고조되었을 때 시행되었다.
ㅁ. 구조조정 후에 남은 직원들은 비록 회사에 다소 불만이 있더라도 자신이 해고되지 않았기 때문에 높은 만족도를 보일 수 있다.

① ㄱ
② ㄴ
③ ㄱ, ㄷ
④ ㄴ, ㄹ
⑤ ㄴ, ㅁ

부합/일치하는

49 다음 제시문의 주장과 부합하는 사례로 적절한 것은? 08년 5급 창책형 22번

인체가 수많은 세포로 이루어져 있듯이 문화도 수많은 문화요소로 이루어진다. 한 사회의 문화를 구성하고 있는 요소들은 그 사회 안에서 발생한 것이 대부분이지만, 다른 사회로부터 문화요소가 전해져 오는 경우도 적지 않다. 한 문화의 어떤 요소는 다른 문화권에 알려지면서, 후자에게 새로운 발명이 일어나도록 자극하는 경우도 있다. 이처럼 사람들은 다른 사회의 문화와 접촉하더라도 이를 스스로 변형하며, 새로운 활동을 통하여 문화를 창출하기도 한다. 다른 사회의 문화를 접촉하는 경우에도 한 사회가 다른 사회의 문화 모두를 받아들이는 것이 아니라 선택적으로 변용한다. 결국 다른 문화와의 접촉은 단지 추가적인 문화요소의 등장을 의미하는 것뿐만 아니라 창조적인 역할을 수행하기도 한다.

① 고유의 문자가 없었던 체로키족이 영어의 알파벳에서 아이디어를 얻어 체로키 문자를 고안하였다.
② 중국의 고전을 한글로 번역하는 과정에서 글의 이해를 돕기 위하여 한글 옆에 한자를 병기하였다.
③ 과거에 거리나 무게를 측정할 때 사용하였던 '리'나 '근'과 같은 단위는 사라지고 미터나 그램과 같은 서구의 단위를 사용하고 있다.
④ 해외에서 유행 중인 스키니진(skinny jean)을 국내 연예인이 입고 방송에 출연한 이후 청소년 사이에서 스키니진이 유행하고 있다.
⑤ 전통적으로 내려오던 활의 원리를 이용하여 거문고나 가야금보다 다양한 음정을 낼 수 있는 현악기를 개발한 후에 살펴보니 서양의 하프와 유사한 형태였다.

50 다음 <상황>에서 A국가가 세운 협상원칙에 부합하는 것만을 <보기>에서 모두 고르면? 10년 5급 선책형 5번

〈상황〉

A국가와 B국가는 과거 한 차례 전쟁을 벌였던 경험이 있어 관계가 좋지 않다. 근래 A국가는 핵무기 개발을 시도하고 있다. 그리고 B국가는 정보통신 분야의 기술개발을 토대로 비약적인 경제성장을 이룩하였다.

최근 세계 경제위기 상황에서 A국가가 경제 발전을 도모하고자 B국가에 관계 개선을 위한 회담을 제안하자, B국가는 A국가의 제안에 적극 호응하였다. 두 국가 중 A국가는 안보 분야에서 협상력이 강하나, 경제 분야에서는 약하다. 반면 B국가는 경제 분야에서 협상력이 강하고 안보 분야에서는 약하다.

제3국에서 개최된 1차 회담에서 B국가는 핵무기 개발 포기 등을 포함한 안보 분야의 매우 다양한 협상의제를 제시하였다. 그러나 서로 다른 이해관계 속에서 A국가와 B국가의 관계 개선 및 협력을 위한 1차 회담은 이렇다 할 결실을 맺지 못했다. 특히 핵무기 문제는 양측이 가장 첨예하게 대립하는 의제였다.

A국가는 향후 개최될 회담을 위하여 다음과 같은 협상원칙을 세웠다.

○ 협상의제가 여러 가지이므로 합의에 도달하기 쉬운 것부터 우선 협상한다.
○ B국가의 회담대표와 친분이 두터운 인사에게 비공식채널을 통한 협의를 맡긴다.
○ 협상력이 강한 분야는 협상시한을 미리 확정한다.
○ 협상력이 약한 분야는 지연 전략을 구사한다.

〈보기〉

ㄱ. 핵무기 문제를 우선적으로 협상한다.
ㄴ. B국가의 회담대표와 유학 시절 절친했던 경제 전문가에게 비공식채널의 협의를 맡긴다.
ㄷ. 안보 분야의 협상시한을 결정하여 B국가에 통지한다.
ㄹ. 경제 분야의 핵심 의제는 전화 협상을 벌여서라도 신속히 해결한다.

① ㄱ, ㄷ
② ㄱ, ㄹ
③ ㄴ, ㄷ
④ ㄱ, ㄴ, ㄹ
⑤ ㄴ, ㄷ, ㄹ

퀴즈 스타일

51 H부처에서 업무추진력이 높은 서기관을 ○○프로젝트의 팀장으로 발탁하려고 한다. 성취행동 경향성이 높은 사람을 업무추진력이 높은 사람으로 규정할 때, 아래의 정의를 활용해서 <보기>의 서기관들을 업무추진력이 높은 사람부터 순서대로 바르게 나열한 것은? 08년 5급 창책형 29번

성취행동 경향성(TACH)의 강도는 성공추구 경향성(Ts)에서 실패회피 경향성(Tf)을 뺀 점수로 계산할 수 있다(TACH=Ts−Tf). 성공추구 경향성에는 성취동기(Ms)라는 잠재적 에너지의 수준이 영향을 준다. 왜냐하면 성취동기는 성과가 우수하다고 평가받고 싶어하는 것으로 어떤 사람의 포부수준, 노력 및 끈기를 결정하기 때문이다. 어떤 업무에 대해서 사람들이 제각기 다양한 방식으로 행동하는 것은 성취동기가 다른 데도 원인이 있지만, 개인이 처한 환경요인이 서로 다르기 때문이기도 하다. 이 환경요인은 성공기대확률(Ps)과 성공결과의 가치(Ins)로 이루어진다. 즉 성공추구 경향성은 이 세 요소의 곱으로 결정된다 (Ts=Ms×Ps×Ins).

한편 실패회피 경향성은 실패회피동기, 실패기대확률 그리고 실패결과의 가치의 곱으로 결정된다. 이때 성공기대확률과 실패기대확률의 합은 1이며, 성공결과의 가치와 실패결과의 가치의 합도 1이다.

〈보기〉

○ A서기관은 성취동기가 3이고, 실패회피동기가 1이다. 그는 국제환경협약에 대비한 공장건설환경규제안을 만들었는데, 이 규제안의 실현가능성을 0.7로 보며, 규제안이 실행될 때의 가치를 0.2로 보았다.
○ B서기관은 성취동기가 2이고, 실패회피동기가 1이다. 그는 도시고속화도로 건설안을 기획하였는데, 이 기획안의 실패가능성을 0.7로 보며, 도로건설사업이 실패하면 0.3의 가치를 갖는다고 보았다.
○ C서기관은 성취동기가 3이고, 실패회피동기가 2이다. 그는 △△지역의 도심재개발계획을 주도하였는데, 이 계획의 실현가능성을 0.4로 보며, 재개발사업이 실패하는 경우의 가치를 0.3으로 보았다.

① A, B, C
② B, A, C
③ B, C, A
④ C, A, B
⑤ C, B, A

빈칸 채우기

52 다음 글을 근거로 판단할 때, <보기>의 빈칸에 들어가는 것을 옳게 짝지은 것은? 13년 민경채 인책형 21번

A국에서는 1~49까지 숫자를 셀 때 다음과 같은 명칭과 규칙을 사용한다. 1~5는 아래와 같이 표현한다.

1 → tai
2 → lua
3 → tolu
4 → vari
5 → luna

6에서 9까지의 수는 위 명칭에 '새로운'이라는 뜻을 가진 'o'를 앞에 붙여 쓰는데, 6은 otai(새로운 하나), 7은 olua(새로운 둘), 8은 otolu(새로운 셋), …(으)로 표현한다.

10은 5가 두 개 더해진 것이므로 '두 개의 다섯'이란 뜻에서 lualuna(2×5), 15는 '세 개의 다섯'이란 뜻에서 toluluna(3×5), 20은 variluna(4×5), …(으)로 표현한다. 즉, 5를 포함하는 두 개 숫자의 곱이다.

11부터는 '더하기'라는 뜻을 가진 'i'를 중간에 넣고, 그 다음에 1~4 사이의 숫자 하나를 순서대로 넣어서 표현한다. 따라서 11은 lualuna i tai(2×5+1), 12는 lualuna i lua(2×5+2), …, 16은 toluluna i tai(3×5+1), 17은 toluluna i lua(3×5+2), …(으)로 표현한다.

〈보기〉

ㄱ. 30은 (　　)로 표현한다.
ㄴ. ovariluna i tolu는 숫자 (　　)이다.

	ㄱ	ㄴ
①	otailuna	48
②	otailuna	23
③	lualualuna	48
④	tolulualuna	17
⑤	tolulualuna	23

53 다음 글을 근거로 판단할 때, <상황>의 (㉠)에 해당되는 수는? 14년 5급 A책형 30번

〈양성평등채용목표제〉

1. 채용목표인원
   ○ 성별 최소 채용목표인원(이하 '목표인원')은 시험실시단계별 합격예정인원에 30%(다만 검찰사무직렬은 20%)를 곱한 인원수로 함
2. 합격자 결정방법

가. 제1차시험
   ○ 각 과목 만점의 40% 이상, 전 과목 총점의 60% 이상 득점한 자 중에서 전 과목 총득점에 의한 고득점자 순으로 선발예정인원의 150%를 합격자로 결정함
   ○ 상기 합격자 중 어느 한 성(性)의 합격자가 목표인원에 미달하는 경우에는 각 과목 만점의 40% 이상, 전 과목 총점의 60% 이상 득점하고, 전 과목 평균득점이 합격선 −3점 이상인 해당 성의 응시자 중에서 고득점자 순으로 목표미달인원만큼 당초 합격예정인원을 초과하여 추가합격 처리함

나. 제2차시험 및 최종합격자 결정
   ○ 제1차시험에서 어느 한 성을 추가합격시킨 경우 일정인원을 선발예정인원에 초과하여 최종합격자로 결정함

〈7급 국가공무원 공개경쟁채용시험 공고〉

○ 선발예정인원

직렬(직류)	선발예정인원
검찰사무직(검찰사무)	30명

※ 7급 국가공무원 공개경쟁채용시험은 양성평등채용목표제가 적용됨.

〈상황〉

검찰사무직 제1차시험에서 남성이 39명 합격하였다면, 제1차시험의 합격자 수는 최대 (㉠)명이다.

① 42
② 45
③ 48
④ 52
⑤ 53

방법

54 다음 글을 근거로 판단할 때, 우리나라에서 기단을 표시한 기호로 모두 옳은 것은?

15년 민경채 인책형 13번

기단(氣團)은 기온, 습도 등의 대기 상태가 거의 일정한 성질을 가진 공기 덩어리이다. 기단은 발생한 지역에 따라 분류할 수 있다. 대륙에서 발생하는 대륙성기단은 건조한 성질을 가지며, 해양에서 발생하는 해양성기단은 습한 성질을 갖는다. 또한 기단의 온도에 따라 한대기단, 열대기단, 적도기단, 극기단으로 나뉜다.

기단은 그 성질을 기호로 표시하기도 한다. 해양성기단은 알파벳 소문자 m을 기호 처음에 표기하고, 대륙성기단은 알파벳 소문자 c를 기호 처음에 표기한다. 이어서 한대기단은 알파벳 대문자 P로 표기하고, 열대기단은 알파벳 대문자 T로 표기한다. 예를 들어 해양성한대기단은 mP가 되는 것이다. 또한 기단이 이동하면서 나타나는 열역학적 특성에 따라 알파벳 소문자 w나 k를 마지막에 추가한다. w는 기단이 그 하층의 지표면보다 따뜻할 때 사용하며 k는 기단이 그 하층의 지표면보다 차가울 때 사용한다. 한편 적도기단은 E로, 북극기단은 A로 표시한다.

겨울철 우리나라에 영향을 주는 대표적인 기단은 시베리아기단으로 우리나라 지표면보다 차가운 대륙성한대기단이다. 북극기단이 우리나라에 영향을 주기도 하는데, 북극기단은 극기단의 일종으로 최근 우리나라 겨울철 혹한의 주범으로 지목되고 있다. 여름철에 우리나라에 영향을 주는 대표적 열대기단은 북태평양기단이다. 북태평양기단은 해수 온도가 높은 북태평양에서 발생하여 우리나라 지표면보다 덥고 습한 성질을 가져 고온다습한 날씨를 야기한다. 또다른 여름철 기단인 오호츠크해기단은 해양성한대기단으로 우리나라 지표면보다 차갑고 습한 성질을 갖는다. 적도 지방에서 발생하여 북상하는 적도기단도 우리나라 여름철에 영향을 준다.

	시베리아기단	북태평양기단	오호츠크해기단
①	mPk	mTk	cPk
②	mPk	cTw	cPk
③	cPk	cTw	mPk
④	cPk	mTw	mTk
⑤	cPk	mTw	mPk

55 다음 글을 근거로 판단할 때, A학자의 언어체계에서 표기와 그 의미를 연결한 것으로 옳지 않은 것은?

19년 5급 가책형 27번

A학자는 존재하는 모든 사물들을 자연적인 질서에 따라 나열하고 그것들의 지위와 본질을 표현하는 적절한 기호를 부여하면 보편언어를 만들 수 있다고 생각했다.

이를 위해 A학자는 우선 세상의 모든 사물을 40개의 '속(屬)'으로 나누고, 속을 다시 '차이(差異)'로 세분했다. 예를 들어 8번째 속인 돌은 순서대로 아래와 같이 6개의 차이로 분류된다.

(1) 가치 없는 돌
(2) 중간 가치의 돌
(3) 덜 투명한 가치 있는 돌
(4) 더 투명한 가치 있는 돌
(5) 물에 녹는 지구의 응결물
(6) 물에 녹지 않는 지구의 응결물

이 차이는 다시 '종(種)'으로 세분화되었다. 예를 들어, '가치 없는 돌'은 그 크기, 용도에 따라서 8개의 종으로 분류되었다.

이렇게 사물을 전부 분류한 다음에 A학자는 속, 차이, 종에 문자를 대응시키고 표기하였다.

예를 들어, 7번째 속부터 10번째 속까지는 다음과 같이 표기된다.

7) 원소: de
8) 돌: di
9) 금속: do
10) 잎: gw

차이를 나타내는 표기는 첫 번째 차이부터 순서대로 b, d, g, p, t, c, z, s, n을 사용했고, 종은 순서대로 w, a, e, i, o, u, y, yi, yu를 사용했다. 따라서 'di'는 돌을 의미하고 'dib'는 가치 없는 돌을 의미하며, 'diba'는 가치 없는 돌의 두 번째 종을 의미한다.

① ditu – 물에 녹는 지구의 응결물의 여섯 번째 종
② gwpyi – 잎의 네 번째 차이의 네 번째 종
③ dige – 덜 투명한 가치 있는 돌의 세 번째 종
④ deda – 원소의 두 번째 차이의 두 번째 종
⑤ donw – 금속의 아홉 번째 차이의 첫 번째 종

판단기준

56 다음 글과 <상황>을 근거로 판단할 때, 甲에게 가장 적절한 유연근무제는? 15년 민경채 인책형 14번

> 유연근무제는 획일화된 공무원의 근무형태를 개인 · 업무 · 기관별 특성에 맞게 다양화하여 일과 삶의 균형을 꾀하고 공직생산성을 향상시키는 것을 목적으로 하며, 시간제근무, 탄력근무제, 원격근무제로 나눌 수 있다.
>
> 시간제근무는 다른 유연근무제와 달리 주 40시간보다 짧은 시간을 근무하는 것이다. 수시로 신청할 수 있으며 보수 및 연가는 근무시간에 비례하여 적용한다.
>
> 탄력근무제에는 네 가지 유형이 있다. '시차출퇴근형'은 1일 8시간 근무체제를 유지하면서 출퇴근시간을 자율적으로 조정할 수 있다. 07 : 00~10 : 00에 30분 단위로 출근시간을 스스로 조정하여 8시간 근무 후 퇴근한다. '근무시간선택형'은 주 5일 근무를 준수해야 하지만 1일 8시간을 반드시 근무해야 하는 것은 아니다. 근무가능 시간대는 06 : 00~24 : 00이며 1일 최대 근무시간은 12시간이다. '집약근무형'은 1일 8시간 근무체제에 구애받지 않으며, 주 3.5~4일만을 근무한다. 근무가능 시간대는 06 : 00 ~24 : 00이며 1일 최대 근무시간은 12시간이다. 이 경우 정액급식비 등 출퇴근을 전제로 지급되는 수당은 출근하는 일수만큼만 지급한다. '재량근무형'은 출퇴근 의무 없이 프로젝트 수행으로 주 40시간의 근무를 인정하는 형태이며 기관과 개인이 협의하여 수시로 신청한다.
>
> 원격근무제에는 '재택근무형'과 '스마트워크근무형'이 있는데, 실시 1주일 전까지 신청하면 된다. 재택근무형은 사무실이 아닌 자택에서 근무하는 것이며, 초과근무는 불인정된다. 스마트워크근무형은 자택 인근의 스마트워크센터 등 별도 사무실에서 근무하며, 초과근무를 위해서는 사전에 부서장의 승인이 필요하다.

〈보기〉

> A부서의 공무원 甲은 유연근무제를 신청하고자 한다. 甲은 원격근무보다는 A부서 사무실에 출근하여 일하는 것을 원하며, 주 40시간의 근무시간은 지킬 예정이다. 이틀은 아침 7시에 출근하여 12시간씩 근무하고, 나머지 사흘은 5~6시간의 근무를 하고 일찍 퇴근하려는 계획을 세웠다.

① 근무시간선택형
② 시차출퇴근형
③ 시간제근무
④ 집약근무형
⑤ 재택근무형

sub-box

57 다음 글과 <○○시의 도로명 현황>을 근거로 판단할 때, ○○시에서 발견될 수 있는 도로명은? 13년 5급 인책형 3번

> 도로명의 구조는 일반적으로 두 개의 부분으로 나누어지는데 앞부분을 전부요소, 뒷부분을 후부요소라고 한다.
>
> 전부요소는 대상물의 특성을 반영하여 이름붙인 것이며 다른 곳과 구분하기 위해 명명된 부분이다. 즉, 명명의 배경이 반영되어 성립된 요소로 다양한 어휘가 사용된다. 후부요소로는 '로, 길, 골목'이 많이 쓰인다.
>
> 그런데 도로명은 전부요소와 후부요소만 결합한 기본형이 있고, 후부요소에 다른 요소가 첨가된 확장형이 있다. 확장형은 후부요소에 '1, 2, 3, 4…' 등이 첨가된 일련번호형과 '동, 서, 남, 북, 좌, 우, 윗, 아래, 앞, 뒷, 사이, 안, 중앙' 등의 어휘들이 첨가된 방위형이 있다.

〈○○시의 도로명 현황〉

> ○○시의 도로명을 모두 분류한 결과, 도로명의 전부요소로는 한글고유어보다 한자어가 더 많이 발견되었고, 기본형보다 확장형이 많이 발견되었다. 확장형의 후부요소로는 일련번호형이 많이 발견되었고, 일련번호는 '로'와만 결합되었다. 그리고 방위형은 '골목'과만 결합되었으며 사용된 어휘는 '동, 서, 남, 북'으로만 한정되었다.

① 행복1가
② 대학2로
③ 국민3길
④ 덕수궁뒷길
⑤ 꽃동네중앙골목

기타

58 다음 글과 <상황>을 근거로 판단할 때, 甲이 보고할 내용으로 옳은 것은? 21년 5급 가책형 18번

대규모 외환거래는 런던, 뉴욕, 도쿄, 프랑크푸르트, 싱가포르 같은 금융중심지에서 이루어진다. 최근 들어 세계 외환거래 규모는 급증하고 있다. 하루 평균 세계 외환거래액은 1989년에 6천억 달러 수준이었는데, 2019년에는 6조 6천억 달러로 크게 늘어났다.

은행 간 외환거래는 대부분 미국 달러를 통해 이루어진다. 달러는 이처럼 외환거래에서 중심적인 역할을 하기 때문에 기축통화라고 불린다. 기축통화는 서로 다른 통화를 사용하는 거래 참여자가 국제거래를 위해 널리 사용하는 통화이다. 1999년 도입된 유럽 유로는 달러와 동등하게 기축통화로 발전할 것으로 예상되었으나, 2020년 세계 외환거래액의 32%를 차지하는 데 그쳤다. 이는 4년 전보다는 2%p 높아진 것이지만 10년 전보다는 오히려 8%p 낮아진 수치이다.

〈상황〉

2010년과 2016년의 하루 평균 세계 외환거래액은 각각 3조 9천억 달러와 5조 2천억 달러였다. ○○은행 국제자본이동분석팀장 甲은 2016년 유로로 이루어진 하루 평균 세계 외환거래액을 2010년과 비교(달러 기준)하여 보고하려 한다.

① 10억 달러 감소
② 10억 달러 증가
③ 100억 달러 감소
④ 100억 달러 증가
⑤ 변화 없음

2 선지의 특징

선지에서의 키워드 반복

59 다음 글을 근거로 판단할 때 옳은 것은? 16년 민경채 5책형 14번

아파트를 분양받을 경우 전용면적, 공용면적, 공급면적, 계약면적, 서비스면적이라는 용어를 자주 접하게 된다.

전용면적은 아파트의 방이나 거실, 주방, 화장실 등을 모두 포함한 면적으로, 개별 세대 현관문 안쪽의 전용 생활공간을 말한다. 다만 발코니 면적은 전용면적에서 제외된다.

공용면적은 주거공용면적과 기타공용면적으로 나뉜다. 주거공용면적은 세대가 거주를 위하여 공유하는 면적으로 세대가 속한 건물의 공용계단, 공용복도 등의 면적을 더한 것을 말한다. 기타공용면적은 주거공용면적을 제외한 지하층, 관리사무소, 노인정 등의 면적을 더한 것이다.

공급면적은 통상적으로 분양에 사용되는 용어로 전용면적과 주거공용면적을 더한 것이다. 계약면적은 공급면적과 기타공용면적을 더한 것이다. 서비스면적은 발코니 같은 공간의 면적으로 전용면적과 공용면적에서 제외된다.

① 발코니 면적은 계약면적에 포함된다.
② 관리사무소 면적은 공급면적에 포함된다.
③ 계약면적은 전용면적, 주거공용면적, 기타공용면적을 더한 것이다.
④ 공용계단과 공용복도의 면적은 공급면적에 포함되지 않는다.
⑤ 개별 세대 내 거실과 주방의 면적은 주거공용면적에 포함된다.

60 다음 글에 근거할 때, 옳은 것을 <보기>에서 모두 고르면?

12년 5급 인책형 23번

종묘(宗廟)는 조선시대 역대 왕과 왕비, 그리고 추존(追尊)된 왕과 왕비의 신주(神主)를 봉안하고 제사를 지내는 왕실의 사당이다. 신주는 사람이 죽은 후 하늘로 돌아간 신혼(神魂)이 의지하는 것으로, 왕과 왕비의 사후에도 그 신혼이 의지할 수 있도록 신주를 제작하여 종묘에 봉안했다.

조선 왕실의 신주는 우주(虞主)와 연주(練主) 두 종류가 있는데, 이 두 신주는 모양은 같지만 쓰는 방식이 달랐다. 먼저 우주는 묘호(廟號), 상시(上諡), 대왕(大王)의 순서로 붙여서 썼다. 여기에서 묘호와 상시는 임금이 승하한 후에 신위(神位)를 종묘에 봉안할 때 올리는 것으로서, 묘호는 '태종', '세종', '문종' 등과 같은 추존 칭호이고 상시는 8글자의 시호로 조선의 신하들이 정해 올렸다.

한편 연주는 유명증시(有明贈諡), 사시(賜諡), 묘호, 상시, 대왕의 순서로 붙여서 썼다. 사시란 중국이 조선의 승하한 국왕에게 내려준 시호였고, 유명증시는 '명나라 왕실이 시호를 내린다'는 의미로 사시 앞에 붙여 썼던 것이었다. 하지만 중국 왕조가 명나라에서 청나라로 바뀐 이후에는 연주의 표기 방식이 바뀌었는데, 종래의 표기 순서 중에서 유명증시와 사시를 빼고 표기하게 되었다. 유명증시를 뺀 것은 더 이상 시호를 내려줄 명나라가 존재하지 않았기 때문이었고, 사시를 뺀 것은 청나라가 시호를 보냈음에도 불구하고 조선이 청나라를 오랑캐의 나라로 치부하여 그것을 신주에 반영하지 않았기 때문이었다.

〈조선 왕조와 중국의 명 · 청 시대 구분표〉

조선	태조(太祖)	정종(定宗)	태종(太宗)	…	인조(仁祖)	…	숙종(肅宗)	…
중국	명(明)				청(淸)			

〈보기〉

ㄱ. 중국이 태종에게 내린 시호가 '공정(恭定)'이고 태종의 상시가 '성덕신공문무광효(聖德神功文武光孝)'라면, 태종의 연주에는 '유명증시공정태종성덕신공문무광효대왕(有明贈諡恭定太宗聖德神功文武光孝大王)'이라고 쓰여 있을 것이다.
ㄴ. 중국이 태종에게 내린 시호가 '공정(恭定)'이고 태종의 상시가 '성덕신공문무광효(聖德神功文武光孝)'라면, 태종의 우주에는 '태종성덕신공문무광효대왕(太宗聖德神功文武光孝大王)'이라고 쓰여 있을 것이다.
ㄷ. 중국이 인조에게 내린 시호가 '송창(松窓)'이고 인조의 상시가 '헌문열무명숙순효(憲文烈武明肅純孝)'라면, 인조의 연주에는 '송창인조헌문열무명숙순효대왕(松窓仁祖憲文烈武明肅純孝大王)'이라고 쓰여 있을 것이다.
ㄹ. 숙종의 우주와 연주는 다르게 표기되어 있을 것이다.

① ㄱ, ㄴ
② ㄴ, ㄹ
③ ㄷ, ㄹ
④ ㄱ, ㄴ, ㄷ
⑤ ㄱ, ㄷ, ㄹ

61 다음 글을 근거로 판단할 때, <보기>에서 옳은 것만을 모두 고르면?

22년 5급 나책형 6번

사람들은 관리자의 업무지시 능력이 뛰어난 작업장일수록 '업무실수 기록건수'가 적을 것이라고 생각한다. 이런 통념을 검증하기 위해 ○○공장의 8개 작업장을 대상으로 연구가 진행되었다. 각 작업장의 인력 구성과 업무량 등은 모두 동일했다. 업무실수 기록건수를 종속변수로 설정하고 6개월 동안 관련 자료를 꼼꼼히 조사하여 업무실수 기록건수 실태를 파악하였다. 또한 공장 구성원에 대한 설문조사와 인터뷰를 통해 관리자의 업무지시 능력, 근로자의 직무만족도, 직장문화 등을 조사했다.

분석 결과 관리자의 업무지시 능력이 우수할수록, 근로자의 직무만족도가 높을수록 업무실수 기록건수가 많았다. 또한 근로자가 상급자의 실수 지적을 두려워하지 않고 자신의 실수를 인정하며 그것을 통해 학습하려는 직장문화에서는 업무실수 기록건수가 많았다. 반면 업무실수 기록건수가 적은 작업장에서는 근로자가 자신의 실수를 보고하면 상급자로부터 질타나 징계를 받을 것이라는 우려 때문에 가급적 실수를 감추었다.

〈보기〉

ㄱ. 업무실수 기록건수가 많은 작업장에서는 실수를 통해 학습하려는 직장문화가 약할 것이다.
ㄴ. 업무실수 기록건수가 많다고 해서 근로자의 직무만족도가 낮은 것은 아닐 것이다.
ㄷ. 관리자의 업무지시 능력이 우수한 작업장일수록 업무실수 기록건수가 적을 것이다.
ㄹ. 징계에 대한 우려가 약한 작업장보다 강한 작업장에서 업무실수 기록건수가 적을 것이다.

① ㄱ, ㄴ
② ㄱ, ㄷ
③ ㄴ, ㄷ
④ ㄴ, ㄹ
⑤ ㄷ, ㄹ

62 다음 글과 <상황>을 근거로 판단할 때 옳은 것은?

23년 5급 가책형 6번

교부금은 중앙정부가 지방정부에 제공하는 재정지원의 한 종류이다. 중앙정부가 지방정부에 일정 금액의 교부금을 지급하면 이는 지방정부의 예산이 그만큼 증가한 것과 같은 결과를 가져온다. 따라서 교부금 지급이 해당 지역의 공공서비스 공급에 미치는 영향은 지방정부의 자체예산이 교부금과 동일한 금액만큼 증가한 경우의 영향과 같을 것으로 예상된다.

그런데 지방재정에 관한 실증연구 결과를 보면 이러한 예상은 잘 들어맞지 않는다. 현실에서는 교부금 형태로 발생한 추가적 재원 중 공공서비스의 추가적 공급에 사용되는 비중이 지방정부의 자체예산 증가분 중 공공서비스의 추가적 공급에 사용되는 비중보다 높다. 자체예산을 공공서비스와 기타사업에 항상 절반씩 투입하는 甲국 A시에서는 자체예산 증가분의 경우, 그 50%를 공공서비스의 추가적 공급에 투입하고 나머지는 기타사업에 투입한다. 그런데 중앙정부로부터 교부금을 받은 경우에는 그중 80%를 공공서비스의 추가적 공급에 투입하고 나머지를 기타사업에 투입한다.

〈상황〉

甲국 A시의 올해 예산은 100억 원이었으며, 모두 자체예산이었다. 중앙정부는 내년에 20억 원의 교부금을 A시에 지급하기로 하였다. A시의 내년도 자체예산은 올해와 마찬가지로 100억 원이다.

① A시가 내년에 기타사업에 지출하는 총 금액은 60억 원일 것이다.
② A시는 내년에 기타사업에 지출하는 총 금액을 올해보다 4억 원 증가시킬 것이다.
③ A시는 내년에 공공서비스 공급에 지출하는 총 금액을 올해와 동일하게 유지할 것이다.
④ A시는 내년에 공공서비스 공급에 지출하는 총 금액을 올해보다 50% 증가시킬 것이다.
⑤ A시는 내년에 공공서비스 공급에 지출하는 총 금액을 올해보다 10억 원 증가시킬 것이다.

가정형의 표현

63 다음 글을 근거로 판단할 때, <보기>에서 옳은 것만을 모두 고르면?

14년 5급 A책형 21번

○○부는 2013년 11월 김치 담그는 비용을 지수화한 '김치지수'를 발표했다. 김치지수는 개별품목 가격이 아닌 김치재료를 포괄하는 비용을 지수화한 것이다. ○○부는 김치재료 13개 품목의 소매가격을 바탕으로 기준가격을 산출했다. 4인 가족 기준 13개 품목은 배추 20포기(60kg), 무 10개(18kg), 고춧가루 1.86kg, 깐마늘 1.2kg, 대파 2kg, 쪽파 2.4kg, 흙생강 120g, 미나리 2kg, 갓 2.6kg, 굴 2kg, 멸치액젓 1.2kg, 새우젓 1kg, 굵은소금 8kg이다.

○○부는 2008년부터 2012년 중 최고, 최저를 제외한 3개년의 평균비용을 김치지수 100으로 간주했다. 이를 바탕으로 산출한 이번 달의 김치지수는 91.3이며 김치를 담그는 비용은 19만 5,214원으로 집계됐다. 이는 김장철 기준으로 2009년 이후 가장 낮은 수준이다. 2008년부터 2012년 사이에 김치지수가 가장 높았던 시기는 배추파동이 있었던 2010년 10월로 152.6이었으며 김치를 담그는 비용은 32만 6,387원으로 평년 동월 대비 45.0% 증가한 것으로 나타났다. 또 연간 평균 김치지수가 가장 높았던 2012년의 김치지수는 113.5였다. 이는 고춧가루 가격이 연중 높은 수준을 유지하였고 배추 가격도 평년보다 높게 형성되었기 때문이다.

〈보기〉

ㄱ. 다른 조건이 동일하다면, 국내보다 저렴한 고춧가루를 대량으로 수입하여 고춧가루 소매가격이 하락하면 김치지수가 상승할 것이다.
ㄴ. 다른 조건이 동일하다면, 모든 해산물 및 해산물 가공제품의 소매가격이 상승할 경우 김치지수는 상승할 것이다.
ㄷ. 2008년부터 2012년 중 최고, 최저를 제외한 3개년의 김치를 담그는 평균 비용은 20만 원을 초과할 것이다.

① ㄱ
② ㄴ
③ ㄱ, ㄷ
④ ㄴ, ㄷ
⑤ ㄱ, ㄴ, ㄷ

64 다음 글을 근거로 판단할 때, <보기>에서 옳은 것만을 모두 고르면?

19년 5급 가책형 7번

보다 많은 고객을 끌어들일 수 있는 이상적인 점포 입지를 결정하기 위한 상권분석이론에는 'X가설'과 'Y가설'이 있다. X가설에 의하면, 소비자는 유사한 제품을 판매하는 점포들 중 한 점포를 선택할 때 가장 가까운 점포를 선택한다. 그러나 이동거리가 점포 선택에 큰 영향을 미치기는 하지만, 소비자가 항상 가장 가까운 점포를 찾는다는 X가설이 적용되기 어려운 상황들이 있다. 가령, 소비자들은 먼 거리에 위치한 점포가 보다 나은 구매기회를 제공함으로써 이동에 따른 추가 노력을 보상한다면 기꺼이 먼 곳까지 찾아간다.

한편 Y가설은 다른 조건이 동일하다면 두 도시 사이에 위치하는 어떤 지역에 대한 각 도시의 상거래 흡인력은 각 도시의 인구에 비례하고, 각 도시로부터의 거리 제곱에 반비례한다고 본다. 즉, 인구가 많은 도시일수록 더 많은 구매기회를 제공할 가능성이 높으므로 소비자를 끌어당기는 힘이 크다고 본 것이다.

예를 들어, 일직선상에 A, B, C 세 도시가 있고, C시는 A시와 B시 사이에 위치하며, C시는 A시로부터 5km, B시로부터 10km 떨어져 있다. 그리고 A시 인구는 50만 명, B시의 인구는 400만 명, C시의 인구는 9만 명이다. 만약 A시와 B시가 서로 영향을 주지 않고, C시의 모든 인구가 A시와 B시에서만 구매한다고 가정하면, Y가설에 따라 A시와 B시로 구매활동에 유인되는 C시의 인구 규모를 계산할 수 있다. A시의 흡인력은 20,000(=50만÷25), B시의 흡인력은 40,000(=400만÷100)이다. 따라서 9만 명인 C시의 인구 중 1/3인 3만 명은 A시로, 2/3인 6만 명은 B시로 흡인된다.

〈보기〉

ㄱ. X가설에 따르면, 소비자가 유사한 제품을 판매하는 점포들 중 한 점포를 선택할 때 소비자는 더 싼 가격의 상품을 구매하기 위해 더 먼 거리에 있는 점포에 간다.

ㄴ. Y가설에 따르면, 인구 및 다른 조건이 동일할 때 거리가 가까운 도시일수록 이상적인 점포 입지가 된다.

ㄷ. Y가설에 따르면, C시로부터 A시와 B시가 떨어진 거리가 5km로 같다고 가정할 때 C시의 인구 중 8만 명이 B시로 흡인된다.

① ㄱ

② ㄴ

③ ㄱ, ㄷ

④ ㄴ, ㄷ

⑤ ㄱ, ㄴ, ㄷ

65 다음 글과 <상황>을 근거로 판단할 때 옳은 것은?

21년 5급 가책형 27번

질병의 확산을 예측하는 데 유용한 수치 중 하나로 '기초감염재생산지수(R_0)'가 있다. 간단히 말해 이 수치는 질병에 대한 예방조치가 없을 때, 해당 질병에 감염된 사람 한 명이 비감염자 몇 명을 감염시킬 수 있는지를 나타낸다. 다만 이 수치는 질병의 전파 속도를 의미하지는 않는다. 예를 들어 R_0가 4라고 하면 예방조치가 없을 때, 한 사람의 감염자가 질병에서 회복하거나 질병으로 사망하기 전까지 그 질병을 평균적으로 4명의 비감염자에게 옮긴다는 뜻이다. 한편 또 하나의 질병 통계치인 치사율은 어떤 질병에 걸린 환자 중 그 질병으로 사망하는 환자의 비율을 나타내는 것으로 R_0의 크기와 반드시 비례하지는 않는다.

예방조치가 없을 때, R_0가 1보다 큰 질병은 전체 개체군으로 확산될 것이다. 이 수치는 때로 1보다 훨씬 클 수 있다. 스페인 독감은 3, 천연두는 6, 홍역은 무려 15였다. 전염성이 강한 질병 중 하나로 꼽히는 말라리아의 R_0는 100이 넘는다.

문제는 특정 전염병이 한 차례 어느 지역을 휩쓸고 지나간 후 관련 통계 자료를 수집·분석할 수 있는 시간이 더 흐르고 난 뒤에야, 그 질병의 R_0에 대해 믿을 만한 추정치가 나온다는 데 있다. 그렇기에 새로운 질병이 발생한 초기에는 얼마 되지 않는 자료를 바탕으로 추정을 할 수밖에 없다. R_0와 마찬가지로 치사율도 확산 초기 단계에서는 정확하게 알 수 없다.

〈상황〉

다음 표는 甲국의 최근 20년간의 데이터를 토대로 A~F질병의 R_0를 추정한 것이다.

질병	A	B	C	D	E	F
R_0	100	15	6	3	2	0.5

① 예방조치가 없다면, 발병 시 가장 많은 사람이 사망하는 질병은 A일 것이다.

② 예방조치가 없다면, A~F질병 모두가 전 국민을 감염시킬 것이다.

③ 예방조치가 없다면, C질병이 전 국민을 감염시킬 때까지 걸리는 시간은 평균적으로 D질병의 절반일 것이다.

④ R_0와 달리 치사율은 전염병의 확산 초기 단계에서도 정확하게 알 수 있다.

⑤ 예방조치가 없다면, 감염자 1명당 감염시킬 수 있는 사람 수의 평균은 B질병이 D질병의 5배일 것이다.

3 계산

비례, 반비례

66 다음 글을 근거로 판단할 때, <보기>에서 옳은 것만을 모두 고르면?

15년 민경채 인책형 5번

방사선은 원자핵이 분열하면서 방출되는 것으로 우리의 몸 속을 비집고 들어오면 인체를 구성하는 분자들에 피해를 준다. 인체에 미치는 방사선 피해 정도는 'rem'이라는 단위로 표현된다. 1rem은 몸무게 1g당 감마선 입자 5천만 개가 흡수된 양으로 사람의 몸무게를 80kg으로 가정하면 4조 개의 감마선 입자에 해당한다. 감마선은 방사선 중에 관통력이 가장 강하다. 체르노빌 사고 현장에서 소방대원의 몸에 흡수된 감마선 입자는 각종 보호 장구에도 불구하고 400조 개 이상이었다.

만일 우리 몸이 방사선에 100rem 미만으로 피해를 입는다면 별다른 증상이 없다. 이처럼 가벼운 손상은 몸이 스스로 짧은 시간에 회복할 뿐만 아니라, 정상적인 신체 기능에 거의 영향을 미치지 않는다. 이 경우 '문턱효과'가 있다고 한다. 일정량 이하 바이러스가 체내에 들어오는 경우 우리 몸이 스스로 바이러스를 제거하여 질병에 걸리지 않는 것도 문턱효과의 예라 할 수 있다. 방사선에 200rem 정도로 피해를 입는다면 머리카락이 빠지기 시작하고, 몸에 기운이 없어지고 구역질이 난다. 항암 치료로 방사선 치료를 받는 사람에게 이런 증상이 나타나는 것을 본 적이 있을 것이다. 300rem 정도라면 수혈이나 집중적인 치료를 받지 않는 한 방사선 피폭에 의한 사망 확률이 50%에 달하고, 1,000rem 정도면 한 시간 내에 행동불능 상태가 되어 어떤 치료를 받아도 살 수 없다.

※ 모든 감마선 입자의 에너지는 동일하다.

〈보기〉

ㄱ. 몸무게 120kg 이상인 사람은 방사선에 300rem 정도로 피해를 입은 경우 수혈이나 치료를 받지 않아도 사망할 확률이 거의 없다.
ㄴ. 몸무게 50kg인 사람이 500조 개의 감마선 입자에 해당하는 방사선을 흡수한 경우 머리카락이 빠지기 시작하고 구역질을 할 것이다.
ㄷ. 인체에 유입된 일정량 이하의 유해 물질이 정상적인 신체 기능에 거의 영향을 주지 않으면서 우리 몸에 의해 자연스럽게 제거되는 경우 문턱효과가 있다고 할 수 있다.
ㄹ. 체르노빌 사고 현장에 투입된 몸무게 80kg의 소방대원 A가 입은 방사선 피해는 100rem 이상이었다.

① ㄱ, ㄴ
② ㄴ, ㄷ
③ ㄱ, ㄴ, ㄹ
④ ㄱ, ㄷ, ㄹ
⑤ ㄴ, ㄷ, ㄹ

67 다음 글을 근거로 판단할 때, <보기>에서 옳은 것만을 모두 고르면?

19년 민경채 나책형 14번

현대적 의미의 시력 검사법은 1909년 이탈리아의 나폴리에서 개최된 국제안과학회에서 란돌트 고리를 이용한 검사법을 국제 기준으로 결정하면서 탄생하였다. 란돌트 고리란 시력 검사표에서 흔히 볼 수 있는 C자형 고리를 말한다. 란돌트 고리를 이용한 시력 검사에서는 5m 거리에서 직경이 7.5mm인 원형 고리에 있는 1.5mm 벌어진 틈을 식별할 수 있는지 없는지를 판단한다. 5m 거리의 1.5mm이면 각도로 따져서 약 1′(1분)에 해당한다. 1°(1도)의 1/60이 1′이고, 1′의 1/60이 1″(1초)이다.

이 시력 검사법에서는 구분 가능한 최소 각도가 1′일 때를 1.0의 시력으로 본다. 시력은 구분 가능한 최소 각도와 반비례한다. 예를 들어 구분할 수 있는 최소 각도가 1′의 2배인 2′이라면 시력은 1.0의 1/2배인 0.5이다. 만약 이 최소 각도가 0.5′이라면, 즉 1′의 1/2배라면 시력은 1.0의 2배인 2.0이다. 마찬가지로 최소 각도가 1′의 4배인 4′이라면 시력은 1.0의 1/4배인 0.25이다. 일반적으로 시력 검사표에는 2.0까지 나와 있지만 실제로는 이보다 시력이 좋은 사람도 있다. 천문학자 A는 5″까지의 차이도 구분할 수 있었던 것으로 알려져 있다.

〈보기〉

ㄱ. 구분할 수 있는 최소 각도가 10′인 사람의 시력은 0.1이다.
ㄴ. 천문학자 A의 시력은 12인 것으로 추정된다.
ㄷ. 구분할 수 있는 최소 각도가 1.25′인 甲은 구분할 수 있는 최소 각도가 0.1′인 乙보다 시력이 더 좋다.

① ㄱ
② ㄱ, ㄴ
③ ㄴ, ㄷ
④ ㄱ, ㄷ
⑤ ㄱ, ㄴ, ㄷ

PART 1 텍스트 해커스 PSAT 길규범 상황판단 올인원 3권 텍스트·법조문

68 **다음 글을 근거로 판단할 때, ㉠과 ㉡을 옳게 짝지은 것은?**

21년 5급 가책형 8번

> 동물로봇공학에서는 다양한 형태의 동물 로봇을 개발한다. 로봇 연구자들이 가장 본뜨고 싶어 하는 곤충은 미국바퀴벌레이다. 이 바퀴벌레는 초당 150cm의 속력으로 달린다. 이는 1초에 몸길이의 50배가 되는 거리를 간다는 뜻이다. 신장이 180cm인 육상선수가 1초에 신장의 50배가 되는 거리를 가려면 시속 (㉠)km로 달려야 한다. 이 바퀴벌레의 걸음걸이를 관찰한 결과, 모양이 서로 다른 세 쌍의 다리를 달아주면 로봇의 보행 속력을 끌어올릴 수 있는 것으로 밝혀졌다.
>
> 한편 동물로봇공학에서는 수중 로봇에 대한 연구도 활발하다. 바닷가재나 칠성장어의 운동 능력을 본뜬 수중 로봇도 연구되고 있다. 미국에서 개발된 바닷가재 로봇은 높이 20cm, 길이 61cm, 무게 2.9kg으로, 물속의 기뢰제거에 사용될 계획이다. 2005년 10월에는 세계 최초의 물고기 로봇이 영국 런던의 수족관에 출현했다. 길이 (㉡)cm, 두께 12cm인 이 물고기 로봇은 미국바퀴벌레의 1/3 속력으로 헤엄칠 수 있다. 수중에서의 속력이라는 점을 감안하면 엄청난 수준이다. 이는 1분에 몸길이의 200배가 되는 거리를 간다는 뜻이다. 이 물고기 로봇은 해저탐사나 기름 유출의 탐지 등에 활용될 것으로 전망되었다.

	㉠	㉡
①	81	5
②	162	10
③	162	15
④	324	10
⑤	324	15

A당 B

69 **다음 글을 근거로 판단할 때, <보기>에서 옳은 것만을 모두 고르면?**

13년 민경채 인책형 25번

> 전 세계 벼 재배면적의 90%가 아시아에 분포한다. 현재 벼를 재배하는 면적을 나라별로 보면, 인도가 4,300헥타르로 가장 넓고, 중국이 3,300헥타르로 그 다음을 잇고 있으며, 인도네시아, 방글라데시, 베트남, 타이, 미얀마, 일본의 순으로 이어지고 있다. A국은 일본 다음이다.
>
> 반면 쌀을 가장 많이 생산하고 있는 나라는 중국으로 전 세계 생산량의 30%를 차지하고 있으며, 그 다음이 20%를 생산하는 인도이다. 단위면적당 쌀 생산량을 보면 A국이 헥타르당 5.0톤으로 가장 많고 일본이 헥타르당 4.5톤이다. A국의 단위면적당 쌀 생산량은 인도의 3배에 달하는 수치로 현재 A국의 단위면적당 쌀 생산능력은 세계에서 제일 높다.

〈보기〉

ㄱ. 중국의 단위면적당 쌀 생산량은 인도의 약 2배이다.
ㄴ. 일본의 벼 재배면적이 A국보다 400헥타르가 크다면, 일본의 연간 쌀 생산량은 A국보다 많다.
ㄷ. 인도의 연간 쌀 생산량은 11,000톤 이상이다.

① ㄱ
② ㄴ
③ ㄷ
④ ㄱ, ㄴ
⑤ ㄴ, ㄷ

70 다음 글을 근거로 판단할 때 옳은 것은? 22년 5급 나책형 27번

커피에 함유된 카페인의 각성효과는 사람에 따라 다르다. 커피를 한 잔만 마셔도 각성효과가 큰 사람이 있고, 몇 잔을 연거푸 마셔도 거의 영향을 받지 않는 사람도 있다. 甲국 정부는 하루 카페인 섭취량으로 성인은 400mg 이하, 임신부는 300mg 이하, 어린이 · 청소년은 체중 1kg당 2.5mg 이하를 권고하고 있다.

카페인은 식물에서 추출한 알칼로이드 화학물질로 각성효과, 기억력, 집중력을 일시적으로 향상시킨다. 카페인의 효과는 '아데노신'과 밀접한 관련이 있다. 사람의 몸에서 생성되는 화학물질인 아데노신은 뇌의 각성상태를 완화시켜 잠들게 하는 신경전달물질이다. 이 아데노신이 뇌 수용체와 결합하기 전에 카페인이 먼저 뇌 수용체와 결합하면 각성효과가 나타나게 된다. 즉 커피 속의 카페인은 아데노신의 역할을 방해하는 셈이다.

몸에 들어온 카페인은 간에서 분해된다. 카페인의 분해가 잘 될수록 각성효과가 빨리 사라진다. 카페인이 간에서 분해되는 과정에는 카페인 분해 효소가 필요하다. 카페인 분해 효소의 효율이 유전적 · 환경적 요인에 따라 어떻게 달라지는지 확인하기 위해 조사를 진행하였다. 그 결과 흡연 또는 여성의 경구 피임약 복용 등도 카페인 분해 효율에 영향을 주지만 유전적 요인이 가장 큰 영향을 준다는 결론에 도달했다. 카페인 분해 효소의 효율을 결정하는 유전자는 15번 염색체에 있다. 이 유전자 염기서열 특정 부분의 변이가 A형인 사람을 '빠른 대사자', C형인 사람을 '느린 대사자'로 나누기도 한다. C형인 사람은 카페인 분해가 느려서 카페인이 일으키는 각성효과를 길게 받는다. "나는 낮에 커피 한 잔만 마셔도 밤에 잠이 안 와!"라고 말하는 사람은 느린 대사자일 가능성이 높다. 반면에 커피를 마셔도 잘 자는 사람은 빠른 대사자일 가능성이 높다.

① 甲국 정부가 권고하는 하루 카페인 섭취량 이하를 섭취하면 각성효과가 나타나지 않는다.
② 카페인은 각성효과를 돕는 아데노신 분비를 촉진시킨다.
③ 유전자 염기서열 특정 부분의 변이가 A형인 사람은 C형인 사람보다 카페인의 각성효과가 더 오래 유지된다.
④ 몸무게가 60kg인 성인 남성에 대해 甲국 정부가 권고하는 하루 카페인 섭취량은 최대 150mg이다.
⑤ 사람에 따라 커피의 각성효과가 달라지는 데 가장 큰 영향을 주는 것은 유전적 요인이다.

단위변환

71 다음 글을 근거로 판단할 때 옳지 않은 것은?

15년 민경채 인책형 19번

1678년 영의정 허적(許積)의 제의로 상평통보(常平通寶)가 주조 · 발행되어 널리 유통된 이유는 다음과 같다. 첫째, 국내적으로 조정이 운영하는 수공업이 쇠퇴하고 민간이 운영하는 수공업이 발전함으로써 국내 시장의 상품교류가 확대되고, 1645년 회령 지방을 시초로 국경무역이 활발해짐에 따라 화폐의 필요성이 제기되었기 때문이다. 둘째, 임진왜란 이후 국가 재정이 궁핍하였으나 재정 지출은 계속해서 증가함에 따라 재원 마련의 필요성이 있었기 때문이다.

1678년에 발행된 상평통보는 초주단자전(初鑄單字錢)이라 불리는데, 상평통보 1문(개)의 중량은 1전 2푼이고 화폐 가치는 은 1냥을 기준으로 400문으로 정하였으며 쌀 1되가 4문이었다.

1679년 조정은 상평통보의 규격을 변경하였다. 초주단자전을 대신하여 당이전(當二錢) 또는 절이전(折二錢)이라는 대형전을 주조 · 발행하였는데, 중량은 2전 5푼이었고 은 1냥에 대한 공인 교환율도 100문으로 변경하였다.

1678년부터 1680년까지 상평통보 주조 · 발행량은 약 6만 관으로 추정되고 있다. 당이전의 화폐 가치는 처음에는 제대로 유지되었지만 조정이 부족한 재원을 마련하기 위해 발행을 증대하면서 1689년에 이르러서는 은 1냥이 당이전 400~800문이 될 정도로 그 가치가 폭락하였다. 1681년부터 1689년까지의 상평통보 주조 · 발행량은 약 17만 관이었다.

1752년에는 훈련도감, 어영청, 금위영 등 중앙의 3개 군사부서와 지방의 통영에서도 중형상평통보(中型常平通寶)를 주조 · 발행하도록 하였다. 중형상평통보의 액면 가치는 당이전과 동일하지만 중량이 약 1전 7푼(1757년에는 1전 2푼)으로 당이전보다 줄어들고 크기도 축소되었다.

※ 상평통보 묶음단위: 1관=10냥=100전=1,000문

※ 중량단위: 1냥=10전=100푼=1,000리=$\frac{1}{16}$근

① 초주단자전, 당이전, 중형상평통보 중 가장 무거운 것은 당이전이다.
② 은을 기준으로 환산할 때 상평통보의 가치는 경우에 따라 $\frac{1}{4}$ 이하로 떨어지기도 하였다.
③ 1678년부터 1689년까지 주조 · 발행된 상평통보는 약 2억 3,000만 문으로 추정된다.
④ 1678년을 기준으로 은 1근은 같은 해에 주조 · 발행된 상평통보 4,600문의 가치를 가진다.
⑤ 상품교류 및 무역 활성화뿐만 아니라 국가 재정상 필요에 따라 상평통보가 주조 · 발행되었다.

72 다음 글을 근거로 판단할 때, <보기>의 ㉠, ㉡이 옳게 짝지어진 것은?

13년 외교관 인책형 30번

신라는 일반적 시간 계산 체계로 백각법(百刻法)과 12시신(時辰) 제도를 배합하여 사용했다. 백각법은 하루의 길이를 100각으로 나누는 시간 계산법이었다. 구체적으로, 매일 낮·밤의 길이와 일출·일몰의 시각을 계산하기 위해, 밤의 길이인 야각(夜刻)을 구하고 100각에서 이를 감해 낮의 길이인 주각(晝刻)을 구하였다. 또한 12시신 제도는 하루를 12시신으로 균등하게 나누는 제도였다. 그런데 100각은 12시신의 정수배가 되지 않으므로 1각을 60분으로 나누어 사용하였다. 그러나 역법(曆法) 계산 시에는 각 역에서 사용되는 수가 다르기 때문에 다른 분법을 사용했다. 예를 들어 선명력(宣明曆)에서는 1일을 100각, 1각을 84분으로 정했다.

한편 신라에서는 야각의 계산에 있어서 밤 시간을 5경으로 나누고, 1경을 다시 5점으로 나누는 경점(更點) 제도도 사용되었다.

이와 같이 신라에서는 백각법과 12시신 제도를 배합하여 일반적 시간 계산 체계와 역법의 계산 체계, 그리고 야각의 시간 계산 체계가 병행되어 사용되었다.

〈보기〉

○ 신라의 일반적 시간 계산에 따르면, 1시신은 (㉠)이다.
○ 하루 중 4시신이 밤 시간이었다면, 선명력에 따르면 1경은 (㉡)에 해당한다.

	㉠	㉡
①	8각 20분	6각 56분
②	8각 20분	6각 40분
③	7각 28분	6각 56분
④	7각 28분	9각 20분
⑤	6각 30분	9각 20분

73 다음 글을 근거로 판단할 때, <보기>에서 옳은 것만을 모두 고르면?

15년 5급 인책형 22번

조선시대 궁녀가 받는 보수에는 의전, 선반, 삭료 세 가지가 있었다. 『실록』에서 "봄, 가을에 궁녀에게 포화(布貨)를 내려주니, 이를 의전이라고 한다"라고 한 것처럼 '의전'은 1년에 두 차례 지급하는 옷값이다. '선반'은 궁중에서 근무하는 사람들에게 제공하는 식사를 의미한다. '삭료'는 매달 주는 봉급으로 곡식과 반찬거리 등의 현물이 지급되었다. 궁녀들에게 삭료 이외에 의전과 선반도 주었다는 것은 월급 이외에도 옷값과 함께 근무 중의 식사까지 제공했다는 것으로, 지금의 개념으로 본다면 일종의 복리후생비까지 지급한 셈이다.

삭료는 쌀, 콩, 북어 세 가지 모두 지급되었는데 그 항목은 공상과 방자로 나뉘어 있었다. 공상은 궁녀들에게 지급되는 월급 가운데 기본급에 해당하는 것이다. 공상은 모든 궁녀에게 지급되었으나 직급과 근무연수에 따라 온공상, 반공상, 반반공상 세 가지로 나뉘어 차등 지급되었다. 공상 중 온공상은 쌀 7두 5승, 콩 6두 5승, 북어 2태 10미였다. 반공상은 쌀 5두 5승, 콩 3두 3승, 북어 1태 5미였고, 반반공상은 쌀 4두, 콩 1두 5승, 북어 13미였다.

방자는 궁녀들의 하녀격인 무수리를 쓸 수 있는 비용이었으며, 기본급 이외에 별도로 지급되었다. 방자는 모두에게 지급된 것이 아니라 직급이나 직무에 따라 일부에게만 지급되었으므로, 일종의 직급수당 또는 직무수당인 셈이다. 방자는 온방자와 반방자 두 가지만 있었는데, 온방자는 매달 쌀 6두와 북어 1태였고 반방자는 온방자의 절반인 쌀 3두와 북어 10미였다.

〈보기〉

ㄱ. 조선시대 궁녀에게는 현물과 포화가 지급되었다.
ㄴ. 삭료로 지급되는 현물의 양은 온공상이 반공상의 2배, 반공상이 반반공상의 2배였다.
ㄷ. 반공상과 온방자를 삭료로 받는 궁녀가 매달 받는 북어는 45미였다.
ㄹ. 매달 궁녀가 받을 수 있는 가장 적은 삭료는 쌀 4두, 콩 1두 5승, 북어 13미였다.

① ㄱ, ㄴ
② ㄱ, ㄹ
③ ㄴ, ㄷ
④ ㄱ, ㄷ, ㄹ
⑤ ㄴ, ㄷ, ㄹ

74 다음 글을 근거로 판단할 때, <보기>에서 옳은 것을 모두 고르면?

13년 외교관 인책형 23번

피부색은 멜라닌, 카로틴 및 헤모글로빈이라는 세 가지 색소에 의해 나타난다. 흑색 또는 흑갈색의 색소인 멜라닌은 멜라노사이트라 하는 세포에서 만들어지며, 계속적으로 표피세포에 멜라닌 과립을 공급한다. 멜라닌의 양이 많을수록 피부색이 황갈색에서 흑갈색을 띠고, 적을수록 피부색이 옅어진다. 멜라닌은 피부가 햇빛에 노출될수록 더 많이 생성된다. 카로틴은 주로 각질층과 하피의 지방조직에 존재하며, 특히 동양인의 피부에 풍부하여 그들의 피부가 황색을 띠게 한다. 서양인의 혈색이 분홍빛을 띠는 것은 적혈구 세포 내에 존재하는 산화된 헤모글로빈의 진홍색에 기인한다. 골수에서 생성된 적혈구는 산소를 운반하는 역할을 하는데, 1개의 적혈구는 3억 개의 헤모글로빈을 가지고 있으며, 1개의 헤모글로빈에는 4개의 헴이 있다. 헴 1개가 산소 분자 1개를 운반한다.

한편 태양이 방출하는 여러 파장의 빛, 즉 적외선, 자외선 그리고 가시광선 중 피부에 주된 영향을 미치는 것이 자외선이다. 자외선은 파장이 가장 길고 피부 노화를 가져오는 자외선 A, 기미와 주근깨 등의 색소성 질환과 피부암을 일으키는 자외선 B, 그리고 화상과 피부암 유발 위험을 지니며 파장이 가장 짧은 자외선 C로 구분된다. 자외선으로부터 피부를 보호하기 위해서는 자외선 차단제를 발라주는 것이 좋다. 자외선 차단제에 표시되어 있는 자외선 차단지수(sun protection factor: SPF)는 자외선 B를 차단해주는 시간을 나타낼 뿐 자외선 B의 차단 정도와는 관계가 없다. SPF 수치는 1부터 시작하며, SPF 1은 자외선 차단 시간이 15분임을 의미한다. SPF 수치가 1단위 올라갈 때마다 자외선 차단 시간은 15분씩 증가한다. 따라서 SPF 4는 자외선을 1시간 동안 차단시켜 준다는 것을 의미한다.

〈보기〉

ㄱ. 멜라닌의 종류에 따라 피부색이 결정된다.
ㄴ. 1개의 적혈구는 산소 분자 12억 개를 운반할 수 있다.
ㄷ. SPF 50은 SPF 30보다 1시간 동안 차단하는 자외선 B의 양이 많다.
ㄹ. SPF 40을 얼굴에 한 번 바르면 10시간 동안 자외선 B의 차단 효과가 있다.

① ㄱ, ㄴ
② ㄱ, ㄷ
③ ㄴ, ㄹ
④ ㄱ, ㄷ, ㄹ
⑤ ㄴ, ㄷ, ㄹ

절대 - 상대

75 다음 글을 근거로 판단할 때, <보기>에서 옳은 것만을 모두 고르면?

17년 민경채 나책형 3번

지진의 강도는 '리히터 규모'와 '진도'로 나타낼 수 있다. 리히터 규모는 미국 지질학자인 찰스 리히터가 지진의 강도를 절대적 수치로 나타내기 위해 제안한 개념이다. 리히터 규모는 지진계에 기록된 지진파의 최대 진폭을 측정하여 수학적으로 계산한 값이며, 지진이 발생하면 각 지진마다 고유의 리히터 규모 값이 매겨진다. 리히터 규모는 지진파의 최대 진폭이 10배가 될 때마다 1씩 증가하는데, 이때 지진에너지는 약 32배가 된다. 리히터 규모는 소수점 아래 한 자리까지 나타내는데, 예를 들어 'M 5.6' 또는 '규모 5.6'의 지진으로 표시된다.

진도는 지진이 일어났을 때 어떤 한 지점에서 사람이 느끼는 정도와 건물의 피해 정도 등을 상대적으로 등급화한 수치로, 동일한 지진에 대해서도 각 지역에 따라 진도가 달라질 수 있다. 예를 들어, 어떤 지진이 발생했을 때 발생 지점에서 거리가 멀어질수록 진도는 낮게 나타난다. 또한 진도는 각 나라별 실정에 따라 다른 기준이 채택된다. 우리나라는 12단계의 '수정 메르칼리 진도'를 사용하고 있으며, 진도를 나타내는 수치는 로마 숫자를 이용하여 '진도 Ⅲ'과 같이 표시한다. 표시되는 로마 숫자가 클수록 지진을 느끼는 정도나 피해의 정도가 크다는 것을 의미한다.

〈보기〉

ㄱ. M 5.6인 지진을 진도로 표시하면 나라별로 다르게 표시될 수 있다.
ㄴ. M 4.0인 지진의 지진파 최대 진폭은 M 2.0인 지진의 지진파 최대 진폭의 100배이다.
ㄷ. 진도 Ⅱ인 지진이 일어났을 때, 어떤 한 지점에서 사람이 느끼는 정도와 건물의 피해 정도는 진도 Ⅳ인 지진의 2배이다.
ㄹ. M 6.0인 지진의 지진에너지는 M 3.0인 지진의 1,000배이다.

① ㄱ, ㄴ
② ㄱ, ㄷ
③ ㄴ, ㄷ
④ ㄴ, ㄹ
⑤ ㄷ, ㄹ

분수 - 분자·분모 증가율

76 다음 글을 근거로 판단할 때, <보기>에서 옳은 것만을 모두 고르면? 22년 7급 가책형 6번

甲의 자동차에 장착된 내비게이션 시스템은 목적지까지 운행하는 도중 대안경로를 제안하는 경우가 있다. 이때 이 시스템은 기존경로와 비교하여 남은 거리와 시간이 어떻게 달라지는지 알려준다. 즉 목적지까지의 잔여거리(A)가 몇 km 증가 · 감소하는지, 잔여시간(B)이 몇 분 증가 · 감소하는지 알려준다. 甲은 기존경로와 대안경로 중 출발지부터 목적지까지의 평균속력이 더 높을 것으로 예상되는 경로를 항상 선택한다.

〈보기〉

ㄱ. A가 증가하고 B가 감소하면 甲은 항상 대안경로를 선택한다.
ㄴ. A와 B가 모두 증가하면 甲은 항상 대안경로를 선택한다.
ㄷ. A와 B가 모두 감소할 때 甲이 대안경로를 선택하는 경우가 있다.
ㄹ. A가 감소하고 B가 증가할 때 甲이 대안경로를 선택하는 경우가 있다.

① ㄱ, ㄴ
② ㄱ, ㄷ
③ ㄴ, ㄷ
④ ㄴ, ㄹ
⑤ ㄷ, ㄹ

날짜 계산

77 다음 글과 <상황>을 근거로 추론할 때 옳지 않은 것은? (단, 월·일은 양력 기준이다) 13년 5급 인책형 2번

절기(節氣)는 태양의 주기에 기초해서 1개월에 2개씩 지정되는 것으로 1년에 총 24개의 절기가 있다. 24절기는 12절기와 12중기로 이루어져 있는데, 각 달의 첫 번째는 절기, 두 번째는 중기라 한다. 절기를 정하는 방법으로 정기법이 있다. 정기법은 황도상의 해당 지점인 태양황경을 기준으로 태양이 동쪽으로 15도 간격으로 이동할 때마다, 즉 15도씩 증가할 때마다 절기와 중기를 매겨 나가는 방법이다. 황경은 지구에서 태양을 보았을 때, 태양이 1년 동안 하늘을 한 바퀴 도는 길인 황도를 지나가는 각도이다. 춘분은 황경의 기점이 되며, 황경이 0도일 때이다.

양력	절기	중기	양력	절기	중기
1월	소한	대한	7월	소서	대서
2월	입춘	우수	8월	입추	처서
3월	경칩	춘분	9월	백로	추분
4월	청명	곡우	10월	한로	상강
5월	입하	소만	11월	입동	소설
6월	망종	하지	12월	대설	동지

계절은 3개월마다 바뀌고, 각 계절마다 6개의 절기가 있다. 입춘, 입하, 입추, 입동은 봄, 여름, 가을, 겨울이 시작되는 첫날이다. 절기 사이에는 15일의 간격이 있다. 그런데 일부 절기 사이의 간격은 하루가 늘거나 줄기도 한다.

〈상황〉

○ 올해는 입하, 망종, 하지, 대서, 입추, 백로, 한로가 앞 절기와 16일 간격이고, 대한과 대설은 앞 절기와 14일 간격이다.
○ 올해 춘분은 3월 21일이다.
○ 올해 2월은 28일까지 있다.

① 올해 여름의 첫날은 5월 5일이다.
② 절기의 양력 날짜는 매년 고정적인 것은 아니다.
③ 올해 태양황경이 60도가 되는 날은 5월 중기인 소만이다.
④ 올해 7월 24일은 태양황경이 120도에서 135도 사이에 있는 날이다.
⑤ 올해 입춘부터 곡우까지의 날짜 간격은 한로부터 동지까지의 날짜 간격보다 길다.

기타 계산

78 다음 글을 근거로 판단할 때, <보기>에서 옳은 것만을 모두 고르면? 18년 민경채 가책형 24번

엘로 평점 시스템(Elo Rating System)은 체스 등 일대일 방식의 종목에서 선수들의 실력을 표현하는 방법으로 물리학자 아르파드 엘로(Arpad Elo)가 고안했다.

임의의 두 선수 X, Y의 엘로 점수를 각각 EX, EY라 하고 X가 Y에게 승리할 확률을 PXY, Y가 X에게 승리할 확률을 PYX라고 하면, 각 선수가 승리할 확률은 다음 식과 같이 계산된다. 무승부는 고려하지 않으므로 두 선수가 승리할 확률의 합은 항상 1이 된다.

$$P_{XY}=\frac{1}{1+10^{-(E_X-E_Y)/400}}$$

$$P_{YX}=\frac{1}{1+10^{-(E_Y-E_X)/400}}$$

두 선수의 엘로 점수가 같다면, 각 선수가 승리할 확률은 0.5로 같다. 만약 한 선수가 다른 선수보다 엘로 점수가 200점 높다면, 그 선수가 승리할 확률은 약 0.76이 된다.

경기 결과에 따라 각 선수의 엘로 점수는 변화한다. 경기에서 승리한 선수는 그 경기에서 패배할 확률에 K를 곱한 만큼 점수를 얻고, 경기에서 패배한 선수는 그 경기에서 승리할 확률에 K를 곱한 만큼 점수를 잃는다(K는 상수로, 보통 32를 사용한다). 승리할 확률이 높은 경기보다 승리할 확률이 낮은 경기에서 승리했을 경우 더 많은 점수를 얻는다.

〈보기〉

ㄱ. 경기에서 승리한 선수가 얻는 엘로 점수와 그 경기에서 패배한 선수가 잃는 엘로 점수는 다를 수 있다.
ㄴ. K＝32라면, 한 경기에서 아무리 강한 상대에게 승리해도 얻을 수 있는 엘로 점수는 32점 이하이다.
ㄷ. A가 B에게 패배할 확률이 0.1이라면, A와 B의 엘로 점수 차이는 400점 이상이다.
ㄹ. A가 B에게 승리할 확률이 0.8, B가 C에게 승리할 확률이 0.8이라면, A가 C에게 승리할 확률은 0.9 이상이다.

① ㄱ, ㄴ
② ㄴ, ㄹ
③ ㄱ, ㄴ, ㄷ
④ ㄱ, ㄷ, ㄹ
⑤ ㄴ, ㄷ, ㄹ

79 다음 글과 <상황>을 근거로 판단할 때, 과거에 급제한 아들이 분재 받은 밭의 총 마지기 수는? 19년 7급(예시) 3번

조선시대의 분재(分財)는 시기가 재주(財主) 생전인지 사후인지에 따라 구분할 수 있다. 별급(別給)은 재주 생전에 과거급제, 생일, 혼인, 출산, 감사표시 등 특별한 사유로 인해 이루어지는 분재였으며, 깃급[衿給]은 특별한 사유 없이 재주가 임종이 가까울 무렵에 하는 일반적인 분재였다.

재주가 재산을 분배하지 못하고 죽는 경우 재주 사후에 그 자녀들이 모여 재산을 분배하게 되는데, 이를 화회(和會)라고 했다. 화회는 재주의 3년 상(喪)을 마친 후에 이루어졌다. 자녀들이 재산을 나눌 때 재주의 유서나 유언이 남아 있으면 이에 근거하여 분재가 되었으나, 그렇지 못한 경우에는 합의하여 재산을 나누어 가졌다. 조선 전기에는 『경국대전』의 규정에 따랐는데, 친자녀 간 균분 분재를 원칙으로 하나 제사를 모실 자녀에게는 다른 친자녀 한 사람 몫의 5분의 1이 더 분재되었다. 그러나 이때에도 양자녀에게는 차별을 두도록 되어 있었다. 조선 중기 이후에는 『경국대전』의 규정이 그대로 지켜지지 못하고 장남에게 많은 재산이 우선적으로 분재되었다. 깃급과 화회 대상 재산에는 별급으로 받은 재산이 포함되지 않았다.

※ 분재: 재산을 나누어 줌
※ 재주: 분재되는 재산의 주인

〈상황〉

○ 유서와 유언 없이 사망한 재주 甲의 분재 대상자는 아들 2명과 딸 2명이며, 이 중 딸 1명은 양녀이고 나머지 3명은 친자녀이다.
○ 甲이 별급한 재산은 과거에 급제한 아들 1명에게 밭 20마지기를 준 것과 두 딸이 시집갈 때 각각 밭 10마지기씩을 준 것이 전부였다.
○ 화회 대상 재산은 밭 100마지기이며 화회는 『경국대전』의 규정에 따라 이루어졌다.
○ 과거에 급제한 아들이 제사를 모시기로 하였으며, 양녀는 제사를 모시지 않는 친자녀 한 사람이 화회로 받은 몫의 5분의 4를 받았다.

① 30
② 35
③ 40
④ 45
⑤ 50

80 다음 글을 근거로 판단할 때, ㉠과 ㉡에 들어갈 수를 옳게 짝지은 것은? 20년 7급(모의) 8번

> 올림픽은 원칙적으로 4년에 한 번씩 개최되는 세계 최대 규모의 스포츠 대회이다. 제1회 하계 올림픽은 1896년 그리스 아테네에서, 제1회 동계 올림픽은 1924년 프랑스 샤모니에서 개최되었다. 그런데 두 대회의 차수(次數)를 계산하는 방식은 서로 다르다.
>
> 올림픽 사이의 기간인 4년을 올림피아드(Olympiad)라 부르는데, 하계 올림픽의 차수는 올림피아드를 기준으로 계산한다. 이전 대회부터 하나의 올림피아드만큼 시간이 흐르면 올림픽 대회 차수가 하나씩 올라가게 된다. 대회가 개최되지 못해도 올림피아드가 사라지는 것은 아니기 때문에 대회 차수에는 영향을 미치지 않는다. 실제로 하계 올림픽은 제1 · 2차 세계대전으로 세 차례(1916년, 1940년, 1944년) 개최되지 못하였는데, 1912년 제5회 스톡홀름 올림픽 다음으로 1920년에 벨기에 안트베르펜에서 개최된 올림픽은 제7회 대회였다. 마찬가지로 1936년 제11회 베를린 올림픽 다음으로 개최된 1948년 런던 올림픽은 제(㉠)회 대회였다. 반면에 동계 올림픽의 차수는 실제로 열린 대회만으로 정해진다. 동계 올림픽은 제2차 세계대전으로 두 차례(1940년, 1944년) 열리지 못하였는데, 1936년 제4회 동계 올림픽 다음 대회인 1948년 동계 올림픽은 제5회 대회였다. 이후 2020년 전까지 올림픽이 개최되지 않은 적은 없다.
>
> 1992년까지 동계 · 하계 올림픽은 같은 해 치러졌으나 그 이후로는 IOC 결정에 따라 분리되어 2년 격차로 개최되었다. 1994년 노르웨이 릴레함메르에서 열린 동계 올림픽 대회는 이 결정에 따라 처음으로 하계 올림픽에 2년 앞서 치러진 대회였다. 이를 기점으로 동계 올림픽은 지금까지 4년 주기로 빠짐없이 개최되고 있다.
>
> 대한민국은 1948년 런던 하계 올림픽에 처음 출전하여, 1976년 제21회 몬트리올 하계 올림픽과 1992년 제(㉡)회 알베르빌 동계 올림픽에서 각각 최초로 금메달을 획득하였다.

	㉠	㉡
①	12	16
②	12	21
③	14	16
④	14	19
⑤	14	21

81 다음 글과 <조건>을 근거로 판단할 때, <보기>에서 옳은 것만을 모두 고르면? 16년 5급 4책형 3번

> 정약용은 『목민심서』에서 흉작에 대비하여 군현 차원에서 수령이 취해야 할 대책에 대해 서술하였다. 그는 효과적인 대책으로 권분(勸分)을 꼽았는데, 권분이란 군현에서 어느 정도 경제력을 갖춘 사람들에게 곡식을 내놓도록 권하는 제도였다.
>
> 권분의 대상자는 요호(饒戶)라고 불렀다. 요호는 크게 3등(等)으로 구분되는데, 각 등은 9급(級)으로 나누어졌다. 상등 요호는 봄에 무상으로 곡물을 내놓는 진희(賑餼), 중등 요호는 봄에 곡물을 빌려주었다가 가을에 상환받는 진대(賑貸), 하등 요호는 봄에 곡물을 시가의 1/4로 판매하는 진조(賑糶)를 권분으로 행하였다. 정약용이 하등 요호 8, 9급까지 권분의 대상에 포함시킨 것은, 현실적으로 상등 요호와 중등 요호는 소수이고 하등 요호가 대다수이었기 때문이다.
>
> 상등 요호 1급의 진희량은 벼 1,000석이고, 요호의 등급이 2급, 3급 등으로 한 급씩 내려갈 때마다 벼 100석씩 감소하였다. 중등 요호 1급의 진대량은 벼 100석이고, 한 급씩 내려갈 때마다 벼 10석씩 감소하였다. 하등 요호 1급의 진조량은 벼 10석이고, 한 급씩 내려갈 때마다 벼 1석씩 감소하였다. 조선시대 국법은 벼 50석 이상 권분을 행한 자부터 시상(施賞)할 수 있도록 규정하였는데 상등 요호들은 이러한 자격조건을 충분히 넘어섰고, 이들에게는 군역 면제의 혜택이 주어졌다.

〈조건〉

- 조선시대 벼 1석의 봄 시가: 6냥
- 조선시대 벼 1석의 가을 시가: 1.5냥

〈보기〉

ㄱ. 상등 요호 1급 甲에게 정해진 권분량과 하등 요호 9급 乙에게 정해진 권분량의 차이는 벼 999석이었을 것이다.
ㄴ. 중등 요호 6급 丙이 권분을 다한 경우, 조선시대 국법에 의하면 시상할 수 없었을 것이다.
ㄷ. 중등 요호 7급 丁에게 정해진 권분량의 대여시점과 상환시점의 시가 차액은 180냥이었을 것이다.
ㄹ. 상등 요호 9급 戊에게 정해진 권분량의 권분 당시 시가는 1,200냥이었을 것이다.

① ㄱ, ㄴ
② ㄱ, ㄷ
③ ㄴ, ㄷ
④ ㄴ, ㄹ
⑤ ㄷ, ㄹ

82 다음 글을 근거로 판단할 때 옳은 것은? 16년 5급 4책형 4번

> 독일의 통계학자 A는 가계지출을 음식비, 피복비, 주거비, 광열비, 문화비(교육비, 공과금, 보건비, 기타 잡비)의 5개 항목으로 구분해 분석했다. 그 결과 소득의 증가에 따라 총 가계지출 중 음식비 지출 비중은 점차 감소하는 경향이 있지만, 피복비 지출은 소득의 증감에 비교적 영향을 받지 않는다는 사실을 발견했다. 또 주거비와 광열비에 대한 지출 비중은 소득수준에 관계없이 거의 일정하고, 문화비 지출 비중은 소득 증가에 따라 급속하게 증가한다는 것도 알아냈다. 이러한 사실을 모두 아울러 'A의 법칙'이라고 한다. 특히 이 가운데서 가계지출 중 음식비 지출 비중만을 따로 떼어 내어 'A계수'라고 한다. A계수는 총 가계지출에서 차지하는 음식비의 비중을 백분율로 표시한 것으로, 소득수준이 높을수록 낮아지고, 소득수준이 낮을수록 높아지는 경향을 보인다.
>
> 가계지출 중 자녀 교육비의 비중을 나타낸 수치를 'B계수'라고 한다. 지난 1분기 가계소득 하위 20% 가구의 월평균 교육비 지출액은 12만 원으로 가계지출의 10%였다. 반면 가계소득 상위 20% 가구의 월평균 교육비 지출액은 72만 원으로 가계소득 하위 20% 가구의 6배에 달했고 가계지출에서 차지하는 비중도 20%였다.

① 가계소득이 증가할 때 A계수와 B계수는 모두 높아질 것이다.
② 소득이 높은 가계라도 가계구성원 모두가 값비싼 음식을 선호한다면 소득이 낮은 가계보다 A계수가 높을 수 있다.
③ A의 법칙에 의하면 소득이 증가할수록 음식비 지출액이 줄어든다고 할 수 있다.
④ 지난 1분기 가계소득 상위 20% 가구의 월평균 소득은 가계소득 하위 20% 가구의 월평균 소득의 3배이다.
⑤ 지난 1분기 가계소득 분위별 교육비 지출액 현황을 볼 때 가계소득이 낮을수록 교육열이 높다고 볼 수 있다.

83 다음 글을 근거로 판단할 때, <보기>에서 옳은 것만을 모두 고르면? 16년 5급 4책형 24번

> 특정 물질의 치사량은 주로 동물 연구와 실험을 통해서 결정한다. 치사량의 단위는 주로 LD50을 사용하는데, 'LD'는 Lethal Dose의 약어로 치사량을 의미하고, '50'은 물질 투여 시 실험 대상 동물의 50%가 죽는 것을 의미한다. 이런 이유로 LD50을 반수(半數) 치사량이라고도 한다. 일반적으로 치사량이란 '즉시' 생명을 앗아갈 수 있는 양을 의미하고 있으므로 '급성' 반수 치사량이 사실 정확한 표현이다. LD50 값을 표기할 때는 보통 실험 대상 동물의 몸무게 1kg을 기준으로 하는mg/kg 단위를 사용한다.
>
> 독성이 강하다는 보톡스의 LD50 값은 1ng/kg으로 복어 독보다 1만 배 이상 강하다. 일상에서 쉽게 접할 수 있는 카페인의 LD50 값은 200mg/kg이며 니코틴의 LD50 값은 1mg/kg이다. 커피 1잔에는 평균적으로 150mg의 카페인이 들어 있으며 담배 한 개비에는 평균적으로 0.1mg의 니코틴이 함유되어 있다.

※ 1ng(나노그램)=10^{-6}mg=10^{-9}g

〈보기〉

ㄱ. 복어 독의 LD50 값은 0.01mg/kg 이상이다.
ㄴ. 일반적으로 독성이 더 강한 물질일수록 LD50 값이 더 작다.
ㄷ. 몸무게가 7kg인 실험 대상 동물의 50%가 즉시 치사하는 카페인 투여량은 1.4g이다.
ㄹ. 몸무게가 60kg인 실험 대상 동물의 50%가 즉시 치사하는 니코틴 투여량은 1개비당 니코틴 함량이 0.1mg인 담배 60개비에 들어 있는 니코틴의 양에 상응한다.

① ㄱ, ㄴ
② ㄱ, ㄷ
③ ㄱ, ㄴ, ㄷ
④ ㄴ, ㄷ, ㄹ
⑤ ㄱ, ㄴ, ㄷ, ㄹ

84 다음 글을 근거로 판단할 때, <보기>에서 옳은 것만을 모두 고르면?

18년 5급 나책형 7번

조선왕실의 음악 일체를 담당한 장악원(掌樂院)은 왕실의 례에서 핵심적 역할을 수행하였다. 장악원은 승정원, 사간원, 홍문관, 예문관, 성균관, 춘추관과 같은 정3품 관청으로서, 『경국대전』에 의하면 2명의 당상관이 장악원 제조(提調)를 맡았고, 정3품의 정 1명, 종4품의 첨정 1명, 종6품의 주부 1명, 종7품의 직장 1명이 관리로 소속되어 있었다. 이들은 모두 음악 전문인이 아닌 문관 출신의 행정관리로서, 음악교육과 관련된 행정업무를 담당하였다. 이는 음악행정과 음악연주를 담당한 계층이 분리되어 있었다는 것을 의미한다.

궁중음악 연주를 담당한 장악원 소속 악공(樂工)과 악생(樂生)들은 행사에서 연주할 음악을 익히기 위해 정기적 또는 부정기적으로 연습하였다. 이 가운데 정기적인 연습은 특별한 사정이 없는 경우 매달 2자와 6자가 들어가는 날, 즉 2일과 6일, 12일과 16일, 22일과 26일의 여섯 차례에 걸쳐 이루어졌다. 그러한 이유에서 장악원 악공과 악생들의 습악(習樂)을 이륙좌기(二六坐起), 이륙회(二六會), 이륙이악식(二六肄樂式)과 같은 이름으로 불렀다. 이는 장악원의 정규적 음악이습(音樂肄習) 과정의 하나로 조선시대의 여러 법전에 규정된 바에 따라 시행되었다.

조선시대에는 악공과 악생의 음악연습을 독려하기 위한 여러 장치가 있었다. 1779년(정조 3년) 당시 장악원 제조로 있던 서명응이 정한 규칙 가운데에는 악공과 악생의 실력을 겨루어서 우수한 사람에게 상을 주는 내용이 있었다. 시험을 봐서 악생 중에 가장 우수한 사람 1인에게는 2냥(兩), 1등을 한 2인에게는 각각 1냥 5전(錢), 2등을 한 3인에게는 각각 1냥, 3등을 한 9인에게 각각 5전을 상금으로 주었다. 또 악공 중에서도 가장 우수한 사람 1인에게 2냥, 1등을 한 3인에게는 각각 1냥 5전, 2등을 한 5인에게는 각각 1냥, 3등을 한 21인에게 각각 5전을 상금으로 주었다. 악공 포상자가 더 많은 이유는 악공의 수가 악생의 수보다 많았기 때문이다. 1779년 당시의 악공은 168명, 악생은 90명이었다.

※ 10전(錢)=1냥(兩)

〈보기〉

ㄱ. 장악원에서는 특별한 사정이 없는 한 연간 최소 72회의 습악이 있었을 것이다.
ㄴ. 서명응이 정한 규칙에 따라 장악원에서 실시한 시험에서 상금을 받는 악공의 수는 상금을 받는 악생 수의 2배였다.
ㄷ. 『경국대전』에 따르면 장악원에서 음악행정 업무를 담당하는 관리들은 4명이었다.
ㄹ. 서명응이 정한 규칙에 따라 장악원에서 실시한 1회의 시험에서 악공과 악생들이 받은 총 상금액은 40냥 이상이었을 것이다.

① ㄱ, ㄴ　② ㄱ, ㄷ
③ ㄷ, ㄹ　④ ㄱ, ㄴ, ㄹ
⑤ ㄴ, ㄷ, ㄹ

4 논증

85 다음 글을 근거로 판단할 때, <보기>에서 옳은 것을 모두 고르면?

12년 민경채 인책형 6번

○ A학자는 청소년들이 폭력성이 강한 드라마를 자주 보면 폭력성향이 강해지고, 이것이 청소년 폭력행위의 증가로 이어진다고 주장한다. 따라서 텔레비전에서 폭력성이 강한 드라마가 방영되는 것에 대해 심각한 우려를 표명하고 있다.
○ B학자는 폭력성이 강한 드라마가 일부 청소년들 사이에서 인기가 높고, 청소년들의 폭력행위도 늘어나고 있다는 사실을 인식하고 있다. 하지만 폭력성향이 강한 청소년들은 폭력을 일삼는 드라마에 더 끌리는 경향이 있을 뿐, 이를 시청한다고 해서 청소년 폭력행위가 증가하는 것은 아니라고 주장한다.

〈보기〉

ㄱ. A의 주장에 따르면, 텔레비전에서 폭력물을 방영하는 것을 금지한다면 청소년 폭력행위는 줄어들 것이다.
ㄴ. A의 주장에 따르면, 남성 청소년들은 여성 청소년들보다 폭력물에서 보이는 세계가 현실이라고 믿는 경향이 더 강하다.
ㄷ. B의 주장에 따르면, 폭력물을 자주 본다는 것은 강한 폭력성향의 원인이 아니라 결과이다.
ㄹ. A와 B의 주장에 따르면, 청소년 폭력성향과 폭력물 시청은 상관관계가 있다.

① ㄱ
② ㄱ, ㄷ
③ ㄴ, ㄹ
④ ㄱ, ㄷ, ㄹ
⑤ ㄴ, ㄷ, ㄹ

86 다음 (가)와 (나)의 주장을 근거로 판단할 때, <보기>에서 옳은 것만을 모두 고르면? 14년 5급 A책형 22번

(가) 사회경제적 지위가 낮은 계층(이하 '하층')의 청소년들은 학교에서 지위좌절을 경험하면서 비행하위문화를 형성하고 그러한 문화의 영향으로 비행을 저지르게 된다. 학교라는 사회적 장에서 청소년들은 경쟁을 통해서 지위를 획득하게 되는데, 학교에서는 하층 청소년에게는 불리하고 중산층 청소년에게는 유리한 평가기준을 통해서 학생들을 평가한다. 오로지 학업성적 위주로만 평가하는 학교에서는 하층 청소년이 불리할 수밖에 없다. 그 과정에서 하층 청소년들은 지위좌절을 경험하게 되고, 중산층 청소년에게 유리한 평가기준이 적용되는 학교에 대하여 반발하게 된다. 그러면서 하층 청소년들은 지위좌절을 느끼지 않도록, 학업성적이 아닌 자신들에게 유리한 평가기준을 만들어가게 된다. 그것이 그들만의 하위문화로 발전하게 된다. 그러한 하위문화는 비행하위문화로서 중산층 문화에 반발하는 성격을 지니는 문화이다.

(나) 하층 지역에는 본래부터 비행 친화적인 가치와 문화가 존재하고 있기 때문에 하층 지역 출신의 청소년들이 비행을 더 많이 저지르게 된다. 예컨대 하층 지역은 아버지가 없는 가정에서 자란 아이들이 많고, 따라서 성역할 모델인 아버지가 없어 청소년들이 친구들과 어울리면서 부단히 남성성을 찾으려고 노력한다. 그 과정에서 하층 지역에서는 독자적이고 전통성을 지닌 고유한 문화가 발달하게 되는데, 이는 중산층 문화에 적대적이거나 반발하여 형성된 것이 아니다.

〈보기〉

ㄱ. (가), (나) 모두 하층 청소년들의 비행을 문화적 특성이 반영된 결과라고 주장한다.

ㄴ. (가), (나) 모두 하층 청소년들의 비행은 중산층 문화에 대한 반발과 관련이 있다고 주장한다.

ㄷ. 청소년들은 계층에 상관없이 모두 좋은 학업성적을 얻기 위하여 열심히 공부한다는 조사결과는 (가)의 주장을 지지한다.

ㄹ. 계층에 따라서 비행 정도에 차이가 없다는 청소년 대상 설문 조사결과는 (나)의 주장을 지지한다.

① ㄱ
② ㄱ, ㄴ
③ ㄴ, ㄷ
④ ㄱ, ㄹ
⑤ ㄴ, ㄷ, ㄹ

87 다음 글을 뒷받침할 근거로 제시될 수 있는 것만을 <보기>에서 모두 고르면? 15년 5급 인책형 24번

하나의 선거구에서 1인을 선출하는 국회의원 지역선거구를 획정할 때, 과거 헌법재판소는 국회의원의 지역대표성, 도시와 농어촌 간의 인구편차, 각 분야의 개발불균형 등을 근거로 인구편차의 허용기준을 전국 국회의원 지역선거구 평균인구 기준 상하 50%로 제시한 바 있었다. 그러나 최근 헌법재판소는 다음과 같은 이유로 국회의원 지역선거구별 인구편차 기준은 가장 큰 선거구와 가장 작은 선거구가 인구비례 2:1을 넘지 않아야 한다고 입장을 변경하였다.

(1) 종래의 인구편차의 허용 기준을 적용하게 되면 1인의 투표가치가 다른 1인의 투표가치에 비하여 세 배가 되는 경우도 발생하는데, 이는 투표가치의 지나친 불평등이다.

(2) 국회를 구성함에 있어 국회의원의 지역대표성이 고려되어야 한다고 할지라도 이것이 국민주권주의의 출발점인 투표가치의 평등보다 우선시 될 수는 없다. 특히 현재는 지방자치제도가 정착되어 있으므로, 지역대표성을 이유로 헌법상 원칙인 투표가치의 평등을 현저히 완화할 필요성이 예전에 비해 크지 않다.

(3) 인구편차의 허용기준을 완화하면 할수록 과대대표되는 지역과 과소대표되는 지역이 생길 가능성 또한 높아지는데, 이는 지역정당구조를 심화시키는 부작용을 야기할 수 있다. 이러한 불균형은 농어촌 지역 사이에서도 나타날 수 있다. 그것은 농어촌 지역의 합리적인 변화를 저해할 수 있으며, 국토의 균형발전에도 도움이 되지 않는다.

(4) 인구편차의 허용기준을 엄격하게 하는 것이 외국의 판례와 입법추세임을 고려할 때, 우리도 인구편차의 허용기준을 엄격하게 하는 일을 더 이상 미룰 수 없다.

※ '인구'는 '선거권자'를 의미함

〈보기〉

ㄱ. 지방자치제도가 정착되었기 때문에 국회의원의 지역대표성을 더욱 강화해야 한다.

ㄴ. 국회의원 지역선거구를 획정할 때, 인구가 '최대인 선거구의 인구'를 '최소인 선거구의 인구'로 나눈 숫자가 2 이상이 되지 않는 것이 외국의 일반적인 경향이다.

ㄷ. 지역정당구조의 완화와 농어촌 지역 간 불균형을 극복하기 위하여 국회의원 지역선거구 획정은 평균인구 기준 상하 66.6%를 기준으로 판단해야 한다.

ㄹ. 선거구별 인구의 차이가 커질수록 인구가 많은 선거구에 거주하는 사람의 투표가치는 인구가 적은 선거구에 거주하는 사람의 투표가치보다 줄어든다.

① ㄱ
② ㄴ, ㄷ
③ ㄴ, ㄹ
④ ㄷ, ㄹ
⑤ ㄱ, ㄴ, ㄷ

88 다음 글을 근거로 판단할 때, <보기>에서 옳은 것만을 모두 고르면? 16년 5급 4책형 28번

1989년 독일 통일 직후, 체제가 다른 구동독에서 교육받아 양성되고 활동했던 판사 · 검사들의 자격유지를 둘러싸고 논쟁이 벌어졌다.

판사 · 검사들의 자격유지에 반대하는 주장의 논거는 다음과 같다.

논거 1: 구동독에서 전체주의 국가의 체제지도이념에 따라 소송을 수행해 온 판사 · 검사들은 자유민주적 법치국가에 부합하는 국가관이 결여되어 있고, 오히려 그들은 과거 관여한 재판의 결과로 야기된 체제 불법에 대하여 책임을 져야 한다.

논거 2: 구동독과 구서독은 법체제뿐만 아니라 소송의 전 과정에 큰 차이가 있었기 때문에, 구동독에서 법학 교육을 받고 판사 · 검사로 양성된 자들을 구서독 질서를 기준으로 작동하고 있는 통일독일의 사법체제 내로 받아들인다는 것은 소송수행능력 차원에서도 인정되기 어렵다.

판사 · 검사들의 자격유지에 찬성하는 주장의 논거는 다음과 같다.

논거 1: 구동독 출신 판사 · 검사들을 통일독일의 사법체제 내로 받아들이지 않는다면, 당장 상당히 넓은 지역에서 재판 정지상태가 야기될 것이다.

논거 2: 구서독 출신 판사 · 검사들은 구동독 지역의 생활관계의 고유한 관점들을 고려하지 못하여 구동독 주민들로부터 신뢰받기 어렵고, 이러한 점은 재판에서 불복과 다툼의 원인이 될 것이다.

한편, 구동독 지역인 튀링엔 주의 경우 1990년 10월 3일 판사 · 검사의 자격유지 여부를 위한 적격심사를 한 결과, 전체 194명의 판사 중 101명이, 141명의 검사 중 61명이 심사를 통과하여 판사 · 검사로 계속 활동하게 되었다.

〈보기〉

ㄱ. 구동독 판사 · 검사의 자격유지를 반대하는 입장에서는, 이들이 구동독 전체주의 체제에서 오랜 기간 교육받고 생활하면서 형성된 국가관을 가지고 있다는 점을 문제로 제기했을 것이다.

ㄴ. 구동독 판사 · 검사의 자격유지를 찬성하는 입장에서는, 기존 판사 · 검사들의 공백으로 인한 재판업무의 마비를 우려했을 것이다.

ㄷ. 구동독 판사 · 검사의 자격유지를 찬성하는 입장에서는, 구동독 주민들의 관점에서 이들의 생활관계상 특수성을 이해하고 주민들의 신뢰를 받을 수 있는 판사 · 검사가 필요하다고 주장했을 것이다.

ㄹ. 튀링엔 주의 경우 1990년 10월 3일 적격심사 결과, 판사들보다 검사들 중 통일독일의 판사 · 검사로서 적합한 인물이 보다 많았다고 할 수 있다.

① ㄱ, ㄴ
② ㄱ, ㄴ, ㄷ
③ ㄱ, ㄴ, ㄹ
④ ㄱ, ㄷ, ㄹ
⑤ ㄴ, ㄷ, ㄹ

5 매칭

89 다음 <보기 1>의 유형에 알맞은 것을 <보기 2>에서 골라 적절하게 연결한 것은? 07년 5급 재책형 30번

〈보기 1〉

A형: 어느 모임에서나 적극적으로 나서려고 한다. 외향적이고 활발하여 자신의 명성을 과업보다 우선순위에 놓는다. 이들의 핵심 욕구는 인정과 칭찬이다.

B형: 남들의 진실한 관심과 존중을 원한다. 장기적인 인간관계를 목표로 하기 때문에 언제나 신뢰를 구축하고 남의 얼굴을 익히는 것에 집중한다. 이들의 핵심 욕구는 친밀과 조화이다.

C형: 감정은 주관적이므로 객관성을 왜곡시킨다고 믿는다. 따라서 자신의 비이성적 행위가 목표달성을 방해할까 두려워한다. 이들의 핵심 욕구는 정보와 정확성이다.

D형: 타인을 지도하고 통제하려는 내적 욕구가 강하며 상황에 대해 적극적으로 책임을 지고자 한다. 이들은 목표달성을 원한다. 결과만을 놓고 성공 여부를 측정하려 한다. 이들의 핵심 욕구는 결과와 성취감이다.

〈보기 2〉

ㄱ. 게임을 할 때, 이기고 지는 것보다 내가 어떻게 보이는지가 중요하다.

ㄴ. 게임에서는 이기는 것이 무엇보다 중요하다.

ㄷ. 게임에서는 이기고 지는 것보다 그 과정이 합리적으로 진행되는지가 중요하다.

ㄹ. 게임을 할 때, 이기고 지는 것보다 협동과 우정이 중요하다.

	A형	B형	C형	D형
①	ㄱ	ㄹ	ㄴ	ㄷ
②	ㄱ	ㄹ	ㄷ	ㄴ
③	ㄹ	ㄱ	ㄷ	ㄴ
④	ㄹ	ㄴ	ㄷ	ㄱ
⑤	ㄹ	ㄷ	ㄴ	ㄱ

6 문제 해결 방법

90 다음 글을 근거로 판단할 때, 문화바우처사업의 문제점에 대한 개선방안으로 가장 적절한 것은? 13년 외교관 인책형 5번

> 문화바우처사업은 기초생활수급자와 법정 차상위계층을 대상으로 연간 5만 원 상당의 문화예술 상품을 구매하거나 이용할 수 있는 '문화카드'를 발급하는 정책을 말한다. 2005년 5억 원 예산으로 시작한 이 사업은 2011년 347억 원으로 증액되는 등 대표적인 문화 복지 정책으로 자리 잡고 있다.
>
> 그러나 대상자의 문화카드 발급률과 사용률에 있어 양극화가 심각하게 나타나고 있다. 이러한 격차는 문화생활에 대한 개인적 관심의 차이보다는 대상자의 거주지역, 문화예술 교육 경험, 나이, 학력 등에서 비롯된다는 것이 각종 통계에서 드러나고 있다. 특히 문화카드 발급률 및 사용률 실태조사에서 세대적 요인에 따른 격차가 큰 것으로 나타나고 있다. 20대와 30대의 발급률과 사용률은 각각 90% 이상인 반면, 50대와 60대의 경우 각각 50% 이하로 나타났다.
>
> 또한 지역 간 격차도 심각한 것으로 나타났다. 도시의 경우 발급률과 사용률 평균이 전국 평균을 훨씬 웃도는 70% 이상이었으나, 농촌지역의 경우는 20%에도 못 미치는 경우가 대다수였다. 이로 인해 어느 지방자치단체에서는 이 사업에 책정된 예산의 80% 가까이를 집행하지 못하는 상황도 발생하고 있다.
>
> 이와 같이 문화카드의 발급률과 사용률이 저조한 것은 농촌지역 주민 대부분이 사업 시행을 모르거나 사업 자체에 대한 인식을 제대로 하지 못하고 있기 때문으로 분석된다. 또한 행정기관을 방문해 문화카드를 발급받아야 하는 등 절차가 까다로워 고령의 농촌지역 주민들이 이용을 꺼리는 것도 한 원인으로 손꼽힌다.

① 고학력자에 대한 문화예술 체험 확대 방안
② 사업의 불법 수혜자에 대한 적발 강화 방안
③ 농촌지역의 문화바우처사업 예산 확대 방안
④ 젊은 세대가 선호하는 문화 사업 다양화 방안
⑤ 사업의 홍보 확대 및 문화카드 발급절차 간소화 방안

Ⅵ. 해결(5) - 1지문 2문항

1 일반(단순확인)

[91~92] 다음 글을 읽고 물음에 답하시오. 21년 5급 가책형 19~20번

연령규범은 특정 연령의 사람이 어떤 일을 할 수 있거나 해야 한다는 사회적 기대와 믿음이다. 연령규범은 사회적 자원 분배나 사회문화적 특성, 인간발달의 생물학적 리듬이 복합적으로 작용하여 제도화된다. 그 결과 결혼할 나이, 자녀를 가질 나이, 은퇴할 나이 등 사회구성원이 동의하는 기대연령이 달라진다. 즉 졸업, 취업, 결혼 등에 대한 기대연령은 사회경제적 여건에 따라 달라지는 것이다.

연령규범이 특정 나이에 어떤 행동을 해야 하는지에 대한 기대를 담고 있기 때문에 나이에 따라 사회적으로 용인되는 행위도 달라진다. 이러한 기대는 법적 기준에 반영되기도 한다. 예를 들어 甲국의 청소년법은 만 19세 미만인 청소년의 건강을 고려하여 음주나 흡연을 제한한다. 그럼에도 불구하고 만 19세가 되는 해의 1월 1일부터는 술 · 담배 구입을 허용한다. 동법에 따르면 청소년은 만 19세 미만이지만, 만 19세에 도달하는 해의 1월 1일을 맞은 사람은 제외하기 때문이다. 이때 사용되는 나이 기준을 '연 나이'라고 한다. '연 나이'는 청소년법 등에서 공식적으로 사용하는 나이 계산법으로 현재 연도에서 태어난 연도를 뺀 값이 나이가 된다. 이와 달리 '만 나이'는 태어난 날을 기준으로 0살부터 시작하여 1년이 지나면 한 살을 더 먹는 것으로 계산한다.

한편 법률상 甲국의 성인기준은 만 19세 이상이지만, 만 18세 이상이면 군 입대, 운전면허 취득, 취업, 공무원 시험 응시가 가능하다. 청소년 관람불가 영화도 고등학생을 제외한 만 18세 이상이면 관람할 수 있다. 국회의원 피선거권은 만 20세 이상, 대통령 피선거권은 만 35세 이상이지만 투표권은 만 19세 이상에게 부여된다.

최근 甲국에서 노인 인구가 급증하면서 노인에 대한 연령규범이 변화하고 노인의 연령기준도 달라지고 있다. 甲국에서 노인 연령기준은 통상 만 65세 이상이지만, 만 65세 이상 국민의 과반수가 만 70세 이상을 노인으로 인식하고 있다.

하지만 甲국의 어떤 법에서도 몇 세부터 노인이라고 규정하는 연령기준이 일관되게 제시되지 않고 있다. 예를 들어 노인복리법은 노인에 대한 정의를 내리지 않고 만 65세 이상에게 교통수단 이용 시 무료나 할인 혜택을 주도록 규정하고 있다. 기초연금 수급, 장기요양보험 혜택, 노인 일자리 제공 등도 만 65세 이상이 대상이다. 한편 노후연금 수급연령은 만 62세부터이며, 노인복지관과 노인교실 이용, 주택연금 가입이나 노인주택 입주자격은 만 60세부터이다.

91 윗글을 근거로 판단할 때 옳은 것은?

① 연령규범은 특정 나이에 어떤 일을 할 수 있는지에 대한 개인적 믿음을 말한다.
② 같은 연도 내에서는 만 나이와 연 나이가 항상 같다.
③ 甲국 법률에서 제시되는 노인 연령기준은 동일하다.
④ 결혼에 대한 기대연령은 생물학적 요인의 영향을 크게 받기 때문에 사회여건 변화가 영향을 미치기 어렵다.
⑤ 甲국의 연령규범에 따르면 만 19세인 사람은 운전면허 취득, 술 구매, 투표가 가능하다.

92 윗글을 근거로 판단할 때, 5월생인 甲국 국민이 '연 나이' 62세가 된 날 이미 누리고 있거나 누릴 수 있게 되는 것만으로 옳은 것은?

① 국회의원 피선거권, 노인교실 이용, 장기요양보험 혜택
② 노후연금 수급, 기초연금 수급, 대통령 피선거권
③ 국회의원 피선거권, 기초연금 수급, 노인주택 입주자격
④ 노후연금 수급, 국회의원 피선거권, 노인복지관 이용
⑤ 노인교실 이용, 대통령 피선거권, 주택연금 가입

2 계산

[93~94] 다음 글을 읽고 물음에 답하시오. 23년 7급 가책형 9~10번

'국민참여예산제도'는 국가 예산사업의 제안, 심사, 우선순위 결정과정에 국민을 참여케 함으로써 예산에 대한 국민의 관심도를 높이고 정부 재정운영의 투명성을 제고하기 위한 제도이다. 이 제도는 정부의 예산편성권과 국회의 예산심의 · 의결권 틀 내에서 운영된다.

국민참여예산제도는 기존 제도인 국민제안제도나 주민참여예산제도와 차이점을 지닌다. 먼저 '국민제안제도'가 국민들이 제안한 사항에 대해 관계부처가 채택 여부를 결정하는 방식이라면, 국민참여예산제도는 국민의 제안 이후 사업심사와 우선순위 결정과정에도 국민의 참여를 가능하게 함으로써 국민의 역할을 확대하는 방식이다. 또한 '주민참여예산제도'가 지방자치단체의 사무를 대상으로 하는 반면, 국민참여예산제도는 중앙정부가 재정을 지원하는 예산사업을 대상으로 한다.

국민참여예산제도에서는 3~4월에 국민사업제안과 제안사업 적격성 검사를 실시하고, 이후 5월까지 각 부처에 예산안을 요구한다. 6월에는 예산국민참여단을 발족하여 참여예산 후보사업을 압축한다. 7월에는 일반국민 설문조사와 더불어 예산국민참여단 투표를 통해 사업선호도 조사를 한다. 이러한 과정을 통해 선호순위가 높은 후보사업은 국민참여예산사업으로 결정되며, 8월에 재정정책자문회의의 논의를 거쳐 국무회의에서 정부예산안에 반영된다. 정부예산안은 국회에 제출되며, 국회는 심의 · 의결을 거쳐 12월까지 예산안을 확정한다.

예산국민참여단은 일반국민을 대상으로 전화를 통해 참여의사를 타진하여 구성한다. 무작위로 표본을 추출하되 성 · 연령 · 지역별 대표성을 확보하는 통계적 구성방법이 사용된다. 예산국민참여단원은 예산학교를 통해 국가재정에 대한 교육을 이수한 후, 참여예산 후보사업을 압축하는 역할을 맡는다. 예산국민참여단이 압축한 후보사업에 대한 일반국민의 선호도는 통계적 대표성이 확보된 표본을 대상으로 한 설문을 통해, 예산국민참여단의 사업선호도는 오프라인 투표를 통해 조사한다.

정부는 2017년에 2018년도 예산을 편성하면서 국민참여예산제도를 시범 도입하였는데, 그 결과 6개의 국민참여예산사업이 선정되었다. 2019년도 예산에는 총 39개 국민참여예산사업에 대해 800억 원이 반영되었다.

93 윗글을 근거로 판단할 때 옳은 것은?

① 국민제안제도에서는 중앙정부가 재정을 지원하는 예산사업의 우선순위를 국민이 정할 수 있다.
② 국민참여예산사업은 국회 심의 · 의결 전에 국무회의에서 정부예산안에 반영된다.
③ 국민참여예산제도는 정부의 예산편성권 범위 밖에서 운영된다.
④ 참여예산 후보사업은 재정정책자문회의의 논의를 거쳐 제안된다.
⑤ 예산국민참여단의 사업선호도 조사는 전화설문을 통해 이루어진다.

94 윗글과 <상황>을 근거로 판단할 때, 甲이 보고할 수치를 옳게 짝지은 것은?

〈상황〉

2019년도 국민참여예산사업 예산 가운데 688억 원이 생활밀착형사업 예산이고 나머지는 취약계층지원사업 예산이었다. 2020년도 국민참여예산사업 예산 규모는 2019년도에 비해 25% 증가했는데, 이 중 870억 원이 생활밀착형사업 예산이고 나머지는 취약계층지원사업 예산이었다. 국민참여예산제도에 관한 정부부처 담당자 甲은 2019년도와 2020년도 각각에 대해 국민참여예산사업 예산에서 취약계층지원사업 예산이 차지한 비율을 보고하려고 한다.

	2019년도	2020년도
①	13%	12%
②	13%	13%
③	14%	13%
④	14%	14%
⑤	15%	14%

3 방법

[95~96] 다음 글을 읽고 물음에 답하시오.

20년 7급(모의) 23~24번

독립운동가 김우전 선생은 일제강점기 광복군으로 활약한 인물로, 광복군의 무전통신을 위한 한글 암호를 만든 것으로 유명하다. 1922년 평안북도 정주 태생인 선생은 일본에서 대학에 다니던 중 재일학생 민족운동 비밀결사단체인 '조선민족 고유문화유지계몽단'에 가입했다. 1944년 1월 일본군에 징병돼 중국으로 파병됐지만 같은 해 5월 말 부대를 탈출해 광복군에 들어갔다.

1945년 3월 미 육군 전략정보처는 일본이 머지않아 패망할 것으로 보아 한반도 진공작전을 계획하고 중국에서 광복군과 함께 특수훈련을 하고 있었다. 이 시기에 선생은 한글 암호인 W-K(우전킴) 암호를 만들었다. W-K 암호는 한글의 자음과 모음, 받침을 구분하여 만들어진 암호체계이다. 자음과 모음을 각각 두 자리 숫자로, 받침은 자음을 나타내는 두 자리 숫자의 앞에 '00'을 붙여 네 자리로 표시한다.

W-K 암호체계에서 자음은 '11~29'에, 모음은 '30~50'에 순서대로 대응된다. 받침은 자음 중 ㄱ~ㅎ을 이용하여 '0011'부터 '0024'에 순서대로 대응된다. 예를 들어 '김'은 W-K 암호로 변환하면 'ㄱ'은 11, 'ㅣ'는 39, 받침 'ㅁ'은 0015이므로 '11390015'가 된다. 같은 방식으로 '1334001114390016'은 '독립'으로, '13402430001213340011143900161530001217 42'는 '대한독립만세'로 해독된다. 모든 숫자를 붙여 쓰기 때문에 상당히 길지만 네 자리씩 끊어 읽으면 된다.

하지만 어렵사리 만든 W-K 암호는 결국 쓰이지 못했다. 작전 준비가 한창이던 1945년 8월 일본이 갑자기 항복했기 때문이다. 이 암호에 대한 기록은 비밀에 부쳐져 미국 국가기록원에 소장되었다가 1988년 비밀이 해제되어 세상에 알려졌다.

※ W-K 암호체계에서 자음의 순서는 ㄱ, ㄴ, ㄷ, ㄹ, ㅁ, ㅂ, ㅅ, ㅇ, ㅈ, ㅊ, ㅋ, ㅌ, ㅍ, ㅎ, ㄲ, ㄸ, ㅃ, ㅆ, ㅉ 이고, 모음의 순서는 ㅏ, ㅑ, ㅓ, ㅕ, ㅗ, ㅛ, ㅜ, ㅠ, ㅡ, ㅣ, ㅐ, ㅒ, ㅔ, ㅖ, ㅘ, ㅙ, ㅚ, ㅝ, ㅞ, ㅟ, ㅢ 이다.

95 윗글을 근거로 판단할 때, <보기>에서 옳은 것만을 모두 고르면?

〈보기〉

ㄱ. 김우전 선생은 일본군에 징병되었을 때 무전통신을 위해 W-K 암호를 만들었다.
ㄴ. W-K 암호체계에서 한글 단어를 변환한 암호문의 자릿수는 4의 배수이다.
ㄷ. W-K 암호체계에서 '183000152400'은 한글 단어로 해독될 수 없다.
ㄹ. W-K 암호체계에서 한글 '궤'는 '11363239'로 변환된다.

① ㄱ, ㄴ ② ㄴ, ㄷ
③ ㄷ, ㄹ ④ ㄱ, ㄴ, ㄹ
⑤ ㄱ, ㄷ, ㄹ

96 윗글과 다음 <조건>을 근거로 판단할 때, '3·1운동!'을 옳게 변환한 것은?

〈조건〉

숫자와 기호를 표현하기 위하여 W-K 암호체계에 다음의 규칙이 추가되었다.

○ 1~9의 숫자는 차례대로 '51~59', 0은 '60'으로 변환하고, 끝에 '00'을 붙여 네 자리로 표시한다.
○ 온점(.)은 '70', 가운뎃점(·)은 '80', 느낌표(!)는 '66', 물음표(?)는 '77'로 변환하고, 끝에 '00'을 붙여 네 자리로 표시한다.

① 530080005100183600121334001866OO
② 53008000510018360012133500186600
③ 53007000510018360012133400187700
④ 5370005118360012133400176600
⑤ 5380005118360012133500177700

4 고전 소재

[97~98] 다음 글을 읽고 물음에 답하시오.

16년 5급 4책형 19~20번

경연(經筵)이란 신하들이 임금에게 유학의 경서를 강론하는 것으로서, 경악(經幄) 또는 경유(經帷)라고도 하였다. 임금에게 경사(經史)를 가르쳐 유교의 이상정치를 실현하려는 것이 그 목적이었으나, 실제로는 왕권의 행사를 규제하는 중요한 기능을 수행하였다. 경연에서는 사서와 오경 및 역사책인 자치통감 등에 대한 강의가 이루어졌고, 강의가 끝난 후에는 정치문제도 협의하였다.

기록에 따르면 경연은 고려 예종이 처음 도입하였고, 조선시대에 들어와 숭유(崇儒)정책을 실시하면서 비약적으로 발전하였다. 조선시대 태조는 경연청을 설치했고, 정종과 태종도 각각 경연을 실시하였다. 세종은 즉위한 뒤 약 20년 동안 매일 경연에 참석했으며, 집현전을 정비해 경연관(經筵官)을 강화하였다. 특히 성종은 재위 25년 동안 매일 세 번씩 경연에 참석하여 여러 정치 문제를 협의하였다. 경연이 바야흐로 정치의 심장부가 된 것이다.

조선시대 경연관은 당상관(堂上官)과 낭청(郎廳)으로 구성되었다. 당상관은 영사(領事) 3인, 지사(知事) 3인, 동지사(同知事) 3인, 참찬관(參贊官) 7인이다. 영사는 삼정승이 겸하고 지사와 동지사는 정2품과 종2품에서 각각 적임자를 임명하였다. 참찬관은 여섯 승지와 홍문관 부제학이 겸직하였다. 그 밖에 성종 말년에 특진관을 두었는데, 1·2품의 대신 중에서 임명했으며, 정원은 없었다. 낭청으로는 시강관·시독관·검토관이 있었는데 모두 홍문관원이 겸임하였다. 시강관은 직제학·전한·응교·부응교가 겸했고, 시독관은 교리·부교리가 겸했으며, 검토관은 수찬·부수찬이 겸임하였다.

강의 방식도 세종과 성종 때에 대체로 확립되었다. 세종 때는 승지 1인, 낭청 2인, 사관(史官) 1인이 참석하였다. 성종은 어린 나이로 왕이 되었을 때부터 하루에 세 번 조강(朝講)·주강(晝講)·석강(夕講)에 참석했는데, 성년이 된 후에도 계속되었다. 조강에는 영사·지사(또는 동지사)·참찬관 각 1인, 낭청 2인, 대간(臺諫) 각 1인, 사관 1인, 특진관 2인 등 모두 10인 이상의 신하들이 참석하였다. 주강과 석강의 참석자는 세종 때와 같았다. 좌석의 배치는 왕이 북쪽에 남향해 앉고, 1품은 동편에 서향, 2품은 서편에 동향, 3품 이하는 남쪽에 북향해 부복하였다.

※ 승지: 조선시대 승정원의 도승지·좌승지·우승지·좌부승지·우부승지·동부승지의 총칭
※ 경연관: 고려·조선시대 국왕의 학문지도와 치도강론을 위하여 설치한 관직
※ 대간: 사헌부의 대관과 사간원의 간관을 합칭한 말
※ 부복: 고개를 숙이고 엎드림

97 위의 글을 근거로 판단할 때 옳은 것은?

① 조선시대 성종 때 조강에 참석했던 인원은 최소 11인이었을 것이다.
② 삼정승 중 으뜸인 영의정은 경연관 중 동지사에 해당한다.
③ 지사와 동지사는 동편에 서향해 부복하였을 것이다.
④ 경연 시 다루어진 주제에 역사는 포함되지 않았을 것이다.
⑤ 경연은 조선시대에 처음 시작되어 유교의 이상정치 실현에 기여하였다.

98 위의 글을 근거로 판단할 때, 조선시대 성종 대의 강의 시간과 경연 참석자의 관직으로 구성될 수 없는 것은?

	강의 시간	당상관	낭청
①	조강	우의정	부응교
②	조강	도승지	직제학
③	주강	도승지	부제학
④	주강	우승지	직제학
⑤	석강	좌승지	전한

5 기타 - 주기

[99~100] 다음 글을 읽고 물음에 답하시오.

12년 5급 인책형 39~40번

마야인은 시간의 최소단위를 하루라고 보았고, 시간이 형상화된 것이 신이라고 생각했다. 이 신이 활동하기 위해서는 신에게 제례의식을 올려야 했다. 마야의 왕들은 제례의식을 자신과 신을 연결하는 기회라고 보고, 제례의식을 독점적으로 진행하였다.

마야에서는 통치자의 위엄과 달력의 권위가 운명적으로 결합해 있다고 보아 달력에 조그만 실수도 용납하지 않았으며, 만일 달력에 실수가 있으면 백성들이 왕위계승을 인정하지 않을 정도였다. 따라서 달력을 제작했던 역법학자나 천문관들은 선발된 특수계층으로서 자의식이 강했다. 이들은 태양계의 운행에 대한 정확한 관측자료 및 수학과 천문학에 의존하여 두 종류의 달력을 만들었다.

종교력인 '촐킨'은 신성한 순환이라고도 불리는데 주로 종교적이고 예언적인 기능을 담당하였다. 촐킨의 날짜는 1에서 13까지의 숫자와 신의 이름을 나타내는 그림문자 20개를 조합하여 만들었으며, 각각의 날은 다른 명칭을 가지고 있다. 예를 들면 '1이믹스' 다음 날은 '2이크'였다. 20개의 신의 이름의 순서는 이믹스 – 이크 – 아크발 – 칸– 치칸 – 키미 – 마니크 – 라마트 – 물루크 – 오크 – 추웬– 에브 – 벤 – 익스 – 멘 – 킵 – 카반 – 에츠납 – 카와크– 아하우 이다. 1~13까지의 숫자는 목, 어깨 등 인간의 중요 신체부위 13군데를 의미하였는데, 특히 13이란 숫자는 신체에너지와 우주에너지가 통하는 교점을 상징하였다.

'하아브'는 지구의 공전을 근거로 만든 달력이다. 하아브는 20일씩 날짜가 꽉 채워진 18개의 달인 위날과 5일로 이루어진 짧은 달인 와옙으로 이루어져 있다. 위날의 이름 순서는 포프 – 우오 – 시프 – 소츠 – 세크 – 슐 – 약스킨– 몰 – 캔 – 약스 – 사크 – 케흐 – 마크 – 칸킨 – 무완 –팍스 – 카얍 – 쿰쿠 이다. 위날의 매 달은 '1'일로 시작하지만, 마지막 날은 그 다음 달 이름에 '0'을 붙인다. 한 해의 마지막 달인 와옙은 아주 불운한 달이라고 생각해서 단식을 하고 많은 제물을 바쳤다. 그리고 하아브 첫 날을 기다리며 되도록 집을 나가지 않는 등 행동을 삼갔다. 하아브 첫 날에는 성대한 축제가 열렸다.

촐킨과 하아브의 주기를 조합하는 계산방식을 역법순환이라고 한다. 역법순환이 새롭게 시작하는 해가 되면 대대적인 축하행사가 열렸다. 역법순환 방식으로 날짜를 표기한다면, '4아하우 8쿰쿠'식이 된다. 이들은 이러한 역법순환을 이용하여 만든 긴 주기의 달력을 통해 우주의 창조와 소멸을 이야기하였다.

99 <보기>에서 옳게 추론한 것을 모두 고르면?

〈보기〉

ㄱ. 마야의 달력은 왕의 권위를 유지하는 데 중요한 역할을 했다.
ㄴ. 마야의 달력은 마야인의 신앙과 밀접한 관련이 있었을 것이다.
ㄷ. '1이믹스'에서 '5이믹스'까지의 기간은 와옙의 기간과 같다.
ㄹ. 마야는 수학과 천문학이 발달하였지만 하루를 매 시간 단위로 분절하지는 않았을 것이다.

① ㄱ, ㄷ
② ㄴ, ㄹ
③ ㄱ, ㄴ, ㄷ
④ ㄱ, ㄴ, ㄹ
⑤ ㄴ, ㄷ, ㄹ

100 마야의 달력에 대해 잘못 이해하고 있는 사람은?

① 윤채: 촐킨에서 '13익스'의 다음 날은 '1멘'이야.
② 형욱: 촐킨의 1주기는 260일인데, '1이믹스'에서 시작하여 '13아하우'에서 끝나.
③ 지나: 하아브의 1주기는 365일이겠군.
④ 현석: 촐킨의 '1이믹스'와 하아브의 '0세크'가 다시 만나는 데는 최소한 18,980일이 걸릴 거야.
⑤ 지윤: 하아브의 '1포프'가 오늘날의 양력 1월 1일이라면, '0세크'는 오늘날의 양력 4월 중의 하루일 거야.

Ⅰ. 해결 (1) - 일치부합

1 법조문: 표제가 없는 경우

제00조

01 다음 글을 근거로 판단할 때, <보기>에서 옳은 것만을 모두 고르면? 18년 민경채 가책형 5번

제00조 ① 민사에 관한 분쟁의 당사자는 법원에 조정을 신청할 수 있다.
② 조정을 신청하는 당사자를 신청인이라고 하고, 그 상대방을 피신청인이라고 한다.
제00조 ① 신청인은 다음 각 호의 어느 하나에 해당하는 곳을 관할하는 지방법원에 조정을 신청해야 한다.
1. 피신청인의 주소지, 피신청인의 사무소 또는 영업소 소재지, 피신청인의 근무지
2. 분쟁의 목적물 소재지, 손해 발생지

② 조정사건은 조정담당판사가 처리한다.
제00조 ① 조정담당판사는 사건이 그 성질상 조정을 하기에 적당하지 아니하다고 인정하거나 신청인이 부당한 목적으로 조정신청을 한 것임을 인정하는 경우에는 조정을 하지 아니하는 결정으로 사건을 종결시킬 수 있다. 신청인은 이 결정에 대해서 불복할 수 없다.
② 조정담당판사는 신청인과 피신청인 사이에 합의가 성립되지 아니한 경우 조정 불성립으로 사건을 종결시킬 수 있다.
③ 조정담당판사는 신청인과 피신청인 사이에 합의된 사항이 조정조서에 기재되면 조정 성립으로 사건을 종결시킨다. 조정조서는 판결과 동일한 효력이 있다.
제00조 다음 각 호의 어느 하나에 해당하는 경우에는 조정신청을 한 때에 민사소송이 제기된 것으로 본다.
1. 조정을 하지 아니하는 결정이 있는 경우
2. 조정 불성립으로 사건이 종결된 경우

〈보기〉

ㄱ. 신청인은 피신청인의 근무지를 관할하는 지방법원에 조정을 신청할 수 있다.
ㄴ. 조정을 하지 아니하는 결정을 조정담당판사가 한 경우, 신청인은 이에 대해 불복할 수 있다.
ㄷ. 신청인과 피신청인 사이에 합의된 사항이 기재된 조정조서는 판결과 동일한 효력을 갖는다.
ㄹ. 조정 불성립으로 사건이 종결된 경우, 사건이 종결된 때를 민사소송이 제기된 시점으로 본다.
ㅁ. 조정담당판사는 신청인이 부당한 목적으로 조정신청을 한 것으로 인정하는 경우, 조정 불성립으로 사건을 종결시킬 수 있다.

① ㄱ, ㄷ ② ㄴ, ㄹ ③ ㄱ, ㄷ, ㄹ
④ ㄱ, ㄷ, ㅁ ⑤ ㄴ, ㄹ, ㅁ

02 다음 글을 근거로 판단할 때 옳은 것은? 20년 민경채 가책형 11번

제00조 이 규칙은 법원이 소지하는 국가기밀에 속하는 문서 등의 보안업무에 관한 사항을 규정함을 목적으로 한다.
제00조 이 규칙에서 비밀이라 함은 그 내용이 누설되는 경우 국가안전보장에 유해한 결과를 초래할 우려가 있는 국가기밀로서 이 규칙에 의하여 비밀로 분류된 것을 말한다.
제00조 ① Ⅰ급비밀 취급 인가권자는 대법원장, 대법관, 법원행정처장으로 한다.
② Ⅱ급 및 Ⅲ급비밀 취급 인가권자는 다음과 같다.
1. Ⅰ급비밀 취급 인가권자
2. 사법연수원장, 고등법원장, 특허법원장, 사법정책연구원장, 법원공무원교육원장, 법원도서관장
3. 지방법원장, 가정법원장, 행정법원장, 회생법원장

제00조 ① 비밀 취급 인가권자는 비밀을 취급 또는 비밀에 접근할 직원에 대하여 해당 등급의 비밀 취급을 인가한다.
② 비밀 취급의 인가는 대상자의 직책에 따라 필요한 최소한의 인원으로 제한하여야 한다.
③ 비밀 취급 인가를 받은 자가 다음 각 호의 어느 하나에 해당하는 경우에는 그 취급의 인가를 해제하여야 한다.
1. 고의 또는 중대한 과실로 중대한 보안 사고를 범한 때
2. 비밀 취급이 불필요하게 된 때

④ 비밀 취급의 인가 및 해제와 인가 등급의 변경은 문서로 하여야 하며 직원의 인사기록사항에 이를 기록하여야 한다.
제00조 ① 비밀 취급 인가권자는 임무 및 직책상 해당 등급의 비밀을 항상 사무적으로 취급하는 자에 한하여 비밀 취급을 인가하여야 한다.
② 비밀 취급 인가권자는 소속직원의 인사기록카드에 기록된 비밀 취급의 인가 및 해제사유와 임용시의 신원조사회보서에 의하여 새로 신원조사를 행하지 아니하고 비밀 취급을 인가할 수 있다. 다만 Ⅰ급비밀 취급을 인가하는 때에는 새로 신원조사를 실시하여야 한다.

① 비밀 취급 인가의 해제는 구술로 할 수 있다.
② 법원행정처장은 Ⅰ급비밀, Ⅱ급비밀, Ⅲ급비밀 모두에 대해 취급 인가권을 가진다.
③ 비밀 취급 인가는 대상자의 직책에 따라 가능한 한 제한 없이 충분한 인원에게 하여야 한다.
④ 비밀 취급 인가를 받은 자가 중대한 보안 사고를 범한 경우 고의가 없었다면 그 취급의 인가를 해제할 수 없다.
⑤ 비밀 취급 인가권자는 소속직원에 대해 새로 신원조사를 행하지 아니하고 Ⅰ급비밀 취급을 인가할 수 있다.

03 다음 글을 근거로 판단할 때 옳은 것은? 21년 7급 나책형 2번

제00조 ① 각 중앙관서의 장은 그 소관 물품관리에 관한 사무를 소속 공무원에게 위임할 수 있고, 필요하면 다른 중앙관서의 소속 공무원에게 위임할 수 있다.
② 제1항에 따라 각 중앙관서의 장으로부터 물품관리에 관한 사무를 위임받은 공무원을 물품관리관이라 한다.
제00조 ① 물품관리관은 물품수급관리계획에 정하여진 물품에 대하여는 그 계획의 범위에서, 그 밖의 물품에 대하여는 필요할 때마다 계약담당공무원에게 물품의 취득에 관한 필요한 조치를 할 것을 청구하여야 한다.
② 계약담당공무원은 제1항에 따른 청구가 있으면 예산의 범위에서 해당 물품을 취득하기 위한 필요한 조치를 하여야 한다.
제00조 물품은 국가의 시설에 보관하여야 한다. 다만 물품관리관이 국가의 시설에 보관하는 것이 물품의 사용이나 처분에 부적당하다고 인정하거나 그 밖에 특별한 사유가 있으면 국가 외의 자의 시설에 보관할 수 있다.
제00조 ① 물품관리관은 물품을 출납하게 하려면 물품출납공무원에게 출납하여야 할 물품의 분류를 명백히 하여 그 출납을 명하여야 한다.
② 물품출납공무원은 제1항에 따른 명령이 없으면 물품을 출납할 수 없다.
제00조 ① 물품출납공무원은 보관 중인 물품 중 사용할 수 없거나 수선 또는 개조가 필요한 물품이 있다고 인정하면 그 사실을 물품관리관에게 보고하여야 한다.
② 물품관리관은 제1항에 따른 보고에 의하여 수선이나 개조가 필요한 물품이 있다고 인정하면 계약담당공무원이나 그 밖의 관계 공무원에게 그 수선이나 개조를 위한 필요한 조치를 할 것을 청구하여야 한다.

① 물품출납공무원은 물품관리관의 명령이 없으면 자신의 재량으로 물품을 출납할 수 없다.
② A중앙관서의 장이 그 소관 물품관리에 관한 사무를 위임하고자 할 경우, B중앙관서의 소속 공무원에게는 위임할 수 없다.
③ 계약담당공무원은 물품을 국가의 시설에 보관하는 것이 그 사용이나 처분에 부적당하다고 인정하는 경우, 그 물품을 국가 외의 자의 시설에 보관할 수 있다.
④ 물품수급관리계획에 정해진 물품 이외의 물품이 필요한 경우, 물품관리관은 필요할 때마다 물품출납공무원에게 물품의 취득에 관한 필요한 조치를 할 것을 청구해야 한다.
⑤ 물품출납공무원은 보관 중인 물품 중 수선이 필요한 물품이 있다고 인정하는 경우, 계약담당공무원에게 수선에 필요한 조치를 할 것을 청구해야 한다.

04 다음 글을 근거로 판단할 때 옳은 것은? 22년 7급 가책형 3번

제00조 정비사업이란 도시기능을 회복하기 위하여 정비구역에서 정비사업시설을 정비하거나 주택 등 건축물을 개량 또는 건설하는 주거환경개선사업, 재개발사업, 재건축사업 등을 말한다.
제00조 특별자치시장 · 특별자치도지사 · 시장 · 군수 · 구청장(이하 '시장 등'이라 한다)은 노후불량건축물이 밀집하는 구역에 대하여 정비계획에 따라 정비구역을 지정할 수 있다.
제00조 시장 등이 아닌 자가 정비사업을 시행하려는 경우에는 토지 등 소유자로 구성된 조합을 설립해야 한다.
제00조 ① 시장 등이 아닌 사업시행자가 정비사업 공사를 완료한 때에는 시장 등의 준공인가를 받아야 한다.
② 제1항에 따라 준공인가신청을 받은 시장 등은 지체 없이 준공검사를 실시해야 한다.
③ 시장 등은 제2항에 따른 준공검사를 실시한 결과 정비사업이 인가받은 사업시행 계획대로 완료되었다고 인정되는 때에는 준공인가를 하고 공사의 완료를 해당 지방자치단체의 공보에 고시해야 한다.
④ 시장 등은 직접 시행하는 정비사업에 관한 공사가 완료된 때에는 그 완료를 해당 지방자치단체의 공보에 고시해야 한다.
제00조 ① 정비구역의 지정은 공사완료의 고시가 있은 날의 다음 날에 해제된 것으로 본다.
② 제1항에 따른 정비구역의 해제는 조합의 존속에 영향을 주지 않는다.

① 甲특별자치시장이 직접 정비사업을 시행하려는 경우에는 토지 등 소유자로 구성된 조합을 설립해야 한다.
② A도 乙군수가 직접 시행하는 정비사업에 관한 공사가 완료된 때에는 A도지사에게 준공인가신청을 해야 한다.
③ 丙시장이 사업시행자 B의 정비사업에 관해 준공인가를 하면, 토지 등 소유자로 구성된 조합은 해산된다.
④ 丁시장이 사업시행자 C의 정비사업에 관해 공사완료를 고시하면, 정비구역의 지정은 고시한 날 해제된다.
⑤ 戊시장이 직접 시행하는 정비사업에 관한 공사가 완료된 때에는 그 완료를 戊시의 공보에 고시해야 한다.

05 다음 글을 근거로 판단할 때 옳은 것은?

23년 7급 가책형 4번

제00조 ① 선박이란 수상 또는 수중에서 항행용으로 사용하거나 사용할 수 있는 배 종류를 말하며 그 구분은 다음 각 호와 같다.

1. 기선: 기관(機關)을 사용하여 추진하는 선박과 수면비행선박(표면효과 작용을 이용하여 수면에 근접하여 비행하는 선박)
2. 범선: 돛을 사용하여 추진하는 선박
3. 부선: 자력(自力) 항행능력이 없어 다른 선박에 의하여 끌리거나 밀려서 항행되는 선박

② 소형선박이란 다음 각 호의 어느 하나에 해당하는 선박을 말한다.

1. 총톤수 20톤 미만인 기선 및 범선
2. 총톤수 100톤 미만인 부선

제00조 ① 매매계약에 의한 선박 소유권의 이전은 계약당사자 사이의 양도합의만으로 효력이 생긴다. 다만 소형선박 소유권의 이전은 계약당사자 사이의 양도합의와 선박의 등록으로 효력이 생긴다.

② 선박의 소유자(제1항 단서의 경우에는 선박의 매수인)는 선박을 취득(제1항 단서의 경우에는 매수)한 날부터 60일 이내에 선적항을 관할하는 지방해양수산청장에게 선박의 등록을 신청하여야 한다. 이 경우 총톤수 20톤 이상인 기선과 범선 및 총톤수 100톤 이상인 부선은 선박의 등기를 한 후에 선박의 등록을 신청하여야 한다.

③ 지방해양수산청장은 제2항의 등록신청을 받으면 이를 선박원부(船舶原簿)에 등록하고 신청인에게 선박국적증서를 발급하여야 한다.

제00조 선박의 등기는 등기할 선박의 선적항을 관할하는 지방법원, 그 지원 또는 등기소를 관할 등기소로 한다.

① 총톤수 80톤인 부선의 매수인 甲이 선박의 소유권을 취득하기 위해서는 매도인과 양도합의를 하고 선박을 등록해야 한다.
② 총톤수 100톤인 기선의 소유자 乙이 선박의 등기를 하기 위해서는 먼저 관할 지방해양수산청장에게 선박의 등록을 신청해야 한다.
③ 총톤수 60톤인 기선의 소유자 丙은 선박을 매수한 날부터 60일 이내에 해양수산부장관에게 선박의 등록을 신청해야 한다.
④ 총톤수 200톤인 부선의 소유자 丁이 선적항을 관할하는 등기소에 선박의 등기를 신청하면, 등기소는 丁에게 선박국적증서를 발급해야 한다.
⑤ 총톤수 20톤 미만인 범선의 매수인 戊가 선박의 등록을 신청하면, 관할 법원은 이를 선박원부에 등록하고 戊에게 선박국적증서를 발급해야 한다.

06 다음 규정에 근거할 때, 옳지 않은 것을 <보기>에서 모두 고르면?

12년 5급 인책형 24번

제00조 행정기관의 장은 민원사항을 접수·처리함에 있어서 민원인에게 소정의 구비서류 외의 서류를 추가로 요구하여서는 아니 된다.

제00조 행정기관의 장은 민원인의 편의를 위하여 그 행정기관이 접수·교부하여야 할 민원사항을 다른 행정기관 또는 특별법에 의하여 설립되고 전국적 조직을 가진 법인 중 대통령령이 정하는 법인으로 하여금 접수·교부하게 할 수 있다.

제00조 행정기관의 장은 정보통신망을 이용하여 다른 행정기관 소관의 민원사무를 접수·교부할 수 있다.

제00조 행정기관의 장은 민원사항을 처리한 결과(다른 행정기관 소관의 민원사항을 포함한다)를 무인민원발급창구를 이용하여 교부할 수 있다.

제00조 행정기관의 장은 민원사무 처리상황의 확인·점검 등을 위하여 소속 공무원 중에서 민원사무심사관을 지정하여야 한다.

제00조 행정기관의 장은 민원 1회방문 처리제의 원활한 운영을 위하여 민원사무의 처리에 경험이 많은 소속 공무원을 민원후견인으로 지정하여 민원인 안내 및 민원인과의 상담에 응하도록 할 수 있다.

제00조 민원인은 대규모의 경제적 비용이 수반되는 민원사항의 경우에 한하여 행정기관의 장에게 정식으로 민원서류를 제출하기 전에 약식서류로 사전심사를 청구할 수 있다.

〈보기〉

ㄱ. A시 시장은 B시 소관의 민원사항에 관해서는 무인민원발급창구를 통해 그 처리결과를 교부할 수 없다.
ㄴ. C시 시장은 정보통신망을 이용하여 D시 소관의 민원사무를 접수·교부할 수 있다.
ㄷ. 민원인은 소액의 경제적 비용이 소요되고 신속히 처리할 사안에 대하여 약식서류로 사전심사를 청구할 수 있다.
ㄹ. E시 시장은 민원인의 편의를 위하여 당해 시에만 소재하는 유명 서점을 지정하여 소관 민원사항을 접수·교부하게 할 수 있다.
ㅁ. F시 시장은 민원인에게 소정의 구비서류 이외의 서류 제출을 요구할 수 없다.

① ㄱ, ㄴ
② ㄱ, ㄹ
③ ㄱ, ㄷ, ㄹ
④ ㄴ, ㄷ, ㅁ
⑤ ㄴ, ㄹ, ㅁ

07 다음 글을 근거로 판단할 때 옳은 것은? 18년 5급 나책형 3번

제00조 이 법에서 말하는 폐기물이란 쓰레기, 연소재, 폐유, 폐알칼리 및 동물의 사체 등으로 사람의 생활이나 사업활동에 필요하지 않게 된 물질을 말한다.
제00조 ① 도지사는 관할 구역의 폐기물을 적정하게 처리하기 위하여 환경부장관이 정하는 지침에 따라 10년마다 '폐기물 처리에 관한 기본계획'(이하 '기본계획'이라 한다)을 세워 환경부장관의 승인을 받아야 한다. 승인사항을 변경하려 할 때에도 또한 같다. 이 경우 환경부장관은 기본계획을 승인하거나 변경승인하려면 관계 중앙행정기관의 장과 협의하여야 한다.
② 시장 · 군수 · 구청장은 10년마다 관할 구역의 기본계획을 세워 도지사에게 제출하여야 한다.
③ 제1항과 제2항에 따른 기본계획에는 다음 각 호의 사항이 포함되어야 한다.
  1. 관할 구역의 지리적 환경 등에 관한 개황
  2. 폐기물의 종류별 발생량과 장래의 발생 예상량
  3. 폐기물의 처리 현황과 향후 처리 계획
  4. 폐기물의 감량화와 재활용 등 자원화에 관한 사항
  5. 폐기물처리시설의 설치 현황과 향후 설치 계획
  6. 폐기물 처리의 개선에 관한 사항
  7. 재원의 확보계획
제00조 ① 환경부장관은 국가 폐기물을 적정하게 관리하기 위하여 전조 제1항에 따른 기본계획을 기초로 '국가 폐기물 관리 종합계획'(이하 '종합계획'이라 한다)을 10년마다 세워야 한다.
② 환경부장관은 종합계획을 세운 날부터 5년이 지나면 그 타당성을 재검토하여 변경할 수 있다.

① 재원의 확보계획은 기본계획에 포함되지 않아도 된다.
② A도 도지사가 제출한 기본계획을 승인하려면, 환경부장관은 관계 중앙행정기관의 장과 협의를 거쳐야 한다.
③ 환경부장관은 국가 폐기물을 적정하게 관리하기 위하여 10년마다 기본계획을 수립하여야 한다.
④ B군 군수는 5년마다 종합계획을 세워 환경부장관에게 제출하여야 한다.
⑤ 기본계획 수립 이후 5년이 경과하였다면, 환경부장관은 계획의 타당성을 재검토하여 계획을 변경하여야 한다.

08 다음 글을 근거로 판단할 때 옳은 것은? 20년 5급 나책형 4번

제00조 ① 다음 각 호의 어느 하나에 해당하는 자는 농식품경영체에 대한 투자를 목적으로 하는 농식품투자조합을 결성할 수 있다.
  1. 중소기업창업투자회사
  2. 투자관리전문기관
② 제1항에 따른 조합은 그 채무에 대하여 무한책임을 지는 1인 이상의 조합원(이하 '업무집행조합원'이라 한다)과 출자액을 한도로 하여 유한책임을 지는 조합원(이하 '유한책임조합원'이라 한다)으로 구성한다. 이 경우 업무집행조합원은 다음 각 호의 어느 하나에 해당하는 자로 하되, 그 중 1인은 제1호에 해당하는 자이어야 한다.
  1. 제1항 각 호의 어느 하나에 해당하는 자
  2. 「보험업법」에 따른 보험회사
제00조 업무집행조합원은 농식품투자조합의 업무를 집행할 때 다음 각 호의 어느 하나에 해당하는 행위를 하여서는 아니 된다.
  1. 자기나 제3자의 이익을 위하여 농식품투자조합의 재산을 사용하는 행위
  2. 농식품투자조합 명의로 자금을 차입하는 행위
  3. 농식품투자조합의 재산으로 지급보증 또는 담보를 제공하는 행위
제00조 ① 농식품투자조합은 다음 각 호의 어느 하나에 해당하는 사유가 있을 때에는 해산한다.
  1. 존속기간의 만료
  2. 유한책임조합원 또는 업무집행조합원 전원의 탈퇴
  3. 농식품투자조합의 자산이 출자금 총액보다 적어지거나 그 밖의 사유가 생겨 업무를 계속 수행하기 어려운 경우로서 조합원 총수의 과반수와 조합원 총지분 과반수의 동의를 받은 경우
② 농식품투자조합이 해산하면 업무집행조합원이 청산인이 된다. 다만 조합의 규약으로 정하는 바에 따라 업무집행조합원 외의 자를 청산인으로 선임할 수 있다.
③ 농식품투자조합의 해산 당시의 출자금액을 초과하는 채무가 있으면 업무집행조합원이 그 채무를 변제하여야 한다.

① 농식품투자조합이 해산한 경우, 조합의 규약에 다른 규정이 없는 한 업무집행조합원이 청산인이 된다.
② 투자관리전문기관은 농식품투자조합의 유한책임조합원이 될 수 있지만 업무집행조합원이 될 수 없다.
③ 업무집행조합원은 농식품투자조합의 업무를 집행할 때, 그 조합의 재산으로 지급을 보증하는 행위를 할 수 있다.
④ 농식품투자조합 해산 당시 출자금액을 초과하는 채무가 있으면, 유한책임조합원 전원이 연대하여 그 채무를 변제하여야 한다.
⑤ 농식품투자조합의 자산이 출자금 총액보다 적어 업무를 계속 수행하기 어려운 경우, 조합원 총수의 과반수의 동의만으로 농식품투자조합은 해산한다.

09 다음 글을 근거로 판단할 때 옳은 것은? 20년 5급 나책형 22번

제00조 ① 특별자치시장 · 특별자치도지사 · 시장 · 군수 또는 자치구의 구청장(이하 '시장 · 군수 등'이라 한다)은 빈집이 다음 각 호의 어느 하나에 해당하면 빈집정비계획에서 정하는 바에 따라 그 빈집 소유자에게 철거 등 필요한 조치를 명할 수 있다. 다만 빈집정비계획이 수립되어 있지 아니한 경우에는 지방건축위원회의 심의를 거쳐 그 빈집 소유자에게 철거 등 필요한 조치를 명할 수 있다.

1. 붕괴 · 화재 등 안전사고나 범죄발생의 우려가 높은 경우
2. 공익상 유해하거나 도시미관 또는 주거환경에 현저한 장애가 되는 경우

② 제1항의 경우 빈집 소유자는 특별한 사유가 없으면 60일 이내에 조치를 이행하여야 한다.

③ 시장 · 군수 등은 제1항에 따라 빈집의 철거를 명한 경우 그 빈집 소유자가 특별한 사유 없이 제2항의 기간 내에 철거하지 아니하면 직권으로 그 빈집을 철거할 수 있다.

④ 시장 · 군수 등은 제3항에 따라 철거할 빈집 소유자의 소재를 알 수 없는 경우 그 빈집에 대한 철거명령과 이를 이행하지 아니하면 직권으로 철거한다는 내용을 일간신문 및 홈페이지에 1회 이상 공고하고, 일간신문에 공고한 날부터 60일이 지난 날까지 빈집 소유자가 빈집을 철거하지 아니하면 직권으로 철거할 수 있다.

⑤ 시장 · 군수 등은 제3항 또는 제4항에 따라 빈집을 철거하는 경우에는 정당한 보상비를 빈집 소유자에게 지급하여야 한다. 이 경우 시장 · 군수 등은 보상비에서 철거에 소요된 비용을 빼고 지급할 수 있다.

⑥ 시장 · 군수 등은 다음 각 호의 어느 하나에 해당하는 경우에는 보상비를 법원에 공탁하여야 한다.

1. 빈집 소유자가 보상비 수령을 거부하는 경우
2. 빈집 소유자의 소재불명(所在不明)으로 보상비를 지급할 수 없는 경우

※ 공탁이란 채무자가 변제할 금액을 법원에 맡기면 채무(의무)가 소멸하는 것을 말한다.

① A자치구 구청장은 주거환경에 현저한 장애가 되더라도 붕괴 우려가 없는 빈집에 대해서는 빈집정비계획에 따른 철거를 명할 수 없다.
② B군 군수가 소유자의 소재를 알 수 없는 빈집의 철거를 명한 경우, 일간신문에 공고한 날부터 60일 내에 직권으로 철거해야 한다.
③ C특별자치시 시장은 직권으로 빈집을 철거한 경우, 그 소유자에게 철거에 소요된 비용을 빼지 않고 보상비 전액을 지급해야 한다.
④ D군 군수가 빈집을 철거한 경우, 그 소유자가 보상비 수령을 거부하면 그와 동시에 보상비 지급의무는 소멸한다.
⑤ E시 시장은 빈집정비계획에 따른 빈집 철거를 명한 후 그 소유자가 특별한 사유 없이 60일 이내에 철거하지 않으면, 지방건축위원회의 심의 없이 직권으로 철거할 수 있다.

10 다음 글을 근거로 판단할 때 옳은 것은? 22년 5급 나책형 1번

제00조 ① 자신의 생명 또는 신체상의 위험을 무릅쓰고 급박한 위해에 처한 다른 사람의 생명 · 신체 또는 재산을 구하기 위한 구조행위로서 다음 각 호의 어느 하나의 경우에 대해서는 이 법을 적용한다. 다만 자신의 행위로 인하여 위해에 처한 사람에 대하여 구조행위를 하다가 사망하거나 부상을 입은 행위는 제외한다.

1. 범죄행위를 제지하거나 그 범인을 체포하다가 사망하거나 부상을 입은 경우
2. 운송수단의 사고로 위해에 처한 다른 사람의 생명 · 신체 또는 재산을 구하다가 사망하거나 부상을 입은 경우
3. 천재지변, 수난(水難), 화재 등으로 위해에 처한 다른 사람의 생명 · 신체 또는 재산을 구하다가 사망하거나 부상을 입은 경우
4. 물놀이 등을 하다가 위해에 처한 다른 사람의 생명 또는 신체를 구하다가 사망하거나 부상을 입은 경우

② 의사자(義死者)란 직무 외의 행위로서 구조행위를 하다가 사망하여 □□부장관이 의사자로 인정한 사람을 말한다.

③ 의상자(義傷者)란 직무 외의 행위로서 구조행위를 하다가 신체상의 부상을 입어 □□부장관이 의상자로 인정한 사람을 말한다.

제00조 ① 국가는 의사자 · 의상자가 보여준 살신성인의 숭고한 희생정신과 용기가 항구적으로 존중될 수 있도록 서훈(敍勳)을 수여하는 등 필요한 조치를 할 수 있다.

② 국가와 지방자치단체는 의사자를 추모하고 숭고한 뜻을 기리기 위한 동상 및 비석 등의 기념물을 설치하는 기념사업을 수행할 수 있다.

③ 국가는 다음 각 호의 기준에 따라 의상자 및 의사자 유족에게 보상금을 지급한다.

1. 의상자의 경우에는 그 본인에게 지급한다.
2. 의사자의 경우에는 그 배우자, 자녀, 부모, 조부모, 형제자매의 순으로 지급한다. 이 경우 같은 순위의 유족이 2인 이상인 때에는 보상금을 같은 금액으로 나누어 지급한다.

※ 서훈: 공적의 등급에 따라 훈장을 내림

① 의사자 甲에게 배우자와 자녀가 있는 경우, 보상금은 전액 배우자에게 지급된다.
② 지방자치단체는 의상자 乙에게 서훈을 수여하거나 동상을 설치하는 기념사업을 수행할 수 있다.
③ 소방관 丙이 화재 현장에 출동하여 화재를 진압하던 중 부상을 입은 경우, 丙은 의상자로 인정될 수 있다.
④ 물놀이를 하던 丁이 물에 빠진 애완동물을 구조하던 중 부상을 입은 경우, 丁은 의상자로 인정될 수 있다.
⑤ 운전자 戊가 자신이 일으킨 교통사고의 피해자를 구조하던 중 다른 차량에 치여 부상당한 경우, 戊는 의상자로 인정될 수 있다.

11 다음 글을 근거로 판단할 때 옳은 것은? 13년 5급 인책형 5번

○○법 제00조 ① 여행업, 관광숙박업, 관광객 이용시설업 및 국제회의업을 경영하려는 자는 특별자치도지사 · 시장 · 군수 · 구청장(자치구의 구청장을 말한다. 이하 같다)에게 등록하여야 한다.
② 카지노업을 경영하려는 자는 문화체육관광부장관의 허가를 받아야 한다.
③ 유원시설업 중 대통령령으로 정하는 유원시설업을 경영하려는 자는 특별자치도지사 · 시장 · 군수 · 구청장의 허가를 받아야 한다.
④ 제3항에 따른 유원시설업 외의 유원시설업을 경영하려는 자는 특별자치도지사 · 시장 · 군수 · 구청장에게 신고하여야 한다.
⑤ 관광극장유흥업, 한옥체험업, 외국인관광 도시민박업, 관광식당업, 관광사진업 및 여객자동차터미널시설업 등의 관광 편의시설업을 경영하려는 자는 특별시장 · 광역시장 · 도지사 · 특별자치도지사(이하 "시 · 도지사"라 한다) 또는 시장 · 군수 · 구청장의 지정을 받아야 한다.
⑥ 제5항의 시 · 도지사 또는 시장 · 군수 · 구청장은 대통령령이 정하는 바에 따라 관광 편의시설업의 지정에 관한 권한 일부를 한국관광공사, 협회, 지역별 · 업종별 관광협회 등에 위탁할 수 있다.

○○법 시행령 제00조 ① ○○법 제00조 제3항에서 "대통령령으로 정하는 유원시설업"이란 종합유원시설업 및 일반유원시설업을 말한다.
② ○○법 제00조 제4항에서 "제3항에 따른 유원시설업 외의 유원시설업"이란 기타 유원시설업을 말한다.
③ ○○법 제00조 제6항의 "관광 편의시설업"이란 관광식당업 · 관광사진업 및 여객자동차터미널시설업을 말한다.

① 청주시에서 관광극장유흥업을 경영하려는 자는 지역별 관광협회인 충청북도 관광협회에 등록하여야 한다.
② 제주특별자치도에서 관광숙박업을 경영하려는 자는 문화체육관광부장관에게 신고하여야 한다.
③ 서울특별시 종로구에서 한옥체험업을 경영하려는 자는 서울특별시 종로구청장이 위탁한 자로부터 지정을 받아야 한다.
④ 부산광역시 해운대구에서 카지노업을 경영하려는 자는 부산광역시장의 허가를 받아야 한다.
⑤ 군산시에서 종합유원시설업을 경영하려는 자는 군산시장의 허가를 받아야 한다.

12 다음 글을 근거로 판단할 때 옳은 것은? 14년 5급 A책형 25번

우리나라는 경주시, 부여군, 공주시, 익산시를 고도(古都)로 지정하고 이를 보존 · 육성하기 위해 고도 특별보존지구 및 보존육성지구에서의 행위를 다음과 같이 제한하고 있다.

○○법 제00조 ① 특별보존지구에서는 다음 각 호의 어느 하나에 해당하는 행위를 할 수 없다. 다만 문화체육관광부장관의 허가를 받은 행위는 할 수 있다.
1. 건축물이나 각종 시설물의 신축 · 개축 · 증축 · 이축 및 용도 변경
2. 택지의 조성, 토지의 개간 또는 토지의 형질 변경
3. 수목(樹木)을 심거나 벌채 또는 토석류(土石類)의 채취 · 적치(積置)
4. 그 밖에 고도의 역사문화환경의 보존에 영향을 미치거나 미칠 우려가 있는 행위로서 대통령령으로 정하는 행위

② 보존육성지구에서 다음 각 호의 어느 하나에 해당하는 행위를 하려는 자는 해당 시장 · 군수의 허가를 받아야 한다.
1. 건축물이나 각종 시설물의 신축 · 개축 · 증축 및 이축
2. 택지의 조성, 토지의 개간 또는 토지의 형질 변경
3. 수목을 심거나 벌채 또는 토석류의 채취

③ 제2항에도 불구하고 건조물의 외부형태를 변경시키지 아니하는 내부시설의 개 · 보수 등 대통령령으로 정하는 행위는 시장 · 군수의 허가를 받지 아니하고 할 수 있다.

○○법 시행령 제△△조 ① 법 제00조 제1항 제4호에서 '대통령령으로 정하는 행위'란 다음 각 호의 어느 하나에 해당하는 행위를 말한다.
1. 토지 및 수면의 매립 · 절토(切土) · 성토(盛土) · 굴착 · 천공(穿孔) 등 지형을 변경시키는 행위
2. 수로 · 수질 및 수량을 변경시키는 행위

② 법 제00조 제3항에서 '대통령령으로 정하는 행위'란 다음 각 호의 어느 하나에 해당하는 행위를 말한다.
1. 건조물의 외부형태를 변경시키지 아니하는 내부시설의 개 · 보수
2. 60제곱미터 이하의 토지 형질 변경
3. 고사(枯死)한 수목의 벌채

① 경주시의 특별보존지구에서 과수원을 하고 있는 甲이 과수를 새로 심기 위해서는 시장의 허가를 받아야 한다.
② 익산시의 보존육성지구에 토지를 소유한 乙은 시장의 허가 없이 60제곱미터의 토지 형질을 변경할 수 있다.
③ 공주시의 특별보존지구에서 농사를 짓고 있는 丙은 문화체육관광부장관의 허가 없이 수로를 변경할 수 있다.
④ 공주시의 보존육성지구에서 채석장을 운영하고 있는 丁이 일정 기간 채석장에 토석류를 적치하기 위해서는 시장의 허가를 받아야 한다.
⑤ 부여군의 보존육성지구에 건조물을 가지고 있는 戊가 건조물의 외부형태를 변경시키지 않는 내부시설 보수를 하기 위해서는 군수의 허가를 받아야 한다.

13 다음 글을 근거로 판단할 때 옳은 것은? 18년 민경채 가책형 2번

제○○조 ① 지방자치단체의 장은 하수도정비기본계획에 따라 공공하수도를 설치하여야 한다.
② 시 · 도지사는 공공하수도를 설치하고자 하는 때에는 사업시행지의 위치 및 면적, 설치하고자 하는 시설의 종류, 사업시행기간 등을 고시하여야 한다. 고시한 사항을 변경 또는 폐지하고자 하는 때에도 또한 같다.
③ 시장 · 군수 · 구청장(자치구의 구청장을 말한다. 이하 같다)은 공공하수도를 설치하려면 시 · 도지사의 인가를 받아야 한다.
④ 시장 · 군수 · 구청장은 제3항에 따라 인가받은 사항을 변경하거나 폐지하려면 시 · 도지사의 인가를 받아야 한다.
⑤ 시 · 도지사는 국가의 보조를 받아 설치하고자 하는 공공하수도에 대하여 제2항에 따른 고시 또는 제3항의 규정에 따른 인가를 하고자 할 때에는 그 설치에 필요한 재원의 조달 및 사용에 관하여 환경부장관과 미리 협의하여야 한다.
제□□조 ① 공공하수도관리청(이하 '관리청'이라 한다)은 관할 지방자치단체의 장이 된다.
② 공공하수도가 둘 이상의 지방자치단체의 장의 관할구역에 걸치는 경우, 관리청이 되는 자는 제○○조 제2항에 따른 공공하수도 설치의 고시를 한 시 · 도지사 또는 같은 조 제3항에 따른 인가를 받은 시장 · 군수 · 구청장으로 한다.

※ 공공하수도: 지방자치단체가 설치 또는 관리하는 하수도

① A 자치구의 구청장이 관할구역 내에 공공하수도를 설치하려고 인가를 받았는데, 그 공공하수도가 B 자치구에 걸치는 경우, 설치하려는 공공하수도의 관리청은 B 자치구의 구청장이다.
② 시 · 도지사가 국가의 보조를 받아 공공하수도를 설치하려면, 그 설치에 필요한 재원의 조달 등에 관하여 환경부장관의 인가를 받아야 한다.
③ 시장 · 군수 · 구청장이 공공하수도 설치에 관하여 인가받은 사항을 폐지할 경우에는 시 · 도지사의 인가를 필요로 하지 않는다.
④ 시 · 도지사가 공공하수도 설치를 위해 고시한 사항은 변경할 수 없다.
⑤ 시장 · 군수 · 구청장이 공공하수도를 설치하려면 시 · 도지사의 인가를 받아야 한다.

14 다음 글을 근거로 판단할 때 옳은 것은? 20년 5급 나책형 1번

제○○조 ① 지방자치단체의 장은 소속공무원이 적극행정으로 인해 징계 의결 요구가 된 경우 적극행정지원위원회(이하 '위원회'라 한다)의 변호인 선임비용 지원결정(이하 '지원결정'이라 한다)에 따라 200만 원 이하의 범위 내에서 변호인 선임비용을 지원할 수 있다.
② 지방자치단체의 장은 소속공무원이 적극행정으로 인해 고소 · 고발을 당한 경우 위원회의 지원결정에 따라 기소 이전 수사과정에 한하여 500만 원 이하의 범위 내에서 변호인 선임비용을 지원할 수 있다.
③ 제1항, 제2항에 따라 지원결정을 받은 공무원은 이미 변호인을 선임한 경우를 제외하고는 선임비용을 지원받은 날부터 1개월 내에 변호인을 선임하여야 한다.
제□□조 ① 위원회는 지원결정을 받은 공무원이 다음 각 호의 어느 하나에 해당하는 경우 그 결정을 취소할 수 있다.
1. 허위 또는 부정한 방법으로 지원결정을 받은 경우
2. 제○○조 제2항의 고소 · 고발 사유와 동일한 사실관계로 유죄의 확정판결을 받은 경우
3. 제○○조 제3항의 사항을 이행하지 않은 경우
② 제1항에 따라 지원결정이 취소된 경우 해당 공무원은 지원받은 변호인 선임비용을 즉시 반환하여야 한다.
③ 위원회는 제2항에 따른 반환의무를 전부 부담시키는 것이 타당하지 않다고 판단하는 경우에는 반환의무의 일부 또는 전부를 면제하는 결정을 할 수 있다.
④ 제1항부터 제3항은 해당 공무원이 변호인 선임비용을 지원받은 후 퇴직한 경우에도 적용한다.

※ 적극행정이란 공무원이 불합리한 규제를 개선하는 등 공공의 이익을 위해 창의성과 전문성을 바탕으로 적극적으로 업무를 처리하는 행위를 말한다.

① 지방자치단체의 장은 소속공무원이 적극행정으로 인해 징계 의결 요구가 된 경우, 위원회의 지원결정에 따라 500만 원의 변호인 선임비용을 지원할 수 있다.
② 지원결정을 받은 공무원이 적극행정으로 인해 고발당한 사건에 대해 이미 변호인을 선임하였더라도 선임비용을 지원받은 날부터 1개월 내에 새로운 변호인을 선임해야 한다.
③ 지원결정을 받은 공무원이 적극행정으로 인해 고소당한 사유와 동일한 사실관계로 무죄의 확정판결을 받은 경우, 위원회는 지원결정을 취소해야 한다.
④ 지원결정이 취소된 경우라도 위원회는 해당 공무원이 지원받은 변호인 선임비용에 대한 반환의무의 일부 또는 전부를 면제하는 결정을 할 수 있다.
⑤ 지원결정에 따라 변호인 선임비용을 지원받고 퇴직한 공무원에 대해 지원결정이 취소되더라도 그가 그 비용을 반환하는 경우는 없다.

2 법조문: 표제가 있는 경우

제00조

15 다음 글을 근거로 판단할 때 옳은 것은? 13년 민경채 인책형 5번

법 제00조(정의) 이 법에서 "재외동포"란 다음 각 호의 어느 하나에 해당하는 자를 말한다.

1. 대한민국의 국민으로서 외국의 영주권(永住權)을 취득한 자 또는 영주할 목적으로 외국에 거주하고 있는 자(이하 "재외국민"이라 한다)
2. 대한민국의 국적을 보유하였던 자(대한민국정부 수립 전에 국외로 이주한 동포를 포함한다) 또는 그 직계비속(直系卑屬)으로서 외국국적을 취득한 자 중 대통령령으로 정하는 자(이하 "외국국적동포"라 한다)

시행령 제00조(재외국민의 정의) ① 법 제00조 제1호에서 "외국의 영주권을 취득한 자"라 함은 거주국으로부터 영주권 또는 이에 준하는 거주목적의 장기체류자격을 취득한 자를 말한다.

② 법 제00조 제1호에서 "영주할 목적으로 외국에 거주하고 있는 자"라 함은 해외이주자로서 거주국으로부터 영주권을 취득하지 아니한 자를 말한다.

제00조(외국국적동포의 정의) 법 제00조 제2호에서 "대한민국의 국적을 보유하였던 자(대한민국정부 수립 이전에 국외로 이주한 동포를 포함한다) 또는 그 직계비속으로서 외국국적을 취득한 자 중 대통령령이 정하는 자"란 다음 각 호의 어느 하나에 해당하는 자를 말한다.

1. 대한민국의 국적을 보유하였던 자(대한민국정부 수립 이전에 국외로 이주한 동포를 포함한다. 이하 이 조에서 같다)로서 외국국적을 취득한 자
2. 부모의 일방 또는 조부모의 일방이 대한민국의 국적을 보유하였던 자로서 외국국적을 취득한 자

① 대한민국 국민은 재외동포가 될 수 없다.
② 재외국민이 되기 위한 필수 요건은 거주국의 영주권 취득이다.
③ 할아버지가 대한민국 국적을 보유하였던 미국 국적자는 재외국민이다.
④ 대한민국 국민으로서 회사업무를 위해 중국출장 중인 사람은 외국국적동포이다.
⑤ 과거에 대한민국 국적을 보유하였던 자로서 현재 브라질 국적을 취득한 자는 외국국적동포이다.

16 다음 규정을 근거로 판단할 때, <보기>에서 옳지 않은 것을 모두 고르면? (단, 각 회사는 상시 5명 이상의 근로자를 사용하고 있음을 전제로 한다) 11년 민경채 인책형 5번

제00조(해고 등의 제한) 사용자는 근로자에게 정당한 이유 없이 해고, 휴직, 정직, 전직, 감봉, 그 밖의 징벌(懲罰)을 하지 못한다.

제00조(경영상 이유에 의한 해고의 제한) ① 사용자가 경영상 이유에 의하여 근로자를 해고하려면 긴박한 경영상의 필요가 있어야 한다. 이 경우 경영 악화를 방지하기 위한 사업의 양도 · 인수 · 합병은 긴박한 경영상의 필요가 있는 것으로 본다.

② 제1항의 경우에 사용자는 해고를 피하기 위한 노력을 다하여야 하며, 합리적이고 공정한 해고의 기준을 정하고 이에 따라 그 대상자를 선정하여야 한다. 이 경우 남녀의 성을 이유로 차별하여서는 아니 된다.

③ 사용자는 제2항에 따른 해고를 피하기 위한 방법과 해고의 기준 등에 관하여 그 사업 또는 사업장에 근로자의 과반수로 조직된 노동조합이 있는 경우에는 그 노동조합(근로자의 과반수로 조직된 노동조합이 없는 경우에는 근로자의 과반수를 대표하는 자를 말한다)에 해고를 하려는 날의 50일 전까지 통보하고 성실하게 협의하여야 한다.

④ 사용자가 제1항부터 제3항까지의 규정에 따른 요건을 갖추어 근로자를 해고한 경우에는 정당한 이유가 있는 해고를 한 것으로 본다.

제00조(해고의 예고) 사용자는 근로자를 해고(경영상 이유에 의한 해고를 포함한다)하려면 적어도 30일 전에 예고를 하여야 하고, 30일 전에 예고를 하지 아니하였을 때에는 30일분 이상의 통상임금을 지급하여야 한다. 다만, 천재 · 사변, 그 밖의 부득이한 사유로 사업을 계속하는 것이 불가능한 경우 또는 근로자가 고의로 사업에 막대한 지장을 초래하거나 재산상 손해를 끼친 경우에는 그러하지 아니하다.

제00조(해고사유 등의 서면통지) ① 사용자는 근로자를 해고하려면 해고사유와 해고시기를 서면으로 통지하여야 한다.

② 근로자에 대한 해고는 제1항에 따라 서면으로 통지하여야 효력이 있다.

〈보기〉

ㄱ. 부도위기에 직면한 甲회사가 근로자의 과반수로 조직된 노동조합이 있음에도 불구하고, 그 노동조합과 협의하지 않고 전체 근로자의 절반을 정리해고한 경우, 그 해고는 정당한 이유가 있는 해고이다.
ㄴ. 乙회사가 무단결근을 이유로 근로자를 해고하면서 그 사실을 구두로 통지한 경우, 그 해고는 효력이 있는 해고이다.
ㄷ. 丙회사가 고의는 없었으나 부주의로 사업에 막대한 지장을 초래한 근로자를 예고 없이 즉시 해고한 경우에는, 그 근로자에게 30일분 이상의 통상임금을 지불하지 않아도 된다.
ㄹ. 丁회사가 고의로 사업에 막대한 지장을 초래한 근로자를 해고하면서 그 사실을 서면으로 통지하지 않은 경우, 그 해고는 효력이 없다.

① ㄱ, ㄴ ② ㄱ, ㄹ ③ ㄷ, ㄹ
④ ㄱ, ㄴ, ㄷ ⑤ ㄴ, ㄷ, ㄹ

17 다음 글을 근거로 판단할 때, <보기>에서 규정을 위반한 행위만을 모두 고르면? 17년 민경채 나책형 5번

제00조(청렴의 의무) ① 공무원은 직무와 관련하여 직접적이든 간접적이든 사례·증여 또는 향응을 주거나 받을 수 없다.
② 공무원은 직무상의 관계가 있든 없든 그 소속 상관에게 증여하거나 소속 공무원으로부터 증여를 받아서는 아니 된다.
제00조(정치운동의 금지) ① 공무원은 정당이나 그 밖의 정치단체의 결성에 관여하거나 이에 가입할 수 없다.
② 공무원은 선거에서 특정 정당 또는 특정인을 지지 또는 반대하기 위한 다음의 행위를 하여서는 아니 된다.
1. 투표를 하거나 하지 아니하도록 권유 운동을 하는 것
2. 기부금을 모집 또는 모집하게 하거나, 공공자금을 이용 또는 이용하게 하는 것
3. 타인에게 정당이나 그 밖의 정치단체에 가입하게 하거나 가입하지 아니하도록 권유 운동을 하는 것
③ 공무원은 다른 공무원에게 제1항과 제2항에 위배되는 행위를 하도록 요구하거나, 정치적 행위에 대한 보상 또는 보복으로서 이익 또는 불이익을 약속하여서는 아니 된다.
제00조(집단행위의 금지) ① 공무원은 노동운동이나 그 밖에 공무 외의 일을 위한 집단행위를 하여서는 아니 된다. 다만, 사실상 노무에 종사하는 공무원은 예외로 한다.
② 제1항 단서에 규정된 공무원으로서 노동조합에 가입된 자가 조합 업무에 전임하려면 소속 장관의 허가를 받아야 한다.

〈보기〉

ㄱ. 공무원 甲은 그 소속 상관에게 직무상 관계 없이 고가의 도자기를 증여하였다.
ㄴ. 사실상 노무에 종사하는 공무원으로서 노동조합에 가입된 乙은 소속 장관의 허가를 받아 조합 업무에 전임하고 있다.
ㄷ. 공무원 丙은 동료 공무원 丁에게 선거에서 A정당을 지지하기 위한 기부금을 모집하도록 요구하였다.
ㄹ. 공무원 戊는 국회의원 선거기간에 B후보를 낙선시키기 위해 해당 지역구 지인들을 대상으로 다른 후보에게 투표하도록 권유 운동을 하였다.

① ㄱ, ㄴ
② ㄴ, ㄷ
③ ㄷ, ㄹ
④ ㄱ, ㄴ, ㄹ
⑤ ㄱ, ㄷ, ㄹ

18 다음 글을 근거로 판단할 때 옳은 것은? 23년 7급 인책형 2번

제00조(법 적용의 기준) ① 새로운 법령등은 법령등에 특별한 규정이 있는 경우를 제외하고는 그 법령등의 효력 발생 전에 완성되거나 종결된 사실관계 또는 법률관계에 대해서는 적용되지 아니한다.
② 당사자의 신청에 따른 처분은 법령등에 특별한 규정이 있거나 처분 당시의 법령등을 적용하기 곤란한 특별한 사정이 있는 경우를 제외하고는 처분 당시의 법령등에 따른다.
제00조(처분의 효력) 처분은 권한이 있는 기관이 취소 또는 철회하거나 기간의 경과 등으로 소멸되기 전까지는 유효한 것으로 통용된다. 다만, 무효인 처분은 처음부터 그 효력이 발생하지 아니한다.
제00조(위법 또는 부당한 처분의 취소) ① 행정청은 위법 또는 부당한 처분의 전부나 일부를 소급하여 취소할 수 있다. 다만, 당사자의 신뢰를 보호할 가치가 있는 등 정당한 사유가 있는 경우에는 장래를 향하여 취소할 수 있다.
② 행정청은 제1항에 따라 당사자에게 권리나 이익을 부여하는 처분을 취소하려는 경우에는 취소로 인하여 당사자가 입게 될 불이익을 취소로 달성되는 공익과 비교·형량(衡量)하여야 한다. 다만, 다음 각 호의 어느 하나에 해당하는 경우에는 그러하지 아니하다.
1. 거짓이나 그 밖의 부정한 방법으로 처분을 받은 경우
2. 당사자가 처분의 위법성을 알고 있었거나 중대한 과실로 알지 못한 경우

① 새로운 법령등은 법령등에 특별한 규정이 있는 경우에는 그 법령등의 효력 발생 전에 종결된 법률관계에 대해 적용될 수 있다.
② 무효인 처분의 경우 그 처분의 효력이 소멸되기 전까지는 유효한 것으로 통용된다.
③ 행정청은 부당한 처분의 일부는 소급하여 취소할 수 있으나 전부를 소급하여 취소할 수는 없다.
④ 당사자의 신청에 따른 처분은 처분 당시의 법령등을 적용하기 곤란한 특별한 사정이 있는 경우에도 처분 당시의 법령등에 따른다.
⑤ 당사자가 부정한 방법으로 자신에게 이익이 부여되는 처분을 받아 행정청이 그 처분을 취소하고자 하는 경우, 취소로 인해 당사자가 입게 될 불이익과 취소로 달성되는 공익을 비교·형량하여야 한다.

19 다음 글을 근거로 판단할 때, <보기>에서 옳지 않은 것을 모두 고르면?

13년 외교관 인책형 27번

제1조(보물 및 국보의 지정) ① 문화재청장은 문화재위원회의 심의를 거쳐 유형문화재 중 중요한 것을 보물로 지정할 수 있다.
② 문화재청장은 제1항의 보물에 해당하는 문화재 중 인류문화의 관점에서 볼 때, 그 가치가 크고 유례가 드문 것을 문화재위원회의 심의를 거쳐 국보로 지정할 수 있다.
제2조(중요무형문화재의 지정) ① 문화재청장은 문화재위원회의 심의를 거쳐 무형문화재 중 중요한 것을 중요무형문화재로 지정할 수 있다.
② 문화재청장은 제1항에 따라 중요무형문화재를 지정하는 경우 해당 중요무형문화재의 보유자(보유단체를 포함한다. 이하 같다)를 인정하여야 한다.
③ 문화재청장은 제2항에 따라 인정한 보유자 외에 해당 중요무형문화재의 보유자를 추가로 인정할 수 있다.
④ 문화재청장은 제2항과 제3항에 따라 인정된 중요무형문화재의 보유자가 기능 또는 예능의 전수(傳授) 교육을 정상적으로 실시하기 어려운 경우 문화재위원회의 심의를 거쳐 명예보유자로 인정할 수 있다. 이 경우 중요무형문화재의 보유자가 명예보유자로 인정되면 그때부터 중요무형문화재 보유자의 인정은 해제된 것으로 본다.
제3조(보호물 또는 보호구역의 지정) ① 문화재청장은 제1조에 따른 지정을 할 때 문화재 보호를 위하여 특히 필요하면 이를 위한 보호물 또는 보호구역을 지정할 수 있다.
② 문화재청장은 인위적 또는 자연적 조건의 변화 등으로 인하여 조정이 필요하다고 인정하면 제1항에 따라 지정된 보호물 또는 보호구역을 조정할 수 있다.

<보기>

ㄱ. 중요무형문화재 가운데 인류문화의 관점에서 볼 때, 그 가치가 크고 유례가 드물면 국보가 될 수 있다.
ㄴ. 중요무형문화재가 발생한 지역의 보호가 특별히 필요한 경우 해당 지역을 보호구역으로 지정할 수 있다.
ㄷ. 중요무형문화재 보유자는 전수교육을 정상적으로 실시할 수 있는 때에도 일정한 연령이 되면 명예보유자가 되고 중요무형문화재 보유자의 인정은 해제된다.
ㄹ. 문화재청장은 해당 중요무형문화재를 최고의 가치로 실현할 수 있는 사람을 선정하여 종목당 한 사람 또는 한 단체만을 중요무형문화재 보유자 또는 보유단체로 인정한다.

① ㄱ, ㄷ
② ㄴ, ㄹ
③ ㄷ, ㄹ
④ ㄱ, ㄴ, ㄷ
⑤ ㄱ, ㄴ, ㄷ, ㄹ

20 다음 글을 근거로 판단할 때 옳지 않은 것은?

14년 5급 A책형 7번

제00조(보증의 방식) ① 보증은 그 의사가 보증인의 기명날인 또는 서명이 있는 서면으로 표시되어야 효력이 발생한다.
② 보증인의 채무를 불리하게 변경하는 경우에도 제1항과 같다.
제00조(채권자의 통지의무 등) ① 채권자는 주채무자가 원본, 이자 그 밖의 채무를 3개월 이상 이행하지 아니하는 경우 또는 주채무자가 이행기에 이행할 수 없음을 미리 안 경우에는 지체없이 보증인에게 그 사실을 알려야 한다.
② 제1항에도 불구하고 채권자가 금융기관인 경우에는 주채무자가 원본, 이자 그 밖의 채무를 1개월 이상 이행하지 아니할 때에는 지체없이 그 사실을 보증인에게 알려야 한다.
③ 채권자는 보증인의 청구가 있으면 주채무의 내용 및 그 이행 여부를 보증인에게 알려야 한다.
④ 채권자가 제1항부터 제3항까지의 규정에 따른 의무를 위반한 경우에는 보증인은 그로 인하여 손해를 입은 한도에서 채무를 면한다.
제00조(보증기간 등) ① 보증기간의 약정이 없는 때에는 그 기간을 3년으로 본다.
② 보증기간은 갱신할 수 있다. 이 경우 보증기간의 약정이 없는 때에는 계약체결 시의 보증기간을 그 기간으로 본다.
③ 제1항 및 제2항에서 간주되는 보증기간은 계약을 체결하거나 갱신하는 때에 채권자가 보증인에게 고지하여야 한다.

※ 보증계약은 채무자(乙)가 채권자(甲)에 대한 금전채무를 이행하지 아니하는 경우에 보증인(丙)이 그 채무를 이행하기로 하는 채권자와 보증인 사이의 계약을 말하며, 이때 乙을 주채무자라 한다.

① 보증인 丙이 주채무자 乙의 甲에 대한 금전채무를 보증하기 위해 채권자 甲과 보증계약을 서면으로 체결하지 않으면 그 계약은 무효이다.
② 보증인 丙이 주채무자 乙의 甲에 대한 금전채무를 보증하기 위해 채권자 甲과 보증계약을 체결하면서 보증기간을 약정하지 않으면 그 기간은 3년이다.
③ 주채무자 乙이 원본, 이자 그 밖의 채무를 2개월 이상 이행하지 아니하는 경우, 금융기관이 아닌 채권자 甲은 지체없이 보증인 丙에게 그 사실을 알려야 한다.
④ 보증인 丙의 청구가 있는데도 채권자 甲이 주채무의 내용 및 그 이행 여부를 丙에게 알려주지 않으면, 丙은 그로 인하여 손해를 입은 한도에서 채무를 면하게 된다.
⑤ 보증인 丙이 주채무자 乙의 甲에 대한 금전채무를 보증하기 위해 채권자 甲과 기간을 2년으로 약정한 보증계약을 체결한 다음, 그 계약을 갱신하면서 기간을 약정하지 않으면 그 기간은 2년이다.

21 다음 <규정>을 근거로 판단할 때 위반행위가 아닌 것은?

14년 5급 A책형 27번

〈규정〉

제00조(용역발주의 방식) 연구비 총액 5,000만 원 이상의 연구용역은 경쟁입찰 방식을 따르되, 그 외의 연구용역은 담당자에 의한 수의계약 방식으로 발주한다.

제00조(용역방침결정서) 용역 발주 전에 담당자는 용역방침결정서를 작성하여 부서장의 결재를 받아야 한다.

제00조(책임연구원의 자격) 연구용역의 연구원 중에 책임연구원은 대학교수 또는 박사학위 소지자이어야 한다.

제00조(계약실시요청 공문작성) 연구자가 결정된 경우, 담당자는 연구용역 계약실시를 위해 용역수행계획서와 예산계획서를 작성하여 부서장의 결재를 받아야 한다.

제00조(보안성 검토) 담당자는 연구용역에 참가하는 모든 연구자들에게 보안서약서를 받아야 하며, 총액 3,000만 원을 초과하는 연구용역에 대해서는 감사원에 보안성 검토를 의뢰해야 한다.

제00조(계약실시요청) 담당자는 용역방침결정서, 용역수행계획서, 예산계획서, 보안성 검토결과를 첨부하여 운영지원과에 연구용역 계약실시요청 공문을 발송해야 한다.

제00조(계약의 실시) 운영지원과는 연구용역 계약실시를 요청받은 경우 지체없이 계약업무를 개시하여야 하며, 계약과정에서 연구자와의 협의를 통해 예산계획서상의 예산을 10% 이내의 범위에서 감액할 수 있다.

※ 수의계약: 경매나 입찰에 의하지 않고, 임의로 적당한 상대방을 선택하여 체결하는 계약.

① 甲부처는 연구비 총액 6,000만 원의 예산이 책정된 연구용역을 수의계약 방식으로 발주하였다.

② 박사학위 소지자 乙을 책임연구원으로 하고, 2인의 석사과정생을 연구원으로 하는 연구팀이 연구자로 선정되었다.

③ 계약체결과정에서 10%의 예산감액이 예상되어 丙사무관은 연구비 총액 5,500만 원의 연구용역을 수의계약 방식으로 발주하였다.

④ 丙사무관은 경쟁입찰 방식으로 발주하는 연구용역에 대하여 감사원에 보안성 검토를 의뢰하지 않았다.

⑤ 丙사무관은 수의계약 방식으로 용역계약이 체결될 때까지 용역수행계획서, 보안서약서, 예산계획서 등 총 3건을 작성하여 부서장의 결재를 받았다.

22 다음 글을 근거로 판단할 때 옳지 않은 것은?

15년 5급 인책형 5번

제00조(관광상륙허가) 출입국관리공무원은 관광을 목적으로 대한민국과 외국 해상을 국제적으로 순회(巡廻)하여 운항하는 여객운송선박 중 다음 각 호의 요건을 모두 갖춘 선박에 승선한 외국인승객에 대하여 그 선박의 장 또는 운수업자가 상륙허가를 신청하면 3일의 범위에서 승객의 관광상륙을 허가할 수 있다.

1. 국제총톤수 2만 톤 이상일 것
2. 대한민국을 포함하여 3개국 이상의 국가를 기항할 것
3. 순항여객운송사업 또는 복합해상여객운송사업 면허를 받은 선박일 것
4. 크루즈업을 등록한 선박일 것

제00조(관광상륙허가의 기준) ① 관광을 목적으로 대한민국과 외국 해상을 국제적으로 순회하여 운행하는 여객운송선박의 외국인승객에 대하여 그 선박의 장 또는 운수업자가 관광상륙허가를 신청할 때에는 외국인승객이 아래 제2항의 기준에 해당하는지를 검토한 후 신청하여야 한다.

② 출입국관리공무원은 다음 각 호의 해당 여부를 심사하여 관광상륙을 허가한다.

1. 본인의 유효한 여권을 소지하고 있는지 여부
2. 대한민국에 관광 목적으로 하선(下船)하여 자신이 하선한 기항지에서 자신이 하선한 선박으로 돌아와 출국할 예정인지 여부
3. 외국인승객이 다음 각 목의 어느 하나에 해당하는지 여부
   가. 사증면제협정 등에 따라 대한민국에 사증 없이 입국할 수 있는 사람
   나. 제주특별자치도에 체류하려는 사람

※ 기항(寄港): 배가 항구에 들름
※ 사증(査證): 외국인의 입국허가증명, 즉 비자

① 관광 목적의 여객운송선박에 탑승한 외국인승객이더라도 관광상륙허가를 받지 못할 수 있다.

② 관광상륙허가를 받은 외국인승객은 하선 후 상륙허가기간 내에 하선한 기항지의 하선한 선박으로 돌아가야 한다.

③ 대한민국 사증이 없으면 입국할 수 없는 사람은 관광상륙허가를 받더라도 제주특별자치도에 체류할 수 없다.

④ 관광 목적으로 부산에 하선한 후 인천에서 승선하여 출국하려고 하는 외국인승객은 관광상륙허가를 받을 수 없다.

⑤ 국제총톤수 10만 톤으로 복합해상여객운송사업 면허를 받고 크루즈업을 등록한 선박 A가 관광 목적으로 중국－한국－일본에 기항하는 경우, 그 선박의 장은 승객의 관광상륙허가를 신청할 수 있다.

23 다음 글을 근거로 판단할 때 옳은 것은? 16년 5급 4책형 5번

제00조(선거공보) ① 후보자는 선거운동을 위하여 책자형 선거공보 1종을 작성할 수 있다.
② 제1항의 규정에 따른 책자형 선거공보는 대통령선거에 있어서는 16면 이내로, 국회의원선거 및 지방자치단체의 장 선거에 있어서는 12면 이내로, 지방의회의원선거에 있어서는 8면 이내로 작성한다.
③ 후보자는 제1항의 규정에 따른 책자형 선거공보 외에 별도의 점자형 선거공보(시각장애선거인을 위한 선거공보) 1종을 책자형 선거공보와 동일한 면수 제약 하에서 작성할 수 있다. 다만, 대통령선거 · 지역구국회의원선거 및 지방자치단체의 장 선거의 후보자는 책자형 선거공보 제작 시 점자형 선거공보를 함께 작성 · 제출하여야 한다.
④ 대통령선거, 지역구국회의원선거, 지역구지방의회의원선거 및 지방자치단체의 장 선거에서 책자형 선거공보(점자형 선거공보를 포함한다)를 제출하는 경우에는 다음 각 호에 따른 내용(이하 이 조에서 '후보자정보공개자료'라 한다)을 게재하여야 하며, 후보자정보공개자료에 대하여 소명이 필요한 사항은 그 소명자료를 함께 게재할 수 있다. 점자형 선거공보에 게재하는 후보자정보공개자료의 내용은 책자형 선거공보에 게재하는 내용과 똑같아야 한다.

1. 재산상황
   후보자, 후보자의 배우자 및 직계존 · 비속(혼인한 딸과 외조부모 및 외손자녀를 제외한다)의 각 재산총액
2. 병역사항
   후보자 및 후보자의 직계비속의 군별 · 계급 · 복무기간 · 복무분야 · 병역처분사항 및 병역처분사유
3. 전과기록
   죄명과 그 형 및 확정일자

① 지역구지방의회의원선거에 출마한 A는 책자형 선거공보를 12면까지 가득 채워서 작성할 수 있다.
② 지역구국회의원선거에 출마한 B는 자신의 선거운동전략에 따라 책자형 선거공보 제작 시 점자형 선거공보는 제작하지 않을 수 있다.
③ 지역구지방의회의원선거에 출마한 C는 책자형 선거공보를 제출할 경우, 자신의 가족 중 15세인 친손녀의 재산총액을 표시할 필요가 없다.
④ 지역구국회의원선거에 출마한 D가 제작한 책자형 선거공보에는 D 본인과 자신의 가족 중 아버지, 아들, 손자의 병역사항을 표시해야 한다.
⑤ 지역구국회의원선거에 출마한 E는 자신에게 전과기록이 있다는 사실을 공개하면 선거운동에 악영향을 미칠 것이라고 판단할 경우, 책자형 선거공보를 제작하지 않고 선거운동을 할 수 있다.

24 다음 글을 근거로 판단할 때 옳은 것은? 23년 5급 가책형 2번

제00조(소하천의 점용 등) ① 소하천에서 다음 각 호의 어느 하나에 해당하는 행위를 하려는 자는 그 소하천을 지정한 시장 · 군수 또는 구청장(이하 '관리청'이라 한다)의 허가(이하 '소하천 점용 · 사용 허가'라 한다)를 받아야 한다.

1. 유수(流水)의 점용
2. 토지의 점용
3. 토석 · 모래 · 자갈, 그 밖의 소하천 산출물의 채취
4. 인공구조물의 신축 · 개축 또는 변경

② 관리청은 소하천에 대하여 제1항 제1호에 따른 허가를 한 때에는 그 내용을 A부장관에게 통보하여야 한다.
제00조(원상회복 의무) ① 소하천 점용 · 사용 허가를 받은 자는 그 허가가 실효(失效)되거나 점용 또는 사용을 폐지한 경우에는 그 소하천을 원상으로 회복시켜야 한다.
② 관리청은 필요한 경우 제1항의 원상회복 의무를 면제할 수 있고, 이때 그 인공구조물이나 그 밖의 물건은 해당 지방자치단체에 무상(無償)으로 귀속된다.
제00조(점용료 등의 징수) ① 관리청은 소하천 점용 · 사용 허가를 받은 자로부터 유수 및 토지의 점용료, 토석 · 모래 · 자갈 등 소하천 산출물의 채취료(이하 '점용료 등'이라 한다)를 징수할 수 있다.
② 관리청은 소하천 점용 · 사용 허가를 받지 아니하고 소하천을 점용하거나 사용한 자로부터 변상금을 징수할 수 있다.
③ 소하천 점용 · 사용 허가를 받으려는 자는 수수료를 내야 한다.
④ 관리청은 소하천 점용 · 사용 허가를 하는 경우로서 다음 각 호의 어느 하나에 해당하는 경우에는 점용료 등 또는 수수료를 감면할 수 있다. 이 경우 점용료 등의 감면 비율은 대통령령으로 정하고, 수수료의 감면 비율은 해당 지방자치단체의 조례로 정한다.

1. 공공용 사업, 그 밖의 공익 목적 비영리사업인 경우
2. 재해나 그 밖의 특별한 사정으로 본래의 점용 목적을 달성할 수 없는 경우

① 관리청은 소하천에서의 토석 채취를 허가한 경우, 그 내용을 A부장관에게 통보하여야 한다.
② 관리청이 소하천에서의 인공구조물 신축 허가를 받은 자에게 원상회복 의무를 면제한 경우, 해당 인공구조물은 그 허가를 받은 자에게 귀속된다.
③ 소하천 점용 · 사용 허가에 따른 점용료 등과 수수료의 각 감면 비율은 해당 지방자치단체의 조례로 정한다.
④ 소하천 점용 · 사용 허가를 하는 경우에 재해로 인하여 본래의 점용 목적을 달성할 수 없는 때에는 관리청은 점용료 등을 감면할 수 있다.
⑤ 공공용 사업을 위해 소하천 점용 · 사용 허가를 받지 않고 소하천을 점용한 경우, 관리청은 변상금을 감면할 수 있다.

25 다음 글을 근거로 판단할 때 옳은 것은? 23년 5급 가책형 22번

제00조(정의) 이 법에서 사용하는 용어의 뜻은 다음과 같다.
1. "건강검사"란 신체의 발달상황 및 능력, 정신건강 상태, 생활습관, 질병의 유무 등에 대하여 조사하거나 검사하는 것을 말한다.
2. "학교"란 유치원, 초·중·고등학교, 대학·산업대학·교육대학·전문대학 및 각종학교를 말한다.
3. "관할청"이란 다음 각 목의 구분에 따른 지도·감독기관을 말한다.
 가. 국립 유치원, 국립 초·중·고등학교: 교육부장관
 나. 공·사립 유치원, 공·사립 초·중·고등학교: 교육감
 다. 대학·산업대학·교육대학·전문대학 및 각종학교: 교육부장관

제00조(건강검사 등) ① 학교의 장은 학생과 교직원에 대하여 건강검사를 실시하여야 한다.
② 학교의 장은 천재지변 등 부득이한 사유가 있는 경우 관할청의 승인을 받아 건강검사를 연기하거나 건강검사의 전부 또는 일부를 생략할 수 있다.
③ 학교의 장은 정신건강 상태 검사를 실시할 때 필요한 경우에는 학부모의 동의 없이 실시할 수 있다. 이 경우 학교의 장은 그 실시 후 지체 없이 해당 학부모에게 검사 사실을 통보하여야 한다.

제00조(등교 중지) ① 감염병으로 인해 주의 이상의 위기경보가 발령되는 경우, 교육부장관은 질병관리청장과 협의하여 등교 중지가 필요하다고 인정되는 학생 또는 교직원에 대하여 등교를 중지시킬 것을 학교의 장에게 명할 수 있다. 이 경우 해당 학교의 관할청을 경유하여야 한다.
② 제1항에 따른 명을 받은 학교의 장은 해당 학생 또는 교직원에 대하여 지체 없이 등교를 중지시켜야 한다.

① 건강검사와 관련하여 국·공립 중학교의 관할청은 교육부장관이다.
② 학생의 정신건강 상태 검사를 실시하는 경우, 학교의 장은 필요한 때에는 학부모의 동의 없이 이를 실시할 수 있다.
③ 교육부장관이 사립대학 교직원의 등교 중지를 명하는 경우, 관할 교육감을 경유하여야 한다.
④ 학교의 장은 천재지변이 발생한 경우, 건강검사를 다음 학년도로 연기하거나 생략하여야 한다.
⑤ 감염병으로 인해 주의 이상의 위기경보가 발령되는 경우, 질병관리청장은 학교의 장에게 학생 또는 교직원에 대한 등교 중지를 명할 수 있다.

제○○조

26 다음 글을 근거로 판단할 때, <보기>에서 옳은 것만을 모두 고르면? 14년 5급 A책형 24번

제○○조(행정정보의 공표 등) ① 공공기관은 다음 각 호의 어느 하나에 해당하는 정보에 대해서는 공개의 구체적 범위와 공개의 주기·시기 및 방법 등을 미리 정하여 공표하고, 이에 따라 정기적으로 공개하여야 한다. 다만 제□□조 제1항 각 호의 어느 하나에 해당하는 정보에 대해서는 그러하지 아니하다.
1. 국민생활에 매우 큰 영향을 미치는 정책에 관한 정보
2. 국가의 시책으로 시행하는 공사(工事) 등 대규모 예산이 투입되는 사업에 관한 정보
3. 예산집행의 내용과 사업평가 결과 등 행정감시를 위하여 필요한 정보

② 공공기관은 제1항에 규정된 사항 외에도 국민이 알아야 할 필요가 있는 정보를 국민에게 공개하도록 적극적으로 노력하여야 한다.

제○○조(공개대상 정보의 원문공개) 공공기관 중 중앙행정기관은 전자적 형태로 보유·관리하는 정보 중 공개대상으로 분류된 정보를 국민의 정보공개 청구가 없더라도 정보통신망을 활용한 정보공개시스템을 통하여 공개하여야 한다.

제□□조(비공개대상 정보) ① 공공기관이 보유·관리하는 정보는 공개대상이 된다. 다만 다음 각 호의 어느 하나에 해당하는 정보는 공개하지 아니할 수 있다.
1. 다른 법률 또는 법률에서 위임한 명령(국회규칙·대법원규칙·헌법재판소규칙·중앙선거관리위원회규칙·대통령령 및 조례로 한정한다)에 따라 비밀이나 비공개 사항으로 규정된 정보
2. 해당 정보에 포함되어 있는 성명·주민등록번호 등 개인에 관한 사항으로서 공개될 경우 사생활의 비밀 또는 자유를 침해할 우려가 있다고 인정되는 정보. 다만 다음 각 목에 열거한 개인에 관한 정보는 제외한다.
 가. 법령에서 정하는 바에 따라 열람할 수 있는 정보
 나. 공공기관이 공표를 목적으로 작성하거나 취득한 정보로서 사생활의 비밀 또는 자유를 부당하게 침해하지 아니하는 정보
 다. 직무를 수행한 공무원의 성명·직위

〈보기〉

ㄱ. 국민생활에 매우 큰 영향을 미치는 정책에 관한 정보는 모두 공개하여야 한다.
ㄴ. 헌법재판소규칙에서 비공개 사항으로 규정한 정보는 공개하지 아니할 수 있다.
ㄷ. 국가의 시책으로 시행하는 공사 등 대규모 예산이 투입되는 사업에 관한 직무를 수행한 공무원의 성명·직위는 공개할 수 있다.

① ㄱ ② ㄷ
③ ㄱ, ㄴ ④ ㄴ, ㄷ
⑤ ㄱ, ㄴ, ㄷ

27 다음 글을 근거로 판단할 때 옳은 것은? 23년 5급 가책형 1번

제○○조(동물학대 등의 금지) 누구든지 동물에 대하여 학대행위를 하여서는 아니 된다.
제△△조(동물보호센터의 설치 · 지정 등) ① 지방자치단체의 장은 동물의 구조 · 보호조치 등을 위하여 A부장관이 정하는 기준에 맞는 동물보호센터를 설치 · 운영할 수 있다.
② A부장관은 지방자치단체의 장이 설치 · 운영하는 동물보호센터의 설치 · 운영비용의 전부 또는 일부를 지원할 수 있다.
③ 지방자치단체의 장은 A부장관이 정하는 기준에 맞는 기관이나 단체를 동물보호센터로 지정하여 동물의 구조 · 보호조치 등을 하게 할 수 있고, 이때 소요비용(이하 '보호비용'이라 한다)의 전부 또는 일부를 지원할 수 있다.
④ 제3항에 따른 동물보호센터로 지정받으려는 기관이나 단체는 A부장관이 정하는 바에 따라 지방자치단체의 장에게 신청하여야 한다.
⑤ 지방자치단체의 장은 지정된 동물보호센터가 다음 각 호의 어느 하나에 해당하는 경우에는 그 지정을 취소할 수 있다. 다만 제1호에 해당하는 경우에는 지정을 취소하여야 한다.
1. 거짓이나 그 밖의 부정한 방법으로 지정을 받은 경우
2. 제3항에 따른 지정기준에 맞지 아니하게 된 경우
3. 제○○조의 규정을 위반한 경우
4. 보호비용을 거짓으로 청구한 경우
⑥ 지방자치단체의 장은 제5항에 따라 지정이 취소된 기관이나 단체를 지정이 취소된 날부터 1년 이내에는 다시 동물보호센터로 지정하여서는 아니 된다. 다만 제5항 제3호에 따라 지정이 취소된 기관이나 단체는 지정이 취소된 날부터 2년 이내에는 다시 동물보호센터로 지정하여서는 아니 된다.

① A부장관은 지방자치단체의 장이 지정한 동물보호센터에 보호비용의 일부를 지원하여야 한다.
② 지정된 동물보호센터가 동물을 학대한 사실이 확인된 경우, 지방자치단체의 장은 그 지정을 취소하여야 한다.
③ 동물보호센터로 지정받고자 하는 기관은 지방자치단체의 장이 정하는 바에 따라 A부장관에게 신청하여야 한다.
④ 부정한 방법으로 동물보호센터 지정을 받아 그 지정이 취소된 기관은 지정이 취소된 날부터 2년이 지나야 다시 동물보호센터로 지정받을 수 있다.
⑤ 지정된 동물보호센터가 보호비용을 거짓으로 청구한 경우라도 지방자치단체의 장은 그 지정을 취소해야 하는 것은 아니다.

28 다음 글을 근거로 판단할 때 옳은 것은? 23년 7급 인책형 12번

제○○조(119구조견교육대의 설치 · 운영 등) ① 소방청장은 체계적인 구조견 양성 · 교육훈련 및 보급 등을 위하여 119구조견교육대를 설치 · 운영하여야 한다.
② 119구조견교육대는 중앙119구조본부의 단위조직으로 한다.
③ 119구조견교육대가 관리하는 견(犬)은 다음 각 호와 같다.
1. 훈련견: 구조견 양성을 목적으로 도입되어 훈련 중인 개
2. 종모견: 훈련견 번식을 목적으로 보유 중인 개
제□□조(훈련견 교육 및 평가 등) ① 119구조견교육대는 관리하는 견에 대하여 입문 교육, 정기 교육, 훈련견 교육 등을 실시한다.
② 훈련견 평가는 다음 각 호의 평가로 구분하여 실시하고 각 평가에서 정한 요건을 모두 충족한 경우 합격한 것으로 본다.
1. 기초평가: 훈련견에 대한 기본평가
가. 생후 12개월 이상 24개월 이하일 것
나. 기초평가 기준에 따라 총점 70점 이상을 득점하고, 수의검진 결과 적합판정을 받을 것
2. 중간평가: 양성 중인 훈련견의 건강, 성품 변화, 발전 가능성 및 임무 분석 등의 판정을 위해 실시하는 평가
가. 훈련 시작 12개월 이상일 것
나. 중간평가 기준에 따라 총점 70점 이상을 득점하고, 수의진료소견 결과 적합판정을 받을 것
다. 공격성 보유, 능력 상실 등의 결격사유가 없을 것
③ 훈련견 평가 중 어느 하나라도 불합격한 훈련견은 유관기관 등 외부기관으로 관리전환할 수 있다.
제△△조(종모견 도입) 훈련견이 종모견으로 도입되기 위해서는 제□□조 제2항에 따른 훈련견 평가에 모두 합격하여야 하며, 다음 각 호의 요건을 갖추어야 한다.
1. 순수한 혈통일 것
2. 생후 20개월 이상일 것
3. 원친(遠親) 번식에 의한 견일 것

① 중앙119구조본부의 장은 구조견 양성 및 교육훈련 등을 위하여 119구조견교육대를 설치하여야 한다.
② 원친 번식에 의한 생후 20개월인 순수한 혈통의 훈련견은 훈련견 평가결과에 관계없이 종모견으로 도입될 수 있다.
③ 기초평가 기준에 따라 총점 80점을 득점하고, 수의검진 결과 적합판정을 받은 훈련견은 생후 15개월에 종모견으로 도입될 수 있다.
④ 생후 12개월에 훈련을 시작해 반년이 지난 훈련견이 결격사유 없이 중간평가 기준에 따라 총점 75점을 득점하고, 수의진료소견 결과 적합판정을 받는다면 중간평가에 합격한 것으로 본다.
⑤ 기초평가에서 합격했더라도 결격사유가 있어 중간평가에 불합격한 훈련견은 유관기관으로 관리전환할 수 있다.

29 다음 글을 근거로 판단할 때 옳은 것은?

23년 7급 인책형 25번

제○○조(정의) 이 법에서 사용하는 용어의 뜻은 다음과 같다.
1. "한부모가족"이란 모자가족 또는 부자가족을 말한다.
2. "모(母)" 또는 "부(父)"란 다음 각 목의 어느 하나에 해당하는 자로서 아동인 자녀를 양육하는 자를 말한다.
   가. 배우자와 사별 또는 이혼하거나 배우자로부터 유기된 자
   나. 정신이나 신체의 장애로 장기간 노동능력을 상실한 배우자를 가진 자
   다. 교정시설 · 치료감호시설에 입소한 배우자 또는 병역복무 중인 배우자를 가진 자
   라. 미혼자
3. "아동"이란 18세 미만(취학 중인 경우에는 22세 미만을 말하되, 병역의무를 이행하고 취학 중인 경우에는 병역의무를 이행한 기간을 가산한 연령 미만을 말한다)의 자를 말한다.

제□□조(지원대상자의 범위) ① 이 법에 따른 지원대상자는 제○○조 제1호부터 제3호까지의 규정에 해당하는 자로 한다.
② 제1항에도 불구하고 부모가 사망하거나 그 생사가 분명하지 아니한 아동을 양육하는 조부 또는 조모는 이 법에 따른 지원대상자가 된다.

제△△조(복지 급여 등) ① 국가나 지방자치단체는 지원대상자의 복지 급여 신청이 있으면 다음 각 호의 복지 급여를 실시하여야 한다.
1. 생계비
2. 아동교육지원비
3. 아동양육비

② 이 법에 따른 지원대상자가 다른 법령에 따라 지원을 받고 있는 경우에는 그 범위에서 이 법에 따른 급여를 실시하지 아니한다. 다만, 제1항 제3호의 아동양육비는 지급할 수 있다.
③ 제1항 제3호의 아동양육비를 지급할 때에 다음 각 호의 어느 하나에 해당하는 경우에는 예산의 범위에서 추가적인 복지 급여를 실시하여야 한다.
1. 미혼모나 미혼부가 5세 이하의 아동을 양육하는 경우
2. 34세 이하의 모 또는 부가 아동을 양육하는 경우

① 5세인 자녀를 홀로 양육하는 자가 지원대상자가 되기 위해서는 미혼자여야 한다.
② 배우자와 사별한 자가 18개월간 병역의무를 이행한 22세의 대학생 자녀를 양육하는 경우, 지원대상자가 될 수 없다.
③ 부모의 생사가 불분명한 6세인 손자를 양육하는 조모에게는 복지 급여 신청이 없어도 생계비를 지급하여야 한다.
④ 30세인 미혼모가 5세인 자녀를 양육하는 경우, 아동양육비를 지급할 때 추가적인 복지 급여를 실시할 수 없다.
⑤ 지원대상자가 다른 법령에 따른 지원을 받고 있는 경우에도 국가나 지방자치단체는 아동양육비를 지급할 수 있다.

3 줄글

일반

30 甲, 乙, 丙, 丁은 A국의 건강보험 가입자이다. 다음 글을 근거로 판단할 때, <보기>에서 옳지 않은 것을 모두 고르면?

12년 5급 인책형 1번

A국의 건강보험공단(이하 '공단'이라 한다)이 제공하는 건강보험의 급여는 현물급여와 현금급여로 나눌 수 있다. 현물급여는 지정된 요양기관(병 · 의원)을 통하여 가입자 및 피부양자에게 직접 의료서비스를 제공하는 것으로, 요양급여와 건강검진이 있다. 요양급여는 가입자 및 피부양자의 질병 · 부상 · 출산 등에 대한 지정된 요양기관의 진찰, 처치 · 수술 기타의 치료, 재활, 입원, 간호 등을 말한다. 또한 공단은 질병의 조기 발견과 그에 따른 요양급여를 제공하기 위하여 가입자 및 피부양자에게 2년마다 1회 무료로 건강검진을 실시한다.

현금급여는 가입자 또는 피부양자가 긴급하거나 기타 부득이한 사유로 인하여 지정된 요양기관 이외의 의료기관에서 질병 · 부상 · 출산 등에 대하여 요양을 받은 경우와 요양기관 외의 장소에서 출산을 한 경우, 공단이 그 요양급여에 상당하는 금액을 가입자 또는 피부양자에게 요양비로 지급하는 것을 말한다. 이러한 요양비를 지급받기 위하여 요양을 제공받은 자는 요양기관이 발행한 요양비용명세서나 요양내역을 기재한 영수증 등을 공단에 제출하여야 한다. 또한 본인부담액보상금도 현금급여에 해당한다. 이는 전체 보험가입자의 보험료 수준별로 하위 50%는 연간 200만 원, 중위 30%는 연간 300만 원, 상위 20%는 연간 400만 원의 진료비를 초과하는 경우, 그 초과액을 공단이 부담하는 제도이다.

<보기>

ㄱ. 甲의 피부양자는 작년에 이어 올해도 질병의 조기 발견을 위해 공단이 지정한 요양기관으로부터 건강검진을 무료로 받을 수 있다.
ㄴ. 乙이 갑작스러운 진통으로 인해 자기 집에서 출산한 경우, 공단으로부터 요양비를 지급받을 수 있다.
ㄷ. 丙이 혼자 섬으로 낚시를 갔다가 다리를 다쳐 낚시터에서 그 마을 주민으로부터 치료를 받은 경우, 공단으로부터 요양비를 지급받을 수 있다.
ㄹ. 상위 10% 수준의 보험료를 내고 있는 丁이 진료비로 연간 400만 원을 지출한 경우, 진료비의 일부를 공단으로부터 지원받을 수 있다.

① ㄱ, ㄴ
② ㄴ, ㄷ
③ ㄷ, ㄹ
④ ㄱ, ㄴ, ㄹ
⑤ ㄱ, ㄷ, ㄹ

31 다음 글을 근거로 판단할 때, <보기>에서 옳은 것만을 모두 고르면?

17년 민경채 나책형 11번

> 주민투표제도는 주민에게 과도한 부담을 주거나 중대한 영향을 미치는 주요사항을 결정하는 과정에서 주민에게 직접 의사를 표시할 수 있는 기회를 주기 위해 2004년 1월 주민투표법에 의해 도입되었다. 주민투표법에서는 주민투표를 실시할 수 있는 권한을 지방자치단체장에게만 부여하고 있다. 한편 중앙행정기관의 장은 지방자치단체장에게 주민투표 실시를 요구할 수 있고, 지방의회와 지역주민은 지방자치단체장에게 주민투표 실시를 청구할 수 있다.
>
> 주민이 직접 조례의 제정 및 개폐를 청구할 수 있는 주민발의제도는 1998년 8월 지방자치법의 개정으로 도입되었다. 주민발의는 지방자치단체장에게 청구하도록 되어 있는데, 지방자치단체장은 청구를 수리한 날로부터 60일 이내에 조례의 제정 또는 개폐안을 작성하여 지방의회에 부의하여야 한다. 주민발의를 지방자치단체장에게 청구하려면 선거권이 있는 19세 이상 주민 일정 수 이상의 서명을 받아야 한다. 청구에 필요한 주민의 수는 지방자치단체의 조례로 정하되 인구가 50만 명 이상인 대도시에서는 19세 이상 주민 총수의 100분의 1 이상 70분의 1 이하의 범위 내에서, 그리고 그 외의 시·군 및 자치구에서는 19세 이상 주민 총수의 50분의 1 이상 20분의 1 이하의 범위 내에서 정하도록 하고 있다.
>
> 주민소환제도는 선출직 지방자치단체장 또는 지방의회의원의 위법·부당행위, 직무유기 또는 직권남용 등에 대한 책임을 묻는 제도로, 2006년 5월 지방자치법 개정으로 도입되었다. 주민소환 실시의 청구를 위해서도 주민소환에 관한 법률에 따라 일정 수 이상 주민의 서명을 받아야 한다. 광역자치단체장을 소환하고자 할 때는 선거권이 있는 19세 이상 주민 총수의 100분의 10 이상, 기초자치단체장에 대해서는 100분의 15 이상, 지방의회 지역구의원에 대해서는 100분의 20 이상의 서명을 받아야 주민소환 실시를 청구할 수 있다.

〈보기〉

ㄱ. 주민투표법에서 주민투표를 실시할 수 있는 권한은 지방자치단체장만이 가지고 있다.

ㄴ. 인구 70만 명인 甲시에서 주민발의 청구를 위해서는 19세 이상 주민 총수의 50분의 1 이상 20분의 1 이하의 범위에서 서명을 받아야 한다.

ㄷ. 주민발의제도에 근거할 때 주민은 조례의 제정 및 개폐에 관한 사항을 지방의회에 대해 직접 청구할 수 없다.

ㄹ. 기초자치단체인 乙시의 丙시장에 대한 주민소환 실시의 청구를 위해서는 선거권이 있는 19세 이상 주민의 100분의 20 이상의 서명을 받아야 한다.

① ㄱ, ㄷ ② ㄱ, ㄹ
③ ㄴ, ㄷ ④ ㄱ, ㄴ, ㄹ
⑤ ㄴ, ㄷ, ㄹ

32 다음 글을 읽고 <보기>에서 옳은 것만을 모두 고르면?

10년 5급 선책형 35번

> 동산에 관한 소유권의 이전(양도)은 그 동산을 인도하여야 효력이 생긴다. 그러나 첫째, 양수인이 이미 동산을 점유한 때에는 당사자 사이에 의사표시의 합치만 있으면 그 효력이 생긴다. 둘째, 당사자 사이의 계약으로 양도인이 그 동산을 계속 점유하기로 한 때에는 양수인이 인도받은 것으로 본다. 셋째, 제3자가 점유하고 있는 동산에 관한 소유권을 이전하는 경우에는 양도인이 그 제3자에 대한 반환청구권을 양수인에게 양도함으로써 동산을 인도한 것으로 본다.

※ 인도(引渡): 물건에 대한 점유의 이전, 즉 사실상 지배의 이전

〈보기〉

ㄱ. 乙이 甲소유의 동산을 증여받아 소유하기 위해서는 원칙적으로 甲이 乙에게 그 동산에 대한 사실상 지배를 이전하여야 한다.

ㄴ. 乙이 甲소유의 동산을 빌려서 사용하고 있는 경우, 甲과 乙 사이에 그 동산에 대한 매매를 합의하더라도 甲이 현실적으로 인도하지 않으면 乙은 동산의 소유권을 취득할 수 없다.

ㄷ. 甲이 자신의 동산을 乙에게 양도하기로 하면서 乙과의 계약으로 자신이 그 동산을 계속 점유하고 있으면, 乙은 그 동산의 소유권을 취득할 수 없다.

ㄹ. 甲이 乙에게 맡겨 둔 자신의 동산을 丙에게 현실적으로 인도하지 않더라도 甲이 乙에 대한 반환청구권을 丙에게 양도함으로써 소유권을 丙에게 이전할 수 있다.

① ㄹ
② ㄱ, ㄴ
③ ㄱ, ㄹ
④ ㄴ, ㄷ
⑤ ㄱ, ㄷ, ㄹ

33 다음 글에 근거할 때, 옳은 것을 <보기>에서 모두 고르면?

12년 5급 인책형 22번

○○연구재단은 지난 2000년부터 인문사회연구역량의 세부사업으로 12개의 사업을 추진하고 있는데, 그 중 하나로 학제간 융합연구사업을 추진하고 있다. 학제간 융합연구사업은 연구와 교육을 연계한 융합연구의 전문인력 양성을 주요 목적으로 하며, 인문사회분야와 이공계분야 간의 학제간 융합연구를 지원대상으로 하고 있다. 연구지원 신청자격은 연구책임자를 포함한 6인 이상의 연구팀이나 사업단(센터)에 부여되며, 그 연구팀이나 사업단에는 동일 연구분야의 전공자 비율이 70%를 넘지 않아야 하는 동시에 2개 이상 연구분야의 전공자가 참여하는 것이 기본요건이다.

이와 같은 학제간 융합연구 지원사업은 씨앗형 사업과 새싹형 사업으로 이원화되어 추진되고 있으나, 연구의 저변확대를 위해 씨앗형 사업에 중점을 두고 있다. 씨앗형 사업과 새싹형 사업은 기본적으로 연구자의 창의성을 장려한다는 목적으로 지원자들이 자유주제를 선정하여 신청하는 상향식 지원방식을 채택하고 있다. 그러나 새싹형 사업은 국가차원의 전략적 과제의 원활한 수행을 위해 지정과제 공모식의 하향식 연구지원방식도 포함하고 있다.

연구지원기간은 씨앗형 사업의 경우 1년으로 완료되며, 사업완료 후 평가를 거쳐 새싹형 사업으로 진입할 수 있도록 하고 있다. 새싹형 사업은 최대 5년(기본 3년+추가 2년)간 연구지원을 하고 있다. 지난 2009년까지는 기본 3년의 연구수행결과에 대한 1단계 평가를 통해 강제탈락제도를 시행하여 왔으나, 2010년부터는 매년 연차평가를 실시하여 계속 지원 여부를 결정하고 있다. 새싹형 사업의 연구지원방식은 씨앗형 사업완료 후 평가를 거쳐 새싹형 사업을 추진하는 방법과 씨앗형 사업을 거치지 않고 새싹형 사업을 바로 지원할 수 있는 방식을 취하고 있다. 학제간 융합연구사업의 선정평가는 씨앗형 사업과 새싹형 사업 모두 1단계 요건심사, 2단계 전공심사, 3단계 종합심사의 동일한 과정으로 구성되어 있다.

〈보기〉

ㄱ. 철학 전공자 2명과 물리학 전공자 4명으로 구성된 연구팀은 학제간 융합연구사업을 신청할 수 있다.
ㄴ. 국가차원의 전략적 과제로서 생명공학의 사회적 · 윤리적 문제에 대한 지정과제 연구는 씨앗형 사업에 해당된다.
ㄷ. 2008년에 실시된 1단계 평가에서 탈락한 새싹형 사업 과제의 연구지원기간은 최소 5년이다.
ㄹ. 2011년에 실시된 연차평가에서 탈락한 새싹형 사업 과제의 연구지원기간은 1년일 수 있다.
ㅁ. 씨앗형 사업과 새싹형 사업의 선정평가는 모두 3단계로 이루어져 있다.

① ㄱ, ㄴ
② ㄴ, ㄹ
③ ㄱ, ㄷ, ㄹ
④ ㄱ, ㄹ, ㅁ
⑤ ㄴ, ㄷ, ㅁ

34 다음 글을 근거로 판단할 때 옳지 않은 것은?

13년 외교관 인책형 24번

동산질권(動産質權)이란 채권자가 채권의 담보로서 채무자 또는 제3자가 제공한 동산을 유치(점유)할 수 있는 권리이다. 예컨대 A가 500만 원을 B에게 빌려주고 그 담보로 B 소유의 보석을 받으면, B가 500만 원을 변제할 때까지 A는 그 보석을 보유한 채 되돌려 주지 않을 권리가 있다. 여기서 A처럼 질권을 취득한 채권자를 질권자라 하고, B처럼 채권담보로 동산을 제공한 채무자 또는 제3자를 질권설정자라 한다. 동산질권은 채무를 전부 변제한 때, 질권자가 담보목적물을 질권설정자에게 반환한 때 소멸한다.

한편 법인이나 상호등기를 한 사람(이하 '법인 등'이라 한다)이 채권자에게 채권의 담보로 동산을 제공한 경우에는 그 동산에 대해 채권자가 담보등기를 할 수 있다. 이와 같이 법인 등이 제공한 동산에 대해 담보목적으로 등기된 채권자의 권리를 동산담보권(動産擔保權)이라 한다. 동산담보권의 취득이나 소멸은 동산질권과 달리 담보등기부에 등기를 하여야 그 효력이 발생한다. 또한 동일한 동산에 설정된 동산담보권 상호간의 우선순위는 등기의 선후에 따른다. 그밖에 동산담보권자는 동산질권자와 마찬가지로 채권 전부를 변제받을 때까지 담보목적물 전부에 대하여 동산담보권을 행사할 수 있다.

① 甲이 乙소유의 동산에 대해 동산질권을 취득한 후, 그 동산을 乙에게 반환하면 甲의 동산질권은 소멸한다.
② 경찰관 乙이 채권자 甲에게 자신의 동산을 담보로 제공하기로 약정하더라도 甲은 동산담보권을 취득할 수 없다.
③ 상호등기를 한 乙이 채권자 甲에게 자신의 동산을 담보로 제공한 경우, 甲이 그 동산을 담보등기부에 등기하면 甲은 동산담보권을 취득한다.
④ 乙법인이 제공한 동산을 담보등기부에 등기하여 甲이 동산담보권을 취득한 후, 丙이 그 동산에 대해 동산담보권을 취득한 경우, 甲의 동산담보권이 丙의 동산담보권보다 우선한다.
⑤ 채권자 甲이 채무자 乙법인의 동산을 담보등기부에 등기하여 동산담보권을 취득한 후, 乙이 甲에게 채무 일부를 변제하면 변제액에 비례하여 甲은 동산의 일부에 대해 동산담보권을 행사할 수 있다.

구분된 글

35 다음 글을 근거로 판단할 때 옳은 것은? 20년 민경채 가책형 13번

> A국은 다음 5가지 사항을 반영하여 특허법을 제정하였다.
> (1) 새로운 기술에 의한 발명을 한 사람에게 특허권이라는 독점권을 주는 제도와 정부가 금전적 보상을 해주는 보상제도 중, A국은 전자를 선택하였다.
> (2) 특허권을 별도의 특허심사절차 없이 부여하는 방식과 신청에 의한 특허심사절차를 통해 부여하는 방식 중, A국은 후자를 선택하였다.
> (3) 새로운 기술에 의한 발명인지를 판단하는 데 있어서 전세계에서의 새로운 기술을 기준으로 하는 것과 국내에서의 새로운 기술을 기준으로 하는 것 중, A국은 후자를 선택하였다.
> (4) 특허권의 효력발생범위를 A국 영토 내로 한정하는 것과 A국 영토 밖으로 확대하는 것 중, A국은 전자를 선택하였다. 따라서 특허권이 부여된 발명을 A국 영토 내에서 특허권자의 허락없이 무단으로 제조·판매하는 행위를 금지하며, 이를 위반한 자에게는 손해배상의무를 부과한다.
> (5) 특허권의 보호기간을 한정하는 방법과 한정하지 않는 방법 중, A국은 전자를 선택하였다. 그리고 그 보호기간은 특허권을 부여받은 날로부터 10년으로 한정하였다.

① A국에서 알려지지 않은 새로운 기술로 알코올램프를 발명한 자는 그 기술이 이미 다른 나라에서 널리 알려진 것이라도 A국에서 특허권을 부여받을 수 있다.
② A국에서 특허권을 부여받은 날로부터 11년이 지난 손전등을 제조·판매하기 위해서는 발명자로부터 허락을 받아야 한다.
③ A국에서 새로운 기술로 석유램프를 발명한 자는 A국 정부로부터 그 발명에 대해 금전적 보상을 받을 수 있다.
④ A국에서 새로운 기술로 필기구를 발명한 자는 특허심사절차를 밟지 않더라도 A국 내에서 다른 사람이 그 필기구를 무단으로 제조·판매하는 것을 금지시킬 수 있다.
⑤ A국에서 망원경에 대해 특허권을 부여받은 자는 다른 나라에서 그 망원경을 무단으로 제조 및 판매한 자로부터 A국 특허법에 따라 손해배상을 받을 수 있다.

4 기호(○)

36 甲은 2010.10.10. 인근 농업진흥지역 내의 A농지 2,000m^{2}를 주말영농을 하기 위하여 구입하였고, 2010.11.11. B농지 15,000m^{2}를 상속받았다. 다음 <조건>을 근거로 판단할 때 옳지 않은 것을 <보기>에서 모두 고르면? 11년 5급 선책형 28번

〈조건〉

> ○ 농업인이란 1,000m^2 이상의 농지에서 농작물을 경작하는 자 또는 1년 중 90일 이상 농업에 종사하는 자를 말한다.
> ○ 자기의 농업경영에 이용하거나 이용할 자가 아니면 농지를 소유하지 못한다. 예외적으로 ① 자기의 농업경영에 이용하지 않더라도 주말·체험영농을 하려는 자는 총 1,000m^2 미만의 농지를 소유할 수 있다. ② 상속으로 농지를 취득한 자로서 농업경영을 하지 않는 자는 그 상속 농지 중에서 총 10,000m^{2}까지는 자기의 농업경영에 이용하지 않더라도 농지를 소유 및 제3자에게 임대할 수 있지만, 한국농촌공사에 위탁하여 임대하는 경우에는 20,000m^{2}까지 소유할 수 있다.
> ○ 농지소유자가 정당한 사유 없이 그 농지를 주말·체험영농에 이용하지 않는 경우, 그 때부터 1년 이내에 그 농지를 처분하여야 한다. 또한 농지 소유 상한을 초과하여 농지를 소유한 것이 판명된 경우, 농지소유자는 그 때부터 1년 이내에 초과된 농지를 처분하여야 한다.

※ 농업경영이란 농업인이나 농업법인이 자기의 계산과 책임으로 농업을 영위하는 것을 말함
※ 주말·체험영농이란 개인이 주말 등을 이용하여 취미생활이나 여가활동으로 농작물을 경작하는 것을 말함

〈보기〉

> ㄱ. 甲이 직장을 다니면서 A농지에 농작물을 직접 경작하는 경우, 농업인으로 볼 수 있다.
> ㄴ. 甲이 정당한 사유 없이 A농지를 경작하지 않는 경우, 그 때부터 1년 이내에 A농지 전부를 처분하여야 한다.
> ㄷ. 甲이 농업인 乙에게 B농지를 임대한 경우, B농지 전부를 처분하여야 한다.
> ㄹ. 직장을 그만두고 귀농한 甲이 A농지에 농작물을 스스로 경작하고 B농지는 한국농촌공사에 임대한 경우, A·B 농지 모두를 계속 소유할 수 있다.

① ㄷ　② ㄹ
③ ㄱ, ㄴ　④ ㄷ, ㄹ
⑤ ㄱ, ㄴ, ㄹ

37 다음 글과 <상황>을 근거로 판단할 때 옳은 것은?

13년 외교관 인책형 8번

○ 소취하: 소송진행 중 원고는 자신이 제기한 소(訴)를 취하할 수 있다. 다만 피고가 소송에서 변론을 하였을 때에는 피고의 동의를 얻어야 소취하를 할 수 있다. 소취하를 하면 소가 제기된 때로 소급하여 소송이 소멸된다. 원고는 판결이 선고되었어도 그 판결이 확정되기 전까지 언제든지 소취하를 할 수 있다. 따라서 원고는 1심 소송진행 중에 소취하를 할 수 있을 뿐만 아니라 항소심 소송진행 중에도 소취하를 할 수 있다. 원고가 항소심에서 소취하를 하면 1심의 소를 제기한 때로 소급하여 소송이 소멸된다. 따라서 현재 진행 중인 항소심이 종료될 뿐만 아니라 1심 소송결과 자체를 소멸시키기 때문에 항소의 대상이 되었던 1심 판결도 그 효력을 상실한다. 그 결과 소송당사자 사이의 권리의무에 관한 분쟁은 해결되지 아니한 채 소송만 종료된다.

○ 항소취하: 1심 판결에 패소한 당사자는 항소(抗訴)를 제기할 수 있는데, 그 자를 '항소인'이라고 하고 항소의 상대방 당사자를 '피항소인'이라고 한다. 항소인은 항소심 판결이 선고되기 전까지만 항소취하를 할 수 있다. 피항소인의 동의는 필요하지 않다. 항소취하를 하면 항소가 제기된 때로 소급하여 항소가 소멸되고 항소심은 종료된다. 항소취하는 항소 제기시점으로 소급하여 항소만 소멸되기 때문에, 항소의 대상이 되었던 1심 판결의 효력은 유지되며 그 판결 내용대로 당사자 사이의 분쟁은 해결된다.

〈상황〉

甲은 乙에게 1억 원을 빌려주었는데 갚기로 한 날짜가 지났는데도 乙이 갚지 않고 있다. 그래서 甲이 원고가 되어 乙을 피고로 하여 1억 원의 대여금반환청구의 소를 제기하였다. 1심 법원은 甲의 주장을 인정하여 甲의 승소판결을 선고하였고, 이에 대해 乙이 항소를 제기하여 현재 항소심이 진행 중이다.

① 항소심 판결이 선고된 후에는 乙은 항소취하를 할 수 없다.
② 항소심 판결이 선고되기 전에 甲은 乙의 동의 없이 항소취하를 할 수 있다.
③ 항소심 판결이 선고되기 전에 乙은 甲의 동의를 얻어야 소취하를 할 수 있다.
④ 항소취하가 유효하면 항소심이 종료되고, 甲의 乙에 대한 1심 승소판결의 효력은 소멸된다.
⑤ 소취하가 항소심에서 유효하게 이루어진 경우, 甲과 乙 사이의 대여금에 관한 분쟁에서 甲이 승소한 것으로 분쟁이 해결된다.

5 표

38 다음 <국내 대학(원) 재학생 학자금 대출 조건>을 근거로 판단할 때, <보기>에서 옳은 것만을 모두 고르면? (단, 甲~丙은 국내 대학(원)의 재학생이다)

19년 5급 가책형 3번

〈국내 대학(원) 재학생 학자금 대출 조건〉

구분		X학자금 대출	Y학자금 대출
신청 대상	신청 연령	• 35세 이하	• 55세 이하
	성적 기준	• 직전 학기 12학점 이상 이수 및 평균 C학점 이상 (단, 장애인, 졸업학년인 경우 이수학점 기준 면제)	• 직전 학기 12학점 이상 이수 및 평균 C학점 이상 (단, 대학원생, 장애인, 졸업학년인 경우 이수학점 기준 면제)
	가구소득 기준	• 소득 1~8분위	• 소득 9, 10분위
	신용 요건	• 제한 없음	• 금융채무불이행자, 저신용자 대출 불가
대출 한도	등록금	• 학기당 소요액 전액	• 학기당 소요액 전액
	생활비	• 학기당 150만 원	• 학기당 100만 원
상환 사항	상환 방식 (졸업 후)	• 기준소득을 초과하는 소득 발생 이전: 유예 • 기준소득을 초과하는 소득 발생 이후: 기준소득 초과분의 20%를 원천 징수 ※ 기준소득: 연 □천만 원	• 졸업 직후 매월 상환 • 원금균등분할상환과 원리금균등분할상환 중 선택

〈보기〉

ㄱ. 34세로 소득 7분위인 대학생 甲이 직전 학기에 14학점을 이수하여 평균 B학점을 받았을 경우 X학자금 대출을 받을 수 있다.
ㄴ. X학자금 대출 대상이 된 乙의 한 학기 등록금이 300만 원일 때, 한 학기당 총 450만 원을 대출받을 수 있다.
ㄷ. 50세로 소득 9분위인 대학원생 丙(장애인)은 신용 요건에 관계없이 Y학자금 대출을 받을 수 있다.
ㄹ. 대출금액이 동일하고 졸업 후 소득이 발생하지 않았다면, X학자금 대출과 Y학자금 대출의 매월 상환금액은 같다.

① ㄱ, ㄴ
② ㄱ, ㄷ
③ ㄷ, ㄹ
④ ㄱ, ㄴ, ㄹ
⑤ ㄴ, ㄷ, ㄹ

39 다음 글을 근거로 판단할 때 옳은 것은?

20년 5급 나책형 23번

제00조 ① 체육시설업은 다음과 같이 구분한다.

1. 등록 체육시설업: 스키장업, 골프장업, 자동차 경주장업
2. 신고 체육시설업: 빙상장업, 썰매장업, 수영장업, 체력단련장업, 체육도장업, 골프연습장업, 당구장업, 무도학원업, 무도장업, 야구장업, 가상체험 체육시설업

② 체육시설업자는 체육시설업의 종류에 따라 아래 〈시설기준〉에 맞는 시설을 설치하고 유지 · 관리하여야 한다.

〈시설기준〉

구분	내용
필수시설	○ 수용인원에 적합한 주차장(등록 체육시설업만 해당한다) 및 화장실을 갖추어야 한다. 다만 해당 체육시설이 같은 부지 또는 복합건물 내에 다른 시설물과 함께 위치한 경우로서 그 다른 시설물과 공동으로 사용하는 주차장 및 화장실이 있을 때에는 별도로 갖추지 아니할 수 있다. ○ 수용인원에 적합한 탈의실과 급수시설을 갖추어야 한다. 다만 신고 체육시설업(수영장업은 제외한다)과 자동차 경주장업에는 탈의실을 대신하여 세면실을 설치할 수 있다. ○ 부상자 및 환자의 구호를 위한 응급실 및 구급약품을 갖추어야 한다. 다만 신고 체육시설업(수영장업은 제외한다)과 골프장업에는 응급실을 갖추지 아니할 수 있다.
임의시설	○ 체육용품의 판매 · 수선 또는 대여점을 설치할 수 있다. ○ 식당 · 목욕시설 · 매점 등 편의시설을 설치할 수 있다(무도학원업과 무도장업은 제외한다). ○ 등록 체육시설업의 경우에는 해당 체육시설을 이용하는 데에 지장이 없는 범위에서 그 체육시설 외에 다른 종류의 체육시설을 설치할 수 있다. 다만 신고 체육시설업의 경우에는 그러하지 아니하다.

① 무도장을 운영할 때 목욕시설과 매점을 설치하는 경우 시설기준에 위반된다.

② 수영장을 운영할 때 수용인원에 적합한 세면실과 급수시설을 모두 갖추어야 한다.

③ 체력단련장을 운영할 때 이를 이용하는 데에 지장이 없는 범위에서 가상체험 체육시설을 설치할 수 있다.

④ 복합건물 내에 위치한 골프연습장을 운영할 때 다른 시설물과 공동으로 사용하는 주차장이 없다면, 수용인원에 적합한 주차장을 반드시 갖추어야 한다.

⑤ 수영장을 운영할 때 구급약품을 충분히 갖추어 부상자 및 환자의 구호에 지장이 없다면, 응급실을 갖추지 않아도 시설기준에 위반되지 않는다.

6 규정·규칙

40 다음 글과 <상황>을 근거로 판단할 때 옳은 것은?

21년 7급 나책형 16번

○ 민원의 종류
법정민원(인가 · 허가 등을 신청하거나 사실 · 법률관계에 관한 확인 또는 증명을 신청하는 민원), 질의민원(법령 · 제도 등에 관하여 행정기관의 설명 · 해석을 요구하는 민원), 건의민원(행정제도의 개선을 요구하는 민원), 기타민원(그 외 상담 · 설명 요구, 불편 해결을 요구하는 민원)으로 구분함

○ 민원의 신청
문서(전자문서를 포함, 이하 같음)로 해야 하나, 기타민원은 구술 또는 전화로 가능함

○ 민원의 접수
민원실에서 접수하고, 접수증을 교부하여야 함(단, 기타민원, 우편 및 전자문서로 신청한 민원은 접수증 교부를 생략할 수 있음)

○ 민원의 이송
접수한 민원이 다른 행정기관의 소관인 경우, 접수된 민원문서를 지체 없이 소관 기관에 이송하여야 함

○ 처리결과의 통지
접수된 민원에 대한 처리결과를 민원인에게 문서로 통지하여야 함(단, 기타민원의 경우와 통지에 신속을 요하거나 민원인이 요청하는 경우, 구술 또는 전화로 통지할 수 있음)

○ 반복 및 중복 민원의 처리
민원인이 동일한 내용의 민원(법정민원 제외)을 정당한 사유 없이 3회 이상 반복하여 제출한 경우, 2회 이상 그 처리결과를 통지하였다면 그 후 접수되는 민원에 대하여는 바로 종결 처리할 수 있음

〈상황〉

○ 甲은 인근 공사장 소음으로 인한 불편 해결을 요구하는 민원을 A시에 제기하려고 한다.

○ 乙은 자신의 영업허가를 신청하는 민원을 A시에 제기하려고 한다.

① 甲은 구술 또는 전화로 민원을 신청할 수 없다.

② 乙은 전자문서로 민원을 신청할 수 없다.

③ 甲이 신청한 민원이 다른 행정기관 소관 사항인 경우라도, A시는 해당 민원을 이송 없이 처리할 수 있다.

④ A시는 甲이 신청한 민원에 대한 처리결과를 전화로 통지할 수 있다.

⑤ 乙이 동일한 내용의 민원을 이미 2번 제출하여 처리결과를 통지받았으나 정당한 사유 없이 다시 신청한 경우, A시는 해당 민원을 바로 종결 처리할 수 있다.

Ⅱ. 해결(2) - 일부 응용

1 계산 포함

법조문

41 다음 글을 근거로 판단할 때 옳은 것은? 20년 7급(모의) 2번

제○○조(진흥기금의 징수) ① 영화위원회(이하 "위원회"라 한다)는 영화의 발전 및 영화 · 비디오물산업의 진흥을 위하여 영화상영관에 입장하는 관람객에 대하여 입장권 가액의 100분의 5의 진흥기금을 징수한다. 다만, 직전 연도에 제△△조 제1호에 해당하는 영화를 연간 상영일수의 100분의 60 이상 상영한 영화상영관에 입장하는 관람객에 대해서는 그러하지 아니하다.
② 영화상영관 경영자는 관람객으로부터 제1항의 규정에 따른 진흥기금을 매월 말일까지 징수하여 해당 금액을 다음 달 20일까지 위원회에 납부하여야 한다.
③ 위원회는 영화상영관 경영자가 제2항에 따라 관람객으로부터 수납한 진흥기금을 납부기한까지 납부하지 아니하였을 때에는 체납된 금액의 100분의 3에 해당하는 금액을 가산금으로 부과한다.
④ 위원회는 제2항에 따른 진흥기금 수납에 대한 위탁 수수료를 영화상영관 경영자에게 지급한다. 이 경우 수수료는 제1항에 따른 진흥기금 징수액의 100분의 3을 초과할 수 없다.
제△△조(전용상영관에 대한 지원) 위원회는 청소년 관객의 보호와 영화예술의 확산 등을 위하여 다음 각 호의 어느 하나에 해당하는 영화를 연간 상영일수의 100분의 60 이상 상영하는 영화상영관을 지원할 수 있다.
1. 애니메이션영화 · 단편영화 · 예술영화 · 독립영화
2. 제1호에 해당하지 않는 청소년관람가영화
3. 제1호 및 제2호에 해당하지 않는 국내영화

① 영화상영관 A에서 직전 연도에 연간 상영일수의 100분의 60 이상 청소년관람가 애니메이션영화를 상영한 경우 진흥기금을 징수한다.
② 영화상영관 경영자 B가 8월분 진흥기금 60만 원을 같은 해 9월 18일에 납부하는 경우, 가산금을 포함하여 총 61만 8천 원을 납부하여야 한다.
③ 관람객 C가 입장권 가액과 그 진흥기금을 합하여 영화상영관에 지불하는 금액이 12,000원이라고 할 때, 지불 금액 중 진흥기금은 600원이다.
④ 연간 상영일수가 매년 200일인 영화상영관 D에서 직전 연도에 단편영화를 40일, 독립영화를 60일 상영했다면 진흥기금을 징수하지 않는다.
⑤ 영화상영관 경영자 E가 7월분 진흥기금과 그 가산금을 합한 금액인 103만 원을 같은 해 8월 30일에 납부한 경우, 위원회는 E에게 최대 3만 원의 수수료를 지급할 수 있다.

42 다음 규정을 근거로 판단할 때 옳은 것을 <보기>에서 모두 고르면? 11년 5급 선책형 9번

제00조 ① 모든 초등학교 · 중학교 · 고등학교 및 특수학교(이하 '학교'라 한다)에 두는 학교운영위원회(이하 '운영위원회'라 한다) 위원의 정수는 당해 학교의 학교운영위원회규정(이하 '위원회규정'이라 한다)으로 정한다.
② 학교에 두는 운영위원회 위원의 구성비율은 다음 각 호의 구분에 의한 범위 내에서 위원회규정으로 정한다.
1. 학부모위원: 100분의 40~100분의 50
2. 교원위원: 100분의 30~100분의 40
3. 지역위원(당해 학교가 소재하는 지역을 생활근거지로 하는 자로서 교육행정에 관한 업무를 수행하는 공무원, 당해 학교가 소재하는 지역을 사업활동의 근거지로 하는 사업자, 당해 학교를 졸업한 자, 기타 학교운영에 이바지하고자 하는 자를 말한다): 100분의 10~100분의 30
③ 제2항의 규정에도 불구하고 전문계고등학교운영위원회 위원의 구성비율은 다음 각 호의 구분에 의한 범위 내에서 위원회규정으로 정한다. 이 경우 지역위원 중 2분의 1 이상은 제2항 제3호의 규정에 의한 사업자로 선출하여야 한다.
1. 학부모위원: 100분의 30~100분의 40
2. 교원위원: 100분의 20~100분의 30
3. 지역위원: 100분의 30~100분의 50
제00조 ① 학교의 장은 항상 운영위원회의 교원위원이 된다.
② 운영위원회에는 위원장 및 부위원장 각 1인을 두되, 교원위원이 아닌 위원 중에서 무기명투표로 선출한다.
제00조 학교에 두는 운영위원회의 구성 및 운영에 관하여 이 법에서 규정하지 아니한 사항은 모두 시 · 도의 조례로 정한다.

<보기>

ㄱ. 전교생이 549명인 초등학교의 학교운영위원회규정에 위원의 정수가 10명이라고 되어 있을 경우, 이 학교의 지역위원은 1명일 수 있다.
ㄴ. 학생수가 1,500명인 전문계고등학교의 학교운영위원회규정에 위원의 정수가 15명이라고 되어 있을 경우, 해당 학교가 소재하는 지역을 사업활동의 근거지로 하는 사업자인 지역위원은 최소 2명에서 최대 7명이다.
ㄷ. 학교운영위원회 위원장의 연임허용 여부가 이 법에 규정되어 있지 않을 경우, 해당 시 · 도의 조례를 찾아보아야 한다.
ㄹ. 학교의 장은 운영위원회의 위원장이 될 수 없다.

① ㄱ, ㄷ ② ㄴ, ㄹ ③ ㄱ, ㄴ, ㄹ
④ ㄱ, ㄷ, ㄹ ⑤ ㄴ, ㄷ, ㄹ

표

43 다음 <사업설명서>를 근거로 판단할 때, <보기>에서 옳은 것만을 모두 고르면?

14년 민경채 A책형 15번

〈사업설명서〉

<table>
<tr><td colspan="2">총지원금</td><td>2013년</td><td colspan="2">14,000백만 원</td><td>2014년</td><td colspan="2">13,000백만 원</td></tr>
<tr><td colspan="2">지원 인원</td><td>2013년</td><td colspan="2">3,000명</td><td>2014년</td><td colspan="2">2,000명</td></tr>
<tr><td rowspan="4">사업 개요</td><td>시작년도</td><td colspan="6">1998년</td></tr>
<tr><td>추진경위</td><td colspan="6">IMF 대량실업사태 극복을 위해 출발</td></tr>
<tr><td>사업목적</td><td colspan="6">실업자에 대한 일자리 제공으로 생활안정 및 사회 안전망 제공</td></tr>
<tr><td>모집시기</td><td colspan="6">연간 2회(5월, 12월)</td></tr>
<tr><td rowspan="3">근로 조건</td><td>근무조건</td><td>월 소정 근로시간</td><td colspan="2">112시간 이하</td><td>주당 근로일수</td><td colspan="2">5일</td></tr>
<tr><td rowspan="2">4대 사회보험 보장 여부</td><td>국민연금</td><td colspan="2">건강보험</td><td>고용보험</td><td colspan="2">산재보험</td></tr>
<tr><td>O</td><td colspan="2">O</td><td>O</td><td colspan="2">O</td></tr>
<tr><td rowspan="3">참여자</td><td rowspan="2">주된 참여자</td><td>청년 (35세 미만)</td><td>중장년 (50~64세)</td><td>노인 (65세 이상)</td><td>여성</td><td colspan="2">장애인</td></tr>
<tr><td></td><td>O</td><td></td><td></td><td colspan="2"></td></tr>
<tr><td>기타</td><td>우대 요건</td><td colspan="2">저소득층, 장기실업자, 여성가장 등 취업취약계층 우대</td><td>취업 취약계층 목표비율</td><td colspan="2">70%</td></tr>
</table>

〈보기〉

ㄱ. 2014년에는 2013년보다 총지원금은 줄었지만 지원 인원 1인당 평균 지원금은 더 많아졌다.
ㄴ. 저소득층, 장기실업자, 여성가장이 아니라면 이 사업에 참여할 수 없다.
ㄷ. 이 사업 참여자들은 4대 사회보험을 보장받지 못한다.
ㄹ. 이 사업은 청년층이 주된 참여자이다.

① ㄱ
② ㄱ, ㄴ
③ ㄴ, ㄷ
④ ㄷ, ㄹ
⑤ ㄱ, ㄷ, ㄹ

규정·규칙

44 다음 <연구용역 계약사항>을 근거로 판단할 때, <보기>에서 옳은 것만을 모두 고르면?

17년 민경채 나책형 4번

〈연구용역 계약사항〉

□ 과업수행 전체회의 및 보고
 ○ 참석대상: 발주기관 과업 담당자, 연구진 전원
 ○ 착수보고: 계약일로부터 10일 이내
 ○ 중간보고: 계약기간 중 2회
  – 과업 진척상황 및 중간결과 보고, 향후 연구계획 및 내용 협의
 ○ 최종보고: 계약만료 7일 전까지
 ○ 수시보고: 연구 수행상황 보고 요청 시, 긴급을 요하거나 특이사항 발생 시 등
 ○ 전체회의: 착수보고 전, 각 중간보고 전, 최종보고 전
□ 과업 산출물
 ○ 중간보고서 20부, 최종보고서 50부, 연구 데이터 및 관련 자료 CD 1매
□ 연구진 구성 및 관리
 ○ 연구진 구성: 책임연구원, 공동연구원, 연구보조원
 ○ 연구진 관리
  – 연구 수행기간 중 연구진은 구성원을 임의로 교체할 수 없음. 단, 부득이한 경우 사전에 변동사유와 교체될 구성원의 경력 등에 관한 서류를 발주기관에 제출하여 승인을 받은 후 교체할 수 있음
□ 과업의 일반조건
 ○ 연구진은 연구과제의 시작부터 종료(최종보고서 제출)까지 과업과 관련된 제반 비용의 지출행위에 대해 책임을 지고 과업을 진행해야 함
 ○ 연구진은 용역완료(납품) 후에라도 발주기관이 연구결과와 관련된 자료를 요청할 경우에는 관련 자료를 성실히 제출하여야 함

〈보기〉

ㄱ. 발주기관은 연구용역이 완료된 후에도 연구결과와 관련된 자료를 요청할 수 있다.
ㄴ. 과업수행을 위한 전체회의 및 보고 횟수는 최소 8회이다.
ㄷ. 연구진은 연구 수행기간 중 책임연구원과 공동연구원을 변경할 수 없지만 연구보조원의 경우 임의로 교체할 수 있다.
ㄹ. 중간보고서의 경우 그 출력과 제본 비용의 지출행위에 대해 발주기관이 책임을 진다.

① ㄱ, ㄴ
② ㄱ, ㄷ
③ ㄱ, ㄹ
④ ㄴ, ㄷ
⑤ ㄷ, ㄹ

2 적용

45 다음 글을 근거로 판단할 때 옳은 것은? 19년 5급 가책형 1번

제00조(문서의 성립 및 효력발생) ① 문서는 결재권자가 해당 문서에 서명(전자이미지서명, 전자문자서명 및 행정전자서명을 포함한다)의 방식으로 결재함으로써 성립한다.
② 문서는 수신자에게 도달(전자문서의 경우는 수신자가 지정한 전자적 시스템에 입력되는 것을 말한다)됨으로써 효력이 발생한다.
③ 제2항에도 불구하고 공고문서는 그 문서에서 효력발생 시기를 구체적으로 밝히고 있지 않으면 그 고시 또는 공고가 있은 날부터 5일이 경과한 때에 효력이 발생한다.
제00조(문서 작성의 일반원칙) ① 문서는 어문규범에 맞게 한글로 작성하되, 뜻을 정확하게 전달하기 위하여 필요한 경우에는 괄호 안에 한자나 그 밖의 외국어를 함께 적을 수 있으며, 특별한 사유가 없으면 가로로 쓴다.
② 문서의 내용은 간결하고 명확하게 표현하고 일반화되지 않은 약어와 전문용어 등의 사용을 피하여 이해하기 쉽게 작성하여야 한다.
③ 문서에는 음성정보나 영상정보 등을 수록할 수 있고 연계된 바코드 등을 표기할 수 있다.
④ 문서에 쓰는 숫자는 특별한 사유가 없으면 아라비아 숫자를 쓴다.
⑤ 문서에 쓰는 날짜는 숫자로 표기하되, 연 · 월 · 일의 글자는 생략하고 그 자리에 온점(.)을 찍어 표시하며, 시 · 분은 24시각제에 따라 숫자로 표기하되, 시 · 분의 글자는 생략하고 그 사이에 쌍점(:)을 찍어 구분한다. 다만 특별한 사유가 있으면 다른 방법으로 표시할 수 있다.

① 문서에 '2018년 7월 18일 오후 11시 30분'을 표기해야 할 때 특별한 사유가 없으면 '2018. 7. 18. 23:30'으로 표기한다.
② 2018년 9월 7일 공고된 문서에 효력발생 시기가 구체적으로 명시되지 않은 경우 그 문서의 효력은 즉시 발생한다.
③ 전자문서의 경우 해당 수신자가 지정한 전자적 시스템에 도달한 문서를 확인한 때부터 효력이 발생한다.
④ 문서 작성 시 이해를 쉽게 하기 위해 일반화되지 않은 약어와 전문용어를 사용하여 작성하여야 한다.
⑤ 연계된 바코드는 문서에 함께 표기할 수 없기 때문에 영상 파일로 처리하여 첨부하여야 한다.

3 sub-box의 활용

법조문

46 다음 글과 <상황>을 근거로 판단할 때 옳은 것은?
20년 7급(모의) 1번

제00조(적용범위) 이 규정은 중앙행정기관, 광역자치단체(광역자치단체와 기초자치단체 공동주관 포함)가 국제행사를 개최하기 위하여 10억 원 이상의 국고지원을 요청하는 경우에 적용한다.
제00조(정의) "국제행사"라 함은 5개국 이상의 국가에서 외국인이 참여하고, 총 참여자 중 외국인 비율이 5% 이상(총 참여자 200만 명 이상은 3% 이상)인 국제회의 · 체육행사 · 박람회 · 전시회 · 문화행사 · 관광행사 등을 말한다.
제00조(국고지원의 제외) 국제행사 중 다음 각 호에 해당하는 행사는 국고지원의 대상에서 제외된다. 이 경우 제외되는 시기는 다음 각 호 이후 최초 개최되는 행사의 해당 연도부터로 한다.
1. 매년 1회 정기적으로 개최하는 국제행사로서 국고지원을 7회 받은 경우
2. 그 밖의 주기로 개최하는 국제행사로서 국고지원을 3회 받은 경우

제00조(타당성조사, 전문위원회 검토의 대상 등) ① 국고지원의 타당성조사 대상은 국제행사의 개최에 소요되는 총 사업비가 50억 원 이상인 국제행사로 한다.
② 국고지원의 전문위원회 검토 대상은 국제행사의 개최에 소요되는 총 사업비가 50억 원 미만인 국제행사로 한다.
③ 제1항에도 불구하고 국고지원 비율이 총 사업비의 20% 이내인 경우 타당성조사를 전문위원회 검토로 대체할 수 있다.

〈상황〉

甲광역자치단체는 2021년에 제6회 A박람회를 국고지원을 받아 개최할 예정이다. A박람회는 매년 1회 총 250만 명이 참여하는 행사로서 20여 개국에서 8만 명 이상의 외국인들이 참여해 왔다. 2021년에도 동일한 규모의 행사가 예정되어 있다. 한편 2020년에 5번째로 국고지원을 받은 A박람회의 총 사업비는 40억 원이었으며, 이 중 국고지원 비율은 25%였다.

① 2021년에 총 250만 명의 참여자 중 외국인 참여자가 감소하여 6만 명이 되더라도 A박람회는 국제행사에 해당된다.
② 2021년에 A박람회가 예정대로 개최된다면, A박람회는 2022년에 국고지원의 대상에서 제외된다.
③ 2021년 총 사업비가 52억 원으로 증가하고 국고지원은 8억 원을 요청한다면, A박람회는 타당성조사 대상이다.
④ 2021년 총 사업비가 60억 원으로 증가하고 국고지원은 전년과 동일한 금액을 요청한다면, A박람회는 전문위원회 검토를 받을 수 있다.
⑤ 2021년 甲광역자치단체와 乙기초자치단체가 공동주관하여 전년과 동일한 총 사업비로 A박람회를 개최한다면, A박람회는 타당성조사 대상이다.

47 다음 글과 <상황>을 근거로 판단할 때 옳은 것은?

21년 7급 나책형 1번

제00조 ① 다음 각 호의 어느 하나에 해당하는 사람은 주민등록지의 시장(특별시장·광역시장은 제외하고 특별자치도지사는 포함한다. 이하 같다)·군수 또는 구청장에게 주민등록번호(이하 '번호'라 한다)의 변경을 신청할 수 있다.

1. 유출된 번호로 인하여 생명·신체에 위해를 입거나 입을 우려가 있다고 인정되는 사람
2. 유출된 번호로 인하여 재산에 피해를 입거나 입을 우려가 있다고 인정되는 사람
3. 성폭력피해자, 성매매피해자, 가정폭력피해자로서 유출된 번호로 인하여 피해를 입거나 입을 우려가 있다고 인정되는 사람

② 제1항의 신청 또는 제5항의 이의신청을 받은 주민등록지의 시장·군수·구청장(이하 '시장 등'이라 한다)은 ○○부의 주민등록번호변경위원회(이하 '변경위원회'라 한다)에 번호변경 여부에 관한 결정을 청구해야 한다.

③ 주민등록지의 시장 등은 변경위원회로부터 번호변경 인용결정을 통보받은 경우에는 신청인의 번호를 다음 각 호의 기준에 따라 지체 없이 변경하고 이를 신청인에게 통지해야 한다.

1. 번호의 앞 6자리(생년월일) 및 뒤 7자리 중 첫째 자리는 변경할 수 없음
2. 제1호 이외의 나머지 6자리는 임의의 숫자로 변경함

④ 제3항의 번호변경 통지를 받은 신청인은 주민등록증, 운전면허증, 여권, 장애인등록증 등에 기재된 번호의 변경을 위해서는 그 번호의 변경을 신청해야 한다.

⑤ 주민등록지의 시장 등은 변경위원회로부터 번호변경 기각결정을 통보받은 경우에는 그 사실을 신청인에게 통지해야 하며, 신청인은 통지를 받은 날부터 30일 이내에 그 시장 등에게 이의신청을 할 수 있다.

〈상황〉

甲은 주민등록번호 유출로 인해 재산상 피해를 입게 되자 주민등록번호 변경신청을 하였다. 甲의 주민등록지는 A광역시 B구이고, 주민등록번호는 980101-23456□□이다.

① A광역시장이 주민등록번호변경위원회에 甲의 주민등록번호 변경 여부에 관한 결정을 청구해야 한다.

② 주민등록번호변경위원회는 번호변경 인용결정을 하면서 甲의 주민등록번호를 다른 번호로 변경할 수 있다.

③ 주민등록번호변경위원회의 번호변경 인용결정이 있는 경우, 甲의 주민등록번호는 980101-45678□□으로 변경될 수 있다.

④ 甲의 주민등록번호가 변경된 경우, 甲이 운전면허증에 기재된 주민등록번호를 변경하기 위해서는 변경신청을 해야 한다.

⑤ 甲은 번호변경 기각결정을 통지받은 날부터 30일 이내에 주민등록번호변경위원회에 이의신청을 할 수 있다.

48 다음 글과 <상황>을 근거로 판단할 때 옳지 않은 것은?

21년 7급 나책형 17번

제00조 ① 건축물을 건축하거나 대수선하려는 자는 특별자치시장·특별자치도지사 또는 시장·군수·구청장의 허가를 받아야 한다. 다만 21층 이상의 건축물이나 연면적 합계 10만 제곱미터 이상인 건축물을 특별시나 광역시에 건축하려면 특별시장이나 광역시장의 허가를 받아야 한다.

② 허가권자는 제1항에 따른 허가를 받은 자가 다음 각 호의 어느 하나에 해당하면 허가를 취소하여야 한다. 다만 제1호에 해당하는 경우로서 정당한 사유가 있다고 인정되면 1년의 범위에서 공사의 착수기간을 연장할 수 있다.

1. 허가를 받은 날부터 2년 이내에 공사에 착수하지 아니한 경우
2. 제1호의 기간 이내에 공사에 착수하였으나 공사의 완료가 불가능하다고 인정되는 경우

제00조 ① ○○부 장관은 국토관리를 위하여 특히 필요하다고 인정하거나 주무부장관이 국방, 문화재보존, 환경보전 또는 국민경제를 위하여 특히 필요하다고 인정하여 요청하면 허가권자의 건축허가나 허가를 받은 건축물의 착공을 제한할 수 있다.

② 특별시장·광역시장·도지사(이하 '시·도지사'라 한다)는 지역계획이나 도시·군계획에 특히 필요하다고 인정하면 시장·군수·구청장의 건축허가나 허가를 받은 건축물의 착공을 제한할 수 있다.

③ ○○부 장관이나 시·도지사는 제1항이나 제2항에 따라 건축허가나 건축허가를 받은 건축물의 착공을 제한하려는 경우에는 주민의견을 청취한 후 건축위원회의 심의를 거쳐야 한다.

④ 제1항이나 제2항에 따라 건축허가나 건축물의 착공을 제한하는 경우 제한기간은 2년 이내로 한다. 다만 1회에 한하여 1년 이내의 범위에서 제한기간을 연장할 수 있다.

〈상황〉

甲은 20층의 연면적 합계 5만 제곱미터인 건축물을, 乙은 연면적 합계 15만 제곱미터인 건축물을 각각 A광역시 B구에 신축하려고 한다.

① 甲은 B구청장에게 건축허가를 받아야 한다.

② 甲이 건축허가를 받은 경우에도 A광역시장은 지역계획에 특히 필요하다고 인정하면 일정한 절차를 거쳐 甲의 건축물 착공을 제한할 수 있다.

③ B구청장은 주민의견을 청취한 후 건축위원회의 심의를 거쳐 건축허가를 받은 乙의 건축물 착공을 제한할 수 있다.

④ 乙이 건축허가를 받은 날로부터 2년 이내에 정당한 사유 없이 공사에 착수하지 않은 경우, A광역시장은 건축허가를 취소하여야 한다.

⑤ 주무부장관이 문화재보존을 위하여 특히 필요하다고 인정하여 요청하는 경우, ○○부 장관은 건축허가를 받은 乙의 건축물에 대해 최대 3년간 착공을 제한할 수 있다.

49 다음 글과 <상황>을 근거로 판단할 때 옳은 것은?

20년 5급 나책형 25번

제00조 ① 법원은 소송비용을 지출할 자금능력이 부족한 사람의 신청에 따라 또는 직권으로 소송구조(訴訟救助)를 할 수 있다. 다만 패소할 것이 분명한 경우에는 그러하지 아니하다.
② 제1항의 신청인은 구조의 사유를 소명하여야 한다.
제00조 소송구조의 범위는 다음 각 호와 같다. 다만 법원은 상당한 이유가 있는 때에는 다음 각 호 가운데 일부에 대한 소송구조를 할 수 있다.
1. 재판비용의 납입유예
2. 변호사 보수의 지급유예
3. 소송비용의 담보면제
제00조 ① 소송구조는 이를 받은 사람에게만 효력이 미친다.
② 법원은 소송승계인에게 미루어 둔 비용의 납입을 명할 수 있다.
제00조 소송구조를 받은 사람이 소송비용을 납입할 자금능력이 있다는 것이 판명되거나, 자금능력이 있게 된 때에는 법원은 직권으로 또는 이해관계인의 신청에 따라 언제든지 구조를 취소하고, 납입을 미루어 둔 소송비용을 지급하도록 명할 수 있다.

※ 소송구조: 소송수행상 필요한 비용을 감당할 수 없는 경제적 약자를 위하여 비용을 미리 납입하지 않고 소송을 할 수 있도록 하는 제도
※ 소송승계인: 소송 중 소송당사자의 지위를 승계한 사람

〈상황〉

甲은 乙이 운행하던 차량에 의해 교통사고를 당했다. 이에 甲은 乙을 상대로 불법행위로 인한 손해배상청구의 소를 제기하였다.

① 甲의 소송구조 신청에 따라 법원이 소송구조를 하는 경우, 甲의 재판비용 납입을 면제할 수 있다.
② 甲이 소송구조를 받아 소송을 진행하던 중 증여를 받아 자금능력이 있게 되었더라도 법원은 직권으로 소송구조를 취소할 수 없다.
③ 甲의 신청에 의해 법원이 소송구조를 한 경우, 甲뿐만 아니라 乙에게도 그 효력이 미쳐 乙은 법원으로부터 변호사 보수의 지급유예를 받을 수 있다.
④ 甲이 소송비용을 지출할 자금능력이 부족함을 소명하여 법원에 소송구조를 신청한 경우, 법원은 甲이 패소할 것이 분명하더라도 소송구조를 할 수 있다.
⑤ 甲이 소송구조를 받아 소송이 진행되던 중 丙이 甲의 소송승계인이 된 경우, 법원은 소송구조에 따라 납입유예한 재판비용을 丙에게 납입하도록 명할 수 있다.

50 다음 글과 <상황>을 근거로 판단할 때 옳은 것은?

21년 5급 가책형 2번

제00조 ① 문화재청장은 학술조사 또는 공공목적 등에 필요한 경우 다음 각 호의 지역을 발굴할 수 있다.
1. 고도(古都)지역
2. 수중문화재 분포지역
3. 폐사지(廢寺址) 등 역사적 가치가 높은 지역
② 문화재청장은 제1항에 따라 발굴할 경우 발굴의 목적, 방법, 착수 시기 및 소요 기간 등의 내용을 발굴 착수일 2주일 전까지 해당 지역의 소유자, 관리자 또는 점유자(이하 '소유자 등'이라 한다)에게 미리 알려주어야 한다.
③ 제2항에 따른 통보를 받은 소유자 등은 그 발굴에 대하여 문화재청장에게 의견을 제출할 수 있으며, 발굴을 거부하거나 방해 또는 기피하여서는 아니 된다.
④ 문화재청장은 제1항의 발굴이 완료된 경우에는 완료된 날부터 30일 이내에 출토유물 현황 등 발굴의 결과를 소유자 등에게 알려주어야 한다.
⑤ 국가는 제1항에 따른 발굴로 손실을 받은 자에게 그 손실을 보상하여야 한다.
⑥ 제5항에 따른 손실보상에 관하여는 문화재청장과 손실을 받은 자가 협의하여야 하며, 보상금에 대한 합의가 성립하지 않은 때에는 관할 토지수용위원회에 재결(裁決)을 신청할 수 있다.
⑦ 문화재청장은 제1항에 따른 발굴 현장에 발굴의 목적, 조사기관, 소요 기간 등의 내용을 알리는 안내판을 설치하여야 한다.

〈상황〉

문화재청장 甲은 고도(古都)에 해당하는 A지역에 대한 학술조사를 위해 2021년 3월 15일부터 A지역의 발굴에 착수하고자 한다. 乙은 자기 소유의 A지역을 丙에게 임대하여 현재 임차인 丙이 이를 점유 · 사용하고 있다.

① 甲은 A지역 발굴의 목적, 방법, 착수 시기 및 소요 기간 등에 관한 내용을 丙에게 2021년 3월 29일까지 알려주어야 한다.
② A지역의 발굴에 대한 통보를 받은 丙은 甲에게 그 발굴에 대한 의견을 제출할 수 있다.
③ 乙은 발굴 현장에 발굴의 목적 등을 알리는 안내판을 설치하여야 한다.
④ A지역의 발굴로 인해 乙에게 손실이 예상되는 경우, 乙은 그 발굴을 거부할 수 있다.
⑤ A지역과 인접한 토지 소유자인 丁이 A지역의 발굴로 인해 손실을 받은 경우, 丁은 보상금에 대해 甲과 협의하지 않고 관할 토지수용위원회에 재결을 신청할 수 있다.

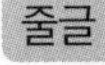

51 다음 글과 <상황>을 근거로 판단할 때 옳은 것은?

14년 5급 A책형 5번

국제사법재판소(International Court of Justice)는 국가에게만 소송당사자의 지위를 인정하고 있다. 따라서 투자자의 본국이 정치적인 이유에서 투자유치국을 상대로 국제사법재판소에 소를 제기하지 않는다면 투자자의 권리가 구제되지 못하게 된다. 이러한 문제를 해결하기 위해 '국가와 타방국가 국민간의 투자분쟁의 해결에 관한 협약'(이하 '1965년 협약')에 따라 투자유치국의 법원보다 공정하고 중립적이며 사건을 신속하게 해결하기 위한 중재기관으로 국제투자분쟁해결센터(International Centre for Settlement of Investment Disputes: ICSID)가 설립되었다. ICSID는 투자자와 투자유치국 사이의 투자분쟁 중재절차 진행을 위한 시설을 제공하고 중재절차 규칙을 두고 있다. ICSID의 소재지는 미국의 워싱턴 D.C.이다.

한편 투자유치국이 '1965년 협약'에 가입했다고 해서 투자자가 곧바로 그 국가를 상대로 ICSID 중재를 신청할 수는 없다. 투자자와 투자유치국이 ICSID 중재를 통해 투자분쟁을 해결한다고 합의를 했을 때 ICSID 중재가 개시될 수 있다. 이처럼 분쟁당사자들이 ICSID에서 중재하기로 합의한 경우에는 원칙적으로 당사자들은 자국법원에 제소할 수 없다. 다만 당사자들이 ICSID 중재나 법원에의 제소 중 하나를 선택할 수 있다고 합의한 때에는 당사자는 후자를 선택하여 자국법원에 제소할 수 있다. 그리고 ICSID 중재에 관해 일단 당사자들이 동의하면, 당사자들은 해당 동의를 일방적으로 철회할 수 없다. 따라서 투자유치국이 자국 법률을 통해 사전에 체결한 중재합의를 철회하는 것은 무효이다.

ICSID 중재판정부는 단독 또는 홀수의 중재인으로 구성되며, 그 수는 당사자들이 합의한다. 당사자들이 중재인의 수에 관해 합의하지 않으면 3인의 중재인으로 구성된다. 당사자들 사이에 중재지에 관한 별도의 합의가 없으면 ICSID 소재지에서 중재절차가 진행된다. 중재판정부가 내린 중재판정은 당사자들에 대해서 구속력과 집행력을 가지며, 이로써 당사자들 사이의 투자분쟁은 최종적으로 해결된다.

〈상황〉

A국과 B국은 '1965년 협약'의 당사국이다. A국 국민인 甲은 B국 정부의 허가를 얻어 특정지역에 관한 30년간의 토지사용권을 취득하여 그곳에 관광리조트를 건설하였다. 얼마 후 B국의 법률이 변경되어 甲이 개발한 관광리조트 부지가 B국에 의해 강제수용되었다. B국이 강제수용에 따라 甲에게 지급하려는 보상금이 시가에 미치지 못하여 甲과 B국 사이에 보상금을 둘러싼 투자분쟁이 발생하였다.

① 甲은 소송의 당사자로서 B국을 상대로 국제사법재판소에 보상금 청구에 관한 소를 제기하여 그의 권리를 구제받을 수 있다.
② 甲과 B국 사이에 ICSID에서 중재하기로 합의를 했다면, 甲은 투자분쟁을 B국 법원에 제소할 수 있다.
③ 甲과 B국 사이에 ICSID 중재합의를 할 때, 중재지에 관해 별도의 합의가 없으면 워싱턴 D.C.에서 중재절차가 진행된다.
④ 甲과 B국은 ICSID 중재판정부를 4인의 중재인으로 구성하는 것에 합의할 수 있다.
⑤ 甲과 B국 사이에 ICSID 중재절차를 진행하던 중 B국이 ICSID 중재합의를 일방적으로 철회하면 그 중재절차는 종료되고, 이후 B국 법원이 甲의 보상금청구를 심리하게 된다.

52 다음 글과 <상황>을 근거로 판단할 때 옳은 것은?

15년 5급 인책형 4번

A국 의회 의원은 10인 이상 의원의 찬성으로 법률안을 발의할 수 있다. 법률안을 발의한 의원(이하 '발의의원'이라 한다)은 찬성의원 명단과 함께 법률안을 의장에게 제출하여야 한다. 의원이 법률안을 발의할 때에는 그 법률안에 대하여 법률명(法律名)의 부제(副題)로 발의의원의 성명을 기재한다. 만약 발의의원이 2인 이상이면 발의의원 중 대표발의의원 1인을 정하여 그 1인의 성명만을 기재해야 한다.

의장은 법률안이 발의되었을 때 이를 의원에게 배포하고 본회의에 보고하며, 소관상임위원회에 회부하여 그 심사가 끝난 후 본회의에 부의한다. 법률안이 어느 상임위원회의 소관인지 명백하지 않을 때 의장은 의회운영위원회와 협의하여 정한 소관상임위원회에 회부하되, 협의가 이루어지지 않을 때는 의장이 소관상임위원회를 결정한다.

소관상임위원회에서 본회의에 부의할 필요가 없다고 결정된 법률안은 본회의에 부의하지 않는다. 그러나 소관상임위원회의 결정이 본회의에 보고된 날부터 7일 내에 의원 30인 이상의 요구가 있을 때는 그 법률안을 본회의에 부의해야 한다. 이러한 요구가 없을 때는 그 법률안은 폐기된다.

발의의원은 찬성의원 전원의 동의를 얻어 자신이 발의한 법률안을 철회할 수 있다. 단, 본회의 또는 소관상임위원회에서 그 법률안이 의제로 된 때에는 발의의원은 본회의 또는 소관상임위원회의 동의를 얻어야 한다.

한편 본회의에서 번안동의(飜案動議)는 법률안을 발의한 의원이 그 법률안을 발의할 때의 발의의원 및 찬성의원 총수의 3분의 2 이상의 동의(同意)로 하여야 한다. 이렇게 상정된 법률안을 본회의에서 의결하려면 재적의원 과반수의 출석과 출석의원 3분의 2 이상의 찬성이 필요하다.

※ 번안동의: 법률안 내용을 변경하고자 안건을 상정하는 행위

〈상황〉

- ○ A국 의회 의원 甲은 △△법률안을 의원 10인의 찬성을 얻어 발의하였다.
- ○ A국 의회의 재적의원은 200인이다.

① △△법률안 법률명의 부제로 의원 甲의 성명을 기재한다.

② △△법률안이 어느 상임위원회 소관인지 명확하지 않을 경우 본회의의 의결로 소관상임위원회를 결정한다.

③ 의원 甲은 △△법률안이 소관상임위원회의 의제가 되기 전이면, 단독으로 그 법률안을 철회할 수 있다.

④ △△법률안이 번안동의로 본회의에 상정되면 의원 60인의 찬성으로 의결할 수 있다.

⑤ 소관상임위원회가 △△법률안을 본회의에 부의할 필요가 없다고 결정하더라도, △△법률안의 찬성의원 10인의 요구만 있으면 본회의에 부의할 수 있다.

53 다음 글과 <상황>을 근거로 판단할 때 옳은 것은?

15년 5급 인책형 6번

불법 주·정차 등 질서위반행위에 대하여 관할행정청은 과태료를 부과한다. 관할행정청으로부터 과태료 부과처분의 통지를 받은 사람(이하 '당사자'라 한다)은 그 처분을 다투기 위하여 관할행정청에 이의를 제기할 수 있고, 이의제기가 있으면 과태료 처분은 효력을 상실한다. 관할행정청이 당사자의 이의제기 사실을 관할법원에 통보하면, 그 법원은 당사자의 신청 없이 직권으로 과태료를 부과하는 재판을 개시한다. 과태료 재판을 담당하는 관할법원은 당사자의 주소지 지방법원 또는 지방법원지원이다.

법원은 정식재판절차 또는 약식재판절차 중 어느 하나의 절차를 선택하여 과태료 재판을 진행한다. 정식재판절차로 진행하는 경우, 법원은 당사자 진술을 듣고 검사 의견을 구한 다음에 과태료 재판을 한다. 약식재판절차에 의하는 경우, 법원은 당사자 진술을 듣지 않고 검사 의견만을 구하여 재판을 한다.

정식절차에 의한 과태료 재판에 불복하고자 하는 당사자 또는 검사는 그 재판의 결과(이하 '결정문'이라 한다)를 고지받은 날부터 1주일 내에 상급심 법원에 즉시항고하여야 한다. 그러나 약식절차에 의한 과태료 재판에 불복하고자 하는 당사자 또는 검사는 결정문을 고지받은 날부터 1주일 내에 과태료 재판을 한 법원에 이의신청하여야 한다. 이의신청이 있으면 법원은 정식재판절차에 의해 다시 과태료 재판을 하며, 그 재판에 대해 당사자 또는 검사는 상급심 법원에 즉시항고할 수 있다.

〈상황〉

청주시에 주소를 둔 甲은 자기 승용차를 운전하여 인천에 놀러갔다. 며칠 후 관할행정청(이하 '乙'이라 한다)은 불법 주차를 이유로 과태료를 부과한다는 통지를 甲에게 하였다. 이 과태료 부과에 대해 甲은 乙에게 이의를 제기하였고, 乙은 甲의 주소지 법원인 청주지방법원에 이의제기 사실을 통보하였다.

① 甲은 乙에게 이의제기를 하지 않고 직접 청주지방법원에 과태료 재판을 신청할 수 있다.

② 甲이 乙에게 이의를 제기하더라도 과태료 처분은 유효하기 때문에 검사의 명령에 의해 과태료를 징수할 수 있다.

③ 청주지방법원이 정식재판절차에 의해 과태료 재판을 한 경우, 乙이 그 재판에 불복하려면 결정문을 고지받은 날부터 1주일 내에 상급심 법원에 즉시항고하여야 한다.

④ 청주지방법원이 甲의 진술을 듣고 검사 의견을 구한 다음 과태료 재판을 한 경우, 검사가 이 재판에 불복하려면 결정문을 고지받은 날부터 1주일 내에 청주지방법원에 이의신청을 하여야 한다.

⑤ 청주지방법원이 약식재판절차에 의해 과태료 재판을 한 경우, 甲이 그 재판에 불복하려면 결정문을 고지받은 날부터 1주일 내에 청주지방법원에 이의신청을 하여야 한다.

54 다음 글과 <상황>을 근거로 판단할 때 옳은 것은?

17년 5급 가책형 5번

저작자는 미술저작물, 건축저작물, 사진저작물(이하 "미술저작물 등"이라 한다)의 원본이나 그 복제물을 전시할 권리를 가진다. 전시권은 저작자인 화가, 건축물설계자, 사진작가에게 인정되므로, 타인이 미술저작물 등을 전시하기 위해서는 저작자의 허락을 얻어야 한다. 다만 전시는 일반인에 대한 공개를 전제로 하는 것이므로, 예컨대 가정 내에서 진열하는 때에는 저작자의 허락이 필요 없다. 또한 저작자는 복제권도 가지기 때문에 타인이 미술저작물 등을 복제하기 위해서는 저작자의 허락을 얻어야 한다. 그런데 저작자가 미술저작물 등을 타인에게 판매하여 소유권을 넘긴 경우에는 저작자의 전시권·복제권과 소유자의 소유권이 충돌하는 문제가 발생한다. 저작권법은 미술저작물 등의 전시·복제와 관련된 문제들을 다음과 같이 해결하고 있다.

첫째, 미술저작물 등의 원본의 소유자나 그의 허락을 얻은 자는 자유로이 미술저작물 등의 원본을 전시할 수 있다. 다만 가로·공원·건축물의 외벽 등 공중에게 개방된 장소에 항시 전시하는 경우에는 저작자의 허락을 얻어야 한다.

둘째, 개방된 장소에 항시 전시되어 있는 미술저작물 등은 제3자가 어떠한 방법으로든지 이를 복제하여 이용할 수 있다. 다만 건축물을 건축물로 복제하는 경우, 조각 또는 회화를 조각 또는 회화로 복제하는 경우, 미술저작물 등을 판매목적으로 복제하는 경우에는 저작자의 허락을 얻어야 한다.

셋째, 화가 또는 사진작가가 고객으로부터 위탁을 받아 완성한 초상화 또는 사진저작물의 경우, 화가 또는 사진작가는 위탁자의 허락이 있어야 이를 전시·복제할 수 있다.

<상황>

○ 화가 甲은 자신이 그린 「군마」라는 이름의 회화를 乙에게 판매하였다.
○ 화가 丙은 丁의 위탁을 받아 丁을 모델로 한 초상화를 그려 이를 丁에게 인도하였다.

① 乙이 「군마」를 건축물의 외벽에 잠시 전시하고자 할 때라도 甲의 허락을 얻어야만 한다.
② 乙이 감상하기 위해서 「군마」를 자신의 거실 벽에 걸어 놓을 때는 甲의 허락을 얻어야 한다.
③ A가 공원에 항시 전시되어 있는 「군마」를 회화로 복제하고자 할 때는 乙의 허락을 얻어야 한다.
④ 丙이 丁의 초상화를 복제하여 전시하고자 할 때는 丁의 허락을 얻어야 한다.
⑤ B가 공원에 항시 전시되어 있는 丁의 초상화를 판매목적으로 복제하고자 할 때는 丙의 허락을 얻을 필요가 없다.

기타(○, 규정·규칙)

55 다음 글과 <상황>을 근거로 판단할 때 옳은 것은?

23년 5급 가책형 25번

□ 특허무효심판

가. 특허청에 등록된 특허를 무효로 하기 위해서는 이해관계인 또는 특허청 심사관이 특허권자를 상대로 특허심판원에 특허무효심판을 제기해야 한다.

나. 특허심판원은 특허가 무효라고 판단하면 인용심결을, 특허가 유효라고 판단하면 기각심결을 선고하여 심판을 종료한다. 특허의 유·무효에 관한 심결이 잘못되었음을 주장하여 심결에 대해 불복하는 자는 심결의 등본을 송달받은 날부터 30일 이내에 특허법원에 심결취소의 소를 제기해야 한다.

□ 심결취소의 소

가. 특허법원은 특허의 유·무효에 관한 특허심판원의 심결에 잘못이 없다고 인정한 경우에는 기각판결을, 잘못이 있다고 인정한 경우에는 인용판결을 선고하여 소송을 종료한다. 예컨대 특허심판원의 인용심결에 대해 특허법원 역시 특허가 무효라고 판단하여 심결에 잘못이 없다고 인정하면 기각판결을 한다. 특허법원의 판결이 잘못되었음을 주장하여 판결에 대해 불복하는 자는 판결의 등본을 송달받은 날부터 2주 이내에 대법원에 상고해야 한다.

나. 대법원은 특허법원의 판결에 잘못이 없다고 인정한 경우에는 기각판결을, 잘못이 있다고 인정한 경우에는 인용판결을 선고하여 상고심을 종료한다. 이 판결에 대해서는 불복할 수 없다.

<상황>

특허청에 등록된 甲의 특허에 대해서 이해관계인 乙이 특허무효심판을 제기하였다.

① 특허심판원은 甲의 특허가 무효라고 판단한 경우, 기각심결을 선고하여 심판을 종료한다.
② 특허심판원의 인용심결이 선고된 경우, 乙은 심결의 등본을 송달받은 날부터 30일 이내에 특허법원에 심결취소의 소를 제기해야 한다.
③ 특허심판원의 인용심결에 대한 심결취소의 소에서 특허법원이 甲의 특허가 유효하다고 판단한 경우, 인용판결을 선고해야 한다.
④ 특허심판원의 기각심결에 대한 심결취소의 소에서 특허법원이 기각판결을 선고하고 이에 대한 상고심에서 기각판결이 선고된 경우, 대법원은 甲의 특허가 무효라고 판단한 것이다.
⑤ 특허심판원의 기각심결에 대한 심결취소의 소에서 특허법원이 기각판결을 선고하고 이에 대한 상고심에서 기각판결이 선고된 경우, 乙은 상고심 판결의 등본을 송달받은 날부터 2주 이내에 불복할 수 있다.

Ⅲ. 해결(3) - 응용

1 발문 포인트

해당하는

56 다음 규정을 근거로 판단할 때, '차'에 해당하는 것을 <보기>에서 모두 고르면? 11년 민경채 인책형 3번

> 제00조(정의) 이 법에서 사용하는 용어의 정의는 다음과 같다.
> 1. '차'라 함은 다음의 어느 하나에 해당하는 것을 말한다.
>   가. 자동차
>   나. 건설기계
>   다. 원동기장치자전거
>   라. 자전거
>   마. 사람 또는 가축의 힘이나 그 밖의 동력에 의하여 운전되는 것. 다만, 철길이나 가설된 선에 의하여 운전되는 것과 유모차 및 보행보조용 의자차는 제외한다.
> 2. '자동차'라 함은 철길이나 가설된 선에 의하지 아니하고 원동기를 사용하여 운전되는 차(견인되는 자동차도 자동차의 일부로 본다)를 말한다.
> 3. '원동기장치자전거'라 함은 다음 각 목의 어느 하나에 해당하는 차를 말한다.
>   가. 이륜자동차 가운데 배기량 125cc 이하의 이륜자동차
>   나. 배기량 50cc 미만(전기를 동력으로 하는 경우에는 정격출력 0.59kw 미만)의 원동기를 단 차

〈보기〉

ㄱ. 경운기
ㄴ. 자전거
ㄷ. 유모차
ㄹ. 기차
ㅁ. 50cc 스쿠터

① ㄱ, ㄴ
② ㄴ, ㄷ
③ ㄷ, ㄹ
④ ㄱ, ㄴ, ㅁ
⑤ ㄴ, ㄹ, ㅁ

57 다음 글을 근거로 판단할 때, 재산등록 의무자(A~E)의 재산등록 대상으로 옳은 것은? 15년 민경채 인책형 4번

> 재산등록 및 공개 제도는 재산등록 의무자가 본인, 배우자 및 직계존·비속의 재산을 주기적으로 등록·공개하도록 하는 제도이다. 이 제도는 재산등록 의무자의 재산 및 변동사항을 국민에게 투명하게 공개함으로써 부정이 개입될 소지를 사전에 차단하여 공직 사회의 윤리성을 높이기 위해 도입되었다.
>
> ○ 재산등록 의무자: 대통령, 국무총리, 국무위원, 지방자치단체장 등 국가 및 지방자치단체의 정무직 공무원, 4급 이상의 일반직·지방직 공무원 및 이에 상당하는 보수를 받는 별정직 공무원, 대통령령으로 정하는 외무공무원 등
> ○ 등록대상 친족의 범위: 본인, 배우자, 본인의 직계존·비속. 다만, 혼인한 직계비속인 여성, 외증조부모, 외조부모 및 외손자녀, 외증손자녀는 제외한다.
> ○ 등록대상 재산: 부동산에 관한 소유권·지상권 및 전세권, 자동차·건설기계·선박 및 항공기, 합명회사·합자회사 및 유한회사의 출자 지분, 소유자별 합계액 1천만 원 이상의 현금·예금·증권·채권·채무, 품목당 5백만 원 이상의 보석류, 소유자별 연간 1천만 원 이상의 소득이 있는 지식재산권

※ 직계존속: 부모, 조부모, 증조부모 등 조상으로부터 자기에 이르기까지 직계로 이어 내려온 혈족
※ 직계비속: 자녀, 손자, 증손 등 자기로부터 아래로 직계로 이어 내려가는 혈족

① 시청에 근무하는 4급 공무원 A의 동생이 소유한 아파트
② 시장 B의 결혼한 딸이 소유한 1,500만 원의 정기예금
③ 도지사 C의 아버지가 소유한 연간 600만 원의 소득이 있는 지식재산권
④ 정부부처 4급 공무원 상당의 보수를 받는 별정직 공무원 D의 아들이 소유한 승용차
⑤ 정부부처 4급 공무원 E의 이혼한 전처가 소유한 1,000만 원 상당의 다이아몬드

58 다음 규정을 근거로 판단할 때 기간제 근로자로 볼 수 있는 경우를 <보기>에서 모두 고르면? (단, 아래의 모든 사업장은 5인 이상의 근로자를 고용하고 있다) 11년 5급 선책형 29번

제00조 ① 이 법은 상시 5인 이상의 근로자를 사용하는 모든 사업 또는 사업장에 적용한다. 다만 동거의 친족만을 사용하는 사업 또는 사업장과 가사사용인에 대하여는 적용하지 아니한다.
② 국가 및 지방자치단체의 기관에 대하여는 상시 사용하는 근로자의 수에 관계없이 이 법을 적용한다.
제00조 ① 사용자는 2년을 초과하지 아니하는 범위 안에서(기간제 근로계약의 반복갱신 등의 경우에는 계속 근로한 총기간이 2년을 초과하지 아니하는 범위 안에서) 기간제 근로자※를 사용할 수 있다. 다만 다음 각 호의 어느 하나에 해당하는 경우에는 2년을 초과하여 기간제 근로자로 사용할 수 있다.
1. 사업의 완료 또는 특정한 업무의 완성에 필요한 기간을 정한 경우
2. 휴직·파견 등으로 결원이 발생하여 당해 근로자가 복귀할 때까지 그 업무를 대신할 필요가 있는 경우
3. 전문적 지식·기술의 활용이 필요한 경우와 박사 학위를 소지하고 해당 분야에 종사하는 경우

② 사용자가 제1항 단서의 사유가 없거나 소멸되었음에도 불구하고 2년을 초과하여 기간제 근로자로 사용하는 경우에는 그 기간제 근로자는 기간의 정함이 없는 근로계약을 체결한 근로자로 본다.

※ 기간제 근로자라 함은 기간의 정함이 있는 근로계약을 체결한 근로자를 말한다.

〈보기〉

ㄱ. 甲회사가 수습기간 3개월을 포함하여 1년 6개월간 A를 고용하기로 근로계약을 체결한 경우
ㄴ. 乙회사는 근로자 E의 휴직으로 결원이 발생하여 2년간 B를 계약직으로 고용하였는데, E의 복직 후에도 B가 계속해서 현재 3년 이상 근무하고 있는 경우
ㄷ. 丙국책연구소는 관련 분야 박사학위를 취득한 C를 계약직(기간제) 연구원으로 고용하여 C가 현재 丙국책연구소에서 3년간 근무하고 있는 경우
ㄹ. 국가로부터 도급받은 3년간의 건설공사를 완성하기 위해 丁건설회사가 D를 그 기간 동안 고용하기로 근로계약을 체결한 경우

① ㄱ, ㄴ
② ㄴ, ㄷ
③ ㄱ, ㄷ, ㄹ
④ ㄴ, ㄷ, ㄹ
⑤ ㄱ, ㄴ, ㄷ, ㄹ

59 다음 글을 근거로 판단할 때, <보기>에서 고액현금거래 보고대상에 해당되는 사람을 모두 고르면? (단, 모든 금융거래는 1거래일 내에 이루어진 것으로 가정한다) 13년 외교관 인책형 26번

금융기관은 현금(외국통화는 제외)이나 어음·수표와 같이 현금과 비슷한 기능의 지급수단(이하 '현금 등'이라 한다)으로 1거래일 동안 같은 사람 명의로 이루어진 금융거래를 통해 거래상대방에게 지급한 총액이 2,000만 원 이상 또는 영수(領收)한 총액이 2,000만 원 이상인 경우, 이러한 고액현금거래 사실을 관계기관에 보고하여야 한다. 다만 금융기관 사이 또는 금융기관과 국가·지방자치단체 사이에서 이루어지는 현금 등의 지급 또는 영수는 보고대상에서 제외된다.

이러한 고액현금거래 보고대상에는 금융기관 창구에서 이루어지는 현금거래뿐만 아니라 현금자동입출금기상에서의 현금입출금 등이 포함된다. 하지만 계좌이체, 인터넷뱅킹 등 회계상의 가치이전만 이루어지는 금융거래는 보고대상에 해당하지 않는다.

〈보기〉

○ A는 甲은행의 자기 명의 계좌에 100,000달러를 입금하고, 3,000만 원을 100만 원권 자기앞수표로 인출하였다.
○ B는 乙은행의 자기 명의 계좌에서 세종시 세무서에서 부과된 소득세 3,000만 원을 계좌이체를 통해 납부하였다.
○ C는 丙은행의 자기 명의 계좌에서 현금 1,500만 원을, 丙은행의 배우자 명의 계좌에서 현금 1,000만 원을 각각 인출하였다.
○ D는 丁은행의 자기 명의 a, b계좌에서 현금 1,000만 원을 각각 인출하였다.
○ E는 戊은행의 자기 명의 계좌에 현금 1,900만 원을 입금하고, 戊은행의 F 명의 계좌로 인터넷뱅킹을 통해 100만 원을 이체하였다.

① A, B
② A, D
③ A, B, D
④ B, C, E
⑤ C, D, E

허용되는

60 다음 글을 근거로 판단할 때, <보기>에서 저작권자의 허락 없이 허용되는 행위만을 모두 고르면? 20년 민경채 가책형 4번

> 제00조 타인의 공표된 저작물의 내용·형식을 변환하거나 그 저작물을 복제·배포·공연 또는 공중송신(방송·전송을 포함한다)하기 위해서는 특별한 규정이 없는 한 저작권자의 허락을 받아야 한다.
> 제00조 ① 누구든지 공표된 저작물을 저작권자의 허락없이 시각장애인을 위하여 점자로 복제·배포할 수 있다.
> ② 시각장애인을 보호하고 있는 시설, 시각장애인을 위한 특수학교 또는 점자도서관은 영리를 목적으로 하지 아니하고 시각장애인의 이용에 제공하기 위하여, 공표된 어문저작물을 저작권자의 허락없이 녹음하여 복제하거나 디지털음성정보기록방식으로 복제·배포 또는 전송할 수 있다.
> 제00조 ① 누구든지 공표된 저작물을 저작권자의 허락없이 청각장애인을 위하여 한국수어로 변환할 수 있으며 이러한 한국수어를 복제·배포·공연 또는 공중송신할 수 있다.
> ② 청각장애인을 보호하고 있는 시설, 청각장애인을 위한 특수학교 또는 한국어수어통역센터는 영리를 목적으로 하지 아니하고 청각장애인의 이용에 제공하기 위하여, 공표된 저작물에 포함된 음성 및 음향 등을 저작권자의 허락없이 자막 등 청각장애인이 인지할 수 있는 방식으로 변환할 수 있으며 이러한 자막 등을 청각장애인이 이용할 수 있도록 복제·배포·공연 또는 공중송신할 수 있다.

※ 어문저작물: 소설·시·논문·각본 등 문자로 이루어진 저작물

〈보기〉

ㄱ. 학교도서관이 공표된 소설을 청각장애인을 위하여 한국수어로 변환하고 이 한국수어를 복제·공중송신하는 행위
ㄴ. 한국어수어통역센터가 영리를 목적으로 청각장애인의 이용에 제공하기 위하여, 공표된 영화에 포함된 음성을 자막으로 변환하여 배포하는 행위
ㄷ. 점자도서관이 영리를 목적으로 하지 아니하고 시각장애인의 이용에 제공하기 위하여, 공표된 피아니스트의 연주 음악을 녹음하여 복제·전송하는 행위

① ㄱ
② ㄴ
③ ㄱ, ㄷ
④ ㄴ, ㄷ
⑤ ㄱ, ㄴ, ㄷ

종합

61 정부포상 대상자 추천의 제한요건에 관한 다음 규정을 근거로 판단할 때, 2011년 8월 현재 정부포상 대상자로 추천을 받을 수 있는 자는? 11년 민경채 인책형 18번

> 1) 형사처벌 등을 받은 자
> 가) 형사재판에 계류 중인 자
> 나) 금고 이상의 형을 받고 그 집행이 종료된 후 5년을 경과하지 아니한 자
> 다) 금고 이상의 형의 집행유예를 받은 경우 그 집행유예의 기간이 완료된 날로부터 3년을 경과하지 아니한 자
> 라) 금고 이상의 형의 선고유예를 받은 경우에는 그 기간 중에 있는 자
> 마) 포상추천일 전 2년 이내에 벌금형 처벌을 받은 자로서 1회 벌금액이 200만 원 이상이거나 2회 이상의 벌금형 처분을 받은 자
> 2) 공정거래관련법 위반 법인 및 그 임원
> 가) 최근 2년 이내 3회 이상 고발 또는 과징금 처분을 받은 법인 및 그 대표자와 책임 있는 임원 (단, 고발에 따른 과징금 처분은 1회로 간주)
> 나) 최근 1년 이내 3회 이상 시정명령 처분을 받은 법인 및 그 대표자와 책임 있는 임원

① 금고 1년 형을 선고 받아 복역한 후 2009년 10월 출소한 자
② 2011년 8월 현재 형사재판에 계류 중인 자
③ 2010년 10월 이후 현재까지, 공정거래관련법 위반으로 3회 시정명령 처분을 받은 기업의 대표자
④ 2010년 1월, 교통사고 후 필요한 구호조치를 하지 않아 500만 원의 벌금형 처분을 받은 자
⑤ 2009년 7월 이후 현재까지, 공정거래관련법 위반으로 고발에 따른 과징금 처분을 2회 받은 기업

62 다음 글을 근거로 판단할 때, 국제형사재판소(ICC)가 재판관할권을 행사하기 위한 전제조건이 충족된 경우를 <보기>에서 모두 고르면? 11년 민경채 인책형 19번

> 네덜란드의 헤이그에 위치한 국제형사재판소(International Criminal Court, 이하 'ICC'라 한다)는 4대 중대범죄인 대량학살, 인도주의(人道主義)에 반하는 범죄, 전쟁범죄, 침략범죄에 대한 개인의 책임을 묻고자 '국제형사재판소에 관한 로마규정'(이하 '로마규정'이라 한다)에 따라 2002년 7월 1일 설립되었다. 로마규정에 의하면 ICC는 위의 4대 중대범죄에 대해 재판관할권을 가진다.
>
> ICC가 재판관할권을 행사하기 위해서는 다음의 전제조건이 충족되어야 한다. 즉, 범죄가 발생한 국가가 범죄발생 당시 ICC 재판관할권을 인정하고 있던 국가이거나, 범죄 가해자의 현재 국적국이 ICC 재판관할권을 인정한 국가이어야 한다.

〈보기〉

ㄱ. ICC 재판관할권을 인정하지 않은 A국 정부는 자국 국민 甲이 ICC 재판관할권을 인정하고 있던 B국에서 인도주의에 반하는 범죄를 저지르고 자국으로 도망쳐 오자 그를 체포했지만, 범죄인 인도협정이 체결되어 있지 않다는 이유로 甲의 인도를 요구하는 B국의 요청을 거부했다.
ㄴ. ICC 재판관할권을 인정하지 않고 있는 C국의 국민인 乙은 ICC 재판관할권을 현재까지 인정하지 않고 있는 D국에 주둔 중인 E국의 군인들을 대상으로 잔혹한 전쟁범죄를 저질렀다. 위 전쟁범죄 발생 당시 E국은 ICC 재판관할권을 인정하고 있었다.
ㄷ. ICC 재판관할권을 인정해오던 F국은 최근 자국에서 발생한 인도주의에 반하는 범죄를 저지른 민병대 지도자 丙을 국제사회의 압력에 밀려 체포했지만, 별다른 이유를 제시하지 않은 채 丙에 대한 기소와 재판을 차일피일 미루고 있다.
ㄹ. 현재까지 ICC 재판관할권을 인정하지 않고 있는 G국의 대통령 丁은 자국에서 소수민족을 대량학살하였다. 그 후 丁이 학살당한 소수민족의 모국인 H국을 방문하던 중 ICC 재판관할권을 인정하는 H국 정부는 丁을 체포하였다.

① ㄱ, ㄴ
② ㄱ, ㄷ
③ ㄱ, ㄹ
④ ㄴ, ㄹ
⑤ ㄷ, ㄹ

63 다음 글과 <상황>을 근거로 판단할 때, 甲국 A정당 회계책임자가 2011년 1월 1일부터 2012년 12월 31일까지 중앙선거관리위원회에 회계보고를 한 총 횟수는? 13년 민경채 인책형 23번

> 법 제00조 정당 회계책임자는 중앙선거관리위원회에 다음 각 호에 정한 대로 회계보고를 하여야 한다.
> 1. 공직선거에 참여하지 아니한 연도
> 매년 1월 1일부터 12월 31일까지의 정치자금 수입과 지출에 관한 회계보고는 다음 연도 2월 15일에 한다.
> 2. 공직선거에 참여한 연도
> 가. 매년 1월 1일부터 선거일 후 20일까지의 정치자금 수입과 지출에 관한 회계보고는 당해 선거일 후 30일(대통령선거는 40일)에 한다.
> 나. 당해 선거일 후 21일부터 당해 연도 12월 31일까지의 정치자금 수입과 지출에 관한 회계보고는 다음 연도 2월 15일에 한다.

〈상황〉

○ 甲국의 A정당은 위 법에 따라 정치자금 수입과 지출에 관한 회계보고를 했다.
○ 甲국에서는 2010년에 공직선거가 없었고, 따라서 A정당은 공직선거에 참여하지 않았다.
○ 甲국에서는 2011년 12월 5일에 대통령선거를, 2012년 3월 15일에 국회의원 총선거를 실시하였고, 그 밖의 공직선거는 없었다.
○ 甲국의 A정당은 2011년 대통령선거에 후보를 공천해 참여하였고, 2012년 국회의원 총선거에도 후보를 공천해 참여하였다.

① 3회
② 4회
③ 5회
④ 6회
⑤ 7회

64 다음 글과 <상황>을 근거로 판단할 때, 수질검사빈도와 수질기준을 둘 다 충족한 검사지점만을 모두 고르면?

21년 7급 나책형 15번

□□법 제00조(수질검사빈도와 수질기준) ① 기초자치단체의 장인 시장·군수·구청장은 다음 각 호의 구분에 따라 지방상수도의 수질검사를 실시하여야 한다.

1. 정수장에서의 검사
   가. 냄새, 맛, 색도, 탁도(濁度), 잔류염소에 관한 검사: 매일 1회 이상
   나. 일반세균, 대장균, 암모니아성 질소, 질산성 질소, 과망간산칼륨 소비량 및 증발잔류물에 관한 검사: 매주 1회 이상
   단, 일반세균, 대장균을 제외한 항목 중 지난 1년간 검사를 실시한 결과, 수질기준의 10퍼센트를 초과한 적이 없는 항목에 대하여는 매월 1회 이상
2. 수도꼭지에서의 검사
   가. 일반세균, 대장균, 잔류염소에 관한 검사: 매월 1회 이상
   나. 정수장별 수도관 노후지역에 대한 일반세균, 대장균, 암모니아성 질소, 동, 아연, 철, 망간, 잔류염소에 관한 검사: 매월 1회 이상
3. 수돗물 급수과정별 시설(배수지 등)에서의 검사
   일반세균, 대장균, 암모니아성 질소, 동, 수소이온 농도, 아연, 철, 잔류염소에 관한 검사: 매 분기 1회 이상

② 수질기준은 아래와 같다.

항목	기준	항목	기준
대장균	불검출/100mL	일반세균	100CFU/mL 이하
잔류염소	4mg/L 이하	질산성 질소	10mg/L 이하

〈상황〉

甲시장은 □□법 제00조에 따라 수질검사를 실시하고 있다. 甲시 관할의 검사지점(A~E)은 이전 검사에서 매번 수질기준을 충족하였고, 이번 수질검사에서 아래와 같은 결과를 보였다.

검사지점	검사대상	검사결과	검사빈도
정수장 A	잔류염소	2mg/L	매일 1회
정수장 B	질산성 질소	11mg/L	매일 1회
정수장 C	일반세균	70CFU/mL	매월 1회
수도꼭지 D	대장균	불검출/100mL	매주 1회
배수지 E	잔류염소	2mg/L	매주 1회

※ 제시된 검사대상 외의 수질검사빈도와 수질기준은 모두 충족한 것으로 본다.

① A, D
② B, D
③ A, D, E
④ A, B, C, E
⑤ A, C, D, E

65 다음 글을 근거로 판단할 때, <표>에서 도시재생사업이 가장 먼저 실시되는 지역은?

14년 5급 A책형 9번

제00조 이 법에서 사용하는 용어의 뜻은 다음과 같다.

1. 도시재생이란 인구의 감소, 산업구조의 변화, 주거환경의 노후화 등으로 쇠퇴하는 도시를 지역역량의 강화, 지역자원의 활용을 통하여 경제적·사회적·물리적·환경적으로 활성화시키는 것을 말한다.
2. 도시재생활성화지역이란 국가와 지방자치단체의 자원과 역량을 집중함으로써 도시재생사업의 효과를 극대화하려는 전략적 대상지역을 말한다.

제00조 ① 도시재생활성화지역을 지정하려는 경우에는 다음 각 호 요건 중 2개 이상을 갖추어야 한다.

1. 인구가 감소하는 지역: 다음 각 목의 어느 하나에 해당하는 지역
   가. 최근 30년간 인구가 가장 많았던 시기 대비 현재 인구가 20% 이상 감소
   나. 최근 5년간 3년 이상 연속으로 인구가 감소
2. 총 사업체 수가 감소하는 지역: 다음 각 목의 어느 하나에 해당하는 지역
   가. 최근 10년간 사업체 수가 가장 많았던 시기 대비 현재 사업체 수가 5% 이상 감소
   나. 최근 5년간 3년 이상 연속으로 사업체 수가 감소
3. 전체 건축물 중 준공된 후 20년 이상된 건축물이 차지하는 비율이 50% 이상인 지역

제00조 도시재생활성화지역으로 가능한 곳이 복수일 경우, 전 조 제1항 제1호의 인구기준을 우선시하여 도시재생사업을 순차적으로 진행한다. 다만 인구기준의 하위 두 항목은 동등하게 고려하며, 최근 30년간 최다 인구 대비 현재 인구비율이 낮을수록, 최근 5년간 인구의 연속 감소 기간이 길수록 그 지역의 사업을 우선적으로 실시한다.

〈표〉 도시재생활성화 후보지역

구분		A지역	B지역	C지역	D지역	E지역
인구	최근 30년간 최다 인구 대비 현재 인구 비율	68%	82%	87%	92%	77%
	최근 5년간 인구의 연속 감소 기간	5년	4년	2년	4년	2년
사업체	최근 10년간 최다 사업체 수 대비 현재 사업체 수 비율	92%	89%	96%	97%	96%
	최근 5년간 사업체 수의 연속 감소 기간	3년	5년	2년	2년	2년
전체 건축물 수 대비 20년 이상된 건축물 비율		62%	55%	46%	58%	32%

① A지역
② B지역
③ C지역
④ D지역
⑤ E지역

66 다음 글을 근거로 판단할 때, 소장이 귀휴를 허가할 수 없는 경우는? (단, 수형자 甲~戊의 교정성적은 모두 우수하고, 귀휴를 허가할 수 있는 일수는 남아있다) 18년 5급 나책형 5번

제00조 ① 교도소·구치소 및 그 지소의 장(이하 '소장'이라 한다)은 6개월 이상 복역한 수형자로서 그 형기의 3분의 1(21년 이상의 유기형 또는 무기형의 경우에는 7년)이 지나고 교정성적이 우수한 사람이 다음 각 호의 어느 하나에 해당하면 1년 중 20일 이내의 귀휴를 허가할 수 있다.
1. 가족 또는 배우자의 직계존속이 위독한 때
2. 질병이나 사고로 외부의료시설에의 입원이 필요한 때
3. 천재지변이나 그 밖의 재해로 가족, 배우자의 직계존속 또는 수형자 본인에게 회복할 수 없는 중대한 재산상의 손해가 발생하였거나 발생할 우려가 있는 때
4. 직계존속, 배우자, 배우자의 직계존속 또는 본인의 회갑일이나 고희일인 때
5. 본인 또는 형제자매의 혼례가 있는 때
6. 직계비속이 입대하거나 해외유학을 위하여 출국하게 된 때
7. 각종 시험에 응시하기 위하여 필요한 때

② 소장은 다음 각 호의 어느 하나에 해당하는 사유가 있는 수형자에 대하여는 제1항에도 불구하고 5일 이내의 귀휴를 특별히 허가할 수 있다.
1. 가족 또는 배우자의 직계존속이 사망한 때
2. 직계비속의 혼례가 있는 때

※ 귀휴: 교도소 등에 복역 중인 죄수가 출소하기 전에 일정한 사유에 따라 휴가를 얻어 일시적으로 교도소 밖으로 나오는 것을 의미한다.

① 징역 1년을 선고받고 4개월 동안 복역 중인 甲의 아버지의 회갑일인 경우
② 징역 2년을 선고받고 10개월 동안 복역 중인 乙의 친형의 혼례가 있는 경우
③ 징역 10년을 선고받고 4년 동안 복역 중인 丙의 자녀가 입대하는 경우
④ 징역 30년을 선고받고 8년 동안 복역 중인 丁의 부친이 위독한 경우
⑤ 무기징역을 선고받고 5년 동안 복역 중인 戊의 배우자의 모친이 사망한 경우

67 다음 글과 <상황>을 근거로 판단할 때, 甲~丙 중 임금피크제 지원금을 받을 수 있는 사람만을 모두 고르면? 19년 5급 가책형 5번

제00조(임금피크제 지원금) ① 정부는 다음 각 호의 어느 하나에 해당하는 경우, 근로자의 신청을 받아 제2항의 규정에 따라 임금피크제 지원금을 지급하여야 한다.
1. 사업주가 근로자 대표의 동의를 받아 정년을 60세 이상으로 연장하면서 55세 이후부터 일정 나이, 근속시점 또는 임금액을 기준으로 임금을 줄이는 제도를 시행하는 경우
2. 정년을 55세 이상으로 정한 사업주가 정년에 이른 사람을 재고용(재고용 기간이 1년 미만인 경우는 제외한다)하면서 정년퇴직 이후부터 임금만을 줄이는 경우
3. 사업주가 제2호에 따라 재고용하면서 주당 소정의 근로시간을 15시간 이상 30시간 이하로 단축하는 경우

② 임금피크제 지원금은 해당 사업주에 고용되어 18개월 이상을 계속 근무한 자로서 피크임금(임금피크제의 적용으로 임금이 최초로 감액된 날이 속하는 연도의 직전 연도 임금을 말한다)과 지원금 신청연도의 임금을 비교하여 다음 각 호의 구분에 따른 비율 이상 낮아진 자에게 지급한다. 다만 상시 사용하는 근로자가 300명 미만인 사업장인 경우에는 100분의 10으로 한다.
1. 제1항제1호의 경우: 100분의 10
2. 제1항제2호의 경우: 100분의 20
3. 제1항제3호의 경우: 100분의 30

<상황>

甲~丙은 올해 임금피크제 지원금을 신청하였다.
○ 甲(56세)은 사업주가 근로자 대표의 동의를 받아 정년을 60세로 연장하면서 임금피크제를 실시하고 있는 사업장(상시 사용하는 근로자 320명)에 고용되어 3년간 계속 근무하고 있다. 甲의 피크임금은 4,000만 원이었고, 올해 임금은 3,500만 원이다.
○ 乙(56세)은 사업주가 정년을 55세로 정한 사업장(상시 사용하는 근로자 200명)에서 1년간 계속 근무하다 작년 12월 31일 정년에 이르렀다. 乙은 올해 1월 1일 근무기간 10개월, 주당 근로시간은 동일한 조건으로 재고용되었다. 乙의 피크임금은 3,000만 원이었고, 올해 임금은 2,500만 원이다.
○ 丙(56세)은 사업주가 정년을 55세로 정한 사업장(상시 사용하는 근로자 400명)에서 2년간 계속 근무하다 작년 12월 31일 정년에 이르렀다. 丙은 올해 1월 1일 근무기간 1년, 주당 근로시간을 40시간에서 30시간으로 단축하는 조건으로 재고용되었다. 丙의 피크임금은 2,000만 원이었고, 올해 임금은 1,200만 원이다.

① 甲 ② 乙
③ 甲, 丙 ④ 乙, 丙
⑤ 甲, 乙, 丙

PART 2 법조문 해커스 PSAT 길규범 상황판단 올인원 3권 텍스트·법조문

68 다음 글과 <상황>을 근거로 판단할 때, <보기>에서 A가 가맹금을 반환해야 하는 것만을 모두 고르면?

23년 5급 가책형 5번

제○○조(정보공개서의 제공의무) 가맹본부는 가맹희망자에게 정보공개서를 제공하지 아니하였거나 제공한 날부터 14일이 지나지 아니한 경우에는 다음 각 호의 행위를 하여서는 아니 된다.
1. 가맹희망자로부터 가맹금을 수령하는 행위
2. 가맹희망자와 가맹계약을 체결하는 행위

제□□조(허위 · 과장된 정보제공의 금지) 가맹본부는 가맹희망자나 가맹점사업자에게 정보를 제공함에 있어서 다음 각 호의 행위를 하여서는 아니 된다.
1. 사실과 다르게 정보를 제공하거나 사실을 부풀려 정보를 제공하는 행위
2. 계약의 체결 · 유지에 중대한 영향을 미치는 사실을 은폐하거나 축소하는 방법으로 정보를 제공하는 행위

제△△조(가맹금의 반환) 가맹본부는 다음 각 호의 어느 하나에 해당하는 경우에는 가맹희망자나 가맹점사업자가 서면으로 요구하면 가맹금을 반환하여야 한다.
1. 가맹본부가 제○○조를 위반한 경우로서 가맹희망자 또는 가맹점사업자가 가맹계약 체결 전 또는 가맹계약의 체결일부터 4개월 이내에 가맹금의 반환을 요구하는 경우
2. 가맹본부가 제□□조를 위반한 경우로서 가맹희망자가 가맹계약 체결 전에 가맹금의 반환을 요구하는 경우
3. 가맹본부가 정당한 사유 없이 가맹사업을 일방적으로 중단한 경우로서 가맹희망자 또는 가맹점사업자가 가맹사업의 중단일부터 4개월 이내에 가맹금의 반환을 요구하는 경우

〈상황〉

甲, 乙, 丙은 가맹본부 A에게 지급했던 가맹금의 반환을 2023. 2. 27. 서면으로 A에게 요구하였다.

〈보기〉

ㄱ. 2023. 1. 18. A가 甲에게 정보공개서를 제공하고, 2023. 1. 30. 가맹계약을 체결한 경우
ㄴ. 2022. 9. 27. 가맹계약을 체결한 乙이 건강상의 이유로 2023. 1. 3. 가맹점사업을 일방적으로 중단한 경우
ㄷ. 2023. 3. 7. 가맹계약을 체결할 예정인 가맹희망자 丙에게 A가 2023. 2. 10. 제공하였던 정보공개서상 정보의 내용이 사실과 다른 경우

① ㄱ
② ㄷ
③ ㄱ, ㄴ
④ ㄱ, ㄷ
⑤ ㄴ, ㄷ

69 아래의 정보만으로 판단할 때 기초생활수급자로 선정할 수 없는 경우는?

07년 5급 무책형 25번

가. 기초생활수급자 선정기준
- ○ 부양의무자가 없거나, 부양의무자가 있어도 부양능력이 없거나 또는 부양을 받을 수 없는 자로서 소득인정액이 최저생계비 이하인 자

※ 부양능력 있는 부양의무자가 있어도 부양을 받을 수 없는 경우란, 부양의무자가 교도소 등에 수용되거나 병역법에 의해 징집 · 소집되어 실질적으로 부양을 할 수 없는v 경우와 가족관계 단절 등을 이유로 부양을 거부하거나 기피하는 경우 등을 가리킨다.

나. 매월 소득인정액 기준
- ○ 소득인정액 = 소득평가액 + 재산의 소득환산액
- ○ 소득평가액 = 실제소득 − 가구특성별 지출비용
  1) 실제소득: 근로소득, 사업소득, 재산소득
  2) 가구특성별 지출비용: 경로연금, 장애수당, 양육비, 의료비, 중 · 고교생 입학금 및 수업료

다. 가구별 매월 최저생계비

(단위: 만 원)

1인	2인	3인	4인	5인	6인
42	70	94	117	135	154

라. 부양의무자의 범위
- ○ 수급권자의 배우자, 수급권자의 1촌의 직계혈족 및 그 배우자, 수급권자와 생계를 같이 하는 2촌 이내의 혈족

① 유치원생 아들 둘과 함께 사는 A는 재산의 소득환산액이 12만 원이고, 구멍가게에서 월 100만 원의 수입을 얻고 있으며, 양육비로 월 20만 원씩 지출하고 있다.
② 부양능력이 있는 근로소득 월 60만 원의 조카와 살고 있는 B는 실제소득 없이 재산의 소득환산액이 36만 원이며, 의료비로 월 30만 원을 지출한다.
③ 중학생이 된 두 딸을 혼자 키우고 있는 C는 재산의 소득환산액이 24만 원이며, 근로소득으로 월 80만 원이 있지만, 두 딸의 수업료로 각각 월 11만 원씩 지출하고 있다.
④ 외아들을 잃은 D는 어린 손자 두 명과 부양능력이 있는 며느리와 함께 살고 있다. D는 근로소득이 월 80만 원, 재산의 소득환산액이 48만 원이며, 의료비로 월 15만 원을 지출하고 있다.
⑤ 군대 간 아들 둘과 함께 사는 고등학생 딸을 둔 E는 재산의 소득환산액이 36만 원이며, 월 평균 60만 원의 근로소득을 얻고 있지만, 딸의 수업료로 월 30만 원을 지출하고 있다.

70 다음 글에 근거할 때, 최우선 순위의 당첨 대상자는?

10년 5급 선책형 34번

보금자리주택 특별공급 사전예약이 진행된다. 신청자격은 사전예약 입주자 모집 공고일 현재 미성년(만 20세 미만)인 자녀를 3명 이상 둔 서울, 인천, 경기도 등 수도권 지역에 거주하는 무주택 가구주에게 있다. 청약저축통장이 필요 없고, 당첨자는 배점기준표에 의한 점수 순에 따라 선정된다. 특히 자녀가 만 6세 미만 영유아일 경우, 2명 이상은 10점, 1명은 5점을 추가로 받게 된다.

총점은 가산점을 포함하여 90점 만점이며 배점기준은 다음 〈표〉와 같다.

〈표〉 배점기준표

배점요소	배점기준	점수
미성년 자녀수	4명 이상	40
	3명	35
가구주 연령 · 무주택 기간	가구주 연령이 만 40세 이상이고, 무주택 기간 5년 이상	20
	가구주 연령이 만 40세 미만이고, 무주택 기간 5년 이상	15
	무주택 기간 5년 미만	10
당해 시 · 도 거주기간	10년 이상	20
	5년 이상~10년 미만	15
	1년 이상~5년 미만	10
	1년 미만	5

※ 다만 동점자인 경우 ① 미성년 자녀 수가 많은 자, ② 미성년 자녀 수가 같을 경우, 가구주의 연령이 많은 자 순으로 선정한다.

① 만 7세 이상 만 17세 미만인 자녀 4명을 두고, 인천에서 8년 거주하고 있으며, 14년 동안 무주택자인 만 45세의 가구주
② 만 19세와 만 15세의 자녀를 두고, 대전광역시에서 10년 이상 거주하고 있으며, 7년 동안 무주택자인 만 40세의 가구주
③ 각각 만 1세, 만 3세, 만 7세, 만 10세인 자녀를 두고, 서울에서 4년 거주하고 있으며, 15년 동안 무주택자인 만 37세의 가구주
④ 각각 만 6세, 만 8세, 만 12세, 만 21세인 자녀를 두고, 서울에서 9년 거주하고 있으며, 20년 동안 무주택자인 만 47세의 가구주
⑤ 만 7세 이상 만 11세 미만인 자녀 3명을 두고, 경기도 하남시에서 15년 거주하고 있으며, 10년 동안 무주택자인 만 45세의 가구주

71 다음 <귀농인 주택시설 개선사업 개요>와 <심사 기초 자료>를 근거로 판단할 때, 지원대상 가구만을 모두 고르면?

15년 5급 인책형 31번

〈귀농인 주택시설 개선사업 개요〉

□ 사업목적: 귀농인의 안정적인 정착을 도모하기 위해 일정 기준을 충족하는 귀농가구의 주택 개 · 보수 비용을 지원
□ 신청자격: △△군에 소재하는 귀농가구 중 거주기간이 신청마감일(2014. 4. 30.) 현재 전입일부터 6개월 이상이고, 가구주의 연령이 20세 이상 60세 이하인 가구
□ 심사기준 및 점수 산정방식
○ 신청마감일 기준으로 다음 심사기준별 점수를 합산한다.
○ 심사기준별 점수
(1) 거주기간: 10점(3년 이상), 8점(2년 이상 3년 미만), 6점(1년 이상 2년 미만), 4점(6개월 이상 1년 미만)
※ 거주기간은 전입일부터 기산한다.
(2) 가족 수: 10점(4명 이상), 8점(3명), 6점(2명), 4점(1명)
※ 가족 수에는 가구주가 포함된 것으로 본다.
(3) 영농규모: 10점(1.0ha 이상), 8점(0.5ha 이상 1.0ha 미만), 6점(0.3ha 이상 0.5ha 미만), 4점(0.3ha 미만)
(4) 주택노후도: 10점(20년 이상), 8점(15년 이상 20년 미만), 6점(10년 이상 15년 미만), 4점(5년 이상 10년 미만)
(5) 사업시급성: 10점(매우 시급), 7점(시급), 4점(보통)
□ 지원내용
○ 예산액: 5,000,000원
○ 지원액: 가구당 2,500,000원
○ 지원대상: 심사기준별 점수의 총점이 높은 순으로 2가구. 총점이 동점일 경우 가구주의 연령이 높은 가구를 지원. 단, 하나의 읍 · 면당 1가구만 지원 가능

〈심사 기초 자료〉

(2014. 4. 30. 현재)

귀농가구	가구주 연령(세)	주소지(△△군 소재 읍 · 면)	전입일	가족 수(명)	영농 규모(ha)	주택 노후도(년)	사업 시급성
甲	49	A	2010. 12. 30.	1	0.2	17	매우 시급
乙	48	B	2013. 5. 30.	3	1.0	13	매우 시급
丙	56	B	2012. 7. 30.	2	0.6	23	매우 시급
丁	60	C	2013. 12. 30.	4	0.4	13	시급
戊	33	D	2011. 9. 30.	2	1.2	19	보통

① 甲, 乙
② 甲, 丙
③ 乙, 丙
④ 乙, 丁
⑤ 丙, 戊

2 선지 포인트

키워드 반복

72 다음 A국의 법률을 근거로 할 때, ○○장관의 조치로 옳지 않은 것은? 12년 5급 인책형 14번

> 제00조(출국의 금지) ① ○○장관은 다음 각 호의 어느 하나에 해당하는 사람에 대하여는 6개월 이내의 기간을 정하여 출국을 금지할 수 있다.
> 1. 형사재판에 계류 중인 사람
> 2. 징역형이나 금고형의 집행이 끝나지 아니한 사람
> 3. 1천만 원 이상의 벌금이나 2천만 원 이상의 추징금을 내지 아니한 사람
> 4. 5천만 원 이상의 국세 · 관세 또는 지방세를 정당한 사유 없이 그 납부기한까지 내지 아니한 사람
>
> ② ○○장관은 범죄 수사를 위하여 출국이 적당하지 아니하다고 인정되는 사람에 대하여는 1개월 이내의 기간을 정하여 출국을 금지할 수 있다. 다만 다음 각 호에 해당하는 사람은 그 호에서 정한 기간으로 한다.
> 1. 소재를 알 수 없어 기소중지결정이 된 사람 또는 도주 등 특별한 사유가 있어 수사진행이 어려운 사람: 3개월 이내
> 2. 기소중지결정이 된 경우로서 체포영장 또는 구속영장이 발부된 사람: 영장 유효기간 이내

① 사기사건으로 인해 유죄판결을 받고 현재 고등법원에서 항소심이 진행 중인 甲에 대하여 5개월 간 출국을 금지할 수 있다.
② 추징금 2천 5백만 원을 내지 않은 乙에 대하여 3개월 간 출국을 금지할 수 있다.
③ 소재를 알 수 없어 기소중지결정이 된 강도사건 피의자 丙에 대하여 2개월 간 출국을 금지할 수 있다.
④ 징역 2년을 선고받고 그 집행이 끝나지 않은 丁에 대하여 3개월 간 출국을 금지할 수 있다.
⑤ 정당한 사유 없이 2천만 원의 지방세를 납부기한까지 내지 않은 戊에 대하여 4개월 간 출국을 금지할 수 있다.

73 다음 글을 근거로 판단할 때 옳은 것은? 16년 민경채 5책형 16번

> 토지와 그 정착물을 부동산이라 하고, 부동산 이외의 물건을 동산이라 한다. 계약(예 매매, 증여 등)에 의하여 부동산의 소유권을 취득하려면 양수인(예 매수인, 수증자) 명의로 소유권이전등기를 마쳐야 한다. 반면에 상속 · 공용징수(강제수용) · 판결 · 경매나 그 밖의 법률규정에 의하여 부동산의 소유권을 취득하는 경우에는 등기를 필요로 하지 않는다. 다만 등기를 하지 않으면 그 부동산을 처분하지 못한다. 한편 계약에 의하여 동산의 소유권을 취득하려면 양도인(예 매도인, 증여자)이 양수인에게 그 동산을 인도하여야 한다.

① 甲이 자신의 부동산 X를 乙에게 1억 원에 팔기로 한 경우, 乙이 甲에게 1억 원을 지급할 때 부동산 X의 소유권을 취득한다.
② 甲의 부동산 X를 경매를 통해 취득한 乙이 그 부동산을 丙에게 증여하고 인도하면, 丙은 소유권이전등기 없이 부동산 X의 소유권을 취득한다.
③ 甲이 점유하고 있는 자신의 동산 X를 乙에게 증여하기로 한 경우, 甲이 乙에게 동산 X를 인도하지 않더라도 乙은 동산 X의 소유권을 취득한다.
④ 甲의 상속인으로 乙과 丙이 있는 경우, 乙과 丙이 상속으로 甲의 부동산 X에 대한 소유권을 취득하려면 乙과 丙 명의로 소유권이전등기를 마쳐야 한다.
⑤ 甲과의 부동산 X에 대한 매매계약에 따라 乙이 甲에게 매매대금을 지급하였더라도 乙 명의로 부동산 X에 대한 소유권이전등기를 마치지 않은 경우, 乙은 그 소유권을 취득하지 못한다.

74 다음 글과 <상황>을 근거로 판단할 때, <보기>에서 옳은 것만을 모두 고르면? 19년 민경채 나책형 25번

소송절차의 '정지'란 소송이 개시된 뒤 절차가 종료되기 전에 소송절차가 법률상 진행되지 않는 상태를 말한다. 여기에는 '중단'과 '중지'가 있다.

소송절차의 중단은 소송진행 중 당사자에게 소송을 수행할 수 없는 사유가 발생하였을 경우, 새로운 소송수행자가 나타나 소송에 관여할 수 있을 때까지 법률상 당연히 절차진행이 정지되는 것이다. 예컨대 당사자가 사망한 경우, 그 상속인이 소송을 수행할 수 있을 때까지 절차진행이 정지되며, 이후 상속인의 수계신청 또는 법원의 속행명령에 의해 중단이 해소되고 절차는 다시 진행된다. 다만 사망한 당사자에게 이미 변호사가 소송대리인으로 선임되어 있을 때는 변호사가 소송을 대리하는 데 지장이 없으므로 절차는 중단되지 않는다. 소송대리인인 변호사의 사망도 중단사유가 아니다. 당사자가 절차를 진행할 수 있기 때문이다.

소송절차의 중지는 법원이나 당사자에게 소송을 진행할 수 없는 장애가 생겼거나 진행에 부적당한 사유가 발생하여 법률상 당연히 또는 법원의 재판에 의하여 절차가 정지되는 것이다. 이는 새로운 소송수행자로 교체되지 않는다는 점에서 중단과 다르다. 소송절차의 중지에는 당연중지와 재판중지가 있다. 당연중지는 천재지변이나 그 밖의 사고로 법원이 직무수행을 할 수 없게 된 경우에 법원의 재판 없이 당연히 절차진행이 정지되는 것을 말한다. 이 경우 법원의 직무수행불능 상태가 소멸함과 동시에 중지도 해소되고 절차는 진행된다. 재판중지는 법원이 직무수행을 할 수 있지만 당사자가 법원에 출석하여 소송을 진행할 수 없는 장애사유가 발생한 경우, 예컨대 전쟁이나 그 밖의 사유로 교통이 두절되어 당사자가 출석할 수 없는 경우에 법원의 재판에 의해 절차진행이 정지되는 것을 의미한다. 이때는 법원의 취소재판에 의하여 중지가 해소되고 절차는 진행된다.

※ 수계신청: 법원에 대해 중단된 절차의 속행을 구하는 신청

〈상황〉

원고 甲과 피고 乙 사이에 대여금반환청구소송이 A법원에서 진행 중이다. 甲은 변호사 丙을 소송대리인으로 선임하였지만, 乙은 소송대리인을 선임하지 않았다.

〈보기〉

ㄱ. 소송진행 중 甲이 사망하였다면, 절차진행은 중단되며 甲의 상속인의 수계신청에 의해 중단이 해소되고 절차가 진행된다.

ㄴ. 소송진행 중 丙이 사망하였다면, 절차진행은 중단되며 甲이 새로운 변호사를 소송대리인으로 선임하면 중단은 해소되고 절차가 진행된다.

ㄷ. 소송진행 중 A법원의 건물이 화재로 전소(全燒)되어 직무수행이 불가능해졌다면, 절차진행은 중단되며 이후 A법원의 속행명령이 있으면 절차가 진행된다.

ㄹ. 소송진행 중 乙이 거주하고 있는 장소에서만 발생한 지진으로 교통이 두절되어 乙이 A법원에 출석할 수 없는 경우, A법원의 재판에 의해 절차진행이 중지되며 이후 A법원의 취소재판에 의해 중지는 해소되고 절차가 진행된다.

① ㄹ
② ㄱ, ㄴ
③ ㄱ, ㄹ
④ ㄴ, ㄷ
⑤ ㄷ, ㄹ

75 다음 글과 <상황>을 근거로 판단할 때 옳은 것은?

20년 7급(모의) 3번

민사소송의 1심을 담당하는 법원으로는 지방법원과 지방법원지원(이하 "그 지원"이라 한다)이 있다. 지방법원과 그 지원이 재판을 담당하는 관할구역은 지역별로 정해져 있는데, 피고의 주소지를 관할하는 지방법원 또는 그 지원이 재판을 담당한다. 다만 금전지급청구소송은 원고의 주소지를 관할하는 지방법원 또는 그 지원도 재판할 수 있다.

한편, 지방법원이나 그 지원의 재판사무의 일부를 처리하기 위해서 그 관할구역 안에 시법원 또는 군법원(이하 "시·군법원"이라 한다)이 설치되어 있는 경우가 있다. 시·군법원은 지방법원 또는 그 지원이 재판하는 사건 중에서 소송물가액이 3,000만 원 이하인 금전지급청구소송을 전담하여 재판한다. 즉, 이러한 소송의 경우 원고 또는 피고의 주소지를 관할하는 시·군법원이 있으면 지방법원과 그 지원은 재판할 수 없고 시·군법원만이 재판한다.

※ 소송물가액: 원고가 승소하면 얻게 될 경제적 이익을 화폐 단위로 평가한 것

〈상황〉

○ 甲은 乙에게 빌려준 돈을 돌려받기 위해 소송물가액 3,000만 원의 금전지급청구의 소(이하 "A청구"라 한다)와 乙에게서 구입한 소송물가액 1억 원의 고려청자 인도청구의 소(이하 "B청구"라 한다)를 각각 1심 법원에 제기하려고 한다.

○ 甲의 주소지는 김포시이고 乙의 주소지는 양산시이다. 이들 주소지와 관련된 법원명과 그 관할구역은 다음과 같다.

법원명	관할구역
인천지방법원	인천광역시
인천지방법원 부천지원	부천시, 김포시
김포시법원	김포시
울산지방법원	울산광역시, 양산시
양산시법원	양산시

① 인천지방법원 부천지원은 A청구를 재판할 수 있다.
② 인천지방법원은 A청구를 재판할 수 있다.
③ 양산시법원은 B청구를 재판할 수 있다.
④ 김포시법원은 B청구를 재판할 수 있다.
⑤ 울산지방법원은 B청구를 재판할 수 있다.

76 다음 글과 <상황>을 근거로 판단할 때 옳은 것은?

20년 7급(모의) 4번

발명에 대해 특허권이 부여되기 위해서는 다음의 두 가지 요건 모두를 충족해야 한다.

첫째, 발명은 지금까지 세상에 없는 새로운 것, 즉 신규성이 있는 발명이어야 한다. 이미 누구나 알고 있는 발명에 대해서 독점권인 특허권을 부여하는 것은 부당하기 때문이다. 이때 발명이 신규인지 여부는 특허청에의 특허출원 시점을 기준으로 판단한다. 따라서 신규의 발명이라도 그에 대한 특허출원 전에 발명 내용이 널리 알려진 경우라든지, 반포된 간행물에 게재된 경우에는 특허출원 시점에는 신규성이 상실되었기 때문에 특허권이 부여되지 않는다. 그러나 발명자가 자발적으로 위와 같은 신규성을 상실시키는 행위를 하고 그 날로부터 12개월 이내에 특허를 출원하면 신규성이 상실되지 않은 것으로 취급된다. 이를 '신규성의 간주'라고 하는데, 신규성을 상실시킨 행위를 한 발명자가 특허출원한 경우에만 신규성이 있는 것으로 간주된다.

둘째, 여러 명의 발명자가 독자적인 연구를 하던 중 우연히 동일한 발명을 완성하였다면, 발명의 완성 시기에 관계없이 가장 먼저 특허청에 특허출원한 발명자에게만 특허권이 부여된다. 이처럼 가장 먼저 출원한 발명자에게만 특허권이 부여되는 것을 '선출원주의'라고 한다. 따라서 특허청에 선출원된 어떤 발명이 신규성 상실로 특허권이 부여되지 못한 경우, 동일한 발명에 대한 후출원은 선출원주의로 인해 특허권이 부여되지 않는다.

〈상황〉

○ 발명자 甲, 乙, 丙은 각각 독자적인 연구개발을 수행하여 동일한 A발명을 완성하였다.
○ 甲은 2020. 3. 1. A발명을 완성하였지만 그 발명 내용을 비밀로 유지하다가 2020. 9. 2. 특허출원을 하였다.
○ 乙은 2020. 4. 1. A발명을 완성하자 2020. 6. 1. 간행되어 반포된 학술지에 그 발명 내용을 논문으로 게재한 후, 2020. 8. 1. 특허출원을 하였다.
○ 丙은 2020. 7. 1. A발명을 완성하자마자 바로 당일에 특허출원을 하였다.

① 甲이 특허권을 부여받는다.
② 乙이 특허권을 부여받는다.
③ 丙이 특허권을 부여받는다.
④ 甲, 乙, 丙이 모두 특허권을 부여받는다.
⑤ 甲, 乙, 丙 중 어느 누구도 특허권을 부여받지 못한다.

77 다음 글과 <상황>을 근거로 판단할 때 옳은 것은?

23년 7급 가책형 25번

> 제00조 ① 재외공관에 근무하는 공무원(이하 '재외공무원'이라 한다)이 공무로 일시귀국하고자 하는 경우에는 장관의 허가를 받아야 한다.
> ② 공관장이 아닌 재외공무원이 공무 외의 목적으로 일시귀국하려는 경우에는 공관장의 허가를, 공관장이 공무 외의 목적으로 일시귀국하려는 경우에는 장관의 허가를 받아야 한다. 다만 재외공무원 또는 그 배우자의 직계존·비속이 사망하거나 위독한 경우에는 공관장이 아닌 재외공무원은 공관장에게, 공관장은 장관에게 각각 신고하고 일시귀국할 수 있다.
> ③ 재외공무원이 공무 외의 목적으로 일시귀국할 수 있는 기간은 연 1회 20일 이내로 한다. 다만 다음 각 호의 어느 하나에 해당하는 경우에는 이를 일시귀국의 횟수 및 기간에 산입하지 아니한다.
> 1. 재외공무원의 직계존·비속이 사망하거나 위독하여 일시귀국하는 경우
> 2. 재외공무원 또는 그 동반가족의 치료를 위하여 일시귀국하는 경우
>
> ④ 제2항에도 불구하고 다음 각 호의 어느 하나에 해당하는 경우에는 장관의 허가를 받아야 한다.
> 1. 재외공무원이 연 1회 또는 20일을 초과하여 공무 외의 목적으로 일시귀국하려는 경우
> 2. 재외공무원이 일시귀국 후 국내 체류기간을 연장하는 경우

〈상황〉

> A국 소재 대사관에는 공관장 甲을 포함하여 총 3명의 재외공무원(甲~丙)이 근무하고 있다. 아래는 올해 1월부터 7월 현재까지 甲~丙의 일시귀국 현황이다.
> ○ 甲: 공무상 회의 참석을 위해 총 2회(총 25일)
> ○ 乙: 동반자녀의 관절 치료를 위해 총 1회(치료가 더 필요하여 국내 체류기간 1회 연장, 총 17일)
> ○ 丙: 직계존속의 회갑으로 총 1회(총 3일)

① 甲은 일시귀국 시 장관에게 신고하였을 것이다.
② 甲은 배우자의 직계존속이 위독하여 올해 추가로 일시귀국하기 위해서는 장관의 허가를 받아야 한다.
③ 乙이 직계존속의 회갑으로 인해 올해 3일간 추가로 일시귀국하기 위해서는 장관의 허가를 받아야 한다.
④ 乙이 공관장의 허가를 받아 일시귀국하였더라도 국내 체류기간을 연장하였을 때에는 장관의 허가를 받았을 것이다.
⑤ 丙이 자신의 혼인으로 인해 올해 추가로 일시귀국하기 위해서는 공관장의 허가를 받아야 한다.

78 2008년 1월 1일 A는 B와 전화통화를 하면서 자기 소유 X 물건을 1억 원에 매도하겠다는 청약을 하고, 그 승낙 여부를 2008년 1월 15일까지 통지해 달라고 하였다. 다음 날 A는 "2008년 1월 1일에 했던 청약을 철회합니다."라고 B와 전화통화를 하였는데, 같은 해 1월 12일 B는 " X 물건에 대한 A의 청약을 승낙합니다."라는 내용의 서신을 발송하여 같은 해 1월 14일 A에게 도달하였다. 다음 법 규정을 근거로 판단할 때, 옳은 것은?

08년 5급 창책형 35번

> 제○○조 ① 청약은 상대방에게 도달한 때에 효력이 발생한다.
> ② 청약은 철회될 수 없는 것이더라도, 철회의 의사표시가 청약의 도달 전 또는 그와 동시에 상대방에게 도달하는 경우에는 철회될 수 있다.
> 제○○조 청약은 계약이 체결되기까지는 철회될 수 있지만, 상대방이 승낙의 통지를 발송하기 전에 철회의 의사표시가 상대방에게 도달되어야 한다. 다만 승낙기간의 지정 또는 그 밖의 방법으로 청약이 철회될 수 없음이 청약에 표시되어 있는 경우에는 청약은 철회될 수 없다.
> 제○○조 ① 청약에 대한 동의를 표시하는 상대방의 진술 또는 그 밖의 행위는 승낙이 된다. 침묵이나 부작위는 그 자체만으로 승낙이 되지 않는다.
> ② 청약에 대한 승낙은 동의의 의사표시가 청약자에게 도달하는 시점에 효력이 발생한다. 청약자가 지정한 기간 내에 동의의 의사표시가 도달하지 않으면 승낙의 효력이 발생하지 않는다.
> 제○○조 계약은 청약에 대한 승낙의 효력이 발생한 시점에 성립된다.
> 제○○조 청약, 승낙, 그 밖의 의사표시는 상대방에게 구두로 통고된 때 또는 그 밖의 방법으로 상대방 본인, 상대방의 영업소나 우편주소에 전달된 때, 상대방이 영업소나 우편주소를 가지지 아니한 경우에는 그의 상거소(常居所)에 전달된 때에 상대방에게 도달된다.

※ 상거소라 함은 한 장소에 주소를 정하려는 의사 없이 상당기간 머무는 장소를 말한다.

① 계약은 2008년 1월 15일에 성립되었다.
② 계약은 2008년 1월 14일에 성립되었다.
③ A의 청약은 2008년 1월 2일에 철회되었다.
④ B의 승낙은 2008년 1월 1일에 효력이 발생하였다.
⑤ B의 승낙은 2008년 1월 12일에 효력이 발생하였다.

79 다음 규정과 <상황>에 근거할 때, 옳은 것은?

12년 5급 인책형 5번

제00조(환경오염 및 예방 대책의 추진) 환경부장관 및 시장 · 군수 · 구청장 등은 국가산업단지의 주변지역에 대한 환경기초조사를 정기적으로 실시하여야 하며 이를 기초로 하여 환경오염 및 예방 대책을 수립 · 시행하여야 한다.

제00조(환경기초조사의 방법 · 시기 등) 전조(前條)에 따른 환경기초조사의 방법과 시기 등은 다음 각 호와 같다.

1. 환경기초조사의 범위는 지하수 및 지표수의 수질, 대기, 토양 등에 대한 계획 · 조사 및 치유대책을 포함한다.
2. 환경기초조사는 당해 기초지방자치단체장이 1단계 조사를 실시하고 환경부장관이 2단계 조사를 실시한다. 다만 1단계 조사결과에 의하여 정상지역으로 판정된 때는 2단계 조사를 실시하지 아니한다.
3. 제2호에 따른 1단계 조사는 그 조사 실시일 기준으로 매 3년마다 실시하고, 2단계 조사는 1단계 조사 판정일 이후 1월내에 실시하여야 한다.

〈상황〉

甲시에는 A, B, C 세 개의 국가산업단지가 위치해 있다. 甲시 시장은 아래와 같이 세 개 단지의 주변지역에 대한 1단계 환경기초조사를 실시하였다. 2012년 1월 1일 현재, 기록되어 있는 실시일, 판정일 및 판정결과는 다음과 같다.

	1단계 조사 실시일	1단계 조사 판정일	판정 결과
A단지 주변지역	2011. 7. 1.	2011. 11. 30.	오염지역
B단지 주변지역	2009. 3. 1.	2009. 9. 1.	오염지역
C단지 주변지역	2010. 10. 1.	2011. 7. 1.	정상지역

① A단지 주변지역에 대하여 2012년에 환경부장관은 2단계 조사를 실시해야 한다.

② B단지 주변지역에 대하여 2012년에 甲시 시장은 1단계 조사를 실시해야 한다.

③ B단지 주변지역에 대하여 甲시 시장은 2단계 조사를 실시하였다.

④ C단지 주변지역에 대하여 환경부장관은 2011년 7월 중에 2단계 조사를 실시하였다.

⑤ C단지 주변지역에 대하여 甲시 시장은 2012년에 1단계 조사를 실시해야 한다.

80 다음 규정에 근거할 때, 옳은 것을 <보기>에서 모두 고르면?

12년 5급 인책형 28번

제00조(공공기관의 구분) ① 기획재정부장관은 공공기관을 공기업 · 준정부기관과 기타공공기관으로 구분하여 지정한다. 직원 정원이 50인 이상인 공공기관은 공기업 또는 준정부기관으로, 그 외에는 기타공공기관으로 지정한다.

② 기획재정부장관은 제1항의 규정에 따라 공기업과 준정부기관을 지정하는 경우 자체수입액이 총수입액의 2분의 1 이상인 기관은 공기업으로, 그 외에는 준정부기관으로 지정한다.

③ 기획재정부장관은 제1항 및 제2항의 규정에 따른 공기업을 다음 각 호의 구분에 따라 세분하여 지정한다.

1. 시장형 공기업: 자산규모가 2조 원 이상이고, 총 수입액 중 자체수입액이 100분의 85 이상인 공기업
2. 준시장형 공기업: 시장형 공기업이 아닌 공기업

〈공공기관 현황〉

공공기관	직원 정원	자산규모	자체수입비율
A	80명	3조 원	85%
B	40명	1.5조 원	60%
C	60명	1조 원	45%
D	55명	2.5조 원	40%

※ 자체수입비율: 총 수입액 대비 자체수입액 비율

〈보기〉

ㄱ. 기관 A는 시장형 공기업이다.
ㄴ. 기관 B는 준시장형 공기업이다.
ㄷ. 기관 C는 기타공공기관이다.
ㄹ. 기관 D는 준정부기관이다.

① ㄱ, ㄴ
② ㄱ, ㄹ
③ ㄴ, ㄷ
④ ㄱ, ㄷ, ㄹ
⑤ ㄴ, ㄷ, ㄹ

81 **다음 글을 근거로 판단할 때 옳은 것은?** 15년 5급 인책형 27번

> 제00조 이 법에서 '외국인'이란 다음 각 호의 어느 하나에 해당하는 개인 · 법인 또는 단체를 말한다.
> 1. 대한민국의 국적을 보유하고 있지 않은 개인
> 2. 다음 각 목의 어느 하나에 해당하는 법인 또는 단체
> 가. 외국 법령에 따라 설립된 법인 또는 단체
> 나. 사원 또는 구성원의 2분의 1 이상이 제1호에 해당하는 자인 법인 또는 단체
> 다. 임원(업무를 집행하는 사원이나 이사 등)의 2분의 1 이상이 제1호에 해당하는 자인 법인 또는 단체
>
> 제00조 ① 외국인이 대한민국 안의 토지를 취득하는 계약(이하 '토지취득계약'이라 한다)을 체결하였을 때에는 계약체결일부터 60일 내에 토지 소재지를 관할하는 시장 · 군수 또는 구청장에게 신고하여야 한다.
> ② 제1항에도 불구하고 외국인이 취득하려는 토지가 다음 각 호의 어느 하나에 해당하는 구역 · 지역 등에 있으면 토지취득계약을 체결하기 전에 토지 소재지를 관할하는 시장 · 군수 또는 구청장으로부터 토지취득의 허가를 받아야 한다.
> 1. 군사시설 및 군사시설보호법에 따른 군사기지 및 군사시설 보호구역
> 2. 문화재보호법에 따른 지정문화재와 이를 위한 보호물 또는 보호구역
> 3. 자연환경보전법에 따른 생태 · 경관보전지역
>
> ③ 제2항을 위반하여 체결한 토지취득계약은 그 효력이 발생하지 아니한다.
>
> 제00조 외국인은 상속 · 경매로 대한민국 안의 토지를 취득한 때에는 토지를 취득한 날부터 6개월 내에 토지 소재지를 관할하는 시장 · 군수 또는 구청장에게 신고하여야 한다.
>
> 제00조 대한민국 안의 토지를 가지고 있는 대한민국 국민이나 대한민국 법령에 따라 설립된 법인 또는 단체가 외국인으로 변경된 경우, 그 외국인이 해당 토지를 계속 보유하려는 경우에는 외국인으로 변경된 날부터 6개월 내에 토지 소재지를 관할하는 시장 · 군수 또는 구청장에게 신고하여야 한다.

① 대한민국 국적을 보유하지 않은 甲이 전남 무안군에 소재하는 토지를 취득하는 계약을 체결한 경우, 전라남도지사에게 신고하여야 한다.

② 충북 보은군에 토지를 소유하고 있는 乙이 대한민국 국적을 포기하고 외국국적을 취득한 경우, 그 토지를 계속 보유하려면 외국국적을 취득한 날부터 6개월 내에 보은군수의 허가를 받아야 한다.

③ 사원 50명 중 대한민국 국적을 보유하지 않은 자가 30명인 丙법인이 사옥을 신축하기 위해 서울 금천구에 있는 토지를 경매로 취득한 경우, 경매를 받은 날부터 60일 내에 서울특별시장에게 신고하여야 한다.

④ 외국 법령에 따라 설립된 丁법인이 자연환경보전법에 따른 생태 · 경관보전지역 내의 토지(강원 양양군 소재)를 취득하는 계약을 체결한 경우, 계약체결 전에 양양군수의 허가를 받지 않았다면 그 계약은 무효이다.

⑤ 대한민국 법령에 따라 설립된 戊법인의 임원 8명 중 5명이 2012. 12. 12. 외국인으로 변경된 후, 戊법인이 2013. 3. 3. 경기 군포시에 있는 토지를 취득하는 계약을 체결한 경우, 戊법인은 2013. 9. 3.까지 군포시장에게 신고하여야 한다.

82 다음 글을 근거로 판단할 때 옳은 것은?

18년 5급 나책형 24번

제00조 ① 산지전용허가를 받으려는 자는 신청서를 다음 각 호의 구분에 따른 자(이하 '산림청장 등'이라 한다)에게 제출하여야 한다.

1. 산지전용허가를 받으려는 산지의 면적이 200만 m^2 이상인 경우: 산림청장
2. 산지전용허가를 받으려는 산지의 면적이 50만 m^2 이상 200만 m^2 미만인 경우
   가. 산림청장 소관인 국유림의 산지인 경우: 산림청장
   나. 산림청장 소관이 아닌 국유림, 공유림 또는 사유림의 산지인 경우: 시·도지사
3. 산지전용허가를 받으려는 산지의 면적이 50만 m^2 미만인 경우
   가. 산림청장 소관인 국유림의 산지인 경우: 산림청장
   나. 산림청장 소관이 아닌 국유림, 공유림 또는 사유림의 산지인 경우: 시장·군수·구청장

② 산림청장 등은 제1항에 따라 산지전용허가 신청을 받은 때에는 허가대상 산지에 대하여 현지조사를 실시하여야 한다. 다만 산지전용타당성조사를 받은 경우에는 현지조사를 않고 심사할 수 있다.

③ 제1항의 신청서에는 다음 각 호의 서류를 첨부하여야 한다.

1. 사업계획서(산지전용의 목적, 사업기간 등이 포함되어야 한다) 1부
2. 허가신청일 전 2년 이내에 완료된 산지전용타당성조사 결과서 1부(해당자에 한한다)
3. 산지전용을 하고자 하는 산지의 소유권 또는 사용·수익권을 증명할 수 있는 서류 1부(토지등기사항증명서로 확인할 수 없는 경우에 한정한다)
4. 산림조사서 1부. 다만 전용하려는 산지의 면적이 65만 m^2 미만인 경우에는 제외한다.

① 사유림인 산지 180만 m^2에 대해 산지전용허가를 받으려는 甲은 신청서를 산림청장에게 제출해야 한다.
② 공유림인 산지 250만 m^2에 대해 산지전용허가를 받으려는 乙은 신청서를 시·도지사에게 제출해야 한다.
③ 산지전용허가를 신청하는 丙은 토지등기사항증명서를 첨부하면 사업계획서를 제출하지 않아도 된다.
④ 산림청장 소관의 국유림 50만 m^2에 대해 산지전용허가를 받으려는 丁은 산림조사서를 산림청장에게 제출해야 한다.
⑤ 산지전용허가를 받으려는 戊가 해당 산지에 대하여 허가신청일 1년 전에 완료된 산지전용타당성조사 결과서를 제출한 경우, '산림청장 등'은 현지조사를 않고 심사할 수 있다.

응용

83 다음 글과 <상황>을 근거로 판단할 때 옳은 것은?

17년 5급 가책형 24번

민사소송에서 판결은 다음의 어느 하나에 해당하면 확정되며, 확정된 판결에 대해서 당사자는 더 이상 상급심 법원에 상소를 제기할 수 없게 된다.

첫째, 판결은 선고와 동시에 확정되는 경우가 있다. 예컨대 대법원 판결에 대해서는 더 이상 상소할 수 없기 때문에 그 판결은 선고 시에 확정된다. 그리고 하급심 판결이라도 선고 전에 당사자들이 상소하지 않기로 합의하고 이 합의서를 법원에 제출할 경우, 판결은 선고 시에 확정된다.

둘째, 상소기간이 만료된 때에 판결이 확정되는 경우가 있다. 상소는 패소한 당사자가 제기하는 것으로, 상소를 하고자 하는 자는 판결문을 송달받은 날부터 2주 이내에 상소를 제기해야 한다. 이 기간 내에 상소를 제기하지 않으면 더 이상 상소할 수 없게 되므로, 판결은 상소기간 만료 시에 확정된다. 또한 상소기간 내에 상소를 제기하였더라도 그 후 상소를 취하하면 상소기간 만료 시에 판결은 확정된다.

셋째, 상소기간이 경과되기 전에 패소한 당사자가 법원에 상소포기서를 제출하면, 제출 시에 판결은 확정된다.

〈상황〉

원고 甲은 피고 乙을 상대로 ○○지방법원에 매매대금지급청구소송을 제기하였다. ○○지방법원은 甲에게 매매대금지급청구권이 없다고 판단하여 2016년 11월 1일 원고 패소 판결을 선고하였다. 이 판결문은 甲에게는 2016년 11월 10일 송달되었고, 乙에게는 2016년 11월 14일 송달되었다.

① 乙은 2016년 11월 28일까지 상소할 수 있다.
② 甲이 2016년 11월 28일까지 상소하지 않으면, 같은 날 판결은 확정된다.
③ 甲이 2016년 11월 11일 상소한 후 2016년 12월 1일 상소를 취하하였다면, 취하한 때 판결은 확정된다.
④ 甲과 乙이 상소하지 않기로 하는 내용의 합의서를 2016년 10월 25일 법원에 제출하였다면, 판결은 2016년 11월 1일 확정된다.
⑤ 甲이 2016년 11월 21일 법원에 상소포기서를 제출하면, 판결은 2016년 11월 1일 확정된 것으로 본다.

84 다음 글과 <상황>을 근거로 판단할 때 옳은 것은?

22년 5급 나책형 23번

민사소송에서 법원은 원고가 청구한 금액의 한도 내에서만 판결을 해야 하고, 그 상한을 넘는 금액을 인정하는 판결을 해서는 안 된다. 예컨대 임대인(원고)이 임차인(피고)을 상대로 밀린 월세를 이유로 2천 4백만 원의 지급을 청구하는 소를 제기하였다. 이 경우 법원은 심리 결과 임차인의 밀린 월세를 2천만 원으로 판단하면 2천만 원을 지급하라고 판결해야 하지만, 3천만 원으로 판단하더라도 3천만 원을 지급하라고 판결할 수는 없다. 다만 임대인이 소송 도중 청구금액을 3천만 원으로 변경하면 비로소 법원은 3천만 원을 지급하라고 판결할 수 있다.

그런데 교통사고 등으로 신체상 손해를 입은 경우, 피해자인 원고는 적극적 손해(치료비), 소극적 손해(일실수익), 위자료 등 3가지 손해항목으로 금액을 나누어 손해배상을 청구하는 것이 일반적이다. 예컨대 교통사고 피해자가 적극적 손해 3백만 원, 소극적 손해 4백만 원, 위자료 2백만 원으로 손해항목을 나누고 그 총액인 9백만 원의 지급을 청구하는 소를 제기하는 것이다. 이와 관련하여 손해배상 총액을 초과하지 않으면, 법원이 손해항목별 상한을 넘는 금액을 인정하는 판결을 할 수 있는지가 문제된다. 위 사례에서 법원이 심리 결과 적극적 손해 2백만 원, 소극적 손해 5백만 원, 위자료 2백만 원이 타당하다고 판단한 경우, 피고가 원고에게 합계 9백만 원의 손해배상을 지급하라고 판결할 수 있는지에 대해 3가지 견해가 있다. A견해는 각 손해항목별로 금액의 상한을 초과하는 판결을 할 수 없다고 한다. B견해는 손해배상 총액의 상한만 넘지 않으면 손해항목별 상한 금액을 넘더라도 무방하다고 한다. C견해는 적극적 손해와 소극적 손해는 동일한 '재산상 손해'이지만 '위자료'는 정신적 고통에 대한 배상으로 그 성질이 다르다는 점을 중시하여, 적극적 손해와 소극적 손해를 합산한 '재산상 손해' 그리고 '위자료' 두 개의 손해항목으로 나누고 그 항목별 상한 금액을 넘지 않으면 된다고 한다.

※ 일실수익: 교통사고 등으로 사망하거나 신체상의 상해를 입은 사람이 장래 얻을 수 있는 수입액의 상실분

〈상황〉

甲은 乙 소유의 주택에 화재를 일으켰다. 이로 인해 乙은 주택 소실에 따른 재산상 손해를 입었고 주택의 임차인 丙이 화상을 입었다. 이에 乙은 재산상 손해 6천만 원의 지급을 청구하는 소를, 丙은 치료비 1천만 원, 일실수익 1억 원, 위자료 5천만 원, 합계 1억 6천만 원의 지급을 청구하는 소를 甲을 상대로 각각 제기하였다.

법원은 심리 결과 乙의 재산상 손해는 5천만 원이고, 丙의 손해는 치료비 5백만 원, 일실수익 1억 2천만 원, 위자료 3천 5백만 원이 타당하다고 판단하였다.

① 법원은 甲이 乙에게 6천만 원을 지급하라고 판결해야 한다.
② 소송 도중 乙이 청구금액을 8천만 원으로 변경한 경우, 법원은 심리 결과 손해액을 5천만 원으로 판단하더라도 甲이 乙에게 8천만 원을 지급하라고 판결해야 한다.
③ A견해에 따르면, 법원은 甲이 丙에게 1억 6천만 원을 지급하라고 판결해야 한다.
④ B견해에 따르면, 법원은 甲이 丙에게 1억 4천만 원을 지급하라고 판결해야 한다.
⑤ C견해에 따르면, 법원은 甲이 丙에게 1억 4천 5백만 원을 지급하라고 판결해야 한다.

85 다음 글을 근거로 판단할 때, <보기>에서 옳지 않은 것을 모두 고르면? 13년 외교관 인책형 6번

> 정부는 미술품 및 문화재를 소장한 자가 이를 판매해 발생한 이익에 대해 소정세율의 기타소득세를 부과하는 법률을 시행하고 있다. 이 법률에서는 '대통령령으로 정하는 서화(書畵) · 골동품'으로 개당 · 점당 또는 조(2개 이상이 함께 사용되는 물품으로서 통상 짝을 이루어 거래되는 것을 말한다)당 양도가액이 6,000만 원 이상인 것을 과세 대상으로 규정하고 있다. 다만 양도일 현재 생존하고 있는 국내 원작자의 작품은 과세 대상에서 제외한다. 또한 국보와 보물 등 국가지정 문화재의 거래 및 양도도 제외한다.
>
> 대통령령으로 정하는 서화 · 골동품이란 (i) 회화, 데생, 파스텔(손으로 그린 것에 한정하며, 도안과 장식한 가공품은 제외한다) 및 콜라주와 이와 유사한 장식판, (ii) 판화 · 인쇄화 및 석판화의 원본, (iii) 골동품(제작 후 100년을 넘은 것에 한정한다)을 말한다.
>
> 법률에 따르면 대통령령으로 정하는 서화 · 골동품을 6,000만 원 이상으로 판매하는 경우, 양도차액의 80~90%를 필요경비로 인정하고, 나머지 금액인 20~10%를 기타소득으로 간주하여 이에 대해 기타소득세를 징수하게 된다. 작품의 보유 기간이 10년 미만일 때는 양도차액의 80%가, 10년 이상일 때는 양도차액의 90%가 필요경비로 인정된다. 기타소득세의 세율은 작품 보유기간에 관계 없이 20%이다. 예를 들어 1,000만 원에 그림을 구입하여 10년 후 6,000만 원에 파는 사람은 양도차액 5,000만 원 가운데 90%(4,500만 원)를 필요경비로 공제받고, 나머지 금액 500만 원에 대해 기타소득세가 부과된다. 따라서 결정 세액은 100만 원이다.

※ 양도가액이란 판매가격을 의미하며, 양도차액은 구매가격과 판매가격과의 차이를 말한다.

〈보기〉

ㄱ. A가 석판화의 복제품을 12년 전 1,000만 원에 구입하여 올해 5,000만 원에 판매한 경우, 이에 대한 기타소득세 100만 원을 납부하여야 한다.
ㄴ. B가 보물로 지정된 고려시대의 골동품 1점을 5년 전 1억 원에 구입하여 올해 1억 5,000만 원에 판매한 경우, 이에 대한 기타소득세 200만 원을 납부하여야 한다.
ㄷ. C가 현재 생존하고 있는 국내 화가의 회화 1점을 15년 전 100만 원에 구입하여 올해 1억 원에 판매한 경우, 이에 대한 기타소득세를 납부하지 않아도 된다.
ㄹ. D가 작년에 세상을 떠난 국내 화가의 회화 1점을 15년 전 1,000만 원에 구입하여 올해 3,000만 원에 판매한 경우, 이에 대한 기타소득세 40만 원을 납부하여야 한다.

① ㄱ, ㄴ
② ㄱ, ㄷ
③ ㄷ, ㄹ
④ ㄱ, ㄴ, ㄹ
⑤ ㄴ, ㄷ, ㄹ

3 매칭

86 다음 글을 근거로 판단할 때, (A)~(E)의 요건과 <상황>의 ㉮~㉲를 옳게 짝지은 것은? 7급 대표예제 1번

> 민법 제00조는 "고의 또는 과실로 인한 위법행위로 타인에게 손해를 가한 자는 그 손해를 배상할 책임이 있다."고 규정하고 있다. 이는 가해자의 불법행위로 피해자가 손해를 입은 경우, 가해자의 손해배상책임을 인정하는 규정이다. 이 규정에 따라 손해배상책임이 인정되기 위해서는 다음의 (A)~(E) 다섯 가지 요건을 모두 충족하여야 한다.
>
> (A) 가해자에게 고의 또는 과실이 있어야 한다. 고의란 가해자가 불법행위의 결과를 인식하고 받아들이는 심리상태이며, 과실이란 가해자에게 무엇인가 준수해야 할 의무가 있음에도 부주의로 그 의무의 이행을 다하지 아니한 것을 말한다.
> (B) 피해자의 손해를 야기할 수 있는 가해자의 행위(가해행위)가 있어야 한다.
> (C) 가해행위가 위법한 행위이어야 한다. 일반적으로 법규에 어긋나는 행위는 위법한 행위에 해당한다.
> (D) 피해자에게 손해가 발생해야 한다.
> (E) 가해행위와 손해발생 사이에 인과관계가 있어야 한다. 가해행위가 없었더라면 손해가 발생하지 않았을 경우에 인과관계가 인정된다.

〈상황〉

> 甲이 차량을 운전하다가 보행자 교통신호의 지시에 따라 횡단보도를 건너던 乙을 치어 乙에게 부상을 입혔다. 이 경우, ㉮ 甲이 차량으로 보행자 乙을 친 것, ㉯ 甲의 차량이 교통신호를 지키지 않아 도로교통법을 위반한 것, ㉰ 甲이 교통신호를 준수할 의무를 부주의로 이행하지 않은 것, ㉱ 횡단보도를 건너던 乙이 부상을 입은 것, ㉲ 甲의 차량이 보행자 乙을 치지 않았다면 乙이 부상을 입지 않았을 것이 (A)~(E) 요건을 각각 충족하기 때문에 甲의 손해배상책임이 인정된다.

① (A) - ㉱
② (B) - ㉮
③ (C) - ㉲
④ (D) - ㉰
⑤ (E) - ㉯

4 기타

87 다음 글을 근거로 판단할 때 옳지 않은 것은?

16년 민경채 5책형 25번

○○군에서는 관내 임업인 중 정부 보조금 지원 대상자를 선정하기 위하여 〈평가기준〉을 홈페이지에 게시하였다. 이에 임업인 甲, 乙, 丙, 丁이 관련 서류를 완비하여 보조금 지원을 신청하였으며, ○○군은 평가를 거쳐 〈선정결과〉를 발표하였다.

〈평가기준〉

<table>
<tr><th>구분</th><th>평가항목</th><th colspan="2">배점기준</th><th>배점</th><th>평가자료</th></tr>
<tr><td rowspan="3">1</td><td rowspan="3">보조금 수급 이력</td><td colspan="2">없음</td><td>40</td><td rowspan="3">정부 보유자료</td></tr>
<tr><td rowspan="2">있음</td><td>3백만 원 미만</td><td>26</td></tr>
<tr><td>3백만 원 이상</td><td>10</td></tr>
<tr><td rowspan="4">2</td><td rowspan="4">임산물 판매규모</td><td colspan="2">2천만 원 이상</td><td>30</td><td rowspan="4">2015년 연간 판매액 증빙자료</td></tr>
<tr><td colspan="2">1천만 원 이상 2천만 원 미만</td><td>25</td></tr>
<tr><td colspan="2">5백만 원 이상 1천만 원 미만</td><td>19</td></tr>
<tr><td colspan="2">5백만 원 미만</td><td>12</td></tr>
<tr><td rowspan="2">3</td><td rowspan="2">전문임업인</td><td colspan="2">해당</td><td>10</td><td rowspan="2">군청 보유자료</td></tr>
<tr><td colspan="2">해당 없음</td><td>5</td></tr>
<tr><td rowspan="2">4</td><td rowspan="2">임산물 관련 교육 이수</td><td colspan="2">해당</td><td>10</td><td rowspan="2">이수증, 수료증</td></tr>
<tr><td colspan="2">해당 없음</td><td>5</td></tr>
<tr><td rowspan="2">5</td><td rowspan="2">2015년 산림청 통계조사 표본농가</td><td colspan="2">해당</td><td>10</td><td rowspan="2">산림청 보유자료</td></tr>
<tr><td colspan="2">해당 없음</td><td>7</td></tr>
</table>

□ 선정기준: 평가기준에 따른 총점이 가장 높은 임업인 1인

□ 임업인이 제출해야 할 서류

- ○ 2번 항목: 2015년 임산물 판매 영수증, 세금계산서
- ○ 4번 항목: 이수증 또는 수료증

□ 선정제외 대상: 보조금을 부당하게 사용하였거나 관련 법령을 위반한 자

□ 동점 시 우선 선정기준

1. 보조금 수급 이력 점수가 높은 자
2. 임산물 판매규모 점수가 높은 자
3. 연령이 높은 자

〈선정결과〉

임업인 \ 항목	1	2	3	4	5	총점	선정여부
甲	40	25	10	5	7	87	×
乙	40	19	5	10	10	84	×
丙	40	19	10	5	10	84	○
丁	26	30	5	10	7	78	×

① 甲은 관련 법령을 위반한 적이 있을 것이다.

② 甲과 丁은 2015년 산림청통계조사 표본농가에 포함되지 않았을 것이다.

③ 乙이 관련 법령위반 경력이 없다면, 丙은 乙보다 연령이 높을 것이다.

④ 丁은 300만 원 이상에 해당되는 보조금 수급 이력 서류를 제출하였을 것이다.

⑤ 乙과 丁은 임산물 관련 교육 이수 사실 증명을 위해 이수증이나 수료증을 제출하였을 것이다.

Ⅳ. 해결 (4) - 1지문 2문항

1 일반

[88~89] 다음 글을 읽고 물음에 답하시오. 23년 5급 가책형 39~40번

다음은 ○○국가의 민원인 질의에 대한 챗봇의 답변내용 중 일부이다.

Q: 산지전용은 무엇이며 허가권자는 누구인가요?

A: 산지전용이란 산지를 본래의 용도(조림(造林), 입목의 벌채 등) 외로 사용하기 위해 그 형질을 변경하는 것을 말합니다. 산지전용을 하려는 사람은 산지의 종류 및 면적 등의 구분에 따라 허가권자의 허가를 받아야 합니다. 허가권자는 보전산지인지 그렇지 않은 산지인지에 따라 다릅니다. 보전산지는 산림청장이 임업생산과 공익을 위해 지정하는 산지로서 산림청장 소관입니다. 보전산지에는 산림자원의 조성 등 임업생산 기능의 증진을 위해 지정하는 임업용산지와 재해방지, 국민보건휴양 증진 등 공익 기능을 위하여 지정하는 공익용산지가 있습니다. 산지전용 허가권자는 다음과 같습니다.

○ 산지면적 200만 m^2 이상(보전산지의 경우 100만 m^2 이상): 산림청장
○ 산지면적 50만 m^2 이상 200만 m^2 미만(보전산지의 경우 3만 m^2 이상 100만 m^2 미만)
  - 산림청장 소관인 국유림의 산지인 경우: 산림청장
  - 산림청장 소관이 아닌 국유림, 공유림 또는 사유림의 산지인 경우: 시 · 도지사
○ 산지면적 50만 m^2 미만(보전산지의 경우 3만 m^2 미만): 시장 · 군수 · 구청장

Q: 산지전용 허가를 받기 위해서는 어떤 서류를 제출해야 하나요?

A: 산지전용허가신청서와 사업계획서, 도면을 제출하여야 합니다. 도면으로는 지적도와 임야도를 제출하는데, 이것은 지도나 지형도와는 개념이 다릅니다. 지적도와 임야도를 보면 해당 필지의 모양, 주변 필지와의 경계를 알 수 있습니다. 물론 지도와 마찬가지로 지적도와 임야도에도 축척을 사용합니다. 1/1,200의 대축척 도면은 좁은 지역을 상세하게 표시하고, 1/6,000의 소축척 도면은 넓은 지역을 간략하게 표시합니다. 지적도는 1/1,200 축척을 사용하고, 임야도는 1/6,000 축척을 사용합니다. 임야는 다른 지목의 토지보다 넓어서 1/1,200 축척의 도면에 전체 면적을 담기 어렵기 때문입니다.

Q: 산지면적을 표시할 때 여러 단위를 쓰지 않나요?

A: 토지의 면적은 미터법(m^2)으로 표기하는 것이 원칙이나, 일상에서 '평'으로 표기하기도 합니다. 1평은 3.3m^2입니다. 그런데 산지는 면적이 넓어 편리하게 'ha(헥타르)'나 '정보(町步)'로 표기하기도 합니다. 1ha는 가로와 세로가 각각 100m인 정사각형의 면적을 말하며 1정보는 3,000평입니다.

88 윗글을 근거로 판단할 때, <보기>에서 옳은 것만을 모두 고르면?

〈보기〉

ㄱ. 임야도의 경우 넓은 지역의 전체 면적을 담기 위해 대축척을 사용한다.
ㄴ. 보전산지의 지정권자는 면적에 관계없이 산림청장이다.
ㄷ. 산지전용 허가를 받기 위해서는 지도와 지형도를 제출하여야 한다.
ㄹ. 산림청장 소관이 아닌 사유림의 소유자가 그 산지에서 입목의 벌채를 하려는 경우 산지전용 허가를 받아야 한다.

① ㄱ ② ㄴ ③ ㄱ, ㄷ
④ ㄴ, ㄹ ⑤ ㄷ, ㄹ

89 윗글과 <상황>을 근거로 판단할 때, X임야와 Y임야의 산지전용 허가권자를 옳게 짝지은 것은?

〈상황〉

개발업자 甲은 X임야와 Y임야에 대한 산지전용 허가를 받고자 한다. X임야는 산림청장이 국민보건휴양 증진을 위해 보전산지로 지정한 국유림으로서 산지면적이 100정보이며, Y임야는 甲의 소유로서 산지면적이 50ha이다.

	X임야	Y임야
①	시 · 도지사	시장 · 군수 · 구청장
②	산림청장	산림청장
③	산림청장	시 · 도지사
④	시 · 도지사	시 · 도지사
⑤	산림청장	시장 · 군수 · 구청장

2 계산

[90~91] 다음 글을 읽고 물음에 답하시오.

21년 7급 나책형 23~24번

○ 국가는 지방자치단체인 시 · 군 · 구의 인구, 지리적 여건, 생활권 · 경제권, 발전가능성 등을 고려하여 통합이 필요한 지역에 대하여는 지방자치단체 간 통합을 지원해야 한다.

○ △△위원회(이하 '위원회')는 통합대상 지방자치단체를 발굴하고 통합방안을 마련한다. 지방자치단체의 장, 지방의회 또는 주민은 인근 지방자치단체와의 통합을 위원회에 건의할 수 있다. 단, 주민이 건의하는 경우에는 해당 지방자치단체의 주민투표권자 총수의 50분의 1 이상의 연서(連書)가 있어야 한다. 지방자치단체의 장, 지방의회 또는 주민은 위원회에 통합을 건의할 때 통합대상 지방자치단체를 관할하는 특별시장 · 광역시장 또는 도지사(이하 '시 · 도지사')를 경유해야 한다. 이 경우 시 · 도지사는 접수받은 통합건의서에 의견을 첨부하여 지체 없이 위원회에 제출해야 한다. 위원회는 위의 건의를 참고하여 시 · 군 · 구 통합방안을 마련해야 한다.

○ □□부 장관은 위원회가 마련한 시 · 군 · 구 통합방안에 따라 지방자치단체 간 통합을 해당 지방자치단체의 장에게 권고할 수 있다. □□부 장관은 지방자치단체 간 통합권고안에 관하여 해당 지방의회의 의견을 들어야 한다. 그러나 □□부 장관이 필요하다고 인정하여 해당 지방자치단체의 장에게 주민투표를 요구하여 실시한 경우에는 그렇지 않다. 지방자치단체의 장은 시 · 군 · 구 통합과 관련하여 주민투표의 실시 요구를 받은 때에는 지체 없이 이를 공표하고 주민투표를 실시해야 한다.

○ 지방의회 의견청취 또는 주민투표를 통하여 지방자치단체의 통합의사가 확인되면 '관계지방자치단체(통합대상 지방자치단체 및 이를 관할하는 특별시 · 광역시 또는 도)'의 장은 명칭, 청사 소재지, 지방자치단체의 사무 등 통합에 관한 세부사항을 심의하기 위하여 공동으로 '통합추진공동위원회'를 설치해야 한다.

○ 통합추진공동위원회의 위원은 관계지방자치단체의 장 및 그 지방의회가 추천하는 자로 한다. 통합추진공동위원회를 구성하는 각각의 관계지방자치단체 위원 수는 다음에 따라 산정한다. 단, 그 결괏값이 자연수가 아닌 경우에는 소수점 이하의 수를 올림한 값을 관계지방자치단체 위원 수로 한다.

> 관계지방자치단체 위원 수 = [(통합대상 지방자치단체 수) × 6 + (통합대상 지방자치단체를 관할하는 특별시 · 광역시 또는 도의 수) × 2 + 1] ÷ (관계지방자치단체 수)

○ 통합추진공동위원회의 전체 위원 수는 위에 따라 산출된 관계지방자치단체 위원 수에 관계지방자치단체 수를 곱한 값이다.

90 윗글을 근거로 판단할 때 옳은 것은?

① □□부 장관이 요구하여 지방자치단체의 통합과 관련한 주민투표가 실시된 경우에는 통합권고안에 대해 지방의회의 의견을 청취하지 않아도 된다.
② 지방의회가 의결을 통해 다른 지방자치단체와의 통합을 추진하고자 한다면 통합건의서는 시 · 도지사를 경유하지 않고 △△위원회에 직접 제출해야 한다.
③ 주민투표권자 총수가 10만 명인 지방자치단체의 주민들이 다른 인근 지방자치단체와의 통합을 △△위원회에 건의하고자 할 때, 주민 200명의 연서가 있으면 가능하다.
④ 통합추진공동위원회의 위원은 □□부 장관과 관계지방자치단체의 장이 추천하는 자로 한다.
⑤ 지방자치단체의 장은 해당 지방자치단체의 통합을 △△위원회에 건의할 때, 지방의회의 의결을 거쳐야 한다.

91 윗글과 <상황>을 근거로 판단할 때, '통합추진공동위원회'의 전체 위원 수는?

〈상황〉

> 甲도가 관할하는 지방자치단체인 A군과 B군, 乙도가 관할하는 지방자치단체인 C군, 그리고 丙도가 관할하는 지방자치단체인 D군은 관련 절차를 거쳐 하나의 지방자치단체로 통합을 추진하고 있다. 현재 관계지방자치단체장은 공동으로 '통합추진공동위원회'를 설치하고자 한다.

① 42명
② 35명
③ 32명
④ 31명
⑤ 28명

V. 해결 (5) - 계산

1 날짜 계산

92 다음 규칙에 근거할 때 옳은 것을 <보기>에서 모두 고르면?

12년 입법 가책형 26번

제1규칙: 기간을 시, 분, 초로 정한 때에는 즉시로부터 기산한다.
제2규칙: 기간을 일, 주, 월 또는 년으로 정한 때에는 기간의 초일은 산입하지 아니한다. 그러나 그 기간이 오전 0시로부터 시작하는 때에는 그러하지 아니하다.
제3규칙: 연령계산에는 출생일을 산입한다.
제4규칙: ① 기간을 일, 주, 월 또는 년으로 정한 때에는 기간말일의 종료로 기간이 만료한다. ② 주, 월 또는 년의 처음으로부터 기간을 기산하지 아니하는 때에는 최후의 주, 월 또는 년에서 그 기산일에 해당한 날의 전일로 기간이 만료한다. ③ 월 또는 년으로 정한 경우에 최종의 월에 해당일이 없는 때에는 그 월의 말일로 기간이 만료한다.

〈보기〉

ㄱ. 甲이 乙에게 2012. 1. 10. 14:00에 돈을 빌리면서 5일 이내에 갚기로 한 경우 돈을 2012. 1. 15. 14:00까지 갚아야 한다.
ㄴ. 甲이 1989. 10. 4. 14:00에 태어났다면 그가 만 20세가 되는 시점은 2009. 10. 3. 24:00이다.
ㄷ. 물건을 구매한 날로부터 1달 이내에 반품할 수 있는 것으로 규정되어 있는 경우, 甲이 2012. 1. 30. 14:00에 물품을 구매하였다면 2012. 2. 29. 24:00까지 반품할 수 있다.
ㄹ. 甲이 2012. 1. 10. 14:00에 乙에게 "2012. 1. 17. 오전 0시부터 3일간 내 아파트를 마음대로 사용해도 좋다."고 했다면 乙은 2012. 1. 20. 24:00에 아파트를 반환하여야 한다.

① ㄱ, ㄴ
② ㄱ, ㄹ
③ ㄴ, ㄷ
④ ㄴ, ㄹ
⑤ ㄷ, ㄹ

93 다음 글을 근거로 판단할 때, <보기>에서 민원을 정해진 기간 이내에 처리한 것만을 모두 고르면?

20년 5급 나책형 5번

제00조 ① 행정기관의 장은 '질의민원'을 접수한 경우에는 다음 각 호의 기간 이내에 처리하여야 한다.
1. 법령에 관해 설명이나 해석을 요구하는 질의민원: 7일
2. 제도 · 절차 등에 관해 설명이나 해석을 요구하는 질의민원: 4일
② 행정기관의 장은 '건의민원'을 접수한 경우에는 10일 이내에 처리하여야 한다.
③ 행정기관의 장은 '고충민원'을 접수한 경우에는 7일 이내에 처리하여야 한다. 단, 고충민원의 처리를 위해 14일의 범위에서 실지조사를 할 수 있고, 이 경우 실지조사 기간은 처리기간에 산입(算入)하지 아니한다.
④ 행정기관의 장은 '기타민원'을 접수한 경우에는 즉시 처리하여야 한다.
제00조 ① 민원의 처리기간을 '즉시'로 정한 경우에는 3근무시간 이내에 처리하여야 한다.
② 민원의 처리기간을 5일 이하로 정한 경우에는 민원의 접수시각부터 '시간' 단위로 계산한다. 이 경우 1일은 8시간의 근무시간을 기준으로 한다.
③ 민원의 처리기간을 6일 이상으로 정한 경우에는 '일' 단위로 계산하고 첫날을 산입한다.
④ 공휴일과 토요일은 민원의 처리기간과 실지조사 기간에 산입하지 아니한다.

※ 업무시간은 09:00~18:00이다. (점심시간 12:00~13:00 제외)
※ 3근무시간: 업무시간 내 3시간
※ 광복절(8월 15일, 화요일)과 일요일은 공휴일이고, 그 이외에 공휴일은 없다고 가정한다.

〈보기〉

ㄱ. A부처는 8. 7(월) 16시에 건의민원을 접수하고, 8. 21(월) 14시에 처리하였다.
ㄴ. B부처는 8. 14(월) 13시에 고충민원을 접수하고, 10일간 실지조사를 하여 9.7(목) 10시에 처리하였다.
ㄷ. C부처는 8. 16(수) 17시에 기타민원을 접수하고, 8. 17(목) 10시에 처리하였다.
ㄹ. D부처는 8. 17(목) 11시에 제도에 대한 설명을 요구하는 질의민원을 접수하고, 8. 22(화) 14시에 처리하였다.

① ㄱ, ㄴ
② ㄱ, ㄷ
③ ㄴ, ㄹ
④ ㄱ, ㄷ, ㄹ
⑤ ㄴ, ㄷ, ㄹ

94 **다음 글과 <상황>을 근거로 판단할 때 옳은 것은? (단, 기간을 일(日)로 정한 때에는 기간의 초일은 산입하지 않는다)**

17년 5급 가책형 25번

제○○조(위원회의 직무) 위원회는 그 소관에 속하는 의안과 청원 등의 심사 기타 법률에서 정하는 직무를 행한다.
제△△조(안건의 신속처리) ① 위원회에 회부된 안건을 제2항에 따른 신속처리대상안건으로 지정하고자 하는 경우 의원은 재적의원 과반수가 서명한 신속처리대상안건 지정요구 동의(이하 "신속처리안건지정동의")를 국회의장에게, 안건의 소관 위원회 소속 위원은 소관 위원회 재적위원 과반수가 서명한 신속처리안건지정동의를 소관 위원회 위원장에게 제출하여야 한다. 이 경우 의장 또는 안건의 소관 위원회 위원장은 지체 없이 신속처리안건지정동의를 무기명투표로 표결하되 재적의원 5분의 3 이상 또는 안건의 소관 위원회 재적위원 5분의 3 이상의 찬성으로 의결한다.
② 의장은 제1항에 따라 신속처리안건지정동의가 가결된 때에는 해당 안건을 제3항의 기간 내에 심사를 마쳐야 하는 안건(이하 "신속처리대상안건")으로 지정하여야 한다.
③ 위원회는 신속처리대상안건에 대한 심사를 그 지정일부터 180일 이내에 마쳐야 한다. 다만, 법제사법위원회는 신속처리대상안건에 대한 체계 · 자구심사를 그 지정일, 제4항에 따라 회부된 것으로 보는 날 또는 제□□조에 따라 회부된 날부터 90일 이내에 마쳐야 한다.
④ 위원회(법제사법위원회를 제외한다)가 신속처리대상안건에 대하여 제3항에 따른 기간 내에 신속처리대상안건의 심사를 마치지 아니한 때에는 그 기간이 종료된 다음 날에 소관 위원회에서 심사를 마치고 체계 · 자구심사를 위하여 법제사법위원회로 회부된 것으로 본다.
⑤ 법제사법위원회가 신속처리대상안건에 대하여 제3항에 따른 기간 내에 심사를 마치지 아니한 때에는 그 기간이 종료한 다음 날에 법제사법위원회에서 심사를 마치고 바로 본회의에 부의된 것으로 본다.
⑥ 제5항에 따른 신속처리대상안건은 본회의에 부의된 것으로 보는 날부터 60일 이내에 본회의에 상정되어야 한다.
제□□조(체계 · 자구의 심사) 위원회에서 법률안의 심사를 마치거나 입안한 때에는 법제사법위원회에 회부하여 체계와 자구에 대한 심사를 거쳐야 한다.

〈상황〉

- 국회 재적의원은 300명이고, 지식경제위원회 재적위원은 25명이다.
- 지식경제위원회에 회부된 안건 X가 3월 2일 신속처리대상안건으로 지정되었다.

① 안건 X는 국회 재적의원 중 최소 150명 또는 지식경제위원회 위원 중 최소 13명의 찬성으로 신속처리대상안건으로 지정되었다.
② 지식경제위원회는 안건 X에 대해 당해년도 10월 1일까지 심사를 마쳐야 한다.
③ 지식경제위원회가 안건 X에 대해 기간 내 심사를 마치지 못했다면, 90일을 연장하여 재심사 할 수 있다.
④ 지식경제위원회가 안건 X에 대해 심사를 마치고 당해년도 7월 1일 법제사법위원회로 회부했다면, 법제사법위원회는 당해년도 9월 29일까지 심사를 마쳐야 한다.
⑤ 안건 X가 당해년도 8월 1일 법제사법위원회로 회부되었고 법제사법위원회가 기간 내 심사를 마치지 못했다면, 다음 해 1월 28일에 본회의에 부의된 것으로 본다.

95 다음 글을 근거로 판단할 때, 입찰공고 기간을 준수한 것은?

22년 5급 나책형 24번

제00조 ① 입찰공고(이하 '공고'라 한다)는 입찰서 제출마감일의 전일부터 기산(起算)하여 7일 전에 이를 행하여야 한다.
② 공사를 입찰하는 경우로서 현장설명을 실시하는 경우에는 현장설명일의 전일부터 기산하여 7일 전에 공고하여야 한다. 다만 입찰참가자격을 사전에 심사하려는 공사에 관한 입찰의 경우에는 현장설명일의 전일부터 기산하여 30일 전에 공고하여야 한다.
③ 공사를 입찰하는 경우로서 현장설명을 실시하지 아니하는 경우에는 입찰서 제출마감일의 전일부터 기산하여 다음 각 호에서 정한 기간 전에 공고하여야 한다.
1. 입찰가격이 10억 원 미만인 경우: 7일
2. 입찰가격이 10억 원 이상 50억 원 미만인 경우: 15일
3. 입찰가격이 50억 원 이상인 경우: 40일
④ 제1항부터 제3항까지의 규정에도 불구하고 다음 각 호의 어느 하나에 해당하는 경우에는 입찰서 제출마감일의 전일부터 기산하여 5일 전까지 공고할 수 있다.
1. 재공고입찰의 경우
2. 다른 국가사업과 연계되어 일정조정이 불가피한 경우
3. 긴급한 행사 또는 긴급한 재해예방·복구 등을 위하여 필요한 경우
⑤ 협상에 의해 계약을 체결하는 경우에는 제1항 및 제4항에도 불구하고 제안서 제출마감일의 전일부터 기산하여 40일 전에 공고하여야 한다. 다만 다음 각 호의 어느 하나에 해당하는 경우에는 제안서 제출마감일의 전일부터 기산하여 10일 전까지 공고할 수 있다.
1. 제4항 각 호의 어느 하나에 해당하는 경우
2. 입찰가격이 고시금액 미만인 경우

① A부서는 건물 청소 용역업체 교체를 위해 제출마감일을 2021. 4. 1.로 정하고 2021. 3. 26. 공고를 하였다.
② B부서는 입찰참가자격을 사전에 심사하고 현장설명을 실시하는 신청사 건설공사 입찰가격을 30억 원에 진행하고자, 현장설명일을 2021. 4. 1.로 정하고 2021. 3. 15. 공고를 하였다.
③ C부서는 협상에 의해 헬기도입에 관한 계약을 체결하려고 하였는데, 다른 국가사업과 연계되어 일정조정이 불가피하게 되자 제출마감일을 2021. 4. 1.로 정하고 2021. 3. 19. 공고를 하였다.
④ D부서는 협상에 의해 다른 국가사업과 관계없는 계약을 체결하고자, 제출마감일을 2021. 4. 1.로 정하고 2021. 3. 26. 공고를 하였다.
⑤ E부서는 현장설명 없이 5억 원에 주차장 공사를 입찰하고자 2021. 4. 1.을 제출마감일로 하여 공고하였으나, 입찰자가 1개 회사밖에 없어 제출마감일을 2021. 4. 9.로 다시 정하고 2021. 4. 5. 재공고하였다.

2 금액 계산

96 다음 글과 <상황>을 근거로 판단할 때, 甲이 납부하는 송달료의 합계는?

13년 5급 인책형 8번

송달이란 소송의 당사자와 그 밖의 이해관계인에게 소송상의 서류의 내용을 알 수 있는 기회를 주기 위해 법에 정한 방식에 따라 하는 통지행위를 말하며, 송달에 드는 비용을 송달료라고 한다. 소 또는 상소를 제기하려는 사람은, 소장이나 상소장을 제출할 때 당사자 수에 따른 계산방식으로 산출된 송달료를 수납은행(대부분 법원구내 은행)에 납부하고 그 은행으로부터 교부받은 송달료납부서를 소장이나 상소장에 첨부하여야 한다. 송달료 납부의 기준은 아래와 같다.

○ 소 또는 상소 제기 시 납부해야 할 송달료
  가. 민사 제1심 소액사건: 당사자 수×송달료 10회분
  나. 민사 제1심 소액사건 이외의 사건: 당사자 수×송달료 15회분
  다. 민사 항소사건: 당사자 수×송달료 12회분
  라. 민사 상고사건: 당사자 수×송달료 8회분
○ 송달료 1회분: 3,200원
○ 당사자: 원고, 피고
○ 사건의 구별
  가. 소액사건: 소가 2,000만 원 이하의 사건
  나. 소액사건 이외의 사건: 소가 2,000만 원을 초과하는 사건

※ 소가(訴價)라 함은 원고가 승소하면 얻게 될 경제적 이익을 화폐단위로 평가한 금액을 말한다.

〈상황〉

甲은 보행로에서 자전거를 타다가 乙의 상품진열대에 부딪쳐서 부상을 당하였고, 이 상황을 丙이 목격하였다. 甲은 乙에게 자신의 병원치료비와 위자료를 요구하였다. 그러나 乙은 甲의 잘못으로 부상당한 것으로 자신에게는 책임이 없으며, 오히려 甲 때문에 진열대가 파손되어 손해가 발생했으므로 甲이 손해를 배상해야 한다고 주장하였다. 甲은 자신을 원고로, 乙을 피고로 하여 병원치료비와 위자료로 합계 금 2,000만 원을 구하는 소를 제기하였다. 제1심 법원은 증인 丙의 증언을 바탕으로 甲에게 책임이 있다는 乙의 주장이 옳다고 인정하여, 甲의 청구를 기각하는 판결을 선고하였다. 이 판결에 대해서 甲은 항소를 제기하였다.

① 76,800원
② 104,800원
③ 124,800원
④ 140,800원
⑤ 172,800원

97 다음 글과 <상황>을 근거로 판단할 때, 甲과 乙에게 부과된 과태료의 합은? 19년 5급 가책형 26번

A국은 부동산 또는 부동산을 취득할 수 있는 권리의 매매계약을 체결한 경우, 매도인이 그 실제 거래가격을 거래계약 체결일부터 60일 이내에 관할관청에 신고하도록 신고의무를 ○○법으로 규정하고 있다. 그리고 이를 위반할 경우 다음의 기준에 따라 과태료를 부과한다.

○○법 제00조(과태료 부과기준) ① 신고의무를 게을리 한 경우에는 다음 각 호의 기준에 따라 과태료를 부과한다.

1. 신고기간 만료일의 다음 날부터 기산하여 신고를 하지 않은 기간(이하 '해태기간'이라 한다)이 1개월 이하인 경우
   가. 실제 거래가격이 3억 원 미만인 경우: 50만 원
   나. 실제 거래가격이 3억 원 이상인 경우: 100만 원
2. 해태기간이 1개월을 초과한 경우
   가. 실제 거래가격이 3억 원 미만인 경우: 100만 원
   나. 실제 거래가격이 3억 원 이상인 경우: 200만 원

② 거짓으로 신고를 한 경우에는 다음 각 호의 기준에 따라 과태료를 부과한다. 단, 과태료 산정에 있어서의 취득세는 매수인을 기준으로 한다.

1. 부동산의 실제 거래가격을 거짓으로 신고한 경우
   가. 실제 거래가격과 신고가격의 차액이 실제 거래가격의 20% 미만인 경우
      - 실제 거래가격이 5억 원 이하인 경우: 취득세의 2배
      - 실제 거래가격이 5억 원 초과인 경우: 취득세의 1배
   나. 실제 거래가격과 신고가격의 차액이 실제 거래가격의 20% 이상인 경우
      - 실제 거래가격이 5억 원 이하인 경우: 취득세의 3배
      - 실제 거래가격이 5억 원 초과인 경우: 취득세의 2배
2. 부동산을 취득할 수 있는 권리의 실제 거래가격을 거짓으로 신고한 경우
   가. 실제 거래가격과 신고가격의 차액이 실제 거래가격의 20% 미만인 경우: 실제 거래가격의 100분의 2
   나. 실제 거래가격과 신고가격의 차액이 실제 거래가격의 20% 이상인 경우: 실제 거래가격의 100분의 4

③ 제1항과 제2항에 해당하는 위반행위를 동시에 한 경우 해당 과태료는 병과한다.

〈상황〉

○ 매수인의 취득세는 실제 거래가격의 100분의 1이다.
○ 甲은 X토지를 2018. 1. 15. 丙에게 5억 원에 매도하였으나, 2018. 4. 2. 거래가격을 3억 원으로 신고하였다가 적발되어 과태료가 부과되었다.
○ 乙은 공사 중인 Y아파트를 취득할 권리인 입주권을 2018. 2. 1. 丁에게 2억 원에 매도하였으나, 2018. 2. 5. 거래가격을 1억 원으로 신고하였다가 적발되어 과태료가 부과되었다.

① 1,400만 원
② 2,000만 원
③ 2,300만 원
④ 2,400만 원
⑤ 2,500만 원

98 다음 글과 <상황>을 근거로 판단할 때, A시장이 잘못 부과한 과태료 초과분의 합은? 22년 5급 나책형 21번

제00조 ① ☆☆영업을 하려는 자는 시 · 도지사에게 기간 내에 일정한 사항을 신고하여야 한다.
② 신고의무자가 부실하게 신고한 경우에는 신고하지 아니한 것으로 본다.
③ 시 · 도지사는 신고의무자가 기간 내에 신고하지 아니한 경우, 일정한 기간(이하 '사실조사기간'이라 한다)을 정하여 그 사실을 조사하고, 신고의무자에게 사실대로 신고할 것을 촉구하여야 한다.
④ 시 · 도지사는 신고의무자가 기간 내에 신고하지 아니한 경우에는 다음 각 호의 기준에 따라 과태료를 부과한다. 단, 제3항의 촉구를 받은 신고의무자가 신고하지 아니한 경우에는 다음 각 호 기준 금액의 2배를 부과한다.

1. 신고기간이 지난 후 1개월 이내: 1만 원
2. 신고기간이 지난 후 1개월 초과 6개월 이내: 3만 원
3. 신고기간이 지난 후 6개월 초과: 5만 원

제00조 시 · 도지사는 과태료 처분대상자가 다음 각 호의 어느 하나에 해당하는 경우에는 과태료를 경감하여 부과한다. 단, 둘 이상에 해당하는 경우에는 그 중 높은 경감비율만을 한 차례 적용한다.

1. 사실조사기간 중 자진신고한 자: 2분의 1 경감
2. 「장애인복지법」상 장애인: 10분의 2 경감

〈상황〉

A시장은 신고기간 내에 신고를 하지 않은 甲, 乙, 丙을 대상으로 사실조사를 실시하였고, 사실조사기간 중 자진신고를 한 丙을 제외한 모든 자에게 신고를 촉구하였다. 촉구를 받은 甲은 사실대로 신고하였지만 乙은 부실하게 신고하였다. 그 후 A시장은 甲, 乙, 丙에게 아래의 금액을 과태료로 부과하였다.

〈과태료 부과현황〉

대상자	신고기간 후 경과일수	특이사항	부과액
甲	200일	국가유공자	10만 원
乙	71일		6만 원
丙	9일	「장애인복지법」상 장애인	1만 5천 원

① 57,000원
② 60,000원
③ 72,000원
④ 85,000원
⑤ 90,000원

99 다음 규정에 근거할 때, 수수료 총액이 가장 많은 것은?

12년 5급 인책형 9번

제00조 특허출원 관련 수수료는 다음 각 호와 같다.
1. 특허출원료
  가. 출원서를 서면으로 제출하는 경우: 매건 5만 8천 원(단, 출원서의 첨부서류 중 명세서, 도면 및 요약서의 합이 20면을 초과하는 경우 초과하는 1면마다 1천 원을 가산한다)
  나. 출원서를 전자문서로 제출하는 경우: 매건 3만 8천 원
2. 출원인변경신고료
  가. 상속에 의한 경우: 매건 6천 5백 원
  나. 법인의 분할 · 합병에 의한 경우: 매건 6천 5백 원
  다. 「기업구조조정 촉진법」 제15조 제1항의 규정에 따른 약정을 체결한 기업이 경영정상화계획의 이행을 위하여 행하는 영업양도의 경우: 매건 6천 5백 원
  라. 가목 내지 다목 외의 사유에 의한 경우: 매건 1만 3천 원

제00조 특허권 관련 수수료는 다음 각 호와 같다.
1. 특허권의 실시권 설정 또는 그 보존등록료
  가. 전용실시권: 매건 7만 2천 원
  나. 통상실시권: 매건 4만 3천 원
2. 특허권의 이전등록료
  가. 상속에 의한 경우: 매건 1만 4천 원
  나. 법인의 분할 · 합병에 의한 경우: 매건 1만 4천 원
  다. 「기업구조조정 촉진법」 제15조 제1항의 규정에 따른 약정을 체결한 기업이 경영정상화계획의 이행을 위하여 행하는 영업양도의 경우: 매건 1만 4천 원
  라. 가목 내지 다목 외의 사유에 의한 경우: 매건 5만 3천 원
3. 등록사항의 경정 · 변경(행정구역 또는 지번의 변경으로 인한 경우 및 등록명의인의 표시변경 또는 경정으로 인한 경우는 제외한다) · 취소 · 말소 또는 회복등록료: 매건 5천 원

① 특허출원 5건을 신청한 A가 사망한 후, A의 단독 상속인 B가 출원인을 변경하고자 할 때의 출원인변경신고료
② C가 자기 소유의 특허권 9건을 말소하는 경우의 등록료
③ D가 특허출원 1건에 대한 40면 분량의 특허출원서를 전자문서로 제출하는 경우의 특허출원료
④ E소유의 특허권 1건의 통상실시권에 대한 보존등록료
⑤ F주식회사가 G주식회사를 합병하면서 획득한 G주식회사 소유의 특허권 4건에 대한 이전등록료

3 세금 계산

100 다음 글과 <상황>을 근거로 판단할 때 옳은 것은?

19년 5급 가책형 6번

제00조(과세대상) 주권(株券)의 양도에 대해서는 이 법에 따라 증권거래세를 부과한다.
제00조(납세의무자) 주권을 양도하는 자는 납세의무를 진다. 다만 금융투자업자를 통하여 주권을 양도하는 경우에는 해당 금융투자업자가 증권거래세를 납부하여야 한다.
제00조(과세표준) 주권을 양도하는 경우에 증권거래세의 과세표준은 그 주권의 양도가액(주당 양도금액에 양도 주권수를 곱한 금액)이다.
제00조(세율) 주권의 양도에 대한 세율은 양도가액의 1천분의 5로 한다.
제00조(탄력세율) X 또는 Y증권시장에서 양도되는 주권에 대하여는 제00조(세율)의 규정에도 불구하고 다음의 세율에 의한다.
1. X증권시장: 양도가액의 1천분의 1.5
2. Y증권시장: 양도가액의 1천분의 3

〈상황〉

투자자 甲은 금융투자업자 乙을 통해 다음 3건의 주권을 양도하였다.
- A회사의 주권 100주를 주당 15,000원에 양수하였다가 이를 주당 30,000원에 X증권시장에서 전량 양도하였다.
- B회사의 주권 200주를 주당 10,000원에 Y증권시장에서 양도하였다.
- C회사의 주권 200주를 X 및 Y증권시장을 통하지 않고 주당 50,000원에 양도하였다.

① 증권거래세는 甲이 직접 납부하여야 한다.
② 납부되어야 할 증권거래세액의 총합은 6만 원 이하다.
③ 甲의 3건의 주권 양도는 모두 탄력세율을 적용받는다.
④ 甲의 A회사 주권 양도에 따른 증권거래세 과세표준은 150만 원이다.
⑤ 甲이 乙을 통해 Y증권시장에서 C회사의 주권 200주 전량을 주당 50,000원에 양도할 수 있다면 증권거래세액은 2만 원 감소한다.

101 다음의 종합부동산세에 관한 법률규정을 근거로 판단할 때 옳지 않은 것은? 07년 5급 재책형 12번

제○○조(과세기준일) 종합부동산세의 과세기준일은 재산세의 과세기준일(6월 1일)로 한다.
제○○조(납세의무자) 과세기준일 현재 주택분 재산세의 납세의무자로서 국내에 있는 재산세 과세대상인 주택의 공시가격을 합산한 금액(개인의 경우 세대별로 합산한 금액)이 10억 원을 초과하는 자는 종합부동산세를 납부할 의무가 있다.
제○○조(과세표준) 주택에 대한 종합부동산세의 과세표준은 납세의무자별로 주택의 공시가격을 합산한 금액에서 10억 원을 공제한 금액으로 한다.
제○○조(세율 및 세액) ① 주택에 대한 종합부동산세는 과세표준에 다음의 세율을 적용하여 계산한 금액을 그 세액으로 한다.

과세표준	세율
5억 원 이하	1천분의 10
5억 원 초과 10억 원 이하	1천분의 15
10억 원 초과 100억 원 이하	1천분의 20
100억 원 초과	1천분의 30

② 주택분 종합부동산세액을 계산함에 있어 2008년부터 2010년까지의 기간에 납세의무가 성립하는 주택분 종합부동산세에 대하여는 제1항의 규정에 의한 세율별 과세표준에 다음 각호의 연도별 적용비율과 제1항의 규정에 의한 세율을 곱하여 계산한 금액을 각각 당해 연도의 세액으로 한다.
1. 2008년: 100분의 70
2. 2009년: 100분의 80
3. 2010년: 100분의 90

① 각각 단독세대주인 갑(공시가격 25억 원 주택소유)과 을(공시가격 30억 원 주택소유)이 2008년 5월 31일 혼인신고 하여 부부가 되었다. 만약 혼인하지 않았다면 갑과 을이 각각 납부하였을 2008년 종합부동산세액의 합계는 혼인 후 납부하는 세액과 동일하다.
② 2008년 12월 31일 현재 A의 세대별 주택공시가격의 합산액이 15억 원일 경우 재산변동이 없다면 다음 해의 종합부동산세액은 400만 원이다.
③ 종합부동산세를 줄이기 위해 주택을 처분하기로 결정하였다면, 당해 연도 6월 1일 이전에 처분하는 것이 유리하다.
④ 2008년부터 2010년까지의 적용비율을 점차적으로 상승시킴으로써 시행 초기에 나타날 수 있는 조세저항을 줄이려고 했다.
⑤ 종합부동산세를 줄이기 위해 기혼 무주택 자녀에게 주택을 증여하여 재산을 분할하는 일이 증가할 수 있다.

Ⅵ. 빈출 테마

1 위원회

102 다음 글을 근거로 판단할 때 옳지 않은 것은?

21년 7급 나책형 18번

제00조 ① 정보공개심의회(이하 '심의회'라 한다)는 다음 각 호의 구분에 따라 10인 이내의 위원으로 구성한다.
1. 내부 위원: 위원장 1인(○○실장)과 각 부서의 정보공개 담당관 중 지명된 3인
2. 외부 위원: 관련분야 전문가 중에서 총 위원수의 3분의 1 이상 위촉

② 위원은 특정 성별이 다른 성별의 2분의 1 이하가 되지 않도록 한다.
③ 위원장을 비롯한 내부 위원의 임기는 그 직위에 재직하는 기간으로 하며, 외부 위원의 임기는 2년으로 하되 2회에 한하여 연임할 수 있다.
④ 심의회는 위원장이 소집하고, 회의는 위원장을 포함한 재적위원 3분의 2 이상의 출석으로 개의하고 출석위원 3분의 2 이상의 찬성으로 의결한다.
⑤ 위원은 부득이한 이유로 참석할 수 없는 경우에는 서면으로 의견을 제출할 수 있다. 이 경우 해당 위원은 심의회에 출석한 것으로 본다.

① 외부 위원의 최대 임기는 6년이다.
② 정보공개심의회는 최소 6명의 위원으로 구성된다.
③ 정보공개심의회 내부 위원이 모두 여성일 경우, 정보공개심의회는 7명의 위원으로 구성될 수 있다.
④ 정보공개심의회가 8명의 위원으로 구성되면, 위원 3명의 찬성으로 의결되는 경우가 있다.
⑤ 위원장을 포함한 위원 5명이 직접 출석하여 이들 모두 안건에 찬성하고, 위원 2명이 부득이한 이유로 서면으로 의견을 제출한 경우, 제출된 서면 의견에 상관없이 해당 안건은 찬성으로 의결된다.

103 다음 글을 근거로 판단할 때 옳은 것은?

19년 5급 가책형 21번

제00조(연구실적평가) ① 연구직으로 근무한 경력이 2년 이상인 연구사(석사 이상의 학위를 가진 사람은 제외한다)는 매년 12월 31일까지 그 연구실적의 결과를 논문으로 제출하여야 한다. 다만 연구실적 심사평가를 3번 이상 통과한 연구사는 그러하지 아니하다.
② 연구실적의 심사를 위하여 소속기관의 장은 임용권자 단위 또는 소속 기관 단위로 직렬별, 직류별 또는 직류 내 같은 업무분야별로 연구실적평가위원회를 설치하여야 한다.
③ 연구실적평가위원회는 위원장을 포함한 5명의 위원으로 구성한다. 위원장과 2명의 위원은 소속기관 내부 연구관 중에서, 위원 2명은 대학교수나 외부 연구기관 · 단체의 연구관 중에서 연구실적평가위원회를 구성할 때마다 임용권자가 임명하거나 위촉한다. 이 경우 위원 중에는 대학교수인 위원이 1명 이상 포함되어야 한다.
④ 연구실적평가위원회의 회의는 임용권자나 위원장이 매년 1월 중에 소집하고, 그 밖에 필요한 경우에는 수시로 소집한다.
⑤ 연구실적평가위원회의 표결은 무기명 투표로 하며, 재적위원 과반수의 찬성으로 의결한다.

※ 대학교수와 연구관은 겸직할 수 없음

① 개별 연구실적평가위원회는 최대 3명의 대학교수를 위원으로 위촉할 수 있다.
② 연구실적평가위원회 위원장은 소속기관 내부 연구관이 아닌 대학교수가 맡을 수 있다.
③ 연구실적평가위원회에 4명의 위원이 출석한 경우와 5명의 위원이 출석한 경우의 의결정족수는 같다.
④ 연구실적평가위원회 위원으로 위촉된 경력이 있는 사람을 재위촉하는 경우 별도의 위촉절차를 거치지 않아도 된다.
⑤ 석사학위 이상을 소지하지 않은 모든 연구사는 연구직으로 임용된 이후 5년이 지나면 석사학위를 소지한 연구사와 동일하게 연구실적 결과물 제출을 면제받는다.

104 **다음 글을 근거로 판단할 때 옳은 것은?** 21년 5급 가책형 22번

제00조 ① 재산공개대상자 및 그 이해관계인이 보유하고 있는 주식의 직무관련성을 심사·결정하기 위하여 인사혁신처에 주식백지신탁 심사위원회(이하 '심사위원회'라 한다)를 둔다.
② 심사위원회는 위원장 1명을 포함한 9명의 위원으로 구성한다.
③ 심사위원회의 위원장 및 위원은 대통령이 임명하거나 위촉한다. 이 경우 위원 중 3명은 국회가, 3명은 대법원장이 추천하는 자를 각각 임명하거나 위촉한다.
④ 심사위원회의 위원은 다음 각 호의 어느 하나에 해당하는 자격을 갖추어야 한다.
1. 대학이나 공인된 연구기관에서 부교수 이상의 직에 5년 이상 근무하였을 것
2. 판사, 검사 또는 변호사로 5년 이상 근무하였을 것
3. 금융 관련 분야에 5년 이상 근무하였을 것
4. 3급 이상 공무원 또는 고위공무원단에 속하는 공무원으로 3년 이상 근무하였을 것
⑤ 위원장 및 위원의 임기는 2년으로 하되, 1차례만 연임할 수 있다. 다만 임기가 만료된 위원은 그 후임자가 임명되거나 위촉될 때까지 해당 직무를 수행한다.
⑥ 주식의 직무관련성은 주식 관련 정보에 관한 직접적·간접적인 접근 가능성, 영향력 행사 가능성 등을 기준으로 판단하여야 한다.

① 심사위원회의 위원장은 위원 중에서 호선한다.
② 심사위원회의 위원 중 3명은 국회가 위촉한다.
③ 심사위원회의 위원이 4년을 초과하여 직무를 수행하는 경우가 있다.
④ 주식 관련 정보에 관한 간접적인 접근 가능성은 주식의 직무관련성을 판단하는 기준이 될 수 없다.
⑤ 금융 관련 분야에 5년 이상 근무하였더라도 대학에서 부교수 이상의 직에 5년 이상 근무하지 않으면 심사위원회의 위원이 될 수 없다.

2 의사·의결정족수

105 **다음 글을 근거로 판단할 때, <보기>에서 옳은 것만을 모두 고르면?** 15년 5급 인책형 25번

제00조(기능) 대외경제장관회의(이하 '회의'라 한다)는 다음 각 호의 사항을 심의·조정한다.
1. 대외경제동향의 종합점검과 주요 대외경제정책의 방향 설정 등 대외경제정책 운영 전반에 관한 사항
2. 양자·다자·지역 간 또는 국제경제기구와의 대외경제 협력·대외개방 및 통상교섭과 관련된 주요 경제정책에 관한 사항
3. 재정지출을 수반하는 각 부처의 대외경제 분야 주요 정책 또는 관련 중장기계획
4. 국내경제정책이 대외경제관계에 미치는 영향과 효과에 대한 사전검토에 관한 사항

제00조(회의의 구성 등) ① 회의는 기획재정부장관, 미래창조과학부장관, 외교부장관, 농림축산식품부장관, 산업통상자원부장관, 환경부장관, 국토교통부장관, 해양수산부장관, 국무조정실장, 대통령비서실의 경제수석비서관과 회의에 상정되는 안건을 제안한 부처의 장 및 그 안건과 관련되는 부처의 장으로 구성한다.
② 회의 의장은 기획재정부장관이다.
③ 회의 의장은 회의에 상정할 안건을 선정하여 회의를 소집하고, 이를 주재한다.
④ 회의 의장은 필요하다고 인정하는 경우 관계 부처 또는 관계 기관과 협의하여 안건을 상정하게 할 수 있다.

제00조(의견청취) 회의 의장은 회의에 상정된 안건의 심의를 위하여 필요하다고 인정되는 경우에는 해당 분야의 민간전문가를 회의에 참석하게 하여 의견을 들을 수 있다.

제00조(의사 및 의결정족수) ① 회의는 구성원 과반수의 출석으로 개의하고, 출석 구성원 3분의 2 이상의 찬성으로 의결한다.
② 회의 구성원이 회의에 출석하지 못하는 경우에는 그 바로 하위직에 있는 자가 대리로 출석하여 그 직무를 대행할 수 있다.

〈보기〉

ㄱ. 회의 안건이 보건복지와 관련이 있더라도 보건복지부장관은 회의 구성원이 될 수 없다.
ㄴ. 회의 당일 해양수산부장관이 수산협력 국제컨퍼런스에 참석 중이라면, 해양수산부차관이 회의에 대신 출석할 수 있다.
ㄷ. 환경부의 A안건이 관계 부처의 협의를 거쳐 회의에 상정된 경우, 환경부장관이 회의를 주재한다.
ㄹ. 회의에 민간전문가 3명을 포함해 13명이 참석하였을 때 의결을 위해서는 최소 9명의 찬성이 필요하다.

① ㄱ
② ㄴ
③ ㄱ, ㄷ
④ ㄴ, ㄹ
⑤ ㄷ, ㄹ

106 다음 글과 <상황>을 근거로 판단할 때, A지방자치단체 지방의회의 의결에 관한 설명으로 옳은 것은? 15년 5급 인책형 28번

> 제00조(의사정족수) ① 지방의회는 재적의원 3분의 1 이상의 출석으로 개의(開議)한다.
> ② 회의 중 제1항의 정족수에 미치지 못할 때에는 의장은 회의를 중지하거나 산회(散會)를 선포한다.
> 제00조(의결정족수) ① 의결사항은 재적의원 과반수의 출석과 출석의원 과반수의 찬성으로 의결한다.
> ② 의장은 의결에서 표결권을 가지며, 찬성과 반대가 같으면 부결된 것으로 본다.
> ③ 의장은 제1항에 따라 의결하지 못한 때에는 다시 그 일정을 정한다.
> 제00조(지방의회의 의결사항) 지방의회는 다음 사항을 의결한다.
> 1. 조례의 제정 · 개정 및 폐지
> 2. 예산의 심의 · 확정

※ 지방의회의원 중 사망한 자, 제명된 자, 확정판결로 의원직을 상실한 자는 재적의원에 포함되지 않는다.

〈상황〉

> ○ A지방자치단체의 지방의회 최초 재적의원은 111명이다. 그 중 2명은 사망하였고, 3명은 선거법 위반으로 구속되어 재판이 진행 중이며, 2명은 의회에서 제명되어 현재 총 104명이 의정활동을 하고 있다.
> ○ A지방자치단체 ○○조례 제정안이 상정되었다.
> ○ A지방자치단체의 지방의회는 의장을 포함한 53명이 출석하여 개의하였다.

① 의결할 수 없다.
② 부결된 것으로 본다.
③ 26명 찬성만으로 의결할 수 있다.
④ 27명 찬성만으로 의결할 수 있다.
⑤ 28명 찬성만으로 의결할 수 있다.

107 재적의원이 210명인 ○○국 의회에서 다음과 같은 <규칙>에 따라 안건 통과 여부를 결정한다고 할 때, <보기>에서 옳은 것만을 모두 고르면? 16년 5급 4책형 13번

〈규칙〉

> ○ 안건이 상정된 회의에서 기권표가 전체의 3분의 1 이상이면 안건은 부결된다.
> ○ 기권표를 제외하고, 찬성 또는 반대의견을 던진 표 중에서 찬성표가 50%를 초과해야 안건이 가결된다.

※ 재적의원 전원이 참석하여 1인 1표를 행사하였고, 무효표는 없다.

〈보기〉

> ㄱ. 70명이 기권하여도 71명이 찬성하면 안건이 가결된다.
> ㄴ. 104명이 반대하면 기권표에 관계없이 안건이 부결된다.
> ㄷ. 141명이 찬성하면 기권표에 관계없이 안건이 가결된다.
> ㄹ. 안건이 가결될 수 있는 최소 찬성표는 71표이다.

① ㄱ, ㄴ
② ㄱ, ㄷ
③ ㄴ, ㄷ
④ ㄴ, ㄹ
⑤ ㄷ, ㄹ

3 시효

108 다음 글과 <상황>을 근거로 판단할 때 옳은 것은?

21년 5급 가책형 5번

공소제기는 법원에 특정한 형사사건의 심판을 청구하는 검사의 소송행위이다. 그러나 공소시효 기간이 만료(공소시효가 완성)된 범죄에 대하여는 검사가 공소를 제기할 수 없다. 공소시효는 범죄 후 일정 기간이 지나면 국가의 형벌소추권을 소멸시키는 제도이다. 따라서 공소시효가 완성된 범죄에 대한 검사의 공소제기는 위법하다.

공소시효는 범죄행위가 종료된 때를 기준으로 계산한다. 예컨대 감금죄의 경우 범죄행위의 종료는 감금된 날이 아니라 감금에서 벗어나는 날이 기준이므로 그날부터 공소시효를 계산한다. 또한 초일은 시간을 계산하지 않고 1일로 산정하며, 기간의 말일이 공휴일이거나 토요일이라도 기간에 산입한다. 연 또는 월 단위로 정한 기간은 연 또는 월 단위로 기간을 계산한다. 예컨대 절도행위가 2021년 1월 5일에 종료된 경우 절도죄의 공소시효는 7년이고 1월 5일을 1일로 계산하므로 2028년 1월 4일 24시에 공소시효가 완성된다.

한편 공소시효는 일정한 사유로 정지될 수 있다. 공소시효가 정지되었다가 그 사유가 없어지면 그날부터 나머지 공소시효 기간이 진행된다. 예컨대 범인이 형사처벌을 면할 목적으로 1년간 국외에 있다가 귀국하였다면 공소시효의 계산에서 1년을 제외한다. 다만 공범이 있는 경우 국외로 출국하지 않은 공범은 그 기간에도 공소시효가 정지되지 않는다.

또한 공소가 제기되면 그때부터 공소시효가 정지되고, 이는 공범의 경우에도 마찬가지이다. 따라서 공범 1인에 대하여 공소가 제기되면 그날부터 다른 공범의 공소시효도 정지되었다가 공범이 재판에서 유죄로 확정된 날부터 다른 공범에 대한 나머지 공소시효 기간이 진행된다. 그러나 공소가 먼저 제기된 사람이 범죄혐의 없음을 이유로 무죄판결을 받은 경우, 다른 공범에 대한 공소시효는 정지되지 않는다.

〈상황〉

- 甲은 2015년 5월 1일 피해자를 불법으로 감금하였는데, 피해자는 2016년 5월 2일에 구조되어 감금에서 풀려났다. 甲은 피해자를 감금 후 수사망이 좁혀오자 2개월간 국외로 도피하였다가 2016년 5월 1일에 귀국하였다.
- 乙, 丙, 丁이 공동으로 행한 A죄의 범죄행위가 2015년 2월 1일 종료되었다. 그 후 乙은 국내에서 도피 중 2016년 1월 1일 공소제기 되어 2016년 6월 30일 범죄혐의 없음을 이유로 무죄 확정판결을 받았다. 한편 丙은 범죄행위 종료 후 형사처벌을 면할 목적으로 1년간 국외에서 도피 생활을 하다가 귀국한 뒤 2020년 1월 1일 공소가 제기되어 2020년 12월 31일 유죄 확정판결을 받았다. 丁은 범죄행위 종료 후 계속 국내에서 도피 중이다.

※ 감금죄의 공소시효는 7년, A죄의 공소시효는 5년임

① 甲에 대해 공소가 제기되기 전 정지된 공소시효 기간은 2개월이다.

② 2023년 5월 1일 甲에 대해 공소가 제기된다면 위법한 공소제기이다.

③ 丙에 대해 공소가 제기되기 전 정지된 공소시효 기간은 1년이다.

④ 丙의 국외 도피기간 중 丁의 공소시효는 정지된다.

⑤ 2022년 1월 31일 丁에 대해 공소가 제기된다면 적법한 공소제기이다.

109 다음 글을 근거로 판단할 때, <보기>에서 옳은 것만을 모두 고르면?

14년 민경채 A책형 18번

제00조 ① 개발부담금을 징수할 수 있는 권리(개발부담금 징수권)와 개발부담금의 과오납금을 환급받을 권리(환급청구권)는 행사할 수 있는 시점부터 5년간 행사하지 아니하면 소멸시효가 완성된다.
② 제1항에 따른 개발부담금 징수권의 소멸시효는 다음 각 호의 어느 하나의 사유로 중단된다.
1. 납부고지
2. 납부독촉
3. 교부청구
4. 압류
③ 제2항에 따라 중단된 소멸시효는 다음 각 호의 어느 하나에 해당하는 기간이 지난 시점부터 새로이 진행한다.
1. 고지한 납부기간
2. 독촉으로 재설정된 납부기간
3. 교부청구 중의 기간
4. 압류해제까지의 기간
④ 제1항에 따른 환급청구권의 소멸시효는 환급청구권 행사로 중단된다.

※ 개발부담금이란 개발이익 중 국가가 부과·징수하는 금액을 말한다.
※ 소멸시효는 일정한 기간 권리자가 권리를 행사하지 않으면 권리가 소멸하는 것을 말한다.

〈보기〉

ㄱ. 개발부담금 징수권의 소멸시효는 고지한 납부기간이 지난 시점부터 중단된다.
ㄴ. 국가가 개발부담금을 징수할 수 있는 때로부터 3년간 징수하지 않으면 개발부담금 징수권의 소멸시효가 완성된다.
ㄷ. 국가가 개발부담금을 징수할 수 있는 날로부터 2년이 경과한 후 납부의무자에게 납부고지하면, 개발부담금 징수권의 소멸시효가 중단된다.
ㄹ. 납부의무자가 개발부담금을 기준보다 많이 납부한 경우, 그 환급을 받을 수 있는 때로부터 환급청구권을 3년간 행사하지 않으면 소멸시효가 완성된다.

① ㄱ
② ㄷ
③ ㄱ, ㄹ
④ ㄴ, ㄷ
⑤ ㄴ, ㄹ

4 상속

110 다음 규정과 <상황>에 근거할 때 가장 옳은 것은?

12년 입법 가책형 7번

제00조(상속의 순위) 상속에 있어서는 다음 순위로 상속인이 된다.
1. 피상속인의 직계비속
2. 피상속인의 직계존속
3. 피상속인의 형제자매
4. 피상속인의 4촌 이내의 방계혈족

제00조(배우자의 상속순위) 상속인의 배우자는 전조 제1호와 제2호의 규정에 의한 상속인이 있는 경우에는 그 상속인과 동순위로 공동상속인이 되고 그 상속인이 없는 때에는 단독상속인이 된다.

제00조(상속과 포괄적 권리의무의 승계) 상속인은 상속개시된 때로부터 피상속인의 재산에 관한 포괄적 권리의무를 승계한다. 그러나 피상속인의 일신에 전속한 것은 그러하지 아니하다.

제00조(공동상속인의 권리의무승계) 공동상속인은 각자의 상속분에 응하여 피상속인의 권리의무를 승계한다.

제00조(법정상속분) ① 동순위의 상속인이 수인인 때에는 그 상속분은 균분으로 한다.
② 피상속인의 배우자의 상속분은 직계비속과 공동으로 상속하는 때에는 직계비속의 상속분의 5할을 가산하고 직계존속과 공동으로 상속하는 때에는 직계존속의 상속분의 5할을 가산한다.

제00조(승인, 포기의 기간) 상속인은 상속개시 있음을 안 날로부터 3월내에 단순승인이나 한정승인 또는 포기를 할 수 있다.

제00조(단순승인의 효과) 상속인이 단순승인을 한 때에는 제한없이 피상속인의 권리의무를 승계한다.

제00조(법정단순승인) 다음 각 호의 사유가 있는 경우에는 상속인이 단순승인을 한 것으로 본다.
1. 상속인이 상속재산에 대한 처분행위를 한 때
2. 상속인이 상속개시 있음을 안 날로부터 3월내에 한정승인 또는 포기를 하지 아니한 때
3. 상속인이 한정승인 또는 포기를 한 후에 상속재산을 은닉하거나 부정소비하거나 고의로 재산목록에 기입하지 아니한 때

제00조(공동불법행위자의 책임) ① 수인이 공동의 불법행위로 타인에게 손해를 가한 때에는 연대하여 그 손해를 배상할 책임이 있다.
② 공동 아닌 수인의 행위 중 어느 자의 행위가 그 손해를 가한 것인지를 알 수 없는 때에도 전항과 같다.
③ 교사자나 방조자는 공동행위자로 본다.

<상황>

2011. 7. 1. 평소 丙에게 감정이 좋지 않았던 甲은 丙의 주택에 불을 지르기로 하고 친구 乙에게 불을 지르는 동안 망을 봐달라고 부탁하였다. 甲의 부탁에 응한 乙이 망을 보는 사이 甲이 丙의 주택에 불을 질러 丙에게 2억 원의 재산상 손해를 발생케 하였다. 그로부터 5개월 후인 2011. 12. 1. 甲이 사망하였고 甲에게는 배우자 丁과 아들 戊가 있다. 甲이 사망한 후 2012. 1. 5. 丁과 戊는 가정법원에 상속포기의 신고를 하였다. 그런데 戊가 상속재산의 일부를 2012. 1. 20. 은닉한 사실이 이후 발견되었다.

① 丙은 乙 또는 戊에게 2억 원을 청구할 수 있다.
② 丙은 乙에게 2억 원을, 戊에게 1억 원을 청구할 수 있다.
③ 丙은 乙에게만 2억 원을 청구할 수 있다.
④ 丙은 乙, 丁 또는 戊에게 2억 원을 청구할 수 있다.
⑤ 丙은 乙에게 1억 원을, 戊에게 1억 원을 청구할 수 있다.

111 A에게는 처 B와 장남 C와 장녀 D가 있다. 한편 장남 C는 이미 사망하였지만, 그에게는 처 E와 자 F가 있다. A가 유산 3,500만 원을 남기고 사망한 경우에 장남 C의 처 E와 자 F가 받을 각각의 상속액은? (단, 상속인 간의 상속비율은 배우자는 1.5이고 나머지 자녀들은 각각 1이다. 상속인 중에 1인이 사망한 경우에는 사망한 자의 상속인이 그 몫을 상속한다.) 08년 입법 가책형 19번

	E	F
①	600만 원	400만 원
②	500만 원	500만 원
③	1,000만 원	0만 원
④	875만 원	125만 원
⑤	400만 원	600만 원

112 다음 글을 근거로 판단할 때 옳은 것은?

21년 5급 가책형 24번

> 상속에는 혈족상속과 배우자상속이 있다. 혈족상속인은 피상속인(사망자)과의 관계에 따라 피상속인의 직계비속(1순위), 피상속인의 직계존속(2순위), 피상속인의 형제자매(3순위), 피상속인의 4촌 이내 방계혈족(4순위) 순으로 상속인이 된다. 후순위 상속인은 선순위 상속인이 없는 경우에 상속재산을 상속할 수 있다. 같은 순위의 혈족상속인이 여럿인 경우, 그 법정상속분은 균분(均分)한다.
>
> 피상속인의 배우자는 언제나 상속인이 된다. 그 배우자의 법정상속분은 직계비속과 공동으로 상속하는 때에는 직계비속 상속분의 5할을 가산하고, 직계존속과 공동으로 상속하는 때에는 직계존속 상속분의 5할을 가산한다. 피상속인에게 배우자만 있고 직계비속도 직계존속도 없는 때에는 배우자가 단독으로 상속한다.
>
> 한편 개인은 자신의 재산을 증여하거나 유언(유증)으로 자유롭게 처분할 수 있다. 그런데 이러한 자유를 무제한 허용한다면 상속재산의 전부가 타인에게 넘어가 상속인의 생활기반이 붕괴될 우려가 있다. 그래서 법률은 일정한 범위의 상속인에게 유류분을 인정하고 있다. 유류분이란 법률상 상속인에게 귀속되는 것이 보장되는 상속재산에 대한 일정비율을 의미한다.
>
> 피상속인이 유류분을 침해하는 유증이나 증여를 하는 경우, 유류분 권리자는 자기가 침해당한 유류분에 대해 반환을 청구할 수 있다. 유류분 권리자는 피상속인의 직계비속, 배우자, 직계존속 및 형제자매이다. 유류분은 피상속인의 배우자 또는 직계비속의 경우 그 법정상속분의 2분의 1, 피상속인의 직계존속 또는 형제자매의 경우 그 법정상속분의 3분의 1이다.
>
> 유류분반환청구권의 행사는 반드시 소에 의한 방법으로 하여야 할 필요는 없고, 유증을 받은 자 또는 증여를 받은 자에 대한 의사표시로 하면 된다. 유류분반환청구권은 유류분 권리자가 상속의 개시(피상속인의 사망시)와 반환하여야 할 증여 또는 유증을 한 사실을 안 때부터 1년 내에 행사하지 않거나, 상속이 개시된 때부터 10년이 경과하면 시효에 의하여 소멸한다.

① 피상속인이 유언에 의해 재산을 모두 사회단체에 기부한 경우, 그의 자녀는 유류분 권리자가 될 수 없다.
② 피상속인의 자녀에게는 법정상속분 2분의 1의 유류분이 인정되며, 유류분 산정액은 피상속인의 배우자의 그것과 같다.
③ 피상속인의 부모는 피상속인의 자녀와 공동으로 상속재산을 상속할 수 있다.
④ 상속이 개시한 때부터 10년이 경과하였다면, 소에 의한 방법으로 유류분반환청구권을 행사해야 한다.
⑤ 피상속인에게 3촌인 방계혈족만 있는 경우, 그 방계혈족은 상속인이 될 수 있지만 유류분 권리자는 될 수 없다.

5 광역·기초 지자체

113 다음 글과 <상황>을 근거로 판단할 때, 괄호 안의 ㉠과 ㉡에 해당하는 것을 옳게 짝지은 것은?

21년 7급 나책형 25번

> ○ 행정구역분류코드는 다섯 자리 숫자로 구성되어 있다.
> ○ 행정구역분류코드의 '처음 두 자리'는 광역자치단체인 시·도를 의미하는 고유한 값이다.
> ○ '그 다음 두 자리'는 광역자치단체인 시·도에 속하는 기초자치단체인 시·군·구를 의미하는 고유한 값이다. 단, 광역자치단체인 시에 속하는 기초자치단체는 군·구이다.
> ○ '마지막 자리'에는 해당 시·군·구가 기초자치단체인 경우 0, 자치단체가 아닌 경우 0이 아닌 임의의 숫자를 부여한다.
> ○ 광역자치단체인 시에 속하는 구는 기초자치단체이며, 기초자치단체인 시에 속하는 구는 자치단체가 아니다.

〈상황〉

> ○○시의 A구와 B구 중 B구의 행정구역분류코드의 첫 네 자리는 1003이며, 다섯 번째 자리는 알 수 없다.
>
> 甲은 ○○시가 광역자치단체인지 기초자치단체인지 모르는 상황에서, A구의 행정구역분류코드는 ○○시가 광역자치단체라면 (㉠), 기초자치단체라면 (㉡)이/가 가능하다고 판단하였다.

	㉠	㉡
①	10020	10021
②	10020	10033
③	10033	10034
④	10050	10027
⑤	20030	10035

6 징역, 벌금, 과태료, 과징금

114 다음 글을 근거로 판단할 때 옳은 것은? 21년 7급 나책형 3번

> 제○○조 ① 누구든지 법률에 의하지 아니하고는 우편물의 검열·전기통신의 감청 또는 통신사실확인자료의 제공을 하거나 공개되지 아니한 타인 상호간의 대화를 녹음 또는 청취하지 못한다.
> ② 다음 각 호의 어느 하나에 해당하는 자는 1년 이상 10년 이하의 징역과 5년 이하의 자격정지에 처한다.
> 1. 제1항에 위반하여 우편물의 검열 또는 전기통신의 감청을 하거나 공개되지 아니한 타인 상호간의 대화를 녹음 또는 청취한 자
> 2. 제1호에 따라 알게 된 통신 또는 대화의 내용을 공개하거나 누설한 자
>
> ③ 누구든지 단말기기 고유번호를 제공하거나 제공받아서는 안 된다. 다만 이동전화단말기 제조업체 또는 이동통신사업자가 단말기의 개통처리 및 수리 등 정당한 업무의 이행을 위하여 제공하거나 제공받는 경우에는 그러하지 아니하다.
> ④ 제3항을 위반하여 단말기기 고유번호를 제공하거나 제공받은 자는 3년 이하의 징역 또는 1천만 원 이하의 벌금에 처한다.
> 제□□조 제○○조의 규정에 위반하여, 불법검열에 의하여 취득한 우편물이나 그 내용, 불법감청에 의하여 지득(知得) 또는 채록(採錄)된 전기통신의 내용, 공개되지 아니한 타인 상호간의 대화를 녹음 또는 청취한 내용은 재판 또는 징계절차에서 증거로 사용할 수 없다.

① 甲이 불법검열에 의하여 취득한 乙의 우편물은 징계절차에서 증거로 사용할 수 있다.
② 甲이 乙과 정책용역을 수행하면서 乙과의 대화를 녹음한 내용은 재판에서 증거로 사용할 수 없다.
③ 甲이 乙과 丙 사이의 공개되지 않은 대화를 녹음하여 공개한 경우, 1천만 원의 벌금에 처해질 수 있다.
④ 이동통신사업자 甲이 乙의 단말기를 개통하기 위하여 단말기기 고유번호를 제공받은 경우, 1년의 징역에 처해질 수 있다.
⑤ 甲이 乙과 丙 사이의 우편물을 불법으로 검열한 경우, 2년의 징역과 3년의 자격정지에 처해질 수 있다.

115 다음 글을 근거로 판단할 때 옳은 것은? 23년 7급 인책형 11번

> 제○○조(해수욕장의 구역) 관리청은 해수욕장을 이용하는 용도에 따라 물놀이구역과 수상레저구역으로 구분하여 관리·운영하여야 한다. 다만, 해수욕장 이용이나 운영에 상당한 불편을 초래하거나 효율성을 떨어뜨린다고 판단되는 경우에는 그러하지 아니하다.
> 제□□조(해수욕장의 개장기간 등) ① 관리청은 해수욕장의 특성이나 여건 등을 고려하여 해수욕장의 개장기간 및 개장시간을 정할 수 있다. 이 경우 관리청은 해수욕장협의회의 의견을 듣고, 미리 관계 행정기관의 장과 협의하여야 한다.
> ② 관리청은 해수욕장 이용자의 안전 확보나 해수욕장의 환경보전 등을 위하여 필요한 경우에는 해수욕장의 개장기간 또는 개장시간을 제한할 수 있다. 이 경우 제1항 후단을 준용한다.
> 제△△조(해수욕장의 관리·운영 등) ① 해수욕장은 관리청이 직접 관리·운영하여야 한다.
> ② 관리청은 제1항에도 불구하고 해수욕장의 효율적인 관리·운영을 위하여 필요한 경우 관할 해수욕장 관리·운영업무의 일부를 위탁할 수 있다.
> ③ 관리청은 제2항에 따라 해수욕장 관리·운영업무를 위탁하려는 경우 지역번영회·어촌계 등 지역공동체 및 공익법인 등을 수탁자로 우선 지정할 수 있다.
> ④ 제2항 및 제3항에 따라 수탁자로 지정받은 자는 위탁받은 관리·운영업무의 전부 또는 일부를 재위탁하여서는 아니 된다.
> 제◇◇조(과태료) ① 다음 각 호의 어느 하나에 해당하는 자에게는 500만 원 이하의 과태료를 부과한다.
> 1. 거짓이나 부정한 방법으로 제△△조에 따른 수탁자로 지정받은 자
> 2. 제△△조 제4항을 위반하여 위탁받은 관리·운영업무의 전부 또는 일부를 재위탁한 자
>
> ② 제1항에 따른 과태료는 관리청이 부과·징수한다.

① 관리청은 해수욕장의 효율적인 관리·운영을 위하여 필요한 경우, 관할 해수욕장 관리·운영업무의 전부를 위탁할 수 있다.
② 관리청은 해수욕장을 운영함에 있어 그 효율성이 떨어진다고 판단하더라도 물놀이구역과 수상레저구역을 구분하여 관리·운영하여야 한다.
③ 관리청이 해수욕장 관리·운영업무를 위탁하려는 경우, 공익법인을 수탁자로 우선 지정할 수 있으나 지역공동체를 수탁자로 우선 지정할 수는 없다.
④ 관리청으로부터 해수욕장 관리·운영업무를 위탁받은 공익법인이 이를 타 기관에 재위탁한 경우, 관리청은 그 공익법인에 대해 300만 원의 과태료를 부과할 수 있다.
⑤ 관리청은 해수욕장의 개장기간 및 개장시간을 정함에 있어 해수욕장의 특성이나 여건 등을 고려해야 하나, 관계 행정기관의 장과 협의할 필요는 없다.

116 다음 글과 <상황>을 근거로 판단할 때 옳은 것은?

14년 5급 A책형 28번

> 제00조(특허침해죄) ① 특허권을 침해한 자는 7년 이하의 징역 또는 1억 원 이하의 벌금에 처한다.
> ② 제1항의 죄는 고소가 있어야 한다.
> 제00조(위증죄) 이 법의 규정에 의하여 선서한 증인·감정인 또는 통역인이 특허심판원에 대하여 허위의 진술·감정 또는 통역을 한 때에는 5년 이하의 징역 또는 1천만 원 이하의 벌금에 처한다.
> 제00조(사위행위의 죄) 사위(詐僞) 기타 부정한 행위로써 특허청으로부터 특허의 등록이나 특허권의 존속기간의 연장등록을 받은 자 또는 특허심판원의 심결을 받은 자는 3년 이하의 징역 또는 2천만 원 이하의 벌금에 처한다.
> 제00조(양벌규정) 법인의 대표자나 법인 또는 개인의 대리인, 사용인, 그 밖의 종업원이 그 법인 또는 개인의 업무에 관하여 특허침해죄, 사위행위의 죄의 어느 하나에 해당하는 위반행위를 하면 그 행위자를 벌하는 외에 그 법인에게는 다음 각 호의 어느 하나에 해당하는 벌금형을, 그 개인에게는 해당 조문의 벌금형을 과(科)한다. 다만 법인 또는 개인이 그 위반행위를 방지하기 위하여 해당 업무에 관하여 상당한 주의와 감독을 게을리하지 아니한 경우에는 그러하지 아니하다.
> 1. 특허침해죄의 경우: 3억 원 이하의 벌금
> 2. 사위행위죄의 경우: 6천만 원 이하의 벌금

※ 사위(詐僞): 거짓을 꾸미어 속임.

〈상황〉

> 개인 발명자 甲은 전자제품인 발명품 A에 대해서 특허권을 부여받았다. 한편 乙은 A에 대해 특허권이 부여된 것은 잘못이라고 주장하며, 특허심판원에 甲을 상대로 A에 관한 특허무효심판을 청구하였다. 당해 심판에서 선서한 감정인 丙은 甲의 발명품이 특허무효사유에 해당한다는 내용의 감정을 하였다. 그 후 당해 감정이 허위임이 밝혀지고 달리 특허무효사유가 없음을 이유로 특허심판원은 甲에 대한 특허권의 부여는 유효라고 심결하였고 이 심결이 확정되었다. 한편 전자제품 생산회사인 丁회사의 생산공장에 근무하는 戊는 그 공장에서 A를 무단으로 생산한 후 丁회사의 이름으로 이를 판매하였다.

① 甲의 고소가 있어야 丙이 위증죄로 처벌될 수 있다.
② 丙이 위증죄로 처벌되는 경우 1천만 원의 벌금형을 받을 수 있다.
③ 丙이 위증죄로 처벌되는 경우 양벌규정에 따라 乙에게 6천만 원의 벌금형이 부과될 수 있다.
④ 戊가 특허침해죄로 처벌되는 경우 벌금형의 상한은 3억 원이다.
⑤ 戊에 대해서 특허침해죄가 성립되지 않더라도 사용자의 관리책임을 이유로 丁회사에게 3억 원의 벌금형이 부과될 수 있다.

117 다음 글과 <상황>을 근거로 판단할 때 옳은 것은?

20년 5급 나책형 2번

> 제○○조 ① 주택 등에서 월령 2개월 이상인 개를 기르는 경우, 그 소유자는 시장·군수·구청장에게 이를 등록하여야 한다.
> ② 소유자는 제1항의 개를 기르는 곳에서 벗어나게 하는 경우에는 소유자의 성명, 소유자의 전화번호, 등록번호를 표시한 인식표를 그 개에게 부착하여야 한다.
> 제□□조 ① 맹견의 소유자는 다음 각 호의 사항을 준수하여야 한다.
> 1. 소유자 없이 맹견을 기르는 곳에서 벗어나지 아니하게 할 것
> 2. 월령이 3개월 이상인 맹견을 동반하고 외출할 때에는 목줄과 입마개를 하거나 맹견의 탈출을 방지할 수 있는 적정한 이동장치를 할 것
> ② 시장·군수·구청장은 맹견이 사람에게 신체적 피해를 주는 경우, 소유자의 동의 없이 맹견에 대하여 격리조치 등 필요한 조치를 취할 수 있다.
> ③ 맹견의 소유자는 맹견의 안전한 사육 및 관리에 관하여 정기적으로 교육을 받아야 한다.
> 제△△조 ① 제□□조 제1항을 위반하여 사람을 사망에 이르게 한 자는 3년 이하의 징역 또는 3천만 원 이하의 벌금에 처한다.
> ② 제□□조 제1항을 위반하여 사람의 신체를 상해에 이르게 한 자는 2년 이하의 징역 또는 2천만 원 이하의 벌금에 처한다.

〈상황〉

> 甲과 乙은 맹견을 각자 자신의 주택에서 기르고 있다. 甲은 월령 1개월인 맹견 A의 소유자이고, 乙은 월령 3개월인 맹견 B의 소유자이다.

① 甲이 A를 동반하고 외출하는 경우 A에게 목줄과 입마개를 해야 한다.
② 甲은 맹견의 안전한 사육 및 관리에 관하여 정기적으로 교육을 받지 않아도 된다.
③ 甲이 A와 함께 타 지역으로 여행을 가는 경우, A에게 甲의 성명과 전화번호를 표시한 인식표를 부착하지 않아도 된다.
④ B가 제3자에게 신체적 피해를 주는 경우, 구청장이 B를 격리조치하기 위해서는 乙의 동의를 얻어야 한다.
⑤ 乙이 B에게 목줄을 하지 않아 제3자의 신체를 상해에 이르게 한 경우, 乙을 3년의 징역에 처한다.

118 다음 글을 근거로 판단할 때 옳은 것은? 21년 5급 가책형 1번

제00조 ① 특별시장·광역시장·특별자치시장·도지사 또는 특별자치도지사(이하 '시·도지사'라 한다)는 아이돌보미의 양성을 위하여 적합한 시설을 교육기관으로 지정·운영하여야 한다.
② 시·도지사는 교육기관이 다음 각 호의 어느 하나에 해당하는 경우 사업의 정지를 명하거나 그 지정을 취소할 수 있다. 다만 제1호에 해당하는 경우 지정을 취소하여야 한다.
1. 거짓이나 그 밖의 부정한 방법으로 교육기관으로 지정을 받은 경우
2. 교육과정을 1년 이상 운영하지 아니하는 경우
③ 제2항 제1호의 방법으로 교육기관 지정을 받은 자는 1년 이하의 징역 또는 1천만 원 이하의 벌금에 처한다.
④ 아이돌보미가 되려는 사람은 시·도지사가 지정·운영하는 교육기관에서 교육과정을 수료하여야 한다.
⑤ 아이돌보미가 되려는 사람은 여성가족부장관이 실시하는 적성·인성검사를 받아야 한다.
제00조 ① 아이돌보미는 다른 사람에게 자기의 성명을 사용하여 아이돌보미 업무를 수행하게 하거나 수료증을 대여하여서는 아니 된다.
② 아이돌보미가 아닌 사람은 아이돌보미 또는 이와 유사한 명칭을 사용할 수 없다.
③ 제1항, 제2항을 위반한 사람에게는 300만 원 이하의 과태료를 부과한다.
제00조 ① 여성가족부장관은 아이돌봄서비스의 질적 수준과 아이돌보미의 전문성 향상을 위하여 보수교육을 실시하여야 한다.
② 제1항에 따른 보수교육은 전문기관에 위탁하여 실시할 수 있다.

① 아이돌보미가 아닌 보육 관련 종사자도 아이돌보미 명칭을 사용할 수 있다.
② 시·도지사는 아이돌보미 양성을 위한 교육기관을 지정·운영하고 보수교육을 실시하여야 한다.
③ 아이돌보미가 되려는 사람은 시·도지사가 실시하는 적성·인성검사를 받아야 한다.
④ 서울특별시의 A기관이 부정한 방법을 통해 아이돌보미 양성을 위한 교육기관으로 지정을 받은 경우, 서울특별시장은 200만 원의 과태료를 부과할 수 있다.
⑤ 인천광역시의 B기관이 아이돌보미 양성을 위한 교육기관으로 지정된 후 교육과정을 1년간 운영하지 않은 경우, 인천광역시장은 그 지정을 취소할 수 있다.

119 다음 글과 <상황>을 근거로 판단할 때 옳은 것은? 22년 5급 나책형 4번

제00조 ① 박물관에는 임원으로서 관장 1명, 상임이사 1명, 비상임이사 5명 이내, 감사 1명을 둔다.
② 감사는 비상임으로 한다.
③ 관장은 정관으로 정하는 바에 따라 □□부장관이 임면하고, 상임이사와 비상임이사 및 감사의 임면은 정관으로 정하는 바에 따른다.
제00조 ① 관장의 임기는 3년으로 하며, 1년 단위로 연임할 수 있다.
② 이사와 감사의 임기는 2년으로 하며, 1년 단위로 연임할 수 있다.
③ 임원의 사임 등으로 인하여 선임되는 임원의 임기는 새로 시작된다.
④ 관장은 박물관을 대표하고 그 업무를 총괄하며, 소속 직원을 지휘·감독한다.
⑤ 관장이 부득이한 사유로 직무를 수행할 수 없을 때에는 상임이사가 그 직무를 대행하고, 상임이사도 직무를 수행할 수 없을 때에는 정관으로 정하는 임원이 그 직무를 대행한다.
제00조 ① 박물관의 중요 사항을 심의·의결하기 위하여 박물관에 이사회를 둔다.
② 이사회는 의장을 포함한 이사로 구성하고 관장이 의장이 된다.
③ 이사회는 재적이사 과반수의 출석으로 개의하고, 재적이사 과반수의 찬성으로 의결한다.
④ 감사는 직무와 관련하여 필요한 경우 이사회에 출석하여 발언할 수 있다.
제00조 ① 박물관의 임직원이나 임직원으로 재직하였던 사람은 그 직무상 알게 된 비밀을 누설하거나 도용하여서는 아니 된다.
② 제1항을 위반하여 직무상 알게 된 비밀을 누설하거나 도용한 사람은 2년 이하의 징역 또는 2천만 원 이하의 벌금에 처한다.

〈상황〉

○○박물관에는 임원으로 이사인 관장 A, 상임이사 B, 비상임이사 C, D, E, F와 감사 G가 있다.

① A가 2년간 재직하다가 퇴직한 경우, 새로 임명된 관장의 임기는 1년이다.
② 이사회에 A, B, C, D, E가 출석한 경우, 그 중 2명이 반대하면 안건은 부결된다.
③ A가 부득이한 사유로 직무를 수행할 수 없을 때에는 G가 소속 직원을 지휘·감독한다.
④ B가 직무상 알게 된 비밀을 누설한 경우, 1년의 징역과 500만 원의 벌금에 처해질 수 있다.
⑤ ○○박물관 정관에 "관장은 이사, 감사를 임면한다."라고 규정되어 있는 경우, A는 G의 임기가 만료되면 H를 상임감사로 임명할 수 있다.

120 다음 글과 <상황>을 근거로 판단할 때 옳은 것은?

23년 5급 가책형 4번

제○○조(신고) 식품판매업을 하려는 자는 영업소 소재지를 관할하는 시장 · 군수 · 구청장(이하 '시장 등'이라 한다)에게 신고해야 한다.

제□□조(준수사항) ① 식품판매업자는 다음 각 호의 사항을 지켜야 한다.

1. 소비기한이 경과된 식품을 판매의 목적으로 진열 · 보관하거나 이를 판매하지 말 것
2. 식중독 발생 시 보관 또는 사용 중인 식품은 역학조사가 완료될 때까지 폐기하지 않고 원상태로 보존하여야 하며, 식중독 원인규명을 위한 행위를 방해하지 말 것

② 관할 시장 등은 식품판매업자가 제1항을 위반한 경우에는 6개월 이내의 기간을 정하여 그 영업의 전부 또는 일부를 정지하거나 영업소 폐쇄를 명할 수 있다.

③ 관할 시장 등은 다음 각 호의 행위를 신고한 자에게는 포상금을 지급한다.

1. 제1항 제1호에 위반되는 행위: 7만 원
2. 제2항에 따른 영업정지 또는 영업소 폐쇄명령에 위반하여 영업을 계속하는 행위: 20만 원

제◇◇조(제품교환 등) 식품판매업자는 소비자에게 다음 각 호에 따른 조처를 이행해야 한다.

1. 소비자가 소비기한이 경과한 식품을 구입한 경우: 제품교환 또는 구입가 환급
2. 소비자가 제1호의 식품을 섭취함으로써 신체에 부작용이 발생한 경우: 치료비, 경비 및 일실소득 배상

제△△조(벌칙) 다음 각 호의 어느 하나에 해당하는 식품판매업자는 3년 이하의 징역 또는 3천만 원 이하의 벌금에 처한다.

1. 제□□조 제1항의 사항을 위반한 경우
2. 제□□조 제2항의 명령을 위반하여 영업을 계속한 경우

〈상황〉

식품판매업자 甲은 A도 B군에 영업소를 두고 있다. 乙은 甲의 영업소에 진열되어 있는 C식품을 구입하였는데, 집에서 확인해보니 구매 당시 이미 소비기한이 지나 있었고 이 사실을 친구 丙에게 알려 주었다.

① A도지사는 소비기한이 경과된 식품을 판매한 甲에 대해 1개월의 영업정지 명령을 내릴 수 있다.

② 甲에 대한 영업정지 또는 영업소 폐쇄명령 여부에 관계없이 甲은 3년 이하의 징역에 처해질 수 있다.

③ 乙이 C식품에 대해 제품교환을 요구하는 경우, 甲은 乙에게 제품교환과 함께 구입가 환급을 해 주어야 한다.

④ 丙이 甲의 소비기한 경과 식품 판매 사실을 신고한 경우, 乙과 丙은 각각 7만 원의 포상금을 지급받는다.

⑤ 乙이 C식품의 일부를 먹고 식중독에 걸렸는데 먹다 남은 C식품을 丙이 폐기함으로써 식중독 원인규명이 방해된 경우, 丙은 500만 원의 벌금에 처해질 수 있다.

7 국적

121 다음 법규정에 근거할 때 <보기>에서 옳은 것을 모두 고르면?

10년 5급 선책형 27번

제00조 ① 출생 기타 이 법의 규정에 의하여 만 20세가 되기 전에 대한민국의 국적과 외국 국적을 함께 가지게 된 자(이하 '이중국적자'라 한다)는 만 22세가 되기 전까지, 만 20세가 된 후에 이중국적자가 된 자는 그 때부터 2년 내에 하나의 국적을 선택하여야 한다. 다만 제1국민역에 편입된 자는 편입된 때부터 3개월 이내에 하나의 국적을 선택하거나 제3항 각 호의 어느 하나에 해당하는 때부터 2년 이내에 하나의 국적을 선택하여야 한다.

② 제1항에 따라 국적을 선택하지 아니한 자는 제1항의 만 22세 또는 2년이 지난 때에 대한민국 국적을 상실한다.

③ 직계존속이 외국에서 영주할 목적 없이 체류한 상태에서 출생한 자는 병역의무의 이행과 관련하여 다음 각 호의 어느 하나에 해당하면 국적이탈신고※를 할 수 있다.

1. 현역상근예비역 또는 보충역으로 복무를 마치거나 마친 것으로 보게 되는 경우
2. 병역면제처분을 받은 경우
3. 제2국민역에 편입된 경우

제00조 ① 대한민국의 국민으로서 자진하여 외국 국적을 취득한 자는 그 외국 국적을 취득한 때에 대한민국 국적을 상실한다.

② 대한민국의 국민으로서 다음 각 호의 어느 하나에 해당하는 자는 그 외국 국적을 취득한 때부터 6개월 내에 법무부장관에게 대한민국 국적을 보유할 의사가 있다는 뜻을 신고하지 아니하면 그 외국 국적을 취득한 때로 소급(遡及)하여 대한민국 국적을 상실한 것으로 본다.

1. 외국인과의 혼인으로 그 배우자의 국적을 취득하게 된 자
2. 외국인에게 입양되어 그 양부 또는 양모의 국적을 취득하게 된 자

제00조 이 법에 규정된 신청이나 신고와 관련하여 그 신청이나 신고를 하려는 자가 15세 미만이면 법정대리인이 대신하여 이를 행한다.

※ 국적이탈신고: 이중국적자로서 외국 국적을 선택하는 자는 대한민국 국적을 이탈한다는 뜻을 신고함을 의미

<보기>

ㄱ. 호주 국적을 자진 취득한 한국인 A는 호주 국적을 취득한 때 대한민국 국적을 상실한다.
ㄴ. 영주 목적이 아닌 미국 유학생활 중에 한국인 부부가 낳아 미국 국적도 취득한 B가 제1국민역에 편입된 후 징병검사를 받고 제2국민역에 편입된 경우, 제2국민역에 편입된 때부터 2년 이내에 하나의 국적을 선택하여야 한다.
ㄷ. 7세 때 한국에서 캐나다로 입양되어 캐나다 국적을 취득하게 된 C는 캐나다 국적 취득 후 6개월 내에 법무부장관에게 대한민국 국적을 보유할 의사가 있다는 뜻을 법정대리인이 신고하지 아니하였을 경우, 캐나다 국적 취득 후 6개월이 경과한 때 대한민국 국적을 상실한다.
ㄹ. 외국인과의 혼인으로 외국법에 따라 외국 국적을 취득한 24세 D가 외국 국적 취득 후 6개월 내에 법무부장관에게 대한민국 국적을 보유할 의사가 있다는 뜻을 신고한 경우 이중국적을 보유하나, 외국 국적을 취득한 때로부터 2년 내에 국적을 선택해야 한다.

① ㄱ, ㄴ
② ㄱ, ㄷ
③ ㄴ, ㄷ
④ ㄱ, ㄴ, ㄹ
⑤ ㄱ, ㄷ, ㄹ

8 혼인

122 다음 법규정에 근거할 때 <보기>에서 옳은 내용을 모두 고른 것은?
08년 5급 창책형 24번

제○○조 혼인은 가족관계등록법에 정한 바에 의하여 신고함으로써 그 효력이 생긴다.
제○○조 부부 사이에 체결된 재산에 관한 계약은 부부가 그 혼인관계를 해소하지 않는 한 언제든지 부부의 일방이 이를 취소할 수 있다. 그러나 제3자의 권리를 해하지 못한다.
제○○조 혼인성립 전에 그 재산에 관하여 약정한 때에는 혼인 중에 한하여 이를 변경하지 못한다. 그러나 정당한 사유가 있는 때에는 법원의 허가를 얻어 변경할 수 있다.

<보기>

ㄱ. 약혼자 A와 B가 가족관계등록법에서 정한 절차에 따라 혼인신고를 하면 아직 혼례식을 올리지 않았더라도 법률상 부부가 된다.
ㄴ. A는 혼인 5주년을 기념하는 의미로 자기가 장래 취득할 부동산을 배우자 B의 명의로 등기하기로 약정하였지만, 마음이 바뀌면 혼인 중에는 이 약정을 언제든지 취소할 수 있다.
ㄷ. B는 배우자 A에게 자기 소유의 주택을 증여하였는데, A가 친구 C에게 이 주택을 매도하여 소유권을 이전하였더라도 그 증여계약을 취소하면 B는 C에게 그 주택의 반환을 청구할 수 있다.
ㄹ. 혼인 후 사이가 좋을 때에 A가 배우자 B에게 자기 소유의 주택을 증여했으나, 이혼을 한 현재는 이전의 증여계약을 취소하고 주택반환을 청구할 수 없다.
ㅁ. 약혼자 A와 B가 혼인 후 B의 재산을 A가 관리하기로 합의를 하였다면, 아직 혼인신고 이전이더라도 법원의 허가 없이는 합의내용을 변경할 수 없다.

※ 배우자란 혼인신고를 한 부부의 일방(한쪽)을 말한다.

① ㄱ, ㄷ
② ㄴ, ㅁ
③ ㄱ, ㄴ, ㄹ
④ ㄱ, ㄴ, ㅁ
⑤ ㄷ, ㄹ, ㅁ